기업 현장에서 바로 활용하는
성과와 리스크관리
S&OP

기업 현장에서 바로 활용하는
성과와 리스크관리
S&OP

발행일 2025년 3월 4일 초판 1쇄 발행
지은이 이형렬
펴낸이 모두출판협동조합(이사장 이재욱)
펴낸곳 모두북스
디자인 김성환 디자인플러스

등록일 2017년 3월 28일
등록번호 제 2013-3호
주소 서울 도봉구 덕릉로 54가길 25 (창동 557-85, 우 01473)
전화 02)2237-3301, 02)2237-3316
팩스 02)2237-3389
이메일 seekook@naver.com

ISBN 979-11-89203-56-6 (03320)

*책값은 뒤표지에 쓰여 있습니다.

기업 현장에서 바로 활용하는

성과와 리스크관리
S&OP

이형렬 지음

MODOOBOOKS

| 감사의 말씀 |

이 책이 세상에 나오기까지 많은 분의 따뜻한 도움과 진심 어린 조언이 큰 힘이 되었습니다. 무엇보다 언제나 헌신적으로 곁에서 응원해 준 아내에게 깊은 감사를 드립니다. 아내의 사랑과 배려 덕분에 어려운 순간에도 포기하지 않고 이 책을 완성할 수 있었으며, 가족 모두의 지지와 격려 없이는 이 책이 탄생할 수 없었음을 고백합니다. 특히 CRM, 마케팅 인텔리전스, 유통, 물류, 재무관리, ESG 등 다양한 분야에서 활동 중인 딸과 아들의 현장 경험은 이 책에 현실적이고 깊이 있는 내용을 더하는 데 크게 이바지했습니다.

언제나 든든한 버팀목이 되어 주시고, 삶의 중요한 순간마다 아낌없는 조언과 따뜻한 격려로 제 길을 밝게 비춰 주신 큰형님과 형수님께도 진심 어린 감사를 전합니다. 큰형님과 형수님께서 보내주신 한결같은 사랑과 변치 않는 응원은 오늘의 저를 있게 한 가장 큰 원동력이자 흔들림 없는 지지대였습니다. 두 분의 깊은 배려와 헌신은 제가 이 길을 걸어오는 동안 언제나 큰 힘이 되었습니다. 이 책이 두 분의 크고도 소중한 은혜에 대한 작은 보답이 되고, 감사와 존경의 마음을 전할 기회가 되기를 진심으로 소망합니다.

저의 소중한 경험을 쌓는 과정에서 아낌없는 가르침을 베풀어 주신 직속 대선배이신 박영선 실장님, 정민근 부회장님(안진회계법인 시절), 그리고 오랜 시간 함께하며 현장에서 값진 경험과 소중한 기회를 아낌없이 나누어 주신 고객 여러분께 진심 어린 감사의 마음을 전합니다. 고객 여러분과 함께 나누었던 숱한 고민과 도전의 순간들이야말로 이 책의 내용을 탄탄히 채우는 밑바탕이 되었고, 그 여정 속에서 저 또한 더 큰 성장과 발전을 이룰 수 있었습니다. 고객 여러분의 아낌없는 신뢰와 변함없는 성원이 없었다면 이 책은 존재할 수 없었을 것입니다. 진심 어린 감사와 더불어 앞으로도 고객 여러분과 함께 더 많은 배움과 의미 있는 성장을 이루어 나가기를 간절히 소망합니다.

끝으로, 신기술과 혁신적 솔루션에 대해 깊이 있는 조언과 아낌없는 도움을 주신 AX-I4CNS(엑시포씨앤에스)의 이도정 대표님, 예측 모델 분야에서 탁월한 지식과 통찰을 기꺼이 나누어 주신 권우철 회계사님, 그리고 기업 경영에서 S&OP의 필수적인 역할에 대한 귀중한 자문과 전문성을 아낌없이 제공해 주신 딜로이트안진의 김정열 파트너님께 깊은 감사의 마음을 전합니다. 세 분께서 공유해 주신 풍부한 경험과 탁월한 통찰력 덕분에 이 책의 내용은 한층 더 깊이 있고 체계적으로 완성될 수 있었습니다. 이처럼 소중한 협력과 인연이 앞으로도 계속 이어지기를 기대하며, 한 번 더 머리 숙여 감사를 드립니다.

이 책을 집필하는 여정은 단순 작업을 넘어 끊임없는 고민과 도전의 연속이었습니다. 때로는 어려움과 좌절도 찾아왔지만, 그때마다 함께해 주신 분들의 따뜻한 격려와 믿음이 저에게 커다란 용기와 힘이 되었습니다. 따라서 이 책은 저를 믿어 주시고 끝없이 지지해 주신 분들에게 바치는 진심 어린 감사의 선물이자, 그 은혜에 대한 작은 보답입니다. 앞으로도 더 많은 도전과 성장을 이루며, 결초보은(結草報恩)의 마음을 평생 간직하며, 실천으로 이어 가고자 합니다.

감사합니다.

기업 현장에서 바로 활용하는
성과와 리스크관리 S&OP

필자는 1년이 넘도록 매일 두려움과 마주하며 살아왔습니다.

"과연 내가 잘 해낼 수 있을까?"

이런 질문은 하루도 빠짐없이 머릿속을 맴돌았고, 그 대답을 찾기 위해 깊은 고뇌와 성찰의 시간을 보내야 했습니다. 그러면서 이 여정을 통해 깨달은 바는 바로 고뇌와 성찰의 고통 속에 깃든 열정이었습니다. 거친 돌이 다듬어져 아름다운 조각이 되듯이, 제 글도 그런 과정에서 서서히 완성되었습니다. 이제 책이 세상의 빛을 보게 되고, 그 결실을 독자들과 나눌 수 있게 되어 무척 감격스럽습니다.

S&OP는 단순히 계획을 위한 도구가 아니라, 기업 전체의 중요한 의사결정을 지탱하는 중심축입니다. 하지만 많은 기업이 S&OP를 도입하면서 직면하는 가장 큰 문제는 그것을 실질적이고 효과적으로 구현하는 구체적 방안을 찾지 못한다는 점입니다. 필자는 다양한 산업 현장에서 S&OP를 직접 적용하고 개선하며, 현장의 실무자들이 당장 활용할 수 있는 실제적 도구와 프로세스가 절실히 필요함을 깊이 깨달았습니다.

국내의 많은 중소·중견기업과 대기업들은 글로벌 경쟁 속에서 신속한 의사결정과 유연한 공급망 관리의 필요성을 절감하고 있습니다. S&OP는 이러한 요구에 대한 중요한 해결책으로 떠오르고 있지만, 이를 실질적으로 효과 있게 운영하는 기업은 여전히 많지 않습니다. 이러한 문제의식을 바탕으로, 이 책은 "현장에서 바로 활용하는 성과와 리스크관리 S&OP"라는 주제를 내세워 실무적 접근 방식을 통해 기업들이 S&OP를 실효성 있게 운영할 수 있도록 돕고자 합니다.

이 책은 단순한 이론적 배경의 설명에 그치지 않고, S&OP를 실제로 어떻게 설계하고 운영할 것인지에 대한 구체적인 방법론을 제시합니다. 이를 통해 실무자와 경영진 모두가 S&OP의 진정한 가치를 이해하고, 기업의 성과를 높이는 실질적·전략적 도구로 활용할 수 있기를 바랍니다.

S&OP는 단순한 계획 도구가 아닌, 기업의 전반적인 성과와 리스크관리의 강력한 수단으로 자리매김해야 합니다. 급변하는 시장 환경에서 고객 수요와 공급망 역량을 균형 있게 조율하지 못할 경우, 기업은 경쟁력을 잃고 심지어 생존마저 위협받게 됩니다. 따라서 S&OP는 불확실성을 관리하고, 지속 가능한 성장을 도모하기 위한 통합 프로세스로서 필수적인 역할을 담당합니다.

이 책에서 강조하는 S&OP의 중요성은 크게 세 가지로 요약됩니다.

첫째, S&OP는 수요와 공급의 균형을 유지하며 비즈니스 목표 달성에 이바지합니다. 둘째, S&OP는 기업 내 프로세스를 통합하여 더욱 효율적인 운영을 가능하게 합니다. 셋째, S&OP는 경영 리스크를 선제적으로 관리하고 변화하는 시장 환경에 빠르게 대응할 수 있도록 도와줍니다.

이 책은 이와 같은 S&OP의 역할을 바탕으로, S&OP가 기업 성과에 미치는 긍정적인 영향에 대해 심도 있게 설명하고, S&OP가 성장하는 기업의 미래 청사진과 직결된다는 사실을 강조하고자 합니다. 이 책을 통해 독자 여러분이 S&OP의 가치를 새롭게 인식하고, 그 이론과 실무를 아우르는 실질적인 지침(指針)을 통해 저마다의 기업 환경에 적합한 S&OP 전략을 수립할 수 있기를 바랍니다.

이 책은 12장으로 구성되어 있으며, 각 장은 S&OP의 개념부터 실행, 데이터 관리, 사례 연구, 미래 방향성까지 포괄적인 내용을 담고 있습니다.

Chapter 1. S&OP의 개념과 역사적 배경: 시장 변화와 리스크관리 등의 중요성을 바탕으로 S&OP의 필요성을 제시하고, 인적·기술적·조직적 요소를 통한 비즈니스 성과의 향상 방안을 다룹니다.

Chapter 2. S&OP 프로세스의 단계적 접근: 계획, 실행, 평가의 각 단계를 중점적으로 설명하며, 부서 간 협력을 통해 일관된 목표를 설정하고 투명성을 확보하는 방법을 제시합니다.

Chapter 3. 데이터 기반 의사결정의 중요성: 데이터의 정확성과 통합의 필요성을 강조하며, 내부 및 외부 데이터를 수집·분석하여 성과를 예측하는 방안을 다룹니다.

Chapter 4. 정확한 수요 예측: 계절성과 트렌드 분석 도구를 활용하여 수요 예측의 정확성을 높이는 방법과, 이를 통해 공급망 효율성을 최적화하는 방안을 설명합니다.

Chapter 5. 재고 관리 최적화: EOQ, ABC 분석, JIT 전략 등을 활용하여 비용을 절감하고, 고객 대응력을 향상하는 재고 관리 기법을 소개합니다.

Chapter 6. 효율적 공급 계획: 공급과 수요의 균형을 맞추기 위한 공급업체 선정 기준, 장기 계약 관리, 글로벌 소싱과 리스크관리 전략을 설명합니다.

Chapter 7. 생산 능력 평가 및 유연성 확보: MRP 및 작업 일정 조정의 중요성을 다루며, 급변하는 수요에 민첩하게 대응하는 유연한 생산 계획을 수립하는 방법을 제시합니다.

Chapter 8. S&OP 실행과 자원 분배: 팀 구성 및 자원 분배 전략과 실시간 KPI 모니터링을 통해 성과를 추적하고 개선하는 방법을 설명합니다.

Chapter 9. 부서 간 소통 강화: 협업 소프트웨어와 클라우드 기반 시스템을 통해 데이터 공유를 최적화하며, 갈등 해결을 통해 협력적 환경을 조성하는 방안을 제시합니다.

Chapter 10. S&OP 성숙도 모델: 기업의 S&OP 성숙도를 발전시키는 단계별 전략을 제시하며, 성숙도 상승을 위한 주요 요인과 도입 속도 조정 방안을 다룹니다.

Chapter 11. 산업별 S&OP 적용 사례: 제조업, 유통업, 서비스업 등 다양한 산업에서의 S&OP 도입 사례를 분석하고, 성공 요인을 제시합니다.

Chapter 12. 미래의 S&OP: 디지털 혁신과 ESG 전략을 중심으로, 클라우드 및 AI를 통한 공급망 관리의 미래를 조망하며, 지속 가능한 성장 전략을 제시합니다.

이 책을 통해 독자 여러분은 다음과 같은 소중한 이점을 얻을 수 있습니다.

첫째, S&OP의 개념을 깊이 이해하고, 이를 실무에 곧바로 적용할 수 있는 현장 지향적 방법론을 습득하게 됩니다. 둘째, 다양한 산업에서 S&OP를 성공적으로 도입한 사례를 통해 실질적인 비즈니스 적용의 교훈을 배우게 됩니다. 셋째, S&OP가 기업 경영 성과에 미치는 긍정적 영향에 대해 깨달아, 이를 바탕으로 각 기업에 적합한 S&OP 전략을 수립할 수 있게 됩니다.

특히 이 책은 중소기업에서 대기업에 이르기까지 다양한 규모의 기업이 활용할 수 있는 실질적 지침(指針, Guide line)을 제시하여, 독자들이 자사의 비즈니스 환경에 맞는 S&OP 솔루션을 설계하는 데 도움을 주고자 합니다. 이를 통해 S&OP의 성공적인 도입과 운영을 통해 경영 성과를 극대화하고, 변화하는 시장 환경에 민첩하게 대응할 수 있는 역량을 갖출 수 있습니다.

여기에는 전화위복(轉禍爲福)의 구체적인 사례도 있습니다.

필자가 경험한 한 기업은 S&OP 운영체계와 시스템을 구축했으나, 운영상의 문제로 인해 2년이 채 지나기도 전에 시스템을 제대로 활용하지 못하는 상황에 직면하게 되었습니다. 애당초 S&OP 도입을 통해 운영 효율성 증대와 공급망의 가시성 확보를 기대했으나, 내부 소통의 부족, 경영진의 참여 결여, 현업 부서의 저항 등 다양한 요인으로 시스템은 그 효과를 발휘하지 못했습니다. 시간이 흘러도 개선되지 않자, 경영진은 문제를 직시하고 이를 해결하기 위해 변화를 결심합니다. 이때 필자는 경영진과 팀에게 다음과 같이 단호하게 조언했습니다.

"S&OP는 단순히 시스템을 도입하는 것으로 끝나는 문제가 아니라, 조직 전반의 문화 변혁과 리더십의 강력한 지원이 필수적입니다. 이미 늦었다고 생각할 수도 있지만, 다시 시작할 수 있습니다."

필자는 축구 경기에서 두 골을 내주었더라도 전략적 전개(Build-up)를 통해 역전할 수 있듯이, 조직 내 의사소통과 협업 구조를 재정비하고 경영진의 주도적 리더십 아래 S&OP를 다시 활성화할 수 있다고 강조했습니다.

결국 이 기업은 경영진과 팀 간의 신뢰를 회복하고, 단계별 개선 방안을 수립하여

S&OP 운영체계를 재조정함으로써 성공적인 운영의 길을 다시 걷게 되었습니다. 이는 단순히 S&OP 시스템을 사용하는 수준을 넘어 조직적 변화가 필수적이라는 깨달음을 준 사례입니다. 비록 출발은 늦었지만, S&OP 시스템을 제대로 인식하여 강력한 의지로 성공을 향한 첫걸음을 내디딘 것입니다.

이 사례는 S&OP 도입이 단순한 시스템 구축을 넘어 조직 전반의 변화와 리더십의 참여가 필요하다는 중요한 교훈을 던집니다. 초기에는 내부 소통의 부족과 미흡한 경영진의 참여로 실패했으나, 문제를 인식하고 개선하려는 의지 덕분에 재도약할 수 있었습니다. 다른 기업들도 이 사례를 반면교사로 삼아 실패를 두려워하기보다는 이를 전화위복의 기회로 삼아, 조직 간 신뢰를 회복하고 협력 구조를 강화해야 합니다.

특히 경영진의 주도적 리더십 아래 전략적으로 접근하여 S&OP를 성공적으로 운영할 수 있다는 점을 주목해야 합니다. 실패를 통해 얻은 교훈을 바탕으로 새롭게 도전할 수 있는 용기가 무엇보다 중요합니다.

끝으로, 이 책을 편하게 읽는 방법을 안내해 드리겠습니다.

본서는 가독성을 높이고 지루함을 줄이기 위해 각 장, 절, 항, 목, 세목으로 구성하고, 세목별 내용을 독립적으로 정리하여 글머리 기호를 활용해 설명하였습니다. 또한, 목차의 일관성을 위해 총 12장을 4개의 절로 나누고, 각 절에 3개의 항을 포함하도록 구성하였습니다.

각 항의 마지막에는 주요 내용을 정리하여 이해를 돕고자 하였습니다. 이를 통해 본서를 보다 체계적이고 효과적으로 읽으실 수 있기를 바랍니다.

고요하고, 아늑한 공부방에서
저자 **이형렬**

차례

Chapter 1

S&OP 개요

"
Chapter 1은 S&OP(판매 및 운영 계획, Sales and Operations Planning)의 성과와 리스크관리에 중심을 두는 개요를 다룬다. 먼저 S&OP의 정의와 발전 배경, 주요 비즈니스 사례를 통해 개념과 역사를 소개한다. 이어서 S&OP의 도입 필요성을 강조하며, 급변하는 시장 환경에 대한 대응, 회사 내부 프로세스의 통합, 그리고 경영 리스크관리를 위한 역할을 설명한다. 또한 S&OP가 매출 증대, 비용 절감, 고객 서비스 개선과 같은 경영 성과에 미치는 긍정적 영향을 다룬다. 마지막으로 S&OP를 효과적으로 도입하기 위해 요구되는 인적 자원, 기술적 지원, 조직 변화 관리 등 주요 고려 사항을 제시한다. 이 책의 순서는 S&OP의 개념부터 비즈니스상의 필요성과 성과, 도입 시의 구체적인 실천 방안까지 종합적으로 요약한 구조로, S&OP의 전체적인 맥락을 독자에게 이해시키는 데 초점을 맞추고 있다.

S&OP의 개념과 역사

S&OP의 정의

　S&OP(판매 및 운영 계획, Sales and Operations Planning)는 판매와 운영 계획을 통합하여 기업의 전체 비즈니스 운영을 최적화하는 관리 프로세스라 할 수 있다. 이 프로세스는 기업이 수요와 공급의 균형을 맞추고, 자원의 효율적인 배치를 통해 비즈니스 성과를 극대화하는 것이 핵심이다. 구체적으로는 판매, 마케팅, 재무, 공급망, 생산, 인사 등 기업의 모든 기능을 종합적으로 고려하여 각 부서 간 협업(協業)을 촉진하고, 미래 수요와 공급을 예측하여 효과적인 계획을 세우는 데 중점을 둔다.

　S&OP는 주로 중·장기적인 전략적 의사결정을 지원하는 도구로서, 기업이 시장 변화나 외부 환경에 민첩하게 대응할 수 있도록 한다. 이 과정에서 판매 예측, 생산 계획, 재고 관리, 자원 할당 등의 요소가 중요한 역할을 하게 되며, 이를 기반으로 한 통합된 계획은 기업이 고객 수요를 만족시키면서도 비용 절감을 가능하게 한다. 따라서 S&OP는 단순한 생산 및 물류 계획을 넘어서는 전사적인 통합 계획으로, 공급망과 기업 전체의 운영 최적화라는 더 넓은 시각을 포함한다.

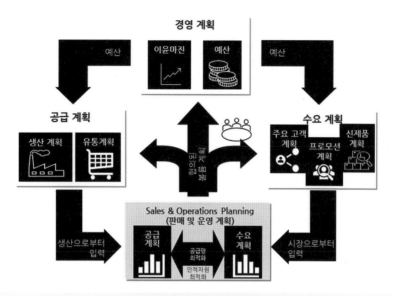

월 및 분기 단위로 18개월까지 롤링가능

[그림1] S&OP 프레임워크

그러므로 S&OP 프로세스의 주요 목표는 다음과 같이 정리를 할 수 있다.

• 수요와 공급의 균형을 위하여 고객의 수요를 충족시키기 위해 생산 능력과 자원 배분을 최적화하며, 재고 부족이나 초과를 방지하는 데 중점을 둔다.

• 협업 강화를 위한 이해관계 부서가 긴밀히 협력하여 각 부서의 목표를 전체 조직의 전략적 목표와 조화시킨다. 이를 통해 부서 간의 사일로(Silo) 현상을 방지하고, 정보의 투명성을 높인다.

• 재무 성과 개선을 위하여 자원의 효율적인 배치와 계획을 통해 비용 절감을 추구하고, 매출 증대 및 수익성 향상에 이바지한다.

• 리스크 체계 강화를 위하여 시장의 변화와 불확실성에 대해 신속하게 대응할 수 있도록 예측과 시나리오 분석을 포함하여 리스크를 관리한다.

S&OP는 정기적인 회의를 통해 운영된다. 일반적으로 매월 또는 분기별로 운영되며,

이 회의에서 각 부서의 최신 데이터와 예측을 공유하고 조정한다. 이를 통해 기업은 판매 예측이 생산 계획과 일치하도록 보장할 수 있으며, 운영 효율성을 극대화하고 공급망 관리의 일관성을 유지할 수 있다.

S&OP에서 통합적으로 연결되어야 하는 중요한 요소는 다음과 같다.

- **수요 계획**(Demand Planning)은 시장의 수요 변화를 예측하고, 이에 맞추어 생산 계획을 수립하는 것이 핵심이다.
- **공급 계획**(Supply Planning)은 생산 능력, 자재 및 인력 자원의 가용성을 고려하여 수요를 충족시킬 방법을 계획하고 연계해야 한다.
- **통합 계획**(Integrated Planning)은 유관 부서의 계획을 하나의 일관된 비즈니스 계획으로 통합하여 전체적으로 일관되게 보여야 한다.
- **재무 계획**(Financial Planning)은 판매 및 운영 계획이 재무 목표와 일치하도록 조정해야 한다.

기업은 이러한 과정을 통해 더욱 정확한 의사결정을 내리고, 장기적인 전략적 목표를 달성할 수 있는 기반을 마련하게 된다. S&OP는 결국 기업이 더 나은 고객 서비스를 제공하면서도 비용을 절감하고, 시장 변화에 신속히 대응할 수 있는 강력한 도구로 자리 잡고 있다.

S&OP의 발전 배경

S&OP는 1980년대에 등장한 개념으로, 기업들이 변화하는 시장 환경 속에서 보다 통합적이고 협업적인 비즈니스 계획 수립의 필요성을 인식하면서 발전하게 되었다. S&OP의 발전 배경을 이해하기 위해서는 경제, 기술, 경영 방식의 변화가 어떻게 기업의 운영 방식에 영향이 있었는지 살펴볼 필요가 있다.

- **경제 환경의 변화**

1970년대와 1980년대에 걸쳐 세계 경제는 에너지 파동으로 급격한 변화의 시기를 맞이하였다. 글로벌화가 본격화되면서 기업들은 더 이상 자국 내 수요와 공급만을 고려할 수 없었고, 국제 시장의 변화에 신속히 대응해야 하였다. 특히 오일 쇼크와 같은 대외적 충격으로 인해 공급망 불안정성이 높아지면서, 기존의 수요-공급 균형 모델이 한계를 드러냈다. 이 시기에도 공급망 재편이라는 개념이 화두였다. 그러므로 이 시기에 기업들은 예측 불가능한 수요 변동성에 대응할 수 있는 새로운 운영 모델의 필요성을 절감하게 되었고, S&OP가 이러한 요구에 부합하는 솔루션으로 발전하게 되었다.

• 기술 발전과 정보 시스템의 도입

1980년대 후반부터 본격적으로 기업 내 정보 시스템(MIS, MRP, ERP)이 도입되면서 데이터의 수집과 분석 능력이 급격히 향상되었다. 이전에는 각 부서가 개별적으로 데이터를 관리하고 계획을 세웠다면, 기술 발전으로 인해 기업 전체의 데이터를 통합적으로 관리할 수 있게 되었다. 이러한 정보 시스템의 발달은 S&OP가 발전하는 중요한 촉매제가 되었다. 실시간으로 수요와 공급 데이터를 분석하고, 이를 기반으로 예측 및 계획을 수립하는 것이 가능해짐에 따라 S&OP는 보다 정교한 계획 수립 도구로 자리 잡았다고 볼 수 있다.

특히 MRP(Material Requirements Planning)와 ERP(Enterprise Resource Planning) 시스템의 도입은 S&OP의 중요한 역할을 하였다. MRP는 자재 소요 계획을 관리하는 시스템으로, 생산 자원 관리를 효율적으로 수행할 수 있게 했고, ERP는 모든 전사 자원을 통합적으로 관리할 수 있는 시스템으로 확장되었다. 이와 같은 기술 발전은 S&OP가 판매와 운영의 균형을 맞추는 데 필요한 데이터를 실시간으로 제공하며, 전사적 협업을 가능하게 하였다.

• 경영 전략의 변화

과거 기업들은 개별 부서 중심의 경영 전략을 채택하는 경향이 있었다. 영업 부서와 생산 부서가 각각 독립적인 목표를 가지고 운영되었고, 이는 부서 간 충돌이나 비효율성을 초래하곤 하였다. 특히 영업 부서는 수익 증대에 초점을 맞춰 공격적인 판매 목표를 설정하는 반면, 생산 부서는 자원과 역량에 맞춘 현실적인 생산 계획을 수립하다 보니, 생산·

판매 계획 간의 불일치가 빈번하게 발생하였다. 이러한 문제를 해결하기 위해서는 영업과 운영 부서가 협력하여 보다 일관된 계획을 세우는 것이 필요했고, S&OP는 이를 실현할 수 있는 효과적인 방법으로 주목받았다. 또한 린 생산(Lean Manufacturing), 적시 생산(Just-in-Time, JIT)과 같은 경영 기법이 도입되면서 기업들은 재고 관리와 운영 효율성에 대한 중요성을 인식하게 되었다. 불필요한 재고를 줄이고, 수요에 민첩하게 대응할 수 있는 운영 모델의 필요성이 대두되었고, 이 과정에서 S&OP는 핵심적인 역할을 하게 되었다. S&OP는 수요와 공급을 보다 긴밀하게 연계함으로써 재고 비용을 최소화하고, 동시에 시장 변화에 신속히 대응할 수 있도록 지원하는 경영 기법으로 자리 잡게 되었다.

• 공급망 복잡성의 증가

글로벌화와 시장의 경쟁 심화로 인해 공급망은 더욱 복잡해졌다. 단순히 한 국가나 지역에 국한된 공급망이 아니라, 전 세계를 아우르는 복잡한 네트워크가 형성되면서 수요와 공급 간의 조정이 더욱 중요해졌다. 다양한 지역에서 공급되는 원자재와 부품, 그리고 각기 다른 시장의 수요 패턴을 고려하지 않고서는 효과적인 운영이 불가능해졌다. 이러한 배경에서 S&OP는 복잡한 공급망을 관리하고, 지역별 수요를 효율적으로 반영할 수 있는 전략적 계획 도구로 발전하게 되었다.

• 고객 요구의 변화

과거보다 고객의 요구가 더욱 다양해지고, 맞춤형 제품과 빠른 배송에 대한 기대치가 높아지면서 기업들은 더욱 유연하고 민첩한 운영이 요구되었다. 고객 요구의 변화에 대응하기 위해서는 단순한 예측이 아니라, 실시간 데이터를 기반으로 한 정교한 계획과 실행이 필요해졌다. S&OP는 이러한 요구를 충족시키기 위해 수요 예측과 공급 계획을 통합적으로 관리하며, 고객의 변화하는 요구에 신속하게 대응할 수 있도록 설계되었다.

• 주요 내용 정리

S&OP는 1980년대 글로벌화, 경제 변화(오일 쇼크)에 따라 예측 가능한 운영 모델의

필요성에서 시작되었다. 기술 발전(MRP/ERP)은 데이터 통합과 실시간 분석을 가능케 하여 S&OP 발전을 촉진했다. 부서 간 목표 불일치와 비효율성 문제를 해결하기 위해 통합된 경영 전략이 도입되었으며, 린 생산 및 JIT와 같은 기법이 재고 최소화와 민첩한 운영을 지원했다. 글로벌 공급망 복잡성과 시장 경쟁 심화로 S&OP는 지역별 수요 대응 및 공급망 관리에 필수적이 되었다. 또한 고객의 다양해진 요구와 빠른 대응 필요성은 실시간 데이터 기반의 S&OP 실행을 요구했다.

주요 비즈니스 사례

S&OP는 다양한 산업에서 광범위하게 사용되는 관리 프로세스로, 기업들이 수요와 공급을 효율적으로 조정하고, 전반적인 비즈니스 성과를 극대화하는 데 중요한 역할을 한다. 실제로 다양한 산업에서 많은 글로벌 기업이 S&OP를 성공적으로 도입하여 운영 효율성을 크게 개선하고, 시장의 변화에 빠르게 대응할 수 있게 되었다. 이 과정에서 다양한 비즈니스 사례가 나타났으며, 여러 소식지 및 공개된 자료들에 의하면, 다음과 같은 기업들에 있어서 S&OP가 성공적으로 활용된 주요 사례들을 알 수가 있었으나, 다시 한번 살펴보도록 하겠다.

• 코카콜라(Coca-Cola)의 글로벌 공급망 최적화를 위한 S&OP 도입

코카콜라는 전 세계적으로 수요와 공급이 매우 복잡하게 얽혀 있는 글로벌 기업으로, 다양한 국가에서 다양한 제품을 생산하고 공급하는 다국적 기업이다. 코카콜라는 S&OP 프로세스를 도입하여, 전 세계적인 수요와 공급을 효과적으로 관리하고 있다. 특히 각국의 판매 데이터를 통합적으로 분석하여 향후 수요를 예측하고, 이에 맞춰 생산 계획과 공급망 전략을 조정하는 데 S&OP가 중요한 역할을 해내고 있다.

코카콜라는 다양한 지역에서 판매되는 음료 제품에 대한 지역별로 다른 수요를 인식하고 S&OP를 통해 이를 더욱 효율적으로 관리한다. 예를 들어, 특정 국가에서 여름철에 탄산음료의 수요가 급증하는 시기를 대비하여, 미리 생산 계획을 세우고 재고를 확보함으로써 고객 수요를 충족시킨다. 이를 통해 코카콜라는 재고 부족 문제를 최소화하고, 불필요한 재고를 줄이며, 수익성을 높일 수 있었다. 여기에서 중요한 것은 수요 예측의 기능이라 할 수 있다.

• 애플(Apple)의 S&OP를 통한 생산 및 공급망 관리

애플은 세계적인 전자기기 제조업체로, iPhone, iPad, Mac 등 다양한 제품을 전 세계에 공급하고 있다. 애플은 제품 출시와 동시에 높은 수요를 충족시키기 위해 매우 정교한 S&OP 프로세스를 운영하고 있다. 특히 제품 출시 전의 수요 예측과 이에 따른 생산 및 공급망 계획을 통해 고객들에게 신속하게 제품을 제공할 수 있다.

애플의 S&OP 프로세스는 주로 제품 출시 사이클에 맞춰 집중적으로 운영된다. 새로운 제품이 출시되기 전에 지역별로 예상되는 수요를 분석하고, 이를 기반으로 공급망 전체에서 자재 조달, 생산 계획, 물류 전략을 조정한다.

예를 들어, 특정 모델의 iPhone에 대한 수요가 특정 국가에서 더 높을 것으로 예측되면, 해당 국가에 우선으로 물량을 배정하고 물류 계획을 조정함으로써 고객 만족도를 높인다. 애플은 S&OP를 통해 글로벌 공급망을 최적화하고, 고객의 기대에 부응하는 빠르고 안정적인 제품 공급을 유지하고 있다.

• 유니레버(Unilever)의 다국적 기업 통합 계획 수립

유니레버는 전 세계적으로 다양한 소비재를 제조하고 판매하는 다국적 기업으로, S&OP를 통해 생산, 마케팅, 재무, 공급망 부서 간의 협력을 강화하고 있다. 유니레버는 다양한 제품 라인과 복잡한 공급망을 관리해야 하며, 이에 따라 각 부서가 긴밀하게 협력하여 통합된 계획을 수립하는 것이 필수적이다. 유니레버는 S&OP를 통해 글로벌 수요를 더욱 정확하게 예측하고, 각 지역의 생산 및 물류 계획을 효율적으로 관리한다. 예를 들어, 특정 제품의 원자재 가격이 급격히 상승할 경우, S&OP 회의를 통해 이를 사전에 파악하고 공급망에 미치는 영향을 평가한다. 그 후, 적절한 대체 원자재를 선택하거나 생산 일정을 조정하는 방식으로 신속하게 대응할 수 있다. 유니레버는 이를 통해 비용 절감 효과를 거두었으며, 동시에 고객 서비스 수준을 유지하는 데 성공하였다.

• P&G(프록터 앤 갬블, Procter & Gamble)의 고객 중심 S&OP 프로세스

P&G는 S&OP를 통해 고객의 요구를 충족시키고, 공급망을 효율적으로 관리하는 데 큰 성공을 거둔 대표적인 기업이다. P&G는 고객 중심의 S&OP 프로세스를 도입하여, 고객 수요에 맞춰 생산 및 공급망 계획을 조정함으로써 시장 변화에 민첩하게 대응하고 있다. 특히 P&G는 주요 제품군별로 수요 예측을 면밀하게 분석하고, 이를 바탕으로 공급 계획을 세워 고객의 요구를 충족시키고 있다. 예를 들어, 기저귀와 같은 필수 소비재의 경우, 특정 지역에서 수요가 급증할 것을 예상하면 사전에 생산량을 조정하여 충분한 재고를 확보하고, 유통망을 통해 신속하게 공급한다. 이를 통해 P&G는 성공적으로 고객 서비스의 질을 높이고, 공급망의 유연성을 극대화했다고 한다.

• 혼다(Honda)의 자동차 산업에서의 S&OP 활용

혼다는 글로벌 자동차 제조업체로, S&OP를 통해 수요 예측과 생산 계획을 통합하여 생산라인의 효율성을 높였다. 특히 혼다는 다양한 자동차 모델과 옵션을 고객에게 제공해야 하므로, 수요 변동에 민감하게 반응해야 한다. 이를 위해 혼다는 S&OP 회의를 통해 판매 데이터와 공급망 정보를 통합적으로 분석하여 생산 일정을 조정하고, 부품 공급의 최적합화에 접근한다. 그러므로 혼다는 S&OP를 통해 생산 과잉을 방지하고, 고객 수요에 맞춘 맞춤형 차량을 제공함으로써 고객 만족도를 높였다. 또한 공급망 전반에서 부품 재고를 적절히 관리하여 비용 절감 효과를 거두었으며, 시장 변화에 신속하게 대응하는 유연한 생산 체계를 구축할 수 있었다고 한다.

• 로레알(L'Oréal), S&OP 프로세스를 통해 효과적 변화에 대응

로레알은 글로벌 뷰티 및 바이오 시장을 선도하는 대표적인 기업으로, 제품 라인업과 고객 수요가 매우 다변화되어 있다. 전 세계 다양한 시장에서 고객의 기대와 트렌드가 빠르게 변화함에 따라, 로레알은 S&OP 프로세스를 통해 이 변화를 효과적으로 관리하고 있다. S&OP는 소비자 행동을 분석하고, 지역별로 다른 수요 패턴을 파악하여 생산 계획과 공급망 전략을 최적화하는 데 핵심적인 역할을 하고 있다. 예를 들어, 특정 지역에서 자연주의 화장품이나 친환경 제품에 대한 수요가 급증하는 경우, S&OP를 활용하여 이를 신속히 감지하고 생산량을 조정하며, 필요한 원료를 더욱 효율적으로 조달한다. 이 과정에서 로레알은 원재료 공급업체와의 협력을 강화해 공급망의 유연성을 높이고, 재고를 적정 수준으로 유지하여 비용 부담을 줄이는 데 성공했다. 또한 S&OP를 통해 수요 예측의 정확도를 크게 향상시켰고, 이를 기반으로 제품 개발과 출시 속도를 높였다. 이를 통해 시장의 변동성에 빠르게 대응하며 경쟁력을 유지하고 있다. 예를 들어, 특정 지역에서 계절적 수요가 예상될 경우, 사전에 이를 반영한 생산 계획을 수립하고 물류 체계를 조정하여 고객의 니즈를 적시에 충족시킨다. 이러한 S&OP의 활용은 단순히 운영 효율성을 개선하는 데 그치지 않고, 불필요한 재고 축적을 줄이고 비용 효율성을 대폭 강화하는 데 이바지했다. 로레알은 또한 이러한 운영 방식을 통해 지속 가능성 목표를 달성하는 데에도 주력하고 있으며, 환경에 미치는 영향을 줄이는 동시에 기업의 전반적인 비즈니스 성과를 극대화하고 있다. 로레알의 사례는 S&OP가 뷰티 및 바이오 산업에서 혁신적인 경영 도구로 자리 잡을 수 있음을 보여주는 대표적인 사례라 할 수 있다.

- **주요 내용 정리**

S&OP는 다양한 글로벌 기업에서 성공적으로 도입되어 운영 효율성과 시장 대응력을 강화하는 데 이바지했다. 코카콜라는 수요 예측을 통해 글로벌 공급망을 최적화하며 재고 관리와 수익성을 개선했고, 애플은 제품 출시 전 수요 예측과 공급망 조정을 통해 고객 만족도를 높였다. 유니레버는 부서 간 협력을 기반으로 원자재 변화에 신속히 대응하며 비용을 절감했고, P&G는 고객 중심의 S&OP로 소비자 요구를 충족하고 공급망 유연성을 강화했다. 혼다는 수요 변동에 민감하게 대응하여 맞춤형 생산 체계를 구축했고, 로레알은 수요 패턴 분석과 친환경 생산으로 지속 가능성과 시장 경쟁력을 확보했다.

S&OP의 비즈니스적 필요성

시장 환경 변화 대응

S&OP는 기업이 지속적으로 변화하는 시장 환경에 유연하게 대응할 수 있도록 돕는 핵심적인 경영 도구이다. 현대의 비즈니스 환경은 글로벌화, 기술 혁신, 고객 요구의 변화, 경쟁 심화, 그리고 불확실성 증가로 인해 복잡성이 점점 더 커지고 있다. 이러한 변화 속에서 기업들은 빠르게 변하는 시장 상황에 적응하지 않으면 경쟁에서 뒤처질 위험이 크다. S&OP는 이러한 변화에 대응하기 위한 전략적 계획을 제공함으로써, 기업이 시장의 요구와 변화에 민첩하게 대응할 수 있도록 도와준다.

• 글로벌화와 공급망 복잡성 증가에 대한 대응

글로벌화는 기업의 운영 범위를 확장시켰지만, 동시에 공급망 복잡성을 더욱 증가시켰다. 특히 펜데믹과 지역 간의 갈등 및 G2의 패권 경쟁 등으로 끊임없는 혼란 속에서도 기업들은 단일 국가나 지역 내에서만 활동하지 않고, 전 세계를 대상으로 한 다각적인 운영을 하는 상황이다. 이는 수요와 공급의 균형을 유지하는 일이 더욱 어렵고, 동시에 중요해졌다는 것을 의미한다. 예를 들어, 원자재 공급이 특정 국가에서 지연되거나 중단될 경우, 해당 국가에 의존하던 생산라인은 즉시 타격을 받을 수 있다. 이러한 상황에서 S&OP는 글로벌 공급망을 종합적으로 조정하고, 시장의 변동성에 신속하게 대응할 수 있는 계획을 수립하는 데 필수적인 역할을 한다.

S&OP는 공급망 데이터를 통합적으로 분석하여, 잠재적인 리스크 요인을 사전에 식별

하고 이에 대한 대응 전략을 마련한다. 예를 들어, 특정 지역에서 공급 문제가 발생할 경우, 대체 공급원을 찾거나 생산 일정을 조정하는 방식으로 공급망의 유연성을 확보할 수 있다. 이는 시장의 변화에 신속하게 대응하여 공급망 충격을 최소화하고, 안정적인 운영을 보장하는 데 중요한 역할을 한다.

• 기술 혁신과 소비자 요구 변화에 대한 민첩한 대응

기술 혁신은 시장 환경을 빠르게 변화시키는 주요 요인 중 하나이다. 특히 ICBM*을 비롯한 자동화, AI와 같은 기술이 급속히 발전하면서 시장의 변화 속도는 이전보다 훨씬 빨라졌다. 이러한 변화 속에서 기업들은 고객의 요구와 기대에 민첩하게 대응해야 하며, 이를 위해선 더욱 예측 가능하고 유연한 운영 계획이 필요하다.

> * IoT (Internet of Things): 사물인터넷은 다양한 사물이 인터넷에 연결되어 데이터를 주고받는 기술.
> Cloud: 클라우드 컴퓨팅은 데이터 저장과 처리 능력을 네트워크 기반으로 제공하는 기술.
> Big Data: 빅데이터는 방대한 데이터를 분석하여 유의미한 정보를 추출하는 기술.
> Mobile: 모바일 기술은 스마트폰 및 기타 이동 가능한 기기와 관련된 기술.

S&OP는 미래의 수요를 예측하고, 이에 맞춰 생산과 공급을 조정할 수 있는 프로세스를 제공함으로써 기술 변화와 소비자 요구에 유연하게 대응할 수 있게 한다. 예를 들어, 새로운 기술이 도입되면서 고객의 선호도가 급격히 변하는 경우, S&OP는 시장 데이터를 기반으로 이러한 변화를 빠르게 반영하고, 새로운 수요에 맞춘 생산 계획을 수립할 수 있다. 또한 기술 발전에 따른 제품 출시 주기가 짧아짐에 따라, S&OP는 제품의 수명 주기를 효과적으로 관리하여 적시에 제품을 공급할 수 있도록 지원한다.

• 경쟁 심화와 시장 불확실성에 대한 대응

글로벌화와 기술 혁신이 가속화됨에 따라 기업 간의 경쟁은 더욱 치열해지고 있다. 또한 시장의 불확실성은 점점 커지고 있으며, 이는 기업들이 경쟁 우위를 유지하기 위해 더욱 민첩한 대응이 필요하다는 것을 의미한다. 불확실한 시장 환경 속에서 기업은 수요 예측이 어려워지고, 공급망의 유동성이 부족해질 수 있다. 예를 들어, 팬데믹이나 자연재해와 같은 외부적인 충격으로 인해 수요 변동성이 급격히 증가하면, 기업은 이에 대한 대비책을 미리 마련해야 한다.

S&OP는 기업이 불확실한 환경 속에서도 시장 상황을 예측하고, 계획을 조정할 수 있는 능력을 제공한다. 특히 시나리오 계획(Scenario Planning)과 같은 기능을 통해 다양한 시장 변화에 대비한 여러 계획을 마련할 수 있다. 이러한 시나리오 기반의 접근법은 불확실한 시장 상황에서도 리스크를 관리하고, 더욱 신속하고 유연하게 대응할 수 있도록 한다. 예를 들어, 특정 제품의 수요가 급격히 증가하거나 감소할 것을 예상한 경우, S&OP 프로세스를 통해 생산 계획을 조정하고, 자원을 재배치함으로써 효율적인 대응을 할 수 있다.

• 고객 중심 운영의 필요성 증대

시장 환경의 변화는 고객의 요구와 기대가 빠르게 변하고 있다는 것을 의미한다. 오늘날 고객들은 더욱 맞춤화된 제품과 서비스를 요구하며, 기업은 이러한 요구를 충족시키기 위해 보다 신속하고 유연한 운영이 필요하다. 특히 전자상거래와 같은 디지털 채널의 발달로 인해 고객은 제품을 더 빠르게 받아보고 싶어 하며, 제품 품질과 배송 시간에 대한 기대치도 높아졌다.

S&OP는 고객의 변화하는 요구에 민첩하게 대응할 수 있는 운영 계획을 수립하는 데 필수적이다. 예를 들어, 특정 시기에 고객의 수요가 급격히 증가할 것을 예상하면, S&OP 프로세스를 통해 미리 생산과 재고를 조정하여 고객의 기대를 충족시킬 수 있다. 또한 고객의 피드백을 실시간으로 반영하여 생산 계획을 조정함으로써 시장의 변화에 빠르게 대응할 수 있다. 이는 궁극적으로 고객 만족도를 높이고, 고객과의 장기적인 관계를 유지하는 데 중요한 역할을 한다.

[A社의 S&OP 개선 방안 사례 연구]

A사는 종합 생활용품 및 뷰티 산업을 영위하는 기업이다. 이번 사례 연구에는 김정열 파트너님, 이도정 대표님이 함께 참여했다. A사의 경영 환경은 다음과 같다.

- 고객의 니즈와 시장 트렌드는 타 산업에 비해 빠르게 변화하고 있다. 이에 따라 포트폴리오 재설계를 위한 의사결정이 신속하고 효율적으로 이루어져야 한다.
- 그러나 현재의 경영 인프라* 구조상, 이러한 변화를 지원하는 실행이 어렵다.

* 조직 구조, 의사결정 체계, 정보 시스템, 재무 관리 체계, 인적 자원 관리 체계, 리스크관리 체계, 생산 및 운영 관리 체계, 품질, 고객 관리, 공급망 관리, 법무 및 준법 감시 체계, 성과 관리, 프로젝트 관리, 지속 가능성 및 ESG 관리 체계, 커뮤니케이션 및 협업 등을 포함한다.

- 이러한 한계로 인해 S&OP를 주기적으로 점검하고 전략과 민첩하게 연계하는 것이 어려워지고 있다.
- 결과적으로, 이는 기업의 경쟁력 확보에 장애 요소로 작용하고 있다.
- 회사는 환경 변화에 능동적으로 대응하기 위해 시나리오 기반의 S&OP 도입을 대안으로 고려하고 있다.
- 그러나 공장, 영업점, 유통망 등 현장에서 변화를 이끌어내고 혁신을 촉진하기에는 여러 제약이 존재한다. 또한 도입된 솔루션이 얼마나 효과적인지 검증할 수 있는 체계가 부족한 실정이다.

이러한 현실을 바탕으로 경영 인프라 부문을 진단하여 통합된 이슈를 도출하였으며, 이에 대한 현상, 원인, 개선 기회를 분석하여 개선 방향을 설정하였다. 이에 따라 목표 모델을 개발하고, 이를 달성하기 위해 단계별로 합리적으로 접근하는 절차를 마련하였다. 이러한 절차를 요약해 보면 다음과 같다.

- Root Cause Analysis를 통해 도출된 통합된 이슈는 '고객 요구와 시장 변화에 민첩하게 대응하기 어려운 비효율적인 S&OP 운영'이다.
- 또한 시장 변화에 맞춰 포트폴리오를 신속히 재설계해야 하지만, 현재의 경영 인프라가 신속하고 효율적인 의사결정을 지원하지 못하여 S&OP와 전략이 적시에 연계되지 못하고 있으며, 이 때문에 경쟁력이 취약해지는 현상이 뚜렷하게 확인되었다.
- 이러한 현상의 원인으로는 복잡하고 비효율적인 경영 인프라가 있으며, 또한 공장, 영업점, 유통망 등 현장에서 도입되는 솔루션의 효과를 검증할 체계가 부재하여 변화와 혁신을 원활하게 추진하지 못하는 점이 주요 요인으로 작용하고 있다.
- 공통된 이슈를 해결하기 위한 개선 기회로는, 전략과 연계된 시나리오 기반 S&OP와 검증된 솔루션을 통한 민첩한 데이터 대응 체계 구축과 함께, 파일럿 테스트 및 KPI 기반 성과 측정 시스템을 통해 현장 변화의 효과를 객관적으로 평가할 수 있는 솔루션 검증 체계를 확립하는 것이다.

이제부터는 이렇게 설정된 개선 방향에 따라 목표 모델을 개발하기 위해 필요한 요건을 합리적으로 검토하여 다음과 같이 확인하였다.

- 시장 변화와 전략을 연계하여 신속히 대응할 수 있는 정기적인 S&OP 점검 체계
- 시나리오별 예측 및 분석을 통해 시장 변동에 신속하게 대응할 수 있는 체계
- 파일럿 테스트와 KPI 기반 성과 측정을 통해 솔루션의 효과를 객관적으로 검증할 수 있는 체계
- 현장 피드백을 반영하여 솔루션 개선 기회를 지속적으로 파악할 수 있는 체계

이러한 요건을 바탕으로 '민첩한 S&OP 운영과 솔루션 검증 체계 강화'라는 목표 모델을 도출하였으며, 이를 효과적으로 구축하고 실행하기 위한 구체적인 절차 제시와 S&OP 통합 프로세스에서 데이터 관리 측면에 중점을 둔 데이터 수집, KPI 설정, 모니터링에 이르는 과정을 설명하자 한다.

• S&OP 통합 프로세스 절차

1) 데이터의 수집과 정제

- 다양한 데이터 원천에서 최신 데이터를 수집하여 시장 트렌드와 고객 요구의 변화를 파악한다.
- 판매 실적, 주문 이력, 재고 수준, 시장 리포트, 경제 지표, 소셜 미디어 데이터 위주로 수집한다.
- 자동화된 데이터 수집 도구와 API를 활용하여 실시간으로 수집한다.
- 중복 제거, 결측치(缺測値) 대체, 이상치(異狀値) 수정 등 데이터 품질을 높이는 작업을 수행하고, 일관성, 정확성, 완전성 기준으로 정제 후 품질 관리를 한다.

2) 데이터 분석 및 시나리오 수립

- 수요 변동성을 예측하고 다양한 시나리오를 설정한다.
- 시계열 분석, 머신 러닝 모델 등을 사용해 시장 변화를 예측한다.
- 수요 급증과 급감, 특정 제품 수요 증가 등 변동 상황을 반영한 시나리오를 수립하고, 각 시나리오에 맞는 대응 전략을 준비한다.

3) 시나리오 검증 및 시뮬레이션

- 시나리오가 실질적으로 적합한지 가상 환경에서 검증하고, 시뮬레이션을 통해 각 시나리오의 성과를 평가하여 부족한 점을 보완한다.
- 통계적 기법으로 시나리오별 시뮬레이션을 통한 대응 전략의 예상 효과를 검토한다.

4) 대응 전략 구체화와 KPI 설정

- 시나리오별 목표, 예상 자원 할당, 각 부서 역할과 책임을 정의하고 대응 전략

을 문서화하여 조직 전체가 공유한다.

- 대응 전략의 성공 여부를 측정하기 위한 KPI로 대응 속도, 재고 회전율, 예측 정확도, 서비스 수준 등을 설정한다.

5) 성과 모니터링 및 피드백 루프

- KPI를 실시간으로 모니터링할 수 있는 시스템을 구축하여 목표 범위를 벗어나는 경우 알림을 설정하여 신속한 대응을 유도한다.

- KPI 성과와 시나리오 대응 결과를 정기적으로 검토하여 개선 사항을 다음 S&OP 주기에 반영하며, 리뷰 회의를 통해 협의하고 개선안을 마련해 계속 발전시켜 나간다.

앞으로 이러한 S&OP 통합 프로세스 절차에 대해서는 자주 설명될 것이다. S&OP 통합 프로세스 절차는 매우 중요하므로 반복적인 설명이 불가피하며, 개념을 지속적으로 되새길 필요가 있다.

이 사례 연구는 개괄적인 첫 장으로서 전반적인 내용과 개념을 다루고 있으며, 제3장 '데이터 관리'에서 심층적·구체적인 설명을 확인할 수 있다.

• 주요 내용 정리

S&OP는 글로벌화, 공급망 복잡성, 기술 혁신, 소비자 요구 변화, 시장 불확실성 등에 대응하여 기업의 민첩성과 경쟁력을 강화하는 필수 경영 도구이다. 글로벌 공급망 리스크관리와 기술 변화에 따른 수요 대응을 지원하며, 시나리오 기반 계획을 통해 불확실성에 대비한다. A社 사례에서는 비효율적인 S&OP 운영 문제를 해결하기 위해 데이터 중심의 프로세스와 KPI 기반 성과 체계를 제시했다. 데이터 수집·분석, 시나리오 검증, 대응 전략 수립, 성과 모니터링 과정을 통해 시장 변화에 민첩하게 대응하고 지속적인 개선을 추구한다. 이는 고객 만족과 경쟁력 강화를 목표로 운영된다.

기업의 내부 프로세스 통합

S&OP는 기업 내의 유관 부서와 기능을 통합하여 일관된 비즈니스 전략을 수립하는 데 핵심적인 역할을 하는 관리 프로세스이다. 오늘날 기업들은 수많은 부서가 각자의 역할을 수행하며, 각 부서가 목표로 하는 성과 지표(KPI)나 우선순위가 다를 수 있다. 이러한 상황에서 기업이 일관된 목표를 달성하고, 조직 전체의 성과를 극대화하기 위해서는 내부 프로세스의 통합이 필수적이다. S&OP는 영업, 마케팅, 생산, 공급망, 재무 등 다양한 부서가 협력하고, 공통의 목표를 향해 나아갈 수 있도록 하는 통합 관리 도구로 자리 잡았다.

• 부서 간 사일로(Silo) 현상 해결

많은 기업에서 나타나는 문제 중 하나는 사일로(silo) 현상이다. 이러한 현상은 부서 간에 정보나 목표가 공유되지 않고, 각 부서가 독립적으로 운영되는 상황을 말한다. 예를 들어, 영업 부서는 매출 증대를 목표로 공격적인 판매 계획을 세우는데, 생산 부서는 생산 능력이나 자원 제약을 고려하지 않고 영업 부서의 요구를 맞추지 못하는 상황이 발생할 수 있다. 이 때문에 수요와 공급의 불일치가 발생하고, 과도한 재고나 재고 부족, 고객 불만족 등의 문제가 초래된다.

S&OP는 부서 간 협업을 촉진하고 통합된 계획을 수립함으로써 이러한 사일로 현상을 해결하는 데 중요한 역할을 한다. S&OP 회의에서는 영업, 생산, 공급망, 재무 등 모든 부서가 참여하여 서로의 데이터를 공유하고, 통합된 계획을 수립한다. 이를 통해 각 부서는 자신의 목표와 전략을 전체 비즈니스 목표에 맞춰 조정할 수 있으며, 부서 간의 협력을 강화하여 더 나은 성과를 창출할 수 있다.

• 통합된 의사결정 체계 구축

S&OP는 기업 내의 의사결정 체계를 통합하는 데 중요한 역할을 한다. 과거에는 각 부서가 독립적으로 의사결정을 내리면서 부서 간의 조정 부족으로 인해 비효율성이 발생

하는 경우가 많았다. 예를 들어, 마케팅 부서는 새로운 프로모션의 진행을 결정했지만, 생산 부서와의 사전 협의가 부족해 필요한 제품 재고가 충분하지 않을 수 있다. 이런 경우 고객 수요를 충족시키지 못하게 되면서 기업의 이미지와 신뢰도에 부정적인 영향을 미칠 수 있다.

S&OP는 이러한 문제를 해결하기 위해 전사적인 의사결정 체계를 구축한다. S&OP 프로세스에서는 정기적으로 관련 부서가 모여 수요와 공급, 재고, 생산 능력, 재정적 고려 사항 등을 종합적으로 논의하고, 이를 바탕으로 최적의 의사결정을 내린다. 이 통합된 의사결정 프로세스는 각 부서가 독립적으로 운영되는 것을 방지하고, 전체적인 비즈니스 목표에 맞춘 일관된 전략을 수립하는 데 중요한 역할을 한다.

• 운영 계획의 통합과 조정

S&OP는 운영 계획을 통합하고 조정하는 역할을 한다. 각 부서가 개별적으로 계획을 세우는 경우, 계획 간의 불일치가 발생할 가능성이 크다. 예를 들어, 영업 부서는 수요가 급증을 예상하고 높은 판매 목표를 설정하지만, 생산 부서는 이에 맞춰 충분한 생산 계획을 세우지 못하거나 자재 공급이 원활하지 않을 수 있다. 이 바람에 예상치 못한 생산 차질이나 고객 주문을 제때 처리하지 못하는 상황이 발생할 수 있다.

S&OP는 영업, 생산, 공급망, 재무 등 모든 부서의 계획을 통합하여 수요와 공급을 최적화한다. 이를 통해 생산 능력, 재고 수준, 자재 공급 상황 등을 고려한 현실적인 계획을 세우고, 각 부서가 이 계획에 맞춰 협력하도록 한다. 통합된 운영 계획은 기업이 고객의 수요를 만족시키면서도 비용을 절감하고, 효율성을 극대화하는 데 중요한 역할을 한다.

• 데이터 기반의 통합 관리

S&OP는 데이터 기반의 의사결정과 관리를 가능하게 한다. 기업들은 여전히 각 부서가 개별적으로 데이터를 관리하고, 이를 기반으로 계획을 세우는 경우가 많다. 그러나 이러한 방식은 부서 간 정보 공유가 원활하지 않으며, 정확한 의사결정을 내리기 어렵게 만든다. 특히 수요 예측이나 재고 관리에서 부서 간의 데이터 불일치는 큰 문제를 불러

일으킬 수 있다.

S&OP는 통합된 데이터 시스템을 기반으로 운영된다. 이를 통해 모든 부서가 똑같은 데이터를 공유하고, 이를 바탕으로 정확한 수요 예측과 공급 계획을 수립할 수 있다. 영업 부서의 판매 데이터는 생산 부서와 실시간으로 공유되며, 생산 부서는 이를 바탕으로 생산 일정을 조정한다. 또 재무 부서는 예상되는 매출과 비용을 고려하여 자원 배분을 최적화할 수 있다. 데이터 기반의 통합 관리는 기업이 더욱 정확하고 효율적인 계획을 세울 수 있도록 지원한다.

• 기업 전체 목표와 전략의 일관성 유지

S&OP는 기업 전체 목표와 전략의 일관성을 유지하는 데 필수적이다. 각 부서는 자체 목표를 가지고 있지만, 이러한 목표가 기업의 전략적 목표와 일치하지 않으면 불필요한 자원 낭비나 비효율적인 운영이 발생할 수 있다. 영업 부서가 단기적인 매출 증가에 초점을 맞추어 공격적인 판매 목표를 설정하더라도, 생산 부서와 공급망이 이를 감당할 준비가 되어 있지 않으면 오히려 장기적인 성장을 저해할 수 있다.

S&OP는 전사적인 목표에 맞춘 통합된 계획을 수립하여, 부서 간 목표의 불일치를 방지하고 일관된 전략을 실행할 수 있도록 도와준다. 이를 통해 모든 부서는 기업의 장기적인 전략 목표를 공유하고, 각자의 역할을 조정하며 협력하게 된다. 이는 궁극적으로 기업이 목표를 달성하는 데 크게 기여(寄與)하며, 장기적인 경쟁력을 강화하는 데 도움이 된다.

• 주요 내용 정리

S&OP는 기업 내부 프로세스를 통합하여 부서 간 협업과 일관된 비즈니스 전략 수립을 가능하게 한다. 사일로(silo) 현상을 해소하고 영업, 생산, 공급망, 재무 등 부서 간 데이터와 목표를 공유해 통합된 의사결정을 지원한다. 운영 계획을 조정하여 수요와 공급을 최적화하고, 데이터 기반의 관리로 정확성과 효율성을 높인다. 이를 통해 부서 간 목표 불일치를 방지하며, 기업 전체 전략과 일치된 계획을 실행해 자원 낭비를 줄이고 성과를 극대화한다. S&OP는 결국 조직의 장기적인 경쟁력을 강화한다.

경영 리스크관리

S&OP는 기업이 직면하는 다양한 경영 리스크를 효과적으로 관리하는 데 중요한 도구이다. 현대의 비즈니스 환경은 빠르게 변화하며, 불확실성이 증가하고 있다. 시장 변동성, 공급망 문제, 경제적 불안정성, 기술 변화 등 숱한 요인들이 경영 리스크를 초래할 수 있다. S&OP는 이러한 리스크를 사전에 식별하여, 신속하고 효과적으로 대응할 수 있도록 통합적인 계획을 수립함으로써 경영 안정성을 확보한다. S&OP는 수요와 공급의 불일치, 재고 문제, 원자재 가격 변동, 생산 차질 등 다양한 리스크에 대응하기 위한 체계적 접근을 제공한다.

• 수요 변동성 관리

수요 예측의 불확실성은 기업이 직면하는 주요 경영 리스크 중 하나이다. 특히 외부 시장 상황의 변동, 소비자 트렌드의 급격한 변화, 계절적 수요 변화 등으로 인해 수요는 예측하기 어려운 경우가 많다. 수요 변동성은 공급 부족 또는 과잉 재고로 이어질 수 있으며, 이는 기업의 재정적 손실과 고객 만족도 저하로 이어질 수 있다.

S&OP는 정확한 수요 예측과 이에 따른 대응 계획을 통해 수요 변동성에 따른 리스크를 최소화한다. S&OP 회의를 통해 영업, 마케팅, 생산, 공급망 등 여러 부서의 데이터를 통합하고, 이를 바탕으로 미래 수요를 예측하기 때문이다. 또한 시나리오 분석을 통해 여러 가지 상황에 대비한 대체 계획을 마련하여, 예상치 못한 수요 변화에도 신속히 대응할 수 있다. 이를 통해 기업은 수요 예측이 틀리더라도 재고 부족이나 과잉을 방지하고, 효율적인 운영을 유지할 수 있다.

• 공급망 리스크관리

글로벌 공급망은 기업에 많은 이점을 제공하지만, 동시에 공급망의 복잡성으로 인해 여러 가지 리스크를 내포하고 있다. 자연재해, 정치적 불안정, 물류 지연, 원자재 부족 등 공급망의 어느 한 부분에 문제가 생기면 기업의 생산 활동이 차질을 빚을 수 있다. 이는 고객 주문을 납기 안에 처리하지 못하게 하고, 기업의 수익성에 부정적인 영향을 미칠 수 있다.

S&OP는 공급망 리스크를 사전에 파악하고 대응할 수 있는 체계를 제공한다. S&OP 프로세스에서 공급망 데이터가 통합적으로 관리되며, 잠재적인 리스크의 요인을 미리 파악하여 대책을 마련할 수 있다. 이를테면 특정 원자재의 공급이 지연될 가능성이 있을 때, S&OP를 통해 대체 공급원을 탐색하거나 생산 일정을 조정하는 방식으로 리스크를 관리할 수 있다. 이는 공급망에서 발생할 수 있는 혼란을 최소화하고, 기업의 운영 연속성을 유지하는 데 이바지한다.

• 재무 리스크관리

기업의 경영 리스크는 재무적인 측면에서도 발생할 수 있다. 수요와 공급의 불일치, 과도한 재고자산, 생산 효율성 저하 등은 모두 재무 리스크로 이어질 수 있으며, 기업의 비용 구조를 악화시킨다. 또한 예측하지 못한 외부 환경의 변화는 자원 배분의 비효율성을 초래할 수 있다.

S&OP는 기업의 재무 리스크를 관리하는 데 중요한 역할을 한다. S&OP 프로세스를 통해 수요 예측과 생산 계획, 재무 계획이 통합되어 운영되기 때문에, 기업은 재무적인 영향을 실시간으로 분석하고 대책을 세울 수 있다. 다시 말해 수요 변동에 따른 재고 수준을 조정하고, 불필요한 자원 낭비를 방지함으로써 비용을 절감할 수 있다. 또한 자본을 더욱 효율적으로 활용하고, 재정 리스크를 최소화할 수 있다. S&OP는 재무 부서가 영업 및 생산 부서와 협력하여 더욱 정확한 자금 계획을 수립하도록 도와준다.

• 제품 및 서비스 품질 관리 리스크

제품 품질이나 서비스의 일관성을 유지하는 것도 기업의 경영 리스크 중 하나이다. 제품 출시 지연, 품질 문제, 서비스 불일치는 고객의 신뢰를 잃고 기업의 명성에 타격을 줄 수 있다. 이는 궁극적으로 시장 점유율 감소와 매출 손실로 이어질 수 있다.

S&OP는 제품 품질과 서비스 일관성을 유지하는 데 중요한 도구로 사용된다. S&OP

를 통해 생산과 공급망의 운영 계획을 세밀하게 조정함으로써, 제품 생산 일정의 지연을 방지하고 품질 관리 시스템을 강화할 수 있다. 또 고객의 피드백을 실시간으로 반영하여 제품의 품질을 유지하는 데 이바지한다. 이를 통해 제품의 신뢰성을 확보하고, 고객 만족도를 높이며, 리스크를 줄일 수 있다.

• 외부 충격에 대한 리스크관리

외부 환경의 급격한 변화는 기업이 통제할 수 없는 경영 리스크를 초래할 수 있다. 이를테면 팬데믹, 글로벌 경제침체, 기술 변화, 규제 변화 등이 대표적인 외부 충격이다. 이러한 외부 요인은 기업의 비즈니스에 직접적인 영향을 미치며, 기업은 이에 대비한 계획을 수립해야 한다.

S&OP는 외부 충격에 대한 리스크관리에서도 유용한 도구이다. S&OP 프로세스는 시나리오 기반의 계획 수립을 통해 다양한 외부 환경 변화에 대비할 수 있도록 한다. S&OP 프로세스를 통해 기업은 불확실한 환경에서도 신속하고 유연하게 대응할 수 있으며, 리스크를 최소화하면서도 기회를 포착할 수 있다. 예를 들어, 특정 지역에서 경제 불황이 발생할 경우, S&OP를 통해 해당 지역의 수요를 조정하고 자원을 재배치하여 리스크를 관리할 수 있다.

• 주요 내용 정리

S&OP는 수요 변동성, 공급망 문제, 재무 위험 등 다양한 경영 리스크를 통합적으로 관리하는 도구이다. 정확한 수요 예측과 시나리오 기반 계획으로 수요 변화에 신속히 대응하며, 공급망 리스크를 사전에 식별하고 대체 공급원 탐색과 생산 조정을 통해 운영 연속성을 유지한다. 재무 계획과 통합된 S&OP는 비용 절감과 자원 활용 효율성을 높여 재정적 리스크를 줄인다. 또한 제품 품질과 서비스의 일관성을 관리해 고객 신뢰와 만족도를 유지한다. 외부 충격에도 시나리오 계획으로 민첩하게 대응해 리스크를 최소화하고 기회를 포착할 수 있다.

S&OP와 경영 성과

매출 증대 효과

S&OP는 기업의 매출 증대에 이바지하는 중요한 비즈니스 프로세스이다. S&OP는 판매와 운영 계획을 통합하여 수요와 공급을 일치시키고, 이를 통해 기업의 전반적인 비즈니스 성과를 향상·발전시키는 데 목적이 있다. 특히 매출 증대 측면에서 S&OP는 고객의 요구를 더욱 정확하게 반영하고, 생산과 공급망을 효율적으로 운영하여 수익성을 극대화하는 데 중요한 역할을 한다. S&OP를 도입한 기업은 수요 예측의 정확성을 높이고, 시장 변화에 빠르게 대응함으로써 매출을 증가시킬 수 있다.

• 수요 예측을 통한 매출 기회 포착

S&OP의 핵심 기능 중 하나는 수요 예측의 정확성을 높이는 것이다. S&OP는 영업, 마케팅, 생산, 공급망 등 다양한 부서에서 발생하는 데이터를 통합하고 분석하여 미래의 수요를 더욱 정확하게 예측한다. 이를 통해 기업은 수요 변동에 신속하게 대응할 수 있으며, 매출 기회를 놓치지 않게 된다.

정확한 수요 예측은 적정한 제품 재고를 유지하고, 고객의 수요를 즉각적으로 충족시킬 수 있는 기반을 마련한다. 예를 들어, 특정 제품의 수요가 급증할 것으로 예상되는 경우, S&OP는 생산 계획을 조정하여 필요한 재고를 사전에 확보하고, 이를 고객에게 신속하게 제공할 수 있도록 한다. 이를 통해 매출을 극대화할 수 있으며, 재고 부족으로 인한 판매 기회 손실을 방지할 수 있다. 반대로, 수요가 감소할 것으로 예측되면 불필요한 생산과 재고 축적을 피함으로써 자원을 효율적으로 사용할 수 있다. 말하자면 필요하고, 팔리는 만큼만 생산해야 하는 자원의 활용이 핵심이다.

• 제품 출시와 시장 진입 시기 최적화

S&OP는 신제품 출시와 시장 진입 시기를 최적화함으로써 매출 증대에 이바지할 수 있다. 신제품을 출시할 때, 기업은 시장 수요를 예측하여 적절한 시점에 제품을 공급하는 것이 가장 중요하다. S&OP는 시장의 트렌드와 고객의 요구를 분석하여, 신제품이 가장 높은 수요를 받을 수 있는 최적의 시기를 파악하는 데 도움을 준다.

S&OP를 통해 기업은 신제품의 생산, 재고, 마케팅, 물류 계획을 조율하여 신속하게 제품을 시장에 공급할 수 있다. 특히 경쟁이 치열한 시장에서는 신속한 제품 출시와 적절한 물량 배포가 매출 증대의 핵심 요소이다. S&OP는 이러한 과정을 최적화하여 신제품이 고객의 기대에 맞춰 적시(適時)에 출시(出市)되도록 함으로써 매출을 극대화할 수 있다.

• 마케팅 및 판매 전략과의 연계

S&OP는 마케팅 및 판매 전략과 긴밀하게 연계되어, 기업이 효과적인 프로모션과 판매 전략을 수립할 수 있도록 한다. S&OP 프로세스를 통해 마케팅팀은 향후의 수요 예측과 생산 가능성을 고려하여 프로모션 캠페인을 최적화할 수 있다. 예를 들어, 특정 제품에 대한 수요가 급증할 것으로 예상되면, 이를 반영한 마케팅 전략을 통해 해당 제품의 홍보를 강화하고, 추가적인 매출을 유도할 수 있다.

또한 S&OP는 가격 전략과의 조정을 통해 매출 증대에 이바지할 수 있다. 이를테면 수요가 증가하는 시점에 가격을 적절하게 조정함으로써 매출을 극대화할 수 있으며, 경쟁사의 가격 변동에 신속하게 대응하여 시장 점유율을 확대할 수 있다. S&OP는 이러한 의사결정을 데이터에 기반하여 체계적으로 지원함으로써, 매출 증대에 직접적인 영향을 미친다.

• 고객 요구 충족을 통한 매출 증대

S&OP는 고객 요구를 정확하게 파악하고 충족시킴으로써 매출을 증대시킬 수 있다.

고객은 자신이 원하는 제품을 적시에 구매하고자 하며, 이러한 요구를 충족시키지 못하면 다른 경쟁사로 이탈할 가능성이 크다.

S&OP는 고객의 구매 패턴, 계절적 수요 변동, 지역별 요구 등을 분석하여, 고객의 요구에 신속하게 대응할 수 있는 능력을 기업에 제공한다.

고객 요구를 충족시키면 반복 구매와 충성 고객 확보로 이어지며, 이는 장기적인 매출 증대에 이바지한다. S&OP는 고객의 수요를 정확하게 예측하여, 언제 어느 곳에서 수요가 발생할지 미리 파악하고 준비함으로써, 고객에게 일관된 서비스를 제공할 수 있다. 이는 고객 만족도를 높이고, 궁극적으로 매출 증가로 이어진다.

• 판매 손실 방지

S&OP는 판매 손실을 방지하는 데도 중요한 역할을 한다. 제품이 충분히 공급되지 않거나, 반대로 불필요하게 과도한 재고가 쌓이는 경우 판매 손실이 발생할 수 있다. 재고 부족은 고객의 주문을 충족시키지 못해 매출 기회를 놓치는 상황을 초래하며, 과도한 재고는 비용 증가와 제품의 노후화를 초래하여 매출에 부정적인 영향을 미칠 수 있다.

S&OP는 수요와 공급의 균형을 맞추어 판매 손실을 최소화한다. 특히 S&OP는 다양한 시장 상황을 고려하여 유연하게 대응할 수 있는 능력을 제공하기 때문에, 갑작스러운 시장 변화나 예기치 못한 수요 변동에도 효과적으로 대응할 수 있다. 이를 통해 기업은 최대한 많은 판매 기회를 확보할 수 있으며, 매출 증대로 이어진다.

• 주요 내용 정리

S&OP는 수요 예측을 정교화해 시장 변화에 신속히 대응함으로써 매출 증대에 이바지한다. 정확한 수요 예측으로 재고 부족이나 과잉을 방지하며, 신제품 출시 시점을 최적화해 시장 기회를 극대화한다. 마케팅 및 판매 전략과 연계하여 효과적인 프로모션과 가격 정책을 지원하며, 고객 요구를 충족시켜 만족도와 충성도를 높인다. 판매 손실을 방지하고, 공급망과 생산 계획을 최적화해 매출 기회를 놓치지 않도록 도와준다. 이를 통해 기업은 매출 증대와 함께 장기적인 시장 경쟁력을 강화할 수 있다.

비용 절감 효과

S&OP는 기업이 자원을 효율적으로 배분하고, 수요와 공급을 최적화하여 비용을 절감할 수 있는 중요한 관리 도구이다. S&OP는 영업, 생산, 공급망, 재무 부서 간의 협력을 통해 기업의 전체 운영 프로세스를 통합하고, 비효율적인 요소를 제거함으로써 비용 절감 효과를 극대화한다. 이는 운영 비용을 줄이고, 자원의 낭비를 최소화하며, 기업의 수익성을 높이는 중요한 역할이다.

• 재고 관리 비용 절감

재고는 기업 운영에 있어 중요한 자산이지만, 동시에 관리 비용이 많이 드는 항목 중하나이다. 재고가 과다하게 쌓이면 보관 비용, 자금 유동성 문제, 감가상각 위험이 커지고, 반대로 재고가 부족하면 고객의 수요를 충족시키지 못해 기회 손실이 발생할 수 있다. S&OP는 정확한 수요 예측과 공급 조정을 통해 적정한 재고 수준을 유지하고, 불필요한 재고 과잉을 방지함으로써 재고 관리 비용을 절감할 수 있다.

S&OP 프로세스는 재고 회전율을 최적화하고, 적시에 필요한 양만큼의 재고를 보유하도록 설계되어 있다. 이를 통해 기업은 과잉 재고로 인한 창고 보관 비용과 자금 압박을 줄이는 동시에 고객의 수요를 충족시키기 위한 적정 재고를 유지할 수 있다. 결과적으로 불필요한 재고 비용을 줄이는 동시에 운영 효율성을 극대화할 수 있다.

• 생산 비용 절감

생산 과정에서 발생하는 비용은 생산 계획이 얼마나 효율적으로 수립되었느냐에 따라 크게 달라진다. S&OP는 수요 예측과 생산 계획을 통합하여 효율적인 생산 계획을 수립하고, 생산 비용을 최소화하는 데 이바지한다. 특히 과잉 생산이나 생산 부족을 방지함으로써 생산라인의 가동률을 최적화하고, 자재와 인력의 낭비를 줄일 수 있다.

효율적인 생산 계획은 설비 가동 시간과 에너지 사용을 최적화하는 데도 도움이 된다. 이를 통해 생산 설비의 가동 시간을 줄이고, 에너지 소비를 줄임으로써 운영 비용도 절감한 수 있다. 또한 생산 과정에서 발생할 수 있는 재작업(rework)이나 납기 지연 등의 문제도 최소화할 수 있어, 불필요한 추가 비용을 방지할 수 있다.

• 물류 및 유통 비용 절감

물류 및 유통은 제품이 고객에게 전달되는 중요한 과정이지만, 비용이 많이 발생하는 영역 중 하나이다. 잘못된 수요 예측이나 생산 계획은 물류비용 증가로 이어질 수 있으며, 이는 기업의 수익성에 부정적인 영향을 미친다. S&OP는 효율적인 물류 계획을 수립함으로써 운송 및 배달 과정에서 발생하는 비용을 절감할 수 있다.

S&OP는 수요와 공급을 정확히 맞춤으로써 불필요한 긴급 배송이나 운송을 줄이고, 계획적인 배송을 가능하게 한다. 이를 통해 비용이 많이 드는 급박한 배송 대신, 좀 더 저렴하고 효율적인 운송 방법을 사용할 수 있으며, 창고와 물류센터 간의 재고 이동을 최소화할 수 있다. 또 지역별로 수요를 최적화함으로써 물류비용을 낮출 수 있다. 예를 들어, 특정 지역에서 수요가 높을 것으로 예상되는 경우, 그 지역에 미리 재고를 배치함으로써 운송 비용을 줄일 수 있다.

• 자원 사용의 최적화

S&OP는 기업의 자원을 더욱 효율적으로 관리하는 데 이바지한다. 인력, 자재, 설비 등 다양한 자원이 적시에 적절한 곳에 배분될 수 있도록 계획을 수립함으로써, 자원의 낭비를 줄이고 운영 비용을 절감할 수 있다. 예를 들어, 특정 제품에 대한 수요가 예상보다 증가하거나 감소할 경우, S&OP를 통해 자원을 신속하게 재배치하여 생산 효율성을 높이고, 자원의 불필요한 낭비를 방지할 수 있다.

S&OP는 인력 계획과도 밀접한 관련이 있다. 수요와 생산 계획이 잘 맞춰지면, 인력 배치도 효율적으로 이루어질 수 있다. 이는 과도한 인력 투입이나 인력 부족으로 인한 생산 차질을 방지하고, 인건비를 절감하는 데 도움이 된다. 자원의 적절한 사용은 기업이 장기적으로 안정적인 비용 구조를 유지하고, 변화하는 시장 상황에 더욱 유연하게 대응할 수 있도록 한다.

• 리스크관리 비용 절감

기업이 직면하는 경영 리스크는 비용 증가의 중요한 원인 중 하나이다. 다시 말해 공급망 문제, 시장 변동성, 갑작스러운 수요 변화 등은 기업의 운영에 불확실성을 가져오며, 이를 해결하기 위한 비용이 발생할 수 있다. S&OP는 리스크관리 프로세스를 강화하여, 이러한 불확실성을 사전에 예측하고 대비할 수 있도록 도와준다.

S&OP는 다양한 시나리오 분석을 통해 예기치 못한 상황에 대한 대응 계획을 미리 준비한다. 이를 통해 갑작스러운 수요 변화나 공급 차질에도 신속하게 대응할 수 있으며, 비용이 많이 드는 긴급 대처나 생산 차질을 줄일 수 있다. 이로써 경영 리스크로 인해 발생할 수 있는 비용을 효과적으로 관리하고, 기업의 재정 건전성을 유지할 수 있다.

• 데이터 기반 의사결정을 통한 비용 절감

S&OP는 데이터 기반 의사결정을 통해 불확실성을 줄이고, 비용 절감을 실현한다. 많은 기업에서 과거 경험이나 감에 의존해 의사결정을 내리는 경우가 있는데, 이는 불필요한 비용 발생의 원인이 될 수 있다. S&OP는 정확한 데이터를 기반으로 수요 예측, 생산 계획, 재고 관리, 물류 등을 통합적으로 관리하여 효율성을 극대화한다.

정확한 데이터에 기반한 의사결정은 비효율적인 활동을 줄이고, 더 나은 비용 절감 전략을 수립할 수 있도록 도와준다. 예를 들어, 데이터 분석을 통해 특정 지역에서 수요가 감소할 것으로 예측되면, 그 지역에 불필요하게 재고를 비축하는 대신 생산량을 조정하거나 자원을 다른 곳에 배치할 수 있다. 이는 자원의 낭비를 줄이고, 운영 비용을 절감하는 데 중요한 역할을 한다.

• 주요 내용 정리

S&OP는 수요와 공급을 최적화해 기업의 비용 절감에 크게 이바지한다. 정확한 수요 예측으로 적정 재고를 유지해 보관 비용과 기회 손실을 줄이고, 효율적인 생산 계획으로 자재와 에너지 낭비를 최소화하며 생산 비용을 절감한다. 물류와 유통 비용을 낮추기 위해 운송 계획을 최적화하고, 자원 배분과 인력 활용을 효율화해 운영 효율성을 높인다.

리스크관리와 데이터 기반 의사결정을 통해 불확실성을 줄이고 긴급 대처 비용을 절감한다. 이를 통해 기업은 비용 구조를 안정화하고 수익성을 강화한다.

고객 서비스 개선 효과

S&OP는 기업의 수요와 공급을 최적화하고 내부 프로세스를 통합하는 중요한 경영 도구로서, 고객 서비스의 질을 개선하는 데 크게 이바지한다. 고객 서비스는 오늘날의 경쟁적인 비즈니스 환경에서 중요한 차별화 요소이며, 기업이 고객의 기대에 부응하는 서비스를 제공하는 것은 시장 점유율 확대와 장기적인 성공을 좌우하는 중요한 요소이다. S&OP는 고객의 요구를 정확히 반영하고, 적시에 필요한 제품과 서비스를 제공함으로써 고객 만족도를 높이고, 충성 고객을 확보하는 데 도움을 준다.

• 수요 예측의 정확성으로 적시 공급 가능

고객 서비스 개선의 핵심은 고객이 원하는 제품의 적시(適時) 제공이다. S&OP는 정확한 수요 예측을 통해 기업이 고객의 수요를 미리 파악하고, 이에 맞춘 생산 및 재고 계획을 세울 수 있도록 한다. 고객은 자신이 필요로 하는 제품을 원하는 시점에 구매하기를 기대하며, 만약 제품이 재고 부족으로 구매할 수 없을 때는 불만족이 발생할 수 있다.

S&OP는 영업, 마케팅, 생산, 공급망 부서 간의 데이터를 통합하여 미래의 수요를 좀 더 정확하게 예측하고, 이를 바탕으로 재고를 적절히 관리함으로써 고객에게 적시에 제품을 공급할 수 있도록 도와준다. 특히 시즌별 또는 지역별로 발생하는 수요 변동성을 고려하여 재고를 배치함으로써 고객의 구매 요청을 즉각적으로 충족시킬 수 있다. 이렇게 함으로써 고객의 구매 경험이 개선되고, 고객 만족도가 높아진다.

• 재고 부족과 과잉 방지를 통한 고객 신뢰성 강화

S&OP는 재고 부족과 과잉을 방지하여 고객의 신뢰를 높이는 데 이바지한다. 고객은 구매 과정에서 제품이 항상 준비되어 있을 것이라고 기대하며, 재고 부족으로 인해 원하

는 제품을 구매하지 못하면 브랜드에 대한 신뢰가 떨어질 수 있다. 반면, 재고 과잉으로 유통 기한이 지나거나 품질이 저하된 제품이 제공될 경우, 고객 만족도 역시 저하된다.

S&OP는 수요와 공급의 균형을 맞추는 통합 프로세스를 통해 적정한 재고 수준을 유지하며, 고객이 원하는 제품을 최상의 상태로 제공할 수 있도록 한다. 이를 통해 기업은 고객에게 신뢰성을 제공하며, 고객이 원하는 시점에 고품질의 제품을 안정적으로 제공할 수 있다. 안정적인 제품 공급은 고객의 재구매를 유도하고, 장기적으로 충성 고객을 확보하는 데 중요한 역할을 한다.

• 주문 이행 시간 단축

S&OP는 주문 이행 시간(Order Fulfillment Time)을 단축하여 고객 서비스 수준을 향상·발전시킬 수 있다. 고객은 빠르고 정확한 주문 처리와 제품 배송을 기대하며, 이 과정이 지연되면 고객 만족도가 떨어질 수 있다.

특히 오늘날 전자상거래와 같은 즉각적인 서비스가 요구되는 시장에서는 주문 이행 시간이 경쟁력을 결정짓는 중요한 요소로 작용한다.

S&OP는 효율적인 생산과 공급망 계획을 통해 제품을 신속하게 제조하고, 고객에게 적시(適時) 배송할 수 있도록 한다. 또한 S&OP는 물류와 재고 배치 전략을 최적화하여 주문 처리 과정을 더욱 효율적으로 만들 수 있다. 예를 들어, 특정 지역에서 수요가 급증할 것을 예측한 경우, 미리 해당 지역에 재고를 배치함으로써 고객에게 더 빠르게 제품을 제공할 수 있다. 이를 통해 주문 이행 시간이 단축되고, 고객은 신속하고 정확한 서비스를 경험하게 된다.

• 커스터마이즈된 서비스 제공

요즘의 고객들은 점점 더 맞춤형 제품과 서비스를 요구하고 있다. S&OP는 고객의 다양한 요구를 반영하여 커스터마이즈된 서비스를 제공하는 데 이바지할 수 있다. 특히 다양한 세그먼트(Segment) 고객의 요구를 미리 파악하고, 이를 충족시키기 위해 생산과 공급망을 유연하게 조정함으로써 고객 만족도를 높일 수 있다.

이를테면 특정 고객이 특정 시점에 대량 주문을 할 가능성이 있는 경우, S&OP는 이러한 수요를 예측하여 미리 준비함으로써 고객의 요구에 즉각 대응할 수 있다. 또한 특정 제품의 커스터마이즈 옵션에 대한 수요가 증가할 것을 예상하면, 이를 반영한 생산 계획을 세워 고객에게 개인 특화된 서비스를 제공할 수 있다. 이러한 맞춤형 서비스는 고객 경험을 만족시키고, 경쟁사와 차별화된 가치를 제공함으로써 고객 충성도를 높이는 데 이바지한다.

• 부서 간 협업을 통한 서비스 일관성 유지

S&OP는 영업, 마케팅, 생산, 재무, 물류 등 다양한 부서 간 협업을 촉진하여 서비스 일관성을 유지할 수 있도록 한다. 고객 서비스는 여러 부서의 협력이 필수적이며, 각 부서가 개별적으로 운영되면 고객에게 일관된 서비스 제공이 어려워질 수 있다. 다시 말해 영업 부서가 공격적인 판매 목표를 설정했지만, 생산 부서가 이를 충족할 준비가 되어 있지 않으면 고객 서비스에 차질이 발생할 수 있다.

S&OP는 부서 간의 협력을 통해 통합된 계획을 수립함으로써, 고객에게 일관되고 예측이 가능한 서비스를 제공할 수 있다. 이를 통해 고객의 주문이 차질 없이 처리되며, 서비스 품질이 일정하게 유지된다. 일관된 서비스는 고객의 신뢰를 유지하는 데 중요한 요소로 작용하며, 장기적인 고객 관계 형성에 긍정적인 영향을 미친다.

• 리스크관리와 고객 대응력 향상

S&OP는 리스크관리를 통해 고객 서비스 수준을 유지하고 발전시킨다. 예기치 않은 외부 충격이나 시장 변동으로 인해 공급망에 차질이 생길 경우, 고객 서비스는 크게 영향을 받을 수 있다. S&OP는 시나리오 분석과 대체 계획을 통해 이러한 리스크에 대비하고, 고객에게 안정적인 서비스를 제공할 수 있도록 한다.

예를 들어, 특정 원자재의 공급이 지연될 가능성이 있는 경우, S&OP를 통해 대체 공급원을 미리 찾아내고 생산 계획을 조정함으로써 고객의 주문을 차질 없이 처리할 수 있다. 이러한 리스크관리는 고객에게 지속적으로 높은 수준의 서비스를 제공할 수 있도록 하며, 예상치 못한 문제가 발생할 때도 고객의 신뢰를 유지하는 데 중요한 역할을 한다.

• 주요 내용 정리

S&OP는 수요 예측의 정확성을 통해 고객이 원하는 제품을 적시에 공급하고, 재고 부족과 과잉을 방지해 신뢰를 강화한다. 주문 이행 시간을 단축해 신속한 서비스를 제공하며, 맞춤형 제품과 서비스를 통해 고객 만족도를 높인다. 부서 간 협업으로 서비스의 일관성을 유지하고, 시나리오 기반 리스크관리를 통해 안정적인 고객 대응력을 확보한다. 이를 통해 고객 만족과 충성도를 증대시켜 기업의 경쟁력을 강화한다.

S&OP 도입 시의 주요 고려 사항

인적 자원 요구사항

S&OP는 여러 부서의 협업(協業)이 필요한 복잡한 비즈니스 프로세스이기 때문에, 성공적인 도입과 실행을 위해서는 인적 자원이 중요한 역할을 한다. S&OP를 효과적으로 운영하기 위해서는 각 부서에서 다양한 기능을 수행하는 사람들의 전문성과 협력 능력이 필요하며, 이를 위한 체계적인 인적 자원 계획이 필수적이다. 여기에는 적절한 인력 구성, 역량 개발, 그리고 원활한 의사소통과 협력 문화가 포함된다. 인적 자원 요구사항은 S&OP의 성공적인 도입을 위한 핵심적인 요소로 작용하며, 아래에서 구체적인 요구사항을 설명한다.

• 전문 지식과 역량을 갖춘 인력 확보

S&OP를 성공적으로 운영하려면 각 부서에서 고도로 전문화된 지식과 역량을 갖춘 인력이 필요하다. S&OP는 영업, 마케팅, 생산, 재무, 공급망 부서 등 다양한 부서의 협업을 기반으로 운영되며, 각 부서의 담당자들이 자신의 역할을 충분히 이해하고 있어야 한다. 특히 수요 예측, 생산 계획, 재고 관리, 공급망 최적화 등의 영역에서 높은 전문성을 갖춘 인력이 필요하다.

⇒ 영업 부서에서는 시장과 고객에 대한 깊은 이해와 함께 수요 변동성을 예측할 수 있는 역량이 요구된다.

⇒ 생산 부서에서는 자원을 효율적으로 활용하고 생산 일정을 최적화할 수 있는 능력

이 필요하다.

⇒ 재무 부서는 S&OP 계획이 재무 목표와 일치하도록 예산과 자금 계획을 관리하는 역할을 수행해야 한다.

⇒ 공급망 관리 부서는 자재 조달, 물류, 유통 등에서 발생할 수 있는 문제를 해결할 수 있는 역량을 갖춰야 한다.

이러한 전문 인력들은 각각의 부서에서 S&OP 프로세스에 이바지하며, 전체적인 운영을 조율하는 중요한 역할을 한다. 따라서 S&OP를 도입할 때는 각 부서에 적합한 역량을 갖춘 인력을 확보하는 것이 우선되어야 한다.

• S&OP 전담팀 구성

S&OP는 전사적(全社的)인 통합 계획이 필요하므로, 이를 관리하고 조율하는 전담팀의 구성이 중요하다. 이 팀은 각 부서의 대표들이 모여 정기적으로 S&OP 회의를 진행하며, 수요와 공급의 균형을 맞추는 통합적인 계획을 수립하는 역할을 한다. 이 팀의 리더는 S&OP 책임자로서, 전사적인 목표와 전략을 관리하며, 부서 간 협력을 촉진하는 중추 역할을 해야 한다.

S&OP 전담팀을 구성할 때는 다양한 배경과 경험을 가진 인력들이 모여야 한다. 각 부서의 주요 담당자가 팀에 포함되어야 하며, 이들이 협력하여 실질적인 데이터를 바탕으로 계획을 수립해야 한다. 또한 팀 구성원들은 의사결정 능력, 분석적 사고, 협상력 등을 갖추고 있어야 하며, 부서 간 이견이 있을 때 중재하고 합의할 수 있는 역량도 필요하다.

• 데이터 분석 및 통합 역량

S&OP의 성공적인 도입을 위해서는 데이터 분석 및 통합 역량이 필수적이다. S&OP는 다양한 부서에서 생성된 데이터를 기반으로 통합 계획을 수립하는 프로세스이기 때문에, 데이터를 정확히 분석하고 이를 바탕으로 실행(實行)할 수 있는 계획을 수립할 수 있는 역량이 필요하다. 이를 위해서는 통계적 분석 능력과 데이터 시각화 능력이 중요한 역할을 하기도 한다.

특히 S&OP 담당자는 수요 예측과 공급 계획에 관련된 데이터를 분석하여 패턴과 트렌드를 파악하고, 이를 기반으로 미래의 수요를 예측할 수 있어야 한다. 또한 데이터를 일관성 있게 관리하고, 여러 출처에서 수집된 데이터를 효과적으로 통합하는 능력도 요구된다. 데이터 분석을 통한 통찰은 S&OP 계획의 정확성을 높이고, 불확실성에 대비한 전략적 결정을 내리는 데 중요한 역할을 한다.

• 협력과 의사소통 능력

S&OP는 부서 간의 긴밀한 협력과 원활한 의사소통이 필수적인 프로세스이다. 각 부서가 독립적으로 운영되지 않고, 서로의 데이터를 공유하고 통합된 계획을 수립하기 위해서는 의사소통 능력이 중요한 요구사항이다. 특히 S&OP 전담팀의 구성원은 부서 간 정보를 원활하게 소통할 수 있는 능력을 갖추어야 하며, 각 부서의 목표와 계획을 전체 조직의 전략에 맞추는 데 이바지해야 한다.

의사소통 능력은 부서 간 이해관계 조정에도 필수적이다. 예를 들어, 영업 부서와 생산 부서의 목표가 상충할 수 있는 상황에서, 협력과 소통을 통해 상호 간의 이해를 도모하고, 최적의 해결책을 찾아낼 수 있어야 한다. 또한 각 부서의 요구사항을 균형 있게 반영하는 통합된 계획을 수립하는 과정에서도 효과적인 의사소통이 필요하다.

• 교육 및 훈련

S&OP 도입 초기에는 교육과 훈련 프로그램을 통해 인력을 양성하는 것이 필수적이다. S&OP 프로세스가 복잡하고 여러 이해관계 부서 간의 협력이 필수적이므로, 새로운 시스템과 절차에 적응할 수 있는 충분한 시간이 필요하다. 특히 각 부서의 담당자들은 S&OP의 기본 원칙, 데이터 분석 방법, 협업 프로세스 등을 이해하고, 이를 실제 업무에 적용할 수 있어야 한다.

S&OP 교육은 실무에 필요한 역량 개발을 목표로 해야 하며, 데이터 관리, 수요 예측 기법, 의사결정 프로세스 등을 포함해야 한다. 또한 팀 간 협력과 커뮤니케이션을 강화하는 훈련도 함께 이루어져야 한다. 지속적인 교육과 훈련을 받은 인력들은 S&OP 프로

세스를 숙지하고, 변화하는 시장 상황에 신속하게 대응할 수 있는 능력을 갖추게 된다.

• 주요 내용 정리

S&OP 도입을 위해서는 부서별 전문 지식을 갖춘 인력과 협력 능력이 필요하며, 이를 조율할 전담팀 구성이 중요하다. 데이터 분석 및 통합 역량을 통해 수요 예측과 통합 계획의 정확성을 높이고, 부서 간 긴밀한 의사소통과 협력으로 목표를 조정해야 한다. 교육과 훈련을 받은 인력들이 S&OP 프로세스를 숙지하고, 변화에 민첩하게 대응할 수 있는 역량을 강화해야 한다. 효과적인 인적 자원 계획은 S&OP 성공의 핵심 요소이다.

기술적 지원 필요성

S&OP는 판매, 생산, 공급망, 재무 등의 다양한 부서가 협력하여 수요와 공급을 최적화하는 통합 관리 프로세스이다. 이러한 복잡한 프로세스를 성공적으로 운영하려면 기술적 지원이 필수적이다. 기술적 지원은 데이터의 수집, 분석, 예측, 시각화 등 다양한 기능을 제공하며, S&OP 프로세스를 원활하게 관리하고 실행하는 데 중요한 역할을 한다. 특히 현대 기업 환경에서 S&OP는 방대한 양의 데이터를 처리하고 복잡한 의사결정을 지원해야 하므로, 적절한 기술 인프라와 소프트웨어 도입이 필수적이다.

• 데이터 관리 시스템

S&OP의 성공적인 운영을 위해서는 데이터 관리 시스템이 매우 중요하다. S&OP는 다양한 부서에서 생성된 데이터를 통합하여 분석하고, 이를 기반으로 수요 예측과 공급 계획을 수립하는 프로세스이므로, 정확하고 일관된 데이터를 실시간으로 제공할 수 있는 시스템이 필요하다. 특히 ERP(Enterprise Resource Planning), CRM(Customer Relationship Management), SCM(Supply Chain Management) 시스템 등에서 발생하는 데이터를 통합적으로 관리할 수 있는 데이터베이스 시스템이 필수적이다.

⇒ ERP 시스템은 기업의 모든 자원을 통합 관리하는 데 중요한 역할을 한다. 생산, 재

무, 인사, 물류 등에서 발생하는 데이터를 실시간으로 제공하며, 이를 바탕으로 S&OP 프로세스를 지원한다.

⇒ CRM 시스템은 판매 및 고객 데이터를 제공하여 수요 예측의 정확성을 높인다. 고객의 구매 패턴과 트렌드를 분석하여 향후 수요를 예측하고, 이를 토대로 생산 및 공급 계획을 수립하는 데 중요한 정보를 제공한다.

⇒ SCM 시스템은 자재 조달, 재고 관리, 물류 등의 데이터를 관리하여 공급망의 원활한 운영을 지원한다. 또한 공급의 불확실성을 줄이고, 공급망 리스크를 관리하는 데 중요한 역할을 한다.

이러한 시스템들은 S&OP 프로세스에서 발생하는 모든 데이터를 통합적으로 관리하고, 분석할 수 있는 기반을 제공함으로써, 계획 수립의 정확성을 높이고 효율성을 극대화할 수 있다.

• 예측 및 분석 도구

S&OP는 수요 예측과 공급 계획이 핵심 요소로 작용하는 프로세스이기 때문에, 이를 지원하는 예측 및 분석 도구가 필수적이다. 기술적 지원을 통해 수요 패턴을 정확하게 분석하고, 시장 변화에 신속하게 대응할 수 있는 능력을 갖추는 것이 중요하다.

⇒ 예측 도구(Forecasting Tools)와 같은 다양한 통계적 기법과 머신러닝 알고리즘을 활용하여 시장 수요를 예측하는 도구가 필요하다. 수요 변동성, 계절성, 소비자 행동 패턴을 분석해 미래의 수요를 예측하는 것은 S&OP의 필수적인 부분이다. 이러한 도구를 통해 정확한 예측이 가능하며, 공급 과잉이나 재고 부족을 방지할 수 있다.

⇒ 데이터 분석 도구(Analytics Tools)와 같이 데이터를 실시간으로 분석하고 시각화하는 도구는 S&OP 회의에서 중요한 의사결정을 지원한다. 데이터 분석 도구는 다양한 시나리오 분석을 통해 리스크를 예측하고, 이를 바탕으로 적절한 대처 방안을 마련할 수 있도록 도와준다. 이를테면 특정 제품에 대한 수요 급증 가능성을 시나리오로 예측하여 이에 맞는 생산 계획을 사전에 수립할 수 있다. 이러한 예측 및 분석 도구는 S&OP 프로세스를 데이터 기반으로 운영할 수 있도록 지원하며, 의사결정의 정확성을 높이는 데 중

요한 역할을 한다.

• 협업 도구

S&OP는 여러 이해관계 부서 간 협업이 필수적인 프로세스이기 때문에, 이를 원활하게 지원할 수 있는 협업 도구가 필요하다. 특히 영업, 마케팅, 생산, 재무, 공급망 등 여러 부서가 실시간으로 데이터를 공유하고 의사결정을 내리는 것이 중요하다. 이를 위해 필요한 기술적 지원은 다음과 같다.

⇒ 클라우드 기반 플랫폼 기술은 여러 부서가 실시간으로 데이터에 접근하고 협업할 수 있는 환경을 제공한다. 특히 클라우드 기반 S&OP 소프트웨어는 장소에 구애받지 않고 팀원들이 언제 어디서나 협업할 수 있도록 지원하여 부서 간 원활한 의사소통과 협업 속도 향상을 가능하게 한다.

⇒ MS Teams, Slack, Asana와 같은 협업 소프트웨어는 S&OP 회의 및 의사결정 과정에서 부서 간의 소통을 원활하게 한다. 이러한 도구는 일정 관리, 작업 할당, 진행 상황 모니터링 등을 통합적으로 관리하여 부서 간 협력을 강화한다.

협업 도구는 S&OP 프로세스를 빠르고 효율적으로 운영할 수 있게 하며, 각 부서의 목표를 전체 조직의 전략과 일치시킬 수 있도록 도와준다.

• 통합 소프트웨어 솔루션

S&OP 프로세스의 효율성을 극대화하기 위해서는 통합 소프트웨어 솔루션이 필요하다. 이러한 소프트웨어는 S&OP 전 과정에서 발생하는 데이터를 관리하고, 이를 기반으로 분석과 예측, 협업을 통합적으로 지원하는 역할을 한다. 대표적인 S&OP 소프트웨어 솔루션으로는 Microsoft Dynamics 365 SCM & CRM, Salesforce CRM, SAP Integrated Business Planning (IBP), Oracle S&OP Cloud 등이 있다. 이러한 솔루션은 데이터 관리, 시나리오 분석, 계획 최적화 등을 지원하며, S&OP의 실행을 체계적으로 관리한다.

통합 소프트웨어는 단일 플랫폼에서 모든 S&OP 프로세스를 관리할 수 있도록 도와준다. 이를 통해 기업은 각 부서의 데이터를 실시간으로 모니터링하고, 중앙집중화된 의사결정이 가능해진다. 이러한 통합 솔루션은 S&OP 도입 초기부터 안정적인 운영을 지원하며, 계획 수립과 실행 과정을 더욱 효율적으로 관리할 수 있게 한다.

• IT 인프라 및 보안

S&OP 프로세스를 원활하게 운영하려면 견고한 IT 인프라가 뒷받침되어야 한다. 방대한 양의 데이터를 관리하고 분석할 수 있는 서버, 네트워크, 스토리지 등의 물리적 인프라가 필요하며, 특히 클라우드 기술을 활용할 때는 안정적인 인터넷 연결과 보안 시스템이 필수적이다.

또 S&OP에서 다루는 데이터는 기업의 핵심 자산이므로 보안 시스템도 매우 중요하다. 데이터 유출, 해킹, 시스템 장애 등 보안 위협으로부터 데이터를 보호할 수 있는 보안 솔루션이 필요하다. 이를 위해서는 데이터 암호화, 접근 제어, 백업 및 복구 시스템 등의 보안 기술이 필요하며, 데이터 보안을 강화함으로써 S&OP 프로세스를 안전하게 운영할 수 있다.

• 주요 내용 정리

S&OP는 복잡한 데이터를 처리하고 통합 계획을 수립하기 위해 기술적 지원이 필수적이다. ERP, CRM, SCM 등의 데이터 관리 시스템은 다양한 부서 데이터를 통합하여 정확성과 효율성을 높인다. 예측 및 분석 도구는 수요 예측과 시나리오 분석을 지원하며, 협업 도구는 부서 간 실시간 데이터 공유와 소통을 강화한다. 통합 소프트웨어 솔루션은 S&OP의 전체 과정을 체계적으로 관리하며, IT 인프라와 보안 시스템은 안정적인 운영과 데이터 보호를 보장한다. 기술적 지원은 S&OP의 성공적 실행과 성과의 극대화를 뒷받침한다.

조직적 변화 관리

다시 강조하지만, S&OP는 여러 부서가 협력하여 수요와 공급을 통합적으로 관리하는 전략적 프로세스이다. 이를 도입하고 성공적으로 운영하기 위해서는 조직적 변화 관리가 필수적이다. S&OP는 기업 내 다양한 부서와 사람들의 협력과 조율이 필요하므로 기존의 운영 방식이나 업무 절차가 변경될 수밖에 없다. 이 과정에서 변화에 대한 저항을 최소화하고, 새로운 시스템에 원활히 적응하기 위해서는 체계적이고 신중한 변화 관리가 필요하다.

조직적 변화 관리의 핵심은 직원들이 변화된 환경에 빠르게 적응할 수 있도록 지원하고, 새로운 프로세스가 일상적인 업무에 잘 통합될 수 있도록 체계적인 계획을 수립하는 일이다. 아래에서는 S&OP 도입 시 고려해야 할 조직적 변화 관리의 주요 요소들을 설명한다.

• 변화에 대한 저항 관리

S&OP 도입은 기존의 업무처리 방식과 절차에 큰 변화를 요구할 수 있으며, 이는 직원들로부터 변화에 대한 저항을 불러일으킬 수 있다. 사람들은 새로운 시스템이나 프로세스를 도입할 때 변화에 대해 불확실성을 느끼고, 기존 방식에 익숙해져 있다면 이를 바꾸는 데 불편함을 느낄 수 있다. 이러한 저항을 방지하기 위해서는 변화 관리 전략을 수립하여 직원들의 인식과 태도를 변화시키는 것이 중요하다.

변화에 대한 저항을 관리하기 위해서는 명확한 의사소통이 중요하다. S&OP 도입의 목적과 기대되는 효과, 그리고 이를 통해 조직이 얻게 될 이점에 대해 직원들에게 명확하게 설명해야 한다. 직원들이 변화의 필요성을 이해하고, 이를 통해 업무가 더 나아질 수 있다는 점을 인식할 때 저항은 줄어들 수 있다. 또한 직원들이 변화의 과정에 적극적으로 참여할 수 있도록 독려하고, 의견을 수렴하는 과정도 필요하다. 이를 통해 변화에 대한 저항을 최소화하고, 협력적인 환경을 조성할 수 있다.

• 리더십의 중요성

리더십은 조직적 변화를 성공적으로 관리하는 데 중요한 역할을 한다. 특히 S&OP 도입과 같은 전사적인 변화를 추진할 때는 경영진의 강력한 리더십과 지원이 필수적이다. 경영진이 변화의 필요성을 이해하고, 이를 전사적으로 추진하는 리더십을 발휘할 때, 조직 전체가 변화에 적극적으로 동참하게 된다.

리더십의 역할은 변화 과정에서 명확한 방향성과 목표를 제시하고, 지원들에게 지속적인 지원을 제공하는 것이다. S&OP 도입이 가져올 변화에 대해 경영진이 일관되게 지지하고, 이를 통해 직원들이 변화에 대한 확신을 갖게 될 때 변화 관리가 훨씬 더 수월해진다. 또한 변화 과정에서 발생할 수 있는 문제나 갈등을 중재하고, 부서 간의 협력을 촉진하는 것도 리더십의 중요한 역할이다.

• 교육과 훈련

S&OP는 새로운 프로세스와 시스템을 도입하는 과정에서 당연히 직원들의 역량 개발이 요구된다. 이를 위해서는 조직 구성원들에게 새로운 시스템에 대한 교육과 훈련을 제공하여, 변화된 환경에서 필요한 기술과 지식을 습득할 수 있도록 해야 한다. 특히 S&OP는 데이터 기반의 의사결정, 부서 간 협력, 예측 및 계획 수립과 같은 복잡한 기능을 포함하고 있으므로, 이러한 기능을 효과적으로 수행할 수 있도록 충분한 교육이 이루어져야 한다.

교육은 단기 프로그램뿐만 아니라 변화가 진행하는 동안 지속적인 훈련 과정이 제공되어야 한다. 특히 실무자들이 새로운 시스템을 사용하면서 직면할 수 있는 문제나 어려움을 해결할 수 있는 지원 시스템도 마련되어야 한다. 이를 통해 직원들이 새로운 시스템에 빠르게 적응하고, 업무에서 S&OP 프로세스를 효과적으로 활용할 수 있게 된다.

• 부서 간 협력과 소통 강화

S&OP는 전사적인 협업이 요구되는 프로세스이기 때문에, 부서 간의 협력과 소통이 중요하다. 기존의 사일로(silo) 구조에서 벗어나, 영업, 마케팅, 생산, 재무, 공급망 관리 등 여러 부서가 긴밀하게 협력해야 한다. 이를 위해서는 부서 간의 조직 문화를 변화시키고, 협력을 장려하는 환경을 조성해야 한다.

이를 위해서는 정기적인 회의와 소통 채널이 마련되어야 한다. S&OP 프로세스에서 각 부서의 목표와 데이터를 공유하고, 이를 바탕으로 통합적인 의사결정을 내리는 일이 중요하다. 특히 각 부서가 서로의 역할과 책임을 명확히 이해하고, 목표를 일치시킬 수 있도록 소통하는 것이 절대 필요하다. 부서 간의 긴밀한 협력은 S&OP 프로세스의 성공을 좌우하는 매우 중요한 요소로, 조직적 변화 관리에서 필수적으로 고려되어야 한다.

• 변화 과정의 모니터링과 피드백

조직적 변화 관리에서는 변화가 계획대로 잘 진행되고 있는지 모니터링하고, 피드백을 통해 개선하는 과정이 필수적이다. S&OP 도입 후에는 변화의 효과를 계속 평가하고, 예상치 못한 문제나 장애물이 발생할 경우, 신속하고 적절한 조치로 이를 해결해야 한다. 이를 위해서는 변화 관리팀을 구성하여 변화 진행 상황을 점검하고, 각 부서에서의 반응을 수집하는 것이 필요하다.

피드백 시스템을 통해 직원들이 직면한 문제를 해결하고, 개선점을 반영함으로써 S&OP 도입 과정에서 발생하는 문제를 최소화할 수 있다. 또한 변화가 조직 전반에 긍정적인 영향을 미치고 있는지 확인하고, 이를 바탕으로 추가적인 개선 작업을 진행할 수 있다. 변화 과정에서 긍정적인 성과가 나타난다면, 이를 직원들에게 공유하여 동기 부여와 신뢰를 강화할 수 있다.

• 주요 내용 정리

S&OP 도입은 조직적 변화 관리가 필수적이며, 이를 위해 변화에 대한 저항을 줄이고 직원들의 협력을 유도하는 명확한 의사소통이 필요하다. 강력한 리더십은 변화 방향성을 제시하고 부서 간 협력을 촉진하는 핵심 역할을 한다. 교육과 훈련은 새로운 시스템과 프로세스에 적응하도록 직원들의 역량을 강화하며, 정기적인 소통과 협업 환경 조성이 중요하다. 변화 과정은 계속 모니터링하고 피드백을 통해 문제를 해결하며, 긍정적 성과를 공유해 동기를 부여해야 한다. 이를 통해 S&OP가 조직에 성공적으로 통합될 수 있다.

S&OP 통합 프로세스의 이해

Chapter 2

S&OP 통합 프로세스의 이해

"

S&OP(판매 및 운영 계획, Sales and Operations Planning)의 통합 프로세스를 이해하기 위한 내용을 다룬다. 먼저 계획, 실행, 평가로 구성된 S&OP 프로세스의 전반적인 개요를 소개하고, 이어서 수요, 공급, 재고 계획 등 주요 단계별 활동과 그 역할을 구체적으로 설명한다. S&OP의 성공적인 실행을 위해 마케팅, 운영, 재무, 부서 간 협력과 조정이 필수적임을 강조하며, 각 부서의 기여와 연계를 상세히 다룬다. 또한 통합 계획의 중요성을 논의하면서 일관된 목표 설정, 프로세스 투명성, 부서 간 조율이 조직 내 협업과 목표 달성에 얼마나 중요한지 설명한다. 이 차례는 S&OP 프로세스의 구성 요소와 부서 간 협력의 필요성을 체계적으로 요약하며, 독자가 통합 프로세스의 핵심을 쉽게 이해하도록 구성되었다.

S&OP 통합 프로세스 개요

사전 준비와 계획 단계

계획 단계를 실행하기에 앞서, 반드시 두 가지 절차를 선행하도록 권장한다. 사전 준비에서 중요한 2가지는 첫째, 철저한 준비와 둘째, S&OP의 자가 진단이다.

준비

S&OP(판매 및 운영 계획)를 성공적으로 추진하기 위해서는 다양한 요소들에 대한 사전 준비가 필요하다. 이 요소들은 조직의 전략적 목표와 일치해야 하며, 통합된 비즈니스 프로세스, 정확한 데이터 관리, 적절한 정보 기술 시스템, 그리고 이를 지원할 조직과 인력이 필수적이다. 아래에서 각 요소에 대해 사전 준비해야 할 내용을 구체적으로 설명하겠다.

• 전략(Strategy)

S&OP 추진을 위해서는 조직의 전반적인 전략과 S&OP의 목표가 일치해야 한다. 이를 위해 사전에 다음 사항들을 준비해야 한다.

⇒ S&OP는 모든 부서의 협업이 필요하기 때문에 경영진의 강력한 지원이 필수적이다. 경영진이 S&OP의 중요성을 인식하고 이를 우선순위로 삼아야 한다.

⇒ S&OP 프로세스는 조직의 중·장기적인 사업 전략과 일치해야 한다. 이를테면 새로운 시장 진출이나 신제품 출시와 같은 전략적 목표가 S&OP 계획에 반영될 수 있도록 준비해야 한다.

⇒ S&OP의 성공을 평가하기 위한 명확한 성과 지표(KPI)를 정의하고, 이를 통해 각 단계에서의 성과를 측정할 수 있도록 준비해야 한다.

[S&OP에서 전략과의 일치성(alignment) 확보가 왜 중요한가?]

S&OP(Sales and Operations Planning)는 기업의 판매 계획과 운영 계획을 통합하여 수요와 공급을 조율하고, 재무 및 전략적 목표와 일치(alignment)시키는 프로세스이다. S&OP의 목표는 수요와 공급 간의 균형을 맞추면서 기업의 성과를 극대화하고, 운영의 예측 가능성을 높이는 데 있다. 따라서 S&OP는 다음 요소들과의 alignment가 전제되어야 한다.

(1) 기업의 전략적 목표와 alignment

S&OP는 기업의 장기적 비전 및 목표와 맞아야 한다. 예를 들어, 회사의 목표가 시장 점유율 확대라면, S&OP는 이를 뒷받침하는 생산 및 유통 계획을 세워야 한다. S&OP 과정에서 수립된 판매와 생산 계획이 회사의 전략적 방향과 일치하도록 하는 것이 중요하다.

(2) 재무 목표와 alignment

S&OP는 기업의 매출, 비용, 이익과 같은 재무적 목표와 일치해야 한다. 수요 예측에 따른 생산 계획과 비용이 회사의 예상 매출과 예산을 충족하는지 검토함으로써 재무 목표와 조화를 이루어야 한다. 이를 통해 재무적 위험을 최소화하고, 자본을 효과적으로 배분할 수 있다.

(3) 영업(Sales) 및 마케팅 계획과 alignment

S&OP는 영업과 마케팅의 수요 예측을 기반으로 운영 계획을 조율하는 역할을 한다. 영업팀과 마케팅팀이 목표하는 판매량에 맞춰 적절한 생산과 재고를 계획함

으로써, 수요를 충족하고 기회 손실을 방지할 수 있다. 이는 또한 고객 서비스와 납기 준수 측면에서도 중요한 역할을 한다.

(4) 공급망(Supply Chain) 및 운영 계획과 alignment

S&OP는 공급망의 생산 능력, 자재 조달, 재고 관리와 일치해야 한다. 공급망 부문이 예상 수요를 충족할 수 있도록 생산 일정을 최적화하고, 물류 및 유통 계획을 적절히 수립하는 것이 중요하다. 이를 통해 S&OP는 생산 및 공급 과정에서의 낭비를 줄이고 효율성을 높일 수 있다.

(5) 제품 개발 및 엔지니어링과 alignment

만약 기업이 신제품을 개발 중이거나 출시할 예정이라면, S&OP는 신제품 개발 일정과도 조율이 필요하다. 신제품이 시장에 출시되는 시점에 맞춰 적절한 수요 계획을 수립하고, 생산 라인 준비 및 재고 확보 등을 통해 시장 출시를 성공적으로 지원할 수 있다.

정리하면, S&OP는 기업의 전략, 재무 목표, 영업 및 마케팅 계획, 공급망과 운영, 제품 개발 등과 일치(alignment)되어야 하며, 이를 통해 회사 전체가 같은 방향으로 일관성 있게 운영될 수 있도록 이끌어가는 핵심 역할을 한다.

• 비즈니스 프로세스(Business Process)

S&OP가 원활하게 작동하려면 부서 간 통합된 비즈니스 프로세스가 필수적이다. 이를 위해 다음과 같은 사전 준비가 필요하다.

⇒ S&OP의 각 단계를 담당할 부서와 역할을 RACI* 기반 하에 명확히 정의하고, 프로세스를 표준화해야 한다. 수요 예측, 공급 계획, 생산 계획 등이 일관성 있게 수행되도록 준비해야 한다.

* RACI 조직 업무 책임을 정의하는 데 사용되는 약어로, 각각 다음과 같은 의미를 가짐.

R (Responsible): 수행 책임자는 작업을 직접 실행하고 결과를 도출할 책임자로, 실질적으로 해당 업무를 수행하는 주체.

A (Accountable): 최종 책임자는 작업 결과에 대해 최종적으로 책임자로 의사결정을 내리고, 책임 소재를 가진 관리 책임자.

C (Consulted): 자문자로 작업에 대해 조언하거나 정보를 제공자로 의견을 제시하지만 의사결정권은 없음.

I (Informed): 정보 공유 대상자, 작업 진행 상황이나 결과에 대해 통보를 받는 자로 작업의 영향을 받는 이해관계자.

⇒ 판매, 마케팅, 생산, 물류, 재무, 부서 간의 협업이 원활히 이루어지도록 상호 의사소통 구조를 마련해야 한다. 이를 위해 통합된 회의 체계와 의사결정 프로세스를 사전에 정립해야 한다.

⇒ 기존의 비즈니스 프로세스에서 비효율성이 발생하는 부분을 사전에 분석하고 개선해야 한다. 예를 들어, 수요 변동에 따른 생산 조정이 빨리 이루어질 수 있는 구조를 마련하는 것이 필요하다.

• 데이터 및 기준 정보(Data & Master Data)

S&OP의 성공적인 운영을 위해서는 정확한 데이터와 기준 정보가 필수적이다. 이를 위한 사전 준비는 다음과 같다.

⇒ 수요 예측, 재고 관리, 생산 계획 등에 필요한 모든 데이터의 정확성을 확보해야 한다. 판매 데이터, 생산 능력 데이터, 공급망 정보 등이 최신 상태로 유지되어야 한다.

⇒ 제품, 고객, 공급업체, 생산 능력 등의 기준 정보를 일관되게 관리할 수 있도록 시스템을 구축해야 한다. 이는 S&OP 프로세스에서 의사결정의 정확성을 높이기 위해 중요하다.

⇒ 각 부서가 사용하는 데이터를 통합하여 일관된 정보가 공유될 수 있도록 준비해야 한다. 이를 위해 ERP(Enterprise Resource Planning) 시스템 또는 다른 데이터 통합 솔루션을 활용하는 데서부터 시스템을 통합하는 작업이 필요할 수 있다.

• 정보기술(Information Technology)

정보기술 시스템은 S&OP의 원활한 실행을 지원하는 중요한 요소이다. 이를 위해 준비해야 할 내용은 다음과 같다.

⇒ S&OP 프로세스를 지원하는 IT 시스템을 구축해야 한다. ERP, APS*, BI(Business Intelligence) 같은 시스템이 S&OP에 필요한 데이터를 실시간으로 제공할 수 있도록 준비해야 한다.

> * APS(Advanced Planning and Scheduling)는 생산 계획과 일정 관리를 최적화하기 위한 소프트웨어 시스템을 의미하며, 주로 제조업에서 생산 프로세스를 효율적으로 관리하고 자원을 최적화하는 데 사용된다.

⇒ 판매, 생산, 물류, 재무부서의 시스템이 상호 연동되어 통합된 정보를 제공할 수 있어야 한다. 부서별로 독립 운영되는 시스템은 통합하거나 S&OP 과정에서 데이터를 공유할 수 있도록 조정해야 한다.

⇒ 수요 예측, 공급망 최적화, 재고 관리 등을 위해 고도화된 데이터 분석 도구를 도입하여 S&OP 의사결정 과정의 효율성을 높여야 한다.

• 조직과 인력(Organization & Workforce)

S&OP는 조직의 전반적인 협업을 요구하기 때문에, 이를 추진하기 위한 적절한 조직 구조와 인력이 필요하다. 준비해야 할 내용은 다음과 같다.

⇒ S&OP를 주도할 팀을 구성하고, 각 부서의 대표자를 포함시켜야 한다. 이 팀은 수요 계획, 공급 계획, 재고 관리, 재무 통합 등 모든 영역을 아우르는 책임을 가져야 한다.

⇒ S&OP 과정에서 각 부서와 담당자의 역할과 책임을 명확히 정의해야 한다. 예를 들어, 수요 계획은 판매 팀이 주도하고, 공급 계획은 생산 팀이 주도하는 등 책임이 명확해야 한다.

⇒ S&OP 팀원들에게 필요한 교육과 훈련을 제공하여, 프로세스를 이해하고 실행할 수 있도록 준비해야 한다. 특히 S&OP 시스템의 활용 방법, 협업 기술, 데이터 분석 능력 등을 강화하는 훈련이 필요하다.

이처럼 S&OP 추진을 위해서는 전략, 비즈니스 프로세스, 데이터 관리, 정보기술, 조직과 인력 측면에서 철저한 사전 준비가 필요하다. 각 요소가 유기적으로 맞물려 돌아갈 수 있도록 사전 준비가 잘 이루어지면, S&OP 프로세스는 성공적으로 도입 및 운영될 수 있다.

자가진단

필자는 4 stage를 활용하자는 의견을 제시한다. 이것은 조직이나 시스템의 발전 또는 변화 과정에서 성숙도를 평가하거나 개선할 때 사용하는 단계적 접근 방식이다. 각 단계는 성숙도 수준이나 개선 정도를 나타내며, 단계가 올라갈수록 성숙도가 높아지거나 시스템이 개선된다.

이 방식은 조직, 시스템 또는 프로세스의 현재 상태를 파악하고 목표로 삼는 성숙도를 달성하기 위한 단계별 지침을 제공한다. S&OP(판매 및 운영 계획, Sales and Operations Planning) 성숙도를 4단계로 나누어 다음과 같이 평가할 수 있다.

- **초기 단계**: 프로세스가 비정형적이고 일관성이 부족한 단계. S&OP의 기본 개념을 도입했으나, 프로세스가 성숙되지 않았고 부서 간 협업도 적다.

- **개선 단계**: S&OP 프로세스가 정형화되고 일부 부서 간 협업이 시작되는 단계. 기본적인 데이터 분석과 계획이 가능하지만, 여전히 프로세스 간 불일치가 발생한다.

- **고도화 단계**: 대부분의 부서가 S&OP 프로세스를 적극적으로 활용하며, 계획과 실행 간의 통합이 이루어지는 단계. 협업과 데이터 활용이 개선되어 예측과 계획이 보다 정교해진다.

- **최적화 단계**: S&OP가 조직 전체에 통합되고 자동화된 시스템과 도구를 활용해 실시간 데이터를 기반으로 한 의사결정이 이루어지는 최종 단계. 부서 간의 긴밀한 협업과

계획의 일관성이 유지된다.

이러한 4단계 접근법을 사용하면 조직이 어떤 단계에 있는지 파악하고, 더 높은 성숙도로 이동하기 위한 구체적인 개선 조치를 설계할 수 있다.

[표 1]은 S&OP를 추진하기 위하여 4 stage 접근에 대한 단계별 수준의 기준을 예시적으로 설계하여 작성한 것이다. 독자 여러분도 이러한 형식으로 자신의 회사에 맞도록 설계하여 적용해 보기 바란다.

Stage 1

이와 같은 내용을 기준으로 S&OP 준비 체크리스트에서 평균적으로 항목들이 **Stage 1** 상태일 경우, S&OP 도입 및 추진은 전사적 변화를 요구하는 상황이다. 따라서 아래와 같이 **Stage 1** 상태에서 S&OP 추진 전략에 대한 단계별 접근 방안을 설명하면 다음과 같다.

• S&OP 프로세스 정의 및 구조 강화

S&OP 프로세스가 비공식적으로 운영되고 있는 상황에서는 이를 공식화하기 위해 명확한 프로세스를 정의하고 이를 문서화하는 것이 필수적이며, 각 부서의 역할과 책임을 명확히 구분하고 전사적인 가이드라인을 마련하는 것이 매우 중요하다. 이를 위해 외부의 컨설턴트나 전문가를 초빙하여 초기 토대를 마련할 수 있으며, 이후 각 부서의 대표자들을 포함한 고정된 S&OP 팀을 구성하여 부서별 역할을 명확히 규정하고, 이러한 책임을 기반으로 협업 체계를 구축하는 것이 필요하다.

또한 S&OP 프로세스의 성공적인 운영을 위해서는 정기적인 회의 일정을 설정하여 모든 관련 부서가 참여하는 정보 공유 및 협의의 장을 마련하고, 각 부서의 상황을 효과적으로 파악할 수 있는 구조를 확립함으로써 전사적인 협업이 원활하게 이루어지도록 해야 한다. 이를 통해 부서 간 커뮤니케이션의 투명성을 높이고, 조직 전체의 전략적 목표를 달성하기 위한 기반을 강화할 수 있다.

[표 1] 4 stage 예시

Check 항목	항목별 질의	Stage1	Stage 2	Stage3	Stage4
S&OP 프로세스 구조 및 정의	• S&OP 프로세스가 명확히 정의되고 문서화되어 있는가?	• S&OP 프로세스가 비공식적으로 진행되며, 정의와 문서화가 미흡하다	• 기본적인 프로세스가 정의되어 있으며 일부 문서화되어 있다	• S&OP 프로세스가 명확히 정의되고 모든 단계가 표준화되어 문서화되어 있다	• S&OP 프로세스가 완전히 최적화되어 있으며, 모든 단계가 실시간으로 업데이트되고 문서화된다.
	• S&OP에 관련된 팀과 각 역할이 명확히 정해져 있는가?	• S&OP에 관련된 팀이 비공식적으로 운영되고 있으며, 역할이 불명확하다	• S&OP 팀이 구성되어 있으며, 각 역할이 대체로 정의되어 있지만 일부 혼동이 발생할 수 있다	• S&OP 팀과 각 역할이 명확히 정의되어 있으며, 책임이 명확하게 구분되어 있다	• S&OP 팀의 각 역할이 완전히 통합되고, 각 부서의 책임과 권한이 명확하게 분배되어 있다.
	• 정기적인 회의 일정이 잡혀 있고, 모든 관련 부서가 참여하는가?	• 정기적인 회의가 없거나 드물게 이루어지며, 일부 부서만 참여한다	• 정기적인 회의 일정이 있으나, 부서 간 참석이 불규칙하고, 협의 내용이 제한적이다	• 모든 관련 부서가 정기적으로 회의에 참석하며, 의제에 따른 논의가 체계적으로 이루어진다.	• 회의 일정이 정확히 관리되며, 모든 부서가 필수적으로 참석하고 참여도가 높다.
조직 간 협업	• 각 부서 간 협업이 원활하게 이루어지고 있는가?	• 부서 간 의사소통이 비공식적이며, 협업이 일관성 없이 이루어진다	• 특정 프로젝트에서만 협업이 이루어지며, 일부 부서 간에만 협력이 원활하다	• 부서 간 정기적인 협업 체계가 마련되어 있으며, 필요한 정보가 적시에 공유된다.	• 모든 부서가 긴밀하게 협력하며, 전사적인 목표 달성을 위해 실시간으로 정보가 공유된다.
	• 판매, 생산, 물류, 구매, 재무 부서가 통합된 계획을 수립하는가?	• 각 부서가 별도로 계획을 수립하며, 통합된 계획 수립이 거의 이루어지지 않는다	• 부서 간 제한적인 통합 계획이 수립되나, 부서별 우선순위가 상이해 충돌이 발생한다	• 대부분의 부서가 통합된 계획을 수립하며, 부서 간 조정이 원활하게 이루어진다	• 모든 부서가 완벽히 통합된 계획을 수립하고, 경영 전략과 일관성을 유지하며 운영된다.
	• 이사회 또는 고위 경영진이 S&OP 과정에 충분히 참여하는가?	• 고위 경영진의 참여가 거의 없으며, S&OP는 중간 관리자에 의해 주도된다	• 경영진이 필요할 때 참여하지만, 전략적 방향 설정에 적극적인 역할을 하지 않는다	• 경영진이 정기적으로 S&OP 과정에 참여하며, 주요 의사결정에 관여한다.	• 이사회와 경영진이 S&OP 프로세스 전반에 깊이 관여하며, 회사 전략과 연계를 지속적 검토 개선한다.

Check 항목	항목별 질의	Stage1	Stage 2	Stage3	Stage4
수요 계획	• 수요 계획 수립 시 시장 동향과 고객 피드백이 반영되는가?	• 수요 계획에 시장 동향과 고객 피드백이 거의 반영되지 않으며, 주관적인 판단에 의존한다	일부 시장 정보와 고객 피드백이 반영되나, 체계적인 분석과 반영이 이루어지지 않는다	• 수요 계획에 시장 동향과 고객 피드백이 체계적으로 반영 되며, 이를 바탕으로 계획이 수립된다.	• 시장 동향과 고객 피드백이 실시간 반영되어 수요 계획이 지속적 갱신되고, 예측 정확도가 크게 향상된다.
	• 판매 예측 정확도를 평가하고 있는가?	• 판매 예측 정확도가 거의 평가되지 않으며, 과거 데이터에 대한 피드백이 부족하다	• 일부 판매 예측 평가가 이루어지지만, 정확도 개선을 위한 구체적인 피드백이 부족하다	• 판매 예측 정확도가 정기 적으로 평가되며, 오류 원인 분석을 통해 지속적으로 개선된다.	• 판매 예측 정확도가 실시간으로 모니터링되고, AI 및 분석 도구를 활용하여 자동 예측 정확도 개선 된다.
	• 수요 변동에 대한 대처 방안이 마련되어 있는가?	• 수요 변동에 대한 대처 방안이 거의 마련되어 있지 않으며, 비상 상황에만 대응한다	• 수요 변동을 어느 정도 예상하고 대처하지만, 체계적인 대응 방안이 부족하다	• 수요 변동에 대한 명확한 대처 방안이 수립되어 있으며, 주요 부서 간 협업을 통해 관리된다	• 수요 변동에 실시간으로 대처할 수 있는 시스템이 구축되어 있으며, 대처 방안이 자동화되어 운영된다
공급 계획	• 자재 소요 계획(MRP) 및 생산 계획이 정확 하게 수립되고 있는가?	• 자재 소요 계획과 생산 계획이 비공식적으로 수립되며, 예측과 수립의 정확도가 낮다	• MRP 및 생산 계획이 수립되지만, 데이터의 일관성이 부족하고 자주 조정이 필요하다	• MRP와 생산 계획이 정확하게 수립되며, 예측 데이터와 생산 능력을 기반으로 체계적으로 관리된다.	실시간 데이터에 기반한 MRP 및 생산 계획이 자동화되어 정확하게 수립되고, 생산 일정과 자원 활용이 최적화 된다.
	• 공급망 제약사항이 고려되어 계획이 수립되는가?	공급망 제약사항이 거의 고려되지 않으며, 계획이 현실적이지 않다	• 일부 제약사항이 고려되지만, 전반적인 공급망 문제를 해결하는 데는 한계가 있다	• 주요 공급망 제약사항이 계획에 반영되며, 이를 바탕으로 현실적인 계획이 수립된다.	• 모든 공급망 제약사항이 정밀하게 분석되고 실시간으로 반영되어, 계획 수립 시 문제를 최소화한다.
	• 생산 능력과 자원 배분이 효율적으로 관리되는가?	• 생산 능력과 자원 배분이 비효율적으로 관리되며, 자주 병목 현상이 발생한다	• 일부 자원 배분이 개선되었으나, 생산 능력의 한계로 인해 효율성이 떨어진다	• 생산 능력과 자원 배분이 효율적으로 관리되며, 병목 현상이 최소화된다.	• 생산 능력과 자원 배분이 실시간으로 모니터링되고, 자원 최적화 시스템이 자동으로 효율성 극대화한다.

Check 항목	항목별 질의	Stage1	Stage 2	Stage3	Stage4
재고 관리	• 재고 최적화를 위한 목표가 설정되어 있는가?	• 재고 최적화를 위한 명확한 목표가 설정되어 있지 않다	• 재고 최적화를 위한 목표가 설정되어 있지만, 목표 달성에 필요한 구체적인 방안이 부족하다	• 재고 최적화를 위한 명확한 목표와 달성 계획이 수립되어 있으며, 정기적으로 검토된다.	• 재고 최적화 목표가 실시간으로 모니터링되고, 최적화 모델을 통해 지속적으로 개선되고 있다.
	• 과다재고 및 재고 부족 현상을 분석하고 있는가?	• 과다재고 및 재고 부족 현상이 체계적으로 분석되지 않는다	• 과다재고와 재고 부족이 부분적으로 분석되지만, 대응책이 미흡하다	• 정기적으로 과다재고 및 재고 부족 현상이 분석되며, 적절한 조정이 이루어진다.	• 실시간 재고 분석 시스템으로 과다재고 및 부족 현상이 자동 파악되고, 즉각적인 조정이 이루어진다.
	• 재고 회전율 및 재고 자산 관리가 효율 적으로 이루어지고 있는가?	• 재고 회전율과 자산 관리가 비효율적으로 관리되며, 적정 수준 유지가 어렵다.	• 재고 회전율과 자산 관리가 일부 개선되었으나, 여전히 비효율적인 부분이 존재한다.	• 재고 회전율이 정기적으로 관리되며, 재고 자산의 효율성이 높아지고 있다.	• 재고 회전율 및 자산 관리가 실시간으로 모니터링되고, 자동화 시스템을 통해 최적의 재고 수준이 유지한다.
재무 통합	• S&OP 과정이 재무 계획 및 목표와 일치하는가?	• S&OP 과정이 재무 계획과 거의 일치하지 않으며, 목표 간 불일치가 크다	• 일부 S&OP 활동이 재무 계획과 연결되지만, 전체적인 통합이 이루어지지 않는다	• S&OP 과정과 재무 계획이 일관되게 연결되며, 목표를 향해 함께 움직인다	• S&OP와 재무 계획이 완전히 통합되어 실시간 목표와 전략이 조정되며, 경영진의 피드백이 즉각 반영
	• 재무 부서와의 연계가 원활한가?	• 재무 부서와의 연계가 거의 없으며, 정보 공유가 이루어지지 않는다	• 재무 부서와 제한적인 연계가 있으며, 정보가 일부 부정확하게 전달된다	• 재무 부서와의 연계가 원활하게 이루어지며, 정보가 정확하게 전달된다	• 재무 부서와의 완전한 연계가 실시간으로 이루어지며, 양방향 정보 교류가 정기적으로 진행된다
	• 예산 대비 실적 차이를 지속적으로 모니터링하고 조정하는가?	• 예산 대비 실적 차이가 거의 모니터링되지 않으며, 사후에만 조정이 이루어진다	• 예산 대비 실적 차이가 정기적으로 모니터링되나, 대응이 신속하지 않다	• 예산 대비 실적 차이가 정기적으로 모니터링되며, 필요시 즉각적인 조정이 이루어진다	• 실시간 모니터링 시스템으로예산 대비 실적 차이가 자동으로 관리되며, 전략적 조정이 실시간 이루어짐

Check 항목	항목별 질의	Stage1	Stage 2	Stage3	Stage4
성과 관리	• S&OP 성과를 측정하기 위한 KPI가 정의되어 있는가?	• S&OP 성과를 측정하기 위한 KPI가 정의되지 않았으며, 성과 측정이 체계적으로 이루어지지 않는다	• 기본적인 KPI가 설정되어 있지만, 성과 측정이 일관성이 없고, 부서별로 다르게 관리된다	• S&OP 성과를 측정하기 위한 명확한 KPI가 정의되어 있으며, 모든 부서에서 일관되게 사용된다	• KPI가 S&OP 성과를 실시간으로 모니터링하고, 성과 개선을 위한 피드백 루프가 자동으로 작동한다
	• KPI에 따른 성과를 정기적으로 리뷰하고 있는가?	• KPI에 따른 성과 리뷰가 거의 이루어지지 않으며, 피드백이 부족하다	• 성과 리뷰가 이루어지지만, 비정기적으로 진행되며, 피드백 과정이 형식적이다	• KPI에 따른 성과가 정기적으로 리뷰되며, 구체적인 개선 방안이 논의된다	• KPI 기반 성과 리뷰가 실시간으로 이루어지고, 개선 방안이 신속하게 실행된다
	• 성공 요인과 실패 요인을 평가하고 개선 방안을 도출하는가?	• 성공과 실패 요인을 평가하지 않으며, 개선을 위한 체계적인 프로세스가 없다	• 성공과 실패 요인이 일부 평가되지만, 체계적인 피드백 및 개선 방안 도출이 이루어지지 않는다	• 성공과 실패 요인을 명확히 평가하며, 개선 방안을 도출해 정기적으로 실행한다	• 성공과 실패 요인이 실시간으로 평가되며, 자동화된 분석 도구를 통해 개선 방안이 즉시 실행된다
위험 관리	• 수요 또는 공급 측면에서 발생할 수 있는 위험 요소를 식별하고 있는가?	• 수요 또는 공급 측면의 위험 요소가 거의 식별되지 않으며, 사전 대응 방안이 부족하다	• 일부 위험 요소가 식별되지만, 완전한 분석과 대응 체계가 미흡하다	• 수요 및 공급 측면의 주요 위험 요소가 체계적으로 식별되고, 분석 및 대응 방안이 수립되어 있다	• 모든 위험 요소가 실시간으로 모니터링되며, 사전 대응 방안이 자동으로 실행된다
	• 위험 요소에 대한 대응 전략이 마련되어 있는가?	• 위험 요소에 대한 대응 전략이 마련되어 있지 않으며, 비상 시에만 대응이 이루어진다	• 위험 요소에 대한 기본적인 대응 전략이 마련되어 있지만, 상황에 따라 조정이 어렵다	• 주요 위험 요소에 대한 대응 전략이 명확히 마련되어 있으며, 정기적으로 업데이트된다	• 대응 전략이 자동으로 조정되고, 실시간으로 모니터링되는 시스템을 통해 즉각적인 대응이 이루어진다
	• 비상 계획이 수립되어 있으며, 시뮬레이션을 통해 검증되고 있는가?	• 비상 계획이 수립되지 않았거나, 검증이 부족한 상태이다	• 기본적인 비상 계획이 수립되었으나, 시뮬레이션을 통한 검증이 미흡하다	• 비상 계획이 정기적으로 수립되고, 시뮬레이션을 통해 검증된 후 조정이 이루어진다	• 비상 계획이 실시간으로 업데이트되고, 정기적인 시뮬레이션을 통해 철저하게 검증 및 개선된다

Check 항목	항목별 질의	Stage1	Stage 2	Stage3	Stage4
시스템 및 도구 사용	• S&OP 프로세스를 지원하는 IT 시스템 및 도구가 있는가?	• S&OP 프로세스를 지원하는 IT 시스템이나 도구가 거의 없으며, 수작업이 많다	• 일부 IT 시스템과 도구가 사용되지만, 기능이 제한적이고 통합이 잘 이루어지지 않는다	• S&OP 프로세스를 지원하는 IT 시스템과 도구가 도입되어 있으며, 주요 프로세스가 자동화된다	• S&OP 프로세스가 IT 시스템과 완전히 통합되어 실시간 데이터 분석 및 의사결정이 자동화된다
	• 시스템이 부서 간 통합된 데이터를 실시간으로 제공하고 있는가?	• 시스템이 부서 간 데이터를 실시간으로 제공하지 않으며, 수작업으로 데이터를 공유한다	• 일부 부서 간 데이터가 시스템을 통해 공유되지만, 실시간 제공이 어렵다	• 대부분의 부서 간 데이터가 시스템을 통해 실시간으로 제공되며, 통합된 정보로 관리된다	• 모든 부서 간 데이터가 실시간으로 통합되어 제공되며, 의사결정에 즉시 활용된다
	• 데이터의 정확성과 접근성이 보장되는가?	• 데이터의 정확성과 접근성이 보장되지 않으며, 오류 발생이 빈번하다	• 일부 데이터의 정확성과 접근성이 보장되지만, 체계적인 관리가 부족하다	• 데이터의 정확성과 접근성이 체계적으로 관리되며, 모든 부서에서 쉽게 접근할 수 있다	• 데이터의 정확성과 접근성이 완벽히 보장되며, 자동화된 시스템을 통해 오류가 최소화된다
지속적인 개선	• S&OP 프로세스의 성숙도를 주기적으로 평가하고 개선하고 있는가?	• S&OP 프로세스의 성숙도가 주기적으로 평가되지 않으며, 개선이 거의 이루어지지 않는다	• S&OP 성숙도가 일부 평가되지만, 개선이 일관성 없이 이루어진다	• S&OP 성숙도가 정기적으로 평가되며, 개선 방안이 체계적으로 실행된다	• S&OP 성숙도가 실시간으로 평가되고, 자동화된 분석을 통해 지속적으로 개선된다
	• 외부 환경 변화나 새로운 비즈니스 요구사항에 따라 S&OP 프로세스를 유연하게 조정하는가?	• 외부 환경 변화나 새로운 비즈니스 요구에 대해 S&OP 프로세스의 조정이 거의 이루어지지 않는다	• 일부 외부 변화에 대해 대응이 이루어지지만, 유연성이 부족하다	• 외부 환경 변화나 새로운 요구사항에 맞춰 S&OP 프로세스가 유연하게 조정된다	• 외부 변화에 실시간으로 대응하며, S&OP 프로세스가 자동으로 조정되어 새로운 요구를 즉각 반영한다
	• 지속적인 학습과 개선을 위한 피드백 루프가 마련되어 있는가?	• 지속적인 학습과 개선을 위한 피드백 루프가 존재하지 않으며, 개선 작업이 거의 없다	• 일부 피드백 루프가 마련되어 있지만, 체계적이지 않고 비정기적으로 이루어진다	• 지속적인 학습과 개선을 위한 피드백 루프가 마련되어 있으며, 이를 통해 정기적인 개선이 이루어진다	• 피드백 루프가 자동화되어 지속적인 학습과 개선이 실시간 이루어지고, S&OP 성과가 지속적으로 향상

• 조직 간 협업 강화

각 부서 간의 협업이 현재 비공식적으로 이루어지고 있는 문제를 해결하고, 체계적이고 공식적인 커뮤니케이션 프로세스를 구축해야 한다. 이를 위해 판매, 생산, 구매, 재무 부서가 통합된 계획을 수립할 수 있는 프로세스를 단계적으로 도입하는 것이 필요하며, 이러한 협업 체계를 효과적으로 운영하기 위해 이사회나 고위 경영진의 참여를 이끌어 내는 것도 매우 중요하다.

경영진의 적극적인 관심과 전략적 지원은 S&OP 추진의 원동력이 되며, 이를 통해 전사적 통합이 촉진되고 실행력이 한층 강화될 수 있다. 따라서 경영진의 참여를 유도하기 위해 협업의 중요성을 명확히 전달하고, 이를 통해 조직 전체의 목표를 효과적으로 달성할 수 있는 기반을 마련하는 것이 필수적이다. 특히 이러한 프로세스가 원활하게 작동하도록 하려면 경영진이 주기적으로 현황을 점검하고 피드백을 제공하는 구조를 마련함으로써 각 부서 간의 협력이 지속적이고 일관되게 이루어질 수 있도록 관리해야 한다.

• 수요 및 공급 계획 개선

시장 동향과 고객 피드백을 기반으로 한 체계적인 수요 계획 수립이 필요하며, 이를 위해 외부 데이터를 수집하고 이를 반영하는 프로세스를 구축함으로써 판매 예측의 정확성을 높이는 데 집중해야 한다. 또한 MRP와 생산 계획을 데이터 기반으로 수립하는 과정도 매우 중요하며, 공급망 내의 제약 사항을 충분히 반영하여 현실적인 자원 배분이 가능하도록 시스템 개선 작업을 추진해야 한다. 이를 통해 수요와 공급을 정밀하게 조율하고, 예측의 신뢰성을 높여 조직의 운영 효율성을 극대화할 수 있다.

수요 계획과 생산 계획이 데이터에 근거해 유기적으로 연계되면, 전체적인 공급망 프로세스가 더욱 효율적으로 작동하며, 예측 오류나 리드 타임의 불확실성을 줄일 수 있다. 궁극적으로는 이러한 개선을 통해 시장의 변화에 신속하게 대응하고, 고객 요구에 부합하는 적시 대응이 가능해지도록 체계적인 계획과 실행력을 확보하는 것이 목표이다.

• 재고 관리 최적화

재고 최적화 목표를 설정하고 이를 달성하기 위한 구체적인 방안을 마련하는 것이 필요하며, 이를 위해 과다 재고와 재고 부족 현상을 철저히 분석하고 이에 대응하는 프로세스를 수립하는 것이 중요하다. 동시에 재고 자산 관리를 효율적으로 운영하기 위해 자산 관리의 정기적인 평가와 조정을 실시할 수 있는 체계를 도입하여, 재고 상태를 지속적으로 모니터링하고 상황에 맞게 최적화할 수 있는 구조를 마련해야 한다. 이러한 접근을 통해 불필요한 재고를 줄이고, 재고 부족으로 인한 서비스 저하를 방지하며, 자산 활용도를 극대화할 수 있어야 하며, 이를 통해 재고 관련 비용을 절감하고 운영 효율성을 향상시키는 데 기여해야 한다.

• 재무 통합

S&OP 활동이 재무 계획과 긴밀하게 일관성을 유지하도록 하고, 실적과 예산 간의 차이를 지속적으로 모니터링 할 수 있는 시스템을 도입하는 것이 필요하다. 이 시스템은 계획과 실제 성과를 비교하여 차이를 파악하고, 이를 바탕으로 필요한 조정을 가능하게 하여 조직의 재무적 목표 달성에 기여할 수 있도록 한다.

또한 재무 부서와의 연계를 강화하기 위해 정기적인 정보 공유 체계를 마련하여 부서 간 협업을 촉진하고, 재무 계획 수립과 S&OP 활동 간의 데이터 일관성을 유지하는 것이 중요하다. 이러한 정기적인 정보 공유는 각 부서가 최신 정보를 바탕으로 의사결정을 내릴 수 있게 하여 전체 조직이 일관되게 움직일 수 있도록 지원하며, 궁극적으로 조직의 재무 효율성과 목표 달성 능력을 향상시키는 중요한 역할을 한다.

• 시스템 도입

S&OP 프로세스를 효과적으로 지원하기 위해서는 이를 뒷받침할 수 있는 IT 시스템과 도구의 도입이 필수적이다. 기존의 수작업 중심 프로세스를 디지털화하여 자동화하고, 이를 통해 데이터의 정확성과 접근성을 높이는 것이 중요하다. 또 실시간으로 데이터를 통합하여 전사적으로 공유할 수 있는 시스템 개선이 필요하다. 이를 통해 각 부서 간 정

보가 원활히 전달되고, 모든 이해관계자가 동일한 데이터를 기반으로 의사결정을 내릴 수 있어 협업과 효율성을 극대화할 수 있다.

IT 시스템의 도입과 개선을 통해 S&OP 프로세스가 더 빠르고 일관되게 운영될 수 있도록 하며, 궁극적으로 조직의 경쟁력을 강화하고 변화하는 시장 요구에 유연하게 대응할 수 있는 기반을 마련하는 것이 목표이다.

• 성과 관리와 개선

성과를 측정할 수 있는 명확한 KPI를 설정하고, 이 지표들이 각 부서에서 일관되게 활용될 수 있도록 체계를 구축하는 것이 필요하다. 모든 부서가 동일한 기준으로 성과를 평가하고 개선 활동을 추진할 수 있도록 KPI를 정의함으로써, 조직 전체가 같은 방향을 향해 나아갈 수 있게 해야 한다. 아울러 이러한 성과 지표를 정기적으로 검토하여 현재 상태를 정확히 파악하고, 이를 바탕으로 피드백 루프를 마련하여 개선점을 지속적으로 도출하는 문화를 정착시키는 것이 중요하다.

정기적인 리뷰는 문제점과 개선 가능성을 조기에 발견하고 대응할 수 있는 기회를 제공하며, 이를 통해 각 부서가 자발적으로 개선 활동에 참여하고 조직 전체의 성과를 한층 더 높일 수 있는 지속적인 발전 문화를 형성하게 된다. 이를 통해 조직 내 모든 구성원이 목표에 대한 명확한 이해를 공유하고, 성과 개선을 위한 자발적인 참여와 협업이 이루어지도록 하여, 궁극적으로 전체적인 성과 향상과 경쟁력 강화를 달성할 수 있다.

• 위험 관리 체계 구축

위험 관리 체계를 효과적으로 구축하려면 수요와 공급의 양측에서 발생할 수 있는 다양한 위험 요소를 사전에 식별하고, 이에 대한 대응 전략을 마련하는 것이 필수적이다. 이러한 사전 대응 전략은 예기치 못한 상황에 빠르게 대처할 수 있는 기본 토대이며, 이를 구체화하기 위해 비상 계획을 수립하는 것이 중요하다. 또 이 비상 계획이 실제 효과적으로 작동할 수 있는지 정기적으로 검증하기 위해 시뮬레이션 체계를 구축하여 지속적인 점검과 개선 활동을 실행해야 한다.

시뮬레이션을 통해 시나리오에서의 다양한 위험 요소를 평가하고, 대응 전략의 타당성과 실행 가능성을 높임으로써 불확실성에 대비한 준비를 철저히 할 수 있다. 이를 통해 조직은 변화하는 환경에서도 안정적인 운영을 유지하며, 공급망 내 위험을 최소화하고 대응 역량을 강화할 수 있는 체계를 확립하게 된다. 궁극적으로 이러한 위험 관리 체계는 조직의 지속적인 성장과 위기 대응력을 강화하는 데 중요한 역할을 하며, 안정적인 비즈니스 운영을 지원하는 기반이 된다.

• 지속적인 개선 문화 도입

지속적인 개선 문화를 도입하려면 S&OP 성숙도를 주기적으로 평가하고 개선하는 체계를 조직 내에 구축하는 것이 필수적이다. 이를 통해 현재의 프로세스가 얼마나 성숙했는지 확인하고, 부족한 부분을 개선할 기회를 지속적(持續的)으로 모색하는 것이 필요하다. 또 외부 환경의 변화에 유연하게 대응할 수 있도록 프로세스를 끊임없이 최적화하는 피드백 루프를 마련하여, 변화하는 시장 상황이나 고객의 요구에 신속하게 적응하는 능력을 갖추는 것이 중요하다. 이러한 피드백 루프는 실시간으로 문제를 인지하고, 신속히 대처할 수 있는 구조를 만들어 조직 전체의 민첩성과 대응력을 강화하는 데 이바지한다. 궁극적인 목표는 S&OP 성숙도를 정기적으로 모니터링하고 피드백을 반영함으로써 전사적인 프로세스 최적화를 가능하게 하고, 지속적인 개선을 통해 조직이 더욱 발전할 수 있는 기반을 마련하는 것이다.

위의 단계별 접근은 S&OP 도입을 위한 기본적인 기반을 다지는 데 중요한 역할을 할 것이다. 초기 단계에서 작은 성공을 거둔 후, 점진적으로 프로세스와 시스템을 고도화하며 S&OP 성숙도를 향상·발전시킬 수 있다.

Stage 2

만약 S&OP 준비 체크리스트에서 평균적으로 항목들이 **Stage 2**일 때, 기본적인 구조와 프로세스는 어느 정도 수립되어 있지만, 여전히 일관성과 체계가 부족한 상태이다. 이 경우, S&OP를 효과적으로 추진하기 위해서는 프로세스를 고도화하고 각 부서 간 협업을 강화하는 것이 중요하다. Stage 2는 기본적인 기초가 마련되었으나, 다음 단계로 도약하기 위해 개선해야 할 과제들이 존재하는 시점이다. 그러므로 아래와 같이 Stage 2 상태에서 S&OP를 추진해야 하는 단계별 전략이라 할 수 있다.

• S&OP 프로세스 구조와 정의 고도화

⇒ 기본적인 프로세스가 정의되어 있는 상황이므로, 이를 더욱 명확하게 문서화하고 표준화하는 작업이 필요하다. 특히 각 부서 간 의사소통의 일관성을 유지하고, 표준 프로세스를 전사적으로 적용할 수 있도록 교육과 내부 커뮤니케이션을 강화해야 한다.

⇒ 역할이 어느 정도 정의되어 있지만 혼동이 발생할 수 있는 부분을 명확히 구분하고, 역할을 더 구체적으로 설정하여 책임 소재를 명확히 해야 한다. 팀 구성원 간 책임을 명확히 하여 부서 간 협업을 체계화하는 것이 중요하다.

• 정기적인 S&OP 회의 관리 강화

⇒ 정기적인 회의 일정은 이미 존재하나, 참석이 불규칙하고 협의내용이 제한적일 수 있다. 회의 참석을 의무화하고, 모든 관련 부서가 적극 참여하도록 독려해야 한다. 회의 의제를 사전에 설정하여 논의가 체계적으로 이루어지도록 관리한다.

⇒ 회의에서 논의된 주요 결정 사항을 체계적으로 기록하고, 실행 성과를 추적하는 시스템을 도입해야 한다. 이를 통해 의사결정의 효과를 높이고, 개선 작업을 신속히 추진할 수 있다.

• 조직 간 협업 강화 및 통합 계획 수립

⇒ 협업이 일부 프로젝트에서만 이루어지는 경우, 전사적인 협업 체계를 도입해 모든 프로젝트에 적용할 수 있도록 한다. 특히 판매, 생산, 구매, 물류, 재무 부서가 통합된 계획을 수립할 수 있도록 통합 프로세스를 강화해야 한다.

⇒ 부서별 우선순위가 달라 충돌이 발생할 수 있는 상황이므로, 경영 전략과 일치하는 목표를 설정하고 각 부서의 계획을 조정할 수 있는 조율 기구나 팀의 신설을 고려한다.

• 수요 및 공급 계획의 개선

⇒ 시장 동향과 고객 피드백을 반영하는 체계를 확립하여 수요 계획의 정확성을 높여야 한다. 기본적인 시장 정보를 바탕으로 수요 계획을 수립하는 단계에서 더 정교한 분석을 통해 예측의 정확도를 높인다.

⇒ 수요 변동에 대응하는 방안이 어느 정도 존재하더라도, 이를 더욱 체계화하는 작업이 필요하다. 수요 변동을 예상하고, 사전 대응 전략을 세울 수 있는 계획 수립 프로세스를 도입해야 한다.

• 재고 관리 및 공급 계획 고도화

⇒ 재고 최적화 목표는 설정되어 있지만, 이를 달성하기 위한 구체적인 실행 계획이 부족한 경우, 각 부서가 협업하여 재고 최적화 목표 달성을 위한 구체적인 방법론을 수립하고, 이를 실행할 수 있는 팀을 꾸린다.

⇒ MRP 및 생산 계획을 수립할 때 데이터의 일관성 부족을 개선하기 위해 실시간 데이터를 활용한 자재 소요 계획과 생산 계획 시스템을 강화해야 하며, 생산 능력과 자원 배분의 효율성 극대화 방안을 마련한다.

• 재무 통합 및 연계 강화

⇒ 일부 S&OP 활동이 재무 계획과 연결되어 있더라고 전체적인 통합이 미흡한 경우, S&OP 프로세스와 재무 목표를 일관되게 연결해야 한다. 재무 부서와의 긴밀한 연계를 통해 정보가 정확하게 전달될 수 있도록 하고, 예산 대비 실적을 정기적으로 모니터링하며 대응하는 체계를 마련한다.

• 성과 관리 및 KPI 체계 확립

⇒ S&OP 성과 측정을 위한 KPI는 설정되어 있더라도 일관성이 부족한 경우, 각 부서에서 동일한 KPI를 적용하여 성과를 일관되게 관리하고, 정기적인 성과 리뷰를 통해 개선 방안을 도출하는 프로세스를 확립해야 한다.

⇒ 성과 리뷰를 정기적으로 실시하여 즉각적인 개선 작업을 진행할 수 있는 체계를 마련한다.

• 위험 관리 체계 구축
⇒ 수요 또는 공급 측면에서 발생할 수 있는 위험 요소를 식별하고, 이에 대한 사전 대응 전략을 구체화하기 위해 비상 계획을 수립하고, 정기적인 검증과 시뮬레이션을 통해 대응력을 강화한다.

• 시스템과 도구의 도입
⇒ 일부 시스템이 사용되고 있으나 기능이 제한적일 수 있으므로, S&OP 프로세스를 지원할 수 있는 IT 시스템을 고도화하고, 부서 간 실시간 데이터 통합이 가능하게 해야 한다. 데이터의 정확성을 보장할 수 있는 시스템 개선이 필요하다.

• 지속적인 개선 프로세스 도입
⇒ S&OP 성숙도가 부분적으로 평가되고 있지만, 일관성 없이 개선이 이루어지는 경우, 정기적인 평가와 개선 작업을 체계화해야 한다. 지속적인 학습과 개선을 위한 피드백 루프를 마련하여 S&OP 프로세스를 지속적으로 개선하는 문화를 정착시킨다.

이렇게 Stage 2에서는 기본적인 프로세스와 구조가 마련되어 있지만, 일관성 및 협업 강화가 꼭 필요하다. 따라서 각 부문에서 명확한 역할과 책임을 부여하고, 통합된 계획과 데이터를 기반으로 전사적인 협업 체계를 고도화하는 방향으로 추진 전략을 설정하는 것이 매우 중요하다.

Stage 3
다음은 S&OP 준비 체크리스트에서 평균적으로 항목들이 **Stage 3**에 해당하는 상황이라면, 기본적인 S&OP 프로세스는 명확히 정의되고 표준화되어 있으며, 각 부서 간 협업과 계획 수립이 원활하게 이루어지고 있다. 그러나 이 단계에서는 고도화와 최적화를 통해 좀 더 효율적이고 실시간 대응이 가능한 S&OP 체계를 구축하는 것이 목표이다. Stage 4로 도약하기 위해 아래와 같은 추진 전략은 필수적이다.

• S&OP 프로세스의 최적화

⇒ S&OP 프로세스는 명확히 정의되어 있고 모든 단계가 문서화되어 있더라도 이를 실시간으로 업데이트할 수 있는 시스템을 도입해야 한다. 따라서 Microsoft 사의 Teams 및 Viva를 예로 들을 수 있다.

Teams와 Viva는 협업 플랫폼으로, S&OP 단계별 협업과 문서화 과정을 지원한다.

⇒ Microsoft Teams:

- S&OP 관련 회의, 파일 공유, 실시간 업데이트를 위한 협업 공간 제공.

- Dynamics 365 및 Power BI와의 연계로 데이터 기반 논의를 실시간으로 가능.

⇒ Microsoft Viva:

- 지식 관리와 프로세스 문서화를 통해 조직 내 정보 접근성 향상.

- 실시간 피드백 및 학습 자원을 제공하여 S&OP 실행력을 강화.

자동화된 도구와 실시간 데이터 피드백을 통해, 계획이 변화할 때 신속하게 반영될 수 있도록 한다.

⇒ 정기적인 프로세스 개선 작업을 통해 프로세스 전반을 점검하고, 필요에 따라 조정을 실행해야 한다. 각 부서가 개선안을 제시할 수 있는 피드백 루프를 활성화하여, 프로세스 성숙도를 지속적으로 향상시키는 것이 중요하다.

• 역할 통합 및 부서 간 협업 강화

⇒ 각 역할이 명확히 정의되어 있지만, 더욱 통합된 협업 체계를 구축해야 한다. 각 부서의 역할과 책임을 명확히 하면서도, 부서 간 협업이 자연스럽게 이루어질 수 있도록 워크 플로우(work flow)를 최적화하는 것이 중요하다.

⇒ 팀 간 협업이 원활하게 이루어지는 상황이므로, 이를 더욱 효율적으로 만들기 위해

의사결정 프로세스의 속도와 질을 높이는 방안을 마련해야 한다. 의사결정을 신속하게 내릴 수 있는 체계와 도구를 도입하여 협업을 강화한다.

• 정기적인 회의 최적화와 부서 참여 확대

⇒ 정기적인 회의에 모든 부서가 참여하고 있지만, 이를 최적화하여 회의의 효율성을 높일 필요가 있다. 각 부서의 의견이 적극 반영되고 실질적인 의사결정이 이루어질 수 있도록 회의 전후의 피드백 체계를 강화하고, 회의 의제 관리 시스템을 도입해 의사결정 속도를 높인다.

⇒ 회의 일정 및 내용을 자동으로 관리할 수 있는 디지털 시스템을 도입하여 모든 관련자가 실시간으로 회의 결과와 실행 사항을 공유할 수 있도록 해야 한다.

• 통합 계획 수립과 경영진 참여 강화

⇒ 고위 경영진이 S&OP 과정에 정기적으로 참여하고 있더라도 더 깊이 관여할 수 있도록 경영진의 전략적 피드백을 적극적으로 반영하는 체계를 마련해야 한다. 경영진이 기업 전략과 S&OP 프로세스가 어떻게 연계되는지 지속적으로 검토하고, 그에 따라 조정할 수 있도록 의사결정 구조를 더욱 통합해야 한다.

⇒ 각 부서 간 통합된 계획 수립이 이루어지고 있더라도 이를 더욱 최적화하여 경영 전략과 완벽하게 일관성을 유지하는 방안을 모색해야 한다. 이를 위해 경영진의 피드백을 실시간으로 반영하고, 계획 조정이 자동화될 수 있는 시스템을 도입한다.

• 수요와 공급 계획의 실시간 대응 체계 구축

⇒ 수요 계획에 시장 동향과 고객 피드백이 체계적으로 반영되고 있더라도 실시간으로 업데이트할 수 있는 시스템을 도입하여 계획의 정확성을 더욱 높인다. 이를 위해 AI나 분석 도구를 활용해 수요 예측 정확도를 자동으로 개선하는 방안을 도입한다.

⇒ 수요 변동 대처 방안이 마련되어 있더라도 이를 실시간으로 관리하고 자동으로 대응할 수 있는 시스템을 도입한다. 각 부서가 수요 변동에 신속하게 대응할 수 있도록 협

업 체계를 디지털화하고 자동화된 의사결정 도구를 활용하는 것이 필요하다.

• 공급망 관리와 자원 최적화

⇒ 공급망 제약사항이 계획에 반영되고 있더라도 이를 실시간으로 분석하고 자동으로 반영하는 시스템을 구축함으로써 공급망의 모든 문제를 최소화하고, 계획 수립 시 오류를 줄일 수 있다.

⇒ 생산 능력과 자원 배분은 효율적으로 관리되고 있더라도 이를 실시간으로 모니터링하고 자원을 최적화하는 자동화 시스템을 도입해야 한다. 병목 현상을 사전에 파악하고 즉각적인 조치를 취할 수 있는 자동화 시스템을 통해 생산 계획을 더욱 효율적으로 관리한다.

• 재무 통합의 실시간 대응 체계 도입

⇒ S&OP 과정과 재무 계획이 일관되게 연결되어 있더라도 이를 실시간으로 조정하고 경영 전략과의 피드백을 즉각 반영할 수 있는 체계를 구축한다. 재무 부서와의 연계를 실시간으로 강화하여 양방향 정보 교류가 원활하게 이루어질 수 있도록 한다.

⇒ 예산 대비 실적 차이가 정기적으로 모니터링되더라도 이를 실시간으로 모니터링하고 자동으로 조정할 수 있는 시스템을 도입함으로써 경영진이 필요한 피드백을 즉각 반영할 수 있도록 한다.

• 성과 관리와 KPI 개선

⇒ KPI에 따른 성과 리뷰가 정기적으로 이루어지고 있더라도 이를 실시간으로 모니터링하고 성과 개선을 위한 피드백 루프를 자동화할 수 있는 시스템을 도입한다. 성과 리뷰의 주기와 효과를 높이기 위해 디지털 도구를 활용한다.

• 위험 관리 시스템 자동화

⇒ 주요 위험 요소에 대한 대응 전략이 마련되어 있더라도 이를 실시간으로 모니터링

하고 즉각 대응할 수 있는 시스템을 도입함으로써 모든 위험 요소가 자동으로 분석되고 대응 전략이 실행될 수 있는 구조를 구축해야 한다.

• 지속적인 개선과 외부 변화 대응

⇒ S&OP 프로세스가 외부 환경 변화나 새로운 요구사항에 유연하게 대응할 수 있도록 자동화 시스템을 구축해야 한다. 실시간으로 변화에 대응할 수 있도록 디지털 트윈(Digital Twin) 같은 기술을 도입해 시뮬레이션을 통해 즉각적으로 계획을 조정할 수 있도록 한다.

⇒ 지속적인 학습과 개선을 위한 피드백 루프를 자동화하여 실시간으로 성숙도를 평가하고 개선할 수 있도록 시스템을 고도화한다.

Stage 4

이렇게 Stage 3에서 **Stage 4**로 도약하려면 실시간 대응과 자동화 시스템을 도입하여 전사적인 통합과 최적화를 이루는 것을 목표로 삼아야 한다. 모든 부문에서 자동화된 데이터 분석과 실시간 피드백 체계를 도입함으로써 S&OP 프로세스의 성숙도를 극대화할 수 있다.

마지막 단계로 S&OP 준비 체크리스트에서 평균적으로 항목들이 Stage 4에 해당하는 상황이라면, S&OP 프로세스는 이미 최적화된 상태로 운영되고 있으며, 실시간 데이터 분석, 자동화된 의사결정, 전사적 협업, 경영진의 깊은 참여, 그리고 지속적인 개선이 모두 이루어지고 있다. Stage 4는 S&OP가 완전히 성숙한 단계로, 이 상태에서의 S&OP 추진 방향은 유지와 혁신에 중점을 두어야 한다. 아래의 내용은 Stage 4에서 S&OP를 더욱 발전시키기 위한 전략이다.

• 지속적인 혁신과 개선

⇒ 이미 실시간으로 운영되고 있는 S&OP 프로세스가 최적화된 상태에서 지속적으로 새로운 기술과 분석 방법을 도입해 혁신을 추구해야 한다. AI, 머신러닝, IoT 등 새로운 기술을 도입하여 더 높은 수준의 예측과 대응을 실현할 수 있다.

⇒ 프로세스 성숙도를 지속적으로 평가하고, 개선안을 자동으로 도출하는 시스템이 도입되어 있더라도 주기적으로 외부 컨설팅을 도입해 새로운 개선 영역을 발굴하는 것이 중요하다. 경영 환경 변화와 기술 발전에 따라 S&OP 프로세스도 계속 업그레이드해야 한다.

• 경영진 참여를 통한 전략적 연계 강화

⇒ 경영진의 참여는 이미 정기적으로 이루어지고 있으므로, 경영진이 제공하는 전략적 피드백을 실시간으로 반영하는 체계를 더욱 강화할 수 있다. 이를 위해 경영진이 새로운 전략적 기회를 발견할 수 있도록 시장 동향, 경쟁 환경 등을 실시간으로 분석하는 시스템을 고도화할 수 있다.

⇒ S&OP와 재무 계획이 실시간으로 통합되어 있더라도 이를 뛰어넘어 기업의 장기 전략과 미래 예측까지 연계하여 전략적 의사결정이 S&OP 프로세스에 실시간으로 반영될 수 있도록 시스템을 개선한다.

• 조직 간 실시간 협업과 유연성 확대

⇒ 부서 간 정보가 실시간으로 공유되고 통합된 상태에서, 더 빠르고 정확한 의사결정을 위해 협업 도구를 최적화해야 한다. 다시 말해 협업 플랫폼을 통해 팀원들이 신속하게 피드백을 주고받을 수 있는 구조를 강화하여 대응 속도를 높일 수 있다.

⇒ 조직의 목표와 시장 상황에 맞춰, 부서 간 역할과 책임을 더욱 유연하게 조정하는 체계를 구축할 수 있다. S&OP 프로세스는 이미 실시간으로 운영되고 있지만, 예외 상황에서도 부서 간에 유연하게 협력할 수 있는 비상 프로토콜을 강화할 수 있다.

• 수요와 공급 계획의 더 높은 예측 정확도

⇒ 수요 계획과 공급망 제약사항을 실시간으로 반영하는 시스템이 구축되어 있더라도 이를 AI 기반의 예측 모델로 고도화하여 더욱 높은 수준의 정확도를 확보할 수 있다. 특히 외부 환경 변화와 예상치 못한 수요 변동에 자동으로 대응할 수 있도록 시스템을 계속 업그레이드한다.

⇒ 자원 배부과 생산 능력을 실시간으로 최적화하는 시스템이 이미 가동 중이더라도 자동화 시스템의 성능을 더욱 향상시켜 자원 활용의 효율성을 극대화하는 방안을 모색해야 한다.

• 재무 통합의 완전한 실시간 대응

⇒ S&OP와 재무 계획이 실시간으로 연계되어 운영되고 있더라도 외부 환경 변화나 예기치 않은 재정적 변수에 더 빠르게 대응할 수 있도록 재무 계획 시스템을 고도화할 수 있다. 이를 통해 전사적 목표와 재무 계획의 일관성을 유지하면서도 재정적 리스크를 최소화할 수 있다.

⇒ 예산 대비 실적 차이가 실시간으로 모니터링되고 있더라도 더 정교한 데이터 분석 도구를 활용하여 차이를 더욱 빠르게 파악하고, 예산 계획을 수정할 수 있는 체계를 강화한다.

• KPI 및 성과 관리 자동화 고도화

⇒ KPI가 실시간으로 모니터링되고 성과 개선 피드백 루프가 작동 중이더라도 이를 더욱 고도화하여 실시간 KPI 분석과 예측을 통해 잠재적 문제를 사전에 파악하는 시스템을 추가할 수 있다. 이를 통해 모든 부서가 최적의 성과를 달성할 수 있도록 지원한다.

⇒ 실시간 KPI 분석을 통해 문제를 자동으로 발견하고, 개선 방안을 즉시 실행할 수 있는 자동화 시스템을 더욱 정교하게 운영할 수 있다.

• 위험 관리와 비상 계획의 완전한 자동화

⇒ 수요와 공급 측면에서 발생할 수 있는 모든 위험 요소를 실시간으로 모니터링하고 대응하는 시스템을 고도화한다. 이를 통해 시장 상황이 급변하더라도 자동화된 대응이 가능하도록 시스템을 유지 및 개선한다.

⇒ 비상 계획이 실시간으로 업데이트되고 정기적인 시뮬레이션을 통해 검증되고 있으므로, 더욱 정교한 시뮬레이션 도구를 도입하여 예기치 않은 상황에서도 최적의 대응을 할 수 있도록 비상 계획의 신뢰성을 강화할 수 있다.

• 지속적인 개선과 학습

⇒피드백 루프가 자동화되어 있는 상태에서, 학습과 개선의 주기를 더욱 단축하고 최적의 성과를 달성할 수 있도록 인공지능(AI)을 기반으로 피드백 과정을 정교하게 관리한다. 이를 통해 각 부서의 성과 향상을 지속적으로 지원한다.

⇒ 외부 환경 변화에 실시간으로 대응하는 체계가 구축되어 있으므로, 이러한 변화에 더욱 신속하고 효과적으로 대응할 수 있는 기술적, 조직적 역량을 강화하는 방안을 모색한다. 이를 통해 변화가 발생할 때마다 신속한 의사결정이 이루어질 수 있도록 유지한다.

이렇게 Stage 4에 도달한 조직의 S&OP 추진 전략은 유지 및 고도화를 목표로 하여, 이미 최적화된 프로세스를 더욱 혁신하고, 지속적인 학습과 개선을 통해 최상의 성과를 유지해야 한다. 새로운 기술 도입과 성과 향상에 초점을 맞추고, 외부 환경 변화에 실시간으로 대응할 수 있는 역량을 계속 강화하는 것이 매우 중요하다.

계획 단계

S&OP는 기업의 전사적 자원을 효율적으로 관리하고, 수요와 공급의 균형을 맞추기 위한 전략적 의사결정 과정이다. S&OP 프로세스의 계획 단계는 성공적인 S&OP 운영을 위한 기초를 다지는 중요한 과정으로, 정확한 수요 예측과 자원 배분 계획을 수립하는 것이 핵심이다. 그러므로 계획 단계는 이후의 실행 및 평가 단계에서 실현이 가능한 목표를 설정하고, 이를 달성하기 위한 세부적인 전략을 수립하는 과정으로 구성된다. 이 단계에서 수립된 계획은 전체 프로세스의 성패를 결정짓는 중요한 요소이므로, 체계적이고 정교한 계획 수립이 필수적이다.

계획 단계에서는 수요와 공급을 균형 있게 조정하기 위해 다양한 데이터를 분석하고, 각 부서 간의 협력을 통해 통합적인 계획을 수립하게 된다. 아래에서는 계획 단계에서 주요하게 고려해야 할 요소와 구체적인 활동들을 설명한다.

이 계획은 김정열 파트너님, 이도정 대표님, 권우철 회계사님과 함께 진행했다. 150일을 목표로 한 S&OP 계획을 각 업무 타스크별로 세분화하여 일정을 기술하는 것은 각 단계를 명확하게 관리하고 성공적인 목표 달성을 보장하는 데 중요한 역할을 한다. 각 업무 타스크의 일정을 적절하게 배분하고, 각 단계에서 필요한 시간과 리소스를 고려하여 효율적인 작업 흐름을 설계할 수 있다.

• 목표 정의 및 전반적인 계획 수립 단계(1~15일)

⇒ S&OP 목표 정의 워크숍 진행, 주요 이해관계자와의 목표 설정 회의(1일)

⇒ 부서별 목표 및 KPI 정의(1일)

⇒ S&OP 프로세스 개요 및 일정 확정(1일)

⇒ 부서별 역할 및 책임 정의, 부서 간 협력 방안 논의(4일)

⇒ 목표 설정 문서 작성 및 부서와의 공유(3일)

⇒ KPI 검토 및 최종 확정(3일)

⇒ S&OP 목표 및 계획 최종 확정 및 경영진 승인(2일)

≫ 산출물: 목표 설정 문서, KPI 목록, 부서별 역할 정의서

≫ 담당자: CEO, COO, S&OP 팀의 리더, 각 부서 책임자(수요, 생산, 공급망, 물류 등)

• 데이터의 수집과 분석 단계(16~40일)

⇒ 데이터의 수집 계획 수립(필요한 데이터 항목 정의) (5일)

⇒ 과거 판매 데이터의 수집 및 정리(수요팀 및 판매팀 협력) (5일)

⇒ 재고 현황 분석, 생산 능력 검토(생산팀 및 재고팀 협력) (5일)

⇒ 공급망 현황 분석, 리스크 평가(공급망 팀 및 구매팀 협력) (5일)

⇒ 분석된 데이터 통합 및 시각화, 초기 분석 결과 공유(5일)

≫ 산출물: 데이터 분석 보고서, 수요 예측에 필요한 기초 자료

≫ 담당자: 데이터 분석팀, 수요 계획팀, IT팀, 공급망 관리팀

- **수요 예측 및 계획 수립 단계(41~70일)**

⇒ 수요 예측 방법론 선정 및 예측 기준 설정(마케팅팀, 수요팀 협력) (5일)

⇒ 과거 데이터 기반 수요 예측 모델링(수요 예측 팀) (10일)

⇒ 예측 결과 분석, 수요 예측 정확성 검토 및 조정(5일)

⇒ 마케팅 활동 및 외부 경제 변수를 반영한 수요 예측 업데이트(5일)

⇒ 최종 수요 예측 결과 공유 및 수요 계획 문서화(5일)

≫ 산출물: 수요 예측서, 수요 계획 문서

≫ 담당자: 수요 계획팀, 마케팅팀, 데이터 분석팀, S&OP 팀의 리더

- **생산 계획 및 자원 배분 계획 (71~100일)**

⇒ 생산 계획 수립을 위한 기초 자료 준비 (생산팀 및 재고팀 협력) (5일)

⇒ 생산 능력 분석 및 자원 배분 계획 수립(생산팀) (5일)

⇒ 원자재 및 부품 공급업체와의 협력 논의(구매팀 및 공급망 팀 협력) (5일)

⇒ 자원 배분 계획 및 생산 일정 조정 (5일)

⇒ 리스크 분석 및 비상 대응 방안 마련(공급망 팀) (5일)

⇒ 최종 생산 계획 및 자원 배분 문서 작성 (5일)

≫ 산출물: 생산 계획서, 자원 배분 계획서

≫ 담당자: 생산 계획팀, 공급망 관리팀, 구매팀, 인력 관리팀

- **공급망 최적화 및 물류 계획 (101~130일)**

⇒ 공급망 네트워크 분석 및 최적화 계획 수립(공급망 관리팀) (5일)

⇒ 물류 경로 및 창고 배치 최적화(물류팀, 공급망 관리팀 협력) (5일)

⇒ 공급업체 및 물류업체와의 협의 진행(구매팀, 물류팀) (5일)

⇒ 공급망 리스크 분석 및 해결 방안 마련(공급망 관리팀) (5일)

⇒ 물류 계획 세부 조정, 운송 및 창고 관리 계획 수립 (5일)

⇒ 최종 공급망 및 물류 계획 문서화 및 각 부서와 공유 (5일)

≫ 산출물: 공급망 최적화 보고서, 물류 계획서, 리스크 관리 계획

≫ 담당자: 공급망 관리팀, 물류팀, 공급업체, 물류업체

- **실행 및 모니터링 단계 (131~145일)**

⇒ 계획 실행을 위한 준비(생산팀, 물류팀 준비) (5일)

⇒ 생산 및 재고 관리 시작, 물류 실행(수요 예측에 따른 생산 및 배송) (5일)

⇒ 실행 중에 발생한 문제에 대한 모니터링 및 즉각적인 대응(각 부서의 실시간 조정) (3일)

⇒ 계획 진척도 점검 및 진행 상황 보고 (2일)

≫ 산출물: 실행 진행 보고서, 진척도 보고서, 문제 해결 보고서

≫ 담당자: S&OP 팀, 각 부서의 실행 담당자, 프로젝트 매니저

- **평가 및 피드백 단계 (146~150일)**

⇒ 실행 결과 분석과 KPI 달성 여부 점검 (2일)

⇒ 성과 평가 회의 진행(경영진 및 S&OP 팀) (1일)

⇒ 피드백 수집 및 개선 사항 도출 (1일)

⇒ 최종 평가 보고서 작성 및 향후 개선 방안 제시 (1일)

≫ 산출물: 최종 평가 보고서, 개선 계획서, 향후 계획 수립

≫ 담당자: S&OP 팀 리더, 각 부서 담당자, 경영진

이와 같은 세부적인 일정을 통해 각 업무 타스크는 명확히 정의되고, 책임자별로 일정을 관리하여 150일 동안 S&OP 목표를 달성하는 데 필수적인 역할을 할 수 있다. 일정이 잘 조직되면 계획을 실현하는 데 필요한 모든 단계를 효율적으로 진행할 수 있다. 또 각 단계에서 발생할 수 있는 문제를 빠르게 해결할 수 있는 조

치가 마련되어야 하며, 각 부서의 협력이 핵심이다.

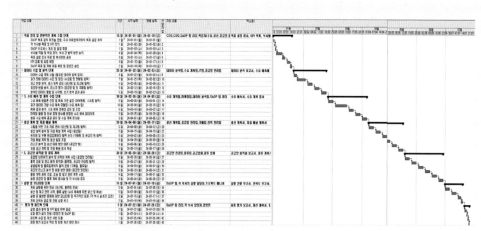

[그림 2] S&OP 계획 WBS (Work Breakdown Structure)

• 수요 예측(Demand Planning)

계획 단계의 첫 번째 핵심 요소는 수요 예측(Demand Planning)이다. 수요 예측은 기업이 미래의 고객 수요를 예측하고, 이를 바탕으로 적절한 자원 배분 계획을 세우는 중요한 과정이다. 정확한 수요 예측은 생산 계획, 재고 관리, 자원 할당 등을 결정하는 데 중요한 역할을 하며, 예측의 정확성이 전체 S&OP 프로세스의 효율성을 좌우하게 된다.

수요 예측 과정에서는 다양한 데이터가 활용된다. 과거의 판매 데이터, 시장 트렌드, 경제 지표, 고객의 구매 패턴, 경쟁사의 동향, 계절적 요인 등 여러 요소를 종합적으로 분석하여 향후 수요를 예측한다. 이를 위해 주로 통계적 기법과 데이터 분석 도구가 사용되며, 최근에는 머신러닝과 AI(Artificial intelligence) 기술을 활용하여 더욱 정교한 예측 모델을 구축하기도 한다.

수요 예측은 정기적으로 갱신되어야 하며, 시장의 변화나 외부 환경의 영향을 반영할 수 있어야 한다. 특히 불확실성이 큰 시장 상황에서는 여러 시나리오를 기반으로 다양한 수요 예측을 준비하고, 각각의 상황에 대비한 대안 계획을 세우는 것이 중요하다.

필자의 의견입니다. 독자 여러분의 생각은 어떠신지요?

MTS 산업에서 S&OP를 추진할 때 수요 예측과 공급 계획은 둘 다 필수적인 요소지만, 무엇이 더 중요한지 고려한다면, 필자는 MTS 산업에서는 수요 예측이 더 중요한 출발점이라고 생각합니다. 이유는 다음과 같습니다.

수요 예측은 출발점으로서 S&OP의 핵심 목적은 시장에서 팔리는 만큼만 생산하고, 자원을 효율적으로 배치하는 것입니다. 이를 위해 수요 예측이 정확해야 공급과 생산이 불필요하게 과잉되거나 부족해지지 않기 때문입니다.

• 수요 예측이 잘못되면 공급 계획을 아무리 잘 세워도 재고 과잉, 고객 서비스 부족 등의 문제가 발생할 수 있습니다. 특히 시장의 수요 변동성이 크거나 빠르게 변하는 산업에서는 정확한 수요 예측이 더욱 중요하다고 봅니다.

공급 계획은 수요에 맞춰 조정함으로써 수요 예측을 기반으로 하여 수립합니다. 다시 말해 수요 예측이 있어야만 적정 수준의 공급 계획을 세울 수 있습니다. 공급 계획에서는 생산 능력(Capacity), 자재 확보, 인력 배치, 설비 가동 등을 조정하며, 이는 수요가 어떻게 변동할지에 따라 유연하게 반응해야 한다고 봅니다.

통합적 접근의 중요성: 물론 수요 예측과 공급 계획은 서로 밀접하게 연결되어 있습니다. 수요를 정확히 예측한 후 이를 바탕으로 효율적인 공급 계획을 세우는 것이 목표이니까요. 따라서 어느 한쪽에만 초점을 맞추기보다는, 수요에 따라 공급을 신속하고 유연하게 조정할 수 있는 체계를 만드는 것이 중요하지 않을까요?

제 생각은 수요 예측을 우선으로 고려하여 계획을 세우고, 그에 맞춰 공급 계획을 조정하는 것이 S&OP의 이상적인 운영 방식이라 생각합니다. 수요에 대한 깊은 이해가 없으면 공급을 최적화하기 어려우므로, 필자는 수요 예측이 더 중요하다고 확신합니다.

• 공급 계획(Supply Planning)

수요 예측이 완료되면 이를 바탕으로 공급 계획(Supply Planning)을 수립하게 된다. 공급 계획은 수요 예측에 맞춰 생산, 자재 조달, 물류, 인력 등 다양한 자원을 어떻게 배분하고 관리할지 결정하는 과정이다. 공급 계획의 목표는 고객의 수요를 만족시키면서도, 자원을 효율적으로 사용하여 비용을 절감하고, 생산성과 효율성을 극대화하는 것이다.

공급 계획에서는 생산 능력(Capacity Planning)이 중요한 요소로 작용한다. 기업이 보유한 생산 설비의 가용성을 파악하고, 이를 최대한 활용할 수 있는 생산 일정의 수립이 필수적이다. 또 원자재 조달과 같은 공급망 관리(Supply Chain Management)도 중요한 역할을 한다. 필요한 자재를 적시에 확보하고, 물류와 배송 계획을 최적화함으로써 공급망 전반에서 발생할 수 있는 병목 현상을 최소화해야 한다.

이 과정에서 재고 관리도 중요한 고려 사항이다. 고객 수요를 충족시키기 위한 적정 재고 수준을 유지하는 동시에, 과도한 재고로 인해 발생할 수 있는 비용 부담을 줄이기 위한 전략을 마련해야 한다. 이를 위해서는 안전 재고(safety stock)를 설정하고, 주문 이행 시간을 최적화하는 것이 중요하다.

• 재무 계획(Financial Planning)

계획 단계에서 재무 계획(Financial Planning)도 매우 중요한 역할을 한다. S&OP는 단순한 운영 계획을 넘어 기업의 전체적인 재무 목표와 일치해야 하므로 수요 및 공급 계획이 재무적 관점에서 적절히 조정되는 것이 필요하다. 이를 위해 각 부서에서 수립한 수요 및 공급 계획을 기반으로 예산 편성과 자금 배분이 이루어져야 한다.

재무 계획에서는 매출 목표와 비용 관리가 중요한 고려 사항이다. 수요 예측에 따른 예상 매출을 바탕으로, 기업의 재무 목표와 일치하는 매출 목표를 설정해야 하며, 이를 달성하기 위한 자원 배분을 최적화해야 한다. 또한 생산과 물류 과정에서 발생할 수 있는 비용을 최소화하기 위한 비용 절감 전략도 수립되어야 한다.

재무 계획은 경영진과의 협의를 통해 최종적으로 승인되며, 이후의 실행 단계에서 적절히 반영되어야 한다. 특히 예산과 자금 계획은 실제 실행 과정에서 자원의 적절한 배분을 보장하기 때문에, 매우 중요한 요소로 다뤄진다.

• 부서 간 협력과 통합 계획 수립

S&OP의 계획 단계는 여러 이해관계 부서 간 협력을 기반으로 이루어지며, 이는 성공적인 계획 수립의 핵심이다. 영업, 마케팅, 생산, 공급망, 재무 부서 등 여러 부서가 협력하여 각 부서의 데이터를 공유하고, 이를 기반으로 통합된 계획을 수립해야 한다. 부서 간 목표가 상충하지 않도록 조정하고, 전체 조직의 전략적 목표에 부합하는 통합적인 계획을 세우는 것이 필수적이다.

이 과정에서 정기적인 회의와 의사소통이 중요하다. 각 부서가 자신들의 계획을 공유하고, 이를 바탕으로 수요와 공급을 조정하며, 목표와 전략을 일치시키는 과정이 필요하다. 이를 통해 각 부서의 목표가 조직 전체의 목표와 연계되며, 부서 간 충돌을 방지할 수 있다.

• 리스크 분석과 시나리오 계획

S&OP 계획 단계에서는 리스크 분석(Risk Analysis)과 시나리오 계획(Scenario Planning)도 필수적이다. 시장 변동성, 공급망 문제, 경제적 불확실성 등 여러 가지 리스크 요소들이 계획의 성공에 영향을 미칠 수 있으므로 이를 사전에 분석하고 대처할 방안을 마련해야 한다.

리스크 분석에서는 수요와 공급의 불확실성을 고려한 다양한 시나리오를 설정하고, 각 시나리오에 맞는 대처 방안을 준비하는 것이 중요하다. 예를 들어, 특정 원자재의 가격 변동이나 공급 지연이 발생할 때 이를 어떻게 해결할 것인지, 수요가 급격히 증가하거나 감소할 때 생산과 재고를 어떻게 조정할 것인지 다양한 변수에 대한 계획을 미리 수립해야 한다.

• 계획 검토와 최종 승인

계획 단계의 마지막 단계는 계획 검토와 최종 승인이다. 각 부서에서 수립한 계획을 통합하여 전사적인 관점에서 검토하고, 경영진의 승인을 받는 과정이다. 이 과정에서는 계획의 현실성, 재무 목표와의 일치 여부, 리스크관리 방안 등을 종합적으로 검토하여 최종적인 계획이 결정된다.

최종 승인된 계획은 실행 단계에서 구체적으로 실행되며, 이후 평가 단계에서 계획 대비 성과를 측정하는 기준이 된다.

• 주요 내용 정리

S&OP 통합 프로세스는 전사적 자원 관리와 수요 공급 균형을 맞추기 위한 전략적 의사결정 과정으로, 사전 준비와 계획 단계가 핵심이다. 사전 준비는 전략과 비즈니스 프로세스의 정렬, 정확한 데이터 및 IT 시스템 구축, 조직 구조와 인력 구성으로 이루어지며, 각 부서 간 협업과 책임 정의가 필수적이다.

계획 단계는 수요 예측, 공급 계획, 재무 계획을 통해 통합된 실행 가능 목표를 수립하며, 정기적 회의와 부서 간 소통으로 통합된 의사결정을 지원한다. 리스크 분석과 시나리오 계획을 통해 불확실성에 대비하고, 최종 계획 검토와 경영진 승인을 거쳐 실행 준비를 마무리한다. 이를 통해 S&OP는 지속적인 개선과 성과 평가의 기반을 마련하며 조직 전체의 목표를 조율한다.

실행 단계

S&OP의 실행 단계는 S&OP 프로세스에서 계획된 내용을 실제로 이행하는 과정으로, 수립된 계획을 기반으로 구체적인 행동을 취하고 성과를 달성하는 단계이다. 이 단계는 계획된 수요와 공급 전략, 재무 계획, 부서 간 협력 계획을 바탕으로 실행되어, 기업이 목표로 하는 운영 목표와 성과를 달성하는 데 중요한 역할을 한다. S&OP의 실행 단계는 모든 부서가 협력하여 계획을 현실화하고, 수립된 목표에 맞춰 성과를 창출하는 과정으로, 운영 효율성과 경영 성과에 직접적인 영향을 미친다.

• 생산과 공급 계획의 실행

S&OP 실행 단계에서 가장 먼저 이루어지는 활동은 생산과 공급 계획의 실행이다. 이 과정은 계획된 생산량과 공급 계획에 따라 자원을 효율적으로 배치하고, 필요한 제품을 적시에 생산 및 공급하는 것을 목표로 한다. 구체적으로는 각 생산라인의 가동 계획, 자재 조달, 인력 배치, 물류 계획 등이 실행된다.

⇒ 생산 실행은 수요 예측을 기반으로 한 생산 계획에 따라 각 생산라인이 최적의 가동률을 유지하며 운영된다. 필요한 원자재가 적시에 준비되도록 관리하고, 생산 설비의 가동 상태를 모니터링하여 생산 일정이 차질 없이 진행되도록 조정한다.

⇒ 공급망 관리는 공급 계획에 따라 필요한 자재를 조달하고, 생산된 제품이 적시에 물류 및 유통망을 통해 고객에게 전달되도록 한다. 공급망의 효율성을 극대화하기 위해 공급자와의 협력을 강화하고, 물류와 운송의 원활한 운영을 보장해야 한다.

이 단계에서는 실시간 데이터 모니터링이 중요한 역할을 한다. 생산과 공급 과정에서 발생하는 데이터를 실시간으로 모니터링하고, 만약 예기치 않은 문제가 발생할 경우, 즉시 대응하여 계획된 일정이 지연되지 않도록 조치해야 한다.

• 수요 관리와 주문 처리

S&OP 실행 단계에서 수요 관리와 주문 처리는 매우 중요한 활동이다. 수요 예측에 따라 계획된 판매 전략이 실행되고, 고객의 주문이 효율적으로 처리되도록 관리하는 것이 이 과정의 핵심이다. 영업 및 마케팅 부서는 수요 변동을 예의주시하며, 고객의 주문을 신속하게 처리하고 배송하는 데 중점을 둔다.

⇒ 수요 관리에서는 실제 시장에서 고객 수요의 변동을 지속적으로 모니터링을 하고, 예측과 실제 수요 간의 차이를 최소화하기 위한 조정 작업이 필요하다. 예상보다 수요가 높을 경우, 생산과 재고를 조정하고, 반대로 수요가 감소할 경우에는 과잉 재고를 관리해야 한다.

⇒ 주문 처리는 고객의 주문을 신속하게 처리하여 제품을 적시에 제공하는 것이 중요하다. 이를 위해 주문 접수, 생산 준비, 재고 확인, 배송 준비 등 각 절차가 원활하게 이루

어져야 하며, 모든 단계가 계획된 일정 내에서 관리되어야 한다.

실행 단계에서는 주문 이행 시간(Order Fulfillment Time)을 단축하는 것이 목표이다. 이를 통해 고객 만족도를 높이고, 기업의 판매 성과를 극대화할 수 있다.

• 재무 계획의 실행

S&OP 실행 단계에서는 재무 계획의 실행도 중요한 요소이다. 계획된 예산과 자금 계획에 따라 각 부서에 자원이 적절하게 배분되고, 비용 관리가 이루어진다. 이 과정에서 재무 부서는 수익성 분석과 비용 통제를 통해 경영 목표를 달성하기 위한 재무적 조치를 취하게 된다.

⇒ 예산 관리는 각 부서에서 계획된 예산이 실제로 사용되도록 하고, 자원이 효율적으로 배분되도록 관리한다. 생산, 공급, 영업, 마케팅 부서에서 발생하는 비용이 계획된 예산 내에서 운영되도록 감시하며, 비용 초과나 자금 낭비가 발생하지 않도록 주의한다.

⇒ 성과 분석 측면에서 재무 부서는 S&OP 실행 과정에서 나타나는 성과를 분석하고, 예산 대비 실제 성과를 비교하여 목표에 도달하고 있는지 확인한다. 만약 재무 성과가 기대에 미치지 못할 경우, 즉각적인 대응 전략을 마련해야 한다.

이 단계에서는 비용 절감 전략과 수익성 관리가 중점적으로 관리된다. 이를 통해 기업의 재무적 안정성을 확보하고, 계획된 매출 목표를 달성할 수 있다.

• 부서 간 협업과 조정

S&OP는 유관부서 협업이 필수적인 프로세스이기 때문에, 부서 간 협업이 실행 단계에서 매우 중요하게 작용한다. 생산, 영업, 마케팅, 재무, 공급망 관리 등 각 부서는 계획된 업무를 실행하는 과정에서 긴밀하게 협력해야 하며, 실시간으로 정보를 공유하며 조정 작업을 수행해야 한다.

⇒ 영업 및 생산 부서 간의 조정에서는 영업 부서가 실시간으로 수요 변동을 반영하여 생산 부서와 협력하고 생산량을 조정하는 역할을 한다. 수요가 예상보다 급증할 경우, 생산량을 늘리고, 반대로 수요가 감소하면 과잉 생산을 방지하는 조정이 필요하다.

⇒ 재무 및 공급망 부서 간 협업에서는 자재 조달 및 물류비용을 효율적으로 관리하고, 자금 사용의 효율성을 보장해야 한다. 공급망에서 발생할 수 있는 비용 초과나 물류 지연을 방지하기 위한 부서 간 협력이 필수적이다.

부서 간 협업의 원활한 진행을 위해 정기적인 회의와 커뮤니케이션이 필요하다. 각 부서에서 발생하는 문제를 실시간으로 공유하고, 이를 해결하기 위한 조정 작업이 빠르게 이루어져야 실행 단계에서의 차질을 최소화할 수 있다.

• 리스크관리와 유연한 대응

S&OP 실행 단계에서는 리스크관리가 필수적이다. 계획된 대로 프로세스가 진행되지 않거나 외부 환경의 변화로 인해 예기치 않은 상황이 발생할 경우, 이를 신속하게 해결해야 한다. 특히 공급망 중단, 생산 차질, 원자재 부족 등 다양한 리스크가 존재하며, 이러한 상황에서 기업의 대응 능력은 S&OP 성공에 큰 영향을 미친다.

⇒ 공급망 리스크 대응에서는 공급망이 중단되거나 원자재 공급에 차질이 생길 경우, 신속하게 대체 공급원을 찾거나 생산 일정을 조정하는 등의 대응이 필요하다. 이를 위해 사전에 리스크 관리 계획을 수립하고, 다양한 시나리오에 대비한 대처 방안을 준비하는 것이 중요하다.

⇒ 수요 변화에 대한 대응에서는 예상치 못한 수요 급증 또는 감소에 대비해 유연한 생산 및 재고 관리가 이루어져야 한다. 수요가 급증할 경우 추가 생산과 공급망 조정을 통해 제품을 신속하게 제공하고, 반대로 수요가 감소할 경우 불필요한 비용 발생을 줄이기 위한 대책을 마련해야 한다.

이 단계에서의 리스크관리 역량은 기업이 시장 변동성에 어떻게 대응하는지에 따라 성과에 큰 영향을 미치며, 계획 대비 성과를 유지하는 데 중요한 역할을 한다.

• 성과 모니터링과 실시간 피드백

S&OP 실행 단계에서는 실시간 성과 모니터링이 필수적이다. 각 부서에서 진행 중인 활동의 성과를 실시간으로 모니터링하고, 계획된 목표에 맞춰 성과가 달성되고 있는지

확인해야 한다. 이를 위해서는 성과 지표(KPI)를 설정하고, 정기적으로 모니터링을 통해 실행 단계에서의 문제점을 파악하여 즉각적인 피드백을 제공해야 한다.

⇒ KPI 관리 측면에서는 생산 효율성, 재고 회전율, 주문 이행 시간, 비용 절감 등 주요 성과 지표를 모니터링하고, 목표 대비 실제 성과를 평가한다. 이를 통해 계획과 실행 간의 차이를 식별하고, 필요한 조치를 즉각적으로 취할 수 있다.

⇒ 피드백 루프 측면에서는 각 부서가 성과에 대한 피드백을 주고받으며, 계획이 원활하게 진행되지 않을 경우, 즉시 조정할 수 있는 체계를 갖추어야 한다. 이를 통해 계획과 실행 간의 격차를 줄이고, 실시간으로 문제를 해결할 수 있다.

• 주요 내용 정리

S&OP의 실행 단계는 계획된 전략을 실제로 이행하고, 성과를 달성하는 핵심 과정이다. 생산 및 공급 계획, 수요 관리, 재무 계획, 부서 간 협업, 리스크관리, 성과 모니터링 등이 체계적으로 이루어져야 하며, 실시간 데이터와 성과 지표를 통해 계획과 실행의 차이를 최소화해야 한다. 실행 단계에서의 성공적인 운영은 기업이 S&OP 목표를 달성하고, 시장에서의 경쟁력을 확보하는 데 중요한 역할을 한다.

S&OP 실행 단계는 계획된 수요와 공급 전략을 실현하며, 기업의 목표를 달성하기 위한 구체적 행동을 실행하는 과정이다. 생산 및 공급 계획의 실행은 자원의 효율적 배치와 실시간 모니터링을 통해 최적의 생산과 공급망 운영을 보장한다. 수요 관리와 주문 처리는 수요 변동을 반영하여 신속한 주문 이행과 고객 만족도를 높이는 데 중점을 둔다. 재무 계획 실행에서는 비용 관리와 성과 분석을 통해 재무 안정성과 수익성을 유지한다. 부서 간 협업과 조정은 유관부서 간 긴밀한 협력과 실시간 정보 공유로 원활한 프로세스를 지원한다. 리스크관리는 외부 변수에 유연하게 대응하여 공급망 중단이나 수요 변동에 신속히 대처한다. 마지막으로, 성과 모니터링 및 피드백은 KPI를 기반으로 계획과 실행 간 차이를 분석하고 즉각적인 개선 조치를 취한다.

평가 단계

S&OP의 평가 단계는 S&OP 프로세스의 마지막 단계로, 앞서 계획된 사항들이 실제로 어떻게 실행되었는지 검토하고, 계획과 실행의 차이를 분석하는 중요한 과정이다. 평가 단계는 전체 S&OP 프로세스의 성과를 측정하고, 이후의 계획과 실행에서 필요한 개선점을 도출하는 역할을 한다. 이 단계는 S&OP가 지속적으로 개선되고, 기업이 변화하는 시장 환경에 더 잘 대응할 수 있도록 하는 데 필수적이다. 성과 모니터링과 피드백이 이 단계에서 중점적으로 이루어진다.

• 성과 지표(KPI) 평가

S&OP 평가 단계의 핵심은 성과 지표(KPI: Key Performance Indicators)를 기반으로 계획 대비 실제 성과를 분석하는 것이다. S&OP 프로세스는 다양한 부서와 기능을 통합하는 과정이므로, 각 부서에서 설정된 KPI에 따라 성과를 평가해야 한다. 이 지표들은 수요 예측 정확도, 재고 회전율, 생산 효율성, 비용 절감, 고객 주문 이행 시간, 매출 성장률, 이익률 등과 같은 다양한 요소를 포함할 수 있다.

⇒ 수요 예측의 정확도를 높이기 위해 수요 예측과 실제 판매 결과를 비교하여 예측의 정확성을 평가한다. 예측이 실제와 얼마나 일치했는지 분석함으로써 향후 예측 정확도의 개선 방안을 도출해야 한다. 예측이 실제 수요와 크게 차이가 날 경우, 그 원인을 분석하고 다음 사이클에서 반드시 개선해야 한다.

⇒ 재고 관리의 효율성을 평가하기 위해 재고 회전율, 안전 재고 수준, 재고 부족으로 인한 주문 손실 등을 분석한다. 과잉 재고나 재고 부족이 발생한 원인을 파악하고, 재고 관리 방식을 개선할 방법을 모색해야 한다.

⇒ 생산 효율성을 높이기 위해 생산 계획 대비 실제 생산 성과를 평가하고, 생산 가동률, 설비 활용도, 생산 일정 준수 여부 등을 분석한다. 생산 과정에서 비효율성을 줄이고 운영 최적화를 위해 개선이 필요한 부분을 도출하는 것이 중요하다.

⇒ 비용 관리의 정확성을 평가하기 위해 실행 과정에서 발생한 실제 비용을 계획된 예산과 비교한다. 비용이 예상보다 초과한 부분이 있다면 그 원인을 분석하고, 다음 실행

단계에서 비용 효율성을 높이는 방안을 찾는다.

• 실행 결과 분석

평가 단계에서는 실행 결과를 분석하여 계획과 실행 간의 차이를 도출하는 것이 중요하다. 이 과정에서 각 부서가 설정한 목표와 실제 성과를 비교하고, 성과가 부족했던 부분에 대해 구체적인 원인을 파악해야 한다. 계획과 실행 간의 차이가 발생하는 이유는 다양한 요인에 의해 결정되며, 이를 정확히 파악하는 것이 평가 단계의 핵심이다.

⇒ 내부 요인 분석을 통해 생산 설비 문제, 자원 배분 오류, 인력 부족, 협력업체 문제 등 내부적 요인으로 인해 계획이 제대로 실행되지 않았을 가능성을 파악하고, 내부 프로세스 개선이나 자원의 재배치를 통해 실행력을 높일 방안을 모색한다.

⇒ 외부 요인 분석을 통해 시장 환경 변화, 경기 불확실성, 원자재 가격 변동, 공급망 지연 등 외부 요인으로 인해 실행 결과가 계획과 차이가 날 수 있음을 고려해야 한다. 이러한 외부 요인에 대비하기 위한 대응 전략을 마련하고, 리스크관리 방안을 강화해야 한다.

실행 결과 분석은 S&OP 프로세스의 투명성을 높이고, 향후 계획을 수립할 때 더 현실적이고 실행 가능한 계획을 세우는 데 이바지한다.

• 문제점 도출과 개선 방안 제시

평가 단계에서 가장 중요한 활동은 문제점 도출과 개선 방안 제시이다. S&OP 프로세스는 한 번의 계획과 실행으로 끝나는 것이 아니라, 지속적인 개선과 조정이 필요하다. 평가를 통해 발견된 문제점들은 다음 S&OP 사이클에서 반영되어야 하며, 이를 통해 프로세스의 성과를 점진적으로 향상시킬 수 있다.

⇒ 프로세스 개선을 통해 S&OP 프로세스에서 발견된 비효율적인 절차나 협업 문제를 분석하고, 이를 최적화할 수 있는 개선 방안을 마련한다. 이를 통해 부서 간 협업을 강화하고, 계획의 실행력을 향상시켜야 한다.

⇒ 성과 평가 과정에서 데이터 수집의 오류나 분석 도구의 한계가 발견될 경우, 새로운 시스템이나 소프트웨어 도입을 고려할 수 있다. 특히, 데이터 분석의 정확성과 신속성을

높이기 위해 IT 지원이 중요한 역할을 한다.

⇒ S&OP 평가 결과 특정 부서나 팀의 역량 부족으로 인해 성과가 저조한 경우, 이를 보완하기 위한 교육 및 훈련이 필요하다. S&OP 관련 데이터 분석, 예측 기법, 협업 능력 등을 강화할 수 있도록 직원들에게 적절한 교육 프로그램을 제공해야 한다.

• 피드백 루프와 다음 계획에 반영

S&OP 평가 단계는 피드백 루프를 통해 다음 S&OP 사이클에 반영되는 것이 핵심이다. 평가 과정에서 도출된 성과와 문제점, 개선 방안은 다음 사이클의 계획 단계에서 반영되어야 하며, 이를 통해 S&OP 프로세스의 지속적인 개선이 이루어진다.

⇒ S&OP가 주기적으로 반복되는 프로세스이므로, 평가 단계에서 얻은 피드백은 반드시 다음 계획 단계에 반영되어야 한다. 이를 통해 성과가 지속적으로 개선(Continuous Improvement)되고, 더 나은 계획과 실행이 가능해진다. 또 이 과정에서의 학습 효과를 통해 조직은 S&OP 프로세스를 점점 더 효율적으로 운영할 수 있다.

⇒ S&OP 평가에서 발견된 성과 차이는 S&OP 계획을 조정하고 최적화하는 데 사용된다. 예를 들어 수요 예측에서 큰 오차가 발생한 경우, 예측 모델을 수정하거나 데이터를 더 정밀하게 분석하는 방법을 고려해야 한다. 또 공급망 문제로 인해 재고 부족이 발생했다면, 공급망 관리 전략의 수정이 필요하다.

• 경영진 보고와 의사결정 지원

S&OP 평가 단계에서 도출된 결과는 경영진 보고를 통해 중요한 의사결정에 반영된다. 경영진은 S&OP 프로세스의 성과를 바탕으로 전략적 방향을 조정하고, 기업의 자원 배분, 투자 계획, 시장 대응 전략 등을 결정할 수 있다.

⇒ S&OP 평가 결과는 조직이 시장 변화에 능동적으로 대응하고 새로운 전략을 수립하는 데 중요한 자료로 활용될 수 있다. 이러한 평가 결과를 통해 시장의 흐름에 맞춰 운영 방식을 조정하거나, 새로운 비즈니스 기회를 포착하기 위한 전략적 결정을 내릴 수 있으므로 평가 과정에서 도출된 데이터를 신속하고 정확하게 분석하는 것이 필수적이다.

⇒ 특히 이 데이터를 경영진에게 빠르게 제공함으로써 경영진이 변화하는 외부 환경에 즉각적으로 대응하고, 효과적인 전략을 수립할 수 있도록 지원하는 체계를 마련해야한다. 경영진의 의사결정은 조직 전체의 방향성을 좌우하기 때문에, 이러한 평가 데이터의 신속한 제공은 의사결정의 질을 높이고, 전략적 대응력을 강화하는 데 핵심적인 역할을 한다.

⇒ 또한 평가 결과에 기반한 데이터를 바탕으로 경영진은 특정 부서의 성과나 운영상의 문제점을 즉시 파악할 수 있어, 필요시 신속한 개입과 지원을 통해 조직의 효율성을 유지할 수 있다. S&OP 평가 데이터를 효과적으로 활용하는 체계는 조직이 시장 변화에 민첩하게 대응할 수 있는 능력을 배양하고, 지속적으로 운영 방식을 최적화하며, 경쟁력을 높이는 데 중요한 기틀이 된다.

• 성과 공유와 동기 부여

평가 단계에서 도출된 성과는 내부적으로 공유되고, 이를 통해 직원들에게 동기 부여를 제공할 수 있다. 각 부서와 팀의 성과를 투명하게 공유함으로써, 긍정적인 성과는 칭찬과 보상을 통해 장려하고, 부족한 성과는 개선을 위한 지원을 제공하는 것이 중요하다.

⇒ S&OP 평가 결과는 전사적으로 투명하게 공유되어야 하며, 이를 통해 각 부서가 자신의 성과를 명확히 인지하고, 부족한 부분에 대해 책임감을 가지고 개선을 추진할 수 있는 환경을 조성하는 것이 중요하다. 모든 부서가 동일한 기준에 따라 성과를 평가받고 그 결과를 공유함으로써, 부서 간 협업과 책임 의식이 강화되고, 전체 조직이 공통된 목표를 향해 일관성 있게 나아갈 수 있다.

⇒ 특히 성과 평가 과정에서 긍정적인 결과를 달성한 부서에 대해서는 인센티브를 제공하여 그들의 노고와 기여를 인정하고, 이러한 인정을 통해 다른 부서들 역시 더욱 높은 성과를 달성하고자 하는 동기를 부여할 수 있다. 인센티브는 물질적인 보상뿐만 아니라, 성과를 인정받는 공식적인 자리나 포상 프로그램을 통해 이루어질 수 있으며, 이를 통해 직원들이 조직의 목표에 이바지하는 것에 대한 자부심을 느낄 수 있도록 해야 한다.

⇒ 성과 공유와 보상 체계는 조직 내에서 지속적인 개선과 성과 향상을 추구하는 문화

를 형성하는 데 중요한 역할을 하며, 결과적으로 전체저인 성과를 높이는 데 크게 이바지할 수 있다.

• 주요 내용 정리

S&OP 평가 단계는 계획과 실행 간의 차이를 분석하고 성과를 측정하며 지속적인 개선 방안을 도출하는 과정이다. 성과 지표(KPI) 평가를 통해 수요 예측 정확성, 재고 회전율, 생산 효율성, 비용 관리 등을 점검하여 성과를 분석한다. 실행 결과 분석은 내부·외부 요인을 파악해 계획 차이를 식별하고 개선점을 도출한다. 문제점 도출과 개선 방안에서는 프로세스 최적화와 교육, 기술 도입을 통해 개선을 추진한다. 피드백 루프는 평가 결과를 다음 S&OP 사이클에 반영하여 지속적인 성과 향상을 도모한다. 경영진 보고는 평가 데이터를 바탕으로 전략적 의사결정을 지원한다. 성과 공유와 동기 부여를 통해 부서별 성과를 투명하게 공유하고, 긍정적인 성과는 인정과 보상을 통해 조직의 동기를 강화한다.

주요 단계별 S&OP 활동

수요 계획

수요 계획(Demand Planning)은 S&OP 프로세스의 중요한 첫 단계로, 시장과 고객의 수요를 예측하여 생산과 공급을 효율적으로 조정하기 위한 핵심 활동이다. 수요 계획은 기업이 고객의 요구를 충족시키면서도 비용을 최소화하고, 자원을 최적화하는 데 중요한 역할을 한다. 이 단계에서 정확한 수요 예측과 계획을 수립하는 것은 S&OP 전체 프로세스의 성공을 좌우하는 중요한 요소이다. 수요 계획은 판매 데이터를 기반으로 미래의 고객 수요를 예측하고, 이를 바탕으로 필요한 생산량과 공급량을 결정하는 과정으로 구성된다.

• 수요 계획의 정의와 목적

수요 계획은 과거의 판매 데이터, 시장 트렌드, 경제 지표, 소비자 행동 패턴, 계절성, 경쟁 상황 등 다양한 요소를 분석하여 향후 고객의 수요를 예측하는 과정이다. 이 과정은 기업이 고객의 요구를 충족시키기 위한 제품과 서비스를 언제, 얼마나 생산하고 공급해야 하는지 결정하는 데 중요한 역할을 한다. 수요 계획의 목적은 수요와 공급의 균형을 맞추어 재고 비용을 최소화하고, 생산 효율성을 극대화하며, 고객 만족도를 높이는 것이다.

⇒ 정확한 수요 예측을 통해 기업은 생산 과잉이나 재고 부족 문제를 방지하고, 자원을 효율적으로 배분할 수 있다.

⇒ 시장 변화에 민첩하게 대응함으로써 기업은 불확실성을 줄이고, 빠르게 변화하는

고객 요구에 적응할 수 있다.

⇒ 고객 만족도를 높이기 위해 고객이 필요로 하는 제품을 적시에 제공함으로써, 기업의 신뢰성을 강화할 수 있다.

• 수요 예측의 중요성

수요 계획의 핵심은 정확한 수요 예측이다. 수요 예측은 미래의 수요를 정확히 예측하여, 적정한 생산량과 재고 수준을 유지하는 데 이바지한다. 수요를 과소 또는 과대 예측하는 경우, 다음과 같은 문제가 발생할 수 있다.

⇒ 과소 예측은 수요를 낮게 예측할 경우, 재고 부족으로 인해 고객 주문을 적시에 처리하지 못하는 문제가 발생할 수 있다. 이는 매출 기회 손실과 고객 불만족을 초래할 수 있다.

⇒ 반대로 과대 예측은 수요를 과도하게 높게 예측할 경우, 과잉 생산으로 인해 불필요한 재고가 쌓이게 됨으로써 자금 낭비, 보관 비용 증가, 제품 노후화 문제로 이어질 수 있다. 따라서 정확한 수요 예측은 기업의 운영 비용을 줄이고 동시에 고객 만족도를 높이는 데 중요한 역할을 한다.

• 수요 예측 방법

수요 예측은 다양한 방법을 통해 이루어지며, 일반적으로 정성적 예측과 정량적 예측의 두 가지 방식으로 나뉜다. 기업은 두 가지 방법을 적절히 결합하여 더욱 정확한 수요 예측을 할 수 있다.

⇒ 정량적 예측(Quantitative Forecasting)은 과거 판매 데이터와 통계적 기법을 바탕으로 수요를 예측하는 방법이다. 시계열 분석, 회귀 분석, 이동 평균법, 지수 평활법 등이 사용되며, 과거 데이터를 분석해 미래의 수요 패턴을 파악하는 데 유용하다. 정교한 데이터 분석 기법을 통해 높은 신뢰도를 보장할 수 있다.

⇒ 정성적 예측(Qualitative Forecasting)은 전문가의 의견, 시장 조사, 고객 설문 조사, 판매팀의 피드백 등을 기반으로 수요를 예측하는 방법이다. 이 방법은 신규 제품의

수요 예측이나 과거 데이터가 부족한 상황에서 유용하지만, 주관적 요소에 의존하므로 예측의 신뢰도가 낮을 수 있다.

최근에는 AI와 머신러닝 기술을 활용하여 수요 예측의 정확도를 더욱 높이는 사례도 증가하고 있다. 이들 기술은 방대한 데이터를 분석하여 예측 정확도를 높이고, 다양한 외부 요인(경제 지표, 날씨, 트렌드 등)을 반영하여 더욱 정밀한 예측을 가능하게 한다.

• 수요 계획 프로세스

수요 계획 프로세스는 다음과 같은 단계로 이루어진다.

⇒ 수요 예측에 필요한 데이터를 모으는 과정으로, 과거 판매 기록, 시장 조사 데이터, 경쟁사 정보, 경제 지표, 계절적 요인, 소비자 구매 패턴 등이 포함된다.

⇒ 수집된 데이터를 바탕으로 수요 패턴을 파악하고, 수요의 변동성을 이해하는 단계이다. 이 과정에서는 통계적 기법과 데이터 분석 도구를 활용하여 수요 변화에 영향을 미치는 요소들을 도출한다.

⇒ 데이터 분석 결과를 기반으로 수요 예측 모델을 구축하는 과정이다. 이 모델은 계절성, 트렌드, 경기 변동성 등을 고려해 다양한 시나리오를 분석하고, 최적의 수요 예측을 도출한다.

⇒ 예측된 수요를 바탕으로 생산, 재고, 공급 계획을 수립하는 단계이다. 각 부서와 협력하여 계획을 통합하고, 필요한 자원을 효율적으로 배분한다.

⇒ 수립된 수요 계획을 정기적으로 검토하고, 시장 변화나 새로운 정보에 따라 조정하는 과정을 의미한다. 특히 예기치 못한 외부 요인이나 수요의 급증 및 감소에 대비한 대응 방안을 마련하는 것이 중요하다.

• 부서 간 협력

수요 계획 단계에서는 부서 간의 협력이 필수적이다. 수요 계획은 판매, 마케팅, 재무, 공급망 부서가 협력하여 수립되며, 각 부서가 수요 예측에 도움이 되는 데이터와 인사이트를 공유해야 한다. 특히 수요 계획이 재무 목표와 일치하도록 재무 부서의 협력이 필요하며, 공급망 부서는 수요에 맞춘 적절한 자원 배분을 보장해야 한다. 또 정기적인 회의를 통해 각 부서 간의 수요 예측 결과를 공유하고, 예상치 못한 수요 변화에 대해 논의하는 과정이 필요하다. 이를 통해 수요와 공급의 균형을 맞추고, 계획의 실현 가능성을 높일 수 있다.

• 리스크관리

수요 계획 단계에서는 리스크관리도 중요한 요소이다. 수요는 시장의 불확실성, 외부 요인, 경쟁 상황 등에 따라 크게 변동될 수 있으므로 수요 변동성에 대한 리스크를 관리하는 것이 필요하다.

⇒ 시나리오 분석 차원에서는 다양한 수요 시나리오를 검토하고, 각각의 시나리오에 적합한 대응 방안을 마련한다. 이를테면 수요가 급증할 경우, 추가 생산이 가능하도록 준비하거나, 수요가 감소할 경우, 재고를 효율적으로 관리할 수 있는 계획을 세워야 한다.

⇒ 안전 재고 차원에서는 불확실한 수요에 대비해 일정 수준의 안전 재고(safety stock)를 유지하여, 재고 부족으로 인한 주문 이행 실패를 방지한다.

• 평가와 피드백

⇒ 수요 계획이 실행된 이후에는 철저한 평가와 피드백이 매우 중요하다. 실제 수요와 예측된 수요 사이의 차이를 면밀하게 분석하고, 이 차이가 발생한 근본적인 원인을 파악함으로써, 향후 수요 계획의 정밀도를 높이는 데 활용해야 한다. 이러한 분석 과정에서는 외부 환경 요인, 시장 트렌드 변화, 소비자 행동의 예기치 않은 변화 등 다양한 요인을 고려하여 차이의 원인을 명확히 이해하는 것이 필수적이다. 이를 통해 도출된 인사이트를 다음 수요 계획에 반영함으로써 계획의 정확성을 점진적으로 개선할 수 있으며, 반복되는 평가와 수정 과정을 통해 계획의 오차를 최소화하는 것이 목표이다.

⇒ 이러한 피드백 루프는 단순히 수요 계획의 정확성을 높이는 것에 그치지 않고, 조직 전체가 변화하는 시장에 더 신속하게 대응할 수 있도록 해주며, 지속적인 성과 향상을 이루는 데 이바지한다. 궁극적으로 체계적인 평가와 피드백 과정은 수요 계획의 품질을 높이고, 조직이 더 높은 수준의 예측 능력을 갖추어 운영 효율성을 강화하는 데 중요

한 역할을 하게 된다.

• 주요 내용 정리

수요 계획은 과거 데이터와 시장 분석을 통해 미래 수요를 예측하여 생산과 공급을 조정하는 S&OP의 핵심 첫 단계이다. 정확한 수요 예측은 재고 과잉과 부족 문제를 방지하며, 고객 만족도를 높이고 자원 효율성을 극대화한다. 정량적 방법(통계·데이터 분석)과 정성적 방법(전문가 의견·시장 조사)을 결합해 예측 정확성을 높인다. 부서 간 협업을 통해 데이터와 인사이트를 공유하며, 정기적인 계획 조정과 리스크관리로 시장 불확실성에 대응한다. 평가와 피드백을 통해 수요 예측과 실제 차이를 분석하고, 이를 다음 사이클에 반영하여 지속적으로 개선한다.

공급 계획

공급 계획(Supply Planning)은 S&OP 프로세스에서 중요한 두 번째 단계로, 수요 예측에 따라 제품을 적시에 생산하고 공급할 수 있도록 필요한 자원과 역량을 효율적으로 배분하는 과정이다. 공급 계획은 수요를 충족시키기 위한 적정한 생산, 자재 조달, 물류 운영을 계획하고, 이를 관리하여 기업의 운영 효율성과 성과를 극대화하는 것이 목적이다.

공급 계획 단계는 기업의 전반적인 공급망 관리(Supply Chain Management)를 최적화하기 위해 필수적이며, 생산 계획, 자재 관리, 재고 관리, 유통 계획 등 다양한 영역을 포함한다. 공급 계획이 효율적으로 실행되면 수요를 충족시키는 동시에 비용 절감, 재고 관리 최적화, 운영 효율성 향상 등의 성과를 얻을 수 있다.

목적과 주요 요소

• 공급 계획의 정의와 목적

공급 계획(Supply Planning)은 수요 예측을 기반으로 제품을 적시에 생산하고, 필요한 자재를 조달하며, 고객에게 제품을 공급할 수 있도록 공급망을 최적화하는 과정을 의미한다. 공급 계획은 수요 계획에서 도출된 수요 예측을 충족하기 위한 구체적인 실행 계획을 수립하는 것이 핵심이다.

공급 계획의 목적은 수요를 충족시키는 것은 물론, 비용을 절감하고 생산과 공급의 효율성을 극대화하는 것이다. 이를 통해 고객의 요구를 적시에 충족하고, 기업의 운영 비용을 최소화하며, 이익을 극대화할 수 있다.

⇒ 공급 계획의 주요 목표는 수요 조사를 통한 수요 예측을 기반으로 고객에게 필요한 제품을 적시에 공급하는 것이다. 이를 위해 생산 능력을 최대한 활용하고, 물류 및 재고 관리를 최적화하여 공급망의 효율성을 높인다.

⇒ 생산, 물류, 자재 조달 과정에서 발생하는 비용을 절감하는 것이 공급 계획의 또 다른 목표이다. 공급 계획은 재고 비용, 물류비, 생산비 등을 효율적으로 관리하여 비용 절감으로 기업의 경제적 측면에 이바지한다.

⇒ 공급 계획을 통해 생산 능력의 활용도를 극대화하고, 생산 운영률을 높이며, 자재 공급업체와의 일관된 관계를 유지하여 보호받는 운영 범위를 확대하는 것을 의미한다.

• **공급 계획의 주요 요소**

공급 계획은 여러 가지 요소로 구성되어 있으며, 각각의 요소는 공급망을 효율적으로 운영하는 데 중요한 역할을 한다. 주요 요소는 생산 계획, 자재 조달, 재고 관리, 물류 및 유통 계획 등으로 나눌 수 있다.

S&OP 프로세스의 체계적인 발전

• **체계적 접근의 중요성**

S&OP 성숙도 모델은 기업이 S&OP 프로세스를 체계적이고 단계적으로 발전시키는 데 중요한 역할을 한다. 성숙도 모델을 통해 기업은 S&OP 프로세스의 명확한 기준과 목표를 설정할 수 있으며, 이를 바탕으로 자사의 현재 성숙도를 평가하여 향후 발전 방향

을 구체적으로 계획할 수 있다. 이 모델은 기업이 S&OP 프로세스의 강점과 약점을 파악하고, 부족한 부분을 체계적으로 개선해 나가도록 돕는 지침이 된다. 궁극적으로, 성숙도 모델은 기업이 S&OP 프로세스를 더욱 효과적으로 운영하여 전반적인 운영 성과를 향상·발전시키고, 조직이 지속적으로 성장할 수 있는 기반을 마련하는 데 이바지한다.

• 생산 계획

생산 계획(Production Planning)은 수요 예측에 따라 필요한 제품을 적시에 생산하기 위해 생산 능력과 자원을 최적화하는 과정이다. 생산 계획은 공장의 생산 능력, 생산 일정, 인력 자원 등을 고려하여 수립되며, 다음과 같은 활동을 포함한다.

⇒ 생산 일정 관리는 제품을 언제, 얼마나 생산할지를 결정하는 과정이다. 수요 예측에 따라 생산 일정을 조정함으로써 수요 변동에 신속하게 대응할 수 있다.

⇒ 설비 가동률 관리는 생산 설비의 가동률을 최대화하여 생산 효율성을 높이는 것이 목표다. 설비 가동 시간, 유지보수 일정, 생산라인의 가동 상태 등을 관리하여 생산 과정을 최적화해야 한다.

⇒ 생산 유연성 확보는 수요 변동에 따라 생산량을 신속하게 조정할 수 있는 유연한 생산 체계를 구축하는 것을 의미한다. 이를 통해 예기치 못한 수요 급증이나 감소에 빠르게 대응할 수 있다.

• 자재 조달

자재 조달(Material Procurement)은 제품 생산에 필요한 원자재, 부품, 자재 등을 적시에 확보하는 과정이다. 자재 조달이 원활하게 이루어지지 않으면 생산 일정이 차질을 빚을 수 있으므로 공급 계획에서 자재 조달은 매우 중요한 요소로 작용한다.

⇒ 공급업체 관리는 자재를 적시에 공급받기 위해 신뢰할 수 있는 공급업체와의 관계를 구축하고, 자재의 품질, 가격, 납기 등을 철저히 관리하는 것이다.

⇒ 조달 일정 관리는 생산 계획에 맞춰 자재가 적시에 도착하도록 조달 일정을 관리하는 과정이다. 자재가 늦게 도착하거나 부족할 경우 생산 일정이 지연될 수 있으므로, 이

를 사전에 파악하고 대비하는 것이 필요하다.

⇒ 비용 관리는 자재 조달 과정에서 발생하는 비용을 절감하기 위해 다양한 공급업체를 비교하고, 협상을 통해 원가를 절감하는 것이 중요하다.

• 재고 관리

재고 관리(Inventory Management)는 공급 계획에서 중요한 요소 중 하나로, 적정 수준의 재고를 유지하여 재고 부족이나 과잉 재고로 인한 문제를 예방하는 것이다. 재고 관리가 잘 이루어지지 않으면 고객의 수요에 대응하지 못하거나, 반대로 불필요한 재고가 쌓여 비용이 증가할 수 있다.

⇒ 안전 재고 관리는 수요 변동이나 자재 조달 지연에 대비해 적정 수준의 안전 재고를 유지함으로써, 재고 부족으로 인한 공급 차질을 예방하는 방법이다.

⇒ 재고 회전율 관리는 재고가 적정 수준에서 빠르게 순환되도록 하는 것이 중요하다. 재고 회전율이 높을수록 재고 관리가 효율적으로 이루어지고 있음을 의미한다.

⇒ 재고 최적화는 적정 재고 수준을 유지하면서도 비용을 최소화하기 위해 도입되는 전략이다. 이를 위해 ABC 분석과 같은 재고 분석 기법을 활용할 수 있다.

• 물류와 유통 계획

물류와 유통 계획(Logistics and Distribution Planning)은 생산된 제품을 고객에게 적시에 전달하기 위한 최적의 경로와 방법을 계획하는 과정이다. 물류와 유통 계획은 공급망 전체의 효율성을 좌우하는 중요한 요소로, 다음과 같은 활동을 포함한다.

⇒ 운송 관리는 제품을 가장 효율적으로 운송할 경로와 방법을 결정하는 과정이다. 운송 비용을 절감하면서도 고객에게 제품을 신속하게 배송할 수 있는 방법을 찾는 것이 중요하다.

⇒ 창고 및 유통센터 관리는 재고를 효율적으로 관리하기 위해 창고와 유통센터의 운영을 최적화하는 것이다. 이를 통해 재고 적재와 분류 프로세스의 효율성을 높이고, 제품 출고 및 배송 속도를 개선할 수 있다.

⇒ 배송 일정 관리는 고객의 주문을 신속하게 처리하고, 제품을 적시에 배송할 수 있도록 배송 일정을 조정하는 과정이다. 이를 통해 고객 만족도를 높이고, 시장 변화에 유연하게 대응할 수 있다.

공급 계획 수립 과정

공급 계획 수립은 여러 단계로 이루어지며, 각 단계에서 다양한 요소들이 통합적으로 관리된다. 공급 계획을 수립하는 과정은 다음과 같다.

• 데이터의 수집과 분석

공급 계획 수립의 첫 번째 단계는 데이터를 체계적으로 수집하고 분석하는 것이다. 이를 위해 먼저 수요 계획에서 도출된 수요 예측 데이터를 바탕으로, 생산 능력, 자재 조달 가능성, 재고 수준, 물류 역량 등의 다양한 요소에 대한 데이터를 수집해야 한다. 이러한 데이터의 수집 과정은 공급망 전반의 요소들을 종합적으로 이해하기 위한 필수적인 절차로, 각각의 데이터를 철저히 분석함으로써 공급 계획 수립의 기초를 마련할 수 있다. 수집된 데이터를 통해 현재 공급망의 상태를 명확히 파악하고, 생산과 자재 조달의 제약 사항, 재고 상황, 물류상의 능력을 종합적으로 고려하여 효율적인 공급 계획을 수립할 수 있다. 이러한 기초 데이터는 공급망의 운영 효율성을 높이고, 예상되는 수요에 신속하고 적절하게 대응할 수 있는 기반을 제공한다.

• 생산 능력 분석

두 번째 단계는 생산 능력 분석(Capacity Planning)이다. 이 단계에서는 현재 보유하고 있는 생산 설비, 인력, 자원을 종합적으로 고려하여 생산 가능량을 상세히 분석하고, 예측된 수요의 충족을 위해 필요한 생산 능력을 평가한다. 이를 통해 현 생산라인의 가동률을 최적화하고, 효율성을 극대화하는 방안을 마련하게 된다.

만약 현재의 생산 능력이 예상 수요를 충족시키기에 부족하다고 판단될 경우, 추가적인 인력이나 설비의 확보를 통해 생산 능력을 확장하는 구체적인 계획을 수립하게 된다.

이러한 분석은 생산 과정에서 발생할 수 있는 병목 현상을 예방하고, 필요할 때 유연하게 대응할 수 있는 능력을 갖추기 위해 중요하다. 결과적으로, 생산 능력 분석은 공급망의 안정성과 효율성을 높여, 수요 변화에 따른 적절한 생산 계획을 수립하고 기업의 경쟁력을 강화하는 데 이바지한다.

• 공급망 제약 분석

이 단계는 공급망에서 발생할 수 있는 다양한 제약 요인을 분석하고, 이에 대한 효과적인 대응 계획을 마련하는 것을 목표로 한다. 예를 들어 자재 공급의 지연, 물류 병목 현상, 생산 설비의 고장 등과 같은 잠재적인 문제들을 사전에 예측하고, 이러한 문제들이 실제로 발생했을 때 이를 해결할 수 있는 대체 방안을 준비하는 것이 중요하다. 이를 통해 공급망의 유연성을 높이고, 불확실한 상황에서도 안정적인 운영을 유지할 수 있도록 한다.

특히 시나리오 계획(Scenario Planning)을 활용하여 다양한 상황에 대비할 수 있도록 시뮬레이션을 실행하고, 각 상황에 맞는 구체적인 대응 방안을 마련하는 것이 필요하다. 이러한 시나리오 계획을 통해 공급망의 제약 사항을 미리 파악하고 대응 전략을 구축하면, 예상치 못한 문제 발생 시에도 빠르게 대응하여 리스크를 최소화하고, 전체적인 공급망 운영의 안정성을 강화할 수 있다.

• 계획 수립 및 협의

수집된 데이터를 바탕으로 구체적인 공급 계획을 수립하는 단계에서는 생산 일정, 자재 조달 계획, 물류 계획 등 여러 요소를 종합적으로 고려하여 전체 공급망 운영에 대한 전략적인 계획을 세운다. 이때 각 부서의 기능을 최적화하기 위해 생산, 조달, 물류 담당 부서가 긴밀하게 협의하여 통합적인 공급 계획을 마련하는 것이 중요하다. 또 S&OP 회의를 통해 각 부서의 의견을 조율하고, 서로의 요구와 제약 사항을 충분히 반영하여 최적의 결정을 도출한다.

이러한 회의 과정을 거쳐 모든 부서가 합의할 수 있는 최종적인 공급 계획을 확정함으로써, 계획의 일관성을 확보하고 실행력을 높일 수 있다. 이를 통해 모든 부서가 동일한 목표와 일정을 공유하여, 공급망 전체가 원활하게 운영될 수 있도록 통합적인 대응 체계를 구축하는 것이 핵심이다. 이와 같은 과정은 부서 간의 협력을 촉진하고, 변화하는 수요와 공급 상황에도 신속하게 적응할 수 있는 유연한 계획 수립을 가능하게 한다.

• 실행 및 모니터링

수립된 공급 계획이 실행되는 단계이다. 생산, 자재 조달, 재고 관리, 물류 운영 등이 계획에 따라 실행되며, 이 과정에서 발생하는 문제를 실시간으로 모니터링하고 대응해야 한다. 계획 대비 실제 성과를 평가하여 필요한 경우 계획을 조정하는 유연한 대응이 필요하다.

이 단계에서는 수립된 공급 계획이 실제로 실행되는 과정이 진행된다. 생산 활동, 자재 조달, 재고 관리, 물류 운영 등 각종 작업이 계획에 따라 체계적으로 실행되며, 이러한 모든 과정은 철저하게 모니터링이 이루어져야 한다. 실행 중에 발생할 수 있는 문제들을 실시간으로 파악하고 신속하게 대응하는 것이 매우 중요하며, 이를 통해 공급망 운영의 효율성을 유지하고 계획의 차질을 최소화할 수 있다. 계획 대비 실제 성과를 주기적으로 평가하여 예상과 다르게 진행되는 부분이 있다면, 그에 맞춰 계획을 유연하게 조정하는 능력이 필요하다. 이러한 유연한 대응은 공급망의 복잡성과 불확실성에 대응하기 위한 필수적인 요소로, 변화하는 상황에도 안정적이고 일관성 있게 운영될 수 있는 기반을 마련해준다. 이를 통해 공급망의 전반적인 흐름이 원활하게 유지되고, 계획의 실행 과정에서 발생하는 예기치 못한 문제들도 신속히 해결하여, 조직 전체의 목표 달성에 이바지할 수 있도록 한다.

• 공급 계획에서의 리스크관리

공급 계획은 여러 가지 리스크에 노출될 수 있다. 리스크관리는 공급 계획의 성공을 보장하기 위한 중요한 요소로, 예상치 못한 공급망 차질에 대비해야 한다.

⇒ 공급업체의 문제로 인해 자재 공급 지연이 발생할 수 있으며, 이는 생산 일정에 심각한 차질을 초래할 수 있다. 이러한 문제를 예방하려면 대체 공급업체를 사전에 확보해

리스크를 분산하고, 주요 공급업체와 긴밀한 협력을 유지하여 문제 발생 시 신속한 조치할 수 있도록 하는 것이 중요하다. 공급업체와의 정기적인 커뮤니케이션과 성과 평가도 필수적이다.

⇒ 설비의 고장이나 유지보수 문제로 인해 생산에 차질이 발생할 가능성이 있다. 이를 방지하기 위해 설비의 예방 유지보수를 강화하고 정기적인 점검 일정을 마련하며, 필요할 경우 예비 설비를 확보하여 긴급 상황에도 생산의 지속성을 확보하는 것이 필요하다. 또한, 설비의 상태를 실시간 모니터링하는 시스템을 통해 잠재적 문제를 조기에 감지하는 것도 중요하다.

⇒ 물류 과정에서 병목이 발생하면 제품의 배송이 지연되어 고객 만족도에 부정적인 영향을 미칠 수 있다. 이를 해결하기 위해 물류 경로를 분석하고 최적화하여 병목을 최소화하고, 예상치 못한 상황에 대비해 추가적인 물류 자원을 확보하는 것이 필요하다. 또한 물류 흐름을 실시간으로 모니터링하여 문제가 발생하기 전에 선제적으로 대응할 수 있는 체계를 마련하는 것도 중요하다.

• 주요 내용 정리

공급 계획은 수요 예측에 기반하여 생산, 자재 조달, 물류를 최적화하고, 효율적인 공급망 운영을 통해 고객 수요를 충족시키는 단계이다. 생산 계획은 설비 가동률을 극대화하고 유연성을 확보해 수요 변화에 대응하며, 자재 조달은 공급업체 관리와 조달 일정 최적화를 통해 원활한 생산을 지원한다. 재고 관리는 안전 재고와 회전율을 조정해 비용을 절감하며, 물류 및 유통 계획은 운송 경로와 창고 운영을 효율화해 고객 만족을 높인다. 데이터의 수집, 생산 능력 분석, 공급망 제약 점검을 통해 구체적인 공급 계획을 수립하고, 리스크관리로 불확실성에 대비해 계획 실행의 안정성을 확보한다.

재고 계획

재고 계획(Inventory Planning)은 S&OP 프로세스에서 중요한 세 번째 단계로, 고객의 수요를 충족시키기 위해 적절한 재고 수준을 유지하면서 비용을 최소화하는 과정이다. 재고는 기업의 생산, 물류, 공급망 전반에서 중요한 자산이지만, 관리가 적절하지 않으면 비용 부담을 초래할 수 있다. 재고 계획의 목적은 고객 수요를 충족시키면서도 재고 비용을 최적화하고, 운영 효율성을 높이는 것이다.

재고 계획은 정확한 수요 예측과 공급 계획을 바탕으로 적정한 재고 수준을 유지하고, 재고 부족이나 과잉을 방지하는 데 중점을 둔다. 이를 통해 기업은 시장 변화에 민첩하게 대응하고, 고객 서비스 수준을 유지하면서도 운영 비용을 절감할 수 있다.

• 재고 계획의 정의와 목적

재고 계획(Inventory Planning)은 기업이 고객 수요를 예측하고, 수요의 충족에 필요한 재고 수준을 관리하는 과정을 의미한다. 재고 계획의 핵심 목표는 재고 부족(stock-out) 방지와 과잉 재고(overstock) 최소화로 비용 효율성을 높이고, 고객에게 제품을 신속하게 공급하는 것이다. 이를 위해 적정 재고 수준을 유지하고, 수요 변동이나 공급망 문제에 대비한 재고 전략을 수립해야 한다.

⇒ 재고 부족 방지는 고객이 원하는 제품을 적시에 제공하기 위해 충분한 재고를 유지하는 것을 의미한다. 재고 부족이 발생하면 고객 불만족과 매출 손실로 이어질 수 있으므로 이를 방지하는 것이 중요하다.

⇒ 과잉 재고 방지는 재고가 과도하게 쌓이지 않도록 하여 불필요한 보관 비용과 자본 낭비를 예방하는 것이다. 과잉 재고는 기업의 재무 성과에 부정적인 영향을 미치며, 재고가 오래될수록 제품의 가치도 하락할 수 있다.

⇒ 비용 효율성은 재고 관리 비용을 최소화하면서도 수요를 충족시키는 것을 목표로 한다. 이를 통해 자본을 효율적으로 사용하고, 재고 유지 비용을 절감할 수 있다.

• 재고 계획의 주요 요소

재고 계획은 여러 요소로 구성되어 있으며, 각 요소는 적정 재고 수준을 유지하고, 운영 효율성을 극대화하는 데 중요한 역할을 한다. 주요 요소는 수요 예측, 안전 재고 관리,

재고 회전율 관리, 재고 최적화 기법 등이다.

• 수요 예측

정확한 수요 예측은 재고 계획의 기초가 되며, 이를 바탕으로 수립된 재고 계획은 고객의 주문에 신속하게 대응할 수 있도록 도와준다. 수요 예측이 정밀할수록 재고 부족 또는 과잉 재고 문제를 사전에 방지할 수 있으며, 이를 통해 공급망의 효율성을 높이고 불필요한 비용을 절감할 수 있다.

⇒ 계절성은 계절적 요인에 따른 수요 변동을 고려하여 재고를 관리하는 것을 의미한다. 계절성이 강한 제품의 경우 특정 시기에 수요가 급증하거나 감소하기 때문에, 이를 정확하게 예측하고 재고를 적절히 조정하는 것이 중요하다. 이를 통해 수요 피크와 비수기 동안 안정적인 재고 운영을 유지하고, 과잉 재고와 재고 부족을 방지할 수 있다.

⇒ 수요 변동성은 수요의 변화를 분석하여 재고 계획을 수립하는 과정을 뜻한다. 특히 수요 예측이 어려운 경우에는 수요 변동성에 대비해 추가적인 안전 재고를 확보하는 것이 필요하며, 이를 통해 예기치 않은 수요 변화에도 원활히 대응할 수 있다.

⇒ 이렇게 함으로써 공급망의 유연성을 높이고, 고객의 기대를 충족시키는 데 필수적인 안정성을 확보할 수 있다.

• 안전 재고 관리

안전 재고(Safety Stock)는 수요 예측의 오차나 공급망 지연 등 예기치 못한 상황에 대비하기 위해 유지되는 재고로, 재고 부족으로 인한 고객 서비스 저하를 방지하는 데 중요한 역할을 한다. 안전 재고를 적정 수준으로 유지하면 공급망 내 발생할 수 있는 불확실성에 효과적으로 대응할 수 있고, 고객의 수요에 신속하게 대응함으로써 고객 만족도를 유지하고 경쟁력을 강화할 수 있다. 또한 갑작스러운 수요 급증이나 공급 지연 상황에서 조직의 운영 연속성을 보장해 주는 중요한 방어 수단이 된다.

⇒ 안전 재고 수준은 수요 변동성과 공급망 리드타임(주문에서 입고까지 걸리는 시간)에 따라 결정된다. 수요 변동성이 크고 리드타임이 길수록, 예상치 못한 수요 급증이나

공급 지연에 대비하기 위해 더 많은 안전 재고를 유지해야 한다. 이를 통해 공급망의 불확실성을 최소화하고 고객의 요구를 안정적으로 충족시킬 수 있다.

⇒ 일반적으로 안전 재고는 수요의 표준 편차와 리드타임을 고려한 통계적 방법으로 계산된다. 이렇게 계산된 안전 재고는 예측 불확실성을 반영하여 재고 부족으로 인한 리스크를 줄여주며, 공급망의 안정성을 유지할 수 있는 최적의 재고 수준을 설정하는 데 중요한 역할을 한다.

⇒ 또 통계적 계산을 통해 더욱 객관적인 데이터 기반의 재고 관리를 할 수 있어서 비용 절감과 고객 만족도 향상에 이바지할 수 있다.

• 재고 회전율 관리

재고 회전율(Inventory Turnover)은 재고가 얼마나 빠르게 소진되고 보충되는지를 나타내는 지표로, 재고 관리의 효율성을 측정하는 중요한 기준이다. 일반적으로 재고 회전율이 높을수록 재고가 효율적으로 관리되고 있음을 의미하며, 이는 재고가 과도하게 쌓이지 않고 적정 수준에서 유지되고 있다는 신호이다. 재고 회전율이 높다는 것은 또한 자금의 묶임을 줄여 기업의 현금 흐름을 개선하고, 불필요한 재고로 인한 유지 비용을 절감하는 데 이바지함으로써, 전체적인 운영 효율성과 수익성을 높이는 긍정적인 효과를 가져온다.

⇒ 재고 회전율은 일정 기간의 판매량을 해당 기간의 평균 재고로 나누어 계산한다. 회전율이 너무 낮으면 재고가 과잉 상태임을 나타내며, 이 때문에 불필요한 재고 유지 비용이 발생할 수 있고, 반면에 회전율이 너무 높으면 재고가 부족해질 위험이 있어 고객의 주문에 제대로 대응하지 못할 수 있다. 따라서 재고 회전율은 적정 수준을 유지하는 것이 매우 중요하며, 이를 통해 재고 비용과 서비스 수준 간의 균형을 유지할 수 있다.

⇒ 재고 회전율의 최적화를 위해서는 적정 회전율을 유지할 수 있도록 재고 보충 주기를 신중하게 조정하고, 수요 예측의 정확성을 개선하며, 불필요한 재고를 줄이는 전략이 필요하다. 이러한 전략을 통해 재고 관리의 효율성을 높이고, 기업의 운영 자금을 효과적으로 활용할 수 있다.

⇒ 이를 위해 정기적으로 수요를 분석하고, 재고 정책을 재평가하여 변동하는 시장 환경에 신속하게 적응할 수 있는 체계를 구축하는 것이 중요하다.

• 재고 최적화 기법

재고 최적화를 위해 다양한 기법들이 사용되며, 이를 통해 재고 수준을 효율적으로 관리하고, 비용을 절감할 수 있다. 대표적인 재고 최적화 기법은 ABC 분석, 경제적 발주량(EOQ), 정기 발주 방식, 정량 발주 방식 등이 있다.

⇒ ABC 분석은 재고를 중요도에 따라 A, B, C로 분류하여 관리하는 방법이다. A등급 재고는 기업의 총매출에 큰 영향을 미치는 주요 품목으로, 철저한 관리가 필요하다. B등급 재고는 중간 정도의 중요도를 가지며, C등급 재고는 상대적으로 중요도가 낮은 품목이다. 등급 분류를 통해 재고 관리 자원을 효율적으로 배분할 수 있다.

⇒ 경제적발주량(EOQ: Economic Order Quantity)은 재고 보충 시 발생하는 발주 비용과 보관 비용을 최소화하기 위한 최적 발주량을 계산하는 방법이다. EOQ 모델을 사용하면 불필요한 발주 횟수나 재고 보관 비용을 줄일 수 있다.

⇒ 정기 발주 방식은 일정한 주기에 따라 재고를 보충하는 방법으로, 주기적으로 재고를 점검하고 필요에 따라 보충한다. 관리가 간편하지만, 수요 변동성이 큰 경우 비효율적일 수 있다.

⇒ 정량 발주 방식은 재고가 사전에 설정된 발주 시점(order point)에 도달하면 고정된 수량을 발주하여 재고를 보충하는 방식이다. 수요가 일정하지 않은 상황에서도 효과적으로 사용할 수 있으며, 필요한 순간에 신속하게 재고를 확보할 수 있다.

재고 계획 수립 과정

재고 계획은 여러 단계를 통해 수립되며, 이 과정에서 다양한 요소들이 통합적으로 관리된다. 재고 계획 수립 과정은 다음과 같다.

• 데이터 수집과 분석

재고 계획 수립의 첫 번째 단계는 데이터의 수집과 분석이다. 이 단계에서 수요 예측, 판매 데이터, 과거 재고 기록, 리드타임, 비용 정보 등의 데이터를 다양하게 수집하여 재고 계획의 기초 데이터를 확보한다. 이러한 데이터를 활용해 적정 재고 수준과 보충 주기를 분석함으로써 재고 운영의 효율성을 높이고, 재고 부족이나 과잉으로 인해 발생할 수 있는 비용과 운영상의 문제를 최소화할 수 있다. 또 데이터를 기반으로 한 재고 계획은 변화하는 수요에 유연하게 대응할 수 있는 능력을 제공하며, 정확한 재고 관리를 통해 고객의 주문에 신속하게 대응하여 고객 만족도를 높일 수 있다. 궁극적으로, 데이터의 수집과 분석을 통한 체계적인 접근은 조직이 공급망을 보다 효과적이고 전략적으로 운영할 수 있는 토대를 마련해주며, 지속적인 개선을 통한 운영 효율성 증대에 이바지하게 된다.

• 수요 예측과 안전 재고 설정

두 번째는 수요 예측을 기반으로 안전 재고 수준을 설정하는 단계이다. 수요 예측의 정확성을 높이기 위해 정량적 기법(예: 통계 분석, 시계열 분석 등)과 정성적 기법(예: 전문가 판단, 시장 조사 등)을 함께 활용하며, 수요 변동성에 대비한 안전 재고 설정이 핵심이다. 또 리드타임과 수요 변동성을 면밀하게 분석하여 적절한 안전 재고 수준을 결정함으로써 예기치 못한 수요 급증이나 공급 지연으로 인한 재고 부족 문제를 예방할 수 있다.

이러한 안전 재고 설정은 공급망의 안정성을 보장하고, 고객 주문에 신속하게 대응할 수 있는 기반을 마련해 주며, 궁극적으로는 기업의 서비스 수준을 유지하고 비용을 최적화하는 데 이바지한다. 이를 통해 조직은 불확실한 상황에서도 재고의 안정성을 확보하고, 고객의 요구를 만족시킬 수 있는 유연한 공급망 체계를 구축할 수 있게 된다.

• 재고 최적화 전략 수립

세 번째 단계는 재고 최적화 전략을 수립하는 과정이다. 이 단계에서는 재고 회전율을 최적화하고 재고 관리 비용을 최소화하기 위해 다양한 재고 관리 기법을 적용하며, 이를 통해 전체적인 재고 운영의 효율성을 극대화한다. 경제적인 발주량(EOQ) 기법을 활용하여 재고 보충 시점과 보충량을 최적화하고, ABC 분석을 통해 재고 품목을 중요도에 따라 분류하여 품목별로 맞춤형 관리 전략을 수립한다. 이를 통해 고가치 품목은 더욱 세밀하게 관리하고, 저가치 품목은 효율적으로 관리함으로써 재고 관리의 복잡성을 줄이고 비용 효율성을 높이는 것이 목표이다.

이러한 재고 최적화 전략은 궁극적으로 재고를 적정 수준에서 유지하며 불필요한 자원의 낭비를 방지하고, 고객의 수요에 신속하고 유연하게 대응하여 기업의 경쟁력을 강화하는 중요한 요소로 작용한다. 이를 통해 조직은 더욱 전략적인 재고 관리 체계를 구축하고, 시장의 변화에도 안정적인 공급망 운영을 유지할 수 있게 된다.

• 계획 실행과 모니터링

수립된 재고 계획을 실행하고, 재고 수준을 지속적으로 모니터링한다. 재고 보충 주기, 발주량, 안전 재고 수준 등을 정기적으로 점검하며, 수요 변동이나 공급망 문제에 대비하여 신속하고 유연한 대응을 마련하는 것이 중요하다.

또 실시간으로 재고 데이터를 분석하여 재고 부족이나 과잉이 발생하지 않도록 관리하며, 예상치 못한 상황에서도 원활한 공급망 운영을 보장하기 위해 조기 경고 체계를 활용해 문제를 사전에 인지하고 대응한다.

이를 통해 공급망의 안정성을 유지하고, 고객 수요에 즉각 대응하여 기업의 운영 효율성을 높이고, 불필요한 재고 비용을 줄여 비용 절감과 서비스 수준 향상을 동시에 이루는 것이 목표이다.

• 성과 평가와 조정

재고 계획이 실행된 후에는 반드시 성과 평가와 조정이 필요하다. 계획된 재고 수준과 실제 재고 운영 결과를 면밀하게 비교하여, 재고 부족이나 과잉이 발생한 원인을 심층적으로 분석하고, 이를 바탕으로 재고 계획을 조정한다.

이러한 분석 과정에서는 수요 예측의 정확성, 공급망의 리드타임, 예상치 못한 수요 급증 등의 다양한 요인을 검토하여 문제의 근본 원인을 파악하고 개선책을 마련해야 한다. 이를 통해 재고 관리의 정확성을 지속적으로 개선하고, 운영상의 비효율성을 제거하며,

궁극적으로는 재고 비용 절감과 고객 만족도 향상을 동시에 달성할 수 있다. 나아가 정기적으로 성과를 평가하고 피드백 루프를 구축함으로써 변화하는 시장 환경에도 유연하게 대응할 수 있는 능력을 갖추는 것이 중요하다.

• 재고 계획에서의 리스크관리

재고 계획 과정에서 다양한 리스크가 발생할 수 있으며, 이를 효과적으로 관리하는 것이 중요하다. 재고 리스크관리의 주요 요소는 수요 변동성과 공급망 리스크이다.

⇒ 수요 변동성은 수요가 갑작스럽게 증가하거나 감소할 때, 재고 부족 또는 과잉과 같은 문제가 발생할 가능성을 의미한다. 리스크를 예방하기 위해서는 수요 변동성에 대비한 충분한 안전 재고를 유지하고, 수요 변화에 빠르게 대응할 수 있는 유연한 재고 관리 체계를 구축해야 한다. 또 수요 변화를 지속적으로 모니터링하고 데이터 기반의 예측 기법을 적용하여, 수요 변동에 대한 대응력을 강화하는 것이 필요하다.

⇒ 공급망 리스크는 공급업체의 문제로 인해 자재 공급이 지연되거나 중단되는 상황을 의미하며, 이는 생산 일정의 차질을 초래할 수 있다. 이러한 리스크를 방지하려면 대체 공급업체를 확보하여 공급망의 안정성을 강화하고, 공급 지연에 대비할 수 있는 비상 계획을 수립해야 한다. 또 공급망의 리드타임을 단축하기 위한 전략을 마련하여 예기치 않은 공급 문제에도 신속하게 대처할 수 있는 능력을 갖추는 것이 중요하다.

⇒ 시나리오 분석은 다양한 리스크를 고려하여 여러 시나리오를 설정하고, 각 시나리오에 맞는 대응 계획을 수립하는 방법이다. 이를 통해 예기치 않은 상황에서도 안정적으로 재고를 관리할 수 있으며, 공급망의 불확실성을 최소화할 수 있다. 시나리오 분석을 통해 다양한 위험 요소를 사전에 인지하고 준비함으로써, 변화하는 환경에서도 기업이 신속하게 대응하고 지속 가능한 운영을 유지할 수 있는 기반을 마련할 수 있다.

• 주요 내용 정리

재고 계획은 적정 재고 수준 유지를 목표로, 재고 부족과 과잉을 방지하여 비용 절감과 고객 만족을 동시에 달성한다. 안전 재고는 수요 변동성과 공급망 리스크에 대비한 완충 역할을 하며, 재고 회전율 관리는 재고 수진과 보충을 최적화해 효율성을 높인다. 재고 최적화 기법으로 ABC 분석, 경제적인 발주량(EOQ) 등을 활용하며, 데이터 기반 수요 예측과 실시간 모니터링으로 변동성에 유연하게 대응한다.

성과 평가와 리스크관리를 통해 지속적으로 재고 운영을 개선하며, 예기치 못한 문제에도 대비할 수 있는 체계를 구축한다.

S&OP(판매 및 운영 계획, Sales and Operations Planning)에서 데이터 관리의 중요성과 핵심 요소를 다룬다. 먼저 데이터 기반 의사결정이 조직의 예측 정확도를 높이고, 리스크를 사전에 파악하는 데 있어 어떤 역할을 하는지 설명한다. 이어서 내부 및 외부 데이터를 효과적으로 수집하고 통합·정제하는 과정의 필요성을 강조한다. 데이터 분석 도구와 관련해서는 분석 소프트웨어 활용, 데이터 시각화 기법, 머신러닝 기반 분석의 실질적인 활용 방안을 소개한다. 마지막으로, S&OP 성과를 측정하는 데 필수적인 KPI(핵심 성과 지표)의 정의와 성과 추적 방법, 개선 사항 도출 과정 등을 다루어 데이터 관리가 S&OP의 성공에 미치는 영향을 종합적으로 설명한다. 이 차례는 S&OP의 데이터 관리에서 필수적인 단계와 도구를 체계적으로 정리하며, 데이터 중심의 운영 전략을 이해하는 데 도움을 주고자 구성되었다.

부서 간 협력과 조정

마케팅 부서 협력

S&OP 프로세스에서 마케팅 부서의 협력은 매우 중요한 역할을 한다. 마케팅 부서는 고객의 요구를 파악하고, 시장의 변화에 민감하게 반응하는 부서로, 수요 예측의 정확도를 높이고, 기업의 전체적인 매출 성장에 이바지하는 중요한 데이터를 제공한다. 마케팅 부서는 수요 계획의 주요 데이터 제공처이자, 고객 인사이트와 시장 트렌드를 반영하여 S&OP 프로세스 전반에서 수요와 공급의 균형을 맞추는 데 중요한 역할을 한다.

S&OP 프로세스에서 마케팅 부서의 협력은 기업의 전략적인 목표를 달성하고, 시장 변화에 신속히 대응하기 위해 필수적이다. 마케팅 부서가 제공하는 정보는 판매 예측, 프로모션 계획, 신제품 출시 계획, 시장 분석 등을 포함하며, 이 정보는 수요와 공급을 조정하는 데 중요한 역할을 한다.

마케팅 부서의 역할

마케팅 부서는 고객의 요구와 시장 변동에 대한 인사이트를 제공하여 S&OP 프로세스에서 중요한 역할을 담당한다. 마케팅 부서는 고객의 구매 패턴, 시장 트렌드, 경쟁사 분석 등을 기반으로 수요 예측을 구체화하고, 기업이 변화하는 시장 상황에 대응할 수 있도록 정보를 제공한다.

• 고객 요구 파악과 수요 예측 지원

마케팅 부서는 고객의 요구를 파악하는 역할을 담당하며, 이를 기반으로 정확한 수요 예측을 지원한다. 수요 예측은 S&OP 프로세스에서 가장 중요한 첫 번째 단계이며, 다음과 같이 마케팅 부서가 제공하는 고객 정보는 수요 예측의 정확도를 높이는 데 필수적이다.

⇒ 구매 패턴 분석은 마케팅 부서가 과거의 고객 구매 패턴을 분석하여 향후 수요를 예측하는 방법이다. 특히 특정 제품에 대한 수요가 증가 또는 감소 시점을 파악하여 수요계획에 반영할 수 있다.

⇒ 시장 조사는 마케팅 부서가 소비자 트렌드, 경쟁사의 전략, 고객의 변화하는 선호도를 파악하기 위해 수행한다. 이러한 정보는 수요 예측과 프로모션 계획 수립에 중요한 데이터를 제공한다.

⇒ 정성적 예측 기여는 마케팅 부서가 수집한 시장 정보와 소비자 설문 결과가 정성적 수요 예측에 이바지하며, 특히 신제품 출시나 시장 변화에 대비한 예측에 중요한 역할을 한다. 이는 정량적 예측에서 부족한 부분을 보완하고, 수요 예측의 정확성을 높이는 데 필수적이다.

• 프로모션과 캠페인 계획

프로모션 계획은 마케팅 부서의 주요 활동 중 하나로, 수요에 직접적인 영향을 미친다. 프로모션과 마케팅 캠페인을 적절히 계획하고 운영 부서와 협력하여 이를 반영하면, 다음과 같이 S&OP의 수요 계획이 더욱 정교해질 수 있다.

⇒ 프로모션 효과 분석은 마케팅 부서가 과거 프로모션의 성과를 분석하여 향후 수요 변화를 예측하는 과정이다. 이를테면 특정 제품에 대한 할인이나 판촉 행사로 수요가 급증할 수 있으며, 마케팅 부서는 이를 운영 부서에 제공하여 생산 계획을 적절히 조정할 수 있도록 지원한다.

⇒ 프로모션 일정 공유가 중요하다. 마케팅 캠페인과 프로모션 일정이 공급망 관리와 재고 관리에 큰 영향을 미치므로 마케팅 부서는 운영 및 공급망 부서와 협력하여 캠페인

일정을 사전에 공유함으로써, 수요 급증에 대비한 생산 및 재고 계획을 합리적으로 수립할 수 있도록 해야 한다.

⇒ 마케팅 부서가 신제품 출시 일정을 공유하고, 신제품에 대한 수요 예측을 바탕으로 재고와 생산 일정을 조정하는 것이 매우 중요하다. 신제품 출시 초기에는 수요가 급증할 가능성이 크기 때문에, 이에 대비한 적절한 공급 계획을 마련해야 한다.

• 시장 동향과 경쟁사 분석

마케팅 부서는 시장 동향과 경쟁사 전략을 분석하여, S&OP 프로세스에서 수요와 공급을 최적화 하는데 중요한 정보를 제공해야 한다. 시장 변화나 경쟁사의 움직임에 신속히 대응하지 않으면, 기업은 수요를 예측하는 데 어려움을 겪을 수 있다.

⇒ 시장 트렌드는 마케팅 부서가 제품 관련 시장 트렌드를 분석하여 특정 제품의 수요가 증가할지 감소할지를 예측하는 것을 의미한다. 예를 들어 계절별 제품 수요, 인기 제품군, 소비자 선호도 변화 시점을 파악해 수요 계획에 반영할 수 있다.

⇒ 경쟁사 분석은 경쟁사의 가격 전략, 신제품 출시 일정, 마케팅 캠페인 등의 정보를 분석하여 자사의 수요 예측에 적용하는 것이다. 경쟁사의 마케팅 활동이 자사의 수요에 미칠 영향을 예측하여 공급 전략을 조정할 수 있다.

• 마케팅 부서 협력의 주요 이점

S&OP 프로세스에서 마케팅 부서와의 협력은 여러 가지 측면에서 다음과 같은 이점을 제공한다.

⇒ 수요 예측 정확성 향상은 마케팅 부서가 제공하는 시장 정보와 소비자 인사이트를 통해 수요 예측의 정확도를 높이는 것을 의미한다. 이를 통해 불필요한 재고 축적을 방지하고, 수요 변동에 빠르게 대응할 수 있다.

⇒ 프로모션과 생산 계획의 일치는 프로모션 일정과 생산 일정을 적절히 조율함으로써 수요 급증에 대비하고, 불필요한 비용 발생을 줄이는 데 도움이 된다. 이를 통해 프로모션으로 인한 재고 부족이나 과잉을 예방할 수 있다.

⇒ 마케팅 부서가 제공하는 정보를 통해 고객의 요구를 더 잘 반영하여 제품을 적시에 공급하고, 서비스 수준을 향상시킬 경우, 고객 만족도를 높이는 데 이바지한다.

⇒ 시장 대응성 향상은 마케팅 부서와의 협력을 통해 시장 변화에 더욱 빠르게 대응하는 것을 의미한다. 시장 트렌드와 경쟁사 동향을 실시간으로 파악하여 수요 예측과 공급 계획을 신속하게 조정할 수 있다.

• 마케팅 전략과 운영 전략의 일치

S&OP 프로세스에서 마케팅 부서와 운영 부서 간의 협력은 매우 중요하다. 마케팅 전략은 운영 전략과 일치해야 하며, 수요와 공급을 조정하는 데 있어서 다음과 같은 긴밀한 협력이 필요하다.

⇒ 재고 관리 협력은 마케팅 부서가 특정 프로모션이나 신제품 출시로 인해 수요가 급증할 경우, 재고 관리 계획을 미리 조정하는 것을 의미한다. 이를 위해 운영 부서와 협력하여 생산 일정을 조정하고, 필요한 자재를 사전에 확보하는 전략을 수립할 수 있다.

⇒ 생산 계획과의 연계는 마케팅 부서가 계획한 캠페인에 따른 수요 증대가 생산 계획과 긴밀하게 연결되는 것을 의미한다. 마케팅과 운영 부서 간의 원활한 의사소통을 통해 수요 변화에 맞춰 신속하게 생산을 조정할 수 있어야 한다.

• 고객 만족도 개선

마케팅 부서는 고객의 요구와 시장 변화에 대해 가장 가까운 데서 정보를 수집하고 분석하는 부서이다. 이 정보를 통해 수요 예측의 정확성을 높이면, 고객 만족도를 극대화할 수 있다. 수요가 예측에 부합하게 맞춰지면, 고객이 필요로 하는 제품을 적시에 공급할 수 있어 주문 이행 속도를 높일 수 있다.

⇒ 맞춤형 서비스 제공은 마케팅 부서가 고객의 요구를 반영한 맞춤형 서비스를 기획하고, 이를 S&OP 프로세스에 반영하여 수요 계획을 수립하는 것을 의미한다. 고객의 개별 요구에 맞춘 맞춤형 제품이나 서비스 제공은 고객 만족도를 높이고 재구매로 이어질 가능성을 높인다.

⇒ 고객 피드백 수집은 마케팅 부서가 고객으로부터 직접 피드백을 수집하여, 이를 통해 제품의 개선점이나 수요 패턴의 변화를 신속하게 파악하고, 이를 공급 계획에 반영하는 것을 의미한다.

● 마케팅 부서 협력 시의 주요 도전 과제

마케팅 부서와의 협력은 많은 이점을 제공하지만, 다음과 같은 몇 가지 도전 과제도 존재한다.

⇒ 정보의 일관성 문제는 마케팅 부서가 수집한 정보가 부정확하거나 충분히 검증되지 않으면 잘못된 수요 예측으로 이어질 수 있다. 따라서 수집된 데이터의 품질과 일관성을 유지하는 것이 매우 중요하다.

⇒ 부서 간 커뮤니케이션이 원활하지 않으면 마케팅 부서와 운영 부서 간의 협력이 부족해져, 계획된 프로모션이나 캠페인이 생산 및 공급망 계획과 일치하지 않는 상황이 발생할 수 있다. 이를 방지하기 위해 정기적인 협의와 소통이 필요하다.

⇒ 신제품 수요 예측의 어려움이란 신제품의 경우 과거 데이터가 없어 수요 예측이 어려울 수 있다는 것이다. 이때 마케팅 부서는 고객 피드백과 시장 조사를 통해 신뢰할 수 있는 정보를 제공해야 한다.

● 주요 내용 정리

마케팅 부서는 고객 요구와 시장 인사이트를 제공하며, 수요 예측 정확도를 높이고 프로모션, 신제품 출시, 시장 분석 등의 정보를 S&OP에 반영한다. 프로모션 일정 공유와 신제품 수요 예측은 생산 및 공급 계획 조정에 필수적이며, 시장 동향 및 경쟁사 분석은 수요와 공급 최적화에 이바지한다. 이를 통해 고객 만족도를 높이고, 시장 변화에 민첩하게 대응하며, 재고와 생산 일정을 효율적으로 관리할 수 있다. 협력의 도전 과제로는 정보 일관성 부족, 부서 간 커뮤니케이션 문제, 신제품 예측의 어려움 등이 있으나, 정기적 협의와 데이터 검증으로 극복할 수 있다.

S&OP 프로세스에서 운영 부서는 제품 생산과 공급망 관리를 담당하는 핵심 부서로서, 수요 예측에 따라 생산, 재고, 물류를 최적화하는 역할을 한다. 운영 부서의 협력은 수요와 공급의 균형을 맞추고, 생산과 자재 조달, 재고 관리, 물류 및 배송 등의 활동이 효과적으로 이루어지도록 보장하는 데 필수적이다. S&OP 프로세스가 성공적으로 작동하려면 운영 부서의 긴밀한 협력이 필요하며, 이를 통해 생산 효율성과 고객 서비스 수준을 극대화할 수 있다.

운영 부서의 주요 역할은 마케팅 부서가 제공한 수요 예측을 기반으로 생산 일정과 공급망 관리를 최적화하는 것이다. 이 부서는 제조, 조달, 물류, 재고 관리를 통합적으로 관리하며, 각 단계에서 발생할 수 있는 문제를 신속하게 해결하고, 전체 공급망의 효율성을 유지한다. 운영 부서가 제공하는 정보는 공급망 리드타임, 자재 가용성, 생산 능력, 물류 제약 사항 등에 대한 중요한 데이터를 포함한다.

운영 부서의 역할

운영 부서는 S&OP 프로세스에서 다음과 같은 역할을 통해 수요 예측을 충족하고 원활한 공급망 운영을 보장하는 데 중요한 이바지를 한다.

• 생산 계획 수립과 관리

생산 계획은 운영 부서의 핵심 역할 중 하나이다. 마케팅 부서에서 제공한 수요 예측을 바탕으로, 운영 부서는 생산 일정을 조정하고 생산 설비의 가동률을 최적화하는 계획을 수립한다. 생산 계획은 효율성과 비용 절감을 목표로 생산 역량과 설비 가동률을 고려하여 결정된다.

⇒ 생산 일정 관리는 고객 수요를 충족시키기 위해 어떤 제품을 언제, 얼마나 생산할지를 결정하는 과정이다. 수요 예측에 맞춰 생산라인을 조정하고, 생산 설비의 가동 시간을

최적화하여 생산 일정을 효율적으로 관리한다.

⇒ 생산 능력 분석은 기업이 특정 기간에 생산할 수 있는 최대량을 분석하는 과정이다. 운영 부서는 수요 예측을 바탕으로 생산 능력을 평가하고, 필요할 때 생산량을 늘리거나 줄이는 결정을 내린다.

⇒ 수요 변동에 대응하기 위해 생산 유연성을 확보하고 유지하는 것이 중요하다. 운영 부서는 수요가 급증할 때 생산량을 신속하게 증대시키고, 수요가 감소할 때는 과잉 생산을 방지할 전략을 마련해야 한다.

• 공급망 관리

공급망 관리(Supply Chain Management)는 운영 부서의 또 다른 중요한 역할이다. 제품 생산에 필요한 자재를 조달하고, 이를 효율적으로 관리하여 생산 일정을 준수하는 것이 공급망 관리의 목표이다. 또 생산된 제품이 고객에게 적시에 전달될 수 있도록 물류와 유통을 최적화하는 역할도 운영 부서의 중요한 부분이다.

⇒ 자재 조달은 운영 부서가 생산에 필요한 원자재와 부품을 공급망 파트너와 협력하여 확보하는 과정이다. 이를 위해 공급업체와의 협력 관계를 관리하고, 자재가 적시에 도착할 수 있도록 조정하는 일이 중요하다. 또 공급망에서 발생할 수 있는 병목 현상이나 지연에 대비해 대체 공급망을 마련해야 한다.

⇒ 리드타임 관리는 자재 발주부터 생산까지의 소요 시간을 뜻하며, 이를 정확하게 관리하는 것이 공급망 운영의 핵심이다. 운영 부서는 리드타임을 최소화하기 위해 공급업체와 협력하고, 불필요한 지연을 방지하는 전략을 수립해야 한다.

⇒ 물류 및 배송 관리는 생산된 제품이 고객에게 적시에 도착하도록 물류와 배송 계획을 수립하는 과정이다. 운영 부서는 효율적인 물류 경로를 선택하고 배송 시간을 최적화하여 고객 서비스 수준을 높여야 한다.

• 재고 관리

운영 부서는 재고 관리를 통해 재고 부족이나 과잉 재고를 방지하고, 최적의 재고 수준을 유지함으로써 비용을 절감하고 공급망의 효율성을 높여야 한다. 재고 관리는 안전 재고와 재고 회전율을 적절히 관리하는 것이 핵심이다.

⇒ 안전 재고는 운영 부서가 예기치 못한 수요 급증이나 공급망 지연에 대비하여 유지해야 하는 재고이다. 안전 재고 수준은 수요 예측의 변동성과 리드타임을 고려하여 설정된다.

⇒ 재고 최적화는 운영 부서가 재고를 적절히 유지하면서도 불필요한 자본이 묶이지 않도록 최적화하는 과정이다. 이를 위해 재고 회전율을 관리하고, 과잉 재고를 방지하는 전략을 마련한다.

⇒ 재고 보충 계획은 운영 부서가 판매량을 기반으로 수립하는 계획이다. 정기적인 재고 점검과 보충 계획을 통해 재고 부족을 방지하고, 과잉 재고도 예방한다.

• 품질 관리와 생산 효율성

품질 관리(Quality Control)는 운영 부서가 S&OP 프로세스에서 담당하는 중요한 역할 중 하나이다. 생산된 제품이 고객 요구 사항을 충족하도록 보장하며, 생산 효율성을 극대화하여 원가 절감과 품질 향상을 동시에 달성해야 한다.

⇒ 품질 검사는 생산 과정에서 발생할 수 있는 품질 문제를 최소화하기 위해 지속적(持續的)으로 이루어져야 한다. 품질 관리는 생산라인의 효율성과도 직결되며, 불량품을 줄여 비용을 절감하고 고객 만족도를 높이는 데 이바지한다.

⇒ 생산성 향상은 운영 부서가 다양한 방법을 도입해 비용을 절감하고 생산 효율성을 극대화하는 과정이다. 린 생산(Lean Manufacturing)이나 6시그마(Six Sigma) 같은 방법론을 도입해 생산라인의 효율성을 개선하고, 낭비를 줄일 수 있다.

• 리스크관리와 유연성

리스크관리는 운영 부서가 공급망과 생산 활동에서 발생할 수 있는 다양한 위험에 대비하는 과정이다. 공급망 문제나 생산라인 장애, 자재 부족 등의 위험을 사전에 파악하고 대응 계획을 수립하는 것이 중요하다.

⇒ 공급망 리스크관리는 운영 부서가 자재 공급 지연, 가격 변동, 자연재해 등 공급망에서 발생할 수 있는 리스크에 대비하는 것이다. 이를 위해 대체 공급망을 확보하고, 장기적인 리스크 관리 계획을 수립해야 한다.

⇒ 유연한 생산 체계의 구축은 리스크에 신속히 대응하기 위해 운영 부서가 마련해야 할 요소이다. 수요 급증에 대비한 생산 능력 확충과 생산 일정을 유연하게 조정할 수 있는 설비 운영이 필요하다.

운영 부서 협력의 주요 이점

운영 부서와의 협력은 S&OP 프로세스 전반에 걸쳐 다음과 같이 여러 가지 이점을 제공한다.

• 생산과 공급망 최적화

운영 부서의 협력은 생산 최적화와 공급망 효율성을 극대화하는 데 이바지한다. 협력을 통해 생산라인의 가동률을 최대화하고, 공급망에서 발생하는 병목 현상을 줄여 고객의 요구를 충족시킬 수 있다.

⇒ 생산 가동률 극대화는 수요 예측에 맞춘 최적의 생산 계획을 수립하여 생산 설비의 가동률을 높이고, 불필요한 생산 중단 시간을 최소화하는 것이다.

⇒ 공급망 병목 현상 제거는 공급망에서 발생할 수 있는 병목 현상을 사전에 파악하고, 이를 해결하는 조치를 통해 전체 공급망의 흐름을 원활하게 유지하는 것을 의미한다.

• 비용 절감

운영 부서는 비용 절감의 중요한 역할을 담당한다. 재고 관리, 자재 조달, 물류 최적화를 통해 불필요한 비용을 절감하고, 생산 효율성을 높여 원가를 절감할 수 있다.

⇒ 재고 관리 비용 절감은 적정 재고 수준을 유지함으로써 불필요한 재고 보관 비용을 줄이고, 자금을 효율적으로 사용할 수 있다.

⇒ 생산 비용 절감은 생산라인의 효율성을 높이고, 불필요한 낭비를 줄임으로써 원가

절감을 실현할 수 있다. 린 생산 방식의 도입은 이러한 목표를 달성하는 데 중요한 역할을 한다.

• 고객 서비스 수준 향상

운영 부서의 협력은 고객에게 제품을 적시에 제공하고, 서비스 수준의 향상에 중요한 이바지를 한다. 수요 예측에 맞춘 생산 계획과 물류 관리를 통해 납기 준수율을 높이고, 고객 만족도를 극대화할 수 있다.

⇒ 납기 준수율 향상은 운영 부서가 생산과 물류를 효율적으로 관리하여 고객의 주문을 적시에 처리하고 납기(納期)를 준수하는 것을 의미한다.

⇒ 맞춤형 생산 대응은 고객의 특수한 요구나 맞춤형 제품 주문에 대응할 수 있는 유연한 생산 체계를 구축하여 고객 만족도를 높이는 것이다.

• 운영 부서 협력 시의 주요 도전 과제

운영 부서와의 협력은 많은 이점을 제공하지만, 몇 가지 도전 과제도 존재한다.

⇒ 수요 예측의 변동성은 마케팅 부서가 제공하는 수요 예측이 변동이 크거나 정확하지 않을 경우, 운영 부서가 생산 및 재고 계획을 신속하게 조정하는 데 어려움을 겪을 수 있다.

⇒ 공급망의 복잡성은 글로벌 공급망에서 다양한 공급업체와 협력하고 물류 네트워크를 관리하는 복잡한 작업을 의미한다. 이 과정에서 발생하는 변수들을 신속히 해결할 수 있는 능력이 필요하다.

⇒ 커뮤니케이션 문제가 발생하면 운영 부서와 마케팅 부서 간 소통이 원활하지 않아 생산 계획과 실제 수요 간 차이가 생길 수 있다. 정기적인 협의와 의사소통이 필수적이다.

• 주요 내용 정리

운영 부서는 생산, 재고, 공급망을 관리하며 수요 예측에 따라 생산 일정, 자재 조달, 물류를 최적화하여 S&OP 성공에 이바지한다. 생산 계획 수립과 공급망 관리를 통해 수요 변동에 대응하고 비용 절감을 실현하며, 재고 최적화와 품질 관리로 운영 효율성을 극대화한다. 리스크관리와 유연성 확보로 공급망 장애나 수요 급증에 대비하고, 납기 준수와 맞춤형 생산 대응으로 고객 서비스 수준을 향상시킨다. 도전 과제로는 수요 예측 변동성, 공급망 복잡성, 부서 간 커뮤니케이션 문제가 있으나, 협업과 소통으로 극복할 수 있다.

재무 부서 협력

S&OP 프로세스에서 재무 부서의 협력은 재무적 안정성과 수익성을 보장하는 데 필수적이다. S&OP는 단순한 운영 계획을 넘어, 수익성과 비용 관리를 기반으로 한 통합적 비즈니스 계획이다. 재무 부서는 기업의 전체 자금 흐름을 관리하며, 예산 설정, 재무 성과 평가, 자원 배분 등의 역할을 통해 S&OP 목표와 기업의 재무 목표를 일치시키는 데 중요한 역할을 한다. 따라서 재무 부서와의 협력은 S&OP가 실현할 수 있고, 재무적으로 타당한 전략을 수립하는 데 필수적이다.

재무 부서는 기업의 재무 건전성을 유지하면서도, 수익성을 극대화할 수 있도록 S&OP 프로세스에 재무적 관점을 반영해야 한다. 이를 통해 판매 계획과 운영 계획이 재무 목표에 맞게 조정되며, 예산 관리와 자원 최적화가 이루어질 수 있다.

재무 부서의 역할

S&OP 프로세스에서 재무 부서는 자원 배분, 예산 설정, 성과 평가 등 다양한 역할을 담당한다. 이 부서는 S&OP 프로세스에서의 모든 의사결정이 재무적으로 타당한지 검토하고, 기업의 재무 성과를 극대화하는 전략을 제시한다.

• 예산 설정과 관리

예산 관리는 재무 부서의 가장 중요한 역할이다. S&OP 프로세스에서 수립된 계획을 실행하려면 각 부서에 적절한 예산이 배정되어야 하며, 재무 부서는 이를 조정하고 모니터링을 해야 한다.

⇒ 예산 편성은 재무 부서가 판매 계획, 생산 계획, 재고 관리 등을 바탕으로 각 부서에 필요한 예산을 할당하는 과정이다. 이 과정에서 수익성을 고려하여 비용을 통제하고, 자원을 효율적으로 사용할 수 있도록 계획한다.

⇒ 비용 관리는 S&OP 프로세스에서 발생하는 모든 비용(생산 비용, 물류비용, 인건비, 자재 비용 등)을 재무 부서가 철저히 관리하는 것을 의미한다. 예산 초과가 발생하지 않도록 비용을 모니터링하고, 예상치 못한 지출이 발생할 때 이를 조정한다.

⇒ 현금 흐름 관리는 재무 부서가 계획된 생산 및 판매 활동이 현금 흐름에 미치는 영향을 평가하고, 재고 회전율, 공급업체 결제 일정, 고객 수금 일정 등을 고려하여 자금을 효율적으로 운용하는 과정이다. 이 과정에서 재고 과다나 과도한 자금 묶임을 방지해야 한다.

● **수익성 분석**

수익성 분석은 S&OP 프로세스에서의 계획이 기업의 재무 목표와 얼마나 부합하는지 평가하는 중요한 과정이다. 재무 부서는 각 제품의 마진 분석과 영업이익을 기반으로, 생산 및 판매 계획이 수익성을 확보할 수 있도록 조정한다.

⇒ 제품별 수익성 분석은 재무 부서가 각 제품의 수익성을 분석하고, 수익성이 낮은 제품에 대한 생산 및 마케팅 비용을 조정하는 결정을 내리는 과정이다. 이를 통해 자원을 효율적으로 배분하고, 수익성을 극대화하는 전략을 수립하는 데 이바지한다.

⇒ 비용 대비 효과 분석은 마케팅 및 프로모션 활동에 투입된 자금이 실제 매출 증가로 이어지는지를 평가하는 과정이다. 이를 통해 재무 부서는 마케팅 전략이 수익성에 미치는 영향을 분석하고, 필요할 경우 조정을 제안할 수 있다.

⇒ ROI(Return on Investment) 분석은 재무 부서가 각 프로젝트 및 투자 활동의 ROI를 평가하여 기업 자원이 최적의 성과를 낼 수 있도록 돕는 과정이다. 이를테면 신제품 출시나 프로모션에 투자된 자금이 예상되는 수익을 창출할 수 있는지 분석하고, 이에 기반해 전략적 결정을 내리는 중요한 역할을 한다.

• 자원 배분과 최적화

S&OP 프로세스에서 자원 배분은 매우 중요한 요소이다. 재무 부서는 각 부서가 필요로 하는 자원(자금, 인력, 설비 등)을 적절하게 배분하고, 이를 효율적으로 사용하도록 관리해야 한다. 이를 통해 S&OP에서 설정한 판매 목표와 운영 목표를 재무적으로 뒷받침할 수 있다.

⇒ 자금 배분 최적화는 재무 부서가 각 부서에서 자금을 가장 효율적으로 사용할 수 있도록 자금 배분 계획을 수립하는 과정이다. 판매와 마케팅에 필요한 자금, 생산에 필요한 자본 투자 등을 고려하여 자원의 최적화를 목표로 한다.

⇒ 설비와 인력 투자는 S&OP 계획에 따라 설비 확장이나 인력 추가 배치가 필요할 경우, 재무 부서가 이를 검토하고 투자 대비 수익성을 평가하는 과정이다. 이를 통해 불필요한 자본 지출을 줄이고, 투자 효과를 극대화할 수 있다.

• 성과 평가 및 보고

재무 성과 평가는 S&OP 프로세스의 중요한 피드백 루프 역할을 하며, 계획이 성공적으로 실행되고 있는지 확인하는 과정이다. 재무 부서는 각 부서의 성과를 모니터링하고, S&OP 프로세스의 성과를 평가하여 경영진에게 보고한다.

⇒ KPI 분석은 재무 부서가 매출, 영업이익, 현금 흐름, ROI 등 다양한 재무지표(KPI)를 바탕으로 S&OP 성과를 분석하는 과정이다. 이를 통해 계획과 실제성과 간의 차이를 파악하고, 필요할 경우 계획을 조정할 수 있는 정보를 제공한다.

⇒ 재무 보고는 재무 부서가 S&OP 프로세스에 따른 재무 성과를 정기적으로 경영진에게 보고하는 것이다. 이를 통해 현재 재무 상태를 투명하게 전달하고, 개선이 필요한 부분을 제시하며, 전략적 의사결정을 지원한다.

• 리스크관리와 재무 유연성 확보

재무 부서는 리스크관리를 통해 S&OP 프로세스가 외부 변화나 예기치 못한 상황에 대비할 수 있도록 지원한다. 이는 시장 변화, 환율 변동, 자재 가격 상승, 경기 침체 등 다양한 리스크에 대한 대응 전략을 마련하는 것을 의미한다.

⇒ 재무 리스크 평가는 재무 부서가 외부 환경 변화가 기업의 재무 성과에 미치는 영향을 평가하고, 리스크 발생 시 이를 완화하기 위한 대책을 마련하는 과정이다. 이를테면 환율 변동이나 원자재 가격 상승에 대비한 헤지 전략을 수립할 수 있다.

⇒ 비상 자금 확보는 재무 부서가 예기치 못한 상황에 대비해 비상 자금을 마련하는 역할이다. 이를 통해 공급망 중단이나 갑작스러운 수요 변동에 대응할 수 있는 재정적 유연성을 유지한다.

재무 부서 협력의 주요 이점

S&OP 프로세스에서 재무 부서와의 협력은 여러 가지 이점을 제공한다. 재무 부서는 재무 건전성을 유지하면서도 기업의 수익성을 극대화하는 데 중요한 역할을 하며, 이를 통해 S&OP 프로세스의 성공을 도모할 수 있다.

• 재무 목표와 운영 목표의 일치

재무 부서의 협력은 S&OP 계획이 기업의 재무 목표와 운영 목표를 일치시키는 데 이바지한다. 재무 부서는 수익성, 비용 관리, 자원 배분 측면에서 S&OP 계획을 검토하고, 이를 조정하여 재무적으로 타당한 전략을 수립할 수 있다.

• 비용 절감과 수익성 극대화

재무 부서는 비용 통제와 수익성 분석을 통해 각 부서가 자원을 효율적으로 사용하고, 불필요한 비용을 줄일 수 있도록 지원함으로써 재무 성과를 극대화하고, ROI를 향상시킬 수 있다.

• 리스크관리 강화

재무 부서는 외부 리스크를 관리하는 데 중요한 역할을 하며, 시장 변화, 자재 비용 상승, 환율 변동 등의 재무 리스크에 대비한 전략을 수립한다. 이를 통해 S&OP 프로세스가 예기치 못한 상황에도 대응할 수 있는 재정적 유연성을 확보할 수 있다.

• 성과 평가 및 피드백 제공

재무 부서는 S&OP 성과를 평가하고, 계획 대비 실제 성과의 차이를 분석하여 각 부서에 피드백을 제공한다. 이로써 S&OP 프로세스는 지속적(持續的)으로 개선되며, 다음 사이클에서는 더 나은 성과를 달성할 수 있다.

• 재무 부서 협력 시의 주요 도전 과제

재무 부서와의 협력에는 몇 가지 도전 과제가 따른다. 이 과제들은 효과적인 협업을 저해할 수 있으며, 이를 해결하기 위해선 부서 간의 긴밀한 소통과 데이터 공유가 필요하다.

⇒ 데이터의 일관성 부족은 재무 부서가 사용하는 재무 데이터와 운영 부서, 마케팅 부서가 사용하는 데이터가 일치하지 않으면 계획 수립과 실행에 혼란을 초래할 수 있다. 이를 해결하기 위해서는 부서 간 데이터 통합 시스템이 필요하다.

⇒ 부서 간 의사결정 속도 차이는 재무 부서는 비용 통제와 수익성 분석을 우선시하는 반면, 마케팅 부서나 운영 부서는 빠른 의사결정이 필요한 경우가 많다. 이 바람에 의사결정 속도의 차이가 발생할 수 있으며, 이를 해결하려면 정기적인 협의와 원활한 소통이 필수적이다.

⇒ 장기적 전략과 단기적 목표의 불일치는 재무 부서가 장기적인 재무 목표를 중시하는 반면, 다른 부서는 단기적인 목표나 마케팅 캠페인, 판매 목표에 집중하는 경우가 많다. 이러한 목표의 불일치를 해소하기 위해서는 상호 이해와 협력이 필요하다.

지금까지 마케팅, 운영, 재무 부서의 협력에 대하여 설명했다. 그러면 협력을 어떻게, 무엇을, 왜 하는지에 대하여 한 번 생각해 보기로 한다.

["Number Debate" 또는 "Number War"에 대한 협의]

• S&OP 회의 시 "Number Debate" 또는 "Number War"는 부서 간 목표 차이나 동일 데이터를 다르게 해석하거나 특정 목표를 달성하려는 경쟁적 압박으로 발생하는 수치에 대한 논쟁과 갈등을 의미하며, 이러한 논의는 각 부서의 예측과 목표를 조정하고 전체 전략과 일관된 목표를 달성하기 위한 중요한 과정이다. 이를 통해 효율적인 의사결정과 부서 간 협력 증진, 그리고 기업의 전략적 목표 달성을 지원할 수 있다.

Number Debate/Number War의 case
• 부서 간 목표와 우선순위 차이
⇒ S&OP의 핵심은 판매팀, 생산팀, 재무팀, 재고팀 등 각 부서가 긴밀히 협력하여 수치를 도출하는 것이다. 그러나 각 부서는 자신들의 우선순위와 목표를 가지고 있으므로 각각 다른 숫자를 제시할 수 있다. 예를 들어, 판매팀은 매출 증대를 목표로 높은 수치를 제시할 수 있지만, 생산팀은 생산 능력이나 자원 제약을 고려해 보수적인 수치를 제시할 수 있다. 이 바람에 "Number Debate"가 발생하게 된다.
• 데이터 해석의 차이
⇒ 동일한 시장 데이터를 기반으로 부서들이 다르게 해석할 수 있다. 판매팀은 시장의 성장성을 긍정적으로 보고 높은 수요 예측을 제시할 수 있지만, 운영팀은 공급망의 제약이나 생산 시간 등의 현실적인 제약을 고려하여 보수적인 수치를 제시한다. 이런 해석 차이가 "Number War"를 발생시킨다.
• 목표 설정의 중요성
⇒ S&OP의 목표는 수치 기반 의사결정이다. 각 부서가 수치를 통해 목표를 설정하고 계획을 수립하기 때문에, 각 부서가 제시하는 수치는 전체 계획의 성공에 큰 영향을 미친다. 이 바람에 각 부서 사이에는 수치에 대한 논쟁이 발생하게 되고,

이를 해결하기 위한 협의와 조정이 필요하다.

• 압박과 경쟁

⇒ S&OP 과정에서 각 부서는 KPI나 목표 달성을 위해 경쟁적 압박을 받는다. 판매팀은 가능한 한 높은 매출 목표를 제시하려 할 수 있고, 운영팀은 생산 능력과 리소스 제한을 고려해 이를 제한하려 할 수 있다. 이런 목표 차이와 압박은 때때로 논쟁이나 "Number War"로 이어진다.

따라서 S&OP에서 Number Debate나 Number War의 논쟁은 효율적인 의사 결정을 유도하고, 각 부서 간의 협력을 증진하기 위한 필수적인 과정이다. S&OP 에서 이 논의 과정은 최적의 목표 수치 도출을 위한 중요한 협의의 일환이자 회사 의 전략적 목표 달성에 중요한 역할을 한다.

• 주요 내용 정리

재무 부서는 S&OP 프로세스에서 예산 관리, 수익성 분석, 자원 배분을 통해 재무적 안정성과 수익성을 지원한다. 예산 설정과 비용 관리를 통해 자원 활용을 최적화하고, 제품별 수익성 분석 및ROI 평가로 기업의 수익성을 극대화한다. 리스크관리와 비상 자 금 확보로 예기치 못한 상황에 대비하며, 재무 성과 평가와 KPI 분석을 통해 계획과 실 제 성과 간의 차이를 피드백한다. Number Debate는 부서 간 데이터 해석 차이나 목표 불일치에서 발생하며, 이를 통해 조정과 협력을 강화하여 전략적 목표 달성을 지원한다.

통합 계획의 중요성

일관된 목표 설정

일관된 목표 설정은 S&OP 프로세스의 핵심 요소로, 기업의 모든 부서가 일치된 목표를 향해 협력하고 조율할 수 있도록 만드는 중요한 과정이다. S&OP는 영업, 운영, 마케팅, 재무 등 여러 부서가 협력하여 수요와 공급을 관리하고 최적화하는 통합적인 프로세스이다. 이러한 협력이 효과적으로 이루어지기 위해서는 모든 부서가 일관된 목표를 설정하고 공유해야 하며, 이를 바탕으로 협업과 의사결정이 이루어져야 한다.

일관된 목표는 기업의 전반적인 비즈니스 전략과 맞물려 있으며, 수익성, 시장 점유율, 운영 효율성, 고객 만족도 등을 달성하기 위한 구체적인 지침을 제공한다. 일관된 목표 설정이 제대로 이루어지지 않으면 각 부서가 서로 다른 목표를 추구하게 되어 부서 간 갈등이나 효율성 저하가 발생할 수 있다. 따라서 모든 부서가 공동의 목표를 이해하고 따르도록 하는 것이 S&OP 프로세스의 성공을 좌우하는 중요한 요소이다.

일관된 목표 설정의 중요성

일관된 목표 설정은 S&OP 프로세스의 성공적인 운영을 위해 필수적이다. 각 부서가 같은 목표를 가지고 협력하지 않으면, 부서 간의 의사결정이 일관성을 잃게 되고, 기업의 전체 성과에도 부정적인 영향을 미친다. 일관된 목표를 설정함으로써 다음과 같은 중요한 이점이 있다.

• 부서 간 협력 강화

일관된 목표 설정은 부서 간 협력을 강화하는 데 중요한 역할을 한다. 영업, 마케팅, 운영, 재무 등 각 부서가 공통의 목표를 추구하면 의사소통과 조정이 원활해지고 부서 간의 충돌을 방지할 수 있다.

⇒ 공통 목표를 공유하지 않으면 부서별로 서로 다른 목표로 인해 각 부서의 활동이 기업 전체 전략과 상충(相衝)될 수 있다. 이를테면 영업 부서는 매출 증대를 목표로 하고, 운영 부서는 생산성 향상과 비용 절감을 중점으로 둘 수 있다. 그러나 일관된 목표를 설정하면 영업과 운영 부서가 협력하여 매출 증가와 비용 절감을 동시에 달성할 수 있다.

⇒ 의사결정의 일관성은 모든 부서가 동일(同一)한 목표를 가질 때 생기며, 각 부서가 내리는 결정이 기업 전체 성과와 일치하도록 조정된다. 이를 통해 의사결정이 빨라지고 목표 달성에 집중할 수 있다.

• 조직 내 자원 최적화

일관된 목표를 설정하면 조직 내 자원을 효율적으로 배분할 수 있다. 재무적, 인적, 물적 자원이 기업의 장기적인 목표에 맞춰 효과적으로 배분되며, 낭비나 중복 투자를 줄일 수 있다.

⇒ 자원 배분의 일관성은 여러 부서가 동일한 목표를 추구할 때 자원을 어디에 집중적으로 투자해야 할지 명확해진다. 이를테면 수익성을 높이는 것이 목표라면 마케팅 부서는 가장 높은 수익을 창출할 수 있는 제품에 집중하고, 운영 부서는 그 제품을 효과적으로 생산하기 위한 자원을 우선으로 배분하게 된다.

⇒ 효율성 증대는 목표가 일관되게 설정되면 모든 부서가 효율성을 극대화할 수 있는 방향으로 자원을 사용하게 되는 것이다. 이로써 불필요한 중복 작업이나 갈등이 줄어들고, 자원의 효율성이 높아져 더 나은 성과를 창출할 수 있다.

• 전략적 의사결정의 일치(alignment)

일관된 목표는 기업의 전사적 전략과 부서별 전략이 일관되게 정렬되도록 한다. 이는 각 부서의 의사결정이 전체 기업 전략과 상충(相衝)되지 않도록 보장하며, 장기적인 성장과 성과를 도모하는 데 도움이 된다.

⇒ 단기 목표와 장기 목표의 균형은 기업의 장기적 목표와 단기적 목표가 일관성 있게 설정될 때, 단기적인 의사결정이 장기적인 성과에 긍정적인 영향을 미친다. 예를 들어 매출 증대와 비용 절감이라는 단기 목표가 있더라도 이를 장기적인 시장 점유율 확대나 브랜드 가치 향상의 방향으로 일관되게 조정할 수 있다.

⇒ 위험 관리에 있어서 일관된 목표가 리스크관리에도 중요한 역할을 한다. 모든 부서가 동일한 목표를 공유하면 의사결정 과정에서 발생할 수 있는 위험 요소를 미리 파악하고, 이에 적절히 대응할 수 있는 전략을 수립할 수 있다. 이를 통해 불필요한 리스크를 줄이고 목표 달성 가능성을 높일 수 있다.

• 성과 측정의 명확성

일관된 목표는 성과를 측정하고 관리하는 데 있어서 명확한 기준을 제공한다. 모든 부서가 동일한 목표를 따르고 있으면, 성과를 일관성 있게 평가하고, 성과 달성 여부를 명확히 판단할 수 있다.

⇒ KPI 설정의 경우, 일관된 목표를 바탕으로 핵심 성과 지표(KPI)를 설정할 수 있으며, 이는 각 부서의 성과를 평가하고 비교하는 데 사용된다. KPI는 부서별로 달성해야 할 목표를 구체적으로 계량화하여 성과를 객관적으로 평가할 수 있게 한다.

⇒ 목표 달성 여부 평가는 일관된 목표 설정을 통해 조직 전체의 성과와 각 부서의 기여도를 명확히 평가할 수 있다. 예를 들어, 수익성 증대가 목표일 경우, 매출 성장률, 비용 절감 비율, 이익률 등을 기준으로 성과를 측정할 수 있다.

• 조직 내 동기 부여 강화

일관된 목표 설정은 조직 내 동기 부여를 강화하는 데 중요한 역할을 한다. 모든 부서가 동일한 목표를 향해 협력하면, 직원들이 기업의 성공에 기여하고 있다는 자부심을 느끼며, 성과 달성에 대한 동기 부여가 강화된다.

⇒ 팀워크 향상은 일관된 목표를 바탕으로 모든 부서가 협력할 때 자연스럽게 이루어진다. 공동의 목표를 달성하기 위해 각 부서가 함께 노력하면서 상호 신뢰와 협력 관계가 강화된다.

⇒ 성과에 대한 보상은 목표 달성 여부가 명확히 측정되면 직원들에게 적절한 보상 체계를 마련할 수 있다. 이는 직원들이 더 나은 성과를 내기 위해 동기 부여를 받고, 목표 달성에 집중하도록 한다.

일관된 목표 설정의 과정

일관된 목표 설정은 여러 단계를 거쳐 이루어지며, 이때 부서 간의 협력이 필수적이다. 목표 설정 과정은 모든 부서가 기업의 전략적 방향성을 이해하고, 이를 바탕으로 구체적인 목표를 도출하는 방식으로 진행된다.

• 전사적 목표 설정

첫 번째 단계는 전사적 목표를 설정하는 것이다. 경영진은 기업의 비전과 장기 전략을 바탕으로, 전체 기업이 달성해야 할 큰 목표를 설정한다. 예를 들어 매출 증대, 시장 점유율 확대, 비용 절감, 신규 시장 진출 등이 전사적 목표가 될 수 있다.

• 부서별 목표 연계

전사적 목표가 설정되면, 이를 각 부서의 구체적 목표로 연계한다. 각 부서는 전사적 목표에 이바지할 수 있는 방식으로 자신들의 목표를 설정해야 하며, 이를 통해 부서별 목표가 서로 부딪치지 않고 일관되게 조정된다.

⇒ 영업 부서는 매출 증대를 목표로 고객 확보 및 판매 전략을 수립할 수 있다. 마케팅 부서는 브랜드 인지도 향상과 마케팅 캠페인의 성공을 목표로 설정할 수 있다. 운영 부서는 생산성 향상과 비용 절감을 목표로 운영 계획을 수립할 수 있다. 재무 부서는 수익성 분석과 비용 관리 목표를 설정하여 자원을 효율적으로 배분할 수 있다.

• 목표 공유와 조정

모든 부서의 목표가 설정되면, 이를 공유하고 조정하는 과정이 필요하다. 각 부서가 자신의 목표를 다른 부서와 공유하며, 충돌하는 부분은 없는지, 협력이 필요한 부분은 무엇인지 조정해야 한다.

• 목표 일관성 유지

마지막 단계는 목표의 일관성을 유지하는 것이다. 이를 위해 정기적인 S&OP 회의를 통해 목표 달성 상황을 점검하고, 필요에 따라 목표를 수정하거나 조정하는 작업을 수행한다.

• 일관된 목표 설정 시의 도전 과제

일관된 목표 설정 과정에는 몇 가지 도전 과제가 따른다. 이러한 과제를 극복하기 위해서는 각 부서 간의 긴밀한 협력과 의사소통이 필요하다.

⇒ 부서 간 목표 충돌은 각 부서가 서로 다른 목표를 추구하거나 목표가 상충할 때 조정이 어려울 수 있다. 이를 해결하려면 각 부서가 전사적 목표에 맞춰 목표를 재조정하고 협력해야 한다.

⇒ 목표 우선순위 문제는 여러 목표가 있을 때, 우선순위를 결정하는 과정에서 혼란이 발생할 수 있다. 이를 해결하기 위해서는 경영진이 명확한 우선순위를 설정하고 이를 각 부서에 명확히 전달해야 한다.

• 주요 내용 정리

S&OP에서 일관된 목표 설정은 부서 간 협력을 강화하고, 자원 배분을 최적화하며, 기업의 전사적 전략과 부서별 전략을 조율하는 핵심 과정이다. 이를 통해 의사결정의 일관성과 성과 측정의 명확성을 확보하며, 조직 전체의 동기 부여를 강화한다. 목표 설정 과정은 전사적 목표를 기반으로 부서별 목표를 연계하고, 이를 공유·조정하여 충돌을 방지하며, 정기적인 검토를 통해 목표의 일관성을 유지한다. 이 과정은 부서 간 충돌, 목

표 우선순위 문제와 같은 도전 과제를 해결하기 위한 긴밀한 협력과 소통이 필수적이다.

프로세스 투명성

프로세스 투명성(Process Transparency)은 S&OP 프로세스에서 매우 중요한 요소로, 각 부서가 진행 중인 활동과 의사결정 과정이 서로 명확하게 공유되고 이해될 수 있도록 만드는 것이다. 투명한 프로세스는 모든 부서가 서로의 역할을 명확하게 이해하고 필요한 정보를 적시에 공유하여 효과적인 의사소통과 협력이 이루어지도록 보장한다. 이는 S&OP 프로세스가 원활하게 운영되고, 신뢰성, 일관성, 효율성을 갖추기 위한 필수 조건이다.

S&OP는 기업의 모든 부서가 협력하여 수요와 공급을 조정하고, 생산성과 비용 절감을 동시에 달성하기 위한 통합 프로세스이다. 이러한 협력이 성공적으로 이루어지려면 각 부서가 수립하는 계획과 실행 과정이 투명하게 공개되어야 하며, 서로 신뢰할 수 있는 환경이 조성되어야 한다.

프로세스 투명성의 중요성

S&OP에서 프로세스의 투명성은 다양한 측면에서 중요한 역할을 한다. 각 부서가 공유하는 정보가 명확하고 신뢰할 수 있어야 부서 간 협업이 원활하게 이루어지며, 기업 전체의 성과가 극대화된다. 또 투명한 프로세스는 의사결정의 일관성을 보장하고, 각 부서가 기업의 전략적 목표에 맞추어 협력할 수 있도록 한다.

• 부서 간 신뢰 구축

프로세스 투명성은 부서 간 신뢰를 구축하는 데 필수적이다. S&OP 프로세스는 마케팅, 영업, 운영, 재무 등 다양한 부서가 긴밀하게 협력해야 하는 프로세스이다. 투명한 정보 공유와 프로세스가 뒷받침되지 않으면, 부서 간 의사소통의 차단이나 정보 불균형이 발생할 수 있으며, 이는 결국 협업을 저해하게 된다.

⇒ 정보의 개방성은 각 부서가 진행 중인 계획과 실행 상황을 투명하게 공유함으로써 서로의 진행 상황을 정확히 파악하고, 필요한 경우 적극적으로 지원할 수 있게 한다.

⇒ 신뢰 기반의 협업은 투명한 프로세스를 통해 부서 간 신뢰가 형성되면, 협업이 더욱 원활해지고 충돌이나 갈등을 줄일 수 있다. 부서 간 목표가 일치하고 상호 신뢰가 바탕이 되어야 성공적인S&OP 프로세스를 운영할 수 있다.

• 효과적인 의사결정 촉진

투명한 프로세스는 S&OP 프로세스에서의 의사결정을 보다 신속하고 효율적으로 만들 수 있다. 각 부서가 진행 중인 데이터와 정보가 실시간으로 공유되면, 의사결정의 속도와 정확성이 크게 향상된다.

⇒ 투명한 정보 공유를 통해 객관적인 데이터에 기반한 의사결정을 가능하게 한다. 이를테면 마케팅 부서가 수요 예측 데이터를 투명하게 제공하면 운영 부서가 이를 바탕으로 생산 일정을 신속하게 조정할 수 있다.

⇒ 예기치 못한 상황에 직면했을 때 각 부서가 필요한 정보를 투명하게 공유함으로써 신속한 대응을 가능하게 한다. 예를 들어 공급망에 문제가 발생했을 때 운영 부서가 이를 실시간으로 공유하면 다른 부서들이 이에 맞춰 빠르게 대처할 수 있다.

• 운영 효율성 향상

프로세스 투명성은 운영 효율성을 극대화하는 데 이바지한다. 투명한 정보 공유를 통해 불필요한 작업이 줄어들고, 각 부서가 더 나은 협업 환경에서 효율적으로 업무를 처리할 수 있다.

⇒ 투명한 프로세스를 통해 각 부서의 활동이 명확히 파악되면, 중복된 작업이나 비효율적인 업무 프로세스를 줄일 수 있다. 예를 들어 영업 부서와 마케팅 부서가 서로의 활동을 공유하면 동일한 고객을 대상으로 중복된 마케팅 활동을 줄이고 자원을 더 효율적으로 활용할 수 있다.

⇒ 프로세스가 투명할 때 각 부서가 적절한 자원 배분을 통해 최적의 효율성을 달성할

수 있다. 재무 부서는 운영 부서의 자원 활용 현황을 투명하게 파악해 필요 자원을 적시에 배분할 수 있다.

• 성과 측정과 피드백의 용이성

투명한 프로세스는 성과 측정과 피드백을 더욱 명확하게 할 수 있도록 도와준다. 각 부서의 성과가 명확히 측정되고 공유되면, 실적이 부진한 부분을 빠르게 파악하고, 개선할 수 있는 피드백을 즉각 제공할 수 있다.

⇒ 투명한 프로세스를 통해 성과를 측정하고 평가할 때 각 부서의 기여도를 명확하게 파악할 수 있게 해준다. 이를 통해 성과 평가가 더 객관적이고 공정하게 이루어질 수 있다.

⇒ 성과가 투명하게 평가되면 각 부서가 성과 개선을 위해 구체적으로 조치할 수 있다. 실시간 피드백을 통해 성과를 개선할 기회가 많아지며, S&OP 프로세스는 지속적으로 된다.

• 위험 관리 강화

투명한 프로세스는 위험 관리를 강화하는 데 중요한 역할을 한다. 각 부서가 잠재적인 위험 요소를 조기에 파악하고, 이를 공유(共有)함으로써 사전에 문제를 예방할 수 있다.

⇒ 각 부서가 투명하게 정보를 공유할 때 잠재적인 문제를 빠르게 발견하고 대응할 수 있게 한다. 이를테면 운영 부서가 공급망 문제를 즉시 파악해 다른 부서와 공유하면 전체 공급망 운영에 미치는 영향을 최소화할 수 있다.

⇒ 프로세스가 투명할 때 예기치 못한 상황이나 문제 발생 시 빠르게 대응할 수 있다. 부서 간 신속한 정보 공유와 의사결정을 통해 문제 해결에 필요한 시간을 단축할 수 있다.

프로세스 투명성 구현의 주요 방법

프로세스 투명성을 효과적으로 구현하기 위해서는 정보 공유 시스템과 조직 문화가 필요하다. 투명한 프로세스는 자동으로 이루어지는 것이 아니라, 이를 지원할 수 있는 기술과 정책, 그리고 조직 내의 신뢰 기반 문화가 뒷받침되어야 한다.

• 데이터 공유 시스템 구축

프로세스의 투명성을 보장하려면 각 부서가 필요한 정보를 실시간으로 공유할 수 있는 시스템이 필요하다. 이를 위해 ERP(Enterprise Resource Planning)나 CRM(Customer Relationship Management) 같은 시스템을 도입하여, 부서 간 데이터 공유를 체계화하는 것이 중요하다.

⇒ 중앙 데이터 플랫폼을 통해 각 부서의 활동 현황과 진행 상황을 실시간으로 파악할 수 있으며, 이를 통해 부서 간의 상호 이해와 협력을 증진할 수 있다. 이러한 실시간 데이터 접근은 필요한 정보를 적시에 제공받아 신속하고 정확한 의사결정을 내리는 데 중요한 역할을 한다. 중앙 데이터 플랫폼은 조직 내 모든 부서가 통합된 정보 기반에서 일관성 있는 전략을 수립하고 실행할 수 있도록 지원한다.

⇒ 데이터 접근성 강화를 위해 각 부서가 필요한 정보를 자유롭게 열람하고 활용할 수 있도록 데이터 접근성을 높여야 한다. 데이터에 대한 접근성이 향상되면 각 부서는 필요한 정보를 제때 확보할 수 있어 의사결정의 질과 신속성을 높일 수 있다. 또 데이터 접근성을 높이는 것은 모든 부서가 동일한 정보로 의사결정을 내릴 수 있게 하여 부서 간의 정보 불균형을 줄이고, 협력을 강화하는 데 이바지한다.

⇒ 부서 간의 정보 비대칭을 줄이기 위해서는 데이터를 투명하게 공유하고 필요한 정보를 적시에 활용할 수 있는 체계를 구축해야 한다. 이를 통해 모든 부서는 동일한 정보를 기반으로 업무를 수행하게 되어 부서 간 의사소통이 원활해지고, 협력의 수준도 높아진다. 이러한 데이터 접근성은 부서 간의 신뢰를 강화하고, 공동 목표를 효과적으로 달성하기 위한 중요한 기반이 된다.

• 정기적인 회의와 보고

정기적인 S&OP 회의와 보고는 프로세스 투명성을 유지하는 중요한 방법의 하나이다. 각 부서가 정기적으로 모여 현재 상황을 공유하고, 목표 달성 여부를 점검함으로써 투명한 프로세스를 유지할 수 있다.

⇒ S&OP 정기 회의는 각 부서가 현재 진행 중인 프로젝트와 계획을 투명하게 공개하

고, 부서 간 협력의 기회를 모색할 수 있는 중요한 자리이다. 이 회의에서는 각 부서의 목표와 진행 상황을 명확히 공유함으로써 상호 간의 이해를 증진하고, 협력이 필요한 부분을 적극적으로 논의할 수 있다. 이를 통해 조직 전체의 목표 달성을 위해 필요한 조정과 협업이 이루어지며, 부서 간의 공동 성과를 높일 방안을 마련하게 된다.

⇒ 성과 보고 시스템을 도입하면 각 부서가 자신의 성과와 문제점을 더욱 명확하게 파악하고, 이를 전체 조직과 공유할 수 있다. 이 시스템은 성과를 평가하고 개선할 기회를 제공하며, 부서 간 투명한 정보 공유를 통해 각 부서의 업무에 대한 이해를 높이는 데 이바지한다. 이를 통해 부서 간의 협력을 증진하고, 모든 부서가 공동의 목표를 위해 일관되게 나아갈 수 있는 기반을 마련하게 된다.

⇒ 성과 보고 시스템을 통해 얻은 정보는 각 부서가 목표 달성을 위해 필요한 협의를 유도하는 중요한 자료가 된다. 부서 간 협의를 통해 목표 달성을 위한 방안을 논의하고, 문제점에 대한 해결책을 모색함으로써 조직 전체의 성과를 높일 기회를 제공한다. 이러한 성과 보고와 협의 과정은 지속적인 개선을 가능하게 하며, 부서 간의 협력을 더욱 강화하여 조직의 목표 달성에 이바지한다.

• 상호 신뢰 기반의 조직 문화 조성

프로세스 투명성을 유지하려면 조직 내에서 상호 신뢰를 기반으로 한 개방적인 문화가 필요하다. 투명한 프로세스를 운영하려면 각 부서가 서로의 역할을 존중하고, 적극적으로 정보를 공유하는 문화를 받아들여야 한다.

⇒ 신뢰 구축은 상호 신뢰를 바탕으로 부서 간 원활한 정보 공유가 이루어지도록 하는 데 매우 중요하다. 부서 간 신뢰가 쌓이면 정보가 투명하고 개방적으로 공유될 수 있으며, 이는 모든 부서가 동일한 정보를 기반으로 의사결정을 내리는 데 큰 도움이 된다. 투명한 정보 공유는 신뢰를 기반으로 할 때 더 효과적이며, 신뢰가 구축될수록 조직 내 모든 구성원이 자신 있게 협력하고, 더 나은 성과를 달성할 수 있는 환경이 마련된다.

⇒ 개방적 의사소통을 장려하려면 모든 부서가 원활하게 소통할 수 있는 환경을 조성하고, 각 부서의 의견이 존중받을 수 있는 문화적 기반을 마련해야 한다. 이를 위해 경

영진은 직원들이 자신의 의견을 자유롭게 표현할 수 있도록 적극적으로 장려하고, 개방적인 분위기를 조성하는 데 앞장서야 한다. 이러한 환경은 부서 간의 오해나 갈등을 줄이고, 조직 내 모든 구성원이 협력할 수 있는 긍정적인 문화를 형성하는 데 도움이 된다.

⇒ 개방적 의사소통을 통해 각 부서가 자유롭게 의견을 나누는 문화를 형성하면, 조직 내의 협력 수준이 높아지고 의사결정의 질이 향상된다. 구성원들이 자유롭게 의견을 개진하고 토론할 수 있을 때, 더 나은 해결책과 창의적인 아이디어가 나오며, 부서 간의 조율도 원활하게 이루어질 수 있다. 이는 궁극적으로 조직의 효율성과 성과를 높이는 데 중요한 역할을 하며, 조직 내에서 개방적이고 적극적인 소통이 뿌리내릴 수 있는 계기가 된다.

• 프로세스 투명성 구현 시의 도전 과제

프로세스 투명성을 유지하는 데에는 몇 가지 도전 과제가 따른다. 이를 극복하기 위해서는 조직 내 협력과 정보 공유 시스템의 지속적인 개선이 필요하다.

⇒ 정보 비대칭은 모든 부서가 정보를 투명하게 공유하지 않으면 발생할 수 있다. 이를 해결하기 위해 각 부서가 정보를 명확하고 신속하게 공유할 수 있는 시스템과 문화를 구축해야 한다.

⇒ 조직 간 이기주의는 부서 간 목표가 충돌할 때 정보 공유를 꺼리거나 의사소통이 단절될 수 있게 한다. 이러한 문제를 해결하려면 상위 경영진이 목표를 조정하고 협력적인 분위기를 적극적으로 조성해야 한다.

⇒ 정보의 과부하로 지나치게 많은 정보가 공유될 때 중요한 정보가 묻혀버리는 문제를 불러일으킬 수 있다. 이를 방지하려면 중요한 정보만을 선별적으로 공유하는 정보 관리 체계를 마련해야 한다.

• 주요 내용 정리

S&OP에서 프로세스 투명성은 부서 간 협력과 신뢰를 강화하며, 정보의 명확한 공유로 효율적인 의사결정과 운영 효율성을 촉진한다. 투명성은 성과 측정과 피드백을 용이(

容易)하게 하고, 위험 관리 능력을 강화해 잠재적 문제를 조기에 해결한다. 이를 위해 데이터 공유 시스템, 정기회의, 상호 신뢰 기반의 조직 문화를 구축하며, 정보 비대칭, 과부하, 조직 간 이기주의와 같은 도전 과제를 극복해야 한다. 프로세스 투명성은 S&OP 성과 극대화를 위한 핵심 기반이다.

부서 간 조율

부서 간 조율은 S&OP 프로세스에서 중요한 요소로, 여러 부서가 역할과 책임은 서로 다르지만, 공통의 목표를 달성하기 위해 효과적으로 협력하고 의사소통하는 것을 의미한다. S&OP는 다양한 부서의 협력이 필수적이므로, 마케팅, 영업, 운영, 재무, 생산 등 각 부서가 원활하게 협력해야 한다. 이 과정에서 부서 간 목표 충돌, 의사결정의 불일치, 정보 공유 문제 등이 발생할 수 있으므로 이를 해결하기 위해 부서 간의 적절한 조율이 매우 중요하다.

S&OP 프로세스에서 부서 간의 조율이 성공적으로 이루어지면, 수요 예측, 생산 계획, 재고 관리, 자원 배분 등이 더욱 효율적으로 이루어지며, 최종적으로 기업의 운영 효율성과 고객 만족도를 높일 수 있다.

부서 간 조율의 중요성

부서 간 조율은 각 부서가 고유한 역할을 수행하면서 동시에 기업의 전체적인 전략적 목표를 달성하기 위해 협력하는 과정을 의미한다. 이를 통해 부서 간 정보 공유가 원활하게 이루어지고, 모든 의사결정이 일관성 있게 진행되어 각 부서의 노력이 기업의 공통 목표를 향해 집중될 수 있다. 이러한 조율은 부서 간 충돌이나 업무 중복을 방지하고, 자원의 낭비를 최소화하며, 효율적 운영을 가능하게 한다. 나아가 부서 간의 긴밀한 협력은 빠르게 변화하는 시장 상황에도 신속하게 대응할 수 있는 조직의 민첩성을 높여주며, 기업의 전반적인 경쟁력을 강화하는 데 중요한 역할을 한다.

• 부서 간 목표 조정

S&OP 프로세스는 영업, 마케팅, 재무, 운영, 생산 등 다양한 부서가 각자의 역할을 통해 기업 목표를 달성하도록 하는 협업 과정이다. 하지만 각 부서가 자신의 부서별 목표를 중시하면서 전사적인 목표와 상충(相衝)되는 경우가 많다. 부서 간 조율은 이러한 목표를 조정하여 전체적인 목표 달성을 가능하게 한다.

⇒ 영업 부서는 주로 매출 목표를 달성하고 시장 점유율을 확대하는 데 중점을 둔다. 이를 위해 잠재 고객을 발굴하고, 기존 고객과의 관계를 강화하며, 경쟁력을 유지하기 위한 다양한 영업 전략을 실행한다. 영업 부서는 시장의 변화에 빠르게 대응하고 고객의 요구를 이해하여 최적의 영업 활동을 펼침으로써 조직의 매출 성장을 이끌어가는 중요한 역할을 한다.

⇒ 운영 부서는 효율적인 생산을 통해 비용 절감을 도모하고, 재고 수준을 적절히 유지하는 데 중점을 둔다. 생산 과정에서의 자원 활용을 최적화하고 낭비를 줄임으로써 운영 비용을 낮추고 생산성을 극대화하는 것이 목표이다. 또 고객의 수요 변화에 맞춰 생산 계획을 유연하게 조정하고 재고를 관리하여 원활한 공급망 운영을 보장하는 중요한 책임을 지닌다.

⇒ 마케팅 부서는 제품 및 서비스의 인지도를 높이고, 시장 수요를 창출하는 데 집중한다. 이를 위해 다양한 마케팅 채널을 통해 고객에게 제품의 가치를 효과적으로 전달하고, 브랜드 이미지를 강화하며, 캠페인과 프로모션을 통해 잠재 고객의 관심을 유도한다. 마케팅 부서는 소비자 심리를 이해하고 데이터를 기반으로 한 전략을 세워 조직의 시장 점유율을 높이는 데 중요한 역할을 한다.

⇒ 재무 부서는 비용 관리를 철저히 하고, 이익 창출과 자원 배분을 통해 조직의 재무적 안정성을 유지하는 것이 목표이다. 자금의 효율적인 사용을 위해 투자 기회를 분석하고, 재무 리스크를 최소화하며, 재무 성과를 지속적으로 모니터링한다. 재무 부서는 기업의 재무 상태를 안정적으로 유지함으로써 장기적인 성장을 지원하고, 조직의 전략적 목표를 달성하기 위한 자금 운영 계획을 수립한다.

⇒ 이처럼 각 부서가 서로 다른 목표를 추구할 때, 부서 간 조율을 통해 통합적인 목표

로 맞춰주는 과정이 필수적이다. 이를 통해 각 부서가 상호 협력하여 기업 전체의 전략적 방향성을 공유할 수 있다.

• 의사결정의 일관성 확보

부서 간 조율은 의사결정 과정의 일관성을 보장하는 데 필수적이며, 이는 S&OP 프로세스의 성공적인 실행을 위한 중요한 기초가 된다. S&OP 프로세스는 판매, 생산, 공급망 등 다양한 부서의 수많은 중요한 의사결정을 포함하며, 이러한 의사결정들이 일관성 있게 이루어지지 않을 경우, 부서 간의 갈등이나 협업 부재로 인해 목표 달성에 심각한 차질이 생길 수 있다. 따라서 부서 간 조율을 통해 모든 의사결정이 통합된 방향으로 진행되도록 보장하는 일이 매우 중요하다.

⇒ 공통된 의사결정 기준을 바탕으로 모든 부서가 결정을 내리면, 각 부서의 이해관계를 효과적으로 조정할 수 있다. 예를 들어 수익성 향상이라는 공통된 기준이 있으면, 영업 부서는 단순히 매출 증대만을 목표로 하기보다는 비용 절감과 수익성을 함께 고려한 의사결정을 내릴 수 있다. 이러한 공통된 기준은 부서 간의 목표 불일치를 예방하고, 모든 부서가 회사의 장기적인 성공을 위해 조화를 이루며 노력할 수 있게 하는 중요한 요소이다.

⇒ 상호 협력은 일관된 의사결정을 통해 부서 간 충돌을 최소화하고, 모든 부서가 동일한 목표를 향해 긴밀히 협력할 수 있도록 유도하는 중요한 역할을 한다. 이를 통해 각 부서의 활동이 조화를 이루며 상호 보완적인 역할을 하게 되어, 기업의 전반적인 성과를 극대화할 수 있다. 상호 협력은 조직 내 신뢰와 소통을 강화하여 불필요한 충돌을 방지하고, 모든 부서가 통합된 목표를 위해 일관성 있게 움직일 수 있도록 돕는 필수적인 요소이다.

⇒ 이를 통해 부서 간의 시너지를 극대화하고, 조직 전체의 운영 효율성을 높이는 것이 가능하다. 나아가, 각 부서가 명확한 역할을 이해하고 협력함으로써 불필요한 중복 작업을 방지하고, 자원의 최적 배분을 통해 더욱 효과적인 결과를 달성할 수 있다.

• 자원 최적화와 운영 효율성 증대

부서 간 조율은 자원 배분의 최적화와 운영 효율성 증대에 크게 이바지한다. 모든 부서가 통합된 계획을 따르며 협력하고, 각 부서의 자원 사용 현황과 필요성을 명확히 이해할 때, 기업은 자원을 효율적으로 배분하여 중복 투자를 방지할 수 있다. 이를 통해 자원의 낭비를 최소화하고, 전체 운영 과정에서 불필요한 비용 발생을 줄이는 동시에, 각 부서가 필요로 하는 자원을 제때 지원받아 업무를 원활하게 수행할 수 있다. 결국 이러한 조율은 기업의 전체적인 생산성과 성과를 높이는 중요한 원동력이 된다.

⇒ 자원의 효율적 배분은 각 부서가 서로의 활동을 이해하고 긴밀하게 협력할 때 불필요한 자원 낭비를 줄이고, 자원을 더 효율적으로 배분할 수 있게 한다. 예를 들어 마케팅 부서와 영업 부서가 협력하여 특정 제품의 마케팅 활동을 강화하면, 생산 부서는 예상되는 수요 증가에 맞춰 생산량을 적절히 조정할 수 있어, 자원 낭비 없이 효과적으로 대응할 수 있다. 이렇게 부서 간 협력은 자원의 최적 활용을 가능하게 하여 조직 전체의 성과를 높이는 데 중요한 역할을 한다.

⇒ 운영 효율성은 부서 간 조율이 이루어질 때 극대화될 수 있으며, 이를 통해 생산 계획과 재고 관리가 최적화되어 비용 절감과 생산성 향상에 이바지하게 된다. 예를 들어 생산 부서와 물류 부서가 긴밀하게 협력하여 제품 출하 일정을 조정하면, 재고 수준을 최적화하고 보관 비용을 줄일 수 있다.

⇒ 이러한 효율적인 운영 체계는 기업의 전반적인 경쟁력을 높이고, 변화하는 시장 환경에도 더욱 신속하고 유연하게 대응할 수 있는 기반을 제공한다.

• 정보 공유와 의사소통 촉진

부서 간 조율을 통해 정보 공유와 의사소통이 원활해진다. 특히 부서 간 정보의 비대칭성은 의사결정 과정에서 혼란을 초래하거나 부정확한 결정을 유도할 수 있으므로 정보의 투명하고 즉각적인 공유는 매우 중요하다. 이를 통해 각 부서는 현재 상황에 대한 명확한 이해를 바탕으로 신속하고 정확한 결정을 내릴 수 있으며, 부서 간 목표와 활동을 조정하여 중복된 작업이나 업무의 누락(漏落)을 방지할 수 있다. 궁극적으로 이러한 정보 공유의 개선은 부서 간 신뢰를 강화하고, 조직의 모든 구성원이 동일한 목표를 향해 효율적으로 나아가는 데 이바지한다.

⇒ 실시간 정보 공유는 각 부서가 필요한 정보를 실시간으로 공유함으로써 수요 예측의 정확도를 높이고, 생산 계획을 신속하게 조정하며, 재무 계획을 더 효과적으로 수립할 수 있게 한다. 이러한 실시간 정보의 공유는 각 부서가 빠르게 변화하는 환경에 즉각적으로 반응할 수 있도록 하여, 운영의 민첩성을 높이고 예기치 않은 상황에서도 적절한 대응을 가능하게 한다. 결과적으로 기업 전체의 의사결정 속도와 정확도가 크게 향상되어 시장에서의 경쟁력을 강화하는 중요한 기반을 제공한다.

⇒ 정기회의와 보고 체계는 S&OP의 필수적인 부분으로, 이를 통해 각 부서가 현재 상황을 명확히 공유하고 긴급하게 필요한 사항들을 즉각적으로 논의할 수 있다. 이러한 정기적인 커뮤니케이션은 부서 간 정보 격차를 줄이고, 기업이 통합된 계획을 바탕으로 조율된 활동을 이어 나갈 수 있도록 보장한다. 이를 통해 주요 의사결정에 필요한 정보를 적시에 확보하고, 부서 간의 협업을 강화할 수 있다.

⇒ 정기 회의와 보고 체계를 통해 부서 간 의사소통이 촉진되면, 각 부서는 상호 간의 이해도를 높여 통합적인 목표를 공유할 수 있다. 이러한 체계적인 의사소통은 각 부서의 목표와 활동이 상충(相衝)되지 않고 일관성을 유지하게 하며, 조직의 목표 달성을 위한 시너지 효과를 창출한다. 또 필요할 때 즉각 문제를 해결하고, 모든 부서가 동일한 방향으로 나아가는 데 중요한 역할을 한다.

• 부서 간 충돌 예방과 문제 해결

S&OP 프로세스에서 부서 간의 조율이 제대로 이루어지지 않으면 목표 충돌이나 업무 중복으로 인해 기업의 운영 효율성이 저하될 수 있다. 이러한 상황에서 부서 간의 조율은 문제를 신속하게 해결하고, 각 부서의 역할과 책임을 명확히 정의하여 갈등을 예방하고 부서 간 협업을 촉진하는 데 중요한 역할을 한다. 이를 통해 조직의 모든 부서는 공통된 목표를 향해 일관된 방향으로 나아갈 수 있으며, 결과적으로 더 높은 운영 효율성과 목표 달성을 이룰 수 있다.

⇒ 갈등 관리는 목표가 상충될 수 있는 부서 간의 갈등을 조정하여, 전체적인 목표 달성을 위해 각 부서가 협력할 수 있도록 유도하는 중요한 과정이다. 이를테면 영업 부서가

공격적인 판매 목표를 설정할 때 운영 부서와의 생산 능력에 대한 조율이 충분히 이루어지지 않으면 과도한 생산 요청으로 인해 문제가 발생할 수 있다. 이러한 갈등을 해결하기 위해서는 정기적인 회의와 명확한 의사소통을 통해 부서 간 목표를 조율하고, 상호 이해를 바탕으로 협력을 촉진하는 것이 중요하다.

⇒ 부서 간의 역할과 책임을 명확히 정의하는 것은 조직 내 갈등을 예방하고, 각 부서가 서로 협력할 수 있는 기반을 마련하는 데 필수적이다. 역할과 책임 명확화는 모든 구성원이 자신의 업무 범위를 정확히 이해하고 이를 충실히 수행할 수 있도록 도와준다. 이를 통해 중복된 업무나 책임 전가를 방지하고, 각 부서가 본연의 업무에 집중하여 더 효과적인 결과를 도출할 수 있게 한다.

⇒ 명확한 역할과 책임 정의는 부서 간 협업을 촉진하고 업무 효율성을 높이는 데 중요한 역할을 한다. 각 부서의 역할과 책임이 명확하게 정의될수록, 모든 구성원은 자신의 업무에 대한 책임감과 소속감을 바탕으로 일할 수 있으며, 불필요한 업무 중복이나 누락을 방지할 수 있다. 이를 통해 부서 간 원활한 협력이 이루어져 조직 전체의 목표 달성을 위한 강력한 추진력이 형성된다.

부서 간 조율의 주요 방법

S&OP에서 부서 간의 조율을 효과적으로 수행하기 위해서는 체계적이고 명확한 방법론이 필요하다. 이를 통해 각 부서가 원활하게 협력할 수 있을 뿐만 아니라, 목표 달성을 위한 모든 프로세스를 통합적으로 관리하고 조정할 수 있다. 또 이러한 체계적인 접근은 의사결정의 일관성을 보장하고, 부서 간 커뮤니케이션을 원활하게 하여, 기업 전체의 전략적 목표에 맞추어 모든 부서가 시너지를 창출하며 함께 나아갈 수 있도록 도와준다.

• S&OP 회의와 의사결정 체계

정기적인 S&OP 회의는 부서 간 조율을 위한 가장 기본적이면서도 중요한 방법이다. 이 회의를 통해 모든 부서가 정기적으로 모여 각 부서의 계획과 진행 상황을 투명하게 공유하고, 이에 대한 의견을 교환하며 필요한 조정을 할 수 있다. 이러한 정기적인 상호 협력은 부서 간 이해의 격차를 줄이고, 모든 부서가 동일한 전략적 목표를 공유하며 효율적으로 협력할 수 있는 환경을 조성한다.

⇒ 정기회의는 S&OP 프로세스의 핵심으로, 이를 통해 부서 간 목표를 조율하고 필요한 경우 계획을 수정한다. 정기적인 S&OP 회의는 모든 부서가 한자리에 모여 상호 이해를 도모하고, 각 부서의 상황을 투명하게 공유함으로써 조직의 통합된 목표 달성을 위한 계획을 명확히 할 수 있는 중요한 시간이다. 이러한 회의를 통해 계획을 수립하고 진행 상황을 점검하며, 목표 달성 여부를 평가함으로써 조직 전체가 일관된 방향으로 나아갈 기회를 제공하게 된다.

⇒ S&OP 회의는 단순히 부서 간 협력의 자리가 아니라, 전략적인 의사결정을 내리기 위한 중요한 플랫폼이기도 하다. 이 회의는 부서 간 목표와 활동을 조정하고, 실시간으로 변화하는 시장 상황에 맞춰 계획을 신속하게 수정하는 중요한 기회를 제공한다. 또 회의에서 각 부서의 역할과 기여도를 명확히 파악함으로써 부서 간의 협업을 강화하고 조직 내의 불필요한 충돌을 방지하는 데 이바지한다.

⇒ 의사결정 체계는 S&OP 회의를 통해 부서 간 신속하고 명확한 의사결정을 내릴 수 있도록 구성된 체계이다. 이 체계에는 경영진과 각 부서의 리더들이 참여하여 모든 의사결정이 일관되게 이루어질 수 있도록 조정하며, 각 부서의 목표가 조직의 전체적인 전략적 목표와 조화를 이루는지 확인하는 중요한 역할을 한다. 이를 통해 조직은 변화하는 시장 환경에서도 일관된 방향성을 유지하며 신속하게 대응할 수 있는 능력을 갖추게 된다.

• 통합 데이터 시스템 도입

부서 간 조율을 효과적으로 이루려면 모든 부서가 공통된 데이터를 실시간으로 공유할 수 있는 시스템이 필수적이다. ERP(Enterprise Resource Planning), CRM(Customer Relationship Management)와 같은 통합 시스템을 활용하면 부서 간 정보 비대칭 문제를 해결하고, 필요한 데이터를 실시간으로 공유하여 각 부서의 업무 진행 상황을 정확하게 파악할 수 있다. 이러한 시스템을 통해 모든 부서가 동일한 데이터를 기반으로 의사결정을 내림으로써, 계획과 실행이 일관되게 이루어지고, 부서 간 협업이 강화될 수 있다.

⇒ 중앙 데이터 플랫폼은 각 부서가 하나의 통합된 플랫폼을 통해 데이터를 실시간으로 공유하고 이를 기반으로 중요한 의사결정을 내릴 수 있도록 시스템을 구축하는 것을 의미한다. 이 플랫폼은 부서 간의 정보 비대칭을 줄여주고, 모든 부서가 동일한 데이터를 바탕으로 업무를 수행할 수 있도록 해준다. 이를 통해 각 부서의 활동과 의사결정이 더욱 투명하게 공유될 수 있으며, 조직 내 모든 구성원이 통합된 목표를 위해 협력할 수 있는 환경을 조성한다.

⇒ 데이터를 중앙에서 통합적으로 관리하는 것은 각 부서가 서로의 활동과 성과를 명확하게 이해하고, 더 나은 의사결정을 내릴 수 있도록 돕는 중요한 도구이다. 중앙 데이터 플랫폼을 통해 수집된 정보는 각 부서의 목표와 전략이 조화롭게 일치하도록 하는 데 이바지하며, 데이터의 투명성과 정확성을 확보할 수 있다. 이를 통해 중복 작업을 줄이고, 부서 간의 조율과 협력을 강화하는 기반을 마련하게 된다.

⇒ 데이터 분석 도구의 활용은 데이터 기반으로 수요 예측, 재고 관리, 비용 관리 등과 같은 중요한 업무를 보다 정교하고 체계적으로 수행할 수 있도록 한다. 이를 통해 각 부서는 데이터를 분석하여 상황을 정확히 파악하고, 신속하게 대응할 수 있는 능력을 갖추게 된다. 또 데이터 분석을 통해 얻은 통찰력을 바탕으로 부서 간 협력의 수준을 높이고, 더욱 정확한 전략을 수립하여 조직 전체의 운영 효율성을 극대화할 수 있다.

• **역할과 책임의 정의**

부서 간 조율을 원활히 하기 위해서는 각 부서의 역할과 책임을 명확히 정의하는 것이 중요하다. 모든 부서가 자신이 수행해야 할 업무와 그 역할을 정확히 인지하고 있어야, 각 부서 간의 원활한 협업과 더불어 중복된 업무를 방지하고 효율성을 높일 수 있다. 이렇게 명확하게 정의된 역할과 책임은 부서 간의 기대치를 조율하고, 전체적인 목표 달성을 위한 시너지 효과를 극대화하는 데 이바지한다. 역할과 책임 범위의 명확화는 각 부서가 담당하는 역할과 책임을 명확하게 정의함으로써 모든 구성원이 자신의 책임을 이해하고 수행할 수 있도록 하는 중요한 단계이다. 이를 통해 각 부서 간의 역할 중복을 방지하고, 책임 소재를 명확히 하여 업무의 효율성을 극대화할 수 있다. 명확하게 정의된 책임 범위는 부서 간 상호 협력을 촉진하고, 공동의 목표를 달성하기 위한 협력적 방안을 마련하는 것은 필수적이다.

⇒ 각 부서의 책임을 명확히 정의하는 것은 단순히 업무의 분장뿐만 아니라, 이를 바탕으로 부서 간 협력의 기회를 확장하는 데 중요한 역할을 한다. 이를 통해 부서 간 이해가 증진되고, 부서들이 서로의 역할을 존중하면서 더욱 효과적으로 협력할 수 있게 된다. 결과적으로, 조직 전체의 성과를 높이고 업무의 흐름을 더욱 원활하게 만드는 기틀이 된다.

⇒ 조정자 역할의 부여는 부서 간 갈등이 발생했을 때 이를 신속히 중재하고 문제를 조정할 수 있는 중요한 조치이다. 갈등이 발생할 경우, 조정자는 각 부서의 입장을 객관적으로 이해하고 조정하여, 상호 간의 이해와 타협을 유도하며 문제를 해결한다. 이러한 조정자의 존재는 부서 간의 불필요한 갈등으로 인한 운영 지연을 최소화하고, 조직의 원활한 운영을 유지하기 위한 중요한 요소로 작용한다.

• 목표 공유와 피드백 시스템

부서 간 조율을 위해서는 공유된 목표와 체계적인 피드백 시스템이 필요하다. 이를 통해 각 부서가 공통의 목표를 명확히 이해하고, 그 목표 달성을 위해 어떤 기여를 해야 하는지 알 수 있다. 또한 목표 달성 여부에 대한 피드백을 주고받음으로써 지속적으로 개선할 기회를 제공하며, 부서 간 협업의 효과성을 높이고 운영 과정에서 발생하는 문제를 신속하게 해결할 수 있다. 이처럼 피드백 시스템은 목표 달성을 위한 방향성을 유지하고, 부서 간의 협력을 강화하여 최적의 성과를 도출하는 중요한 도구로 작용한다.

⇒ 목표 일치는 모든 부서가 동일한 목표를 명확히 이해하고, 그 목표를 달성하기 위해 적극적으로 협력할 수 있도록 조정하는 것을 의미한다. 이를 위해 각 부서의 개별 목표를 조직의 상위 목표와 일치시키고, 모든 구성원이 이를 이해하도록 명확히 전달해야 한다. 또 목표 달성을 위한 부서 간의 협력과 자원 공유가 원활히 이루어질 수 있도록 지속적인 조정과 지원이 필요하다.

⇒ 성과 피드백은 정기적인 피드백 과정을 통해 각 부서의 성과를 투명하게 공유하고, 개선이 필요한 부분을 명확히 파악하여 즉각적인 조정을 가능하게 하는 중요한 과정이

다. 정기적인 피드백은 단순한 성과 평가를 넘어, 부서 간의 커뮤니케이션을 촉진하고, 부서가 자신들의 역할을 더욱 잘 이해하고 개선할 기회를 제공한다. 이를 통해 조직은 성과 관리의 효율성을 높이고, 전체적인 운영 성과를 지속적(持續的)으로 향상시킬 수 있다.

⇒ 성과 피드백 시스템은 각 부서가 자신의 성과와 목표 달성 여부를 명확하게 인지하고, 부족한 점을 개선할 기회를 제공한다. 이는 성과 향상을 위해 필요한 피드백을 신속히 주고받는 문화를 정착시켜, 각 부서의 업무 개선을 지원하며, 나아가 조직 전체의 목표 달성에도 이바지하게 된다. 이러한 피드백 과정은 구성원의 성과를 강화하는 동시에 부서 간의 협력과 이해를 증진하는 데 중요한 역할을 한다.

• 부서 간 조율 시의 도전 과제

부서 간 조율을 효과적으로 수행하기 위해서는 몇 가지 도전 과제를 극복해야 한다. 부서의 우선순위와 목표가 다를 수 있어 협업 과정에서 갈등이 발생할 수 있으며, 이러한 갈등을 해결하기 위해서는 명확한 의사소통과 이해 조정이 필요하다. 또 부서 간 정보 비대칭이나 자원 배분의 불균형 문제를 해결하여 모든 부서가 동일한 정보와 자원을 기반으로 협력할 수 있도록 하는 것도 중요한 과제이다. 이러한 도전 과제를 해결해야만 부서 간의 원활한 조율과 협업을 통해 조직의 목표를 효과적으로 달성할 수 있다.

⇒ 목표 충돌은 부서 간 목표가 서로 부딪칠 경우, 이를 조정하는 데 어려움이 있을 수 있다. 이를테면 영업 부서는 매출 증대에 집중하는데, 생산 부서는 생산 비용 절감을 우선시할 수 있어 각 부서 간 목표 충돌이 발생할 수 있다. 이를 해결하려면 상위 목표를 기준으로 각 부서의 목표를 재조정하고, 모든 부서가 조직의 전체적인 전략적 목표를 명확히 이해하도록 하여 일관된 방향성을 유지하는 것이 필요하다.

⇒ 의사소통 문제는 부서 간 의사소통이 원활하지 않을 경우, 정보가 제대로 전달되지 않거나 왜곡될 가능성이 있다. 이는 중요한 의사결정에 부정적인 영향을 미칠 수 있으므로, 이를 방지하기 위해 명확하고 체계적인 의사소통 체계를 구축하고, 정기적인 커뮤니케이션 채널을 활용하여 각 부서 간의 원활한 정보 흐름을 보장해야 한다. 또 의사소통의 투명성을 높여 모든 구성원이 동일한 정보를 바탕으로 협력할 수 있도록 하는 것

이 중요하다.

⇒ 부서 간 갈등은 자원 배분이나 성과 평가와 관련하여 발생할 수 있으며, 이는 조직의 전체적인 성과에 부정적인 영향을 미칠 수 있다. 이러한 갈등을 해결하기 위해서는 각 부서의 역할과 책임을 명확하게 정의하고, 부서 간의 상호 이해와 협력을 바탕으로 갈등을 관리해야 한다. 또 공정하고 투명한 성과 평가 기준을 마련하여 부서 간 불필요한 경쟁을 줄이고, 공통된 목표 달성을 위한 협력의 문화를 조성하는 것이 필요하다.

• 주요 내용 정리

S&OP에서 부서 간의 조율은 각 부서의 목표를 조정하고 협력하여 조직의 전략적 목표를 달성하는 핵심 과정이다. 조율을 통해 목표 불이행과 갈등을 해결하며, 자원의 효율적 배분과 운영 효율성을 극대화할 수 있다. 정기회의, 통합 데이터 시스템, 명확한 역할 정의는 원활한 조율을 지원하며, 의사소통과 정보 공유를 촉진한다. 공통된 목표와 피드백 시스템은 성과 개선과 협력 강화를 가능하게 한다. 그러나 목표 충돌, 의사소통 문제, 자원 배분 불균형과 같은 도전 과제를 극복해야 조율이 성공적으로 이루어질 수 있다.

Chapter 3

S&OP의 데이터 관리

"

S&OP(판매 및 운영계획, Sales and Operations Planning)에서 데이터 관리의 중요성과 핵심 요소를 다룬다. 먼저 데이터 기반 의사결정이 조직의 예측 정확도를 높이고, 사전에 리스크를 파악하는 데 어떤 역할을 하는지 설명한다. 이어서 내부 및 외부 데이터를 효과적으로 수집하고 통합·정제하는 과정의 필요성을 강조한다. 데이터 분석 도구와 관련해서는 분석 소프트웨어 활용, 데이터 시각화 기법, 머신러닝 기반 분석의 실질적인 활용 방안을 소개한다. 마지막으로, S&OP 성과를 측정하는 데 필수적인 KPI(핵심 성과 지표)의 정의와 성과 추적 방법, 개선 사항 도출 과정 등을 다루어 데이터 관리가 S&OP의 성공에 미치는 영향을 종합적으로 설명한다. 이 차례는 S&OP의 데이터 관리에서 필수적인 단계와 도구를 체계적으로 정리하며, 데이터 중심의 운영 전략을 이해하는 데 도움을 주고자 구성되었다.

데이터의 중요성

데이터 기반 의사결정

데이터 기반 의사결정(Data-Driven Decision Making)은 S&OP 프로세스에서 핵심역할을 한다. S&OP는 여러 부서가 협력하여 수요 예측, 생산 계획, 재고 관리, 자원 배분 등을 조율하는 통합 계획 프로세스이기 때문에, 모든 결정이 신뢰할 수 있는 데이터에 기반하여 이루어져야 한다. 데이터 기반 의사결정이 이루어지지 않으면, 부정확한 정보나 직관에 의존한 의사결정으로 인해 비효율성이 발생하고, 목표 달성에 실패할 가능성이 커진다.

데이터 기반 의사결정은 단순한 경험이나 직관에 의존하는 대신, 실시간 데이터와 분석 결과를 바탕으로 결정을 내리는 방식이다. 이를 통해 S&OP 프로세스에서 발생하는 수요와 공급의 변화에 신속하고 정확하게 대응할 수 있으며, 기업의 전반적인 운영 효율성을 높일 수 있다. 특히 다양한 부서 간 협업을 통해 이루어지는 S&OP에서 데이터는 공통된 기준을 제공하여 부서 간 의사결정을 일관되게 만들고, 의사소통을 원활하게 한다.

• 데이터 기반 의사결정의 중요성

데이터 기반 의사결정은 S&OP 프로세스에서 의사결정의 정확성을 높이고, 부서 간 협업을 촉진하는 데 중요한 역할을 한다. 신뢰할 수 있는 데이터가 제공되면, 각 부서는 데이터에 기반하여 합리적이고 객관적인 결정을 내릴 수 있다. 이는 조직 전체의 효율성을 높이고, 비즈니스 목표 달성에 크게 이바지한다.

• 객관적이고 신뢰할 수 있는 의사결정

데이터 기반 의사결정의 가장 큰 장점은 객관적이고 신뢰할 수 있는 의사결정을 가능하게 한다는 점이다. 과거에는 경영진이나 부서의 책임자가 주로 경험이나 직관을 바탕으로 결정을 내리는 경우가 많았지만, 이 방식은 항상 정확하지 않으며, 예기치 못한 변수를 고려하지 못할 수 있다.

⇒ 데이터의 객관성은 의사결정 과정에서 개인적인 편견을 배제하고 사실에 기반한 객관적인 정보를 제공하는 데 있다. 예를 들어 특정 제품의 수요를 예측할 때 경험이나 직관에 의존하는 대신, 과거의 판매 데이터를 체계적으로 분석한다면 수요 변화에 대한 보다 명확하고 정확한 판단을 내릴 수 있다. 이를 통해 시장의 변동성을 효과적으로 반영하며, 데이터 중심의 전략적 결정을 지원할 수 있다.

⇒ 신뢰할 수 있는 근거는 조직의 의사결정 과정에서 명확하고 일관된 기준을 제공함으로써 부서 간 갈등을 줄이고, 불필요한 논쟁을 최소화하는 데 이바지한다. 데이터에서 도출된 객관적인 증거를 바탕으로, 각 부서가 똑같은 기준을 공유하며 협력할 수 있으므로 의사결정의 효율성과 통일성이 높아진다. 이를 통해 조직은 더욱 신속하고 정교한 결정을 내릴 수 있다.

• 의사결정의 일관성과 통일성

S&OP 프로세스는 여러 부서가 참여하는 통합 프로세스이므로, 모든 부서가 똑같은 데이터를 바탕으로 일관된 결정을 내려야 한다. 데이터 기반 의사결정은 부서 간 의사결정의 일관성 보장, 중복된 작업이나 의사소통 문제를 해결할 수 있다.

⇒ 부서 간 일관된 의사결정은 마케팅, 영업, 운영, 재무 부서가 똑같은 데이터를 기반으로 의사결정을 내릴 때 각 부서의 목표와 계획이 조화롭게 일치하도록 만든다. 이를테면 마케팅 부서가 수요 예측 데이터를 바탕으로 프로모션 계획을 수립하면, 운영 부서는 그 데이터를 통해 생산량을 적절히 조정할 수 있다.

⇒ 똑같은 데이터를 통해 부서 간에 통일성 있는 전략을 수립할 수 있다. 모든 부서가 공통의 데이터를 공유함으로써 기업의 전략 목표에 맞춘 통합적인 결정을 내릴 수 있으

며, 이는 기업 전체의 방향성과 일치하게 된다.

• 의사결정 속도 향상

데이터 기반 의사결정은 의사결정 속도를 크게 향상(向上)시킨다. 실시간으로 제공되는 데이터는 신속한 분석과 결정을 가능하게 하며, S&OP 프로세스에서 발생하는 변화에 빠르게 대응할 수 있도록 도와준다.

⇒ 실시간 데이터 활용은 ERP 시스템이나 CRM 시스템 같은 통합 플랫폼을 통해 실시간 데이터를 수집·분석함으로써 각 부서가 즉각적으로 변화하는 상황에 대응할 수 있도록 해준다. 예를 들어 수요 급증이 발생하면 실시간 데이터 분석을 통해 추가 생산이 필요하다는 결정을 빠르게 내릴 수 있다.

⇒ 의사결정 프로세스 간소화는 데이터가 제공하는 명확한 정보를 바탕으로 불필요한 논쟁이나 의견 충돌을 줄여 의사결정 과정을 간소화할 수 있다. 이는 전체 프로세스의 속도를 높여 적시에 필요한 조치를 취하는 데 도움이 된다.

• 리스크관리와 예측 개선

데이터 기반 의사결정은 리스크관리에서도 중요한 역할을 한다. 데이터는 과거의 패턴을 분석하여 잠재적인 리스크를 예측(豫測)하고, 이를 바탕으로 사전에 대비할 수 있도록 도와준다.

⇒ 리스크 예측은 과거 데이터를 바탕으로 수요 변동성, 생산 문제, 공급망 중단 등과 같은 리스크를 예측할 수 있게 한다. 예를 들어 특정 시기에 나타났던 수요 변동 패턴을 분석하여, 다음 사이클에서 유사한 리스크가 발생할 가능성을 사전에 파악하고 대응할 수 있다.

⇒ 리스크 대응 계획 수립은 데이터 분석을 통해 리스크를 예측함으로써, 이에 맞는 대응 계획을 사전에 준비할 수 있게 한다. 이는 의사결정의 정확성을 높일 뿐만 아니라, 위기 상황에서도 신속하게 대응할 수 있도록 도와준다.

데이터 기반 의사결정의 주요 방법

데이터 기반 의사결정을 효과적으로 수행하기 위해서는 다양한 데이터 분석 방법이 필요하다. 이를 통해 수집된 데이터를 분석하고, 이를 바탕으로 전략적 결정을 내리는 것이 중요하다.

• 예측 분석

예측 분석(Predictive Analytics)은 과거 데이터를 분석하여 미래의 결과를 예측하는 방법이다. 예측 분석은 S&OP 프로세스에서 수요 예측, 재고 관리, 생산 계획 수립 등에 활용되며, 이를 통해 더욱 정확한 의사결정을 내릴 수 있다.

⇒ 수요 예측은 과거 판매 데이터와 시장 트렌드를 분석하여 미래 수요를 예상하는 과정이다. 예측 분석은 다양한 통계적 기법과 머신러닝 알고리즘을 활용해 수요 패턴을 파악하고, 이를 바탕으로 최적의 생산 계획을 수립하는 데 도움을 준다.

⇒ 재고 관리는 예측 분석을 활용하여 향후 수요를 더욱 정밀하게 예측함으로써 재고 수준을 효율적으로 최적화하는 데 중요한 역할을 한다. 이를 통해 재고 부족으로 인한 판매 기회 손실을 예방하는 동시에, 과잉 재고로 인한 불필요한 비용 발생을 효과적으로 방지할 수 있다. 이러한 데이터 기반의 접근은 안정적인 공급망 운영과 함께 기업의 자원 활용도를 극대화하는 데 이바지한다.

• 실시간 데이터 분석

실시간 데이터 분석(Real-Time Data Analysis)은 실시간으로 수집되는 데이터를 즉각 분석하여 의사결정을 내리는 방식이다. 실시간 데이터 분석은 특히 변화가 빠른 시장에서 매우 유용하며, 신속한 대응이 필요한 상황에서 큰 장점을 발휘한다.

⇒ 공급망 관리는 실시간 데이터 분석을 활용하여 전체 공급망에서 발생하는 변화를 지속적으로 모니터링하고, 재고 수준, 자재 조달 상황, 물류 흐름 등을 실시간으로 파악할 수 있도록 한다. 이를 통해 잠재적인 문제를 조기에 감지하고, 문제 발생 시 신속하게 대응함으로써 공급망의 안정성과 유연성을 동시에 확보할 수 있다. 이러한 접근은 공급망 운

영의 투명성을 높이고, 예기치 못한 상황에서도 원활한 비즈니스 운영을 가능하게 한다.

⇒ 운영 효율성은 실시간 데이터를 기반으로 생산 현장에서 발생하는 다양한 문제를 즉각 식별하고 해결함으로써 극대화될 수 있다. 데이터에 기반한 빠른 의사결정은 병목 현상이나 생산 중단과 같은 문제를 미리 방지하고, 자원의 활용도를 높여 전반적인 운영 성과를 높일 수 있다. 이러한 실시간 대응 능력은 생산 공정의 민첩성과 경쟁력을 강화하는 데 핵심적인 역할을 한다.

● 시나리오 분석

시나리오 분석(Scenario Analysis)은 여러 가지 가정 아래에서의 다양한 시나리오를 분석하여, 각 시나리오에서 발생할 수 있는 결과를 예측하는 방식으로, 리스크관리나 전략적 의사결정에서 매우 유용하게 사용된다.

⇒ 최악의 상황 대비는 시나리오 분석을 활용하여 최악의 상황에서 발생할 수 있는 여러 결과를 사전에 예측하여 적절한 대응 방안을 마련하는 과정이다. 이를테면 시장 수요가 급격히 감소하는 상황이 발생할 경우, 미리 구체적인 대응 조치를 계획함으로써 기업의 리스크를 최소화하고 안정적인 운영을 유지할 수 있다.

⇒ 최적 시나리오 탐색은 다양한 가능성을 고려한 시나리오 분석을 통해 최상의 결과를 달성할 수 있는 가장 유리한 시나리오를 식별하는 것이다. 이를 통해 조직은 의사결정의 정확성을 높이고, 자원 배분과 전략 수립에서 더 큰 효율성을 확보할 수 있다.

● 데이터 기반 의사결정의 도전 과제

데이터 기반 의사결정은 많은 장점을 제공하지만, 몇 가지 도전 과제가 존재한다. 이러한 과제를 극복하려면 적절한 시스템 도입과 조직 내 '마스터 데이터 관리(MDM, Master Data Management)체계가 필요하다.

⇒ '데이터 품질 문제는 데이터가 불완전하거나 오류가 있을 때 잘못된 결정을 내릴 수 있으므로, 데이터를 수집·관리하는 과정에서 데이터 품질을 보장하는 것이 중요하다.

⇒ 데이터를 효과적으로 분석하고 해석할 수 있는 인력과 시스템이 부족할 경우 데이

터 분석 역량 부족으로 데이터 기반 의사결정이 어려워질 수 있다. 이를 해결하기 위해 데이터 분석 도구와 전문 인력을 확보하는 것이 필요하다.

⇒ 데이터를 공유하고 활용하는 과정에서 데이터 보안 문제가 발생할 수 있다. 민감한 정보가 유출되거나 부적절하게 사용되지 않도록 보안 체계를 강화해야 한다.

[Why MDM?]

MDM의 추진 배경과 필요성

현대 조직은 다양한 데이터 소스에서 생성되는 방대한 데이터를 처리하고 관리해야 한다. 이런 상황은 ERP, CRM, SCM 시스템뿐만 아니라 소셜 미디어, IoT, 클라우드 플랫폼 등 외부 소스에서도 발생한다. 그러나 이질적인 시스템 간 데이터 불일치, 중복, 품질 저하 문제가 발생해 데이터 활용도가 낮아지고 있다. 디지털 전환과 규제 변화로(예: GDPR, CCPA)*, 데이터 관리의 중요성이 커지면서, 신뢰할 수 있는 데이터의 통합 관리를 위한 MDM(Master Data Management, 기준정보 관리)의 필요성이 커져 많은 기업이 집중도를 높이는 영역이기도 하다.

* GDPR(General Data Protection Regulation, 일반 데이터 보호 규정): 유럽연합(EU)에서 개인정보 보호와 데이터 보안에 관한 법규로, 개인의 개인정보 보호 권리를 강화하고 기업의 데이터 처리 방식을 규제한다.

CCPA(California Consumer Privacy Act, 캘리포니아 소비자 개인정보 보호법): 미국 캘리포니아주에서 시행된 법으로, 소비자에게 자신의 개인정보에 대한 통제권을 부여하고, 기업에 개인정보 보호 및 공개에 관한 규제를 적용한다.

MDM(Master Data Management)은 데이터의 일관성, 정확성, 효율성을 확보 차원에서 필요한 핵심 시스템이다. "1물 1코드" 원칙을 통해 데이터 중복과 불일치를 방지하고, 통합된 데이터 관리를 할 수 있다. 이를 통해 경영진은 신속한 의사결정과 데이터 기반 전략 수립이 가능하며, 운영 효율성과 비용 절감에 이바지한다. 또 개인정보 보호와 규제 준수를 통해 법적 리스크를 줄이고, 개인화된 서비스를 제공하여 고객 경험과 충성도를 높일 수 있다. MDM은 기업 경쟁력을 강화하는 중요한 전략적 선택이다.

• 목적

MDM의 주요 목적은 데이터 관리의 효율성을 극대화하고 조직 목표를 지원하는 것이다. 데이터의 일관성을 확보하여 신뢰성을 높이고, 이를 바탕으로 빠르고 정확한 의사결정을 도와준다. 또 중복 업무를 줄이고 비용을 절감하여 운영 효율성을 높인다. MDM은 법적 요구 사항을 충족하고 규제를 준수하며, 통합된 고객 데이터를 통해 개인화된 서비스를 제공하여 고객 경험과 비즈니스 성과를 개선한다.

• 기능

MDM의 주요 기능은 데이터의 일관성과 품질을 유지하고 활용성을 극대화하는 것이다. 이질적인 데이터 소스를 통합하고 실시간으로 동기화하여 정확성과 일관성을 확보하며, 중복 데이터를 제거하고 충돌을 해결한다. 마스터 데이터를 생성해 시스템과 사용자에게 배포하고, 데이터 변경 이력을 추적하여 체계적으로 관리한다. 또 데이터 품질을 지속적(持續的)으로 모니터링하고 개선하여 활용도와 신뢰성을 높인다.

• MDM의 구성요소

MDM의 주요 요소는 데이터 모델링, 통합, 품질 관리, 저장소, 보안, 거버넌스로 구성된다. 데이터 모델링은 구조와 관계를 정의하고, 표준화와 메타데이터 관리를 통해 일관성을 유지한다. 데이터 통합은 ETL[Extract(추출), Transform(변환), Load(적재)] 프로세스를 통해 시스템 간 데이터를 수집하고 중복을 제거한다. 품질 관리는 정확성, 완전성, 일관성을 확보하며, 저장소는 중앙화된 시스템으로 설계하여 접근성과 보안을 관리한다. 데이터 보안은 암호화와 접근 제어로 보호하며, 거버넌스는 정책과 RACI 기반의 책임 체계를 정의하여 관리한다.

• MDM 거버넌스 구성요소와 세부 관리 사항

MDM 거버넌스는 조직과 책임 체계, 정책과 표준, 프로세스, 도구와 기술, 모니터링과 평가, 교육과 인식 제고의 여섯 가지 주요 요소로 구성된다. 조직과 책임 체계에서는 데이터 소유자, 관리자, 사용자 간 역할을 명확히 정의하고, 정책과 표준은 데이터 품질과 보안 규정을 포함하여 준수를 모니터링한다. 프로세스는 데이터 생성, 변경, 검증 등을 자동화하고, 도구와 기술은 적절한 소프트웨어를 통해 관리한다. 모니터링 및 평가는 KPI를 기반으로 개선 계획을 수립하며, 교육과 인식 제고는 구성원의 이해도를 높이고 데이터 관리 인식을 강화하는 것을 목표로 한다. MDM 거버넌스를 통해 데이터는 조직에서 신뢰받는 자산으로 자리 잡을 수 있다.

• 주요 내용 정리

데이터 기반 의사결정은 객관적이고 신뢰할 수 있는 데이터를 활용해 의사결정의 정확성과 속도를 높이며, 부서 간 일관성과 협업을 강화한다. 예측 분석, 실시간 데이터 분석, 시나리오 분석 등 다양한 방법으로 리스크를 예측하고 대응할 수 있다. MDM은 데이터의 일관성과 품질을 유지하고, 중복 제거와 표준화를 통해 운영 효율성을 극대화하며, 규제 준수를 지원한다. 또 데이터 거버넌스 체계를 통해 조직 내 데이터 활용도를 높이고, 신속 정확한 의사결정을 가능하게 한다.

예측 정확도 향상

예측 정확도(Forecast Accuracy)는 S&OP 프로세스에서 매우 중요한 요소로, 수요와 공급을 최적화하고 비즈니스 성과를 극대화하는 데 핵심 역할을 한다. S&OP에서 각 부서는 수요 예측, 생산 계획, 재고 관리 등의 활동을 통해 조직의 목표 달성을 위해 협력한다. 이 과정에서 정확한 예측은 원활한 운영과 비용 절감, 고객 만족을 보장하는 필수적인 요소이다. 예측의 정확도가 높을수록 기업은 불확실성을 줄이고, 공급망의 효율성을 극대화하며, 시장 변화에 신속히 대응할 수 있다.

정확한 예측을 위해서는 과거의 데이터와 현재의 시장 정보를 분석하는 것이 필수적이며, 이러한 분석을 통해 미래의 수요를 예측하고, 생산과 공급을 최적화할 수 있다. 예측 정확도가 높을수록 재고 관리의 효율성이 증가하고, 불필요한 비용을 절감할 수 있으며, 시장 변화에도 더 유연하게 대처할 수 있다.

예측 정확도 향상의 중요성

예측 정확도 향상은 S&OP 프로세스의 성공을 결정짓는 핵심 요인 중 하나이다. 예측이 정확할수록 기업은 수요 변화에 대해 보다 정확한 계획을 세울 수 있으며, 이로 인해 공급망의 효율성이 향상되고, 운영 비용이 절감되며, 고객의 요구를 적시에 충족시킬 수 있다.

• 운영 효율성 향상

정확한 예측은 기업의 운영 효율성을 크게 향상시킨다. 수요가 정확히 예측되면, 생산 계획, 자재 조달, 물류 계획 등이 효율적으로 이루어져 불필요한 시간과 비용을 절약할 수 있다.

⇒ 생산 계획 최적화는 예측 정확도가 높을 경우, 필요한 만큼의 제품을 적시에 생산할 수 있어 과잉 생산이나 생산 부족을 방지할 수 있다. 이는 생산라인의 가동 효율성을 높이고 적절한 재고 유지를 도와준다.

⇒ 재고 관리 효율성은 정확한 예측을 바탕으로 재고 수준을 최적화함으로써 재고 비용을 줄이고, 재고 부족이나 과잉 재고로 인한 문제를 예방할 수 있다. 이를 통해 자원을 효율적으로 활용하고 비용 절감을 실현할 수 있다.

• 비용 절감

정확한 예측은 비용 절감에 큰 영향을 미친다. 잘못된 예측으로 인해 과잉 생산이나 재고 부족이 발생하면 불필요한 비용이 발생할 수 있다. 반대로 예측이 정확하면 이러한 낭비를 줄이고, 비용을 최소화할 수 있다.

⇒ 재고 비용 절감은 예측 정확도가 높아지면 불필요한 재고를 유지할 필요가 없어지므로 재고 관리에 드는 비용이 절감된다. 특히 보관, 유지, 폐기 비용 등과 같은 재고 관련 비용이 감소한다.

⇒ 생산 비용 절감은 수요를 정확히 예측함으로써 생산 계획을 최적화하여 불필요한 생산라인 가동이나 추가 생산으로 인한 비용을 줄일 수 있다. 이는 기업의 전체적인 운영 비용 절감에 이바지한다.

● 고객 만족도 향상

정확한 예측은 고객 만족도에도 큰 영향을 미친다. 수요를 정확히 예측하면, 고객이 요구하는 제품을 적시에 제공할 수 있으며, 이를 통해 납기 준수율을 높이고 고객의 신뢰를 얻을 수 있다.

⇒ 납기 준수는 예측이 정확할 경우, 고객 주문에 맞춰 적절한 양의 제품을 준비할 수 있어 납기를 준수할 수 있으므로 고객 만족도를 높이고, 재구매율 향상에 이바지한다.

⇒ 고객 요구 충족은 수요 예측이 정확할수록 고객의 요구에 맞춰 제품을 적시에 제공할 수 있어, 재고 부족으로 인한 공급 지연 문제를 해결할 수 있다. 이는 기업의 신뢰성을 높이고, 장기적인 고객 관계를 구축하는 데 도움이 된다.

● 공급망의 유연성 증대

정확한 예측은 공급망의 유연성을 강화하는 데도 중요한 역할을 한다. 시장 상황이나 외부 환경의 변화에 따라 수요가 변동할 수 있으므로 이를 예측(豫測)하면 공급망의 대응력을 높일 수 있다.

⇒ 수요 변동에 대한 대응력은 정확한 수요 예측을 통해 생산과 공급의 조정 속도를 높이고, 급격한 변화에도 유연하게 대응할 수 있는 능력을 제공한다. 이를테면 예측 분석을 통해 특정 시즌에 수요 증가가 예상되면, 미리 생산을 조정하여 대응할 수 있다.

⇒ 공급망 안정성 강화는 예측이 정확할 경우 자재 조달, 물류, 생산 등 공급망의 각 요소를 적절히 조정하여 외부 요인으로 인한 공급망 중단이나 지연을 방지할 수 있다. 이는 공급망의 안정성을 높이고 운영의 지속성을 보장한다.

예측 정확도 향상을 위한 주요 요소

예측 정확도 향상을 위해서는 다양한 요소가 필요하다. 이를 통해 더욱 정확하고 신뢰할 수 있는 예측을 도출할 수 있으며, 이를 기반으로 S&OP 프로세스를 최적화할 수 있다.

• 데이터 품질 향상

정확한 예측을 위해서는 데이터 품질이 매우 중요하다. 잘못된 데이터나 불완전한 정보는 잘못된 예측으로 이어질 수 있으며, 이는 기업의 운영과 성과에 부정적인 영향을 미칠 수 있다.

⇒ 정확한 데이터의 수집은 예측의 기반이 되는 데이터를 정확하게 수집하는 것이 중요하다. 판매 데이터, 시장 조사 자료, 고객 피드백 등 다양한 출처에서 데이터를 수집하되, 그 정확성에 특히 주의를 기울여야 한다.

⇒ 데이터 정제는 수집된 데이터가 부정확하거나 불완전할 경우, 데이터 정제(Data Cleansing) 과정을 통해 오류를 수정하고 불필요한 데이터를 제거해야 한다. 이를 통해 예측의 신뢰성을 높일 수 있다.

• 고급 분석 기법 도입

고급 분석 기법을 도입하면 예측 정확도를 크게 높일 수 있다. 과거에는 단순한 통계 기법을 사용하여 예측을 수행했지만, 최근에는 빅데이터와 머신러닝 같은 고급 분석 기법이 도입되어 더 높은 정확도를 제공하고 있다.

⇒ 통계적 예측 모델은 시계열 분석, 이동 평균법, 회귀 분석 등 전통적인 통계 모델을 활용하여 과거 데이터를 기반으로 수요 변동 패턴을 분석하고 미래의 수요를 예측할 수 있다.

⇒ 머신러닝과 인공지능기술을 도입하면 대규모 데이터를 처리하여 예측의 정확도를 높일 수 있다. 이러한 기술은 다양한 변수와 패턴을 분석해 더욱 정교한 예측을 가능하게 한다.

• 실시간 데이터 활용

실시간 데이터는 예측 정확도를 높이는 데 중요한 역할을 한다. 시장의 변화는 매우 빠르게 일어나기 때문에, 실시간 데이터를 활용하면 최신 정보를 반영한 예측을 수행할 수 있다.

⇒ 실시간으로 수집된 판매 데이터와 시장 동향을 분석함으로써 실시간 수요 데이터를 활용하면 수요 변화에 신속하게 대응할 수 있다. 이를 통해 예측을 주기적으로 업데이트하고 더욱 정확한 계획을 수립할 수 있다.

⇒ 실시간 재고 데이터는 재고 수준을 실시간으로 모니터링하여 재고 부족이나 과잉 문제를 사전에 파악하고 조정할 수 있다. 이를 통해 불필요한 비용을 줄이고 운영 효율성을 극대화할 수 있다.

• 협업과 정보 공유

S&OP 프로세스에서 부서 간의 협업과 정보 공유는 예측 정확도를 높이는 데 중요한 역할을 한다. 각 부서가 자신의 데이터를 독립적으로 관리하고 분석하는 대신, 서로 협력하여 데이터를 공유하고 통합된 예측을 수립하면, 더욱 정확한 결과를 도출할 수 있다.

⇒ 부서 간 데이터공유는 마케팅, 영업, 운영, 재무 등 각 부서가 보유한 데이터를 공유하고 이를 통합하여 예측에 반영함으로써 예측 정확도를 높일 수 있다. 예를 들어 마케팅 부서의 시장 조사 데이터와 영업 부서의 판매 데이터를 결합하면 더 정교한 수요 예측이 가능하다.

⇒ 협력 강화를 통해 부서 간 의사소통과 데이터의 공유가 신속히 이루어지면, 예측의 품질을 높일 수 있다. 이를 통해 중복 작업을 줄이고 효율적인 예측 프로세스를 구축할 수 있다.

• 예측 정확도 향상을 위한 도전 과제

예측 정확도를 높이려면 몇 가지 도전 과제를 극복해야 한다. 이를 해결하기 위해서는 적절한 기술 도입과 조직 내 협업 체계가 필요하다.

⇒ 부서 간 데이터가 일관되지 않는 데이터의 일관성 부족으로 예측의 정확도가 떨어질 수 있다. 이를 해결하기 위해서는 데이터 표준화를 도입하고, 모든 부서가 똑같은 기준으로 데이터를 관리해야 한다.

⇒ 변동성이 큰 시장 환경에서는 시장이 급격히 변할 때 예측이 어려울 수 있다. 이를 극복하려면 실시간 데이터를 적극 활용하고, 시장 변화에 신속히 대응할 수 있는 유연한 예측 시스템을 구축해야 한다.

⇒ 기술 역량 부족은 고급 분석 기법을 도입하는 데 필요한 기술 역량과 도구가 부족할 때 발생할 수 있다. 이를 해결하기 위해 데이터 분석 도구를 도입하고, 데이터 분석 전문가를 확보해야 한다.

• 주요 내용 정리

예측 정확도는 운영 효율성과 비용 절감, 고객 만족도를 높이는 핵심 요소로, S&OP의 성공을 좌우한다. 정확한 예측은 생산 계획 최적화와 재고 관리 효율성을 통해 낭비를 줄이고, 수요 변동에 유연하게 대응할 수 있게 한다. 이를 위해 데이터 품질 향상, 고급 분석 기법 도입, 실시간 데이터 활용이 필수적이다. 부서 간 데이터의 공유와 협업은 통합된 예측을 가능하게 하고, 시장 변화에 신속히 대응할 유연성을 제공한다. 기술 역량 강화와 데이터 일관성 확보는 예측 정확도를 높이는 중요한 기반이다.

리스크 예측

리스크 예측은 S&OP 프로세스에서 매우 중요한 역할을 하는 요소로 예상치 못한 상황이나 불확실성에 신속하고 효과적으로 대응할 수 있도록 도와준다. S&OP 프로세스는 수요 예측, 생산 계획, 재고 관리 등 다양한 요소를 포함하며, 외부 요인이나 내부 프로세스에서 발생할 수 있는 리스크에 대한 대비가 필요하다. 리스크를 예측하지 못하면 공급망의 중단, 과도한 재고, 수익성 저하 등 여러 문제가 발생할 수 있다.

리스크 예측은 다양한 데이터를 분석하여 미래에 발생할 수 있는 위험 요소를 미리 파악하고, 이를 기반으로 위기관리 계획을 수립하는 과정이다. 기업은 리스크 예측을 통해 발생할 수 있는 문제를 사전에 대비할 수 있으며, 신속한 대응으로 인해 공급망의 안정성과 운영 효율성을 유지할 수 있다.

리스크 예측의 중요성

리스크 예측은 S&OP 프로세스에서 불확실성을 최소화하고, 기업의 안정적인 운영을 보장하는 데 필수적이다. 리스크를 사전에 예측하면 대응 시간을 확보할 수 있으며, 이를 통해 발생할 수 있는 문제를 최소화할 수 있다. 또 비용 절감과 운영 효율성 향상에도 이바지한다.

• 공급망 중단 방지

공급망은 복잡한 네트워크로 구성되어 있으며, 외부 요인이나 내부 문제로 인해 중단될 위험이 항상 존재한다. 리스크 예측은 이러한 문제를 사전에 감지하고, 필요한 조치를 취할 수 있도록 도와준다.

⇒ 자연재해, 정치적 불안, 환율 변동, 글로벌 팬데믹과 같은 외부 요인들이 공급망에 큰 영향을 미칠 수 있다. 리스크 예측을 통해 이러한 요인들의 발생 가능성을 미리 파악하고, 대체 공급망을 준비하거나 비상 계획을 마련할 수 있다.

⇒ 생산 설비 고장, 자재 부족, 인력 문제 등과 같은 내부 요인으로 인해 공급망이 중단되는 것을 예방할 수 있다. 이를테면 특정 설비의 정비 주기를 예측하고 고장이 발생하기 전에 유지보수를 계획함으로써 생산 중단을 방지할 수 있다.

• 비용 절감

리스크를 예측하고 미리 대응하면 비용 절감 효과를 얻을 수 있다. 예기치 않은 상황이 발생할 경우, 이를 해결하는 데 상당한 비용이 소요될 수 있으므로, 사전에 리스크를 파악하고 예방하는 것이 중요하다.

⇒ 재고 관리 비용 절감은 리스크 예측을 통해 수요 변동이나 공급망 문제를 미리 파악함으로써 재고 수준을 조정하고 불필요한 재고 비용을 줄일 수 있다. 예를 들어 수요가 급격히 감소할 가능성이 있을 때 생산량을 조정하여 재고 과잉을 방지할 수 있다.

⇒ 운영 비용 절감은 리스크가 발생하기 전에 대응함으로써 긴급한 조치에 소요되는 추가 비용을 줄일 수 있다. 이를테면 공급망 중단으로 인한 긴급 물류 조정이나 생산 일정을 맞추기 위한 추가 인력 배치 등을 피할 수 있다.

• 고객 만족도 유지

리스크 예측을 통해 공급망 문제나 재고 부족을 방지하면, 납기 준수와 제품 품질을 유지할 수 있으며, 이는 고객 만족도 향상에 이바지한다. 고객은 안정적으로 제품을 공급받을 수 있으며, 기업은 시장에서의 신뢰를 유지할 수 있다.

⇒ 납기 준수율 향상은 리스크 예측을 통해 공급망 문제를 사전에 파악하고 대응 함으로써 고객이 요구하는 제품의 적시 제공으로 납기 준수율을 높일 수 있다.

⇒ 서비스 수준 향상의 경우, 리스크를 사전에 대비해 운영 안정성을 유지함으로써 고객에게 일관된 서비스 수준을 제공할 수 있다. 이는 고객의 신뢰를 높이고 장기적인 고객 관계를 구축하는 데 이바지한다.

• 전략적 의사결정 지원

리스크 예측은 기업이 장기적인 전략을 수립하는 데도 도움을 준다. 예측을 통해 시장의 불확실성을 고려한 전략적 결정을 내릴 수 있으며, 이러한 결정은 기업의 성장 가능성을 높이는 데 이바지한다.

⇒ 투자 의사 결정은 리스크 예측을 통해 특정 사업에 대한 투자 여부를 결정하는 데 중요한 역할을 한다. 예를 들어, 특정 지역에서 정치적 불안이나 자연재해의 위험성이 높을 때, 해당 지역에 대한 투자 계획을 재검토하거나 조정할 수 있다.

⇒ 시장 진입 전략은 새로운 시장에 진입할 때 발생할 수 있는 리스크를 사전에 분석하고 대응책을 마련함으로써 시장 진입의 성공 가능성을 높일 수 있다.

리스크 예측을 위한 주요 방법

리스크 예측을 효과적으로 수행하기 위해서는 데이터 분석과 고급 예측 기법이 필요하다. 다양한 데이터를 활용하여 리스크를 예측하고, 이를 바탕으로 기업의 대응 계획을 수립하는 것이 중요하다.

• 데이터 분석과 예측 모델

데이터 분석은 리스크 예측의 핵심이다. 과거 데이터를 분석하여 패턴을 파악하고, 미래의 리스크를 예측할 수 있다. 이를 위해 통계적 분석 기법과 머신러닝 알고리즘을 사용하여 데이터의 패턴을 분석하고, 리스크 발생 가능성을 예측한다.

⇒ 시계열 분석은 과거 데이터를 바탕으로 미래의 리스크 발생 가능성을 예측하는 방법이다. 예를 들어, 특정 계절에 발생하는 자연재해나 공급망 문제를 예측하여 미리 대비할 수 있다.

⇒ 머신러닝은 다양한 데이터를 종합적으로 분석해 복합적인 리스크를 예측하는 알고리즘을 사용한다. 이를테면 글로벌시장의 환율 변동, 정치적 불안정성, 원자재 가격 변동 등 다양한 요인을 고려한 리스크 예측이 가능하다.

• 시나리오 분석

시나리오 분석(Scenario Analysis)은 여러 가지 가정하에서 발생할 수 있는 다양한 리스크를 예측하고, 각각의 시나리오에 맞는 대응책을 마련하는 방법이다. 이를 통해 최악의 시나리오에 대비할 수 있으며, 기업은 다양한 리스크 상황에서 어떻게 대응해야 할지 미리 계획을 세울 수 있다.

⇒ 최악의 시나리오 대비는 공급망 중단, 수요 급감, 원자재 가격 급등 등 최악의 상황에 대비한 대응책을 마련함으로써 위기 상황에서도 기업의 운영을 안정적으로 유지할

수 있다.

⇒ 대안 마련은 시나리오 분석을 통해 다양한 상황에 대한 대안을 준비하는 것으로, 이를 통해 의사결정의 유연성을 확보하고, 리스크가 발생했을 때 신속하게 대응할 수 있다.

• 실시간 모니터링

실시간 데이터 모니터링은 리스크를 예측하고 즉각적으로 대응하는 데 중요한 역할을 한다. 실시간 데이터를 통해 공급망, 생산 현장, 시장 동향 등을 모니터링하면, 예상치 못한 리스크가 발생했을 때 신속하게 대처할 수 있다.

⇒ 공급망 모니터링은 공급망의 각 요소를 실시간으로 모니터링하여 지연이나 중단을 사전에 감지하고 대응할 수 있게 한다. 이를테면 자재 공급이 늦어질 때, 이를 미리 파악하고 대체 자재를 준비할 수 있다.

⇒ 시장 변화 감지는 실시간으로 시장 변동을 모니터링함으로써 수요 변동이나 원자재 가격 변동을 신속히 감지할 수 있다. 이를 통해 생산 계획을 조정하고 리스크가 발생하기 전에 대처할 수 있다.

• 외부 데이터 활용

리스크 예측을 위해 외부 데이터를 적극적으로 활용하는 것도 중요하다. 글로벌 경제 동향, 정치적 상황, 기후 변화, 원자재 가격 등의 데이터를 분석하여 기업의 리스크 예측에 반영할 수 있다.

⇒ 경제적 불안정성과 정치적 리스크는 공급망과 생산 활동에 큰 영향을 미친다. 이러한 경제 및 정치의 외부 데이터를 분석함으로써 글로벌시장에서의 리스크 발생 가능성을 예측하고 대비할 수 있다.

⇒ 기후 데이터는 자연재해나 기후 변화로 인한 리스크를 예측하기 위해 활용된다. 이를 통해 자연재해로 인한 생산 중단이나 물류 지연을 사전에 예측하고 대응책을 마련할 수 있다.

• 리스크 예측의 도전 과제

리스크 예측은 많은 이점을 제공하지만, 여러 도전 과제가 존재한다. 이를 해결하기 위해서는 적절한 기술 도입과 협업 체계가 필요하다.

⇒ 리스크 예측에 필요한 데이터가 불완전하거나 신뢰할 수 없는 데이터 불확실성의 경우, 정확한 예측이 어려워질 수 있다. 이를 해결하려면 데이터 품질을 높이고 다양한 출처의 데이터를 통합적으로 분석해야 한다.

⇒ 급격한 시장 변화는 시장 환경이 빠르게 변할 때 기존의 예측 모델로는 리스크를 정확하게 예측하기 어려울 수 있다. 이를 극복하려면 실시간 데이터 모니터링과 유연한 예측 시스템을 구축해야 한다.

⇒ 리스크 예측에 필요한 분석 도구나 기술 역량이 부족할 때도 리스크관리가 어려워질 수 있다. 이를 해결하려면 고급 분석 도구와 전문 인력 확보가 필요하다.

• 주요 내용 정리

리스크 예측은 S&OP에서 공급망 안정성과 운영 효율성을 보장하는 핵심 요소로, 예상치 못한 위험에 신속히 대응할 수 있게 한다. 이는 공급망 중단 방지, 비용 절감, 고객 만족도 유지에 이바지하며, 전략적 의사결정을 지원한다. 데이터 분석, 시나리오 분석, 실시간 모니터링을 통해 리스크를 사전에 파악하고 대응책을 마련한다. 외부 데이터 활용으로 정치, 경제, 기후 리스크를 예측하며, 데이터 품질과 기술 역량 강화는 리스크관리의 성공을 좌우한다.

데이터의 수집과 정리

내부 데이터의 수집

내부 데이터의 수집은 S&OP 프로세스에서 매우 중요한 단계로, 기업 내부에서 발생하는 다양한 데이터를 체계적으로 수집하여 분석하는 과정을 말한다. 내부 데이터는 기업의 운영, 영업, 생산, 재고, 재무 등 모든 부서에서 생성되는 정보를 포함하며, S&OP 의사결정의 기반을 형성한다. 데이터를 정확하고 적시에 수집함으로써 기업은 더욱 신뢰성 있는 예측과 계획을 세울 수 있고, 부서 간 협업이 강화되며, 운영의 효율성이 극대화된다.

내부 데이터는 특히 수요 예측, 생산 계획, 재고 관리, 재무 관리 등의 주요 활동을 지원하며, S&OP 프로세스가 효과적으로 이루어질 수 있도록 도와준다. 정확한 내부 데이터의 수집은 기업의 성과 향상과 비용 절감, 고객 만족도 증대에 직접 이바지할 수 있다.

내부 데이터의 주요 유형

내부 데이터는 영업, 생산, 재무, 재고 및 물류 등의 여러 부서에서 생성되며, 이 데이터를 통합하여 분석하면 S&OP 의사결정의 정확성과 효율성을 높일 수 있다.

• 영업 데이터

영업 데이터는 S&OP 프로세스에서 가장 중요한 데이터로, 수요 예측과 판매 계획 수립의 기반이 된다. 영업 데이터는 고객의 구매 행태, 주문 내역, 판매 실적 등의 정보를 포함하며, 이를 바탕으로 향후 수요를 예측할 수 있다.

⇒ 판매 실적 데이터는 과거의 판매 데이터를 분석하여 수요 패턴을 이해하는 데 중요한 역할을 한다. 특정 제품이나 서비스가 어느 시점에서 얼마나 판매되었는지에 대한 정보를 통해 미래 수요를 예측하고 생산 및 재고 계획을 세울 수 있다.

⇒ 주문 데이터는 고객의 주문 내역을 분석하여 고객 수요를 더 정확하게 파악할 수 있게 한다. 주문 빈도, 제품별 주문 수량, 주문 시간 등의 데이터를 통해 고객 수요 변화를 예측하고 적절한 대응 전략을 마련할 수 있다.

⇒ 고객 정보는 고객별 구매 기록, 선호 제품, 구매 주기 등의 정보를 통해 고객 수요를 예측할 수 있다. 이를 통해 마케팅과 영업 전략을 더욱 정교하게 수립하고 맞춤형 제품 추천이나 서비스 제공이 가능하다.

• 생산 데이터

생산 데이터는 기업의 생산 능력과 생산 계획을 수립하는 데 필수적인 데이터를 제공한다. 생산라인의 운영 상태, 설비 가동률, 생산량, 생산 일정 등의 정보는 S&OP에서 효율적인 생산 계획 수립과 비용 절감에 중요한 역할을 한다.

⇒ 생산량 데이터는 제품별로 생산된 양, 생산 일자, 생산 시간을 분석하여 기업의 생산 능력을 평가하고, 수요 예측에 맞춘 생산 일정을 수립할 수 있다. 생산량 데이터는 생산 계획을 조정하고 수요에 맞게 생산량을 최적화하는 데 도움이 된다.

⇒ 설비 가동 데이터는 생산 설비의 가동률과 상태를 모니터링하여 설비의 효율성을 분석하고, 가동률이 낮을 때는 이를 개선하기 위한 전략을 수립할 수 있다. 이 데이터는 설비 유지보수 계획에 활용되어 생산 중단을 예방하고, 생산성을 지속적으로 유지하는 데 이바지한다.

⇒ 생산 비용 데이터는 각 생산 공정에서 발생하는 비용을 수집하고 분석하여 비용 절감 전략을 수립할 수 있다. 공정별 비용 데이터를 통해 불필요한 비용을 파악하고 효율적인 생산 계획을 도출할 수 있다.

• 재무 데이터

재무 데이터는 기업의 재정 상태를 파악하고, 자원의 효율적 배분을 지원하는 중요한 데이터를 제공한다. S&OP 프로세스에서 재무 데이터는 비용 관리, 수익성 분석, 현금 흐름 관리 등에 사용된다.

⇒ 비용 데이터는 생산 비용, 재고 유지 비용, 물류비용 등을 포함한 다양한 비용 데이터를 분석하여 비용 절감 기회를 모색할 수 있다. S&OP 프로세스에서 비용 데이터를 활용하면 예산을 적절히 배분하고 자원 최적화를 이룰 수 있다.

⇒ 현금 흐름 데이터는 판매와 관련된 현금 흐름을 분석하여 재고 회전율과 수익성을 관리할 수 있게 한다. 이를 통해 현금 흐름을 원활하게 유지하고 적절한 시점에 자금을 투입할 수 있다.

⇒ 자원 배분 데이터는 재무 데이터를 통해 각 부서에 할당된 자원의 사용 효율성을 분석하고, 자원을 효과적으로 배분하여 기업의 재무적 안정성을 유지할 수 있다.

• 재고 및 물류 데이터

재고·물류 데이터는 S&OP에서 재고 관리와 물류 운영을 지원하는 핵심 데이터이다. 재고 수준, 물류비용, 운송 시간 등을 분석하여 재고를 효율적으로 관리하고, 공급망의 안정성을 유지할 수 있다.

⇒ 재고 수준 데이터는 각 제품의 재고 수준을 모니터링하여 재고 부족이나 과잉을 방지할 수 있게 한다. 이를 통해 최적의 재고 수준을 유지하고, 필요할 때 재고 보충을 위한 생산 계획을 수립할 수 있다.

⇒ 재고 회전율은 재고의 회전 속도를 분석하여 재고 관리의 효율성을 평가하고, 재고 회전율을 높이는 전략을 수립할 수 있으며, 재고 유지 비용을 절감하고 공급망 효율성을 높일 수 있다.

⇒ 물류 데이터는 운송 비용, 운송 시간, 유통 경로 등의 데이터를 분석하여 물류 프로세스를 최적화할 수 있다. 물류 데이터를 통해 고객에게 더 빠르고 비용 효율적인 방식으로 제품을 제공할 수 있다.

내부 데이터의 수집 방법

내부 데이터를 효과적으로 수집하려면 정기적인 수집 프로세스와 자동화된 시스템이 필요하다. ERP(Enterprise Resource Planning), CRM(Customer Relationship Management)과 같은 통합 시스템을 통해 데이터를 실시간으로 수집하고 분석할 수 있다.

• ERP과 CRM 시스템 활용

ERP 시스템은 기업의 모든 부서에서 발생하는 데이터를 통합 관리하고 분석할 수 있도록 지원한다. ERP 시스템을 활용하면 영업, 생산, 재무, 물류 등에서 발생하는 데이터를 실시간으로 수집하고, 이를 바탕으로 S&OP 프로세스에서 필요한 의사결정을 내릴 수 있다.

⇒ 실시간 데이터의 수집은 ERP 시스템을 이용하여 부서의 모든 데이터를 실시간으로 수집하여 신속한 의사결정을 지원할 수 있다. 실시간 데이터를 기반으로 시장 변화나 수요 변동에 빠르게 대응할 수 있다.

⇒ 데이터 통합은 ERP 시스템을 활용하여 부서 간 데이터를 쉽게 통합하고 데이터 일관성을 유지할 수 있게 한다. 이를 통해 부서 간 협업이 원활해지고 전체적인 의사결정 과정이 일관되게 진행된다.

• 데이터 관리 시스템 도입

데이터 관리 시스템을 도입하면 기업은 데이터를 더욱 효율적으로 수집하고 정리할 수 있다. 데이터 관리 시스템은 대규모 데이터를 효과적으로 처리하고, 데이터를 정제하여 정확한 분석을 지원한다.

⇒ 자동화된 데이터의 수집은 자동화 시스템을 통해 수동 입력 과정을 줄이고 실시간으로 데이터를 수집할 수 있게 한다. 이를 통해 데이터의 수집 과정에서 발생할 수 있는 인적 오류를 최소화할 수 있다.

⇒ 데이터 관리 시스템을 통해 수집된 데이터를 정제하여 중복되거나 오류가 있는 데이터를 제거하고, 데이터의 품질을 관리하여 내용을 향상·발전시킬 수 있다.

• 데이터의 수집 주기와 관리

데이터의 수집 주기를 설정하여 정기적인 데이터 업데이트가 이루어지도록 관리하는 것이 중요하다. 최신 데이터를 기반으로 예측과 계획을 세울 수 있으며, 시장 변화나 수요 변동에 즉각 대응할 수 있다.

⇒ 정기적인 데이터 검토는 수집된 데이터를 주기적으로 검토하고 분석하여 S&OP 프로세스에 필요한 최신 정보를 반영하는 것이다. 이를 통해 데이터의 신뢰성을 유지하고 적시에 적절한 의사결정을 내릴 수 있다.

• 주요 내용 정리

내부 데이터의 수집은 영업, 생산, 재무, 재고, 물류 등 기업 내 다양한 부서에서 생성되는 데이터를 체계적으로 수집·분석하여 S&OP 프로세스의 주요 기반을 제공한다. 이러한 데이터는 수요 예측, 생산 계획, 재고 관리, 비용 절감 등 핵심 의사결정을 지원하며, 부서 간 협업과 통합된 운영을 촉진한다. ERP, CRM, SCM 같은 통합 시스템을 활용해 실시간 데이터를 자동으로 수집·통합하고, 데이터의 품질과 일관성을 유지하며 오류와 중복을 최소화한다. 또 데이터 관리 시스템과 정기적인 데이터 검토를 통해 최신 정보를 반영하여 시장 변화나 수요 변동에 빠르게 대응할 수 있도록 지원한다. 이를 통해 데이터 기반 의사결정과 운영 효율성을 높이는 데 이바지한다.

외부 데이터의 수집

외부 데이터의 수집은 S&OP 프로세스에서 필수적인 단계로, 기업 외부에서 발생하는 다양한 정보를 체계적으로 수집하고 분석하여 시장 동향, 고객 요구, 경쟁 상황, 공급망 리스크 등을 파악하는 과정이다. 외부 데이터는 기업이 내부 데이터만으로는 예측하기 어려운 외부 환경의 변화에 신속하게 대응하고, 전략적 의사결정을 내릴 수 있도록 지원한다.

외부 데이터는 주로 시장 정보, 고객 데이터, 경제 및 정책 데이터, 공급망 데이터 등으로 구성되며, 기업이 환경 변화에 유연하게 대처할 수 있도록 중요한 통찰력을 제공한다. 외부 데이터를 효과적으로 수집하고 분석하면 S&OP 프로세스에서 수요 예측, 공급 계획, 재고 관리를 더욱 정교하게 수행할 수 있으며, 시장의 기회를 포착하거나 리스크를 사전에 예측하여 대비할 수 있다.

외부 데이터의 주요 유형

외부 데이터는 여러 출처에서 수집되며, 이를 분석하여 시장 변화, 고객 요구, 경제 및 정치 상황 등을 파악할 수 있다. 각 유형의 외부 데이터는 S&OP 프로세스에서 기업의 의사결정에 중요한 정보를 제공한다.

• 시장 데이터

시장 데이터는 기업이 속한 산업과 시장에서 발생하는 동향을 파악하는 데 필요한 정보이다. 시장 데이터를 통해 경쟁 상황, 수요 변화, 시장 기회 등을 분석할 수 있으며, 이를 바탕으로 수요 예측과 마케팅 전략을 수립할 수 있다.

⇒ 경쟁사 데이터는 경쟁사의 제품 출시, 가격 정책, 프로모션 활동 등을 분석하여 경쟁 우위를 확보하기 위한 전략을 세우는 데 유용하다. 경쟁사의 주요 변화와 대응 전략을 파악함으로써 기업이 시장에서의 입지를 강화할 수 있다.

⇒ 산업 동향은 시장의 성장률, 기술 발전, 규제 변화 등 산업 전체의 동향을 분석하여 미래 수요를 예측하는 데 도움이 된다. 특정 기술이나 제품의 수요가 증가하는 추세를 파악하면, 이에 맞춘 신제품 개발이나 생산 확대 계획을 수립할 수 있다.

⇒ 소비 트렌드는 시장에서 소비자들이 선호하는 제품이나 서비스의 변화를 파악할 수 있게 한다. 이를테면 친환경 제품에 대한 소비자 선호가 높아진다면 이를 반영한 제품 전략을 수립할 수 있다.

• 고객 데이터

고객 데이터는 기업이 고객의 행동, 요구, 선호 등을 분석하여 고객 맞춤형 전략을 수립할 수 있도록 도와준다. 고객 데이터는 주로 고객 설문 조사, 소셜 미디어 데이터, 구매 패턴 분석 등을 통해 수집되며, 이를 통해 고객의 수요를 예측하고, 마케팅과 영업 전략을 최적화할 수 있다.

⇒ 고객 설문 조사는 설문 조사나 인터뷰를 통해 고객의 필요와 선호를 직접 파악할 수 있다. 이를 통해 고객이 원하는 제품이나 서비스의 특성을 반영한 제품 개발이나 마케팅 캠페인을 수립할 수 있다.

⇒ 소셜 미디어 데이터는 고객이 소셜 미디어에 남긴 의견, 리뷰, 댓글 등을 분석하여 실시간 시장 반응을 파악할 수 있게 한다. 소셜 미디어 데이터를 통해 특정 제품이나 서비스에 대한 고객의 긍정적 또는 부정적 반응을 확인하고, 이를 개선하거나 강화할 수 있는 전략을 세울 수 있다.

⇒ 구매 패턴 데이터는 고객의 구매 이력, 빈도, 선호 제품 등을 분석하여 구매 패턴을 파악할 수 있다. 이를 통해 고객의 반복 구매를 유도하는 전략을 수립하거나 구매 주기에 맞춘 프로모션을 기획할 수 있다.

• 경제 및 정책 데이터

경제 및 정책 데이터는 기업이 운영되는 경제 환경과 정책 변화를 파악하는 데 필요한 정보를 제공한다. 이를 통해 기업은 글로벌경제 동향이나 정책 변화에 따른 리스크를 예측하고, 사전에 대응할 수 있다.

⇒ 환율 변동은 글로벌시장에서 거래하는 기업이 환율 변동을 모니터링하여 수익성에 미치는 영향을 분석할 수 있게 한다. 이를테면 수출입 기업의 경우 환율 변동이 수익성에 큰 영향을 미치므로 이를 분석하여 환율 리스크를 관리할 수 있다.

⇒ 무역 규제, 관세 정책, 환경 규제 등과 같은 정책 변화를 분석하면 공급망 운영이나 생산 계획에 미치는 영향을 예측하는 데 유용하다. 정책 변화가 예상될 경우 이에 맞춘 대체 공급망 구축이나 생산지 이전 전략을 수립할 수 있다.

⇒ 금리 및 인플레이션 데이터는 금리 변화나 인플레이션이 기업의 자금 조달 비용과 원가에 직접적인 영향을 미치기 때문에 이러한 데이터를 분석하여 재무 전략이나 자원 배분 전략을 조정할 수 있다.

• 공급망 데이터

공급망 데이터는 기업의 공급망 운영에 영향을 미치는 외부 정보를 포함하며, 이를 분석하여 공급망 리스크를 관리하고, 공급망의 안정성을 유지할 수 있다. 공급망 데이터는 주로 공급업체 데이터, 물류 파트너 데이터, 운송 경로 데이터 등으로 구성된다.

⇒ 공급업체 데이터는 공급업체의 생산 능력, 품질, 납기 일정을 분석하여 공급망 안정성을 평가하는 데 사용된다. 공급업체가 자재를 제때 공급하지 못할 경우를 대비해 대체 공급처를 확보하거나, 공급 일정 조정을 통해 생산 계획을 조정할 수 있다.

⇒ 물류 파트너 데이터는 물류 파트너의 운송 시간, 운송 비용, 운송 경로 등을 분석하여 물류 최적화 전략을 수립할 수 있다. 이를 통해 비용 효율적인 운송 경로를 선택하고 물류 지연을 방지할 수 있다.

⇒ 운송 경로 데이터는 제품 운송 과정에서 발생하는 교통 상황이나 운송 지연 데이터를 모니터링하여 신속하게 대응할 수 있도록 한다. 특히 국제 물류의 경우 항만 혼잡이나 운송 제약을 미리 파악하여 대체 경로를 준비할 수 있다.

외부 데이터의 수집 방법

외부 데이터의 수집 방법은 주로 공공 데이터베이스, 시장 조사기관, 소셜 미디어 분석 도구 등을 활용하여 이루어진다. 외부 데이터의 수집·분석에는 신뢰성과 정확성이 중요하다. 신뢰성과 정확성을 위해 데이터를 다양한 출처에서 수집하고, 이를 통합하여 분석해야 한다.

• 공공 데이터베이스 활용

공공 데이터베이스는 정부 기관, 통계청, 연구 기관 등에서 제공하는 데이터를 활용하는 방법이다. 주로 경제 지표, 무역 통계, 인구 통계, 환경 데이터 등으로 구성되며, 이를 분석하여 시장 환경이나 정책 변화를 예측할 수 있다.

⇒ 경제 지표 데이터는 국가별 경제 성장률, 소비자 물가 지수(CPI), 금리, 실업률 등의 데이터를 수집하여 거시 경제 상황을 파악하는 데 활용된다. 이러한 데이터는 기업의 장

기 전략 수립이나 재무 계획에 중요한 역할을 한다.

⇒ 무역 통계 데이터는 특정 국가와의 교역량이나 수출입 통계를 분석하여 수출입 전략을 수립할 수 있게 한다. 이를 통해 새로운 시장에 진출하거나 무역 정책 변화에 대응할 수 있다.

• 시장 조사와 리서치 기관

시장 조사 기관은 기업에 필요한 시장 정보를 제공하는 전문 기관으로, 이들로부터 신뢰성 있는 데이터를 제공받아 분석할 수 있다. 시장 조사 기관에서 제공하는 데이터는 주로 시장 규모, 경쟁 상황, 소비자 행동 등과 관련된 정보를 포함한다.

⇒ 시장 보고서는 시장 조사 기관에서 발행하는 자료를 통해 특정 산업의 시장 규모, 성장 전망, 경쟁 구도를 파악할 수 있게 한다. 이를 통해 신시장 진출 가능성을 분석하거나 제품 포트폴리오를 조정할 수 있다.

⇒ 소비자 행동 분석은 시장 조사 기관에서 제공하는 소비자 분석 데이터를 활용하여 고객의 선호도, 구매 경로, 소비 습관 등을 파악하는 데 사용된다. 이를 바탕으로 고객 맞춤형 마케팅 전략을 수립할 수 있다.

• 소셜 미디어 분석 도구

소셜 미디어 분석 도구를 활용하면 고객이 소셜 미디어에서 남긴 데이터를 분석하여 실시간 시장 반응을 파악할 수 있다. 이를 통해 소비자의 요구와 기대를 빠르게 감지하고, 이를 제품 개발이나 마케팅에 반영할 수 있다.

⇒ 소셜 리스닝*은 고객이 소셜 미디어에서 특정 브랜드나 제품에 대해 이야기하는내용을 모니터링하여 실시간으로 고객 피드백을 분석할 수 있게 한다. 이를 통해 제품이나 서비스에 대한 즉각적인 개선을 도모할 수 있다.

* 소셜 리스닝(Social Listening)은 소셜 미디어와 온라인 플랫폼에서 특정 브랜드, 제품, 경쟁사 또는 업계 관련 키워드에 대한 언급과 대화를 모니터링하고 분석하는 과정을 말한다. 이를 통해 기업이나 조직은 고객의 의견, 감정, 트렌드, 요구 사항 등을 파악하여 더 나은 의사결정을 할 수 있다. 소셜 리스닝은

단순한 데이터 수집에 그치지 않고, 이를 분석하여 고객의 피드백에 대응하거나 마케팅 전략을 개선하고, 새로운 기회를 포착하는 데 활용한다. 이를테면 긍정적인 평가와 부정적인 평가를 분석하여 서비스 개선 방향을 설정하거나, 경쟁사의 동향을 모니터링하여 대응 전략을 세울 수 있다.

⇒ 소셜 미디어에서의 대화나 해시태그를 분석하여 신흥 트렌드를 파악하는 것이 트렌드 분석이다. 새로운 소비자 트렌드가 떠오르면 이를 신제품 개발이나 마케팅 캠페인에 반영할 수 있다.

• 외부 데이터의 수집에서 도전 과제

외부 데이터의 수집은 많은 이점을 제공하지만, 몇 가지 도전 과제도 수반된다. 특히 데이터의 신뢰성, 데이터 관리 비용, 데이터 분석 역량 부족 등의 문제가 발생할 수 있다.

⇒ 데이터의 신뢰성은 외부 데이터의 출처가 다양하므로 각 데이터의 신뢰성을 평가하고 검증하는 것이 중요하다. 신뢰할 수 없는 데이터를 기반으로 한 의사결정은 잘못된 결과를 초래할 수 있다.

⇒ 데이터 통합의 어려움은 외부 데이터가 다양한 형식과 구조를 가질 수 있어 이를 내부 데이터와 통합하는 과정에서 기술적 문제가 발생할 수 있다. 이를 해결하기 위해서는 데이터 통합 시스템과 일관된 데이터 관리 프로세스가 필요하다.

⇒ 데이터 분석 역량은 외부 데이터를 효과적으로 분석하기 위해 필수적이다. 고급 분석 기법과 도구를 도입하고 이를 운용할 수 있는 전문 인력을 확보해야 한다.

• 주요 내용 정리

외부 데이터의 수집은 시장 데이터, 고객 데이터, 경제 및 정책 데이터, 공급망 데이터 등 기업 외부에서 발생하는 정보를 체계적으로 수집·분석하여 시장 동향, 고객 요구, 정책 변화, 공급망 리스크를 파악하고, 이를 기반으로 S&OP 의사결정을 지원하며, 공공 데이터베이스, 시장 조사 기관, 소셜 미디어 분석 도구를 활용해 데이터를 통합·분석함으로써 환경 변화에 대한 유연한 대응과 신뢰성 있는 전략 수립을 가능하게 하며, 기업의 전략적 대응력과 운영 효율성을 강화하는 데 이바지한다.

데이터 통합과 정제

데이터 통합과 정제는 S&OP 프로세스에서 중요한 단계로, 내부와 외부에서 수집된 다양한 데이터를 하나의 통합된 시스템으로 결합하고, 데이터를 신뢰성 있고 분석 가능한 형태로 정리하는 과정이다. S&OP는 기업의 여러 부서와 시스템에서 발생하는 다양한 데이터를 바탕으로 이루어지므로, 이 데이터를 효과적으로 통합하고 정제하지 않으면 의사결정의 일관성과 정확성을 확보하기 어렵다.

데이터 통합은 다양한 출처에서 수집된 데이터를 하나의 일관된 형식으로 결합하여 데이터 가시성을 높이고, 이를 통해 각 부서가 똑같은 데이터를 바탕으로 협력할 수 있도록 도와준다. 데이터 정제는 수집된 데이터에서 오류, 불완전한 정보, 중복 데이터 등을 제거하여 데이터의 신뢰성을 높이는 작업이다. 이러한 과정을 통해 S&OP 프로세스에서 활용되는 데이터의 정확성을 보장하고, 궁극적으로 운영 효율성을 극대화할 수 있다.

데이터 통합의 중요성

데이터 통합은 S&OP 프로세스에서 필수적인 단계로, 내부와 외부에서 수집한 다양한 데이터를 일관된 형식으로 결합하고, 통합된 플랫폼에서 관리할 수 있도록 하는 과정이다. 다양한 부서와 시스템에서 데이터가 생성되기 때문에, 이를 통합하지 않으면 부서 간 정보가 일관되지 않거나, 데이터 활용도가 떨어질 수 있다. 데이터를 통합하여 모든 부서가 동일한 데이터에 접근할 수 있으며, 이를 바탕으로 협력적 의사결정을 내릴 수 있다.

• 부서 간 협업 강화

데이터 통합은 각 부서가 똑같은 데이터를 활용하여 협력할 수 있도록 만들어 준다. S&OP 프로세스는 영업, 생산, 재무, 물류 등 여러 부서가 협력하여 계획을 수립하는 과정이므로, 데이터 통합이 제대로 이루어지지 않으면 부서 간 정보의 불일치로 인해 혼란이 발생할 수 있다.

⇒ 공통 데이터 기반 의사결정은 데이터가 통합되면 각 부서가 똑같은 데이터를 바탕으로 협력하여 의사결정을 내릴 수 있으며, 이를 통해 의사결정의 일관성과 투명성을 확보할 수 있다. 예를 들어, 영업 부서에서 수요 예측 데이터를 바탕으로 판매 계획을 세우면 생산 부서는 이를 토대로 생산 일정을 조정할 수 있다.

⇒ 데이터 가시성 강화는 통합된 데이터 시스템에서 모든 부서가 실시간으로 데이터에 접근할 수 있게 되어 부서 간 정보 공유가 원활해지고 협업의 효율성이 극대화된다. 이를 통해 기업의 모든 부서가 데이터를 공유하며 긴밀하게 협력할 수 있다.

• 의사결정 속도와 정확성 향상

데이터 통합은 의사결정의 속도와 정확성을 크게 향상(向上)시킨다. 데이터가 여러 시스템에 분산되어 있으면, 이를 수동으로 결합하고 분석하는 데 많은 시간이 소요되며, 잘못된 데이터를 기반으로 의사결정을 내릴 위험이 있다. 반면에 데이터를 실시간으로 통합하고 분석할 수 있으면, 신속하고 정확한 의사결정이 가능해진다.

⇒ 통합된 데이터 시스템을 통해 실시간으로 데이터를 분석할 수 있으므로 기업은 시장 변화나 수요 변동에 신속하게 대응할 수 있다. 이를테면 실시간 판매 데이터를 분석하여 수요가 급증할 경우 즉각 생산 계획을 조정할 수 있다.

⇒ 데이터가 통합되어 있으면 분석 과정에서 불필요한 데이터 처리 단계를 줄여 분석 효율성을 높일 수 있다. 이를 통해 분석하는 소요 시간을 줄이고 더욱 정교한 예측과 전략적 의사결정을 내릴 수 있다.

• 데이터 일관성 확보

데이터 통합은 데이터를 일관된 형식으로 변환하여, 모든 부서에서 똑같은 기준으로 데이터를 해석할 수 있도록 보장한다. 각 부서가 서로 다른 기준으로 데이터를 관리하고 해석하는 경우, 잘못된 의사결정으로 이어질 수 있다. 모든 부서가 데이터를 일관성 있게 통합(統合)하여 활용하면, 의사결정의 정확성과 효율성을 높일 수 있다.

⇒ 데이터 표준화는 데이터 통합 과정에서 모든 데이터를 일관된 형식으로 변환하는

것이 중요하다. 각 부서에서 사용하는 데이터의 형식이 다를 경우 이를 통합하고 표준화함으로써 데이터 해석의 일관성을 확보할 수 있다.

⇒ 여러 시스템에 중복으로 저장될 수 있는 데이터를 통합하지 않으면 중복된 데이터를 바탕으로 잘못된 결정을 내릴 수 있으므로 중복 데이터 제거가 필요하다. 통합 과정에서 중복 데이터를 제거함으로써 데이터의 신뢰성을 높일 수 있다.

데이터 정제의 중요성

데이터 정제(Data Cleansing)는 수집된 데이터를 정확하고 신뢰할 수 있는 상태로 만드는 과정이다. 데이터를 통합할 때, 불완전하거나 오류가 섞인 데이터가 포함될 수 있으며, 이를 정제하지 않으면 분석 결과의 신뢰성이 떨어진다. 데이터 정제는 데이터를 정확하게 분석하고, 정확한 의사결정을 내리는 데 필수적인 단계이다.

• 데이터 오류 수정

데이터의 수집 과정에서 발생할 수 있는 오류를 수정하는 것은 데이터 정제의 핵심 과정이다. 데이터 입력 시의 오타, 형식 오류, 불일치 데이터 등은 이를 수정하지 않으면 잘못된 분석 결과가 도출될 수 있다.

⇒ 입력 오류 수정은 데이터 입력 과정에서 발생한 오타나 잘못된 데이터를 찾아 수정하는 과정이다. 이를테면 숫자가 잘못 입력되거나 날짜 형식이 일관되지 않으면 이를 수정하여 데이터를 정제해야 한다.

⇒ 불일치 데이터 해결은 서로 다른 시스템에서 수집된 데이터가 일치하지 않을 때 이를 확인하고 일관된 데이터로 정제하는 작업이다. 이를테면 같은 고객의 정보가 다른 부서에서 다르게 기록된 경우 이를 통일된 형식으로 맞추는 것이 필요하다.

• 결측값 처리

결측값(Missing Values)은 데이터 분석의 정확성을 떨어뜨릴 수 있는 요인의 하나이다. 특정 필드에 데이터가 입력되지 않았거나 누락(漏落)된 경우, 결측값을 처리하여 데이터를 완성해야 한다.

⇒ 데이터 보완은 결측값이 있는 경우 과거 데이터를 기반으로 예측값을 입력하거나 관련 데이터를 보완하여 결측된 부분을 채우는 과정이다. 이를 통해 데이터 분석의 신뢰성을 높일 수 있다.

⇒ 결측 데이터 제거는 필요한 경우 결측값을 포함한 데이터를 제거하여 분석에서 제외하는 방법이다. 결측 데이터가 분석에 큰 영향을 미치지 않는다면 이를 제거함으로써 분석의 정확성을 확보할 수 있다.

• 중복 데이터 제거

통합 과정에서 중복 데이터가 발생할 수 있는 데이터를 제거하지 않으면 분석 결과의 왜곡을 초래할 수 있다. 데이터 정제 과정에서는 이러한 중복 데이터를 찾아 제거하여 데이터를 정리해야 한다.

⇒ 중복 레코드 식별은 같은 고객이나 거래가 여러 시스템에 중복으로 기록된 경우 이를 식별하여 하나의 데이터로 통합하는 과정이다. 이를 통해 중복으로 인한 데이터 오류를 방지할 수 있다.

⇒ 불필요한 데이터 제거는 중복된 데이터 외에도 분석에 필요하지 않은 데이터를 찾아 제거함으로써 데이터의 품질을 개선하는 작업이다. 이를 통해 데이터 분석 과정의 효율성을 높이고 필요한 정보에 집중할 수 있다.

데이터 통합과 정제의 기술적 방법

데이터 통합과 정제를 효과적으로 수행하기 위해서는 적절한 기술적 도구와 자동화 시스템이 필요하다. 데이터를 수작업으로 통합하고 정제하는 것은 시간이 오래 걸리고 오류가 발생할 수 있으므로 이를 자동화할 수 있는 데이터 관리 도구를 사용하는 것이 바람직하다.

• ERP와 CRM 시스템 활용

ERP(Enterprise Resource Planning)와 CRM(Customer Relationship Management) 시스템은 기업 내 모든 부서에서 발생하는 데이터를 중앙 시스템으로 통합하고 관리할 수 있는 플랫폼이다. ERP와 CRM 시스템을 통해 데이터를 자동으로 통합하고, 실시간으로 업데이트할 수 있다.

⇒ 데이터 자동 통합은 ERP 시스템을 통해 생산, 영업, 재무 등 다양한 부서에서 생성되는 데이터를 통합하고 실시간으로 업데이트할 수 있게 한다. 이를 통해 데이터 통합 과정에서 발생할 수 있는 수작업 오류를 방지할 수 있다.

⇒ ERP와 CRM 시스템을 통해 데이터를 자동으로 정리하고 일관된 형식으로 저장할 수 있어 데이터 관리의 효율성을 높일 수 있으며, 이를 활용하는 모든 부서가 같은 데이터에 접근할 수 있고, 이를 바탕으로 신속한 의사결정을 내릴 수 있다.

• 데이터 정제 도구 활용

데이터 정제 도구는 데이터에서 발생하는 오류를 자동으로 탐지하고, 이를 정리할 수 있는 기능을 제공한다. 이를 통해 데이터를 신속하고 효율적으로 정제할 수 있으며, 분석의 신뢰성을 높일 수 있다.

⇒ 데이터 중복 제거와 오류 수정 도구는 중복된 데이터를 찾아 제거하고 잘못된 데이터를 수정하는 기능을 제공한다. 이를 통해 수작업으로 데이터를 정리하는 데 필요한 시간을 줄일 수 있다.

⇒ 결측값 보완 도구는 데이터 정제 도구를 통해 결측값을 자동으로 탐지하고 이를 보완하거나 제거하는 기능을 제공한다. 이를 통해 결측값으로 인한 분석 오류를 방지할 수 있다.

• 데이터 통합과 정제의 도전 과제

데이터 통합과 정제는 많은 이점을 제공하지만, 여러 도전 과제도 수반된다. 특히 다양한 데이터 출처, 데이터 일관성 부족, 기술적 복잡성 등이 발생할 수 있으며, 이를 해결하기 위해서는 체계적인 관리와 기술적 지원이 필요하다.

⇒ 데이터 일관성 문제는 여러 부서에서 데이터가 서로 다른 기준으로 관리될 경우 통합 과정에서 일관성을 확보하기 어렵다. 이를 해결하기 위해 데이터 표준화가 필수적이다.

⇒ 기술적 복잡성은 데이터 통합과 정제 과정에서 발생할 수 있으며, 이를 해결하기 위해 전문 인력과 적절한 도구가 필요하다.

⇒ 데이터 보안은 데이터를 통합하고 관리하는 과정에서 발생할 수 있는 문제이다. 이를 방지하려면 보안 체계를 강화하고 데이터 접근 권한을 엄격하게 관리해야 한다.

• 주요 내용 정리

데이터 통합과 정제는 내부·외부에서 수집된 다양한 데이터를 일관된 형식으로 결합하고 오류, 중복, 결측값 등을 제거하여 신뢰성과 분석 가능성을 확보하는 과정이다. 이를 통해 부서 간 협업과 의사결정의 일관성을 지원하며, ERP와 CRM 같은 통합 시스템과 데이터 정제 도구를 활용해 실시간 데이터 통합, 중복 제거, 결측값 보완 등을 자동화하여 데이터의 활용도를 높이고, 운영 효율성과 데이터 품질을 극대화하는 데 이바지한다.

데이터 분석 도구

분석 소프트웨어 사용

분석 소프트웨어는 S&OP 프로세스에서 데이터를 수집, 처리, 분석하여 의사결정을 지원하는 핵심 도구로, 기업이 복잡한 데이터를 효율적으로 다루고, 통찰력 있는 분석 결과를 도출하는 데 중요한 역할을 한다. 이러한 소프트웨어는 데이터를 실시간으로 처리하고, 다양한 변수들을 동시에 분석하여 더 정확한 예측을 가능하게 한다. 정확한 수요 예측, 공급 계획, 재고 관리 등 S&OP의 각 단계에서 분석 소프트웨어의 사용은 필수적이다.

분석 소프트웨어는 기업이 데이터 기반 의사결정을 내리는 데 도움을 주며, 기업의 운영 효율성, 비용 절감, 고객 만족도 등을 높이는 데 이바지한다. 특히 대량의 데이터를 처리하고 다양한 패턴을 신속하게 분석할 수 있어, 데이터의 복잡성을 해결하고 기업의 경쟁력을 강화하는 데 중요한 역할을 한다.

데이터 관리의 효율성 증대

분석 소프트웨어는 기업이 방대한 데이터를 효율적으로 관리할 수 있도록 도와준다. 다양한 출처에서 수집된 데이터를 하나의 시스템에서 통합하여 관리할 수 있으며, 데이터 처리 속도를 높여 실시간 데이터 분석이 가능하다. 이를 통해 데이터의 일관성을 유지하고, 중복된 작업을 줄여 업무 효율성을 극대화할 수 있다.

• 데이터 통합과 처리 자동화

S&OP 프로세스에서는 여러 부서에서 발생하는 데이터를 통합하고, 이를 분석하는 작업이 필요하다. 분석 소프트웨어는 이러한 데이터를 자동으로 통합하고, 데이터 처리를 효율적으로 수행하여 중복 작업을 최소화할 수 있다.

⇒ 자동 데이터 통합은 영업, 생산, 재무, 물류 등 각 부서에서 수집된 데이터를 하나의 시스템에서 통합하여 관리할 수 있게 한다. 이를 통해 부서 간 데이터 일관성을 유지하고 모든 부서가 똑같은 데이터를 활용하여 협업할 수 있다.

⇒ 데이터 처리 속도 향상은 분석 소프트웨어를 사용하여 데이터를 빠르게 처리하고 분석할 수 있도록 하여 실시간 데이터 분석이 가능해진다. 이를 통해 수요 변화나 시장 변화에 신속하게 대응할 수 있다.

• 대량 데이터 분석

S&OP 프로세스는 방대한 양의 데이터를 다루며, 이를 빠르고 정확하게 분석하는 것이 필수적이다. 분석 소프트웨어는 빅데이터를 처리하는 능력을 갖추고 있으며, 복잡한 데이터 구조도 효율적으로 분석할 수 있다. 이를 통해 과거 데이터를 기반으로 한 패턴 분석과 미래 예측에서 중요한 인사이트를 도출할 수 있다.

⇒ 빅데이터 처리는 분석 소프트웨어가 대량의 데이터를 신속하게 처리하고 분석하여 패턴을 발견하는 데 중점을 둔다. 이를 통해 수요 예측, 재고 관리, 생산 계획과 같은 중요한 의사결정을 지원할 수 있다.

⇒ 복잡한 데이터 분석의 경우, 기업이 여러 변수와 요소를 동시에 고려해야 할 때, 분석 소프트웨어는 다양한 데이터를 종합적으로 분석하여 의미 있는 통찰을 제공한다. 이를 통해 더욱 정교하고 전략적인 계획을 수립할 수 있다.

의사결정의 신속성과 정확성 향상

분석 소프트웨어는 데이터 기반 의사결정을 신속하고 정확하게 내리는 데 중요한 역할을 한다. 수동으로 데이터를 분석하고 결과를 도출하려면 시간이 오래 걸리지만, 분석 소프트웨어는 데이터를 빠르게 처리하고 실시간 분석을 통해 즉각적인 피드백을 제공한다. 이를 통해 의사결정자는 정확하고 신뢰할 수 있는 데이터를 바탕으로 빠르게 결정을 내릴 수 있다.

• 실시간 데이터 분석

S&OP 프로세스에서 실시간 데이터를 분석하는 것은 매우 중요하다. 시장 상황이나 수요 변동이 빠르게 일어날 수 있으므로 이를 적시에 파악하고 대응하는 것이 기업의 경쟁력 유지에 필수적이다. 분석 소프트웨어는 실시간으로 데이터를 수집하고, 이를 즉각 분석하여 신속한 대응을 가능하게 한다.

⇒ 실시간 예측 업데이트는 실시간으로 수집된 데이터를 바탕으로 수요 예측을 지속적으로 갱신하여, 생산 계획과 재고 관리의 효율성을 극대화할 수 있다. 이러한 접근은 시장 변화에 신속하게 대응하고, 재고 부족이나 과잉을 방지하며, 운영 비용을 절감하는 데 이바지한다. 이를테면 AI 기반의 수요 예측 시스템은 과거 판매 데이터와 현재 시장 동향을 분석하여 정확한 수요 예측을 제공함으로써, 기업이 생산과 재고 전략을 최적화할 수 있도록 지원한다.

⇒ 신속한 의사결정 지원은 분석 소프트웨어가 데이터를 실시간으로 처리하여 의사결정자가 필요한 정보를 즉시 얻을 수 있게 함으로써 신속하고 정확한 결정을 내리고 공급망 운영에서 발생하는 문제에 빠르게 대응할 수 있다.

• 예측 정확도 향상

분석 소프트웨어는 예측 정확도를 크게 향상시킬 수 있다. 수동으로 데이터를 분석할 때 발생할 수 있는 오류를 최소화하고, 더욱 정교한 알고리즘을 통해 정확한 수요 예측을 가능하게 한다. 이를 통해 과잉 생산이나 재고 부족과 같은 문제를 사전에 방지할 수 있다.

⇒ 데이터 기반 예측을 통해 분석 소프트웨어는 과거 데이터를 바탕으로 예측 모델을 생성하며, 이를 통해 미래 수요를 더 정확하게 예측할 수 있다. 이를 통해 생산 계획, 자재 조달, 재고 관리와 같은 의사결정을 더욱 정교하게 내릴 수 있다.

⇒ 리스크 예측을 통해 분석 소프트웨어는 공급망에서 발생할 수 있는 문제를 미리 파악하고 대비할 수 있도록 도와준다. 예를 들어, 공급망에서 발생할 수 있는 지연이나 자재 부족 문제를 사전에 감지하여 이를 해결하기 위한 계획을 세울 수 있다.

비용 절감과 운영 효율성 증대

분석 소프트웨어는 비용 절감과 운영 효율성 극대화에 이바지한다. 정확한 데이터를 바탕으로 자원 배분을 최적화하고, 재고 관리, 생산 계획 등의 효율성을 높임으로써 불필요한 비용을 줄일 수 있다. 또 소프트웨어는 인간의 실수를 최소화하고, 자동화된 프로세스를 통해 운영의 효율성을 극대화할 수 있다.

• 재고 관리 최적화

분석 소프트웨어는 재고 관리에서 큰 이점을 제공한다. 수요 예측을 정확하게 하고, 재고 수준을 최적화하여 과잉 재고나 재고 부족을 방지할 수 있다. 이를 통해 재고 보관 비용을 줄이고, 재고 회전율을 높여 비용 효율성을 높일 수 있다.

⇒ 재고 비용 절감은 기업의 수익성 향상과 운영 효율성 증대에 핵심적인 요소이다. 이를 위해 수요 예측을 기반으로 필요한 만큼의 재고만 유지함으로써 재고 보관비와 폐기 비용을 줄일 수 있다. 정확한 수요 예측은 과거 판매 데이터, 시장 동향, 계절성 등을 분석하여 미래의 수요를 예측하는 과정을 포함한다. 이를 통해 기업은 불필요한 재고로 인한 비용을 최소화하고, 자원을 효율적으로 활용할 수 있다.

⇒ 또 적시 재고 확보는 고객 만족도 향상과 시장 변화에 대한 유연한 대응에 필수적이다. 분석 소프트웨어를 활용한 실시간 데이터 분석은 재고 수준, 판매 추이, 공급망 상태 등을 실시간으로 모니터링하여 적시에 재고를 보충하는 계획을 수립할 수 있도록 지원한다.

⇒ 이를 통해 고객의 요구에 신속하게 대응할 수 있으며, 재고 부족으로 인한 판매 손실이나 과잉 재고로 인한 비용 증가를 방지할 수 있다. 이러한 접근은 기업의 경쟁력을 강화하고, 시장 변화에 유연하게 대처하는 데 도움이 된다.

• 생산 및 자원 배분 최적화

정확한 분석을 바탕으로 생산 계획과 자원 배분을 최적화할 수 있다. 분석 소프트웨어는 생산량을 적정 수준으로 조정하고, 자재나 인력 배치를 효율적으로 관리할 수 있는 최적화 도구를 제공한다. 이를 통해 생산과정에서 발생할 수 있는 낭비를 줄이고, 비용 절감을 달성할 수 있다.

⇒ 생산 계획 최적화는 분석 소프트웨어가 수요 예측을 기반으로 생산 일정을 최적화하여 과잉 생산을 방지하고, 자원을 효율적으로 배분하는 데 도움을 준다. 이를 통해 생산성을 높이고 불필요한 비용을 절감할 수 있다.

⇒ 자원 활용을 극대화하려면 소프트웨어를 통해 인력 배치, 설비 가동률, 자재 관리 등을 최적화하여 자원의 낭비를 줄이고 운영 효율성을 높이는 것이 중요하다. 이를 위해 자원 관리 소프트웨어를 활용하면 자원의 가용성과 활용률을 극대화하고, 기술, 위치, 선호도 등의 핵심 요소를 고려하여 모든 자원 유형을 계획하고 일정을 수립하며 배포하고 모니터링할 수 있다.

⇒ 자원 활용의 중요성은 시간, 자금, 인력, 장비, 자재 등 다양한 자원을 효과적으로 배분하고 관리하는 것이 생산성 극대화에 필수적이라는 점에서 강조된다. 따라서 이러한 소프트웨어 도구와 전략을 활용하면 조직은 자원 활용도를 높이고, 운영 효율성을 극대화할 수 있다.

사용자 친화적 인터페이스와 데이터 가시성 향상

분석 소프트웨어는 사용자 친화적인 인터페이스를 통해 데이터를 직관적으로 분석할 수 있도록 도와준다. 데이터가 시각적 형태로 제공되면, 복잡한 데이터를 쉽게 이해하고, 빠르게 분석 결과를 도출할 수 있다. 이는 경영진이 더 나은 결정을 내릴 수 있도록 지원하며, 데이터 가시성을 높여 전사적인 협업을 강화한다.

• 시각화 도구 제공

많은 분석 소프트웨어는 데이터 시각화 도구를 제공하여, 데이터를 차트나 그래프 형태로 시각화할 수 있다. 이를 통해 데이터의 패턴과 트렌드를 쉽게 파악할 수 있으며, 핵심 성과 지표(KPI)를 추적하는 데 도움이 된다.

⇒ 데이터 분석의 용이성은 복잡한 데이터를 시각적으로 표현함으로써 의사결정자가 정보를 쉽게 이해하고 빠르게 결론을 도출할 수 있도록 도와준다. 다양한 차트와 그래프를 활용하면 데이터의 패턴과 추세를 한눈에 파악할 수 있다. 이러한 시각적 도구는 데이터 해석 과정을 단순화하여 효율적인 의사결정을 지원한다.

⇒ 실시간 대시보드는 분석 소프트웨어가 현재 상황을 실시간으로 모니터링하고 분석할 수 있는 기능을 제공한다. 이를 통해 변화하는 데이터를 신속하게 파악하고 즉각적으로 대응할 수 있다. 실시간 대시보드를 통해 판매 추이, 재고 수준, 고객 행동 등의 변화를 실시간으로 감지하여 적절하게 조치할 수 있다.

• 협업과 의사소통 강화

분석 소프트웨어는 데이터를 시각적으로 표현하고, 공유할 수 있는 기능을 제공하므로, 부서 간 협업을 촉진한다. 이를 통해 모든 부서가 똑같은 데이터를 기반으로 협력하며, 데이터 기반 의사결정을 내릴 수 있다.

⇒ 데이터 공유 기능은 분석 소프트웨어가 데이터를 실시간으로 공유하고 관련 부서와 협업할 수 있도록 하여, 부서 간 의사소통을 원활하게 하고 공동의 목표를 달성하는 데 이바지한다. 데이터 협업 플랫폼은 협업자 간의 데이터 공유, 통합, 분석, 시각화 및 커뮤니케이션을 가능하게 하는 소프트웨어 또는 시스템으로, 데이터 버전 관리, 감사, 주석, 피드백 및 워크플로 관리와 같은 기능을 제공할 수 있다.

⇒ 분석 결과 보고서 생성은 소프트웨어가 분석 결과를 쉽게 보고서 형태로 변환하여 경영진에게 명확하고 간결하게 결과를 전달할 수 있도록 도와준다. Microsoft의 Power BI는 웹과 모바일 기반의 보고 및 분석 도구로, 데이터 집계를 수행하고 사용자 친화적인 세부 보고서를 생성하는 데 도움이 되는 최고의 보고 소프트웨어 중 하나이다.

• 주요 내용 정리

분석 소프트웨어는 S&OP 프로세스에서 데이터를 실시간으로 수집, 처리, 분석하여 의사결정의 정확성과 속도를 높이고, 데이터 통합, 자동화, 빅데이터 분석을 통해 운영 효율성과 비용 절감을 지원한다.

이를 통해 예측 정확도를 향상시키고, 재고와 생산 계획을 최적화하며, 리스크관리와 시장 변화 대응력을 강화한다. 또 사용자 친화적 인터페이스와 시각화 도구로 데이터 가시성과 협업을 증진해 기업의 경쟁력을 높이는 데 이바지한다.

데이터 시각화

데이터 시각화(Data Visualization)는 S&OP 프로세스에서 데이터를 효율적으로 이해하고, 인사이트를 도출하기 위해 데이터를 시각적 형태로 변환하는 기술이다. 복잡한 데이터를 차트, 그래프, 대시보드, 지도 등의 형태로 표현하여 의사결정자들이 데이터를 쉽게 분석하고 빠르게 결론을 도출할 수 있도록 도와준다. 데이터 시각화는 기업의 의사결정 속도와 정확성을 향상시키는 중요한 도구로, 특히 S&OP와 같은 데이터 중심의 프로세스에서는 필수적이다.

데이터 시각화는 대량의 데이터를 직관적으로 파악할 수 있게 하며, 데이터의 패턴, 추세, 이상값 등을 쉽게 발견할 수 있게 한다. 이를 통해 데이터 기반 의사결정이 더 빠르고 정확하게 이루어지며, 기업의 효율성과 경쟁력을 높일 수 있다.

복잡한 데이터의 직관적 이해

S&OP 프로세스에서 다루는 데이터는 다양한 출처에서 수집된 방대한 양의 데이터이다. 이러한 데이터를 수치나 표의 형태로 분석하면 복잡하고 비효율적일 수 있지만, 시각화 도구를 사용하면 복잡한 데이터를 쉽고 직관적으로 이해할 수 있다. 이를 통해 데이터에 대한 종합적인 통찰력을 빠르게 얻을 수 있으며, 기업의 핵심 성과 지표를 효과적으로 모니터링할 수 있다.

- **데이터의 패턴과 트렌드 분석**

데이터 시각화는 데이터의 패턴과 트렌드를 시각적으로 표현하여, 과거 데이터를 기반으로 미래를 예측하고 효과적인 계획을 수립하는 데 도움이 된다. 수요 예측이나 판매 실적 데이터를 시간에 따라 시각화하면 수요 변동이나 성장 추세를 쉽게 파악할 수 있다.

⇒ 수요 예측의 시각화는 수요 데이터를 시간 축에 맞춰 시각화함으로써 특정 제품의 수요 증가 시기나 계절적 변동을 쉽게 파악할 수 있다. 이러한 정보는 정확한 수요 예측을 지원하고 생산 계획을 최적화하는 데 도움이 된다.

⇒ 판매 트렌드 분석은 판매 실적을 그래프로 시각화하여 제품별, 지역별, 기간별로 판매 트렌드를 분석할 수 있으며, 이를 통해 시장 전략을 조정하거나 마케팅 활동을 계획하는 데 이바지할 수 있다.

- **데이터 간의 관계 분석**

데이터 시각화를 통해 변수 간의 관계를 시각적으로 확인할 수 있다. 생산량과 판매량, 재고 수준과 비용 사이의 상관관계를 시각화하면, 이러한 변수를 조정하여 최적의 운영 전략을 세울 수 있다.

⇒ 생산과 판매의 상관관계를 분석할 때, 생산량과 판매량 데이터를 시각적으로 비교하면 과잉 생산이나 재고 부족의 원인을 쉽게 파악할 수 있다. 이를 통해 생산량을 조정하여 재고 관리의 효율성을 높일 수 있다.

⇒ 비용과 수익 분석에서는 비용과 수익 데이터를 시각적으로 표현함으로써 수익성이 높은 제품이나 서비스, 그리고 비용 절감의 가능성을 쉽게 파악할 수 있다. 이는 기업의 비용 관리와 수익성 개선에 도움을 준다.

데이터 가시성 향상과 협업 지원

데이터 시각화는 데이터 가시성(Data Visibility)을 높여, 기업의 모든 구성원이 데이터를 더 명확하게 이해하고 효율적으로 협업할 수 있도록 도와준다. S&OP 프로세스는 여러 부서가 협력하여 운영되므로, 각 부서가 같은 데이터를 바탕으로 의사결정을 내리는 것이 중요하다. 시각화된 데이터를 통해 부서 간 정보 공유가 원활해지고, 의사소통이 개선되며, 협업의 일관성이 유지된다.

• 실시간 대시보드와 데이터 모니터링

실시간 대시보드는 데이터를 실시간으로 시각화하여 경영진이 현재 상황을 쉽게 파악할 수 있게 한다. 대시보드는 수요 예측, 재고 수준, 생산 상황, 물류 상태 등의 중요한 데이터를 시각적으로 표현하여, 필요한 정보를 빠르게 제공하고 실시간 모니터링을 가능하게 한다.

⇒ 실시간 성과 모니터링은 대시보드를 통해 핵심 성과 지표(KPI)를 실시간으로 확인함으로써 기업의 성과를 즉시 파악하고, 필요할 때 즉각 조치할 수 있다. 이를테면 재고 수준이 예상보다 낮아질 경우 즉시 경고를 받아 재고 보충을 계획할 수 있다.

⇒ 대시보드를 통한 시각적 보고는 경영진에게 실시간으로 직관적이고 명확한 정보를 제공하여 의사결정 과정을 더욱 신속하고 효율적으로 만든다. Power BI와 같은 분석 플랫폼은 데이터를 시각적으로 표현하여 경영진이 핵심 성과 지표를 한눈에 파악하고, 빠르게 변화하는 비즈니스 환경에서 더 나은 의사결정을 내릴 수 있도록 지원한다.

⇒ 또 이러한 대시보드는 다양한 소스의 실시간 데이터를 집계하여 주요 지표를 한눈에 확인할 수 있게 함으로써, 조직의 다양한 이해관계자가 핵심 성과 지표에 대한 개요를 빠르게 파악하고 데이터에 기반한 의사결정을 내릴 수 있도록 도와준다.

• 부서 간 협업 촉진

데이터 시각화는 데이터를 공유하고 협력할 수 있는 환경을 제공한다. 여러 부서가 똑같은 데이터를 시각화된 형태로 분석하면, 일관된 데이터 기반의 의사결정을 내릴 수 있으며, 부서 간의 협업이 원활해진다.

⇒ 공유할 수 있는 시각화 도구는 데이터를 쉽게 공유할 수 있는 기능을 제공하여 각 부서가 실시간으로 업데이트된 데이터를 바탕으로 협력할 수 있도록 지원한다. 이를 통해 모든 부서가 같은 목표를 공유하고 일관된 계획을 수립할 수 있다.

⇒ 효율적인 의사결정 지원은 시각화된 데이터를 통해 모든 부서가 이를 빠르게 이해하여 의사결정의 신속성과 정확성을 높일 수 있다. 영업 부서에서 수요 예측을 시각화하면 생산 부서와 물류 부서가 이를 기반으로 생산 일정과 배송 계획을 조정할 수 있다.

문제 식별과 리스크관리

데이터 시각화는 문제 식별과 리스크관리에 큰 도움을 준다. 데이터를 시각적으로 표현하면 이상 값이나 리스크 요인을 쉽게 발견할 수 있어, 사전에 문제를 해결하고 리스크를 최소화할 수 있다. 이는 기업의 안정적인 운영에 중요한 역할을 한다.

• 이상값과 문제 탐지

데이터 시각화를 통해 데이터에서 이상값(outlier)을 쉽게 발견할 수 있다. 이러한 이상값은 문제를 나타내는 신호일 수 있으며, 시각화를 통해 이를 빠르게 파악하고 해결할 수 있다. 특정 제품의 판매량이 급격히 줄어들거나, 생산 비용이 예상보다 많이 증가한 경우, 이를 시각화하여 문제의 원인을 분석하고 대응할 수 있다.

⇒ 이상값 탐지는 데이터를 시각적으로 표현함으로써 예상 범위를 벗어난 값이 눈에 띄게 표시되어 이상값을 빠르게 탐지할 수 있다. 이는 공급망을 운영할 때 발생할 수 있는 비정상적인 상황을 조기에 발견하고 대응하는 데 유리하다.

⇒ 시각화를 통해 문제를 신속하게 파악하면 문제 해결에 필요한 시간을 단축할 수 있으며, 이는 기업의 운영 효율성 향상에 이바지한다. 데이터 시각화 도구를 활용하면 복잡한 데이터를 직관적으로 이해할 수 있어 문제의 원인을 빠르게 식별하고 대응할 수 있다.

⇒또 실시간 대시보드를 통해 현재 상황을 모니터링하고 분석함으로써 변화하는 데이터를 신속하게 파악하고 대응할 수 있다. 이러한 접근은 기업이 문제를 조기에 발견하고 해결하여 운영 효율성을 높이는 데 도움이 된다.

• 리스크 예측과 관리

데이터 시각화는 리스크관리에도 중요한 역할을 한다. 데이터를 시각적으로 표현하여 잠재적인 리스크를 식별하고, 이를 예측(豫測)하여 대응할 수 있다. 수요 예측 데이터를 시각화하면 특정 제품의 수요 변동성을 파악할 수 있으며, 이를 바탕으로 리스크관리 전략을 수립할 수 있다.

⇒ 리스크 요인을 시각화함으로써 잠재적 위험 요소를 더욱 명확하게 파악할 수 있으며, 이를 통해 리스크 발생 가능성을 사전에 체계적으로 분석하여 적절한 예방 조치를 선제적으로 실행할 수 있다. 이러한 접근은 기업의 운영 안정성을 높이고 불확실성에 효과적으로 대비할 수 있도록 지원한다.

⇒ 시각화된 데이터를 기반으로 비상 계획을 보다 구체적이고 체계적으로 수립할 수 있으며, 이는 공급망 중단, 예상치 못한 수요 급증, 또는 기타 예상치 못한 상황에도 신속하고 유연하게 대응할 수 있는 역량을 강화한다. 이를 통해 기업은 위기 상황에서도 지속 가능한 운영을 유지하며 경쟁력을 확보할 수 있다.

데이터 기반 의사결정과 성과 향상

데이터 시각화는 데이터 기반 의사결정을 지원하여, 기업의 성과 향상에 직접 이바지한다. 시각화된 데이터는 더 빠르고 정확한 결정을 내릴 수 있게 하며, 이를 통해 S&OP 프로세스 전반에서 효율성과 성과를 극대화할 수 있다.

• 데이터 기반 의사결정 지원

데이터 시각화는 의사결정자들이 데이터를 명확하게 이해하고, 이를 바탕으로 데이터 기반 의사결정을 내릴 수 있도록 도와준다. 복잡한 수치나 표 형식의 데이터를 시각적으로 변환하면, 의사결정자는 더 빠르게 데이터를 분석하고 전략적 결정을 내릴 수 있다.

⇒ 정확한 데이터 분석은 시각화된 데이터를 통해 더욱 쉽게 이루어지며, 이를 기반으로 생산, 재고, 물류, 판매 등 비즈니스의 핵심 영역에서 신속하고 효율적인 결정을 내릴 수 있다. 또 시각화는 복잡한 데이터를 이해하기 쉽게 제공함으로써 데이터 기반 의사결정의 정확성과 신뢰성을 높이고, 운영 전반을 최적화할 수 있게 한다.

⇒ 전략적 의사결정은 시각화를 통해 도출된 깊이 있는 인사이트에 의해 크게 강화되

며, 이러한 데이터 기반의 분석 결과는 기업의 중·장기적인 전략 수립과 실행에 있어 중요한 역할을 한다. 이를 통해 의사결정 과정에서의 불확실성을 줄이고, 변화하는 시장 환경에 대한 적응력을 높임으로써 지속 가능한 성장과 장기적인 성과 개선에 긍정적인 영향을 미칠 수 있다.

• 성과 향상

데이터 시각화를 통해 운영 효율성을 높이고, 문제 해결 시간을 단축하며, 리스크를 최소화함으로써 기업의 전체적인 성과가 향상된다. 시각화된 데이터를 기반으로 정확한 결정을 내리면, 비용을 절감하고, 생산성과 수익성을 높일 수 있다.

⇒ 성과 모니터링은 대시보드를 통해 주요 성과 지표(KPI)를 실시간으로 확인하고, 데이터를 기반으로 즉각 조치할 수 있어 운영 효율성을 극대화할 수 있다. 이러한 실시간 모니터링은 잠재적 문제를 조기에 발견하고 신속히 대응할 수 있는 체계를 구축하여 기업의 전반적인 운영 성과와 경쟁력을 한층 강화하는 데 이바지한다.

⇒ 성과 개선은 시각화된 데이터를 심층적으로 분석함으로써 비효율적이거나 개선이 필요한 부분을 구체적으로 식별하고, 이를 기반으로 최적화된 전략과 실행 계획을 수립할 수 있다. 이러한 프로세스는 기업의 운영 전반에서 지속적인 개선을 가능하게 하고, 자원 활용의 효율성을 높이며, 장기적인 성과 향상을 안정적으로 달성할 수 있도록 지원한다.

• 주요 내용 정리

데이터 시각화는 복잡한 데이터를 차트, 그래프, 대시보드 등으로 표현하여 데이터의 패턴과 트렌드를 직관적으로 파악하고 신속한 의사결정을 지원하는 기술이다. 이를 통해 S&OP 프로세스에서 수요 예측, 판매 트렌드 분석, 변수 간 관계 파악이 쉬우며, 실시간 대시보드로 중요한 성과 지표를 모니터링하고 문제를 조기에 식별할 수 있다. 데이터 가시성과 협업을 강화해 일관된 의사결정을 지원하고, 리스크를 관리하여 안정적 운영과 경쟁력을 강화하며, 데이터 기반 의사결정을 촉진해 운영 효율성, 비용 절감, 성과 개선을 도모한다.

머신러닝 기반 분석

머신러닝 기반 분석은 S&OP 프로세스에서 데이터를 보다 정교하고 자동화된 방식으로 분석하기 위해 인공지능(AI) 기술을 활용하는 방법이다. 머신러닝은 대규모 데이터를 처리하고, 데이터에서 패턴을 학습하여 예측 모델을 생성하며, 이를 통해 수요 예측, 공급 계획, 재고 관리 등의 핵심 비즈니스 의사결정을 자동화하고 정확성을 높일 수 있다.

머신러닝 기반 분석은 데이터에서 복잡한 상관관계를 찾아내고, 이를 바탕으로 미래를 예측할 수 있는 강점이 있다. 이는 과거의 경험적 데이터와 실시간 데이터를 동시에 분석하여, 비즈니스 환경의 변화에 빠르게 대응하고 운영 효율성을 극대화하는 데 도움을 준다.

머신러닝의 원리와 S&OP에서의 적용

머신러닝(Machine Learning)은 컴퓨터가 데이터를 학습하여 패턴을 찾고, 그 결과를 바탕으로 예측이나 분류 작업을 수행하는 기술이다. 머신러닝 모델은 데이터를 통해 반복적으로 학습하면서 스스로 성능을 개선하며, 더 나은 예측 결과를 도출한다.

S&OP에서는 머신러닝을 통해 정확한 수요 예측, 효율적인 공급 계획, 재고 최적화 등을 달성할 수 있다.

• 지도 학습과 비지도 학습

머신러닝은 크게 지도 학습(Supervised Learning)과 비지도 학습(Unsupervised Learning)으로 나뉘며, 이 두 가지 방식 모두 S&OP 프로세스에서 활용될 수 있다.

⇒ 지도 학습은 과거의 데이터와 그에 따른 정답이 제공된 상황에서 머신러닝 알고리즘이 학습하여 새로운 데이터에 대해 예측을 수행하는 방식이다. S&OP에서는 과거 판매량과 수요 데이터를 학습해 미래 수요 예측에 유용하게 사용된다.

⇒ 비지도 학습은 정답이 없는 데이터에서 패턴을 찾아내는 방식으로, S&OP에서는 시장 세분화, 고객 분류, 제품군 분류 등의 작업에 활용된다. 이를테면 특정 패턴에 따라

고객을 그룹화함으로써 더 정교한 수요 예측이 가능하다.

• 머신러닝의 주요 적용 분야

S&OP에서 머신러닝은 다양한 데이터 분석 작업에 적용될 수 있으며, 특히 수요 예측, 공급망 최적화, 재고 관리 등에서 큰 효과를 발휘한다.

⇒ 수요 예측은 머신러닝 기술을 활용해 과거 판매 데이터를 학습하여 자동화할 수 있으며, 이를 통해 반복적인 작업을 줄이고 효율성을 높일 수 있다. 머신러닝은 과거의 판매 패턴, 계절적 요인, 경제 상황 등 다양한 요인을 종합적으로 분석하고 학습하여 이를 기반으로 더욱 정교하고 정확한 수요 예측 모델을 생성할 수 있다. 이러한 모델은 변화하는 시장 상황에 신속히 대응할 수 있는 기반을 제공한다.

⇒ 재고 최적화는 머신러닝이 판매 데이터를 분석해 적정 재고 수준을 계산하고, 공급망의 흐름을 예측하여 재고 부족이나 과잉을 방지할 수 있다. 이는 재고 관리 비용을 절감하고 운영 효율성을 높이는 데 도움을 준다.

⇒ 가격 최적화는 머신러닝이 고객의 구매 패턴, 가격 변화, 경쟁 상황 등 다양한 변수를 분석하여 최적의 가격 정책을 도출할 수 있으며, 이는 수익성 극대화와 고객의 구매 결정을 유도하는 데 이바지한다.

[AI 접목 방법]

AI/ML(인공지능과 머신러닝)을 수요 예측에 접목하는 방법과 절차는 여러 단계로 나누어져 있으며, 이를 통해 더 정교한 수요 예측을 실현할 수 있다. 주요 절차는 다음과 같다.

• 데이터의 수집

AI/ML 기반 수요 예측의 첫 단계는 데이터의 수집이다. 다양한 데이터의 수집이 중요하며, 이는 과거 판매 기록, 시장 상황, 경제 지표, 마케팅 데이터, 경쟁사 정보, 계절적 요인, 지역적 특성 등과 같은 데이터를 포함한다. 이때 데이터가 다차원적이고 다양할수록 AI/ML 모델이 더욱 정확한 예측을 할 수 있다.

• 데이터 정제와 준비

수집된 데이터는 자주 정제 작업이 필요하다. 결측값(missing values), 중복 데이터, 이상치(outliers) 등 불필요한 정보를 제거하여 데이터의 품질을 높여야 한다. 데이터가 정제된 후에는 분석에 적합한 형식으로 변환하고, 필요한 경우 추가적인 가공 작업을 수행한다. 이 단계에서는 다음 사항을 수행한다.

⇒ 평균값 대체, 삭제, 추정치 사용

⇒ 정규화, 표준화 등을 통해 AI/ML 모델 학습에 적합한 형태로 변환

⇒ 특성 엔지니어링(Feature Engineering)

- 특성 엔지니어링은 데이터의 중요한 패턴을 포착하기 위한 단계로, 모델의 성과에 큰 영향을 미친다. 특성 엔지니어링을 통해 데이터에서 유의미한 변수를 도출하거나, 추가 정보를 반영하여 모델이 수요 패턴을 보다 정확히 학습할 수 있도록 도와준다. 이를테면 날짜 데이터를 주/월 단위로 분할(分割)하거나 특정 이벤트와의 관계를 분석할 수 있다.

• AI/ML 모델 선택

데이터가 준비되면 모델 선택 과정이 시작된다. 이때 사용할 수 있는 AI/ML 모델은 다양하며, 각 모델은 데이터의 특성과 수요 예측의 목표에 따라 다르게 적용된다. 대표적인 AI/ML 모델은 다음과 같다.

⇒ 시계열 모델은 과거 데이터를 바탕으로 미래 수요를 예측하는 전통적인 방법으로 ARIMA, Prophet 등이 사용된다.

⇒ 기계 학습 모델은 랜덤 포레스트(Random Forest), XGBoost, Light GBM

등 다양한 회귀 및 분류 모델이 수요 예측에 적합하다. 특히 복잡한 다차원적 상관 관계를 반영할 수 있는 모델이 유리하다.

⇒ 장기 수요 패턴을 예측하는 데 유용한 딥러닝 모델은 LSTM(Long Short-Term Memory) 또는 GRU(Gated Recurrent Unit)와 같은 심층 신경망이다. 이 모델들은 비선형적이고 복잡한 패턴을 학습하는 데 효과적이다.

• 모델 학습과 검증

선택된 모델을 학습시키기 위해 훈련 데이터와 검증 데이터로 데이터를 나누어 학습을 진행한다. 훈련 데이터로 모델을 학습시킨 후, 검증 데이터를 이용해 모델이 예측하는 성과를 평가한다.

⇒ 모델 성과는 RMSE(Root Mean Squared Error), MAE(Mean Absolute Error), MAPE(Mean Absolute Percentage Error) 등과 같은 지표로 평가할 수 있다. 이 평가를 통해 모델이 수요를 얼마나 정확하게 예측하는지 파악할 수 있다.

• 하이퍼파라미터 튜닝

모델 학습 후에는 하이퍼파라미터 튜닝을 통해 모델의 성과를 최적화한다. 하이퍼파라미터는 모델이 학습하는 동안 설정되는 주요 변수들로 최적화되지 않으면 모델의 예측 정확도가 떨어질 수 있다. 하이퍼파라미터의 튜닝을 위해 그리드 서치(Grid Search) 또는 랜덤 서치(Random Search) 같은 기법을 사용할 수 있다.

• 모델 배포와 적용

최적화된 AI/ML 모델은 실제 운영 환경에 배포되어 수요 예측에 활용된다. 배포된 모델은 주기적으로 새 데이터를 받아 재학습하거나 업데이트하여, 실시간 또는 주기적으로 예측 결과를 개선할 수 있다. 이를 통해 변화하는 시장 상황에 신속하게 대응할 수 있다.

• 성과 모니터링과 피드백 루프

모델이 배포되면 성과 모니터링이 필요하다. 실제 수요와 예측 수요의 차이를 주기적으로 평가하여, 모델의 성과를 확인하고 필요시 업데이트를 진행한다. 특히 새로운 외부 요인이 발생하거나 시장 환경이 급변할 경우, 모델이 이를 반영할 수 있도록 지속적인 피드백 루프를 형성하여 모델의 정확도를 유지하는 것이 중요하다.

• 자동화와 통합

AI/ML 기반의 수요 예측은 ERP, SCM(Supply Chain Management), CRM(Customer Relationship Management) 등의 시스템과 연동하여 자동화할 수 있고, 예측 결과를 기반으로 자동으로 재고 발주를 생성하거나 생산 계획을 조정할 수 있다. 이렇게 통합된 시스템을 통해 인력 개입을 최소화하면서도 신속한 의사결정을 할 수 있다.

• 정리

AI/ML을 수요 예측에 접목하는 방법은 데이터의 수집부터 모델 학습, 성과 평가, 그리고 자동화까지 매우 체계적인 절차를 따른다. 이러한 접근 방식을 통해 수요 예측의 정확도가 크게 향상되고, 기업은 신속한 의사결정을 내릴 수 있는 기반을 마련할 수 있다. AI/ML은 시장 변화에 유연하게 대응하며, 더욱 정교한 예측을 통해 재고 관리, 생산 계획, 공급망 최적화에 크게 이바지할 수 있다.

머신러닝 기반 수요 예측의 이점

머신러닝 기반 분석은 특히 수요 예측에서 큰 효과를 발휘한다. 수요 예측은 S&OP에서 가장 중요한 요소이며, 머신러닝은 이를 더 정교하고 자동화된 방식으로 수행할 수 있다. 이는 기업이 미래 수요 변화를 예측하여 적절한 대응책을 마련하고, 효율적인 자원 배분을 가능하게 한다.

• 정확도 향상

머신러닝 알고리즘은 수백 가지 변수를 동시에 분석하고, 과거 데이터를 통해 미래의 수요를 예측한다. 이를 통해 인간이 수동으로 처리하는 것보다 훨씬 더 정확한 예측을 도출할 수 있다. 머신러닝 모델은 새로운 데이터를 지속적으로 학습하고, 그에 따라 예측의 정확도를 계속해서 개선한다.

⇒ 계절적 요인 고려는 머신러닝 알고리즘이 계절적 변동, 프로모션 이벤트, 공휴일 등의 다양한 영향을 자동으로 학습하여, 이러한 요인을 정교하게 수요 예측에 반영할 수 있도록 한다. 이를 통해 수요 예측의 정확성을 높이고, 기업이 계절적 특성에 맞춘 전략을 수립할 수 있는 기반을 제공한다.

⇒ 실시간 예측은 머신러닝이 실시간 데이터를 분석하여 변화하는 시장 상황에 신속하게 대응할 수 있도록 예측을 지속적으로 업데이트하며, 이를 통해 급변하는 시장 환경에서도 기업이 빠르게 대응할 수 있도록 지원한다.

• 복잡한 변수 처리

머신러닝은 매우 복잡한 변수들을 동시에 처리할 수 있어, 수요 예측에 영향을 미칠 수 있는 다양한 요소를 고려할 수 있다. 소비자 행동 패턴, 경제 지표, 경쟁사의 움직임, 날씨 변화 등 여러 요인을 동시에 분석하여 정확한 예측을 수행한다.

⇒ 복잡한 데이터 분석은 머신러닝이 여러 변수를 결합해 상호작용을 분석하고, 더 정교한 예측 결과를 도출할 수 있도록 한다. 이는 전통적인 분석 방법으로는 처리하기 어려운 대규모 데이터를 다룰 수 있는 능력을 제공한다.

⇒ 고객 행동 분석은 머신러닝 알고리즘이 고객의 구매 패턴을 분석하여 특정 제품이나 서비스에 대한 수요 변동을 예측할 수 있게 하며, 이를 통해 맞춤형 제품 추천이나 프로모션 전략을 수립할 수 있다.

공급망 관리에서의 머신러닝 적용

머신러닝은 공급망 관리(Supply Chain Management)에서 매우 중요한 역할을 할 수 있다. 공급망은 복잡한 네트워크로 구성되어 있으며, 수요와 공급 사이의 균형을 유지하기가 어렵다. 머신러닝 기반 분석은 공급망 예측, 물류 최적화, 재고 관리 등의 문제를 자동화하고 효율화하여 공급망의 운영 성과를 극대화한다.

• 물류와 재고 관리 최적화

머신러닝 알고리즘은 공급망에서 발생하는 데이터를 분석하여 재고 수준을 자동으로 조정하고, 물류 경로를 최적화할 수 있다. 따라서 재고가 적정 수준에서 유지되며, 공급망의 효율성이 높아진다.

⇒ 물류 경로 최적화는 머신러닝 기술이 방대한 물류 데이터를 학습하여 가장 효율적인 배송 경로와 최적의 운송 수단을 추천할 수 있도록 지원한다. 이를 통해 배송 시간을 단축하고 물류비용을 절감할 뿐만 아니라, 고객 만족도를 높이고 자원의 효율적인 활용을 가능하게 한다. 머신러닝 기반의 분석은 실시간 데이터까지 반영하여 변동 상황에 유연하게 대응할 수 있는 능력을 제공한다.

⇒ 재고 수준 자동 조정은 머신러닝이 판매 예측과 재고 데이터를 결합해 자동으로 재고 수준을 조정할 수 있게 하며, 이를 통해 재고 부족이나 과잉 재고의 위험을 줄이고 재고 관리 비용을 최적화할 수 있다.

• 공급망 리스크 예측과 관리

머신러닝은 공급망에서 발생할 수 있는 리스크를 사전에 예측하고, 이를 효과적으로 관리할 수 있는 도구를 제공한다. 머신러닝 알고리즘은 공급망에서 발생하는 모든 데이터를 분석하여 지연, 자재 부족, 품질 문제 등 다양한 리스크를 조기에 발견하고 대응할 수 있게 한다.

⇒ 머신러닝을 활용하여 운송 데이터와 기후 정보를 종합적으로 분석함으로써 물류 지연 가능성을 사전에 예측하고, 이에 대비한 대체 경로나 대응 전략을 미리 수립할 수 있다. 이를 통해 물류 운영의 효율성을 높이고, 예기치 않은 상황에서도 신속한 대응이 가능하도록 지원하며, 전체 공급망의 안정성과 신뢰성을 강화할 수 있다.

⇒ 머신러닝 알고리즘은 생산 데이터를 분석하여 품질 이슈를 사전에 감지하고, 이를 해결할 방안을 제공한다. 이를 통해 공급망 내에서 발생할 수 있는 문제를 최소화하고, 안정적인 운영을 유지할 수 있다.

머신러닝 기반 의사결정의 자동화

머신러닝은 데이터를 학습하여 의사결정 과정을 자동화할 수 있다. 이를 통해 수동적인 분석에서 발생할 수 있는 오류를 줄이고, 더 빠르고 정확한 의사결정이 가능해진다. 기업은 머신러닝을 활용해 자동화된 수요 예측, 재고 관리, 가격 설정 등을 구현함으로써 운영의 효율성을 극대화할 수 있다.

• 예측과 의사결정 자동화

머신러닝 알고리즘은 데이터 패턴을 학습한 후, 예측된 결과를 바탕으로 자동으로 의사결정을 내릴 수 있다. 이를테면 수요가 급증할 것으로 예측되면 자동으로 생산을 확대하거나, 재고를 보충하는 등의 결정을 내릴 수 있다.

⇒ 자동화된 재고 보충은 머신러닝 기술이 예측 데이터를 분석하여 최적의 재고 보충 시기와 수량을 자동으로 결정함으로써, 재고 부족을 예방하고 과잉 재고로 인한 불필요한 비용을 줄이는 데 이바지한다. 이를 통해 기업은 운영 효율성을 높이고, 고객 수요를 더욱 효과적으로 충족시키며, 전체 공급망 관리의 신뢰성과 민첩성을 강화할 수 있다.

⇒ 자동화된 가격 최적화는 머신러닝 알고리즘이 경쟁사 가격, 고객 수요, 시장 동향 등을 분석해 최적의 가격을 자동으로 설정할 수 있으며, 이를 통해 수익을 극대화하고 고객의 가격 민감도에 맞는 전략을 구현할 수 있다.

1. 머신러닝이 의사결정을 자동화하는 방식

머신러닝 기반의 의사결정 자동화는 다음과 같은 과정을 통해 이루어진다.

1) 데이터 수집 및 전처리
   - 다양한 소스(예: 거래 데이터, 고객 행동 데이터, 시장 데이터)에서 데이터 수집 정리한다.

2) 모델 학습 및 패턴 인식
   - 머신러닝 알고리즘이 과거 데이터를 학습하여 패턴을 분석하고, 특정 변수(예: 수요, 가격 변화)에 대한 영향을 학습한다.

3) 예측 및 의사결정 생성
   - 학습된 모델이 새로운 데이터를 입력받아 결과를 예측한다.
   - 예를 들어, 수요 예측 모델이 향후 3개월간 특정 제품의 판매량이 증가할 것으로 예측하면, 시스템이 자동으로 재고를 보충하는 의사결정을 내린다.

4) 실행 및 지속적인 개선
   - 머신러닝 모델이 자동으로 의사결정을 내리도록 설정된 경우, 일정한 기준(예: 95% 이상의 신뢰도, 비즈니스 규칙과의 일치 여부)을 충족하면 실행된다.
   - 실행 후에도 결과를 지속적으로 모니터링하여 모델을 업데이트하고 성능을 개선한다.

2. 자동화된 의사결정의 책임 주체

머신러닝이 자동으로 의사결정을 내리더라도, 최종적인 책임은 사람이 가진다. 이는 다음과 같은 이유 때문이다.

1) 설계 및 운영 주체: 데이터 과학자 및 엔지니어

- 머신러닝 모델을 설계하고 구현하는 데이터 과학자(Data Scientist)와 머신러닝 엔지니어(Machine Learning Engineer)는 모델이 합리적으로 동작하도록 보장해야 한다.
- 예측 모델의 정확도와 신뢰도를 평가하고, 오류가 발생할 가능성을 분석하는 역할을 맡는다.

2) 비즈니스 의사결정 주체: 관리자 및 경영진

- 기업의 의사결정권자(예: 운영 관리자, 제품 관리자, 경영진)는 머신러닝 모델이 생성한 자동화된 의사결정을 최종적으로 승인하거나 감시하는 역할을 한다.
- 예를 들어, 가격 최적화 알고리즘이 자동으로 가격을 변경하도록 설정되었더라도, 최종적으로 시스템이 설정한 가격이 기업의 전략과 부합하는지를 확인할 책임이 있다.

3) 법적 및 윤리적 책임: 기업 및 법률팀

- 머신러닝 모델이 부적절한 의사결정을 내릴 경우(예: 편향된 결과, 차별적 가격 책정, 공급망 문제 발생 등), 해당 기업이 법적 책임을 져야 한다.
- 따라서 법률팀과 데이터 윤리 전문가가 머신러닝 모델의 공정성과 법적 적합성을 검토하는 것이 필수적이다.

3. 머신러닝의 책임 전가 가능 여부

머신러닝 시스템이 자동으로 의사결정을 내린다고 해서, 책임을 머신러닝 모델에게 전가할 수는 없다. 이유는 다음과 같다.

1) 머신러닝 모델은 도구일 뿐, 의도를 가진 주체가 아님

- 머신러닝은 데이터 패턴을 학습하고 이를 바탕으로 결과를 도출하는 도

구다.

- 모델이 잘못된 결정을 내리더라도, 그것은 모델을 설계하고 운영하는 사람의 책임이다.

2) 의사결정의 프로세스와 책임 구조를 명확히 해야 함

- 자동화된 의사결정 프로세스에서 오류가 발생했을 때, 이를 감시하고 조치할 사람이 누구인지 명확해야 한다.
- 따라서 조직 내에서 머신러닝 모델의 운영과 관련된 책임을 명확히 배분해야 한다.

3) 법적 규제 및 윤리적 문제 고려

- 유럽연합(EU)의 AI 규제법(AI Act), 미국의 Algorithmic Accountability Act 등은 기업이 AI 및 머신러닝 기반의 자동 의사결정 시스템을 사용할 때, 책임을 명확히 하도록 규정하고 있다.
- 자동화된 시스템이 불공정한 결정을 내릴 경우, 기업이 법적 책임을 지게 된다.

4. 책임을 효과적으로 관리하는 방법

자동화된 의사결정의 책임을 효과적으로 관리하기 위해서는 다음과 같은 조치가 필요하다.

1) "휴먼 인 더 루프(Human-in-the-Loop)" 시스템 도입

- 완전 자동화가 아닌, 사람이 개입하여 최종 결정을 검토하는 방식으로 운영한다.
- 예: 자동 가격 최적화 시스템이 제안한 가격을 사람이 승인 후 반영하도록 설정.

2) 의사결정 감시 및 로그 기록

- 머신러닝이 내린 의사결정의 근거를 기록하고, 필요할 때 이를 검토할 수 있도록 한다.
- 예: 자동화된 재고 보충이 이루어진 경우, 어떤 데이터를 기반으로 했는지 기록.

3) 책임 명확화 및 가이드라인 수립
- 기업 내에서 머신러닝 기반 의사결정의 책임이 누구에게 있는지를 명확히 정의한다.
- 데이터 과학자, 운영 관리자, 법률팀이 협력하여 의사결정의 기준을 정한다.

이렇게 머신러닝이 의사결정을 자동화하더라도, 최종적인 책임은 해당 기업과 의사결정권자에게 있다. 머신러닝 모델은 단지 예측과 분석을 수행하는 도구일 뿐이며, 이를 어떻게 활용하고 감시할 것인지는 사람의 역할이다. 따라서 자동화된 시스템을 도입할 때는 책임 구조를 명확히 하고, 감시 및 보완 체계를 구축해야 한다.

Chapter 12 장에서 인공지능과 자동화를 설명하는 과정에서 '[AI 모델 예측 결과에 대한 해석이 가능한 설명서 토론]'에서 설명한 것처럼 AI 모델의 예측 결과는 투명하고 해석할 수 있도록 해야 한다.

• 맞춤형 전략 실행

머신러닝 기반 분석은 맞춤형 전략을 자동으로 실행할 수 있도록 지원한다. 고객의 구매 패턴이나 시장 데이터를 분석하여 개별 고객 또는 세그먼트에 맞춘 판매 전략을 자동으로 설정하고, 이를 통해 매출 증대와 고객 만족도를 높일 수 있다.

⇒ 개인화된 고객 경험은 머신러닝이 고객 데이터를 심층적으로 분석하여 각 고객의 선호도, 구매 패턴, 행동 데이터를 기반으로 맞춤형 서비스를 제공함으로써 이루어진다. 이를 통해 고객 만족도를 높이는 것은 물론, 반복 구매와 충성도를 유도하며, 고객과의 장기적인 관계를 강화할 수 있다. 또 개인화된 접근 방식은 경쟁우위를 확보하고, 고객 이탈률을 감소시키는 데도 효과적이다.

⇒ 세그먼트*별 전략은 머신러닝 알고리즘이 고객을 다양한 세그먼트로 나누고, 각 세그먼트에 맞는 맞춤형 전략을 자동으로 적용할 수 있게 하며, 특정 세그먼트의 고객에게는 할인 혜택을 제공해 구매를 촉진할 수도 있다.

* 세그먼트(segment)는 전체 고객군을 다양한 기준에 따라 나눈 소그룹이며, 공통적인 특징을 가진 고객 집단으로, 주로 다음과 같은 기준에 따라 구분된다.
(1) 인구 통계적 기준: 나이, 성별, 소득 수준, 교육 수준 등.
(2) 행동적 기준: 구매 빈도, 구매 금액, 브랜드 충성도 등.
(3) 지리적 기준: 거주 지역, 국가, 도시 등.
(4) 심리적 기준: 라이프 스타일, 관심사, 성향 등.
이렇게 세그먼트는 고객 집단의 다양성을 반영하여 개별화된 전략을 가능하게 함으로써 마케팅 효과를 높이고, 자원의 낭비를 줄이며, 고객 만족도를 극대화하는 데 중요한 역할을 한다. 세그먼트별 전략은 고객을 공통된 특징이나 행동에 따라 그룹화(세분화)한 뒤, 각 그룹(세그먼트)의 특성과 요구에 맞춘 맞춤형 전략을 수립하고 실행하는 방법이다. 머신러닝 알고리즘은 고객 데이터를 분석하여 구매 패턴, 관심사, 인구 통계적 정보 등을 기반으로 세그먼트를 생성하고, 각 세그먼트에 최적화된 마케팅·판매·서비스 전략을 자동으로 적용할 수 있도록 지원하며, 주로 다음과 같은 기준에 따라 구분된다.
(1) VIP 고객 세그먼트: 고가 상품의 할인 혜택 제공.
(2) 신규 고객 세그먼트: 첫 구매 할인 쿠폰 제공.
(3) 비활성 고객 세그먼트: 재참여를 유도하는 프로모션 전송.
이러한 전략은 고객별로 맞춤형 경험을 제공하여 기업의 효율성과 수익성을 극대화하는 데 이바지한다.

• 주요 내용 정리

머신러닝 기반 분석은 데이터를 학습하여 S&OP에서 수요 예측, 공급망 최적화, 재고 관리 등 핵심 의사결정을 자동화하고 정확성을 높이는 데 활용된다. 지도 학습과 비지도 학습 방식을 통해 정교한 예측 모델을 구축하며, 계절적 요인과 실시간 데이터를 반영해 변화하는 비즈니스 환경에 신속히 대응한다. 머신러닝은 재고 수준 조정, 물류 경로 최적화, 가격 정책 자동화, 고객 세그먼트 분석 등에서 효과적으로 적용되어 운영 효율성과 고객 만족도를 극대화한다. 또 자동화된 맞춤형 전략 실행을 통해 매출 증대와 경쟁력을 강화하는 데 이바지한다.

KPI와 성과 측정

핵심 성과 지표 정의

핵심 성과 지표(KPI: Key Performance Indicators)는 S&OP 프로세스에서 기업이 목표를 달성하기 위해 측정하고 추적해야 하는 중요한 지표를 의미한다. KPI는 기업의 전략적 목표와 비즈니스 성과를 평가하는 필수적인 도구로, 재무적·운영적·시장적 성과를 계량화하여 실질적인 개선을 이루는 데 사용된다. 이를 통해 기업은 효율적인 운영, 비용 절감, 매출 증대, 고객 만족도 향상 등의 구체적인 목표를 달성할 수 있으며, 각 단계의 성과를 측정하고 분석함으로써 지속적인 프로세스 개선을 이루게 된다.

S&OP 프로세스에서 KPI는 특히 수요 예측의 정확도, 재고 관리 효율성, 생산성과 납기 준수율 등의 주요 성과를 측정하는 데 중점을 둔다. 올바른 KPI를 설정하고 이를 정기적으로 평가하면 기업의 의사결정 과정을 개선하고, 공급망과 운영 프로세스의 효율성을 극대화할 수 있다.

KPI의 중요성

KPI는 S&OP 프로세스의 성과를 객관적으로 평가하는 측정 도구로 사용되며, 기업이 전략적 목표를 달성하고 있는지, 그리고 어떤 부분에서 개선이 필요한지를 명확히 파악할 수 있게 해준다. KPI는 기업의 장단기 목표에 맞춰 구체적으로 설정되며, 이를 통해 진행 상황을 추적하고 성과 개선 방안을 도출할 수 있다.

• 목표 달성도 측정

KPI는 S&OP 프로세스의 목표 달성도를 측정하는 중요한 도구이다. KPI를 통해 기업은 각 단계에서 설정한 목표가 얼마나 효과적으로 달성되고 있는지 평가하고, 필요한 조정을 할 수 있다. KPI는 또한 목표가 달성되지 못했을 경우, 원인을 분석하고 개선 방안을 도출하는 데 도움을 준다.

⇒ 전략적 목표 추적은 KPI를 통해 기업의 전략적 목표가 얼마나 달성되고 있으며, 그 과정에서 어떤 장애물이 있는지 명확하게 파악할 수 있게 한다. 이를테면 수익성 목표가 제대로 이루어지는지, 재고 회전율이 목표 수준에 도달했는지 확인할 수 있다.

⇒ 실적 평가는 KPI를 통해 부서별로 평가하며, 각 부서가 정해진 목표를 얼마나 달성했는지를 계량화하여 평가할 수 있다. 이를 통해 성과 기반의 보상이나 개선이 필요한 영역을 도출할 수 있다.

• 지속적인 프로세스 개선

KPI는 지속적인 프로세스 개선을 가능하게 한다. KPI를 통해 성과의 현재 상태를 파악하고, 이를 바탕으로 개선이 필요한 부분을 식별할 수 있다. 또 KPI를 활용하면 지속적인 모니터링을 통해 성과가 어떻게 변화하고 있는지 추적할 수 있으며, 이를 바탕으로 장기적인 성과 향상 전략을 수립할 수 있다.

⇒ 개선 기회 식별은 KPI를 통해 성과를 측정하여 비효율성이 발생하는 부분을 파악할 수 있도록 도와준다. 이를테면 생산성이 기대에 미치지 못할 경우, KPI 분석을 통해 병목 현상이나 자원 낭비를 식별할 수 있다.

⇒프로세스 최적화는 KPI를 기반으로 프로세스 개선 전략을 수립함으로써 S&OP의 각 단계에서 효율성을 극대화할 수 있다. 지속적인 KPI 분석을 통해 재고 관리, 생산 계획, 물류 효율성 등 다양한 영역에서 최적화를 이룰 수 있다.

KPI 설정 기준

효과적인 KPI를 설정하기 위해서는 구체적인 기준을 따르는 것이 중요하다. 잘 정의된 KPI는 측정 가능성, 구체성, 달성 가능성 등의 특징을 가져야 하며, 이를 통해 실질적인 성과를 도출할 수 있다. S&OP의 KPI는 각 단계에서 핵심 목표와 직접 연관되어 있어야 하며, 이를 통해 의미 있는 성과를 측정하고 분석할 수 있다.

• SMART 원칙

KPI는 흔히 SMART 원칙에 따라 설정된다. SMART는 Specific(구체적), Measurable(측정 가능), Achievable(달성 가능), Relevant(관련성), Time-bound(시간 기반)의 약자로, KPI가 효과적으로 기능하려면 이 기준에 부합해야 한다.

⇒ 구체적(Specific) 목표는 KPI가 명확한 목표를 가져야 하며, 어떤 성과를 측정할 것인지 구체적으로 정의되어야 한다는 뜻이다. 다시 말해 '재고 관리 개선'이라는 추상적인 목표 대신 '재고 회전율 20% 향상'이라는 구체적인 KPI를 설정해야 한다.

⇒ 측정 가능(Measurable) 목표는 KPI가 객관적으로 측정이 가능한 지표로서, 수치로 성과를 평가할 수 있어야 한다. 이를 통해 진척도를 명확히 파악할 수 있다. 이를테면 수요 예측의 정확도나 납기 준수율 같은 수치로 성과를 평가할 수 있다.

⇒ 달성 가능(Achievable) 목표는 KPI가 현실적으로 달성할 수 있는 수준이어야 하며, 도전적이지만 성취할 수 있는 목표로 설정해야 한다. 지나치게 높은 목표는 성과를 왜곡시키며, 달성 불가능한 목표는 동기 부여를 무의미하게 할 수 있다.

⇒ 관련성(Relevant) 목표로는 KPI가 비즈니스 전략과 S&OP 목표에 직접 관련되어 있어야 한다. 예를 들어 재고 관리나 공급망 효율성 개선과 같은 목표와 직접 관련이 있는 KPI를 설정해야 한다.

⇒ 시간 기반(Time-bound) 목표는 KPI가 명확한 시간 프레임 내에서 측정되어야 하며, 성과를 일정 기간 추적하고 평가할 수 있도록 시간제한을 설정해야 한다. 이를테면 3개월 또는 6개월 단위로 KPI의 성과를 평가할 수 있다.

⇒ "time-based"가 시간에 따라 이루어지는 활동을 강조하는 반면, "time-bound"는 특정한 시간 내에 이루어져야 한다는 제약을 더 강하게 부각하여 시간 기반(time-bound) 목표에 의미를 부여하게 되었다.

• 정량적 KPI와 정성적 KPI

KPI는 정량적(Quantitative)일 수도 있고 정성적(Qualitative)일 수도 있다. 정량적 KPI는 수치 기반 성과를 측정하는 데 사용되고, 정성적 KPI는 질적인 성과나 조직 문화, 고객 만족도 등을 평가하는 데 사용된다. S&OP에서는 일반적으로 정량적 KPI가 더 자주 사용되지만, 고객 서비스나 팀워크와 같은 요소에서는 정성적 KPI도 중요하게 다루어진다.

⇒ 정량적 KPI는 재고 회전율, 수요 예측 정확도, 납기 준수율과 같은 수치로 성과를 측정할 수 있는 지표이다. 이는 S&OP의 효율성을 수치로 평가하는 데 유용하며, 정확한 성과 분석을 가능하게 한다.

⇒ 정성적 KPI(Key Performance Indicator)는 고객 만족도, 팀 협력도, 브랜드 인식도와 같이 질적인 요소를 평가하는 지표로, 수치화하기는 어려우나 조직의 성과와 성공을 이해하는 데 매우 중요한 역할을 한다. 이러한 지표는 설문조사, 인터뷰, 고객 피드백, 또는 포커스 그룹과 같은 방법을 통해 데이터를 수집하고 분석함으로써 측정할 수 있다. 정성적 KPI는 기업이 내부 프로세스와 외부 이해관계자의 경험을 개선하기 위한 방향성을 설정하고, 장기적인 성과에 이바지할 수 있도록 도와준다.

S&OP에서 중요한 KPI 유형

S&OP에서 중요한 KPI는 수요 예측, 재고 관리, 생산성, 공급망 효율성 등과 관련된 지표들이다. 이러한 KPI는 S&OP 프로세스가 얼마나 효율적이고 정확하게 운영되고 있는지 평가하는 데 사용되며, 지속적인 성과 향상을 위해 필수적이다.

• 수요 예측 정확도

수요 예측 정확도는 S&OP의 핵심 성과 지표 중 하나로, 기업이 미래의 수요를 얼마나 정확하게 예측하는지 측정한다. 수요 예측 정확도가 높을수록 재고 부족이나 과잉 생산과 같은 문제가 줄어들며, 공급망 운영의 효율성이 높아진다.

⇒ 수요 예측 정확도는 실제 수요와 예측된 수요 간의 차이를 측정하여 예측의 신뢰성

과 정확성을 평가하는 핵심 지표이다. 이 지표는 단순히 수요를 추정하는 과정에 그치지 않고, 기업이 시장 수요를 보다 정확히 이해하고 이에 대응할 수 있는 전략을 수립하는 데 중요한 역할을 한다. 높은 수요 예측 정확도는 재고 과잉이나 재고 부족을 방지하여 물류비와 운영 비용을 절감할 수 있으며, 고객의 요구를 적시에 충족시켜 만족도를 높이는 데 이바지한다.

⇒ 특히 S&OP 프로세스에서 수요 예측 정확도는 공급망의 효율성과 유연성을 결정짓는 핵심 요소로서 생산 계획, 자재 조달, 물류 배치 등 전반적인 운영 효율성에 직·간접적인 영향을 미친다. 이를 통해 기업은 변화하는 시장 상황에 신속히 대응하고, 예측 오류로 인한 리스크를 최소화할 수 있다.

다음의 [표 2] KPI 자료 예시는 KPI 자료를 예시적으로 작성한 것으로, 독자들께서 이러한 형식으로 설계할 때 참고할 수 있다.

[표 2] KPI 자료 예시

KPI	수요예측 정확도		적용대상	팀단위			
CSF	월별 판매계획 수립 및 통보		관점	전략/			
지표 설명	월별 a제품 수요 예측치와 실체 수치와의 차이(오차율)의 연간 평균 수치						
측정 주기	월간		담당 부서	판매계획 분석팀		입력 방식	수기/자동
지표산식	{Σ절대값(월별 a제품 수요/월별 예측 수요-1)} / 12개월						
측정 근거자료	월별 단기판매계획		지표 비중	전체의 20%		지표 특성	정량
☞ 목표 설정							

y-0년 목표	예측오차율 3% 미만				평가구간			
목표설정 근거	y-0 운영계획				100	90	80	70	60

과거 실적(3년)	y-3		y-2		y-1		<~3.5%	3.5%≤ <~5.0%	5.0%≤ <6.5%	6.5%≤ <8.0%	≥8.0%
	목표	실적	목표	실적	목표	실적					
		2.8%		4.8%		1.8%					

KPI	업무협력지표		적용대상	팀단위		
CSF	역할과 책임의 명확화		관점	운영		
지표 설명	Team 간의 업무 협력도를 평가하기 위하여 유관부서로부터 업무협력정도에 대하여 평가받게 됨					
측정 주기	연간		담당 부서	영업전략수립팀	입력 방식	수기
지표산식	유관부서가 평가한 평가점수					
측정 근거자료	업무협력지표 평가서		지표 비중	전체의 10%	지표 특성	정성

☞ 목표 설정

y-0년 목표	95점 이상					평가구간				
목표설정 근거	프로젝트 성공률					100	90	80	70	60
과거 실적(3년)	y-3		y-2		y-1		≥95	95> ≥85	85> ≥75	75> ≥65	<65

과거 실적(3년)	목표	실적	목표	실적	목표	실적	≥95	95> ≥85	85> ≥75	75> ≥65	<65
	-	0	-	0	0	0					

독자 여러분의 회사에서 많은 KPI 유형이 관리되고 있을 것으로 판단되어 개략적인 풀 (Pool)을 정리하여 샘플로 제시한다.

설명	신제품 개발 및 제품 개발 역량 강화	마케팅 전략 및 판매 프로그램 개발	자재 구매 및 사내 물류 관리	생산 요건을 충족시키기 위한 제조 프로세스 관리	배송요건을 충족시키기 위한 제품반입, 창고, 배송 기능의 관리	고객 주문에 따른 배송, 지불요청 사후 지원 서비스 처리
Value Chain	신제품 및 브랜드 개발	판매 및 마케팅	구매	생산	재고 및 배송 관리	오더 관리
핵심 성과지표	• 년간 신규 브랜드 제품의 수 • 전체 매출중 신제품의 매출 비중 • 시제품 개발 기간 (컨셉 ~ 시제품 개발) • 예산 대비 신제품 개발 비용 단가 • 신제품의 예상 수요 대비 실제 수요 • 전체 매출중 신제품 개발시 소요된 전체 비용 • 설립 또는 인수한 지사 수	• 신규 브랜드 제품의 출시율 • 신규 브랜드 제품의 이익률 • 판매 증가율 • 시장점유율 • 총 이익 • 고객 서비스 수준 • 판매/광고 비용 비율 • 고객 유지 정도 • 해외 성장율 • 신제품의 예상 수요 대비 실제 수요	• 원자재 재고율 및 각 재고 관리 소요 일수 • 공급자재 거절율 • 원자재 공급 일수 • 총 비용 대비 총 원자재 비용 비율 • 공급업체의 주문 단가 • 공급업체 수 및 변경 정도 • 예산 대비 비용 • 구매 사이클의 정확도 • 판매 예측의 정확도 • 구매 부서 종업원별 구매 주문 수 및 주문량 • 총 종업원 수 대비 구매부서의 직원수 비율 • 구매 주문 비율 • 총 재고 대비 초과 재고 비율	• 주문 단가 • 편차를 포함한 총이익율 • 총 매출 대비 생산 비용 비율 • 평균 작업일수 • 제품 단가 • 시설 활용도 • 총 매출 대비 총 고정비 • 생산율 • 생산 프로세스의 평균 시간 • 총 매출 대비 노동 비용 비율	• 완제품 회전율 • 제품 오송율 • 주문접수에서 배송까지의 소요시간 • 예산 대비 운임 • 배송 요청일 대비 배송일 분석 • 적기 배송율 • 주문 입력 사이클 타임 • 총 매출 대비 운임율 • 외상 매출금 및 창고 비용 • 외상 매입금 • 배송 사이클 수 • 재고 감소율	• 불량 대출율 • 청구 오류율 • 주문 단가 • 제품 반송율 • 사외 화물 운임

• 재고 회전율

　재고 회전율은 재고 관리의 효율성을 평가하는 KPI로, 재고가 얼마나 빠르게 판매되고 보충되는지 측정한다. 높은 재고 회전율은 재고가 적시에 소진되고, 자본이 효율적으로 사용되고 있음을 나타낸다.

　⇒ 재고 회전율은 일정 기간 재고가 얼마나 자주 순환되는지를 측정하는 지표로, 재고 관리의 효율성을 평가하는 데 매우 중요한 역할을 한다. 이 지표는 기업이 재고의 활용도를 파악하고, 재고 유지에 따른 비용을 최적화하며, 자본을 더욱 효과적으로 배분할 수 있도록 지원한다.

　⇒ 높은 재고 회전율은 상품이 빠르게 판매되고 있음을 나타내며, 이를 통해 과도한 재고로 인한 보관 비용이나 감가 손실을 방지할 수 있다. 반면에 낮은 재고 회전율은 판매 부진이나 과잉 재고의 가능성을 시사하므로 신속한 개선 조치가 필요하다.

　⇒ 또 재고 회전율은 수요 예측 정확도, 생산 계획, 그리고 공급망 민첩성과도 밀접한 연관이 있으며, 이를 적절히 관리하면 기업이 운영 효율성을 높이고 시장 변화에 유연하게 대응할 수 있는 경쟁력을 갖출 수 있다.

• 납기 준수율

　납기 준수율은 고객에게 제품이 정해진 시간에 납품되었는지 평가하는 지표로, S&OP의 공급망 운영의 성과를 평가하는 중요한 KPI이다. 이 지표는 고객 만족도와 직접 연결되며, 공급망의 신뢰성을 평가하는 데도 유용하다.

　⇒ 납기 준수율은 제품이 약속된 납기에 정시에 배송되었는지 측정하는 지표로, 이는 공급망의 신뢰성과 고객 만족도에 큰 영향을 미친다.

　⇒ 납기 준수율은 고객에게 약속한 납기에 제품이 정확히 배송되었는지 측정하는 중요한 성과 지표로, 공급망의 신뢰성과 고객 만족도에 직접적인 영향을 미친다. 이 지표는 기업의 생산, 물류, 재고 관리, 그리고 협력업체와의 연계가 얼마나 원활하게 이루어지고 있는지 보여주는 핵심적인 척도이다.

　⇒ 높은 납기 준수율은 고객에게 신뢰감을 주고, 지속적인 거래 관계를 유지하는 데 이

바지하며, 브랜드의 이미지와 시장 경쟁력을 강화하는 데 도움을 준다. 반대로 낮은 납기 준수율은 고객 불만족을 초래하고, 장기적으로는 고객 이탈로 이어질 가능성이 높아 기업의 매출과 평판에 부정적인 영향을 미칠 수 있다.

⇒ 또 납기 준수율은 공급망 내 각 단계의 효율성을 측정하는 도구로 활용될 수 있으며, 이를 개선하기 위해선 예측 정확도 향상, 생산 및 물류 프로세스 최적화, 협력업체와의 협조 강화가 필요하다. 결과적으로 납기 준수율을 높이는 것은 고객 경험을 개선하고, 공급망 운영의 전반적인 성과를 강화하는 데 필수적인 요소이다.

• 주요 내용 정리

KPI(핵심 성과 지표)는 S&OP 프로세스에서 기업의 전략적 목표 달성을 측정하고 성과를 개선하기 위한 중요한 도구로, 수요 예측 정확도, 재고 회전율, 납기 준수율 등이 주요 지표로 활용된다.

KPI는 SMART 원칙(Specific, Measurable, Achievable, Relevant, Time-bound)에 따라 설정되며, 정량적 및 정성적 요소를 통해 운영 효율성과 고객 만족도를 평가한다. 수요 예측 정확도는 공급망 효율성과 유연성의 핵심 지표로, 재고 관리와 비용 최적화에 이바지한다. 재고 회전율은 자본 활용도와 재고 관리 효율성을 나타내며, 낮은 회전율은 개선이 필요함을 시사한다. 납기 준수율은 고객 만족도와 공급망 신뢰성을 평가하는 지표로, 이를 높이면 기업의 경쟁력을 강화할 수 있다.

성과 추적 방법

성과 추적은 S&OP 프로세스에서 설정된 핵심 성과 지표(KPIs: Key Performance Indicators)를 지속적으로 모니터링하고 평가하는 과정이다. 이를 통해 조직은 실제 성과가 목표에 얼마나 부합하는지 확인하고, 개선 필요 사항을 파악할 수 있다. 정확한 성과 추적은 실시간 데이터 분석과 지속적인 평가를 통해 이루어지며, 이를 통해 기업은 효율성을 극대화하고, 전략적 의사결정을 지원할 수 있다.

성과 추적은 정량적 지표와 정성적 평가를 모두 포함하며, 조직 내 각 부서가 공통의 목표를 달성하고 있는지 확인하는 데 중요한 역할을 한다. 성과 추적을 통해 운영 과정에서 발생하는 문제를 조기에 발견하고, 지속적인 개선을 통해 최적화된 운영 환경을 유지하는 것이 목표이다.

성과 추적의 중요성

성과 추적은 S&OP에서 매우 중요한 과정이다. 조직은 목표 달성도를 실시간으로 모니터링하고, 지속적인 평가를 통해 성과 개선을 추구해야 한다.

이는 기업이 전략적 목표를 달성하고, S&OP 프로세스가 효율적으로 운영되는지 확인하는 데 필수적인 요소이다.

• 목표 달성도 평가

성과 추적은 설정된 KPI를 바탕으로 목표 달성도를 평가하는 데 사용된다. 조직은 예측된 성과와 실제 성과를 비교하여, 목표가 얼마나 달성되고 있는지 평가할 수 있다. 이를 통해 필요한 조정을 하고, 성과 향상을 위한 전략을 수립할 수 있다.

⇒ 성과 비교는 예측된 수요, 생산 계획, 재고 수준 등과 같은 사전에 설정된 목표치와 실제로 달성된 성과를 체계적으로 비교하여 그 차이를 식별하고, 차이의 원인을 심층적으로 분석하는 과정을 말한다. 이 과정은 기업이 운영의 현재 상태를 명확히 파악하고, 계획 대비 성과 부족이 발생한 원인을 규명하며, 이를 바탕으로 향후 개선 조치를 수립하는 데 핵심적인 역할을 한다.

⇒ 성과 비교를 통해 발견된 인사이트는 운영 효율성을 높이고, 자원 배분을 최적화하며, 전략적 의사결정을 지원한다. 또 목표가 달성되지 않은 이유를 파악하는 것뿐만 아니라, 예외적인 성과 요인을 식별하여 이를 확장 가능성으로 전환하는 데도 활용된다. 이 과정은 S&OP(Sales and Operations Planning)와 같은 프로세스에서도 중요한 부분을 차지하며, 기업이 지속적(持續的)으로 목표와 현실 간의 간극(間隙)을 줄이고 성과를 향상시킬 수 있는 기반을 제공한다.

• 문제 식별과 개선 기회

성과 추적은 S&OP 프로세스에서 발생하는 문제를 조기에 발견하고, 이를 해결하기 위한 개선 기회를 제공하는 중요한 도구이다. 성과를 지속적으로 추적하면, 공급망 운영에서 발생하는 비효율성, 지연, 비용 초과 등의 문제를 신속하게 파악할 수 있다.

⇒ 병목 현상(bottleneck) 식별은 성과 추적 및 데이터를 활용하여 공급망에서 발생하는 병목 현상이나 자원의 비효율적인 배분 문제를 조기에 발견하고 해결할 수 있도록 돕는 중요한 과정이다. 이 식별 과정은 생산, 물류, 재고 관리 등 공급망의 다양한 단계에서 잠재적 문제를 파악하며, 이를 통해 프로세스의 병목 구간을 제거하거나 완화할 수 있다.

⇒ 병목 현상을 해결하면 S&OP 프로세스의 전반적인 효율성을 대폭 개선할 수 있으며, 자원 활용도를 최적화하여 운영 비용을 절감하고 납기 준수율과 같은 성과 지표를 향상시킬 수 있다. 궁극적으로 병목 현상 식별은 공급망의 민첩성과 신뢰성을 강화하여 변화하는 시장 수요와 고객 요구에 더욱 효과적으로 대응할 수 있는 기반을 제공한다.

• 성과 투명성 확보

지속적인 성과 추적은 성과의 투명성을 높여 조직 내에서 명확한 피드백을 제공할 수 있게 한다. 각 부서가 명확한 성과 지표를 바탕으로 실적을 평가받으면, 전체 조직의 목표 조율과 협업이 촉진된다. 성과 투명성을 통해 각 부서는 자신이 달성해야 하는 목표를 명확히 이해하고, 공동의 목표를 향해 나아갈 수 있다.

성과 추적 방법론

성과 추적 방법은 주로 데이터 기반의 분석 도구와 정기적인 리뷰 과정을 통해 이루어진다. 실시간 성과 모니터링, 대시보드 활용, 정기 보고서 작성, 분석 소프트웨어 등의 도구가 성과 추적에 사용된다. 이를 통해 조직은 실시간으로 데이터를 분석하고, 의사결정에 필요한 인사이트를 빠르게 도출할 수 있다.

• 실시간 성과 모니터링

실시간 성과 모니터링은 성과 추적의 핵심적인 방법의 하나이다. 실시간 데이터를 사용하여 S&OP 프로세스의 각 단계를 실시간으로 추적하면, 즉각적인 조치가 가능하며, 성과에 대한 피드백 루프를 강화할 수 있다.

⇒ 실시간 대시보드는 핵심 성과 지표(KPI)를 실시간으로 모니터링할 수 있는 도구로, 실적이 목표치에 부합하는지 또는 조정이 필요한지 즉각 확인할 수 있다. 대시보드는 재고 수준, 생산 진행 상황, 납기 준수율 등과 같은 데이터를 시각적으로 표시하여 성과를 쉽게 분석할 수 있도록 도와준다.

⇒ 알림 시스템은 성과가 목표치에서 크게 벗어나는 경우 즉각적인 경고를 제공하며, 이를 통해 문제를 빠르게 인식하고 실시간으로 대응 전략을 수립할 수 있다.

[알림 방식의 종류]

알림 시스템들은 실시간 데이터를 활용하여 S&OP 프로세스의 각 단계에서 성과를 추적하고, 신속하게 문제를 해결할 수 있도록 지원함으로써 기업의 운영 효율성과 민첩성을 높이는 데 큰 도움이 되며, 다음과 같이 다양한 기능으로 기업의 상황에 맞게 활용한다. 물론 이 외에도 다양한 방법이 있을 수 있다.

⇒ 실시간 대시보드 통합으로 S&OP 프로세스의 각 단계(수요 계획, 공급 계획, 재고 관리, 생산 계획 등)를 실시간으로 추적하는 대시보드를 운영하여, KPI에 대한 상태를 시각적으로 모니터링한다. 대시보드에 설정된 임계값에 도달하면 즉각적인 알림이 발생하도록 설정한다.

⇒ 비효율적이기는 하지만, 이메일 및 메시지 알림은 특정한 이벤트(예: 재고 부족, 수요 급증, 공급망 지연)가 발생하면 실시간으로 관련 부서에 이메일 또는 SMS 알림을 전송하여 즉각적인 대응을 유도한다.

⇒각 담당자에게 자동으로 문제 상황을 통보하고, 이를 해결할 수 있는 조치를

제안할 수 있다.

⇒ 모바일 앱 알림 방식은 관리자가 언제 어디서나 실시간 데이터를 확인하고 조치할 수 있도록 모바일 애플리케이션에서 알림을 받을 수 있다. (예: 납기일 초과, 재고 과잉, 생산 지연 시 관리자에게 즉시 알림 전송)

⇒ IoT 센서 연동 방식은 S&OP에 영향을 미치는 물리적 환경(공장 기기, 운송 수단 등)에 IoT 센서를 설치해 실시간 데이터를 수집하고, 센서로 감지된 문제를 자동으로 감시한다. 기준치에서 벗어나는 값이 감지되면 즉각 알림을 보낸다. (예: 운송 중 온도 변화가 감지될 때 물류 팀에 즉시 경고)

⇒ AI/머신러닝 기반 예측 알림은 과거 데이터를 학습한 머신러닝 알고리즘을 통해 수요 변동, 생산 과잉 또는 공급 부족을 예측하고, 잠재적 리스크가 감지될 경우 사전 경고를 보낸다. 이를 통해 문제를 사전에 방지하는 예방적 대응이 가능하다. (예: 수요 예측의 정확도가 기준치에서 벗어날 때 경고)

⇒ 팀 협업 툴 연동은 MS Teams, Slack, Jira 등과 같은 협업 도구에 실시간 알림을 연동하여 S&OP 프로세스 내에서 발생하는 중요한 이슈를 팀이 즉시 공유할 수 있다. 이를 통해 신속하게 문제를 논의하고 해결책을 마련할 수 있다. (예: 재고 부족 문제 발생 시 팀 전체에게 즉각 알림을 보내고 협업 시작.)

⇒ 커스텀 알람 트리거 형식은 S&OP 각 단계에 대해 KPI 임계값을 설정하고, 그에 따라 자동으로 알람이 발생하도록 한다. 각 트리거에 따른 알람은 정해진 부서나 담당자에게 자동으로 전송된다. (예: 재고 회전율이 특정 값 이하로 떨어지면 공급 팀에게 경고가 전송되고, 즉각 재고 보충 계획을 수립하도록 알림)

⇒ 공장 현장의 시각 및 음성 알림 방식은 생산 현장 또는 물류 센터에서 작업자가 즉시 인식할 수 있도록 시각적 신호(경고등)나 음성 알림을 설정할 수 있다. 이를 통해 생산 또는 물류 단계에서 발생하는 이상 상황에 신속히 대응할 수 있다. (예: 생산라인에서 제품 불량률이 높아지면 작업장에 경고등이 켜지고, 문제가 발생한 기계를 정지하는 자동화 기능 활성화)

⇒ 자동 보고서 생성 및 알림은 S&OP 성과를 주기적으로 모니터링하는 보고서

를 자동으로 생성하여 담당자에게 정기적으로 전송한다. 성과가 기준치를 벗어날 경우, 해당 보고서에 문제가 표시되고 이를 해결할 수 있는 조치도 제안된다. (예: 주간 S&OP 보고서에서 생산 계획과 실제 생산량 간의 차이가 발견되면, 자동으로 관리자에게 이메일을 통해 해결 방법을 알림)

• 정기적인 성과 리뷰

정기적인 성과 리뷰는 실시간 모니터링과 함께 성과를 평가하고, 개선 사항을 논의하는 중요한 과정이다. 정기적인 리뷰를 통해 성과의 변동성을 평가하고, 이를 바탕으로 장기적인 성과 향상 계획을 세울 수 있다. 리뷰는 일반적으로 월별, 분기별 또는 연간 단위로 이루어지며, 다양한 부서가 참여하여 협력적 의사결정을 내리게 된다.

⇒ 월간 또는 분기별로 S&OP 리뷰 회의를 개최하여 지난 기간 동안 성과를 평가하고, 각 부서가 목표를 얼마나 달성했는지 검토한다. 이를 통해 성과에 영향을 미친 요인을 분석하고, 개선을 위해 조정할 사항을 도출할 수 있다.

⇒ 성과 리뷰를 위해 정기적으로 성과 보고서를 작성하여, 성과 데이터를 정리하고 분석한다. 이 보고서는 성과 추적의 결과물로, 경영진에게 전략적 피드백을 제공하는 중요한 역할을 하며, 주요 KPI, 성과 달성도 개선 사항 등을 포함한다.

• 분석 소프트웨어 사용

분석 소프트웨어는 S&OP 프로세스에서 성과를 자동화하고 정확하게 추적할 수 있는 도구이다. 이를 통해 대규모 데이터를 실시간으로 처리하고, 이를 바탕으로 성과를 분석할 수 있다. MS D365 ERP 시스템과 Microsoft Power BI(Business Intelligence) 도구는 성과 추적에 필수 역할을 하며, 성과 모니터링을 자동화하여 분석의 정확도와 효율성을 높인다.

⇒ ERP 시스템을 통해 기업의 운영 데이터를 통합 관리하고, 각 부서의 성과를 자동으로 추적할 수 있다. ERP 시스템은 재무, 생산, 물류 등 다양한 부서의 데이터를 하나의 플

랫폼에서 관리하며, 성과 분석을 위한 데이터 기반 의사결정을 지원한다.

⇒ BI(Business Intelligence) 도구는 다양한 데이터를 종합적으로 분석하고 시각화된 보고서를 생성하는 데 사용된다. 이를 통해 실시간 데이터 분석이 가능하며 성과에 대한 포괄적인 이해를 제공한다.

성과 추적 도구의 사용

성과 추적을 위해 다양한 디지털 도구와 소프트웨어를 사용할 수 있다. 이들 도구는 실시간 모니터링과 분석, 보고서 작성 등의 과정을 지원하며, 효율적인 성과 추적을 가능하게 한다. 데이터 시각화 도구, 대시보드 소프트웨어, 프로젝트 관리 툴 등이 성과 추적에 중요한 역할을 한다.

• 데이터 시각화 도구

데이터 시각화 도구는 S&OP 성과 추적에서 핵심 역할을 한다. 복잡한 데이터를 시각적으로 표현함으로써 의사결정자가 데이터를 더 직관적으로 분석할 수 있도록 도와준다. 이를 통해 KPI에 대한 빠른 이해와 효과적인 의사결정이 가능해진다.

⇒ 시각적 보고서는 성과 데이터를 그래프, 차트, 히트맵 등 다양한 형태로 시각화하여 데이터를 직관적으로 이해할 수 있도록 돕는 도구이다. 이를 통해 성과 추이를 빠르게 파악하고, 핵심 정보를 명확하게 전달할 수 있어, 의사결정 과정을 지원하는 데 매우 효과적이다. 특히 회의나 보고서 작성 시 복잡한 데이터를 쉽게 설명할 수 있어, 팀 간의 의사소통을 원활하게 하고 논의의 초점을 강화하는 데 이바지한다. 또한 시각적 보고서는 데이터 기반의 인사이트를 시각적으로 제공함으로써 실행할 수 있는 행동 계획을 수립하는 데도 도움을 준다.

⇒ 대시보드 활용은 다양한 KPI를 하나의 화면에서 실시간으로 통합하여 모니터링할 수 있는 강력한 기능을 제공한다. 이를 통해 실시간 성과 변동을 빠르게 파악할 수 있을 뿐만 아니라, 특정 문제 영역을 즉각적으로 식별하고 적절하게 조치할 수 있다. 대시보드는 데이터의 투명성을 높이고, 의사 결정자에게 중요한 정보를 적시에 제공하며, 전체적

인 성과 추적 및 관리 프로세스를 최적화하는 데 중요한 역할을 한다. 이를 통해 기업은 변화하는 환경에 유연하게 대응하고, 보다 효율적으로 목표를 달성할 수 있다.

• 프로젝트 관리 툴

프로젝트 관리 툴은 S&OP의 각 단계를 추적하고 모니터링할 수 있도록 도움을 준다. 이를 통해 각 부서의 성과 진척도를 확인하고, 프로젝트 목표가 어떻게 달성되고 있는지 평가할 수 있다. 또 팀 간 협업을 강화하고, 실시간 피드백을 제공하여 성과를 지속적으로 관리할 수 있다.

⇒ 성과 피드백 루프는 프로젝트 관리 툴을 사용하여 팀 간 실시간 피드백을 제공하고, 성과에 대한 즉각적인 수정을 가능하게 한다. 이를 통해 문제가 발생했을 때 빠르게 대응하고 성과를 개선할 수 있다.

⇒ 성과 진행 상황 추적은 각 프로젝트의 진행 상황을 실시간으로 확인하고, 일정에 맞게 목표가 달성되고 있는지 확인할 수 있도록 한다. 이를 통해 성과를 관리하고, 일정 조정이 필요할 때 신속하게 대응할 수 있다.

성과 추적의 도전 과제와 해결 방안

성과 추적은 많은 이점을 제공하지만, 몇 가지 도전 과제도 존재한다. 특히 데이터의 일관성, 부서 간 협력, 기술적 한계 등의 문제가 발생할 수 있다. 이를 해결하기 위해서는 통합된 시스템과 조직 내 소통 강화가 필요하다.

• 데이터 일관성 유지

성과 추적을 위해 데이터 일관성을 유지하는 것은 중요한 과제이다. 여러 부서에서 수집된 데이터가 일관된 형식으로 관리되지 않으면, 성과 평가의 정확성이 저하될 수 있다. 이를 방지하기 위해 통합된 데이터 관리 시스템을 도입하고, 모든 부서가 표준화된 데이터 관리 프로세스를 따르는 것이 중요하다.

• 부서 간 협력 강화

성과 추적은 부서 간 협력이 필수적이다. 부서 간 데이터 공유와 협업이 원활하지 않으면, 성과 추적 과정에서 정보 격차가 발생할 수 있다.

이를 해결하기 위해 정기적인 회의와 소통 채널을 강화하고, 모든 부서가 공동의 목표를 위해 협력하는 문화를 조성해야 한다.

• 주요 내용 정리

성과 추적은 S&OP 프로세스에서 KPI를 지속적으로 모니터링하고 평가하여 목표 달성도를 확인하고, 문제를 조기에 발견하며 개선 기회를 제공하는 중요한 과정이다. 실시간 대시보드와 알림 시스템, 정기적인 성과 리뷰, 분석 소프트웨어와 같은 도구를 활용해 데이터를 분석하고 의사결정을 지원한다. 성과 추적은 운영 과정에서 병목 현상을 식별하고 해결하여 공급망 효율성과 성과 투명성을 높이는 데 이바지한다. 데이터 일관성 유지와 부서 간 협력 강화는 성과 추적의 핵심 과제로, 이를 위해 통합된 시스템과 소통 강화를 통해 해결해야 한다. 이러한 과정을 통해 조직은 지속적으로 효율성을 개선하고 전략적 목표를 달성할 수 있다.

개선 사항 도출

S&OP 프로세스에서 설정된 핵심 성과 지표(KPIs: Key Performance Indicators)를 기반으로 성과를 분석하고, 이를 통해 비효율적이거나 목표 달성에 미치지 못하는 영역을 찾아내어 개선하는 과정이 개선 사항 도출이다. 성과를 측정하고 추적하는 것만으로는 효과적인 운영 개선이 이루어지지 않고, 성과 분석을 통해 구체적인 개선 방안을 도출하는 것이 필수적이다. 이를 통해 기업은 지속적인 운영 효율성을 확보하고, 공급망 및 운영 전략에서 성과 향상을 달성할 수 있다.

개선 사항 도출은 KPI 결과를 바탕으로 문제 영역을 파악하고, 대안을 수립하며, 조정 및 실행 단계를 거쳐 성과를 최적화하는 일련의 과정이다. 이를 통해 기업은 경쟁력을 높이고, 비용 절감과 고객 만족도 향상 같은 구체적 목표를 달성할 수 있다.

개선 사항 도출의 중요성

S&OP 프로세스에서 개선 사항 도출은 지속적인 성과 향상을 위해 필수적이다. KPI를 기반으로 성과를 평가한 후 비효율성이나 문제점을 파악하고, 이에 대한 구체적인 해결책을 마련해야 한다. 개선 사항 도출은 기업의 운영 목표와 전략적 목표를 달성하는 데 중요한 역할을 하며, 이를 통해 지속적인 경쟁우위를 확보할 수 있다.

• 목표 달성을 위한 필수 과정

성과 추적 결과만으로는 목표 달성을 보장할 수 없다. 추적 과정에서 성과가 기대에 미치지 못하는 경우, 구체적인 개선 사항을 도출해야만 성과를 최적화할 수 있다. 개선 사항 도출을 통해 실질적인 변화를 유도하고, S&OP 프로세스에서 더 나은 성과를 달성할 수 있다.

⇒ 목표 달성 촉진은 S&OP 과정에서 개선 사항을 도출하고 이를 실행함으로써 기업의 구체적인 목표 달성을 지원하는 중요한 과정이다. 이 과정은 각 부서가 직면한 문제를 효과적으로 해결할 기회를 제공하며, 부서 간의 협력과 조율을 강화하여 운영 효율성의 극대화에 이바지한다. 나아가 명확한 목표와 실행 계획을 통해 조직 전반의 성과를 체계적으로 관리하고, 기업의 전략적 우선순위를 달성하는 기반을 마련한다.

⇒ 지속적인 성과 향상은 개선 사항을 주기적으로 도출하고 이를 실행에 옮김으로써 성과를 장기적으로 개선하고 조직의 경쟁력을 강화하는 과정을 의미한다. 이러한 지속적인 개선 활동은 운영 프로세스를 최적화할 뿐만 아니라 변화하는 시장 환경에 대한 적응력을 높이고, 혁신적인 아이디어와 실행 전략을 촉진하는 데 이바지한다. 또 장기적인 관점에서 기업이 성장하고 경쟁우위를 유지할 수 있도록 필요한 자원 활용과 역량 강화에 집중할 수 있는 토대를 제공한다.

• 문제 예방과 비용 절감

개선 사항을 도출하면 성과 저하의 원인을 미리 발견하고 문제를 예방할 수 있다. 이는 운영 과정에서 발생할 수 있는 비용 낭비나 지연을 방지하고, 재고 부족 또는 과잉 생산과 같은 리스크를 줄여준다. 또 개선 사항을 통해 운영 효율성을 높임으로써 비용 절감 효과를 기대할 수 있다.

⇒ 비용 절감은 개선 사항을 도출하여 성과 저하를 초래하는 잠재적 문제를 사전에 식별하고 이를 해결함으로써 불필요한 비용을 효과적으로 절감할 수 있는 과정이다. 이를테면 재고 관리 시스템의 효율성을 높이면 과잉 재고와 재고 부족 문제를 방지하여 보관비용과 운송 비용을 절감할 뿐만 아니라, 자원의 최적화를 통해 추가적인 운영 비용까지 감소시킬 수 있다. 이러한 비용 절감 노력은 기업의 수익성을 개선하고, 더 나은 경쟁력을 확보하는 데 이바지한다.

⇒ 리스크 감소는 공급망에서 발생할 수 있는 잠재적인 리스크나 생산 지연 등의 문제를 사전에 인식하고 이를 해결하기 위한 효과적인 개선책을 마련함으로써 비즈니스 리스크를 최소화하는 중요한 과정이다. 이를 통해 예기치 않은 상황으로 인한 재정적 손실을 방지하고, 고객 신뢰도를 유지하며, 공급망의 안정성과 유연성을 높일 수 있다. 리스크 감소 전략은 기업의 장기적인 성장 기반을 강화하고, 외부 환경 변화에 더욱 민첩하게 대응할 수 있는 역량을 제공하여 시장 경쟁력 유지에 이바지한다.

개선 사항 도출 과정

개선 사항 도출은 KPI 성과 데이터를 기반으로 문제 영역을 분석하고, 이를 개선하기 위한 구체적인 대안을 수립하며, 개선안을 실행하고 재평가하는 과정을 거친다. 이 과정은 지속적인 성과 개선을 위한 핵심 단계로, 실질적인 개선 효과를 얻기 위해 체계적인 접근이 필요하다.

• 성과 분석과 문제 영역 식별

개선 사항 도출의 첫 번째 단계는 KPI 성과 분석을 통해 문제 영역을 식별하는 것이다. 성과가 목표에 미치지 못하는 지점을 찾아내고, 그 원인을 분석하는 것이 핵심이다. 이 단계에서는 데이터 분석 도구나 성과 보고서를 활용하여 정량적 데이터와 정성적 피드백을 모두 고려한다.

⇒ 데이터 분석은 KPI 데이터를 심층적으로 분석하여 성과 차이를 식별하고, 그 원인을 규명하는 중요한 과정이다. 이를 통해 수요 예측 정확도가 낮거나 재고 회전율이 낮은 경우와 같은 문제를 조기에 발견하고, 성과 저하의 원인을 상세히 분석하여 문제 영역을 명확히 파악할 수 있다. 이러한 분석은 운영 효율성을 높이고, 데이터 기반 의사결정을 통해 성과를 개선하며, 더 나은 전략적 계획을 수립하는 데 필수적인 역할을 한다.

⇒ 정성적 분석은 정량적 데이터뿐만 아니라 현장 피드백, 고객 의견, 직원 경험과 같은 정성적 자료를 함께 고려하여 성과 저하의 근본적인 원인을 심층적으로 파악하는 과정이다. 이를 통해 단순히 수치로 드러나지 않는 복잡하고 다면적인 문제를 식별하고 해결 방안을 마련할 수 있다. 정성적 분석은 조직 내 다양한 관점을 통합하여 더욱 균형 잡힌 해결책을 도출하고, 성과 개선 및 프로세스 최적화에 이바지한다.

• 근본 원인 분석

문제 영역을 식별한 후에는 그 문제의 근본 원인을 분석(root cause analysis)하는 과정이 필요하다. 이를 통해 겉으로 드러난 문제뿐만 아니라 문제의 본질적인 원인을 찾아 개선할 수 있다. 이 단계에서는 근본 원인 분석 기법[(예: 5Why 분석, 피쉬본 다이어그램, Pareto 분석(Pareto Analysis))을 사용할 수 있다. 이 장에서는 다음의 2가지만 다루어 보도록 한다.

⇒ 5Why 분석은 문제의 근본 원인을 체계적으로 파악하기 위해 "왜?"라는 질문을 다섯 번 이상 반복하며 본질적인 문제를 깊이 탐구하는 효과적인 문제 해결 방법이다. 이 분석 기법은 겉으로 드러난 표면적인 현상 뒤에 숨겨져 있는 근본적인 원인을 식별하는 데 중점을 둔다. 이를테면 특정 프로세스에서 오류가 발생했을 때 단순히 결과를 수정하는 것에 그치지 않고, 그 오류가 발생한 원인과 배경까지 단계적으로 추적하여 문제의 뿌리를 찾아낼 수 있다. 이를 통해 문제를 근본적으로 해결함으로써 유사한 문제가 반복적으로 발생하는 것을 방지하고, 지속 가능한 성과 개선과 운영 효율성을 실현할 수 있다. 5Why 분석은 다양한 산업과 조직에서 간단하면서도 강력한 도구로 활용되며, 팀 간의 협업을 촉진하고 문제 해결 능력을 강화하는 데 중요한 역할을 한다.

[5Whys 기법을 활용하는 방법]

• 문제 정의

해결해야 할 문제를 명확하게 정의하는 것이 첫 번째 단계이다. 문제가 구체적이고 명확해야 질문을 효과적으로 진행할 수 있다. 예) "생산라인에서 불량품이 증가하고 있다."

⇒ 첫 번째 왜(Why) 질문은 문제의 직접적인 원인을 묻는 단계로, 문제의 직접적인 원인을 묻는 것이다. "왜 불량품이 발생하고 있는가?"라는 질문을 통해 첫 번째 원인을 찾는다. 예) "왜 불량품이 증가하고 있는가?"에 대하여 "기계가 제대로 작동하지 않아서."

⇒ 두 번째 왜(Why) 질문은 첫 번째 원인의 이유를 묻는 단계로, 첫 번째 원인에 대해 다시 한번 "왜 그런지?" 질문을 한다. 이 과정을 통해 원인을 더 깊이 파고든다. 예) "왜 기계가 제대로 작동하지 않는가?"에 대하여 "기계가 정기적으로 유지보수 되지 않았기 때문이다."

⇒ 세 번째 왜(Why) 질문은 두 번째 원인의 이유를 묻는 단계로, 앞의 두 번째 원인에 대해 다시 질문하여 근본 원인에 더 가까이 다가간다. 예) "왜 기계가 정기적으로 유지보수되지 않았는가?"에 대하여 "유지보수 일정이 제대로 관리되지 않았다."

⇒ 네 번째 왜(Why) 질문은 세 번째 원인의 이유를 묻는 단계로, 문제를 더욱 깊이 탐구하기 위해 다시 질문을 한다. 예) "왜 유지보수 일정이 제대로 관리되지 않았는가?"에 대하여 "유지보수 관리 시스템이 없거나, 관리자가 이를 무시했기 때문이다."

⇒ 다섯 번째 왜(Why) 질문은 근본 원인에 도달하는 단계로, 네 번째 원인을 질문하며 근본 원인에 도달한다. 이 과정에서 문제의 뿌리를 파악하고 이를 해결하기 위한 개선 방안을 도출할 수 있다. 예) "왜 유지보수 관리 시스템이 없거나 무시되었는가?"에 대하여 "기업의 유지보수 프로세스가 체계적으로 구축되지 않았기 때문이다."

• 근본 원인 파악과 개선 사항 도출

5번째 질문에 도달했을 때는 문제의 근본 원인을 식별하게 된다. 이를 통해 문제를 해결하기 위한 실질적인 개선 사항을 도출할 수 있다. 예) "유지보수 관리 시스템 구축과 주기적인 모니터링 시스템 도입"이라는 개선 사항을 도출할 수 있다.

• 5Whys 기법의 장점

5Whys 기법은 복잡한 문제를 해결하기 위해 매우 간단하면서도 효과적인 방법을 제공한다.

⇒ 문제의 표면적인 증상이 아닌, 근본 원인을 찾는 데 초점을 맞추고 있다.

⇒ 여러 사람이 협력하여 단계별 원인을 탐구하는 과정에서 팀워크가 향상된다.

• 5Whys 기법의 한계점

질문하는 사람이나 팀이 특정 방향으로 편향될 수 있다. 따라서 모든 원인을 다각적으로 고려해야 한다.

⇒ 매우 복잡한 문제의 경우, 한 가지 원인에 대해 5번의 질문만으로는 충분하지 않을 수 있다. 때로는 추가적인 분석 도구가 필요할 수 있다.

• 5Whys 기법을 사용할 때의 주의 사항

질문할 때 문제를 진정으로 해결할 수 있는 근본 원인에 도달해야 한다는 점이 중요하다. 표면적인 답변에 그치지 않고, 계속 질문을 반복하여 문제의 깊숙한 원인을 파악해야 한다.

⇒ 팀과의 협업이 중요하다. 문제에 대한 다양한 시각과 의견을 반영하여 더욱 정확한 근본 원인을 찾아낼 수 있다.

5Whys 기법은 문제를 체계적으로 분석하고 근본 원인을 찾아내기 위한 매우 유용한 도구이며, 이를 통해 실질적인 개선 사항을 도출할 수 있다.

⇒ 피쉬본 다이어그램(Fishbone Diagram)은 문제의 원인을 체계적이고 시각적으로 표현하여 다양한 요인들이 문제에 어떻게 영향을 미치는지를 분석하는 데 사용하는 강력한 도구이다. 이 도구는 문제를 중심으로 여러 원인을 구조적으로 정리하여 사람, 프로세스, 장비, 환경, 재료 등 주요 카테고리로 분류하며, 각 카테고리 내에서 세부적인 요인을 탐구할 수 있도록 도와준다. 이를 통해 문제의 발생 원인을 종합적으로 고려하고, 복잡한 문제 상황에서도 중요한 원인을 체계적으로 도출할 수 있다.

피쉬본 다이어그램은 특히 팀워크를 촉진하며 다양한 관점을 수렴하는 데 유용하며, 문제 해결의 정확성과 효율성을 높이는 데 이바지한다. 이 분석 방법은 제조업, 서비스업, 품질 관리 등 다양한 분야에서 활용되며, 문제 해결 프로세스를 명확히 하고 개선 방안을 도출하는 데 중요한 역할을 한다.

[피쉬본 다이어그램을 활용하는 방법]

분석 대상의 내용에 대하여 문제를 명확하게 정의한다. 이 문제는 다이어그램의 "머리" 부분에 위치하게 된다. 문제는 구체적이고 측정이 가능한 형태로 서술하는 것이 중요하다. 예) "생산라인에서 불량품이 증가함"이라는 문제를 정의할 수 있다. 다음으로는 문제의 근본 원인들을 식별하기 위해 다양한 범주를 설정한다. 일반적으로 5M1E라고 불리는 6가지 범주가 많이 사용된다.

⇒ Man(사람)은 인력의 숙련도, 교육 수준, 작업자 실수와 같은 요인들이 포함된다.

⇒ Machine(기계)은 장비의 상태, 유지보수, 기술적 한계를 고려해야 한다.

⇒ Method(방법)는 작업 절차, 운영 방식, 프로세스의 효율성 등을 포함한다.

⇒ Material(자재)은 사용되는 자재 및 품질과 공급업체의 문제를 다룬다.

⇒ Measurement(측정)는 데이터의 정확성, 검사 방법 등의 요소를 포함한다.

⇒ Environment(환경)은 작업 환경, 온도, 습도, 공장 배치와 관련된 사항을 포함한다.

예) 불량품 증가 문제를 해결하기 위해 "사람", "기계", "방법", "자재", "측정", "환경"이라는 범주로 나눈다.

• 세부 원인 도출

각 범주에 대해 세부적인 원인을 분석한다. 문제를 발생시키는 각 범주의 원인들을 나열하면서, 이러한 원인들이 문제에 어떻게 관여하는지 구체적으로 기술한다. 예시해 보자.

⇒ 사람은 작업자의 경험 부족과 작업자 교육 부족을 포함한다.

⇒ 기계는 기계의 유지보수 부족과 기계 노후화가 문제로 작용한다.

⇒ 방법에서는 작업 매뉴얼의 부재와 비효율적인 작업 절차가 문제점으로 나타난다.

⇒ 자재는 자재 품질의 변동과 공급업체의 자재 문제가 영향을 미친다.

⇒ 측정에서는 품질 검사 기준의 부정확성과 검사 도구의 한계가 제약 요소로 작용한다.

⇒ 환경에서는 작업장 내 온도 관리 부족과 청결 상태 불량이 문제로 지적된다.

• 근본 원인 식별

나열한 세부 원인들 가운데 문제를 가장 크게 유발하는 근본 원인을 찾는다.

⇒ 근본 원인은 여러 원인 중에서도 가장 영향을 많이 미치거나 문제가 발생하게 된 핵심 요인이다.

⇒ 이를 위해 팀원들과의 토론을 통해 각 원인의 중요성을 평가하고 논의한다. 예) 기계 유지보수 부족이 불량품 증가의 주요 원인으로 식별될 수 있다.

• 개선 사항 도출

⇒ 식별된 근본 원인을 바탕으로 해결 방안을 모색한다.

⇒ 근본 원인이 제거되거나 개선되었을 때 문제 해결에 어떤 영향을 미칠지 평

가하면서 실현할 수 있는 조치들을 나열한다. 예) 기계 유지보수 일정을 강화하고, 작업자 교육을 개선하며, 자재 검사 프로세스를 표준화하는 등의 개선 방안을 도출할 수 있다.

• 추가 분석과 조치 실행

⇒ 개선 방안을 실행한 후 문제의 해결 여부를 모니터링한다.

⇒ 문제가 해결되지 않을 경우, 추가 분석을 통해 다른 원인에 대해 재평가하고, 추가적인 개선 사항을 도출한다.

• 피쉬본 다이어그램의 장점

⇒ 문제의 원인과 그 하위 요인을 명확하게 시각적으로 표현하여 팀 간 논의와 이해를 도와준다.

⇒ 문제를 해결하기 위해 다양한 원인을 체계적으로 구조화함으로써 복잡한 문제에 대한 명확한 분석이 가능하다.

⇒ 팀원들이 함께 다이어그램을 작성하면서 다양한 관점을 통합하고 창의적인 해결책을 도출할 수 있다.

• 피쉬본 다이어그램 작성 시 유의점

⇒ 문제를 정의할 때 애매모호하지 않도록 구체적으로 서술하는 것이 중요하다.

⇒ 겉으로 드러나는 증상보다는 근본 원인을 찾아야 하며, 표면적인 원인에만 집중하지 않도록 주의해야 한다.

⇒ 다이어그램은 여러 부서나 역할을 가진 팀원들이 협력하여 작성하는 것이 바람직하며, 다양한 시각을 통합하는 것이 중요하다.

피쉬본 다이어그램은 문제의 원인을 체계적으로 도출하여 근본 원인을 파악하고, 그에 따른 실질적인 개선 사항을 도출하는 데 매우 유용한 도구이다.

• 개선 대안 도출

문제의 근본 원인을 파악한 후에는 이를 해결할 수 있는 구체적인 대안을 도출해야 한다. 이때 효과적인 해결책이 무엇인지 평가하고, 여러 가지 대안을 비교하여 가장 적절한 방안을 선택해야 한다. 개선 대안을 도출할 때는 비용 효율성, 실행 가능성, 리스크 등의 요소를 종합적으로 고려해야 한다.

⇒ 해결책 브레인스토밍은 문제 해결을 위해 팀원이 함께 모여 다양한 아이디어를 제시하고 이를 심층적으로 검토하는 창의적인 과정이다. 이 과정은 팀 내 여러 부서가 참여하여 각기 다른 전문성과 관점을 반영함으로써 문제를 다각도로 분석하고 혁신적인 해결책을 도출할 수 있도록 한다. 브레인스토밍은 참여자 간의 협력을 촉진하며, 일반적으로 생각하기 어려운 참신한 아이디어를 얻는 데 매우 효과적이다. 또 논의된 아이디어를 체계적으로 정리하여 실행할 수 있는 전략으로 발전시키는 데 이바지한다.

⇒ 대안 비교 분석은 문제 해결을 위해 도출된 여러 해결책의 장단점을 면밀하게 비교하고, 비용 대비 효과가 가장 높은 대안을 선택하는 중요 과정이며, 이 과정에서는 비용-편익 분석, SWOT*분석, 그리고 ROI(Return on Investment)와 같은 다양한 도구를 활용하여 선택의 근거를 객관화할 수 있다. 이를 통해 선택된 대안이 조직의 목표와 자원 제약에 부합하는지 평가하며, 최적의 실행 가능성을 확보할 수 있다. 대안 비교 분석은 신뢰할 수 있는 의사결정을 내리는 데 필수적인 역할을 하며, 장기적인 성과를 극대화하는 데 이바지한다.

* SWOT 분석은 기업이나 조직이 내부 강점(Strengths-조직의 내부적인 강점, 경쟁우위, 자원)과 약점(Weaknesses-조직 내부의 약점, 개선이 필요한 요소), 외부 기회(Opportunities-외부 환경에서 조직이 활용할 기회)와 위협(Threats-외부 환경에서 조직이 직면할 수 있는 위험이나 도전)을 체계적으로 평가하여 강점을 최대한 활용하고 약점을 보완하며, 외부 환경에서 발견한 기회를 극대화하고 잠재적인 위협에 효과적으로 대응하기 위한 전략적 의사결정을 지원하는 도구이다. 이 분석은 내부와 외부 요인을 명확히 구분하여 환경 평가, 문제 해결, 전략 수립을 가능하게 하고, 강점과 기회를 결합하여 성장을 촉진하는 SO 전략, 약점을 개선하여 기회를 활용하는 WO 전략, 강점을 활용해 위협을 최소화하는 ST 전략, 약점과 위협을 동시에 관리하며 리스크를 줄이는 WT 전략과 같은 실행 가능한 전략을 도출한다. 이를 통해 조직은 중장기 목표를 설정하고 실행 계획을 수립하며, 투자 결정, 시장 진입, 경쟁력 강화,

리스크관리 등 다양한 활동에서 이를 활용할 수 있다. 또 SWOT 분석은 팀 내 협업을 촉진하고, 조직의 성과를 극대화하며 변화하는 시장 환경에 유연하게 적응할 수 있는 기반을 마련하여 지속 가능한 성장을 지원하는 데 중요한 역할을 한다. 아래의 예시적인 분석 결과 그림을 참조 바란다.

SWOT 분석

아래와 같은 전략들을 통하여 A社는 지속 가능한 성장을 도모하고, 글로벌 시장에서의 절대적인 경쟁력을 강화함

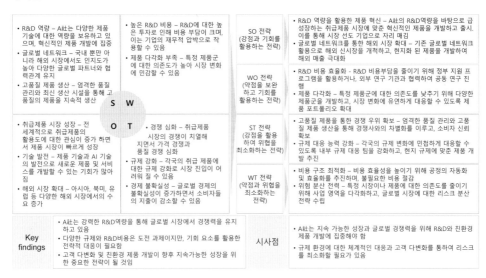

[그림 3] SWOT 분석

• 실행 및 결과 모니터링

선정된 개선 대안을 실행하고, 그 성과를 지속적(持續的)으로 모니터링하여 개선 효과를 평가한다. 성과 추적을 통해 개선 사항이 실제로 성과 향상에 기여하고 있는지 확인하고, 필요할 경우 추가적인 조정을 시행한다.

⇒ 실행 계획 수립은 도출된 개선 대안을 효과적으로 실행하기 위해 세부적이고 체계적인 계획을 수립하는 과정으로, 명확한 책임자 지정, 실행 일정의 구체적인 관리, 자원의 효율적 배분뿐만 아니라, 목표 달성을 지원할 수 있는 주요 지표(KPI) 설정 및 위험 요인에 대한 사전 대응 방안까지 포함해야 한다. 이 과정은 개선 대안의 성공적인 실행을 보장하며, 각 단계에서의 진행 상황을 추적하고, 필요한 경우 계획을 조정할 수 있는 유연성을 제공한다.

⇒ 모니터링 및 피드백은 개선 대안이 실행된 이후 이를 체계적으로 평가하고 성과를 측정하여, 실제로 목표한 결과의 달성 여부를 확인하는 중요한 과정이다. 이 과정은 정량적 데이터뿐만 아니라 정성적 피드백도 포함하여 개선 대안의 효과를 종합적으로 분석하며, 필요에 따라 추가적인 개선 작업이나 전략 조정의 근거를 제공한다. 또 피드백을 통해 학습된 내용을 향후 계획에 반영함으로써 지속적인 성과 향상과 조직의 운영 효율성을 강화할 수 있다.

개선 사항 도출에서의 도전 과제와 해결 방안

개선 사항 도출은 다양한 이점을 제공하지만, 도전 과제도 수반된다. 특히 부서 간 협업 부족, 데이터 부족, 리소스 한계 등의 문제로 인해 개선 과정이 어려워질 수 있다. 이를 해결하기 위해서는 효과적인 커뮤니케이션, 통합된 데이터 시스템, 적절한 자원 배분이 필요하다.

• 부서 간 협업 부족

개선 사항을 도출하는 과정에서 부서 간의 협력이 부족하면 문제 해결에 시간이 오래 걸리거나 적절한 대안을 찾기 어려울 수 있다. 이를 해결하기 위해서는 정기적인 협력 회의나 조직 내 소통 채널 강화가 필요하다.

⇒ 협업 촉진은 조직 내 다양한 부서 간에 공통의 목표를 명확히 설정하고, 각 부서가 문제 해결 과정에 적극적으로 참여할 수 있도록 독려하여 통합적이고 효과적인 개선 전략을 도출하는 데 중점을 둔다. 이를 통해 부서 간의 상호 의존성과 협력 관계를 강화하며, 문제 해결 과정에서 창의적이고 실질적인 아이디어가 도출될 수 있는 환경을 조성한다. 협업은 자원과 전문 지식의 효율적인 활용을 가능하게 하여 조직의 성과를 극대화하고, 전체적인 목표 달성을 촉진하는 데 이바지한다.

⇒ 조직 내 커뮤니케이션 강화는 성과 추적과 개선 활동에서 생성되는 모든 데이터를 투명하게 공유하고, 이를 통해 모든 이해관계자가 똑같은 정보와 관점을 기반으로 문제를 해결할 수 있도록 지원하는 과정을 포함한다. 이 과정은 단순히 데이터 전달에 그치지

않고, 실시간 정보 접근과 의사소통 체계의 개선을 통해 효과적인 피드백 루프를 구축한다. 결과적으로, 투명한 데이터 공유는 조직의 신뢰를 강화하고, 의사결정 속도와 품질을 높이며, 더 나아가 지속적인 개선과 성과 향상을 가능하게 한다.

Chapter 3. S&OP의 데이터 관리

• 데이터 부족

성과를 분석하고 개선 사항을 도출하기 위해서는 충분한 데이터가 필요하지만, 데이터가 부족하거나 일관성이 없는 데이터는 정확한 분석을 방해할 수 있다. 이를 해결하려면 데이터의 수집 과정의 표준화와 데이터 관리 시스템의 개선이 필요하다.

⇒ 데이터 표준화는 조직 내 모든 부서가 똑같은 기준과 절차에 따라 데이터를 수집하고 관리할 수 있도록 명확한 데이터 관리 정책과 프로세스를 수립하는 것을 의미한다. 이를 통해 데이터의 일관성과 신뢰성을 확보하며, 부서 간 데이터 해석 차이를 최소화하여 더욱 정확하고 효율적인 의사결정을 지원한다. 데이터 표준화는 데이터 통합의 기초를 형성하며, 장기적으로 조직 전체의 데이터 품질을 향상시키고, 분석 결과의 신뢰성을 높이는 데 필수적인 역할을 한다.

⇒ 데이터 관리 시스템 구축은 데이터의 일관성과 정확성을 유지하고, 분석과 보고를 효율적으로 수행하기 위해 ERP 시스템, BI 도구, 클라우드 기반 데이터 플랫폼 등 통합적이고 선진화된 기술을 활용하여 데이터 관리 환경을 최적화하는 것이다. 이러한 시스템은 실시간 데이터 접근, 자동화된 보고서 생성, 데이터 보안 강화와 같은 기능을 통해 운영 효율성을 높이고, 조직이 변화하는 비즈니스 요구에 신속히 대응할 수 있도록 지원한다. 데이터 관리 시스템 구축은 데이터 기반 경영을 위한 핵심 기반을 제공하며, 장기적으로 조직의 경쟁력을 강화한다.

• 리소스 한계

개선 사항을 실행하기 위한 자원이 부족하면, 계획된 개선 사항을 제대로 실행하지 못할 수 있다. 이를 해결하기 위해서는 자원의 효율적인 배분과 우선순위 설정이 필요하다.

⇒ 리소스 배분 최적화는 가장 중요한 개선 사항과 목표에 자원을 집중적으로 배분하

고 명확한 우선순위를 설정하여, 자원의 낭비를 최소화하고 효율성을 극대화하는 전략이다. 이를 통해 조직은 제한된 자원을 최대한 효과적으로 활용할 수 있으며, 시간, 인력, 예산 등의 자원을 필요한 곳에 집중함으로써 성과를 가속화(加速化)할 수 있다. 리소스 배분 최적화는 또한 우선순위 기반의 의사결정을 촉진하고, 조직의 전반적인 운영 효율성과 경쟁력을 강화하는 데 이바지한다.

⇒ 단계적 실행은 자원이 한정된 상황에서 모든 개선 사항을 한 번에 실행하기보다는, 우선순위에 따라 개선 사항을 단계적으로 실행하여 점진적으로 성과를 향상시키는 접근 방식이다. 이 방법은 리스크를 줄이고, 실행 결과를 검토하면서 필요한 경우 전략을 조정할 수 있는 유연성을 제공한다. 또 각 단계에서 학습된 인사이트를 다음 단계에 반영함으로써 성과를 지속적으로 개선하고, 최종적으로 조직의 목표를 효율적이고 안정적으로 달성할 수 있도록 지원한다.

• 주요 내용 정리

개선 사항 도출은 S&OP 프로세스에서 KPI를 기반으로 비효율적이거나 문제가 있는 영역을 분석하고, 구체적인 대안을 수립하여 운영 효율성을 높이는 과정이다. 5Whys 분석과 피쉬본 다이어그램 같은 도구를 활용해 근본 원인을 파악하고, 비용 절감과 리스크 감소를 목표로 개선 대안을 도출하고 실행한다. 데이터 표준화와 관리 시스템을 통해 분석의 정확성을 높이고, 부서 간 협업과 통합된 커뮤니케이션으로 문제 해결을 촉진한다. 리소스 한계는 우선순위 설정과 단계적 실행을 통해 극복하며, 실행 후 지속적인 모니터링과 피드백으로 성과를 평가하고 추가 개선을 도모한다. 이를 통해 기업은 운영 효율성, 비용 절감, 고객 만족도 향상을 달성하며 경쟁력을 강화할 수 있다.

Chapter 4

수요 예측과 계획

S&OP(판매 및 운영 계획, Sales and Operations Planning)에서 수요 예측과 계획 수립의 중요성과 구체적인 방법론을 다룬다. 먼저 정확한 수요 예측이 공급망 관리의 효율성을 높이고, 고객 만족도를 높이는 데 필수적인 이유를 설명한다. 이어서 정량적 예측, 정성적 예측, 하이브리드 예측과 같은 다양한 방법론을 소개하며, 각각의 장점과 활용 사례를 제시한다. 계절성과 트렌드 분석에서는 계절적 변동과 시장 트렌드를 분석하기 위한 도구와 불확실성에 대비하는 방안을 설명한다. 마지막으로, 수요 계획 수립 과정에서 수요 계획의 기본 프로세스, 공급 능력의 반영, 계획 조정의 중요성을 강조하며, 조직의 실질적인 수요 계획 운영에 필요한 전략적 접근법을 제시한다. 이 차례는 수요 예측의 이론과 실무를 종합적으로 정리하며, 독자가 효과적인 수요 계획 수립의 핵심을 이해할 수 있도록 구성되었다.

수요 예측의 필요성

정확한 수요 예측의 이점

정확한 수요 예측(Demand Forecasting)은 S&OP 프로세스의 핵심 요소로, 기업이 고객의 수요를 정확하게 예측함으로써 생산, 재고, 공급망 관리 등의 운영을 최적화할 수 있도록 도와준다. 수요 예측이 정확할수록 기업은 비용 절감, 운영 효율성 향상, 고객 만족도 증대 등 다양한 이점을 얻을 수 있다. 불확실한 시장 환경에서도 수요 예측이 정확하면, 기업은 더 나은 결정을 내리고 리스크를 최소화할 수 있다.

정확한 수요 예측은 단순히 판매량을 예측하는 데 그치지 않고, 전략적 의사결정을 지원하며 기업이 시장의 변화에 빠르게 대응할 수 있게 해준다. 이를 통해 공급망 전체의 효율성을 높이고, 고객의 요구를 적시에 충족시킬 수 있다.

비용 절감과 운영 효율성 증대

정확한 수요 예측은 기업이 비용을 절감하고 운영 효율성을 높이는 데 중요한 역할을 한다. 수요를 정확히 예측하면, 과잉 생산이나 재고 부족 같은 문제를 방지할 수 있으므로 불필요한 비용을 줄이고 자원의 최적화를 이룰 수 있다.

• 생산 계획 최적화

정확한 수요 예측을 통해 생산 계획을 최적화할 수 있다. 수요가 명확하게 예측되면, 기업은 고객이 필요로 하는 제품의 양을 적절히 생산할 수 있고, 과잉 생산이나 생산 부족을 방지할 수 있다. 이로써 재고 관리 비용을 줄이고, 생산 설비의 효율성을 극대화하는 데 이바지한다.

⇒ 과잉 생산을 방지한다. 수요를 과대하게 예측할 때 불필요하게 많은 제품을 생산하여 과잉 재고가 발생할 수 있는데, 이는 보관 비용과 폐기 비용을 증가시키고 자금을 불필요하게 묶이게 만든다. 정확한 수요 예측은 이러한 비효율적인 생산을 방지하고 적정 수준의 생산량을 유지하도록 도와준다.

⇒ 생산라인 효율성 향상. 수요 예측을 바탕으로 생산 계획을 세우면 생산라인을 더 효율적으로 운영할 수 있게 된다. 생산 일정을 미리 조정하여 설비 가동률을 최적화하고, 생산 중단이나 과도한 가동으로 인한 비용 증가를 방지할 수 있다.

• 재고 관리 비용 절감

정확한 수요 예측은 재고 관리에서 큰 이점을 제공한다. 재고는 보관 비용, 유통기한 관리, 유동 자산 관리 등 여러 비용과 직결되기 때문에, 재고 수준을 적정하게 유지하는 것이 매우 중요하다. 수요를 정확하게 예측하면 재고를 과도하게 쌓아두거나 부족한 상황을 피할 수 있어, 재고 회전율을 높이고 비용을 줄일 수 있다.

⇒ 재고 과잉 방지는 정확한 수요 예측을 통해 필요 이상의 제품을 재고로 보관하는 일을 막아준다. 이는 재고 유지비와 보관 비용을 줄여주며, 유통기한이 있는 제품의 경우 폐기 비용을 최소화할 수 있다.

⇒ 재고 부족 방지는 재고가 부족할 경우 고객 주문을 제때 처리하지 못해 기회 손실과 매출 감소를 초래할 수 있다. 정확한 수요 예측을 통해 이러한 상황을 미리 대비하여 적시에 재고를 확보함으로써 주문을 안정적으로 처리할 수 있다.

• 비용 절감과 자원 최적화

정확한 수요 예측은 기업이 비용을 효율적으로 관리하고, 자원을 최적화하는 데 이바지한다. 잘못된 수요 예측으로 인해 발생하는 과잉 생산, 재고 부족, 긴급 운송 등의 비용을 줄일 수 있으며, 이를 통해 기업은 운영비를 절감하고 자원을 효율적으로 배분할 수 있다.

⇒ 물류비용 절감. 수요를 정확히 예측하면 물류 계획을 미리 조정하여 긴급 운송이나 추가 운송으로 인한 비용을 줄일 수 있고, 이를 통해 제품을 더 비용 효율적인 방법으로 고객에게 전달할 수 있게 해준다.

⇒ 인력 및 설비 자원 최적화. 수요에 맞춘 생산 계획이 세워지면 인력 배치와 설비 사용이 최적화되어 불필요한 자원 낭비를 방지할 수 있고, 이를 통해 운영의 효율성을 극대화할 수 있다.

공급망 효율성 향상

정확한 수요 예측은 공급망 관리에서도 중요한 역할을 한다. 공급망의 각 단계에서 정확한 수요 정보를 기반으로 효율적으로 운영되면, 제품이 적시에 생산되고 고객에게 전달될 수 있다. 이를 통해 공급망의 안정성과 유연성을 유지할 수 있다.

• 공급망 리스크 감소

수요 예측이 부정확하면 공급망 리스크가 증가할 수 있다. 예를 들어 수요가 예측보다 낮으면 과도한 재고가 발생하고, 반대로 수요가 급증하면 공급망이 이를 감당하지 못해 재고 부족 상황이 발생할 수 있다. 정확한 수요 예측은 이러한 리스크를 미리 방지하고, 공급망의 유연성을 확보하는 데 도움이 된다.

⇒ 수요 변동 대응력 향상. 수요 변동에 대한 정확한 예측을 통해 공급망이 신속하게 대응할 수 있게 해준다. 이를테면 계절적 수요 변화나 특정 프로모션에 따른 수요 증가를 예측하여 미리 생산과 물류 계획을 조정할 수 있다.

⇒ 공급업체 관리 최적화. 정확한 수요 예측을 통해 공급업체와의 협력 관계를 더욱 효율적으로 관리할 수 있게 한다. 공급업체와 미리 수요 예측을 공유하여 자재 공급 계획을 조정하면 공급망의 안정성과 효율성을 높일 수 있다.

• 재고 회전율과 리드 타임 개선

정확한 수요 예측은 재고 회전율을 높이고, 리드 타임을 개선하는 데도 이바지한다. 재고 회전율이 높을수록 재고가 효율적으로 관리되며, 리드 타임이 짧을수록 고객의 요구를 신속하게 충족시킬 수 있다.

⇒ 재고 회전율 향상. 정확한 예측을 바탕으로 재고를 적정 수준으로 유지하여 제품이 빠르게 판매되고 재고 회전율이 높아진다. 이로써 재고 관리 비용을 줄이고 공급망 전체의 효율성을 높인다.

⇒ 리드 타임 단축. 수요 예측이 정확하면 생산 계획과 물류 계획을 미리 조정하여 제품의 리드 타임을 줄일 수 있고, 이를 통해 고객 주문을 신속하게 처리하고 고객 만족도를 높일 수 있다.

고객 만족도 향상

정확한 수요 예측은 고객 만족도를 높이는 데 중요한 역할을 한다. 고객의 요구를 정확히 예측하여 적시에 제품을 제공하면, 납기 준수와 서비스 품질이 향상됨으로써 고객의 신뢰를 쌓는 데 이바지한다.

• 주문 처리의 신속성과 정확성 향상

정확한 수요 예측은 고객 주문을 적시에 처리하는 데 도움을 준다. 고객이 원하는 시점에 제품을 제공할 수 있으면, 납기 준수율이 높아지고 고객의 만족도가 향상된다. 이를 통해 반복 구매율과 고객 충성도가 상승할 수 있다.

⇒ 납기 준수율 향상은 수요 예측을 통해 적정 수준의 재고를 유지하여 고객 주문에 신속하게 대응할 수 있게 한다. 특히 중요한 고객에게 납기를 준수하는 것은 브랜드 신뢰도와 시장 경쟁력을 높이는 데 도움이 된다.

⇒ 주문 오류 감소. 수요 예측이 정확할 경우 주문 오류 발생 가능성이 크게 줄어들며, 이를 통해 재고 부족이나 주문 지연과 같은 문제를 효과적으로 예방할 수 있다. 이러한 개선은 고객의 요구를 적시에 충족시키는 데 이바지하며, 결과적으로 고객 만족도를 높이고, 반복 구매 및 충성도를 강화하는 데 중요한 역할을 한다.

• 고객 서비스 품질 개선

정확한 수요 예측을 바탕으로 운영되면, 고객에게 일관된 서비스를 제공할 수 있고, 고객의 요구를 신속하게 반영할 수 있다. 이로써 고객에게 신뢰할 수 있는 공급자로 인식되고, 기업의 장기적인 성공에 이바지한다.

⇒ 신속한 응대. 수요 예측이 정확할 경우 고객의 요구에 더욱 빠르게 대응할 수 있고, 고객이 필요로 하는 시점에 적절한 제품을 신속하게 제공하는 데 중요한 역할을 한다. 이를 통해 고객 만족도를 높이는 것은 물론, 시장 변화에 민첩하게 대응함으로써 경쟁 우위를 확보할 수 있다.

⇒ 맞춤형 서비스 제공. 수요 데이터를 분석하여 고객의 선호와 요구를 파악함으로써 맞춤형 제품이나 개인화된 서비스를 제공할 수 있고, 이를 통해 고객 만족도를 높이고 고객 충성도를 강화하는 데 이바지한다.

• 주요 내용 정리

정확한 수요 예측은 생산, 재고, 공급망 관리 등을 최적화하여 비용 절감과 운영 효율성 향상을 지원하며, 고객 만족도 증대와 기업 경쟁력 강화를 가능하게 한다. 이를 통해 과잉 생산과 재고 부족을 방지하고, 재고 회전율과 리드 타임을 개선하여 공급망의 안정성과 유연성을 높일 수 있다. 수요 변동에 신속히 대응하고 공급업체와의 협력을 최적화함으로써 공급망 리스크를 줄이고 효율성을 극대화한다. 고객 주문에 신속히 대응하고 납기 준수율을 높여 고객 신뢰를 구축하며, 맞춤형 서비스로 고객 충성도를 강화할 수 있다. 이러한 이점은 시장 변화에 유연하게 대응하며 지속 가능한 성장을 가능하게 한다.

공급망 관리의 효율성

공급망 관리의 효율성은 S&OP 프로세스에서 매우 중요한 요소로, 기업이 수요 예측을 통해 공급망의 각 단계에서 발생하는 활동들을 원활하게 조정하고 최적화하는 데 필수적이다. 정확한 수요 예측은 기업이 자재 조달, 생산 계획, 물류 관리 등의 활동을 효율적으로 관리할 수 있게 하여, 비용 절감과 운영 효율성을 높이는 데 이바지한다. 또 공급망 전체의 가시성을 높이고 공급 리스크를 줄이는 역할을 한다.

기업이 경쟁력을 유지하는 데 중요한 역할을 하는 공급망 관리의 효율성은 리드 타임 단축, 재고 관리 최적화, 고객 서비스 품질 향상 등 여러 측면에서 성과를 개선할 수 있다. 공급망이 잘 관리되면, 불확실한 시장 환경에서도 기업은 변화에 신속하게 대응하고, 안정적인 운영을 유지할 수 있다.

재고 수준 최적화

정확한 수요 예측은 재고 관리에서 큰 이점을 제공한다. 재고는 기업의 자산 중 중요한 부분을 차지하며, 재고 수준을 최적화하는 것은 공급망 관리에서 효율성을 높이는 중요한 요소이다. 수요 예측이 정확하면 기업은 재고 과잉이나 재고 부족을 방지하고, 적정 재고를 유지할 수 있다.

• 재고 과잉 방지

재고 과잉은 불필요한 자본이 재고에 묶이게 하며, 보관 비용, 유통기한 관리, 폐기 비용 등의 추가적인 비용을 초래한다. 수요 예측이 부정확하여 예상보다 적은 판매가 이루어지면, 과잉 재고가 발생할 가능성이 크다. 반면에 정확한 수요 예측을 통해 필요한 만큼의 재고만 유지하면, 불필요한 비용을 줄일 수 있다.

⇒ 자본 효율성은 재고 과잉을 방지함으로써 자본이 불필요하게 묶이지 않도록 하고, 이를 통해 기업은 자본을 보다 생산적이고 수익성이 높은 활동에 재투자할 수 있다. 이는 기업의 재무 건전성을 강화할 뿐만 아니라, 자원의 활용도를 극대화하여 장기적인 성장과 수익성을 확보하는 데 이바지한다. 또 자본 효율성은 기업이 변화하는 시장 환경에 신속하게 대응하고, 새로운 기회를 포착할 수 있는 재정적 유연성을 제공한다.

⇒ 재고 보관 비용 절감은 재고 과잉으로 인한 불필요한 보관 비용과 관리 비용을 제거하여 물류 및 창고 운영 비용을 획기적으로 줄일 수 있는 과정이다. 이는 물류 프로세스 전반에서 자원 활용의 효율성을 높이고, 공급망 운영의 비용 구조를 최적화하는 데 핵심

역할을 한다. 나아가 절감된 비용은 다른 전략적 투자로 전환될 수 있어 기업의 경쟁력을 강화하고, 지속 가능한 운영 체계를 구축하는 데 도움이 된다.

• 재고 부족 방지

재고 부족은 고객의 주문을 제때 처리하지 못하게 하고, 고객 이탈이나 기회 손실을 초래할 수 있다. 수요 예측이 정확하면, 적정한 재고 수준을 유지하여 이러한 문제를 방지할 수 있다. 이로써 고객의 요구를 빠르게 충족시키고, 고객 만족도를 유지하는 데 도움을 준다.

⇒ 재고 최적화는 정확한 수요 예측을 통해 적절한 재고 수준을 유지하여 공급망의 안정성을 유지하고, 재고 회전율을 높일 수 있다. 재고가 자주 회전할수록 보관 비용이 줄어들고 공급망의 효율성이 향상된다.

⇒ 공급망 안정성은 수요 예측에 기반한 체계적인 재고 관리가 이루어질 때 더욱 강화되며, 이를 통해 재고 부족 상황을 방지하고 공급망 내의 불확실성을 크게 줄일 수 있다. 정확한 수요 예측과 이에 맞춘 재고 관리 프로세스는 제품이 필요한 시점에 적절히 공급될 수 있도록 보장하여, 공급망 전반의 신뢰성을 높이고 원활한 운영을 지원한다. 또 안정적인 공급망은 고객 요구를 적시에 충족시키는 데 이바지하며, 기업이 급변하는 시장 환경에 민첩하고 유연하게 대응할 수 있는 기반을 제공한다. 이러한 안정성은 기업의 경쟁력과 장기적인 성과를 강화하는 데 중요한 요소로 작용한다.

리드 타임 단축과 효율적 자원 활용

정확한 수요 예측은 리드 타임(Lead Time)을 줄이고, 기업의 자원 활용 효율성을 극대화하는 데 중요한 역할을 한다. 리드 타임은 주문에서 납품까지의 시간을 의미하며, 이 기간을 최소화하는 것이 공급망 관리의 중요한 목표 중 하나이다.

• 리드 타임 단축

리드 타임이 짧을수록 기업은 고객의 요구를 신속하게 충족시킬 수 있으며, 이는 고객 만족도에 직접적인 영향을 미친다. 수요 예측이 정확하면, 생산과 물류를 미리 준비할 수 있어 리드 타임을 크게 단축할 수 있다.

⇒ 생산 계획을 미리 조정하는 것은 정확한 수요 예측을 통해 생산 계획을 미리 세우면 생산량을 사전에 조정할 수 있어 생산 지연이나 자재 부족 문제를 방지할 수 있으며, 이를 통해 제품을 적시에 출하하고 리드 타임을 단축할 수 있다.

⇒ 물류 최적화는 수요 예측에 맞춘 물류 계획을 통해 물류 운영의 효율성을 극대화할 수 있다. 물류 경로를 최적화하고 운송 시간을 미리 조정하여 제품을 더 빠르고 경제적으로 배송할 수 있다.

• 자원 활용 최적화

정확한 수요 예측은 공급망의 여러 자원을 효율적으로 배분하고 관리하는 데 중요한 역할을 한다. 기업은 인력, 설비, 자재 등 자원을 적절히 활용하여 불필요한 낭비를 줄이고, 생산성을 높일 수 있다.

⇒ 인력 배치 최적화는 정확한 수요 예측을 바탕으로 생산 및 물류에 필요한 인력을 적시에 배치하여, 인력의 과다 배치나 부족으로 인한 비효율성을 방지하고, 작업의 연속성과 품질을 보장할 수 있는 체계를 구축하는 것이다. 이를 통해 불필요한 인건비를 줄이고, 업무 부하의 균형을 맞춤으로써 직원 만족도와 생산성을 동시에 높일 수 있다. 또 인력 배치 최적화는 예기치 않은 수요 변화에도 민첩하게 대응할 수 있는 유연성을 제공하여, 전반적인 운영 효율성을 강화한다.

⇒ 설비 가동 효율성은 설비 가동 계획을 정확한 수요 예측에 맞춰 조정함으로써 설비의 가동률을 최적화하고, 과도한 가동으로 인한 에너지 낭비나 설비 마모를 줄이며, 불필요한 가동 중단으로 인한 생산 차질을 방지하는 것이 목표이다. 이러한 효율성은 생산 비용 절감과 품질 유지에 이바지할 뿐만 아니라, 설비의 수명을 연장하고, 설비 유지보수 비용을 절감하는 효과를 가져온다. 궁극적으로, 설비 가동 효율성은 기업의 전반적인 운영 체계를 강화하고 경쟁력을 높이는 데 중요한 역할을 한다.

공급망 리스크관리

정확한 수요 예측은 공급망 리스크관리에서 중요한 역할을 한다. 공급망은 자재 조달, 생산, 물류 등의 과정에서 발생할 수 있는 다양한 리스크에 노출되어 있다. 이러한 리스크를 효과적으로 관리하려면, 수요 예측을 통해 미리 대응할 수 있는 계획을 세우는 것이 중요하다.

• 공급망 중단 예방

공급망 중단은 자재 공급 문제, 생산 공정의 중단, 물류 지연 등 여러 이유로 발생할 수 있으며, 이는 기업의 운영에 큰 타격을 줄 수 있다. 정확한 수요 예측을 통해 이러한 문제를 예측(豫測)하고, 대체 공급망을 준비하거나 비상 계획을 수립함으로써 공급망의 연속성을 보장할 수 있다.

⇒ 자재 조달 계획은 수요 예측을 통해 필요한 자재의 양을 정확히 파악하여 자재 공급업체와 미리 조율해 공급망 중단을 방지할 수 있다. 자재 부족이 예상될 경우, 대체 공급업체를 미리 확보하여 리스크를 줄일 수 있다.

⇒ 물류 리스크관리는 정확한 수요 예측을 기반으로 물류 경로에서 발생할 수 있는 지연, 혼잡, 또는 기타 장애 요소를 사전에 식별하고, 이를 해결하기 위한 대체 경로와 비상 계획을 마련함으로써 리스크를 효과적으로 줄이는 과정이다. 이를 통해 물류 운영의 안정성을 강화하고, 고객에게 적시에 제품을 전달할 수 있는 신뢰성을 확보하며, 공급망 전체의 효율성을 높일 수 있다. 또 물류 리스크관리는 예기치 않은 상황에 대한 대비를 통해 비용 절감과 서비스 품질 유지에도 이바지한다.

• 시장 변동성 대응

정확한 수요 예측은 시장의 변동성에 유연하게 대응하는 데 도움을 준다. 시장 수요는 경제 상황, 계절적 변화, 소비자 선호도에 따라 변동하기 때문에, 이러한 변화를 예상하고 대응하는 것이 공급망 관리에서 매우 중요하다.

⇒ 계절적 수요 대응은 정확한 예측을 통해 계절적 수요 변화를 미리 파악하여 공급망

에서 발생할 수 있는 과도한 수요나 수요 감소에 미리 대응할 수 있다. 이를 통해 적시에 자원을 배분하고 공급망을 효율적으로 운영할 수 있다.

⇒ 신제품 출시 관리는 신제품 출시 시 발생할 수 있는 수요 변동을 정확히 예측하고, 이를 바탕으로 자재 조달 계획과 생산 계획을 사전에 조정하여 공급망 내 혼란을 최소화하는 중요한 과정이다. 이를 통해 신제품이 시장에 원활히 출시될 수 있도록 지원하며, 적시에 고객 요구를 충족시키는 동시에 재고 과잉이나 부족으로 인한 문제를 방지할 수 있다. 또 신제품 출시 관리 과정은 공급망의 민첩성과 효율성을 강화하여 기업이 경쟁 시장에서 성공적으로 자리 잡을 수 있도록 도와준다.

• 공급업체와의 협력 강화

정확한 수요 예측은 공급업체와의 협력을 강화하는 데도 중요한 역할을 한다. 공급망 내에서 원활한 협력을 유지하려면 정확한 정보 공유가 필수적이며, 이를 통해 공급업체와의 관계를 더욱 견고하게 할 수 있다.

⇒ 공급업체와의 정보 공유는 수요 예측 데이터를 공급업체와 체계적으로 공유하여, 공급업체가 이를 기반으로 자재 공급 계획을 효과적으로 수립할 수 있도록 지원하는 과정이다. 이를 통해 자재 공급의 정확성과 적시성을 높여 생산 차질을 방지하고, 공급망의 전반적인 운영 효율성을 극대화할 수 있다. 또 정보 공유는 공급업체와의 신뢰와 협력을 강화하여 예기치 않은 수요 변동에도 유연하게 대응할 수 있는 공급망 환경을 조성하는 데 이바지한다.

⇒ 장기 협력 관계 강화를 위해 정확한 수요 예측을 바탕으로 공급업체와의 협력 관계가 개선되면 신뢰가 쌓여 장기적인 협력 관계를 유지할 수 있으며, 이는 공급망의 안정성과 효율성을 높이는 데 도움이 된다.

• 주요 내용 정리

공급망 관리의 효율성은 정확한 수요 예측을 바탕으로 자재 조달, 생산 계획, 물류 관리 등을 최적화하여 비용 절감과 운영 안정성을 확보하는 데 중요한 역할을 한다. 이를 통해 재고 과잉과 부족을 방지하고, 리드 타임 단축과 자원 활용 효율화를 통해 공급망의 민첩성을 높일 수 있다. 또 시장 변동성과 계절적 수요 변화에 유연하게 대응하며, 신제품 출시 시에도 혼란을 최소화한다. 공급업체와의 정보 공유와 협력을 강화해 공급망의 신뢰성과 안정성을 유지하고, 지속적인 운영 효율성을 확보한다. 이러한 관리 체계는 고객 만족도 향상과 기업 경쟁력 강화에 이바지한다.

고객 만족도 향상

고객 만족도(Customer Satisfaction)는 기업의 장기적인 성공과 경쟁력 확보에 핵심 역할을 하며, S&OP 프로세스에서 정확한 수요 예측은 고객 만족도를 높이는 데 중요한 역할을 한다. 고객의 요구를 정확히 파악하고, 이를 적시에 충족시킬 수 있을 때, 기업은 고객의 기대를 넘어서는 서비스를 제공하게 되고, 반복 구매와 고객 충성도를 높일 수 있다. 수요 예측이 정확할수록, 제품이나 서비스의 적시 공급, 품질 유지, 납기 준수가 가능해져 고객 만족도가 향상된다.

고객 만족도는 기업이 고객의 기대를 얼마나 충족시키는지에 따라 결정되며, 이는 결국 시장 점유율, 수익성, 장기적 성장에 영향을 미친다. 수요 예측이 고객 만족도 향상에 이바지하는 방식은 재고 관리, 납기 준수, 서비스 품질 유지 등의 다양한 측면에서 나타난다.

적시 납품과 고객 신뢰성 강화

정확한 수요 예측은 납기 준수율을 높여 고객의 신뢰를 높이는 데 큰 도움이 된다. 고객은 제품을 필요한 시점에 받아 보기를 기대하며, 기업이 이를 충족할 수 있을 때 긍정적인 경험을 갖게 된다. 수요를 정확하게 예측하면, 생산과 물류 계획을 미리 조정하여 납품 시간을 준수할 수 있으며, 이는 고객의 기대를 충족시키고 신뢰도를 높이는 데 이바지한다.

• 납기 준수율 향상

정확한 수요 예측은 납기 준수율을 높이는 중요한 요소이다. 고객이 제품을 주문하면,

정해진 날짜에 맞춰 제품이 도착해야 하는데, 수요 예측이 부정확하면 재고 부족이나 물류 지연으로 인해 납기를 지키지 못하는 상황이 발생할 수 있다. 반대로 수요 예측이 정확하면 생산량과 재고를 미리 준비해 고객의 주문에 즉각 대응할 수 있다.

⇒ 정확한 주문 처리는 수요 예측을 통해 재고를 적절히 관리함으로써 고객 주문이 들어왔을 때 즉각 처리할 수 있다. 이는 고객이 제품을 기다리지 않고 제때 받아 볼 수 있게 하여 결과적으로 고객 만족도를 높인다.

⇒ 배송 시간 단축은 정확한 예측을 바탕으로 물류 계획을 미리 세우고 필요한 제품을 적시에 출하함으로써 배송 시간을 크게 줄일 수 있다. 고객이 원하는 시간에 제품을 받으면 신뢰감이 높아지고, 반복 구매로 이어질 가능성이 커진다.

• 고객 신뢰성 강화

정확한 수요 예측은 기업이 일관된 서비스를 제공하는 데 이바지하며, 이는 고객의 신뢰를 쌓는 데 중요한 역할을 한다. 고객은 기업이 언제나 적시에 필요한 제품을 제공할 수 있을 것으로 기대하며, 이를 일관되게 충족시키면 장기적인 신뢰 관계가 형성된다.

⇒ 정확한 수요 예측을 통해 제품이 제때 생산되고 배송되면, 고객은 기업을 신뢰할 수 있는 파트너로 인식하게 된다. 특히 B2B 거래에서는 납기 준수율이 높은 기업과의 거래를 선호하므로, 신뢰성이 강화된다.

⇒ 수요 예측이 정확할 경우, 예상치 못한 수요 급증 상황에서도 신속하고 유연하게 대응할 수 있어 고객의 긴급한 요구를 효과적으로 충족시킬 수 있다. 이러한 대응 능력은 고객에게 신뢰감을 제공하고, 서비스 품질에 대한 만족도를 높이며, 고객과의 관계를 더욱 강화하는 데 중요한 역할을 한다. 아울러 고객의 기대를 초과 달성함으로써 기업의 브랜드 가치를 높이고, 장기적인 고객 충성도를 확보하는 데 이바지한다.

재고 부족 방지와 일관된 고객 경험 제공

재고 부족은 고객 경험을 크게 저해할 수 있는 요소이다. 고객이 원한 제품이 재고 부족으로 인해 제공되지 못하면, 고객의 실망감은 커지고, 다른 공급자를 찾을 가능성도 커진다. 그러나 정확한 수요 예측을 통해 재고 수준을 최적화하면 재고 부족 문제를 예방할 수 있고, 이는 고객에게 일관된 서비스를 제공하 데 도움을 준다.

• 재고 부족으로 인한 실망 방지

정확한 수요 예측은 재고 부족을 방지하여 고객이 필요로 할 때 제품을 적시에 제공할 수 있도록 한다. 재고 부족이 발생하면 고객은 주문한 제품을 제때 받을 수 없거나, 추가 대기 시간을 감수해야 하는데, 이는 고객 만족도를 크게 떨어뜨릴 수 있다.

수요 예측을 통해 고객이 원하는 제품을 미리 준비하면, 고객의 기대를 충족시키고 실망감을 방지할 수 있다.

⇒ 구매 기회 손실 방지는 재고 부족으로 인한 구매 기회 손실을 줄일 수 있도록 한다. 정확한 수요 예측을 통해 제품이 제때 공급되면, 고객은 언제든지 원하는 제품을 구매할 수 있어 구매 기회를 놓치지 않게 된다.

⇒ 고객 이탈 방지. 고객이 원하는 제품을 제때 제공하지 못할 때 다른 공급자로 눈을 돌릴 가능성이 크지만, 정확한 수요 예측을 통해 일관된 서비스를 제공함으로써 고객 이탈을 막을 수 있다.

• 일관된 서비스 경험 제공

정확한 수요 예측을 통해 일관된 서비스 경험을 제공하면, 고객은 기업에 대해 예측할 수 있는 기대를 하게 되고, 이는 고객 만족도를 높이는 중요한 요소이다. 고객은 언제나 같은 품질과 같은 시간에 제품이나 서비스를 제공받기를 기대하며, 이러한 일관된 경험이 제공될 때 고객의 신뢰와 만족도가 높아진다.

⇒ 예측할 수 있는 서비스 제공은 수요 예측을 통해 생산과 공급을 일정하게 유지하여 고객이 기업이 언제나 일정한 수준의 서비스를 제공한다는 신뢰를 갖게 함으로써 고객 충성도를 높일 수 있다.

⇒ 고객 맞춤형 서비스는 수요 예측 데이터를 활용하여 고객의 선호와 구매 패턴을 정밀하게 분석한 뒤, 이를 바탕으로 맞춤형 제품을 제안하거나 개인화된 서비스를 제공함

으로써 고객 경험을 한층 더 강화하는 데 이바지한다. 이런 접근은 고객의 기대를 충족시키는 것을 넘어, 고객에게 특별한 가치를 제공함으로써 만족도와 충성도를 높이고, 기업의 장기적인 성과와 브랜드 이미지를 강화하는 데 중요한 역할을 한다.

품질 유지와 고객 기대 충족

정확한 수요 예측은 제품이나 서비스의 품질 유지에도 이바지하여 고객의 기대 충족에 도움을 준다. 생산이 과도하게 이루어지거나 급하게 이루어지면 품질이 저하될 가능성이 있지만, 수요를 정확히 예측하면 이러한 문제를 방지할 수 있다. 품질 관리가 제대로 이루어질 때 고객의 만족도가 높아지고, 브랜드 충성도가 강화된다.

• 생산 품질 관리

정확한 수요 예측을 통해 과잉 생산이나 급한 생산을 방지하면, 제품의 품질 유지가 더욱 쉬워진다. 수요가 급증했을 때 예측하지 못한 상황에서 급하게 생산을 진행하면 품질 문제가 발생할 수 있다. 그러나 수요를 예측하면 적절한 생산 계획을 세울 수 있어 안정적인 품질을 유지할 수 있다.

⇒ 균일한 품질 제공은 정확한 수요 예측을 기반으로 한 체계적인 생산 계획을 수립하여 제품의 품질을 일정하게 유지함으로써 이루어진다. 이를 통해 고객은 언제나 높은 품질의 제품을 안정적으로 제공받을 수 있으며, 이는 기업에 대한 신뢰도를 크게 높여준다. 또 균일한 품질 관리는 고객 만족도를 강화하고, 브랜드 충성도를 높이는 데 중요한 역할을 하며, 시장 경쟁력을 지속적으로 유지할 수 있도록 지원한다.

⇒ 불량률 감소는 과도한 생산 압박이나 급하게 이루어진 생산 과정에서 발생하는 불량률을 최소화하여 고객이 제품을 구매했을 때 기대하는 높은 품질을 보장하는 것이 목표이다. 이를 통해 고객 불만을 줄이고, 반품 및 교환으로 인한 추가 비용을 절감하며, 생산 효율성을 높일 수 있다. 결과적으로, 불량률 감소는 기업의 품질 관리 역량을 강화하고, 고객과의 신뢰 관계를 공고히 하는 데 이바지한다.

• 고객 기대 충족

정확한 수요 예측은 고객이 기대하는 시점에 제품을 제공하고, 그 품질을 유지하여 고객의 기대를 충족시킨다. 고객이 원하는 제품을 기대한 대로 제공받으면, 이는 고객 만족도로 이어지며, 장기적인 고객 충성도를 형성하는 데 도움이 된다.

⇒ 예상된 서비스 제공은 고객이 특정 시간에 제품이나 서비스를 기대할 때 이를 정확히 충족시켜 긍정적인 고객 경험을 만들어 내는 중요한 과정이다. 이를 통해 고객은 기업의 신뢰성을 체감하며, 이러한 신뢰는 고객의 만족도를 높이고, 재구매 의사와 브랜드 충성도를 강화한다. 특히 일관된 서비스 제공은 고객과의 장기적인 관계를 구축하고, 시장에서 경쟁력을 확보하는 데 핵심 역할을 한다.

⇒ 브랜드 신뢰도 강화는 고객이 기대하는 품질의 제품과 서비스를 지속적으로 제공함으로써 이루어지며, 이는 고객의 신뢰를 높이는 데 중요한 역할을 한다. 이러한 신뢰는 단순히 재구매를 유도하는 데 그치지 않고, 고객이 기업과 장기적인 관계를 유지할 가능성을 높이며, 기업의 긍정적인 이미지를 확산시키는 데 이바지한다. 또 브랜드 신뢰도는 경쟁이 치열한 시장에서 고객이 기업을 선택하게 만드는 중요한 차별화 요소로 작용한다.

고객 요구 변화에 대한 유연한 대응

정확한 수요 예측은 고객 요구 변화에 유연하게 대응할 수 있는 기반을 마련한다. 시장 상황이나 고객 선호도가 변화하면, 기업은 이를 신속하게 파악하고 대응할 수 있어야 한다. 정확한 수요 예측을 통해 이러한 변화에 미리 대비할 수 있으며, 고객의 새로운 요구에 맞춘 맞춤형 제품이나 서비스 제공이 가능해진다.

• 시장 변화 대응

시장 상황이 급변하거나 소비자 선호도가 변화할 때, 정확한 수요 예측은 기업이 선제적으로 대응할 수 있도록 도와준다. 이를 통해 고객의 새로운 요구를 충족시키고, 경쟁사보다 유연한 대응력을 갖출 수 있다.

⇒ 신제품 출시 지원은 새로운 수요를 예측하여 신제품을 빠르게 개발하고 출시함으

로써 고객의 새로운 요구를 충족시킬 수 있다. 이를 통해 고객의 기대를 만족시키고 시장 점유율을 확대할 수 있다.

⇒ 트렌드 변화 반영은 소비자 트렌드가 변화할 때 이를 수요 예측에 신속히 반영하여 고객이 원하는 제품을 적시에 제공할 수 있도록 지원하는 중요한 과정이다. 이를 통해 고객의 기대를 충족시키고, 제품에 대한 만족도를 높이며, 긍정적인 경험을 바탕으로 반복 구매와 브랜드 충성도를 유도할 수 있다. 나아가 변화하는 시장 환경에 민첩하게 대응함으로써 경쟁력을 유지하고, 새로운 고객층을 확보할 기회를 창출하는 데 이바지한다.

• 개인화된 고객 경험 제공

정확한 수요 예측을 통해 고객 행동을 분석하고, 이를 바탕으로 개인화된 서비스를 제공하면 고객 만족도를 더욱 높일 수 있다. 고객의 구매 패턴, 선호도, 과거 구매 이력을 분석하여 맞춤형 제안을 제공하면, 고객은 더욱 특별한 서비스를 경험하게 된다.

⇒ 개인 맞춤형 제품 추천은 수요 예측과 고객 데이터를 분석하여 고객이 선호하거나 구매할 가능성이 높은 제품을 사전에 준비하고 적절한 시점에 추천하는 과정이다. 이를 통해 고객은 자신의 취향과 필요에 꼭 맞는 제품을 제안받게 되어 만족도가 높아지고, 구매로 이어질 가능성이 증가한다. 이러한 맞춤형 접근은 고객 경험을 개인화하여 브랜드에 대한 긍정적인 인식을 강화하고, 장기적으로 고객 충성도를 높이는 데 이바지한다.

⇒ 고객 맞춤형 마케팅은 고객 행동 데이터와 선호도를 기반으로 맞춤형 마케팅 캠페인을 설계하고 실행하여, 고객이 자신만을 위한 특별한 서비스를 받는다고 느끼게 해주는 전략이다. 이를 통해 고객은 기업과의 관계에서 더욱 큰 가치를 느끼게 되고, 브랜드에 대한 신뢰와 충성도가 강화된다. 또 맞춤형 마케팅은 고객의 참여도를 높이고, 구매 전환율을 증가시키며, 시장에서의 차별화된 경쟁력을 확보하는 데 중요한 역할을 한다.

• 주요 내용 정리

정확한 수요 예측은 고객 만족도를 높이는 데 중요한 역할을 하며, 적시 납품, 품질 유지, 개인화된 서비스 제공을 통해 고객 신뢰와 충성도를 강화한다. 납기 준수율 향상을 통해 고객의 기대를 충족시키고 신뢰를 쌓으며, 재고 부족을 방지하여 일관된 서비스를 제공한다. 또 생산과 물류의 효율적 계획으로 품질을 유지하고, 불량률을 낮춰 고객의 만족도를 높인다. 시장 변화와 트렌드에 유연하게 대응하며, 고객 맞춤형 제품과 마케팅으로 개인화된 경험을 제공하여 고객 만족도를 극대화한다. 이러한 노력은 기업의 장기적인 성장과 브랜드 신뢰도를 강화하는 데 이바지한다.

수요 예측 방법론

정량적 예측 방법

정량적 예측 방법(Quantitative Forecasting Methods)은 수학적 모델과 통계적 분석을 기반으로 과거 데이터를 활용해 미래 수요를 예측하는 기법이다. 이 방법은 과거의 판매 기록, 시장 트렌드, 재고 수준 등을 정량적으로 분석하여 미래에 대한 예측을 도출한다. 정량적 예측은 수치 기반의 데이터를 사용하기 때문에 객관적이고, 정확성이 높은 결과를 도출할 수 있다. 주로 데이터가 풍부하고 일정한 패턴이나 추세를 따르는 경우 효과적이다.

정량적 예측 방법은 S&OP 프로세스에서 중요한 역할을 하며, 특히 판매 예측, 재고 관리, 생산 계획 등에서 수요 변동을 예측하는 데 사용된다. 다양한 통계적 기법들이 사용되며, 각각의 방법은 과거 데이터의 패턴을 파악하여 미래 수요를 예측하는 데 중점을 둔다.

정량적 예측 방법의 주요 특징

정량적 예측 방법은 과거 데이터를 활용해 수학적 모델을 통해 예측하는 방식이므로, 데이터의 정확성과 일관성이 중요하다. 정량적 예측은 예측 모델의 복잡성에 따라 단순한 통계 분석에서부터 복잡한 수리 모델까지 다양하게 적용된다.

• **객관성**

정량적 예측은 객관적인 데이터를 기반으로 수행되기 때문에 감정이나 주관적인 판단의 영향을 최소화하며, 신뢰할 수 있는 결과를 도출하는 데 매우 효과적이다. 이를 통해 비즈니스 의사결정 과정에서 근거 있는 판단을 내릴 수 있으며, 예측 결과의 정확성과 일관성을 높일 수 있다. 정량적 예측은 특히 복잡한 시장 환경에서도 명확한 방향성을 제공하여 기업이 전략적 결정을 내리고 리스크를 최소화할 수 있도록 지원하는 중요한 요소로 작용한다.

• 데이터 기반 의사결정

정량적 예측은 데이터 분석을 활용하여 미래의 수요를 체계적으로 예측함으로써, 데이터 기반 의사결정(Data-Driven Decision-Making)을 효과적으로 지원한다. 이를 통해 수요 예측 과정에서 발생할 수 있는 오류를 최소화하고, 예측의 정확도를 높여 기업이 더욱 신뢰할 수 있는 결과를 얻을 수 있다. 또 정량적 예측은 비즈니스 운영의 효율성을 극대화하는 데 이바지하며, 재고 관리, 생산 계획, 자원 배분 등 다양한 운영 영역에서 최적의 결과를 도출할 수 있도록 한다.

• 과거 패턴을 바탕으로 미래 예측

정량적 예측 방법은 과거 데이터를 분석하여 특정 패턴이나 추세를 식별하고 이를 바탕으로 미래의 상황을 예측하는 기법이다. 이 방법은 과거에 발생했던 일이 유사한 조건에서 다시 발생할 가능성이 높다는 가정에 기반을 두며, 데이터가 일정한 패턴이나 주기를 따를 때 특히 높은 정확도를 보인다.

또 데이터의 신뢰성과 품질이 보장될 경우, 예측의 효율성을 극대화하여 의사결정과 자원 배분 과정에서 중요한 참고 자료로 활용될 수 있다.

정량적 예측 방법의 주요 유형

정량적 예측 방법은 여러 가지 유형으로 구분되며, 각 방법은 특정한 데이터 특성이나 비즈니스 상황에 맞춰 적용할 수 있다. 대표적인 정량적 예측 방법으로는 시계열 분석(Time Series Analysis), 인과적 모델(Causal Models), 회귀 분석(Regression Analysis), 이동 평균법 (Moving Average Method) 등이 있다.

• 시계열 분석(Time Series Analysis)

시계열 분석은 시간의 흐름에 따라 변화하는 데이터를 체계적으로 분석하여 미래의 추세를 예측하는 데 활용되는 중요한 방법이다. 이 방법은 연속적으로 관측된 데이터가 시간에 따라 변화하는 패턴과 규칙성을 식별하는 데 중점을 두며, 이를 바탕으로 신뢰성 있는 예측을 가능하게 한다.

예를 들어 매달의 판매량이나 계절적 수요 변동을 분석하면 향후 판매량이나 시장 동향을 더욱 정확히 예측할 수 있다. 시계열 분석은 특히 시간에 따라 반복적으로 나타나는 변화나 장기적인 추세를 포착하는 데 유용하며, 비즈니스 전략 수립과 운영 최적화에 중요한 도구로 활용된다. 시계열 분석은 추세(Trend), 계절성(Seasonality), 순환(Cyclical), 불규칙성 (Irregularity) 등 다양한 요소를 고려하여 예측을 진행하며, 다음과 같은 하위 방법이 있다.

⇒ 이동 평균법(Moving Average Method)은 일정한 기간의 평균값을 계산하여 수요 변동을 예측하는 기법으로, 과거 데이터의 평균치를 활용해 미래 수요를 예측하며 단기적인 변동성을 줄이고 장기적인 추세를 명확히 파악하는 데 적합하다. 이 방법은 데이터의 노이즈를 제거함으로써 예측의 신뢰성을 높이고, 안정적인 결과를 제공하며, 계절성이나 주기성이 비교적 적은 데이터에서 특히 유용하다. 또 이동 평균법은 분석 기간의 길이를 조정함으로써 예측의 민감도를 조절할 수 있어 다양한 데이터 환경에 유연하게 적용할 수 있다.

⇒ 지수평활법(Exponential Smoothing Method)은 최근 데이터를 더 높은 가중치로 반영하여 수요 변화를 민감하게 추적하고 예측하는 효과적인 기법이다. 이 방법은 시간이 지남에 따라 데이터에 부여되는 가중치를 점진적으로 감소시킴으로써 최신 데이터의 변화를 더 잘 반영하며, 변화하는 트렌드나 환경에 신속하게 대응할 수 있는 것이 특징이다. 지수평활법은 단순 지수평활법, 이중 지수평활법, 삼중 지수평활법과 같이 다양한 변형이 있어 데이터의 특성과 복잡도에 따라 유연하게 활용할 수 있다.

⇒ ARIMA 모델(Auto Regressive Integrated Moving Average)은 시계열 데이터를 기반으로 자기회귀와 이동 평균 요소를 결합하여 복잡한 패턴을 분석하고, 이를 바탕으로 미래를 예측하는 고급 통계 모델이다. 이 모델은 계절성, 추세, 불규칙성을 동시에 고려하여 정밀한 예측을 가능하게 하며, 데이터의 안정성을 확보하기 위해 차분(Differencing) 과정을 포함한다. ARIMA 모델은 특히 장기적인 예측이 필요한 상황에서 강력한 성능을 발휘하며, 공급망 관리, 금융, 생산 계획 등 다양한 분야에서 높은 신뢰성을 바탕으로 널리 사용된다.

• 인과적 모델(Causal Models)

수요에 영향을 미치는 외부 요인을 분석하여 수요를 예측하는 방법인 인과적 모델은 수요와 외부 변수 사이의 관계를 분석하여 미래의 수요를 예측한다. 이를테면 제품 가격, 경제 성장률, 소비자 소득, 마케팅 캠페인 등과 같은 외부 요인들이 수요에 미치는 영향을 분석한다.

⇒ 회귀 분석(Regression Analysis)은 독립 변수와 종속 변수 간의 관계를 분석하여 미래 수요를 예측하는 방법으로, 이를테면 소비자의 소득과 제품 판매량의 관계를 분석해 수요를 예측할 수 있다. 단순 회귀 분석과 다중 회귀 분석으로 나눌 수 있고, 단순 회귀는 한 가지 변수, 다중 회귀는 여러 변수를 고려하여 수요를 예측한다.

⇒ 경제 모형(Economic Models)은 GDP, 실업률, 금리 등과 같은 거시적 경제 요인이 수요에 미치는 영향을 분석하는 방법으로, 경제 상황의 변화에 따른 수요 변동을 예측할 수 있다. 이 과정에서 거시적 요인과 수요 간의 관계를 명확히 이해하여 경제적 변화가 소비자 행동이나 시장 동향에 어떤 영향을 미칠지 평가할 수 있다. 이런 분석은 정책 수립과 기업의 전략적 의사 결정 과정에서 중요한 기반을 제공한다.

• 이동 평균법(Moving Average Method)

이동 평균법은 과거 일정 기간의 데이터를 평균 내어 미래 수요를 예측하는 간단한 방법이다. 주로 단기적인 예측에 사용되며, 노이즈가 많은 데이터를 평활화하여 장기적인 추세를 파악하는 데 도움을 준다. 이동 평균법은 단순 이동 평균(Simple Moving Average)과 가중 이동 평균(Weighted Moving Average)으로 나눌 수 있다.

⇒ 단순 이동 평균(Simple Moving Average)은 일정 기간의 수요 데이터를 단순 평균하여 향후 수요를 예측하는 방법으로, 과거 데이터의 각 값을 똑같은 중요도로 간주하여 평균을 계산한다. 이 방법은 수요가 비교적 안정적이고 큰 변동이 없는 경우에 유용하며, 계산이 간단하고 직관적이라는 장점이 있지만, 최근 데이터의 변화를 충분히 반영하지 못할 수 있다는 한계가 있다.

⇒ 가중 이동 평균(Weighted Moving Average)은 과거 데이터에 서로 다른 가중치를 부여하여 최근 데이터를 더 중요하게 반영하는 수요 예측 방법이다. 이 방법은 최근 데이터에 더 높은 가중치를 적용함으로써 수요의 변동성을 더 민감하게 반영하며, 수요 패턴의 변화를 더 빠르게 따라갈 수 있다. 그러나 적절한 가중치 설정이 필요하며, 가중치를 잘못 설정하면 예측의 정확도가 낮아질 수 있어서 신중한 설계가 요구된다.

• 정량적 예측 방법의 장점

⇒ 객관성. 정량적 예측 방법이 수치 기반의 데이터를 사용하기 때문에 객관적으로 예측 결과를 도출할 수 있게 한다.

⇒ 정확성. 데이터가 충분할 경우 과거 데이터를 기반으로 정확한 예측을 할 수 있으며, 이는 S&OP 프로세스에서 매우 중요한 요소이다.

⇒ 자동화 가능성. 정량적 예측은 소프트웨어나 알고리즘을 통해 자동화할 수 있어 대규모 데이터를 빠르고 효율적으로 처리하는 데 유리하다.

• 정량적 예측 방법의 단점

⇒ 과거 데이터 의존성. 정량적 예측이 과거 데이터에 의존하기 때문에 급격한 시장 변화나 예상치 못한 변수가 발생하면 정확도가 떨어질 수 있다.

⇒ 복잡성. 정교한 예측 모델을 사용하려면 통계적 지식과 전문성이 필요하며, 데이터 분석 과정이 복잡할 수 있다.

• 정량적 예측의 활용 사례

정량적 예측은 여러 산업에서 널리 사용되며, 특히 소비재, 제조업, 유통업에서 필수적인 역할을 한다. 소매업체는 정량적 예측으로 재고 관리와 생산 계획을 최적화하고, 제조업체는 생산량을 조절하여 비용 절감과 재고 관리 효율성을 높일 수 있다.

⇒ 소매업은 계절적 수요나 명절, 연말 세일과 같은 특정 이벤트로 인한 판매량 변동을 예측하여 재고를 적절히 관리하고, 고객 수요에 신속하게 대응할 수 있는 체계를 구축한다. 이를 통해 재고 과잉이나 부족으로 인한 손실을 최소화하고, 프로모션이나 특별 할인 행사를 효과적으로 기획하여 매출을 극대화할 수 있다. 또 수요 패턴 분석과 예측 정확도 향상을 위해 데이터 분석 기술과 AI 기반 도구를 적극 활용하는 경우가 많다.

⇒ 제조업은 과거 판매 데이터를 분석하여 생산 계획을 수립하는 동시에 시장 수요의 변동성을 고려하여 원자재 조달 계획을 최적화한다. 이를 통해 재고 비용을 절감하고 생산 효율성을 극대화하며, 공급망을 더욱 효율적으로 관리·운영할 수 있다. 또 예측 기반의 계획 외에도 고객 주문과 시장 동향에 빠르게 대응할 수 있는 유연한 생산 체계를 구축하여, 경쟁력을 강화하고 납기 준수를 보장한다.

• 주요 내용 정리

정량적 예측은 과거 데이터를 기반으로 수학적 모델과 통계적 기법을 활용하여 미래 수요를 예측하는 기법으로, 객관성과 정확성을 갖추고 S&OP 프로세스에서 중요한 역할을 한다. 주요 방법은 시계열 분석, 인과적 모델, 이동 평균법 등이 있으며, 각각 데이터 패턴과 외부 요인을 고려해 다양한 예측 상황에 적용된다. 시계열 분석은 시간 변화에 따른 패턴을 예측하며, 이동 평균법과 지수 평활법 등으로 단기 및 장기 추세를 파악한다. 정량적 예측은 소매업과 제조업에서 재고 관리, 생산 계획, 시장 수요 분석에 활용되며, 자동화를 통해 대규모 데이터를 효율적으로 처리한다. 그러나 급격한 시장 변화에는 한계가 따를 수 있어, 데이터 품질과 모델 설계가 중요하다.

정성적 예측 방법

정성적 예측 방법(Qualitative Forecasting Methods)은 수치나 데이터에 의존하는 정량적 방법과 달리 전문가의 의견, 시장 조사, 경험적 지식에 기반하여 미래의 수요를 예측하는 방법이다. 정성적 예측은 객관적인 데이터가 부족하거나 데이터의 일관성이 없을 때 사용하는 방법으로, 직관적·주관적인 요소를 포함하여 예측을 도출한다. 이 방법은 특히 새로운 제품이나 급변하는 시장 환경에서 유용하며, 경험을 바탕으로 한 판단과 집단적인 의사결정이 중요한 역할을 한다.

정성적 예측 방법은 정량적 방법처럼 수학적 모델이나 통계적 분석을 사용하지 않지만, 전문가의 통찰력이나 경험적 지식을 활용하여 수요를 예측한다. 이는 창의적이고 유연한 접근을 가능하게 하며, 정량적 데이터로 설명하기 어려운 소프트 정보를 분석할 수 있는 장점이 있다.

정성적 예측 방법의 주요 특징

정성적 예측 방법은 정량적 데이터가 충분하지 않거나, 장기적 트렌드 또는 시장 변화를 예측할 때 유용하다. 특히 새로운 제품을 출시할 때, 과거 데이터가 부족해 정량적 분석을 적용할 수 없을 때 정성적 방법이 중요한 역할을 한다. 이 방법은 또한 정량적 예측과 보완적으로 사용되어 예측의 정확성을 높이는 데 이바지한다.

• 전문가의 직관과 경험 기반

정성적 예측은 전문가의 직관, 경험, 그리고 시장에 대한 깊은 이해를 바탕으로 이루어지는 예측 방식이다. 과거 경험에서 얻은 통찰과 최신 시장 동향을 결합하여 미래를 예측하며, 특히 데이터가 부족하거나 기존의 수치적 패턴을 활용하기 어려운 경우에 효과적으로 사용된다. 이 방법은 신제품 출시, 경제적 불확실성, 혁신적인 기술 변화와 같이 과거 데이터로 설명하기 어려운 상황에서도 유용하며, 다양한 이해관계자들의 의견을 통합하여 더욱 풍부하고 실질적인 예측을 도출할 수 있다.

• 유연성

정성적 예측 방법은 유연성이 뛰어나며, 빠르게 변화하는 시장 환경이나 새로운 변수가 도입된 상황에서도 효과적으로 적응할 수 있는 능력을 갖추고 있다. 이를테면 특정 산업에서 기술 혁신이 이루어지거나 소비자 트렌드가 급격히 변화하는 경우, 정성적 예측을 통해 이러한 변화를 신속히 반영하고 대응할 수 있다. 이 방법은 정량적 데이터로 설명하기 어려운 상황에서 전문가의 통찰력과 경험을 활용하여 더욱 의미 있는 예측을 도출하며, 전략적 의사결정 과정에서 중요한 역할을 한다.

• 협업과 집단 의사결정

정성적 예측 방법은 주로 집단적인 협력과 의사결정 과정을 통해 이루어진다. 다양한 의견을 모아 이를 종합함으로써 최종 예측을 도출하는 방식으로, 여러 부서나 외부 전문가의 의견을 반영하여 다양한 시각을 고려한다.

주요 정성적 예측 방법

정성적 예측 방법에는 다양한 기법이 있으며, 각 기법은 시장 상황, 제품 특성, 조직의 목표에 따라 적합한 방식으로 선택된다. 정성적 예측의 대표적 방법으로는 델파이 기법(Delphi Method), 시장 조사(Market Research), 패널 토론(Panel Discussion), 시나리오 기법(Scenario Analysis) 등이 있다.

• 델파이 기법(Delphi Method)

델파이 기법은 전문가들의 의견을 익명으로 수집하여 합의된 예측을 도출하는 방법으로, 여러 차례에 걸친 의견 수렴 과정을 통해 전문가들의 집단 지혜를 모아 합리적인 예측을 도출하는 데 목적이 있다. 익명성을 보장함으로써 개인적인 편견이나 압력을 배제하고, 객관적인 의견을 얻을 수 있는 것이 특징이다.

⇒ 델파이 기법은 전문가 그룹에 질문을 던지고, 이를 여러 차례 반복하여 의견을 종합하는 방식으로 진행된다. 질문 회차마다 결과를 공유한 후, 전문가들이 자신의 답변을 수

정하는 과정을 거쳐 최종적으로 공통된 합의에 도달하게 된다.

⇒ 델파이 기법의 장점은 전문가들의 집단적 통찰력을 바탕으로 신뢰성 높은 예측을 도출할 수 있다는 점이다. 또 익명성을 보장하여 의견의 독립성을 유지할 수 있는 특징도 있다.

• 시장 조사(Market Research)

시장 조사는 소비자 의견이나 시장 트렌드를 분석하여 수요를 예측하는 방법이다. 이는 설문조사, 인터뷰, 포커스 그룹과 같은 방식으로 소비자와의 상호작용을 예측한다. 통해 시장 변화를 파악하고, 제품이나 서비스에 대한 미래 수요를 시장 조사는 신제품 출시 또는 소비자 행동 변화를 이해하는 데 매우 유용하다.

⇒ 설문조사나 인터뷰를 통해 소비자 의견을 수집한 후, 그 결과를 분석하여 시장의 수요 패턴이나 변동성을 파악하는 과정을 거친다. 이를 통해 미래의 수요를 예측하는 기초 자료로 활용할 수 있다.

⇒ 시장 조사의 장점은 소비자의 실제 반응을 직접 얻을 수 있다는 점이다. 또 이를 통해 소비자 요구나 트렌드에 맞춘 예측이 가능하다.

• 패널 토론(Panel Discussion)

패널 토론은 전문가 그룹이 모여 특정 주제에 대해 논의하고, 이를 통해 미래의 수요를 예측하는 방법이다. 이 과정에서 다양한 의견을 수렴하고, 서로의 의견을 교환함으로써 더욱 정확한 예측을 도출할 수 있다. 패널 토론은 다양한 시각을 반영하여 시장에 대한 종합적인 이해를 가능하게 한다.

⇒ 전문가 그룹이 모여 특정 제품이나 시장에 대해 논의하고, 각자의 관점에서 수요 예측을 수행하는 과정을 거친다. 패널 토론을 통해 다양한 의견이 조율되며, 최종적인 예측 결과가 도출된다.

⇒ 패널 토론의 장점은 여러 전문가의 의견을 종합하여 다양한 시각을 반영할 수 있다는 점이다. 이를 통해 균형 잡힌 예측이 가능해진다.

• 시나리오 기법(Scenario Analysis)

시나리오 기법은 여러 가지 미래 시나리오를 설정하고, 그에 따른 수요 변화를 예측하는 방법이다. 이는 미래의 다양한 가능성을 고려하여 최악의 상황부터 최상의 상황까지 다양한 시나리오를 예측하고, 각 시나리오에 따른 수요 변동을 평가한다. 이는 불확실성이 큰 상황에서 특히 유용하다.

⇒ 다양한 시나리오를 설정한 후, 각 시나리오에 따를 경우의 수요가 어떻게 변화할지 예측하는 과정을 거친다. 이를 통해 리스크관리와 대응 전략을 세울 수 있다.

⇒ 시나리오 기법의 장점은 불확실성이 큰 상황에서 대비할 수 있는 전략을 마련할 수 있다는 점이다. 또 여러 변수를 고려한 예측이 가능하다는 특징도 있다.

• 정성적 예측 방법의 장점

⇒ 데이터 부족 시 유용한 정성적 예측 방법은 정량적 데이터가 부족하거나 사용할 수 없는 상황에서 유연하게 적용할 수 있다. 특히 신제품 출시나 시장 변동이 심한 상황에서 효과적이다.

⇒ 전문가 통찰력 활용은 데이터로 설명할 수 없는 복잡한 요인이나 미래의 불확실성을 전문가의 경험과 직관으로 보완할 수 있다.

⇒ 유연성은 정성적 예측이 시장의 비정형적 변화나 예상치 못한 사건에 대한 대응이 가능하며, 단기적 또는 장기적 예측 모두에 적용할 수 있다는 점이다.

• 정성적 예측 방법의 단점

⇒ 주관성. 정성적 예측은 전문가의 주관이나 편견이 개입될 수 있어 객관성이 부족할 수 있으며, 이는 예측의 정확도에 영향을 미칠 수 있다.

⇒ 정확성 부족. 정량적 데이터에 기반하지 않기 때문에 예측의 정확성이 떨어질 수 있으며, 특히 예측에 대한 검증이 어렵다.

⇒ 협업의 복잡성. 델파이 기법이나 패널 토론처럼 여러 전문가의 의견을 수렴해야 하는 경우 의견 차이가 클 수 있으며, 이를 조율하는 데 시간이 소요될 수 있다.

• 정성적 예측 방법의 활용 사례

정성적 예측은 주로 데이터가 제한적인 상황에서 새로운 제품이나 서비스를 도입할 때, 또는 정량적 데이터로는 설명할 수 없는 시장의 트렌드나 소비자 행동을 예측하는 데 사용된다.

⇒ 신제품 출시에서는 시장에 새로 출시되는 제품에 대한 과거 데이터가 없으므로 전문가의 통찰과 소비자 조사를 통해 미래 수요를 예측한다.

⇒ 불확실한 시장 환경에서는 경제 위기나 기술 혁신과 같은 불확실한 환경에서 정성적 예측이 다양한 시나리오를 통해 변화에 대응할 방안을 제시한다.

• 주요 내용 정리

정성적 예측 방법은 데이터 부족 시 전문가의 통찰, 시장 조사, 집단 토론을 통해 미래 수요를 예측하는 기법으로, 신제품 출시나 급변하는 시장 환경에서 유용하다. 주요 기법으로는 델파이 기법(익명 전문가 합의), 시장 조사(소비자 의견 수집), 패널 토론(다양한 전문가 의견 반영), 시나리오 기법(다양한 가능성에 따른 예측)이 있고, 유연성과 창의적 접근이 특징이다. 데이터로 설명하기 어려운 요인들을 보완할 수 있지만, 주관성과 정확성 부족, 협업 과정의 복잡성이 단점으로 작용할 수 있다. 정성적 예측은 특히 신제품 도입, 시장 불확실성 대응, 소비자 행동 분석 등에 효과적으로 활용된다. 정량적 예측과 보완적으로 사용하면 예측의 신뢰성과 유연성을 높일 수 있다.

하이브리드 예측 방법

하이브리드 예측 방법(Hybrid Forecasting Methods)은 정량적 예측과 정성적 예측을 결합한 방식으로, 두 가지 예측 방법의 장점을 모두 활용하여 더 정확하고 신뢰성 있는 수요 예측을 도출하는 기법이다. 하이브리드 예측은 과거 데이터 분석에 기반한 정량적 방법과 전문가의 경험이나 시장 조사와 같은 정성적 요소를 함께 고려하여 다양한 변수를 통합하고 복합적인 예측을 수행한다.

하이브리드 예측은 복잡한 시장 상황이나 급격한 변화가 예상되는 상황에서 특히 유용하며, 새로운 제품이나 데이터가 부족한 상황에서도 효과적으로 적용될 수 있다. 이를 통해 객관적 데이터 분석의 정확성을 유지하면서도, 정성적 통찰을 결합하여 예측의 포괄성과 유연성을 강화한다.

하이브리드 예측 방법의 주요 특징

하이브리드 예측은 정량적 예측의 데이터 기반 분석과 정성적 예측의 전문가 통찰력을 결합하여 더 신뢰성 높은 예측을 수행하는 것이 특징이다. 정량적 데이터는 예측의 기초를 제공하며, 정성적 방법은 예측에서 고려되지 않은 시장 변화나 외부 변수를 반영하는 데 도움을 준다.

• 정량적 데이터와 정성적 통찰의 결합

하이브리드 예측의 핵심은 정량적 데이터 분석과 정성적 전문가 의견을 결합하는 것이다. 정량적 방법은 과거 데이터를 기반으로 정확한 수치적 분석을 제공하고, 정성적 방법은 정량적 분석이 포착하지 못한 미래의 불확실성이나 정량 데이터로 설명하기 어려운 요소들을 보완한다.

• 복잡한 변수와 시장 변화 반영

하이브리드 예측은 정량적 분석의 과거 데이터 패턴뿐만 아니라, 새로운 시장 변화나 예상치 못한 외부 요인을 고려하는 데 유리하다. 이는 데이터의 통계적 경향뿐 아니라 질적인 변화를 반영해 더 포괄적인 예측을 가능하게 한다.

• 유연성과 정확성의 균형

하이브리드 예측은 유연성과 정확성의 균형을 추구한다. 정량적 예측은 매우 정확하고 객관적일 수 있지만, 급격한 시장 변화나 예측 불가능한 사건들에 대한 유연한 대응이 부족할 수 있다. 반면 정성적 예측은 주관적 판단을 기반으로 하므로 다소 비일관적일 수 있다. 하이브리드 예측은 이러한 단점을 보완하여 정확성과 유연성을 동시에 확보하는 방식이다.

하이브리드 예측 방법의 주요 유형

하이브리드 예측은 정량적 모델과 정성적 평가를 다양한 방식으로 결합하여 실행된다. 이러한 예측 방법은 상황에 따라 다양한 형태로 조합될 수 있고, 각 방법은 특정한 상황에 적합한 결과를 제공한다. 대표적인 하이브리드 예측 방법으로는 통합 예측 모델, 계량 경제학과 델파이 기법의 결합, 정량적 예측 후 정성적 조정 등이 있다.

• 통합 예측 모델(Integrated Forecasting Models)

통합 예측 모델은 정량적 데이터 분석과 정성적 예측 요소를 통합하여 수요를 예측하는 방법이다. 이 방법은 시계열 분석과 같은 정량적 예측 모델을 기반으로 하고, 여기에 시장 조사나 전문가 의견을 반영하여 최종 예측을 도출한다.

⇒ 통합 예측 모델에서는 먼저 정량적 예측을 수행한 후, 그 결과에 정성적 판단을 추가하여 보완하는 과정을 거친다. 이를테면 과거 데이터 기반의 예측에서 간과될 수 있는 시장 트렌드 변화나 소비자 행동 변화를 반영하여 더 정확한 예측을 도출한다.

⇒ 통합 예측 모델의 장점은 정량적 예측의 객관성을 유지하면서도 외부 변수와 예측 불가능한 요소를 반영할 수 있다는 점이다. 이를 통해 예측의 정확성과 유연성을 모두 강화할 수 있다.

• 계량 경제학과 델파이 기법의 결합

계량 경제학 모델은 정량적 변수와 경제적 요인을 분석하여 예측을 수행하는 방법이며, 여기에 델파이 기법을 결합하여 전문가 의견을 반영하는 방식이다.

이를 통해 경제적 요인과 시장 전문가의 정성적 의견을 동시에 고려하여 수요 예측의 정확성을 높일 수 있다.

⇒ 먼저 계량 경제학적 모델을 구축하여 경제 데이터를 분석한 후, 그 결과를 바탕으로

델파이 기법을 통해 전문가 의견을 수집하는 과정을 거친다. 수집된 의견은 수요 예측에 반영되어 더 종합적인 예측을 가능하게 한다.

⇒ 이 방법의 장점은 경제적 변수와 전문가의 통찰을 모두 고려하여 예측의 정확성과 현실성을 극대화할 수 있다는 점이다.

• 정량적 예측 후 정성적 조정

이 방법은 정량적 예측을 먼저 수행하고, 그 결과를 바탕으로 정성적 요소를 고려하여 조정하는 방식이다. 다시 말하면 정량적 예측이 객관적인 기초 데이터를 제공한 후, 예측 결과에 시장의 비정형적 변화나 전문가 통찰을 추가하여 더 현실적인 결과를 도출하는 방법이다.

⇒ 먼저 시계열 분석이나 회귀 분석과 같은 정량적 예측을 통해 기본적인 예측치를 도출하는 과정을 거친 다음, 전문가 의견이나 시장 변화 요인을 고려하여 예측 결과를 조정하고 최종 수요 예측을 도출한다.

⇒ 이 방법의 장점은 정량적 분석이 제공하는 정확한 기초 데이터를 바탕으로 예측 결과를 정성적 방법으로 보완함으로써, 데이터로 설명할 수 없는 시장 변화를 반영할 수 있다는 점이다.

• 하이브리드 예측 방법의 장점

⇒ 정확성 향상. 정량적 예측의 데이터 기반 분석과 정성적 예측의 시장 통찰력을 결합하여 더 정확한 예측을 가능하게 한다. 이는 특히 시장 변화가 빠르거나 예측의 불확실성이 클 때 효과적이다.

⇒ 리스크관리는 하이브리드 예측이 불확실성이 큰 상황에서도 유연하게 대응할 수 있는 장점이 있다. 정량적 데이터에 기반한 예측에 정성적 요소를 추가하여 리스크관리와 대응 전략 수립에 유리하다.

⇒ 다양한 변수 고려는 정량적 예측만으로는 포착하지 못하는 소프트 변수를 반영할 수 있어서 복합적이고 다양한 요인을 고려한 예측이 가능해진다.

• 하이브리드 예측 방법의 단점

⇒ 복잡성. 하이브리드 예측이 정량적 방법과 정성적 방법을 결합하기 때문에 과정이 복잡할 수 있고, 이를 효과적으로 관리하려면 고도의 분석 능력이 필요하다.

⇒ 주관성 위험. 정성적 요소를 반영하는 과정에서 전문가의 주관적 의견이나 편견이 개입될 가능성이 있으며, 이는 예측 결과에 부정적인 영향을 미칠 수 있다.

• 하이브리드 예측 방법의 활용 사례

하이브리드 예측 방법은 여러 산업 분야에서 활용되며, 특히 제조업, 유통업, 소비재 산업에서 중요하게 사용된다. 새로운 제품의 출시나 급격한 시장 변화가 예상될 때, 하이브리드 예측 방법을 통해 정확한 수요 예측을 수행할 수 있다.

⇒ 신제품 출시 시 정량적 데이터가 부족할 경우 시장 조사와 같은 정성적 방법과 기존 유사 제품의 정량적 데이터를 결합하여 예측할 수 있다.

⇒ 변동성이 큰 시장에서는 정량적 예측으로 불확실성을 충분히 반영하지 못하기 때문에 정성적 요소를 추가하여 예측의 신뢰성을 높인다.

• 주요 내용 정리

하이브리드 예측 방법은 정량적 예측과 정성적 예측을 결합하여 데이터 기반 분석과 전문가 통찰력을 동시에 활용, 예측의 정확성과 유연성을 강화한다. 정량적 분석의 객관성과 정성적 요소의 직관적 통찰을 통합해 복잡한 변수와 시장 변화를 효과적으로 반영한다. 주요 유형으로는 통합 예측 모델, 계량 경제학과 델파이 기법 결합, 정량적 예측 후 정성적 조정이 있으며, 특히 신제품 출시나 급격한 시장 변화에서 유용하다. 장점으로는 예측 정확성 향상과 리스크관리 강화, 다양한 변수 고려가 있으나, 복잡성과 주관성 개입 위험이 단점으로 지적된다. 하이브리드 예측은 제조, 유통, 소비재 등에서 다양한 상황에 적용되어 효과적인 수요 예측을 지원한다.

계절성과 트렌드 분석

계절성 분석 도구

계절성 분석 도구(Seasonality Analysis Tools)는 시간에 따른 데이터의 주기적 변동을 파악하여 미래 수요를 예측하는 데 사용된다. 계절성(Seasonality)은 특정 시간대나 기간에 반복적으로 나타나는 패턴을 의미하며, 이는 주로 일정한 계절적 요인이나 특정 이벤트에 의해 발생한다. 계절성 분석은 S&OP에서 수요 예측의 정확성을 높이는데 중요한 역할을 하며, 특히 계절에 따른 판매 패턴이나 수요 변화를 이해하고 대응하는 데 필수적이다.

계절성 분석 도구는 통계적 기법과 데이터 분석 도구를 활용하여 수요 변동을 예측하고, 기업이 생산 계획, 재고 관리, 물류 전략을 최적화할 수 있도록 도와준다.

이러한 도구는 시간에 따른 수요 패턴을 분석하고, 미래의 반복적인 변동성을 예측하는 데 유용하다.

계절성 분석의 중요성

계절성은 시장에서 수요가 시간에 따라 주기적으로 변화하는 현상을 말한다. 이러한 계절성은 날씨 변화, 연말 연휴, 특정 이벤트 등 다양한 요인에 의해 발생할 수 있으며, 기업은 이를 적절히 분석하여 수요 변화에 대비해야 한다. 계절성 분석을 통해 기업은 생산 과잉이나 재고 부족을 방지하고, 비용 절감과 효율성 향상을 달성할 수 있다.

• 계절성에 대한 이해

계절성은 정기적으로 반복되며, 이러한 패턴은 월별, 분기별, 연도별 등 다양한 시간 단위에서 발생할 수 있다. 이를테면 겨울철에는 난방 기구나 방한 제품에 대한 수요가 증가하고, 여름철에는 에어컨이나 아이스크림 같은 제품의 판매가 증가하는 것이 계절성의 대표적인 예이다.

• 계절성 분석의 필요성

계절성을 분석하지 않으면 기업은 과잉 생산이나 재고 부족과 같은 문제가 발생할 수 있으며, 이는 비용 손실이나 고객 만족도 하락으로 이어질 수 있다. 계절성 분석 도구를 통해 기업은 정확한 수요 예측을 할 수 있으며, 이에 따라 효율적인 자원 배분과 비용 관리가 가능하다.

주요 계절성 분석 도구

계절성 분석 도구는 데이터 분석과 통계적 기법을 활용하여 과거 데이터를 분석하고, 반복적인 패턴을 식별하는 데 사용된다. 이러한 도구는 시계열 분석, 이동 평균법, 지수 평활법, ARIMA 모델 등 다양한 방법을 포함하며, 각 도구는 기업이 미래 수요를 예측하는 데 중요한 역할을 한다.

• 시계열 분석(Time Series Analysis)

시계열 분석은 시간에 따른 데이터의 변동 패턴을 분석하여 계절성을 파악하는 대표적인 방법이다. 시계열 분석은 데이터가 시간에 따라 어떻게 변화하는지 분석하고, 추세(Trend), 계절성(Seasonality), 불규칙성(Irregularity) 등의 요소를 분리하여 미래 예측을 수행한다.

⇒ 계절성 분해는 시계열 데이터를 분석할 때 데이터에서 계절성 요소를 분리하여 순수한 추세와 불규칙 변동을 구분할 수 있게 한다. 이를 통해 계절성의 영향을 정확히 파악하고 예측에 반영할 수 있다.

⇒ 실제 사례로 소매업에서는 시계열 분석을 통해 계절별 판매 패턴을 파악하고, 이를 기반으로 재고 관리나 판매 전략을 조정할 수 있다. 예를 들어 크리스마스 시즌에 대비해 장난감이나 선물 관련 제품의 수요를 예측할 수 있다.

• 이동 평균법(Moving Average Method)

이동 평균법은 특정 기간의 수요 데이터를 평균하여 계절적 변동을 예측하는 방법이다. 이동 평균법은 단기적인 변동을 평활화하여 장기적인 패턴을 분석하는 데 유용하다. 이 방법은 노이즈를 제거하고, 계절적 추세를 파악하는 데 주로 사용된다.

⇒ 단순 이동 평균(Simple Moving Average)은 일정 기간의 평균값을 계산하여 미래의 수요를 예측하는 방법으로, 계절적 변동이 뚜렷하지 않거나 단기적인 변동에 대응할 때 유용하다.

⇒ 가중 이동 평균(Weighted Moving Average)은 최근 데이터에 더 높은 가중치를 부여하여 계절성을 반영하는 방법으로, 최근의 변동이 중요한 경우에 사용되며 계절적 패턴의 변화에 더 민감하게 반응할 수 있다.

• 지수 평활법(Exponential Smoothing Method)

지수 평활법은 과거 데이터 중 최근 데이터에 더 높은 가중치를 두고 계절성을 분석하는 방법이다. 이 방법은 계절성의 변화가 빠르게 발생하는 경우 유용하며, 계절적 변동에 따라 수요 예측을 조정할 수 있다.

⇒ 단순 지수평활법(Simple Exponential Smoothing)은 과거 데이터를 분석하여 시간에 따라 변화하는 수요를 예측하기 위해 각 데이터에 가중치를 부여하는 방법이다. 이 방법은 최근 데이터에 더 높은 가중치를 할당하여 수요 변화에 민감하게 반응하며, 데이터가 계절적 패턴이나 추세를 포함하지 않는 안정적인 환경에서 특히 효과적이다. 이를 통해 과거 데이터를 기반으로 미래 수요를 간단하고 효율적으로 예측할 수 있으며, 계산이 비교적 간단하다는 장점이 있다.

⇒ 이중 지수평활법(Double Exponential Smoothing)은 단순 지수평활법에 추세 요

소를 추가하여 계절성을 더욱 정교하게 반영하는 방법으로, 이는 계절성이 지속적으로 변화하는 환경에서 유용하다.

• ARIMA 모델(Auto Regressive Integrated Moving Average)

ARIMA 모델은 계절성 분석에 매우 효과적인 도구로, 자기회귀 모델과 이동 평균 모델을 결합하여 데이터를 분석하는 방법이다. ARIMA 모델은 데이터의 자기 상관성과 계절적 변동을 분석하고, 이를 기반으로 미래 수요를 예측한다.

⇒ 계절 ARIMA 모델(SARIMA)은 ARIMA 모델에 계절성 요소를 추가한 버전으로, 계절적인 변동을 더욱 정확하게 예측할 수 있다. 이는 계절성이 뚜렷한 데이터에 매우 유용하게 사용된다.

⇒ 실제 사례로 패션 업계에서는 SARIMA 모델을 사용하여 계절별 트렌드를 예측하고 의류 재고나 제품의 라인업을 조정한다. 이를테면 겨울철에는 코트나 스웨터와 같은 계절상품의 수요를 예측하고 이를 기반으로 생산 계획을 수립한다.

• 계절성 분석 도구의 장점

⇒ 정확한 예측은 계절성 분석 도구가 과거 데이터를 기반으로 미래 수요를 예측할 수 있게 하며, 이를 통해 정확한 생산 계획과 재고 관리가 가능하다.

⇒ 비용 절감은 정확한 계절성 분석을 통해 과잉 생산이나 재고 부족을 방지하여 비용 절감 효과를 얻을 수 있게 한다.

⇒ 시장 변화에 대한 빠른 대응은 계절성 분석을 통해 빠른 시장 변화에 대응할 수 있으며, 소비자 요구에 적절히 대응하여 고객 만족도를 높일 수 있다.

• 계절성 분석 도구의 한계

⇒ 과거 데이터 의존성. 계절성 분석 도구가 주로 과거 데이터에 기반하므로 급격한 시장 변화나 새로운 외부 요인이 발생할 때 예측이 부정확할 수 있음을 의미한다.

⇒ 복잡성. 일부 계절성 분석 도구가 복잡한 수학적 모델을 사용하므로 전문적인 지식

이나 소프트웨어 도구가 필요할 수 있다.

• 계절성 분석 도구의 실제 활용 사례

계절성 분석 도구는 다양한 산업에서 활용되며, 특히 소매업, 패션, 식품 산업과 같은 계절성 수요가 뚜렷한 분야에서 중요하게 사용된다.

⇒ 소매업에서는 대형 소매업체가 계절성 분석을 통해 여름 에어컨, 겨울 히터 등 특정 계절에 판매가 급증하는 제품에 대한 수요를 예측하고 재고 관리를 최적화한다.

⇒ 패션 산업에서는 패션 브랜드가 계절 트렌드를 예측하여 의류 생산과 제품 출시 시기를 결정한다. 이를 통해 재고 과잉을 방지하고 타이밍 적절하게 제품을 시장에 출시하여 매출을 극대화한다.

• 주요 내용 정리

계절성 분석 도구는 시간에 따른 주기적 수요 변화를 파악해 예측 정확도를 높이며, 생산 계획과 재고 관리를 최적화하는 데 중요한 역할을 한다. 주요 도구로는 시계열 분석, 이동 평균법, 지수 평활법, ARIMA 모델 등이 있으며, 계절적 패턴과 추세를 반영해 정확한 수요 예측을 지원한다. 이를 통해 기업은 과잉 생산과 재고 부족을 방지하고, 비용 절감과 효율적인 자원 배분을 실현할 수 있다. 계절성 분석은 소매업, 패션, 식품 산업 등 계절 수요가 뚜렷한 분야에서 널리 활용된다. 그러나 과거 데이터 의존성이나 복잡성 같은 한계를 보완하려면 전문적 도구와 지식이 필요하다.

트렌드 분석 도구

트렌드 분석 도구(Trend Analysis Tools)는 시간에 따른 데이터의 변화 추세를 분석하여 장기적인 패턴을 파악하고, 이를 바탕으로 미래 수요를 예측하는 데 사용된다. 트렌드는 특정한 방향성을 가지고 데이터가 꾸준히 증가하거나 감소하는 패턴을 의미하며, 이 패턴을 분석하여 시장 동향이나 소비자 행동 변화를 예측하는 것이 트렌드 분석의 핵심이다. 트렌드 분석 도구는 S&OP 프로세스에서 장기적인 수요 예측을 도와주며, 경영 전략이나 마케팅 계획을 수립하는 데 중요한 역할을 한다.

트렌드 분석은 단순히 과거 데이터를 분석하는 것에서 그치지 않고, 미래의 방향성을 예측함으로써 전략적 의사결정에 도움을 준다. 이러한 도구들은 과거 데이터, 시장 지표, 소비자 행동 데이터 등을 분석해 추세를 도출하고, 이를 바탕으로 성장, 안정, 감소와 같은 패턴을 예측할 수 있도록 한다.

트렌드 분석의 중요성

트렌드 분석은 시장과 소비자의 변화를 장기적인 관점에서 파악하는 데 매우 중요한 역할을 한다. 기업은 트렌드를 분석함으로써 향후 수요 변동을 예측할 수 있고, 비즈니스 전략을 수립하거나 신제품 출시 시기를 결정할 수 있다.

• 장기 수요 예측

트렌드 분석 도구는 장기 수요 패턴을 파악하고 미래 수요를 더욱 정확하게 예측하는 데 필수적인 역할을 한다. 이러한 도구는 시간의 흐름에 따른 데이터의 변화를 분석하여, 특정 제품이나 서비스가 꾸준히 성장세를 보이는지, 또는 감소 추세에 있는지 파악할 수 있도록 도와준다. 예를 들어, 특정 제품이 지속적으로 높은 성장률을 기록한다면, 이를 기반으로 향후 생산량을 최적화하거나 재고 관리 및 유통 전략을 수립할 수 있다. 이처럼 트렌드 분석 도구는 비즈니스 의사결정 과정에서 중요한 통찰을 제공하며, 시장 변화에 대한 선제(先制) 대응을 가능하게 한다.

• 시장 변화 대응

트렌드 분석을 통해 기업은 시장 변화에 더욱 민감하게 대응할 수 있고, 이를 기반으로 경쟁력을 강화할 수 있다. 시장에서 변화가 예상되거나 새로운 소비자 트렌드가 나타나는 경우, 트렌드 분석은 이를 사전에 파악하고 분석하여 적절한 전략을 수립할 수 있도록 지원한다. 이를테면 소비자 행동 변화나 기술 혁신과 같은 주요 트렌드를 조기에 인지하면, 기업은 신제품 개발, 마케팅 캠페인 기획, 공급망 최적화 등 다양한 분야에서 선제 대응할 수 있다. 이를 통해 경쟁 우위를 확보하고, 변화하는 시장 환경에서도 지속 가능한 성장을 이루는 데 이바지할 수 있다.

• 전략적 의사결정 지원

트렌드 분석은 기업이 전략적 의사결정을 내리는 데 있어 핵심 역할을 하며, 지속 가능한 성장과 경쟁력 확보를 위한 중요한 도구로 작용한다. 시장 트렌드를 면밀하게 파악함으로써 기업은 더욱 정교한 마케팅 전략을 수립하고, 고객의 요구와 기대에 부합하는 제품을 개발하며, 최적의 시장 진입 시기를 결정할 수 있다. 이 과정에서 트렌드 분석은 단기 이익뿐만 아니라 장기 성장을 도모할 수 있는 통찰을 제공하며, 변화하는 시장 환경에 유연하게 대응하고 자원 배분의 효율성을 높일 수 있게 해준다.

주요 트렌드 분석 도구

트렌드 분석 도구는 과거 데이터를 심층 분석하여 미래의 추세를 예측하는 데에 활용되는 다양한 기법을 포함하고 있다. 이러한 도구들은 데이터 내에 존재하는 패턴과 변동성을 식별하여, 해당 패턴이 향후 어떻게 전개될지 예측하는 데 중점을 둔다. 이를 통해 기업은 시장 변화에 대한 보다 정확한 전망을 확보하고, 전략적 의사결정에 필요한 근거를 제공받을 수 있다. 대표적인 트렌드 분석 도구로는 시계열 분석, 회귀 분석, 이동 평균법, 지수평활법, 빅데이터 분석과 같은 최신 기술이 포함되며, 이러한 방법들은 서로 결합하여 더 정교하고 신뢰성 높은 예측을 가능하게 한다.

• 시계열 분석(Time Series Analysis)

시계열 분석은 시간에 따라 변화하는 데이터를 분석하여 추세를 파악하는 방법이다. 시계열 분석은 주기적으로 변동하는 계절성이나 불규칙적 요인을 제거한 후 장기적인 추세를 분석하는 데 유용하다. 시계열 분석에서 추세(Trend)는 시간에 따라 증가하거나 감소하는 일정한 방향성을 가지며, 이를 기반으로 미래 예측이 가능하다.

⇒ 추세 분해는 시계열 데이터를 분석할 때 데이터를 추세와 계절성, 불규칙성으로 분리하여 분석할 수 있게 함으로써 장기적인 방향성을 정확히 파악할 수 있다.

⇒ 실제 사례로 기술 산업에서는 시계열 분석을 사용해 스마트폰 판매량의 장기적인 증가 추세를 파악하고, 이를 기반으로 신제품 출시 시기를 계획할 수 있다.

• 회귀 분석(Regression Analysis)

회귀 분석은 독립 변수와 종속 변수 사이의 관계를 분석하여 추세를 파악하는 방법이다. 특히 다중 회귀 분석은 여러 개의 독립 변수를 고려하여 종속 변수(예: 판매량)의 변화를 예측하는 데 사용된다. 이를 통해 경제 지표, 소비자 행동 등 여러 요인이 수요에 미치는 영향을 종합적으로 분석할 수 있다.

⇒ 단순 회귀 분석은 독립 변수와 종속 변수 간의 직선적 관계를 분석하여 추세를 예측하는 방법이다. 이를테면 광고비 지출과 판매량 간의 관계를 분석하여 광고 효과를 측정할 수 있다.

⇒ 다중 회귀 분석은 여러 독립 변수를 고려해 더 정교한 예측 모델의 구축이 가능한 방법으로, 이를 통해 시장 요인, 경쟁 상황, 가격 변동 등이 수요에 미치는 영향을 분석한다.

• 이동 평균법(Moving Average Method)

이동 평균법은 일정 기간의 데이터 평균을 계산하여 장기적인 추세를 파악하는 방법이다. 이는 단기적인 변동성을 줄이고 추세의 방향성을 분석하는 데 유용하다. 이동 평균법은 특히 데이터의 노이즈를 제거하고 긴 흐름을 파악하는 데 도움을 준다.

⇒ 단순 이동 평균(Simple Moving Average)은 일정 기간의 데이터를 평균 내어 장기적 패턴을 파악하는 방법으로, 이 방법은 특히 일관된 성장이나 감소가 있는 데이터를 분석할 때 유용하다.

⇒ 가중 이동 평균(Weighted Moving Average)은 최근 데이터를 더 많이 반영하여 추세를 분석하는 방법으로, 빠른 변화에 민감하게 대응할 수 있다.

• 지수평활법(Exponential Smoothing Method)

지수평활법은 과거 데이터를 분석할 때, 최근 데이터에 더 많은 가중치를 부여하여 추세를 예측하는 방법이다. 이 방법은 단기 변화를 반영하면서도 장기 추세를 유지할 수 있어, 계절성이나 추세 변동이 있는 데이터를 분석하는 데 유용하다.

⇒ 단순 지수평활법은 가장 최근 데이터를 더 중시하여 예측 결과에 반영하는 방법으로, 이는 빠르게 변하는 시장에서 신속한 대응이 필요할 때 유용하다.

⇒ 이중 지수평활법은 기본적인 평활법에 추세 요소를 추가하여 더 정확한 장기 예측을 수행하는 방법이다.

• 빅데이터 분석(Big Data Analysis)

빅데이터 분석은 대규모 데이터 세트를 활용하여 트렌드를 분석하는 방법이다. 소셜 미디어, 웹 트래픽, 고객 리뷰 등의 데이터를 분석해 소비자 행동 변화나 새로운 시장 트렌드를 발견할 수 있다. 빅데이터 분석 도구는 특히 실시간 데이터를 분석할 수 있어, 빠르게 변화하는 시장에 대한 즉각적인 대응이 가능하다.

⇒ 소셜 미디어 분석은 소셜 미디어 데이터를 분석하여 소비자 트렌드와 브랜드 인식을 파악할 수 있게 함으로써 기업은 고객 요구나 새로운 기회를 발견할 수 있다.

⇒ 고객 리뷰 분석은 온라인 리뷰나 피드백을 분석하여 제품에 대한 고객 만족도와 시장 인식을 파악하고, 이를 바탕으로 향후 수요를 예측할 수 있다.

• 트렌드 분석 도구의 장점

⇒ 장기적 예측 가능성. 트렌드 분석 도구가 장기적인 방향성의 파악을 유리하게 하며, 이를 통해 기업은 미래 계획을 효과적으로 수립할 수 있다.

⇒ 시장 변화 감지. 트렌드 분석은 시장 변화를 조기에 감지하여 기업이 선제 대응을 할 수 있도록 도와준다.

⇒ 데이터 기반 의사결정 지원. 트렌드 분석 도구가 정량적 데이터를 기반으로 한 객관적 의사결정을 지원하여 리스크관리와 기회 포착에 유리하게 한다.

• 트렌드 분석 도구의 한계

⇒ 과거 데이터 의존성. 트렌드 분석이 주로 과거 데이터에 의존하므로 급격한 변화나 예측 불가능한 이벤트가 발생할 때 정확도가 떨어질 수 있다.

⇒ 단기 변동성 반영 부족. 트렌드 분석이 주로 장기 방향성을 분석하기 때문에 단기 변동이나 갑작스러운 이벤트를 충분히 반영하지 못할 수 있다.

• 트렌드 분석 도구의 활용 사례

트렌드 분석 도구는 다양한 산업에서 사용되며, 특히 소비재, 유통업, 기술 산업 등에서 트렌드를 분석하여 장기적인 전략을 수립하는 데 활용된다.

⇒ 소비재 산업에서는 소비자 행동 변화를 분석하여 새로운 제품 개발이나 마케팅 전략을 수립하는 데 사용된다. 예를 들어, 친환경 제품에 대한 수요 증가 추세를 분석하여 친환경 라인을 확장하는 전략을 세울 수 있다.

⇒ 기술 산업에서는 기술 혁신이나 신제품 개발에 따른 시장 트렌드를 분석하여 향후 수요를 예측함으로써 기업은 신제품 출시 시기를 조정하거나 기술 투자 계획을 수립할 수 있다.

• 주요 내용 정리

트렌드 분석 도구는 시간에 따른 데이터의 변화 추세를 분석해 장기 수요 패턴과 시장 동향을 파악하며, 이를 기반으로 전략적 의사결정을 지원한다. 주요 도구로는 시계열 분석, 회귀 분석, 이동 평균법, 지수 평활법, 빅데이터 분석 등이 있고, 장기 예측과 시장 변화 대응에 효과적이다. 이러한 도구는 기업의 성장, 안정, 감소와 같은 추세를 파악하고, 신제품 출시와 마케팅 전략을 수립하는 데 이바지한다. 트렌드 분석은 장기 관점에서 경쟁력을 강화하지만, 과거 데이터 의존성과 단기 변동성 반영 부족이 한계로 작용한다. 소비재와 기술 산업 등 다양한 분야에서 트렌드 분석은 신제품 개발과 시장 대응 전략에 활용된다.

불확실성 대비

불확실성 대비(Managing Uncertainty in Forecasting)는 수요 예측에서 발생할 수 있는 불확실한 요소들을 관리하고, 기업이 이에 대비할 수 있도록 하는 전략이다. 불확실성은 시장 변동성, 경제적 요인, 기술 변화, 자연재해 등 다양한 요인으로 발생하며, 이러한 요인들은 예측의 정확성을 낮추고 기업의 계획 및 의사결정에 영향을 미칠 수 있다.

불확실성에 대한 대비는 S&OP에서 매우 중요한 역할을 하며, 기업이 예기치 못한 변화에 신속하게 대응하고 리스크관리를 강화할 수 있도록 한다. 이를 위해 기업은 시나리오 계획, 리스크 완화 전략, 재고 관리, 유연한 공급망 전략 등을 통해 불확실성을 예측하고 관리해야 한다.

불확실성의 주요 원인

불확실성은 여러 가지 요인에 의해 발생할 수 있고, 이러한 요인들은 기업의 수요 예측 정확성과 계획 수립에 큰 영향을 미친다. 불확실성의 원인은 내부 요인과 외부 요인으로 구분할 수 있다.

• 내부 요인

⇒ 생산 및 운영상의 문제는 기업 내부의 생산 능력 변화, 기술적 문제, 운영 효율성 저하 등이며, 예측된 수요에 대응하는 데 어려움을 줄 수 있다.

⇒ 재고 관리 실패는 적정 재고 수준을 유지하지 못하거나 재고 회전율을 정확히 예측하지 못할 때, 재고 부족이나 과잉 재고의 문제가 발생할 수 있다.

• 외부 요인

⇒ 시장 변동성은 경제 상황의 변화, 소비자 행동의 예측 불가능성, 경쟁사의 행동 변화 등으로 수요에 큰 영향을 미치며, 시장 예측을 어렵게 만든다.

⇒ 외부 요인 중 자연재해나 기후 변화는 공급망에 큰 영향을 미칠 수 있으며, 특히 농

업이나 제조업과 같이 기후에 민감한 산업에서는 더욱 그렇다.

⇒ 경제적 변화로서 환율 변동, 금리 상승, 원자재 가격 변화 등 경제적 요인이 기업의 수요 예측에 큰 영향을 미치며, 예측의 불확실성을 증가시킨다.

⇒ 정치적 불안정이 원인으로, 정치적 불확실성, 규제 변화, 무역 전쟁 등이 시장에 예기치 않은 영향을 미칠 수 있다.

불확실성 대비 전략

불확실성에 대비하려면 기업이 예측 오류에 대한 대책을 마련하고, 유연성과 적응력을 강화하는 것이 중요하다. 이를 통해 기업은 예기치 못한 변화에 신속하게 대응하고 리스크를 완화할 수 있다. 주요 전략으로는 시나리오 계획, 리스크 완화 전략, 유연한 공급망 관리 등이 있다.

• 시나리오 계획(Scenario Planning)

시나리오 계획(Scenario Planning)은 불확실한 미래에 대비하기 위한 대표적인 방법 가운데 하나로, 다양한 가능성을 고려한 여러 미래 시나리오를 설정하고, 각 시나리오에 맞는 대응 전략을 마련하는 방식이다. 이는 최악의 경우와 최상의 경우를 모두 고려하여 기업이 여러 상황에 유연하게 대응할 수 있도록 도와준다.

⇒ 다양한 시나리오 설정은 경제 불황, 소비자 수요 급증, 경쟁사 출현 등 여러 가지 변수를 시나리오로 설정하고, 각 시나리오에서 기업이 어떻게 대응할지 계획을 세우는 과정을 포함한다.

⇒ 리스크 분석과 대응 계획은 각 시나리오에 따른 리스크를 분석하고 이를 관리하기 위한 대응책을 마련하는 것이다. 예를 들어 수요 급증 시 추가 생산 능력을 확보할 수 있는 전략을 세울 수 있다.

• 리스크 완화 전략(Risk Mitigation Strategies)

리스크 완화 전략은 불확실성으로 인해 발생할 수 있는 위험을 최소화하는 방법이다.

기업은 리스크를 관리하기 위해 사전 예방 조치를 마련하고, 불확실성이 발생했을 때 신속하게 대응할 수 있도록 준비해야 한다.

⇒ 재고 완충은 수요 변동에 대비해 안전 재고(Safety Stock)를 유지함으로써 예기치 않은 수요 증가나 공급망 중단에 대비할 수 있게 한다. 안전 재고는 일정량의 여유 재고를 유지함으로써 생산 차질을 방지하는 역할을 한다.

⇒ 다양한 공급망 확보는 공급망에서 리스크 분산을 위해 다수의 공급업체와 협력하거나 다양한 지역에 생산 거점을 분산시켜 공급망 중단 시 대체 경로를 마련할 수 있도록 한다.

⇒ 유연한 계약 구조는 공급업체와의 계약에서 유연성을 부여하여 필요한 경우 생산량 조정이나 납기 연장 등을 협의할 수 있도록 하며, 이를 통해 수요 변화에 신속하게 대응할 수 있다.

• 유연한 공급망 관리(Agile Supply Chain Management)

유연한 공급망 관리는 불확실한 시장 상황에 신속하게 대응할 수 있는 공급망 구조를 갖추는 것을 목표로 한다. 유연성을 높이기 위해 공급망을 모듈화하거나 디지털 기술을 도입하여 실시간으로 데이터를 분석하고 대응할 수 있도록 한다.

⇒ 실시간 데이터 분석은 디지털 공급망을 구축하여 실시간으로 수요 데이터를 분석하고, 이를 바탕으로 공급망을 조정할 수 있게 한다. 이를테면 고객 주문 데이터나 시장 정보를 실시간 분석하여 수요 변동에 맞게 생산 계획을 신속히 수정할 수 있다.

⇒ 모듈형 공급망은 공급망을 모듈형으로 설계하여 특정 부품이나 제품이 부족할 경우 다른 공급망으로 신속히 전환할 수 있게 하며, 이를 통해 공급망에서 발생하는 위험 요소를 줄이고 공급 유연성을 강화할 수 있다.

• 재고 관리 최적화(Optimized Inventory Management)

재고 관리 최적화는 불확실한 상황에서 기업이 재고 수준을 적정하게 유지하여 리스크를 줄이는 전략이다. 적절한 재고 관리 없이는 불확실한 수요 변화에 대응하기 어려우며, 이는 비용 증가 또는 기회 손실로 이어질 수 있다.

⇒ 적시 생산(JIT, Just-In-Time)은 재고를 최소화하면서 고객 수요에 신속하게 대응할 수 있는 적시 생산 체계를 구축하여 비용 효율성을 높이는 방법이다. 불필요한 재고를 줄이는 동시에 생산 유연성을 극대화할 수 있다.

⇒ 안전 재고 설정은 불확실한 수요 변동에 대비해 적정한 수준의 안전 재고를 유지하는 것으로, 이는 공급망 문제나 급격한 수요 증가에 대비할 수 있는 전략이다.

• 불확실성 대비의 장점

⇒ 리스크 관리는 불확실성 대비 전략을 통해 기업이 리스크를 최소화하고 안정적인 운영을 유지할 수 있게 하며, 특히 수요 변동이나 공급망 중단 같은 예기치 못한 상황에 대비할 수 있다.

⇒ 불확실성 대비 전략으로서 유연한 대응은 기업이 변화하는 시장 상황에 신속하게 대응할 수 있게 하며, 이를 통해 경쟁 우위를 확보할 수 있다.

⇒ 비용 절감의 경우, 사전 대비를 통해 과잉 생산이나 재고 부족을 방지하여 운영 비용을 절감할 수 있도록 한다.

• 불확실성 대비의 한계

⇒ 비용 부담. 불확실성 대비를 위한 안전 재고 유지, 다수의 공급망 확보, 유연한 계약 구조 등이 비용 증가로 이어질 수 있으며, 기업은 비용과 효과를 고려해 전략을 신중하게 수립해야 한다.

⇒ 복잡성 증가. 불확실성에 대비하기 위해 다수의 시나리오를 고려하고 복잡한 리스크 완화 전략을 수립할 경우, 의사결정 과정이 복잡해질 수 있으며, 이는 기업의 운영에 부담으로 작용할 수 있다.

• 불확실성 대비 전략의 실제 활용 사례

불확실성 대비 전략은 여러 산업에서 널리 활용된다. 특히 소비재 산업, 제조업, IT산업과 같이 수요 변동성이 큰 산업에서 필수적으로 사용된다.

⇒ 소비재 산업에서는 소매업체가 계절성이나 시장 트렌드 변동에 대비해 유연한 재고 관리와 다수의 공급망을 유지하여 고객 수요 증가나 갑작스러운 공급망 문제에 신속히 대응할 수 있다.

⇒ 제조업에서는 자동차 제조업체가 부품 공급망의 중단에 대비해 다양한 부품 공급업체와 협력하며, 생산 능력을 유연하게 조정할 수 있는 시스템을 구축하여 생산 지연을 방지한다.

• 주요 내용 정리

불확실성 대비는 시장 변동, 경제적 변화, 기후 변화 등으로 발생하는 예측 불확실성을 관리하기 위한 전략으로 시나리오 계획, 리스크 완화, 유연한 공급망, 재고 관리 등을 포함한다. 시나리오 계획은 다양한 가능성을 대비한 리스크 분석 및 대응책 마련을 강조하며, 리스크 완화는 안전 재고 유지, 다수의 공급망 확보, 유연한 계약을 통해 위험을 분산한다. 유연한 공급망 관리는 실시간 데이터 분석과 모듈형 설계를 통해 신속한 대응을 가능하게 하고, 재고 관리 최적화는 적시 생산과 안전 재고 설정으로 비용과 리스크를 줄인다. 이러한 전략은 리스크관리와 유연한 대응으로 비용 절감과 안정적 운영을 가능하게 하지만, 높은 비용과 복잡성이 한계로 작용할 수 있다.

수요 계획 수립

수요 계획 프로세스

수요 계획(Demand Planning)은 고객의 미래 수요를 예측하고 이에 맞추어 효율적인 생산 및 공급 계획을 수립하는 과정이다. 수요 계획은 S&OP 프로세스에서 중요한 부분을 차지하며, 정확한 수요 예측을 통해 재고 관리, 생산 계획, 자원 배분 등이 효율적으로 이루어질 수 있도록 도와준다. 수요 계획 프로세스는 조직이 시장 변화와 고객 요구에 유연하게 대응하고, 비용 절감과 운영 효율성 극대화를 달성하는 데 필수적인 역할을 한다.

수요 계획은 수요 예측을 기반으로 하여, 실제 시장 수요와 조직의 목표에 맞는 구체적인 계획을 수립하는 과정이다. 이 과정은 데이터의 수집, 분석, 협업 등을 포함하며, 다양한 내부 및 외부 요인을 고려하여 균형 잡힌 계획을 세우는 것이 핵심이다.

수요 계획 프로세스의 주요 단계

수요 계획 프로세스는 일반적으로 수요 예측에서 시작하여, 수요 검토, 수요 계획 확정 및 성과 모니터링으로 이어지는 일련의 단계를 거친다. 각 단계에서 정확한 데이터 분석과 부서 간 협업이 이루어지며, 이를 통해 수요 계획의 정확성과 실행 가능성을 높일 수 있다.

• 수요 예측(Demand Forecasting)

수요 예측은 수요 계획의 첫 단계로, 과거 데이터와 다양한 시장 변수를 분석하여 미래 수요를 예측하는 과정이다. 수요 예측은 정량적 예측 방법과 정성적 예측 방법을 사용하여 이루어지며, 기업의 생산 능력과 시장 트렌드를 고려하여 정확한 예측치를 도출한다.

⇒ 정량적 예측은 과거 판매 데이터, 시계열 분석, 계절성 분석 등 통계적 기법을 활용하여 수요를 예측한다.

⇒ 정성적 예측은 전문가 의견, 시장 조사, 델파이 기법과 같은 질적 정보를 바탕으로 예측을 보완한다.

⇒ 수요 예측은 정확성이 매우 중요하며, 이를 기반으로 한 계획이 조직의 재고 수준, 생산 일정, 운영 자원에 영향을 미친다. 따라서 예측의 정확도를 높이기 위해 최신 데이터와 효과적인 분석 도구를 사용해야 한다.

• 수요 검토와 조정(Demand Review and Adjustment)

수요 예측이 완료되면, 예측된 수요에 대한 검토와 조정 과정이 진행된다. 이 단계에서는 부서 간의 협업을 통해 예측된 수요가 실제 시장 상황과 조직의 목표에 부합하는지 평가하고, 필요한 경우 조정을 진행한다.

⇒ 부서 간 협업은 판매, 마케팅, 생산, 재무 부서가 협력하여 수요 계획을 검토하는 과정으로, 이 과정에서 시장의 변화나 프로모션 계획, 생산 제약 등을 반영하여 수요를 조정할 수 있다.

⇒ 수요 조정은 예측된 수요가 비현실적으로 높거나 낮은 경우 시장 정보나 내부 데이터를 바탕으로 수요를 재조정하는 것으로, 이를 통해 생산 과잉이나 재고 부족을 방지할 수 있다.

• 수요 계획 확정(Finalizing the Demand Plan)

수요 검토와 조정이 완료되면, 최종 수요 계획을 확정한다. 이 단계에서는 조정된 수요 예측을 바탕으로 구체적인 계획을 수립하며, 이를 통해 생산 일정, 재고 관리 전략, 자재 조달 계획 등을 설정한다.

⇒ 최종 계획 수립은 수요 예측과 조정된 내용을 바탕으로 생산 및 공급 계획을 구체화

하는 과정으로, 이는 조직의 자원 배분과 공급망 운영에 중요한 지침이 된다.

⇒ 의사결정과 승인을 통한 확정은 각 부서의 검토와 승인을 거쳐 수요 계획을 확정하는 과정으로, 수요 계획은 S&OP 전체 프로세스에서 중요한 부분을 차지하기 때문에 관련된 모든 부서의 합의가 필요하다.

• 성과 모니터링과 피드백(Performance Monitoring and Feedback)

수요 계획이 실행된 이후에는 성과를 모니터링하고, 예측 정확성과 계획의 실행 결과를 평가하는 과정이 필요하다. 이를 통해 수요 계획이 실제 수요와 얼마나 일치했는지 파악하고, 향후 계획의 개선점을 도출할 수 있다.

⇒ 성과 모니터링은 실제 판매 데이터와 수요 계획을 비교하여 오차를 분석하고 개선점을 파악하는 과정이다.

⇒ 피드백과 조정은 예측과 실제 수요 간 차이가 큰 경우 그 원인을 분석하고 다음 수요 계획 수립 시 피드백을 반영함으로써 지속적인 개선이 이루어진다.

수요 계획 프로세스의 핵심 요소

수요 계획 프로세스에서 중요한 요소들은 데이터 관리, 부서 간 협업, 기술적 지원 등이고, 이런 요소들이 정확한 수요 계획의 수립과 효율적인 실행을 가능하게 한다.

• 정확한 수요 예측을 위한 데이터 활용

정확한 데이터는 수요 계획 프로세스의 핵심이다. 판매 데이터, 고객 주문 기록, 재고 수준 등과 같은 내부 데이터는 물론, 시장 조사 데이터나 경제 지표와 같은 외부 데이터도 활용되어야 한다. 이를 통해 예측의 신뢰성을 높이고, 수요 계획의 효과성을 극대화할 수 있다.

• 부서 간 협력

수요 계획은 여러 부서의 협력이 필수적이다. 판매, 마케팅, 생산, 재무 부서가 협력하여 정확한 수요 예측을 만들고, 이를 바탕으로 구체적인 계획을 수립해야 한다. 특히 각 부서의 의사소통이 원활하지 않으면 수요 계획에 오류가 발생할 수 있으며, 이는 기업의 운영 효율성에 부정적인 영향을 미칠 수 있다.

• 기술적 지원

소프트웨어 도구와 기술적 지원은 수요 계획 프로세스를 더욱 효율적으로 만들어 준다. ERP 시스템, 수요 예측 소프트웨어, BI 도구 등을 통해 수요 예측과 계획을 자동화하고, 실시간 데이터를 반영하여 계획을 업데이트할 수 있다. 이러한 기술 도구는 데이터 분석을 쉽게 하고, 예측 정확성을 높인다.

[Microsoft Dynamics 365(D365) 플랫폼의 수요 예측 논의]

AXI4CNS 이도정 대표님과 권우철 회계사님이 동참했습니다. Microsoft Dynamics 365(D365) 플랫폼에서 S&OP(판매 및 운영 계획, Sales and Operations Planning)을 구현하고자 하는데, 첫번째 머신러닝(ML)과 인공지능(AI) 기술을 활용하여 정교한 예측을 수행하는 과정을 다음의 주요 단계별로 접근해 봅니다.

데이터 수집

- Microsoft Dynamics 365 ERP, Microsoft Dynamics 365 SCM, Microsoft Dynamics 365 CRM 시스템을 통해 수요 계획, 공급 계획, 재고 관리, 생산 데이터 등 다양한 비즈니스 데이터를 수집할 수 있습니다. 외부 공급망, 마케팅 및 고객 상호작용 데이터를 포함한 추가적인 데이터도 통합할 수 있습니다.
- Microsoft Dynamics 365 에서 수집된 데이터는 Microsoft Azure Data Lake나 Common Data Service와 같은 데이터 통합 플랫폼을 통해 정리되고, 이 데이터를 ML/AI 모델에 적용할 수 있는 형식으로 준비합니다.

Microsoft Azure Synapse Analytics와 Azure Data Factory는 대규모 데이터 정제를 효율적으로 수행할 수 있는 강력한 도구로서, 이 두 플랫폼을 활용하여 데이터를 정제하는 구체적인 설명은 다음과 같습니다.

1) Azure Data Factory를 활용한 데이터 정제
Azure Data Factory는 데이터의 수집, 변환, 통합 작업을 자동화하는 클라우드 기반 데이터 통합 서비스입니다.
(1) 데이터 수집
Azure Data Factory는 다양한 데이터 소스에서 데이터를 수집할 수 있습니다. 이를 위해 다음 단계를 수행합니다.
① 커넥터 설정
- Azure Data Factory는 90개 이상의 커넥터를 제공하며, SQL Server, Oracle, SAP, 파일 저장소 (SFTP, Blob Storage), SaaS 애플리케이션 (Dynamics 365, Salesforce) 등 다양한 소스와 연동할 수 있습니다.
- Dynamics 365와 통합하여 ERP, CRM, SCM 데이터를 자동으로 가져오거나, 외부 데이터 소스(API, CSV 등)를 연결하여 추가 데이터를 수집할 수 있습니다.
② 파이프라인 정의
- ETL (Extract, Transform, Load) 또는 ELT (Extract, Load, Transform) 프로세스를 설계합니다.
- Data Flow 기능을 통해 데이터 흐름을 시각적으로 설정하고, 데이터를 필터링하거나 필요한 열만 선택하여 처리합니다.
(2) 데이터 변환
Azure Data Factory의 데이터 변환은 강력한 데이터 흐름(Data Flow) 기능과 통합됩니다.
① 결측값 처리

- Null 값, 빈 데이터, 비정상적 데이터는 특정 기준에 따라 대체, 제거, 또는 필터링할 수 있습니다.
- 예)결측값을 평균, 중앙값으로 대체하거나, 특정 기준을 초과한 값을 제외.

② 데이터 병합
- 여러 데이터 소스에서 데이터를 결합(Merge)하여 통합된 데이터를 생성합니다.
- Dynamics 365 ERP와 CRM 데이터를 병합해 고객별 판매 및 재고 데이터를 생성하거나, 마케팅 데이터와 통합하여 캠페인 효과를 분석.

③ 데이터 변환 스크립트
- Data Flow 내에서 SQL-like 스크립트나 Azure Functions를 사용하여 복잡한 데이터 변환 로직을 적용합니다.

④ 스키마 매핑
- 원천 데이터와 대상 데이터 간의 스키마 매핑을 설정하여 데이터를 일관된 형식으로 변환합니다.

(3) 데이터 로드

정제된 데이터를 Azure Synapse Analytics 또는 Azure Data Lake Storage에 저장하여 이후의 분석 또는 ML/AI 모델에 활용 가능.

① 배치 처리
- 대규모 데이터를 일정 간격으로 처리하여 Azure Synapse Analytics로 로드.

② 실시간 처리
- 실시간 데이터 스트리밍이 필요한 경우 Azure Event Hubs 또는 IoT Hub와 연동하여 데이터를 동적으로 처리.

2) Azure Synapse Analytics를 활용한 데이터 정제

Azure Synapse Analytics는 데이터 통합과 고성능 쿼리, 분석을 지원하는 통합 분석 서비스입니다.

(1) 데이터 통합

Synapse Analytics는 정제된 데이터를 중앙 집중화하고 분석 준비 상태로 만들기 위한 데이터 통합 작업을 지원합니다.

① Azure Synapse Pipelines

- Data Factory와 유사한 ETL 프로세스를 구성할 수 있습니다.

- 데이터 소스(예; Azure Data Lake, Blob Storage, SQL Database 등)에서 데이터를 가져와 통합 및 저장.

② SQL 데이터 통합

- SQL Pool을 사용하여 관계형 데이터베이스처럼 데이터를 처리할 수 있습니다.

- SQL 언어를 통해 데이터 클렌징 및 통합 작업 수행.

(2) 데이터 정규화 및 클렌징

Synapse Analytics는 대규모 데이터를 정제하는 데 적합한 SQL 기반 도구와 분산 처리 기능을 제공합니다.

① 데이터 정규화

- 중복 데이터 제거, 테이블 분리 등 관계형 데이터베이스의 정규화 규칙을 적용.

- 예) 고객 데이터 중복 제거, SKU 데이터 정리.

② 데이터 품질 검사

- T-SQL을 사용하여 데이터의 무결성을 확인하고, 비정상적인 데이터를 필터링.

- 정합성 검사(Consistency Check) 또는 비즈니스 규칙에 기반한 데이터 품질 분석.

③ Spark Pool 활용

- Synapse에서 Apache Spark를 실행하여 대규모 데이터셋의 병렬 처리를 통해 복잡한 정제 작업 수행.

(3) 데이터 분산 저장

Synapse는 데이터 저장 및 액세스 효율성을 위해 분산 처리 아키텍처를 지원합니다.

① 컬럼형 스토리지

- Synapse Analytics는 컬럼형 스토리지를 활용하여 분석 속도를 최적화.

② 데이터 파티셔닝

- 데이터를 시간, 지역, 제품군 등으로 파티셔닝하여 분석 성능 향상.

(4) 데이터 보안 및 컴플라이언스

Synapse Analytics와 Data Factory는 Azure Active Directory를 사용한 액세스 제어, Data Masking을 통한 민감 데이터 보호, 암호화 기능을 제공하여 데이터 보안 및 규정을 준수.

3) Azure Data Factory와 Synapse Analytics의 협업

(1) Azure Data Factory로 데이터 수집 및 변환 → Synapse Analytics로 데이터 통합 및 분석

(2) Data Factory는 데이터를 수집하고, 기본적인 정제를 수행한 후 Synapse로 데이터를 전달.

(3) Synapse에서 고급 SQL 또는 Spark 처리를 통해 데이터 모델링 및 추가 정제를 수행.

이렇게 Azure Data Factory는 데이터를 수집하고 기본 정제를 수행하며, Azure Synapse Analytics는 대규모 데이터를 통합, 저장, 정제 및 분석합니다. 이 두 도구의 협력으로 정제된 데이터는 ML/AI 모델에 바로 활용하거나 Power BI를 통해 비즈니스 통찰력을 도출하는 데 사용될 수 있습니다.

Microsoft Dynamics 365(D365) 플랫폼에서 수요 예측의 정확성을 향상시키기기 위해 외부 데이터를 통합하는 방법은 매우 중요합니다. 여기에서는 API, EDI(전자 데이터 교환), 및 기타 데이터 연동 방법을 구체적으로 설명합니다.

1) API(Application Programming Interface)를 활용한 데이터 통합
  (1) API의 역할
      API는 D365와 외부 애플리케이션 간 데이터를 교환하는 표준화된 인터페이스를 제공합니다. 이를 통해 실시간으로 데이터를 가져오거나 보낼 수 있으며, 수요 예측에 필요한 최신 정보를 D365에 통합할 수 있습니다.
  (2) API를 통한 통합 단계
      API 엔드포인트 설정
      ① 외부 데이터 소스(예; 날씨 데이터, 소셜 미디어 트렌드, 경쟁사 가격 데이터)에서 제공하는 API를 확인.
      ② 예를 들어, OpenWeather API를 통해 날씨 데이터를 가져오거나 Google Trends API로 검색 트렌드 데이터를 통합.
      Microsoft Dynamics 365 API 설정
      ① D365는 기본적으로 OData(RESTful)와 SOAP API를 제공합니다.
      ② D365에서 데이터 가져오기
        - 외부 애플리케이션이 D365 데이터를 읽거나 작성하도록 설정.
      ③ D365로 데이터 전송
        - 외부 데이터를 수집한 후 D365 엔드포인트로 데이터를 푸시(push).
        - 예) 외부 마케팅 데이터를 CRM 모듈로 전송.
      Microsoft Power Automate 활용.
      ① API 호출을 자동화하기 위해 Power Automate를 사용.
      ② 예) 새로운 날씨 정보가 업데이트될 때마다 API를 통해 데이터를 가져와 D365에 저장.

Azure Logic Apps를 통한 데이터 워크플로 설정

① Azure Logic Apps는 복잡한 데이터 플로우를 시각적으로 설정하는 도구로, API 호출을 스케줄링하거나 조건에 따라 데이터를 처리.

② 예) 매일 오후 6시에 새로운 경쟁사 데이터를 가져와 D365 SCM 모듈에 동기화.

보안 및 인증

① OAuth 2.0 또는 API 키를 사용하여 데이터의 무단 접근을 방지.

② Azure Active Directory를 통해 API 호출의 인증 및 권한 부여를 관리.

(3) API의 활용 예시

날씨 데이터를 통한 수요 조정

① 예) OpenWeather API에서 특정 지역의 날씨 데이터를 가져와, 해당 지역에서 날씨에 민감한 제품의 수요를 조정.

소셜 미디어 데이터를 통한 트렌드 반영

① 예) Twitter API를 사용해 특정 키워드(제품명 등)의 언급량을 분석, 이를 바탕으로 수요 패턴을 업데이트.

실시간 물류 데이터 통합

① 물류 공급업체의 API를 활용해 배송 지연 정보를 가져오고, 이를 기반으로 공급망 계획을 수정.

2) EDI(전자 데이터 교환)를 활용한 데이터 통합

(1) EDI의 역할

EDI는 표준화된 데이터 형식을 사용하여 외부 비즈니스 파트너(공급업체, 물류업체 등)와 데이터를 교환하는 방법입니다. 주로 X12, EDIFACT, XML 등의 표준을 사용하며, 수요 예측 과정에서 공급망 정보를 통합하는 데 유용합니다.

(2) EDI 통합 단계

파트너와의 EDI 설정

① 거래 파트너와 데이터 교환 표준(예; X12 850 구매 주문, X12 856 배송 통지)을 협의.

② EDI 맵핑 툴을 사용해 데이터 형식을 D365와 호환 가능하도록 변환.

Azure Logic Apps 또는 EDI 브로커 사용

① Azure Logic Apps는 EDI 데이터를 처리하고, D365로 통합하는 강력한 솔루션을 제공합니다.

② EDI 브로커 (Third-Party EDI Providers)

  - SPS Commerce, TrueCommerce와 같은 브로커를 통해 데이터 변환, 전송, 오류 처리.

데이터 매핑 및 변환

① EDI 데이터는 일반적으로 사람이 읽을 수 없는 형식(예; EDIFACT)을 사용하므로, 이를 JSON, CSV 또는 XML로 변환하여 D365에서 활용 가능하도록 처리.

실시간 데이터 통합

① 수요 예측을 위해 실시간 재고 정보(ASN, Advanced Shipping Notice)와 주문 상태를 D365 SCM에 통합.

② 예) 공급업체로부터 받은 재고 업데이트를 기반으로 수요 예측 자동화.

(3) EDI의 활용 예시

(4) 공급망 데이터 통합

공급업체의 재고 정보와 배송 시간을 기반으로 수요 공급 불균형을 조정.

(5) 주문 데이터 자동화

고객 주문 데이터를 실시간으로 통합하여 판매 트렌드와 수요를 예측.

(6) 물류 데이터 통합

물류 업체의 배송 상태를 기반으로 예상 납기일을 D365에 업데이트.

3) 기타 데이터 연동 방법

  (1) 파일 기반 통합

     Azure Blob Storage 또는 Data Lake를 통해 외부 데이터를 저장한 후, 이를 D365로 가져옵니다.

     CSV, JSON, Excel 파일 업로드

     ① Power Query를 사용하여 데이터를 정리하고 D365와 통합.

  (2) 데이터베이스 연결

     SQL 데이터베이스 통합

     ① 외부 데이터베이스에서 ODBC 또는 JDBC 연결을 통해 데이터를 가져오거나, Azure Data Factory를 사용하여 정기적으로 데이터를 동기화.

     데이터 웨어하우스와의 통합

     ① Azure Synapse Analytics를 활용해 중앙화된 데이터 웨어하우스에서 데이터를 가져와 D365에 반영.

  (3) 클라우드 간 통합

     Azure Event Hubs 또는 IoT Hub

     ① IoT 센서 데이터, 실시간 이벤트 데이터를 처리하여 D365 SCM 모듈에 반영.

     Power Platform

     ① Power Automate를 활용해 외부 데이터(예; 전자 상거래 플랫폼의 판매 데이터)를 D365에 자동 전송.

  (4) AI 모델 및 분석 플랫폼 연동

     Azure Machine Learning

     ① 외부 데이터를 분석해 ML 모델에서 생성된 수요 예측 결과를 D365로 반환.

     Power BI 데이터 흐름

     ① 외부 데이터를 시각화한 결과를 D365 CRM 및 SCM 모듈로 동기화.

4) 데이터 통합 시 고려 사항

  (1) 데이터 품질 관리

     외부 데이터의 품질(정확성, 완전성)을 확인하고, 결측값 및 이상치를 처리.

  (2) 보안 및 규정 준수

     GDPR, HIPAA와 같은 데이터 규정을 준수하며, 민감 데이터를 암호화.

  (3) 실시간 vs 배치 처리

     실시간 처리가 필요한 데이터(날씨, 소셜 미디어 트렌드)와 주기적으로 업데이트하는 데이터(경쟁사 가격 데이터)를 구분하여 효율적 처리.

     그러므로 API, EDI, 기타 데이터 연동 방법은 D365의 강력한 기능과 외부 데이터를 통합해 수요 예측의 정확성을 높이는 데 중요한 역할을 합니다. API는 실시간 데이터 통합에 적합하고, EDI는 공급망 데이터를 체계적으로 통합하며, 파일 기반 연동 및 클라우드 서비스를 활용해 다양한 데이터 소스와 연결할 수 있습니다.

특성 선택 및 데이터 전처리

- ML 모델이 높은 정확도를 유지하기 위해서는 중요한 특성(Feature)을 선택하는 것이 중요합니다. 예를 들어, 수요 예측을 위한 특성으로는 판매 트렌드, 마케팅 캠페인, 계절성, 공급망 지연 등을 고려할 수 있습니다.
- 결측값 처리, 이상값 제거, 데이터 정규화 등 전처리 과정이 필수적입니다. 이 단계에서, Microsoft Power BI와 같은 분석 도구를 사용하여 데이터의 품질을 평가하고, 필요한 전처리 과정을 수행할 수 있습니다.

머신러닝 모델 학습

이 단계에서는 적합한 ML 알고리즘을 선택하여 모델을 학습시킵니다. Microsoft AI Builder와 Azure Machine Learning을 사용하여 다음과 같은 알고리즘을 적용할 수 있습니다.

- 여러 개의 결정 트리(Decision Trees)를 생성하고 그 결과를 종합하여 수요와 공급을 예측하는 랜덤 포레스트(Random Forest)를 적용 합니다.
- 부스팅 방식을 사용하여 예측 성능을 향상시키는 알고리즘으로, 수요 예측 및 공급망 불확실성을 처리하는 데 유용한 XGBoost를 적용 합니다.
- 시계열 데이터를 학습하여 패턴을 인식하는 순환 신경망(RNN)의 일종으로, 장기적인 수요 변화를 예측하는 LSTM(Long Short-Term Memory)를 반영합니다.

1) Random Forest

Random Forest는 여러 개의 결정 트리를 만들어 결과를 평균내거나 다수결 투표 방식으로 종합하는 앙상블 학습 알고리즘입니다.

(1) 강점

데이터 노이즈에 강건함

- Random Forest는 다수의 트리를 학습시키고 결과를 종합하기 때문에 데이터에 노이즈가 포함되더라도 과적합 (Overfitting)의 가능성이 낮습니다.
- 예) 공급망 데이터에 소량의 오류가 있을 경우에도 모델 성능 저하가 크지 않음.

복잡한 상호작용 처리

- 여러 변수 간의 비선형 관계나 복잡한 상호작용을 자동으로 처리.

대규모 데이터셋 처리 가능

- 병렬 학습이 가능하므로 대규모 데이터에서도 효율적으로 동작.

(2) 약점

해석 가능성 부족

- 결과를 도출하는 개별 트리의 작동 방식이 복잡하여 직관적으로 이해하기 어려움.

실시간 애플리케이션에 부적합

- 예측 속도가 느려 실시간 의사결정에 사용하기 어려움.

2) XGBoost (Extreme Gradient Boosting)

XGBoost는 Gradient Boosting 알고리즘을 개선한 모델로, 단계적으로 각 모델의 에러를 줄이면서 새로운 트리를 생성합니다.

(1) 강점

소규모 데이터셋에서의 뛰어난 성능

- XGBoost는 정교한 규제(Regularization)와 가중치 업데이트 메커니즘으로 소규모 데이터에서도 높은 성능을 발휘.
- 예) 특정 지역의 과거 판매 데이터(10,000개 이하)를 기반으로 미래 수요를 예측.

빠른 계산 속도

- 병렬 처리를 활용해 학습 속도가 빠르며, 실시간 또는 준실시간 예측이 가능.

결과 해석 용이

- 피처 중요도(Feature Importance)와 SHAP(Shapley Additive Explanations)를 통해 모델의 결과를 해석 가능.

(2) 약점

노이즈 민감도

- 과적합 가능성이 있어 데이터가 깨끗하지 않다면 성능이 저하될 수 있음.
- 이를 완화하려면 사전 전처리 및 하이퍼파라미터 튜닝이 필요.

대규모 데이터 처리 제한

- 매우 큰 데이터셋에서는 메모리 및 계산 자원이 요구되므로 Random Forest보다 비효율적.

3) LSTM(Long Short-Term Memory)의 활용 시나리오

LSTM은 순환 신경망(RNN)의 일종으로, 시계열 데이터에서 장기 의존성을 학습하는 데 강점이 있습니다. 이는 특히 장기간의 수요 예측 또는 패턴을 분석하는 데 적합합니다.

(1) 필요한 데이터 크기

데이터 크기

① LSTM은 데이터를 시계열로 학습하기 때문에 충분한 양의 과거 데이터가 필요합니다.

② 권장 데이터 크기

  - 최소 수천 개 이상의 타임스텝.

  - 예) 3년 이상의 월별 판매 데이터.

데이터 정합성

① 데이터 누락이나 불규칙한 타임스탬프는 LSTM 성능에 큰 영향을 미치므로 데이터 전처리가 중요합니다.

(2) 학습 비용

컴퓨팅 자원

① LSTM은 네트워크 구조가 복잡하여 CPU보다 GPU를 활용한 학습이 권장됩니다.

② 예) Azure Machine Learning의 GPU 클러스터를 활용해 학습 속도를 가속화.

학습 시간

① 예를 들어, 10,000개의 타임스텝과 5개의 피처를 가진 데이터를 학습시키는 데 수 시간에서 수일이 소요될 수 있음.

(3) 시나리오

장기 수요 예측

① 예) 계절성, 경제 상황 변화, 대규모 이벤트(블랙 프라이데이) 등을 반영해 6개월~1년 후의 수요를 예측.

비정형 패턴 분석

① 예) 전염병, 기상 이변 등 기존 데이터에서 볼 수 없는 새로운 트렌드가 발

생할 때 이를 포착.

(4) 모델 운영 고려 사항

실시간 업데이트 제한

① LSTM은 대규모 데이터를 학습시킬 때 리소스가 많이 소모되므로 실시간 업데이트보다는 주기적 재학습이 적합.

대체 모델과의 조합

① 예를 들어, 단기 예측은 XGBoost, 장기 예측은 LSTM으로 분리하여 각각의 강점을 활용.

4) AI Builder와 Azure Machine Learning의 차이점

Microsoft의 AI Builder와 Azure Machine Learning은 모두 D365와 통합 가능한 AI/ML 도구이지만, 접근 방식 및 사용 사례에서 큰 차이가 있습니다.

(1) AI Builder

특징

① 비즈니스 사용자를 위한 저코드/노코드(Low-code/No-code) 솔루션.

② 사전 구축된 모델(예; 텍스트 분석, 예측 분석, 이미지 분류)을 제공.

③ D365와 긴밀히 통합되어, 비즈니스 프로세스에서 직접 예측 모델을 실행 가능.

장점

① 사용 용이성

- 데이터 과학 지식이 없어도 기본적인 예측 모델을 생성 및 실행 가능.

② 빠른 설정

- 몇 번의 클릭으로 모델을 설정하고, D365 데이터와 자동으로 연결.

③ 비용 효율성

- 대규모 모델 학습이 필요 없는 소규모 비즈니스 애플리케이션에 적합.

제한

① 제한된 커스터마이즈

- 고급 알고리즘 설정 및 데이터 전처리 옵션이 부족.

② 복잡한 모델 부적합

- LSTM, XGBoost와 같은 맞춤형 모델 구현에는 부적합.

(2) Azure Machine Learning

특징

① 데이터 과학자 및 엔지니어를 위한 강력한 머신러닝 플랫폼.

② 커스터마이즈 가능한 모델을 설계, 학습, 배포 가능.

③ 하이퍼파라미터 튜닝, 분산 학습, AutoML 등 고급 기능 제공.

장점

① 모델 유연성

- XGBoost, LSTM 등 고급 알고리즘 및 맞춤형 파이프라인 구축 가능.

② 확장성

- GPU/CPU 클러스터를 활용한 대규모 데이터 처리 및 병렬 학습.

③ 운영화(MLOps) 지원

- 모델 버전 관리, 실시간 데이터 피드백 루프 설정 가능.

제한

① 복잡성

- 높은 수준의 데이터 과학 및 머신러닝 지식이 필요.

② 학습 비용

- 대규모 모델 학습 및 배포 시 컴퓨팅 비용이 증가.

(3) 사용 시나리오 비교

AI Builder

① 예) D365 CRM의 고객 이탈 가능성을 예측하거나 판매 데이터 기반 간단한 수요 예측.

Azure Machine Learning

② 예) XGBoost와 LSTM을 결합한 하이브리드 모델로 복잡한 수요 및 공급망 변동성을 예측.

이렇게 XGBoost와 Random Forest, LSTM의 활용과 AI Builder와 Azure Machine Learning의 차이점을 이해하면 데이터 특성, 예산, 목적에 맞는 최적의 도구 및 알고리즘을 선택할 수 있습니다. 단기적으로는 AI Builder로 신속히 예측 모델을 도입하고, 장기적으로 Azure Machine Learning을 활용해 정교하고 커스터마이즈된 AI/ML 전략을 구축하는 것이 효과적이라 봅니다.

모델 평가 및 검증

- 학습된 모델은 검증 데이터셋을 사용하여 평가됩니다. 이때 정확도, 평균 절대 오차(MAE), 평균 제곱근 오차(RMSE) 등의 평가 지표를 사용하여 모델 성능을 분석합니다.
- 최적의 예측 성능을 얻기 위해 하이퍼파라미터를 조정하는 과정을 거칩니다. 이 단계에서 교차 검증(Cross Validation)을 통해 일반화 성능을 확보할 수 있습니다.

배포 및 운영

- 성공적으로 검증된 모델은 Microsoft Dynamics 365와 통합되어 실시간으로 수요와 공급을 예측하는 데 활용됩니다. 이 단계에서 ERP 시스템 내의 SCM 모듈과 연계되어 예측 결과를 바탕으로 재고 계획, 생산 일정 등이 조정됩니다.
- 예측 모델이 실제 운영에서 지속적으로 학습할 수 있도록 피드백 루프를 설정하여 모델 성능을 향상시키는 작업을 수행합니다.

두번째 전통적인 통계적 예측 모델을 사용한 S&OP 구축 과정

전통적인 통계 모델을 사용하여 S&OP를 구축하는 과정은 과거 데이터를 기반으

로 수요 패턴을 분석하고 예측하는 체계적인 방법입니다. 주요 단계를 설명하면 다음과 같습니다.

데이터 수집 및 준비

- 전통적인 통계 예측 모델은 주로 과거 판매 데이터, 생산 기록, 시장 트렌드 데이터를 필요로 합니다. Microsoft D365의 SCM(공급망 관리)과 CRM 모듈을 통해 해당 데이터를 수집합니다.
- 수집된 데이터를 정리하고, 결측값 및 이상치를 처리합니다. 이러한 데이터 전처리는 예측의 정확성을 높이는 중요한 과정입니다.

시계열 분석(Time Series Analysis)

시계열 분석은 시간의 흐름에 따라 수요 변동을 분석하는데 유용합니다. 수요 데이터에서 계절성, 추세, 주기성을 파악하여 이를 기반으로 미래 수요를 예측합니다.

- ARIMA(Autoregressive Integrated Moving Average)는 과거 데이터를 사용해 시계열 데이터를 예측하는 통계 모델로, 특히 장기적인 수요 예측에 적합합니다. 이 모델은 자기회귀(AR), 이동 평균(MA), 차분(Differencing)을 결합하여 데이터의 패턴을 예측합니다.

1) 전통적 통계 모델의 보완 하이브리드 모델(ARIMA-LSTM)의 도입

    전통적 통계 모델(예;ARIMA)은 시계열 분석에서 강력한 도구로 사용되지만, 비선형 패턴을 처리하거나 복잡한 상호작용을 모델링하는 데 한계가 있습니다. 이를 보완하기 위해 ARIMA와 LSTM을 결합한 하이브리드 모델이 주목받고 있습니다.

    (1) ARIMA와 LSTM의 결합 개념

        ① ARIMA

          - 선형 패턴(추세, 계절성)을 잘 포착하는 전통적 통계 모델.

- 예)판매 데이터의 일정한 계절성 및 추세를 기반으로 미래 수요 예측.
② LSTM
- 비선형 패턴(복잡한 변동, 장기 의존성)을 학습할 수 있는 심층 신경망 모델.
- 예)프로모션 이벤트, 날씨 변화와 같은 비선형 요인을 학습.

(2) ARIMA-LSTM 하이브리드 모델의 구성
① ARIMA 단계
- 데이터의 선형 추세와 계절성을 예측.
- ARIMA로 기본적인 패턴을 제거하여 잔차(Residuals)를 계산.
- 예)월별 판매 데이터를 입력받아 주요 추세를 기반으로 기본 예측값 생성.
② LSTM 단계
- ARIMA가 예측하지 못한 비선형 패턴을 학습.
- ARIMA의 잔차 데이터를 입력하여 추가적인 비선형 특성을 반영.
- 예)ARIMA 잔차에 이벤트, 날씨 데이터 등을 결합해 보완 학습.
③ 최종 결합
- ARIMA의 선형 예측값과 LSTM의 비선형 보정값을 결합하여 최종 수요 예측 결과를 생성.

(3) 하이브리드 모델의 장점
① 선형 및 비선형 패턴 모두 학습 가능
- ARIMA는 데이터의 전반적인 구조를 예측하고, LSTM은 복잡한 잔차를 보완.
② 적응력 향상
- 새로운 외부 요인을 반영해 지속적으로 학습 가능.
③ 정확도 개선
- ARIMA 단독 모델이나 LSTM 단독 모델보다 예측 정확도가 높음.

(4) 사례

① 소매업 수요 예측

- ARIMA로 계절적 판매 트렌드를 예측한 뒤, LSTM으로 프로모션 효과나 단기적인 수요 변동성을 보정.

② 재고 관리

- ARIMA-LSTM 모델을 사용하여 예상 외 재고 부족 상황을 사전에 탐지.

2) 최신 시계열 분석 기법

푸리에 변환(Fourier Transform 은 시간 또는 공간에 따른 신호를 주파수(얼마나 빠르게 변하는지를 나타냄) 성분으로 변환하는 수학적 도구입니다.) 이는 주기적인 시계열 데이터에서 다양한 주파수 성분을 분해하여 데이터를 분석하는 데 유용하며, 신호 처리, 이미지 분석, 물리학, 공학 등) 다양한 분야에서 사용됩니다.

(1) 개념

① 시계열 데이터를 시간 영역에서 주파수 영역으로 변환.

② 데이터의 계절성 또는 반복 패턴을 주파수로 분석.

(2) 적용 방법

① 주기적인 성분이 강한 데이터에서 주파수를 분석하여 패턴을 추출.

② 예)특정 상품의 월별 판매 데이터에서 주기성을 분석하여 6개월 또는 12개월 주기의 판매 피크를 예측.

장점

① 데이터의 주기성을 명확히 파악하여 예측 모델에 활용 가능.

② ARIMA, LSTM 등과 결합하여 더욱 정교한 수요 예측 모델을 구축 가능.

(3) 적용 사례

① 전력 수요 예측 시간별 전력 소비 데이터에서 주파수 성분을 추출해 단기 예측.

② 계절 상품 예측 패션 산업에서 계절 제품의 반복적 판매 주기 분석.

3) 프로펫 (Prophet) 모델

Facebook이 개발한 시계열 예측 모델로, ARIMA와 같은 전통적 통계 모델을 사용하기 어렵거나 복잡한 데이터를 다루는 데 적합합니다. 이는 예측 도구로, 추세(Trend), 계절성(Seasonality), 휴일 효과(Holiday Effects) 등 시계열 데이터를 직관적으로 분석하고 예측할 수 있도록 설계된 모델입니다.

(1) 특징

① 자동화된 계절성 및 휴일 효과 탐지
- 데이터에 내재된 트렌드와 계절성을 자동으로 분리.
- 휴일과 같은 외부 요인도 반영 가능.

② 비선형 추세 분석
- 데이터의 비선형 추세를 잘 모델링하며, 데이터 부족 상황에서도 안정적으로 동작.

(2) 장점

① 사용 용이성
- 비전문가도 손쉽게 사용할 수 있도록 설계.

② 빠른 학습 속도
- 전통적 통계 모델보다 계산 효율성이 높음.

(3) 단점

① 복잡한 상호작용 처리 어려움
- 다중 변수 간의 상호작용이 중요할 경우 보완 필요.

(4) 적용 사례

① 전자 상거래
- Prophet(계절성, 주기성을 고려하여 미래 데이터를 예측하는 알고리즘을 제공)을 사용해 계절성 및 특정 프로모션 기간의 판매 트렌드를 분석.

② 물류 관리
- 물류 흐름에서 예상치 못한 피크를 탐지하고 대비.

4) 하이브리드 및 최신 모델의 도입 전략

　(1) 단계적 도입

　　① 전통적 통계 모델(ARIMA)을 기본으로 사용하여 안정적인 기반을 마련.

　　② ARIMA의 잔차를 분석해 비선형 요인이 클 경우 LSTM 또는 Prophet 모델을 추가로 적용.

　　③ 푸리에 변환(Fourier Transform ; 신호나 데이터를 시간 영역에서 주파수 영역으로 변환하는 수학적 기법)을 활용해 데이터의 계절성을 분석하고, 이를 LSTM의 입력 변수로 추가.

　(2) 기술 스택 활용

　　① Azure Machine Learning

　　　- ARIMA, Prophet, LSTM 모두 Azure에서 실행 가능하며, 하이브리드 모델 설계 및 배포에 적합.

　　② Power BI와의 통합

　　　- Fourier Transform 결과나 Prophet 예측 결과를 시각화해 의사결정을 지원.

이렇게 전통적 통계 모델은 단순하고 신뢰할 수 있지만, 데이터의 복잡성이 증가함에 따라 ARIMA-LSTM 같은 하이브리드 모델이나 Prophet, Fourier Transform 같은 최신 기법의 도입이 필요합니다. 이러한 도구를 적절히 활용하면 더 높은 정확도와 적응력을 갖춘 수요 예측 모델을 구축할 수 있으며, D365와의 통합을 통해 비즈니스 효율성을 극대화할 수 있습니다.

이동 평균법(Moving Average)

• 단순 이동 평균(SMA)

일정 기간 동안의 평균을 계산하여 변동성을 제거하고, 트렌드를 파악합니다. 예를 들어, 지난 3개월 동안의 평균 수요를 바탕으로 다음 달의 수요를 예측할 수 있습니다.

- 가중 이동 평균(WMA)

최근 데이터에 더 큰 가중치를 부여하여 미래 예측을 더욱 정교하게 만듭니다. 이를 통해 최근의 변화에 민감하게 반응할 수 있습니다.

회귀 분석(Regression Analysis)

- 독립 변수(마케팅 캠페인, 경제 지표 등)와 종속 변수(수요) 간의 관계를 분석하여 미래의 수요를 예측합니다. 이러한 것을 선형 회귀(Linear Regression) 방법이라 하며, 이 방법은 외부 요인들이 수요에 미치는 영향을 정량화 하는데 유용합니다.
- 여러 개의 독립 변수를 사용하여 보다 복잡한 예측을 수행할 수 있는 다중 회귀 분석(Multiple Regression)이 있습니다. 예를 들어, 마케팅 예산, 경제 상황, 계절성 등을 변수로 설정하여 수요 변동을 예측합니다.

예측 모델 평가 및 적용

- 통계적 예측 모델이 얼마나 정확한지 평가하기 위해 예측 결과와 실제 데이터를 비교합니다. 통계 지표로는 RMSE, MAPE(Mean Absolute Percentage Error), MAE 등을 사용하여 모델의 정확도를 평가합니다.
- 평가가 완료된 예측 모델을 SCM 모듈에 통합하여, S&OP 프로세스의 수요 계획, 공급 계획, 재고 관리를 효율적으로 모델에 적용 및 수행합니다.

지속적인 개선

- S&OP 프로세스에서 수집된 실제 운영 데이터를 바탕으로 예측 모델을 지속적으로 개선합니다. 새로운 데이터를 통해 예측의 정확도를 높이고, 시장 변화에 민첩하게 대응할 수 있도록 합니다.

지속적인 개선을 위한 구체적 전략 MLOps와 데이터 드리프트 탐지

Azure Machine Learning의 MLOps(Machine Learning Operations)를 활용한 지속적 개선 프로세스와 데이터 드리프트(Data Drift) 탐지 및 주기적인 모델 재훈련 전략을 구체적으로 설명합니다.

1) MLOps(Machine Learning Operations)를 활용한 지속적 개선 프로세스

MLOps는 머신러닝 모델의 라이프사이클을 자동화하고, 지속적으로 관리하며, 비즈니스 환경 변화에 적응하도록 하는 데 중점을 둡니다.

(1) MLOps의 주요 단계

모델 배포 자동화

① Azure Machine Learning을 사용해 모델을 배포하고, D365와 통합.

② Azure Kubernetes Service (AKS) 또는 Azure Container Instances (ACI)를 활용해 확장 가능한 배포 인프라 제공.

모델 업데이트 자동화

- 새로운 모델이 승인되면, 기존 모델을 대체하고 성능 모니터링 시작.

모델 성능 모니터링

① Azure Monitor와 연동해 배포된 모델의 성능을 실시간으로 추적.

주요 모니터링 지표

① 예측 정확도, 평균 절대 오차(MAE), 평균 제곱근 오차(RMSE).

② 모델의 응답 시간, 사용량, 시스템 리소스 소비.

알림 설정

① 성능 기준을 초과하거나 문제가 발생하면 알림을 통해 개발 팀에 통보.

모델 로그 및 추적

① Azure Machine Learning의 Experiment Tracking을 통해 모델의 학습 과정과 하이퍼파라미터를 추적.

변경 이력 관리

① 각 모델 버전의 훈련 데이터, 알고리즘, 결과 기록.

CI/CD (Continuous Integration and Deployment) 파이프라인

① Azure DevOps와 통합하여 ML 모델 업데이트 및 배포 자동화.

② 새 데이터로 모델 재훈련 → 모델 평가 → 배포 과정을 자동화.

2) 데이터 드리프트(Data Drift) 탐지

데이터 드리프트는 입력 데이터나 목표 변수의 분포가 시간이 지남에 따라 변화하는 현상을 의미합니다. 데이터 드리프트를 관리하지 않으면 모델의 성능이 저하될 수 있습니다.

(1) 데이터 드리프트의 유형

입력 데이터 드리프트(Input Data Drift)

① 입력 변수(예;가격, 날씨, 프로모션 데이터)의 분포가 변경됨.

라벨 드리프트(Target Drift)

① 목표 변수(예;판매량)의 분포가 변화함.

개념 드리프트(Concept Drift)

① 데이터와 레이블 간 관계가 변경됨(예;계절적 변화나 시장 트렌드 변화).

(2) Azure Machine Learning에서의 데이터 드리프트 탐지

Azure Machine Learning은 Data Drift Detection 기능을 통해 자동으로 데이터 드리프트를 감지합니다.

① 모델 입력 데이터 모니터링

② 학습 데이터와 실시간 데이터의 분포를 비교하여 드리프트 여부를 평가.

③ Kullback-Leibler Divergence (KL 다이버전스) 와 같은 통계적 측정을 활용.

드리프트 알림 설정

① 데이터 드리프트가 임계값을 초과하면 알림을 설정해 재훈련 트리거.

시각화 및 분석

① Azure Machine Learning Studio에서 입력 데이터의 분포 변화를 시각화.

3) 주기적인 모델 재훈련 전략

  (1) 데이터 수집 및 라벨링

    새로운 데이터 수집

    ① D365에서 실시간 수집되는 데이터(예;최신 판매 데이터, 고객 피드백 등)를 통합.

    ② IoT 데이터(예;물류 추적, 생산 공정 데이터)도 Azure IoT Central을 통해 수집.

    라벨링 자동화

    ① 데이터 라벨링 작업을 자동화하여 재훈련용 데이터 준비.

    ② Azure Data Factory와 Power Automate를 통해 데이터 전처리 자동화.

  (2) 재훈련 주기

    주기적 재훈련

    ① 예측 성능이 일정 기준 이하로 떨어지거나 데이터 드리프트가 감지되었을 때 모델 재훈련.

    ② 예)매주 또는 매월 정기적으로 재훈련 스케줄을 설정.

    온디맨드 재훈련

    ① 특정 이벤트(예;대규모 프로모션, 신제품 출시) 발생 시 수동으로 재훈련 트리거.

  (3) 모델 업데이트 및 배포

    재훈련된 모델 평가

    ① 새 모델과 기존 모델의 성능을 비교해 최적의 모델을 선정.

    ② 성능 비교 지표

      - MAE, RMSE, F1 Score, Precision 등.

    배포 전략

    ① 블루-그린 배포

- 새 모델을 소규모 사용자 그룹에 테스트 후 단계적으로 전체 배포.
② A/B 테스트
- 기존 모델과 새 모델을 동시에 배포해 결과 비교.

4) 실시간 데이터 피드백 루프
　(1) Azure IoT Central 및 Event Hub 활용
　　데이터 수집
　　① Azure IoT Central
　　　- IoT 디바이스(예;센서, 스마트 태그)로부터 데이터를 수집해 D365 SCM 모듈과 통합.
　　　- 예)생산 라인의 실시간 상태 데이터, 물류 이동 데이터 수집.
　　② Azure Event Hub
　　　- 실시간 데이터 스트리밍 플랫폼으로, 대량의 데이터를 고속으로 처리.
　　　- 예)실시간 판매 데이터 및 재고 데이터를 수집하여 예측 모델에 입력.
　　피드백 처리
　　① Azure Stream Analytics를 통해 실시간 데이터를 분석하고 모델에 반영.
　　② 예)특정 지역에서 예상치 못한 수요 급증 발생 시, 재고 보충 경로 조정.
　　자동화된 모델 업데이트
　　① 실시간 데이터를 기반으로 모델 성능을 모니터링하고 필요 시 자동으로 재훈련 트리거.
　(2) 운영 시나리오
　　재고 부족 방지
　　① 실시간 판매 데이터를 기반으로 재고 부족 위험 지역에 긴급 물류 요청 자동화.
　　생산 라인 조정

① IoT 데이터를 통해 생산 장비 상태를 실시간으로 확인하고, 장비 가동 시간을 조정.

이러한 Azure Machine Learning의 MLOps와 데이터 드리프트 탐지 기능은 예측 모델의 지속적인 개선을 가능하게 합니다. 이를 통해 수요 예측 모델이 변화하는 시장 환경에 민첩하게 대응하며, D365와의 통합으로 재고 관리, 생산 계획, 물류 최적화 등의 비즈니스 운영을 강화할 수 있습니다. 주기적인 모델 재훈련과 실시간 피드백 루프를 결합하면 더욱 강력하고 신뢰성 높은 머신러닝 기반 예측 시스템을 구축할 수 있습니다.

사용자 교육 및 협업 도구 통합 방안

Microsoft Dynamics 365(D365)를 활용한 S&OP 프로세스의 성공적인 운영을 위해 비즈니스 팀, 데이터 분석가 등 관련 사용자들에 대한 교육과 협업 도구의 활용이 필수적입니다. Microsoft Teams, Power Platform, Power BI 등을 활용하여 협업을 증진하고 모델의 예측 결과를 효과적으로 전달할 수 있는 방안을 구체적으로 설명합니다.

1) Microsoft Teams를 활용한 사용자 교육 및 협업

Microsoft Teams는 S&OP 프로세스 운영 팀 간의 원활한 협업과 교육 환경을 제공하는 강력한 플랫폼입니다.

(1) 사용자 교육

S&OP 프로세스 교육 채널

① Teams 내에 S&OP 교육 채널을 생성하여 모든 관련 팀원에게 교육 자료를 공유.

② 교육 자료

- PowerPoint 프레젠테이션, 동영상 튜토리얼, 사례 연구 자료 업로드.

③ 예)"D365를 활용한 수요 예측 및 공급 계획 운영 방법" 동영상 시리즈 제공.

라이브 워크숍 및 Q&A

① Teams에서 라이브 세션을 통해 수요 예측 모델, D365 사용 방법 등을
실시간으로 설명.

② Q&A 기능으로 팀원들의 질문에 즉각적으로 답변 가능.

③ 예)예측 모델 결과를 활용한 재고 최적화 사례 실습.

퀴즈 및 평가

① Teams에서 Forms를 활용해 사용자 교육 이후 퀴즈와 평가 진행.

② 결과에 따라 추가 교육 필요 여부 판단.

(2) 협업 및 워크플로 관리

S&OP 팀 공간

① 각 부서(영업, 운영, 공급망 관리) 간 협업을 위해 S&OP 팀 공간을 생성.

② 데이터 분석가, 비즈니스 팀, IT 팀이 동일한 플랫폼에서 의사소통.

③ 예)"다음 달 수요 증가 예측에 따른 생산 라인 조정 논의" 채팅 스레드 생성.

파일 공유 및 공동 작업

① S&OP 관련 파일(Power BI 보고서, D365 데이터, 예측 모델 결과)을
Teams에서 실시간 공유.

② OneDrive와 통합하여 파일 변경 내용이 자동으로 동기화.

통합 작업 관리

① Planner 또는 Tasks를 통해 예측 모델 개선, 데이터 검토, 의사결정 일정
을 관리.

② 예) "예측 데이터 검토 기한 11월 25일"과 같은 작업 배정.

2) Power Platform을 활용한 교육 및 협업 자동화

Microsoft Power Platform (Power Automate, Power Apps, Power BI,
Power Virtual Agents, Power Pages) 은 S&OP 프로세스 운영 및 사용자 교
육 자동화를 지원합니다.

(1) Power Automate로 프로세스 자동화

　　교육 리마인더 알림

　　① Power Automate를 활용해 Teams나 이메일로 교육 일정 및 리마인더를 자동 전송.

　　② 예) "11월 28일 오후 2시, 수요 예측 모델 교육 세션 알림."

　　예측 데이터 공유 자동화

　　① Power Automate로 D365에서 생성된 예측 데이터를 팀 채널에 자동 게시.

　　② 예) 주간 수요 예측 데이터를 Power BI 대시보드 링크와 함께 공유.

　　피드백 수집 워크플로

　　① Power Automate로 교육 참가자의 피드백을 자동으로 수집하고 분석.

　　② 예) 설문 조사 응답을 Excel 또는 Power BI로 통합.

(2) Power Apps로 맞춤형 앱 제작

　　S&OP 교육 앱

　　① Power Apps를 활용해 S&OP 프로세스 및 D365 사용법을 안내하는 맞춤형 교육 앱 제작.

　　② 기능

　　　　- 동영상, 퀴즈, 실습 자료 포함.

　　　　- 예)"D365에서 예측 결과를 확인하고 활용하는 방법" 단계별 가이드 제공.

　　현장 데이터 수집 앱

　　① 운영 팀이 현장에서 데이터를 실시간으로 입력할 수 있는 앱 제작.

　　② 예) 생산 팀이 직접 생산량 데이터를 입력하여 예측 모델 업데이트에 활용.

3) Power BI를 활용한 데이터 시각화

　　Power BI는 모델의 예측 결과를 시각화하여 비즈니스 팀이 쉽게 이해할 수 있도록 도와줍니다.

　　(1) 주요 기능 활용

대시보드 설계

① 예측 결과를 한눈에 확인할 수 있는 대시보드 제공.

② 주요 지표

　　- 월별 예측 수요 vs 실제 수요.

　　- SKU별 재고 수준과 수요 충족 비율.

③ 예)"다음 달 주요 제품군별 예상 수요 및 공급 차이" 대시보드.

시나리오 분석

① Power BI의 "What-If" 분석 기능으로 다양한 수요 시나리오를 테스트.

② 예)"50% 프로모션 진행 시 예상되는 수요 증가 및 재고 부족 위험."

알림 설정

① 특정 임계값 초과 시 알림 생성.

② 예)"특정 SKU의 예상 재고 부족 위험이 10% 이상일 경우 알림."

(2) 비즈니스 팀 친화적인 시각화

스토리텔링 기반 보고서

① 예측 데이터를 스토리로 풀어내어 이해도 향상.

② 예)"지난 6개월간 판매 트렌드와 향후 3개월간의 예측 결과 분석."

자연어 질의(Natural Language Query)

① 비즈니스 팀이 직접 질문 입력(예:"지난달 가장 많이 판매된 제품은?")하여 즉시 답변 확인.

모바일 접근성

① Power BI 모바일 앱을 통해 현장 팀도 즉시 대시보드 확인 가능.

4) 구체적인 활용 사례

　(1) 예측 모델 결과 공유

　　영업 팀에서 Power BI에서 "SKU별 수요 예측 대시보드"를 활용해 고객별 주문 제안.

운영 팀에서 Teams를 통해 매주 갱신된 생산 계획 데이터 공유 및 논의.

(2) 재고 및 생산 조정 협업

예측 결과 기반으로 Power Automate가 Teams에 자동 알림("다음 주 예상 수요에 따른 재고 부족 위험 발생 지역 평택 창고.")

생산 팀이 Power Apps로 작업 계획 조정 및 데이터 입력.

이러한 Microsoft Teams와 Power Platform, Power BI를 활용하면 S&OP 운영에 참여하는 사용자들이 예측 모델을 쉽게 이해하고, 협업 및 실행력을 높일 수 있습니다. 교육은 Teams와 Power Apps로 체계화하고, 협업은 Power Automate를 통해 자동화하며, Power BI를 통해 시각화 된 결과로 비즈니스 의사결정을 지원함으로써 S&OP 프로세스의 효율성을 극대화할 수 있습니다.

S&OP 구현의 비즈니스 가치와 ROI(Return on Investment) 측정

AI/ML 기반 S&OP와 전통적 모델의 비교를 통해 예측 정확도, 재고 최적화, 비용 절감 효과를 구체적으로 분석하고, Microsoft Dynamics 365(D365)의 통합으로 인한 운영 효율성 증가를 사례 기반으로 설명합니다.

1) AI/ML 기반 S&OP vs 전통적 모델 성과 비교

AI/ML 기반 S&OP와 전통적 모델은 예측 성능, 운영 효율성, 비용 절감 효과에서 차이를 보입니다.

(1) 예측 정확도 향상

전통적 모델(ARIMA, 이동 평균 등)

① 예측 정확도 약 70~80% 수준.

② 제한점

- 선형적이고 계절성이 명확한 데이터에서만 효과적.

- 외부 요인(프로모션, 날씨 등) 반영 어려움.

AI/ML 기반 모델 (XGBoost, LSTM 등)

① 예측 정확도 약 85~95% 수준.

② 강점

　- 비선형 관계와 복잡한 상호작용 학습 가능.

　- 외부 데이터(소셜 미디어 트렌드, 기상 데이터 등)를 통합하여 보다 정교한 예측 가능.

예시적 사례

① 한 소매업체가 AI/ML 기반 S&OP를 도입 후 판매량 예측 정확도를 75%에서 92%로 향상.

② 비즈니스 효과 잘못된 수요 예측으로 인한 재고 부족 발생률 30% 감소.

(2) 재고 최적화

전통적 모델

① 안전 재고(Safety Stock) 의존도가 높아 과잉 재고 발생 가능.

② 예)계절성 제품의 수요를 초과 예측해 과잉 재고 발생.

AI/ML 기반 모델

① SKU별 수요를 세밀하게 예측해 안전 재고를 최소화.

② 지역별, 제품별로 차별화된 재고 계획 가능.

예시적 사례

① 물류 기업이 AI/ML 기반 예측을 통해 재고 보유 비용을 연간 20% 절감.

② 기존 모델 평균 60일분 재고 보유.

③ AI/ML 모델 도입 후 평균 45일분으로 축소.

(3) 비용 절감

전통적 모델

① 초과 재고 관리, 긴급 생산, 물류 비용이 증가할 가능성 높음.

AI/ML 기반 모델

① 생산 계획을 정확히 수립해 과잉 생산 및 불필요한 물류 이동 감소.

② 정밀한 수요 예측으로 가격 할인이나 프로모션 비용 최적화.

예시적 사례

① 한 제조업체가 AI 기반 S&OP를 통해 공급망 비용을 15% 절감.

② 연간 380억원의 물류 비용 중 40억원 절감.

2) D365 통합을 통한 운영 효율성 증가

Microsoft Dynamics 365는 S&OP 프로세스에서 데이터를 통합하고, 예측 결과를 운영에 바로 적용하여 생산성과 효율성을 크게 높입니다.

(1) 데이터 통합으로 의사결정 가속화

기존 방식

① 데이터가 분산되어 의사결정까지 시간이 오래 걸림(예;ERP, CRM, SCM 간 데이터 불일치).

D365 통합 방식

① ERP(재고 관리, 생산 일정), CRM(고객 주문 데이터), SCM(공급망 가시성)을 통합하여 실시간 데이터 접근 가능.

② 예시적 사례

- 한 소매업체가 D365를 도입하여 S&OP 주기(Plan-Do-Check-Act)를 2주에서 5일로 단축.

(2) 생산 효율성 증가

기존 방식

① 생산 계획과 수요 예측 간 불일치로 인해 생산 일정의 잦은 변경 발생.

D365 통합 방식

① 예측 결과가 ERP 시스템 내 생산 계획 모듈과 자동 연계.

② 예시적 사례

- 자동차 부품 제조업체가 D365의 SCM 모듈과 AI 기반 예측 모델을 통합하여 생산 일정 변경 횟수를 35% 감소.

(3) 재고 및 물류 관리 최적화

기존 방식

① 물류 네트워크 최적화에 필요한 데이터를 수작업으로 통합.

D365 통합 방식

① Azure Maps와 D365 SCM 모듈 통합으로 실시간 물류 추적 및 경로 최적화.

② 예시적 사례

- 한 글로벌 물류 회사가 D365와 AI 모델을 통합하여 물류 비용을 13% 절감하고 배송 시간을 평균 2.5일 단축.

3) ROI(Return on Investment) 측정 프레임워크

AI/ML 기반 S&OP와 D365 통합의 ROI를 측정하기 위한 구체적인 프레임워크를 제시합니다.

(1) 초기 비용

시스템 구축 비용

① AI/ML 모델 개발 및 배포 비용.

② Azure Machine Learning, D365 라이선스 비용.

데이터 준비 및 통합

① 기존 데이터 시스템에서 D365로 데이터 이전 및 통합 비용.

(2) 운영 절감 비용

재고 절감 효과

① 과잉 재고 감소로 절감된 비용

- 재고 보유 비용 = 평균 재고 x 보유 일수 x 단위 재고 비용.

② 예)연간 1M 단위 SKU의 재고 보유 비용을 20% 절감.

물류 비용 절감

① AI 기반 배송 최적화를 통해 감소한 물류 비용.

(3) 매출 증가

정확한 수요 예측으로 고객 만족도 증가

① 재고 부족 방지로 매출 손실 감소.

프로모션 효과 극대화

① 타겟팅된 프로모션으로 고객 반응률 증가.

(4) ROI 공식 적용

ROI= ((운영 절감 비용 + 매출 증가 - 초기 투자 비용) / 초기 투자 비용)×100

예시적 사례

① 초기 투자 비용 5억 (AI 모델 구축 및 D365 통합)

② 운영 절감 비용 4억 (재고 및 물류 최적화)

③ 매출 증가 3억 (재고 부족 방지로 인한 매출 회복)

④ ROI = ((4억 + 3억 - 5억) / 5억) X 100 = 40%

    - 첫 해 ROI 40%, 이후 연간 절감 효과 증가 예상.

이런 방식으로 AI/ML 기반 S&OP와 D365 통합은 예측 정확도를 높이고, 재고 최적화, 비용 절감, 매출 증가로 이어지는 명확한 비즈니스 가치를 제공합니다. 구체적인 사례와 ROI 측정 프레임워크를 통해 이러한 가치가 수치화 가능하며, 이를 활용해 투자 효과를 명확히 전달할 수 있습니다.

위의 두 가지 접근 방식 모두 Microsoft Dynamics 365 플랫폼에서 S&OP 프로세스를 강화하는 데 중요한 역할을 하며, AI/ML 기반의 정교한 예측과 전통적인 통계적 예측 모델을 모두 활용하여 예측의 정확성과 효율성을 높일 수 있습니다.

• 수요 계획 프로세스의 장점

⇒ 예측 정확성 향상은 정교한 수요 계획 프로세스가 정확한 수요 예측을 가능하게 하여 재고 관리와 생산 일정이 최적화될 수 있도록 한다.

⇒ 비용 절감은 수요 변동에 미리 대비함으로써 생산 과잉이나 재고 부족과 같은 비용을 줄일 수 있게 한다.

⇒ 고객 만족도 향상은 수요에 맞춘 적시 생산과 재고 관리가 고객이 원하는 시점에 원하는 제품을 제공할 수 있게 해주어 고객 만족도를 높이는 데 이바지한다.

• 수요 계획 프로세스의 도전 과제

⇒ 데이터 불일치는 부서 간 협력이 부족하거나 데이터 관리가 일관되지 않을 때 발생할 수 있고, 이 때문에 수요 계획에 오류가 생길 수 있다.

⇒ 불확실성은 급격한 시장 변화나 예측 불가능한 사건이 수요 계획의 정확성을 떨어뜨릴 수 있으며, 이에 대비한 리스크관리가 필요하다.

[수요 예측 계획 프로세스 예시]

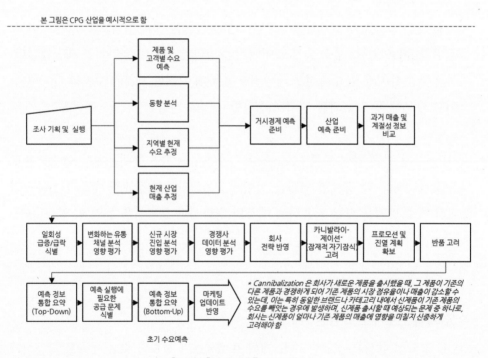

[그림 4] 수요 예측 프로세스

이 프로세스는 수요 예측과 계획 수립 프로세스를 체계적으로 설명하고 있다. 주요 단계는 수요 예측, 외부 환경 분석, 영향 평가, 공급 문제 확인 및 마케팅 업데이트 반영을 통해 기업의 전략을 수립하는 흐름을 나타내며, 아래는 각 단계에 대한 설명이다.

- **수요 예측 단계**

⇒ 특정 제품과 고객을 대상으로 한 수요를 예측한다. 이를 통해 판매 전략을 세우는 데 필요한 기반 데이터를 확보한다.

⇒ 현재 시장과 업계 동향을 분석하여 향후 수요에 영향을 미칠 수 있는 요소들을 파악한다.

⇒ 지역별로 현재의 수요를 추정하여 시장의 특성과 소비 패턴을 이해한다.

⇒ 현재 산업에서 발생하는 매출을 추정하여 시장의 규모와 성장 가능성을 평가한다.

- **외부 환경 예측**

⇒ 경제 전반의 거시적 변수를 고려하여 향후 경제 상황을 예측한다.

⇒ 해당 산업의 전망을 예측하여 시장에서의 기회와 위험 요소를 분석한다.

⇒ 과거의 매출 데이터를 통해 계절성이나 기타 주기적인 요소들을 파악한다.

- **영향 평가**

⇒ 특정 시점에 발생하는 일회성 요인을 구분하여 일관된 수요 예측이 이루어지도록 한다.

⇒ 유통 채널의 변화가 수요에 미치는 영향을 평가하여 대응 전략을 마련한다.

⇒ 새로운 시장에 진입할 때 발생할 수 있는 영향에 대해 분석하고 예측한다.

⇒ 경쟁사 데이터를 분석하여 수요 예측에 반영할 수 있는 인사이트를 얻는다.

- **공급 문제 식별과 대응 계획**

⇒ 예측 정보를 전체적으로 요약하여 전략적 의사결정을 위한 토대를 마련한다.

⇒ 예측을 실행하는 데 있어서 필요한 공급망의 문제를 식별한다.

⇒ 세부 정보를 수집하여 상향식으로 통합하여 예측의 정밀도를 높인다.

⇒ 예측 정보를 마케팅 전략에 반영해 실제 시장에서의 실행 가능성을 높인다.

• 회사 전략 반영

⇒ 예측 정보 토대로 프로모션과 진열 계획을 수립하여 판매 전략을 강화한다.

⇒ 자사 제품 간 경쟁을 고려하여 중복되는 수요를 방지한다.

⇒ 예상 반품을 고려하여 수요 예측의 신뢰도를 높인다.

이러한 단계를 통해, 수요 예측과 계획 수립 과정이 체계적이고 정확하게 진행되며, 이를 통해 회사는 향후 시장 변화에 효과적으로 대응하고 최적의 판매 전략을 수립할 수 있게 된다.

예측 프로세스는 제품 진열 계획 수립과 고객 제안 과정을 나타낸다. 이 과정은 고

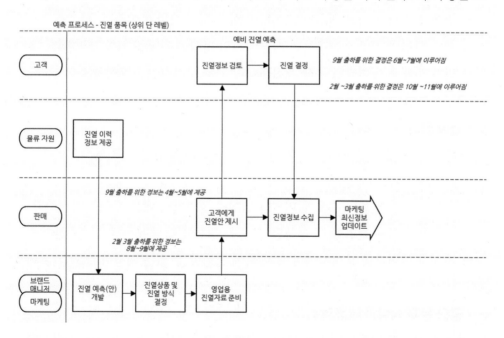

[그림 5] 예측 프로세스(진열 품목)

객의 요구를 반영하고, 물류와 판매, 마케팅을 포함하여 관련 부서들이 협력하여 최종적으로 진열 전략을 수립하는 것을 목표로 한다. 각 단계에 대한 설명은 다음과 같다.

• 고객 요구 파악

⇒ 고객의 요구와 시장의 니즈를 파악하여 적절한 진열 전략을 수립하기 위한 기초 자료로 사용된다.

• 물류 및 정보 제공

⇒ 물류 부서에서 진열 이력 정보를 제공한다. 이를 통해 어떤 제품이 어느 위치에 진열되었는지, 그리고 그 결과가 어떻게 나타났는지를 분석할 수 있다.

• 진열 계획 수립

⇒ 과거 진열 정보와 고객 요구를 바탕으로 새로운 진열 계획을 검토한다.

⇒ 검토한 정보를 바탕으로 진열 결정을 내린다. 이는 최적의 판매와 고객 만족을 위해 중요한 단계이다.

• 브랜드 관리 및 마케팅 연계

⇒ 진열 예측(안)을 개발하여 앞으로의 진열 전략에 대한 가이드를 제공한다. 이 단계에서는 판매 증가를 위한 마케팅 전략도 함께 고려된다.

⇒ 브랜드 매니저와 마케팅팀이 협력하여 진열에 적합한 상품과 진열 방식을 최종적으로 결정한다.

• 영업 지원 자료 준비

⇒ 영업 부서가 진열 관련 자료를 준비하여 고객에게 전달할 수 있도록 지원한다. 이를 통해 영업팀은 효과적으로 고객에게 진열 제안을 할 수 있다.

• 고객 제안

⇒ 최종적으로 개발된 진열안을 고객에게 제안한다. 이 단계에서 고객의 반응을 확인하고 필요한 경우 추가 조정을 진행할 수 있다.

• 마케팅 최신 정보 업데이트

⇒ 시장과 고객의 변화에 따라 진열 전략이 적합하게 유지되도록 마케팅 최신 정보를 지속적으로 업데이트하여 반영한다.

이 프로세스를 통해 기업은 고객의 요구와 시장 동향을 반영한 효율적인 진열 전략을 수립하고, 이를 통해 고객의 만족도를 높이며 매출을 증대할 수 있다. 각 부서가 협력하여 진열 전략을 수립하고 실행함으로써, 변화하는 시장 상황에 빠르게 대응할 수 있는 구조를 갖추게 된다.

이 프로세스는 물류, 판매, 브랜드 매니저 및 마케팅 부서가 협력하여 예측 프로

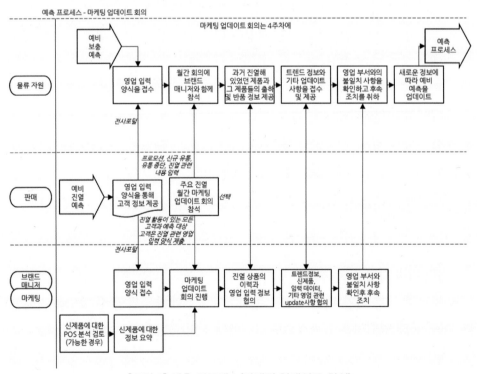

[그림 6] 예측 프로세스(마케팅 업데이트 회의)

세스를 수행하는 과정을 설명하고 있다. 이는 각 부서 간의 원활한 정보 공유와 업데이트를 통해 예측의 정확성을 높이고, 시장의 변화에 빠르게 대응하는 것을 목표로 한다. 주요 단계에 대한 설명은 다음과 같다.

• 물류 자원

⇒ 물류 자원은 영업 부서로부터 입력 양식을 받아 필요한 정보들을 정리하고 수집한다.

⇒ 물류 자원 팀은 브랜드 매니저와 함께 월간 회의에 참석하여 제품과 관련된 논의를 진행한다.

⇒ 물류 부서는 이전에 진열된 제품과 그 제품들이 어떻게 출하되고 반품되었는지에 대한 정보를 제공한다. 이를 통해 과거 데이터를 분석하여 현재 상황에 대한 인사이트를 얻을 수 있다.

⇒ 시장 트렌드와 최신 정보를 물류 부서에 접수하여 예측에 필요한 정보를 제공하고 공유한다.

⇒ 물류 부서는 영업 부서와의 정보 불일치 사항을 확인하고 필요한 후속 조치를 통해 정보의 정확성을 유지한다.

• 판매

⇒ 판매 부서는 고객 정보를 수집하여 물류 및 예측에 필요한 자료를 제공한다.

⇒ 판매 부서도 월간 회의에 참석하여 마케팅 업데이트 관련 정보를 공유한다.

• 브랜드 매니저와 마케팅

⇒ 신제품이 출시되면 POS 데이터를 통해 판매 성과와 고객 반응을 검토한다.

⇒ 신제품과 관련된 정보를 요약하여 공유하고, 이를 통해 마케팅 전략을 조정할 수 있도록 한다.

⇒ 브랜드 매니저와 마케팅팀도 영업 입력 양식을 접수하여 예측에 필요한 정

보를 수집한다.

   ⇒ 마케팅팀은 회의를 통해 최신 마케팅 정보를 공유하고, 필요한 경우 전략을 수정한다.

   ⇒ 과거 진열 상품의 이력을 검토하고, 영업 부서에서 제공한 입력 정보를 바탕으로 예측 정보를 업데이트한다.

   ⇒ 브랜드 매니저와 마케팅 부서는 트렌드 정보와 신제품 데이터를 검토하고, 예측의 정확도를 높이기 위해 업데이트 사항을 논의한다.

   ⇒ 영업 부서와의 정보 불일치를 확인하고 필요한 후속 조치를 통해 데이터의 신뢰성을 유지한다.

• 예측 프로세스

   ⇒ 최종적으로 모든 부서에서 수집된 정보와 논의된 사항들을 기반으로 예측 프로세스를 진행한다. 이 예측 프로세스는 각 부서의 협업을 통해 이루어지며, 정확한 예측과 빠른 시장 반응을 가능하게 한다.

   이러한 프로세스를 통해 각 부서는 서로 정보를 원활하게 공유하며, 이를 기반으로 정확한 예측과 효율적인 진열과 마케팅 전략을 수립하게 된다.

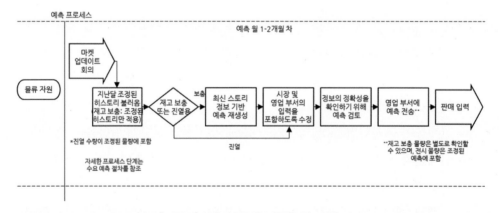

[그림 기] 예측 프로세스(예측 월 기준)

이 프로세스는 물류 자원이 시장과 판매 정보를 업데이트하고 이를 기반으로 예측을 재생성하여 판매 입력 단계로 이동하는 과정을 보여준다. 각 단계는 예측의 정확성을 높이기 위한 데이터 분석과 수정 프로세스를 포함하고 있으며, 설명은 다음과 같다.

• 마켓 업데이트 회의
⇒ 마켓 업데이트 회의를 통해 최신 시장 동향과 판매 전략을 공유한다. 이를 통해 각 부서에서 필요한 최신 정보를 확인하고 예측을 조정할 수 있는 기반을 마련한다.

• 지난달 조정된 이력 불러옴
⇒ 지난달 조정된 이력 데이터를 불러온다. 이때 재고 보충과 조정된 이력만을 적용하여 데이터의 정확성을 유지한다. 이를 통해 과거 데이터를 기반으로 한 예측의 신뢰성을 높인다.

• 재고 보충 또는 진열용 결정
⇒ 불러온 데이터를 바탕으로 재고 보충이 필요한지, 아니면 진열용으로 사용할지 결정한다. 이 단계는 상품의 적절한 배치를 위해 중요하다.

• 최신 스토리 정보 기반 예측 재생성
⇒ 최신 스토리 정보에 근거하여 예측을 다시 생성한다. 이 과정은 최신 시장 상황과 트렌드를 반영하여 예측의 정확도를 높이기 위해서다.

• 시장과 영업 부서의 입력을 포함하도록 수정
⇒ 예측에 시장과 영업 부서의 입력을 반영하여 수정한다. 현장 경험과 영업 부서의 실질적인 데이터를 통합하여 예측의 현실성을 높인다.

• **정보의 정확성을 확인하기 위해 예측 검토**

⇒ 최종 예측을 검토하여 정보의 정확성을 확인한다. 이 단계는 예측 과정에서 발생할 수 있는 오류를 수정하고, 실제 판매 계획에 필요한 데이터를 확보하기 위해서다.

• **판매 입력**

⇒ 최종적으로 검토된 예측 데이터를 판매 부서에 입력하여, 이를 기반으로 판매 전략을 수립할 수 있게 한다.

이 과정을 통해, 물류 자원 및 판매 부서는 시장 정보와 재고 현황을 반영하여 판매 예측의 정확성을 높이고, 이를 통해 최적의 재고 보충 및 진열 전략을 수립할 수 있게 된다.

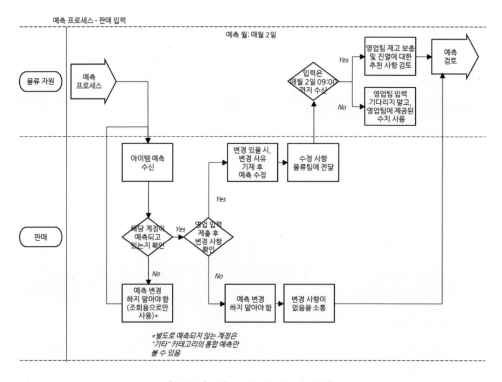

[그림 8] 예측 프로세스(판매 입력)

이 프로세스는 물류 자원과 판매 부서 간의 예측 프로세스를 설명하며, 예측 수립과 수정 과정을 체계적으로 관리하는 방법을 보여준다. 예측의 정확성과 일관성을 유지하는 데 필요한 여러 단계와 절차를 포함하고 있으며, 각 단계의 설명은 다음과 같다.

• 예측 프로세스 시작(물류 자원)

⇒ 물류 자원 팀에서 예측 프로세스를 시작한다. 이 단계에서는 전체적인 예측 절차를 개시하고 필요한 데이터를 수집·분석하여 다음 단계로 넘어간다.

• 아이템 예측 수신

⇒ 예측 수립에 필요한 각 아이템의 예측 데이터를 수신한다. 이 데이터를 기반으로 다음 단계의 예측 작업을 진행할 수 있다.

• 입력 마감 시간 확인

⇒ 입력 데이터는 매월 2일 오전 9시까지 수신된다. 마감 시간 내에 데이터를 수신하여 예측이 지연되지 않도록 한다.

• 영업팀 재고 보충과 진열에 대한 추천 사항 검토

⇒ 영업팀에서 제공한 재고 보충과 진열에 대한 추천 사항을 검토한다. 이를 통해 판매와 재고 관리에 적합한 예측을 수립할 수 있다.

• 영업팀 입력 대기 없이 제공된 수치 사용

⇒ 영업팀의 입력을 기다리지 않고 제공된 수치를 즉시 사용하여 예측을 진행한다. 이 단계는 효율성을 높이기 위한 조치이다.

• 변경 사항 발생 시 예측 수정

⇒ 만약 예측에 변경 사항이 생기면, 변경 사유를 기재한 후 예측을 수정한다. 이

를 통해 예측의 신뢰도를 유지한다.

• 수정 사항 물류 팀에 전달

⇒ 수정된 예측 사항을 물류 팀에 전달하여 최신 정보를 공유한다. 이를 통해 물류 팀도 예측 데이터에 맞춰 작업을 조정할 수 있다.

• 판매 부서의 예측 확인과 변경 여부 점검

⇒ 판매 부서에서 예측이 해당 계정에 맞게 진행되고 있는지 확인한다. 만약 예측에 문제가 있거나 추가 수정이 필요하다면 이를 검토한다.

• 변경 사항 확인 후 예측 수정 여부 결정

⇒ 영업 입력 계수를 받은 후 변경 사항이 있는지 확인하고, 예측을 수정해야 할지 결정한다.

• 변경 사항 없을 시 조치

⇒ 변경 사항이 없는 경우, 별도의 예측 변경 없이 그대로 진행한다. 변경이 없다는 사실을 소통하여 다른 부서와 협력한다.

• 변경 시 예측 수정 지양

⇒ 만약 변경이 필요하더라도 예측 수정은 최대한 피하고, 조회용으로만 활용한다. 이는 예측의 안정성을 위해 필요한 조치이다.

이러한 일련의 과정을 통해 예측 작업이 체계적으로 수행되며, 불필요한 예측 수정과 혼선을 최소화할 수 있다. 각 부서는 예측 데이터를 효과적으로 소통하고, 필요한 경우 신속하게 대응하여 시장 변화에 적합한 예측을 수립하고 실행할 수 있게 된다.

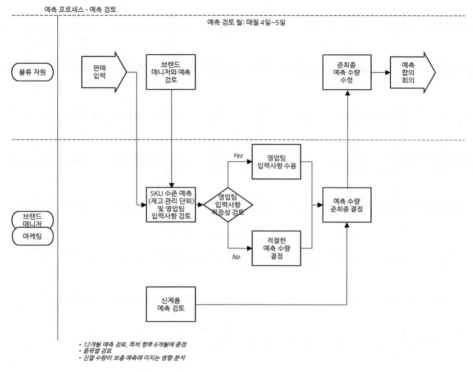

[그림 9] 수요 예측 프로세스(예측 검토)

이 프로세스는 물류, 판매, 브랜드 매니저 및 마케팅 부서 간의 협업을 통해 예측 수량을 검토하고 최종적으로 확정하는 과정을 설명하고 있다. 각 부서의 입력과 검토 과정을 통해 예측의 정확성을 높이고, 시장 변화에 맞는 예측 수량을 결정하기 위한 절차를 보여준다. 주요 단계에 대한 설명은 다음과 같다.

• 판매 입력(물류 자원)

⇒ 물류 자원 팀에서 판매 입력을 받아 예측 작업에 필요한 기본 데이터를 수집한다. 이 데이터는 이후 예측 수량을 결정하는 데 중요한 기반 자료가 된다.

• 브랜드 매니저와 예측 검토

⇒ 브랜드 매니저와 함께 예측 데이터를 검토한다. 이 과정에서 판매 데이터를

바탕으로 예측의 타당성을 확인하고, 시장 상황에 맞는 조정이 이루어질 수 있다.

• SKU 수준 예측과 영업팀 입력 사항 검토

⇒ SKU 단위로 재고 관리 단위를 설정하고, 영업팀의 입력 사항을 검토하여 예측의 정확성을 높인다. SKU별 예측은 세부적인 수준에서의 재고와 수요를 관리하기 위해 필수적이다.

• 영업팀 입력 사항 수용

⇒ 영업팀에서 제공한 입력 사항을 반영하여 예측 수량을 수정한다. 이 단계는 현장 판매 상황을 반영한 실질적인 데이터를 포함하는 과정이다.

• 영업팀 입력 사항 적정성 검토

⇒ 영업팀의 입력 사항이 적절한지 검토한다. 예측에 필요한 정보의 정확성과 현실성을 확보하기 위한 중요한 단계이다.

• 적절한 예측 수량 결정

⇒ 검토 과정을 통해 적절한 예측 수량을 결정한다. 이는 영업팀의 데이터와 SKU 단위 관리 내용을 바탕으로 수립된다.

• 예측 수량 준(準)최종 결정

⇒ 검토된 예측 수량을 바탕으로 준최종 결정을 내린다. 이후 최종 결정을 위해 필요한 추가적인 논의나 조정된 사항이 있으면 반영한다.

• 신제품 예측 검토

⇒ 신제품이 있는 경우, 신제품에 대한 예측을 별도로 검토한다. 신제품은 과거 데이터가 없으므로 별도의 분석과 예측이 필요하다.

• 준최종 예측 수량 수정

⇒ 준최종 결정된 예측 수량을 다시 한번 검토하고 필요한 수정을 진행한다. 이 과정은 최종 예측 수량 확정을 위한 마지막 단계이다.

• 예측 합의 회의

⇒ 최종적으로 예측 수량에 대해 합의하는 회의를 진행한다. 이를 통해 모든 부서가 동의한 예측 수량을 결정하고, 실제 운영에 적용할 수 있게 된다.

이 프로세스를 통해 각 부서는 협력하여 예측 수량을 검토하고 조정하며, 최종적으로 합의된 예측 수량을 설정하게 된다. 이를 통해 재고 관리와 판매 계획이 효과적으로 이루어질 수 있도록 지원하는 프로세스이다.

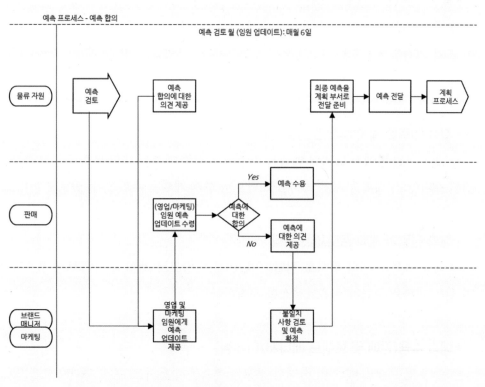

[그림 10] 예측 프로세스(예측 합의)

이 프로세스는 예측 수립 과정에서 물류 자원, 판매, 브랜드 매니저, 마케팅, 그리고 계획 부서가 협력하여 예측을 검토하고 최종적으로 합의된 예측을 계획 부서로 전달하는 과정을 설명하고 있다. 이 과정은 각 부서 간의 소통과 협업을 통해 예측의 정확성을 높이고, 최종적으로 실행할 수 있는 예측을 수립하는 것을 목표로 한다. 각 단계에 대한 설명은 다음과 같다.

• 예측 검토(물류 자원)

⇒ 물류 자원 팀은 예측을 검토하여 현재의 재고와 물류 상황을 고려한 예측 수치를 검토한다. 이를 통해 현실성 있는 예측이 수립될 수 있도록 한다.

• 예측 합의에 대한 의견 제공

⇒ 물류 자원 팀은 검토된 예측에 대해 의견을 제시하고, 예측에 대한 합의를 위한 초기 의견을 제공한다. 이 과정은 모든 부서가 동의할 수 있는 예측 수치를 설정하기 위해 중요하다.

• 최종 예측을 계획 부서로 전달 준비

⇒ 물류 자원 팀에서 합의된 예측을 바탕으로 최종 예측을 계획 부서로 전달하기 위해 준비한다. 계획 부서가 예측을 기반으로 향후 계획을 수립할 수 있도록 한다.

• 예측 전달과 계획 프로세스 시작

⇒ 최종 예측은 계획 부서로 전달되며, 이를 바탕으로 계획 부서에서는 구체적인 실행 계획을 수립하는 프로세스를 시작한다.

• 예측 수용(판매 및 브랜드 매니저/마케팅)

⇒ 판매 및 브랜드 매니저, 마케팅 부서는 예측을 수용하고, 예측 업데이트를 임원에게 보고한다. 이 단계는 예측을 반영한 실질적인 판매 전략의 수립을 위해서

필요하다.

• 예측에 대한 의견 제공
⇒ 판매 부서와 브랜드 매니저, 마케팅 부서는 예측에 대한 피드백을 제공하고, 예측이 최적화될 수 있도록 필요한 수정 사항을 제안한다.

• 임원 예측 업데이트 수행(영업/마케팅)
⇒ 영업 및 마케팅 부서는 예측 업데이트를 임원에게 보고하여 경영진의 의사 결정에 반영할 수 있도록 한다. 이를 통해 전략적 목표와 예측이 일치하도록 한다.

• 불일치 사항 검토와 예측 확정
⇒ 예측 수치에 대해 부서 간 불일치 사항이 있을 때 이를 검토하고, 최종 예측을 확정한다. 모든 부서가 동의한 예측이 수립되어야 최종 계획 수립이 가능하다.

이 프로세스를 통해 각 부서는 예측 수치를 검토하고 의견을 교환하며, 최종적으로 모든 부서가 동의한 예측을 계획 부서로 전달하여 실행 계획을 수립할 수 있도록 한다. 이를 통해 예측의 정확성을 높이고, 기업 전체의 계획이 효율적으로 이루어질 수 있다.

이 프로세스는 마케팅, 수요 분석, 판매 부서가 협력하여 신제품 예측과 판매 프로세스를 관리하는 과정을 설명하고 있다. 이 과정은 예비 예측을 통해 시장 수요를 평가하고, 필요한 경우 예측을 수정하며, 최종적으로 고객에게 제품을 출하하는 과정을 보여준다. 각 단계에 대한 설명은 다음과 같다.

• 예비 예측 정보의 근거 제출(마케팅)
⇒ 마케팅 부서는 예비 예측 정보를 준비하여 예측의 근거를 제출한다. 이 단계

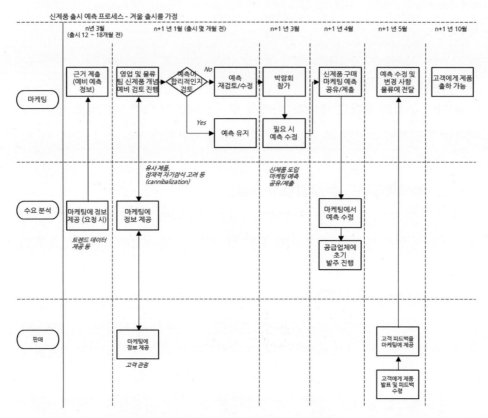

[그림 11] 신제품 출시 예측 프로세스

는 신제품의 예상 수요를 추정하고, 이를 기반으로 초기 마케팅 전략을 수립하는
데 사용된다.

• 영업 및 물류 팀 신제품 개념 예비 검토 진행

⇒ 영업 및 물류 팀은 신제품의 개념을 검토하여 예비 예측 정보를 확인하고, 해
당 제품이 시장에서 어떻게 수용될지 분석한다.

• 예측이 관리적 타당성 검토

⇒ 예측의 타당성을 검토하여 관리적 관점에서 적합한지 판단한다. 이 단계에서
예측의 신뢰성 확보를 위해 필요한 경우 수정을 수용한다.

• 예측 재검토/수정

⇒ 예측을 다시 검토하고 필요한 경우 수정한다. 이를 통해 예측의 정확성을 높이며, 변화하는 시장 상황에 대응할 수 있다.

• 박람회 참가

⇒ 예측 수립 과정에 관련된 부서들이 박람회에 참가하여 예측에 대한 논의를 진행하고, 최종 합의를 도출한다.

• 신제품 구매 마케팅 예측 공유/제출

⇒ 신제품 구매 예측을 마케팅 부서와 공유하여, 마케팅 계획에 반영하고 실행할 수 있도록 한다.

• 예측 수정과 변경 사항 물류에 전달

⇒ 수정된 예측과 변경된 사항을 물류 팀에 전달하여, 물류 팀이 재고 관리와 배송 계획을 조정할 수 있도록 한다.

• 고객에게 제품 출하 가능

⇒ 최종 예측이 확정되고 물류 팀이 준비를 마치면, 고객에게 제품을 출하할 수 있는 상태가 된다.

• 수요 분석과 정보 제공

⇒ 수요 분석 부서는 마케팅 부서의 요청 시 예측 정보를 제공한다. 이는 신제품의 판매 흐름을 예측하는 데 중요한 자료로 활용된다.

• 예측 수령(마케팅)

⇒ 마케팅 부서가 예측을 수령하고 이를 바탕으로 마케팅 활동을 조정한다. 예측 수치는 마케팅 전략과 캠페인을 계획하는 데 필수적인 정보이다.

- **공급업체에 초기 발주 진행**

⇒ 예측을 기반으로 공급업체에 초기 발주를 진행한다. 이를 통해 제품이 제때 준비되어 시장에 출시될 수 있도록 한다.

- **고객 피드백을 마케팅에 제공**

⇒ 고객의 피드백을 수집하여 마케팅 부서에 제공하고, 이를 바탕으로 향후 예측과 마케팅 전략을 개선한다.

- **고객의 제품 주문 수용과 대리점 수행**

⇒ 최종적으로 고객에게 제품을 주문하도록 하고, 필요한 경우 대리점에서의 배포를 통해 제품이 고객에게 도달할 수 있도록 한다.

이 프로세스를 통해 각 부서는 예측 수립에서 제품 출하까지의 전체 과정을 관리하며, 필요한 경우 예측을 수정하고 마케팅 및 물류 계획을 조정하여 최적의 판매 전략을 구현할 수 있게 된다.

- **주요 내용 정리**

수요 계획 프로세스는 정확한 수요 예측을 통해 생산, 재고, 물류 등의 효율성을 극대화하는 전략으로, 데이터의 수집과 분석, 부서 간 협업, 기술적 도구 활용을 통해 예측의 신뢰성과 실현 가능성을 높인다. 이 과정은 정량적·정성적 예측, 수요 검토, 계획 확정, 성과 모니터링을 거치며, 신제품 출시와 시장 변화에 따른 유연한 조정이 필수적이다. AI/ML 기반 예측과 전통적 모델을 병행하여 예측 정확도를 높이고 비용 절감 및 매출 증대를 달성하며, Microsoft Dynamics 365와 같은 통합 플랫폼으로 운영 효율성을 강화한다. 도전 과제로는 데이터 불일치와 시장 불확실성이 있지만, 협업과 기술적 지원으로 극복하여 기업 경쟁력을 높일 수 있다.

공급 능력 반영

공급 능력 반영(Incorporating Supply Capacity)은 수요 계획(Demand Planning) 에서 예측된 수요를 충족시키기 위해 기업의 생산 능력과 자원 가용성을 고려하는 과정 이다. 이는 S&OP에서 매우 중요한 단계로, 수요 예측을 기반으로 한 실행 가능한 공급 계획을 수립하는 데 필수적이다. 수요 예측이 아무리 정확하더라도, 공급 능력을 고려하 지 않고 계획을 세우면 생산 차질이나 자원 부족 문제가 발생할 수 있다.

공급 능력은 주로 생산 설비, 노동력, 원자재 가용성, 공급망 제약 등 다양한 요소에 의 해 결정된다. 따라서 수요 계획을 수립할 때, 기업은 공급 능력의 한계를 명확하게 파악 하고, 이를 바탕으로 현실적인 수요 계획을 조정해야 한다.

공급 능력 반영의 중요성

공급 능력 반영은 효과적인 수요 계획을 수립하는 데 매우 중요한 역할을 한다. 수요 예측만을 기반으로 한 계획은 생산 가능성을 무시할 수 있으므로 기업의 실제 공급 능력 과 조화를 이루지 못할 때 계획이 실행 불가능해질 수 있다.

이를 방지하기 위해, 공급 능력을 적절히 반영함으로써 실행할 수 있는 계획을 수립하 고, 운영 효율성을 극대화할 수 있다.

• 생산 차질 예방

수요 예측에서 과도한 수요를 예상하고 이를 충족할 공급 능력이 부족한 경우, 생산 차 질이나 일정 지연과 같은 문제가 발생할 수 있다.

이러한 상황을 방지하기 위해, 수요 계획 수립 시 공급 능력과 생산 용량을 면밀하게 분석하여 현실적인 생산 계획을 수립하는 것이 중요하다. 이를 통해 불필요한 혼란을 최 소화하고, 생산성과 고객 신뢰도를 유지할 수 있다.

• 자원 최적화

공급 능력을 고려한 수요 계획은 노동력, 기계 설비, 원자재 등 자원의 최적화된 사용을 가능하게 한다. 이를 통해 기업은 과잉 생산으로 인한 재고 비용 증가나 과소 생산으로 인한 기회 손실을 방지할 수 있다. 동시에 효율적인 자원 배분으로 비용 절감과 생산성 향상을 도모하며, 전반적인 운영 효율성을 높일 수 있다.

• 공급망 리스크관리

공급망에서 발생할 수 있는 제한사항이나 원자재 조달 문제는 공급 능력에 큰 영향을 미친다. 따라서 수요 계획에 공급망의 상태와 잠재적인 리스크를 반영하는 것은 필수적이다. 이를 통해 기업은 예상치 못한 공급망 문제에 미리 대비하고, 대체 공급원을 마련하거나 적절한 재고 전략을 수립함으로써 리스크를 효과적으로 완화할 수 있다. 나아가 공급망의 안정성을 높임으로써 예측 불확실성을 줄이고 시장 요구에 신속히 대응할 수 있다.

공급 능력 반영의 주요 요소

공급 능력을 적절히 반영하기 위해서는 생산 자원, 원자재 가용성, 제약 사항 등을 종합적으로 고려해야 한다. 이를 통해 수요 계획이 공급 가능성과 현실성을 반영한 실행 가능한 계획이 될 수 있다.

• 생산 설비와 자원 가용성

기업의 생산 설비는 수요를 충족시키기 위한 핵심적인 자원이다. 수요 계획을 수립할 때는 생산 설비의 최대 용량과 가용성을 반드시 고려해야 하며, 기계 유지보수 일정이나 생산라인의 병목 현상도 평가해야 한다.

⇒ 설비 가동률이 최대치를 초과하도록 계획을 수립할 경우, 장비의 과부하로 인해 심각한 고장, 유지보수 비용 증가, 또는 생산 일정의 지연과 같은 문제가 발생할 가능성이 높다. 이러한 위험을 효과적으로 방지하기 위해, 생산 계획은 설비의 안정적인 작동을 보장할 수 있는 안전 가동률 범위 내에서 조정되어야 한다. 이를 통해 설비의 수명을 연장

하고, 예기치 않은 가동 중단이나 생산 손실을 최소화할 수 있다. 더불어, 정기적인 설비 점검과 예방적 유지보수 일정을 포함한 체계적인 관리 프로세스를 구축함으로써, 장비의 성능을 유지하고 전체적인 생산 효율성을 지속적으로 향상·발전시킬 수 있다.

⇒ 생산 자원의 활용도는 노동력, 에너지, 원자재와 같은 요소들이 생산 능력에 큰 영향을 미치는 중요한 관리 항목이다. 특히 휴가철이나 인력 부족이 예상될 때는 생산 일정과 작업 계획을 사전에 조정하여 생산 차질을 방지해야 한다. 이를 위해 인력 수급 계획을 세우거나, 추가적인 임시 인력을 확보하는 등의 조치를 할 수 있다. 또 에너지 자원의 공급 불안정이나 사용량 증가가 예상될 경우, 에너지 효율성을 높이는 방안과 대체 에너지원 확보를 고려해야 한다. 이러한 관리 전략은 생산 자원을 최적화하고, 예측할 수 있는 문제를 미리 해결함으로써 생산성과 운영 효율성을 동시에 향상시킬 수 있다.

• 원자재와 부품 가용성

원자재나 부품의 가용성은 생산 능력을 결정하는 중요한 요소이다. 공급업체로부터 원자재 공급이 원활하지 않거나, 수입 자재에 대한 의존도가 높다면, 그런 사정에 맞게 수요 계획을 조정해야 한다.

⇒ 원자재 재고는 생산 계획의 실행 가능성을 판단하는 핵심 요소로, 재고 수준을 철저히 모니터링하여 생산 가능 여부를 평가해야 한다. 만약 자재 부족이 예상될 경우, 생산 차질을 방지하기 위해 재고 보충 계획을 조기에 수립하거나 대체 원자재를 확보하는 전략이 필요하다. 이를 위해 공급망 파트너와의 협력을 강화하고, 공급 지연에 대비한 안전 재고를 유지하며, 수요 변화에 유연하게 대응할 수 있는 재고 관리 체계를 구축하는 것이 중요하다. 이러한 사전 대비는 생산 흐름의 연속성을 보장하고, 예기치 않은 공급망 리스크로 인한 비용 증가와 납기 지연을 최소화할 수 있다.

⇒ 공급업체의 능력은 안정적인 생산과 공급망 운영에 큰 영향을 미치는 요소로, 주요 공급업체의 생산 능력과 납기 준수 여부를 철저히 검토해야 한다. 특히 주요 공급업체에서 납기 지연이나 생산 차질이 발생할 가능성에 대비하여, 이를 완화할 수 있는 리스크관리 전략을 마련하는 것이 필수적이다. 이를 위해 공급업체의 성과를 정기적으로 평가하

고, 다수의 공급원을 확보하거나 대체 공급업체를 미리 발굴하는 등의 대비책을 마련할 필요가 있다. 또 긴급 상황에 대비한 커뮤니케이션 체계를 구축하고, 계약 조건에 안정성을 강화하는 등의 조치로 예기치 못한 공급망 리스크를 최소화할 수 있다. 이를 통해 공급망의 유연성을 높이고, 생산 일정의 안정성을 유지할 수 있다.

• 외부 제약과 리스크 요소

공급망 제약이나 경제적 불안정성 같은 외부 요인도 공급 능력에 큰 영향을 미칠 수 있다. 이러한 제약 요소를 고려하여, 공급망의 유연성을 확보하거나 리스크 완화 전략을 마련해야 한다.

⇒ 공급망 리스크는 운송 지연, 천재지변, 정치적 불안 등과 같은 예기치 못한 사건으로 인해 원자재 공급에 차질을 초래할 수 있고, 이는 생산 계획의 전반적인 흐름에 심각한 영향을 미칠 수 있다. 이러한 위험을 완화하기 위해 기업은 잠재적인 공급망 리스크를 사전에 식별하고, 이를 관리할 수 있는 체계적인 전략을 수립해야 한다. 이를테면 대체 운송 경로를 마련하거나, 복수의 공급업체를 통해 조달원을 다변화하고, 긴급 상황에 대비한 안전 재고를 확보하는 방안이 필요하다. 또 글로벌 정세와 자연재해 가능성에 대한 지속적인 모니터링과 함께, 위기 상황 발생 시 신속히 대응할 수 있는 공급망 회복 계획을 구축하여 운영의 안정성을 유지할 수 있다.

⇒ 경제적 불안정성은 환율 변동, 원자재 가격 상승, 금리 변동 등의 경제적 요인으로 인해 공급 능력을 떨어뜨리고, 생산 비용 증가나 수익성 악화를 초래할 수 있다. 이러한 요인을 효과적으로 관리하기 위해 기업은 경제 환경 변화를 주기적으로 모니터링하고, 이를 생산 및 비용 관리 전략에 반영해야 한다. 예를 들어, 원자재 가격 상승이 예상되는 경우 장기적인 공급 계약을 통해 가격 안정성을 확보하거나, 생산 공정을 최적화하여 비용 절감을 도모할 수 있다. 또 환율 변동 리스크에 대비한 금융 헤지 전략을 활용하거나, 생산량과 판매 가격을 유연하게 조정함으로써 경제적 불안정성이 미치는 영향을 최소화할 수 있다. 이러한 관리 전략은 기업이 지속적인 경쟁력을 유지하고, 시장 변화에 효과적으로 대응할 수 있도록 지원한다.

공급 능력 반영을 위한 전략

공급 능력을 효과적으로 반영하기 위해서는 수요 계획과 생산 계획 간의 조율이 필요하다. 이를 위해 다양한 전략을 사용하여 유연한 계획 수립과 리스크관리를 실현할 수 있다.

• 유연한 생산 계획 수립

수요 변동에 대응하기 위해 생산 계획을 유연하게 설정하는 것이 중요하다. 이를 위해 적시 생산(JIT, Just-In-Time) 또는 모듈형 생산 시스템과 같은 방법을 활용할 수 있다.

⇒ 적시 생산(JIT)은 재고 수준을 최소화하고, 실시간 수요에 맞춰 생산 일정을 유연하게 조정함으로써 자원의 낭비를 줄이고 효율적인 생산을 가능하게 한다. 이 방식은 생산 공정에서 불필요한 작업을 제거하고, 자재와 부품이 필요한 시점에만 공급되도록 함으로써 재고 유지 비용을 크게 절감할 수 있다. 또 적시 생산은 공급망의 긴밀한 협력과 정확한 수요 예측이 요구되며, 이를 통해 품질 관리와 생산 속도의 최적화를 동시에 달성할 수 있다.

⇒ 모듈형 생산 시스템은 전체 생산 공정을 개별 모듈로 나누어, 생산량이나 제품 구성을 유연하게 조정할 수 있는 구조를 제공한다. 이를 통해 기업은 수요 변동이나 제품 맞춤화 요구에 신속히 대응할 수 있으며, 생산 효율성을 높이고 낭비를 줄일 수 있다. 또 모듈화된 시스템은 생산 설비의 재구성이나 새로운 제품 도입 시에도 빠르게 적용할 수 있어서 변화하는 시장 환경에서의 경쟁력을 강화하는 데 이바지한다.

• 공급망 관리 강화

공급망 관리를 강화하여 원활한 자재 조달과 공급망의 유연성을 확보하는 것이 중요하다. 이를 통해 예기치 못한 공급망 문제에 대응할 수 있으며, 대체 공급업체 확보나 비상 공급 계획을 수립할 수 있다.

⇒ 대체 공급원 확보는 주요 자재나 부품의 원활한 조달을 보장하기 위해 대체 공급업체를 사전에 마련해 두는 전략적인 과정이다. 이는 주요 공급업체에서 예상치 못한 문제가 발생하거나, 원자재 조달에 차질이 생길 때 대체 공급원을 활용하여 생산을 지속적으로 유지할 수 있도록 하는 데 목적이 있다. 이를 통해 공급망 리스크를 줄이고, 생산 차질

로 인한 손실을 최소화할 수 있다. 효과적인 대체 공급원 확보를 위해, 품질 및 납기 성과가 검증된 복수의 공급업체를 관리하고 계약 조건을 명확히 설정하는 것이 중요하다.

⇒ 공급망 모니터링 시스템은 실시간 데이터를 기반으로 공급망의 상태를 지속적으로 추적하고, 잠재적인 위험 요소를 조기에 발견하여 신속히 대처할 수 있도록 돕는 도구이다. 이 시스템은 재고 수준, 운송 상황, 공급업체 성과 등을 실시간으로 분석하여, 이상 상황이 발생할 때 경고를 발송하거나 대응 방안을 제시한다. 이를 통해 기업은 공급망 중단 위험을 줄이고, 변화하는 시장 환경에 더욱 유연하게 대응할 수 있다. 나아가 이러한 시스템은 데이터 기반의 의사결정을 지원하여 공급망 효율성과 안정성을 한층 강화할 수 있다.

• 안전 재고 유지

공급망 불확실성에 대비해 안전 재고(Safety Stock)를 유지하는 것도 중요한 전략이다. 이를 통해 갑작스러운 수요 증가나 공급 중단에 대비할 수 있다.

⇒ 안전 재고 설정은 주요 원자재나 부품에 대해 최소한의 재고 수준을 유지함으로써 공급망 문제나 예기치 못한 수요 변화에 대비하는 중요한 전략이다. 이 과정은 수요 예측 데이터와 공급망의 안정성을 바탕으로 재고 수준을 계산하며, 재고 부족으로 인한 생산 중단이나 납기 지연을 방지하는 데 이바지한다. 안전 재고는 특히 수요 변동성이 크거나, 공급업체의 납기 신뢰도가 낮은 경우 더욱 중요하며, 이를 통해 기업은 예상치 못한 상황에서도 운영의 연속성을 보장할 수 있다. 적정 수준의 안전 재고를 설정하면 재고 유지 비용과 운영 안정성 간의 균형을 유지할 수 있다.

• 공급 능력 반영의 장점

⇒ 리스크 최소화는 공급 능력을 고려한 수요 계획을 통해 생산 차질이나 자재 부족과 같은 리스크를 최소화할 수 있도록 한다.

⇒ 효율적인 자원 활용은 생산 설비와 자원의 최적 활용을 통해 비용 절감과 생산성 향상을 실현할 수 있다.

⇒ 공급망 유연성 강화는 공급 능력을 반영하여 공급망의 유연성을 확보함으로써 변동

성이나 외부 충격에 더 잘 대응할 수 있도록 한다.

• 공급 능력 반영의 도전 과제

⇒ 복잡성 증가. 공급 능력을 반영하는 과정에서 생산 일정 조정, 자원 배분, 공급망 리스크관리 등 복잡한 의사결정이 필요하게 되며, 이를 효율적으로 관리하기 위한 데이터 통합과 협업 체계가 중요하다.

⇒ 불확실성 관리는 예기치 못한 외부 요인으로 인해 공급망의 가용성이 급격히 변동할 수 있으며, 이러한 불확실성에 대비한 계획 수립이 어렵다.

• 주요 내용 정리

공급 능력 반영은 수요 예측을 생산 설비, 원자재 가용성, 공급망 제약 등 공급 자원의 한계와 조율하여 실행할 수 있는 계획을 수립하는 과정으로, S&OP의 핵심 단계이다. 이를 통해 생산 차질 방지, 자원 최적화, 공급망 리스크 완화가 가능하며, 유연한 생산 계획과 안전 재고 유지 등 전략으로 공급망 안정성과 운영 효율성을 강화할 수 있다. 그러나 공급 능력을 반영하는 과정은 데이터 통합, 협업 체계, 복잡한 의사결정 등이 요구되며, 외부 요인에 따른 불확실성 관리가 과제로 남는다. 이를 통해 기업은 예기치 못한 시장 변화와 리스크에도 민첩하고 효율적으로 대응할 수 있다.

수요 계획 조정

수요 계획 조정(Demand Plan Adjustment)은 수요 계획을 수립한 후, 실제 상황이나 변화된 조건에 맞추어 계획을 재조정하는 과정이다. 이는 초기 수요 예측과 실제 수요 간의 차이를 최소화하고, 시장 변화와 기업 내외부의 여러 요인을 반영해 효율적인 운영을 유지하는 데 필요하다. 수요 계획은 고정된 것이 아니라 유동적이며, 수요 변동성, 공급망 문제, 생산 능력, 경제적 외부 요인에 따라 지속적으로 조정되어야 한다.

수요 계획 조정은 기업이 유연성을 유지하면서도 정확한 수요 대응을 할 수 있게 도와

주는 중요한 단계이다. 수요 변화에 민첩하게 대응하지 못하면, 재고 과잉이나 재고 부족이 발생할 수 있으며, 이는 비용 증가와 고객 불만으로 이어질 수 있다. 따라서 계속 모니터링과 조정이 필요하며, 주기적인 피드백을 통해 계획을 수정하는 것이 필수적이다.

수요 계획 조정의 필요성

수요 계획 조정은 수요 예측에 포함되지 않은 다양한 외부 요인이나 내부 변수를 반영하기 위한 필수 과정이다. 이는 주로 수요 변동성, 예상치 못한 시장 변화, 공급망의 차질 등으로 인해 수립된 계획이 현실과 불일치할 때 발생한다.

• 수요 변동성

수요는 항상 일정하지 않으며, 계절성이나 소비자 행동 변화에 따라 급격하게 변동할 수 있다. 이런 변동성에 맞춰 계획을 지속적으로 조정해야 재고 관리 문제나 생산 과잉과 같은 상황을 예방할 수 있다.

⇒ 계절적 수요 변화는 특정 계절, 이벤트, 또는 문화적, 사회적 요인에 따라 수요가 급격히 증가하거나 감소하는 현상이다. 이러한 변화는 대부분 예측할 수 있으며, 크리스마스 시즌, 명절, 여름 휴가철과 같은 특정 시기에 수요가 급증하는 사례가 대표적이다. 반대로, 비수기에는 판매량이 감소하며, 이러한 수요 변화는 기업의 생산 계획, 재고 관리, 그리고 마케팅 전략에 큰 영향을 미친다.

⇒ 계절적 수요 변화에 효과적으로 대응하기 위해 기업은 과거 데이터를 기반으로 패턴을 분석하고, 이를 바탕으로 수요 예측을 수행해야 한다. 성수기에는 생산량을 늘리고 재고를 적절히 비축하며, 마케팅 캠페인을 강화해 수익을 극대화할 수 있다. 반대로 비수기에는 생산을 줄이거나 비용을 절감하기 위한 전략을 활용하고, 비수기 수요를 촉진할 수 있는 프로모션 활동을 기획할 필요가 있다.

⇒ 또 계절적 수요 변화는 공급망 운영에도 큰 영향을 미치므로, 자재 조달, 유통 채널 관리, 배송 일정 등을 사전에 조정하여 변동성을 관리해야 한다. 이를 통해 기업은 고객의 요구를 충족시키면서도 불필요한 비용을 최소화하고, 시장의 변화에 민첩하게 대응

할 수 있다. 궁극적으로, 계절적 요인에 기반한 철저한 계획과 실행은 기업의 운영 효율성을 높이고 경쟁력을 강화하는 데 이바지한다.

• 공급망 문제

공급망 차질은 수요 계획에 심각한 영향을 미칠 수 있는 주요 요인 중 하나이다. 공급업체의 납기 지연, 원자재 부족, 물류 문제, 또는 불확실한 국제 무역 상황으로 인해 계획된 수요를 충족시키지 못하는 경우, 기업은 신속히 수요 계획을 재조정해야 한다. 이러한 상황에서 공급망의 유연성을 고려한 계획 수정이 필수적이며, 대체 공급업체 확보, 안전재고 수준 조정, 또는 물류 경로 변경과 같은 대안을 포함해야 한다. 또 공급망 차질로 인한 생산 차질을 최소화하기 위해 실시간 공급망 모니터링과 위기관리 체계를 강화함으로써, 공급망 리스크를 사전에 식별하고 대응할 수 있는 역량을 갖추는 것이 중요하다.

• 경제적·외부 요인

경제적 요인과 외부 환경 변화는 수요 계획에 직접적이고도 큰 영향을 미칠 수 있다. 예를 들어, 경기 침체로 인해 소비자들의 구매력이 감소하거나, 금리 인상으로 인해 소비와 투자가 줄어드는 상황에서는 수요가 예상보다 크게 하락할 수 있다. 또 소비자 트렌드의 변화나 신기술의 등장으로 인해 기존 제품의 수요가 감소하거나 특정 상품에 대한 수요가 급증할 수 있다. 경쟁사의 가격 정책, 신제품 출시와 같은 시장 내 전략적 변화 역시 수요 예측에 반영해야 하는 중요한 요소이다. 이런 경제적·외부 요인을 효과적으로 관리하기 위해, 기업은 거시경제 지표와 시장 데이터를 지속적으로 모니터링하고, 이를 바탕으로 수요 계획을 유연하게 수정하여 현실적인 전략을 수립해야 한다. 이러한 접근은 외부 요인에 신속히 대응하며, 시장 기회를 극대화하고 리스크를 최소화하는 데 이바지한다.

수요 계획 조정의 주요 단계

수요 계획을 조정하는 과정은 수요 모니터링, 데이터 분석, 부서 간 협력을 통해 이루어진다. 이를 통해 수요 계획의 효율성을 유지하고 실행 가능성을 극대화할 수 있다.

• 수요 모니터링과 분석

수요 계획 조정의 첫 단계는 실시간 수요 모니터링과 정확한 분석을 통해 변화하는 시장 상황을 신속히 파악하는 것이다. 실시간 모니터링은 수요 데이터의 패턴을 지속적으로 추적하여 예측치와 실제치 간의 차이를 빠르게 감지하는 데 필수적이다. 그리고 수요가 예상과 다르게 변화하는 경우, 이를 즉각적으로 감지하고 변화의 근본 원인을 분석하는 것이 중요하다. 계절적 요인, 시장 동향, 소비자 행동 변화, 또는 외부 환경의 영향을 포함한 다양한 요인을 철저히 평가해야 한다. 이 과정에서 얻어진 통찰은 수요 계획의 수정과 조정에 활용되어, 변화된 상황에 맞는 현실적이고 실행할 수 있는 계획을 수립하는 데 이바지한다.

⇒ 실시간 데이터 분석은 POS(Point of Sale) 데이터, 고객 주문 정보, 시장 트렌드와 같은 다양한 실시간 데이터를 종합적으로 분석하여, 수요 변화에 민감하고 빠르게 대응할 수 있도록 지원한다. 이러한 분석은 단순한 데이터의 수집을 넘어, 패턴을 식별하고 변화의 방향성을 예측하는 데 초점을 맞추며, 이를 통해 기업은 수요 변동에 따른 생산 및 재고 전략을 유연하게 조정할 수 있다. 실시간 데이터 분석은 또한 의사결정의 속도와 정확성을 높여 시장 경쟁력을 강화하는 데 중요한 역할을 한다.

⇒ 수요 편차 분석은 예측된 수요와 실제 수요 간의 차이, 즉 편차를 분석하고 그 원인을 규명하는 과정이다. 이 과정에서 과거 데이터를 비교하여 과거와 현재의 수요 패턴 변화를 식별하고, 새로운 트렌드의 출현 여부를 확인하는 것이 중요하다. 예를 들어 소비자 행동 변화, 계절적 요인, 프로모션 효과와 같은 다양한 변수를 평가함으로써 편차의 원인을 정확히 파악할 수 있다. 이를 통해 기업은 예측 모델의 정확도를 개선하고, 수요 계획의 신뢰성을 높일 수 있다.

• 부서 간 협력과 소통

부서 간 협력은 수요 계획 조정에서 매우 중요한 역할을 한다. 판매 부서, 마케팅 부서, 생산 부서, 재무 부서가 협력하여 수요 변화에 대한 정보를 공유하고, 이를 기반으로 조정된 계획을 수립해야 한다.

⇒ 정보 공유는 판매 현황, 마케팅 활동, 생산 제한사항과 같은 핵심 정보를 각 부서가

투명하게 제공하고 상호 소통함으로써, 수요 조정 과정에서 부서 간의 협력을 촉진하는 중요한 활동이다. 이를 통해 각 부서는 상황을 정확히 이해하고, 같은 목표를 향해 조율된 의사결정을 내릴 수 있다. 효과적인 정보 공유는 데이터의 실시간 접근성을 보장하고, 정기적인 협의와 피드백 과정을 포함하여, 수요 변화에 신속하고 일관되게 대응할 수 있도록 한다. 이러한 협력적 환경은 기업 전반의 운영 효율성을 높이고, 변화하는 시장 요구를 더욱 효과적으로 충족시킬 수 있게 한다.

⇒ 의사결정 협의는 각 부서가 수요 계획 조정에 필요한 결정을 내릴 때 협의를 통해 합의하고 기업의 목표에 맞는 계획을 수립하는 과정으로, 이 과정에서 운영 제약 사항이나 비용 문제를 고려해 최적의 조정안을 도출해야 한다.

• 계획 조정과 실행

수요 모니터링과 부서 간 협의가 완료되면, 계획 조정을 통해 구체적인 실행 방안을 도출해야 한다. 이는 수요 변동에 따라 생산량을 조정하거나, 재고 관리 전략을 수정하는 과정이다.

⇒ 생산 계획 조정은 예상치 못한 수요 변화에 맞춰 생산 일정을 조정하거나 생산라인을 유연하게 변경할 수 있어야 한다. 이는 수요 급증 시 추가 생산이 가능하도록 조정하거나 수요 감소 시 생산을 축소하는 전략을 포함한다.

⇒ 재고 전략 수정은 수요 감소 시 재고 과잉으로 인한 비용 증가를 방지하기 위해 필수적인 조치이다. 수요가 줄어들 경우, 생산량을 적절히 조정하여 불필요한 재고가 쌓이는 것을 막아야 하며, 동시에 특정 제품의 재고 회전율을 높이는 전략을 적용할 필요가 있다. 예를 들어, 프로모션을 통해 재고 소진을 촉진하거나, 유통 채널을 확대하여 더 많은 시장에 접근함으로써 재고를 효율적으로 관리할 수 있다. 이러한 재고 전략 수정은 자원의 낭비를 줄이고, 변화하는 시장 상황에 유연하게 대응할 수 있도록 도와준다.

• 지속적 모니터링과 피드백

수요 계획 조정 후에는 계획이 제대로 실행되고 있는지 지속적으로 모니터링해야 하며, 계획의 효과성을 평가하고 필요한 경우 추가 조정을 실시해야 한다. 이를 통해 장기적인 수요 계획의 정확성을 높일 수 있다.

⇒ 성과 모니터링은 조정된 계획이 예상대로 실행되고 있는지를 확인하며, 성과 지표(KPIs)를 기반으로 계획의 성공 여부를 체계적으로 평가하는 과정이다. 이를 통해 계획의 효과성을 객관적으로 측정할 수 있으며, 주요 지표로는 재고 회전율, 서비스 수준, 납기 준수율 등이 포함될 수 있다.

성과 모니터링은 단순히 결과를 측정하는 데 그치지 않고, 계획 실행 과정에서 발생한 문제를 식별하고 즉각적으로 조치하는 데도 중요한 역할을 한다. 이를 통해 계획의 실행력을 강화하고, 운영 효율성을 지속적으로 향상시킬 수 있다.

⇒ 피드백 루프는 수요 계획 조정 과정에서 도출된 성과와 문제점을 분석하여, 향후 계획 수립에 필요한 통찰을 제공하는 중요한 단계이다. 이 과정은 실행된 계획의 결과를 면밀하게 검토하고, 성공 요인과 실패 원인을 도출하여 향후 계획의 품질을 높이는 데 중점을 둔다. 특히 데이터 기반의 분석과 조직 간 협력을 통해 피드백 과정을 체계화함으로써, 수요 계획의 지속적인 개선과 학습을 가능하게 한다. 이를 통해 기업은 변화하는 시장 요구에 더욱 유연하게 대응하고, 장기적인 경쟁력을 확보할 수 있다.

• 수요 계획 조정의 주요 도전 과제

⇒ 실시간 데이터 부족.

수요 계획을 효과적으로 조정하려면 실시간 데이터가 매우 중요하지만, 많은 기업이 이를 적절히 관리하거나 활용할 수 있는 데이터 관리 시스템을 갖추지 못한 경우가 많다. 이는 수요 변화와 시장 동향에 신속히 대응하는 데 큰 제약으로 작용하며, 데이터 부족으로 인해 의사결정의 정확성과 신뢰성이 떨어질 수 있다. 이러한 문제를 해결하기 위해, 기업은 데이터의 수집과 분석 인프라를 강화하고, 실시간 데이터를 활용할 수 있는 기술과 프로세스를 도입해야 한다.

⇒ 부서 간 소통 문제.

부서 간 협업이 원활하지 않을 경우, 수요 계획 조정 과정에서 커뮤니케이션 오류나 의사결정 지연이 발생할 가능성이 높다. 특히 각 부서가 자신의 이해관계를 우선시하거나 정보 공유를 소홀히 하면, 계획이 혼란에 빠지고 실행력이 저하될 수 있다. 이를 방지하려면 명확한 커뮤니케이션 프로세스와 협업 체계를 구축하고, 모든 부서가 공통의 목표를 공유하도록 하는 노력이 필요하다. 정기적인 회의와 데이터 공유 플랫폼의 활용은 이러한 문제를 완화하는 데 도움이 된다.

⇒ 예측 불가능한 외부 요인.

경제적 변화, 자연재해, 정치적 사건과 같은 예측 불가능한 외부 요인은 수요 계획 조정에 큰 영향을 미칠 수 있고, 이에 대응하지 못하면 기업의 운영 안정성이 위협받을 수 있다. 이러한 요인에 유연하게 대응하려면 사전 리스크관리 전략과 위기 대응 시나리오를 수립해야 한다. 예를 들어, 공급망 다변화, 안전 재고 확보, 또는 대체 시장 발굴 등의 방안을 통해 외부 충격을 최소화할 수 있다. 이와 함께, 시장과 환경 변화에 대한 지속적인 모니터링과 데이터 분석을 통해 잠재적인 위험을 조기에 감지하고 대응할 수 있는 체계를 마련해야 한다.

• 수요 계획 조정의 장점

⇒ 비용 절감.

수요 계획 조정을 통해 재고 관리와 생산 계획을 더욱 효율적으로 운영할 수 있으며, 이를 통해 재고 과잉으로 인한 불필요한 보관 비용이나 재고 부족으로 인한 판매 손실을 방지할 수 있다. 적절한 수요 조정은 생산과 재고의 균형을 유지하며, 물류 및 운영 비용을 절감할 수 있게 한다. 이러한 접근은 기업의 자금 운용 효율성을 높이고, 전반적인 운영 비용을 감소시키는 데 이바지한다.

⇒ 고객 만족도 향상.

수요 변화에 따라 계획을 적시에 조정하면, 고객의 요구를 신속하고 정확하게 충족할 수 있다. 이를 통해 납기 준수율을 높이고, 고객이 원하는 시점에 제품이나 서비스를 제공함으로써 신뢰도를 높일 수 있다. 이러한 대응력은 고객 만족도뿐만 아니라 충성도를 강화하여 장기적인 고객 관계를 구축하는 데 핵심적인 역할을 한다.

⇒ 운영 효율성 극대화.

효과적인 수요 계획 조정은 기업의 운영 효율성을 극대화할 수 있다. 생산 설비의 가동률과 자원의 활용도를 최적화하여, 생산 비용 절감과 생산성 향상을 동시에 달성할 수 있다. 이 과정은 불필요한 낭비를 줄이고, 변화하는 수요에 빠르게 적응할 수 있는 유연성을 제공하며, 기업의 경쟁력을 강화하는 데 중요한 기반을 제공한다.

[AXI4CNS 이도정 대표님, 권우철 회계사님과 의견 공유]

제2장 S&OP 통합 프로세스 개요의 1.1 사전 준비와 계획 단계에서 수요 예측을 설명한 후, 잠시 MTS 산업의 우선순위에 대하여 의견을 드리면서 수요 예측이 더 중요하다고 말씀드렸기에 되새기는 차원에서 그들의 산업이 많이 활용하는 수요 예측 모델에 대하여 고민한 내용을 공유하도록 하겠다.

[식품 및 음료 산업(Food and Beverage Industry)]

• 수요 예측 모델: 지수평활법(Exponential Smoothing)
⇒합리성

식품 및 음료 산업은 유통기한이 짧고 빠르게 움직이는 제품이 많으므로 빠르게 변화하는 수요를 예측하는 것이 중요하다. 지수평활법(Exponential Smoothing) 모델은 최근의 데이터에 더 많은 가중치를 두어 수요의 갑작스러운 변화를 포착할 수 있으며, 단기 수요 예측에 매우 유리하다.

⇒ AI/ML 접목

AI를 활용해 계절성, 프로모션 효과, 그리고 외부 이벤트(예: 공휴일, 기상 이슈)와 같은 추가적인 요인을 통합 분석할 수 있다. 머신러닝 모델은 이러한 데이터를 학습하여 예측의 정확성을 향상시키며, 실시간으로 데이터를 반영하여 더 빠르게 변화하는 수요 패턴을 파악할 수 있다.

[소비재 산업(Consumer Goods Industry)]

• 수요 예측 모델: ARIMA(AutoRegressive Integrated Moving Average)

⇒ 합리성

소비재 산업은 주로 시계열 데이터를 기반으로 한 수요 예측이 중요하다. ARIMA는 과거의 판매 데이터를 활용해 미래 수요를 예측하는 통계적 모델로, 안정적이고 주기적인 수요 패턴을 가진 소비재에 적합하다. 특히 일상적인 소비재는 계절성이나 트렌드에 따라 수요가 일정하게 반복되는 경우가 많으므로 ARIMA 모델이 유용하다.

⇒ AI/ML 접목 방법

머신러닝 기법을 접목하여 더 복잡한 패턴을 발견하고 예측 정확도를 높일 수 있다. 예를 들어, ARIMA 모델과 머신러닝 기반 알고리즘을 결합해 외부 요인(소셜 미디어 활동, 경제 데이터, 날씨 등)을 통합 분석함으로써 예측의 정밀도를 높일 수 있다.

[독자 여러분이 무척 궁금해하실 부분]

머신러닝 알고리즘이 수요 예측 과정에서 매우 중요한 역할과 기능을 수행한다는 것입니다. 이렇게 중요한 기능을 수행하는 머신러닝 알고리즘을 통하여 복잡한 수요 패턴을 학습하고 예측하며, 기업이 더욱 정교하게 수요를 관리하고 대응할 수 있도록 다음의 절차에 의하여 기능 수행으로 도움을 준다는 것입니다.

• 데이터 학습과 패턴 탐지

⇒ 머신러닝 알고리즘은 과거 데이터를 학습하여 패턴과 관계를 찾아냅니다. 예를 들어, 판매량과 특정 계절성, 외부 요인(날씨, 경기 지수) 간의 관계를 파악해 데

이터에서 숨겨진 규칙과 상관관계를 찾아내는 데 이바지합니다.

⇒ 예측에 유효한 데이터를 바탕으로 특정 변수의 변동이 수요에 미치는 영향을 이해하고 수요를 높일 수 있는 요인을 자동으로 학습합니다.

• 변수 간 상호작용과 특징 선택

⇒ 머신러닝 알고리즘은 여러 변수의 상호작용을 분석하여 수요 예측에 중요한 변수를 자동으로 선택할 수 있습니다. 예를 들어, 계절성 변수와 프로모션 활동 간의 상관관계가 높은 경우, 해당 변수의 가중치를 모델이 학습해 더 효과적인 예측을 할 수 있게 합니다.

⇒ 특징(Feature) 중요도를 계산하여 수요 예측에 영향을 많이 미치는 변수에 더 큰 비중을 두고 모델을 최적화합니다.

• 비선형 데이터 관계 처리

⇒ 수요는 복잡하고 비선형적인 특성이 있습니다. 예를 들어, 소비자 행동은 단순히 일정한 비율로 증가하거나 감소하지 않고, 여러 변수의 복합적인 작용으로 변화합니다.

⇒ 머신러닝 알고리즘(예: 랜덤 포레스트, XGBoost, LSTM)은 비선형적인 데이터를 효과적으로 다룰 수 있어 정교한 예측을 가능하게 합니다.

• 미래 예측과 추론

⇒ 머신러닝 알고리즘은 학습한 모델을 통해 향후 발생할 수요를 예측하고 불확실성을 줄이는 데 사용됩니다. 과거 데이터의 패턴을 바탕으로 향후 수요의 추세와 변동을 예측하여 수요 증가 또는 감소에 대비할 수 있도록 지원합니다.

⇒ 특히 시계열 분석을 통한 예측 시 ARIMA, Prophet 같은 모델은 시간 흐름에 따라 변화하는 패턴을 반영하여 미래의 특정 시점에서 수요가 어떤 수준일지 예측하는 데 도움을 줍니다.

- **모델의 자동화 및 실시간 예측 가능**

⇒ 머신러닝 알고리즘을 통해 실시간 데이터를 활용하여 자동화된 예측을 할 수 있으며, 예측 모델을 API나 시스템에 배포함으로써 실시간 수요 변화에 대응할 수 있습니다.

⇒ 지속적인 모델 업데이트를 통해 새로운 트렌드와 데이터 변화에 따라 모델의 성능을 유지하거나 개선할 수 있습니다. 예를 들어, 딥러닝 기반의 모델은 많은 양의 실시간 데이터를 학습하여 지속적으로 정교해질 수 있습니다.

- **추정의 불확실성 관리**

⇒ 머신러닝 모델은 예측 결과에 대한 불확실성을 계산하여 예측의 신뢰 구간을 제시할 수 있습니다. 이는 수요 예측의 정확도를 높이기 위한 중요한 요소로, 예측 값에 대한 신뢰도를 기반으로 기업은 좀 더 유연하게 의사결정을 할 수 있습니다.

소비재 산업에서 ARIMA 모델과 머신러닝 기반 알고리즘을 결합하여 외부 요인(소셜 미디어 활동, 경제 데이터, 날씨 등)을 통합 분석하는 과정은 다단계로 이루어진다. 이는 ARIMA의 시계열 예측 모델이 과거 데이터를 기반으로 하지만, 외부 요인과의 상호작용을 반영하지 못하는 한계를 극복하기 위해, 머신러닝을 결합해 수요 예측의 정밀도를 향상·발전시키는 방식이다. 구체적인 단계를 설명하면 다음과 같다.

[데이터의 수집과 통합]

- **기본 시계열 데이터의 수집**

⇒ 제품의 과거 판매 데이터 기록을 수집한다. 이 데이터는 날짜별, 주별, 월별로 수집되며, 판매량과 가격 정보를 포함한다.

⇒ 각 제품의 재고 데이터 수준을 추적하여 공급망과 관련된 이슈를 반영할 수 있다.

• 외부 요인 데이터의 수집

⇒ 소셜 미디어 데이터(Twitter, Instagram, Facebook 등)에서 제공하는 API를 통해 제품과 관련된 트렌드, 브랜드 언급, 감성 분석을 위한 데이터를 수집한다. 여기에는 브랜드나 제품에 대한 긍정적, 부정적 언급 빈도 등이 포함된다.

⇒ 경제 데이터(지역 또는 국가 경제 상황)를 반영하는 주요 지표(GDP, 소비자 신뢰 지수, 실업률 등)를 수집한다. 예를 들어, 경기 침체 시 소비재 수요가 감소할 수 있으므로 이를 반영해야 한다.

⇒ 기후 변화가 수요에 영향을 미치는 경우, 날씨 API에서 과거 및 예측 날씨 데이터를 수집한다. 특정 제품군(예: 음료수, 겨울 의류)은 날씨 변화에 민감할 수 있다.

• 데이터 전처리와 피처 엔지니어링

⇒ 시계열 데이터 전처리.

누락된 판매량 또는 재고 데이터를 처리하여, 즉 결측치를 보완하여 일관된 데이터 셋을 만든다. ARIMA 모델은 계절성(Seasonality)이나 트렌드(Trend)를 자동으로 분석한다. 이를 통해 주기적인 패턴을 감지하고 제거하여 데이터의 정상성(stationarity)을 확보한다.

⇒ 외부 요인 데이터 전처리.

소셜 미디어에서 수집된 텍스트 데이터는 자연어 처리(NLP)를 통해 감정 분석 또는 키워드 추출을 통해 수치화된 피처*로 변환된다.

*피처는 머신러닝이나 데이터 분석에서 사용하는 데이터의 개별적인 특성 또는 변수를 의미한다. 피처는 모델이 학습할 수 있도록 데이터를 나타내는 방식이며, 모델의 성능에 매우 중요한 요소이다. 각 피처는 예측이나 분류를 할 때 중요한 정보로 작용하며, 데이터 셋에서 특정한 속성이나 특성을 나타내는 열(Column)이라고 생각할 수 있다.

예를 들어, 긍정적인 언급은 1, 부정적인 언급은 −1로 처리해 수요에 영향을 미칠 수 있는 주요 요인을 수치로 변환한다. 날씨 및 경제 데이터를 정규화하거나 표준화하여 머신러닝 모델에 적합한 형식으로 변환한다. 이 데이터는 날짜와 맞춰 통합된 시계열 피처로 처리된다.

⇒ ARIMA 모델 적용.

ARIMA 기반 예측으로 과거의 시계열 데이터를 이용해 ARIMA 모델로 기본적인 수요 예측을 수행한다. ARIMA는 자기회귀(AR)와 이동 평균(MA)을 기반으로 미래 수요를 추정하며, 계절성과 트렌드를 분석해 기본 예측을 도출한다.

• 머신러닝 모델 적용.

⇒ 데이터 통합과 피처 생성.

ARIMA 모델의 예측 결과는 머신러닝 모델의 피처로 사용된다. 이를 통해 기본적인 수요 패턴을 반영한 상태에서 추가적인 외부 요인을 통합할 수 있다. 외부 요인(소셜 미디어, 경제 지표, 날씨) 데이터를 ARIMA 예측 결과에 결합하여, 해당 요인들이 수요에 미치는 영향을 파악하는 피처로 사용된다.

⇒ 머신러닝 모델 선택.

랜덤 포레스트(Random Forest) 또는 XG Boost와 같은 앙상블 모델*을 활용하여 예측을 수행한다. 이 모델들은 다중 피처 간의 복잡한 상호작용을 효과적으로 학습할 수 있다.

*모델

1) 랜덤 포레스트는 다수의 결정 트리를 기반으로 피처의 중요도를 분석하고, 외부 요인이 수요에 미치는 영향을 평가하는 것이다. 2) XG Boost는 경제 데이터, 날씨, 소셜 미디어 활동과 같은 비정형 데이터를 기반으로 더욱 정교한 예측을 가능하게 하는 것이다. 3) 앙상블(Ensemble) 모델은 머신러닝에서 여러 개의 모델을 결합하여 하나의 모델보다 더 나은 예측 성능을 얻는 기법을 의미한다. 이를테면 여러 모델의 결과를 결합함으로써 개별 모델의 약점을 보완하고, 더 정확하고 안정적인 예측을 하는 것이 목표이다.

• 모델 학습과 평가

⇒ 머신러닝 모델은 ARIMA 예측 결과와 외부 요인 데이터를 학습하여 수요 예측을 보완한다. 학습 데이터는 과거 수요 데이터와 결합한 외부 요인으로 구성된다.

⇒ 모델 성능을 평가하기 위해 교차 검증을 사용하여, 과적합을 방지하고 일반화된 예측 성능을 보장한다.

• 결합 모델 구축과 예측

⇒ ARIMA 예측 결과와 머신러닝 모델의 예측 결과를 결합하여 최종 수요 예측값을 도출한다. 이때 단순한 평균 방식이나 가중 평균을 사용하여 결합할 수 있다. 이것을 가중 평균 적용한다고 하며, 신뢰도가 높은 예측값에 더 높은 비중을 두는 방식으로 최종 예측을 만들 것이다.

• 실시간 업데이트 및 개선

⇒ 머신러닝 모델은 새로운 데이터를 지속적으로 학습할 수 있어, 소셜 미디어에서 새로운 트렌드가 발생하거나 경제 지표가 급격히 변화할 때 이를 실시간으로 반영할 수 있다.

⇒ 판매 데이터와 외부 요인이 새롭게 추가되면 머신러닝 모델은 이를 기반으로 재학습하여 예측 성능을 유지하거나 개선할 수 있을 것이다.

• 의견 공유에서의 핵심 요약

⇒ 판매량, 재고, 소셜 미디어, 경제 지표, 날씨 등의 데이터를 수집합니다.

⇒ 시계열 데이터와 비정형 데이터를 전처리하고, 외부 요인 데이터를 피처로 변환합니다.

⇒ 시계열 데이터를 기반으로 ARIMA 모델을 적용하여 기본적인 수요 예측을 수행합니다.

⇒ 외부 요인을 포함한 데이터로 랜덤 포레스트나 XG Boost와 같은 머신러닝

모델을 학습시켜 ARIMA 예측을 보완합니다.

⇒ ARIMA와 머신러닝 모델의 결과를 결합해 더 정밀한 수요 예측을 도출합니다.

⇒ 모델은 실시간 데이터 업데이트를 통해 지속적으로 학습하고 개선됩니다.

아마도 MTS 소비재 산업에서 이를 통해 외부 요인이 소비재 수요에 미치는 영향을 더 정확하게 분석하고, 정교한 수요 예측을 할 수 있지 않나 생각해 봅니다.

• 주요 내용 정리

수요 계획 조정은 계절성, 공급망 문제, 경제적 외부 요인 등 변화하는 환경에 대응하여 계획을 유연하게 수정하고, 데이터 분석 및 부서 간 협력을 통해 실행할 수 있는 계획을 수립하는 과정이다. 소비재 및 식품 산업에서는 ARIMA와 머신러닝 알고리즘을 결합해 시계열 데이터와 외부 요인을 통합 분석하여 수요 예측의 정밀도를 높이는 것이 중요하다. 머신러닝은 데이터를 학습하여 비선형적 관계를 처리하고, 실시간 데이터 업데이트를 통해 지속적(持續的)으로 예측을 개선한다. 이러한 접근은 비용 절감, 고객 만족도 향상, 운영 효율성 극대화에 이바지하며, 시장 변화에 민첩하게 대응할 수 있게 한다.

Chapter 5

재고 관리의 최적화

S&OP(판매 및 운영 계획, Sales and Operations Planning)에서 재고 관리와 최적화의 중요성과 구체적인 실행 방안을 다룬다. 먼저, 재고 관리가 재고 비용 절감, 공급망의 유연성 확보, 고객 대응 능력 향상에 어떻게 이바지하는지 설명한다. 이어서 EOQ(경제적 발주량), ABC 분석, JIT(Just-In-Time) 전략 등 다양한 재고 최적화 방법과 그 활용 방안을 소개한다. 안전 재고 설정에서는 수요 변동성과 리드 타임을 고려한 기준을 제시하며, 안전 재고가 공급망 안정성에 미치는 영향을 논의한다. 또 재고 회전율 관리를 위해 회전율 목표를 설정하고 비효율적 재고를 제거하며, 재고 최적화를 지원하는 소프트웨어 활용 방안을 강조한다. 이 차례는 재고 관리의 이론적 접근과 실무적인 최적화 전략을 체계적으로 요약하여, 독자가 효율적인 재고 관리 방안을 이해하고 실무에 적용할 수 있도록 구성되었다.

재고 최적화의 중요성

재고 비용 절감

재고 비용 절감(Inventory Cost Reduction)은 재고 관리의 핵심 목표 중 하나로, 기업이 재고를 효율적으로 관리하여 발생하는 불필요한 비용을 최소화하고, 재무 건전성을 확보하는 데 중요한 역할을 한다.

재고는 기업의 생산과 판매 활동을 원활히 하는 데 필수적인 자산이지만, 과도한 재고는 다양한 비용을 초래할 수 있다. 이러한 비용을 줄이기 위해서는 최적의 재고 수준을 유지하고, 효율적인 재고 관리 방안을 도입하는 것이 중요하다.

재고 비용은 크게 보관 비용, 발주 비용, 재고 유지 비용, 재고 리스크 비용으로 나눌 수 있다. 이 비용들은 각기 다른 형태로 기업의 수익성에 영향을 미치며, 재고 비용 절감을 통해 기업은 운영 효율성을 극대화하고, 경쟁력을 강화할 수 있다.

재고 비용의 주요 구성 요소

재고 비용은 재고를 유지하고 관리하는 과정에서 발생하는 다양한 비용이다. 이를 관리하지 못하면 기업의 재무 구조가 악화할 수 있고, 이는 장기적으로 경쟁력에 부정적인 영향을 미칠 수 있다. 주요 재고 비용은 다음과 같다.

• 보관 비용(Holding Costs)

보관 비용은 재고를 창고나 저장소에 보관하는 데 드는 비용이다. 이 비용에는 창고 임대료, 창고 운영비, 전력비, 냉난방비 등 다양한 고정비용이 포함된다. 재고가 많아질수록 보관 공간이 많이 필요하게 되고, 그에 따른 비용도 증가한다.

⇒ 재고가 과도할 경우, 이를 관리하고 운영하는 데 필요한 창고 운영비용이 증가한다. 과도한 재고는 창고의 적재 공간을 효율적으로 활용하지 못하게 하며, 물류 작업의 복잡성을 높여 운영 효율성을 떨어뜨릴 수 있다. 이 때문에 창고 내 자원의 배치와 관리가 어려워지고, 불필요한 비용 지출이 발생하게 된다.

⇒ 창고나 보관시설의 유지·관리 비용은 재고량에 비례하여 증가하며, 이는 설비 수리와 유지보수 작업의 빈도가 높아질 뿐만 아니라, 관리 인력을 추가로 배치해야 하는 상황을 초래할 수 있다. 재고가 많아지면 설비의 과부하로 인한 문제 발생 가능성이 커지고, 이에 따라 유지 관리에 투입되는 자원과 비용이 증가한다. 이러한 비용 부담을 줄이기 위해, 재고량을 최적화하고, 유지 관리 프로세스를 체계적으로 설계하는 것이 중요하다.

• 발주 비용(Ordering Costs)

발주 비용은 재고를 보충하기 위해 발생하는 발주 처리 비용이다. 발주 비용에는 발주서 작성, 공급업체와의 협의, 배송비용, 운송비용 등이 포함되며, 재고 회전율이 낮을수록 발주 비용이 증가할 수 있다.

⇒ 물품을 구매하고 운송하는 데 드는 운송비용은 재고 관리에서 큰 비중을 차지한다. 이 비용을 줄이기 위해서는 효율적인 발주 주기를 설정하여 물품 운송 횟수를 최소화하고, 적정량을 한 번에 운송할 수 있도록 계획해야 한다. 또 운송 경로와 물류 네트워크를 최적화하여 운송 효율성을 높이고 비용을 절감할 수 있다. 협력 업체와의 긴밀한 조율과 물류 데이터를 활용한 계획 수립도 효과적인 운송비 절감 방안이 될 수 있다.

⇒ 발주서를 작성하고 물류 관련 작업을 처리하는 데 드는 발주 처리 비용 역시 재고 관리에서 중요한 고려 요소이다. 발주 프로세스를 자동화하거나 디지털화함으로써 관리 효율을 높이고, 인건비와 처리 시간을 줄일 수 있다. 또 최적화된 발주 주기를 설정하여 불필요한 작업을 줄이고, 발주 횟수를 조정함으로써 발주 처리 비용을 효과적으로 절감할 수 있다. 이러한 개선은 재고 운영의 효율성을 높이고, 비용 구조를 개선하는 데 이바지한다.

• 재고 유지 비용(Carrying Costs)

재고 유지 비용은 재고를 유지하는 데 드는 비용으로, 자본 비용, 보험료, 세금, 감가상각 등이 포함된다. 재고의 가치가 높을수록, 이를 유지하는 데 필요한 자본 비용이 증가하며, 이는 기업의 운영 자금에 부담을 줄 수 있다.

⇒ 재고에 묶인 자본은 기업의 운영 자금으로 활용되지 못하므로 재고 유지로 인해 상당한 기회비용이 발생할 수 있다. 이러한 자본은 신규 투자, 연구개발 또는 운영 효율성 개선에 사용될 수 있었던 자원이기 때문에, 과도한 재고는 기업의 재정 유연성을 제한하고 경쟁력을 떨어뜨린다. 따라서 재고 수준을 최적화하여 자본의 활용도를 극대화하는 것이 중요하다.

⇒ 기업은 보유하고 있는 재고에 대해 보험료와 세금을 지불해야 하며, 재고가 많아질수록 이러한 비용도 비례하여 상승한다. 이는 추가적인 재정적 부담을 초래하며, 기업의 비용 구조를 악화시킬 수 있다. 따라서 재고를 효과적으로 관리하고, 필요 이상의 재고를 줄이는 전략을 통해 이러한 비용을 최소화해야 한다. 또 보험 및 세금 비용을 절감하기 위해 재고의 정확한 평가와 세부적인 관리 체계를 구축하는 것도 중요하다.

• 재고 리스크 비용(Risk Costs)

재고 리스크 비용은 재고가 손상되거나 파손, 유행이 지나면서 가치가 하락하는 등의 재고 손실에 따른 비용이다. 특히 유통기한이 있는 제품이나 기술이 빠르게 변화하는 업종에서 재고 리스크는 매우 크다. 이러한 리스크를 관리하지 못하면 재고 폐기나 할인 판매로 인한 손실이 발생할 수 있다.

⇒ 재고가 물리적으로 파손되거나 유통기한이 지날 경우, 해당 재고는 더 이상 판매할 수 없어 폐기 처리되며, 이로써 직접적인 비용 손실이 발생한다. 이러한 손실을 줄이려면 정기적인 재고 점검과 보관 조건의 최적화를 통해 재고의 품질을 유지해야 한다. 또 유통기한이 임박한 재고는 신속하게 판매하거나 프로모션을 통해 소진하는 전략이 필요하다.

⇒ 재고가 오래 보관될수록 재고 평가 방법(예: 선입선출법, 후입선출법, 이동평균법, 총평균법 등)에 따른 회계 처리 결과에 따라 재고의 시장 가치가 하락할 가능성이 커진

다. 이런 경우 재고 자산의 평가액이 줄어들고, 기업의 재무제표에 부정적인 영향을 미칠 수 있다. 이를 방지하기 위해, 재고 회전율을 높이고 불필요한 장기 보관을 줄이는 관리 전략이 필요하다. 또 재고 관리 시스템을 활용해 정확한 평가와 기록을 유지함으로써, 회계적 리스크를 최소화할 수 있다.

재고 비용 절감을 위한 주요 전략

재고 비용 절감을 위해서는 재고 관리 최적화와 효율적인 운영 프로세스를 구축하는 것이 중요하다. 이를 위해 다양한 전략을 활용하여 과잉 재고와 재고 부족을 동시에 방지하고, 비용 효율성을 극대화할 수 있다.

• 적정 재고 수준 설정(Optimal Inventory Level)

가장 중요한 전략은 기업의 수요 패턴에 맞는 적정 재고 수준을 설정하는 것이다. 안전 재고와 최소 재고를 정확히 계산하여 과잉 재고나 재고 부족을 방지할 수 있다.

⇒ 재고 회전율을 분석하면 제품이 얼마나 자주 판매되는지 파악할 수 있으며, 이를 기반으로 효율적인 재고 관리를 통해 불필요한 재고를 줄일 수 있다. 높은 재고 회전율은 자본 효율성을 높이고, 저장 비용과 재고 손실 위험을 줄이는 데 이바지한다. 이를 위해 제품별 회전율 데이터를 정기적으로 검토하고, 수요 패턴에 맞춘 재고 보충 전략을 수립하는 것이 중요하다.

⇒ 정확한 수요 예측을 바탕으로 필요한 재고량을 예측하고, 이를 기반으로 수요에 맞춘 재고 수준을 설정함으로써 재고 관리의 효율성을 높일 수 있다. 이는 과잉 재고로 인한 비용 부담과 재고 부족으로 인한 판매 기회 손실을 모두 방지하는 데 효과적이다. 또 수요 변화에 민첩하게 대응하기 위해 실시간 데이터와 예측 모델을 활용하여 재고 계획을 지속적으로 조정해야 한다. 이를 통해 재고 비용을 줄이고, 전체적인 운영 효율성을 강화할 수 있다.

• 자동화와 데이터 기반 관리(Automation and Data-Driven Management)

재고 관리 시스템을 통해 자동화된 프로세스를 구축하면, 실시간 재고 모니터링과 데이터 분석을 통해 더 정확한 재고 관리가 가능해진다. 이를 통해 재고 관련 오류를 줄이고 비용 절감을 실현할 수 있다.

⇒ 통합된 ERP 시스템은 재고 현황을 실시간으로 모니터링하여, 재고 수준을 효율적으로 유지하고 과잉이나 부족 상태를 방지하는 데 중요한 역할을 한다. 이러한 시스템은 제품의 입출고, 현재 재고량, 주문 내역 등을 자동으로 추적하며, 데이터 기반의 의사결정을 지원한다. 또 자동화된 발주 프로세스를 통해 필요한 시점에만 정확한 수량을 발주함으로써 불필요한 발주 비용을 줄이고, 발주와 관련된 작업의 효율성을 높일 수 있다.

⇒ 빅데이터 분석은 고객 수요를 심층적으로 이해하고, 이를 기반으로 최적화된 재고 관리 전략을 수립하는 데 필수적인 도구이다. 고객의 구매 패턴, 지역별 수요 차이, 계절적 요인을 분석함으로써, 수요 변화를 예측하고 재고를 적절히 조정할 수 있다. 이를 통해 기업은 재고 회전율을 높이고, 과잉 재고와 부족으로 인한 비용 부담을 줄이며, 궁극적으로 재고 최적화를 실현할 수 있다. 빅데이터 활용은 경쟁력 있는 재고 관리와 더불어 고객 만족도를 높이는 데 이바지한다.

[데이터와 정보관리의 비효율 사례]

ERP와 WMS를 구축하여 운영 중인데도 실시간으로 자재와 제품 재고를 확인하지 못하는 기업들이 존재한다는 사실은 정말 안타깝다. 재고는 실시간으로 동기화되어 전사적으로 일관된 수치로 관리되어야 하지만, 일부 기업에서는 이를 위해 공유 폴더에 엑셀 파일을 올리고, 각 부서가 해당 파일을 내려받아(download) 참고하는 방식으로 운영하고 있다. 이러한 관리 방식은 심각한 문제를 내포하고 있다. 나아가 재고 정보를 공유하는 수단으로 공유 폴더뿐만 아니라 단체 채팅방이나 이메일 같은 비효율적인 방법이 종종 사용된다는 점도 충격적이다. ERP와 WMS 같은 정보 시스템을 도입하고도 여전히 이러한 방식에 의존하고 있다는 사실이 매우 안타깝다.

• 적시 생산과 발주 방식(Just-In-Time and Lean Inventory)

적시 생산(JIT)과 린 재고 관리(Lean Inventory) 방식은 필요할 때 필요한 양만 생산하거나 구매함으로써 재고 수준을 최소화하는 방법이다. 이는 재고를 짧은 시간 내에 회전시켜 보관 비용과 유지 비용을 줄이는 데 효과적이다.

⇒ 제품이 필요한 시점에 맞춰 생산을 시작하는 방식은 불필요한 재고를 줄이고, 이에 따른 창고 비용과 자재 보관 비용을 절감할 수 있는 효과적인 방법이다. 이러한 접근은 자원의 낭비를 최소화하고, 생산과 공급 간의 균형을 유지하는 데 이바지한다. 또 고객 수요에 맞춰 유연하게 생산을 조정함으로써 운영의 효율성을 높이고, 자본이 비효율적으로 묶이는 것을 방지할 수 있다.

⇒ 불필요한 재고를 제거하고, 재고 회전율을 높이는 린 재고 관리 방식은 운영비용을 줄이고, 전체적인 효율성을 극대화하는 데 중점을 둔다. 이 방식은 필요한 만큼만 재고를 유지하고, 자원의 활용도를 극대화하며, 재고 보관과 관련된 비용 부담을 줄이는 데 효과적이다. 또 린 재고 관리는 공급망의 신속성과 민첩성을 강화하여, 변화하는 수요와 시장 조건에 빠르게 대응할 수 있도록 지원한다. 이를 통해 기업은 비용 절감뿐만 아니라 운영 경쟁력을 크게 향상시킬 수 있다.

• 공급망 최적화(Supply Chain Optimization)

공급망을 최적화하여 원자재 공급과 재고 관리를 효율적으로 운영함으로써 발주 비용과 보관 비용을 줄일 수 있다. 공급업체와의 협력을 통해 리드 타임을 단축하고, 유연한 재고 운영을 실현할 수 있다.

⇒ 공급업체와의 긴밀한 협력은 리드 타임을 줄이고, 재고 보충을 신속하게 처리하는 데 중요한 역할을 한다. 이를 통해 기업은 재고를 과도하게 보유할 필요가 없어 안전 재고 수준을 최적화할 수 있다. 정기적인 커뮤니케이션과 데이터를 기반으로 한 협력 체계를 구축하면, 공급업체의 납품 정확성을 높이고, 수요 변화에 더 민첩하게 대응할 수 있다. 이와 함께, 공급업체와의 협업을 강화하여 예기치 않은 공급망 차질을 줄이는 것도 중요하다.

⇒ 재고 공유 시스템을 도입하면, 공급망 내 다양한 거점에서 재고를 효율적으로 활용할 수 있어 재고 과잉이나 부족 상황을 방지할 수 있다. 이러한 시스템은 실시간 재고 데이터를 통합적으로 관리하며, 각 거점 간의 재고 이동과 활용을 최적화하여 운영 효율성을 높인다. 이를 통해 재고 보관 비용을 줄이고, 수요 변화에 빠르게 대응하며, 공급망 전반의 가시성을 강화할 수 있다. 재고 공유 시스템은 특히 분산된 운영 환경에서 전체적인 공급망 성과를 크게 높일 수 있는 핵심적인 도구이다.

재고 비용 절감의 주요 도전 과제

• 수요 예측 정확성

정확한 수요 예측이 이루어지지 않으면 과도한 재고 보유로 인해 불필요한 비용이 발생하거나, 재고 부족으로 인해 고객의 수요를 충족시키지 못하는 문제가 발생할 수 있다. 이는 재고 비용을 최적화하는 데 있어 수요 예측 정확성이 얼마나 중요한지 보여주는 핵심 과제로, 이를 해결하기 위해 데이터 기반의 정교한 예측과 면밀한 시장 분석이 필수적이다.

[월마트(Walmart)의 데이터 기반 수요 예측과 재고 관리 사례]

• 도입

월마트는 세계에서 가장 큰 소매업체로서, 수요 예측과 재고 관리를 최적화하는 데 성공하였다. 이는 다양한 기술과 데이터를 활용해 실시간으로 수요를 예측하고, 각 매장과 창고에 최적의 물량을 공급할 수 있도록 도와준다. 이 사례는 월마트가 어떻게 데이터 기반 예측 및 시장 분석을 통해 재고 과잉과 부족 문제를 해결했는지, 그리고 그 결과로 비용 절감과 고객 만족도를 높인 방법을 설명한다.

• **문제의 본질**

수요 예측이 정확하지 않으면 기업은 과도한 재고를 보유하거나 재고 부족 상황을 겪을 수 있고, 이는 기업의 비용 증가와 기회 손실로 이어질 수 있다. 이를테면 과잉 재고는 창고 비용을 증가시키고, 구식 상품의 폐기 비용을 발생시킨다. 반대로, 재고 부족은 고객이 원하는 상품을 적시에 제공하지 못해 매출 손실과 고객 이탈을 초래할 수 있다. 월마트는 이러한 문제를 해결하기 위해 다양한 데이터를 수집하여, 이를 기계 학습과 결합한 예측 모델로 활용하고 있다.

• **월마트의 데이터 활용**

월마트는 매일 엄청난 양의 거래 데이터를 수집하고 분석한다. 이러한 데이터는 주로 매장 내 판매 기록, 날씨, 지역 행사 일정, 고객의 검색 기록, 온라인 쇼핑 패턴 등이다. 이를 기반으로 수요 예측 모델을 개발하여, 지역별·계절별로 수요가 어떻게 변하는지 파악한다. 월마트는 이력 데이터와 실시간 데이터를 결합하여 각 매장의 재고를 최적화한다.

• **AI와 기계 학습 기반 예측**

월마트는 최근 몇 년 동안 인공지능(AI)과 기계 학습(ML)을 통해 수요 예측 정확도를 크게 향상시켰다. 기계 학습 모델은 과거의 판매 데이터뿐만 아니라 미래 데이터를 예측하는 데 사용된다. 예를 들어, 지역의 날씨 변화나 경제 상황, 인구 통계학적 데이터를 반영하여 특정 지역에서 특정 상품의 수요를 더 정확하게 예측할 수 있다.

이러한 모델은 예측의 불확실성을 줄이고, 재고 과잉을 방지하며, 고객이 원하는 상품을 적시에 제공하는 데 도움이 된다. AI 기반 시스템은 또한 불규칙적 이벤트, 예를 들어 한 번 발생하는 기상 이변 같은 데이터를 '잊어버리는' 기능을 갖추고 있어, 그 이벤트가 미래 예측에 영향을 미치지 않도록 한다.

• 공급망 최적화

월마트는 실시간 데이터를 기반으로 공급망을 조정하여 매장과 창고 간의 효율적인 상품 이동을 보장한다. 이를 통해 각 매장에 필요한 상품을 적시에 공급할 수 있으며, 특정 상품이 예상보다 빠르게 판매되더라도 신속하게 재고를 보충할 수 있다. 월마트의 CPFR(협력적 계획, 예측과 보충) 프로그램은 주요 공급업체들과 긴밀하게 협력하여 실시간 데이터를 공유하고, 이를 통해 재고를 적시에 보충하고 관리한다. 또 월마트는 '크로스 도킹(cross-docking)'이라는 방법을 사용하여, 상품이 창고에 오랫동안 머무르지 않고 바로 매장으로 배송되도록 함으로써 재고 비용을 줄이고, 효율적인 유통을 가능하게 한다.

• 성과

월마트의 데이터 기반 수요 예측과 재고 관리 시스템은 다음과 같은 성과를 가져왔다.

⇒ 재고 과잉을 줄이고, 불필요한 창고 비용과 폐기 비용을 절감하였다.

⇒ 고객이 원하는 상품을 적시에 제공하여, 재고 부족으로 인한 매출 손실을 방지하고, 고객의 구매 경험을 개선하였다.

⇒ 실시간 데이터를 활용한 공급망 조정을 통해 상품의 이동 속도를 높이고, 각 지역의 수요에 맞춘 재고 관리를 실현하였다.

• 정리

월마트의 사례는 데이터 기반 예측과 기계 학습 모델을 통해 수요 예측의 정확성을 높임으로써 재고 과잉과 부족 문제를 해결하는 성공 사례이다. 이를 통해 월마트는 비용 절감과 고객 만족도 향상이라는 두 마리 토끼를 잡을 수 있었다. 이러한 전략은 다른 기업들에도 좋은 본보기가 될 수 있다. 월마트에 대한 더 많은 부분을 참고하려면 다음 3개 사이트를 찾아보라.

[출처]

Walmart's AI-powered inventory system (Walmart Global Tech)

ps://tech.walmart.com/
content/walmart-global-tech/en_us/blog/pos(DFreight)powered-in-
ventory-system-brightens-the-holidays. h(LeanTech SG)Success: Explor-
ing Walmart Supply Chain Strategies dfreight

Behind the Scenes: How Walmart Leverages Data LeanTech SG

• 공급망 리스크관리

공급망의 변동성이나 공급업체의 문제로 인해 재고 보충이 지연될 경우, 이는 재고 부족으로 인한 판매 손실과 불필요한 비용 증가로 이어져 재고 비용 관리에 심각한 영향을 미칠 수 있다. 이러한 리스크를 최소화하기 위해 대체 공급원을 체계적으로 확보하고, 공급망 전반에 걸친 위험 관리 전략을 강화하는 것이 필수적이다.

• 재고 관리 시스템 도입 비용

재고 관리 시스템이나 자동화 도구를 도입하는 과정에서 초기 투자 비용이 발생하며, 이 때문에 단기적으로는 비용 절감 효과가 눈에 띄게 나타나지 않을 수 있다. 그러나 이러한 시스템의 도입은 장기적으로 운영 효율성을 대폭 높이고, 재고 회전율 개선과 불필요한 비용 절감을 통해 전반적인 비용 관리에 크게 이바지할 수 있다.

• 주요 내용 정리

재고 비용 절감은 보관, 발주, 유지, 리스크 비용을 관리하여 기업 운영 효율성을 높이는 핵심 목표이다. 적정 재고 수준 설정, 자동화와 데이터 기반 관리, JIT와 린 재고 방식,

공급망 최적화를 통해 재고 비용을 효과적으로 줄일 수 있다. 월마트는 데이터 기반 수요 예측과 AI 기술을 활용해 재고 과잉과 부족 문제를 해결하며 비용 절감과 고객 만족을 동시에 달성한 사례로 주목받는다. 재고 관리 시스템 도입에는 초기 비용이 발생하지만, 장기적으로 운영 효율성과 비용 절감 효과를 가져온다.

공급망 유연성 확보

공급망 유연성 확보(Enhancing Supply Chain Flexibility)는 수요 변화, 시장 변동성, 외부 요인에 신속하게 대응할 수 있는 공급망을 구축하여 운영 효율성과 경쟁력을 강화하는 것이다. 현대의 복잡한 글로벌 공급망 환경에서는 예상치 못한 리스크와 수요 변동이 빈번하게 발생하므로, 공급망의 유연성은 기업의 생존과 성장을 위해 필수적인 요소이다. 유연한 공급망을 구축하면 공급망 중단이나 변화에 신속히 대응할 수 있으며, 재고 관리 최적화, 비용 절감, 고객 서비스 개선 등의 이점을 얻을 수 있다. 공급망의 유연성을 확보하려면 실시간 데이터 분석, 다양한 공급원 확보, 효율적인 재고 관리와 같은 전략을 통해 변동성을 관리하고, 리스크를 최소화해야 한다.

공급망 유연성의 중요성

공급망 유연성은 기업이 내부와 외부 변화에 신속하게 대응할 수 있도록 하여 비즈니스 연속성을 유지하는 데 중요한 역할을 한다.

예상치 못한 리스크나 수요 급증, 공급망 중단 등의 상황에서도 최적의 운영을 유지할 수 있으며, 이를 통해 시장 경쟁력을 높일 수 있다.

• 수요 변동성 대응

시장 수요는 계절성, 소비자 트렌드, 경제 변화 등 다양한 요인에 의해 예측이 어려울 정도로 변동성이 클 수 있다. 이에 대비해 공급망 유연성을 확보한 기업은 수요 변화에 신속하고 효과적으로 대응할 수 있다. 이러한 유연성은 재고 부족으로 인한 판매 기회 손실과 과잉 생산으로 인한 비용 낭비를 방지하며, 운영 효율성을 높이고 고객 만족도를 동시에 달성할 수 있도록 한다. 또 수요 패턴을 실시간으로 모니터링하고 이에 따라 공급망을 조정하는 체계가 뒷받침된다면 더욱 강력한 대응력을 갖출 수 있다.

• 공급망 리스크관리

자연재해, 정치적 불안정성, 원자재 가격 변동 등 공급망 리스크는 기업의 운영에 심각한 영향을 미칠 수 있는 불확실성 요인이다. 유연한 공급망을 구축한 기업은 다양한 공급원을 사전에 확보함으로써, 예상치 못한 리스크 발생 시에도 안정적인 운영을 지속할 수 있다. 대체 경로와 복수의 공급업체를 활용한 전략적 조달 체계는 공급망 중단 시 리스크를 최소화하고, 시장 충격에 대한 회복력을 강화한다.

• 경쟁 우위 확보

유연한 공급망을 갖춘 기업은 시장 변화나 경쟁사의 움직임에 민첩하게 적응하여 경쟁우위를 확보할 수 있다. 특히 신제품 출시, 프로모션, 또는 갑작스러운 수요 급증 상황에서 신속한 자원 조정과 공급 체계 확장이 가능하므로, 시장 기회를 빠르게 포착할 수 있다. 이러한 능력은 고객 요구를 충족시키고, 기업의 브랜드 신뢰도와 시장 점유율을 높이는 데 중요한 역할을 한다.

공급망 유연성 확보의 주요 전략

공급망 유연성을 확보하기 위해 기업은 프로세스 최적화, 공급업체 다변화, 재고 관리 최적화 등의 전략을 도입해야 한다. 이를 통해 공급망 전반에 걸쳐 민첩성과 효율성을 높이고, 리스크관리 역량을 강화할 수 있다.

• 공급업체 다변화와 관리

공급업체 다변화는 공급망 유연성 확보를 위한 핵심 전략 중 하나이다.
하나의 공급업체에 의존할 경우, 공급업체가 문제를 겪으면 전체 생산에 차질이 생길 수 있으므로, 다양한 공급업체를 확보하면 공급망이 중단되더라도 대체 공급원을 통해 빠르게 대응할 수 있다.

⇒ 주요 원자재나 핵심 부품에 대해 다수의 공급업체를 확보하는 것은 공급망 리스크를 효과적으로 분산할 수 있는 중요한 전략이다. 이를 통해 특정 공급업체의 공급이 갑작스럽게 중단되는 상황에서도 대체 공급업체를 활용하여 안정적이고 원활한 공급을 지속적으로 유지할 수 있어, 운영 차질을 최소화할 수 있다.

⇒ 공급업체와의 협력 관계를 강화하면 정보 공유와 유연한 계약 체결로 수요 변화에 신속히 대응할 수 있는 기반을 마련할 수 있다. 정기적인 소통과 실시간 데이터 공유로 수요 예측의 정확성을 높이고, 유연한 계약 조건을 통해 긴급 상황에서도 자재 공급과 생산 조정을 지원한다. 이러한 협력은 공급망 민첩성을 높이고, 불확실한 시장에서도 안정적 운영을 가능하게 한다.

● 재고 관리 최적화

재고 관리는 공급망 유연성에 중요한 역할을 한다. 효율적인 재고 관리를 통해 재고 부족을 방지하고 과잉 재고를 줄이면 운영비용 절감과 서비스 수준 향상이 가능하다.

⇒ 필요할 때 최소한의 재고로 생산을 시작하는 적시 생산(JIT) 시스템을 도입하면 재고 수준을 더욱 효율적으로 최적화할 수 있다. 이를 통해 불필요한 재고 보관 비용을 크게 줄이는 동시에, 시장의 수요 변화에 더욱 신속하고 유연하게 대응할 수 있는 체계를 마련할 수 있다.

⇒ 공급망의 변동성이나 예상치 못한 수요 급증에 대비하기 위해 적정 수준의 안전 재고(Safety Stock)를 설정하면 공급망 중단의 리스크를 줄이고 고객 수요를 안정적으로 충족시킬 수 있다. 이를 통해 비효율적인 운영을 방지하면서도 비용 절감과 안정적인 공급망 관리를 동시에 실현할 수 있다.

● 공급망 가시성 확보와 실시간 데이터 분석

공급망 가시성(Supply Chain Visibility)은 공급망의 상황을 실시간으로 파악하고, 데이터 기반 의사결정을 통해 공급망을 최적화하는 데 도움을 준다. 이를 통해 공급망의 비효율성을 줄이고, 리스크 대응력을 높일 수 있다.

⇒ 디지털 공급망을 구축하면 실시간 데이터 분석을 통해 수요 변화나 공급망 문제를 조기에 감지할 수 있다. 재고 수준, 운송 상황, 생산 현황을 실시간으로 모니터링하여 문제 발생 시 신속하게 대처할 수 있는 체계를 마련한다. 이러한 시스템은 데이터 기반의 의사결정을 가능하게 하며, 공급망의 민첩성과 안정성을 동시에 강화한다. 이를 통해 기업은 운영 효율성을 높이고, 불확실한 시장 환경에서도 경쟁력을 유지할 수 있다.

⇒ 빅데이터와 AI 기반 분석 도구를 활용하면 수요 예측 정확도가 향상되고, 공급망의 비효율성을 효과적으로 개선할 수 있다. 대량의 데이터를 실시간으로 분석하여 숨겨진 패턴과 트렌드를 파악하며, 이를 바탕으로 수요 변화에 유연하게 대응할 수 있는 계획을 수립한다. 이러한 기술은 기업이 시장 변화에 신속히 적응하고, 자원 활용도를 극대화하며, 전반적인 운영 효율성을 높이는 데 핵심적인 역할을 한다.

• 유연한 계약과 협상

공급업체와의 계약에서 유연성을 확보하면 공급망의 유동성이 높아진다. 유연한 계약 구조를 통해 발주량, 납기(일) 등의 조정이 가능해지며, 이를 통해 수요 변동에 민첩하게 대응할 수 있다.

⇒ 수요 변화에 따라 발주량을 조정할 수 있는 가변 발주량 계약을 맺으면, 수요가 급증할 때는 추가 발주를 신속히 처리할 수 있고, 수요가 감소할 때는 발주량을 줄여 재고를 최소화할 수 있다. 이 계약 방식은 수요 변동성에 유연하게 대응하며, 불필요한 재고 비용을 줄이고, 공급망의 효율성을 높이는 데 도움이 된다.

⇒ 주요 공급업체와 장기 계약을 체결하고 협상력을 강화하면, 공급 안정성을 확보하는 동시에 가격 변동에 유연하게 대응할 수 있다. 장기 계약은 공급업체와의 신뢰 관계를 강화하고, 예기치 못한 공급망 리스크를 줄이며, 장기적으로 비용 절감 효과를 가져올 수 있는 전략적 수단으로 활용된다.

• **물류 유연성 강화**

물류 운영의 유연성은 공급망 유연성 확보의 중요한 요소이다.

다양한 운송 경로와 물류 옵션을 확보하면 운송 지연이나 물류 문제 발생 시 대체 경로를 통해 공급망을 유지할 수 있다.

⇒ 항공 운송, 해상 운송, 육상 운송 등 다양한 운송 방법을 확보함으로써, 운송 지연이나 통관 문제와 같은 상황이 발생했을 때 대체 경로를 통해 신속히 문제를 해결할 수 있다. 이러한 접근은 공급망의 안정성을 높이고, 예기치 못한 상황에서도 원활한 물류 흐름을 유지할 수 있도록 도와준다.

⇒ 주요 물류 업체와의 파트너십을 강화하여 운송 일정 조정이나 긴급 배송이 가능하도록 협력하면, 공급망의 민첩성과 유연성이 크게 향상된다. 이러한 협력은 물류 문제 발생 시 신속히 대응할 수 있는 기반을 마련하며, 고객 요구를 효과적으로 충족시킬 수 있는 경쟁력을 제공한다.

• **공급망 유연성 확보의 장점**

⇒ 공급망 유연성을 확보함으로써 공급망 중단이나 수요 급변과 같은 예기치 않은 상황에 신속하게 대응할 수 있으며, 이를 통해 비즈니스 연속성을 유지할 수 있다.

⇒ 유연한 공급망을 통해 재고 수준을 최적화하고 운영 효율성을 높임으로써 재고 비용과 운송 비용을 절감할 수 있다.

⇒ 공급망의 유연성을 통해 신속한 발주 처리와 재고 확보가 가능해져 고객의 요구에 빠르게 대응할 수 있으며, 이를 통해 고객 만족도를 높일 수 있다.

• **공급망 유연성 확보의 도전 과제**

⇒ 공급망의 유연성을 확보하는 과정에서 다양한 공급업체와 물류 옵션을 관리해야 하므로 공급망 관리의 복잡성이 증가할 수 있다. 이를 해결하기 위해서는 디지털 공급망 시스템의 도입이 필요하다.

⇒ 유연성을 확보하기 위해 다수의 공급업체와 운송 옵션을 유지하는 것은 초기 투자 비

용과 운영비용을 증가시킬 수 있다. 따라서 비용과 효율성의 균형을 맞추는 것이 중요하다.

• 주요 내용 정리

공급망 유연성 확보는 수요 변동성과 외부 리스크에 신속히 대응할 수 있는 시스템을 구축하여 운영 효율성과 경쟁력을 강화하는 데 중점을 둔다. 이를 위해 공급업체 다변화, 재고 관리 최적화, 실시간 데이터 분석, 물류 유연성 강화와 같은 전략을 통해 공급망 민첩성과 안정성을 높이는 것이 핵심이다. 유연한 공급망은 예기치 않은 상황에서도 비즈니스 연속성을 유지하고 비용 절감과 고객 만족도를 높일 수 있는 장점을 제공한다. 그러나 유연성 확보 과정에서의 관리 복잡성과 초기 투자 비용 증가는 주요 도전 과제로, 디지털 시스템 도입과 비용 효율성 조율이 중요하다.

고객 대응 능력 향상

고객 대응 능력(Customer Responsiveness)은 기업이 고객의 요구와 수요 변화에 신속하게 반응하고, 이를 통해 고객 만족도와 경쟁력을 높이는 것을 의미한다. 재고 관리와 최적화를 통해 기업은 필요한 제품을 적시에 제공함으로써 고객 기대에 부응할 수 있다. 재고 관리는 수요 예측, 적시 재고 확보, 물류 최적화 등을 통해 고객 서비스 수준을 높이는 데 중요한 역할을 한다.

현대의 경쟁이 치열한 시장 환경에서는 신속한 대응이 기업의 성공 여부를 좌우할 수 있다. 특히 소비자들은 즉각적인 피드백과 빠른 서비스를 기대하며, 기업이 이를 충족하지 못하면 고객 이탈이 발생할 수 있다. 효율적인 재고 관리는 이러한 고객 요구에 효과적으로 대응할 수 있도록 도와준다.

고객 대응 능력의 중요성

고객 대응 능력이 향상되면 기업은 고객 만족도와 신뢰도를 높일 수 있고, 이는 충성 고객을 확보하는 데 중요한 역할을 한다. 신속한 대응은 고객이 원하는 제품을 제때 제공할 수 있도록 하여 구매 경험을 향상시키고, 반복 구매와 입소문 마케팅을 유도한다. 또 브랜드 평판을 강화하여 장기적인 성장 기반을 마련할 수 있다.

• 고객 만족도 향상

재고 관리 최적화는 고객이 필요할 때 원하는 제품을 제공할 수 있도록 지원하여 고객 만족도를 크게 높인다. 제품의 가용성이 보장되면 고객은 불필요한 기다림 없이 제품을 구매할 수 있으며, 이는 긍정적인 구매 경험으로 이어진다. 이를 통해 고객의 재방문 의도를 높이고, 충성도를 강화할 수 있다.

• 경쟁 우위 확보

고객의 요구에 신속히 대응하는 능력은 기업이 시장 내에서 경쟁 우위를 확보하는 데 중요한 역할을 한다. 특히 온디맨드 경제에서는 빠른 서비스와 안정적인 재고 가용성이 핵심 경쟁 요소로 작용하며, 이를 통해 경쟁사보다 앞서 고객의 기대를 충족시킬 수 있다. 이러한 민첩성은 고객 충성도를 높이고, 시장 점유율을 확대하는 데 이바지한다.

• 브랜드 신뢰도 증대

안정적인 공급과 신속한 대응은 고객에게 브랜드 신뢰를 구축할 기회를 제공한다. 고객은 항상 원하는 제품을 정확하고 적시에 받을 수 있다고 신뢰하게 되며, 이는 기업의 장기적인 브랜드 충성도와 긍정적인 이미지 형성으로 이어진다. 지속적인 신뢰 구축은 고객의 재구매를 유도하고, 경쟁 환경에서 기업의 차별화된 강점으로 작용한다.

고객 대응 능력 향상을 위한 재고 관리 전략

고객 대응 능력을 높이기 위해서는 재고 관리 프로세스를 최적화하고, 고객 수요 변화에 신속하게 대응할 수 있는 유연한 재고 운영 시스템을 도입하는 것이 필수적이다. 이를 통해 기업은 공급 차질이나 재고 부족 문제를 최소화하고, 빠른 납품과 효율적인 발주 처리를 실현할 수 있다.

• 수요 예측의 정확성 향상

정확한 수요 예측은 고객 대응 능력 향상의 핵심이다. 과거 데이터와 시장 트렌드를 기반으로 정확한 수요 예측을 수행하면 재고 과잉이나 재고 부족을 방지할 수 있다. 이를 통해 고객이 원하는 시점에 필요한 제품을 제공할 수 있게 되어 구매 경험이 크게 향상된다.

⇒ 빅데이터와 AI 기술을 활용하면 방대한 데이터를 분석하여 수요 패턴을 심층적으로 이해하고, 이를 기반으로 더욱 정확하고 정교한 예측 모델을 구축할 수 있다. 이 기술은 계절성, 소비자 행동, 외부 경제 요인 등 수요에 영향을 미치는 다양한 요소를 통합적으로 분석하며, 수요 변화를 실시간으로 감지하고 예측의 신뢰성을 높이는 데 이바지한다.

⇒ 이와 같은 분석 결과는 기업이 수요 변화에 선제적으로 대응하고, 재고 관리와 생산 계획을 유연하게 조정할 수 있도록 지원한다. 나아가, 예측 모델의 지속적인 업데이트와 개선을 통해 시장의 불확실성을 줄이고, 운영 효율성과 고객 만족도를 동시에 극대화할 수 있다.

• 적시 재고 보충(Just-In-Time)

적시 재고 보충(JIT) 전략을 도입하면 고객 주문이 발생할 때 필요한 재고를 즉각 보충하여 과잉 재고를 방지하고, 필요한 양의 재고만을 유지할 수 있다. 이를 통해 재고 비용을 절감하면서도 재고 부족으로 인한 고객 불만을 방지할 수 있다.

⇒ 자동화된 재고 관리 시스템을 활용하면 재고 수준을 실시간으로 모니터링할 수 있으며, 재고 보충이 필요할 때 자동으로 발주를 처리하여 운영 효율성을 높일 수 있다. 이 시스템은 재고 부족과 과잉을 방지하며, 적정 재고 수준을 유지하도록 설계되어 비용 절감과 생산성 향상에 이바지한다. 자동화된 프로세스는 인적 오류를 줄이고, 의사결정 속도를 높여 공급망의 민첩성을 강화할 수 있다.

• 신속한 물류와 배송 체계 구축

신속한 물류 운영과 효율적인 배송 체계는 고객 대응 능력을 극대화하는 데 중요한 역할을 한다. 배송 시간과 정확성은 고객 만족도에 큰 영향을 미치며, 재고 관리를 최적화하면 고객 주문에 신속하게 대응할 수 있다.

⇒ 주요 물류 서비스 제공업체와 협력하여 빠른 배송 옵션을 제공하고, 긴급 주문이나 시간제 배송과 같은 맞춤형 서비스를 지원하면 고객 대응 능력을 크게 높일 수 있다. 이러한 협력은 고객 요구를 신속히 충족시킬 뿐만 아니라, 서비스 품질을 강화하여 고객 만족도와 신뢰도를 높이는 데 이바지한다.

⇒ 고객의 위치에 따라 재고를 분산하여 가까운 창고에서 제품을 발송하면 배송 시간을 단축할 수 있을 뿐만 아니라, 물류비용을 효과적으로 절감할 수 있다. 이러한 전략은 지역별 수요에 맞춰 재고 배치를 최적화하며, 긴급 배송 요청에도 신속히 대응할 수 있는 기반을 제공한다. 이를 통해 고객 경험을 개선하고 운영 효율성을 높일 수 있다.

• 고객 수요 변화에 대한 유연성 확보

수요 변화는 기업이 예측할 수 없는 외부 요인이나 소비자 행동에 따라 발생할 수 있으며, 이에 대한 유연성을 확보가 매우 중요하다. 유연한 재고 운영을 통해 급격한 수요 변동에 즉각 대응할 수 있어야 하며, 이를 통해 고객 기대를 충족시킬 수 있다.

⇒ 수요 급증에 대비해 일정 수준의 안전 재고를 유지함으로써, 갑작스러운 수요 변화가 발생하더라도 원활하게 제품을 공급할 수 있도록 해야 한다. 안전 재고는 공급망 차질이나 예기치 않은 주문 증가에도 대응할 수 있는 완충 역할을 하며, 고객의 요구를 충족시키고 서비스 품질을 유지하는 데 중요한 요소이다.

⇒ 실시간 시장 데이터를 바탕으로 수요 계획을 지속적으로 조정하여, 수요 변동에 신속하고 유연하게 대응할 수 있어야 한다. 이를 통해 정확한 예측과 빠른 계획 수정이 가능하며, 공급망의 효율성을 유지하고 비용 낭비를 줄일 수 있다. 이러한 접근은 시장의 불확실성을 최소화하고, 변화하는 환경에서 경쟁 우위를 확보하는 데 이바지한다.

• 고객 대응 능력 향상의 장점

⇒ 고객이 원하는 제품을 적시에 제공함으로써 구매 경험이 향상되고, 이는 고객 충성도와 반복 구매로 이어진다.

⇒ 신속한 대응을 통해 경쟁사보다 더 나은 서비스를 제공할 수 있으며, 이를 통해 시장 점유율을 높일 수 있다.

⇒ 고객 만족과 충성도가 증가하면 매출이 지속적으로 상승하고 고객 이탈을 줄여 장기적인 수익성을 강화할 수 있다.

• 고객 대응 능력 향상의 도전 과제

⇒ 고객 수요를 정확하게 예측하는 것은 항상 쉽지 않으며, 수요 변화가 급격한 경우 재고 부족이나 재고 과잉의 위험이 존재할 수 있다.

⇒ 자동화 시스템이나 데이터 분석 도구를 도입하는 데 초기 투자 비용이 발생할 수 있으며, 이러한 시스템을 통해 얻는 비용 절감 효과는 장기적으로 나타날 수 있다.

• 주요 내용 정리

고객 대응 능력 향상은 기업이 고객의 요구와 수요 변화에 신속히 대응하여 고객 만족도와 충성도를 높이는 데 중요한 역할을 한다. 이를 위해 정확한 수요 예측, 적시 재고 보충(JIT), 효율적인 물류 운영, 그리고 유연한 재고 관리를 통해 고객 기대를 충족시키고 경쟁 우위를 확보할 수 있다. 이러한 능력은 고객 만족도를 높이고 반복 구매를 유도하며, 시장 점유율 확대와 매출 성장을 지원한다. 그러나 수요 예측의 어려움과 자동화 도구 도입에 따른 초기 비용 부담은 주요 도전 과제로 남는다.

재고 최적화 방법

EOQ(경제적 발주량)

EOQ(Economic Order Quantity)는 경제적 발주량이다. EOQ는 재고 관리에서 최적의 발주량을 결정하는 방법으로, 발주 비용과 재고 유지 비용을 최소화하는 발주량을 찾는 데 사용된다. EOQ는 기업이 발주 빈도와 발주량을 최적화하여 총비용을 최소화할 수 있도록 돕는 중요한 도구이다. 이 모델은 고정 수요와 일정한 발주 비용을 가정하여, 가장 경제적인 발주 크기를 계산하는 수학적 공식으로 설계되었다. EOQ는 기업의 재고 관리를 최적화하고, 비용 절감과 운영 효율성을 달성하는 데 중요한 역할을 하며, 특히 발주 비용과 재고 유지 비용이 상충하는 상황에서 균형을 맞추는 데 유용하다.

EOQ의 목적

EOQ(경제적 발주량) 모델의 목적은 재고 관리와 관련된 총비용을 최소화하는 데 있다. 재고와 관련된 비용은 크게 발주 비용과 재고 유지 비용으로 나뉘며, 이 두 비용 간의 균형을 효과적으로 맞추어 경제적인 발주량을 결정하는 것이 EOQ 모델의 핵심이다. 이를 통해 기업은 재고 관리의 효율성을 높이고, 불필요한 비용을 절감할 수 있다.

• 발주 비용(Ordering Costs)

발주 비용은 재고를 보충하기 위해 발주를 처리하는 데 발생하는 비용이다. 여기에는 구매 발주서 작성, 공급업체와의 협상, 배송비, 물류 처리 비용 등이 포함된다. 발주 횟수가 많아질수록 발주 비용이 증가하므로, 이 비용을 최소화하려면 발주 빈도를 줄이고 대량 발주를 선호하게 된다.

⇒ 대량으로 발주하면 발주 횟수가 줄어들어 발주 처리 비용을 크게 절감할 수 있다. 발주 횟수의 감소는 발주서 작성, 공급업체와의 협상, 물류 조율 등과 같은 반복적인 작업을 줄여 관리 효율성을 높이며, 인적 자원과 시간을 절약할 수 있는 효과를 가져온다. 또 대량 발주는 물류비용과 단위당 운송비를 절감할 기회를 제공하며, 기업의 운영비용을 낮추고 자원의 효율적 활용을 가능하게 한다. 이러한 방식은 특히 고빈도 발주가 필요한 품목에서 비용 효율성을 극대화할 수 있는 중요한 전략이다.

• 재고 유지 비용(Holding Costs)

재고 유지 비용은 재고를 보관하고 유지하는 데 드는 비용이다. 여기에는 창고 임대료, 보험료, 자본 비용, 감가상각, 재고 리스크 비용(손상, 도난, 유통기한 만료 등)이 포함된다. 재고가 많을수록 유지 비용이 커지므로, 이를 최소화하려면 재고 수준을 줄이는 것이 중요하다.

⇒ 적은 양의 재고를 유지하면 보관 비용이 줄어들 뿐만 아니라, 재고 관리에 필요한 전반적인 비용을 효과적으로 절감할 수 있다. 보관 공간의 활용 효율성이 높아지고, 창고 임대료, 보험료, 그리고 유지 관리 비용과 같은 부가적인 지출을 줄일 수 있다. 이러한 접근은 자본의 낭비를 방지하고, 운영 효율성을 강화하여 기업의 경쟁력을 높이는 데 이바지한다.

• EOQ 공식

EOQ의 계산 공식은 다음과 같다.

EOQ $= \sqrt{2DS/H}$

※ D: 연간 수요량(Annual Demand)/ S: 한 번의 발주 비용(Ordering Cost per Order)/ H: 단위당 재고 유지 비용(Holding Cost per Unit per Year)

이 공식을 사용하여 회사는 가장 경제적인 발주량을 계산할 수 있고, 이를 통해 발주 빈도와 재고 수준을 최적화할 수 있다. 공식을 해석하면 다음과 같다.

⇒ D(연간 수요량)는 기업이 1년 동안 필요로 하는 제품의 총 수량을 의미한다. 연간 수요량이 높을수록 EOQ도 증가하며, 이는 더 많은 재고를 보유해야 함을 나타낸다.

⇒ S(발주 비용)는 한 번의 발주를 처리하는 데 발생하는 고정비용이다. 발주 비용이 높을수록 대량 발주를 선호하게 되어 EOQ 값이 커진다.

⇒ H(재고 유지 비용)는 재고를 보관하는 데 드는 단위당 연간 비용이다. 재고 유지 비용이 높을수록 재고를 줄이려는 경향이 강해져 EOQ 값이 작아진다.

EOQ의 장점

EOQ(경제적 발주량) 모델은 재고 관리에서 기업이 비용을 절감하고 운영 효율성을 높이는 데 도움을 주는 다양한 장점을 제공한다. 이 모델은 발주 비용과 재고 유지 비용 간의 균형을 최적화하여 불필요한 자원 낭비를 방지하고, 재고 관리의 체계성을 강화한다. 또 EOQ 모델을 활용하면 기업은 정확한 발주량을 산출할 수 있어 재고 부족이나 과잉 문제를 줄이고, 전반적인 비용 절감과 더불어 운영 효율성을 극대화할 수 있다.

• 비용 절감

EOQ는 발주 비용과 재고 유지 비용을 효율적으로 최소화하는 데 중요한 역할을 한다. 이 모델을 활용하면 기업은 과잉 재고로 인한 불필요한 보관 비용과 재고 부족으로 발생하는 기회 손실을 모두 방지할 수 있다. 또 EOQ를 통해 불필요한 발주 횟수를 줄이고, 운영 비용을 절감하며, 재고 관리에서의 비용 효율성을 극대화할 수 있다.

• 재고 최적화

EOQ 모델은 적정한 재고 수준을 유지하도록 설계되어, 재고 관리의 효율성을 극대화하는 데 이바지한다. 이 모델은 재고 부족으로 인해 고객의 수요를 충족시키지 못하는 상황을 예방하고, 동시에 과도한 재고로 인해 발생하는 보관 비용 증가를 피할 수 있도록 도와준다. EOQ는 기업이 균형 잡힌 재고 관리를 통해 자원의 낭비를 줄이고, 고객 만족도를 높일 수 있도록 지원한다.

• 간단한 적용

EOQ는 간단한 수학적 공식을 기반으로 하여, 다양한 산업 분야에서 손쉽게 적용할 수 있는 실용적인 도구이다. 기업은 기본적인 데이터(예: 수요량, 발주 비용, 보관 비용)만으로 EOQ를 신속하게 계산할 수 있으며, 이를 통해 재고 관리와 발주와 관련된 효율적 의사결정을 빨리 내릴 수 있다. EOQ의 간결성과 유용성은 중소기업부터 대기업에 이르기까지 광범위한 활용 가능성을 제공한다.

EOQ의 한계

EOQ는 많은 이점을 제공하지만, 몇 가지 한계도 존재한다. 특히 수요가 일정하지 않거나, 발주 비용이나 재고 유지 비용이 고정되지 않았을 때 EOQ의 정확성이 떨어질 수 있다.

• 고정된 수요와 발주 비용 가정

EOQ 모델은 수요가 일정하고, 발주 비용과 재고 유지 비용이 고정된 상태를 가정한다. 그러나 실제로는 수요 변동성이나 가격 변동이 발생할 수 있고, 이는 EOQ 계산에 영향을 미친다. 특히 계절적 수요가 있는 경우, EOQ 모델은 불완전할 수 있다.

• 불확실한 공급망

공급망의 리드 타임이 길어지거나, 공급업체의 신뢰성이 떨어질 경우, EOQ는 정확한 발주 시기를 예측하기 어려울 수 있다. 공급망의 변동성은 EOQ 모델이 효과적으로 작동하지 못하게 만들 수 있다.

• 재고 리스크 무시

EOQ는 재고 리스크 비용(파손, 유통기한 만료, 기술적 진부화 등)을 충분히 반영하지 못한다. 따라서 제품 유형에 따라 추가적인 재고 관리 전략을 고려해야 할 필요가 있다.

EOQ의 실무적 적용 사례

경제적 발주량(EOQ)은 다양한 산업에서 재고 관리 최적화를 위해 널리 사용되는 중요한 도구이다. 특히 제조업이나 소매업에서는 EOQ를 활용하여 적정 재고 수준을 유지하고, 재고 부족과 과잉 재고로 인한 문제를 동시에 방지할 수 있다. EOQ는 발주 비용과 재고 유지 비용을 효과적으로 줄임으로써 기업의 운영 효율성을 높이고 비용 절감에 이바지한다. 이러한 특성은 기업이 변화하는 시장 수요에 신속히 대응하고, 고객 요구를 안정적으로 충족시키는 데도 중요한 역할을 한다.

• 제조업에서의 EOQ 적용

제조업체는 원자재나 부품의 EOQ를 계산하여 필요한 시점에 적절하고 정확한 양의 자재를 발주함으로써 재고 관리의 효율성을 극대화한다. EOQ를 활용하면 과잉 재고로 인해 발생하는 불필요한 보관 비용을 줄이는 동시에, 재고 부족으로 인한 생산 중단 상황을 효과적으로 방지할 수 있다. 이러한 접근은 생산 프로세스를 안정적으로 유지하며, 운영 효율성과 비용 절감을 동시에 실현할 수 있다.

(예) 자동차 제조업체는 EOQ 모델을 사용하여 엔진 부품의 효율적인 재고 관리를 유지하며, 공급망 문제로 인한 생산 차질을 최소화한다. 이를 통해 부품 공급의 안정성을 확보하고, 생산 스케줄을 지연 없이 운영할 수 있다.

• 소매업에서의 EOQ 적용

소매업체는 제품 수요를 면밀하게 분석하고 EOQ 모델을 적용하여 적정 수준의 재고를 유지한다. 이 모델은 재고 부족으로 인해 발생할 수 있는 판매 손실을 줄이고, 동시에 과잉 재고로 인한 보관 비용, 관리 비용, 감가상각 비용을 최소화한다. EOQ를 활용하면 수요 변화에 유연하게 대응할 수 있어, 고객 만족도와 운영 효율성을 모두 향상시킬 수 있다.

(예) 대형 유통업체는 일상용품의 수요 데이터를 정밀하게 분석하고, EOQ 계산을 통해 효율적인 재고 운영 체계를 구축한다. 이를 통해 고객의 요구를 적시에 충족하며, 비용 절감과 서비스 품질 향상을 동시에 실현한다.

• **주요 내용 정리**

경제적 발주량, EOQ는 발주 비용과 재고 유지 비용 간의 균형을 맞춰 총비용을 최소화하는 재고 관리 도구로, 적정 발주량을 수학적으로 계산하여 운영 효율성을 높이고 비용을 절감한다. 제조업과 소매업에서 EOQ를 활용해 재고 부족과 과잉 문제를 방지하며, 고객 요구를 충족시키고 안정적인 운영을 지원한다. 그러나 EOQ는 일정한 수요와 고정된 비용을 가정하기 때문에 수요 변동성, 공급망 불확실성 등 현실적인 요소를 충분히 반영하지 못하는 한계가 있다. 이를 통해 기업은 재고 관리를 체계화하고, 비용 효율성을 극대화할 수 있다.

ABC 분석

ABC 분석은 기업의 재고 관리에서 재고 항목을 중요도에 따라 A, B, C의 세 그룹으로 나누어 관리하는 방법이다. 이 분석 방법은 파레토의 법칙(Pareto Principle), 즉 80/20 법칙에 기반하고 있으며, 이는 대개 20%의 항목이 80%의 가치를 차지한다는 가정하에 설계되었다. ABC 분석은 기업이 재고 관리에서 중요한 항목에 더 많은 자원과 관리 시간을 투입하고, 덜 중요한 항목에는 적절한 수준의 관리만 함으로써 효율적인 재고 운영을 가능하게 한다.

ABC 분석은 수익성, 재고 회전율, 비용 절감 등 다양한 목표를 달성하기 위해 사용되며, 특히 다양한 재고 품목을 다루는 기업에서 우선순위 관리와 자원 배분을 최적화하는 데 중요한 역할을 한다.

• **ABC 분석의 기본 개념**

ABC 분석은 재고를 중요도와 가치에 따라 A, B, C의 세 가지 그룹으로 분류한다. 각 그룹의 비율은 일반적으로 다음과 같이 설정된다.

⇒ A그룹은 재고 품목의 약 20%가 재고 가치의 80%를 차지한다. 이 그룹은 가장 중요한 품목으로, 집중적인 관리가 필요하다.

⇒ B그룹은 재고 품목의 약 30%가 재고 가치의 15%를 차지한다. 이 그룹은 중간 정도의 중요성을 지닌 품목이다.

⇒ C그룹은 재고 품목의 약 50%가 재고 가치의 5%를 차지한다. 이 그룹은 비교적 중요도가 낮은 품목으로, 간단한 관리만 필요하다.

이 분류는 기업의 재고 자산 중 가장 중요한 품목에 집중적으로 자원을 투입하고, 덜 중요한 품목에 대해서는 최소한의 관리를 통해 비용 절감과 재고 효율성을 극대화하는 데 목적이 있다.

ABC 분석의 단계

ABC 분석은 다음과 같은 4단계 과정을 통해 수행된다. 이 과정은 재고 품목의 중요도와 가치를 객관적으로 평가하여 효율적인 재고 관리 전략을 수립하는 데 필수적이다.

• 재고 항목 리스트 작성

먼저 기업은 재고 품목의 전체 리스트를 작성해야 한다. 이 목록은 각 품목의 연간사용량 또는 판매량, 단가 등의 정보를 포함해야 한다. 이를 통해 각 품목이 재고 관리에 미치는 경제적 영향을 평가할 수 있다.

(예) 100개의 품목이 있는 기업은 각 품목의 연간사용량을 기준으로 총 연간 사용 금액을 계산해야 한다. 이는 품목의 중요도를 평가하는 첫 단계이다.

• 품목별 가치 계산

각 재고 품목의 가치를 계산하기 위해 연간사용량과 단가를 곱한다. 이 값을 통해 해당 품목이 기업에 미치는 경제적 중요성을 평가할 수 있다. 이러한 계산은 각 품목의 상대적 중요성을 평가하는 데 사용된다.

가치 = 연간사용량 × 단가 가치

(예) 품목 A의 연간사용량이 1,000개이고 단가가 50,000원이면, 품목 A의 총 사용 가치는 50,000,000원이다.

• 중요도에 따라 품목 분류

품목별 가치 계산이 완료되면, 각 품목을 중요도에 따라 내림차순으로 정렬하여 A, B, C의 세 그룹으로 분류한다. A그룹은 총가치를 기준으로 가장 중요한 품목 20%에 해당하며, B그룹은 중간 중요도를 지닌 품목 30%, C그룹은 중요도가 낮은 나머지 50%의 품목으로 구성된다.

⇒ A그룹은 총 사용 가치에서 가장 큰 비중을 차지하는 상위 20%의 품목.

⇒ B그룹은 중간 수준의 사용 가치를 가진 중간 30%의 품목.

⇒ C그룹은 가치에서 낮은 비중을 차지하는 하위 50%의 품목.

[재고 관리에서의 ABC 분석]

ABC 분석은 사용 금액의 누계와 재고 품목의 누계 점수에 따라 재고 품목을 ABC 등급으로 분류하고, 그의 중요도를 차별화해서 중점 관리한다. 한 예로서 우측의 그림에서와 같이 ABC의 각 품목으로 분류하여 A품목에 대해서는 중점 관리하고, 역으로 C품목에 대해서는 될수록 A, B보다는 관리의 수준을 낮추자는 것이다. 이것은 재고 관리의 일반적인 기법으로 많이 활용하고 있으며, Cycle Stock(순환 재고조사) 등에도 사용된다.

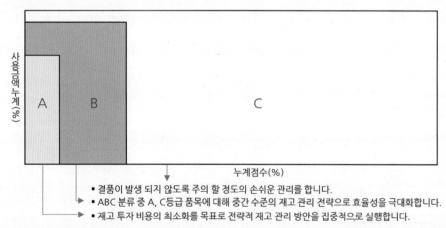

- 결품이 발생 되지 않도록 주의 할 정도의 손쉬운 관리를 합니다.
- ABC 분류 중 A, C등급 품목에 대해 중간 수준의 재고 관리 전략으로 효율성을 극대화합니다.
- 재고 투자 비용의 최소화를 목표로 전략적 재고 관리 방안을 집중적으로 실행합니다.

[그림 12] ABC 분석

● ABC 각 그룹에 맞는 관리 전략 설정

분류가 완료되면, 각 그룹에 맞는 재고 관리 전략을 설정한다. 이 과정에서는 A그룹에 더 많은 집중 관리와 자원 투입이 필요하고, B그룹과 C그룹은 각각 그에 맞게 최적화된 관리 수준을 설정한다.

⇒ A그룹은 정밀한 관리와 주기적인 검토가 필요하며, 수요 변화에 민감하게 대응한다. 안전 재고와 발주 주기를 매우 신중하게 설정해야 한다.

⇒ B그룹은 중간 수준의 관리가 필요하며, 수요 예측과 발주 주기를 주기적으로 검토하여 조정한다.

⇒ C그룹은 간단한 관리만 필요하며, 발주 주기는 상대적으로 길게 설정될 수 있다. 이 그룹의 재고는 최소한의 비용으로 관리된다.

● ABC 분석의 장점

ABC 분석은 기업이 재고 관리 자원을 효율적으로 배분하고, 중요한 품목에 집중하여 관리할 수 있도록 도와주는 여러 가지 장점을 가지고 있다.

⇒ 우선순위 설정.

ABC 분석을 통해 기업은 재고 품목의 중요도에 따라 우선순위를 설정하고, 가장 중요한 품목에 자원과 노력을 집중할 수 있다. 이를 통해 중요한 재고 품목이 적시에 보충되어 재고 부족으로 인한 판매 기회 손실과 고객 불만을 방지할 수 있다. 이 접근은 기업의 자원을 효율적으로 배분하고, 핵심 품목의 가용성을 보장하는 데 중요한 역할을 한다.

⇒ 비용 절감. ABC 분석은 중요도가 낮은 재고에 대한 관리 비용을 최소화하여 운영비용 절감에 이바지한다.

예를 들어, C그룹과 같은 중요도가 낮은 품목에는 불필요한 자원을 과도하게 투입하지 않고도 효율적인 관리가 가능하며, 이를 통해 비용 효율성을 더욱 높일 수 있다. 결과적으로, 기업은 중요한 품목(A그룹)에 더 많은 자원을 할당할 수 있어 전반적인 운영 효율성을 강화할 수 있다.

⇒ 관리 효율성 향상.

ABC 분석은 기업이 재고 관리의 효율성을 극대화하도록 도와준다. 특히 A그룹에 속하는 중요한 품목에 대해 재고 모니터링과 재고 회전율을 더 면밀하게 분석할 수 있어, 적시 발주와 효율적인 재고 유지가 가능하다. 이를 통해 기업은 자원의 활용도를 높이고, 변화하는 수요에 신속히 대응하며, 운영의 안정성과 효과성을 한층 더 높일 수 있다.

• ABC 분석의 한계

ABC 분석은 많은 장점을 제공하지만, 몇 가지 한계도 존재한다. 특히 단일 기준에 의존하는 것이 주요 한계로 작용할 수 있으며, 다양한 변수를 고려하지 못하는 단순화된 방식이라는 단점이 있다.

⇒ 단일 기준에 의한 분류.

ABC 분석은 일반적으로 재고 가치만을 기준으로 분류하기 때문에, 다른 중요한 변수인 수요 변동성, 납기 시간, 품목 중요성 등을 충분히 고려하지 못할 수 있다. 특히 낮은 가치의 품목이라도 공급망에서 핵심 역할을 하는 경우가 있을 수 있다.

⇒ 수요 변화에 대한 민감도 부족.

ABC 분석은 고정된 분류 기준을 사용하는 경향이 있어, 수요 변화나 시장의 급격한 변동에 민감하게 대응하지 못할 수 있다. 동적인 시장 환경에서는 정기적인 분석과 조정이 필요하다.

⇒ 과도한 집중 관리의 위험.

A그룹에 너무 많은 자원을 집중하게 되면, B나 C그룹의 품목에 대한 관리가 소홀해질 수 있다. 이 때문에 재고 부족이나 공급망 문제가 발생할 가능성도 존재한다.

ABC 분석의 실무적 적용 사례

ABC 분석은 다양한 산업에서 재고 관리의 효율성을 높이기 위해 널리 사용된다. 특히 소매업, 제조업, 유통업에서는 중요 품목에 집중적으로 자원을 배분하고, 덜 중요한 품목에 적절한 수준의 관리를 적용함으로써 재고 비용 절감과 운영 효율성을 달성하고 있다.

• 소매업에서의 ABC 분석

소매업체는 판매 품목을 ABC 분석을 통해 분류하여 가장 중요한 품목에 대한 재고를 적시에 보충하고, 고객 수요를 충족시킬 수 있다.

(예) 대형 마트는 판매량이 많고, 마진이 큰 A그룹의 품목을 집중관리하고, 상대적으로 판매량이 낮은 C그룹 품목은 자동화된 발주 시스템을 통해 관리 비용을 줄인다.

• 제조업에서의 ABC 분석

제조업에서는 원자재나 부품을 ABC 분석을 통해 관리하여 생산의 연속성을 보장하고, 비용 절감을 실현한다.

(예) 전자 제품 제조업체는 핵심 부품인 반도체나 배터리를 A그룹으로 분류하고, 이를 주기적으로 모니터링하여 생산 차질이 발생하지 않도록 한다.

• 주요 내용 정리

ABC 분석은 재고를 중요도에 따라 A, B, C의 그룹으로 나누어 관리하는 방법으로, 파레토 법칙에 기반해 중요한 재고(A그룹)에 자원을 집중하고, 덜 중요한 재고(C그룹)는 최소한으로 관리하여 효율성을 극대화한다. 이 방법은 재고 비용 절감, 관리 효율성 향상, 중요 품목의 가용성 보장에 이바지하며, 제조업과 소매업 등 다양한 산업에서 널리 활용된다. 그러나 단일 기준(재고 가치)에 의존해 수요 변동성이나 품목의 전략적 중요성을 간과할 수 있는 한계가 있어, 정기적인 분석과 조정이 필요하다. 이를 통해 기업은 자원을 효과적으로 배분하고 운영 효율성을 높일 수 있다.

JIT(Just-In-Time) 전략

JIT(Just-In-Time) 전략은 재고 관리와 생산 시스템을 최적화하는 방법으로, 필요한 때에 필요한 최소한의 재고만을 보유하여 낭비를 줄이고, 생산 효율성을 극대화하는 데 중점을 둔다. 일본의 도요타(Toyota)에서 처음 개발된 이 전략은 린(Lean) 제조의 중요한 요소로 자리 잡았으며, 불필요한 재고를 최소화하고, 자재 흐름을 원활히 하여 비용 절감과 고객 만족도 향상을 동시에 달성하려는 목적을 가지고 있다.

JIT 전략의 기본 개념은 필요할 때, 필요한 만큼만 자재를 발주하거나 생산함으로써 재고 보유 비용, 보관 비용, 재고 리스크를 줄이는 데 있다. 이를 통해 기업은 운영 자본을 더욱 효율적으로 활용할 수 있으며, 고객 수요에 더욱 빠르게 대응할 수 있다.

JIT 전략의 개념과 원칙

JIT는 정시 생산을 기반으로 하며, 수요 중심의 생산을 지향한다. 다시 말해 제품이 필요할 때 생산하고, 고객 주문이 들어왔을 때만 필요한 자재를 구매하여 재고를 최소화하는 것이 핵심이다. JIT 전략의 주요 원칙은 다음과 같다.

• 낭비 제거(Elimination of Waste)

JIT 전략의 가장 큰 목표는 낭비(waste)를 제거하는 것이다. 낭비란 과잉 생산, 불필요한 재고, 불필요한 이동 등 생산 공정에서 발생하는 비효율성을 의미한다. JIT는 재고 낭비, 시간 낭비, 자원 낭비를 줄여 생산 공정의 효율성을 극대화한다.

• 품질 우선(Quality First)

JIT는 불량품이 생산되지 않도록 하는 것을 중요하게 여긴다. 첫 번째 공정부터 마지막 공정까지 품질을 엄격하게 관리하여 낭비를 방지하고, 고객이 원하는 고품질의 제품을 적시에 제공하는 것이 JIT 전략의 핵심 원칙 중 하나이다.

• 수요에 맞춘 생산(Demand-Driven Production)

JIT(Just-In-Time)는 수요 중심으로 운영되며, 고객의 주문이 들어오면 그에 맞춰 생산을 시작하거나 필요한 재고를 신속히 보충하는 방식을 채택한다. 이 접근 방식은 과잉 생산을 효과적으로 방지하며, 재고 관리 비용을 크게 절감할 수 있다. 또 생산과 수요 간의 균형을 유지함으로써 자원의 효율성을 높이고, 운영 흐름을 최적화할 수 있다.

• 지속적인 개선(Continuous Improvement)

JIT는 카이젠(Kaizen)이라고 알려진 지속적인 개선 철학을 기반으로 하며, 이는 생산 프로세스를 지속적으로 개선하고 비효율성을 줄이며 전반적인 생산성을 향상하는 데 중점을 둔다. 이 철학은 작은 개선을 반복적으로 실행하여 성과를 축적하는 방식으로, 기업의 경쟁력을 장기적으로 강화하고, 변화하는 시장 요구에 신속히 대응할 수 있도록 도와준다.

JIT 전략의 주요 요소

JIT 전략을 효과적으로 구현하려면 몇 가지 필수 요소가 필요하다. 효율적인 공급망 관리, 협력적인 공급업체 관계, 생산라인의 유연성이 JIT 전략의 성공을 좌우한다.

• 공급업체와의 긴밀한 협력

JIT 전략에서 신뢰할 수 있는 공급업체와의 긴밀한 관계는 매우 중요하다. JIT는 필요한 때에 자재를 공급받아야 하므로, 공급업체의 납기 준수와 품질 보장이 필수적이다. 공급업체가 제때 고품질 자재를 제공하지 못하면 JIT 시스템에서 공급망 중단이 발생할 수 있으므로, 장기적인 협력 관계를 구축하는 것이 중요하다.

• 효율적인 공급망 관리

효율적인 공급망 관리는 매우 중요하다. JIT는 재고를 최소화하는 전략이기 때문에, 공급망 관리에서는 유연성과 효율성이 필수적이다. 특히 공급업체의 위치, 리드 타임, 그리고 배송 빈도 등은 JIT 전략에서 중요한 역할을 한다.

• 생산라인의 유연성

생산라인의 유연성은 IT의 핵심 요소 중 하나이다. 고객 수요 변화에 신속하게 대응하려면 생산라인이 쉽게 조정될 수 있어야 한다. 이를 위해 다기능 작업자나 유연한 생산 설비가 필요하며, 빠른 전환이 가능해야 한다.

⇒ JIT 전략에서 다기능 작업자는 다양한 작업을 수행하며 생산 공정의 효율성을 높이는 데 중요한 역할을 한다. 이들은 작업 전환 시간을 최소화하여 생산라인의 민첩성을 강화한다. 또 유연한 인력 배치를 통해 수요 변화와 공정상의 변동에 신속히 대응할 수 있어 JIT 운영의 안정성을 지원한다.

⇒ 유연한 생산 설비는 다양한 제품과 작업 조건에 맞춰 쉽게 조정 가능한 설비를 의미한다. 이러한 설비는 다양한 생산 요구에 신속히 대응할 수 있도록 설계되었으며, 설정 변경이나 작업 전환 시간이 최소화되도록 자동화 및 프로그래밍 기능을 포함하고 있어야 한다.

⇒ 빠른 전환은 생산라인에서 하나의 제품에서 다른 제품으로 전환되는 데 소요 시간의 최소화를 목표로 한다. 이를 위해 효율적인 전환 프로세스와 표준화된 절차를 마련하고, 작업자의 숙련도를 지속적으로 향상하는 것이 중요하다. 이러한 능력은 JIT 환경에서 낭비를 줄이고, 생산의 유연성과 효율성을 동시에 높이는 핵심 요소로 작용한다.

• 칸반(Kanban) 시스템

칸반 시스템은 JIT의 주요 도구 중 하나로, 시각적 신호를 사용해 생산 단계 간 재고 이동을 관리하는 방법이다. 재고 수준이 일정 수준에 도달하면 다음 생산 단계에 필요한 재고를 생산하도록 칸반 카드나 디지털 신호를 사용하여 재고 흐름을 제어한다.

⇒ 칸반은 생산 과정의 흐름을 시각적으로 체계적으로 관리하여 작업 상태와 진행 상황을 한눈에 확인할 수 있도록 지원한다. 이를 통해 생산 현황을 명확히 파악하고, 작업 우선순위를 효율적으로 조정할 수 있다. 시각적 관리 도구로서의 칸반은 팀 간 협업을 촉진하며, 작업의 가시성과 투명성을 높인다.

⇒ 칸반을 활용하면 각 공정에서 필요한 만큼만 생산하도록 정확히 조정할 수 있어 과잉 생산이나 작업 중단의 위험을 줄일 수 있다. 이를 통해 생산 흐름을 최적화하고, 자원 낭비를 최소화하며, 생산성을 극대화할 수 있다. 체계적인 조정은 전반적인 생산 운영의 효율성을 한층 더 높이는 데 이바지한다.

⇒ 칸반은 불필요한 재고 축적을 방지하며, 적시에 필요한 자재를 공급받을 수 있는 기

반을 마련한다. 이를 통해 생산 효율성을 높이고, 운영 비용 절감과 자원 활용도 개선에도 효과적으로 이바지한다. 칸반은 생산과 재고의 균형을 유지하며 운영 전반의 안정성을 강화한다.

• JIT의 장점

JIT 전략은 다양한 장점을 제공하여 기업이 비용 절감, 재고 관리 효율성 향상, 생산성 증대를 달성할 수 있도록 도와준다.

⇒ 재고 유지 비용 절감.

JIT 전략은 최소한의 재고를 유지하도록 설계되어 재고 보관비, 자본 비용, 감가상각 비용을 크게 절감할 수 있다. 또 불필요한 보관 공간을 줄여 자원 활용도를 높이고 운영 효율성을 강화한다. 이를 통해 기업은 재무 성과를 개선하며, 비용 절감과 효율성을 동시에 실현할 수 있다.

⇒ 불량품 감소.

JIT는 불량품 발생을 최소화하는 데 초점을 맞추며, 즉각적인 품질 관리로 결함을 빠르게 감지하고 해결한다. 이를 통해 낭비를 줄이고 생산 공정을 개선하며, 제품 품질 향상과 고객 만족도를 증대시킨다. 품질 중심의 접근은 장기적으로 기업 신뢰도를 강화하는 데 이바지한다.

⇒ 생산 효율성 향상.

JIT는 생산 공정을 최적화하고 낭비를 제거하여 효율성을 극대화한다. 과잉 생산을 방지하고 필요한 만큼만 생산하므로 자원을 효율적으로 활용할 수 있다. 이러한 방식은 생산성을 높이고 운영 비용을 효과적으로 줄이는 데 도움을 준다.

⇒ 수요 변화에 대한 신속한 대응.

JIT는 수요 변화에 민첩하게 대응할 수 있는 체계를 제공하여 유연한 생산을 가능하게 한다. 고객 주문에 따라 즉시 생산을 시작하므로 재고 관리가 쉬우며, 고객 서비스 품질도 크게 개선된다. 이를 통해 변동성 높은 시장에서도 경쟁력을 유지할 수 있다.

• JIT의 한계와 도전 과제

JIT는 많은 장점에도 불구하고, 몇 가지 한계와 도전 과제를 가지고 있다. 특히 공급망의 안정성과 예측 불가능한 외부 요인에 취약할 수 있다.

⇒ 공급망 리스크.

JIT는 재고를 최소화하는 방식이므로 공급망에 차질이 생기면 생산 중단의 위험이 크다. 특히 공급업체가 자재를 제때 공급하지 못하면 생산 공정이 중단될 수 있어 공급망 안정성 유지가 필수적이다. 천재지변, 정치적 불안정, 교통 문제 등의 외부 요인은 JIT 시스템에 큰 혼란을 초래할 수 있다. 이를 방지하려면 다수의 공급업체를 확보하고, 공급망 문제를 조기에 감지할 수 있는 시스템을 구축해야 한다. 이러한 안정적인 관리 체계는 JIT의 성공을 보장하는 핵심 요소이다.

⇒ 예측 불확실성.

JIT는 정확한 수요 예측을 기반으로 운영되기 때문에, 예측 오류가 발생하면 재고 부족과 생산 지연 같은 문제가 발생할 수 있다. 특히, 수요 변동성이 큰 산업에서는 예측 정확성이 떨어지면 JIT의 효과가 크게 감소할 수 있다. 이를 해결하려면 AI와 빅데이터를 활용한 정밀한 수요 예측 기술을 도입하고, 변동 상황에 대비할 수 있는 유연한 대처 전략을 마련해야 한다. 정교한 예측과 대응은 JIT의 효율성을 극대화하는 데 필수적이다.

⇒ 초기 도입 비용.

JIT 시스템 도입에는 상당한 초기 투자 비용이 필요하다. 생산 공정을 유연하게 구성하고 공급업체와의 협력을 강화하기 위해 디지털 기술을 포함한 다양한 시스템 구축이 필수적이다. 또 조직 전반의 이해와 교육을 통해 새로운 운영 방식을 효과적으로 도입해야 한다. 초기 투자와 시간이 요구되지만, 장기적으로는 비용 절감과 효율성 향상을 통해 투자 이상의 가치를 창출할 수 있다.

• JIT의 실무적 적용 사례

JIT 전략은 다양한 산업에서 성공적으로 적용되고 있으며, 특히 제조업, 자동차 산업, 전자 제품 산업 등에서 널리 사용되고 있다.

• 도요타 자동차

JIT(Just-In-Time) 전략의 대표적인 성공 사례로 꼽히는 도요타 자동차는 JIT 생산 방식을 선도적으로 도입하여 재고 비용을 획기적으로 절감하고 생산 효율성을 극대화하는 데 성공하였다. 도요타는 "필요할 때, 필요한 만큼만 생산한다."라는 철학을 기반으로, 모든 생산 공정을 최적화하여 낭비를 제거하고 자원을 효율적으로 활용할 수 있는 시스템을 구축했다.

도요타의 JIT 시스템은 최소한의 부품만을 적시에 공급받아 생산하는 방식을 채택하여, 대량의 재고를 보유하지 않고도 생산 공정을 안정적으로 운영할 수 있게 했다. 이를 통해 도요타는 불필요한 재고를 완벽히 제거하며, 창고 비용 절감, 자본 활용도 향상, 생산 낭비 최소화라는 성과를 거두었다.

또한, 도요타는 공급망 파트너와의 긴밀한 협력을 통해 공급 과정을 정교하게 조율하며 리드 타임을 단축하는 데 성공하였다. 이러한 협력은 생산 공정이 원활하게 작동할 수 있도록 보장하며, 유연한 생산 체계를 유지하여 고객의 수요 변화나 주문 요청에도 신속하게 대응할 수 있는 능력을 갖추게 했다.

결과적으로 도요타는 JIT 전략을 통해 글로벌 자동차 시장에서의 경쟁 우위를 확보하고, 변화하는 시장 환경 속에서도 높은 수준의 운영 효율성과 고객 만족을 실현하는 데 성공하였다. 도요타의 JIT 사례는 단순히 비용 절감에 그치지 않고, 지속적인 개선(Kaizen) 철학과 함께 결합하여 전사적으로 운영 효율을 최적화한 모범적인 사례로 평가받고 있다.

• 델(Dell) 컴퓨터.

델(Dell)은 주로 컴퓨터 하드웨어(데스크톱, 노트북, 서버 등)를 설계, 생산 및 판매하는 글로벌 IT 기업이다. 특히, 델의 생산 방식은 주문형 생산(Build-to-Order) 시스템에 기반을 두고 있으며, 이는 고객의 주문을 받은 후에 맞춤형으로 제품을 조립하는 방식이다.

이와 같은 전략은 델이 대규모의 완제품 재고를 보유하지 않아도 된다는 점에서 JIT의 원칙과 유사하다. 델은 고객의 요구에 따라 제품을 설계·조립하고, 이를 신속하게 납품함으로써 재고 관련 비용을 줄이고, 고객 만족도를 높이는 데 성공한 제조 기업의 대표 사례로 꼽힌다.

중요한 것은 고객이 주문을 확정한 후에야 맞춤형 컴퓨터를 조립하기 때문에 불필요한 재고를 최소화할 수 있었다. 이 전략은 재고 비용 절감뿐만 아니라, 운영 자금의 효율적 활용과 재고 리스크 감소를 가능하게 했다. 델은 고객이 원하는 사양에 맞춘 제품을 신속히 제공하여 고객 만족도를 높이는 동시에 공급망의 유연성을 강화하였다. 이러한 접근 방식은 델이 효율적인 생산 공정과 빠른 고객 맞춤형 서비스를 통해 경쟁 우위를 확보할 수 있도록 했다.

• 주요 내용 정리

JIT(Just-In-Time) 전략은 필요한 시점에 최소한의 재고만 보유하여 재고 비용을 절감하고 생산 효율성을 극대화하는 방식으로, 도요타와 델 같은 기업에서 성공적으로 활용되었다. 이 전략은 낭비 제거, 품질 관리, 수요 중심의 생산, 지속적 개선을 핵심 원칙으로 하며, 공급망 협력과 생산라인의 유연성을 통해 변동성에 신속히 대응할 수 있도록 도와준다. 그러나 공급망 불안정, 수요 예측 오류, 초기 도입 비용과 같은 도전 과제도 존재한다. 성공적인 적용 사례는 비용 절감, 고객 만족도 향상, 경쟁 우위 확보의 가능성을 입증하며 다양한 산업에서 JIT의 효과를 보여준다.

안전 재고 설정

안전 재고 설정 기준

안전 재고(Safety Stock)는 기업이 예상치 못한 수요 증가나 공급 지연과 같은 불확실성에 대비해 추가로 보유하는 재고를 말한다. 재고 부족으로 인해 발생할 수 있는 생산 차질이나 고객 주문 미이행을 방지하는 데 중요한 역할을 하며, 수요 변동성과 리드 타임의 변동을 고려해 설정된다. 안전 재고는 비용과 서비스 수준 간의 균형을 맞추는 핵심 요소로, 이를 효과적으로 설정하기 위해 다양한 기준을 적용해야 한다.

안전 재고를 잘 설정하면 비용 절감과 고객 만족도를 동시에 달성할 수 있다. 그러나 과도한 안전 재고는 불필요한 재고 유지 비용을 발생시키고, 반대로 안전 재고가 부족하면 수요 변화에 적절히 대응하지 못해 재고 부족으로 인한 손실을 초래할 수도 있다. 따라서 기업은 정확한 기준을 설정하여 효율적인 재고 관리를 할 필요가 있다.

안전 재고 설정의 필요성

안전 재고는 수요의 예측 불확실성과 공급망 리스크를 해결하는 중요한 도구이다. 이를 통해 기업은 시장 변동성과 공급 지연 상황에서도 비즈니스 연속성을 유지하고, 고객의 수요에 신속히 대응할 수 있다.

• 수요 변동에 대한 대응
수요 예측은 다양한 데이터와 모델을 기반으로 이루어지지만, 실제 수요는 예측과 차이가 발생할 가능성이 항상 존재한다. 특히 고객의 갑작스러운 수요 증가는 기업 운영에 예기치 못한 영향을 미칠 수 있다. 이에 대비하기 위해, 적절한 수준의 안전 재고 확보가 필수적이다. 안전 재고는 예상치 못한 상황에서도 고객의 요구를 충족시킬 수 있는 완충 역할을 하며, 재고 부족으로 인한 판매 손실과 운영 차질을 방지하는 데 이바지한다. 또 안전 재고를 통해 서비스 수준을 유지하고, 고객 만족도를 높이는 동시에 신뢰를 강화할 수 있다.

• 공급망 불확실성 완화

공급망 관리에서는 공급업체의 생산 문제, 운송 지연, 자재 부족 등으로 인해 공급이 제때 이루어지지 않는 상황이 빈번히 발생할 수 있다. 이러한 리스크를 완화하기 위해 안전 재고는 중요한 역할을 한다. 안전 재고는 공급망에서 발생하는 예기치 못한 문제에도 생산 공정을 중단 없이 유지하도록 지원하며, 운영 안정성을 보장한다. 특히, 긴 리드 타임을 요구하는 제품의 경우, 안전 재고는 생산 차질을 방지하고 납기를 준수하기 위한 핵심 전략으로 작용한다. 이를 통해 기업은 공급망 리스크를 관리하면서 운영 효율성을 유지하고, 변화하는 환경에도 유연하게 대응할 수 있다.

안전 재고 설정 요소

안전 재고를 설정할 때는 여러 가지 요소를 고려해야 한다. 주요 기준으로는 수요 변동성, 리드 타임 변동성, 서비스 수준 목표, 재고 관리 비용 등이 있다.

• 수요 변동성

수요 변동성은 실제 수요가 예측된 수요와 얼마나 차이가 있는지를 나타내는 중요한 지표이다. 수요 변동성이 클수록 예측의 불확실성이 높아지기 때문에, 이를 보완하기 위해 안전 재고를 높게 설정하는 것이 필요하다. 특히, 수요가 불안정한 제품의 경우 예측 오차가 커질 가능성이 높아 안전 재고의 중요성이 더욱 부각된다.

예를 들어, 계절상품이나 프로모션의 영향을 많이 받는 제품은 수요 변동성이 큰 대표적인 사례이다. 이러한 제품은 수요 급증이 예상치 못하게 발생할 수 있으므로, 충분한 안전 재고를 확보하여 갑작스러운 주문 증가에도 안정적으로 대응해야 한다. 이를 통해 재고 부족으로 인한 판매 손실을 방지하고, 고객 만족도를 유지할 수 있다. 효과적인 수요 변동성 관리는 기업의 운영 안정성과 경쟁력 강화에도 이바지한다.

• 리드 타임 변동성

리드 타임은 발주한 시점부터 자재나 제품이 입고될 때까지의 시간을 의미하며, 재고 관리에서 매우 중요한 변수로 작용한다. 특히, 리드 타임의 변동성이 클수록 공급의 불확실성이 증가하므로 이를 보완하기 위해 충분한 안전 재고를 확보하는 것이 필수적이다. 예상보다 리드 타임이 길어지면 재고 부족으로 인해 생산이 중단되거나 고객 주문을 제때 처리하지 못해 심각한 고객 불만으로 이어질 수 있다. 이러한 리스크를 방지하기 위해 기업은 여유 재고를 유지해야 한다.

예를 들어, 해외 공급업체로부터 자재를 조달하는 경우, 국제 물류 문제, 통관 지연, 운송 수단의 제한 등으로 인해 리드 타임이 예기치 않게 길어질 가능성이 높다. 이러한 상황에서는 충분한 안전 재고를 설정하여 공급 지연에 대비하고, 생산 차질이나 납기 불이행을 방지해야 한다. 안전 재고 관리는 공급망의 안정성을 확보하고, 고객 요구를 충족시키며 운영 신뢰도를 유지하는 데 핵심적인 역할을 한다.

• 서비스 수준 목표

서비스 수준은 고객의 수요를 즉시 충족할 수 있는 능력을 의미하며, 기업의 고객 만족도와 신뢰도를 결정하는 중요한 지표이다.

서비스 수준 목표는 기업이 설정한 기준에 따라 안전 재고 수준에 직접적인 영향을 미치며, 서비스 수준이 높을수록 더 많은 안전 재고가 필요하다. 이 목표는 일반적으로 주문 이행률이나 재고 회전율과 같은 성과 지표로 측정된다.

예를 들어 서비스 수준 95%를 목표로 설정한 경우, 100번의 고객 주문 중 95번은 재고 부족 없이 즉시 이행되어야 한다는 뜻이다. 이를 달성하기 위해 기업은 충분한 안전 재고를 유지해야 하며, 이는 고객의 기대를 충족하고 납기 준수율을 높이는 데 필수적이다. 서비스 수준 목표를 설정하고 이를 달성하는 것은 단순히 고객 만족을 넘어 시장 경쟁력 강화와 운영 효율성 증대로 이어질 수 있다. 적절한 서비스 수준 관리와 안전 재고 유지 전략은 기업이 변화하는 시장 수요에 유연하게 대응하며, 지속적인 고객 충성도와 장기적인 성장을 확보하는 데 중요한 역할을 한다.

• 재고 관리 비용

재고를 유지하는 비용은 안전 재고를 설정할 때 반드시 고려해야 할 중요한 요소 중 하나이다. 안전 재고가 많을수록 보관 공간, 운영 자원, 그리고 자산 가치 감소와 같은 재고 유지 비용이 증가하기 때문에, 기업은 비용 효율성을 고려하여 최적의 안전 재고 수준을 설정해야 한다. 이러한 비용에는 재고 보관 비용, 재고 자산의 감가상각, 보험료, 그리고 유통기한 만료나 손상에 따른 리스크 비용 등이 포함된다.

예를 들어 고가의 제품이나 저장 공간이 제한된 상황에서는 과도한 안전 재고를 보유할 때 비용 부담이 급격히 증가할 수 있다.

따라서 기업은 수요 변동성과 비용 간의 균형을 유지하면서 최적화된 안전 재고를 설정해야 한다. 이는 고객의 주문을 안정적으로 충족시키는 동시에, 재고 관리 효율성을 높이고 비용을 절감할 수 있는 핵심 전략으로 작용한다.

적절한 재고 유지 비용 관리와 안전 재고 최적화는 운영 비용 절감, 재무 성과 개선, 그리고 기업 경쟁력 강화로 이어질 수 있다.

• 안전 재고 계산 방법

안전 재고를 계산하는 방법은 여러 가지가 있지만, 대표적인 두 가지 방법을 정리해 본다.

⇒ 표준 편차 기반 안전 재고 공식

안전 재고 = $Z * \sigma n * \sqrt{\text{(lead time L)}}$

※ Z: 서비스 수준 목표에 따른 Z-값(정규분포에서의 신뢰도 수준으로서, 예: 95% 서비스 수준에서는Z값이1.65)/ σn: 수요의 표준 편차/ L : 리드 타임(Lead Time)의 길이

이 공식은 수요 변동성과 리드 타임의 불확실성을 고려하여 계산된다. 서비스 수준에 따라 Z값을 결정하며, 수요의 표준 편차와 리드 타임의 제곱근을 곱해 안전 재고를 계산한다.

※ 계산 예시

서비스 수준: 95% (Z = 1.65)/ 수요의 표준 편차(σn): 50 단위/ 리드 타임(L): 4일

※ 계산

안전 재고 = 1.65 × 50 X $\sqrt{4}$ =1.65 × 50 × 2 = 165단위

표준 편차 기반 안전 재고 공식에 의한 안전 재고는 165단위로 계산된다.

이러한 방법은 수요의 변동성과 리드 타임의 불확실성을 정량적으로 반영하여 안전 재고를 계산하는 방식으로, 서비스 수준과 수요의 표준 편차를 활용한다. 특히, 높은 서비스 수준이 요구되거나 수요와 리드 타임의 변동성이 큰 환경에서 효과적이다.

⇒최대 및 평균 수요와 리드 타임 기반 공식

안전 재고 = (최대수요 × 최대 리드타임) - (평균수요 × 평균 리드 타임)

※ 최대 수요: 특정 기간 동안 발생할 수 있는 최대 수요/ 최대 리드 타임: 발생할 수 있는 최대 리드 타임/ 평균 수요: 리드 타임 동안의 평균 수요/ 평균 리드 타임: 평균적인 리드 타임

※ 예시

최대 수요: 200 단위/일, 최대 리드 타임: 10일, 평균 수요: 150 단위/일, 평균 리드 타임: 7일

※ 계산:

안전 재고 = (200 × 10) - (150 × 7)

 = 2000 -1050 = 950 단위

표준 편차 기반 안전 재고 공식에 의한 안전 재고는 950단위로 계산된다.

이러한 방법은 수요와 리드 타임의 최대값과 평균값을 비교하여 안전 재고를 계산하는

방식으로, 수요와 리드 타임의 변동이 큰 환경에서 유용할 수 있다.

• 안전 재고 설정의 장점

⇒ 재고 부족 방지.

안전 재고는 수요 예측의 오차나 예상치 못한 공급망 문제로 인해 발생할 수 있는 재고 부족 상황을 효과적으로 방지하는 데 중요한 역할을 한다. 이를 통해 기업은 생산 공정의 중단을 사전 예방하고, 고객의 주문을 신속하고 정확하게 처리하여 운영 효율성을 유지할 수 있다. 또 비상 상황에서도 원활한 공급을 보장함으로써 기업의 신뢰도를 높이는 데 이바지한다.

⇒ 고객 서비스 수준 향상.

안전 재고를 적절히 관리하면 고객의 주문을 신속·정확하게 처리할 수 있어 고객 서비스의 전반적 품질이 향상된다. 이는 고객 만족도를 크게 높이고, 지속적인 재구매를 유도하며, 브랜드에 대한 고객의 충성도를 강화하는 데 핵심 역할을 한다. 이런 접근 방식은 기업의 긍정적인 평판을 강화하고, 경쟁 시장에서 차별화된 가치를 제공한다.

⇒ 리스크관리 강화.

안전 재고는 공급망의 불확실성과 변동성에 대비하기 위한 중요한 리스크관리 도구로 활용된다. 이를 통해 자재 부족이나 예상치 못한 생산 차질과 같은 비상 상황을 예방하고, 비즈니스의 연속성을 유지하는 데 중요하게 이바지한다. 특히, 복잡한 글로벌 공급망 환경에서 안정적인 운영을 가능하게 하여 기업의 회복탄력성을 강화한다.

이처럼 EOQ, ABC 분석, JIT 전략은 각각의 방식에 따라 재고를 효율적으로 관리하고, 기업의 비용 절감과 생산성 향상에 이바지할 수 있는 구체적인 방법이다. 각각의 방법은 정확한 데이터의 수집과 계획 수립, 그리고 공급망과의 협업을 통해 더욱 효과적으로 적용된다.

• 주요 내용 정리

안전 재고는 수요 변동성과 공급망 불확실성에 대비하기 위해 추가로 보유하는 재고로서, 재고 부족을 방지하고 고객 서비스 수준을 유지하는 데 필수적이다. 수요와 리드 타임 변동성, 서비스 수준 목표, 재고 유지 비용을 기준으로 설정되며, 표준 편차 기반 공식과 최대/평균 수요 공식 등 다양한 계산 방법이 활용된다. 이를 통해 기업은 공급망 리스크를 완화하고 운영 안정성을 강화하며, 고객 만족도를 높이는 동시에 재고 관리 효율성을 극대화할 수 있다. 적절한 안전 재고는 비용 절감과 고객 신뢰도 증대로 이어져 기업 경쟁력을 강화한다.

수요 변동성 관리

수요 변동성 관리(Demand Variability Management)는 재고 관리와 공급망 운영의 중요한 부분으로, 수요의 변동과 예측의 정확성에 맞춰 재고 전략과 공급 계획을 조정하는 것이다. 수요 변동성이란 실제 수요가 예상 수요와 얼마나 차이가 나는지를 나타내며, 시장 변화, 경제적 요인, 고객 행동 변화, 계절적 요인 등 다양한 외부 요인에 의해 발생할 수 있다. 수요 변동성이 클수록, 기업은 이를 효과적으로 관리하기 위해 유연한 공급망과 재고 관리 전략이 필요하다. 효율적인 수요 변동성 관리는 재고 비용 절감과 고객 서비스 수준을 향상시키며, 안전 재고를 적정 수준으로 유지해 재고 부족이나 과잉 재고로 인한 리스크를 최소화한다.

수요 변동성의 원인

수요 변동성은 다양한 내부 및 외부 요인에 의해 발생하며, 기업이 수요를 예측하고 그에 맞춰 재고 관리를 하는 데 어려움을 줄 수 있다. 주요 원인에는 다음과 같은 것들이 있다.

• 계절적 수요

계절적 수요는 연중 특정 시기에 발생하는 수요 변화로, 겨울철 난방용품, 여름철 의류, 연말연시 선물 수요 등과 같이 계절성에 따라 달라진다. 이러한 수요 변동성은 예측할 수 있는 경우가 많지만, 여전히 정확한 수요 예측이 어려운 때도 있다. (예) 선풍기는 여름철에 수요가 급증하고, 겨울에는 수요가 거의 없는 형태를 보인다.

• 경제적·사회적 요인

경제적 변화나 사회적 변화도 수요 변동성을 유발한다. 경제 호황이나 불황, 소비자 신뢰도 변화, 법률 변화 등이 고객의 구매력과 소비 패턴에 영향을 미칠 수 있다. 특히 경제 불확실성이 큰 시기에는 수요가 급격히 변할 수 있다. (예) 경제 불황 시 소비자들은 고가 상품의 소비를 줄이고, 기본 필수품에 대한 수요는 증가할 수 있다.

• 경쟁사와 시장 동향

경쟁사 활동이나 시장 동향도 수요 변동성에 영향을 미친다. 경쟁사의 가격 정책, 신제품 출시, 마케팅 캠페인 등이 고객의 구매 행동에 변화를 일으켜, 기존 수요 예측에 오차를 유발할 수 있다. (예) 경쟁사가 신제품을 출시하거나 대규모 할인 이벤트를 진행하면, 자사의 제품 수요가 감소할 수 있다.

• 고객 행동 변화

고객 선호도와 구매 행동은 기술 발전, 문화적 변화 등 여러 요인에 의해 급격히 변할 수 있다. 이러한 변화는 소비자 트렌드나 시장 요구에 빠르게 반응해야 하는 기업에 수요 변동성을 초래한다.

(예) 온라인 쇼핑이 증가하면서 오프라인 매장 수요가 감소하는 현상.

수요 변동성 관리 전략

수요 변동성을 관리하기 위해 기업은 수요 예측 정확성을 높이고, 유연한 재고 관리 전략을 도입해야 한다. 이를 통해 기업은 예측의 불확실성을 줄이고, 수요 변화에 신속하게 대응할 수 있다.

• 수요 예측의 정확성 향상

정확한 수요 예측은 수요 변동성을 관리하는 데 필수적이다.

과거 데이터를 분석하여 수요 패턴을 파악하고, 이를 바탕으로 예측 모델을 수립하면 수요 변동에 대응할 수 있다. 정량적 예측과 정성적 예측을 결합하여 종합적인 예측 시스템을 구축하는 것이 중요하다.

⇒ 정량적 예측은 과거 데이터를 바탕으로 통계적 모델을 활용하여 수요를 예측하는 방식으로, 시계열 분석이나 회귀 분석과 같은 방법을 사용한다.

⇒ 정성적 예측은 시장 전문가나 고객 피드백, 시장 조사 등을 기반으로 수요를 예측하는 방식이며, 이는 정량적 예측이 어려운 상황에서 보완적인 역할을 한다.

• 유연한 재고 관리

재고 관리는 수요 변동성에 대응하는 중요한 요소이다. 기업은 안전 재고를 유지함으로써 재고 부족의 위험을 줄이고, 재고 회전율을 높여 과잉 재고를 방지해야 한다. 재고 최적화를 위한 JIT(Just-In-Time) 전략 등을 통해 변동성에 대응할 수 있다.

⇒ 안전 재고는 수요 변동성과 공급망 리스크에 대비하여 여유 재고를 설정함으로써 예상치 못한 상황에 대응할 수 있다.

⇒ 재고 최적화 시스템은 재고 관리 시스템을 자동화하여 실시간 데이터를 기반으로 재고 수준을 모니터링하고, 수요 변화에 즉각 대응할 수 있게 해준다.

• 공급망 유연성 확보

유연한 공급망은 수요 변동성 관리에 핵심 역할을 한다. 다양한 공급원을 확보하고 빠른 배송 시스템을 구축하여, 공급 지연이나 수요 급변 상황에서도 원활한 운영을 유지할 수 있다. 협력적인 공급업체와 신뢰할 수 있는 물류 시스템이 필요하다.

⇒ 특정 공급업체에 대한 의존도를 줄이고 대체 공급업체를 확보함으로써 공급망 중단에 대응할 수 있도록 한다.

⇒ 물류 파트너십을 통해 신속한 재고 이동을 지원하며, 특히 고객의 위치에 따라 재고

를 분산시켜 배송 시간을 단축한다.

• 실시간 데이터 분석

실시간 데이터를 활용해 수요 변동성에 빠르게 대응하는 것이 중요하다. POS(Point of Sale) 시스템, 고객 주문 정보, 시장 변화 데이터 등을 실시간으로 분석하여 수요 변동을 빠르게 감지하고, 재고와 생산 계획을 즉시 조정할 수 있다.

⇒ 빅데이터와 인공지능(AI)을 활용하여 수요 패턴을 분석하고 예측 모델을 정교화하면 민첩한 대응이 가능해진다.

⇒ 자동화된 경고 시스템은 수요 급변이나 공급망 이상을 실시간으로 감지하여 경고 알림을 발송하고, 즉각적인 대응 조치를 할 수 있다.

• 고객과 시장 피드백 활용

고객 피드백과 시장 조사를 적극 활용하여 수요 변동성을 관리할 수 있다. 고객 만족도 조사, 구매 패턴 분석, 소비자 행동 연구를 통해 수요 변화에 대한 예측을 보완하고, 신제품 개발이나 마케팅 전략을 조정할 수 있다.

⇒ 고객 만족도와 불만 사항을 분석하여 제품 개선이나 서비스 향상에 활용한다.

⇒ 신흥 시장이나 소비자 트렌드에 대한 시장 조사를 통해 미래 수요를 예측하고, 변동성에 대비한 전략 수립을 지원한다.

• 수요 변동성 관리의 장점

⇒ 비용 절감.

수요 변동성을 효과적으로 관리하면 과잉 재고와 재고 부족을 최소화할 수 있어, 재고 유지 비용뿐만 아니라 발주와 관련된 간접 비용도 절감할 수 있다. 정확한 수요 예측은 재고 회전율을 더욱 높이는 데 이바지하며, 이를 통해 불필요한 자산 운영의 부담을 줄이고 기업의 자원 배분 효율성을 강화한다. 나아가 비용 절감으로 확보된 자원을 다른 핵심 영역에 재투자할 수 있는 여지를 제공한다.

⇒ 고객 서비스 향상.

수요 변동성 관리를 철저히 수행하면 고객 주문에 더욱 신속하고 정확하게 대응할 수 있어 고객 서비스의 품질이 한층 높아진다. 고객이 원하는 제품을 필요할 때 제공함으로써 고객 만족도를 높이고, 나아가 충성도를 강화하여 지속적인 거래 관계를 유지할 수 있다. 이러한 관리 능력은 고객 경험의 최적화로 기업의 평판을 더욱 높여준다.

⇒ 경쟁 우위 확보.

변동성이 높은 시장에서도 유연하게 대응할 수 있는 기업은 경쟁 우위를 보다 확고히 다질 수 있다. 신속한 대응력과 고도화된 예측 역량은 시장에서 리더십을 공고히 하고, 경쟁사가 놓칠 수 있는 비즈니스 기회를 빠르게 포착하는 데 중요한 역할을 한다. 이를 통해 기업은 변화하는 시장 환경에서도 지속적으로 성장하고, 장기적인 생존 가능성을 강화할 수 있다.

• 수요 변동성 관리의 도전 과제

⇒ 예측 정확성의 한계.

수요 변동성 관리를 효과적으로 수행하려면 예측 정확성을 높이는 것이 핵심 과제지만, 현실적으로 완벽한 예측은 불가능하다. 특히 경제 변화, 계절적 요인, 소비자 행동 변화와 같은 다양한 요인뿐만 아니라 예측이 어려운 외부 사건, 예를 들어 자연재해나 정치적 불안정성 등으로 인해 수요가 급변할 경우, 안정적인 예측과 대응이 더욱 복잡해진다. 이러한 한계는 관리 전략의 유연성과 융통성 있는 대응 속도를 요구한다.

⇒ 공급망 리스크.

공급망 리스크가 존재하는 상황에서는 수요 변동성에 적절히 대응하기 위한 재고 보충이 적시에 이루어지지 않을 가능성이 커진다. 공급 지연, 물류 문제, 또는 원자재 부족과 같은 리스크는 전반적인 공급망 운영을 방해하여 수요 변동성 관리에 상당한 어려움을 불러일으킬 수 있다. 따라서 기업은 공급망의 회복탄력성을 강화하고, 대체 공급원을 확보하는 등의 예방적 조치가 필요하다.

⇒ 초기 도입 비용.

데이터 분석 시스템 및 자동화된 재고 관리 시스템을 도입하려면 상당한 초기 투자 비용이 필요하지만, 장기적으로 운영 효율성과 비용 절감을 가능하게 하는 필수 투자이다. 특히, 데이터 기반 의사결정이 가능한 시스템을 구축하면 기업은 더욱 정교한 수요 관리와 재고 최적화를 통해 지속 가능한 경쟁력을 확보할 수 있다. 초기 투자에 대한 부담을 완화하기 위해 정부 지원이나 단계적 도입 방안을 검토하는 방안도 효과적인 접근법이다.

• 주요 내용 정리

수요 변동성 관리는 예측과 실제 수요의 차이를 줄이기 위한 전략으로, 계절성, 경제적 요인, 고객 행동 변화 등 다양한 요인에 따라 발생하는 변동성에 대응한다. 이를 위해 정확한 수요 예측, 유연한 재고 관리, 공급망 유연성 확보, 실시간 데이터 분석 등의 전략이 필요하며, 고객 피드백과 시장 조사를 적극 활용해야 한다. 효과적인 수요 변동성 관리는 비용 절감, 고객 만족도 향상, 경쟁 우위 확보로 이어지지만, 예측 한계와 공급망 리스크, 초기 도입 비용 등 도전 과제도 존재한다. 이를 극복하면 기업은 시장 변화에 유연하게 대응하며 지속 가능성을 확보할 수 있다.

리드 타임 고려

리드 타임(Lead Time)은 재고 관리와 안전 재고 설정에서 중요한 요소 중 하나로, 재고분 발주부터 입고 완료까지 걸리는 시간을 의미한다. 리드 타임은 공급망 관리의 핵심 개념으로, 발주 생성, 제품 생산, 배송, 입고 처리 등 여러 과정이 포함된다.

리드 타임 변동이 클수록 안전 재고의 필요성이 증가하며, 수요 충족과 생산 계획에 큰 영향을 미친다. 리드 타임 고려는 기업이 재고 부족을 방지하고 생산 중단이나 고객 주문 이행 실패를 피할 수 있게 도와주며, 리드 타임을 효과적으로 관리하면 재고 최적화와 함께 비용을 절감할 수 있다.

• 리드 타임의 중요성

리드 타임은 재고 발주에서 재고 도착까지의 시간을 의미하며, 리드 타임이 길거나 변동성이 클수록 이를 고려한 안전 재고 설정이 필수적이다. 리드 타임 변동성은 특히 불확실성을 증가시키며, 이를 예측하지 못하면 재고 부족이나 과잉 재고가 발생할 수 있다.

• 리드 타임의 구성 요소

리드 타임은 여러 단계로 구성되어 있으며, 각 단계에서 발생하는 시간의 합이 리드 타임을 결정한다. 각 단계는 공급망 효율성에 영향을 미치며, 이를 정확하게 이해하는 것이 리드 타임 관리를 개선하는 데 필수적이다.

⇒ 발주 처리 시간은 발주를 공급업체에 요청하고, 발주서를 처리하는 데 걸리는 시간.

⇒ 생산 준비 및 생산 시간은 공급업체가 제품을 생산하는 데 필요한 시간.

⇒ 운송 시간은 제품이 공급업체에서 출발하여 물류 창고나 최종 목적지에 도착하는 데 걸리는 시간.

⇒ 입고 처리 시간은 물류 창고에서 제품을 수령하고, 검수한 다음 재고로 등록하는 데 걸리는 시간.

• 리드 타임 변동성

리드 타임은 고정되지 않으며, 여러 요인에 의해 변동할 수 있다. 공급업체의 생산 능력, 운송 지연, 기상 상황, 정치적 상황 등 다양한 외부 요인이 리드 타임에 영향을 미칠 수 있다. 이러한 변동성은 재고 관리에 큰 영향을 주며, 예상치 못한 리드 타임 지연은 재고 부족으로 이어질 수 있다.

(예) 글로벌 공급망을 통해 부품을 조달하는 기업은 국제 운송의 지연이나 통관 문제로 인해 리드 타임이 길어질 수 있으며, 이에 대비해 안전 재고를 설정해야 한다.

• 리드 타임 고려한 안전 재고 설정

리드 타임을 고려한 안전 재고 설정은 불확실한 리드 타임으로 인해 발생할 수 있는 재고 부족을 예방하고, 원활한 공급망 운영을 보장하는 데 필수적이다.

리드 타임이 길거나 변동성이 클수록 안전 재고 수준을 높여야 공급 지연이나 예상치 못한 수요 증가에도 안정적으로 대응할 수 있다. 이는 고객 주문 이행률을 유지하고, 기업의 신뢰도를 높이는 데도 이바지한다.

• 리드 타임과 안전 재고의 관계

리드 타임이 길거나 변동성이 크다면, 수요 예측의 오차와 공급 지연이 발생할 수 있어 공급망 관리의 불확실성이 더욱 커진다. 이러한 상황에서는 수요 변동성과 공급 차질을 보완하기 위해 적정 수준의 안전 재고 유지가 필수적이다. 반대로, 리드 타임이 짧아지면 공급 주기가 안정적이므로, 안전 재고는 상대적으로 낮은 수준으로도 운영 효율성을 유지할 수 있다. 이 관계를 명확히 이해하면 기업은 재고 관리와 공급망 운영에서 안정성을 강화하고, 비용과 서비스 수준 간의 균형을 최적화할 수 있다.

⇒ 리드 타임이 길수록, 예측되지 않은 수요 변동성에 대응하기 위해 더 많은 재고를 보유해야 하며, 이는 리드 타임 동안 발생할 수 있는 위험을 완화하는 데 도움이 된다.

⇒ 리드 타임이 짧아질수록, 공급 주기가 안정적으로 이루어지기 때문에 재고 수준을 최소화할 수 있으며, 효율적으로 리드 타임 내의 수요를 충족시킬 수 있다.

리드 타임 관리 전략

리드 타임을 효과적으로 관리하려면 리드 타임 단축과 변동성 완화를 동시에 고려하는 전략이 필요하다. 이를 통해 기업은 재고 유지 비용을 줄이고, 공급망의 유연성과 안정성을 강화할 수 있다. 이러한 관리 전략은 기업의 운영 효율성을 높이고 고객 서비스 수준을 개선하는 데 이바지한다.

• 리드 타임 단축

리드 타임을 단축하는 것은 재고 부족 방지와 비용 절감에서 매우 중요한 역할을 하며, 이를 위해 공급업체와의 긴밀한 협력과 공급망 최적화가 필수적이다.

⇒ 신뢰할 수 있는 공급업체와 협력하여 안정적인 리드 타임을 확보하고, 긴급 발주 상황에도 신속히 대응할 수 있는 프로세스를 구축한다.

⇒ 현지 공급업체와의 파트너십을 통해 국제 운송에서 발생할 수 있는 불확실성을 줄이고, 짧고 예측할 수 있는 리드 타임을 유지한다.

• 리드 타임 변동성 완화

리드 타임의 변동성을 줄이기 위해 다중 공급망 전략과 재고 공유 시스템을 도입하는 것도 중요하다. 이를 통해 공급망 중단 위험을 줄이고 안정적인 재고 보충이 가능해진다.

⇒ 하나의 공급업체에만 의존하지 않고 여러 공급업체를 활용하여 리드 타임 변동성을 줄이고, 공급망 차질에 대비할 수 있는 구조를 만든다.

⇒ 유통 창고를 여러 지역에 분산 배치하여 가까운 곳에서 재고를 신속히 보충함으로써 리드 타임을 단축하고 변동성을 완화한다.

• 실시간 리드 타임 모니터링

리드 타임 변동성을 줄이기 위해서는 실시간 데이터를 기반으로 한 리드 타임 모니터링이 필요하다. 재고 관리 시스템과 공급망 관리 시스템(SCM)을 통해 리드 타임 데이터를 분석하고, 변동성을 조기에 감지하여 대응 조치를 취할 수 있다.

⇒ 물류 프로세스에서 리드 타임을 실시간으로 추적하여 예상치 못한 배송 지연이나 공급망 차질을 신속히 감지하고 조치할 수 있다.

⇒ 재고 관리 시스템과 공급망 관리 시스템(SCM)을 통해 리드 타임 데이터를 분석하고, 반복적인 문제를 파악해 지속적인 개선 방안을 마련한다.

• 리드 타임 고려의 장점

리드 타임을 효과적으로 고려하면 재고 부족을 방지하고 고객 만족도를 높일 수 있으며, 비용 절감과 운영 효율성을 동시에 달성할 수 있다.

⇒ 재고 부족 방지.

리드 타임을 고려한 안전 재고 설정은 예상치 못한 공급 지연이나 갑작스러운 수요 급증 상황에서도 안정적으로 대응하여 재고 부족을 방지하고, 생산 과정에서 발생할 수 있는 차질을 최소화할 수 있다. 이를 통해 기업은 공급망의 예측 불가능한 요소로 인한 운영 중단을 방지하고, 지속적으로 고객의 요구를 충족시킬 수 있는 신뢰할 만한 프로세스를 유지할 수 있다.

⇒ 비용 절감.

리드 타임 변동성을 줄이면 과도한 안전 재고를 유지할 필요가 없어져 재고 보관 및 운영 비용을 효과적으로 절감할 수 있다. 또 정확한 리드 타임 예측은 재고 회전율을 높이고, 필요한 재고를 적정 수준으로 유지하여 자원의 낭비를 줄이며 전반적인 공급망 효율성을 높인다. 이러한 접근은 기업의 수익성을 강화하고, 장기적인 비용 관리 전략에 이바지할 수 있다.

⇒ 고객 서비스 향상.

리드 타임을 효과적으로 관리하면 고객의 주문에 더욱 신속하고 정확하게 대응할 수 있어 서비스 품질을 한층 더 높일 수 있다. 고객이 필요한 제품을 적시에 제공받음으로써 만족도가 증가하고, 이를 통해 브랜드에 대한 신뢰와 충성도가 강화된다. 나아가 이러한 개선은 고객과의 장기적인 관계를 유지하고 시장에서의 경쟁력을 확보하는 데도 중요한 역할을 한다.

• 리드 타임 고려의 도전 과제

리드 타임 고려는 여러 이점을 제공하지만, 여전히 극복해야 할 도전 과제도 있다.

⇒ 예측 불확실성.

리드 타임 예측은 기업 운영의 중요한 요소이지만, 현실적으로 예측이 항상 정확할 수는 없다. 특히 자연재해, 정치적 불안, 물류 지연 등 외부 요인으로 인해 리드 타임이 갑작스럽게 변동할 수도 있다. 이러한 예측 불확실성을 줄이기 위해서는 고급 데이터 분석 기술과 인공지능 기반 시스템을 도입하여 더 정교한 예측 모델을 구축할 필요가 있다. 이를 통해 리드 타임 변동성에 대비하고, 공급망의 안정성을 강화할 수 있다.

⇒ 공급망 복잡성.

글로벌 공급망 환경에서 다양한 공급업체와 운송 경로를 관리하는 기업의 경우, 리드 타임 관리가 매우 복잡해질 수 있다. 복잡성을 효과적으로 해결하려면 공급망의 투명성을 높이고, 공급업체와의 긴밀한 협력을 강화하는 것이 필수적이다. 이를 위해 실시간 추적 시스템, 다중 공급망 전략, 그리고 공급업체와의 신뢰 기반 파트너십을 구축하여 공급망의 전반적인 효율성과 조정 능력을 높이는 접근법이 필요하다.

• 주요 내용 정리

리드 타임은 발주에서 입고까지의 시간을 의미하며, 변동성이 클수록 안전 재고 설정이 필수적이다. 리드 타임을 효과적으로 관리하면 재고 부족 방지, 비용 절감, 고객 만족도 향상과 같은 이점을 제공하며, 이를 위해 리드 타임 단축, 변동성 완화, 실시간 모니터링 등의 전략이 필요하다. 그러나 예측 불확실성과 글로벌 공급망의 복잡성은 리드 타임 관리의 주요 도전 과제로, 고급 데이터 분석과 협력적인 공급망 전략이 요구된다. 리드 타임 관리는 기업의 재고 최적화와 공급망 안정성 강화에 중요한 역할을 한다.

재고 회전율 관리

회전율 목표 설정

재고 회전율(Inventory Turnover)은 기업의 재고 관리 성과를 평가하는 중요한 지표로, 특정 기간의 재고가 얼마나 자주 판매되고 교체되는지를 나타낸다. 재고 회전율은 효율적인 재고 관리와 운영 성과를 결정하는 데 중요한 역할을 하며, 회전율 목표를 설정하는 것은 비용 절감, 현금 흐름 관리, 재고 최적화를 위한 필수 요소이다.

회전율 목표는 기업의 산업 특성, 제품 수명 주기, 시장 수요, 경쟁 환경 등을 고려하여 설정되며, 재고 과잉이나 재고 부족을 방지하고 수익성을 높이는 데 중점을 둔다.

이 목표를 달성하기 위해서는 정확한 수요 예측과 효율적인 재고 관리 전략이 뒷받침되어야 한다.

• 재고 회전율의 개념과 중요성

재고 회전율은 재고 자산이 일정 기간에 몇 번 판매되었는지 나타내는 비율로, 다음의 공식으로 계산된다.

재고 회전율 = 매출원가/ 평균 재고

매출원가(Cost ofGoods Sold, COGS)는 일정 기간에 발생한 판매된 제품의 원가.

평균 재고는 일정 기간의 평균 재고 자산, 보통 '(기초 재고 + 기말 재고)/2'로 계산된다.

높은 재고 회전율은 재고가 빠르게 판매되고 있음을 의미하고, 효율적인 재고 관리와 원활한 현금 흐름을 나타낸다. 반대로 낮은 재고 회전율은 재고가 과잉 상태에 있거나 판매 속도가 느리다는 신호일 수 있고, 이는 비효율적인 자산 관리와 비용 증가로 이어질 수 있다.

• 재고 회전율이 중요한 이유

높은 재고 회전율은 재고 자산을 신속하게 판매하여 현금화한다는 뜻으로, 기업의 현금 흐름을 효과적으로 개선한다. 이는 안정적인 자금 순환을 가능하게 하여 새로운 투자와 운영 자금 확보를 더욱 용이(容易)하게 한다.

재고 회전율이 높을수록 불필요한 재고를 줄이고, 이에 따른 보관 및 유지 비용뿐만 아니라 자산 가치 손실도 줄일 수 있다. 이러한 비용 절감은 기업이 제한된 자원을 더욱 생산적으로 활용할 수 있는 기반을 제공한다.

또 빠른 재고 회전은 기업의 자본을 효율적으로 활용하도록 돕는 핵심 요소이다. 운영 비용을 절감하는 동시에 총 수익성을 높이며, 경쟁 시장에서 지속 가능한 성장을 지원하는 데 중요한 역할을 한다.

• 회전율 목표 설정의 필요성

회전율 목표를 설정하는 것은 기업이 재고 관리 효율성을 높이고, 경쟁력을 강화하는 데 필수적이다. 목표를 설정하면 구체적인 기준을 가지고 재고 관리 성과를 평가할 수 있으며, 이를 통해 문제 영역을 식별하고 개선 조치를 할 수 있다.

• 산업 및 제품 특성 반영

회전율 목표는 기업이 속한 산업 및 제품 특성에 맞춰 설정해야 한다. 이를테면 소매업에서는 재고 회전율이 높을수록 좋지만, 제조업에서는 원자재나 부품 재고가 일정 수준 유지되어야 하므로 낮은 회전율도 수용할 수 있다.

⇒ 패션이나 가전제품과 같이 빠른 제품 교체가 필요한 산업에서는 회전율 목표가 높게 설정된다.

⇒ 제조업은 원자재나 부품 재고가 필요하므로 회전율 목표가 상대적으로 낮을 수 있다.

- **고객 서비스와 비용 간의 균형**

회전율 목표를 설정할 때는 재고 보유 비용과 고객 서비스 수준 간의 균형을 맞추는 것이 중요하다. 재고가 너무 적으면 재고 부족이 발생해 고객 주문을 이행하지 못할 수 있으며, 반대로 재고가 많으면 보관 비용이 증가하고 자본이 묶이게 된다.

⇒ 고객 서비스 측면에서는 적정한 재고 수준을 유지하여 고객 주문에 신속하게 대응할 수 있어야 한다.

⇒ 비용 효율성을 위해서는 재고 보유 비용을 최소화하고 과잉 재고를 방지해야 한다.

- **경쟁사 분석 및 시장 동향 고려**

경쟁사와의 비교 분석을 통해 회전율 목표를 설정하는 것이 중요하다. 경쟁사가 높은 회전율을 기록하고 있다면, 시장 점유율을 유지하기 위해 유사한 목표를 설정할 필요가 있다. 또 시장 동향과 소비자 행동 변화에 따라 회전율 목표를 조정해야 할 수도 있다.

⇒ 경쟁사의 재고 회전율을 분석하여 자사의 목표 설정에 반영한다.

⇒ 시장 수요 변화에 따라 회전율 목표를 유연하게 조정한다.

회전율 목표 설정의 기준

회전율 목표는 기업의 재고 관리 성과와 운영 목표에 맞춰 구체적으로 설정해야 한다. 이를 위해 판매 예측, 재고 비용, 제품 수명 주기 등 몇 가지 주요 기준이 있다.

- **판매 예측**

정확한 판매 예측은 회전율 목표 설정의 핵심이다. 판매량에 대한 예측이 정확할수록 재고 수준을 적절히 유지할 수 있으며, 회전율을 효과적으로 관리할 수 있다.

과거 판매 데이터와 시장 동향을 분석해 예측을 수립해야 한다. (예) 지난 6개월간 판매된 평균 수량을 기반으로 향후 3개월의 수요 예측을 수립하고, 그에 맞춰 재고 회전율 목표를 설정한다.

• 재고 비용

재고 보유 비용과 재고 유지 비용은 회전율 목표를 설정할 때 고려해야 할 중요한 요소이다. 창고 임대료, 보험료, 재고 자산 감가상각 등을 모두 포함하여, 비용 절감 목표에 부합하는 회전율을 설정해야 한다. (예) 재고 유지 비용을 줄이기 위해 회전율 목표를 20% 이상으로 설정하고, 일정 수량 이상 재고가 쌓이지 않도록 관리한다.

• 제품 수명 주기

제품의 수명 주기는 회전율 목표에 큰 영향을 미친다. 제품의 도입기와 성장기에는 회전율을 높게 유지하고, 성숙기와 쇠퇴기에는 과잉 재고를 방지하기 위해 회전율 목표를 조정할 필요가 있다.

⇒ 시장에서 신제품의 수요가 빠르게 증가하는 도입기에는 높은 회전율을 유지하여 시장 점유율을 확보할 수 있다.

⇒ 성숙기나 쇠퇴기에 수요가 감소하기 시작하면 재고를 축소하고 회전율 목표를 낮춘다.

회전율 목표 달성을 위한 전략

회전율 목표를 달성하기 위해서는 효과적인 재고 관리 전략이 필요하다. 수요 예측, 자동화 시스템 도입, 비효율적 재고 제거 등을 통해 목표를 실현할 수 있다.

• 수요 예측 개선

정확한 수요 예측은 회전율 목표 달성의 핵심이다. 빅데이터 분석, 머신러닝 알고리즘을 통해 수요 패턴을 분석하고, 그에 맞는 재고 전략을 수립해야 한다.

⇒ 과거 판매 데이터를 기반으로 통계적 모델을 활용하여 정확한 예측을 수립하는 방식을 정량적 예측이라고 한다.

⇒ 시장 조사와 고객 피드백을 바탕으로 수요 변화에 대한 예측의 정확성을 높이는 방법을 정성적 예측이라고 한다.

• 자동화된 재고 관리 시스템

재고 관리 자동화 시스템을 도입하면 재고 회전율을 더욱 효율적으로 관리할 수 있다. 자동 재고 보충 기능을 통해 최적의 재고 수준을 유지하고, 재고 부족이나 과잉 재고를 방지할 수 있다.

⇒ ERP 시스템과 통합된 재고 관리 소프트웨어를 통해 실시간으로 재고를 추적하고, 자동화된 재고 보충을 실행하는 것을 ERP 시스템 연동이라고 한다.

• 비효율적인 재고 관리의 개선

비효율적 재고 관리는 회전율을 낮추고 비용을 증가시키므로, 신속한 개선이 중요하다. ABC 분석 등을 통해 이러한 비효율적 재고를 식별하고, 재고 폐기 또는 할인 판매 전략을 사용해 재고를 최적화할 수 있다.

⇒ ABC 분석은 제품의 가치를 기준으로 A, B, C의 품목으로 분류하여 자원을 효과적으로 활용할 수 있도록 도와준다. 고가치 제품인 A품목에 집중해 관리 효율성을 높이고, B와 C품목은 비용 절감과 최적화를 목표로 운영한다.

⇒ 품목의 차등으로 재고 관리의 우선순위를 명확히 설정하여 운영 비용을 줄일 수 있으며, ABC 분석은 효과적인 재고 관리 전략의 핵심 도구로 활용된다.

• 주요 내용 정리

재고 회전율은 재고가 얼마나 자주 판매되고 교체되는지를 측정하는 지표로, 높은 회전율은 효율적인 재고 관리와 원활한 현금 흐름을 의미한다. 회전율 목표는 산업 특성, 제품 수명 주기, 고객 서비스 수준 등을 고려해 설정하며, 판매 예측 개선, 자동화 시스템 도입, 비효율적 재고 제거 등의 전략이 필요하다. 이를 통해 재고 부족이나 과잉을 방지하고, 비용 절감과 고객 만족을 동시에 달성할 수 있다. 또 경쟁사와 시장 동향을 분석하여 유연한 목표 설정과 운영 효율성을 극대화해야 한다.

비효율적 재고의 제거

비효율적 재고는 기업이 보유한 재고 중에서 판매가 부진하거나, 회전율이 낮아 장기간 보관되는 재고이다. 이러한 재고는 비용 부담을 증가시키고, 창고 공간을 차지하며, 자금 유동성을 저해하는 요소로 작용할 수 있다. 따라서 재고 최적화와 운영 효율성을 높이기 위해 비효율적 재고를 적시에 제거하는 것이 매우 중요하다.

비효율적 재고의 제거는 단순히 재고를 줄이는 것 이상으로, 재고 관리 전략을 재검토하고 판매 부진 원인을 파악해 효과적인 재고 회전율을 유지하는 데 초점을 맞춘다. 이를 통해 비용 절감과 운영 효율성을 동시에 달성할 수 있다.

비효율적 재고의 문제점

비효율적인 재고가 계속해서 쌓이게 되면 기업은 운영 효율성 저하, 비용 증가, 그리고 경쟁력 약화와 같은 심각한 문제에 직면할 수 있다. 이는 재고 관리의 부담 가중을 넘어 장기적으로 기업의 지속 가능성에도 부정적인 영향을 미칠 수 있다.

• 비용 증가

비효율적 재고는 보관 비용, 관리 비용, 보험 비용, 그리고 감가상각 비용을 지속적으로 증가시킨다. 특히 묵은 재고일수록 보관 비용이 늘어나며, 시간이 지남에 따라 재고 가치가 떨어져 손실을 초래할 수 있다.

⇒ 장기간 보관하는 재고는 창고 임대료, 에너지 비용뿐만 아니라 관리 인건비와 보관 설비 유지 비용 같은 추가적인 운영 비용을 발생시킬 수 있다.

⇒ 시간이 지남에 따라 재고 자산인 제품은 유행 변화, 기술 발전, 또는 수요 감소로 인해 가치가 하락하며, 심할 경우 시장 가치를 완전히 상실할 위험도 있다.

이러한 재고 자산으로 되어 있는 제품의 시장 가치는 노후화나 수요 변화 등 여러 요인으로 인해 하락할 수 있다. 이러한 가치 하락은 순(純)실현가능가치 평가를 통해 회계적으로 반영된다. 재고가 순실현가능가치보다 낮아질 경우, 그 차액은 손실로 처리해야 한다. 이 역시 비용의 증가라 할 수 있다.

• 공간 낭비

비효율적 재고가 창고 공간을 차지하면, 회전율이 높은 재고를 위한 공간이 부족해져, 효율적인 재고 관리가 어려워질 수 있다. 이는 신제품이나 핵심 재고의 보관 공간 확보에 방해가 될 수 있다.

⇒ 낮은 회전율의 재고가 많이 쌓이면 창고 공간이 비효율적으로 사용되며, 필요한 재고를 신속히 찾고 처리하는 데 시간이 더 소요될 수 있다.

⇒ 재고가 과도하게 누적될수록 관리 과정에서 혼란이 발생할 가능성이 높고, 이는 운영 효율성을 떨어뜨릴 뿐 아니라 추가적인 인력과 시스템 비용을 요구할 수 있다.

• 자금 묶임

비효율적 재고는 운영 자본을 낭비하게 만든다. 과잉 재고에 묶인 자금은 다른 중요한 영역에 투입될 수 없으며, 이는 기업의 현금 흐름에 부정적인 영향을 미친다.

⇒ 재고 관리가 효율적이지 못하면 재고 회전율이 낮아져 기업의 운영 자본이 과도하게 재고 보유에 묶이게 된다.

⇒ 자본이 비효율적으로 사용됨에 따라 현금 유동성이 악화하여, 기업이 새로운 투자나 운영 비용에 필요한 자금을 확보하는 데 어려움을 초래할 수 있다.

• 고객 만족도 저하

비효율적인 재고가 과도하게 공간을 차지하면 핵심 재고의 보관 여력이 부족해지고, 인기 상품의 적시 공급이 어려워질 수 있다. 이는 고객의 요구를 적절히 충족하지 못하는 결과를 초래해 서비스 수준을 떨어뜨릴 뿐만 아니라, 기업에 대한 신뢰와 고객 만족도를 크게 떨어뜨리는 요인이 될 수 있다.

비효율적 재고 제거를 위한 전략

비효율적 재고를 효과적으로 제거하려면 데이터 기반 분석, 프로세스 개선, 유연한 재고 관리 시스템을 도입해야 한다. 이를 통해 재고 회전율을 개선하고, 비용 절감과 운영 효율성을 극대화할 수 있다.

• ABC 분석

ABC 분석은 재고 항목을 중요도에 따라 A, B, C의 세 그룹으로 나누어 관리하는 방법이다. A그룹은 높은 가치의 재고로 집중적인 관리가 필요하며, C그룹은 낮은 가치의 재고로 비효율적인 재고가 많을 가능성이 높다. 이 분석을 통해 우선순위를 설정하고, 비효율적 재고를 제거할 수 있다.

⇒ A그룹은 주요 제품으로, 재고 부족이 발생하지 않도록 관리가 필요하다.

⇒ B그룹은 중간 중요도의 제품으로, 적정 수준의 재고를 유지한다.

⇒ C그룹은 상대적으로 낮은 회전율의 재고로, 재고 축소가 필요한 항목을 식별한다.

• 프로모션과 할인 판매

비효율적 재고는 할인 판매나 프로모션을 통해 빠르게 처분할 수 있다. 이를 통해 재고를 현금화하고, 창고 공간을 확보할 수 있다. 할인 캠페인으로 고객의 관심을 끌면서, 재고를 효율적으로 소진할 수 있다.

⇒ 장기적으로 판매되지 않은 재고는 시간이 지날수록 가치가 하락하므로, 할인 가격으로 판매하여 매출을 회복하고 동시에 창고 공간을 확보하기 위해 재고 처분을 가속화(加速化)한다. 이러한 전략은 판매율을 높이고 재고 관리의 효율성을 높일 수 있다.

⇒ 또 인기 상품과 비효율적 재고를 조합하여 패키지 형태로 판매하면 소비자에게 더 높은 가치를 제공하는 동시에 비효율적 재고의 자연스러운 소진을 유도할 수 있다. 이를 통해 기업은 재고 부담을 줄이는 동시에 판매 촉진 효과를 기대할 수 있다.

• 재고 폐기

낡거나 손상된 재고는 더 이상 판매할 수 없으므로 폐기하는 것이 효율적이다. 재고를 계속 보관하기보다 폐기하여 보관 비용을 줄이고, 자원을 절약하는 것이 유리할 수 있다. 또 폐기 기준을 수립하여 정기적인 재고 평가를 통해 필요 없는 재고를 제거해야 한다.

⇒ 정기적인 재고 평가는 재고 상태를 체계적으로 파악하여 적정 재고 수준을 유지하는 데 중요한 역할을 한다. 일정 주기마다 재고를 평가함으로써 재고 회전율을 분석하고, 비효율적인 재고를 조기에 식별할 수 있다.

⇒ 판매 가능성이 없는 재고는 폐기하는 것 외에도 기부를 통해 사회적 가치를 창출하거나, 재활용할 수 있는 자원으로 활용하는 방안을 검토하여 기업의 지속 가능성을 높일 수 있다.

• 공급망 재조정

비효율적 재고는 종종 비효율적 공급망에서 비롯될 수 있다. 수요 변화나 리드 타임 변동성에 맞춰 공급망을 재조정하고, 주문량과 주문 시점을 최적화하여 과잉 재고를 방지해야 한다.

⇒ 공급업체와의 긴밀한 협력을 통해 실시간 데이터를 활용하면 시장 변화에 신속히 대응할 수 있으며, 이를 기반으로 수요 예측 정확도를 높이고 재고 주문을 최적화함으로써 재고 관리 효율성을 극대화할 수 있다.

⇒ 특정 제품에 대해 재고 수준을 효과적으로 낮추거나 JIT(Just-In-Time) 전략을 도입하면 불필요한 재고 보유로 인한 비용을 절감하고, 공급망 전체의 유연성과 민첩성을 높여 운영 효율성을 크게 강화할 수 있다.

• 제품 수명 주기 관리

제품 수명 주기(Product Life Cycle, PLC)에 따라 재고 관리를 최적화해야 한다. 도입기와 성장기에는 회전율이 높지만, 성숙기와 쇠퇴기에 접어든 제품은 수요 감소와 함께 재고 과잉 문제가 발생할 수 있다. 수명 주기에 따른 재고 계획을 세워 비효율적 재고가 발생하지 않도록 해야 한다.

⇒ 수요가 감소하는 시기에 맞춰 재고를 점진적으로 줄이는 것은 불필요한 비용을 방지하고 재고 회전율을 유지하는 데 필수적이다. 이를 위해 수요 변화를 주기적으로 모니터링하고 데이터 기반의 재고 조정 계획을 실행하는 것이 중요하다.

⇒ 시장 트렌드 변화에 신속하게 대응하기 위해 재고 전략을 유연하게 수정하고, 예측 분석 도구나 기술을 활용해 비효율적 재고의 발생을 사전 예방하며 재고 관리 체계를 최적화할 필요가 있다.

• 데이터 분석을 통한 재고 관리

재고 관리 소프트웨어나 ERP 시스템을 활용하여 비효율적 재고를 데이터 기반으로 분석하고, 효율적인 재고 수준을 유지할 수 있다. 이를 통해 재고 회전율을 지속적으로 모니터링하고, 필요한 조치를 빠르게 취할 수 있다.

⇒ 재고 수준과 수요 패턴을 실시간으로 모니터링하면 시장 변화에 민첩하게 대응할 수 있으며, 과잉 재고를 예방하고 재고 보유 비용을 최소화하며 운영 효율성을 극대화할 수 있다.

⇒ 빅데이터와 인공지능(AI)을 활용하면 과거의 판매 데이터를 분석하고 트렌드를 예측하여 더욱 정확한 미래 수요를 파악할 수 있다. 이를 통해 최적의 재고 수준을 유지하며, 공급망 관리의 정교함과 신뢰성 향상을 꾀해 나갈 수 있다.

비효율적 재고 제거의 효과

• 비용 절감

비효율적 재고를 제거하면 보관 비용과 관리 비용이 감소하며, 자본 효율성이 향상된다. 이는 기업의 운영 비용을 줄이고 현금 흐름을 개선하는 데 이바지한다.

⇒ 불필요한 재고를 줄이면 창고 임대료와 에너지 비용뿐만 아니라, 재고 관리와 관련된 인건비, 유지보수 비용까지 절감할 수 있어 기업의 전반적인 운영 비용 구조를 개선

할 수 있다.

⇒ 재고 관리 업무가 줄어들면 창고 내 작업자들의 부담이 경감되고, 더욱 중요한 업무에 자원을 집중시켜 운영 효율성과 생산성을 동시에 높일 수 있다.

• 현금 흐름 개선

재고를 효율적으로 관리하면 운영 자본이 재고에 묶이지 않고, 현금 흐름이 원활하게 유지된다. 이를 통해 자금 유동성을 확보하고, 기업의 재정 안정성을 높일 수 있다.

⇒ 비효율적인 재고를 할인 판매하거나 프로모션을 통해 처분하면 기업은 재고 자산을 빠르게 현금화하여 자금을 확보할 수 있다. 이를 통해 유동성을 개선하고, 필요 자금을 새로운 제품 개발이나 운영 투자에 재배치할 기회를 창출할 수 있다.

⇒ 또 불필요한 재고를 적절히 처분함으로써 창고 공간을 확보하고, 보관 비용을 절감하는 동시에 재고 관리의 효율성을 높여 기업의 전반적인 운영 체계를 강화할 수 있다.

• 고객 서비스 향상

효율적인 재고 관리는 핵심 재고와 주요 제품의 가용성을 높여 고객 요구에 신속히 대응할 수 있도록 지원한다. 이를 통해 고객 만족도를 높이고, 재고 부족으로 인해 발생할 수 있는 판매 기회 손실을 최소화한다. 또 원활한 재고 흐름을 유지하여 운영 효율성을 강화하고, 기업의 신뢰도를 높이는 데 이바지한다. 효율적인 재고 관리는 안정적인 공급망 운영의 중요한 기반이 된다.

• 주요 내용 정리

비효율적 재고는 보관 비용 증가, 자금 유동성 저해, 공간 낭비 등의 문제를 초래하며, 이를 제거하기 위해 ABC 분석, 할인 판매, 재고 폐기, 공급망 재조정, 데이터 기반 분석 등이 활용된다. 비효율적 재고 제거는 비용 절감, 현금 흐름 개선, 고객 서비스 향상을 통해 기업의 운영 효율성과 경쟁력을 강화한다. 제품 수명 주기와 수요 변화를 고려한 재고 관리 전략과 자동화 시스템 도입이 핵심적이다. 이를 통해 재고 회전율을 높이고, 시장 변화에 신속히 대응하여 지속 가능한 성장을 지원할 수 있다.

재고 최적화 소프트웨어

재고 최적화 소프트웨어는 기업이 재고 관리를 효율적으로 수행할 수 있도록 돕는 디지털 도구로, 수요 예측, 리드 타임 관리, 실시간 재고 추적, 자동 재고 보충 등의 기능을 제공한다. 이 소프트웨어는 재고 수준을 최적화하여 재고 부족이나 과잉 재고를 방지하고, 비용 절감과 운영 효율성을 동시에 이룩한다. 특히 S&OP 과정에서 중요한 역할을 하며, 재고 회전율을 높이고 재고 유지 비용을 줄이는 데 이바지한다.

재고 최적화 소프트웨어의 주요 기능

재고 최적화 소프트웨어는 다음과 같은 주요 기능을 통해 재고 관리의 효율성을 크게 높일 수 있다.

• 수요 예측

재고 최적화 소프트웨어는 과거 판매 데이터와 시장 트렌드를 분석하여 미래 수요를 예측한다. 이를 통해 기업은 정확한 재고 수준을 유지할 수 있으며, 과잉 재고나 재고 부족을 방지할 수 있다.

⇒ 대규모 데이터를 활용한 정교한 빅데이터 분석 소프트웨어는 계절성, 시장 변화, 고객 행동 등 다양한 요소를 반영하여 수요 예측 모델을 생성한다. 이 소프트웨어는 데이터를 실시간으로 처리하며, 기업이 효율적인 재고 관리와 생산 계획을 수립할 수 있도록 지원한다.

⇒ 머신러닝 알고리즘이 탑재된 소프트웨어는 과거 데이터를 학습하여 수요 패턴에 대한 정확한 예측을 제공한다. 이를 통해 기업은 데이터 기반 의사결정을 강화하고, 예측 오류를 줄여 공급망 관리의 효율성과 정확성을 높일 수 있다.

• 실시간 재고 추적

실시간 재고 추적은 재고 최적화 소프트웨어의 핵심 기능 중 하나로, 기업이 실시간으로 재고 상황을 파악하고, 즉각적인 조정을 할 수 있도록 도와준다. 이는 재고가 임계치에 도달할 때 자동 알림을 제공하며, 적시에 주문을 할 수 있도록 지원한다.

⇒ 실시간 재고 추적 소프트웨어는 각 재고 항목의 위치와 수량을 즉시 확인할 수 있는 기능을 제공하며, 창고 내 재고뿐만 아니라 운송 중인 재고까지 정확히 모니터링할 수 있다. 이러한 시스템은 GPS와 RFID 기술을 통합하여 재고의 이동 경로를 실시간으로 추적하고, 데이터를 클라우드 기반 플랫폼에 저장해 어디서나 접근할 수 있도록 지원한다. 이를 통해 공급망 전반의 투명성과 효율성이 향상된다.

⇒ 재고 품목이 최소 수준에 도달하면 자동 경고를 발송하는 소프트웨어는 사전 설정된 임계값에 따라 즉시 알림을 제공하여 재고 부족을 방지한다. 이 시스템은 과거 데이터를 분석하여 최적의 재고 수준을 계산하고, 관리자에게 이메일, SMS 또는 대시보드 알림으로 즉각적인 조치를 유도한다. 이를 통해 불필요한 지연을 줄이고, 주문과 보충 프로세스를 자동화하여 운영 효율성을 높일 수 있다.

• 자동 재고 보충

자동 재고 보충 기능을 통해 소프트웨어는 최적의 재고 수준을 유지할 수 있도록 도와준다. 재고 임계치에 도달하면 자동으로 주문 데이터가 생성되어, 수동 개입 없이 재고를 보충할 수 있다.

⇒ 소프트웨어는 고급 알고리즘과 과거 데이터를 기반으로 최적의 주문 시점과 발주량을 자동으로 계산해 주는 발주 자동화 기능을 제공한다. 이를 통해 재고 부족이나 과잉 발주의 위험을 줄이고, 수요 변화에 따라 발주량을 동적으로 조정하여 비용 효율적인 재고 관리가 가능하다. 또 이 기능은 사용자가 설정한 규칙에 따라 자동으로 실행되어 관리자의 개입을 최소화하고 운영 효율성을 극대화한다.

⇒ 자동 재고 보충 시스템은 공급업체의 시스템과 실시간으로 연동되어 발주 요청이 즉시 처리되도록 설계되었다. 이 소프트웨어는 공급망 데이터를 분석하여 리드 타임을

예측하고 최적화하며, 필요할 때 다중 공급업체와의 협업을 지원해 공급 지연의 영향을 최소화한다. 결과적으로, 재고 보충 과정이 자동화되어 원활한 운영이 가능하며, 기업은 더욱 전략적인 의사결정에 집중할 수 있다.

• 리드 타임 관리

재고 최적화 소프트웨어는 리드 타임 변동성을 분석하여, 재고 보충이 필요한 적절한 시점을 파악한다. 리드 타임이 긴 제품이나 변동성이 큰 제품에 대해 안전 재고를 설정하고, 이를 통해 재고 부족으로 인한 고객 주문 실패를 예방할 수 있다.

⇒ 소프트웨어는 과거 리드 타임 데이터를 종합적으로 분석하여 평균 리드 타임뿐만 아니라 변동성을 파악하고, 이를 기반으로 재고 보충 일정을 최적화한다. 이 과정에서 머신러닝 알고리즘을 활용해 계절성, 시장 동향, 공급업체 성과 등의 변수를 반영하여 더욱 정확한 예측을 제공한다. 이러한 기능은 재고 부족이나 과잉을 방지하고, 공급망 운영의 안정성을 높여준다.

⇒ 리드 타임과 공급 상황을 실시간으로 추적하는 소프트웨어는 IoT 센서와 통합되어 물류 흐름 데이터를 실시간으로 수집한다. 이를 통해 예상치 못한 지연 가능성을 조기에 감지하고, 알림 시스템을 통해 관리자에게 즉각적인 조치를 유도한다. 또 대시보드에서 시각화된 데이터를 제공해 공급망의 전체 흐름을 쉽게 파악할 수 있도록 하며, 지연 시 대체 공급업체를 추천하거나 우선순위를 조정하는 의사결정 지원 기능을 제공한다.

• 분석 및 보고 기능

재고 최적화 소프트웨어는 정기적인 보고서와 데이터 분석 도구를 제공하여, 재고 회전율, 주문 이행률, 재고 비용 등 핵심 성과 지표(KPI)를 추적하고 분석할 수 있다. 이를 통해 기업은 재고 관리 성과를 지속적으로 평가하고 개선할 수 있다.

⇒ 재고 흐름과 재고 수준을 시각적으로 표현함으로써 의사결정을 돕는 데이터 시각화 기능이 있다.

⇒ 재고 회전율과 같은 KPI를 실시간으로 모니터링하여 비효율적 재고를 파악하고 개

선할 수 있는 성과 추적 기능도 제공된다.

⇒ 소프트웨어는 재고 흐름과 재고 수준을 직관적으로 이해할 수 있도록 대시보드와 그래프를 통해 시각적으로 표현하는 데이터 시각화 기능을 제공한다. 이러한 기능은 색상 코드, 히트맵, 또는 동적인 차트를 활용하여 중요한 정보를 한눈에 파악할 수 있게 하며, 관리자들이 효율적으로 의사결정을 내릴 수 있도록 도와준다. 또 특정 시점이나 기간별 데이터를 필터링하여 상세 분석이 가능하며, 보고서를 자동으로 생성해 팀 내 공유와 협업을 용이하게 한다.

⇒ 재고 회전율, 보충 주기, 수요 예측 정확도 등 KPI를 실시간으로 모니터링하는 성과 추적 기능은 비효율적 재고를 신속히 식별할 수 있도록 지원한다. 소프트웨어는 머신러닝과 분석 툴을 활용해 성과를 비교하고, 개선이 필요한 영역을 자동으로 강조한다. 또 이러한 데이터를 기반으로 자동화된 권장 사항과 알림을 제공해 관리자들이 즉각 문제를 해결하고, 재고 관리 프로세스를 지속적으로 개선할 수 있게 한다.

재고 최적화 소프트웨어의 장점

재고 최적화 소프트웨어는 효율적인 재고 관리를 통해 기업의 비용 절감과 운영 효율성을 높여준다. 주요 장점은 다음과 같다.

• 비용 절감

재고 최적화 소프트웨어는 과잉 재고와 재고 부족을 방지하여 재고 보유 비용과 재고 유지 비용을 절감한다. 또한 재고 회전율을 높여 재고 관리 비용을 최소화할 수 있다.

⇒ 과잉 재고를 줄여 창고 운영 비용과 보관 비용을 절감할 수 있는 창고 비용 절감 효과가 있다.

⇒ 재고 부족으로 인한 판매 손실과 기회 손실을 최소화하여 재고 부족 방지에 이바지한다.

• 재고 회전율 향상

재고 최적화 소프트웨어는 정확한 수요 예측과 자동 재고 보충을 통해 재고 회전율을 높인다. 이로써 적절한 재고 수준을 유지하여 재고가 오래 쌓여 있는 것을 방지하고, 신속한 재고 이동을 가능하게 한다.

⇒ 재고가 과도하게 오래 쌓이지 않도록 하여 낡은 재고나 손상된 재고를 방지함으로써 재고 신선도를 유지한다.

⇒ 고객의 주문과 동시에 필요한 재고가 준비되어 고객 주문을 신속하게 처리할 수 있다.

• 고객 서비스 향상

재고 최적화 소프트웨어를 통해 기업은 정확한 재고 가용성을 유지하고, 적시에 고객 요구에 맞춰 주문을 이행할 수 있다. 이는 고객 만족도를 높이고, 재구매율을 증가시킨다.

⇒ 재고 상태를 실시간으로 파악함으로써 즉각적인 발주 처리가 가능해져 발주 처리 시간을 단축한다.

⇒ 재고 부족이나 배송 지연으로 인한 고객 불만을 최소화하여 고객 만족도가 증대한다.

• 데이터 기반 의사결정

소프트웨어는 실시간 데이터와 분석 도구를 제공하여 의사결정을 지원한다. 이를 통해 기업은 재고 전략을 지속적으로 개선하고, 비효율적 요소를 신속하게 제거할 수 있다.

⇒ 소프트웨어의 데이터를 기반으로 재고 최적화 전략을 수립하면, 데이터에 기반한 의사결정을 통해 재고 관리의 정확성과 효율성을 높일 수 있다.

⇒ 분석 기반 재고 관리를 통해 재고 비용 절감과 더불어 운영 효율성과 기업의 전반적인 성과를 개선할 수 있다.

재고 최적화 소프트웨어 도입 시의 고려 사항

재고 최적화 소프트웨어를 도입할 때, 기업은 초기 투자 비용, 시스템 통합, 사용자 교육 등의 요소를 고려해야 한다.

• 시스템 통합

재고 최적화 소프트웨어는 기존 시스템과의 통합이 중요하다. ERP 또는 SCM 시스템과의 원활한 통합을 통해, 실시간 데이터를 공유하고 효율적인 재고 관리를 실현할 수 있다.

⇒ ERP 시스템과의 연동을 통해 주문 처리와 재고 관리 프로세스를 자동화하여 운영 효율성을 높이고, 수작업으로 인한 오류를 줄일 수 있다.

⇒ 통합 운영은 실시간 데이터 공유를 가능하게 하며, 모든 부서에서 동일한 정보를 바탕으로 의사결정을 내릴 수 있어 공급망 관리의 일관성과 정확성을 강화할 수 있다.

• 초기 비용

재고 최적화 소프트웨어 도입에는 초기 투자 비용이 소요될 수 있다. 그러나 장기적으로는 비용 절감과 효율성 증대를 통해 투자 대비 수익률(ROI)을 높일 수 있다.

⇒ 소프트웨어 도입 전에는 예상되는 비용 절감과 효율성 개선 효과를 구체적으로 분석하여 투자 대비 성과를 예측하는 것이 중요하다.

⇒ 이를 통해 도입 결정의 타당성을 평가하고, 기업의 목표와 맞는 최적의 소프트웨어를 선택할 수 있다.

• 사용자 교육

소프트웨어의 효과적인 사용을 위해 사용자 교육이 필수적이다. 재고 관리자와 운영팀이 소프트웨어의 기능을 최대한 활용할 수 있도록 교육 프로그램을 마련해야 한다.

⇒ 소프트웨어의 기능과 사용 방법에 대한 종합적인 교육을 제공하면, 직원들이 시스템의 모든 기능을 효과적으로 활용하여 업무 효율성을 극대화할 수 있다.

⇒ 이러한 교육은 실습 위주의 워크숍과 사용자 가이드 제공을 포함하여, 직원들이 실제 작업 환경에서 소프트웨어를 능숙하게 활용할 수 있도록 체계적으로 지원해야 한다.

• 주요 내용 정리

재고 최적화 소프트웨어는 수요 예측, 실시간 재고 추적, 자동 재고 보충, 리드 타임 관리 등 기능을 통해 과잉 및 부족 재고를 방지하고 재고 회전율과 비용 효율성을 높인다. 실시간 데이터 기반 분석과 보고 기능을 제공해 재고 관리 성과를 지속적으로 평가하고 개선하며, 고객 만족도를 높이고 경쟁력을 강화한다. 도입 시 ERP 등 기존 시스템과의 통합, 초기 투자 비용, 사용자 교육을 고려해 장기적인 ROI를 극대화할 수 있다. 이를 통해 기업은 재고 관리의 투명성과 운영 효율성을 높이고, 시장 변화에 민첩하게 대응할 수 있다.

Chapter 6

공급 계획과 조달 전략

"

S&OP(판매 및 운영 계획, Sales and Operations Planning)에서 공급 계획과 조달 전략의 중요성과 실무적 방안을 다룬다. 먼저 공급과 수요의 균형을 유지하고, 공급 망 운영을 최적화하며, 자원을 효율적으로 활용하는 공급 계획의 핵심 역할을 설명한 다. 이어서 공급업체 관리를 위한 선정 기준, 장기 계약 유지, 성과 평가의 중요성을 강조하며, 협력 관계를 강화하는 방법을 제시한다. 글로벌 소싱 전략에서는 지역 소 싱과 글로벌 소싱의 비교, 비용 효율성 분석, 정치적·환경적 요인 고려 등 전략적 요 소를 다룬다. 마지막으로, 공급망 리스크관리에서 리스크 예측과 완화 방안, 비상 계 획 수립, 대체 공급 경로 개발의 중요성을 논의하며, 안정적인 공급망 운영을 위한 체 계적 접근법을 제공한다. 이 차례는 공급 계획과 조달 전략의 전반적인 이론과 실무 적 사례를 통합적으로 제시하여, 독자가 효과적인 공급망 관리와 리스크 대응 방안을 이해할 수 있도록 구성되었다.

공급 계획의 역할

공급과 수요의 균형

S&OP 프로세스에서 공급과 수요의 균형은 핵심 요소로, 이를 유지하지 못하면 재고 과잉, 자재 부족, 생산 지연 등으로 이어져 고객 요구를 충족하지 못하게 된다. 이는 매출 손실과 경쟁력 저하를 초래하므로, 균형 유지는 운영 효율성과 고객 서비스 수준을 강화하는 데 매우 중요하다.

이를 위해 정확한 수요 예측은 필수적이며, 이를 바탕으로 공급 계획이 유연하게 조정되어야 한다. 또 생산 계획과 공급망의 유연성을 강화하여 예상치 못한 수요 변동에도 신속히 대응할 수 있어야 한다. 재고 관리와 물류 최적화는 재고 과잉을 방지하고 자재를 적시에 공급하는 데 중요한 역할을 한다.

공급업체와의 협력과 정보 공유는 안정적인 자재 공급을 보장하며, 글로벌 소싱과 리스크관리는 국제적 변화로 인한 위험을 최소화한다. 실시간 데이터 기반 의사결정은 변화하는 시장 상황에 민첩하게 대응하며, 공급과 수요의 균형을 효과적으로 유지할 수 있도록 지원한다. 이를 통해 기업은 수요와 공급의 조화를 이루고 고객 서비스 품질을 높일 수 있다.

• 정확한 수요 예측

수요 예측은 공급과 수요의 균형을 유지하기 위한 핵심 단계로, 이를 통해 생산, 재고, 물류 등 자원을 효과적으로 배분할 수 있다. 부정확한 수요 예측은 공급 부족이나 초과 생산을 초래하며, 이는 기업의 비용 증가와 고객 만족도 저하로 이어질 수 있다.

정확한 수요 예측을 위해 통계적 방법과 질적 분석을 결합한 접근이 필요하다. 통계적 방법은 과거 데이터를 바탕으로 계절성, 트렌드, 반복 패턴을 분석하여 미래 수요를 예측한다. 하지만 시장 변화나 예기치 못한 사건은 정량적 데이터만으로는 반영하기 어렵기 때문에, 경제 상황, 고객 행동, 경쟁사 동향 등 외부 요인을 고려한 질적 분석이 함께 이루어져야 한다.

AI와 머신러닝 기반 예측 모델은 대량 데이터를 실시간으로 분석하고, 기계 학습을 통해 예측 정확도를 향상시킨다. 이를 통해 수요 변동에 신속히 대응하고 공급망 차질을 줄이며, 공급과 수요의 균형을 유지할 수 있다.

• 생산 계획과 공급망 유연성

생산 계획의 유연성은 공급과 수요의 균형을 맞추기 위해 중요한 요소이다. 수요 변화에 따라 생산 능력을 신속하게 조정할 수 있는 유연한 생산 체계를 구축하지 않으면, 수요 급증 시 공급 부족을 경험하거나, 수요 감소 시 과잉 생산으로 인한 재고 부담이 가중될 수 있다.

공급망의 유연성을 극대화하려면 자재 소요 계획(MRP, Material Requirements Planning) 시스템이 필요하다. MRP 시스템은 수요 예측 데이터를 바탕으로 자재 소요량을 예측하고, 자재 조달, 생산 일정, 재고 관리 등을 종합적으로 관리하는 데 중요한 역할을 한다. 이를 통해 기업은 공급 과잉이나 부족을 방지하고, 생산 자원의 효율적인 활용을 극대화할 수 있다.

또 생산 유연성을 확보하기 위해서는 생산 설비와 인력의 최적화가 필수적이다. 수요 변화에 대응할 수 있도록 생산라인을 유연하게 운영할 수 있어야 하며, 필요시 생산 능력을 신속하게 확장하거나 축소할 수 있는 체계가 마련되어야 한다. 이를 위해 교대 근무 체제 도입, 외주 생산 활용 등 다양한 대응 방안을 마련할 수 있다.

• 재고 관리와 물류 최적화

재고 관리는 공급과 수요의 균형을 유지하는 데 중요한 역할을 한다. 재고는 변동성에 대응하는 완충 역할을 하지만, 과도한 재고는 자금 비효율과 보관 비용 증가를 초래하며,

부족한 재고는 고객 수요를 제때 충족하지 못하는 문제를 발생시킬 수 있다.

효율적인 재고 관리를 위해 안전 재고를 적절히 설정하고, 재고 회전율을 지속적으로 관리해야 한다. 안전 재고는 수요 변동이나 공급망 차질에 대비해 안정성을 제공하지만, 과도한 설정은 불필요한 비용을 유발할 수 있으므로 최적화가 필요하다.

창고 관리 시스템(WMS)을 도입하면 재고 상태를 실시간으로 추적하고 관리할 수 있다. WMS는 재고 위치, 입출고 현황, 재고 수준 등을 관리해 재고 흐름을 최적화하며, 재고 부족이나 과잉 문제를 사전에 방지한다.

물류 최적화 또한 공급과 수요의 균형을 유지하는 데 핵심이다. 물류는 제품 이동과 관련된 모든 활동을 포함하며, 물류 경로와 프로세스를 최적화해 비용 절감과 배송 시간 단축을 실현하는 것이 중요하다. 최신 운송 관리 시스템(TMS)을 활용해 운송 경로를 최적화하고, 운송 비용과 시간을 줄이는 전략을 실행해야 한다.

• 공급업체와의 협력과 정보 공유

공급과 수요의 균형을 유지하려면 공급업체와의 협력이 필수적이다. 공급업체는 원자재와 부품을 제공하는 중요한 역할을 하며, 이들의 성과는 기업의 전체적인 공급망 효율성에 큰 영향을 미친다. 따라서 공급업체와의 긴밀한 협력 관계를 구축하고, 이를 바탕으로 실시간 정보 공유가 이루어져야 한다.

공급업체와의 원활한 정보 교류는 자재의 공급 상태, 품질, 납기 등의 요소를 실시간으로 파악하는 데 도움이 되며, 이를 통해 공급망 차질을 사전 예방할 수 있다. 특히 전자 데이터 교환(EDI, Electronic Data Interchange) 시스템을 활용하면 공급업체와의 정보 흐름을 효율적으로 관리할 수 있으며, 양방향 커뮤니케이션을 통해 자재 조달 일정을 조정하거나 공급 부족을 조기에 파악할 수 있다.

또 공급업체 이원화 전략을 통해 특정 공급업체에 대한 의존도를 줄이고, 공급망 리스크를 분산시키는 것이 중요하다. 주요 자재나 부품을 다수의 공급업체로부터 조달함으로써 공급망 차질 시에도 대체 공급원을 신속하게 확보할 수 있으며, 이를 통해 공급망의 안정성을 높일 수 있다.

• 글로벌 소싱과 공급망 리스크관리

글로벌로 확대된 시장 환경에서 공급과 수요의 균형을 유지하려면 글로벌 소싱 전략과 공급망 리스크관리도 중요하다. 글로벌 소싱은 기업이 전 세계의 다양한 공급원으로부터 자재와 부품을 조달하여 비용 효율성을 극대화하는 전략이다. 그러나 글로벌 소싱은 각 국가의 정치적, 경제적 상황, 무역 규제, 환경 규제 등의 외부 요인에 민감하게 영향을 받을 수 있다.

따라서 글로벌 소싱을 성공적으로 수행하려면 정치적, 경제적 리스크 분석을 철저히 하고, 공급망 리스크관리를 강화해야 한다. 이를테면 특정 국가에서 발생할 수 있는 정치적 불안정이나 무역 분쟁에 대비한 비상 계획을 수립하고, 대체 공급 경로를 미리 마련해 두는 것이 필요하다. 또 공급망의 가시성을 높이기 위해 실시간 데이터 기반의 공급망 관리 시스템을 도입하여, 글로벌 공급망에서 발생할 수 있는 문제를 조기에 감지하고 대응할 수 있는 능력을 갖추는 것이 중요하다.

• 실시간 데이터 기반 의사결정

공급과 수요의 균형을 유지하려면 실시간 데이터 기반의 의사결정이 필수적이다. 시장의 변화와 고객의 수요는 시시각각 변동할 수 있으며, 공급망에서 발생하는 다양한 변수는 실시간으로 관리되고 대응해야 할 필요가 있다.

이를 위해 ERP(전사적 자원 관리) 시스템과 SCM(공급망 관리) 시스템을 도입하여, 실시간 데이터를 수집·분석할 수 있는 체계를 구축하는 것이 중요하다. 이러한 시스템은 생산, 재고, 물류, 조달 등 공급망 내 모든 요소에 대한 실시간 정보를 제공하며, 이를 바탕으로 공급 계획을 신속하게 조정할 수 있다. 또 AI와 머신러닝 기반의 예측 분석 도구를 활용하면 시장 변화에 더욱 신속하고 정확한 대응이 가능하다.

• 주요 내용 정리

공급 계획은 수요 예측, 생산 계획, 재고 관리, 공급망 유연성을 통해 공급과 수요의 균형을 유지하며, 이는 운영 효율성과 고객 만족도를 높이는 데 핵심적이다. 정확한 수요 예측과 생산 유연성, 물류 최적화, 공급업체와의 협력은 공급 부족 및 과잉을 방지하고 공급망 리스크를 최소화한다. 글로벌 소싱과 실시간 데이터 기반 의사결정을 통해 변화하는 시장 상황에 민첩하게 대응할 수 있으며, 이를 통해 안정적인 자재 공급과 고객 서비스 품질을 확보한다. 전반적으로 공급망 관리의 효율성을 극대화하여 비용 절감과 경쟁력 강화를 실현한다.

공급망 운영 최적화

공급망 운영 최적화는 기업 성과를 극대화하기 위한 필수 과정으로, 공급망 내 다양한 요소를 통합하고 유기적으로 작동하도록 관리하는 데 중점을 둔다. 특히 S&OP 프로세스에서의 최적화는 비용 절감, 고객 서비스 향상, 생산성 증대에 중요한 역할을 한다. 이를 위해 생산, 물류, 재고, 정보 흐름, 공급업체 관리 등 다양한 영역의 최적화가 필요하며, 이는 기업이 시장의 변화에 신속하고 유연하게 대응할 수 있도록 도와준다.

주요 최적화 요소가 몇 가지 있다. 첫째, 통합된 데이터 관리와 가시성 확보가 있다. 이를 통해 공급망 전반의 정보를 실시간으로 파악하고 신뢰성 높은 의사결정을 내릴 수 있다. 둘째, 물류 최적화는 효율적인 경로 설계와 재고 배치를 통해 물류비용을 절감하고, 고객 요구에 신속히 대응할 수 있는 유연성을 제공한다. 셋째, 생산 계획 최적화를 통해 자원 활용도를 극대화하고 생산성을 높일 수 있다.

재고 관리 최적화도 중요한데, 과잉 재고를 줄이고 자재를 적시에 공급하여 비용을 절감하고 공급망 흐름을 원활히 유지한다. 공급업체와의 협업과 관리 최적화는 안정적이고 신뢰할 수 있는 공급망을 구축하며, 예기치 못한 상황에 효과적으로 대응할 수 있는 기반을 제공한다. 마지막으로, 지속적인 성과 모니터링과 개선을 통해 운영 문제를 조기에 발견하고 해결함으로써 공급망 효율성을 유지하고 향상시킬 수 있다.

이러한 전략은 기업이 경쟁력을 유지하며, 고객 만족도를 높이고 변화에 유연하게 대응할 수 있도록 지원한다.

• 통합된 데이터 관리와 가시성 확보

공급망 운영 최적화의 첫 단계는 통합된 데이터 관리 시스템 도입이다.

최적화의 핵심은 공급망 전반의 데이터를 실시간으로 수집하고 분석해 빠르고 정확한 의사결정을 내리는 것이다.

ERP(전사적 자원 관리), SCM(공급망 관리), WMS(창고 관리 시스템)과 같은 시스템을 도입하면 공급망 내 정보를 실시간으로 통합하고 가시성을 확보할 수 있다. 이를 통해 생산, 재고, 물류, 조달, 판매 예측 등을 한눈에 파악하며, 문제 발생 시 신속히 대응할 수 있는 체계를 구축할 수 있다.

가시성 확보는 공급망 운영에서 필수적이다.

데이터가 통합 관리되지 않으면 부서 간 의사소통 부족으로 시간과 자원이 낭비되거나 의사결정 오류가 발생할 가능성이 크다. 통합 데이터는 예측 분석과 계획 수립에 활용되어 운영 효율성과 속도를 높이는 데 이바지한다.

AI와 머신러닝을 활용한 예측 분석은 수요, 생산 능력, 물류 흐름 등을 예측하여 병목 현상이나 리스크를 사전에 인지하고 대응 방안을 마련할 수 있도록 도와준다. 예를 들어, 재고 부족을 예측해 선제적으로 발주하거나, 자원 과잉 사용을 감지해 생산 일정을 조정하는 등 데이터 기반 의사결정은 공급망 최적화에 중요한 역할을 한다.

• 물류 최적화

물류 최적화는 공급망 운영 최적화의 핵심 요소로서, 물류의 역할이 제품 이동 과정에서 중요하므로 이를 효율적으로 관리하지 않으면 비용 상승, 납기 지연, 고객 불만 등의 문제가 발생할 수 있다.

특히 물류 경로 최적화는 물류비용 절감과 배송 시간 단축을 위해 필수적인데, 이를 위해 최신 운송 관리 시스템(TMS, Transport Management System)을 도입하여 최적의 운송 경로를 설계하고 적재율을 높이며 적합한 운송 수단을 선택하는 전략이 필요하다.

이러한 시스템을 통해 운송 비용을 절감하고 배송 속도를 높이는 동시에, 운송 중에 발생할 수 있는 다양한 리스크를 감소시킬 수 있다. 또 창고 및 재고 관리 역시 물류 최적화에서 중요한 역할을 하며, 창고 관리 시스템(WMS)을 통해 재고 배치를 최적화하여 재고 이동 시간을 단축하고 창고 공간을 효율적으로 사용할 수 있도록 한다. 크로스 도킹(Cross-docking)과 같은 전략을 활용하면 제품이 장시간 창고에 머물지 않고 입고와 동시에 출고되도록 함으로써 물류 흐름을 가속화(加速化)할 수 있다.

특히 글로벌시장을 대상으로 하는 물류 관리에서는 글로벌 물류 네트워크 최적화가 필수적이다. 다양한 국가와 지역에서 조달과 생산이 이루어지는 경우 물류비용과 시간을 최소화할 수 있는 최적의 경로를 설계하고 복잡한 물류 네트워크에서 발생할 수 있는 병목현상을 방지함으로써 전 세계적인 물류 운영의 효율성을 극대화하는 것이 중요하다.

• 생산 계획의 최적화

공급망 운영의 최적화를 달성하려면 생산 계획의 최적화가 매우 중요하다. 생산 계획은 수요 예측을 바탕으로 이루어지며, 공급망의 모든 자원이 효율적으로 배분되도록 지원해야 한다. 생산 계획의 목표는 수요 변동에 맞춰 생산라인의 유연성을 유지하면서도, 공급 부족이나 과잉 생산을 방지하는 것이다.

이를 위해 기업은 MRP(자재 소요 계획) 시스템을 활용하여 생산에 필요한 자원을 예측(豫測)하고, 생산 일정을 조정하여 적절한 시점에 생산을 시작할 수 있도록 한다. 이 시스템은 자재의 공급 상황, 생산 능력, 재고 상태 등을 종합적으로 고려하여 생산 일정을 최적화하고, 납기 준수와 재고 최적화를 동시에 달성하는 데 이바지한다.

생산 계획의 최적화는 생산라인의 유연성 확보에도 중요한 역할을 한다. 수요가 급증하거나 감소할 때 생산 일정을 신속히 조정할 수 있어야 하고, 이를 위해 생산라인의 유연성을 극대화하는 것이 필수적이다. 이를테면 교대 근무를 통해 생산량을 조정하거나, 외주 생산을 통해 생산 능력을 확장하는 등 다양한 대응 전략이 필요하다.

• 재고 운영의 효율성 극대화

재고 관리는 공급망 운영에서 중요한 요소로, 재고가 과도하거나 부족할 경우 운영 효율성에 큰 영향을 미칠 수 있다. 재고가 과도하면 불필요한 비용이 발생하며, 자본이 비효율적으로 사용될 수 있다. 반대로, 재고가 부족하면 고객 주문을 적시에 처리하지 못해 고객 불만이 발생하고, 나아가 매출 손실로 이어질 수 있다.

이를 방지하기 위해 재고 최적화 전략을 수립해야 한다. 안전 재고 수준을 설정하여 수요 변동이나 공급망의 예기치 못한 차질에 대비할 수 있도록 하고, 불필요한 재고를 최소화하는 것이 목표이다. 재고 회전율을 주기적으로 모니터링하여 재고 부족이나 과잉을 방지하는 것이 중요하며, 이를 통해 자원 낭비를 줄일 수 있다.

ABC 분석과 같은 방법론을 적용하여 고수요 상품과 저수요 상품을 구분하고, 각 카테고리에 맞는 재고 관리 전략을 세우는 것이 효과적이다. 고수요 제품의 경우 재고를 충분히 보유하여 주문 처리 속도를 높이고, 반대로 저수요 제품은 최소한의 재고만 보유하는 방식으로 운영할 수 있다. 이러한 전략은 JIT(Just-In-Time) 방식과 결합하여 재고를 최소한으로 유지하면서도 고객의 수요를 신속하게 충족시킬 수 있도록 도와준다.

• 공급업체와의 협업과 관리 최적화

공급망 운영 최적화를 달성하려면 공급업체와의 협업이 필수적이다. 공급업체는 기업이 안정적으로 자재와 부품을 공급받기 위한 중요한 파트너로, 공급업체와의 원활한 협력은 공급망의 효율성을 극대화하는 데 이바지한다.

이를 위해 공급업체와의 장기적인 협력 관계를 구축하고, 공급업체의 성과를 주기적으로 평가하여 개선을 요구하는 체계를 마련해야 한다.

또 공급업체와의 실시간 정보 공유는 공급망 운영에서 중요한 역할을 한다. 공급업체의 재고 수준, 생산 능력, 납기 일정 등을 실시간으로 파악함으로써, 갑작스러운 공급 중단이나 지연에 대해 신속하게 대응할 수 있다.

EDI(전자 데이터 교환) 시스템이나 협업 플랫폼을 통해 공급업체와의 정보 흐름을 최적화하여 공급망의 효율성을 극대화할 수 있다.

• 지속적인 성과 모니터링과 개선

공급망 운영 최적화는 일회성 프로젝트가 아니라 지속적인 개선 과정이 필요하다. 이를 위해 KPI(핵심 성과 지표)를 설정하고, 이를 기반으로 운영 상태를 정기적으로 모니터링하여 성과를 평가해야 한다. 성과가 기대에 미치지 못할 때는 원인을 분석하고, 이를 개선하기 위해 조치하는 것이 중요하다.

린 생산(Lean Manufacturing), 식스 시그마(Six Sigma)와 같은 지속적인 개선 기법을 도입하여 공급망 운영 과정에서 발생하는 비효율성을 최소화하고, 품질을 높이는 데 집중해야 한다. 이러한 기법들은 공급망 운영의 낭비 요소를 줄이고, 프로세스를 더욱 효율적으로 운영할 수 있도록 도와준다.

• 주요 내용 정리

공급망 운영 최적화는 통합 데이터 관리, 물류와 생산 계획 최적화, 재고 관리, 공급업체 협업 등 다양한 요소를 유기적으로 관리하여 비용 절감과 운영 효율성을 높이는 데 초점을 둔다. 통합된 데이터와 AI 기반 예측은 정확한 의사결정을 지원하며, 물류 최적화와 재고 관리 전략은 불필요한 비용을 줄이고 고객 요구를 신속히 충족시킨다. 공급업체와의 협력과 정보 공유는 공급망 안정성을 강화하며, 지속적인 성과 모니터링과 개선으로 효율성을 유지하고 높인다. 이런 최적화는 변화하는 시장 상황에 유연하게 대응하며 경쟁력을 높이는 기반이 된다.

자원 계획

자원 계획(Resource Planning)은 S&OP에서 핵심 요소로, 기업의 생산성과 운영 효율성을 극대화하는 데 중요한 역할을 한다. 자원 계획이란 기업이 보유한 모든 자원(인력, 생산 설비, 물류, 재고 등)을 최적화하여 배분하고 관리함으로써, 변화하는 수요를 원활히 충족하고 비용을 절감하는 과정이다. 자원 계획이 체계적으로 이루어지지 않으면 공급망 내에서 병목현상이 발생하거나, 특정 자원의 과잉 또는 부족으로 인해 비용이 증가하며, 고객 수요를 제때 충족하지 못하는 등의 문제가 발생할 수 있다.

특히 자원 계획은 생산 설비의 가용성, 인력 배치, 물류 자원의 배분, 재고 관리 등 각 요소의 조화를 통해 공급망의 전반적인 운영 효율성을 강화하고, 부서 간 자원 활용을 최적화하여 생산성과 비용 효율성을 높인다.

자원을 효과적으로 계획하면 불필요한 낭비를 최소화하고, 필요할 때 필요한 자원을 신속히 확보할 수 있어 기업의 경쟁력을 높일 수 있다.

이 장에서는 자원 계획의 주요 구성 요소와 자원 배분을 최적화하기 위한 다양한 방법들을 다루고, 이를 통해 S&OP의 성공적인 실행을 지원하는 전략적 접근 방안을 제시한다. 자원 계획의 효과적 실행은 기업이 불확실한 시장 환경에 능동적으로 대응하며, 고객 서비스 수준을 높이고 비용 효율성을 확보하는 중요한 기반이 된다.

• 자원 계획의 중요성

자원 계획의 중요성은 수요를 충족시키면서 자원의 낭비를 줄이고 운영 효율성을 극대화하는 데 있고, 이를 통해 기업은 더욱 경쟁력 있는 운영 체계를 구축할 수 있다. 자원 계획은 생산 능력, 인력 배치, 재고 관리, 물류 시스템, 자금 운용 등 다양한 요소를 포괄하며, 각 자원이 언제, 어디서, 얼마나 필요한지를 미리 계획하여 최적화함으로써 운영 효율성을 극대화하는 것이 목표이다. 자원 관리가 제대로 이루어지지 않으면 비효율성이 발생하고, 결과적으로 기업의 수익성에도 부정적인 영향을 줄 수 있다.

특히 오늘날과 같은 글로벌 경쟁 환경에서는 자원 계획의 중요성이 더욱 두드러지고 있다. 시장 변화의 속도가 빨라지고 고객의 요구가 점점 다양해짐에 따라, 자원을 유연하게 배분하고 빠르게 대응할 수 있는 운영 체계가 필수적이다. 자원 계획이 잘 실행되면 납기 준수, 생산 효율성 향상, 비용 절감, 고객 만족도 증가와 같은 성과를 달성할 수 있으며, 이는 곧 기업의 경쟁 우위를 강화한다. 자원 계획의 중요성은 이처럼 자원의 적절한 배분을 통해 효율적이고 신속한 대응을 가능하게 함으로써, 기업이 변화하는 시장 환경 속에서 안정적이고 효과적으로 운영될 수 있도록 하는 것이다.

• 인력 자원의 계획

인력 자원의 계획은 자원 계획에서 가장 중요한 부분이다. 기업의 생산성과 운영 성과는 인력의 효율적인 배치와 활용에 크게 의존하기 때문에, 인력 자원을 어떻게 배분하느냐가 기업의 경쟁력에 큰 영향을 미친다. 특히, 수요 변동에 따라 인력 자원을 유연하게 조정할 수 있는 능력이 필수적이다.

인력 자원의 계획은 자원 계획에서 가장 중요한 요소로, 기업의 생산성과 운영 성과가 인력의 효율적인 배치와 활용에 크게 의존하기 때문에, 인력 자원을 효과적으로 배분하는 것이 기업의 경쟁력에 지대한 영향을 미친다. 특히, 수요 변동이나 시장 상황에 따라 필요한 인력을 유연하게 조정할 수 있는 능력은 필수적이며, 이를 통해 기업은 생산성 향상과 운영 효율성을 동시에 달성할 수 있다. 또 인력 자원의 계획은 단순히 인력을 배치하는 차원을 넘어, 적시에 적합한 인재를 적소에 투입함으로써 인력의 잠재적 가치를 극대화하고, 이로써 고객 요구를 충족시키며 빠르게 변화하는 비즈니스 환경에 신속하게 대응할 수 있는 기반을 마련하는 중요한 역할을 한다.

• 인력의 적재적소 배치

자원 계획의 핵심은 각 부서와 팀의 역할에 맞춰 필요한 인력과 그에 따른 스킬을 전략적으로 배분하여 인력의 효율성을 최대화하는 것이다.

이를 실현하기 위해서는 인력 배분을 최적화하는 방법으로, 직무 분석과 인력 평가를 통해 각 직무에 요구되는 핵심 역량을 구체적으로 정의하고, 해당 역량을 보유한 인재를 적절한 직무에 배치하는 것이 중요하다.

이러한 배치 전략은 단순히 인력 할당을 넘어, 각 직무에 맞는 역량을 갖춘 인력이 최적의 성과를 낼 수 있도록 배치하여 업무의 품질과 속도를 높이고, 조직 내 불필요한 중복 작업을 최소화하는 데 이바지한다. 또 적재적소에 인력을 배치하는 것은 팀 간 협업을 강화하고, 조직의 전반적인 생산성과 운영 효율성을 증대시키며, 궁극적으로는 기업의 목표 달성과 경쟁력 향상에도 긍정적인 영향을 미친다.

• 유연한 근무 체계 도입

수요가 급증하거나 감소하는 상황에서는 인력을 신속하게 재배치하거나 필요에 따라 추가 고용을 고려해야 하며, 이를 위해 유연한 근무 체계의 도입이 중요하다. 이를테면 교대 근무 체계를 도입하여 특정 시간대에 필요한 인력을 집중으로 배치하거나, 시간제 근로자를 활용하여 수요가 높은 기간에 인력을 보충하는 방식이 효과적이다. 또 아웃소싱을 통해 특정 업무를 외부 인력으로 대체함으로써 고정 인력의 부담을 줄이고, 탄력적인 인력 조정을 통해 수요 변화에 대응할 수 있다. 이러한 유연한 근무 체계는 수요 변동에 맞춰 인력을 효율적으로 배치함으로써 운영 효율성을 높이고, 인력 비용을 최적화하며, 급변하는 시장 환경에서도 기업이 경쟁력을 유지할 수 있도록 지원한다.

• 인력 교육과 훈련 자원의 활용도 극대화

새로운 기술 도입이나 업무 프로세스의 변화에 따라 직원들의 역량을 지속적으로 강화하는 것이 중요하며, 이를 위해 정기적이고 체계적인 교육 프로그램을 운영하는 것이 필수적이다. 직원들에게 최신 기술을 습득할 기회를 제공하고, 직무와 관련된 전문 지식과 업무 능력을 강화할 수 있도록 지원함으로써 조직 전체의 생산성과 효율성을 크게 높일 수 있다. 이러한 교육과 훈련 프로그램은 단순한 기술 교육을 넘어, 직원들이 변화하는 업무 환경에 적응하고 성장할 수 있는 능력을 배양하여, 기업이 변화하는 시장 요구에 신속하게 대응할 수 있는 인적 자원을 확보하는 데 중요한 역할을 한다.

이를 통해 기업은 인력 자원의 활용도를 극대화하고, 장기적으로 경쟁력을 유지하며 지속 가능한 성장을 도모할 수 있다.

• 생산 자원의 계획

생산 자원의 계획은 기업이 보유한 생산 설비와 장비, 원자재, 기타 필요한 자원을 최적화하여 활용하기 위한 전략으로, 생산성과 효율성을 극대화하고 원활한 운영을 보장하는 데 중점을 둔다. 생산 자원이 체계적으로 계획되지 않으면 공급망 내 병목현상이 발생하거나, 초과 생산으로 인해 불필요한 재고가 쌓여 관리 비용이 증가하는 문제가 생길 수 있다. 또 생산 자원의 부족은 시의적절하게 수요를 충족시키지 못해 납기 지연과 고객 만족도 저하로 이어질 수 있다. 따라서 생산 자원의 계획은 수요 예측과 생산 목표에 맞춘 설비 가동률 조정, 적정 원자재 확보, 생산라인과 장비의 효율적 배치 등 다양한 요소를 고려하여 이루어져야 한다. 이러한 계획을 통해 기업은 생산 자원을 최적화하고, 변화하는 수요에 유연하게 대응하며, 비용 절감과 함께 공급망의 안정성을 높여 경쟁력을 강화할 수 있다.

• 생산 능력의 최적화

생산 자원의 계획에서 가장 중요한 요소는 생산 능력을 정확히 분석하고 이를 바탕으로 수요 예측에 맞춰 최적의 생산 계획을 수립하는 것이다. 이를 위해 기업은 자재 소요 계획(MRP, Material Requirements Planning) 시스템을 도입하여 수요 예측, 자재 조달, 생산 일정 등을 통합적으로 관리함으로써 자재 소요량을 효율적으로 예측하고 생산 능력을 최적화할 수 있다. MRP 시스템을 통해 생산 능력의 부족이나 과잉을 방지하고, 필요 자재를 적시에 공급받아 원활한 생산을 유지하며, 안정적인 공급망 운영을 달성할 수 있다. 이러한 최적화 과정은 비용 절감과 운영 효율성 증대에 이바지하며, 기업이 변화하는 시장 수요에 유연하게 대응할 수 있도록 지원한다.

• 생산 운영의 탄력성 강화

시장의 수요 변동에 신속히 대응하려면 생산량을 조절할 수 있는 유연한 생산 체계를 구축하는 것이 중요하다. 이를 위해 생산라인을 탄력적으로 운영할 수 있는 시스템을 마련하고, 생산 설비의 가동률을 최대화할 수 있는 전략을 도입해야 한다. 예를 들어, 수요가 급증할 때는 추가 설비나 인력을 투입하여 생산량을 증가시키고, 반대로 수요가 감소할 때는 생산 일정을 축소하거나 조정하여 초과 생산을 방지하는 유연한 운영 체계가 필요하다. 이러한 유연성 확보는 기업이 수요 변동에 효과적으로 대응하면서 비용 효율성을 높이고, 안정적인 공급망 운영을 유지하는 데 이바지한다.

• 재고 자원의 계획

재고 자원의 계획은 기업이 보유한 원자재, 부품, 완제품 등의 재고를 적정 수준으로 관리하여 수요 변동에 유연하게 대응하기 위한 중요한 전략이다.

이를 통해 과잉 재고로 인한 불필요한 보관 비용을 줄이고, 부족 재고로 인한 생산 차질이나 고객 불만을 방지할 수 있다. 적정 재고 수준을 유지하려면 수요 예측과 재고 회전율에 기반한 체계적인 관리가 필요하며, 이를 위해 안전 재고 설정, 경제적 주문량(EOQ) 계산 등 다양한 기법이 적용된다.

또 재고 관리 시스템(WMS)이나 ERP 시스템을 도입하여 실시간 재고 수준을 모니터링하고 필요할 때 적시에 보충할 수 있는 체계를 갖추는 것이 중요하다. 이러한 시스템을 통해 재고의 위치, 수량, 상태를 신속하게 파악함으로써 관리 효율성을 높이고, 공급망 내에서의 자원 흐름을 원활히 유지할 수 있다.

재고 자원의 계획은 궁극적으로 비용 절감과 운영 효율성 증대에 이바지하며, 기업이 변화하는 수요에 민첩하게 대응할 수 있는 기반을 제공한다.

• 적정재고의 수준 유지 필요

재고는 수요 변동이나 공급망 차질에 대비할 수 있는 중요한 자원이지만, 과도한 재고는 자본의 불필요한 점유와 보관 비용의 증가를 초래할 수 있다. 반대로 재고가 부족하면 생산 일정이 지연되거나 납기 준수가 어려워져 고객 만족도가 저하될 수 있다. 이러한 문제를 방지하려면 안전 재고 수준을 적절히 설정하여 공급망의 리스크에 대비하고, 재고 회전율을 최적화해 효율적인 재고 관리를 유지하는 것이 필수적이다. 이를 통해 기업은 자원을 효율적으로 활용하면서도 수요 변화에 신속하게 대응할 수 있다.

• 재고 관리 시스템의 도입

재고의 흐름을 실시간으로 추적하고 체계적으로 관리하기 위해 WMS(창고관리시스템)의 도입은 매우 중요하다. WMS를 활용하면 재고의 위치, 입출고 상태 등을 실시간으로 모니터링하여 재고에 대한 가시성을 크게 향상시킬 수 있으며, 이를 통해 불필요한 재고를 줄이고 효율적인 자원 관리를 실현할 수 있다. 특히, 실시간 데이터를 기반으로 재고 수준을 정밀하게 관리함으로써, 예상치 못한 재고 부족 상황을 사전에 예측하고 신속히 대응할 수 있는 체계를 구축할 수 있다. 이러한 시스템 도입은 공급망의 안정성을 유지하면서, 수요 변화에 유연하게 대응하고 고객 서비스 수준을 높이는 데 필수적이다.

• **물류 자원의 계획**

물류 자원의 계획은 자원을 효율적으로 이동시키기 위한 전략으로, 물류 경로 최적화와 물류 자동화를 통해 공급망 운영의 효율성을 높이는 데 중요한 역할을 한다. 물류 자원의 계획이 체계적으로 이루어지지 않으면 납기 지연, 물류비용 증가, 재고 부족 등 다양한 문제가 발생할 수 있으며, 이는 고객 만족도와 운영 비용에 부정적인 영향을 미친다. 물류 경로 최적화는 물류비용을 줄이고 배송 시간을 단축하기 위해 필수적인 요소로, 효율적인 경로 설정을 통해 불필요한 이동을 최소화할 수 있다. 또 물류 자동화를 도입하면 적재 및 하역, 재고 관리 등의 작업을 자동화하여 인적 오류를 줄이고 전반적인 물류 효율성을 크게 증대시킬 수 있다. 이러한 전략들은 물류 자원의 효율성을 극대화하여 안정적이고 신속한 물류 운영을 가능하게 하며, 공급망 내에서의 원활한 자원 흐름을 보장한다.

• **물류 경로 최적화**

물류 경로 최적화는 물류비용을 절감하고 빠른 배송을 실현하기 위해 필수적인 요소이다. 이를 위해 운송 관리 시스템(TMS, Transportation Management System)을 도입하여 물류 경로를 효율적으로 최적화하고, 적재 효율성을 극대화함으로써 최적의 운송 수단을 활용할 수 있다. 최적의 운송 루트를 설정하면 운송 시간을 단축하고 연료 및 인력 비용을 절감할 수 있어, 물류 운영의 전반적인 비용 절감에 도움이 된다. 이러한 경로 최적화 전략은 신속한 배송과 더불어 고객 만족도를 높이고, 공급망 효율성을 강화하는 데 중요한 역할을 한다.

• **물류 자동화를 통한 효율성 증대**

물류 창고에서는 자동화된 시스템을 통해 재고의 입출고 과정을 철저히 관리하고, 물류 흐름을 실시간으로 추적함으로써 전체 물류 과정에서 발생할 수 있는 지연을 효과적으로 줄일 수 있다. 이러한 자동화 시스템은 재고 위치, 수량, 상태 등을 즉각 파악하여 입출고 작업을 최적화하고, 필요할 때 빠르게 재고를 보충할 수 있도록 지원한다. 이를 통해 인적 오류를 최소화하고 작업 속도를 크게 높여 물류 운영의 전반적인 효율성을 높인다. 특히 글로벌 물류 환경에서는 복잡하고 다양한 물류 네트워크를 원활하게 관리하기 위해 자동화 시스템이 필수적이며, 자동화 시스템을 통해 다국적 물류 흐름을 통합적으로 관리하고, 물류 경로 최적화 및 재고 가시성 강화에 이바지하여 공급망의 안정성과 효율성을 극대화할 수 있다.

• 자금 자원의 계획

자금 자원의 계획은 기업이 운영에 필요한 자금을 효율적으로 배분하고 체계적으로 관리하기 위한 전략으로, 안정적인 자금 흐름을 확보하는 데 중요한 역할을 한다. 자금 자원이 부족하거나 비효율적으로 관리되면 운영 과정에서 자금난이 발생하거나 필수적인 투자 기회를 놓쳐 성장에 제약이 생길 수 있다. 이를 방지하기 위해 철저한 예산 관리가 필수적이며, 자금의 적재적소 배치를 통해 운영 효율성을 극대화해야 한다. 또 비용 절감을 위한 전략을 수립하여 불필요한 지출을 줄이고 자본을 보다 생산적인 활동에 집중할 수 있도록 해야 한다. 이러한 자금 자원의 계획은 기업이 변화하는 시장 상황에 유연하게 대응하며, 장기적으로 안정적이고 지속 가능한 재무 구조를 유지하는 데 이바지한다.

• 예산 관리가 필수

각 부서에서 필요한 비용을 정확하게 예측하고, 그에 맞춰 자금을 효율적으로 배분하는 것은 자금 자원의 계획에서 매우 중요하다. 이를 위해 ROI(투자 대비 수익률) 분석을 하여 각 부문에 투자된 자금이 얼마나 효과적인 결과를 가져오는지 평가하고, 자원의 효율적인 사용을 극대화해야 한다. 예산 관리는 단순한 자금 할당을 넘어, 각 부서의 활동이 기업의 목표와 전략에 이바지하도록 자금을 최적화하는 과정이다. 또 자금의 사용 우선순위를 설정하여 수익성이 높은 활동에 자금을 집중함으로써 기업의 재정적 안정성과 성장을 동시에 도모할 수 있다. 이를 통해 기업은 예산 관리의 체계성을 확보하고, 필요할 때 추가적인 자원 배분 조정을 통해 자금을 전략적으로 운용함으로써 장기적인 성과와 지속 가능성을 지원할 수 있다.

• 비용 절감을 위한 전략을 수립

자원의 효율성을 극대화하고 불필요한 비용을 절감하기 위해 체계적인 비용 절감 전략을 수립하는 것이 중요하다. 이를 위해 각 자원의 활용도를 분석하고, 운영 과정에서 낭비되는 부분을 식별하여 제거하는 방안을 마련해야 한다.

예를 들어, 재고 관리 시스템(WMS)을 도입하여 실시간으로 재고를 추적하고 최적화함으로써 재고 비용을 절감하거나, 물류 자동화를 통해 물류 경로와 적재 효율성을 개선하여 물류비용을 절감할 수 있다. 또 에너지 효율이 높은 설비를 도입하거나 프로세스를 최적화하여 운영 비용을 낮추는 방법도 효과적이다. 이러한 비용 절감 전략은 단기적인 비용 절감에 그치지 않고, 장기적으로 기업의 자원 활용도를 높이며 재정적 안정성과 경쟁력을 강화하는 기반을 마련할 수 있다.

• 주요 내용 정리

자원 계획은 기업의 인력, 생산 설비, 재고, 물류, 자금 자원 등을 최적화하여 배분하고 관리함으로써 운영 효율성을 극대화하고 비용을 절감하는 전략이다. 인력 자원은 적재적소 배치와 유연한 근무 체계를 통해 활용도를 높이며, 생산 자원은 MRP 시스템과 유연한 생산 체계를 통해 변화하는 수요에 대응한다. 재고와 물류 자원은 WMS와 TMS 같은 시스템을 활용해 적정 수준의 재고를 유지하고 물류 경로와 프로세스를 최적화하여 운영 효율성을 높인다. 자금 자원은 예산 관리와 비용 절감 전략을 통해 안정적인 자금 흐름을 유지하며, 생산적 활동에 집중적으로 배분하여 장기적인 성장을 지원한다.

공급업체 관리

공급업체 선정 기준

공급업체 선정은 기업 운영 효율성과 성과에 큰 영향을 미치는 중요한 과정이다. 적절한 공급업체를 선택하면 제품 품질, 납기 준수, 비용 절감, 리스크 최소화 등의 목표를 달성할 수 있다. 이를 위해 가격 경쟁력 외에도 다양한 요소를 종합적으로 고려해야 한다.

가격 경쟁력은 비용 절감의 핵심 요소로, 경쟁력 있는 가격을 제공할 수 있는 업체를 우선 평가해야 한다. 품질 관리 능력은 제품의 최종 품질과 고객 만족도에 직결되므로, 공급업체의 품질 관리 체계와 성과를 철저히 검토해야 한다. 또 납기 준수 능력은 공급망 운영의 안정성을 위해 필수적이며, 정시 납품 가능성을 평가해야 한다.

재정적 안정성은 공급망 차질을 방지하는 데 중요한 기준으로, 공급업체의 지속 가능성을 판단하는 데 필요하다. 기술 및 혁신 역량은 최신 기술을 활용해 제품을 개선하고 비용을 절감할 수 있는 능력을 평가하는 데 도움이 된다. 지속 가능성과 사회적 책임 역시 환경과 사회적 가치를 고려하는 데 중요한 요소이다.

마지막으로, 공급망 가시성과 유연성은 예기치 않은 상황에 대한 신속한 대응 능력을 판단하기 위한 필수 조건이다. 부적절한 공급업체 선정은 품질 문제, 비용 증가, 공급망 차질 등의 심각한 결과를 초래할 수 있으므로 신중하고 체계적인 접근이 필요하다.

• 가격 경쟁력
공급업체 선정에서 가격 경쟁력은 기업의 비용 절감과 시장 경쟁력 강화에 중요한 요소이다. 경쟁력 있는 가격으로 제품이나 서비스를 조달하면 원가를 절감하고, 이익률 제고(提高)나 고객에게 더 나은 가격 제공 등의 이점을 얻을 수 있다.

그러나 가격만을 기준으로 공급업체를 선정하는 것은 품질 관리 부족이나 납기 문제로 이어질 위험이 있다. 이는 불량품 증가, 생산 지연, 고객 불만족을 초래할 수 있으므로, 가격과 함께 서비스의 전반적인 가치를 평가해야 한다.

비용 대비 가치를 평가하는 것은 단순히 가격이 저렴한지 확인하는 것을 넘어, 제품 품질, 안정적인 납기, 기술 지원 등이 가격에 합당한지 검토하는 것이다.

낮은 가격이라도 품질이 낮거나 사후 관리가 미흡하면 추가 비용이 발생해 초기 절감 효과를 상쇄할 수 있다.

장기적인 관점에서 비용 대비 가치를 기준으로 공급업체를 선정하면 신뢰할 수 있는 공급망을 구축할 수 있다. 이는 문제 발생 시 빠른 대응을 가능하게 하고, 장기적 비용 절감과 브랜드 신뢰도 강화에 도움이 된다.

궁극적으로, 공급업체와의 관계는 단발적 거래가 아닌 지속적이고 협력적인 관계로 발전해야 한다. 이를 통해 품질 향상과 비용 최적화를 지속적(持續的)으로 추구하며, 기업의 조달 전략을 강화할 수 있다.

• 품질 관리 능력

공급업체 선정 시 품질 관리 능력은 가장 중요한 평가 기준이다. 공급업체가 제공하는 자재와 부품의 품질은 기업의 최종 제품 품질에 큰 영향을 미치므로, 품질 관리 시스템의 체계성과 일관성을 면밀하게 평가해야 한다. 특히, 지속적인 품질 개선 능력은 안정적인 공급망 유지와 품질 확보에 핵심적인 역할을 한다.

공급업체가 국제 품질 표준(예: ISO 9001)을 준수하는지 확인하는 것은 필수적이다. ISO 9001 인증은 공급업체가 체계적인 품질 관리와 개선 능력을 갖추었음을 증명하며, 신뢰할 수 있는 파트너로 평가되는 중요한 기준이다. 이는 단순한 요건을 넘어, 전략적 품질 경영 여부를 판단하는 데 도움을 준다.

또 공급업체가 결함 제품을 최소화하고 문제 발생 시 신속히 대응할 수 있는 품질 관리 시스템을 갖추고 있는지도 평가해야 한다. 과거 품질 관리 이력과 문제 해결 방식, 예방 조치의 체계성을 점검함으로써, 예기치 않은 문제로 인한 생산 차질을 줄일 수 있다.

입고 검사, 공정 중 품질 확인, 출하 전 최종 검사 등 품질 시험과 검사 절차가 체계적으로 운영되는지도 중요한 평가 요소이다. 이를 통해 공급업체의 품질 관리 능력을 구체적으로 평가할 수 있다.

철저한 검토를 통해 기업은 자사 품질 기준에 부합하는 공급업체를 선정할 수 있으며, 이는 안정적인 품질 확보와 고객 만족도 향상에 이바지한다.

• 납기 준수 능력

공급업체의 납기 준수 능력은 공급망 안정성과 생산 일정 관리를 위해 매우 중요하다. 자재와 부품이 정시에 공급되지 않으면 생산과 납품 일정에 차질이 생기므로, 정시 납품을 지속적으로 이행할 수 있는 공급업체를 선정해야 한다. 따라서 공급업체의 납기 준수 이력을 체계적으로 평가해야 한다.

공급업체의 과거 납기 이행률과 지연 빈도를 분석하면, 정시 납품 능력과 시간 관리 역량을 파악할 수 있다. 또 지연 발생 시 문제 해결 속도와 대처 방안을 검토해 기업의 시간 민감한 요구를 충족할 수 있는지 평가해야 한다.

리드 타임(발주 후 입고까지의 시간)이 짧고 안정적인 공급업체는 예기치 못한 수요 변화에도 효과적으로 대응할 수 있으며, 이를 통해 생산 유연성을 확보할 수 있다. 공급업체가 수요 변화에 신속히 대응할 수 있는지, 납기 단축을 위한 대체 방안을 마련했는지도 중요한 평가 요소이다.

생산 및 물류 역량 또한 납기 준수 능력에 직접적인 영향을 미친다. 생산 설비와 일정 관리, 물류 시스템 효율성, 병목현상 관리 능력을 점검함으로써 공급업체의 납기 이행 역량을 더욱 명확히 확인할 수 있다. 특히, 물류 네트워크가 체계적으로 운영되며 긴급 상황에 유연하게 대처할 수 있는지도 평가해야 한다.

필요시 현장 감사(Audit)를 통해 공급업체의 생산 및 물류 환경을 직접 확인하면, 실제 납기 관리 체계와 문제 대처 능력을 구체적으로 검증할 수 있다. 이를 통해 기업은 안정적인 공급망을 구축하고 리스크를 최소화할 수 있다.

• 재정적 안정성

공급업체의 재정적 안정성은 장기적인 신뢰성과 공급망의 안정성을 보장하는 중요한 평가 요소이다. 재정적으로 불안정한 공급업체는 운영 차질, 생산 중단, 품질 저하, 납기 지연 등 다양한 문제를 초래할 수 있으며, 이는 공급망 전체에 부정적인 영향을 미칠 수 있다. 따라서 공급업체 선정 시 재정 상태를 철저히 분석하고 평가하는 것이 필수적이다.

이를 위해 공급업체의 재무제표를 검토해야 한다. 손익계산서를 통해 성장률과 수익성을 확인하고, 대차대조표를 통해 자산과 부채 비율을 분석하여 재정 구조의 건강성을 파악할 수 있다. 또 현금흐름표를 통해 안정적인 현금 흐름을 유지하고 있는지 확인하는 것도 중요하다. 안정적인 현금 흐름은 공급업체가 운영 자금을 확보하고 예상치 못한 비용 증가나 자금 압박에도 대응할 수 있음을 의미한다.

공급업체의 자금 조달 능력 또한 평가해야 한다. 신용평가기관의 신용 등급 확인은 공급업체의 신뢰성과 자금 조달 가능성을 파악하는 데 유용하다. 신용 등급이 높을수록 경제적 변동 상황에서도 안정적으로 운영할 가능성이 크며, 이는 장기적 협력 관계를 구축하는 데 중요한 지표가 된다.

재정적으로 안정된 공급업체는 신뢰할 수 있는 장기적 파트너로서 공급망 안정성을 보장하고, 예기치 못한 리스크를 줄이는 데 도움이 된다. 반면, 재정적 불안정이 의심되는 공급업체와의 협력은 공급망의 불안정을 초래할 가능성이 높으므로 신중한 재정 상태 분석이 요구된다. 이를 통해 기업은 경제적 리스크를 대비하고, 안정적인 공급망과 효율적인 조달 전략을 유지할 수 있다.

• 기술 및 혁신 역량

현대의 복잡한 공급망 환경에서 공급업체의 기술 역량과 혁신 능력은 기업 경쟁력의 핵심 요소이다. 최신 기술을 적용해 제품 품질과 성능을 개선하고, 혁신적인 방법으로 생산성을 극대화할 수 있는 능력은 평가해야 할 중요한 기준이다. 기술과 혁신을 통해 가치를 창출하는 공급업체는 품질 안정성과 비용 절감, 운영 효율성을 강화하는 강력한 파트너가 될 수 있다. 기업은 공급업체의 R&D(연구개발) 투자와 기술 발전 의지를 평가해야 한다. 꾸준히 R&D에 투자하는 공급업체는 공정 개선과 제품 개발을 통해 장기적인 비용 절감과 품질 향상을 이룩할 가능성이 높고, 공급업체가 미래 지향적인 파트너로 성장할 수 있는 기틀을 제공한다.

또 공급업체가 기술 혁신을 통해 생산성을 높이고 품질을 개선한 사례를 검토하는 것도 중요하다. 자동화, 인공지능(AI), 사물인터넷(IoT) 등의 기술을 활용해 생산 시간을 단축하고 품질을 개선한 경험이 있는 공급업체는 시장 변화에 민첩하게 대응할 역량을 보유했을 가능성이 크다. 혁신적인 공급업체와의 협력은 기업이 새로운 가치를 창출하고 공급망 경쟁력을 강화하는 데 도움이 된다. 이러한 관계는 단순한 자재 공급을 넘어 기술적 파트너십으로 발전하며, 기업이 변화하는 시장에 유연하게 대응할 기반을 마련해준다.

• 지속 가능성과 사회적 책임

최근 들어 공급업체 선정에서 지속 가능성과 사회적 책임(CSR)이 중요한 기준으로 떠오르고 있다. 기업은 공급업체가 환경 보호, 인권 존중, 윤리적 경영을 실천하는지를 평가해야 한다. 이는 기업의 브랜드 이미지와도 직결될 수 있으며, 장기적으로는 법적 문제나 소비자 신뢰도 저하를 방지하는 데 이바지할 수 있다.

공급업체의 환경적 책임은 중요한 평가 요소이다. 공급업체가 에너지 효율적인 생산 공정을 사용하고, 폐기물 관리와 탄소 배출 절감에 적극적인 노력을 기울이고 있는지 평가해야 한다. 공급업체가 환경 규제를 준수하고 있는지, 관련 인증을 보유하고 있는지도 중요한 평가 요소이다.

이를 통해 기업은 환경 보호에 이바지하면서 공급망 내의 리스크도 줄일 수 있다.

또 사회적 책임도 중요한 평가 요소이다. 공급업체가 근로자의 권리를 존중하고, 안전한 근로 환경을 제공하며, 아동 노동이나 강제 노동 등 윤리적으로 문제가 될 수 있는 관행을 저지르지 않는지 확인해야 한다.

공급업체가 국제적인 윤리 기준과 노동법을 준수하는지 평가하고, 사회적 책임을 다하는 공급업체와 협력하여 기업의 사회적 책임(CSR)을 이행할 수 있다.

• 공급망의 가시성과 유연성

공급업체를 선택할 때, 공급망의 가시성과 유연성은 기업 운영의 안정성과 신속한 대응력을 보장하는 중요한 기준이다. 공급업체가 자재 조달, 생산, 물류 등에서 실시간 데이터를 제공하고, 문제 상황이나 변화에 대한 정보를 투명하게 공유할 수 있는지 확인해야 한다. 이는 기업이 공급망 상태를 빠르게 이해하고, 데이터 기반으로 효과적인 결정을 내리는 데 필수적이다. 이를 통해 공급망 운영의 안정성을 높이고, 예상치 못한 상황에도 빠르게 대응할 수 있다.

또 공급업체의 유연성은 공급망의 회복력을 판단하는 중요한 요소이다. 공급업체가 수요 변화나 비상 상황에 신속히 적응할 수 있는 능력은 매우 중요하다. 이를테면 주문 증가, 물류 지연, 자연재해 등과 같은 문제가 발생했을 때 빠르게 대응할 수 있는 공급업체라면, 기업은 이를 통해 리스크를 효과적으로 관리할 수 있다.

아울러 공급업체의 시스템이 데이터 공유와 가시성을 지원하는지도 중요하다. 실시간 재고 관리, 주문 추적, 조달 현황 업데이트 기능 등을 제공하는 공급업체는 운영 효율성과 대응력을 크게 높일 수 있다. 이를 통해 기업은 수요를 더 정확히 예측하고, 공급망의 흐름을 원활히 유지할 수 있다.

결론적으로, 가시성과 유연성이 뛰어난 공급업체는 기업의 경쟁력을 높이는 중요한 자산이다. 이들과의 협력은 변화와 불확실성에 잘 대처할 수 있는 기반이 되며, 기업이 지속 가능한 성장을 이루는 데 도움이 된다.

• 주요 내용 정리

공급업체 선정은 기업의 운영 효율성과 성과에 큰 영향을 미치며, 가격 경쟁력, 품질 관리 능력, 납기 준수, 재정적 안정성, 기술 및 혁신 역량, 지속 가능성과 사회적 책임, 공급망의 가시성과 유연성 등이 주요 평가 기준이다. 경쟁력 있는 가격과 품질 관리는 비용 절감과 제품 신뢰도를 높이며, 납기 준수와 가시성은 안정적인 공급망 운영을 보장한다.

기술 혁신과 CSR을 실천하는 공급업체는 기업의 장기적 경쟁력 강화와 브랜드 이미지 향상에 이바지한다. 이를 통해 기업은 변화하는 시장 환경에 유연히 대응하고, 리스크를 최소화하며 지속 가능한 성장을 도모할 수 있다.

장기 계약 관리

장기 계약 관리는 공급망 운영에서 핵심적인 전략 요소로, 기업과 공급업체 간의 안정적이고 지속적인 관계를 형성하며, 원자재와 부품의 안정적인 장기 공급을 보장한다. 이러한 계약은 공급 불안정성을 완화하고, 가격 변동으로 인한 리스크를 줄이며, 협력 관계의 품질과 성과를 극대화하는 데 이바지한다.

특히 장기 계약은 기업이 공급 안정성을 유지하면서 예측할 수 있는 비용 구조를 확보할 수 있도록 도와준다. 이를 통해 기업은 공급업체와 품질 관리 협력을 강화하고, 공급망 전체의 성과를 높일 수 있다. 장기적인 협력 관계는 품질 기준을 지속적으로 개선하고 유지하며, 생산성과 효율성을 높이는 기반이 된다.

이 장에서는 장기 계약 관리의 중요성과 필요성을 설명하고, 주요 구성 요소와 효과적인 관리 방법을 제시한다. 또 발생할 수 있는 리스크와 이에 대한 대응 방안을 논의하여, 기업이 안정적이고 효율적인 공급망을 구축할 방안을 제안한다.

장기 계약 관리의 필요성과 이점

장기 계약은 공급망에서 안정성을 확보하는 중요한 수단으로, 기업이 안정적으로 원자재와 부품을 공급받을 수 있도록 보장한다. 장기 계약을 통해 기업은 공급 부족으로 인한 운영 차질을 줄일 수 있으며, 가격 변동성으로 발생할 수 있는 리스크를 완화할 수 있다. 이는 특히 자재 공급이 불규칙하거나 정치적 불안정성, 환경적 이슈 등 외부 요인에 의해 가격이 급변할 수 있는 제품에 대해 더욱 큰 이점을 제공한다.

장기 계약은 공급 안정성을 확보함으로써 생산 계획을 원활히 운영할 수 있는 기반을 마련하고, 예기치 못한 가격 상승에 대비할 수 있는 장점이 있다. 또 이러한 장기적인 협력 관계는 품질 관리 개선에도 긍정적인 영향을 미쳐, 공급업체와의 긴밀한 협력을 통해 품질 기준을 유지하고 지속적으로 개선해 나갈 수 있다.

따라서 장기 계약 관리는 기업이 공급망 내에서의 안정성을 확보하고, 예측할 수 있는 비용 관리와 품질 향상을 도모할 수 있는 핵심 전략이다.

• 공급 안정성 확보

장기 계약을 통해 기업은 중요한 원자재나 부품을 안정적으로 장기 확보할 수 있어, 생산 일정이 계획대로 원활하게 운영되도록 보장받을 수 있다. 이러한 계약 구조는 공급망에서 발생할 수 있는 불확실성을 줄이고, 예기치 못한 공급 중단으로 인한 리스크를 효과적으로 완화하는 데 중요한 역할을 한다. 장기 계약을 통해 공급업체와의 협력 관계가 한층 강화되면서, 기업은 공급망의 안정성을 높일 수 있으며, 이를 통해 공급망 내 돌발 상황이나 차질이 발생할 때도 신속하고 유연하게 대응할 수 있는 역량을 갖추게 된다.

또 장기 계약은 공급업체와의 지속적인 협력과 상호 신뢰를 기반으로 운영되어, 안정적인 자원 관리와 예측할 수 있는 비용 구조를 통해 기업의 경쟁력 강화를 지원한다. 결과적으로, 장기 계약은 공급망의 안전성 확보와 더불어 기업의 전반적인 운영 효율성과 리스크 대응 능력을 높이는 중요한 전략적 수단이 된다.

• 가격 변동성 리스크 완화

장기 계약을 통해 기업은 가격 고정이나 가격 조정 공식 등을 도입하여 시장에서 발생하는 가격 변동성에 대한 리스크를 효과적으로 줄일 수 있다. 이를 통해 공급업체는 안정적인 매출을 확보하게 되며, 기업은 원자재 비용의 예측 가능성을 높여 장기적으로 원가 절감을 달성할 수 있다. 이러한 가격 안정성은 특히 원자재 가격 변동성이 큰 산업에서 더욱 중요한 역할을 한다. 예를 들어 금속, 에너지, 화학 제품 등과 같이 가격 변동이 심한 원자재에 대해 장기 계약에서 고정 가격을 설정하거나 가격 조정 공식을 활용하면, 기업은 예상치 못한 가격 급등에 따른 부담을 줄이고, 보다 안정적으로 원가를 관리할 수 있다. 이를 통해 기업은 비용 구조의 예측 가능성을 강화하고 재무 계획을 더욱 정확하게 세울 수 있으며, 공급업체와의 신뢰 관계를 바탕으로 상호 협력을 지속하여 공급망 전반의 안정성을 높이는 데 이바지한다.

• 품질 관리 개선

장기 계약은 공급업체와의 협력 관계를 더욱 깊이 발전시켜 지속적인 품질 개선을 이루는 데 중요한 기회를 제공한다. 장기적인 파트너십을 통해 공급업체는 고객의 요구와 기대를 보다 깊이 이해하게 되고, 이에 맞추어 품질과 서비스 수준을 지속적으로 높일 수 있다. 기업은 이 과정에서 공급업체의 성과를 주기적으로 평가하고 구체적인 피드백을 제공하는 체계적인 피드백 루프를 구축하여, 공급업체가 품질 기준에 부합하도록 장려할 수 있다. 이를 통해 양측은 상호 목표를 조정하며 장기적인 품질 향상을 도모할 수 있으며, 그 결과 안정적이고 향상된 품질 수준을 유지할 수 있게 된다.

장기 계약의 주요 요소

장기 계약을 효과적으로 관리하려면 계약서에 명시해야 할 몇 가지 중요한 요소가 있다. 이 요소들은 계약 관계의 명확성을 높이고, 문제 발생 시 신속하게 대응할 수 있도록 도와준다.

• 계약 기간

계약 기간은 장기 계약의 안정성을 보장하는 중요한 요소이다. 기업은 계약 기간을 설정할 때, 공급업체의 신뢰도와 시장 변화에 대한 예측을 바탕으로 계약 기간을 조정해야 한다. 일반적으로 3년에서 5년, 때로는 10년 이상의 장기 계약을 체결하기도 한다. 계약 기간 동안 공급업체는 기업에 안정적인 공급을 보장하며, 기업은 계약 기간 동안 공급망 관리에서 발생할 수 있는 리스크를 줄일 수 있다.

• 가격 책정과 조정 메커니즘

장기 계약에서는 가격 변동에 대한 조정 메커니즘이 필요하다. 공급업체가 원자재 가격 인상이나 물가 상승에 따라 가격을 인상할 수 있는 조건을 명확히 하며, 그에 따른 대응 방안도 계약서에 포함되어야 한다.

이를테면 가격 인상 상한선을 설정하거나, 가격 조정 주기를 명시하여, 시장 변동에도 계약 가격이 지나치게 급등하지 않도록 보호할 수 있다. 또 물가 지수(CPI)나 원자재 가격에 연동하여 가격을 조정하는 방법도 사용할 수 있다.

• 품질 관리와 성과 평가 기준

장기 계약에서 공급업체의 성과를 평가하고 관리하는 체계가 필요하다. 이를 위해 KPI(핵심 성과 지표)를 설정하여 품질 관리, 납기 준수율, 공급의 일관성 등을 정기적으로 평가할 수 있다. 품질 관련 문제 발생 시 해결을 위한 조치 사항에 대해 계약서에 명시하여, 신속하게 대응할 수 있는 구조를 마련해야 한다. 품질 관리 기준을 충족하지 못하는 경우, 페널티 조항이나 계약 종료 조항을 두는 것도 방법이다.

• 유연성과 리스크관리 조항

장기 계약은 그 특성상 시장 변화에 신속히 대응하기 어렵기 때문에, 계약서에 유연성 확보를 위한 조항을 포함하는 것이 중요하다. 예를 들어, 비상 상황에 따른 계약 재협상 또는 계약 조기 종료 조건을 명시하여, 시장의 급격한 변화나 공급업체의 경영 악화 등의 리스크에 대응할 수 있는 구조를 마련할 수 있다. 공급업체의 생산 능력 부족, 천재지변, 글로벌 경제위기 등 다양한 리스크 상황에 대한 대응 방안을 마련해 두는 것이 필요하다.

장기 계약 관리 전략

장기 계약을 성공적으로 관리하려면 계약 체결 이후에도 지속적인 관리와 모니터링이 필수적이다. 이를 위해 공급업체와의 협력을 강화하고, 성과에 기반한 인센티브 제공을 통해 동기를 부여하는 것이 중요하다. 또 계약 기간 동안 공급업체의 성과를 주기적으로 평가하여 필요한 경우 계약 내용을 수정하거나 재협상을 통해 새로운 조건을 반영하는 등 적극적인 계약 검토가 이루어져야 한다. 이러한 전략적 접근을 통해 기업은 공급업체와의 장기적인 협력 관계를 유지하고, 성과 개선을 지속적으로 도모할 수 있다.

• 공급업체와의 협력 강화

장기 계약의 성공적인 관리에는 공급업체와의 지속적인 커뮤니케이션과 협력이 필수적이다. 정기적인 회의, 성과 리뷰, 피드백 루프 등을 통해 공급업체의 상태를 파악하고, 문제 발생 시 신속하게 대응할 수 있는 구조를 유지해야 한다. 이를 통해 협력 관계를 공고히 하며, 신뢰성을 높일 수 있다.

• 성과 기반 인센티브 제공

장기 계약에서 공급업체가 우수한 성과를 달성한 경우, 성과 기반 인센티브를 제공하는 것은 지속적인 성과 향상과 유지에 매우 효과적인 전략이다. 이를테면 공급업체가 뛰어난 품질을 유지하고 높은 납기 준수율을 기록한 경우, 이를 보상하기 위해 추가 발주나 계약 기간 연장 등의 인센티브를 제공할 수 있다. 이러한 성과 기반 보상은 공급업체에 동기를 부여하고, 기업과의 협력 관계를 강화하여 공급망의 안정성과 효율성을 동시에 이룩하는 데 이바지한다.

성과 기반 인센티브는 공급업체가 품질 개선과 운영 효율성 향상에 지속적으로 노력하도록 유도하며, 이는 장기 계약의 성공 가능성을 높이는 중요한 요소이다. 공급업체는 인센티브를 통해 주요 파트너로 인정받고 있다는 확신을 얻게 되어, 더 높은 성과 기준을 달성하기 위해 노력하게 된다. 이러한 전략적 접근은 공급망의 안정성을 확보하고, 기업의 조달 전략을 더욱 강화하는 중요한 역할을 한다.

• 주기적인 계약 검토와 재협상

장기 계약을 성공적으로 유지하려면 계약 체결 후에도 시장 상황과 비즈니스 환경 변화에 따라 계약 내용을 정기적으로 검토하고 수정하는 유연한 관리가 필요하다. 시장 동향, 기술 발전, 원자재 가격 변동 등이 발생할 때 계약 조건을 재협상할 수 있는 체계를 마련하여, 변화하는 환경에 신속히 대응할 수 있도록 해야 한다. 또 필요할 때 계약 조건을 조정할 수 있는 권한과 재협상 절차를 계약서에 명확히 명시함으로써, 양측이 불확실성 속에서도 안정적인 관계를 유지할 수 있도록 하는 것이 중요하다.

이러한 주기적인 계약 검토와 유연한 재협상 구조는 장기 계약의 지속 가능성과 성과를 극대화하는 핵심 요소이다.

장기 계약 리스크와 대응 방안

장기 계약은 안정적인 공급을 보장하지만, 여러 리스크를 동반할 수 있다. 이를 효과적으로 관리하려면 사전 계획과 체계적인 대응 전략이 필요하다.

첫째, 시장 변화 리스크. 시장 상황이 급격히 변할 경우, 가격 변동이나 수요 변화로 계약 조건이 불리하게 작용할 수 있다. 이에 대응하기 위해 계약서에 조정 및 재협상 조항을 포함하는 것이 중요하다.

둘째, 공급업체 의존도 리스크도 고려해야 한다. 장기 계약이 특정 공급업체에 의존하게 하면, 해당 업체의 생산 차질이나 품질 문제로 인해 전체 공급망에 악영향을 미칠 수 있다. 이를 해결하려면 대체 공급업체를 확보하거나 공급 다변화 전략을 병행하여 리스크를 분산시킬 필요가 있다.

셋째, 공급업체의 경영 리스크. 공급업체의 재정적 불안정이나 경영 문제는 계약 안정성에 영향을 줄 수 있다. 이를 방지하려면 계약 전에 공급업체의 재정 상태와 경영 안정성을 철저히 평가하고, 지속적인 모니터링을 통해 리스크를 조기에 파악하는 체계를 마련해야 한다.

이처럼 리스크에 대해 사전에 준비하고 지속적으로 관리함으로써, 장기 계약의 장점을 극대화하고 발생할 수 있는 위험을 최소화할 수 있다.

• 시장 변화 리스크

장기 계약은 안정성을 제공해 주지만, 시장 환경이 급격히 변화할 때는 이러한 안정성이 오히려 기업의 발목을 잡는 리스크로 작용할 수 있다. 예를 들어, 새로운 기술 혁신이 나타나거나 경쟁력 있는 신제품이 시장에 빠르게 출시되는 경우, 기존 장기 계약에 묶여 변화에 신속히 대응하지 못해 경쟁에서 뒤처질 위험이 있다. 또 원자재 가격이나 환율 변동과 같은 외부 환경 변화 역시 기업에 불리하게 작용할 수 있다.

이를 방지하기 위해 계약서에는 조기 종료 권한, 계약 조건 수정 조항 등 시장 변화에 대응할 수 있는 유연성 조항을 포함하는 것이 중요하다. 이러한 조항을 통해 시장 상황 변화에 맞춰 계약을 조정하거나 재협상을 진행할 수 있어, 기업은 예상치 못한 시장 변화에도 더욱 빠르고 효율적으로 대응할 수 있다.

• 공급업체 의존도 리스크

장기 계약을 통해 특정 공급업체에 지나치게 의존하는 경우, 해당 공급업체에 문제가 발생하면 기업 전체의 공급망이 큰 영향을 받을 수 있다. 예를 들어, 공급업체의 생산 설비 고장, 품질 문제, 자연재해 등으로 인해 공급이 중단되면 기업의 생산 일정과 제품 공급에 심각한 차질이 생길 수 있다. 이를 방지하기 위해서는 공급업체 이원화 또는 다각화 전략을 채택하여, 한 공급업체에 대한 의존도를 분산시키고 전체 공급망 리스크를 줄일 필요가 있다. 대체 공급업체를 미리 확보하여 필요할 때 신속히 전환할 수 있는 체계를 마련하고, 공급업체 간 비교 평가를 통해 품질과 납기 준수에 대한 기준을 강화함으로써 공급망 안정성을 더욱 강화할 수 있다.

• 공급업체의 경영 리스크

장기 계약을 체결한 공급업체의 경영 상태가 계약 기간 동안 악화할 경우, 기업에까지 큰 리스크로 작용할 수 있다. 예를 들어, 공급업체의 재정 상태가 악화하여 부도 위기에 처하거나 운영 효율성이 떨어질 경우, 안정적인 공급이 어려워지고 품질 저하나 납기 지연이 발생할 수 있다. 이를 방지하기 위해 기업은 공급업체의 재무 상태와 경영 실적을 정기적으로 평가하고, 주기적인 모니터링 시스템을 통해 공급업체의 재정적 안정성을 파악해야 한다. 필요시에는 대체 공급처를 미리 준비하여 경영 리스크 발생 시에도 공급망의 연속성을 보장할 수 있어야 하며, 불안정한 공급업체에 대한 대책을 사전에 마련함으로써 공급망의 안정성을 지속적으로 유지할 수 있다.

• 주요 내용 정리

장기 계약 관리는 공급 안정성 확보와 가격 변동 리스크 완화를 통해 기업 운영의 안정성과 예측 가능성을 높이는 전략이다. 이를 통해 기업은 공급업체와의 장기적 협력을 강화하여 품질 개선과 비용 절감 효과를 얻을 수 있다. 그러나 시장 변화, 공급업체 의존도, 경영 리스크와 같은 문제를 방지하려면 유연한 계약 조항, 공급 다각화, 공급업체의 지속적인 평가와 모니터링이 필요하다. 결과적으로, 장기 계약 관리는 안정적 공급망 구축과 장기적 경쟁력 강화를 위한 핵심 도구로 활용된다.

공급업체의 성과 평가

공급업체 성과 평가는 공급망 관리의 필수 과정으로, 기업이 공급업체의 성과를 주기적으로 모니터링하고 평가함으로써 공급망의 안정성과 효율성을 유지하는 데 이바지한다. 기업은 공급업체의 성과를 평가하여 적절한 피드백을 제공하고, 성과가 저조한 경우 이를 개선할 기회를 마련하며, 성과가 우수한 공급업체와의 협력 관계를 더욱 강화할 수 있다. 또 성과 평가를 통해 기업은 공급망 리스크를 줄이고, 원가 절감과 품질 개선을 도모할 수 있다.

공급업체 성과 평가의 핵심 목적은 지속적인 개선을 촉진하고, 공급업체의 신뢰성과 품질을 관리하는 데 있다. 이를 위해 다양한 성과 지표(KPI)를 설정하고, 평가 프로세스를 체계적으로 관리하는 것이 중요하다. 이 장에서는 공급업체 성과 평가의 필요성과 주요 평가 기준, 성과 평가 방법론, 성과 평가 후 피드백과 개선 방안 등을 상세히 논의한다.

공급업체 성과 평가의 필요성

공급업체 성과 평가는 공급망 전체의 효율성을 높이고, 잠재적인 리스크를 줄이기 위해 매우 중요한 요소이다. 공급업체의 성과를 체계적·주기적으로 평가하지 않으면, 품질 저하, 납기 지연, 그리고 불필요한 비용 증가와 같은 문제가 발생할 가능성이 커지며, 이러한 문제는 기업의 생산성 저하와 경쟁력 약화로 이어질 수 있다. 성과 평가를 통해 공급업체의 품질 유지와 개선 여부를 확인하고, 납기 준수와 운영 효율성을 보장하며, 비용 관리와 원가 절감 가능성을 모니터링함으로써 공급망의 안정성을 강화할 수 있다. 이를 통해 기업은 공급망의 전반적인 신뢰성을 높이고, 장기적인 경쟁 우위를 확보할 수 있다.

• 품질 유지와 개선

공급업체 성과 평가는 기업이 제품 품질을 일관되게 유지하고 지속적으로 개선하기 위한 중요한 관리 도구이다. 공급업체가 제공하는 원자재, 부품 또는 서비스의 품질이 일정하게 유지되지 않으면 기업의 최종 제품에 부정적인 영향을 미칠 수 있으며, 이는 고객의 신뢰와 만족도를 떨어뜨릴 위험이 있다.

주기적인 성과 평가는 기업이 공급업체가 품질 기준을 준수하고 있는지 확인하는 데 도움이 되며, 동시에 지속적인 품질 개선을 위한 기회를 제공한다.

이를 통해 공급업체는 더 높은 품질 표준을 설정하고 품질 관리 시스템을 개선하며, 더 나은 제품을 공급하기 위한 동기를 부여받는다. 성과 평가를 통해 공급업체가 품질 관리를 철저히 이행하고, 문제가 발생했을 때 신속하게 대응하고 개선 조치를 하는지 확인함으로써, 기업은 품질 경쟁력을 한층 강화할 수 있다.

• 납기 준수와 운영 효율성 보장

공급업체가 정시 납품을 준수하고 높은 운영 효율성을 유지하는 것은 기업의 생산 일정과 공급망 안정성에 결정적인 영향을 미친다. 공급업체 성과 평가는 공급업체가 납기 일정을 얼마나 효과적으로 지키고 있는지 평가함으로써, 공급망 내에서 발생할 수 있는 지연과 혼란을 사전에 방지하는 중요한 도구이다. 이를 통해 기업은 공급업체의 물류 및 생산 공정에서 발생할 수 있는 잠재적인 문제를 미리 파악하고, 필요한 경우 개선을 요청할 수 있다. 이러한 과정은 생산 일정의 연속성을 유지하는 데 이바지한다.

또 성과 평가를 바탕으로 공급업체와의 긴밀한 소통과 협력을 강화하면, 예기치 않은 생산 차질이나 물류 지연이 발생하더라도 신속하게 대응할 수 있는 체계를 구축할 수 있다. 이러한 납기 준수와 효율성 평가는 공급망의 원활한 운영을 보장하며, 기업이 안정적으로 제품을 제공할 수 있는 기반을 마련하는 데 중요한 역할을 한다.

• 비용 관리와 원가 절감

공급업체 성과 평가는 비용 관리와 원가 절감에서도 중요한 역할을 담당한다. 공급업체의 비용 효율성을 평가함으로써, 기업은 자재와 부품 조달에 필요한 비용을 최적화하고, 불필요한 비용 증가를 방지할 수 있다.

이를 통해 원가 절감의 기회를 발견하고, 더욱 효율적인 공급망을 구축할 수 있다. 성과 평가 결과에 따라 비용 절감 효과가 높은 공급업체와의 협력을 확대하거나, 비효율성이 발견된 부분에 대해 개선을 요구하여 조달 비용의 투명성과 가치를 높일 수 있다. 장기적으로 이러한 성과 평가는 공급업체들이 더욱 경쟁력 있는 비용 구조를 유지하도록 유도하며, 기업의 수익성을 극대화하는 데 이바지할 수 있다.

• 공급망 리스크관리

공급업체 성과 평가는 공급망 리스크를 미리 감지하고 효과적으로 관리하는 중요한 예방 수단이다. 정기적인 성과 평가는 공급업체의 재정 상태, 품질 관리 수준, 생산 안정성과 같은 핵심 요소를 모니터링할 기회를 제공한다. 공급업체가 갑작스러운 재정적 어려움에 직면하거나, 예상치 못한 품질 문제를 겪게 될 경우, 성과 평가를 통해 이러한 상황을 조기에 파악하고 선제적인 대응책을 마련할 수 있다.

성과 평가 결과를 기반으로 공급업체와의 대화를 통해 문제를 개선하고, 필요할 때 대체 공급원을 마련하여 리스크 발생 시 공급망의 연속성을 보장할 수 있다. 이러한 리스크 관리 전략은 공급망 내에서 발생할 수 있는 다양한 위협을 최소화하고, 기업이 안정적으로 운영을 유지할 수 있도록 도와준다.

공급업체 성과 평가의 기준

공급업체 성과 평가에서 중요한 기준으로는 품질 관리 수준, 납기 준수율, 비용 효율성, 혁신 역량, 사회적 책임(CSR) 등이 있다. 이 평가 기준들은 공급업체의 성과를 객관적이고 체계적으로 측정할 수 있는 중요한 지표로, 기업이 공급업체와의 관계를 어떻게 유지하고 개선할지에 대한 방향을 제시한다.

품질 관리 기준은 공급업체가 안정적인 품질을 제공하는지 평가하여 기업 제품의 품질 기준을 충족하도록 한다. 납기 준수율은 공급망 내 신뢰성과 일정 준수 능력을 확인하는 데 필수적이다. 비용 효율성은 공급업체가 원가 절감과 비용 최적화에 얼마나 이바지하는지 평가하여 기업의 재무 성과에 긍정적인 영향을 미칠 수 있다. 혁신 역량은 공급업체가 변화하는 시장 환경과 기술 발전에 어떻게 대응하는지 평가하여, 장기적인 경쟁력을 확보할 기회를 제공한다. 또 사회적 책임(CSR)은 공급업체가 환경적, 사회적 책임을 준수하는지 확인함으로써 기업의 지속 가능 경영과 사회적 가치 창출에 이바지한다. 이러한 종합적인 평가 기준은 공급업체 성과를 효과적으로 관리하고, 기업이 공급망 관계를 효율적이고 책임감 있게 유지하는 데 중요한 역할을 한다.

• 품질 관리 기준

품질은 공급업체 성과 평가에서 가장 중요한 요소로, 공급업체가 제공하는 자재나 부품이 기업의 품질 기준을 안정적으로 충족시키느냐 하는 여부는 최종 제품의 성공과 고객 만족도에 직접적인 영향을 미친다. 공급업체의 품질 수준을 평가하기 위해 결함률, 반품률, 품질 인증 보유 여부 등의 지표를 활용해 정확한 품질 상태를 파악할 수 있다.

이를테면 공급업체가 ISO 9001 같은 국제 품질 표준을 준수한다면, 이는 그들이 체계적인 품질 관리 시스템을 운영하고 있다는 증거로, 기업의 품질 요구를 일관되게 충족시킬 수 있는 높은 신뢰성을 제공한다.

품질 관리 기준을 평가하는 것은 단순히 공급업체의 품질 보증 능력을 점검하는 데 그치지 않고, 품질 문제 발생 시 얼마나 신속하고 효율적으로 대응할 수 있는지 확인하는 과정이기도 하다.

이를 통해 기업은 공급업체가 자재와 부품의 품질을 일관되게 유지하고, 지속적인 품질 개선에 노력하는지 파악함으로써, 공급망의 안정성과 경쟁력을 높일 수 있다.

● 납기 준수율

납기 준수율은 공급업체가 약속된 일정에 따라 제품이나 서비스를 적시에 공급할 수 있는 능력을 평가하는 중요한 기준으로, 공급망의 안정성과 기업의 생산 일정의 연속성을 보장하는 데 핵심 역할을 한다. 기업은 공급업체가 정시 납품을 얼마나 잘 이행하는지, 납기 지연 발생 빈도는 어느 정도인지, 그리고 예상치 못한 지연 상황에 대해 신속하고 효과적으로 대처할 수 있는지 평가함으로써 공급업체의 시간 준수 능력을 측정할 수 있다. 납기 준수율을 높이기 위해 공급업체가 공급망 내 물류 프로세스를 효율적으로 관리하고 있는지, 긴급 상황 시 대체 공급 방안을 보유하고 있는지도 고려될 수 있다. 정시 납품은 기업의 전체 생산 일정과 고객 서비스 수준을 유지하는 데 매우 중요하므로, 주기적인 납기 준수율 평가를 통해 공급업체와의 협력을 강화하고 생산 연속성에 이바지할 수 있다.

● 비용 효율성

비용 효율성은 공급업체가 제공하는 자재나 서비스의 가격이 기업의 기대에 걸맞은 경쟁력 있는 수준인지, 비용 절감의 가능성을 제공할 수 있는지 평가하는 중요한 기준이다. 기업은 공급업체의 단가와 전체 비용 구조를 분석해 자재나 서비스의 가격 대비 가치를 평가하고, 공급업체가 비용 효율적인 운영을 통해 불필요한 비용 증가를 방지하고 있는지 확인한다. 또 공급업체가 대량 구매 할인이나 장기 계약 체결을 통해 더 나은 가격을 제공할 수 있는지, 그리고 원가 절감을 위한 구체적인 제안을 기업에 제공할 수 있는지도 주요 평가 항목으로 포함된다. 이러한 비용 효율성 평가는 기업이 조달 비용을 최적화하고 장기적인 재정 건전성을 확보하는 데 이바지하며, 경쟁력을 유지하는 데 필요한 중요한 재정적 기반을 제공한다.

● 혁신 역량

혁신 역량은 공급업체가 기술 발전과 시장 변화에 유연하게 적응하고, 끊임없이 개선을 추구할 수 있는 능력을 평가하는 기준으로, 현대의 글로벌 공급망에서 경쟁력을 좌우하는 중요한 요소이다. 기업은 공급업체가 연구개발(R&D)에 얼마나 적극적으로 투자하고 있는지, 생산 효율성을 높이기 위해 혁신적인 기술 도입을 실현하고 있는지, 그리고 제품 품질 개선이나 비용 절감에 이바지할 수 있는 혁신적인 아이디어를 제공하는지 평가한다. 혁신 역량이 높은 공급업체는 기업이 변화하는 시장과 기술 환경에 신속하게 대응할 수 있도록 지원하며, 장기적인 파트너십을 통해 기업의 경쟁력을 강화하는 중요한 역할을 한다. 혁신적인 공급업체와의 협력은 기업이 새로운 시장 기회를 포착하고, 비용 효율성뿐 아니라 제품 차별화를 통한 경쟁 우위를 실현하는 데 큰 이점을 제공한다.

• 사회적 책임(CSR)

사회적 책임(CSR)은 공급업체가 환경 보호, 인권 존중, 윤리적 경영 등을 준수하며 지속 가능한 운영을 실천하는지 평가하는 기준으로, 기업의 사회적 이미지와 지속 가능한 성장에 중요한 역할을 한다. 기업은 공급업체가 환경 규제를 철저히 준수하고 자원을 효율적으로 활용하며, 친환경적인 공정을 실천하고 있는지, 근로자의 노동 환경과 인권을 존중하는지, 안전 관리 시스템을 철저히 운영하는지 평가한다. 이러한 CSR 평가 기준은 기업이 책임 있는 공급망을 구축하고, 환경과 사회에 긍정적인 영향을 미치는 공급업체와의 협력을 통해 사회적 가치 창출에 이바지할 수 있는 기반을 제공한다. CSR을 준수하는 공급업체와의 협력은 기업의 사회적 신뢰도를 높이고, 고객과 투자자들에게 신뢰할 수 있는 파트너로 인식될 기회를 제공하며, 장기적으로 기업의 사회적 책임 목표 달성과 지속 가능한 성장에 중요한 역할을 한다.

공급업체 성과 평가 방법론

공급업체 성과 평가를 효과적으로 수행하려면 체계적이고 종합적인 방법론을 적용하는 것이 중요하다. 이를 위해 주로 정량적 평가와 정성적 평가를 결합한 방식이 사용된다. 정량적 평가는 공급업체의 성과를 객관적인 수치로 평가하는 방법으로, 품질 지표, 납기 준수율, 비용 효율성 등을 수치로 측정하여 명확한 기준을 제공한다. 반대로 정성적 평가는 공급업체의 혁신 역량, 협력 태도, 사회적 책임(CSR) 이행 여부 등과 같은 요소를 평가하여 공급업체와의 장기적인 협력 가능성과 신뢰성을 판단하는 데 도움이 된다. 이 두 가지 평가 방법을 결합함으로써 기업은 공급업체의 성과를 다각적으로 분석하고, 객관적 지표와 주관적 요소를 통합하여 더 신뢰할 수 있는 평가 결과를 얻을 수 있다.

• 정량적 평가

정량적 평가는 KPI(핵심 성과 지표)를 기반으로 공급업체의 성과를 객관적 수치로 측정하는 방법으로, 결함률, 납기 준수율, 비용 효율성, 재고 회전율 등 다양한 지표를 활용하여 공급업체의 성과를 평가한다. 이 방식은 객관적인 데이터를 바탕으로 공급업체의 성과를 명확하게 파악할 수 있으며, 평가 결과를 수치화하여 공급업체 간 성과를 비교하는 데 유용하다. 예를 들어, 품질 성과를 평가하기 위해 결함률을 산정할 때는 전체 공급량 중 결함이 발생한 비율을 계산하고, 이를 통해 공급업체의 품질 수준을 평가할 수 있다. 또 납기 준수율 평가에서는 정해진 납기 안에 공급업체가 제품을 납품한 비율을 산정하여 공급의 신뢰성을 확인할 수 있다. 이러한 정량적 평가는 성과를 구체적 수치로 표현해 개선이 필요한 부분을 명확하게 파악할 수 있는 장점을 제공한다.

• 정성적 평가

정성적 평가는 공급업체와의 협력 관계, 대응 능력, 커뮤니케이션 역량 등 수치화하기 어려운 요소를 종합 평가하는 방법이다. 이 평가는 공급업체가 기업과 얼마나 원활하게 협력하고, 문제 발생 시 얼마나 신속하게 대응하는지, 위기 상황에서의 유연성과 문제 해결 능력을 중점적으로 파악하는 데 유용하다. 이를테면 공급업체가 예상치 못한 수요 변화에 얼마나 효과적으로 대처할 수 있는지, 급격한 시장 변화나 공급망 차질에 대응하는 능력이 어떤지 등을 평가할 수 있다. 정성적 평가는 공급업체의 신뢰성과 장기적 협력 가능성을 종합적으로 이해할 수 있게 하여, 기업이 공급업체와 안정적이고 지속적인 협력 관계를 구축하는 데 이바지한다.

성과 평가 후 피드백과 개선 방안

공급업체 성과 평가를 효과적으로 수행하고, 평가 결과를 실질적인 성과 향상으로 연결하기 위해서는 체계적인 피드백과 개선 방안을 함께 적용해야 한다. 이를 위해 평가 후 공급업체에 구체적인 성과 피드백을 제공하여, 현재 성과 수준과 개선이 필요한 영역을 명확히 전달하는 것이 중요하다. 이후 기업과 공급업체가 협력하여 실질적인 개선 계획을 수립하고, 필요한 경우 성과 목표와 일정, 자원 배분 등을 포함한 구체적인 실행 계획을 마련할 수 있다. 또 성과가 우수한 공급업체에는 성과 기반 인센티브를 제공함으로써 동기를 부여하고, 지속적인 성과 향상을 유도할 수 있다. 이러한 피드백과 개선 계획, 인센티브 제도를 통해 기업은 공급업체와의 협력 관계를 더욱 강화하고, 공급망 전반의 성과와 안정성을 높일 수 있다.

• 성과 피드백 제공

공급업체 성과 평가 결과는 공급업체와의 정기 회의를 통해 투명하고 명확하게 공유되어야 한다. 이러한 성과 피드백 과정에서는 우수한 성과에 대해 긍정적으로 인정해 주는 것뿐만 아니라, 개선이 필요한 부분에 대해서도 구체적·실질적인 피드백을 제공하는 것이 중요하다. 공급업체가 자사의 성과를 객관적으로 파악하고 스스로 개선할 기회를 제공함으로써, 공급업체는 자신이 지향해야 할 목표를 명확히 이해하게 된다. 또 이와 같은 피드백 절차는 기업과 공급업체 간의 상호 신뢰를 구축하고, 장기적인 협력 관계를 강화하는 데 이바지하여, 궁극적으로는 공급망 전체의 효율성을 높이는 중요한 역할을 한다.

• 개선 계획 수립

성과 평가 후, 개선이 필요한 부분에 대해 구체적·체계적인 행동 계획을 수립하는 것이 필수적이다. 개선 사항별로 구체적인 목표를 설정하고 이를 달성하기 위한 단계적 실행 계획과 타임라인을 마련하여, 공급업체가 필요한 시점에 정확하게 조치할 수 있도록 돕는 것이 중요하다. 특히, 공급업체의 성과 향상을 위해 필요한 기술적 지원이나 교육 프로그램을 제공하는 것은 매우 효과적인 지원 방식으로, 이를 통해 공급업체가 자신의 성과를 지속적으로 개선할 수 있다. 이러한 개선 계획 수립은 공급업체가 더욱 높은 성과를 달성할 수 있도록 하고, 기업이 공급망의 안정성과 신뢰성을 높여 장기적인 경쟁 우위를 확보하는 데 이바지한다.

• 성과 기반 인센티브 제공

우수한 성과를 보인 공급업체에 추가적인 인센티브를 제공하는 것은 성과 개선에 대한 강력한 동기를 제공하며, 기업과 공급업체 간의 장기적이고 긍정적인 협력 관계를 유지하는 데 중요한 전략적 요소이다. 예를 들어, 성과가 뛰어난 공급업체에 추가 계약 기회를 제공하거나, 더 많은 발주 물량을 할당함으로써 그들의 성과를 보상하고 인정을 표할 수 있다. 이와 같은 성과 기반 인센티브는 공급업체가 지속적으로 성과 향상을 위해 노력하도록 자극하며, 공급망의 효율성과 안정성을 더욱 강화하는 역할을 한다. 인센티브 제공은 공급업체와의 협력 관계를 다지고, 장기적인 성과 개선을 위한 동기를 부여하여 기업의 성공에 이바지할 수 있다.

• 주요 내용 정리

공급업체 성과 평가는 품질, 납기, 비용 효율성, 혁신 역량, CSR 등 핵심 지표를 바탕으로 공급망 안정성과 효율성을 유지하고 개선하기 위한 필수 과정이다. 이를 통해 기업은 공급업체의 성과를 주기적으로 모니터링하고 피드백 및 개선 계획을 제공하여 지속적인 성과 향상을 도모할 수 있다. 정량적·정성적 평가를 결합해 객관적 지표와 협력 가능성을 동시에 파악하며, 성과 기반 인센티브로 공급업체의 동기를 강화한다. 결과적으로, 공급업체 성과 평가는 공급망 리스크를 줄이고 장기적인 경쟁력 강화를 위한 중요한 관리 도구로 작용한다.

소싱(Sourcing) 전략

지역적 소싱 대 글로벌 소싱

공급망 관리에서 자재나 부품을 조달하는 방식은 크게 지역적 소싱(Local Sourcing)과 글로벌 소싱(Global Sourcing)의 두 가지로 나눌 수 있다. 각 소싱의 전략은 기업의 운영 목표, 비용 구조, 위험 관리 능력, 품질 요구 사항에 따라 선택되며, 산업 특성과 시장 변화에 따라 적합한 전략이 달라질 수 있다.

지역적 소싱은 자재나 부품을 기업이 위치한 국가나 인근 지역에서 조달하는 방식으로, 공급망의 민첩성을 높이고 물류비용을 절감할 수 있다.

나아가 빠른 납기와 높은 협력성을 확보하고, 지역 경제와의 협력을 통해 사회적 책임을 다할 기회도 제공된다. 하지만 지역적 소싱은 글로벌 시장보다 생산 비용이 높고 자재나 부품의 다양성이 제한될 수 있는 단점이 있다.

반면에 글로벌 소싱은 세계 각국에서 자재나 부품을 조달하여 품질 기준을 맞추고 비용 효율성을 높이는 전략이다. 이를 통해 특정 국가의 우수한 기술력과 품질을 활용하거나, 낮은 인건비로 원가 절감이 가능하다. 글로벌 소싱은 공급망을 다각화하여 특정 지역에 대한 의존도를 줄이는 데 유리하지만, 복잡한 물류, 긴 리드 타임, 환율 변동 및 국제 규제나 무역장벽 등의 외부 리스크에 노출될 수 있는 단점이 있다.

이 장에서는 각 소싱 전략의 장단점을 분석하고, 이러한 소싱 방식들이 기업의 공급망 효율성, 비용 구조, 리스크 대응 및 품질 관리에 미치는 영향을 검토한다. 또 상황에 따라 지역적 소싱과 글로벌 소싱을 조합하여 최적화하는 방안도 논의할 예정이다.

• 지역적 소싱(Local Sourcing)

지역적 소싱은 기업이 자재, 부품, 서비스를 자국 내 또는 인접 지역에서 조달하는 방식이다. 이 방법은 가까운 공급업체와 협력하여 공급망의 신뢰성과 민첩성을 강화하는 데 중요한 역할을 한다. 지역적 소싱의 장점은 빠른 납기, 현지 법규 및 규제 준수 용이성, 그리고 지역 시장 변화에 신속히 대응할 수 있는 능력이다. 이를 통해 기업은 외부 환경 변화에 효과적으로 대응하고, 예기치 않은 문제에 유연하게 대처할 수 있다. 또 운송비 절감과 탄소 배출 감소라는 부수적인 효과도 있어 지속 가능성 목표 달성에 이바지할 수 있다.

하지만 지역적 소싱은 공급업체 선택이 제한적이어서 가격 경쟁력이 낮을 수 있으며, 특정 자재나 기술의 다양성에서 부족할 수 있다. 따라서 기업은 지역적 소싱의 장단점을 고려해 최적의 조달 전략을 수립해야 한다.

결론적으로, 지역적 소싱은 신뢰성과 유연성, 친환경적 장점이 있지만, 글로벌 소싱 전략 내에서 그 역할을 신중히 설계해야 한다.

• 지역적 소싱의 장점

⇒ 공급망 유연성과 납기 단축.

지역적 소싱을 통해 공급망의 유연성을 크게 향상시킬 수 있다. 지리적으로 가까운 위치에 있는 공급업체와 협력하면 신속한 자재 조달과 공급이 가능해지며, 결과적으로 납기 시간을 대폭 단축할 수 있다. 이러한 신속한 조달은 생산 일정을 더 원활하게 유지할 수 있도록 하고, 예기치 않은 수요 변화에도 민첩하게 대응할 수 있도록 지원한다. 더불어 물리적 거리가 짧아지면서 물류와 운송에서 발생하는 복잡성을 줄일 수 있어 전체 공급망이 더욱 효율적으로 운영될 수 있다.

⇒ 공급망 리스크 감소.

지역적 소싱을 활용하면 공급망 리스크를 효과적으로 줄일 수 있다. 먼 거리에서 수입되는 자재나 부품의 경우, 예상치 못한 자연재해, 국제적 갈등, 규제 변화 등으로 인해 공급 중단 위험이 크다. 반대로 지역적 소싱에서는 공급망 전반의 리스크를 현저히 줄일 수 있으며, 공급 중단 시에도 빠르게 대체 공급업체를 찾거나 대응책을 마련하기가 쉽다. 이를 통해 기업은 공급 안정성을 높이고, 비즈니스 연속성을 확보할 수 있다.

⇒ 현지화와 고객 요구에 대한 빠른 대응.

지역적 소싱은 현지화된 상품과 서비스를 신속하게 제공할 수 있도록 하여, 고객의 특정 요구나 시장 트렌드에 민첩하게 대응하는 데 도움을 준다. 고객의 기대에 부합하는 제품과 서비스를 더 빠르게 공급할 수 있게 되며, 지역별로 차별화된 전략을 적용하여 경쟁력을 강화할 수 있다. 또 현지 시장의 변화에 따라 보다 즉각적인 피드백을 반영할 수 있어 고객 만족도가 높아지고, 브랜드 충성도 역시 강화되는 긍정적인 효과를 기대할 수 있다.

⇒ 환경적 요인.

지역적 소싱을 통해서는 환경적 요인의 측면에서 긍정적인 결과를 얻을 수 있다. 가까운 지역에서 자재와 부품을 조달함으로써 장거리 운송에 따른 탄소 배출을 줄일 수 있고, 기업의 친환경 목표 달성에 이바지할 수 있다. 또 지역 내 공급업체와의 협력을 통해 지속 가능한 재료를 확보하거나 환경 보호에 앞장설 기회가 제공된다. 결과적으로, 환경 보호와 관련된 기업의 사회적 책임을 강화할 수 있으며, 기업의 이미지를 친환경적으로 구축하는 데도 이점이 된다.

• **지역적 소싱의 단점**

⇒ 비용 경쟁력 한계.

지역적 소싱은 일반적으로 글로벌 소싱과 비교했을 때 비용 효율성에서 불리할 수 있다. 많은 기업이 생산 비용이 상대적으로 저렴한 국가에서 자재나 부품을 조달함으로써 비용 절감을 추구하지만, 지역적 소싱의 경우 인건비, 자재 비용, 운영 비용이 높은 경우가 많아, 전반적인 비용 측면에서 글로벌 소싱보다 더 많은 자금이 필요할 수 있다. 특히 지역 내에 경쟁력 있는 공급업체의 수가 제한적일 경우 가격 경쟁의 약화로 원가 상승을 초래할 가능성이 높다. 이러한 비용 상승은 기업의 이윤 구조에 직접적인 영향을 미칠 수 있으며, 경쟁이 치열한 시장에서 가격 경쟁력 유지에 어려움을 겪게 할 수 있다.

⇒ 제한된 공급업체 선택.

글로벌 소싱에 비해 지역적 소싱은 이용할 수 있는 공급업체의 수가 제한적이며, 품질과 기술적 다양성에서도 부족할 수 있다. 이는 기업이 특정한 자재나 기술이 필요한 경우 그 요구를 충족할 수 있는 공급업체 선택의 폭을 좁히고, 특정 사양에 맞춘 맞춤형 자재나 서비스를 조달하는 데 어려움을 초래할 수 있다. 또 특정 산업의 경우 한정된 지역 내 공급업체만으로는 품질과 기술 경쟁력이 떨어질 가능성이 높아, 글로벌 경쟁에서 뒤처질 위험이 있다. 이 때문에 공급망 유연성이 저하(低下)되고, 공급망 관리에 있어 한층 더 많은 리스크를 감수해야 할 수도 있다.

⇒ 기술 및 혁신 제한.

글로벌 소싱은 여러 국가에서 최신 기술과 혁신적인 자재를 확보할 기회를 제공하는 반면, 지역적 소싱은 기술적 발전이 더딘 지역에서는 첨단 기술을 도입하거나 혁신을 수용하는 데 한계가 있을 수 있다. 특히 첨단 기술이 빠르게 발전하는 산업에서는 제한된 지역적 소싱만으로는 기술적 우위를 확보하기 어려워지고, 장기적으로 기업의 경쟁력을 약화(弱化)시킬 우려가 있다. 혁신적 기술과 제품 개발을 위해 글로벌 공급망의 역량을 활용하지 못하면, 기업은 점차 경쟁에서 뒤처질 수 있으며, 성장성과 혁신 가능성 또한 제한될 위험이 크다.

• 글로벌 소싱(Global Sourcing)

글로벌 소싱은 비용 절감, 품질 향상, 기술적 경쟁력 강화를 위해 세계 각국에서 자재와 부품을 조달하는 전략이다. 이 방식은 글로벌 공급망을 활용하여 다양한 국가의 자원, 기술력, 노동력을 결합하고, 이를 통해 기업의 경쟁력을 높이는 데 중점을 둔다. 글로벌 소싱은 특히 가격 경쟁력이 중요한 산업이나 대량 생산이 필요한 분야에서 유리하며, 이를 통해 기업은 비용 효율성을 극대화하고 고품질 자재와 최신 기술을 확보할 수 있다.

하지만 글로벌 소싱은 몇 가지 단점도 동반한다. 공급망이 길어짐에 따라 예기치 않은 지연, 국제적인 리스크, 물류비 증가 등의 문제가 발생할 수 있으며, 공급업체의 품질 관리와 협력 유지가 어려울 수 있다. 그렇더라도 글로벌 소싱은 기술적 우위 확보와 대규모 생산을 통해 글로벌 시장에서 경쟁력을 높일 수 있는 중요한 전략으로 자리 잡고 있다.

● 글로벌 소싱의 장점

⇒ 비용 절감.

글로벌 소싱은 비용이 저렴한 국가에서 자재와 부품을 조달할 기회를 제공하여, 기업이 생산비를 획기적으로 절감할 수 있도록 도와준다. 많은 개발도상국에서는 인건비와 운영비가 상당히 낮으므로 이를 적극 활용함으로써 원가를 큰 폭으로 낮출 수 있다. 특히, 대규모 제조업에서는 이러한 글로벌 소싱의 이점을 통해 대량 생산에 드는 비용을 최소화하고, 효율적인 생산 체계를 구축할 수 있다. 이러한 비용 절감은 기업이 시장 내에서 경쟁력 있는 가격을 유지하고, 수익성을 높이는 데 필수적인 역할을 한다.'

⇒ 공급업체 선택의 다양성.

글로벌 소싱은 전 세계 다양한 공급업체에 접근할 수 있어 공급망의 유연성을 크게 확대하며, 필요한 자재나 기술을 확보할 때 선택할 수 있는 폭이 훨씬 넓어진다. 특정 기술력이나 품질 기준을 요구하는 경우, 글로벌시장에서 가장 적합하고 경쟁력 있는 공급업체를 선택함으로써 기업은 최적의 자재와 기술을 확보할 수 있다. 또 여러 공급업체 간의 가격, 품질, 기술력 등을 비교해 더 합리적인 선택이 가능해지며, 이는 기업이 지속적인 품질 유지와 비용 관리에 성공할 수 있도록 지원한다.

⇒ 기술 혁신과 품질 향상.

글로벌 소싱은 다양한 국가에서 혁신적인 기술과 공정을 도입할 기회를 제공하여, 기업의 제품 경쟁력을 크게 높일 수 있다. 고도의 기술력을 보유한 해외 공급업체와의 협력을 통해, 최첨단 자재나 공정 기술을 활용하여 제품 품질을 한층 높이고 차별화된 제품을 개발할 수 있다. 이를 통해 기업은 혁신을 통해 고객의 기대를 뛰어넘는 제품을 제공할 수 있으며, 시장에서 고유의 경쟁 우위를 구축하여 브랜드 신뢰도를 높일 수 있다.

⇒ 생산 능력 확장.

글로벌 소싱은 기업이 자체적으로 보유하지 못한 생산 역량을 보완하거나 확대할 중요한 기회를 제공하여, 대규모 생산의 요구를 충족할 수 있게 한다. 특정 지역에서 생산 능력이 한정된 경우, 글로벌 소싱을 통해 외부 공급업체와 협력하여 생산 능력을 확장함으로써, 증가하는 수요를 안정적으로 대응할 수 있다. 이는 기업이 시장의 급변하는 요구에 유연하게 대응하면서도 자원 제약을 극복하고, 장기적인 성장 기반을 마련하는 데 필수적인 역할을 한다.

● 글로벌 소싱의 단점

⇒ 공급망 리스크 증가.

글로벌 소싱은 공급망이 길어지면서 예상치 못한 리스크가 커질 수 있다. 정치적 불안정성, 환율의 급격한 변동, 무역장벽이나 규제의 변화, 그리고 물류 상의 지연 등 다양한 외부 요인에 의해 공급망에 심각한 차질이 생길 가능성이 크다. 이러한 요인은 기업의 납기 지연, 원가 상승, 그리고 품질 저하로 이어질 수 있으며, 글로벌 공급망의 복잡성으로 인해 문제가 발생할 경우, 신속한 대응이 어려워 생산 차질이 커질 위험이 있다. 따라서 글로벌 소싱을 통해 이익을 얻는 만큼 이러한 리스크를 관리하는 철저한 전략이 필요하다.

⇒ 품질 관리의 어려움.

글로벌 소싱을 통해 해외에서 자재나 부품을 조달하는 경우, 품질 관리가 까다로워지며, 비용도 상당히 증가할 수 있다. 특히 해외의 품질 기준이나 생산 방식이 본사의 기준과 다를 경우, 자재나 부품의 품질 편차가 발생할 가능성이 커지며, 이는 제품의 일관성을 유지하는 데 큰 장애가 될 수 있다. 이를 해결하기 위해서는 현지에서 품질 관리 시스템을 구축하거나, 정기적인 현장 점검을 통해 품질을 지속적으로 모니터링하고 조정하는 노력이 필요하다. 그러나 이러한 관리 절차는 비용과 시간이 소요되며, 실질적인 관리 효과를 보장하기도 어렵다는 한계가 뒤따른다.

⇒ 환경적 영향.

글로벌 소싱은 장거리 운송을 수반하기 때문에 탄소 배출량이 증가하며, 이는 기업의 환경적 책임 이행에 있어 부정적인 영향을 미칠 수 있다. 또 글로벌 소싱을 통해 저렴한 노동력을 활용하는 경우, 개발도상국에서 노동 착취나 인권 침해와 같은 윤리적 문제가 발생할 가능성이 있으며, 이러한 문제는 기업의 사회적 책임에 대한 부정적 평가로 이어질 수 있다. 따라서 글로벌 소싱을 고려할 때는 지속 가능한 방식을 선택하고, 환경과 사회적 책임을 동시에 이행할 수 있는 전략을 수립하는 것이 중요하다.

⇒ 시간 지연 및 복잡성.

글로벌 소싱은 물리적인 거리가 멀어짐에 따라 물류비용과 운송 시간이 증가할 수 있다. 국가 간 거래에는 복잡한 관세 절차와 법적 규정, 그리고 운송 경로에서 발생할 수 있는 다양한 문제가 수반되며, 이러한 복잡성은 공급망을 관리하는 데 있어 상당한 부담을 초래한다. 특히 긴급 상황에서는 글로벌 소싱의 경우 반응 속도가 느려질 수 있으며, 즉각적인 대처가 어려워 공급 중단으로 이어질 위험성도 높다. 따라서 글로벌 소싱을 활용할 경우, 공급망의 복잡성을 줄이고 빠른 대응을 위한 준비가 필요하다.

지역적 소싱 vs. 글로벌 소싱의 비교와 전략적 선택

지역적 소싱과 글로벌 소싱은 각기 다른 장단점을 가지고 있으며, 기업의 목표와 상황에 맞는 전략을 선택하는 것이 중요하다. 지역적 소싱은 가까운 공급업체와 협력하여 신속한 납기와 공급망 리스크 감소, 고객 요구에 빠르게 대응할 수 있는 유연성을 제공한다. 또 지역 조달을 통해 탄소 배출을 줄이고 환경적 책임을 이행하는 데 긍정적인 영향을 미쳐 지속 가능성을 중요시하는 기업에 유리하다.

반대로 글로벌 소싱은 비용이 낮은 국가에서 자재와 부품을 조달해 생산비 절감을 극대화할 수 있다. 또 전 세계 다양한 공급업체와 협력하여 혁신적인 기술과 공정을 도입하고, 품질과 가격 옵션을 비교해 최적의 선택을 할 수 있다.

글로벌 소싱은 대규모 생산을 위한 생산 능력을 외부에서 확보할 수 있어, 가격 경쟁력과 기술적 우위를 확보하는 데 유리하다.

따라서 기업은 공급망의 유연성, 비용 효율성, 기술 혁신, 그리고 환경적 책임을 고려하여 상황에 맞는 소싱 전략을 선택해야 한다.

• 지역적 소싱이 적합한 경우

⇒ 납기 단축과 공급망의 유연성이 비용 절감보다 중요한 경우.

제품을 신속히 공급해야 하거나 예기치 않은 수요 변화에 유연하게 대응해야 할 때, 지역적 소싱을 통해 빠른 납기와 공급망의 민첩성을 확보할 수 있다.

⇒ 현지 시장의 변화에 빠르게 적응할 필요가 있는 경우.

지역적 소싱은 지역 시장의 특성이나 소비자 요구에 민첩하게 반응해야 할 때 효과적이다. 고객의 피드백을 빠르게 반영하고, 지역 맞춤형 전략을 실행할 수 있다.

⇒ 환경적 지속 가능성을 중시하고 탄소 배출을 줄이고자 하는 경우.

장거리 운송에 따른 탄소 배출을 줄여 환경적 책임을 강화하려는 기업에 지역적 소싱은 긍정적 효과를 제공한다.

⇒ 정치적 불안정성이나 국제적 무역 규제 등 글로벌 리스크를 피하고자 하는 경우.

글로벌시장의 정치적 리스크나 규제 변동에 영향을 받지 않고 안정적인 공급망을 유지하려는 기업에게 지역적 소싱은 리스크 감소 효과를 제공한다.

⇒ 현지 법규 준수와 규제 적응이 중요한 경우.

현지 법규를 준수하거나 지역 규제 요건을 빠르게 충족해야 할 때, 지역적 소싱은 필요한 적응력을 제공하여 법적 리스크를 줄일 수 있다.

 • **글로벌 소싱이 적합한 경우**

⇒ 원가 절감이 가장 중요한 전략적 목표인 경우.

글로벌 소싱은 생산비가 낮은 국가에서 자재와 부품을 조달하여 비용 절감 효과를 극대화하고, 시장에서 가격 경쟁력을 확보하는 데 도움을 준다.

⇒ 대규모 생산 능력 또는 최첨단 기술이 필요한 경우.

특정 지역에서 생산 역량이 부족하거나 첨단 기술을 확보할 필요가 있는 경우, 글로벌 소싱을 통해 필요한 생산 능력과 기술 자원을 외부에서 확보할 수 있다.

⇒ 국내 또는 인근 지역에서 적절한 공급업체를 찾기 어려운 경우.

특정 자재나 기술을 충족하는 지역 내 공급업체가 부족할 때, 글로벌 소싱은 세계 시장에서 최적의 공급업체를 선택할 기회를 제공한다.

⇒ 혁신적인 기술 도입과 품질 향상을 목표로 하는 경우.

기술 발전 속도가 빠른 산업에서 최신 기술과 고품질 자재를 활용하려면, 글로벌 소싱을 통해 기술력이 높은 해외 공급업체와 협력하는 것이 유리하다.

→ 공급업체 선택의 폭을 넓혀 다양한 옵션을 비교하고자 하는 경우.

다양한 공급업체 간의 가격, 품질, 기술 수준을 비교해 합리적인 선택을 할 수 있는 글로벌 소싱은 공급망에 유연성을 추가하고 선택의 다양성을 제공한다.

• 주요 내용 정리

지역적 소싱은 납기 단축, 공급망 유연성 강화, 환경적 지속 가능성을 제공하며, 현지 시장 변화와 리스크에 신속히 대응할 수 있는 장점이 있는 반면에, 비용 경쟁력과 기술 다양성에서 제한이 있다. 글로벌 소싱은 비용 절감, 기술 혁신, 품질 향상, 생산 능력 확장 등의 장점을 제공하지만, 긴 리드 타임, 품질 관리 어려움, 복잡한 물류 및 환경적 부담 등 리스크를 수반한다. 기업은 비용, 유연성, 기술 혁신, 환경적 책임 등 우선순위에 따라 지역적 소싱과 글로벌 소싱을 조합하여 최적화된 조달 전략을 선택해야 한다.

비용 효율성 분석

비용 효율성 분석은 기업이 공급망 관리에서 원가를 절감하고 자원을 효율적으로 배분하는 중요한 과정이다. 비용 효율성은 생산과 운영 비용을 최소화하면서도 품질과 납기 등의 주요 성과를 유지하거나 개선하는 것이다. 글로벌시장에서 경쟁력을 유지하기 위해서는 비용 절감이 필수적이며, 이를 위해 기업은 공급망 전체의 비용 구조를 분석하고, 효율적인 운영을 통해 비용 효율성을 극대화해야 한다.

비용 효율성 분석은 단순히 가격을 낮추는 것에 그치지 않고, 공급망의 여러 요소에서 효율성을 높이는 방법을 찾는 과정이다. 이를 위해 기업은 구매, 운송, 재고, 생산 등 다양한 비용을 분석하고, 효율성을 높이기 위한 전략을 수립해야 한다. 이 장에서는 비용 효율성 분석의 중요성, 주요 분석 기법, 비용 절감 전략, 그리고 글로벌 소싱에서의 비용 효율성 분석 방법에 대해 논의할 것이다.

비용 효율성 분석의 필요성

비용 효율성 분석은 기업이 운영 비용을 줄이고 수익성을 높이는 데 중요한 역할을 한다. 특히 글로벌 경쟁 환경에서는 가격 경쟁력이 기업의 생존을 결정짓는 핵심 요소가 되며, 이를 위해 기업은 공급망 각 단계에서 발생하는 비용을 면밀하게 분석하고 절감할 방안을 찾아야 한다.

비용 효율성 분석은 운영 비용 절감과 수익성 극대화, 자원의 효과적인 배분을 위한 핵심적인 과정이다. 급변하는 글로벌시장에서 가격 경쟁력을 확보하는 것은 기업의 장기적인 생존 가능성에 큰 영향을 미친다. 이에 따라 기업은 공급망의 모든 단계에서 발생하는 비용을 분석하여, 이를 절감할 수 있는 최적의 방안을 찾아 경쟁력을 강화하고, 운영 효율성을 높이며, 자원의 최적 분배를 통해 비용 효율적인 운영을 달성해야 한다. 또 이러한 분석은 비용 증가 요인을 사전에 파악하고 리스크를 줄이는 데 이바지하며, 예기치 못한 비용으로부터 기업을 보호하는 데 중요한 역할을 한다.

• 경쟁력 강화

비용 효율성을 높임으로써 제품 원가를 낮출 수 있고, 가격 경쟁력도 강화된다. 이는 시장 내에서 기업이 유리한 위치를 확보하는 데 중요한 역할을 하며, 고객들에게 매력적인 가격을 제공함으로써 시장 점유율을 높이는 기반이 된다.

특히 글로벌시장에서는 경쟁사와의 가격 비교가 손쉽게 이루어지므로 원가 경쟁력을 확보하지 못하면 기업은 시장 내 입지를 잃을 위험이 크다. 따라서 비용 절감은 경쟁 우위를 지키고 성장 가능성을 극대화하는 필수 요소이다.

• 운영 효율성 향상

비용 효율성 분석은 공급망 내에서 발생하는 낭비 요소들을 찾아 제거하고, 자원 활용을 최적화함으로써 전반적인 운영 효율성을 높이는 데 이바지한다. 이는 단순히 비용 절감을 넘어 생산성 향상과 프로세스 개선을 통해 장기적인 효율성을 추구하는 과정이다. 예를 들어, 재고 관리에서 불필요한 재고를 줄이거나 물류 경로를 최적화해 물류비를 절감하는 등의 활동은 기업의 비용 절감뿐만 아니라 운영상의 효율성을 더욱 강화한다.

• 자원 배분 최적화

비용 효율성 분석을 통해 기업은 제한된 자원을 더욱 전략적으로 배분할 수 있으며, 이로써 생산성과 수익성을 극대화할 수 있다. 절감된 비용은 연구개발, 신규 시장 진입 등 장기적 성장을 위한 전략적 투자에 재투자할 수 있게 되어, 자원의 효율적 배분이 회사의 미래 경쟁력 확보로 이어진다. 이는 기업이 제한된 자원 속에서도 최대의 성과를 내도록 지원하는 중요한 기반이 된다.

• 리스크 완화

비용 구조를 면밀하게 분석하는 과정에서 기업은 공급망의 리스크를 조기에 파악함으로써 사전 대응 전략을 마련할 수 있다. 예를 들어, 특정 지역에서의 물류비 상승, 원자재 가격 변동 등 잠재적 위험 요인에 대한 선제 대응 방안을 수립하여 리스크 완화 전략을 실행함으로써 예상치 못한 비용 발생을 줄이고 공급망의 안정성을 유지할 수 있다.

비용 효율성 분석의 주요 요소

비용 효율성 분석은 공급망에서 발생하는 다양한 비용 요소를 종합적이고 체계적으로 분석하여 비용 절감과 효율성을 극대화하는 과정이다. 이러한 분석에서 주요하게 다루어야 할 요소로는 구매 비용, 물류 및 운송 비용, 재고 관리에 필요한 비용, 생산 활동에 따른 비용, 그리고 자산이나 장비의 생애 주기에 따른 총소유 비용(TCO, Total Cost of Ownership) 등이 포함된다. 이 각각의 요소를 면밀하게 분석함으로써, 기업은 더욱 정교한 비용 절감 전략을 수립하고, 공급망의 전반적인 운영 효율성을 한층 높일 수 있다.

• 구매 비용

구매 비용은 공급망에서 발생하는 주요 비용 중 하나로, 원자재, 부품, 완제품 등을 확보하기 위한 모든 지출을 포함한다. 이 비용을 절감하는 것은 기업의 전체 원가 절감에 중요한 요소이며, 기업은 공급업체와의 전략적 협상을 통해 가격 인하, 대량 구매 할인 혜택, 장기 계약을 통한 가격 안정성 등을 확보할 수 있다.

비용 효율성 분석에서는 이러한 구매 비용 구조를 면밀하게 분석하고, 다양한 공급업체 간 가격을 비교하며, 똑같은 품질을 제공하는 여러 공급업체를 평가하는 것이 중요하다. 또 글로벌 소싱에서는 환율 변동, 국제 무역 규제, 운송 비용 등 외부 요인도 고려하여 전체 구매 비용을 평가하는 접근이 필요하다.

• 물류 및 운송 비용

물류 및 운송 비용은 원자재나 완제품을 고객이나 생산지로 이동하는 과정에서 발생하는 모든 비용을 포함한다. 특히 글로벌 소싱의 경우, 운송 거리가 길어짐에 따라 물류비용이 증가할 가능성이 높으므로 물류 효율성을 높이기 위한 다양한 전략적 접근이 필요하다. 예를 들어, 운송 경로의 최적화, 물류 창고 위치의 전략적 선정, 대량 운송을 통한 규모의 경제 실현 등은 운송 비용 절감에 효과적이다. 비용 효율성 분석에서는 운송 경로와 방식을 재평가하고, 창고와 고객 간의 물리적 거리를 줄일 방안을 모색하며, 실시간 공급망 가시성을 통해 운송 상태를 모니터링하고 물류 차질을 최소화하는 것이 중요하다.

• 재고 비용

재고 비용은 기업이 일정 수준의 재고를 유지하기 위해 발생하는 비용으로, 불필요한 재고는 보관 및 유지 비용을 증가시키고 재고 부족은 고객 수요 충족 실패로 인한 매출 손실로 이어질 수 있다. 효율적인 재고 관리는 적정한 재고 수준을 유지하는 데 필수적이며, 과잉 재고나 재고 부족을 방지하는 핵심이다. 비용 효율성 분석을 통해 재고 회전율을 최적화하고 창고 관리 시스템(WMS)을 도입하여 실시간으로 재고 상태를 모니터링함으로써 수요 변화에 빠르게 대응할 수 있는 체계를 구축하는 것이 필요하다.

• 생산 비용

생산 비용은 제품을 생산하는 과정에서 발생하는 모든 비용으로, 원자재, 인건비, 제조 설비 운영 비용 등이 포함된다. 이러한 생산 비용을 효율적으로 관리하기 위해서는 생산 공정의 최적화와 자동화 기술의 도입이 필요하다. 예를 들어, 자재 소요 계획(MRP) 시스템을 통해 자재와 생산 일정을 효율적으로 관리함으로써 낭비를 줄이고, 생산성을 높일 수 있다. 또 글로벌 소싱을 통해 생산 비용이 상대적으로 저렴한 지역에서 자재와 부품을 조달하거나 아웃소싱을 활용해 비용 절감 효과를 극대화할 수 있다.

• 총소유 비용(TCO, Total Cost of Ownership)

총소유 비용(TCO)은 단순 구매 비용을 넘어, 자재나 부품을 소유하고 운영하는 데 필요한 모든 비용을 종합적으로 평가하는 개념이다. 여기에는 구매, 운송, 설치, 유지보수, 폐기 등의 비용이 포함되며, 이를 분석함으로써 기업은 장기적으로 가장 비용 효율적인 선택을 할 수 있다. 비용 효율성 분석에서는 TCO를 기반으로 공급업체의 가격 제안을 종합적으로 평가하고, 가성비가 높은 선택을 할 수 있도록 도와준다. 예를 들어, 초기 구매 가격이 낮아도 유지보수비용이 높은 제품보다, 초기 구매 비용은 조금 높더라도 전체 소유 비용이 낮은 제품을 선택하는 것이 장기적으로 더 유리할 수 있다.

비용 절감 전략

비용 효율성을 높이기 위한 다양한 전략이 존재하며, 기업은 공급망의 모든 단계에서 비용 절감의 기회를 적극적으로 발굴해야 한다. 예를 들어, 협상력 강화를 통해 공급업체와의 가격 협상과 계약 조건을 최적화할 수 있으며, 기술 혁신을 도입하여 자동화 및 데이터 기반 분석을 통해 운영 효율성을 높일 수 있다. 또 공급업체 이원화 전략을 통해 공급망 리스크를 분산시키고 안정적인 자재 조달을 확보할 수 있으며, 물류 경로 최적화를 통해 운송 비용과 시간을 절감할 수 있다. 마지막으로, 재고 관리 개선을 통해 적정 재고 수준을 유지하여 불필요한 보관 비용을 줄이는 것도 중요한 비용 절감 전략 중 하나이다.

• 협상력 강화

공급업체와의 협상력을 극대화하여 구매 비용을 절감하는 것은 기업의 전체 비용 절감 전략에서 핵심 역할을 한다. 대량 구매나 장기 계약 체결을 통해 가격 인하를 유도할 수 있으며, 공급업체와의 긴밀한 파트너십을 구축하여 협상에서 유리한 조건을 확보할 수 있다. 또 공급업체와의 협력 체계를 통해 추가적인 비용 절감 방안을 함께 모색함으로써 장기적인 비용 절감 기회를 확대할 수 있다.

• 기술 혁신

자동화 기술과 디지털화는 비용 효율성 제고에 있어 매우 중요한 방법론이다. 자동화를 통해 불필요한 인건비를 절감할 수 있을 뿐만 아니라, 디지털화된 공급망 관리 시스템을 도입하여 전체 공급망의 투명성과 실시간 정보를 확보할 수 있다. 이를 통해 물류, 재고 관리, 생산 공정 등 다양한 부문에서 운영 효율성을 극대화하고, 신속한 의사결정을 통해 비용 절감 효과를 극대화할 수 있다.

• 공급업체 이원화 전략

특정 공급업체에 대한 과도한 의존을 줄이고, 공급망 리스크를 최소화하기 위해 공급업체 이원화 전략을 도입할 수 있다. 이 전략을 통해 주요 공급망 차질이 발생하더라도 대체 공급업체를 통해 신속한 대응이 가능하며, 공급업체 간의 경쟁을 유도하여 가격 인하 효과도 얻을 수 있다. 이원화된 공급 체계는 공급망의 안정성을 강화하고, 비용 절감 기회를 지속적으로 확보할 수 있는 기반이 된다.

• 물류 경로 최적화

물류 경로를 최적화함으로써 운송 시간을 단축하고 운송 비용을 효과적으로 절감할 수 있다. 전략적으로 창고 위치를 선정하여 고객과의 물리적 거리를 최소화함으로써 물류 비용 절감의 추가적인 효과를 얻을 수 있으며, 물류 경로 상의 장애 요소를 최소화하여 원활한 물류 흐름을 유지하는 데도 이바지한다. 이러한 경로 최적화는 물류 효율성을 높이고, 비용 절감 목표 달성에 크게 이바지한다.

- 재고 관리 개선

적시생산방식(Just-in-Time)을 도입하여 불필요한 재고를 줄이고, 실시간 수요 변화에 따라 유동적으로 재고를 관리할 수 있는 시스템을 구축하는 것이 중요하다. 이를 통해 과잉 재고로 인한 보관 비용을 절감하고, 재고 부족으로 발생할 수 있는 기회 손실을 방지할 수 있다. 유연한 재고 관리 시스템은 최적의 재고 수준을 유지하고, 기업의 비용 효율성을 높이는 데 필수적인 역할을 한다.

글로벌 소싱에서의 비용 효율성 분석

글로벌 소싱은 비용 절감을 위한 효과적인 전략으로, 기업이 인건비와 생산 비용이 저렴한 국가에서 자재를 조달하여 비용 효율성을 극대화할 기회를 제공한다. 그러나 이러한 전략에는 여러 리스크가 뒤따르므로, 총소유 비용(TCO) 분석과 리스크관리가 필수적이다. 글로벌 소싱을 통해 초기 비용 절감 혜택을 얻을 수 있지만, 장기적인 비용 효율성을 보장하려면 물류비 증가, 환율 변동, 정치적 불안정성 등으로 인한 공급망 차질 등의 잠재적 위험 요소를 사전에 평가하고 대비해야 한다. 기업은 단순한 구매 비용 절감을 넘어서, 전체 소유 비용을 체계적으로 분석하여 장기적으로 가장 효율적인 결정을 내리고, 안정적인 공급망 운영과 경쟁력 확보의 기반을 마련할 수 있다.

- 총소유 비용(TCO) 분석

글로벌 소싱에서는 단순히 구매 가격만 평가하는 것이 아니라, TCO를 통해 물류비용, 운송 리스크, 유지 비용 등을 종합적으로 분석해야 한다. 이를 통해 글로벌 소싱의 실질적인 비용 효율성을 판단할 수 있다.

- 리스크관리

글로벌 소싱에서 발생할 수 있는 리스크(정치 불안정, 환율 변동 등)를 예측하고 대응방안을 마련해야 한다. 예를 들어, 환율 헤지를 통해 환율 변동에 따른 비용 리스크를 줄이거나, 공급업체 이원화를 통해 리스크를 분산할 수 있다.

- 주요 내용 정리

비용 효율성 분석은 기업이 공급망 관리에서 구매, 운송, 재고, 생산 등의 비용을 체계적으로 분석하고 최적화하여 원가를 절감하고 자원을 효율적으로 배분하여 경쟁력을 강화하는 과정이다. 이를 통해 기업은 가격 경쟁력을 확보하고, 운영 효율성을 높이며, 낭비 요소 제거, 프로세스 개선, 리스크 사전 대응 등을 실현한다. 주요 전략으로는 협상력 강화, 기술 혁신, 공급업체 이원화, 물류 경로 최적화, 적시생산방식(JIT) 도입 등이 있으며, 총소유 비용(TCO) 분석과 리스크관리로 글로벌 소싱의 효율성을 극대화하고 안정적·장기적인 경쟁력을 확보한다.

정치적·환경적 요인 고려

공급망 관리에서 정치적·환경적 요인은 기업의 조달 전략에 큰 영향을 미친다. 글로벌 소싱을 추진할 때, 단순히 비용 절감과 품질 관리 외에도 정치적·환경적 요인을 신중히 고려해야 한다. 특히 정치적 요인에서는 조달 대상 국가의 정치적 안정성, 정책 변동성, 무역 규제 및 보호주의, 환율 변동, 금융 정책 등을 분석해야 한다. 이러한 요인들은 예기치 않은 공급망 차질을 일으키거나 비용 구조와 공급 일정에 부정적인 영향을 미칠 수 있다. 또 환경적 요인은 지속 가능한 조달을 위한 글로벌 환경 규제와 기업의 사회적 책임을 실현하는 데 중요한 역할을 한다.

이 장에서는 정치적·환경적 요인들을 다각도(多角度)로 분석하고, 이를 반영한 유연하고 효과적인 조달 전략을 수립하는 방법을 논의한다. 또 정치적·환경적 리스크에 대응하는 체계적인 리스크관리 방안과 지속 가능한 조달을 위한 전략적 접근을 제시하여, 기업이 글로벌시장에서 경쟁력을 유지할 수 있도록 지원한다.

- 정치적 요인 고려

글로벌 소싱에서는 정치적 요인이 조달 전략의 성공 여부를 좌우할 수 있다. 정치적 불안정성, 무역 규제, 정부 정책 변화 등은 공급망에 중대한 영향을 미치며, 기업이 글로벌 소싱을 통해 확보한 공급의 안정성에 부정적인 영향을 줄 수 있다.

• 정치적 안정성과 불안정성

정치적 안정성은 기업의 조달 전략에서 중요한 요소이다. 정치적 불안정성이 큰 국가에서 자재를 조달할 경우, 공급망에 예기치 않은 차질이 발생할 수 있다.

이를테면 내전, 정권 교체, 민족 분쟁 등으로 경제 활동이 중단되거나 무역이 제한될 수 있다. 이 때문에 자재 공급이 지연되거나 원가가 급격히 상승할 수 있고, 심각한 경우 공급망이 붕괴할 위험도 있다.

이러한 위험을 방지하기 위해 기업은 정치적 리스크가 있는 국가에서의 조달을 분산하거나, 불안정성이 예상되는 국가의 공급망에 대체 경로를 마련하는 것이 필요하다. 정치 리스크 분석을 통해 해당 국가의 정치적 변동 가능성을 예측하고, 이를 대비한 대응 계획을 세워 리스크를 최소화할 수 있다.

• 무역 규제 및 보호주의 정책

무역 규제는 글로벌 소싱에서 중요한 정치적 요인으로, 국가 간 무역장벽이 높아지거나 보호주의 정책이 강화되면 기업의 조달 전략에 큰 영향을 미칠 수 있다. 최근 몇 년 동안 관세 인상, 수입 규제, 수출 제한 등과 같은 조치들이 빈번하게 발생하고 있다. 예를 들어, 특정 국가에 대해 부과되는 수입 관세가 올라가면, 해당 국가에서의 조달 비용이 급격히 상승하게 되어 기업의 원가 구조에 부정적인 영향을 미친다. 이 때문에 조달 전략을 재조정해야 할 필요성이 발생할 수 있다.

또 일부 산업에서는 수출 제한이 도입될 수 있다. 예를 들어, 기술 유출 방지를 위한 국가 정책으로 특정 기술이 포함된 제품이나 부품의 수출을 제한하는 경우, 공급망에 심각한 영향을 미칠 수 있다. 이에 대비하기 위해 기업은 국제 무역 규제를 지속적으로 모니터링하고, 대체 공급처를 발굴하거나, 무역장벽이 적은 국가로부터의 조달을 우선으로 고려하는 전략을 마련해야 한다.

• 환율 변동과 금융 정책

글로벌 소싱에서는 환율 변동이 조달 비용에 큰 영향을 미친다. 환율이 급격하게 변동할 경우, 해외에서 조달하는 자재의 비용이 급증할 수 있으며, 이는 기업의 원가 관리에 부정적인 영향을 미칠 수 있다. 특히 정치적 불안정성이 있는 국가에서 환율 변동이 더 빈번하게 발생할 수 있다. 이를 방지하기 위해 기업은 환율 리스크관리 전략을 도입해야 한다. 예를 들어, 환율 헤지(환율 변동에 따른 손실을 방지하기 위한 금융 기법)를 통해 환율 변동으로 인한 리스크를 줄일 수 있다. 또 정치적 리스크가 있는 국가에서 자재를 조달할 때는 환율 변동에 대한 예측과 대응 계획을 사전에 마련하여 리스크를 완화할 수 있다.

환경적 요인 고려

글로벌 공급망에서 환경적 요인은 기업의 지속 가능성에 대한 책임을 실현하는 데 중요한 역할을 한다. 현대 기업은 단순히 이윤을 추구하는 것을 넘어서, 환경 보호와 사회적 책임을 다하는 것이 중요해지고 있으며, 이러한 요구는 소비자와 투자자, 규제 당국으로부터 점점 더 강해지고 있다.

• 환경 규제와 법적 준수

글로벌 소싱에서 환경적 요인을 고려할 때, 각국의 환경 규제를 면밀하게 분석하는 것이 중요하다. 국가별로 온실가스 배출, 폐기물 처리, 에너지 효율성 등에 대한 규제 강도가 다를 수 있으며, 이는 해당 국가에서 자재나 제품을 생산하는 방식에 영향을 미친다. 일부 국가에서는 강력한 환경 규제를 시행하고 있어 이를 준수하기 위한 추가 비용이 발생할 수 있으며, 이는 기업의 비용 구조에 영향을 미칠 수 있다.

예를 들어, 유럽연합(EU)은 탄소 배출권 거래제를 통해 온실가스 배출량을 제한하고 있으며, REACH 규정(화학물질 등록, 평가, 승인 및 제한 규정)을 통해 유해 화학물질 사용을 엄격히 규제한다.

이러한 규제를 준수하지 않으면 벌금이나 규제 조치가 발생할 수 있으며, 공급망에 차질이 생길 수 있다. 따라서 기업은 환경 법규 준수를 보장할 전략을 수립하고, 공급업체가 해당 국가의 환경 규제를 준수하는지 지속적으로 모니터링하는 것이 중요하다.

• 친환경 조달과 지속 가능성

환경적 요인 중 중요한 하나는 친환경 조달이다. 이는 기업이 자재를 조달할 때 환경에 미치는 영향을 최소화하는 전략으로, 최근 기업의 사회적 책임(CSR)과 지속 가능성 목표의 달성에 중요한 요소로 자리 잡고 있다.

친환경 조달은 재생 가능한 자원의 사용, 에너지 효율성 향상, 탄소 배출 감소 등을 포함하며, 기업의 환경적 책임을 다하기 위한 필수 전략이다.

기업은 친환경 인증을 받은 공급업체와 협력하거나 지속 가능한 자재를 사용하는 공급업체를 우선 고려해야 한다. 예를 들어, FSC 인증(산림관리협의회 인증)을 받은 목재나 ISO 14001(환경경영시스템 인증)을 보유한 공급업체와의 협력은 기업의 친환경 목표 달성에 이바지할 수 있다.

또 소비자와 투자자들은 기업의 지속 가능성에 대한 기대가 커지고 있으며, 친환경 경영을 실천하는 기업은 브랜드 가치를 높일 수 있다. 이를 위해 기업은 탄소 발자국을 줄이고, 재생 가능 에너지를 사용하는 공급업체와의 협력을 강화하는 것이 중요하다.

• 기후 변화와 공급망 리스크

기후 변화는 공급망에 중대한 영향을 미치는 중요한 환경 요인 중 하나이다.

이를테면 기후 변화로 인해 발생하는 자연재해(홍수, 폭염, 태풍 등)는 공급망의 중단을 초래할 수 있고, 특히 특정 지역에 과도하게 의존하는 글로벌 소싱 전략에서는 이러한 리스크가 커질 수 있다.

기후 변화에 따른 리스크를 완화하기 위해 기업은 공급망의 탄력성을 높여야 한다. 이를 위해 특정 지역의 자연재해 발생 가능성을 고려하여 대체 공급망을 마련하거나, 기후 변화에 대한 대응 계획을 수립하는 것이 중요하다.

또 기업은 기후 변화로 인해 공급망에서 발생할 수 있는 비용 증가나 생산 차질에 대비하기 위한 보험이나 리스크관리 전략을 도입할 수 있다.

정치적·환경적 요인에 대한 리스크관리 전략

정치적·환경적 요인은 공급망에서 발생할 수 있는 불확실성을 증가시키며, 이를 관리하지 않으면 기업의 조달 전략에 큰 타격을 입힐 수 있다. 따라서 기업은 이러한 요인에 대비하기 위한 리스크관리 전략을 마련해야 한다.

• 리스크 분석과 모니터링 시스템

기업은 공급망에서 발생할 수 있는 정치적·환경적 리스크를 사전에 분석하고, 지속적으로 모니터링할 수 있는 시스템을 구축해야 한다.

이를 통해 각국의 정치적 상황이나 환경 규제 변화에 신속하게 대응할 수 있으며, 리스크가 발생하기 전에 예방 조치를 취할 수 있다.

• 대체 공급망 구축

특정 국가에 과도하게 의존하지 않도록 다양한 공급망을 구축하는 것이 중요. 특히, 정치적 불안정성이나 환경 재해가 자주 발생하는 지역에서는 대체 공급처를 미리 확보하여, 리스크 발생 시에도 신속하게 공급망을 전환할 수 있는 능력을 갖추어야 한다.

• 지속 가능성 목표 설정

기업은 공급망 관리에서 지속 가능한 조달을 목표로 설정하고, 이를 위한 전략을 수립해야 한다. 친환경 공급업체와의 협력, 재생 가능 에너지 사용 확대, 탄소 배출 저감 등의 구체적인 목표를 설정함으로써 환경적 리스크를 완화할 수 있다.

• 주요 내용 정리

정치적 요인(정치적 안정성, 무역 규제, 환율 변동 등)과 환경적 요인(환경 규제 준수, 친환경 조달, 기후 변화 등)은 글로벌 공급망에서 중요한 리스크로서, 기업은 정치적 불안정에 대비한 대체 공급망 구축, 환율 헤지, 무역 규제 모니터링 등을 통해 안정성을 확보하고, 환경 규제를 준수하며 친환경 인증 공급업체와 협력해 지속 가능성을 강화해야 한다. 또 자연재해와 기후 변화에 따른 공급망 리스크를 줄이기 위해 탄력적 공급망을 구축하고, 정치적·환경적 요인에 대한 리스크 분석과 모니터링 시스템을 운영하여 글로벌시장에서 경쟁력을 유지하고 기업의 사회적 책임을 실현할 수 있는 전략을 마련해야 한다.

리스크관리와 대안

리스크 예측 및 완화

공급망 리스크는 기업이 원활한 생산과 운영을 유지하는 데 큰 위협 요소이다. 글로벌 공급망에서는 예기치 않은 변수들이 언제든지 발생할 수 있으며, 이를 효과적으로 예측하고 완화하는 능력은 기업의 경쟁력과 생존에 큰 영향을 미친다. 리스크 예측 및 완화는 공급망 전반에서 발생할 수 있는 다양한 위험 요소를 사전에 분석하고, 그 영향력을 최소화할 수 있는 대책을 마련하는 과정이다. 이러한 리스크는 공급업체의 불안정성, 물류 문제, 자연재해, 정치적 리스크, 환경적 리스크, 기술적 실패 등에서 발생할 수 있다.

이 장에서는 다양한 리스크 유형과 그 예측 방법을 논의하고, 이를 완화할 수 있는 효과적인 전략을 제시한다. 또 리스크관리 체계 구축의 중요성을 강조하고, 이를 통해 공급망의 안정성을 유지하는 방법을 설명한다.

리스크의 유형과 예측 방법

공급망에서 발생할 수 있는 리스크는 매우 다양하며, 이를 체계적으로 분류하고 예측하는 것이 중요하다. 리스크를 예측하기 위해서는 정량적 및 정성적 분석 방법을 사용하여 공급망 내에서 발생할 수 있는 모든 요소를 평가해야 한다.

• 공급업체 관련 리스크

공급업체의 불안정성은 공급망에서 가장 자주 발생하는 리스크이다. 공급업체의 재정 상태가 악화하거나, 운영 문제가 발생할 경우 원자재나 부품의 공급이 중단될 수 있다. 이러한 리스크는 기업의 생산 계획에 차질을 줄 수 있으며, 납기 지연과 같은 문제를 일으킬 수 있다.

이를 예측하기 위해서는 공급업체의 재무 상태와 운영 효율성을 주기적으로 평가해야 한다. 특히, 공급업체의 신용 등급이나 재무제표 분석을 통해 공급업체의 안정성을 예측하고, 문제가 발생할 가능성을 미리 파악하는 것이 중요하다. 또 과거 성과 분석을 통해 공급업체의 납기 준수율과 품질 유지 능력을 평가하고, 장기적인 신뢰성을 확보할 수 있는 공급업체를 선택하는 것이 필요하다.

• 물류와 운송 리스크

물류와 운송 과정에서도 다양한 리스크가 발생할 수 있다. 운송 지연은 제품의 최종 납기 일정을 뒤흔들 수 있으며, 물류 네트워크가 복잡해질수록 이러한 리스크는 증가한다. 또 교통사고, 해상 운송 문제, 항만 혼잡 등의 예기치 못한 사건도 공급망에 큰 영향을 미칠 수 있다.

이를 예측하기 위해서는 실시간 물류 모니터링 시스템을 구축하여 물류 경로의 상태를 실시간으로 파악하고, 잠재적인 문제가 발생할 때 이를 신속히 감지할 수 있어야 한다. 또 과거 데이터 분석을 통해 운송 경로별로 발생할 수 있는 리스크를 파악하고, 그에 대한 대체 경로를 미리 준비해 두는 것도 중요한 전략이다.

• 자연재해와 기후 변화 리스크

자연재해는 공급망 리스크 중 가장 예측하기 어려운 요소이다. 홍수, 지진, 태풍, 산불 등과 같은 자연재해는 공급망을 중단시키거나 공급업체의 생산 시설에 심각한 피해가 될 수 있다. 또 기후 변화는 장기적으로 공급망에 큰 영향을 미칠 수 있으며, 특정 지역에서 자재 공급의 불안정을 초래할 수 있다.

자연재해를 예측하려면 기후 리스크 분석을 통해 공급업체가 위치한 지역에서 자연재해 발생 가능성을 평가해야 한다. 예를 들어, 특정 지역에서 홍수나 태풍이 자주 발생하는지 분석하고, 해당 지역의 공급망을 다각화하여 리스크를 분산시킬 필요가 있다. 또 기후 모델링을 활용해 장기적으로 기후 변화가 공급망에 미칠 영향을 예측하고, 이에 대한 대응책을 마련하는 것도 중요한 전략이다.

• 정치적 리스크

정치적 리스크는 특정 국가의 정치적 불안정성, 정권 교체, 무역 규제 등의 요인으로 발생할 수 있다. 이는 특히 글로벌 소싱을 채택하는 기업들에 큰 영향을 미칠 수 있으며, 관세 인상, 수입 규제, 무역장벽 강화 등의 형태로 나타날 수 있다.

이를 예측하려면 국제 정세 분석과 정치 리스크 평가 모델을 사용하여 각국의 정치적 상황을 지속적으로 모니터링해야 한다. 또 특정 국가에 과도하게 의존하지 않도록 공급망 이원화를 통해 리스크를 분산하는 것이 중요하다. 정치적 리스크는 급작스럽게 발생할 수 있으므로, 이를 대비한 비상 계획을 수립하는 것이 필수적이다.

리스크 완화 전략

리스크 예측만으로는 공급망 리스크를 완전히 제거할 수 없으며, 예측된 리스크에 대응하기 위한 구체적인 완화 전략이 필요하다. 리스크 완화는 리스크가 발생할 때 그 영향력을 최소화하고, 공급망의 연속성을 유지하는 데 중점을 둔다.

• 공급망 이원화와 대체 공급망 확보

리스크를 완화하기 위한 가장 효과적인 전략은 공급망 이원화이다. 특정 지역이나 공급업체에 과도하게 의존하는 경우, 해당 공급망에서 문제가 발생하면 기업의 운영 전체가 차질을 빚을 수 있다. 이를 방지하기 위해서는 대체 공급처를 미리 확보하여, 문제가 발생했을 때 빠르게 전환할 수 있는 시스템을 구축하는 것이 중요하다.

예를 들어, 특정 국가에서 정치적 불안정이 발생할 경우, 다른 국가에서 대체 자재를 조달할 수 있도록 다양한 공급업체와 계약을 체결하는 것이 필요하다. 또 특정 자재나 부품에 대한 대체품을 미리 확보하여, 공급망이 중단되지 않도록 해야 한다.

• 실시간 모니터링 시스템 구축

리스크를 사전에 감지하고 신속하게 대응하기 위해서는 실시간 모니터링 시스템의 구축이 중요하다. 이를 통해 공급망의 모든 요소를 실시간으로 추적하고, 문제가 발생할 가능성이 있는 부분을 사전에 감지할 수 있다.

예를 들어, 물류 추적 시스템을 통해 운송 경로에서 발생할 수 있는 지연을 실시간으로 모니터링하고, 신속하게 대체 경로를 마련할 수 있다.

또 빅데이터 분석과 인공지능(AI)을 활용하여 공급망 내의 데이터 패턴을 분석하고, 잠재적인 리스크를 예측하는 것이 가능하다. 이를 통해 리스크 발생 가능성을 사전에 인지하고, 문제를 미리 해결할 수 있는 능력을 갖출 수 있다.

• 재고 관리와 적정재고 유지

리스크 완화 전략에서 재고 관리는 중요한 역할을 한다. 공급망에서 예기치 않은 차질이 발생할 경우, 적정 수준의 안전 재고를 유지하는 것은 기업의 운영 연속성을 보장하는 핵심 요소이다. 특히, 공급업체의 불안정성이나 물류 경로의 불확실성이 있을 때, 일정 수준의 재고를 확보하여 리스크를 줄일 수 있다.

적시생산방식(Just-in-Time, JIT)을 채택한 기업도 리스크관리 차원에서 적절한 안전재고를 유지하는 것이 중요하다. 이를 통해 공급망의 유연성을 확보하고, 공급 중단 시에도 생산이 계속될 수 있도록 보장해야 한다.

• 비상 계획 수립

리스크가 발생했을 때 신속하게 대응하려면 비상 계획을 사전에 수립하는 것이 필수적이다. 비상 계획은 리스크가 발생했을 때의 대응 절차를 명확히 규정하고, 각 부서와 공급업체의 역할과 책임을 분명하게 정의해야 한다. 이를 통해 문제가 발생했을 때 신속한 의사결정과 대응이 가능해지며, 리스크가 미치는 영향을 최소화할 수 있다.

비상 계획에는 대체 공급업체 가동 계획, 재고 활용 방안, 비상 운송 경로 확보, 법적 대응 방안 등이 포함되어야 한다. 또 정기적으로 비상 계획을 검토하고, 리스크 변화에 맞취 업데이트하는 것이 필요하다.

• 리스크관리 체계 구축

리스크 예측 및 완화는 단기적인 대응이 아닌, 장기적인 리스크관리 체계를 통해 지속적으로 관리되어야 한다.

리스크관리 체계는 기업이 공급망에서 발생할 수 있는 다양한 리스크를 체계적으로 관리하고, 리스크 발생 시 신속하게 대응할 수 있도록 하는 프로세스이다.

• 리스크 평가 프레임 워크 구축

기업은 리스크관리 프레임 워크를 통해 각 리스크의 발생 가능성과 그에 따른 영향을 평가할 수 있는 체계를 마련해야 한다. 이를 통해 리스크의 우선순위를 설정하고, 가장 큰 영향을 미칠 수 있는 리스크에 대해 집중적으로 대응할 수 있다.

• 정기적인 리스크 모니터링

리스크는 지속적으로 변화할 수 있으므로 주기적으로 리스크를 모니터링하고 그에 맞춰 대응 방안을 수정하는 것이 필요하다. 이를 위해 리스크관리 전담팀을 구성하여 공급망 내 리스크를 지속적으로 관리하고, 최신 정보를 바탕으로 의사결정을 내리는 것이 중요하다.

• 공급업체와의 협력

리스크관리 체계는 기업 내부에서뿐만 아니라, 공급업체와의 긴밀한 협력을 통해 이루어져야 한다. 공급업체와 정기적인 회의를 통해 리스크에 대한 정보를 공유하고, 공동으로 리스크관리 방안을 마련하는 것이 필요하다. 또 공급업체의 리스크관리 능력을 평가하고, 이를 개선하기 위한 지원을 제공하는 것도 중요한 전략이다.

• 주요 내용 정리

공급망 리스크관리에서 기업은 공급업체의 불안정성, 물류 지연, 자연재해, 정치적 불안정 등 다양한 리스크를 정량적·정성적으로 예측하고, 이를 완화하기 위해 공급망 이원화, 실시간 모니터링 시스템, 적정재고 유지, 비상 계획 수립 등을 포함한 전략을 수립해야 한다. 또 빅데이터와 AI를 활용한 예측 분석, 공급업체와의 협력 강화, 정기적인 리스크 모니터링 및 평가 프레임 워크를 통해 장기적이고 체계적인 리스크관리 체계를 구축하여, 공급망의 안정성과 유연성을 확보하고 예기치 않은 차질에 효과적으로 대응할 수 있도록 해야 한다.

비상 계획 수립

비상 계획 수립은 공급망에서 발생할 수 있는 비상 상황에 대비하여 기업이 취할 수 있는 사전 대책을 마련하는 과정이다. 공급망의 복잡성이 증가하고 글로벌화의 확산에 따라 공급망 차질로 인한 리스크가 더욱 커졌으며, 이에 대한 대응이 더욱 중요해졌다. 비상 계획은 공급망에서 발생할 수 있는 다양한 예기치 못한 사건, 예를 들어 자연재해, 정치적 불안정, 공급업체의 파산, 물류 지연 등의 리스크에 신속하고 효과적으로 대응할 수 있도록 하는 중요한 수단이다. 이 장에서는 비상 계획 수립의 필요성, 주요 구성 요소, 실행 방법, 그리고 이를 통해 공급망의 연속성을 유지하는 방안에 대해 논의한다.

비상 계획 수립의 필요성

비상 계획은 공급망 운영에서 불확실성과 리스크를 최소화하기 위해 필수적이다. 공급망은 다양한 외부 요인에 의해 예기치 않게 중단될 수 있으며, 이 때문에 기업의 생산 활동에 큰 차질이 발생할 수 있다. 비상 계획이 미비할 경우, 기업은 비상 상황에 신속히 대응하지 못하고, 그 결과 공급 중단으로 인한 손실이 발생할 수 있다.

• 공급망 연속성 보장

비상 상황이 발생했을 때, 비상 계획은 기업이 최소한의 운영을 유지할 수 있도록 도와준다. 이는 생산 활동이 갑작스럽게 중단되는 것을 방지하고, 고객에게 지속적으로 제품을 공급할 수 있도록 지원한다.

특히 글로벌 공급망에서는 하나의 차질이 전체 공급망에 큰 영향을 미칠 수 있으므로 비상 계획을 수립하여 공급망의 연속성을 보장하는 것이 필수적이다.

• 리스크 완화와 복구 시간 단축

비상 계획은 비상 상황 발생 시 기업의 신속한 대응을 가능하게 한다.

계획이 미리 수립되어 있다면 비상 상황에서 혼란을 최소화하고, 문제 발생 직후에 빠르게 복구할 수 있다. 이는 운영 차질로 인한 손실을 줄이고, 정상적인 공급망 복구 시간 단축에 중요한 역할을 한다.

• 이해관계자 신뢰도 유지

고객, 공급업체, 투자자 등 다양한 이해관계자들은 기업의 안정적인 공급망 유지에 대해 신뢰하게 마련이다. 비상 상황에 적절히 대응하지 못하면 고객 신뢰를 잃고, 시장에서의 경쟁력을 잃을 수 있다. 반면, 신속하고 체계적인 비상 대응은 기업의 신뢰도를 유지하고, 장기적인 경쟁 우위를 확보할 수 있다.

비상 계획 수립의 주요 구성 요소

비상 계획을 수립할 때는 공급망의 특성에 맞춘 다양한 요소를 포함해야 한다. 주요 구성 요소로는 리스크 평가, 대체 공급망 확보, 커뮤니케이션 계획, 비상 자원 할당, 그리고 복구 계획 등이 있다. 이러한 요소들은 비상 상황이 발생했을 때 효과적으로 대응할 수 있도록 사전에 준비해야 하는 중요한 요소들이다.

• 리스크 평가

비상 계획의 첫 번째 단계는 리스크 평가이다. 이는 공급망에서 발생할 수 있는 다양한 리스크를 식별하고, 각 리스크가 기업에 미치는 영향을 평가하는 과정이다. 리스크 평가에서는 공급업체, 물류 경로, 정치적 요인, 자연재해 등을 체계적으로 분석해야 하며, 이를 통해 비상 상황에 대한 우선순위를 정하고, 주요 리스크에 집중하여 대응할 수 있다.

리스크 평가 시, 정량적 분석을 통해 각 리스크의 발생 확률과 그 영향을 수치화할 수 있으며, 실시간 데이터 분석과 빅데이터를 활용해 리스크 예측의 정확성을 높일 수 있다.

• 대체 공급망 확보

비상 상황 발생 시, 대체 공급망을 확보하는 것은 필수적이다. 이는 공급업체가 납품을 지연하거나 중단할 경우, 다른 공급업체를 통해 자재나 부품을 신속하게 조달할 방안을 마련하는 것이다. 대체 공급망을 확보하면 공급망이 일시적으로 중단되더라도 빠르게 복구할 수 있으며, 공급 중단으로 인한 리스크를 크게 줄일 수 있다.

대체 공급망 확보를 위해서는 공급업체 이원화 전략이 효과적이다. 특정 자재나 부품에 대해 여러 공급업체와 계약을 체결하고, 주기적으로 이들의 성과를 평가하여 비상시 사용할 수 있는 대체 공급업체를 준비하는 것이 중요하다. 또 특정 국가에 과도하게 의존하지 않도록 다양한 지역에 공급망을 분산시키는 전략도 필요하다.

• 커뮤니케이션 계획

비상 상황에서는 신속하고 명확한 커뮤니케이션이 필수적이다. 내부적으로는 경영진, 각 부서, 그리고 공급망 관리팀 간의 정보 공유가 원활히 이루어져야 하며, 외부적으로는 고객, 공급업체, 물류 파트너 등과의 긴밀한 소통이 필요하다. 비상 계획에는 비상 상황 발생 시 의사소통 체계와 책임자를 명확하게 규정하여 혼선을 방지하고, 모든 이해관계자에게 상황을 빠르게 전달할 수 있도록 해야 한다.

커뮤니케이션 계획에서는 긴급 연락망과 비상 연락처를 미리 준비하고, 비상 상황 발생 시 연락할 주요 인물들을 명확히 정의해야 한다. 또 비상 상황 발생 시 커뮤니케이션 프로토콜을 구축하여 정보 전달 속도를 높이고, 명확한 보고 절차를 마련하는 것이 중요하다.

• 비상 자원 할당

비상 상황에서는 평소보다 많은 자원과 인력이 필요할 수 있다. 따라서 비상 상황에 대비하여 비상 자원을 할당하는 계획을 미리 수립해 두는 것이 중요하다. 이는 물류, 인력, 예비 자재 등 다양한 자원을 포함할 수 있으며, 비상 상황에 대비해 별도의 자원을 준비해 두는 것이 필요하다. 예를 들어, 생산에 필수적인 부품이 부족할 경우를 대비해 안전 재고를 일정 수준 유지하거나, 물류 차질이 발생했을 때 긴급 운송 수단을 마련하는 등의 대응 전략이 필요하다. 또 비상 상황에서 추가로 필요한 인력을 신속하게 투입할 수 있도록 인력 자원 배분 계획을 사전에 준비해야 한다.

• 복구 계획

비상 상황이 발생했을 때 중요한 목표는 단순한 문제 해결을 넘어서 정상적인 운영 상태로 복구하는 것이다. 비상 계획에는 복구 계획이 포함되어야 하며, 비상 상황이 종료된 후 공급망이 얼마나 빨리 정상화될 수 있는지 결정하는 데 중요한 역할을 한다.

복구 계획에서는 비상 상황이 끝난 후 평가 절차를 통해 손실을 분석하고, 공급망이 정상화되기까지 필요한 시간과 자원을 명확히 정의해야 한다. 또 복구가 진행되는 동안에도 우선순위를 설정하여 필수적인 작업부터 복구할 수 있도록 해야 한다. 이를 통해 비상 상황으로 인한 손실을 최소화하고, 신속한 정상화를 도모할 수 있다.

• 비상 계획 실행과 모니터링

비상 계획이 효과를 발휘하기 위해서는 사전에 수립된 계획을 주기적으로 실행하고 모니터링하는 과정이 필요하다. 비상 계획은 단순히 문서로 작성된 채로 남아서는 안 되며, 실질적인 실행 과정을 통해 그 유효성을 검증해야 한다.

• 정기적인 훈련과 시뮬레이션

비상 계획이 효과적으로 실행되려면 주기적으로 비상 대응 훈련을 실시해야 한다. 이를 통해 비상 상황에서 모든 관련자가 자신이 해야 할 역할을 명확히 이해하고, 실제 상황에서 신속하게 대응할 수 있도록 준비할 수 있다. 시뮬레이션을 통해 비상 상황을 가정한 훈련을 진행하고, 훈련 결과를 평가하여 부족한 점을 보완하는 과정도 필요하다. 특히, 공급망 관리팀, 물류 팀, 생산팀 등 비상 상황에 직접적으로 대응하는 부서들은 정기적인 훈련을 통해 비상 상황에 대한 대응 능력을 강화해야 한다. 이를 통해 예상치 못한 비상 상황에서도 신속하고 유연한 대응이 가능해진다.

• 비상 계획의 정기적인 업데이트

공급망은 지속적으로 변화하는 환경에 놓여 있으며, 이에 따라 비상 계획도 정기적으로 업데이트해야 한다. 새로운 리스크가 발생하거나 기존 리스크가 변화할 때마다 비상 계획을 검토하고 수정하는 것이 필요하다. 이를테면 새로운 공급업체를 추가하거나, 물류 경로가 변경된 경우, 그에 맞춰 비상 계획도 재조정해야 한다.

비상 계획은 리스크 평가 결과에 따라 주기적으로 검토되고, 필요한 경우 즉각 업데이트가 이루어져야 한다. 또 최신 기술이나 새로운 대응 방법이 등장하면 이를 비상 계획에 반영하여 비상 대응 역량을 강화할 수 있다.

• 비상 상황 발생 후의 피드백 루프

비상 상황이 종료된 후에는 그 상황에 대한 평가와 피드백이 필요하다. 이를 통해 비상 계획이 실제로 어떻게 작동했는지 분석하고, 부족했던 부분을 보완할 기회를 마련해야 한다. 비상 대응 과정에서 발생한 문제나 개선이 필요한 사항에 대해 분석하고, 이를 바탕으로 비상 계획을 업데이트함으로써 더 나은 대응 체계를 구축할 수 있다. 피드백 루프를 통해 공급망 내에서 발생할 수 있는 잠재적인 리스크를 다시 평가하고, 비상 대응 능력을 지속적으로 업그레이드하는 것이 중요하다.

• 주요 내용 정리

비상 계획 수립은 자연재해, 정치적 불안정, 공급업체 파산 등 다양한 리스크에 대비해 공급망 연속성을 보장하고 복구 시간을 단축하기 위한 필수적인 과정으로, 리스크 평가, 대체 공급망 확보, 커뮤니케이션 체계 구축, 비상 자원 할당과 복구 계획 등으로 구성된다. 정기적인 훈련과 시뮬레이션을 통해 실행력을 강화하고, 변화하는 리스크에 맞춰 계획을 지속적으로 업데이트하며, 비상 상황 후 피드백 루프를 통해 대응 체계를 개선해 기업의 신뢰성과 경쟁력을 유지하는 데 초점을 둔다.

대체 공급 경로 개발

대체 공급 경로 개발은 공급망 리스크를 완화하고 연속성을 보장하기 위한 중요한 전략이다. 예기치 않은 리스크로 기존의 공급 경로가 차단되거나 기능을 상실할 수 있는 상황에 대비하여, 대체 공급 경로를 사전에 구축해 두어야 한다. 이는 공급업체 문제 발생 시 대체 공급업체의 확보뿐만 아니라, 물류 경로, 운송 방식, 조달 지역 등을 다양화하는 것을 포함한다.

대체 공급 경로를 미리 확보하면 비상 상황에서도 제품 공급이 원활하게 이루어져, 기업의 운영 안정성과 경쟁력 확보에 중요한 역할을 한다. 이 장에서는 대체 공급 경로 개발의 필요성과 주요 고려 사항, 개발 방법, 그리고 이를 효과적으로 관리하기 위한 전략을 다룰 것이다.

대체 공급 경로 개발의 필요성

대체 공급 경로 개발은 공급망의 탄력성을 높이고 비상 상황에서도 원활한 운영을 보장하는 데 필수적이다. 공급망에서 여러 리스크로 기존 공급 경로가 차단될 경우, 대체 경로가 없다면 기업의 생산이 중단되고, 고객에게 제품을 공급할 수 없는 상황이 발생할 수 있다. 따라서 사전에 대체 공급 경로를 확보하는 것은 공급망 리스크를 줄이고 기업의 운영을 안정시키는 데 중요한 역할을 한다.

• 공급망 리스크 완화

대체 공급 경로를 확보함으로써 공급업체의 파산, 자연재해, 물류 차질 등으로 인한 리스크를 완화할 수 있다. 특히, 글로벌 공급망에서는 한 국가 또는 지역에서의 리스크가 전체 공급망에 큰 영향을 미칠 수 있으므로, 다양한 지역에 공급망을 분산하는 것이 중요하다. 대체 공급 경로가 없다면, 하나의 공급업체에 문제가 발생했을 때 다른 공급업체로 신속하게 전환할 수 없으며, 이는 공급 중단으로 이어질 수 있다.

• 비용 절감 기회

대체 공급 경로를 확보하면 기업은 경쟁력 있는 가격을 제시하는 여러 공급업체를 평가하고 선택할 기회를 가질 수 있다. 특정 공급업체에 의존하지 않음으로써 기업은 공급업체와의 협상에서 더 유리한 입지를 가질 수 있으며, 이를 통해 원가 절감을 달성할 수 있다. 또 물류 경로 다변화는 물류비용을 최적화하는 데 이바지할 수 있다.

• 공급망의 유연성 확보

대체 공급 경로는 공급망의 유연성을 높이는 데 중요한 역할을 한다. 고객 수요의 변화, 계절적 수요, 신제품 출시 등으로 인해 공급량을 조절해야 할 때, 대체 경로가 있으면 생산 계획을 더욱 유연하게 조정할 수 있다. 이는 기업이 시장의 변화에 신속하게 대응하고, 경쟁력을 유지하는 데 큰 도움을 준다.

대체 공급 경로 개발의 주요 고려 사항

대체 공급 경로를 개발할 때는 여러 요소를 고려해야 하며, 단순히 다른 공급업체를 확보하는 것을 넘어서 공급망 전반에 걸쳐 다각적인 분석과 전략 수립이 필요하다.

• 공급업체 이원화

공급업체 이원화는 대체 공급 경로 개발의 첫 번째 단계로, 기업은 특정 자재나 부품에 대해 여러 공급업체와 계약을 체결하여 공급망 리스크를 분산할 수 있다. 예를 들어, 주요 공급업체 외에도 대체 공급업체를 확보하면, 주요 공급업체에 문제가 생겼을 때 빠르게 대체 공급업체로 전환할 수 있다. 이 전략은 자재 조달이 어려운 산업이나 특정 지역에 의존하는 경우 특히 중요하다. 공급업체 이원화 시 중요한 요소는 공급업체 간 품질 표준과 납품 시간이다. 대체 공급업체는 주요 공급업체와 똑같은 품질을 유지하고, 납기 준수율도 관리해야 한다. 이를 위해 대체 공급업체의 정기적인 평가와 성과 검토가 필요하다.

• 물류 경로 다변화

물류 경로는 공급망에서 중요한 역할을 하며, 물류 경로가 차단되거나 지연되면 제품 공급에 큰 차질이 발생할 수 있다. 따라서 물류 경로를 다변화하는 것도 대체 공급 경로 개발의 중요한 부분이다. 물류 경로 다변화는 해상, 항공, 육상 운송 등의 다양한 운송 수단을 활용하여 리스크를 분산하고, 각 경로의 상황에 따라 유연하게 대처하도록 하는 것이다. 이를테면 해상 운송이 불투명해진 경우, 항공 운송으로 긴급 조달을 진행하거나, 육로를 통해 인접 국가에서 대체 자재를 조달하는 방식으로 물류 경로를 다변화할 수 있다. 물류 경로를 다변화하면 물류 차질로 인한 리스크를 줄일 수 있고, 물류비용을 최적화하는 데도 도움이 된다.

• 지역적 다각화

조달 지역을 다각화하는 것도 대체 공급 경로 개발에서 중요한 전략이다. 특정 국가나 지역에 과도하게 의존하지 않고, 여러 국가에서 자재나 부품을 조달할 수 있는 시스템을 마련하는 것이 필요하다. 예를 들어, 한 국가에서 정치적 불안정이나 자연재해가 발생할 경우, 다른 국가에서 자재를 조달할 수 있는 경로를 마련하는 것이 중요하다.

지역적 다각화를 위해서는 각 지역의 정치적 안정성, 경제적 요인, 물류 환경, 법규 준수 여부 등을 종합적으로 평가해야 한다. 특히, 글로벌 소싱의 경우 각국의 환경 규제나 무역장벽 등을 고려하여 안정적인 조달 경로를 확보하는 것이 중요하다.

• 기술적 대체 가능성 확보

공급업체뿐만 아니라, 기술적 대체 가능성을 확보하는 것도 대체 공급 경로 개발에서 중요한 요소이다. 특정 기술이나 자재에만 의존하지 않고, 대체 기술이나 대체 자재를 미리 확보해 두면 리스크 발생 시 신속하게 전환할 수 있다.

이를테면 특정 소재의 수급이 어려워질 경우, 그 소재를 대체할 수 있는 자재를 확보하여 생산을 계속 이어갈 방안을 마련해야 한다.

기술적 대체 가능성을 확보하기 위해서는 연구개발(R&D)을 통해 다양한 소재나 기술을 테스트하고, 대체 가능성을 평가하는 것이 필요하다. 이를 통해 공급 차질이 발생했을 경우, 빠르게 대체 기술을 도입하여 생산 차질을 최소화할 수 있다.

대체 공급 경로 개발 전략

대체 공급 경로를 효과적으로 개발하고 관리하기 위해서는 체계적인 전략 수립이 필요하다. 각 전략은 기업의 운영 상황, 시장 변화, 리스크관리 목표에 맞게 조정되어야 한다.

• 공급업체 평가와 성과 관리

대체 공급업체를 확보한 후에는 정기적으로 공급업체 평가를 통해 그 성과를 관리해야 한다. 평가 항목에는 품질, 납기 준수율, 비용 효율성 등이 포함되며, 이러한 평가를 바탕으로 대체 공급업체가 주요 공급업체와 동등한 수준으로 자재나 부품을 공급할 수 있는지 지속적으로 모니터링해야 한다. 또 공급업체와 긴밀한 협력을 통해 대체 공급업체가 비상시 신속하게 대응할 수 있도록 사전 준비를 강화해야 한다.

• 공급망 가시성 강화

대체 공급 경로를 개발하는 과정에서 공급망 가시성을 강화하는 것이 중요하다. 이는 공급망 내에서 발생할 수 있는 문제를 사전에 감지하고 신속하게 대응할 수 있는 능력을 확보하는 것이다. 실시간 데이터 모니터링 시스템을 도입하여 공급망의 모든 요소를 추적하고, 각 경로의 상태를 실시간으로 파악함으로써 문제가 발생할 때 신속하게 대체 경로를 가동할 수 있도록 해야 한다.

• 비상 계획과의 연계

대체 공급 경로 개발은 비상 계획과 긴밀하게 연계되어야 한다. 비상 상황이 발생했을 때 대체 공급 경로가 신속하게 가동될 수 있도록 사전에 비상 계획에 통합하여 관리해야 한다. 예를 들어, 주요 공급업체에 문제가 발생했을 때 대체 공급업체로의 전환 절차를 명확히 규정하고, 이를 비상 대응팀이 신속하게 실행할 수 있도록 해야 한다.

• 장기적 관계 구축

대체 공급업체와의 장기적인 관계를 구축하는 것도 중요한 전략이다. 일회성 거래가 아닌 장기적인 협력 관계를 통해 공급업체가 비상시에도 안정적으로 자재를 공급할 수 있는 기반을 마련해야 한다. 이를 위해 정기적인 협의와 공급업체와의 신뢰 구축이 필요하다. 장기적인 관계를 통해 공급업체는 기업의 요구를 보다 잘 이해하고, 문제 발생 시 신속하게 대응할 수 있는 준비를 갖추게 된다.

• 주요 내용 정리

대체 공급 경로 개발은 공급망 리스크를 완화하고 연속성을 보장하기 위한 전략이다. 공급업체 이원화, 물류 경로 다변화, 지역적 다각화, 기술적 대체 가능성 확보 등으로 공급망의 탄력성과 유연성을 높이며, 주요 공급업체의 문제 발생 시 신속히 대체 공급업체로 전환할 수 있도록 사전 준비를 강화하고, 실시간 데이터 모니터링 시스템으로 공급망 가시성을 확보하며, 비상 계획과의 연계를 통해 대체 경로가 즉각 가동되도록 관리하고, 공급업체와 장기적 협력 관계를 구축하여 안정적이고 경쟁력 있는 운영을 지속적으로 유지하는 데 중점을 둔다.

Chapter 7

계획과 일정 관리

"
S&OP(판매 및 운영 계획, Sales and Operations Planning)의 핵심인 생산 계획과 일정 관리에 대해 다룬다. 먼저 생산 자원의 활용도 분석, 생산 능력의 제약 요인 파악, 생산 계획 조정 등을 통해 생산 능력을 평가하는 과정을 설명한다. 이어서 생산 목표 설정, 자재 소요 계획(MRP), 작업 일정 조정 등을 포함한 효율적인 생산 일정 수립 방안을 제시한다. 급변하는 수요에 대응하기 위해 유연한 생산 공정을 도입하고 자동화 기술을 활용하여 생산 유연성을 확보하는 방법도 다룬다. 마지막으로 생산 효율성 평가, 품질 관리 지표, 낭비 분석과 개선을 통해 생산 성과를 측정하고 지속적으로 최적화하는 전략을 제시한다. 이 차례는 생산 계획과 일정 관리의 이론과 실무를 통합적으로 구성하여, 독자가 생산 운영의 효율성과 유연성을 극대화할 방안을 이해하도록 돕고자 한다.

생산 능력 평가

생산 자원의 활용도

생산 자원의 활용도는 기업의 생산 공정에서 자원을 얼마나 효과적으로 사용하고 있는지 평가하는 지표이다. 생산 자원에는 인력, 기계 설비, 재료, 시간 등이 포함되며, 이 자원들이 얼마나 효율적으로 활용되는지에 따라 기업의 생산성, 비용 효율성, 품질 등이 결정된다. 생산 자원의 활용도를 극대화하는 것은 기업이 경쟁력을 유지하고, 생산 목표를 달성하며, 비용을 최소화하기 위한 중요한 과제이다.

이 장에서는 생산 자원의 활용도가 무엇인지, 그 중요성과 함께 이를 측정하고 향상시키기 위한 다양한 전략과 방법론에 대해 논의한다. 또 자원 활용도를 극대화하기 위한 구체적인 도구와 기법을 설명하고, 이를 통해 생산 효율성을 극대화하는 방안을 제시한다.

• 생산 자원의 활용도란?

생산 자원의 활용도는 생산 공정에서 가용 자원이 얼마나 효율적으로 사용되고 있는지를 나타내는 척도이다. 이는 가동률 또는 효율성으로도 불리며, 특정 기간 사용된 자원이 실제로 얼마나 생산적이었는지 평가한다.

생산 자원의 활용도를 높인다는 것은 불필요한 낭비를 줄이고, 가용 자원을 최대한 활용하여 더 많은 제품을 생산하거나 같은 생산량을 더 적은 자원으로 달성하는 것이다. 생산 자원의 활용도는 다음과 같은 다양한 자원에 적용될 수 있다.

⇒ 인적 자원 활용도는 인력이 할당된 시간 동안 얼마나 생산적인지 평가하는 척도이

다. 근로자의 작업 시간 대비 실제로 생산 활동에 참여한 시간을 분석하며, 인력의 생산성을 극대화하기 위한 관리 방안을 제공한다.

⇒ 설비 활용도는 기계와 장비가 가동되는 시간을 평가하는 지표로, 기계가 최대한의 성능을 발휘하는지, 가동 중단 시간이나 정비 시간이 적정한지 분석하여 설비의 효율성을 높인다.

⇒ 재고와 자재 활용도는 생산 과정에서 사용된 재료나 자재의 낭비를 최소화하고, 자재가 생산에 효과적으로 사용되고 있는지 평가한다.

⇒ 시간 자원 활용도는 전체 작업 시간이 얼마나 효율적으로 사용되는지 측정하며, 비효율적인 대기 시간이나 준비 시간을 줄여 생산성을 높이는 데 중점을 둔다.

생산 자원의 활용도가 중요한 이유

생산 자원의 활용도는 기업의 경쟁력과 수익성에 큰 영향을 미치는 핵심 요소이다. 자원의 활용도가 낮을 경우, 자원이 비효율적으로 사용되어 불필요한 비용이 발생할 뿐만 아니라 생산 목표를 달성하기 어려워질 수 있다. 반면, 자원의 활용도가 높다면 같은 자원으로 더 많은 생산이 가능해져 비용 절감과 생산성 향상으로 이어진다. 따라서 생산 자원의 활용도를 높이는 것은 기업이 생산성을 증대시키고 비용을 절감하며, 품질을 유지하면서 경쟁력을 강화하는 데 중요한 전략적 역할을 한다. 이러한 전략적 역할은 구체적으로 다음 네 가지 측면에서 더욱 뚜렷하게 나타난다.

• 생산성 향상

자원의 활용도를 극대화하면 같은 시간과 자원으로 더 많은 제품을 생산할 수 있으며, 이는 기업의 전체 생산성을 높이는 데 이바지한다. 이를테면 기계 설비의 가동률을 높이면 같은 설비로 더 많은 작업을 처리할 수 있으며, 인력의 활용도를 높이면 생산 목표를 더 빠르게 달성할 수 있다.

• 비용 절감

생산 자원이 비효율적으로 사용되면 불필요한 낭비가 발생한다. 예를 들어, 기계가 자주 고장 나거나 작업자의 공정이 비효율적이라면 추가적인 시간과 자재가 소요된다. 자원의 활용도를 최적화하면 이러한 낭비를 줄이고, 생산 비용을 절감할 수 있다.

• 품질 유지

생산 자원의 활용도가 높을수록 생산 과정에서 발생하는 오류나 결함이 줄어들고, 제품의 품질이 향상될 가능성이 커진다. 예를 들어, 설비를 효율적으로 운영하고 인력을 적절히 배치하면, 불필요한 재작업이나 오류를 줄일 수 있다. 이는 제품 품질을 유지하는 데 중요한 역할을 한다.

• 기업 경쟁력 강화

자원의 활용도가 높으면 기업은 더 적은 비용으로 더 많은 제품을 생산할 수 있으며, 이는 시장에서 가격 경쟁력을 확보하는 데 이바지한다. 또 자원을 효율적으로 관리하면 시장 변화에 신속하게 대응할 수 있어 고객 요구에 맞는 제품을 적시에 제공할 수 있다.

생산 자원의 활용도 측정 방법

생산 자원의 활용도를 정확하게 측정하고 분석하는 것은 자원 관리의 첫 단계이다. 자원의 활용도를 평가할 수 있는 다양한 지표와 방법이 있으며, 이를 통해 개선할 수 있는 구체적인 영역을 다음과 같이 파악할 수 있다.

• 설비 가동률

설비 가동률은 기계와 설비가 실제로 가동된 시간과 가동 가능 시간을 비교하여 산출하는 지표이다. 이는 설비가 얼마나 자주 가동되고 있는지 평가하는 데 사용된다. 설비 가동률을 높이려면 정비 시간을 최소화하고, 가동 중단 시간을 줄이는 것이 중요하다. 설비 가동률을 계산하는 공식은 다음과 같다.

⇒ 설비 가동률 = (실제 가동 시간/ 총가동 가능 시간) × 100

이 공식을 통해 설비가 전체 가능 시간 중 어느 정도로 실제 가동되고 있는지 백분율로 나타낼 수 있다. 예를 들어, 총가동 가능 시간이 100시간이고 실제 가동 시간이 80시간이라면, 설비 가동률은 80%이다.

⇒ 설비 가동율= (80 / 100) X 100 = 80%

설비 가동률이 낮을 경우, 그 원인을 분석하고 가동 중단 시간이나 대기 시간을 줄이는 방안을 찾아야 한다.

• 작업 시간 대비 생산량

작업 시간 대비 생산량은 일정 시간 동안 한 작업자가 얼마나 많은 제품을 생산했는지 측정하는 주요 지표로, 생산 활동의 효율성을 평가하는 데 활용된다.

이 지표는 인력의 생산성을 분석하고 개선 방안을 마련하기 위한 중요한 데이터를 제공한다. 단순히 결과물의 양뿐 아니라 작업자가 시간을 얼마나 효과적으로 사용했는지 확인하는 데도 유용하다.

이를 측정하려면 작업자의 실제 작업 시간을 면밀하게 분석해야 하며, 생산 시간이 대기나 작업 중단 같은 비생산적인 활동으로 낭비되지 않았는지 살펴봐야 한다. 이를테면 장비 고장이나 자재 부족으로 대기 시간이 길어지면, 작업 시간 대비 생산량에 부정적인 영향을 미칠 수 있다.

따라서 작업자들이 작업에 집중할 수 있는 환경과 시스템 개선이 필요하다.

또 작업자 개인 또는 팀별로 생산성과 작업 시간 대비 생산량을 비교하여 개선이 필요한 부분을 파악할 수 있다. 이를 통해 고성과(高成果) 작업자의 작업 방식을 다른 작업자들과 공유하여 전체 생산성을 높이는 데 도움을 줄 수 있다.

이 지표는 생산성 향상을 위한 전략 수립에도 활용된다. 작업 공정을 재설계하거나 장비를 자동화해 작업 중단 시간을 줄이는 방법 등이 여기에 해당한다. 작업 시간 대비 생산량은 기업이 적은 인력으로 더 많은 제품을 생산할 수 있도록 도와주는 핵심 관리 도구로, 이를 통해 인건비 절감, 생산성 향상, 품질 향상 등의 효과를 기대할 수 있다.

• 자재 낭비율

자재 활용도는 생산 과정에서 사용된 자재와 낭비된 자재의 비율을 측정해 자원의 효율성을 평가하는 중요한 지표이다. 이는 기업의 비용 절감뿐만 아니라 환경적 책임과도 밀접하게 연결되어 있으며, 자재 낭비를 최소화하는 것이 생산성 향상의 핵심 과제 중 하나이다. 자재 낭비율은 불필요하게 소모되거나 손실된 자재의 비율을 의미하며, 이를 줄이기 위해 체계적인 자재 계획과 관리가 필요하다.

자재 활용도를 높이려면 공정별 자재 사용량을 정확히 예측하고, 이를 바탕으로 계획을 세우는 것이 중요하다. 자재 소요량을 미리 계산해 필요한 만큼만 공급하면 자재 과잉을 방지할 수 있다.

생산 중 자재 손실이 발생하면 낭비율이 높아질 뿐만 아니라 원가 상승으로 이어질 수 있으므로, 불필요한 자재 소비를 줄이고 공정을 최적화하는 방안을 마련해야 한다.

예를 들어, 자재 손실을 줄이기 위해 재고 관리 시스템을 개선하거나, 자동화 기술을 도입해 자재 사용량을 실시간으로 추적할 수 있으며, 이를 통해 자재 낭비를 줄이고, 필요한 자재를 적시에 공급하여 공정효율을 높일 수 있다.

또 자재 낭비가 많은 공정을 식별하고 그 원인을 분석해 개선하는 것이 중요하다. 작업자 교육이나 표준 작업 절차를 재정립해 작업자가 자재를 신중히 사용할 수 있도록 유도하고, 낭비를 줄이는 문화를 형성해야 한다.

결과적으로, 자재 활용도를 높이고 자재 낭비를 줄이는 것은 비용 절감뿐만 아니라 기업의 환경적 지속 가능성을 강화하며, 생산성과 경쟁력을 높이는 핵심 전략이다.

• 가동률과 생산성 분석

생산 자원의 활용도를 높이기 위해 가동률과 생산성을 함께 분석하는 것은 중요하다. 가동률은 설비가 실제 작동한 시간을 의미하며, 설비가 얼마나 자주 가동되는지 보여준다. 반면, 생산성은 그 시간 동안 산출된 제품의 양과 품질을 통해 자원의 효율성을 평가한다. 높은 가동률이 반드시 높은 생산성을 의미하지는 않으며, 가동률이 높아도 산출물의 품질이나 양이 기대에 미치지 못하기도 한다.

이는 주로 병목 현상이나 자재 관리의 비효율성 때문이다.

가동률과 생산성을 함께 분석하면 생산 공정의 개선이 필요한 영역을 확인할 수 있다. 예를 들어, 장비 가동 중단이나 자재 공급 지연은 생산성을 떨어뜨리는 주요 요인이다. 이러한 문제를 해결하려면 공정을 분석하고 병목 구간을 개선하며, 자재 공급 체계를 강화해야 한다.

이를 통해 가동률을 유지하면서 생산성을 높일 수 있는 환경을 조성할 수 있다.

생산성을 향상하려면 공정의 비효율 요소를 세분화해 분석하는 것도 필요하다. 불필요한 작업 단계를 줄이고 자재 준비와 공급 과정을 표준화해 낭비를 줄이는 것이 효과적이다. 작업자 교육을 통해 작업 방법을 개선하거나 자재 공급 시스템을 자동화해 자원의 활용도를 높일 수 있다. 가동률과 생산성을 함께 관리하면 최적의 성과를 낼 수 있다.

설비의 가동 시간을 늘리고 자재 공급과 작업자 숙련도를 개선하면 품질과 생산량을 극대화할 수 있다. 이러한 통합적 접근은 비용 절감과 생산성 향상을 통해 경쟁력을 강화하는 데 이바지한다.

결론적으로, 가동률과 생산성의 분석과 관리는 생산 자원의 효율성을 극대화하는 핵심 전략이다. 이를 통해 공정의 효율성을 높이고 변화하는 시장 환경에 유연하게 대응할 수 있다.

생산 자원의 활용도 개선 방법

생산 자원의 활용도를 높이기 위한 전략은 다양하며, 이를 통해 기업은 더 나은 생산성과 비용 절감을 다음과 같이 달성할 수 있다.

• 설비 자동화 도입

자동화 기술을 도입하면 설비 가동률과 생산성을 높일 수 있다. 자동화는 기계 설비의 효율성을 극대화하고, 가동 중단 시간을 최소화하는 방법이다. 예를 들어, 생산 공정의 자동화를 통해 설비가 작업을 연속적으로 처리하게 함으로써 생산량을 늘리고, 인적 자원의 부담을 줄일 수 있다.

자동화를 통해 기계가 고장 날 가능성을 사전에 감지하는 예방 정비 시스템을 도입하면, 불필요한 중단 시간을 줄일 수 있다. 이는 설비 활용도를 극대화하는 데 중요한 역할을 한다. 그런데 단순히 자동화를 도입하는 것만으로는 충분하지 않다.

설비 자동화를 효과적으로 활용하고 잠재적 리스크를 줄이려면 아래에 제시된 성공 요소들을 충분히 고려해야 한다.

[표 3] [성공을 위한 고려 사항 확인 쉬트]

No	성공요소	성공을 위한 확인 사항
1	업무 프로세스 분석	• 자동화가 필요한 공정을 우선적으로 식별하여 효율성을 극대화할 부분을 파악합니다. • 데이터 분석을 통해 병목현상 및 개선 가능한 비효율 구간을 수치적으로 평가합니다.
2	투자 비용 및 ROI(투자수익률) 분석	• 설비 구매, 설치, 교육, 유지보수 등 초기 비용을 모두 산출하여 전체 투자 예산을 명확히 합니다. • 생산성 증가와 비용 절감을 통한 투자 회수 기간(ROI, PB)을 예측하고, 비용 대비 효과를 평가합니다.
3	설비와 시스템의 호환성	• 자동화 시스템이 기존 IT 인프라와 원활히 연동될 수 있는지 검토합니다. • 자동화 시스템 도입 전에 시범 운영을 통해 실제 호환성을 확인합니다.
4	기술 지원 및 유지보수 계획	• 시스템 문제 발생 시 신속히 대응할 수 있는 기술 지원 인력 및 외부 업체를 확보합니다. • 시스템 고장을 방지하기 위한 정기 점검 및 예방 유지보수 계획을 마련합니다.
5	직원 교육 및 역량 개발	• 자동화 설비를 직접 다룰 직원들을 대상으로 교육 계획을 세웁니다. • 이론보다는 실제 현장 실습을 통해 자동화 시스템을 효과적으로 이해하고 활용할 수 있도록 합니다.
6	유연성 및 확장성	• 향후 기능 추가나 변경이 용이하도록 시스템이 모듈화되어 있는지 검토합니다. • 생산량 변화나 제품 다변화에 유연하게 대응할 수 있는 시스템 구조인지 평가합니다.
7	안전성 및 리스크 관리	• 안전 관련 법적 요건을 준수하는지 확인합니다. • 비상 정지 장치나 센서 등 작업자의 안전을 보장하는 안전 장치를 도입합니다.
8	데이터 수집 및 분석 기능	• 어떤 데이터를 수집할지 구체적으로 정의하고 필요한 센서 및 장비를 설치합니다. • 데이터를 실시간으로 수집하고 분석할 수 있는 모니터링 시스템을 마련합니다.
9	규제 및 준법성 확인	• 설비와 관련된 규제 및 법적 요건을 검토해 준수 여부를 확인합니다. • 필요 시 인증 또는 허가를 취득할 수 있는지 미리 확인합니다.
10	파트너사 및 공급업체 선택	• 기술력, 유지보수 지원 능력 등을 고려해 신뢰할 수 있는 공급업체를 선정합니다. • 자동화 시스템의 지속적인 발전을 위해 장기적으로 협력할 수 있는지 평가합니다.

• 인력 교육과 훈련 강화

인적 자원의 활용도를 높이기 위해 체계적인 작업자 교육과 훈련이 필요하다. 이는 작업자가 자신의 역할과 생산 공정을 명확히 이해하도록 돕고, 작업 효율성을 높여 실수를 줄이며 작업 시간을 효율적으로 활용하게 한다. 특히 신입 작업자나 역할 변경이 있는 작업자를 위한 초기 교육은 기본 지식을 제공하여 빠른 적응을 지원한다.

다기능 작업자를 양성하는 것은 인적 자원을 효과적으로 활용하는 방법이다. 이들은 여러 공정을 처리할 수 있어 생산 수요 변화나 인력 배치 문제를 유연하게 해결하며, 인력 공백을 줄이고 생산성을 유지하는 데 이바지한다.

교육과 훈련은 작업 효율성뿐 아니라 작업자의 동기 부여와 만족도를 높이는 데도 중요한 역할을 한다. 훈련된 작업자는 자신감을 얻고 업무 몰입도가 높아지며, 작업 환경 개선은 물론 생산성과 품질 향상으로 이어진다. 지속적인 학습 환경은 인재 유지와 조직 경쟁력 강화에도 도움을 준다.

효과적인 교육을 위해 주기적인 평가와 피드백이 필요하며, 작업자의 숙련도에 맞춘 기초 교육, 심화 교육, 문제 해결 훈련 등 다양한 프로그램을 운영해야 한다. 이러한 노력은 작업자의 역량을 지속적으로 발전시키고 생산성과 품질을 높이는 데 이바지한다.

교육과 훈련은 작업자의 전문성을 강화하고 유연한 생산 체계를 구축하는 데 필수적이며, 이를 통해 생산성과 품질을 높이고 변화에 유연하게 대응할 수 있는 인력을 확보할 수 있다.

• Lean 생산 기법 적용

Lean 생산 기법은 생산 공정에서 낭비를 줄이고 자원의 효율성을 높이는 전략적 접근법으로, 고객이 가치 있다고 여기는 요소에 집중하여 불필요한 낭비를 제거한다. 주요 낭비 요소는 초과 생산, 과도한 재고, 불필요한 이동, 작업 지연, 과잉 처리, 불량품, 잠재력 미활용 등 7가지로 정의된다.

Lean은 병목 현상을 파악하고 제거하는 데 효과적이다. 병목 현상은 특정 작업 구간에서 발생하는 지연으로 전체 생산 흐름을 방해하는 상황이다. 이를 개선하기 위해 공정의 흐름을 분석하고, 지연 및 중복 작업을 줄여 효율성을 높인다. 예를 들어, 공정 간 자재 흐름 표준화와 작업자의 이동 동선 최적화로 비효율적인 시간을 줄일 수 있다.

Lean의 '풀 시스템(Pull System)'은 필요한 자재를 필요한 시점에 공급하여 과도한 재고를 방지한다. Just-In-Time(JIT) 시스템은 필요한 순간에만 자재를 공급해 비용 절감과 생산 효율성을 동시에 달성한다. 이를 통해 자재 낭비를 줄이고 생산성을 높일 수 있다.

또 '가치 흐름 지도(Value Stream Mapping)'를 활용해 부가가치를 창출하지 않는 공정을 식별하고 개선하며, '5S 활동(정리, 정돈, 청소, 청결, 습관화)'을 통해 작업 환경을 정돈하여 이동 시간과 작업 중단 시간을 최소화한다.

Lean 기법은 생산 자원의 활용도를 높이고 비용을 절감하며 품질을 개선한다. 지속적인 개선을 통해 고객 요구에 신속히 대응할 수 있는 유연한 생산 시스템을 구축하고, 조직의 효율성과 경쟁력을 강화하는 데 이바지한다.

• 주요 내용 정리

생산 자원의 활용도는 기업의 경쟁력을 유지하고 생산 목표를 달성하며 비용을 절감하기 위해 인력, 설비, 자재, 시간 등의 자원을 효율적으로 사용하고 낭비를 최소화하는 핵심 지표이다. 이를 통해 생산성을 높이고 품질을 유지하며 비용 절감을 이루어 시장 변화에 신속히 대응할 수 있도록 관리하며, 설비 가동률, 작업 시간 대비 생산량, 자재 낭비율 등을 측정하여 문제를 파악하고 Lean 생산 기법, 설비 자동화, 인력 교육 및 훈련 강화 같은 전략을 통해 생산 공정을 최적화하며 병목 현상을 제거하고 자재 활용도를 높인다. 이로써 지속적인 개선과 시장 요구 충족, 경쟁력 강화를 동시에 달성하는 기업 운영의 핵심 전략이다.

생산 능력 제약 분석

생산 능력 제약 분석(Capacity Constraint Analysis)은 생산 시스템에서 자원의 한계로 인해 발생하는 제약을 파악하고, 이를 해결하거나 최소화하기 위한 분석 과정이다. 생산 공정에서의 제약은 생산라인의 효율성과 생산 목표 달성에 큰 영향을 미친다. 이러한 제약을 이해하고 관리하지 않으면 생산 효율성은 떨어지고, 원가 상승과 더불어 납기(일) 지연, 품질 저하 등의 문제가 발생할 수 있다. 따라서 기업은 생산 능력 제약을 주기적으로 분석하고, 이를 기반으로 적절한 생산 계획을 수립해야 한다.

이 장에서는 생산 능력 제약의 주요 원인과 이를 분석하는 방법, 그리고 제약을 해결하기 위한 전략을 다룬다. 이를 통해 기업이 생산 능력을 극대화하고, 생산 공정에서 발생하는 병목 현상을 최소화하는 방안을 모색한다.

• 생산 능력 제약의 개념

생산 능력 제약이란 생산 시스템 내에서 한정된 자원이나 비효율적인 공정으로 인해 전체 생산 흐름에 지장을 주는 요소를 의미한다. 생산 시스템의 모든 자원(인력, 설비, 시간, 자재 등)이 제한된 상태에서 운영되므로, 특정 요소에서 발생하는 제약은 전체 생산 공정의 흐름을 느리게 만들 수 있다.

이러한 제약은 '병목(Bottleneck) 현상'이라고도 하며, 전체 생산성에 영향을 미치는 주요 요인이다. 생산 능력 제약의 주요 원인은 다음과 같다.

⇒ 생산 설비의 가동 능력이 전체 수요를 충족시키지 못할 때 발생하는 제약으로, 설비의 가동 시간이 부족하거나 장비 고장으로 인해 생산 중단이 발생할 수 있다.

⇒ 숙련된 인력이 부족하거나 작업 일정이 제대로 조정되지 않았을 때는 인력 활용도가 떨어져 생산성이 감소하는 제약이 발생할 수 있다.

⇒ 생산에 필요한 자재가 적시에 공급되지 않거나 원자재 부족으로 인해 생산이 중단되는 경우 생산 능력에 제약이 생긴다.

⇒ 생산 공정에서 발생하는 불필요한 대기 시간, 작업 간 비효율성, 공정 간 불균형 등이 생산 흐름에 제약을 가할 수 있다.

• 생산 능력 제약 분석의 중요성

생산 능력 제약을 분석하고 해결하는 것은 효율적인 생산 계획 수립과 비용 절감의 핵심이다. 제약을 해결하지 않고 방치할 경우, 기업은 기대하는 생산량에 도달하지 못할 가능성이 크고, 이는 고객 수요를 충족시키지 못하거나 시장 기회를 놓치게 되는 원인이 될 수 있다. 또 생산의 병목 현상이 발생하면 전체 생산 시스템의 효율성이 저하되고, 비용이 증가하며, 생산 일정도 지연될 수 있다. 생산 능력 제약 분석의 주요 목표는 다음과 같다.

⇒ 생산 공정에서 병목을 일으키는 제약을 식별하고, 이 때문에 발생하는 지연이나 생산 차질을 해결하는 것이 중요하다.

⇒ 제약을 해결하고 효율성을 극대화하는 생산 계획을 수립함으로써 기업의 생산 능력을 높일 수 있다.

⇒ 자원의 비효율적인 사용을 줄이고 생산 비용을 최소화할 방안을 모색해야 한다.

⇒ 공정 간 균형을 맞추고 제약을 제거하여 원활한 생산 흐름을 유지하는 것이 중요하다

생산 능력 제약 분석 방법

생산 능력 제약 분석을 효과적으로 수행하려면 여러 가지 분석 도구와 기법을 활용할 수 있다. 각 기법은 생산 공정에서 발생하는 병목을 파악하고 해결하는 데 도움을 준다.

• 병목(Bottleneck) 공정 식별

병목 공정 식별은 제약 분석에서 가장 중요한 첫 단계이다. 생산 라인에서 가장 느린 공정 또는 설비가 전체 생산 속도를 결정하는 병목이 된다. 병목 공정을 식별하기 위해서는 각 공정의 처리 속도, 가동률, 대기 시간을 분석해야 한다. 병목을 찾기 위한 대표적인 방법으로는 과정 흐름도 분석(Process Flow Analysis)이 있으며, 이를 통해 생산 흐름에서 발생하는 지연 요소를 시각적으로 파악할 수 있다.

또 생산율(throughput rate)과 주기 시간(cycle time)을 측정하여 병목이 발생하는 구간을 찾아낼 수 있다. 주기 시간이 긴 공정은 병목이 발생할 가능성이 크며, 이를 해결하지 않으면 전체 생산 속도가 느려지게 된다.

• 생산 능력 대 수요 분석

생산 능력 제약을 분석할 때는 생산 능력과 수요의 차이를 파악하는 것이 중요하다. 생산 능력이 수요보다 부족할 경우 제약이 발생하며, 이를 해결하려면 생산 설비를 증설하거나, 작업 시간을 늘리거나, 인력을 추가 배치하는 등의 대책을 마련해야 한다. 이를 위해 용량 계획(Capacity Planning) 기법을 활용할 수 있으며, 생산 설비와 인력 자원의 가용 시간을 평가하고, 이를 수요에 맞게 조정하는 것이 필요하다.

수요 예측과 생산 능력 계획을 비교하여 예상되는 병목 현상을 미리 파악하고, 이에 대한 대응책을 준비하는 것도 중요한 과정이다. 이를 통해 미래에 발생할 수 있는 생산 차

질을 미리 예방할 수 있다.

• 제약 이론(TOC, Theory of Constraints) 활용

제약 이론(TOC)은 제약을 식별하고 이를 해결하기 위한 체계적인 접근 방법이다. TOC는 모든 생산 공정에서 반드시 제약이 존재하며, 이를 해결하지 않으면 생산 흐름 전체에 문제가 생긴다고 가정한다. 제약 이론은 다음과 5단계를 통해 제약을 해결한다.

⇒ 생산 공정에서 병목을 식별하고 제약을 파악한다.

생산 공정을 최적화하려면 먼저 병목이 발생하는 지점을 찾아 제약 요소를 확인해야 한다. 병목은 특정 단계에서 처리 속도가 느려 전체 공정에 영향을 미치는 부분이다. 이를 식별하기 위해 공정 데이터를 분석하고, 처리 시간, 자재 이동, 작업 일관성을 검토해 가장 큰 지연이 발생하는 지점을 파악한다. 이러한 분석은 공정을 개선하는 데 필수적인 기초 작업이다.

⇒ 병목 공정을 효율적으로 운영하거나 추가 자원을 투입해 생산성을 높인다.

병목을 파악한 후, 공정의 효율을 높이는 방안을 마련해야 한다. 불필요한 작업 절차를 줄이고 작업 방식을 개선하여 병목 공정의 처리 속도를 높일 수 있다. 필요하면 추가 장비나 인력을 투입해 작업 부하를 분산하고, 공정의 안정성을 확보한다. 이를 통해 병목으로 인한 전체 공정의 지연을 최소화할 수 있다.

⇒ 병목 공정에 맞추어 다른 자원(資源)에 대한 운영 방식을 조정한다.

병목 공정을 원활히 운영하려면 다른 공정도 병목 공정에 맞춰 조정해야 한다. 자재 공급 일정과 물류 경로를 최적화하고, 병목 공정의 속도에 맞춰 다른 공정의 작업 속도를 조정한다. 예를 들어, 병목 공정에 필요한 자재가 적시에 공급되도록 물류를 조율하고, 지원 공정이 병목 공정과 연계되도록 작업 방식을 조정하여 전체 공정의 일관성을 강화한다.

⇒ 병목 공정에 추가 설비나 인력을 투입해 제약을 해소한다.

병목 현상을 줄이기 위해 추가 설비나 인력을 배치해 공정 처리 능력을 개선할 수 있다. 작업 지연이 심한 공정에 새로운 장비를 도입하거나 속도가 빠른 장비로 교체하고, 숙련된 작업자를 추가로 투입해 작업의 연속성과 효율성을 높인다. 이를 통해 병목의 영향을 줄이고 생산성을 높일 수 있다.

⇒ 새로운 병목 발생 여부를 지속적으로 모니터링하고 개선한다.

제약이 해결된 후에도 다른 부분에서 병목이 생길 가능성을 모니터링해야 한다. 주기적으로 공정 데이터를 분석해 처리 속도의 변화를 점검하고, 새로운 병목이 발견되면 신속히 대응할 수 있는 개선 전략을 마련한다. 이러한 반복적인 개선 활동은 공정의 안정성과 생산성을 유지하고, 기업 경쟁력을 높이는 데 중요한 역할을 한다.

[자주 이야기하는 제약 이론(TOC, Theory of Constraints)]

"최적 생산 기술에서 출발한, 경영 과학의 체계적 이론. 생산 일정의 계획뿐만 아니라 성과 측정을 위한 회계 이론과 정책의 분석·수립을 위한 사고 과정이 포함되는 것으로 모든 기업은 더 높은 수준의 성과를 제약하는 자원이 반드시 하나 이상은 존재한다는 이론이다."

사전적으로 제약 이론을 이렇게 정의하였듯이 제약조건이란 시스템이나 프로세스가 성과를 달성하는 데 방해가 되거나 성과를 제한하는 요인을 말한다. 이러한 제약조건은 시스템 전체의 효율성이나 성과를 결정짓는 가장 약한 고리로 작용하며, 이를 해결하지 않으면 전체 프로세스가 최적의 상태에 도달하기 어렵다.

그러므로 제약 사항을 식별하고 이를 해결하기 위한 전략 마련이야말로 S&OP의 성공적인 운영을 위한 핵심이라 할 수 있다. 그렇다면 S&OP 제약 사항이 무엇인지 아래의 내용들을 통하여 확인해 보도록 한다.

• 시장의 변화와 외부 환경의 불확실성

시장 수요의 급격한 변화, 경쟁사의 행동, 경제적 불확실성, 규제의 변화 등 외부 환경의 요인들은 기업이 세운 계획을 일관되게 실행하는 데 있어 예측하지 못한 제약으로 작용할 수 있다.

• 수요 예측의 불확실성

수요 예측의 정확성이 떨어지면 공급하는 측의 계획에 혼란을 초래할 수 있다. 과대 예측은 과잉 재고로 이어지고, 과소 예측은 공급 부족과 고객 불만으로 이어질 수 있다. S&OP에서는 수요와 공급의 균형을 맞추는 것이 핵심이므로, 예측의 부정확성은 중요한 제약 사항이다.

• 부서 간 커뮤니케이션 문제

S&OP는 판매, 생산, 구매, 재무 등 여러 부서가 협업하여 진행하는 프로세스이므로 부서 간 정보 공유의 부재나 의사결정 지연은 계획의 원활한 실행을 방해하는 주요 제약 사항이 될 수 있다.

• 인력의 한계

인력의 숙련도 부족이나 작업 효율성의 한계는 계획된 생산량을 달성하는 데 영향을 미칠 수 있다. 특히, 특정 기술이 필요한 공정이나 작업에서 숙련된 인력 부족은 생산 속도와 품질에 부정적인 영향을 준다.

• 기술과 시스템의 부족

ERP(전사적 자원 관리), SCM(공급망 관리), CRM(고객 관계 관리), BI(비즈니스 인텔리전스) 시스템과 같은 기술 인프라가 제대로 구축되어 있지 않으면 데이터의 가시성 부족, 실시간 의사결정의 어려움, 부서 간 협업 저하 등의 문제가 발생한다. 이는 S&OP 프로세스의 통합성과 운영 효율성에 큰 제약으로 작용한다.

• 생산 능력의 제한

공장의 생산 능력이나 특정 공정에서 발생하는 병목 현상은 전체 공급 계획에 영향을 미치는 제약 요소이다. 이러한 제한은 생산 목표를 달성하지 못하게 하거나 고객 요구를 적시에 충족시키지 못하게 할 수 있다. 이를 해결하지 않으면 수익성에 큰 영향을 미친다.

• 공급망 제약

주요 원자재나 부품을 공급하는 공급업체의 제약, 글로벌 공급망의 불확실성 등은 생산과 공급 일정에 심각한 영향을 미칠 수 있다. 공급업체의 리드타임 지연이나 물류 차질은 공급 계획을 실행하는 데 있어 큰 장애물로 작용한다.

• 재고 관리의 비효율성

재고는 너무 많아도 비용이 증가하고, 부족하면 고객 수요를 충족시키지 못하는 문제가 발생한다. 재고 관리의 비효율성은 S&OP에서 지속적인 제약 사항으로 작용할 수 있으며, 이를 적절히 조정하지 않으면 자본 잠식과 공급 차질을 빚는다.

• 재무적 제약

기업의 재정적 자원이 한정되어 있으면, 생산 확대, 재고 확보, 시스템 개선 등에 필요한 투자가 제한된다. 자금 제약은 S&OP 프로세스에서 실행할 수 있는 계획 수립을 방해할 수 있다.

• 시뮬레이션과 데이터 분석

시뮬레이션 기법은 실제 생산 공정을 가상으로 재현하여 제약 발생 가능성을 탐색하고 분석하는 데 유용하다. 이를 통해 설비 가동률, 인력 배치, 자재 공급 속도 등의 변수를 조정하며 공정 변화를 관찰할 수 있다. 시뮬레이션은 제약 구간을 파악하고, 공정 처리 용량과 자원의 최적 배분을 설계하는 데 중요한 도구로 활용된다. 예를 들어, 설비 가동 시간 증가가 생산 흐름에 미치는 영향이나 자재 공급 속도 조정으로 병목 현상이 완화될 가능성을 예측할 수 있다.

빅데이터 분석은 과거 생산 데이터를 기반으로 제약의 원인과 패턴을 파악하는 데 이바지한다. 이를 통해 병목 현상의 빈도, 발생 위치, 영향을 미친 요인들을 체계적으로 분석하고 유사 문제의 재발 가능성을 예측할 수 있다. 이를테면 반복적인 설비 고장이나 작업 지연의 근본 원인을 찾아 이를 방지하는 계획을 수립할 수 있다.

시뮬레이션과 데이터 분석의 통합적 접근은 단순히 문제를 발견하는 데 그치지 않고 구체적인 해결 방안을 제시한다. 이를 통해 공정 제약을 사전에 관리하고, 자원을 효율적으로 배분하며 생산성을 높이는 데 도움을 준다. 또 정기적인 데이터 분석과 시뮬레이션 활용은 변화하는 생산 환경에 유연하고 신속하게 대응할 수 있는 능력을 조직에 제공하여 장기적인 경쟁력을 강화한다.

생산 능력 제약 해결을 위한 전략

생산 능력 제약을 분석하고 해결하는 과정에서는 다양한 전략을 도입할 수 있다. 제약을 해결하는 대표적 방법으로는 설비 증설, 인력 재배치, 공정 재설계 등이 있다.

• 설비 증설과 자동화 도입

설비가 제약 요인인 경우, 설비 증설 또는 자동화 도입을 통해 문제를 해결할 수 있다. 자동화를 통해 기존 설비의 가동 시간을 늘리고, 작업 속도를 높이는 것이 가능하며, 이를 통해 제약을 해결할 수 있다. 또 예방 정비 시스템을 도입하여 설비 고장을 미리 감지하고, 가동 중단 시간을 최소화하는 것도 중요하다.

[설비 증설과 자동화 도입의 사례]

• 배경과 문제 식별

회사는 전자 부품을 생산하는 중견 제조업체로, 최근 시장 수요의 급증으로 인해 기존 생산 설비로는 수요를 충족시키기 어려운 상황에 직면하게 되었다. 따라서 주요 문제는 다음과 같다.

⇒ 기존 설비 가동률이 85%에 달하면서 추가 수요를 처리할 여력이 부족하다.

⇒ 수작업 비중이 높아 생산 속도가 느리고, 오류 발생 빈도가 증가한다.

⇒ 정기적인 유지보수가 부족하여 설비 고장 시 생산 중단 시간이 길어진다.

• 추진 전략

먼저 생산 능력 증대를 위해 기존 공장에 새로운 생산라인의 추가를 결정했다.

⇒ 기존 공장 공간을 활용하여 두 개의 새로운 생산 라인을 설치하기로 하였다.

⇒ 공간 부족 문제 해결을 위해 인근에 새로운 생산 시설을 확장하기로 하였다.

⇒ 새로운 설비 도입과 함께 기존 설비의 업그레이드를 통해 전체적인 생산 효율성을 높이기로 하였다. 생산 효율성을 극대화하고 오류를 최소화하기 위해 자동화 시스템을 도입하였다.

⇒ 조립 공정에 로봇을 도입하여 반복 작업을 자동화하고, 작업 속도와 정확성을 높였다.

⇒ 생산라인에 자동화된 검사 장비를 설치하여 품질 관리를 강화하였다.

⇒ IoT 센서를 활용한 예방 정비 시스템을 도입하여 설비의 상태를 실시간으로 모니터링하고, 고장을 사전에 예측하여 가동 중단 시간을 최소화했다.

실행 과정

• 설비 증설 단계

⇒ 시장 수요 데이터를 분석하여 필요한 생산 능력을 정확히 파악하였다.

⇒ 새로운 생산 라인과 확장 공장의 설계를 진행하고, 필요한 자금을 확보했다.

⇒ 최신 생산 설비와 자동화 장비를 구매하여 설치하였다.

⇒ 새로운 설비와 자동화 시스템을 운영할 수 있도록 직원 교육을 실시하였다.

• 자동화 도입 단계

⇒ 생산 공정에 가장 적합한 자동화 기술과 장비를 선정하였다.

⇒ 기존 ERP 시스템과 자동화 장비를 연동하여 데이터 흐름을 최적화하였다.

⇒ 자동화 시스템의 초기 테스트를 통해 문제점을 파악하고 개선하였다.

⇒ 성공적인 파일럿 테스트 후, 자동화 시스템을 전면 도입하고 지속적으로 모니터링 체계를 구축하였다.

성과 및 효과

• 생산 능력 증대

⇒ 설비 증설과 자동화 도입으로 월 생산량이 기존 대비 50% 증가하였다.

⇒ 새로운 설비와 예방 정비 시스템 도입으로 설비 가동률이 95%로 향상되었다.

• 효율성 및 품질 향상

⇒ 자동화된 조립 공정으로 작업 속도가 30% 증가하였다.

⇒ 자동화된 검사 장비 도입으로 제품의 불량률이 20% 감소하였다.

• 비용 절감

⇒ 자동화로 인해 수작업 인력이 줄어들어 인건비 절감하였다.

⇒ 예방 정비 시스템을 도입하여 예상치 못한 설비 고장으로 인한 비용 감소하였다.

• 고객 만족도 향상

⇒ 안정적인 생산 능력과 효율성 향상으로 납기 준수율이 99%로 상승하였다.

⇒ 높은 품질의 제품 공급으로 고객 신뢰도와 만족도가 향상되었다.

회사의 설비 증설과 자동화 도입 사례는 생산 능력 제약을 효과적으로 해결한 성공 사례이다. 설비 증설을 통해 생산 규모를 확대하고, 자동화를 통해 작업 효율성과 품질을 제고함으로써 시장 수요를 성공적으로 충족시켰다. 또 예방 정비 시스템 도입으로 설비의 안정성을 높이고, 운영 비용을 절감하여 기업의 경쟁력을 강화할 수 있었다. 이와 같은 전략은 다른 제조 기업들도 생산 능력 제약을 해결하고 지속 가능한 성장을 도모하는 데 유용한 참고 사례가 될 수 있다.

• 인력 배치 최적화

인력 부족이나 작업 시간의 비효율성으로 인한 제약은 효과적인 인력 배치 최적화와 유연한 운영 방식을 통해 개선할 수 있다. 우선 작업자의 능력과 경험에 따라 각 공정에 적합한 인력을 배치하여 최적의 성과를 낼 수 있도록 하는 것이 중요하다. 교대 근무를 도입하는 경우, 업무 피로도를 고려해 근무 시간과 휴식 시간을 적절히 배분하여 장기적으로 작업 효율성을 유지할 수 있다.

다기능 작업자를 양성하면 특정 공정에 국한되지 않고 여러 작업을 처리할 수 있어, 갑작스러운 인력 부족이나 생산량 변동에 유연하게 대응할 수 있다. 추가로, 작업자의 실시간 작업 현황을 모니터링하고 분석하여 비효율적인 부분을 조정하고 개선함으로써 전반적인 인력 활용도를 높일 수 있다. 이를 통해 생산 제약을 해결하고, 안정적인 인력 운영을 통해 기업의 경쟁력을 강화할 수 있다.

[인력 배치 최적화 사례]

생산 능력 제약을 해결하기 위한 대표 전략인 '인력 배치 최적화' 사례를 소개한다. 이 사례는 자동차 부품을 제조하는 B社의 사례이다.

• 배경 및 문제 식별

이 회사는 자동차용 브레이크 시스템을 생산하는 중견 제조업체로, 최근 주문량 증가와 함께 생산 능력의 한계에 직면하게 되었다. 주요 문제는 다음과 같다.

⇒ 특정 공정에서 작업자가 부족하여 생산 속도가 저하됨.

⇒ 교대 근무 체계가 비효율적으로 운영되어 가동률이 낮음.

⇒ 특정 공정에 필요한 전문 기술자가 부족하여 작업 지연 발생.

⇒ 특정 작업자에게 업무가 집중되어 다른 공정에서 인력이 비효율적으로 사용됨.

• 추진 전략

먼저 각 생산 공정의 작업 분석을 통하여 인력 배치의 문제점을 식별하였다.

⇒ 각 공정의 소요 시간과 인력 배치를 분석하여 병목 현상을 식별.

⇒ 공정별로 필요한 인력 수와 기술 수준을 평가.

• 인력 배치 재설계

문제점을 기반으로 인력 배치를 재설계하여 효율성을 높였다.

⇒ 부족한 공정에 인력을 재배치하여 균형 있는 작업 흐름을 구축.

⇒ 교대 근무 시간을 재조정하여 가동률을 최대화하고, 피로도를 줄임.

⇒ 특정 작업자에게 다기능 교육을 제공하여 여러 공정을 처리할 수 있도록 함으로써 인력 활용도를 높임.

• 기술 도입과 자동화 지원

인력 배치 최적화를 지원하기 위해 일부 공정에 자동화 기술을 도입했다.

⇒ 반복 작업을 자동화할 수 있는 보조 장비를 도입하여 작업자의 부담을 경감.

⇒ 작업 현장의 인력 배치를 실시간으로 모니터링하고 조정할 수 있는 디지털 관리 시스템을 도입.

• **인력 교육과 역량 강화**

효과적인 인력 배치를 위해 직원들의 역량을 강화했다.

⇒ 다기능 작업자 양성을 위한 교육 프로그램을 도입·실시하여 직원들이 다양한 공정을 수행할 수 있도록 함.

⇒ 정기적인 교육과 피드백을 통해 작업 효율성을 지속적으로 개선.

[실행 과정]

• **현황 분석 단계**

⇒ 생산 데이터와 인력 배치 현황을 수집하여 분석.

⇒ 병목 현상이 발생하는 공정과 인력 부족 상황을 파악.

• **인력 배치 재설계 단계**

⇒ 각 공정의 인력 요구사항을 반영하여 재배치 계획을 수립.

⇒ 교대 근무 시간을 조정하고, 유연 근무제를 도입하여 가동률을 높임.

⇒ 다기능 작업자 양성을 위한 교육 프로그램 도입·실시.

• **기술 도입과 지원 단계**

⇒ 반복 작업을 자동화할 수 있는 장비 구매 및 설치.

⇒ 인력 배치를 실시간으로 모니터링하고 조정할 수 있는 디지털 시스템 구축.

• **교육 및 역량 강화 단계**

⇒ 다기능 작업자 양성을 위한 교육 커리큘럼을 설계하고 운영.

⇒ 교육 효과를 모니터링하고, 피드백을 반영하여 프로그램을 개선.

[성과 및 효과]

- 생산 능력 증대
⇒ 인력 배치 최적화를 통해 월 생산량이 기존 대비하여 35% 증가.
⇒ 교대 근무 최적화와 인력 재배치로 설비 가동률이 90%로 향상.

- 효율성과 품질 향상
⇒ 인력 배치 최적화와 보조 자동화 장비 도입으로 작업 시간 25% 단축.
⇒ 다기능 작업자의 역량 강화와 자동화 지원으로 제품의 불량률이 15% 감소.

- 비용 절감
⇒ 인력 재배치와 다기능 작업자 양성을 통해 불필요한 인력 채용 비용 절감.
⇒ 자동화 장비 도입으로 생산 효율성 높아지면서 에너지 및 자재 사용 효율화.

- 직원 만족도 향상
⇒ 교대 근무 최적화와 유연 근무제 도입으로 직원들의 업무 만족도와 삶의 질 향상.
⇒ 다기능 작업자 양성을 통해 직원들의 전문성 향상과 경력 개발 기회 제공.

- 고객 만족도 향상
⇒ 안정적인 생산 능력과 효율적인 작업 흐름으로 납기 준수율 98%로 상승.
⇒ 높은 품질의 제품 공급으로 고객 신뢰도 및 만족도 향상.

- 요약 정리
B社의 인력 배치 최적화 사례는 생산 능력 제약을 효과적으로 해결한 대표적인 예이다. 인력 배치 재설계와 다기능 작업자 양성을 통해 인력 활용도를 극대화하

고, 교대 근무 최적화를 통해 가동률을 높였다. 또 보조 자동화 장비와 디지털 관리 시스템 도입으로 작업 효율성과 품질을 높였다.

이러한 전략을 통해 B社는 증가하는 시장 수요를 성공적으로 충족시키고, 운영 비용을 절감하며, 직원 만족도와 고객 만족도를 동시에 충족시킬 수 있었다. 이와 같은 인력 배치 최적화 전략은 다른 제조 기업들도 생산 능력 제약을 해결하고 지속 가능한 성장을 도모하는 데 유용한 참고 사례가 될 수 있다.

● 공정 재설계

생산 공정이 비효율적으로 설계되어 제약이 발생할 경우, 철저한 공정 재설계를 통해 병목 현상을 해소할 수 있다. 공정 재설계는 단순히 작업 순서를 변경하는 것이 아니라, 전체적인 흐름을 최적화하여 생산성을 극대화하는 것이 목적이다. 이를 위해 공정 단계마다 소요 시간과 자원 투입량을 분석하여, 공정 간 불균형을 조정하고 자원 활용의 효율성을 높일 필요가 있다.

예를 들어, 작업 부하가 집중된 공정에는 추가 설비나 인력을 배치해 부담을 분산시키고, 과도한 이동이나 불필요한 작업 단계를 제거하여 공정을 단순화할 수 있다. Lean 생산 방식은 이러한 공정 재설계에 효과적이며, 낭비 요소를 체계적으로 식별하고 제거하는 데 도움을 준다. 또 실시간 데이터 모니터링 시스템을 활용해 병목 구간을 즉각적으로 파악하고 개선할 수 있는 체계를 구축함으로써 지속적으로 공정 효율성을 높이고, 대기 시간 및 불필요한 작업을 최소화할 수 있다.

[공정 재설계? 말처럼 쉽지 않다. 현장은 대혼란…]

공정 재설계는 이론적으로는 간단해 보이지만, 실제로 현장에서는 큰 혼란을 초래할 수 있다. 공정을 변경하는 것은 판매, 생산, 물류 등 다양한 부문에 영향을 미칠 수 있으므로 이를 최소화하기 위한 전략적 접근이 필요하다. 아래에 판매, 생산, 물류에 영향을 최소화하는 방법에 대한 몇 가지 제언을 하고자 한다.

• 사전 준비와 철저한 계획 수립

⇒ 공정 재설계에 앞서 각 부서가 함께 참여하는 계획 수립 단계가 필요하다. 판매, 생산, 물류 부서의 의견을 반영하여 가능한 한 모든 시나리오를 검토하고, 변화에 대한 대응 계획을 세워야 한다.

⇒ 현재의 공정과 새로운 공정을 상세하게 매핑하고, 그에 따른 영향도를 분석한다. 이를 통해 변화가 발생하는 지점을 명확하게 파악하고, 미리 문제를 예측하여 대비할 수 있다.

• 파일럿 테스트를 통한 사전 검증

⇒ 전면적인 공정 재설계 이전에 특정 제품 라인이나 제한된 지역에서 파일럿 테스트로 재설계의 효과를 검증한다. 이를 통해 예상치 못한 문제가 발생하더라도 리스크를 최소화할 수 있다.

⇒ 파일럿 단계에서 발생한 문제점과 개선 사항을 다양한 부서로부터 수집하고, 이를 반영하여 재설계안을 조정한다.

• 점진적 도입

⇒ 재설계된 공정을 모든 부서에 한 번에 도입하기보다는, 단계적으로 적용하여 변화에 따른 부작용을 최소화한다. 예를 들어, 일부 공정만 변경하거나 특정 지역에서만 먼저 적용하는 방식으로 위험을 분산할 수 있다.

⇒ 재설계가 물류에 미치는 영향을 줄이기 위해, 재고를 적정 수준으로 조정하고 배송 일정을 탄력적으로 운영할 필요가 있다. 공급망이 흔들리지 않도록 예비 재고를 확보하는 것도 중요한 전략이다.

• 커뮤니케이션과 교육

⇒ 공정 재설계의 목표, 이유, 그리고 각 부서에 미치는 영향을 명확하게 설명하는 커뮤니케이션이 필요하다. 모든 부서가 변화의 목적을 이해하고 협력할 수 있도록 사전 브리핑을 철저히 해야 한다.

⇒ 공정 재설계가 현장에서 혼란을 줄이려면, 각 부서의 직원들이 새로운 시스템이나 절차에 익숙해지도록 충분한 교육이 필요하다. 특히 생산, 판매, 물류 담당자들에게는 재설계된 공정을 어떻게 효율적으로 운영할지에 대한 실습을 제공해야 한다.

• 변화 관리 시스템 도입

⇒ 공정 재설계는 부서 간 협력과 조율이 필요한 만큼, 이를 관리할 변화 관리팀을 운영하는 것이 좋다. 이 팀은 문제 발생 시 신속하게 대응하고, 재설계 진행 상황을 모니터링하면서 필요할 때 조정할 수 있다.

⇒ 변화 과정에서 예상치 못한 문제가 발생하는 것에 대비해, 비상 대책을 마련하는 리스크 관리 계획이 필수적이다. 이를 통해 판매, 생산, 물류에 끼칠 영향을 최소화할 수 있다.

• 데이터 기반 의사결정

⇒ 공정 재설계가 적용되는 동안 실시간 데이터를 활용해 각 부서의 상황을 모니터링하고, 필요한 경우 즉각 조치할 수 있도록 준비한다. 이는 판매, 생산, 물류 간의 연계성을 유지하고 문제를 조기에 파악하는 데 도움을 준다.

⇒ 재설계가 각 부서에 미치는 영향을 측정할 수 있는 지표를 설정하고, 정기적

으로 성과를 평가한다. 이를 통해 개선이 필요한 부분을 신속히 파악하고 조정할 수 있다.

• 유연한 대응 체계 구축

⇒ 공정 재설계가 생산에 미치는 영향을 최소화하기 위해서는 유연한 생산 계획이 필요하다. 수요 변동에 신속히 대응할 수 있도록 생산 일정을 조정하거나, 임시로 추가 인력을 배치하는 등의 대책을 마련해야 한다.

⇒ 물류나 재고 관리에 차질이 생기지 않도록 협력사와의 긴밀한 소통과 조율이 필요하다. 공급망에 변동이 발생하면 즉각 대응할 수 있는 시스템을 구축하는 것이 중요하다.

이와 같은 조언을 통해 공정 재설계로 인한 혼란을 최소화하고, 더욱 원활한 운영 전환을 이룩할 수 있다.

• 재고 관리 개선

원료나 자재 부족으로 인한 생산 제약은 재고 관리 시스템의 개선을 통해 상당 부분 해결할 수 있다. 첫째, 안전 재고와 최소 주문량을 설정하여 예기치 못한 자재 부족에 대비하고, 재고를 효율적으로 관리해야 한다. 둘째, 자재 소요 계획(MRP)을 정확하게 운영해 수요 예측과 자재 소요량을 정밀하게 계산하고, 필요한 시점에 자재가 공급되도록 관리해야 한다. 또 공급업체와의 긴밀한 협력과 실시간 재고 모니터링 시스템을 도입하여 자재 공급의 가시성을 높이고, 조달 과정에서 발생할 수 있는 지연을 사전에 방지할 수 있다. 이를 통해 자재가 제때 공급되지 않아 발생하는 생산 차질을 줄이고, 원활한 생산 흐름을 유지함으로써 생산성 향상과 비용 절감을 동시에 달성할 수 있다.

[재고 관리 개선 절차 사례]

시스템을 개선하여 원료나 자재의 부족으로 인한 제약 조건들을 해결하기 위해 다음과 같이 접근해 보도록 한다.

• 현황 분석과 평가
⇒ 현재 사용 중인 재고 관리 프로세스와 시스템의 강점과 약점을 파악한다.

⇒ 과거 재고 데이터, 수요 예측, 공급 상황 등을 분석하여 문제점을 식별한다.

• 적정 재고 수준 설정
⇒ 수요 변동과 공급 불확실성을 고려하여 최소 안전 재고 수준을 설정한다.

⇒ 재고 회전율을 분석하여 과잉 재고나 부족 재고를 방지할 수 있는 수준을 유지한다.

• 자재 소요 계획(MRP) 시스템 도입과 개선
⇒ 조직의 필요에 맞는 MRP 소프트웨어를 선택하여 도입한다.

⇒ 생산 계획, 구매, 재고 관리 등 관련 부서 간의 협업을 강화하여 MRP 시스템과 연동된 프로세스를 구축한다.

⇒ MRP의 효율성을 높이기 위해 정확한 데이터 입력과 실시간 업데이트를 유지한다.

• 재고 추적과 관리 기술 활용
⇒ 재고의 실시간 추적·관리가 가능하도록 바코드나 RFID, QR, NFC, Barcode 등의 기술을 도입한다.

⇒ 클라우드 기반의 재고 관리 솔루션을 통해 재고 상태를 실시간으로 모니터링하고 관리한다.

• 공급망 관리 강화

⇒ 신뢰할 수 있는 공급업체와의 긴밀한 협력을 통해 자재 공급의 안정성을 확보한다.

⇒ 특정 공급업체에 의존하는 대신 여러 공급처 확보하여 리스크를 분산시킨다.

• 주기적인 재고 감사와 검토

⇒ 주기적인 재고 조사 실시로 실물 재고와 시스템상의 재고를 일치시킨다.

⇒ 주요성과지표(KPI)를 설정하고 지속적으로 모니터링하여 개선점을 도출한다.

• 직원 교육과 프로세스 표준화

⇒ 재고 관리 시스템과 MRP 사용법에 대한 교육을 통해 직원 역량을 강화한다.

⇒ 재고 관리 관련 표준 절차(SOP)를 마련해 일관된 관리가 이루어지도록 한다.

• 지속적인 개선과 피드백 반영

⇒ 현장에서 발생하는 문제점과 개선 사항에 대한 피드백을 수집하고 이를 시스템에 반영한다.

⇒ 재고 관리와 관련된 최신 기술과 트렌드를 지속적으로 도입하여 시스템을 업그레이드한다.

위의 방법들을 활용하여 체계적으로 수행함으로써 재고 관리 시스템을 효과적으로 개선하고, 원료나 자재의 부족으로 인한 생산 차질을 최소화할 수 있다. 또 지속적인 모니터링과 개선을 통해 재고 관리의 효율성을 높이고, 조직의 전반적인 생산성과 경쟁력을 강화할 수 있다.

• 주요 내용 정리

생산 능력 제약 분석은 생산 공정에서 자원의 한계로 인해 발생하는 병목 현상을 파악하고 해결하여 생산성을 높이고 비용을 절감하며 납기 준수율과 품질을 유지하는 것이 목표이다. 병목 공정 식별, 생산 능력과 수요 분석, 제약 이론(TOC) 활용, 시뮬레이션과 데이터 분석 등을 통해 공정의 흐름을 최적화하며, 설비 증설과 자동화 도입, 인력 배치 최적화, 공정 재설계, 재고 관리 개선 같은 전략을 활용해 자원의 효율성을 극대화하고, 공정의 불균형 해소와 유연한 운영 체계를 구축함으로써 지속적으로 기업의 생산성을 높이고 경쟁력을 강화하는 데 중점을 둔다.

생산 계획 조정

생산 계획 조정은 생산 과정에서 발생하는 변화나 변수에 따라 기존 계획을 수정하고 최적화하는 것이다.

이는 고객 수요의 충족을 위해 설비, 인력, 자재 등 자원을 배치하는 중요한 역할을 하며, 이를 효율적으로 관리하지 못할 때 생산성이 낮아지고 비용이 증가할 수 있다. 생산 계획 조정은 공급망 변동, 자원 가용성, 시장 수요 변화에 대응하기 위한 필수적인 전략이다. 생산 계획 조정은 계획의 기간과 구체성에 따라 여러 단계로 나눌 수 있다.

[표 4] 생산계획과 조정의 비교

구분	생산계획 수립	생산계획 조정
시점	초기 단계 (사전 계획)	실행 단계 (실시간 대응)
목적	효율 극대화를 위한 최적화된 조기 계획 수립	변동성 대응 및 생산 흐름 안정화
시간적 범위	중장기적 (주간, 월간, 연간)	단기적 (확정, 당일, 실시간)
초점	예측 및 계획	문제 해결 및 유연성 확보
의존 데이터	수요 예측, 주문량, 생산 능력	실시간 생산 현황, 장애 요소

• 확정 생산 계획(D-3) 조정

확정 계획은 주로 월간 또는 주간 계획을 바탕으로, 확정적으로 실행할 수 있는 수준까지 구체화한 계획이다. 다시 말하면 실질적 자원을 사용하게 되는 것을 의미한다. 일반적으로 확정 계획은 D-3 이전까지 최종 확정되어 공정에 바로 반영될 수 있도록 조정되며, 이때는 일일 계획과 거의 똑같은 수준의 구체성을 띠게 된다.

[D-3의 현실]

자동차와 전자 같은 대량 생산 체계나 선주문 기반 생산(Make-to-Order) 방식은 다른 산업에 비해 D-3 계획이 절대적이라 할 수는 없지만 비교적 지켜지는 편이다. 이는 MRP 시스템을 활용한 통합적 계획과 높은 예측 정확도를 기반으로 이루어진다. 특히 라인 정지, 재작업, 자재 폐기와 같은 계획 변경으로 인한 높은 비용을 최소화하려는 노력이 뒷받침된다. 이러한 방식은 생산 공정의 안정성과 효율성을 유지하는 데 중요한 역할을 한다. 결과적으로, 이들 체계는 D-3 계획 준수를 통해 비용 절감과 생산성 향상을 동시에 달성하고 있다.

변동성이 큰 패션, 소비재, 식품 산업에서는 고객 주문 패턴 변화, 긴급 주문, 계절적 수요 변동과 같은 요인으로 인해 D-3 계획이 자주 조정되며, 특히 고객 주문에 따른 생산(Make-to-Stock) 체계에서는 시장 수요의 불확실성과 자재 지연이나 원자재 품질 문제와 같은 공급망의 변동성이 계획 변경의 주요 원인이 된다.

D-3 확정 계획이 효과적으로 이루어지려면 자재의 적시 도착과 품질 안정 같은 공급망의 신뢰성, 시장 수요와 주문 패턴의 예측 정확성, 설비와 라인의 중단 없이 빠른 조정이 가능한 공정 유연성이 필수적이지만, 생산 현장은 기계 고장, 작업자 이탈, 품질 문제 등 다양한 변수에 영향을 받기 때문에 실제로는 D-1이나 당일에도 계획 조정이 필요한 경우가 많으며, 특히 다품종 소량 생산 체계에서는 D-3 계획 확정 후에도 유연성을 유지해야 하는 도전 과제가 존재한다.

D-3까지 주요 계획을 확정하되 긴급 조정을 위한 가변성을 허용하고, 시뮬레이션 기법으로 다양한 시나리오를 사전에 분석해 예측력을 강화하며, 생산 현황과 수요 변화를 실시간으로 반영할 수 있는 디지털화된 시스템을 구축하는 것이 효과적인 개선 방안이다.

D-3이 지켜지지 않는 사례는 다음과 같다.

[표 5] D-3 지켜지지 않는 사례

순위	D-3 위반 사례	현상	원인	대처방안
1	수요 변동	• 주문량의 급격한 증가 또는 감소로 인해 생산계획에 차질.	• 예측 모델 부정확, 시장 환경의 급변, 고객 니즈 변화.	• AI 기반 수요 예측 도입. • 안전재고 및 버퍼 생산 운영. • 고객과의 사전 협의 강화.
2	긴급 주문 발생	• 고객의 긴급 요청으로 계획에 없던 작업이 추가됨.	• 고객 니즈 변동, 미리 협의되지 않은 요구사항.	• 유연한 생산 스케줄링 체계 구축. • 긴급 주문 대응 프로세스 수립. • 추가 작업에 대비한 유휴 자원 확보.
3	원자재 부족	• 필요한 원자재가 적시에 확보되지 않음.	• 공급업체 납기 지연, 재고관리 실패.	• 공급망 다각화 및 백업 공급업체 확보. • 실시간 재고 모니터링 시스템 도입. • JIT(Just-in-Time) 관리 보완.
4	설비 고장	• 주요 설비의 갑작스러운 고장으로 생산 중단.	• 정기적인 유지보수 부족, 설비 노후화.	• 예방 유지보수(PM) 강화. • IoT 기반 설비 상태 모니터링 시스템 도입. • 비상 설비 대체 방안 마련.
5	공정 병목	• 특정 공정에서 작업이 지연되어 전체 일정 차질.	• 작업량 불균형, 공정 설계의 비효율성.	• 병목 공정 분석 및 개선. • 공정별 작업 표준화. • 추가 설비나 인력 확보.
6	품질 문제	• 불량률이 증가하여 재작업 발생.	• 업자의 실수, 원자재 품질 문제, 공정 관리 미흡.	• 품질 점검(QC) 프로세스 강화. • 원자재 품질 검수 강화. • 작업자 교육 및 숙련도 향상.
7	운송 지연	• 자재나 제품이 적시에 도착하지 않음.	• 물류업체 문제, 운송 경로의 불확실성.	• 신뢰성 있는 물류업체와 협업. • 운송 일정 사전 조율 및 트래킹 시스템 활용. • 긴급 운송 수단 확보.
8	계획 변경 요청	• 고객 또는 영업팀에서 계획 변경 요청 발생.	• 고객 요구사항 수정, 주문 오류.	• 계획 변경 시 영향 분석 프로세스 도입. • 고객 요청 사전 조율 강화. • 변경에 따른 추가 비용과 시간 합의.
9	작업자 부족	• 결원으로 인해 생산이 지연.	• 작업자 이직, 휴가, 질병.	• 다기능 작업자 양성. • 대체 인력 확보를 위한 계약직 활용. • 작업자 복지 강화.
10	재고관리 오류	• 실제 재고와 시스템 상 재고와 차이로 자재 부족.	• 재고 데이터 입력 오류, 재고 파악 부족.	• 실시간 재고관리 시스템 도입. • 정기적인 재고 감사 및 데이터 검증. • RFID 등 자동화 기술 활용.
11	공급업체 문제	• 공급업체가 납기를 맞추지 못함.	• 협력사 내부 생산 문제, 계약 미준수.	• 공급업체 신뢰도 평가 체계 도입. • 복수의 대체 공급업체 확보. • 계약서에 명확한 페널티 조항 삽입.
12	시스템 오류	• 생산관리 시스템이 오류를 발생시켜 계획 혼란.	• 시스템 유지보수 부족, 데이터 입력 오류.	• 시스템 정기적 점검 및 업데이트. • 사용자 교육 강화. • 이중 확인 프로세스 도입.
13	작업자 실수	• 작업자의 실수로 인해 생산이 지연.	• 작업 경험 부족, 복잡한 작업 지시.	• 작업 표준(SOP) 강화. • 실수를 방지하는 체크리스트 마련. • 작업 환경 단순화 및 개선.
14	법적/규제 문제	• 규제 준수나 안전 점검으로 인해 일정 지연.	• 규제 변경, 미비한 준수 체계.	• 규제 준수를 위한 전담 부서 운영. • 법적 요구사항에 대한 사전 대비 강화. • 외부 전문가의 정기적 컨설팅.
15	공정 우선순위 변경	• 특정 작업 우선 처리로 일정 변경.	• 긴급 주문, 내부 정책 변경.	• 작업 우선순위 기준 도입. • 영향 분석 후 변경 승인 프로세스 마련. • 전체 일정에 미치는 영향 최소화.
16	설비 유지보수	• 설비 점검으로 생산 중단.	• 설비 상태 점검 부족.	• 예방 유지보수 체계 강화. • 설비 상태 모니터링 시스템 구축. • 유지보수 일정과 생산계획 조율.
17	비용 제약	• 비용 부족으로 자원 확보 실패.	• 예산 부족, 원가 절감 압박.	• 자원 활용 최적화. • 비용 분석을 통한 낭비 요소 제거. • 추가 예산 확보 전략 마련.
18	프로세스 최적화 실패	• 공정의 비효율성으로 생산 지연.	• 비효율적인 공정 설계, 작업 흐름 문제.	• Lean 제조 기법 적용. • 공정 재설계 및 자동화 기술 도입. • 작업장 정리 및 개선 활동.
19	외주 문제	• 외주업체가 납기를 지키지 못함.	• 외주업체의 관리 부족.	• 외주업체 계약 조건 강화. • 납기 성과 모니터링. • 대체 외주업체 확보.
20	유휴 시간 발생	• 작업 간 대기 시간이 증가하며 생산이 지연.	• 작업 간 자재 이동 지연, 작업 공정 간 비효율성.	• 작업 순서 및 공정 흐름 최적화. • 자재 이동 자동화 시스템 도입. • 생산 일정과 자재 흐름의 긴밀한 연계.
21	신제품 도입	• 신제품 개발로 인해 기존 생산 일정이 지연.	• 신제품 공정 미숙, 시제품 제작 반복.	• 신제품 도입 시 초기 테스트 생산 단계 설계. • 기존 생산과 신제품 생산 병행 계획 마련. • 신제품 공정 교육 및 사전 준비 강화.
22	부정확한 예측	• 수요와 생산 능력을 부정확하게 예측하여 지연 발생.	• 과거 데이터 부족, 분석 툴 미흡.	• AI/ML 기반 예측 시스템 도입. • 정기적으로 예측 모델 개선. • 고객 주문 데이터 적극 활용.
23	훈련 부족	• 작업자의 숙련도가 낮아 작업 속도 저하.	• 신규 작업자의 교육 부족, 반복 작업 기회 부족.	• 체계적인 작업자 교육 프로그램 마련. • 숙련 향상을 위한 모니터링 및 피드백. • 작업 시뮬레이션 훈련 도입.
24	기상 조건	• 악천후로 자재 운송 또는 작업 환경에 지장이 생김.	• 자연재해, 운송 경로의 날씨 문제.	• 기상 데이터를 활용한 사전 준비. • 긴급 운송 대체 수단 확보. • 비상 상황에 대비한 대체 일정 수립.
25	커뮤니케이션 부족	• 부서 간 정보 공유 부족으로 생산계획 차질.	• 정보 전달 체계 미흡, 의사소통 단절.	• ERP 시스템을 통한 실시간 정보 공유. • 부서 간 정기적인 협의체 운영. • 주요 결정을 문서화 및 투명하게 공개.
26	계약 조건 변경	• 고객과의 계약 조건 변경으로 일정 수정.	• 고객 요구사항의 변화, 계약서 내용 불명확.	• 계약 체결 시 변경 조건 명확히 정의. • 변경 요청에 따른 생산 영향 체계화. • 고객과 긴밀한 협력 체계 유지.
27	우선순위 충돌	• 여러 프로젝트 간 자원 및 작업 우선순위 충돌.	• 자원 배분 계획 미흡, 우선순위 기준 부족.	• 작업 우선순위 기준 명확화. • 우선순위가 충돌하지 않도록 자원 배분 개선. • ERP를 통한 실시간 자원 사용 계획 통합.
28	생산 데이터 부정확	• 작업 시간, 자원 소요량 등 데이터의 부정확으로 일정 차질.	• 데이터 관리 체계 미흡, 작업 기록 오류.	• 작업 데이터 자동 수집 시스템 도입. • 데이터 입력 프로세스 개선. • 정기적인 데이터 품질 감사 수행.
29	공장 내 안전 문제	• 안전 사고로 인해 작업 중단.	• 안전 장비 미비, 작업자의 안전 의식 부족.	• 안전 교육 강화 및 정기적 훈련 실시. • 안전장비 및 설비 점검 체계화. • 사고 발생 시 신속한 복구 프로세스 마련.
30	공장 가동률 초과	• 설비 가동률 초과로 병목 현상 발생.	• 과도한 작업량, 설비 가동 계획 미흡.	• 가동률 상한선 설정 및 모니터링. • 설비 증설 또는 대체 설비 검토. • 생산 일정에 여유 버퍼 추가.

일일 및 실시간 생산 계획 조정

이 계획은 가장 구체적이고 단기적인 계획으로, 각 생산 공정의 일정과 작업자 배치를 세부적으로 조정하는 단계이다. 따라서 급격한 수요 변화나 설비 고장 등의 이슈에 따라 실시간으로 조정되기도 하며, 생산 목표를 달성하기 위한 최종적인 실행 계획이다.

이렇게 생산 계획 조정은 확정 생산 계획(D-3), 일일 및 실시간 계획 모두를 포함하며, 각 단계에서 상황에 따라 필요한 조정을 통해 생산성과 자원 활용을 극대화할 수 있다. 생산 계획 조정은 생산 공정뿐만 아니라 여러 부서와 운영 활동에 파급 효과를 미칠 수 있다. 그 주요 파급 효과는 다음과 같다.

• 재고 관리에 미치는 영향

생산 계획 조정은 자재와 완제품 재고 수준을 크게 변화시킬 수 있다. 생산량 증가 시 자재 수요와 재고가 늘어나며, 감소 시 과잉 재고로 인해 보관 비용이 증가할 수 있다. 적정 재고 관리를 위해 생산 계획 조정 시 이를 고려해야 한다.

• 자재 조달 및 공급망

생산 계획 조정은 자재 조달과 공급망 운영에 영향을 미친다.

변경된 계획에 따라 주문량과 납기 요구가 조정되며, 잦은 변경은 자재 부족이나 납기 지연을 초래할 수 있으므로 신중한 관리가 필요하다.

• 작업자 배치 및 인력 활용

생산 계획 조정은 작업자 배치와 근무 시간에 변화를 불러온다. 생산량 증가 시 추가 인력이 필요하고, 감소 시 근무 시간 조정이나 작업자 재배치가 요구될 수 있다. 이는 노동 비용과 작업자 만족도에 영향을 줄 수 있다.

• 설비 가동 및 유지보수

생산 계획 조정은 설비 가동률과 유지보수 일정에 영향을 미친다.

생산량 증가로 설비 가동률이 높아지면 유지보수 주기를 조정해야 하고, 감소 시 비효율적인 가동 비용이 발생할 수 있다.

• 품질 관리

생산량 증가와 작업 속도 변화는 품질 관리에 영향을 미친다.

작업 압박이 증가하면 품질 저하와 불량률 상승으로 이어질 수 있어, 생산 계획 조정 시 품질 보장 체계가 필요하다.

• 비용 구조 변화

생산 계획 조정은 자재비, 인건비, 설비 비용에 영향을 미친다. 생산량 증가로 단위당 고정비가 감소할 수 있지만, 잦은 변경은 추가 비용을 유발할 위험이 있다.

• 납기와 고객 서비스

생산 계획 조정은 납기와 고객 서비스에 직접로 영향을 미친다.

계획 변경으로 생산 지연이 발생하면 납기 차질과 신뢰도 하락으로 이어질 수 있으나, 효율적 조정은 고객 만족도를 높일 수 있다.

결론적으로, 생산 계획 조정은 생산 공정뿐만 아니라 재고, 공급망, 인력, 품질, 비용, 납기에 이르기까지 전반적인 운영에 파급 효과를 미치므로, 각 부서와의 협력을 통해 신중하고 체계적으로 이루어져야 한다. 그러므로 이 장에서는 생산 계획 조정의 필요성, 주요 원인, 조정 방법, 그리고 이를 효과적으로 관리하기 위한 전략에 대해 자세히 설명한다.

생산 계획 조정의 필요성

생산 계획 조정은 유연성 확보와 변화에 대응하기 위해 필수적이다. 초기 계획이 완벽하게 수립되더라도, 기업 내부 또는 외부에서 발생하는 다양한 변수로 인해 계획 수정이 불가피한 경우가 많다. 생산 계획 조정의 필요성과 이유들은 다음과 같다.

• 생산 자원의 효율성 극대화

생산라인에서 설비 가동률이나 인력 활용도가 저하될 경우, 이를 개선하려면 생산 계획의 조정이 필수적이다. 생산 계획을 효과적으로 조정함으로써 자원 낭비를 줄이고, 전체적인 생산성을 높일 수 있다. 특히, 설비의 예기치 않은 고장이나 인력 부족 사태가 발생하면 즉각적인 생산 계획 변경을 통해 필요한 자원을 재배치하고, 작업의 흐름을 유지하는 것이 중요하다. 이를 통해 운영의 안정성을 확보하고, 생산 공정의 연속성을 보장하여 자원의 효율성을 극대화할 수 있다.

• 고객 수요 변화에 대응

시장 수요는 변동성이 커서 예측이 어려운 경우가 많으며, 특히 특정 제품의 수요가 급격히 증가하거나 감소할 때 기존의 생산 계획만으로는 이를 효과적으로 대응하기 어렵다. 수요 변동에 맞춰 생산 계획을 적절히 조정하지 않으면, 과잉 재고로 비용이 증가하거나 공급 부족으로 인해 고객 요구를 충족하지 못하는 문제가 발생할 수 있다. 따라서 생산 계획을 유연하게 조정하여 시장의 변화에 신속하게 대응하는 것이 필수적이며, 이를 통해 자원 활용을 최적화하고 고객 만족도를 높일 수 있다.

• 공급망의 불확실성 대응

글로벌 공급망에서는 자재나 부품의 공급 지연, 불안정한 물류 상황 등 예기치 못한 문제가 발생할 수 있다. 이럴 때 생산 계획을 유연하게 조정하여 공급 차질로 인한 영향을 최소화하는 것이 중요하다. 자재 부족으로 인해 생산이 중단되는 상황을 방지하려면, 공급 일정과 상황 변화에 맞춰 생산 계획을 신속하게 조정함으로써 공정의 연속성을 유지할 수 있다. 이를 통해 공급망의 불확실성에 효과적으로 대응하고, 생산라인에서의 지연과 비용 증가를 줄일 수 있다.

생산 계획 조정의 주요 원인

생산 계획 조정은 여러 내·외부 요인에 의해 필요해지며, 이러한 요인들은 생산 흐름에 직접 영향을 미친다. 생산 계획 조정의 주요 원인은 내부적 요인과 외부적 요인으로 나뉜다.

• 내부적 요인

⇒ 설비가 고장 나거나 정기적인 유지보수가 필요한 상황은 생산 일정에 영향을 줄 수 있다. 설비 가동이 중단되면, 생산 차질을 줄이기 위해 작업을 다른 설비로 재배치하거나, 가동 중단 시간을 고려하여 생산량과 일정을 조정해야 한다.

⇒ 작업자의 결근, 인력 부족, 기술 부족 등으로 인해 생산 흐름이 방해받을 수 있다. 이럴 때는 작업 공백을 메우기 위해 다른 작업자를 배치하거나, 생산 일정을 유연하게 조정해 문제를 해결할 필요가 있다.

⇒ 필수 자재나 부품이 제때 공급되지 않으면 생산 계획이 차질을 빚을 수 있다. 자재 공급 지연이 발생하면 생산 계획을 다시 검토하고, 재고 보충 기간을 반영하여 조정된 새로운 일정으로 변경해야 한다.

• 외부적 요인

⇒ 고객 수요가 예측과 다르게 급변하면 생산 계획에 차질이 생길 수 있다. 이를 신속히 조정하지 않으면 과잉 생산으로 인한 비용 증가나 재고 부족으로 인한 문제가 발생할 수 있다. 수요 증가 시 생산량을 확대하고, 감소 시 생산량을 축소해 재고 부담을 줄여야 한다.

⇒ 글로벌 공급망에서 물류 지연, 자재 부족, 무역 장벽과 같은 문제가 발생하면 생산 계획에 영향을 미친다. 이런 상황에서는 대체 공급망을 활용하거나 생산 일정을 조정하여 공급 차질에 대응해야 한다.

⇒ 환율 변동, 원자재 가격 상승, 환경 규제 변화 등은 생산 원가에 직접 영향을 미친다. 이에 따라 생산량을 줄이거나 원가 절감을 위한 새로운 공정 계획을 수립하는 등 적절하게 조치해야 한다.

생산 계획 조정 방법

생산 계획 조정은 자원의 재배치, 생산량 조절, 일정 조정, 대체 공급망 활용 등의 다양한 방법을 통해 이루어진다.

• 자원의 재배치

생산 계획 조정에서 가장 기본적인 방법은 자원의 재배치이다. 생산 설비나 인력의 가용성을 평가한 후, 특정 작업에 과도하게 집중된 자원을 다른 작업으로 분산시키거나, 부족한 자원을 추가 투입하여 병목 현상을 해소할 수 있다.

이를테면 한 생산라인에 문제가 발생한 경우 다른 라인으로 작업을 분산하거나, 추가 인력을 배치하여 계획 차질을 최소화할 수 있다.

• 생산량 조절

생산량 조절은 수요 변화에 대응하여 생산 계획을 조정하는 대표적인 방법이다. 수요가 급증하면 생산량을 증가시키고, 반대로 수요가 감소하면 생산량을 줄여 재고 과잉을 방지할 수 있다. 생산량 조절은 특히 계절적 수요나 비정상적인 수요 패턴을 관리하는 데 효과적이다. 이를 위해 수요 예측 도구를 활용하여 정확한 수요 데이터를 기반으로 계획을 조정하는 것이 중요하다.

• 일정 재조정

일정 재조정은 생산 계획 조정에서 중요한 역할을 한다. 설비 고장, 자재 공급 지연 등의 문제가 발생했을 때 일정이 지연될 수 있으며, 이러한 지연을 최소화하기 위해 작업 일정을 재조정해야 한다. 간트 차트와 같은 시각적 도구를 활용하여 작업의 우선순위를 재배치하고, 일정 충돌을 방지할 수 있다.

• 대체 공급망 활용

공급망 차질이 발생한 경우, 대체 공급망을 활용하여 생산 계획을 조정할 수 있다. 주요 자재나 부품의 공급이 지연되거나 불가능해졌을 때, 대체 공급업체를 통해 자재를 조달하거나, 다른 경로로 물류를 조정하는 방법을 사용할 수 있다. 이를 통해 공급 차질로 인한 생산 중단을 최소화할 수 있다.

생산 계획 조정 시 고려 요소

생산 계획 조정 시에는 다양한 요소들을 종합적으로 고려해야 하며, 조정 과정이 전체 생산 시스템에 미치는 영향을 분석하는 것이 중요하다. 특히 공급망 관리, 비용 효율성, 생산성 영향을 종합적으로 평가해야 한다.

• 공급망 연계

생산 계획이 조정되면 공급망 전반에 걸쳐 여러 요소에 영향을 미칠 수 있다. 자재 공급 일정, 물류 계획, 재고 관리 등 모든 단계가 조정된 생산 계획에 따라 유기적으로 맞춰져야 하며, 이 과정이 적절히 관리되지 않으면 추가적인 병목 현상이 발생할 위험이 있다. 특히, 공급망 내에서 발생하는 변화가 생산 계획에 신속히 반영될 수 있도록 공급망의 가시성을 높이고 실시간 정보를 공유하는 시스템을 갖추는 것이 중요하다. 이를 통해 공급망 전반이 생산 계획과 원활히 연계되어 효율적인 운영이 가능해진다.

• 비용 분석

생산 계획 조정은 비용 절감의 기회를 제공할 수 있지만, 동시에 예상치 못한 추가 비용을 발생시킬 수 있다는 점을 유의해야 한다. 예를 들어, 설비 증설이나 추가 인력 배치, 자재 조달 일정의 변경 등 생산 계획 조정에 따른 요소들은 각각 별도의 비용이 수반된다. 따라서 생산 계획을 조정할 때는 비용 효율성을 철저히 분석하여, 계획 변경이 실제 비용 절감 효과를 가져올지 아니면 불필요한 비용 증가를 초래할 가능성이 있는지 면밀하게 평가해야 한다. 이와 같은 비용 분석을 통해 계획 조정이 재정적 측면에서 얼마나 효과적인지 신중히 검토하는 것이 중요하다.

• 생산성 평가

생산 계획을 조정할 때는 생산성이 저하되지 않도록 세심한 주의가 필요하다. 계획 조정이 공정 간의 비효율성을 초래하지 않도록 작업 흐름을 면밀하게 최적화하고, 각 공정이 원활하게 연결될 수 있도록 철저히 분석해야 한다.

또 조정된 계획이 전체 생산성에 부정적인 영향을 미치지 않도록 공정의 처리 속도, 자원 배치, 작업 간 연계성을 면밀하게 평가하여 조정해야 한다. 이를 통해 생산성 손실을 방지하고, 최적의 작업 흐름을 유지할 수 있다.

• 주요 내용 정리

생산 계획 조정은 고객 수요 변화, 설비 고장, 자재 부족 등 내부·외부 요인에 유연하게 대응하기 위해 자원 재배치, 생산량 조절, 일정 재조정, 대체 공급망 활용 등의 전략을 통해 생산성과 자원 활용을 극대화하고 비용을 절감하며 납기 준수와 품질을 유지하는 프로세스이다. 확정 생산 계획(D-3)부터 일일 및 실시간 계획까지 포함하여 재고, 공급망, 작업자 배치, 설비 가동, 품질 관리, 비용 구조에 영향을 미치므로 공급망 연계, 비용 분석, 생산성 평가 등을 종합적으로 고려해 신속하고 체계적으로 관리하여 기업의 유연성과 경쟁력을 강화하는 데 중점을 둔다.

생산 일정 수립

생산 목표 설정

생산 목표 설정은 기업이 정해진 기간 내에 생산해야 할 제품의 양과 품질을 구체적으로 결정하는 중요한 과정이다. 생산 목표는 기업의 전략적 방향을 지원하고, 고객의 수요를 충족시키며, 자원의 효율적 배분을 위해 필수적이다.

이 목표는 생산성 향상, 비용 절감, 납기 준수 등의 다양한 측면에서 큰 영향을 미치며, 공급망 전체의 운영 계획과도 밀접한 연관이 있다.

이 장에서는 생산 목표 설정의 필요성, 목표 설정 시 고려해야 할 주요 요소, 구체적인 목표 설정 방법, 목표 설정을 위한 도구 및 전략, 그리고 생산 목표 설정의 실행과 모니터링에 대해 논의한다.

생산 목표 설정의 필요성

생산 목표 설정은 기업이 시장 수요와 자원 가용성을 고려하여 합리적인 생산 계획을 수립하는 데 중요한 역할을 한다.

적절한 생산 목표는 자원 낭비를 줄이고, 생산성을 높이며, 경쟁력을 유지하는 데 필수적이다. 다음과 같은 이유에서 생산 목표 설정이 필요하다.

• 자원의 효율적 활용
생산 목표를 명확히 설정하면 인력, 설비, 자재 등 다양한 자원을 보다 체계적·효율적으로 활용할 수 있다. 이를 통해 자원의 불필요한 과잉 투입이나 부족으로 인한 낭비를 방지할 수 있고, 생산 비용을 절감하는 동시에 생산성을 극대화할 수 있다. 특히, 자원의 균형 잡힌 배분은 생산 공정 전반의 안정성과 품질 향상에 이바지한다.

• 고객 수요 충족

생산 목표는 고객 수요를 충족시키기 위해 필수적인 역할을 한다. 수요 예측 데이터를 기반으로 적정 생산량을 설정함으로써 과잉 재고로 인한 비용 부담이나 재고 부족으로 인한 고객 불만을 효과적으로 예방할 수 있다.

나아가, 고객이 원하는 시점에 정확히 필요한 제품을 제공할 수 있도록 생산 목표를 유연하게 조정함으로써 고객 만족도를 높일 수 있다.

• 생산성과 성과 평가 기준 마련

명확한 생산 목표는 생산성과 성과를 체계적으로 평가할 수 있는 객관적인 기준을 제공한다. 이를 바탕으로 각 생산 공정과 부서별 목표를 세분화하고, 달성 수준을 측정하여 성과를 비교 분석할 수 있다. 또 목표 달성 여부를 통해 구체적인 개선 방향을 도출하고, 조직 전반의 업무 효율성을 제고할 수 있다.

• 장기적 전략 지원

생산 목표는 단기적인 수요 대응에만 국한되지 않고, 기업의 장기적인 성장 전략을 실현하는 데도 중요한 역할을 한다. 새로운 제품의 출시, 시장 점유율 확대, 원가 절감 등 기업의 중·장기적 목표를 효과적으로 뒷받침하려면 이러한 전략과 연계된 생산 목표를 설정해야 한다. 이를 통해 기업의 지속 가능한 발전과 경쟁력 강화를 도모할 수 있다.

생산 목표 설정 시 고려해야 할 주요 요소

생산 목표를 설정할 때는 다양한 내·외부 요소를 고려해야 하며, 이러한 요소들은 목표의 실현 가능성과 생산성에 큰 영향을 미친다. 주요 요소는 다음과 같다.

• 수요 예측

생산 목표 설정의 첫 단계는 수요 예측이다. 정확한 수요 예측은 생산 목표가 시장의 요구를 충족시키는 중요한 기준이 된다. 수요 예측이 정확하지 않으면 목표 생산량이 과다하거나 부족할 수 있고, 이는 재고 관리나 비용 측면에서 문제를 초래할 수 있다.

수요 예측을 위해 통계적 모델이나 예측 도구를 활용할 수 있으며, 계절성, 시장 트렌드, 고객 주문 패턴 등의 요소를 반영하여 더욱 정확한 수요 예측이 가능하므로 이를 바탕으로 적절한 생산 목표를 설정해야 한다.

• 생산 능력

생산 능력은 기업이 주어진 시간 내에 생산할 수 있는 최대한의 생산량을 의미하며, 이는 생산 목표 설정에 직접 영향을 미친다. 생산 능력을 초과하는 목표를 설정하면 자원의 과부하가 발생하고, 생산 중단이나 품질 저하가 발생할 수 있다.

반대로, 생산 능력에 비해 지나치게 낮은 목표를 설정하면 자원이 비효율적으로 활용되고, 생산성 저하로 이어질 수 있다. 생산 능력을 평가할 때는 설비 가동률, 인력 가용성, 자재 공급 가능성 등을 종합적으로 고려해야 하며, 이를 바탕으로 실현할 수 있는 생산 목표를 설정하는 것이 중요하다.

• 비용 효율성

생산 목표를 설정할 때는 비용 효율성도 중요한 고려 사항이다. 목표 생산량을 늘리면 그에 따른 고정 비용(설비 유지비, 인건비)과 변동 비용(자재비, 에너지비)이 증가할 수 있다. 따라서 목표 설정 시 비용 절감 효과를 고려하여 생산량을 최적화해야 한다. 또 생산 비용을 절감하면서도 품질을 유지할 방법을 모색해야 한다.

• 품질 기준

생산 목표는 품질 기준을 고려하여 설정되어야 한다. 생산량을 늘리는 것이 목표일 때, 품질 저하가 발생할 수 있으므로 이에 대한 관리가 필요하다. 품질 목표와 생산 목표는 서로 상충할 수 있으므로, 두 가지 목표를 균형 있게 설정하여 고품질 제품을 일정한 생산 속도로 제공할 수 있는 계획이 필요하다.

• 리스크관리

리스크는 생산 목표 설정에서 중요한 요소이다. 공급망의 불확실성, 시장 변동성, 설비 고장 등의 리스크를 고려하여 목표를 설정해야 하며, 이러한 리스크에 대비한 비상 계획을 마련해 두는 일이 중요하다. 이를테면 특정 자재의 공급이 불안정할 경우, 생산 목표를 조정하거나 대체 자재를 사용하는 방안을 고려할 수 있다.

생산 목표 설정 방법

생산 목표를 설정하는 과정은 수요 예측, 생산 능력 평가, 비용 분석, 리스크 평가 등의 과정을 거쳐 이루어진다. 구체적인 방법론은 다음과 같다.

• 수요 기반 목표 설정

수요 기반 목표 설정은 시장 수요를 기준으로 생산 목표를 설정하는 방법이다. 주로 고객의 주문량이나 수요 예측 데이터를 활용하여 목표를 설정한다.

이 방법은 특히 고객 중심의 기업이나 제조업체에서 유용하게 사용되며, 정확한 수요 예측을 통해 불필요한 재고를 방지할 수 있다.

수요 기반 목표 설정의 핵심은 정확한 데이터이다. 과거 데이터를 기반으로 시장 트렌드를 분석하고, 이를 바탕으로 미래의 수요를 예측하는 모델을 적용해야 한다. 이러한 데이터는 통계적 분석 도구를 통해 산출될 수 있으며, AI나 머신러닝 기술을 활용해 더욱 정교한 예측을 할 수 있다.

• 생산 능력 기반 목표 설정

생산 능력을 기반으로 목표를 설정하는 방법은 주어진 자원을 최대한 활용하여 설정된 기간에 최대로 생산할 수 있는 양을 결정하는 방식이다. 이 방법은 특히 자원의 가용성이나 설비의 제한이 있는 상황에서 유용하다.

생산 능력 기반 목표 설정을 위해서는 설비 가동률, 작업 시간, 인력 배치 등을 고려하여 현실적이고 달성이 가능한 목표를 설정해야 한다. 또 생산라인의 병목 현상을 파악하고 이를 개선하여 생산성을 극대화하는 것도 중요한 요소이다.

• 비용 중심 목표 설정

비용 중심 목표 설정은 비용 절감을 최우선으로 고려하여 생산 목표를 설정하는 방식이다. 이 방법은 제조 원가를 줄이고, 생산 효율을 극대화하는 데 중점을 둔다. 목표 설정 시 고정 비용과 변동 비용을 분석하고, 생산량을 늘림으로써 단위당 비용을 낮출 수 있는 최적의 수준을 찾는 것이 핵심이다.

비용 중심 목표 설정에서는 규모의 경제와 운영 효율성을 고려하여, 일정 수준 이상의 생산량을 유지함으로써 비용을 절감할 수 있는 방법을 찾는 것이 중요하다.

• 혼합 방식

수요 기반, 생산 능력 기반, 비용 중심 목표 설정 방법을 혼합하여 사용하는 방식도 있다. 이러한 혼합 방식은 좀 더 유연한 목표 설정을 가능하게 하며, 다양한 변수에 대응할 수 있는 장점을 제공한다. 이를테면 기본적인 수요 예측을 기반으로 목표를 설정하되, 생산 능력과 비용을 동시에 고려하여 현실적 생산 목표를 설정할 수 있다.

목표 설정을 위한 도구와 전략

생산 목표를 설정할 때는 도구와 전략을 효과적으로 활용하여 더욱 정확하고 효율적인 목표를 수립할 수 있다.

• 수요 예측 도구

목표를 설정할 때 수요 예측을 기반으로 하는 것은 매우 중요한데, 이를 위해 통계적 예측 모델이나 고급 데이터 분석 도구를 활용하는 것이 효과적이다. 특히 AI와 머신러닝 기술을 도입하면 과거의 복잡하고 다양한 수요 패턴을 심층적으로 분석하여, 예측의 정확도를 획기적으로 높일 수 있다. 이러한 기술은 계절성, 트렌드 변화, 갑작스러운 수요 변동 등 전통적 방식으로는 예측하기 어려운 요소들까지 반영할 수 있어, 목표 설정 과정에서의 오류와 불확실성을 최소화하는 데 크게 도움이 된다.

이와 같은 예측 도구와 전략을 통해 설정된 목표는 더욱 신뢰성을 가지며, 생산 계획 및 자원 배분의 효율성을 높이는 데 중요한 기반이 된다.

• 자원 계획 시스템

생산 능력을 정확히 평가하고 자원을 최적화하여 배분하려면 ERP 시스템이나 MRP 시스템의 활용이 매우 효과적이다. 이러한 자원 계획 시스템은 생산 자원의 사용 현황과 활용도를 실시간으로 모니터링하고, 데이터를 기반으로 분석하여 필요한 정보를 신속하게 제공한다. ERP와 MRP 시스템은 자재 소요량, 작업 일정, 인력 배치 등 다양한 자원 요소를 종합적으로 관리하여, 목표 설정과 계획 수립 과정에서 더욱 정확하고 효율적인 결정을 내릴 수 있도록 지원한다. 이로써 기업은 자원의 낭비를 줄이고, 생산 효율성을 극대화할 수 있는 기반을 마련할 수 있다.

• 시나리오 분석

시나리오 분석을 활용하여 다양한 가정 아래 세부적인 목표를 설정하고, 각 시나리오에 맞추어 보다 유연하고 정확한 생산 계획을 수립할 수 있다. 예를 들어, 예상치 못한 수요 급증 상황이나 주요 자재 공급 중단과 같은 돌발 상황을 가정하여 각각의 시나리오에 맞는 목표를 세우고, 이에 대응할 수 있는 전략을 미리 마련해 두는 것이다. 이를 통해 기업은 각 시나리오에 따라 목표 달성을 위한 최적의 계획을 조정할 수 있으며, 예상되는 리스크에 대비한 사전 준비를 통해 빠르고 효율적으로 대응할 수 있다. 이러한 시나리오 분석 접근법은 기업의 생산성과 안정성을 동시에 확보하는 데 중요한 역할을 하며, 변화하는 환경에 신속히 적응할 수 있는 능력을 갖추는 데 필수적인 도구가 될 수 있다.

• 주요 내용 정리

생산 목표 설정은 기업의 전략적 방향을 지원하고 고객 수요 충족, 자원의 효율적 활용, 생산성 향상, 비용 절감, 납기 준수, 성과 평가 기준 마련, 장기 전략 지원을 위한 핵심 과정이다. 이를 위해 수요 예측, 생산 능력, 비용 효율성, 품질 기준, 리스크관리 등의 요소를 고려하여 수요 기반, 생산 능력 기반, 비용 중심, 혼합 방식 등 다양한 접근법을 활용하며, AI 및 머신러닝 기반 수요 예측 도구, ERP/MRP 시스템, 시나리오 분석과 같은 기술과 전략적 도구를 통해 정확하고 유연한 목표를 수립함으로써 변화하는 시장 환경에 효과적으로 대응하고, 경쟁력과 운영 효율성을 극대화하는 데 초점을 맞춘다.

자재 소요 계획(MRP)

자재 소요 계획(MRP, Material Requirements Planning)은 기업의 생산 활동에서 필수적인 자재를 적시에 공급받기 위해 사용되는 시스템적 접근 방식이다. MRP는 생산 일정과 수요를 바탕으로 자재와 부품을 예측하고, 필요한 시점에 적정량을 확보할 수 있도록 공급망을 조정하는 데 중점을 둔다. 이를 통해 자재 부족으로 인한 생산 중단을 방지하고, 동시에 불필요한 재고를 최소화할 수 있다. 이 장에서는 MRP의 개념과 필요성, 핵심 요소, 작동 방식, 효과적인 운영 전략, MRP의 장점과 한계를 설명한다.

• MRP의 개념과 필요성

MRP는 생산 계획과 수요 예측을 기반으로, 제품 생산에 필요한 모든 자재와 부품을 효율적으로 관리하는 체계적인 시스템이다. 이 시스템은 생산 공정의 원활한 운영을 위해 적시에 필요한 자재를 공급하는 것을 목표로 하며, 생산 흐름이 중단되지 않도록 자재 조달 시점과 수량을 철저히 관리한다.

이를 통해 자재 부족이나 과잉 재고를 방지하고, 생산 효율성을 극대화하며, 비용을 절감할 수 있다. 또 MRP는 생산 일정과 자재의 소요량을 긴밀히 연계하여 기업이 더욱 신속하고 정확하게 시장 수요에 대응할 수 있도록 지원한다.

MRP의 주요 목표는 재고 최적화, 생산 일정 준수, 그리고 비용 절감이다. 재고를 과도하게 보유하면 자본이 불필요하게 묶여 있게 되고, 반대로 재고가 부족하면 생산 지연과 같은 문제가 발생할 수 있다. MRP는 이러한 문제를 예방하고 생산성을 유지하는 데 중요한 역할을 한다. 그러므로 MRP가 중요한 이유는 다음과 같다.

⇒ MRP는 생산에 필요한 자재를 정확하게 파악해 불필요한 재고 증가를 방지한다.

⇒ 자재 부족으로 인한 생산 중단을 방지하고, 납기 준수율을 높인다.

⇒ MRP를 통해 자재 공급을 효율적으로 관리함으로써 비용을 절감할 수 있다.

⇒ 자재를 적기에 공급받아 원활한 생산 공정을 유지함으로써 생산성과 경쟁력을 높일 수 있다.

MRP 시스템의 핵심 요소

MRP 시스템은 다양한 요소들로 구성되어 있으며, 각 요소는 시스템이 원활하게 작동하는 데 필수적인 역할을 한다.

주요 요소는 주생산계획(MPS), 재고 기록, 자재 명세서(BOM)이다.

• 주생산계획(MPS)

주생산계획(MPS, Master Production Schedule)은 자재 소요 계획(MRP)의 핵심 기반이 되는 계획으로, 특정 기간에 생산해야 할 제품의 종류와 수량을 구체적으로 정의한다. MPS는 기업의 전체 생산 흐름을 주도하며, 이를 바탕으로 MRP는 필요한 자재와 부품의 소요량을 정확히 계산하게 된다. MPS는 수요 예측, 실제 고객 주문, 생산 능력 등 다양한 요소를 종합적으로 고려하여 수립되며, 이러한 계획은 기업의 전체 생산 계획과 긴밀하게 연동되어 자재 소요를 예측하고 생산 활동이 원활하게 이루어지도록 도와준다. 이를 통해 생산 과정에서 자재 부족으로 인한 차질을 방지하고, 불필요한 재고를 최소화하며 효율적인 자재 흐름을 관리할 수 있다. MPS는 기업의 자재 관리와 생산 효율성 향상에 필수적인 역할을 하며, 안정적이고 지속 가능한 생산 운영을 위한 기본적인 기틀을 마련하는 중요한 시스템 요소이다.

• 재고 기록

MRP 시스템에서 정확한 재고 기록은 자재의 가용성을 파악하고 적시에 필요한 자재를 확보하기 위해 필수적인 요소이다. 재고 기록에는 현재 보유하고 있는 자재의 정확한 수량뿐만 아니라 입고 및 출고 내역, 자재 소모 빈도, 재고 회전율, 안전 재고 수준 등 다양한 정보가 포함된다. 이러한 상세한 기록을 바탕으로 MRP는 필요한 자재의 소요 여부를 정확히 분석하고, 생산 요구에 맞춰 자재의 부족을 미연에 방지할 수 있다. 특히 재고 기록이 정밀할수록 MRP는 좀 더 효율적이고 신뢰성 높은 계획을 세울 수 있으며, 이는 과잉 재고나 부족 재고로 인한 비용 발생을 줄이고, 자재 관리의 최적화를 실현하는 데 중요한 역할을 한다. 정확한 재고 기록은 MRP의 정확성을 높여 생산 활동의 원활한 진행을 지원하며, 나아가 기업의 자재 흐름과 공급망의 전체적인 효율성 개선에도 도움을 주는 핵심 요소로 작용한다.

• 자재 명세서(BOM)

자재 명세서(BOM, Bill of Materials)는 특정 제품을 생산하는 데 필요한 모든 자재와 부품을 체계적으로 나열한 목록으로, MRP 시스템에서 필수적인 정보로 작용한다. BOM에는 각 부품과 자재의 사용량뿐만 아니라 자재 상호 간의 계층적 구조와 관계까지 상세하게 명시되어 있다. 이를 통해 MRP는 각 제품의 생산에 필요한 자재 소요량을 정확히 계산할 수 있으며, 어떤 자재가 어느 단계에서 필요한지, 각 부품이 최종 제품에 어떻게 조립되는지를 구체적으로 파악할 수 있다.

BOM의 정확성과 정밀성은 MRP의 자재 계획 정확도에 직접 영향을 미치며, 과잉 또는 부족 자재 발생을 방지하는 데 중요한 역할을 한다. 또한 BOM은 제품의 구성 요소 변경 시, 빠르게 업데이트할 수 있도록 관리되어야 하며, 이를 통해 생산 효율성을 극대화하고 자재 흐름의 최적화를 지원하는 필수적인 도구로 활용된다.

• 리비전 변경이 MRP에서 적용 시점에 미치는 영향

리비전 변경은 부품이나 제품의 설계, 사양, 또는 제조 공정에서 수정 사항이 생길 때 기존 코드나 번호 체계를 유지하면서 특정 사양이나 공정만 변경되는 상황을 의미한다. 이러한 리비전 변경이 MRP 시스템에 적시(適時) 반영되지 않으면 생산과 구매 과정에서 다양한 문제가 발생할 수 있다. 예를 들어, 변경 사항이 반영되지 않으면 생산 일정의 차질, 예상치 못한 품질 문제, 추가 비용 발생, 재작업 등의 문제가 생길 수 있고, 이는 기업의 생산성과 경쟁력에 큰 영향을 미칠 수 있다.

따라서 MRP 시스템에서는 리비전 변경의 적용 시점과 변경된 내용이 정확히 반영될 수 있도록 관리해야 하며, 이를 통해 변경 사항이 생산 공정에 원활하게 적용되어 생산 차질을 예방하고 불필요한 비용을 절감할 수 있다. 정확한 리비전 변경 관리는 제품 품질을 유지하면서도 효율적인 자재 관리와 생산성을 확보하는 데 매우 중요한 요소로, 생산과 자재 공급망 전체의 연속성과 안정성을 높이는 역할을 한다.

[품목의 리비전(revision) 변경 시 적용 시점 관리]

리비전 변경은 기존 품목의 코드 자체가 바뀌지 않고, 해당 품목의 설계나 사양이 변경된 경우이다. 이때 품목의 수정 사항을 반영하는 시점의 효과적인 관리가 중요하다. 이를 통해 혼란을 방지하고 생산에 차질이 없도록 할 수 있다.

• 버전 변경과 리비전 변경의 차이
버전 변경은 완전히 다른 품목으로 간주할 만큼 큰 변화가 있는 경우, 품목 코드 자체가 변경된다. 이는 새로운 버전의 품목을 사용한다는 의미로, 기존의 품목과는 별개의 항목으로 관리된다.

반면 리비전 변경은 품목의 코드 자체는 유지되지만, 작은 설계 변경, 사양 조정, 성능 개선, 결함 수정 등의 변경 사항이 반영된 경우이다. 똑같은 품목으로 간주하지만, 리비전 번호로 변동 사항을 관리한다. 예를 들어, "item123 Rev 1"에서 "item123 Rev 2"로의 변경은 코드가 동일하지만, 사양이나 제조 프로세스에 변화가 있는 상황이다.

• 리비전 변경 시 적용 시점 관리의 중요성

리비전 변경이 발생할 때 적용 시점 관리는 매우 중요한 역할을 한다. 적용 시점을 효과적으로 관리하지 않으면 다음과 같은 문제가 발생할 수 있다.

⇒ 생산 불일치 문제는 생산라인에서 어떤 리비전의 품목을 사용할지 명확하지 않으면, 품목의 호환성 문제나 생산 불량이 발생할 수 있다.

⇒ 재고 관리 문제는 변경된 리비전 품목과 기존 리비전 품목이 혼재할 경우, 재고 관리에서 혼란이 발생할 수 있다. 또 구형 리비전 품목이 폐기되지 않고 생산에 투입되면 품질 문제가 생길 수 있다.

⇒ 품질 문제에서 설계 변경이 반영되지 않은 품목이 생산에 사용되면, 최종 제품의 품질에 문제가 발생할 수 있으며, 이 때문에 리콜이나 품질 불량으로 인한 비용이 발생할 수 있다.

• 리비전 변경 시 적용 시점 관리 절차

리비전 변경 시 적용 시점을 체계적으로 관리하는 절차는 다음과 같다.

• 변경 승인 프로세스(Engineering Change Notice, ECN)

ECN은 설계 변경이 발생할 때 이를 공식적으로 문서화하는 절차이다. 리비전 변경이 발생하면, ECN을 통해 변경된 사항을 공식화하고, 이 변경이 적용되어야 할 시점과 품목이 명시된다. ECN에는 변경된 리비전의 상세한 내용, 변경 이유, 적용 시점, 영향을 받는 품목 및 생산라인이 명시되어 있다.

• 효과적 변경 통보

리비전 변경이 이루어지면, 관련 부서(생산, 품질 관리, 자재 관리, 재고 관리 등)에 적용 시점을 명확히 통보해야 한다. 이는 ERP 시스템 또는 PLM(Product

Lifecycle Management) 시스템을 통해 자동화된 방식으로 이루어질 수 있다.

이때 EPI(Effective Point Information)와 같은 시스템이 적용되어, 변경 사항과 적용 시점을 실시간으로 반영하고, 해당 리비전의 품목이 언제부터 생산에 사용되어야 하는지 명확히 알려준다.

No	ECO No 입력일자	적용요구일자 적용예상일자 적용개시일자	변경전 품목코드 변경후 품목코드	품명 규격 재질	적용기종	창고재고 공정재고 외주재고	발주 잔량 Assy 재고 업체 Assy	재고소진 여부	조달 구분	호환성 여부	ISIR 제출여부	변경사항 합의사항

적용 시점 결정 자료서

기간 : yyyy/mm/dd ~ yyyy/mm/dd

[그림 13] 적용 시점 결정 자료서

• 구체적인 적용 시점 결정

리비전 변경의 적용 시점은 대개 재고 소진이나 생산 일정에 맞춰 결정된다. 구체적인 시점은 다음과 같은 요소를 고려해 결정된다.

⇒ 기존 재고의 처리는 현재 생산 중인 품목의 재고가 모두 소진된 후에 새로운 리비전의 품목이 생산에 투입될지 여부를 결정한다.

⇒ 생산 일정은 현재 진행 중인 생산라인의 상태를 고려하여, 새로운 리비전이 적용될 수 있는 적절한 시점을 결정한다.

⇒ 공급망은 새로운 리비전 품목이 공급업체로부터 언제 제공될 수 있는지 고려해 적용 시점을 결정한다.

• 적용 시점 모니터링과 피드백

리비전 변경이 예정된 시점에 맞게 실제로 적용되고 있는지 모니터링한다. 이를 위해 생산라인과 재고 관리 시스템에서 리비전 변경이 올바르게 이루어지고 있는지 확인하는 절차가 필요하다.

만약 예상치 못한 문제가 발생하면, 즉시 피드백을 받아 수정 조치를 취해야 한다. 예를 들어, 공급업체의 문제로 인해 새로운 리비전 품목이 적시에 도착하지 않는 경우, 리비전 적용 시점을 다시 조정해야 할 수도 있다.

접수부서	담당자	팀장	E.P.I 통보서 E.P.I No :　　　　　　　　　　　　　발행일자 : yyyy.mm.dd							생산관리	담당자	팀장
No	ECO No		적용예상일자 적용개시일자	품목 변경전 코드 변경후	품명	적용기종	Lot no	변경내용	적용조건			

[그림 14] E.P.I 통보서

• 리비전 변경의 ERP 및 PLM 시스템 연동

리비전 변경 시 적용 시점 관리는 ERP(Enterprise Resource Planning) 및 PLM(Product Lifecycle Management) 시스템과의 긴밀한 연동을 통해 이루어진다. ERP 및 PLM 시스템은 다음과 같은 기능을 제공한다.

⇒ PLM 시스템은 품목의 리비전 변경 사항을 기록하고 관리한다. 변경된 품목이 어느 시점에서 적용되는지 명확하게 표시하며, ERP 시스템과 연동하여 생산, 재고, 구매 부서가 똑같은 정보를 공유할 수 있게 한다.

⇒ ERP 시스템을 통해 재고가 실시간으로 모니터링되며, 리비전 변경에 따른 발주 및 재고 조정이 자동화된다. 시스템은 리비전 변경 사항에 맞춰 자동으로 재고 보충 및 자재 계획을 조정한다.

• 리비전 관리 실패 시 발생할 수 있는 문제

적용 시점 관리에 실패하면 다음과 같은 문제가 발생할 수 있다.

⇒ 구형 리비전과 신형 리비전이 혼재하여 사용되는 경우, 서로 호환되지 않거나 품질에 문제가 생길 수 있다.

⇒ 변경된 리비전 품목이 생산라인에 적시(適時) 적용되지 않으면, 생산 중단이나 지연이 발생할 수 있다.

⇒ 구형 리비전 품목이 계속해서 사용되면 품질 문제가 발생할 수 있으며, 최종 제품의 성능에 부정적인 영향을 미칠 수 있다.

• 정리

리비전 변경 시 적용 시점 관리는 생산 과정에서 매우 중요한 요소로, 품목의 변경이 효과적으로 반영될 수 있도록 설계 변경 승인, 적용 시점 결정, 그리고 변경 사항 통보를 정확히 수행하는 것이 중요하다. 이를 통해 생산 효율성을 유지하고, 품질 문제를 예방하며, 공급망 전반에서 원활한 운영이 가능하다.

MRP의 작동 방식

MRP는 생산 일정과 자재 명세서, 그리고 재고 데이터를 바탕으로 작동한다.

자재 소요를 예측하고, 생산 일정에 맞춰 자재가 적시에 공급될 수 있도록 공급망을 조정한다. MRP의 작동 방식은 크게 수요 계산, 재고 확인, 발주 일정 수립, 자재 공급 관리로 나눌 수 있다.

• 수요 계산

MRP 시스템은 주생산계획(MPS)과 자재 명세서(BOM)를 기반으로 각 자재의 수요를 체계적으로 계산한다. 이 과정에서 수요는 크게 독립 수요와 종속 수요로 구분된다. 독립 수요는 최종 제품에 대한 수요로, 고객 주문이나 시장 수요와 같이 직접 예측해야 하며, 이를 기반으로 최종 제품의 생산 일정과 필요량이 결정된다. 이러한 독립 수요는 기업의 판매 계획과 시장 동향을 반영하여 주생산계획(MPS)에 반영된다.

종속 수요는 독립 수요를 충족시키는 데 필요한 부품이나 원자재와 같은 자재 수요를 의미한다. 예를 들어, 자동차를 생산하기 위해 엔진, 타이어, 내부 부품과 같은 여러 하위 자재가 필요하다. 이러한 종속 수요는 최종 제품의 생산량에 따라 결정되며, 자재 명세서(BOM)에 따라 필요한 자재 수량이 자동으로 계산된다. MRP 시스템은 이 종속 수요를 중심으로 각 자재의 소요량을 구체적으로 산출하여, 생산 공정에 필요한 자재가 정확한 수량으로 준비되도록 한다.

또 종속 수요 계산 시에는 재고 상태를 고려하여 이미 보유 중인 자재와 추가로 필요한 자재의 양을 정밀하게 파악한다. 이를 통해 불필요한 자재 주문을 방지하고, 자재 낭비를 줄이며, 필요한 시기에 자재가 적절히 공급될 수 있도록 한다. MRP 시스템은 종속 수요를 정확히 계산함으로써 생산 흐름을 최적화하고, 필요한 자재가 적기에 준비되도록 하여 생산 계획의 효율성과 안정성을 높인다.

• 재고 상태 확인

MRP는 수요 계산을 마친 후, 재고 상태를 면밀하게 확인하여 현재 보유 중인 자재가 생산에 필요한 수량을 충족하는지 평가한다. 이를 통해 재고가 부족한 자재에 대해서는 필요한 발주 조치를 하게 된다. MRP는 각 자재의 가용 재고를 확인함은 물론, 이미 발주된 자재의 예상 도착 일정과 생산에 필요한 시점을 비교하여 발주가 필요한 시기를 정밀하게 조정한다. 만약 재고가 충분하다면, 추가 발주 없이도 기존 자재만으로 원활히 생산을 진행할 수 있지만, 재고가 부족한 경우에는 빠르게 필요한 양을 발주하여 생산 차질을 방지할 수 있도록 한다. 또 재고 상태 확인 시에는 안전 재고 수준도 함께 고려하여 자재 공급의 연속성을 보장하고, 불필요한 과잉 재고를 방지하여 비용 효율성을 높이는 역할도 수행한다. 이를 통해 MRP는 생산 요구와 재고 상태를 최적화하여 생산 일정의 안정성을 유지하고 자재 낭비를 최소화한다.

• 발주 일정 수립

재고 상태가 확인되면, MRP 시스템은 필요한 자재의 발주 일정을 수립하게 된다. 발주 일정은 리드 타임(Lead Time)을 고려하여 세심하게 계획되며, 리드 타임은 자재가 발주된 시점에서 실제로 도착하는 데까지 걸리는 전체 시간을 의미한다. 리드 타임이 길 경우, 필요한 시점에 맞춰 자재가 도착할 수 있도록 사전에 발주해야 한다. MRP는 이를 위해 각 자재의 리드 타임을 정밀하게 반영하고, 공급업체와의 약속된 납기 일정을 확인하여 생산 차질이 없도록 발주 타이밍을 조정한다. 특히 자재의 종류나 공급업체에 따라 리드 타임이 다를 수 있으므로, MRP는 다양한 자재의 리드 타임 정보를 관리하며, 재고가 부족해지는 상황을 방지하기 위해 안전 재고 수준도 함께 고려해 발주 일정을 최적화한다. 이를 통해 MRP는 생산 계획에 차질이 없도록 자재가 제때 공급되도록 관리하며, 공급 지연에 대비한 선제 대응이 가능하게 한다.

• 자재 공급 관리

발주가 완료된 후, MRP 시스템은 자재의 공급 상태를 지속적(持續的)으로 추적하고, 공급업체와의 긴밀한 커뮤니케이션을 통해 자재가 생산 일정에 맞춰 적시에 도착하도록 관리한다. 이를 위해 MRP는 예상 납기 일정을 기준으로 공급 상태를 모니터링하며, 필요한 경우 공급업체와의 협의를 통해 공급 일정을 조정하거나 대체 자재 확보 방안을 검토한다. 또 공급망의 가시성을 높이기 위해 실시간 데이터를 활용해 자재의 위치와 상태를 파악하며, 공급 지연 가능성을 사전에 감지하고 대응할 수 있도록 체계를 갖춘다. 공급업체와의 협력 강화를 통해 자재가 예정된 시간에 공급되지 못할 리스크를 최소화하고, 자재 부족으로 인한 생산 차질을 방지할 수 있다. 이를 통해 MRP는 생산 일정의 안정성을 보장하고, 최적의 재고 수준을 유지하는 데 이바지한다.

MRP의 장점과 한계

MRP 시스템은 기업의 자재 관리에서 필수적인 역할을 하며, 여러 장점을 제공하지만 동시에 몇 가지 한계도 존재한다.

• MRP의 장점

MRP 시스템은 자재 소요를 정확하게 예측하여 과도한 재고 축적을 방지하는 데 큰 도움이 된다. 이를 통해 기업은 자재가 불필요하게 쌓이는 상황을 피하고, 재고 관리 비용을 크게 줄일 수 있다. 또 자본을 효율적으로 활용할 수 있어 다른 운영 비용이나 투자에 자본을 할당할 수 있는 여유가 생긴다.

MRP는 자재가 생산 일정에 맞춰 적기에 공급되도록 하여 생산 흐름이 원활히 유지되도록 도와준다. 자재가 제때 공급되면 생산 중단의 위험이 줄어들고, 결과적으로 납기 준수율을 높여 고객 신뢰를 얻을 수 있다. 특히, MRP는 리드 타임을 고려하여 공급 일정을 정밀하게 조정함으로써 자재 부족 문제를 예방한다. 이는 예상치 못한 생산 차질을 방지하는 데 중요한 역할을 하며, 생산성과 효율성을 높여준다.

또 MRP는 자재 관리와 재고 최적화를 통해 전반적인 운영 비용을 절감할 수 있다. 불필요한 자재 구매를 방지하고, 과잉 재고로 인해 발생할 수 있는 보관 비용을 줄이는 데도 효과적이다. MRP 시스템은 공급망의 비효율성을 최소화하여 자재가 필요한 시기에 적절히 준비될 수 있도록 하고, 기업이 자원을 더욱 전략적으로 관리하도록 도와준다. 이를 통해 비용 절감뿐만 아니라 공급망 관리의 효율성도 크게 향상된다.

• MRP의 한계

MRP는 정확한 수요 예측과 재고 데이터를 기반으로 작동하는 시스템으로, 이러한 데이터의 정확성이 매우 중요하다. 만약 수요 예측이 부정확하거나 재고 데이터가 잘못 입력될 경우, 자재 부족이나 과잉 재고 문제가 발생하여 생산 차질을 유발할 수 있으며, 결과적으로 운영 비용이 증가할 수 있다. 이러한 문제를 예방하려면, MRP 시스템에서 사용하는 모든 데이터가 정기적으로 점검되고 업데이트되어야 한다.

또 MRP는 복잡한 시스템 구조를 가지며, 이를 원활히 운영하려면 방대한 양의 데이터를 효과적으로 관리할 수 있는 역량이 요구된다. 잘못된 정보 입력, 미흡한 데이터 관리, 시스템 오류 등은 MRP의 효율성을 떨어뜨릴 수 있으며, 오히려 자재 관리의 비효율성을 초래할 수 있다. 따라서 MRP 시스템이 정확히 작동하기 위해서는 체계적인 데이터 관리와 직원들의 철저한 교육이 필수적이다.

아울러 MRP 시스템의 도입과 유지에는 상당한 초기 투자와 운영 비용이 수반된다. 특히 중소·중견기업의 경우, 이러한 비용 부담이 매우 클 수 있으며, 도입 후에도 유지보수, 업데이트, 직원 교육 등에 추가 비용이 계속 발생할 수 있다.

기업은 MRP 도입에 앞서 비용 대비 효과를 충분히 검토하고, 장기적인 비용 절감 효과를 고려한 투자 계획이 필요하다.

MRP 운영 전략

MRP를 성공적으로 운영하기 위해서는 몇 가지 전략을 수립해야 한다. 이를 통해 MRP 시스템이 최대한의 성과를 낼 수 있다.

• 데이터 관리

정확한 데이터는 MRP 시스템이 원활히 작동하기 위한 핵심 요소로, 수요 예측, 재고 기록, 자재 명세서(BOM) 등의 정보가 정확하고 최신 상태로 유지되어야 MRP의 기능이 최대한 발휘된다. 이를 위해 기업은 ERP 시스템과 같은 통합 데이터 관리 시스템을 활용해 모든 관련 데이터를 실시간으로 업데이트하고, 시스템 간 연동을 통해 데이터의 일관성과 신뢰성을 확보해야 한다. ERP 시스템은 여러 부서 간의 데이터를 통합하여 관리함으로써, 부서 간 정보 불일치로 인한 오류를 줄이고, 생산 계획에서 자재 발주까지의 흐름이 일관되도록 지원한다.

또 정기적인 데이터 점검과 검증 절차를 통해 잘못된 입력이나 누락시킨 데이터를 즉시 수정할 수 있는 관리 체계를 구축하는 것이 중요하다. 이를 통해 자재 부족, 과잉 재고 등 불필요한 문제가 발생하지 않도록 예방할 수 있으며, MRP가 최적의 성과를 낼 수 있도록 데이터의 정확성과 가시성을 지속적으로 유지하는 전략이 필요하다.

• 공급업체와의 협력

MRP 시스템은 자재가 생산 일정에 맞춰 적시에 공급되는 것을 전제로 하므로 공급업체와의 협력은 MRP 운영 전략에서 매우 중요한 요소이다. 자재 공급이 지연되면 전체 생산이 지연될 수 있으므로, 기업은 공급업체와 긴밀한 협력 체계를 구축해 자재 흐름을 안정적으로 유지해야 한다.

이를 위해 공급업체와 정기적으로 소통하여 자재 납품 일정에 대한 정보를 공유하고, 공급 현황을 실시간으로 파악할 수 있는 시스템을 도입하는 것이 효과적이다.

또 공급업체와의 협력 관계에서 비상 상황에 대비한 대체 공급 계획이나 추가 재고 확보 방안을 마련하는 것도 필요하다. 공급업체의 생산 능력, 리드 타임 변동성 등을 사전에 파악하여 잠재적인 리스크를 줄이고, 자재 공급의 불확실성을 최소화할 수 있는 협력 모델을 구축해야 한다. 이러한 협력 강화는 자재가 예정대로 공급되지 못할 때 유연하게 대처할 수 있도록 하여 생산 계획이 차질 없이 진행될 수 있도록 한다.

• 지속적 모니터링과 개선

MRP 시스템은 변화하는 시장 환경과 내부 운영의 변동성에 대응하기 위해 지속적인 모니터링과 개선이 필수적이다. 자재 공급의 불확실성이나 수요 변화에 유연하게 대응하려면, MRP 시스템을 주기적으로 분석하고, 필요한 부분을 개선하여 시스템의 효율성을 극대화해야 한다. 이를 위해, 시스템에서 발생하는 데이터와 자재 흐름을 실시간으로 추적하여 공급망에서 발생할 수 있는 잠재적인 문제를 사전에 파악하고 대응할 수 있어야 한다.

또 주기적인 성과 평가를 통해 MRP의 운영 현황을 검토하고, 예상치 못한 상황에 빠르게 대응할 수 있도록 설정된 매개변수(예: 리드 타임, 안전 재고 수준)를 조정하는 것이 중요하다. 이러한 개선 활동은 MRP 시스템이 현재의 요구사항뿐만 아니라, 미래의 변화에도 신속하고 유연하게 대응할 수 있도록 지원하여, 전체 생산 과정에서 안정성을 유지하고 운영 비용을 절감할 수 있는 효과를 제공한다.

• 주요 내용 정리

자재 소요 계획(MRP)은 생산 일정과 수요 예측을 기반으로 자재와 부품의 적시 공급을 통해 생산 중단을 방지하고 재고를 최적화하는 체계적 시스템으로 주생산계획(MPS), 재고 기록, 자재 명세서(BOM) 등 핵심 요소를 활용한다. 수요 계산, 재고 상태 확인, 발주 일정 수립, 자재 공급 관리 과정을 통해 생산 흐름의 안정성과 효율성을 보장하고, 공급업체 협력, 데이터 정확성 유지, 리비전 변경 관리, 지속적 모니터링과 개선을 통해 운영 효율성을 극대화하며, 재고 관리 비용 절감, 납기 준수, 생산성 향상과 같은 장점을 제공하지만, 데이터 부정확성, 복잡성, 높은 초기 투자 비용 등의 한계가 있어 정확한 데이터 관리, 공급망 협력, 주기적 성과 평가와 같은 전략적 접근이 필수적이다.

작업 일정 조정

작업 일정 조정은 생산 공정에서 발생하는 다양한 변화나 예기치 못한 상황에 대응하여 작업 순서를 재조정하고, 자원을 최적으로 배분하는 중요한 관리 활동이다. 이 조정은 생산 목표를 달성하기 위해 필수적이며, 특히 공급망 불안정, 설비 문제, 인력 부족, 수요 변동 등 여러 요인에 의해 발생하는 생산 차질을 최소화하는 데 중점을 둔다. 작업 일정 조정은 유연한 생산 운영을 가능하게 하며, 납기 준수와 생산성 향상에 중요한 역할을 한다. 이 장에서는 작업 일정 조정의 필요성, 주요 원인, 조정 방법, 도구와 전략, 그리고 이를 효과적으로 관리하는 방안을 설명한다.

• 작업 일정 조정의 필요성

작업 일정 조정은 생산 계획을 원활하게 운영하기 위해 필수적이다. 초기 계획에서 변동 사항이 생겼을 때, 이를 즉시 반영하지 않으면 생산 과정이 중단되거나, 낭비가 발생할 수 있다. 작업 일정 조정을 통해 다음과 같은 상황에서 생산 운영을 최적화할 수 있다.

⇒ 자원 배분의 유연성은 생산라인에서 설비나 인력 자원의 가용성이 변동될 경우, 이를 즉시 반영하여 자원을 효율적으로 재배치해야 함을 의미한다. 이는 설비 고장이나 유

지보수 일정과 같은 예기치 못한 상황에서 매우 중요하다.

⇒ 생산성 향상을 위해 작업 일정을 적절히 조정하면 병목 현상을 해소하고 생산 흐름을 최적화할 수 있다. 일정 조정은 각 작업 간의 연계를 강화하여 생산성 향상에 도움을 줄 수 있다.

⇒ 납기 준수를 위해 고객 요구사항이나 납기(일)에 맞추어 작업 일정이 유연하게 조정되어야 한다. 특히 중요한 주문이 추가되거나 수요 변동이 발생할 때 작업 일정을 신속하게 조정함으로써 고객 만족도를 높일 수 있다.

작업 일정 조정의 주요 원인

작업 일정 조정의 필요성은 다양한 내·외부 요인에 의해 발생한다. 이러한 요인들은 생산 계획에 영향을 미치며, 이에 대응하기 위해 작업 일정을 조정해야 하는 경우가 많다.

• 설비 문제

생산 설비가 예상치 못하게 고장 나거나 정기적인 유지보수가 필요한 상황에서는 해당 설비가 담당하던 작업 일정을 재조정하는 것이 필수적이다. 이러한 상황에서는 두 가지 주요 대응 방안이 있다. 첫째, 고장이 발생한 설비에서 수행 중이던 작업을 가동 중인 다른 설비로 재빨리 이전하여 생산이 중단되지 않도록 조치할 수 있다. 이를 위해서는 대체 설비의 가용 여부와 작업을 원활히 이어받을 수 있는 역량을 사전에 파악하고 있어야 한다. 둘째, 유지보수가 불가피한 경우 유지보수 기간을 고려하여 전체 생산 일정을 재구성함으로써 다른 작업 공정에 미치는 영향을 최소화할 수 있다. 예를 들어, 우선순위가 높은 작업을 다른 설비에 할당하고 유지보수 일정에 맞춰 작업 순서를 재배치함으로써 생산 지연을 줄이는 것이다. 이러한 조치는 설비의 상태와 가용성을 실시간으로 모니터링하고, 문제가 발생했을 때 신속히 대응할 수 있도록 하는 예측 유지보수 체계와 결합하여 효과를 극대화할 수 있다. 이를 통해 설비 고장이나 유지보수로 인한 생산 차질을 최소화할 수 있으며, 궁극적으로 생산성 유지와 비용 절감 효과를 기대할 수 있다.

• 자재 공급 지연

글로벌 공급망의 불안정성이나 물류 문제로 인해 필수 자재가 제때 공급되지 않는 경우, 생산 현장에서 신속하고 유연한 대응이 필요하다. 이러한 상황이 발생하면 우선 해당 자재를 사용하는 작업 일정을 재조정하여 전체 생산 계획에 미치는 영향을 최소화해야 한다. 예를 들어, 자재 도착이 지연되는 경우 이를 고려하여 생산 일정을 유연하게 변경함으로써 다른 공정에 영향을 주지 않도록 조정할 수 있다. 동시에, 생산 중단을 방지하기 위해 대체 자재의 사용 가능성을 검토하고 승인 절차를 거쳐, 품질이나 생산 효율에 미치는 영향을 최소화하면서도 생산이 지속될 수 있도록 해야 한다.

이러한 조치는 공급망의 불안정성으로 인한 생산 차질을 사전에 예측하고 준비하는 프로세스와 긴밀히 연계되어야 하며, 자재 부족에 따른 위험 요소를 실시간 모니터링하여 신속한 대안을 마련하는 능력이 필수적이다. 이를 통해 예기치 못한 자재 공급 문제로 인해 전체 생산이 중단되는 상황을 방지할 수 있으며, 결과적으로 기업은 생산성과 공급 안정성을 동시에 유지할 수 있다.

• 인력 부족

생산 현장에서 인력의 결근, 이직, 파업과 같은 상황으로 인해 특정 작업에 필요한 인력이 부족해지면, 이러한 인력 공백을 효과적으로 관리하고 작업 일정을 조정하는 것이 필수적이다. 우선, 인력 배치의 유연성 확보가 중요한데, 이를 위해 다양한 작업에 대응할 수 있는 멀티 스킬 인력을 양성하거나 교육을 통해 다양한 공정을 수행할 수 있도록 준비시켜야 한다.

또 인력이 부족한 상황에서는 대체 인력을 신속히 투입할 수 있는 체계를 마련하여, 예상치 못한 결원이 발생하더라도 생산이 중단되지 않도록 해야 한다. 필요시 인력 배치 계획을 조정하여 우선순위가 높은 작업에 가용 인력을 집중 투입하고, 상대적으로 우선순위가 낮은 작업은 일정 조정이나 연기를 통해 생산을 유지할 수 있다. 이와 함께, 인력 배치의 유연성과 신속한 대응력을 강화하기 위해 실시간으로 작업 현황과 인력 상황을 모니터링하는 시스템을 구축하여, 예기치 않은 인력 문제 발생 시 즉각적으로 대체 방안을 실행할 수 있도록 준비해야 한다. 이러한 조치를 통해 인력 부족 상황에서도 생산 연속성을 유지하며, 장기적으로는 안정적인 인력 관리와 효율적인 생산 운영을 달성할 수 있다.

• 수요 변동

시장 수요가 급격하게 변동하거나 고객 주문이 예상보다 급증하는 경우, 생산 목표를 신속히 조정하고 작업 일정을 유연하게 관리하는 것이 필요하다.

이를테면 특정 제품의 수요가 갑자기 증가하면 생산 목표를 수정하여 해당 제품의 생산 일정을 우선 배치하는 것이 중요하다. 이를 통해 수요 증가에 신속하게 대응할 수 있으며, 반대로 상대적으로 수요가 낮은 제품의 생산 일정은 뒤로 연기하거나 조정하여 생산 자원을 효과적으로 활용할 수 있다. 이러한 조정은 실시간 데이터를 기반으로 이루어져야 하며, 각 제품의 우선순위를 정밀하게 관리함으로써 전체적인 생산성과 고객 만족도를 높일 수 있다. 더불어, 생산라인의 유연성을 강화하여 다양한 수요 변화에 민첩하게 대응할 수 있도록 준비하고, 생산 계획과 공급망을 긴밀히 연계하여 재고 부담을 줄이고 낭비를 최소화하는 것이 중요하다.

• 긴급 주문

긴급한 고객 주문이 발생하거나 기존 주문의 납기(일)가 갑자기 단축되는 상황에서는 생산라인의 작업 일정을 신속히 재조정하여 납기 준수를 위한 최적의 대책을 마련해야 한다. 이를 위해 우선 기존 작업 순서를 변경하여 긴급 주문을 최우선으로 처리하거나, 여유가 있는 다른 작업의 일정을 뒤로 조정해 생산 자원을 집중 투입하는 방안을 고려할 수 있다. 또 추가 인력이 필요한 경우 다른 생산라인에서 인력을 재배치하거나, 임시 인력을 투입해 생산 효율을 높임으로써 제한된 시간 내에 작업을 완료할 수 있도록 준비해야 한다. 이러한 유연한 작업 일정 조정과 인력 배치 전략을 통해 예기치 못한 긴급 주문과 납기 단축 요구에도 신속히 대응할 수 있으며, 고객의 신뢰를 유지하고 납기 준수를 확보하는 데 중요한 역할을 한다.

작업 일정 조정 방법

작업 일정 조정을 성공적으로 수행하려면 다양한 방법론과 도구가 필요하다. 이를 통해 복잡한 생산 계획과 다양한 변수들을 효율적으로 관리할 수 있다.

• 우선순위 설정

작업 일정 조정에서 가장 중요한 요소는 작업 간 우선순위를 명확히 설정하는 것이다. 이를 통해 중요한 고객 주문이나 납기가 임박한 작업을 우선 처리하고, 상대적으로 덜 긴급한 작업을 나중 순위로 배치함으로써 전체적인 일정 효율성을 높일 수 있다.

작업 우선순위를 설정할 때는 ABC 분석을 활용하여 각 작업의 중요도를 체계적으로 평가할 수 있다.

ABC 분석은 작업을 중요도에 따라 A, B, C등급으로 분류하여, 가장 중요한 작업(A)은 최우선으로 처리하고, 중간 중요도(B) 작업은 필요한 경우 조정하며, 덜 중요한 작업(C)은 유연하게 조정하는 방식을 택한다. 이러한 방식은 자원을 최적화하고, 중요한 작업에 집중하여 납기 준수율을 높이는 데 도움이 된다. 또 우선순위 설정 과정에서는 작업 간의 의존성, 가용 자원, 생산 능력 등을 종합적으로 고려하여 일정 변경이 다른 작업에 미치는 영향을 최소화하는 것이 중요하다.

• 자원 재배치

작업 일정 조정에서 자원의 유연한 재배치는 설비나 인력의 가용성에 따라 효율성을 극대화할 수 있는 중요한 방법으로, 특정 설비가 고장 나거나 정기 유지보수로 인해 사용 불가능할 경우 다른 가용 설비로 작업을 분산하여 생산 중단 시간을 최소화할 수 있다. 또한 인력 부족 상황에서도 다른 작업에 투입이 가능한 인력을 신속히 재배치하여 일정 차질을 방지할 수 있으며, 자원 재배치 시 각 설비의 특성과 작업자들의 숙련도를 고려해 적합한 작업에 배치함으로써 생산 품질과 작업 효율을 유지할 수 있다. 이러한 체계를 통해 자원의 가용성을 실시간으로 모니터링하고 유연하게 대응할 수 있어 생산 일정의 안정성을 높일 수 있으며, 예기치 못한 상황에서도 일정 목표를 효과적으로 달성할 수 있다.

• 일정 연기와 분할

일부 작업을 연기하거나 분할(分割)하는 방법은 작업 일정 조정에 있어 매우 유용한 전략이다. 예를 들어 특정 자재의 공급이 지연될 때 해당 자재가 필요한 작업을 연기하고 준비된 다른 작업을 우선으로 수행함으로써 일정상의 혼란과 중단을 최소화할 수 있다. 이처럼 가능한 작업을 우선 진행하면 자원을 효율적으로 활용하여 생산 공정의 흐름을 최대한 유지할 수 있으며, 일정 분할을 통해 작업을 여러 단계로 나누어 필요한 부분부터 우선 처리함으로써 생산의 유연성을 더욱 높일 수 있다.

예를 들어, 조립 작업에서 일부 부품이 도착하지 않은 때 나머지 부품을 이용해 가능한 조립 작업을 먼저 완료하고, 부족한 부품이 도착하면 해당 부분만 추가로 작업하는 방식으로 시간적 여유를 확보하고 작업 중단을 예방할 수 있다. 이러한 일정 연기와 분할 방식은 예상치 못한 자재 공급 지연이나 작업 변동 상황에 효과적으로 대응하며, 생산 일정의 안정성을 확보하는 데 중요한 역할을 한다.

• 작업 시간 연장

작업 시간을 연장하여 생산 속도를 높이는 것은 납기(일)를 맞추기 위한 효과적인 대응 방법으로, 예를 들어 교대 근무 시간을 조정해 기존 작업자들의 근무 시간을 늘리거나 추가 작업자를 투입하여 하루 동안 더 많은 작업을 완료함으로써 생산량을 증가시킬 수 있다. 이는 예상치 못한 생산 지연이나 긴급 주문 상황에서 신속한 대응을 통해 고객의 요구를 충족시키는 데 유용하다. 그러나 작업 시간 연장은 비용 상승과 근로자의 피로 누적을 초래할 수 있으며, 장기적으로는 생산성 저하와 사고 위험 증가로 이어질 가능성이 있으므로, 이를 장기적 대안으로 삼기 전에 상황의 긴급성과 필요성을 면밀하게 검토해야 한다. 또 근로자의 피로도를 관리하기 위해 주기적인 휴식 시간 제공, 교대 주기 조정, 적절한 추가 보상 등을 함께 고려하여 작업자의 건강과 안전을 유지하면서도 작업 효율성을 극대화할 수 있도록 해야 한다.

• 작업 흐름 최적화

작업 흐름을 재설계하여 공정 간 병목 현상을 해소하는 것은 생산 일정 조정에서 매우 효과적인 접근법이다. 생산 흐름이 특정 공정에서 지연될 경우, 해당 작업이 다른 공정과 함께 수행될 수 있는지 검토함으로써 공정 간의 균형을 맞출 수 있다. 예를 들어, 조립 공정에서 특정 부품이 준비되지 않아 지연되는 경우, 병렬 작업이 가능한 다른 공정을 먼저 진행하거나, 작업 순서를 유연하게 변경하여 전체 흐름의 효율성을 높일 수 있다.

또 작업 흐름 최적화를 위해 각 공정의 소요 시간과 자원 활용을 꼼꼼히 분석하고, 필요한 경우 일부 작업을 분할하여 다른 작업과 동시에 진행할 수 있도록 설계할 수 있다. 이를 통해 작업 대기 시간을 줄이고, 생산성을 높이며 전체 일정 준수율을 제고할 수 있다. 이러한 재설계는 공정 간의 조화를 증진하고, 불필요한 대기나 지연을 최소화함으로써 안정적이고 빠른 생산 흐름을 구축하는 데 이바지한다.

작업 일정 조정을 위한 도구와 전략

효율적인 작업 일정 조정을 위해서는 다양한 스케줄링 도구와 전략이 필요하다. 이를 통해 생산 현장에서 발생하는 다양한 변동 사항에 신속히 대응할 수 있는 도구인, 간트 차트, PERT/CPM, ERP 시스템에 대하여 다루어 보도록 한다.

• 간트 차트(Gantt Chart)

간트 차트는 프로젝트 관리와 생산 계획에서 작업의 시작 및 완료 시점을 시각적으로 표현하여 전체 일정을 한눈에 파악할 수 있게 해주는 도구이다. 이러한 간트 차트의 주요 요소는 프로젝트나 생산 공정의 각 단계 또는 활동을 의미하는 작업(Task), 각 작업에 소요되는 기간(Duration), 특정 작업이 다른 작업에 종속되는 관계를 나타내는 종속 관계(Dependency)(예: 작업 A가 완료되어야 작업 B를 시작할 수 있는 경우), 작업의 진행 상태를 나타내는 진척도(Progress)(예: 50% 완료), 그리고 주요 완료 시점이나 이벤트를 의미하는 마일스톤(Milestone)으로 구성된다. 작업별로 시간의 흐름을 막대그래프로 표시하여, 각 작업이 언제 시작하고 언제 완료될 예정인지 명확하게 볼 수 있다. 또 간트 차트를 통해 작업 간의 관계와 종속성을 쉽게 확인할 수 있어, 특정 작업이 늦어질 때 다른 작업에 미치는 영향도 신속하게 파악할 수 있다.

MS Project와 같은 소프트웨어에서는 간트 차트를 사용해 작업의 진척 상황을 실시간으로 추적하고, 필요할 때 일정 조정이나 자원 재배치를 통해 프로젝트 흐름을 최적화할 수 있다. 이를 통해 일정 지연을 예측(豫測)하고, 우선순위가 높은 작업을 조정하여 납기 준수율을 높이며, 작업 일정의 모든 단계가 원활하게 진행되도록 지원할 수 있는 도구로 활용된다. 그리고 간트 차트를 활용한 작업 일정 조정 방법은 다음의 설명들과 같이 수행 할 수 있다.

⇒ 작업 순서와 종속 관계 설정

간트 차트를 처음 만들 때, 각 작업을 나열하고 작업 간의 종속 관계를 설정해야 한다. 이를테면 한 작업이 완료되어야 다른 작업을 시작할 수 있는 경우, 이 관계를 간트 차트에서 표시한다. 작업 간의 종속 관계를 명확히 설정함으로써, 한 작업이 지연되면 자동으로 다음 작업의 일정도 재조정된다. 이를 통해 일정을 조정할 때 작업의 우선순위나 차질에 대한 영향을 쉽게 파악할 수 있다.

⇒ 작업 기간과 시작/종료 시점 조정

각 작업의 시작 시점과 종료 시점을 간트 차트에 표시하여 전체 일정의 흐름을 시각적으로 표현할 수 있다. 작업 기간이 길어지거나 짧아질 때 간트 차트에서 해당 작업의 바를 늘리거나 줄이면서 일정을 수정할 수 있다. 작업이 계획보다 일찍 끝나거나 지연될 경우, 차트상에서 작업의 기간을 변경하고, 자동으로 다른 작업의 일정도 이에 맞춰 조정할 수 있다. 이를 통해 프로젝트 전반의 일정에 미치는 영향을 즉시 확인할 수 있다.

⇒ 병렬 작업 관리

간트 차트는 동시에 진행될 수 있는 병렬 작업을 한눈에 파악하는 데 매우 유용하다. 여러 작업이 동시에 진행될 경우, 각 작업의 시작과 종료 시점을 겹치게 하여 병렬로 표현할 수 있다. 작업 일정이 겹치도록 병렬 작업을 계획하면, 프로젝트 완료 시간을 단축할 수 있다. 간트 차트는 이러한 작업 간의 병렬 관계를 명확하게 시각화하여, 병렬 작업 조정이 필요한 시점에 빠르게 대응할 수 있도록 도와준다.

⇒ 자원 할당과 작업 일정 조정

간트 차트를 통해 인력, 장비, 자재 등 각 작업에 필요한 자원을 할당할 수 있다. 자원이 충분히 확보되지 않은 경우, 이를 기준으로 작업의 시작 시점을 조정하거나 자원 배분을 최적화할 수 있다. 자원 부족으로 인한 작업 지연이 발생할 경우, 간트 차트에서 작업 일정을 재조정하여 자원 할당을 효율적으로 관리한다. 또 자원의 중복 사용을 방지하고, 자원이 효율적으로 사용되도록 일정 조정을 수행할 수 있다.

⇒ 마일스톤 설정과 주요 일정 관리

프로젝트나 생산 공정에서 중요한 단계는 마일스톤으로 설정하여 간트 차트에 표시할 수 있다. 마일스톤은 특정 작업이 완료되어야 할 날짜를 나타내며, 프로젝트 전체의 진행 상황을 쉽게 추적할 수 있다. 마일스톤을 기준으로 작업 일정을 모니터링하고, 마일스톤을 달성하기 위해 작업 일정이 늦춰지거나 빠르게 진행될 필요가 있는지 파악하여 조정할 수 있다. 이를 통해 프로젝트의 중요한 단계를 놓치지 않고 관리할 수 있다.

⇒ 진척 상황 모니터링

간트 차트는 각 작업의 진척 상황을 실시간으로 반영할 수 있다. 각 작업이 얼마나 진행되었는지 시각적으로 표현하고, 계획 대비 진행 상황을 즉시 확인할 수 있다. 작업이 지연되거나 예상보다 빠르게 진행되는 경우, 간트 차트에서 이를 반영하여 남은 작업 일정을 조정할 수 있다. 일정이 밀리기 시작하면 즉시 경고를 받을 수 있어 더 큰 일정 차질을 방지할 수 있다. 그리고, 간트 차트를 활용한 작업 일정 조정 전략 차원에서 아래와 같이 접근을 할 수도 있다.

→ 프로젝트 전반의 가시성확보

간트 차트는 프로젝트의 모든 작업을 한눈에 파악할 수 있게 해준다. 이를 통해 각 작업의 상태와 일정을 명확히 파악하고, 문제가 발생할 때 빠르게 대처할 수 있다. 일정의 전반적인 흐름을 시각적으로 관리할 수 있는 것이 간트 차트의 큰 장점이다.

→ 일정 변경에 대한 즉각적인 대응

작업 일정이 변동되면 간트 차트에서 이를 즉시 반영하여, 일정 조정이 프로젝트 전체에 미치는 영향을 파악할 수 있다. 일정 변경이 불가피할 경우, 간트 차트상에서 다른 작업의 일정과 자동으로 연계되도록 조정하여 생산성 손실을 최소화할 수 있다.

→ 리소스 제약 기반의 일정 최적화

작업을 일정에 맞게 진행하려고 할 때 필요한 리소스가 충분하지 않다면, 간트 차0트에서 리소스 제약을 고려한 일정 재조정을 수행할 수 있다. 작업의 우선순위를 조정하거나 자원 할당을 최적화하여, 리소스를 가장 효율적으로 사용하면서 프로젝트 일정을 맞출 수 있다.

→ 위험 요소 사전 식별과 관리

간트 차트는 일정의 병목 현상이나 일정 지연 위험을 미리 파악하는 데 유리하다. 한 작업의 지연이 다른 작업에 연쇄적으로 영향을 미칠 경우, 이를 간트 차트에서 쉽게 확인하고 사전에 대응할 수 있다.

→ 실시간 일정 조정 및 협업 강화

간트 차트를 통해 팀원들이 실시간으로 작업 진행 상황을 공유할 수 있으며, 이를 통해 협업이 원활해지고 작업 일정을 조정할 때 빠르게 의사소통할 수 있다. 이를 통해 일정 변경에 유연하게 대응할 수 있다.

• PERT/CPM

PERT/CPM은 작업 완료 시간의 불확실성이 큰 프로젝트에서, CPM은 작업 완료 시간이 명확한 경우에 주로 사용된다. PERT는 각 작업의 소요 시간을 낙관적 시간(가장 빨리 끝날 수 있는 시간), 비관적 시간(가장 오래 걸릴 수 있는 시간), 최빈 시간(가장 자주 걸리는 시간)으로 나누어 평균 시간을 산출해 전체 프로젝트 일정을 평가한다. CPM은 작업의 주요 경로를 분석하여 중요 경로(critical path)를 파악하고, 프로젝트 완료 시간을 최적화하는 데 중점을 둔다. 이 두 기법은 프로젝트의 성격에 따라 적합하게 활용된다.

⇒ 중요 경로와 자원 집중 전략

CPM의 핵심은 중요 경로를 식별하여, 이 경로에 속한 작업(들)이 지연되지 않도록 집중 관리하는 것이다. 중요 경로에 포함된 작업(들)이 지연되면 전체 프로젝트 일정이 지연될 수 있으므로 이 경로에 속하는 작업에 필요한 자원을 우선으로 배치한다. 중요 경로를 중심으로 한 자원 배치는 프로젝트 일정 목표를 유지하는 데 큰 도움이 된다.

⇒ PERT/CPM의 리스크관리와 병행 작업 최적화

PERT/CPM을 통해 작업 간의 의존성을 기반으로 프로젝트 리스크를 평가할 수 있다. 이를테면 예상보다 오래 걸릴 수 있는 작업이 중요 경로에 속해 있을 때, 대체 작업을 병행하거나 추가 자원을 투입하여 일정을 최적화할 수 있다. 이를 통해 프로젝트 진행 상황에 대한 유연성을 확보하고, 일정 지연 가능성에 대비할 수 있다.

⇒ 지속적인 중요 경로 재평가의 중요성

프로젝트가 진행됨에 따라 새로운 정보나 상황이 발생할 수 있으므로, 초기 계획에 따른 중요 경로를 주기적으로 재평가하는 것이 필요하다. 정기적인 모니터링을 통해 새로운 데이터에 따라 중요 경로를 업데이트하고, 필요할 경우 자원을 재배치하여 변경된 일정에 적응할 수 있도록 한다.

⇒ PERT/CPM의 적용 사례

소프트웨어 개발 프로젝트에서의 PERT 활용한 소프트웨어 개발 회사는 대규모 프로젝트에서 PERT 기법을 활용하여 일정 예측과 리스크관리를 수행했다. 각 개발 단계의 예상 완료 시간을 계산해 전체 프로젝트 일정을 효율적으로 관리했으며, 중요 경로에 있는 작업에 자원을 집중 배치하여 일정 지연을 방지했다. 이를 통해 소프트웨어 출시 일정을 지키면서도 자원 활용을 극대화할 수 있었다.

• ERP 시스템

ERP(Enterprise Resource Planning) 시스템은 생산, 자재, 인력, 재무 등 모든 자원을 통합 관리하는 시스템으로, 작업 일정 조정에 필수적이다. ERP 시스템은 실시간 데이터를 기반으로 작업 일정을 자동으로 조정하고, 생산 계획의 변경 사항을 반영한다. 이를 통해 작업 일정 조정의 정확성을 높일 수 있다.

⇒ ERP 시스템의 작업 일정 조정 역할

ERP 시스템은 생산 일정, 자재 관리, 인력과 장비의 자원 배분, 재무 상태 등을 통합하여 작업 일정을 최적화하는 데 필수적이다. 실시간 데이터 업데이트를 통해 작업의 진척 상태를 모니터링하고, 변동 사항을 빠르게 반영하여 일정을 조정할 수 있다.

⇒ ERP 시스템의 주요 역할

각 부서의 데이터를 통합하여 모든 정보가 실시간으로 업데이트되고 공유된다. 자재 공급, 인력 배치, 장비 상태 등의 변동 사항을 기반으로 작업 일정을 자동으로 조정한다. 생산, 자재, 인력, 재무 등의 프로세스를 연계하여 부서 간 협업을 강화하고, 일정을 효율적으로 관리한다. ERP 시스템을 통해 다양한 시나리오를 시뮬레이션하여 작업 일정 조정 시 예상 결과를 미리 파악할 수 있다. 그리고, ERP 시스템을 활용한 작업 일정 조정 방법 차원에서 아래와 같이 같이 접근해 보도록 한다

→ 실시간 데이터 기반 일정 조정

ERP 시스템은 실시간 데이터를 기반으로 작업 일정을 조정한다. 자재 공급 상황, 인력 배치, 장비 상태 등 다양한 요소의 데이터를 실시간으로 수집하고 이를 기반으로 일정의 조정이 필요할 경우 자동으로 반영한다. 예를 들어, 자재가 예상보다 늦게 도착할 경우, ERP 시스템은 이를 감지하고 작업 일정을 자동으로 연기하거나 다른 작업을 우선으로 배치한다. 실시간 데이터가 반영되므로, 예기치 못한 상황에 신속하게 대응할 수 있다. 자재 지연, 장비 고장, 인력 부족 등 상황에서 일정 변경이 자동으로 이루어져 생산 차질을 최소화한다.

→ 자재 요구 계획(MRP)과의 통합

ERP 시스템 내의 자재 요구 계획(MRP) 모듈은 생산 일정에 맞춰 자재가 적시(適時) 준비되도록 한다. 작업 일정에 맞춰 자재 소요량과 입고 일정을 관리하며, 자재 공급이 지연될 때 이를 기반으로 작업 일정을 조정할 수 있다. 자재 공급 상황에 따라 작업 일정을 조정하여 자재 부족으로 인한 생산 중단을 방지하고, 재고를 최적화할 수 있다. 또 자재가 도착하는 시점에 맞춰 작업 일정을 자동으로 조정할 수 있다.

→ 인력과 자원 관리

ERP 시스템은 인력과 자원(장비 등) 배치 계획을 통합 관리하여 작업 일정 조정에 활용된다. 각 작업에 필요한 인력과 자원을 실시간으로 확인하고, 필요시 재배치를 통해 효율적으로 일정을 조정할 수 있다.

예를 들어, 특정 작업에 필요한 인력이 부족할 경우 ERP 시스템은 여유 인력을 다른 작업에서 할당해 작업 일정을 유지할 수 있도록 한다. 인력이나 자원이 부족할 경우 이를 실시간으로 파악하고, 다른 작업과 인력 자원을 재배치하여 일정 지연을 최소화할 수 있다. 자원 관리의 투명성이 향상되며, 효율적인 배분이 가능해진다.

→ 생산 일정 조정

ERP 시스템은 생산 계획과 밀접하게 연결되어 작업 일정을 조정한다. 생산 목표가 변동되거나 수요 예측이 변경되면 이를 반영해 자동으로 작업 일정을 재조정한다. 예를 들어, 시장 수요가 늘어날 때 생산량을 증가시키고, 이에 맞춰 자재 소요 및 작업 일정을 조정할 수 있다. 수요 변화에 유연하게 대응할 수 있으며, 생산 과잉이나 부족을 방지할 수 있다. 이로써 생산 효율성이 향상되고, 고객 요구에 신속하게 대응할 수 있다.

→ 작업 진척 상황 모니터링

ERP 시스템은 작업의 진행 상태를 실시간으로 모니터링할 수 있는 기능을 제공한다. 작업이 계획된 일정에 맞게 진행되고 있는지 파악하고, 지연될 때 원인을 분석하여 즉각 대응할 수 있다. 이는 생산라인에서 발생하는 모든 작업 활동을 추적하고 보고하는 데 유용하다. 작업이 지연되면 즉시 인지하고 대응할 수 있어 일정 조정이 좀 더 신속하게 이루어진다. 이는 전반적인 일정의 지연을 방지하고 생산 흐름을 안정적으로 유지하는 데 도움이 된다.

→ 재무 관리와 연계한 일정 조정

ERP 시스템은 재무 모듈과 연계되어 작업 일정에 영향을 미치는 비용 요소를 관리할 수 있다. 일정 조정 시 발생하는 비용을 미리 파악하여 자금 운용 계획을 수립하고, 이를 바탕으로 효율적으로 일정을 조정할 수 있다. 예를 들어, 특정 작업 일정 조정이 비용에 미치는 영향을 사전에 분석하여 비용 절감 방안을 모색할 수 있다. 일정 변경으로 인한 재무적 영향을 사전에 분석하고, 이에 따른 대응책을 마련할 수 있다. 이를 통해 일정 조정의 재정적 리스크를 줄이고 효율적인 자금 관리를 할 수 있다.

→ 시뮬레이션 및 예측 도구

ERP 시스템에는 시뮬레이션 및 예측 기능이 내장되어 있어, 다양한 시나리오를 테스트하고 작업 일정 조정의 영향을 미리 파악할 수 있다. 예를 들어, 자재 공급 지연이나 작업자 부족 등 여러 가지 변수에 따른 시뮬레이션을 실행하여 최적의 작업 일정 조정을 도출할 수 있다. 시뮬레이션을 통해 다양한 시나리오에 대비하고, 일정 조정으로 인한 잠재적 문제를 사전에 해결할 수 있다. 이로써 실제 일정 조정 시 불확실성을 줄이고, 더 효율적인 결정을 내릴 수 있다.

→ 생산성 분석 도구

생산성 분석 도구는 각 작업의 효율성을 평가하여 작업 일정을 최적화하는 데 사용된다. 이를 통해 작업 간의 병목 현상을 분석하고, 불필요한 작업 지연을 방지할 수 있다. 이러한 도구는 작업 일정 조정의 필요성을 조기 발견하고, 신속 대응을 가능하게 한다.

작업 일정 조정의 효과적인 관리 방안

작업 일정 조정은 제조 현장과 다양한 산업에서 생산성의 극대화와 효율성을 높이는 중요한 활동이다. 작업 일정이 효과적으로 조정되지 않으면 생산 프로세스에 혼란이 발생하고, 결과적으로 납기 지연, 생산성 저하, 비용 증가 등의 문제로 이어질 수 있다.

이러한 문제를 해결하고 생산성을 극대화하기 위해서는 실시간 모니터링, 예측 분석, 지속적인 커뮤니케이션의 세 가지 주요 방안을 활용하는 것이 중요하다. 이 세 가지 방안을 더욱 자세히 다루며, 작업 일정 조정의 중요성과 실제 적용 방안에 대해 심층적으로 다루어 보도록 한다.

• 실시간 모니터링

실시간 모니터링은 생산 현장에서 발생하는 데이터를 실시간으로 수집하고 분석하여 작업 진행 상황을 즉각적으로 파악하는 방법이다. 작업 일정 조정에서는 예상치 못한 변동 상황이 자주 발생하는데, 이를 빠르게 감지하고 대응하지 못하면 전체 일정에 악영향을 미칠 수 있다. 이를테면 장비 고장, 자재 부족, 인력 문제 등과 같은 돌발 상황은 작업 일정을 지연시키고, 그로 인해 전반적인 생산 일정이 차질을 빚을 수 있다. 실시간 모니터링은 이러한 문제를 조기에 발견하고, 즉각적인 해결책을 모색할 수 있도록 지원한다.

⇒ 실시간 모니터링 시스템의 구성 요소

실시간 모니터링 시스템은 IoT 기반 센서를 통해 각종 장비와 기계의 온도, 압력, 가동 상태, 자재 사용량 등을 실시간으로 측정하여 데이터를 전송하고, 이 데이터를 MES(Manufacturing Execution System)가 수집 및 처리하여 작업 일정 관리, 품질 관리, 자원 배치를 최적화하는 방식으로 생산 현장을 효율적으로 운영하는 데 이바지한다. MES는 이를 시각화하여 작업 현황을 한눈에 파악할 수 있게 함으로써 생산 공정 중 발생할 수 있는 문제를 조기에 감지하고 신속하게 대응할 수 있도록 지원한다.

이와 더불어, ERP(Enterprise Resource Planning) 시스템은 IoT와 MES에서 전달된 실시간 데이터를 바탕으로 기업의 자원을 통합 관리하며, 이를 통해 전체 생산 일정의 최적화를 지원하고 자재, 인력, 장비 등 필요한 자원의 배분을 효율적으로 조정하여 최적의 생산성과 운영 효율을 달성하게 한다. 이러한 데이터 기반의 통합 관리로 인해 기업은 자원 낭비를 줄이고 비용 절감을 실현하며, 생산 계획과 공급망 운영의 정확성을 높여 더욱 안정적인 생산과 물류 운영을 가능하게 한다.

⇒ 실시간 모니터링의 주요 이점

실시간 모니터링 시스템은 공정 중 발생할 수 있는 기계 고장이나 자재 부족과 같은 문제를 즉각적으로 감지하고 신속하게 대응할 수 있어 전체 생산 일정의 지연을 예방하며, 실시간 데이터를 기반으로 문제를 조기에 포착함으로써 예상치 못한 다운타임을 줄이고 생산 연속성을 유지할 수 있게 한다. 이를 통해 기업은 인력, 장비, 자재 등의 자원을 최적화하여 배치할 수 있어 자원의 효율성을 극대화하고, 불필요한 대기 시간이나 과도한 자원 투입을 방지하며 생산성을 높일 수 있다.

또 실시간으로 수집된 데이터는 현재 상황을 정확히 반영함으로써 더욱 정교하고 신속한 의사결정을 내릴 수 있어, 운영 단계에서의 실질적인 개선과 문제 해결을 가능하게 하고, 장기적으로는 생산 계획의 안정성 향상과 비용 절감에도 이바지하게 된다. 이러한 데이터 기반 의사결정은 과거의 단순 예측 모델과 비교할 때 즉각적인 운영 최적화를 가능하게 하여, 기업이 변화하는 생산 환경과 시장 수요에 유연하게 대응할 수 있는 경쟁력을 확보하는 데 중요한 역할을 한다.

⇒ 실시간 모니터링의 적용 사례

실시간 모니터링의 성공적인 적용 사례로는 자동차 및 부품 제조업을 들 수 있다. 이 산업에서는 공정 중 발생하는 예상치 못한 문제를 실시간으로 감지하고 즉각적으로 대응함으로써 전체 생산 효율을 크게 높일 수 있다. 예를 들어, 특정 공정에서 생산 속도가 계획보다 늦어지거나 기계 고장이 발생하는 경우, 실시간 모니터링 시스템은 이러한 이상 상황을 즉시 포착하여 공정 관리자에게 알림을 보낸다.

관리자는 이를 바탕으로 지체하지 않고 필요한 대응 조치를 취할 수 있으며, 대체 기계나 인력을 신속히 투입하거나 공정 일정을 재조정하여 문제를 최소화함으로써 전체 생산 일정에 미치는 영향을 줄일 수 있다. 이를 통해 공정 중단 없이 안정적인 생산을 유지할 수 있을 뿐만 아니라, 잠재적인 생산 지연과 비용 손실을 미리 방지할 수 있다.

또 이러한 실시간 모니터링 시스템의 적용은 전체적인 생산라인의 효율성을 극대화하고, 예기치 않은 변수에도 유연하게 대응할 수 있는 환경을 제공함으로써 궁극적으로 생산성 증대와 품질 개선을 동시에 달성하는 데 도움이 된다. 이는 자동차 제조업뿐만 아니라 다수의 제조 산업에 걸쳐 실시간 모니터링 시스템이 중요한 경쟁 우위 요소로 자리 잡게 된 이유이기도 하다.

• 예측 분석

예측 분석 도구를 사용하여 자재 공급, 설비 상태, 인력 가용성 등을 사전에 예측하고, 잠재적인 문제를 미리 파악하여 일정 조정을 준비할 수 있다. 예측 분석은 특히 자재 공급 지연이나 수요 변동에 대한 사전 대비에 효과적이다. 이러한 예측 분석(Predictive Analytics)은 과거 데이터를 기반으로 미래에 발생할 가능성이 높은 이벤트를 예측하는 기법이다. 작업 일정 조정에서 예측 분석은 특히 수요 변동, 자재 공급 차질, 기계 고장 등의 리스크를 미리 파악하고 이를 대비하는 데 중요한 역할을 한다. 이를 통해 생산 공정을 최적화하고, 예상치 못한 문제로 인한 일정 지연을 방지할 수 있다.

⇒ 예측 분석의 방법

예측 분석은 주로 통계적 기법과 머신러닝(기계 학습) 알고리즘을 활용하여 데이터를 심층적으로 분석하고, 특정 패턴을 식별하여 미래의 상황을 예측하는 과정으로, 이에 따라 다양한 분석 기법을 사용해 효율성을 높일 수 있다.

첫째로, 회귀 분석(Regression Analysis)은 특정 변수들 사이의 관계를 분석하여 미래의 변수를 예측하는 방법으로, 이를 통해 생산 속도나 자재 사용량을 예측하여 필요한 일정 조정 및 자원 배분을 계획하는 데 활용할 수 있다. 둘째로, 시계열 분석(Time Series Analysis)은 시간에 따라 변화하는 데이터를 분석하여 추세를 파악하고 이를 바탕으로 미래의 변동을 예측하는 방법으로, 특히 수요 예측에 효과적이다.

이를 통해 기업은 예상되는 수요 변동에 따라 사전 계획을 세워 안정적인 생산과 공급이 이루어지도록 할 수 있다. 마지막으로, 분류 분석(Classification Analysis)은 과거 데이터를 기반으로 특정 상황에서 발생할 가능성이 높은 결과를 예측하는 기법으로, 이를 통해 기계 고장이나 자재 부족과 같은 사태를 사전에 파악하고 예방적 조치를 취할 수 있어, 생산 차질을 줄이고 운영 효율성을 높이는 데 이바지한다.

⇒ 예측 분석의 적용 방안

예측 분석은 생산 계획, 자재 소요 계획, 작업 일정 조정에 실질적으로 활용되며, 과거의 수요 데이터를 분석하여 미래의 수요 변동을 예측함으로써 생산량을 최적화하여 과잉 생산이나 자재 부족을 방지하고, 일정 조정이 원활하게 이루어지도록 지원한다. 또 자재 공급의 변동성을 예측하여 자재 주문과 재고 관리를 최적화할 수 있어, 특정 시기에 자재 부족이 예상되는 경우 이를 사전에 파악하고 추가 주문을 통해 필요한 자재를 확보할 수 있다. 아울러 예측 분석을 통해 각 공정에서 발생할 수 있는 다양한 변동 상황을 예측하고 이에 맞춰 작업 일정을 조정할 수 있어, 공정 간의 충돌을 방지하며 생산성을 지속적으로 유지할 수 있도록 도와준다.

이러한 예측 분석의 적용은 기업이 효율적으로 자원을 관리하고, 불필요한 생산 비용과 지연을 줄이며 안정적인 생산 환경을 조성하는 데 중요한 역할을 한다.

⇒ 예측 분석의 주요 이점

예측 분석을 통해 수요 변동을 미리 파악하고 이에 적합한 생산 계획을 수립함으로써 납기 준수를 보장할 수 있으며, 동시에 기계 고장이나 자재 부족과 같은 잠재적 리스크를 사전에 예측하여 대비책을 마련함으로써 생산 연속성을 강화할 수 있다. 또 예측 분석은 자원의 효율적인 배치를 가능하게 하여 불필요한 자원 낭비를 줄일 수 있게 하고, 이를 통해 인력, 설비, 자재 등을 최적화하여 운영 비용을 절감할 수 있다.

아울러 각 공정에서 발생할 수 있는 다양한 변동 상황을 예측하고 이에 맞춰 일정을 유연하게 조정함으로써 공정 간의 충돌을 방지하고, 생산성을 안정적으로 유지할 수 있다. 결과적으로 예측 분석은 기업이 변화하는 시장 수요와 내부적 변수에 능동적으로 대응할 수 있는 기반을 마련해주며, 안정적인 생산 계획과 자원 관리를 가능하게 함으로써 경쟁력을 높이는 중요한 도구로 작용한다.

⇒ 예측 분석의 성공 사례

전자 제품 제조업에서는 예측 분석을 통해 고객 수요와 자재 공급 상황을 미리 파악하고, 이를 기반으로 최적의 생산 계획을 수립하여 생산 일정 조정의 유연성을 크게 높인 성공 사례가 있다. 이로써 예상치 못한 수요 변동이나 자재 공급의 지연이 발생해도 신속한 대응이 가능해졌으며, 필요한 경우 생산 일정을 효율적으로 재조정하여 납기 준수를 더욱 원활하게 이루었다. 이러한 예측 분석의 활용은 공급망 불확실성을 줄이고, 수요와 공급의 변화에 즉각적으로 대응할 수 있는 능력을 제공해, 기업이 고객의 요구를 충족시키는 동시에 생산 연속성을 유지하는 데 이바지했다.

이로써 전자 제품 제조업체는 안정적인 공급과 생산 계획을 강화하여 고객 만족도를 높이고, 운영 효율성을 극대화하여 경쟁력을 크게 강화한 사례로 자리 잡았다.

• 지속적인 커뮤니케이션

작업 일정 조정은 여러 부서와 팀 간의 협력이 필수적이다. 생산, 물류, 구매, 인사, 품질 관리 등 다양한 부서가 똑같은 목표를 향해 협력해야 일정이 효율적으로 조정될 수 있다. 이때 가장 중요한 것은 지속적인 커뮤니케이션이다. 각 부서 간에 원활한 정보 공유가 이루어지지 않으면 일정 조정 과정에서 혼란이 발생할 수 있으며, 이러한 혼란은 전체 일정에 악영향을 미치게 마련이다.

⇒ 효과적인 커뮤니케이션 방법

지속적인 커뮤니케이션을 위한 도구와 전략으로는 MS Teams, Slack, Zoom 등과 같은 실시간 협업 도구를 활용하여 팀원들이 언제 어디서나 작업 진행 상황을 공유하고 일정 변경 사항을 즉각적으로 전달하여 의사소통의 효율성을 극대화하는 방법이 있다. 이를 통해 팀원들은 실시간으로 상호 소통하여 협업을 원활히 할 수 있다.

또 프로젝트와 관련된 팀원들이 정기적으로 회의를 통해 현재 작업 상황과 문제점 등을 심도 있게 논의함으로써 일정 조정이 필요할 때 신속하게 결정을 내릴 수 있어 프로젝트가 지연되지 않도록 지원한다.

아울러 ERP나 MES 시스템 내의 일정 관리 모듈을 활용해 일정 변경 사항을 실시간으로 확인하고, 부서 간 협력을 강화하여 전체적인 프로젝트 진행 상황을 하나의 통합된 플랫폼에서 관리할 수 있다.

이러한 통합은 ERP와 MES 시스템의 연계가 전제되어야 효과적으로 이루어지며, 이를 통해 정보의 흐름이 끊기지 않고 지속적으로 이루어져 각 부서가 일관된 데이터를 바탕으로 업무를 조율할 수 있어 의사결정의 정확성과 신속성을 동시에 높일 수 있다.

결과적으로, 이러한 커뮤니케이션 도구와 전략은 협업의 효율성을 증대하고, 예기치 않은 상황에도 유연하게 대응하여 프로젝트의 성공 가능성을 크게 향상시키는 중요한 역할을 한다.

⇒ 지속적인 커뮤니케이션의 주요 이점

일정 변경 사항이 생길 때, 관련 부서 간 신속하게 정보를 공유하여 문제 발생 시 즉각적인 대응이 가능해지고, 이를 통해 각 부서는 일정 변경에 대한 정보를 공유함으로써 협력을 원활히 이루며 공동 목표에 맞추어 조율할 수 있다. 또 모든 관련자가 똑같은 정보를 실시간으로 확인함으로써 일정 조정 과정이 더욱 투명해지고, 서로의 역할과 책임을 명확히 인식할 수 있어 혼란을 줄이고 업무의 일관성을 유지할 수 있다. 문제 발생 시에도 팀 간 원활한 소통을 통해 신속하게 문제를 해결하고 일정을 재조정할 수 있어, 전체 프로젝트 진행에 지장이 생기지 않도록 하며, 이를 통해 조직 전체가 일정 변경 사항에 민첩하게 대응하고 프로젝트의 성공 가능성을 높이는 중요한 기반을 제공한다.

⇒ 지속적인 커뮤니케이션의 성공 사례

화학 제조업에서는 일정 변경이 빈번히 발생하는 복잡한 생산 공정에서도 부서 간의 지속적인 커뮤니케이션을 통해 협력을 강화하여 운영 효율성을 크게 향상시킬 수 있었다. 복잡한 화학 제조 공정은 다양한 원료와 공정 단계를 포함하고 있어, 작은 변수나 예기치 못한 상황으로 인해 일정이 변경될 가능성이 높다.

이러한 상황에서 각 부서가 실시간으로 변경 사항을 공유하고, 조정이 필요한 사항을 빠르게 협의함으로써 일정 관리를 더욱 효율적으로 수행할 수 있었다. 각 부서가 긴밀하게 협력하여 생산 일정을 조정하고 필요한 자원을 최적화함으로써, 불필요한 지연을 방지하고 공정 간의 충돌을 최소화할 수 있었다. 이러한 커뮤니케이션 체계는 일정 변경에 대한 민첩한 대응을 가능하게 하여 화학 제조업에서 생산성과 납기 준수율을 높이는 데 중요한 역할을 했다.

• **주요 내용 정리**

작업 일정 조정은 설비 문제, 자재 공급 지연, 인력 부족, 수요 변동 등으로 인한 변동 상황에 대응해 작업 순서를 재조정하고 자원을 최적화하여 생산성을 유지한다. 또한 간트 차트, PERT/CPM, ERP 시스템 등을 활용한 우선순위 설정, 자원 재배치, 일정 연기, 작업 시간 연장, 공정 최적화를 통해 납기 준수와 운영 효율을 극대화하며, 실시간 모니터링, 예측 분석으로 데이터를 기반으로 문제를 예측·해결하고, 지속적 커뮤니케이션으로 부서 간 협력을 강화해 유연한 생산 관리와 고객 만족을 동시에 달성하는 핵심 활동이다.

생산 유연성 확보

급변하는 수요 대응

현대 제조업체와 서비스 제공업체들은 급변하는 시장 수요에 적응해야 하는 과제를 안고 있다. 고객의 요구는 다양한 이유로 인해 빠르게 변할 수 있으며, 이러한 변동에 빠르게 대응하지 못하면 경쟁에서 뒤처지거나 납기 준수에 실패하게 된다. 급변하는 수요에 대응하는 것은 생산 유연성을 확보하는 중요한 전략이며, 이를 통해 기업은 시장에서 경쟁력을 유지하고 운영 효율성을 극대화할 수 있다.

이 장에서는 급변하는 수요에 대응하기 위한 주요 전략, 도구, 프로세스, 그리고 성공적인 대응을 위한 방법론에 대해 논의한다.

● 급변하는 수요 대응의 중요성

수요는 계절적 영향, 시장 트렌드 변화, 예기치 않은 경제적 요인, 기술 혁신, 경쟁 상황, 마케팅 캠페인 등 다양한 외부 및 내부 요인에 의해 급격히 변동할 수 있으며, 이러한 변화에 적절히 대응하지 못하면 여러 문제가 발생할 수 있다. 우선, 수요 변동을 제대로 반영하지 못하면 재고 과잉 또는 부족 현상이 발생하여, 과잉 생산으로 불필요한 재고가 쌓이거나 공급 부족으로 납기 준수가 어려워지는 상황이 생길 수 있다. 또 급변하는 수요에 대응하지 못할 경우 생산 계획이 혼란에 빠져 급한 자재 구매나 비효율적인 생산 계획으로 인해 추가 비용이 증가할 수 있다.

더 나아가, 수요를 신속하게 충족하지 못하면 고객 만족도가 저하될 수 있으며, 이는 결국 고객 이탈로 이어져 고객이 다른 경쟁사로 눈을 돌릴 가능성을 높인다. 따라서 기업은 수요 변동에 신속하고 유연하게 대응할 수 있는 체계를 갖추어야 하며, 이를 위해 예측 능력, 생산 유연성, 공급망 관리 등의 요소가 유기적으로 조화를 이루어야 한다.

급변하는 수요에 대응하는 주요 전략

수요 변동에 신속 대응하려면 여러 가지 전략이 필요하다. 다음은 주요 전략들이다.

• 실시간 데이터 기반의 수요 예측

수요 변동을 예측하는 기본적인 방법으로는 실시간 데이터를 활용한 수요 예측이 있으며, 이는 시장, 고객, 판매 트렌드를 실시간으로 모니터링하여 미래의 수요 변동을 예측함으로써 예상치 못한 수요 급증이나 감소에도 기업이 빠르게 대응할 수 있도록 한다. 또 인공지능(AI), 머신러닝(ML), 빅데이터 분석 도구 등 기술을 도입하여 과거 데이터를 기반으로 패턴을 인식하고 더욱 정확하게 수요 변화를 예측할 수 있으며, 급변하는 수요 상황에 대비하기 위해 자동 경보 시스템을 구축하여 판매나 시장 변화가 감지될 때 즉각 대응할 수 있는 체계를 마련할 수 있다. 이러한 예측, 기술, 경보 시스템의 결합은 수요 변동에 대한 기업의 민첩성을 높이고 유연한 대응을 가능하게 한다.

• 유연한 생산 시스템

수요 변화에 맞춰 신속하게 생산량을 조정할 수 있는 유연한 생산 시스템이 필요하며, 이는 설비, 인력, 자재 등을 효율적으로 재배치하여 수요 변동에 빠르게 대응할 수 있는 능력을 의미한다.

유연한 생산 시스템의 일환으로 모듈화된 생산 설비를 도입하면 수요 변화에 따라 생산라인을 쉽게 조정할 수 있어 특정 제품의 생산량을 유연하게 늘리거나 줄일 수 있다. 또 인력 유연성을 확보하여 필요할 때 추가 인력을 투입하거나 근무 시간을 조정할 수 있는 능력을 갖추는 것이 중요하며, 이를 위해 교대 근무 체계 도입이나 외부 인력 자원 활용 같은 방법이 효과적으로 적용될 수 있다.

• 재고 관리 최적화

급변하는 수요에 효과적으로 대응하기 위해서는 재고 관리의 중요성이 매우 크며, 재고 수준을 최적화하여 예상치 못한 수요 증가에도 신속히 대응할 수 있는 시스템을 구축하는 것이 필요하다. 과잉 재고는 보관 비용 증가와 자본 낭비를 초래할 수 있고, 재고 부족은 고객 주문을 놓칠 위험이 있으므로 균형 잡힌 재고 관리가 필수적이다. 이를 위해 갑작스러운 수요 증가에 대비한 안전 재고를 일정 수준 유지하는 것이 중요하며, 수요 변동성에 따라 안전 재고 수준을 조정하고, 시장 불확실성이 큰 경우 더 많은 안전 재고를 보유하는 것이 유리할 수 있다. 또 빠르게 변화하는 수요에 맞춰 재고 회전율을 높이는 것이 중요한데, 재고 회전율이 높아지면 재고 부족 문제를 줄이고 낭비를 최소화하여 재고 관리의 효율성을 극대화할 수 있다.

• 공급망 유연성 확보

수요 변화에 효과적으로 대응하려면 유연한 공급망을 구축하는 것이 필수적이며, 공급망은 자재 공급, 물류, 재고 보충 등 모든 과정이 유기적으로 연결되어 있으므로 이러한 유연성이 확보되지 않으면 수요 변동에 빠르게 대응하기 어렵다. 이를 위해 다중 공급업체 전략을 채택하여 하나의 공급업체에 의존하지 않고 여러 공급업체와 계약을 맺음으로써 공급 리스크를 분산할 수 있으며, 이를 통해 특정 공급업체에 문제가 발생하더라도 대체 공급업체를 통해 안정적으로 자재를 확보할 수 있다.

또 글로벌 공급망의 불확실성을 줄이고 자재 조달의 신속성과 비용 효율성을 높이기 위해 지역 공급망을 적극 활용하는 것이 중요하다. 지역 공급망을 강화하여 물류비용을 절감하고 자재 공급 시간을 단축하면 공급망의 탄력성이 높아져 예기치 않은 수요 변동이나 공급 지연 상황에서도 민첩하게 대처할 수 있는 기반이 마련된다.

• 협업과 통합 계획

S&OP는 수요 변화에 효과적으로 대응하기 위한 중요한 역할을 하며, 협업 기반의 통합 계획을 통해 기업 내 여러 부서 간의 커뮤니케이션을 원활하게 하여 수요 변동에 맞춰

신속하게 생산 계획을 조정할 수 있는 체계를 제공한다.

S&OP 프로세스를 강화하기 위해서는 수요 예측팀, 생산팀, 공급망 팀이 긴밀히 협력하여 수요 변동에 대응하는 통합 계획을 수립하는 것이 필수적이며, 이를 통해 신속하고 유연한 대응이 가능해진다. 또 수요와 생산 계획을 주기적으로 점검하고 업데이트하는 정기적 검토 절차를 통해 변화하는 시장 환경에 즉각 대응할 수 있어 기업의 민첩성과 경쟁력을 높이는 데 중요한 역할을 한다.

• 고객과의 협력

수요 예측에 있어 중요한 정보는 고객과의 협력을 통해 얻을 수 있으며, 고객과의 긴밀한 커뮤니케이션은 향후 수요 변화에 대한 실질적인 정보를 제공하여 이를 바탕으로 더욱 정확한 생산 계획을 수립할 수 있게 한다. 이러한 고객과 협력하는 방안으로, VMI(Vendor Managed Inventory) 시스템을 활용하면 공급자가 고객의 재고를 직접 관리하여 고객의 수요 변동에 맞춰 재고를 자동으로 보충함으로써 신속하게 대응할 수 있다. 또 고객 포털을 통해 고객이 직접 수요 정보를 업데이트하거나 주문을 관리할 수 있는 환경을 제공함으로써 실시간으로 수요 변화를 반영할 수 있어, 더욱 빠르고 정확한 대응이 가능하다. 이러한 시스템을 통해 기업은 고객 수요에 대한 민첩성을 높이고 예측의 정확성을 강화하여 경쟁력을 크게 높일 수 있다.

급변하는 수요 대응을 위한 도구와 기술

• ERP 시스템

ERP(Enterprise Resource Planning) 시스템은 실시간 데이터를 기반으로 생산, 재고, 공급망 정보를 통합 관리하여 기업이 수요 변화에 신속하고 유연하게 대응할 수 있도록 지원하는 핵심 도구이다. ERP 시스템을 통해 기업은 생산 공정부터 자재 관리, 재고 보충, 그리고 공급망 운영까지 전반적인 정보를 통합적으로 파악할 수 있어, 수요가 급변하는 상황에서도 전체 운영을 조정하여 최적의 자원 배분과 생산 계획을 수립할 수 있다.

예를 들어, 수요가 갑작스럽게 증가하거나 감소할 경우 ERP 시스템은 이를 실시간으로 감지하여 생산량을 조정하고, 필요한 자재를 신속히 확보하며, 재고 상황을 적절히 관리할 수 있는 기반을 제공한다. 또 ERP 시스템은 여러 부서 간 데이터를 일관성 있게 공유하여 부서 간 협업을 촉진하고, 중복된 업무나 자원 낭비를 줄이는 데 이바지한다. 이를 통해 기업은 운영 효율성을 높이는 동시에 고객 수요에 빠르게 대응할 수 있으며, 궁극적으로는 변화하는 시장 환경 속에서 경쟁력을 강화할 수 있다.

• 수요 예측 소프트웨어

수요 예측 소프트웨어는 판매 기록, 시장 데이터, 고객 행동 패턴 등 다양한 데이터를 분석하여 향후 수요 변동을 예측할 수 있는 강력한 도구로, 이를 통해 기업은 더욱 정확하고 세밀한 수요 예측을 수행할 수 있다. 이 소프트웨어는 인공지능(AI)과 머신러닝(ML) 알고리즘을 활용하여 과거 데이터의 패턴을 학습하고, 향후 수요 변화 가능성을 분석해 기업이 예상치 못한 수요 급증이나 감소에 신속히 대응할 수 있도록 지원한다.

예를 들어, 특정 시즌에 수요가 증가하거나 감소하는 트렌드를 발견하면 그에 따라 생산 계획과 재고를 미리 조정할 수 있어, 자재 부족이나 과잉 생산을 방지할 수 있다. 수요 예측 소프트웨어는 또한 외부 시장 데이터를 통합 분석함으로써 시장 상황 변화에 대한 민감성을 높이고, 수요 변동에 대한 신속한 대응을 가능하게 하여 기업의 운영 효율성을 증대시킨다. 이를 통해 기업은 생산과 재고 관리를 최적화하고, 공급망 효율성을 높여 변화하는 시장 환경에서 경쟁 우위를 유지할 수 있다.

• 클라우드 기반의 공급망 관리

클라우드 기술을 활용한 공급망 관리 시스템은 공급망 전반에 대한 가시성을 크게 향상·발전시켜, 기업이 수요 변동에 신속하게 대응하고 공급망을 유연하게 조정할 수 있는 강력한 도구이다. 클라우드 기반 시스템은 실시간 데이터 접근성을 제공하여 공급망 내 모든 구성 요소에 대한 최신 정보를 언제 어디서나 확인할 수 있게 해주며, 이를 통해 각 부서와 파트너들은 수요 변화, 재고 상태, 물류 상황 등을 실시간으로 파악할 수 있다. 예를 들어, 클라우드 시스템을 통해 수요 급증 상황이 확인되면, 생산팀은 즉시 생산량을 늘리고 물류 팀은 필요한 자재를 신속하게 확보할 수 있는 기반이 마련된다. 또 클라우드 기반의 데이터 공유는 기업 내부뿐 아니라 외부 파트너 간의 협업을 강화하여 공급망 전반에서의 빠른 의사결정과 즉각적인 대응을 가능하게 한다. 이를 통해 기업은 수요 변화에 따른 공급망 리스크를 줄이고, 운영 효율성을 높일 수 있으며, 결과적으로 변화하는 시장 환경 속에서 경쟁력을 유지하고 고객 만족도를 증대시키는 데 중요한 역할을 한다.

• 주요 내용 정리

급변하는 수요에 대응하기 위해 기업은 실시간 데이터 기반 수요 예측, 유연한 생산 시스템, 최적화된 재고 관리, 다중 공급망 전략과 지역 공급망 활용을 통한 공급망 유연성 강화, S&OP를 통한 부서 간 협업, 고객과의 긴밀한 협력을 통해 민첩한 생산 계획을 수립하며, ERP 시스템, AI 및 머신러닝을 활용한 수요 예측 소프트웨어, 클라우드 기반 공급망 관리 도구를 활용해 시장 변화에 신속히 대응하고 운영 효율성과 고객 만족도를 극대화하여 경쟁력을 유지하는 통합적이고 유연한 전략을 구축해야 한다.

유연한 생산 공정 도입

유연한 생산 공정은 급변하는 시장 환경과 수요 변동에 신속하게 대응할 수 있도록 생산 프로세스를 최적화하는 전략이다. 현대 제조업은 고객의 맞춤형 요구, 신제품의 빠른 출시, 경쟁 시장의 변화 등에 민첩하게 대응해야 한다.

유연한 생산 공정을 도입하면 생산의 탄력성을 높이고, 생산 효율성을 유지하면서 변화에 적응할 수 있다. 이는 특히 수요 예측의 불확실성이 큰 환경에서 생산의 안정성과 비용 절감을 달성하는 데 중요한 역할을 한다.

유연한 생산 공정의 필요성

유연한 생산 공정의 필요성은 다음과 같은 이유로 인해 점차 중요해지고 있다.

• 수요 변동성

유연한 생산 공정의 필요성이 커지는 주요 이유는 수요 변동성에 신속히 대응할 수 있어야 하기 때문이다. 고객의 요구가 빠르게 변화하고, 제품의 수명 주기가 짧아짐에 따라 제조업체는 수요 변동에 민첩하게 대응할 필요가 있다. 수요가 갑작스럽게 증가하면 충분한 생산량을 확보하지 못해 공급 부족 상황이 발생할 수 있고, 반대로 수요가 감소하면 재고 과잉과 비용 부담이 초래될 수 있다.

유연한 생산 공정은 이러한 변동성에 따라 생산 속도를 유동적으로 조정할 수 있도록 설계되어, 필요한 경우 생산을 빠르게 증대하거나 축소하여 상황에 맞춘 대응이 가능하다. 이를 통해 제조업체는 수요 변화에 따른 재고 과잉이나 공급 부족을 방지하고, 나아가 시장의 빠른 변화 속에서도 고객 요구를 충족시키며 운영 효율성을 높일 수 있다.

• 맞춤형 생산

현대의 고객들은 개별적인 요구를 반영한 맞춤형 제품이나 소량 다품종 제품을 요구하는 경우가 많아, 기존의 대량 생산 체제만으로는 이러한 기대에 충분히 대응하기 어렵다. 따라서 제품의 사양을 손쉽게 변경하고, 다양한 종류의 제품을 짧은 시간 안에 생산할 수 있는 유연한 시스템이 필수적이다.

Mass Customization(대량 맞춤형 생산)은 이러한 유연한 생산 공정의 대표적인 사례로, 대량 생산의 효율성을 유지하면서도 고객의 개별 요구를 충족할 수 있도록 설계된 생산 방식이다. 이러한 유연한 공정을 통해 제조업체는 빠르게 변하는 소비자 트렌드에 민첩하게 대응하며, 고객 만족도를 높이고 경쟁력을 강화할 수 있다.

• 신속한 제품 전환

기술의 발전과 시장 트렌드의 빠른 변화로 인해 제품의 수명 주기가 짧아지면서, 기업들은 새로운 제품을 신속하게 출시해야 하는 압박을 더욱 강하게 받고 있다. 전통적인 생산 공정은 특정 제품을 장기간에 걸쳐 대량 생산하는 방식에 초점을 맞추었지만, 이러한 방식은 변화하는 시장의 요구에 대응하는 데 한계가 있다. 유연한 생산 공정은 이러한 단점을 보완하여, 새로운 제품의 생산을 빠르게 전환하고 조정할 수 있는 능력을 갖추고 있어야 한다. 이를 통해 기업은 신제품을 시장에 신속히 출시함으로써 트렌드를 반영하고 경쟁력을 유지할 수 있으며, 변화하는 소비자 요구에 민첩하게 대응할 수 있다.

유연한 생산 공정의 주요 특징

성공적으로 유연한 생산 공정을 도입하려면, 유연성을 극대화하고, 생산성과 비용 효율성을 함께 유지하는 데 도움이 될 여러 가지 필수적인 요소가 필요하다.

• 모듈화된 생산라인

모듈화된 생산라인은 각 생산 공정 단계를 독립적으로 운영할 수 있도록 설계된 시스템으로, 유연한 생산 공정의 주요 특징 중 하나이다. 이 시스템은 각 공정이 고정된 작업이나 특정 단계에 얽매이지 않고, 필요에 따라 공정 간의 연계성을 유연하게 조정할 수 있는 구조를 갖추고 있다. 이러한 모듈화된 생산 방식은 제품의 사양을 변경하거나 생산량을 조정하는 일이 훨씬 쉬워져, 특정 제품에 대한 수요가 증가하거나 새로운 사양이 요구되는 상황에 신속히 대응할 수 있도록 한다. 또 다양한 제품을 동시에 생산할 수 있어 다품종소량생산 요구를 충족시킬 수 있으며, 시장의 변화에 맞춰 생산성을 최적화할 수 있는 유연성을 제공한다.

• 다기능 작업자

유연한 생산 공정을 구현하려면 다기능 작업자가 필수적이다. 다기능 작업자는 여러 공정에서 다양한 작업을 수행할 수 있는 역량을 갖춘 인력으로, 특정 공정에 국한되지 않고 여러 작업에 투입될 수 있는 유연성을 지니고 있다. 이들은 상황에 따라 다양한 작업에 배치될 수 있어, 특정 공정에 작업자가 부족하거나 공정 변화가 생길 때도 즉각적으로 대응할 수 있다. 다기능 작업자의 존재는 인력 배치의 유연성을 크게 높여주며, 이를 통해 생산 공정이 예기치 않은 상황에서도 안정적으로 운영될 수 있도록 지원한다.

이처럼 다기능 작업자는 인력 운영의 효율성을 강화하여 유연한 생산 체제를 뒷받침하는 중요한 요소가 되며, 변화하는 수요와 공정 요구에 민첩하게 대응할 수 있는 생산 환경을 구축하는 데 핵심 역할을 한다.

• 자동화 기술의 적용

자동화 기술은 유연한 생산 공정을 구현하는 데 필수적인 도구로, 특히 산업용 로봇과 자동화된 기계는 다양한 제품을 신속히 전환하여 생산할 수 있는 능력을 갖추고 있다. 이 기술들은 작업 조건을 프로그래밍하여 공정 중간에 필요한 변경 사항을 자동으로 처리할 수 있어, 생산 공정이 변화하는 요구에 따라 유연하게 적응할 수 있게 한다. 이를테면 CNC 머신(Computer Numerical Control)은 제품의 사양을 컴퓨터에 프로그래밍함으로써 다양한 제품을 손쉽게 생산할 수 있으며, 새로운 사양이 요구될 때마다 빠르게 공정을 전환할 수 있다. 자동화 기술의 적용은 수요 변동에 신속하게 대응할 수 있게 하고, 작업 효율성을 높이며, 생산 중단이나 지연을 줄이는 데 중요한 역할을 한다. 결국 자동화 기술은 유연한 생산 시스템의 기초를 이루며, 공정 변경과 제품 다양화에 대한 대응력을 강화하여 경쟁력을 높이는 핵심 요소가 된다.

• 생산 스케줄링의 유연성

유연한 생산 공정에서 생산 스케줄링의 유연성은 매우 중요한 요소로, 수요 변화나 자원 가용성에 맞추어 생산 일정을 신속하게 조정할 수 있어야 한다. 이러한 유연한 스케줄링은 자재 소요 계획(MRP)과 긴밀하게 연계되어 자재가 적시에 공급되도록 조정함으로써, 생산 공정이 중단되지 않고 지속될 수 있도록 한다.

이를 통해 급작스러운 주문 증가나 예기치 않은 공급 차질 상황에서도 생산성을 유지할 수 있으며, 적시에 필요한 자원을 배치하여 운영의 효율성을 극대화할 수 있다. 유연한 생산 스케줄링은 단순한 일정 관리를 넘어 수요 예측, 자재 공급, 생산 자원 배치 등을 통합적으로 고려한 전략적 접근이 필요하며, 이를 통해 유연한 생산 체제는 변화하는 시장 요구에 민첩하게 대응할 수 있는 능력을 갖추게 된다.

• 유연한 생산을 위한 재고 관리 혁신

유연한 생산 공정을 유지하려면 재고 관리의 효율성을 높이는 것이 매우 중요하다. 필요 이상으로 많은 재고를 보유하면 불필요한 공간 점유와 자본 낭비로 이어질 수 있어 운영 비용을 증가시키는 주요 요인이 되며, 반대로 재고가 부족하면 고객의 수요를 적시에 충족하지 못해 신뢰 하락과 매출 손실로 연결될 수 있다.

따라서 적정한 재고 수준을 유지하면서도 다양한 수요 변화에 신속하고 유연하게 대응할 수 있도록 재고 회전율을 효율적으로 관리해야 한다.

이를 지원하기 위해 활용되는 대표적인 재고 관리 기법으로는 Just-in-time(JIT) 방식과 칸반(Kanban) 시스템이 있다. JIT 방식은 필요한 시점에 필요한 만큼만 생산하고 조달하는 접근법으로, 과잉 생산과 불필요한 재고 축적을 방지하는 데 초점을 맞춘다. 이를 통해 기업은 자원을 효율적으로 활용할 수 있으며, 운영의 유연성을 높일 수 있다. 칸반 시스템은 시각적 신호를 통해 생산과 물류 과정을 효과적으로 조율하며, 작업 흐름을 원활히 관리하여 병목 현상을 줄이고 재고 회전율을 최적화하는 데 도움을 준다. 결국 재고 관리의 최적화는 단순히 비용을 절감하는 것을 넘어 기업의 생산성과 운영 효율성을 높이는 데 중요한 역할을 한다. 적절한 기법을 활용한 체계적인 재고 관리는 변화하는 수요와 시장 환경에 유연하게 대응할 수 있는 기반을 마련해준다.

유연한 생산 공정의 도입 방법

유연한 생산 공정을 성공적으로 도입하려면 구체적인 방법론과 전략이 필요하다. 유연한 공정 도입을 위한 주요 방법은 다음과 같다.

• Lean Manufacturing의 적용

Lean Manufacturing은 불필요한 공정과 낭비를 제거하고 생산 효율성을 극대화하는 데 초점을 맞춘 경영기법이다. 이 기법은 자원의 낭비를 최소화하고, 생산 과정을 체계적으로 개선함으로써 고객 가치 창출을 극대화하는 것을 목표로 한다. 특히, 유연한 생산 공정을 도입할 때 Lean 기법은 제품 전환 시간을 효과적으로 단축시키고, 공정간 병목 현상을 제거하여 생산 흐름의 원활함을 확보한다. 이를 통해 기업은 빠르게 변화하는 수요에 신속하게 대응할 수 있는 능력을 갖추게 되며, 동시에 자원을 더욱 효율적으로 배분하고 활용할 수 있다. 또한 Lean 기법은 공정 개선분만 아니라 전반적인 운영 효율성을 높이는 데 기여하여, 품질 향상과 비용 절감이라는 두 가지 목표를 동시에 달성하도록 돕는다. 결과적으로 Lean Manufacturing은 기업의 경쟁력을 강화하고, 지속 가능한 성장을 위한 기반을 제공하는 중요한 경영 전략으로 자리잡는다.

• ERP와 MES 시스템의 통합

ERP(Enterprise Resource Planning) 시스템과 MES(Manufacturing Execution System)는 유연한 생산 공정을 구축하는 데 필수적인 관리 도구로서, 두 시스템의 통합은 생산의 유연성과 효율성을 극대화하는 데 중요한 역할을 한다. ERP는 전체적인 자원 관리, 생산 일정 및 자재 계획 등을 지원하여 기업의 생산 활동을 큰 틀에서 조정하고 관리할 수 있게 한다. MES는 생산 현장에서 실시간으로 데이터를 수집하고 모니터링하며, 공정 상황에 따른 즉각적인 조정과 피드백을 가능하게 한다.

다음의 항목들은 ERP와 MES 간의 핵심 연동 및 인터페이스 영역으로, 유연하고 민첩한 생산 환경을 구축하는 데 중요한 역할을 합니다.

주용업무 연계 업무 영역	ERP	흐름	MES
• 생산 계획 및 일정 관리	• ERP에서 설정된 생산 계획 및 일정 데이터를 MES로 전달. • 작업 지시서 및 생산 일정 데이터를 MES 로 전송하여 현장에서 실행 가능.	⇄	• MES에서 실시간 생산 상황에 따라 업데이트된 진행 상태를 ERP로 피드백. • 작업 완료 상태, 생산량, 소요 시간 등의 데이터를 ERP로 전송하여 계획의 실시간 조정 가능.
• 자재 및 자원 관리	• ERP에서 자재 소요 계획(MRP) 데이터 를 MES로 전달하여 생산에 필요한 자재 정보를 제공. • 자원(인력, 장비) 배정 데이터 전달.	⇄	• MES에서 자재 사용량 및 소모 데이터를 ERP로 전송하여 재고 관리 및 자원 배분에 반영. • 자원의 실제 사용 데이터(장비 가동 시간, 인력 작업 시간 등) 전송.
• 실시간 데이터 수집 및 모니터링	• N/A	←	• 생산 공정에서 수집된 실시간 데이터(품질 검사 결과, 장비 상태, 공정 이상 상황)를 ERP로 전달. • 실시간 데이터 기반으로 ERP에서 전반적인 자원 관리 및 의사결정에 활용.
• 공정 최적화 및 병목 관리	• ERP에서 새로운 생산 계획 및 최적화 방안을 MES로 전달하여 즉각적인 실행.	⇄	• MES에서 병목 현상, 비정상 상황 등의 공정 문제를 ERP에 알림. • ERP가 받은 정보를 바탕으로 대체 생산 계획 또는 자원 재배치 결정
• 품질 관리	• N/A	←	• MES에서 품질 검사 결과 데이터를 ERP로 전송. • 품질 데이터 분석 결과를 ERP에서 반영하여 생산 계획 및 자재 계획 조정.
• 예기치 않은 수요 변화 및 생산 차질 대응	• ERP에서 수요 변화에 따른 새로운 생산 계획을 MES로 전달. • MES에서 생산 차질 상황을 실시간으로 ERP에 보고하여 즉각적인 대체 계획 수립 가능.	→	• N/A
• 보고 및 분석	• N/A	←	• MES에서 수집된 데이터를 ERP로 전송하여 종합적인 보고서 및 분석 자료 작성에 활용. • 생산 이력 데이터, 생산성 지표, 장비 가동률 등의 데이터를 ERP로 제공.

[표 6] ERP MES 통합 정보의 핵심]

이 두 시스템을 통합하면 ERP에서 설정한 생산 계획이 MES를 통해 실시간으로 실행되고 필요한 경우 즉각적으로 조정될 수 있어, 예기치 않은 수요 변화나 생산 차질에도 유연하게 대응할 수 있다. 이러한 통합 시스템은 생산라인의 가시성을 높이고 공정 간의 병목을 줄여, 자원 배분과 생산 흐름을 최적화함으로써 유연하고 민첩한 생산 환경을 마련하는 데 필수적인 기반을 제공한다.

ERP(Enterprise Resource Planning)와 MES(Manufacturing Execution System)의 통합은 기업의 전사적 자원 관리와 제조 현장의 실행 관리를 하나의 체계로 연결하여 생산 효율성을 높이고, 실시간 데이터에 기반한 의사결정을 가능하게 하는 통합 운영 시스템을 구축하는 것이다.

이 통합을 통해 ERP의 전략적 관리 기능과 MES의 실행 제어 기능이 유기적으로 연계되며, 이를 통해 전체 생산 프로세스를 더 효율적이고 효과적으로 운영할 수 있다.

• ERP와 MES의 역할 차이

⇒ ERP(전사적 자원 관리 시스템)

ERP(Enterprise Resource Planning) 시스템은 주로 기업의 전략적 자원 관리를 담당하며, 재무, 자재, 인력, 생산 계획, 공급망, 고객 관리 등 다양한 데이터를 통합 관리한다. 이를 통해 기업은 전사적 계획과 전략적 결정을 지원할 수 있으며, 고수준의 생산 일정, 자재 소요 계획(MRP), 자원 할당 등을 효율적으로 조정할 수 있다. ERP 시스템은 생산 계획 수립, 자재 구매, 공급망 관리, 인력 배치, 재무 관리 등 다양한 영역에서 거시적인 관점으로 의사결정을 지원하며, 이를 통해 기업의 전체 자원을 효과적으로 배분하고 최적의 운영 전략을 세울 수 있도록 도와준다.

⇒ MES(제조 실행 시스템)

MES(Manufacturing Execution System) 시스템은 제조 현장에서의 실시간 실행 관리를 담당하며, 공장 내 생산 작업을 세부적으로 제어하고 생산 프로세스를 실시간으로 모니터링하는 역할을 한다.

MES는 현장에서 발생하는 실시간 생산 데이터를 수집하고, 작업 지시를 내려 자재 흐름을 관리하며, 품질 관리와 장비 상태 모니터링, 생산 공정 제어 등의 작업을 수행한다. 이를 통해 각 공정 단계에서의 세부적으로 작업 지시와 제어를 할 수 있어서, 생산 효율성을 높이고 제품 품질을 안정적으로 유지할 수 있다. MES는 현장 수준에서의 운영을 최적화함으로써, 생산 공정이 원활하게 진행되도록 돕는 중요한 시스템이다.

⇒ ERP와 MES의 통합 구조

ERP와 MES의 통합 구조는 두 시스템 간의 데이터를 양방향으로 연동하여 계획(ERP)과 실행(MES) 간의 정보 흐름을 원활하게 해주는 역할을 한다. 이 통합을 통해 ERP 시스템은 생산 현장에서 수집된 실시간 데이터를 기반으로 더욱 정확하고 현실적인 계획을 수립할 수 있으며, 이는 생산 일정, 자재 소요 계획, 자원 할당 등의 전략적 결정에 반영된다. 동시에 MES는 ERP에서 전달된 생산 계획을 기반으로 세부 작업을 지시하고 제어하여 현장에서 계획이 차질 없이 실행되도록 관리한다.

MES는 필요한 자재 흐름을 조정하고, 작업 지시를 내리며, 품질과 장비 상태를 모니터링하여 생산 공정을 세부적으로 제어함으로써 ERP의 계획이 현실적으로 구현될 수 있도록 한다. 이처럼 ERP와 MES의 통합 구조는 계획과 실행 간의 상호작용을 강화하여 생산 효율성과 일관성을 극대화한다.

⇒ 통합 구조의 주요 특징

ERP와 MES의 통합 구조는 두 시스템 간의 데이터 흐름을 통해 계획과 실행이 유기적으로 연결되는 것이 특징이다. ERP에서 수립된 전략적 생산 계획이 MES로 전달되면, MES는 이를 바탕으로 현장에서 실시간으로 생산을 실행하고 작업 지시를 관리한다. 동시에 MES는 생산 현장에서 발생하는 실시간 데이터(작업 진행 상황, 기계 가동 상태, 품질 데이터 등)를 ERP로 전송하여 자재 소요, 인력 배치, 비용 관리 등ERP의 계획이 더욱 정확하게 반영될 수 있도록 지원한다.

이를 통해 ERP는MES의 현장 데이터를 기반으로 계획을 조정하고 최적화하며, MES는 ERP에서 제공하는 계획 데이터를 바탕으로 생산 공정을 효율적으로 제어한다. 이 통합 구조는 자동화된 의사결정을 가능하게 하며, 작업 지시와 자원 할당 과정에서 표준화된 프로세스를 적용하여 전체 생산 과정의 효율성과 일관성을 높여준다.

• ERP-MES 통합의 이점

ERP와 MES 통합을 통해 얻을 수 있는 주요 이점은 다음과 같다.

⇒ 실시간 데이터 기반의 의사결정

ERP-MES 통합을 통해 ERP 시스템은 생산 현장에서 발생하는 실시간 데이터를 반영하여 더 정확하고 즉각적인 의사결정을 내릴 수 있는 능력을 갖추게 된다. 통합된 시스템은 생산이 진행되는 상황을 실시간으로 파악함으로써 필요에 따라 일정 조정, 자재 재고 관리, 품질 이슈에 대한 신속한 대응이 가능해진다. 이를 통해 ERP는 생산 계획의 변동에 실시간으로 대응하여 자재나 인력 배치를 최적화하고, 재고가 과잉 또는 부족 상태로 치우치는 것을 방지할 수 있다. 또 품질 문제가 발생했을 때도 MES에서 수집된 현장 데이터를 ERP가 즉각 반영하여 조치함으로써, 제품의 품질을 안정적으로 유지하고 불량률을 최소화하는 데 도움을 준다.

이러한 ERP-MES 통합의 이점은 기업의 운영 효율성을 크게 높이고, 변화하는 생산 환경에 유연하게 대응할 수 있는 체계를 구축하여 경쟁력을 강화하는 데 이바지한다.

⇒ 생산 계획과 실행의 일치

ERP-MES 통합을 통해 ERP에서 수립된 생산 계획이 MES에 실시간으로 전달되고, MES는 이를 구체적인 세부 작업 지시로 전환하여 현장에서 실행되도록 관리한다. 이때 MES에서 생산 현장의 실제 진행 상황과 작업 결과가 실시간 ERP로 피드백되어, 계획과 실행 간의 일치도가 높아지며 이를 지속적으로 모니터링할 수 있다.

이 통합 구조는 ERP가 설정한 전략적 계획이 현장에서 차질 없이 실행되는지 확인할 수 있는 체계를 마련하며, 계획 대비 실적을 면밀하게 추적함으로써 필요시 빠르게 조정할 수 있게 한다. 이를 통해 기업은 생산 계획이 예상대로 이루어지는지, 일정에 맞춰 생산이 진행되는지를 실시간으로 파악하고 조치함으로써, 전반적인 생산 효율성과 계획의 신뢰성을 높이는 데 이바지할 수 있다.

⇒ 재고와 자재 관리 최적화

ERP-MES 통합을 통해 ERP 시스템은 MES로부터 실시간으로 자재 사용량, 재고 수준, 자재 소모 속도 등의 데이터를 수집하여 자재 소요 계획(MRP)을 보다 정확하게 조정할 수 있다. MES에서 수집된 데이터를 ERP가 실시간으로 반영함으로써, 재고 상황을 효율적으로 관리하고, 자재가 필요한 시점에 적정량을 유지할 수 있도록 계획을 최적화할 수 있다. 이를 통해 불필요한 재고를 줄여 자원 낭비와 보관 비용을 절감할 수 있으며, 동시에 자재 부족으로 인한 생산 중단 위험도 예방할 수 있다. 이렇게 ERP-MES 통합은 자재 관리의 신속성과 정확성을 높여, 생산 공정이 원활히 진행되도록 지원하고, 기업의 전체 운영 효율성을 극대화하는 데 중요한 역할을 한다.

⇒ 품질 관리 강화

ERP-MES 통합을 통해 MES는 생산 공정에서 발생하는 품질 데이터를 실시간 ERP에 전송하여 품질 관리의 정확성과 신속성을 강화할 수 있다. MES에서 전송된 품질 데이터는 ERP에서 분석되어 불량률이 높아지는 경향이나 이상 징후를 조기에 파악할 수 있으며, 필요한 경우 ERP는 신속한 의사결정을 통해 생산을 중단하거나 공정을 조정하는 조치를 할 수 있다. 이를 통해 기업은 품질 문제를 사전에 관리하고 불량품 생산을 최소화하여, 고객에게 안정적인 품질의 제품을 공급할 수 있다. ERP-MES 통합의 이러한 품질 관리 강화 기능은 생산 효율성을 높이고 기업의 품질 관리 역량을 증대시켜, 전체 운영의 경쟁력을 한층 강화하는 데 도움을 준다.

⇒ 생산성과 효율성 향상

ERP-MES 통합 시스템은 자동화된 작업 지시와 자원 최적화를 가능하게 하여 인력과 설비의 가동률을 극대화하고, 생산 공정에서 발생할 수 있는 비효율성을 제거하는 데 중요한 역할을 한다. ERP는 전략적 자원 배분 계획을 수립하고, MES는 이를 기반으로 현장에서 실시간으로 작업 지시를 내리며 자원을 효율적으로 배치함으로써, 각 공정이 원활하게 진행되도록 관리한다. 이를 통해 불필요한 작업 지연이나 자원 낭비를 최소화하여 전반적인 생산성과 운영 효율성을 높일 수 있다. 결국 ERP-MES 통합은 자동화와 최적화된 자원 관리로 기업의 생산성을 한층 강화하고, 전체 운영의 효율성을 극대화하여 경쟁력을 크게 강화하는 데 도움이 된다.

• ERP와 MES 통합 시의 주요 기능

⇒ 생산 계획 실행

ERP와 MES 통합의 주요 기능 중 하나는 ERP에서 수립된 생산 계획을 MES로 전달하여 각 작업 센터나 생산라인에서 세부 작업이 실제로 실행될 수 있도록 지원하는 것이다. ERP는 전체적인 생산 목표와 일정에 기반한 전략적 계획을 수립하며, 이 계획은 MES로 전달되어 생산 현장에서 실행된다. MES는 이 계획을 바탕으로 각 생산라인의 세부 작업을 제어하고, 작업 순서와 자원 할당을 조정하여 효율적인 공정 운영을 관리한다. 동시에 MES는 현장에서 발생하는 실제 생산 진행 상황을 실시간 ERP에 전달하여, ERP가 이를 반영해 생산 계획을 조정하거나 업데이트할 수 있도록 한다. 이와 같은 ERP-MES 통합 구조는 계획과 실행 간의 연속성을 유지하여 생산 목표를 일관성 있게 달성하고, 필요시 유연하게 대응할 수 있는 기반을 제공한다.

⇒ 자재 소요 관리

ERP와 MES의 통합에서 자재 소요 관리 기능은 매우 중요한 역할을 하며, ERP의 자재 소요 계획(MRP)은 MES에서 실시간으로 수집되는 자재 사용 데이터를 반영하여 자재 요구 사항을 자동으로 업데이트할 수 있다. MES는 생산 현장에서 자재가 실제로 사용되는 데이터를 실시간 ERP에 전송함으로써, ERP가 현재 자재 소요 상태를 더 정확하게 파악할 수 있게 한다. 이를 통해 ERP는 자재의 구매, 입고, 사용 시점을 최적화하여, 필요한 시점에 적정량의 자재를 확보하도록 계획을 조정할 수 있다. 이 자동화된 자재 소요 관리는 자재 부족으로 인한 생산 중단을 방지하고, 불필요한 재고를 줄여 자원 활용의 효율성을 높이며, 생산 공정의 원활한 진행을 지원한다.

⇒ 생산 공정 모니터링

ERP와 MES 통합의 주요 기능 중 하나인 생산 공정 모니터링은 MES가 각 작업 단계에서 수집한 기계 가동 상태, 작업 완료 시간, 자재 소모량 등의 데이터를 실시간 ERP에 전송하여 생산 공정이 계획대로 진행되는지 확인할 수 있게 한다. MES는 생산 현장에서 발생하는 데이터를 ERP에 실시간 전달함으로써, ERP가 전체 생산 일정과 자원 활용 상태를 모니터링할 수 있도록 지원한다.

이를 통해 ERP는 예상치 못한 문제나 지연을 조기에 파악하고 신속히 대응할 수 있으며, 필요시 생산 계획을 조정하여 공정의 효율성을 유지할 수 있다. 이와 같은 실시간 생산 현장 모니터링 기능은 생산 공정의 투명성을 높이고, 문제 발생 시 빠르게 대처할 수 있는 기반을 마련해 기업 운영의 안정성을 강화한다.

⇒ 품질 관리

ERP와 MES 통합에서 품질 관리 기능은 MES에서 수집된 품질 데이터를 ERP로 실시간 통합하여 품질 이상 발생 시 신속하게 경고를 전달할 수 있도록 하는 중요한 역할을 한다. MES는 생산 공정 중 발생하는 다양한 품질 데이터를 지속적으로 모니터링하며, 이 데이터를 ERP로 전송하여 ERP가 품질 상황을 실시간으로 파악할 수 있게 한다.

이를 통해 품질 문제가 발생하기 전에 조기 경고가 가능해져, ERP는 신속하게 생산 계획을 조정하거나 문제 해결 방안을 모색할 수 있다. 이러한 ERP-MES 통합 품질 관리 기능은 제품 불량률을 최소화하고 생산 공정에서의 품질 일관성을 유지하여, 고객 만족도를 높이고 전체적인 생산 효율성을 강화하는 데 도움을 준다.

⇒ 비용 관리와 재무 통합

ERP와 MES의 통합은 비용 관리와 재무 통합 측면에서 중요한 역할을 하며, MES에서 발생하는 작업 시간, 자재 사용량, 기계 가동률 등의 데이터를 ERP로 실시간 전달하여 이를 비용 관리와 재무 분석에 활용할 수 있게 한다. MES는 생산 현장의 세부적인 데이터를 지속적으로 수집하며, ERP는 이러한 데이터를 토대로 정확한 생산 원가를 산출하고 자원 사용 효율성을 정밀하게 분석할 수 있다.

이를 통해 ERP는 생산에 필요한 인력, 자재, 기계 가동에 따른 원가를 명확히 파악하여 비용 절감을 위한 최적화 방안을 도출할 수 있다. 또 자원 사용에 대한 실시간 데이터는 재무 부서가 더 정확하게 예산을 수립하고 지출을 관리하는 데 도움을 준다. 이와 같은 ERP-MES 통합은 생산성과 비용 간의 관계를 재무적 관점에서 분석하고, 운영 효율성을 최적화하여 기업의 전반적인 수익성을 높여준다.

⇒ ERP와 MES의 통합 구조의 내용 정리

ERP와 MES의 통합은 전사적 자원 관리와 생산 실행 관리를 하나의 통합된 체계로 연결하여, 계획과 실행 간의 정보 흐름을 원활하게 하고 생산 효율성과 운영 투명성을 극대화하는 역할을 한다. 이 통합은 실시간 데이터를 기반으로 한 자동화된 의사결정을 가능하게 하며, 생산 계획의 정확성을 높이고, 자원 사용의 최적화를 통해 기업 전반의 경쟁력을 강화할 수 있다.

유연한 생산 공정 도입의 효과

유연한 생산 공정을 도입하면 다음과 같은 효과를 기대할 수 있다.

• 생산성 향상

유연한 생산 공정 도입은 수요 변동에 따라 신속하게 생산량을 조정할 수 있어, 생산성을 크게 향상시키는 효과를 가져온다. 이 시스템은 변화하는 시장 수요에 맞춰 필요한 만큼 생산을 가능하게 하여 자원 낭비를 최소화하고, 불필요한 재고나 과잉 생산을 방지할 수 있다. 또 유연한 공정을 통해 발생할 수 있는 병목 현상을 해소함으로써 각 공정 간의 균형을 유지하고, 작업 흐름이 원활히 이어지도록 한다. 이로써 생산 효율성이 더욱 높아지며, 필요한 자원과 시간을 최적화하여 단위 시간당 생산량을 증가시킬 수 있다. 유연한 생산 공정은 이처럼 효율적인 자원 활용과 신속한 대응을 통해 기업이 높은 생산성과 경쟁력을 동시에 확보할 수 있도록 지원한다.

• 비용 절감

유연한 생산 공정 도입은 낭비를 줄이고, 불필요한 공정과 자원 사용을 최소화하여 상당한 비용 절감 효과를 기대할 수 있다. 유연한 공정을 통해 필요한 시점에 필요한 양만큼의 자원을 사용하여 생산 효율을 극대화함으로써, 과잉 재고를 쌓아둘 필요 없이 비용을 효과적으로 관리할 수 있다. 특히, JIT(Just-In-Time) 방식을 적용하면 대량의 재고를 보유하는 대신 수요에 맞춰 필요한 만큼만 생산하는 방식으로 자재 보관 비용과 재고 관리 비용을 크게 줄일 수 있다. 이러한 방식은 자원 활용의 효율성을 높일 뿐만 아니라, 재고 관리와 유지에 소모되는 비용 부담을 경감시켜 전체 운영 비용 절감에 도움이 된다. 유연한 생산 공정은 이처럼 최적화된 자원 활용과 신속한 생산 조정을 통해 기업이 더욱 경제적으로 생산을 운영할 수 있게 해주는 중요한 전략적 도구가 된다.

• 시장 대응력 강화

유연한 생산 공정 도입은 시장 트렌드 변화나 고객 요구의 변화에 신속하게 대응할 수 있어 기업의 시장 대응력을 크게 강화한다. 유연한 공정 시스템을 통해 기업은 특정 제품의 사양을 빠르게 전환하거나 생산량을 조정할 수 있어, 변화하는 고객의 요구를 즉각 반영할 수 있다. 이러한 신속한 대응은 경쟁사보다 한발 앞서 새로운 트렌드에 맞는 제품을 제공할 수 있도록 하여 경쟁 우위를 확보하는 데 중요한 역할을 한다. 또 고객이 원하는 제품을 적시에 공급함으로써 고객 만족도를 높이고, 고객 충성도를 강화할 수 있다. 유연한 생산 공정은 이처럼 변화에 민첩하게 대응하는 능력을 갖추게 함으로써, 기업의 시장에서의 입지를 공고히 하고 장기적인 경쟁력을 유지할 수 있도록 도와준다.

• 리스크관리 강화

유연한 생산 공정 도입은 외부 환경 변화나 공급망 차질과 같은 리스크관리에 매우 유리하며, 이를 통해 기업은 예기치 못한 상황에서도 안정적으로 운영을 이어갈 수 있는 대응력을 갖추게 된다. 유연한 공정 시스템은 다양한 변수에 신속히 대처할 수 있는 구조를 갖추고 있어, 공급망 문제나 생산 과정에서의 예상치 못한 차질 발생 시에도 빠르게 대응하여 공정 중단을 최소화할 수 있다.

예를 들어, 특정 자재의 공급이 지연될 때 대체 자원을 신속히 투입하거나 생산 일정과 계획을 조정하여 리스크를 효과적으로 관리할 수 있다. 이러한 유연성은 운영 안정성을 높이고, 외부 리스크로 인한 손실을 줄이며, 기업이 불확실한 시장 환경 속에서도 지속적으로 경쟁력을 유지할 수 있도록 해준다. 유연한 생산 공정은 이처럼 리스크관리 역량을 강화하여, 기업이 변화하는 환경에 탄력적으로 대응할 수 있는 강력한 기반을 제공한다.

• 주요 내용 정리

유연한 생산 공정은 급변하는 시장 환경과 수요 변동성에 대응하기 위해 생산 프로세스를 최적화하는 전략이다. 맞춤형 생산, 신속한 제품 전환, 모듈화된 생산라인, 다기능 작업자, 자동화 기술, 생산 스케줄링 유연성, ERP와 MES 통합 등을 통해 생산성과 효율성을 극대화하며, 비용 절감, 시장 대응력 강화, 품질 관리, 재고 최적화, 리스크관리 역량을 개선함으로써 기업이 경쟁력을 확보하고 변화하는 환경에 민첩하게 적응할 수 있도록 지원하는 핵심 운영 체계이다.

자동화 기술의 활용

자동화 기술은 현대 제조업의 혁신적 요소로, 생산 효율성의 극대화, 비용 절감, 품질 개선, 그리고 낭비 감소를 통해 기업 경쟁력을 높이는 핵심 역할을 한다. 제조업체가 복잡한 생산 공정과 빠르게 변하는 시장 환경에 효과적으로 대응하기 위해 자동화 기술의 활용은 필수적이다. 여기서는 자동화 기술의 개념과 주요 도구, 제조업체에 미치는 긍정적인 영향, 그리고 성공적인 자동화 시스템 구축을 위한 전략을 다룬다.

자동화 기술의 필요성

다음과 같은 이유로 자동화 기술의 필요성이 강조되고 있다.

• 생산성 향상

자동화 기술을 도입하면 생산성이 크게 향상된다. 기계와 시스템은 인간이 수행하기 힘든 반복적이고 복잡한 작업을 빠르고 정확하게 처리할 수 있어 작업 효율을 극대화할 수 있다. 특히 자동화된 공정은 24시간 중단 없이 가동할 수 있어, 작업 속도가 꾸준히 유지되며 생산량을 크게 늘릴 수 있는 이점을 제공한다.

자동화된 시스템은 설정된 기준에 따라 똑같은 작업을 일관되게 수행하여 품질이 균일하게 유지되며, 사람의 피로로 인해 발생할 수 있는 실수도 방지할 수 있다. 또 자동화는 작업을 더욱 신속하게 처리할 수 있도록 하여 생산 공정 전반의 속도를 높이고, 수작업으로는 어려운 높은 수준의 정밀성과 정확성을 구현할 수 있다.

결국 자동화 기술은 효율적인 시간 관리와 품질 관리에 도움을 주며, 기업이 증가하는 수요에 유연하게 대응할 수 있게 해준다. 생산성 향상을 통해 비용 절감과 경쟁력 강화를 동시에 달성할 수 있어 자동화는 기업의 성장과 장기적인 발전에 중요한 역할을 한다.

• 품질 일관성 유지

수작업에 의존하는 경우, 작업자의 숙련도와 집중력에 따라 결과가 달라질 수 있어 제품 품질에 일관성을 유지하기 어렵다. 이를테면 같은 작업을 반복 수행하더라도 작업자의 피로, 주의력 저하, 숙련도의 차이로 인해 결과물에 미세한 차이가 발생할 수 있으며, 이는 품질 관리 측면에서 불안정성을 초래할 수 있다. 특히, 정밀한 작업이 요구되는 공정에서는 이 같은 수작업 방식의 오차 가능성이 더욱 커지게 마련이다.

자동화 시스템은 설정된 매개변수와 표준화된 절차에 따라 작업을 정확하고 일관되게 수행할 수 있다. 자동화 시스템은 똑같은 조건에서 반복 작업을 수행하더라도 오류 없이 고품질의 결과물을 제공할 수 있으며, 작업 조건이 일관되게 유지되므로 각 제품의 품질이 균일하게 보장된다. 자동화된 공정은 사람이 수작업으로 달성하기 어려운 수준의 정밀성과 반복성을 구현하여, 생산 과정에서 발생할 수 있는 품질 편차를 최소화한다.

또 자동화 시스템은 설정된 작업 기준에 따라 언제나 똑같은 방식으로 공정을 진행하므로, 제품의 품질을 일정하게 유지할 수 있어 품질 관리 비용 절감 효과도 기대할 수 있다. 이처럼 자동화 기술의 도입은 품질의 일관성을 보장하여 고객에게 신뢰할 수 있는 제품을 제공하고 기업의 신뢰도와 경쟁력을 높이는 데 중요한 역할을 한다.

• 비용 절감

자동화 기술의 도입은 초기 투자 비용이 발생하지만, 장기적으로는 다양한 측면에서 비용 절감 효과를 가져온다. 자동화 시스템은 반복적이고 노동 집약적인 작업을 효율적으로 대체하여 인건비를 절감할 수 있다. 또한 자동화를 통해 공정 속도가 빨라지고 생산성이 높아지면서 똑같은 시간 내에 더 많은 생산을 할 수 있게 되어, 생산 단가를 낮추는 효과도 있다.

자동화는 불량률을 감소시켜 비용 절감에 이바지한다. 사람이 수작업으로 작업할 때 발생할 수 있는 오류와 실수가 자동화된 시스템에서는 크게 줄어들어, 제품 품질이 안정되고 불량으로 인한 재작업이나 폐기 비용이 감소한다. 이는 생산 과정에서의 손실을 최소화하고, 전체 운영 비용 절감으로 이어진다. 더 나아가 자동화 시스템은 공정 간의 불필요한 작업과 비효율적인 자원 사용을 줄일 수 있다. 자재와 자원의 흐름을 최적화하여 필요한 만큼만 사용하는 방식으로 낭비를 최소화할 수 있으며, 자재 관리와 재고 관리도 효율적으로 이루어지기 때문에 물류와 보관 비용 역시 절감된다.

결국 자동화 기술의 도입은 초기 투자 비용을 상쇄하고도 남을 만큼의 운영 비용 절감 효과를 제공하며, 기업의 장기적인 수익성 개선과 경쟁력 강화에 도움을 주는 중요한 전략적 투자이다.

• 유연한 대응력

현대 시장은 빠르게 변화하고 있으며, 이러한 변화에 적응하기 위해 기업은 유연한 생산 시스템을 갖추는 것이 필수적이다. 자동화 기술을 도입하면 생산라인의 구조를 쉽게 조정할 수 있어, 새로운 제품의 출시나 생산 계획 변경에 즉각 대응할 수 있다.

자동화 시스템은 설정된 프로그램이나 매개변수에 따라 생산 공정을 유연하게 전환할 수 있으므로 수요 변동에 맞춰 생산량을 빠르게 조정할 수 있다.

예를 들어, 갑작스러운 수요 증가나 특정 제품에 대한 주문이 급증할 경우, 기존의 수작업 기반 생산 라인은 이에 신속하게 대응하기 어렵지만, 자동화된 시스템은 필요한 작업 공정을 즉각 조정하여 생산량을 증가시킬 수 있다.

또 제품의 라이프사이클이 짧아지고 다양성이 요구되는 현대 시장에서 자동화 기술은 신제품을 빠르게 출시하는 데도 중요한 역할을 한다. 제품 디자인 변경이나 새로운 모델이 추가될 때, 자동화된 생산 시스템은 설정된 매개변수만 변경하면 새로운 제품 생산이 가능하므로, 준비 시간과 비용을 절감할 수 있다. 결국 자동화 기술을 통한 유연한 생산 시스템은 기업이 시장의 변화와 불확실성에 효과적으로 대응할 수 있도록 도와주며, 경쟁력을 유지하고 고객의 요구를 신속하게 충족시키는 데 중요한 역할을 한다.

주요 자동화 기술

자동화 기술은 여러 유형의 도구와 시스템을 포함하며, 제조업체는 이를 통해 생산 공정을 최적화할 수 있다.

• 로봇 공학(Industrial Robots)

산업용 로봇은 현대 제조업에서 핵심적인 자동화 기술로 자리 잡고 있으며, 조립, 용접, 포장, 검사 등 다양한 작업을 빠르고 정확하게 수행할 수 있을 뿐만 아니라, 고강도 작업이나 위험한 환경에서도 안전하게 작업을 처리해 인간을 대신할 수 있다.

특히 다관절 로봇은 여러 축으로 회전할 수 있는 특성 덕분에 복잡한 작업에 적합하여 정교한 조립이나 세밀한 공정을 지원하며, AGV(Automated Guided Vehicle)는 자재 운송을 자동화하여 생산라인 간 물류 흐름을 원활하게 유지함으로써 전체 생산 공정의 효율성을 극대화하는 역할을 한다.

• CNC 공작기계

CNC(Computer Numerical Control) 기술은 컴퓨터 프로그램을 통해 기계를 정밀하게 제어하여 제품의 제조 공정을 자동화하는 중요한 기술로, 복잡한 절삭, 드릴링, 밀링 등의 작업을 사람의 개입 없이 자동으로 수행할 수 있다.

이로써 CNC 기계는 고도의 정밀도와 일관된 품질을 유지하면서도, 수작업보다 훨씬 높은 효율로 생산할 수 있도록 지원한다. 특히 CNC 기계는 반복 작업에서도 오류 발생을 최소화하며 똑같은 품질을 지속적으로 보장하므로, 대량 생산에서 시간과 비용을 절감하면서도 우수한 품질을 유지하는 데 크게 도움이 된다.

• IoT와 스마트 공장

IoT(Internet of Things)는 자동화 기술을 한층 더 발전시켜 스마트 공장의 핵심 기반을 마련하는 기술로, 이를 통해 기계, 설비, 센서 등이 모두 상호 연결되어 실시간으로 데이터를 주고받으며 생산 상태를 세부적으로 모니터링하고 최적화할 수 있다. IoT 기술을 활용하면 각 공정에서 발생하는 데이터를 즉각 수집하고 분석하여 공정의 효율성을 극대화할 수 있으며, 이를 통해 생산성을 높이고 품질을 일정하게 유지할 수 있다.

또 IoT는 공장에서 이상 상황이 생길 때 신속하게 이를 감지하고 경고 신호를 보내므로, 즉각적인 대처가 가능하여 가동 중단 시간이나 불필요한 손실을 최소화하는 데 이바지한다. 이렇게 IoT 기반의 스마트 공장은 효율적이고 유연한 생산 환경을 조성하여, 기업이 더욱 경쟁력 있는 제조 시스템을 구축하도록 도와준다.

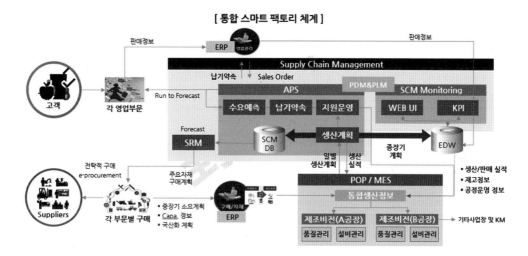

[그림 15] 스마트 팩토리

• AI와 머신러닝

인공지능(AI)과 머신러닝 기술은 자동화 시스템에 지능적인 의사결정 능력을 추가하여, 기존의 자동화 공정을 한층 더 발전시키는 역할을 한다. 이러한 기술은 방대한 데이터를 분석하고 학습하여, 생산 공정의 효율성을 극대화하는 최적의 생산 계획을 수립하거나 문제 발생을 사전에 예측하고 해결책을 제시할 수 있다. 특히 AI는 생산라인에서 발생할 수 있는 미세한 이상 징후를 실시간으로 감지해, 필요한 경우 정비 일정에 반영하여 사전에 유지보수가 이루어질 수 있도록 하여 기계 고장을 예방하고 가동 중단 시간을 최소화한다. 이를 통해 AI와 머신러닝을 결합한 자동화 시스템은 안정성과 생산성을 모두 높이며, 공장의 운영 효율성을 크게 높여주는 기반이 된다.

자동화 기술 도입의 장점

자동화 기술 도입은 제조업체에 다양한 장점을 제공한다. 이러한 장점은 생산성, 비용, 품질 관리 등 여러 측면에서 기업의 경쟁력을 강화해 준다.

• 효율성 극대화

자동화 기술은 반복적인 작업을 빠르고 정확하게 처리할 수 있어 생산 효율성을 크게 높여주는 중요한 요소이다. 자동화된 공정은 24시간 연속 가동이 가능하므로 인력에 의존하지 않고도 일정하고 안정적인 생산 속도를 유지할 수 있고, 생산량을 극대화할 수 있다. 특히 작업 중단 없이 지속적인 운영이 가능하여, 수요 변화에도 신속하게 대응할 수 있고, 일관된 생산성과 함께 비용 절감 효과도 가져온다.

• 품질 관리 강화

자동화 기술의 도입은 기계가 설정된 기준에 따라 일관되게 작업을 수행하므로, 제품의 품질 관리가 쉬워진다. 자동화된 시스템은 작업 중 발생할 수 있는 인적 오류를 최소화하고, 높은 수준의 정밀한 작업을 가능하게 하여 생산 과정에서의 불량률을 크게 줄일 수 있다. 이를 통해 기업은 제품의 품질을 일정하게 유지할 수 있고, 품질 관리의 효율성을 높여 고객 만족도와 신뢰도를 얻을 수 있다.

• 비용 절감과 수익성 향상

자동화 기술의 도입은 인건비 절감뿐만 아니라 불필요한 자재 낭비와 비효율적인 공정에서 발생하는 비용을 최소화하여, 기업의 운영 효율성을 크게 높여준다.

자동화된 시스템을 통해 자원을 더욱 효율적으로 활용할 수 있어 생산 과정에서의 불필요한 비용을 줄이고, 공정의 효율성을 극대화할 수 있다. 결국 이러한 비용 절감은 기업의 수익성 향상으로 이어지며, 장기적으로 안정적인 비용 효율성을 달성해 지속 가능한 성장을 뒷받침한다.

- **작업 환경 개선**

위험한 작업 환경에서 로봇이나 자동화 장비를 활용하면, 안전사고의 위험을 크게 줄일 수 있다. 이러한 자동화 기술은 반복적이거나 고강도의 작업을 대신 수행하여 작업자의 신체적 부담과 피로를 줄여줄 뿐만 아니라, 작업 환경의 전반적인 안전성과 편리성을 높여준다. 결국 자동화 기술은 작업 환경의 질을 향상·발전시켜 직원들의 건강과 안전을 보호하고, 더욱 쾌적하고 효율적인 작업 환경을 조성한다.

- **공급망 민첩성 향상**

자동화 기술을 도입하면 실시간으로 공급망을 모니터링하고 효율적으로 관리할 수 있어, 공급망의 변동성에 신속하게 대응할 수 있다.

이를 통해 자재 소요량을 필요 시점에 맞추어 조정함으로써 불필요한 자재 낭비를 줄이고, 공급망의 흐름을 최적화할 수 있다. 이러한 자동화된 공급망 관리는 기업이 변화하는 수요와 외부 요인에 더욱 민첩하게 반응하도록 지원하여, 전체 운영 효율성을 높이고 안정적인 공급망 환경을 구축하는 데 이바지한다.

자동화 시스템 도입 전략

자동화 시스템을 성공적으로 도입하기 위한 전략은 다음과 같다.

- **단계적 도입**

자동화 시스템을 전면 도입하는 것은 상당한 비용과 리스크를 수반할 수 있으므로 단계적으로 도입하는 접근이 더 효과적이다.

먼저 자동화가 가장 필요한 공정에 우선 적용하여 성과와 효과를 분석한 뒤, 이를 기반으로 점차 다른 공정으로 확대해 나가는 방식이 바람직하다. 이러한 단계적 도입 전략은 리스크를 최소화하면서도 점진적으로 자동화의 이점을 누릴 수 있게 해주며, 자원의 효율적 활용과 안정적인 시스템 전환을 가능하게 한다.

• 데이터 통합

자동화 기술이 원활하게 작동하려면 시스템 간의 데이터 통합이 필수적이다. ERP, MES, IoT 등 다양한 시스템 간에 데이터가 원활하게 공유되어야 하며, 이를 통해 실시간으로 필요한 정보를 제공하여 신속하고 정확한 의사결정을 지원할 수 있어야 한다. 데이터 통합을 통해 자동화 시스템은 전체 공정과 운영 상황을 종합적으로 파악할 수 있어, 최적의 성과를 얻고 효율적인 관리가 가능해진다.

• 지속적 유지보수와 업그레이드

자동화 기술이 안정적으로 운영되려면 지속적인 유지보수와 정기적인 업그레이드가 필수적이다. 기계의 상태를 주기적으로 모니터링하여 필요할 때 정비함으로써 잠재적인 문제를 사전 예방할 수 있어야 하며, 이를 통해 시스템의 신뢰성과 가동 시간을 높일 수 있다. 또 기술이 발전함에 따라 최신 기술을 적용하기 위해 시스템을 업그레이드하는 것도 중요하다. 이러한 지속적 유지보수와 업그레이드는 자동화 시스템의 성능을 최적화하고, 장기적으로 높은 생산성과 안정성을 확보하는 데 이바지한다.

• 인력 재교육

자동화 기술이 도입되면 기존 인력의 역할이 변화하므로, 인력 재교육을 통해 새로운 시스템을 운영하고 관리할 수 있는 역량을 키우는 것이 중요하다. 이러한 재교육을 통해 직원들은 자동화된 환경에서 필요한 기술과 지식을 습득하여 자동화 시스템을 원활하게 운영할 수 있게 되며, 이를 통해 전체적인 효율성도 극대화할 수 있다. 인력 재교육은 자동화 시스템의 성공적인 정착과 함께 기업의 경쟁력을 높이는 중요한 요소로 작용한다.

• 주요 내용 정리

자동화 기술은 현대 제조업에서 생산 효율성 극대화, 품질 일관성 유지, 비용 절감, 유연한 대응력 확보 등을 통해 기업 경쟁력을 강화하는 핵심 요소이다. 로봇 공학, CNC 공작기계, IoT 기반 스마트 공장, AI와 머신러닝, ERP-MES 통합 등 다양한 도구를 활용하여 공정을 최적화하고, 반복 작업에서의 정확성과 속도 향상, 인적 오류 최소화, 자원 낭비 감소, 안전한 작업 환경 제공, 신속한 생산 전환 등을 가능하게 하며, 이를 통해 변화하는 시장 수요와 기술 발전에 민첩하게 대응하고, 지속적 유지보수, 데이터 통합, 인력 재교육을 포함한 단계적 도입 전략을 통해 초기 투자 위험을 관리하면서 장기적으로 비용 효율성을 달성하고 경쟁 우위를 확보하는 데 필수적인 기반을 제공한다.

생산 성과 측정

생산 효율성 평가

생산 효율성은 주어진 자원을 최대한 활용하여 최적의 산출물을 생산하는 것을 목표로 하는 개념으로, 제조업에서 높은 생산성을 유지하며 자원 낭비를 줄이고 지속 가능한 경쟁력을 갖추기 위해 필수적인 요소로 여겨진다.

기업은 생산 효율성 평가를 통해 생산 공정의 병목 구간, 비효율성 요인, 품질 문제 등을 체계적으로 분석하고 이를 개선하기 위한 전략을 수립할 수 있으며, 평가 시 자주 활용되는 주요 지표로는 설비 가동률(OEE), 생산성 지수, 결함률(Defect Rate), 리드 타임 (Lead Time), 작업자 활용도 등이 있다. 이러한 지표들을 체계적으로 분석하고 개선함으로써 기업은 생산성 향상과 비용 절감이라는 두 가지 중요한 목표를 달성할 수 있으며, 이는 장기적으로 안정적인 경쟁력 확보에도 이바지할 수 있다.

• 생산 효율성 평가 지표
⇒ 설비 종합 효율(OEE: Overall Equipment Effectiveness)
설비 종합 효율(OEE)은 생산 설비의 전반적인 운영 효율성을 평가하는 대표적인 지표로, 가용성(Availability), 성능(Performance), 품질(Quality) 세 가지 요소로 구성된다. OEE는 설비의 생산성을 종합적으로 진단하여, 설비가 얼마나 효율적으로 운영되고 있는지 한눈에 파악할 수 있도록 도와준다.
⇒ 가용성(Availability): 설비가 실제로 가동된 시간과 계획된 생산 시간의 비율을 의

미한다. 낮은 가용성은 주로 설비 고장이나 작업 전환 시간의 증가에서 비롯될 수 있다. 계산식은 다음과 같다.

가용성 = (가동 시간/ 계획된 생산 시간) X100

⇒ 성능(Performance): 설비가 실제로 생산한 양과 이론적으로 가능한 생산량의 비율을 나타낸다. 성능이 낮다면 설비 속도의 저하나 미세한 작업 중단 등이 원인일 수 있다. 계산식은 다음과 같다.

성능 = (실제 생산량/ 이론적 생산량) X 100

⇒ 품질(Quality): 생산된 제품 중 결함 없이 양품으로 인정된 제품의 비율을 뜻한다. 낮은 품질은 불량품의 증가로 인해 발생할 수 있다. 계산식은 다음과 같다.

품질 = (양품/ 전체 생산량) X 100

이렇게 구해진 각 요소를 곱하여 설비의 OEE를 도출할 수 있고, 이를 통해 설비가 계획된 생산 능력을 얼마나 잘 발휘하고 있는지 파악할 수 있다. 예를 들어, OEE가85%라면 설비가 전체 운영 효율에서 15%의 비효율성을 가진다는 뜻이다.

OEE = 가용성 × 성능 × 품질

• 생산성 지수(Productivity Index)

생산성 지수는 투입된 자원 대비 생산된 산출물의 비율을 나타내며, 노동력, 원자재, 에너지 등의 자원이 얼마나 효과적으로 사용되었는지 평가하는 데 유용한 지표이다. 생산성 지수는 다음과 같이 계산한다.

생산성 지수 = 산출물투입/ 투입 자원

생산성 지수가 높을수록 똑같은 자원으로 더 많은 산출물을 생산하고 있음을 의미하며, 이는 자원이 효율적으로 사용되고 있다는 긍정적인 신호이다.

• 결함률(Defect Rate)

결함률은 전체 생산품 중 결함이 발생한 제품의 비율을 나타내며, 결함률이 높으면 재작업과 폐기 비용이 증가하여 생산 효율성을 떨어뜨릴 수 있다.

결함률은 다음과 같이 계산한다.

결함률 = (결함 제품 수/ 전체 생산 제품 수) × 100

낮은 결함률은 제품의 품질이 우수하고 생산 과정이 원활하게 이루어지고 있음을 의미하며, 이는 기업의 생산성 향상과 비용 절감에 직접적으로 도움을 줄 수 있다.

• 리드 타임(Lead Time)

리드 타임은 고객의 주문 접수 시점부터 제품이 완성되어 출하되는 시점까지의 시간을 측정하는 지표이다. 리드 타임이 짧을수록 고객의 요구에 신속하게 대응할 수 있어 경쟁력 향상에 중요한 요소가 된다. 리드 타임은 다음과 같이 계산한다.

리드 타임 = 출하 시점–주문 접수 시점

리드 타임을 단축하기 위해서는 생산 공정에서 병목 구간을 제거하고, 공급망 관리의 최적화를 통해 효율성을 높이는 노력이 필요하다.

생산 효율성 향상 전략

• Lean 생산 방식 도입

Lean 생산 방식은 자원 낭비를 최소화하고, 생산 공정을 체계적으로 최적화하는 데 주안점을 둔 접근 방식이다. 이를 위해 각 단계에서 불필요한 작업을 제거하여 작업 흐름을 단순화하고, 필요한 자원을 정확한 시점에 공급함으로써 가용 자원의 효율성을 극대화한다. 이와 같은 방식은 생산 속도를 효과적으로 높여주며, 결함의 발생을 억제하여 전반적인 생산 품질을 개선한다. 이를 통해 최종적으로 높은 수준의 생산성을 달성할 수 있으며, 지속 가능한 운영 환경을 조성하는 데 중요한 역할을 한다. Lean 방식의 도입은 효율성 제고뿐만 아니라, 고객 요구에 유연하게 대응할 수 있는 민첩성을 발전시키는 데도 도움이 된다.

• 자동화 기술 도입

자동화는 생산 공정에서 인력 개입을 최소화하고, 로봇과 첨단 기계가 반복적이고 시간 소모적인 작업을 대신 수행함으로써 생산 효율성을 극대화하는 접근 방식이다. 이러한 자동화 기술은 단순히 생산 속도를 높이는 데 그치지 않고, 작업의 정확도를 현저히 높여 불량률을 효과적으로 낮춘다. 특히 자동화된 시스템은 일관된 품질을 유지할 수 있어 생산 과정 전반에 걸친 품질 관리 부담을 줄여준다.

자동화 기술 도입에는 상당한 초기 비용이 소요되지만, 장기적으로는 생산성 향상과 더불어 인건비 절감이라는 경제적 이점을 제공하며, 운영 효율성을 강화하는 핵심 전략으로 자리 잡고 있다. 나아가, 자동화 시스템은 공정 전환과 조정 속도 향상에도 이바지하여 유연한 생산 환경을 구축할 수 있게 하며, 미래의 기술 혁신과 연결된 지속 가능한 생산 시스템을 설계하는 데 필수적이다.

• 작업자 교육과 훈련

인적 자원의 역량을 강화하는 것은 생산 효율성을 높이는 핵심 요소이다. 작업자의 기술 숙련도를 높이고, 생산 공정 전반에 대한 이해도를 높이며, 안전과 품질 관리에 대한 인식을 확고히 함으로써 전체적인 생산성을 한층 강화할 수 있다. 이를 위해 체계적이고 정기적인 교육과 훈련 프로그램을 도입하는 것이 필수적이다. 이러한 프로그램은 단순한 기술 습득을 넘어서 작업의 정확성과 속도를 높여주며, 작업자가 실수를 줄이고 고품질의 결과물을 제공할 수 있도록 도와준다. 또 교육과 훈련은 작업자들이 변화하는 기술 환경에 유연하게 적응할 수 있도록 지원하여, 생산 공정의 지속적인 개선과 혁신에 이바지하게 한다. 이를 통해 조직은 장기적으로 경쟁력을 강화할 수 있고, 작업자들의 업무 만족도 역시 높아져 더 나은 성과를 창출할 수 있다.

• 데이터 기반 의사결정

생산 효율성을 높이려면 데이터 기반의 의사결정이 필수적이며, 이를 위해 IoT(사물인터넷)와 빅데이터 분석 기술을 활용한 체계적인 데이터 수집과 분석이 필요하다. 생산 과정에서 발생하는 데이터를 실시간 수집하고, 이를 정밀하게 분석함으로써 생산 공정에서 발생하는 병목 현상이나 비효율적인 단계를 조기에 식별하고 개선 방안을 모색할 수 있다. 이와 같은 데이터 기반 분석은 문제를 실시간으로 파악하게 해주어, 신속한 대응을 가능하게 하며 예기치 못한 지연을 예방할 수 있다. 또 이러한 시스템을 통해 축적된 데이터는 미래의 생산 계획 수립과 공정 최적화에 활용될 수 있어, 장기적으로는 더욱 정교한 의사결정과 효율성 증대로 이어진다. 나아가 데이터 기반의 접근 방식은 불필요한 자원 낭비를 줄이고, 전체 생산성을 극대화하는 데 중요한 역할을 하며, 조직의 경쟁력 강화를 위한 핵심 전략으로 자리 잡을 수 있다.

• KPI 설정과 성과 모니터링

생산 효율성 향상을 위해서는 명확하고 구체적인 성과 지표(KPI)를 설정하고, 이를 지속적으로 모니터링하는 체계를 구축하는 것이 필수적이다. KPI를 기반으로 명확한 목표를 수립하고, 달성 정도를 측정하여 각 성과를 평가함으로써 지속적인 개선을 도모할 수 있다. 주요한 생산 성과 지표로는 설비 종합 효율(OEE), 생산성 지수, 결함률 등이 있고, 이러한 지표들은 생산성과 품질을 시각화하여 성과 수준을 명확하게 파악할 수 있도록 도와준다. 또 KPI 모니터링을 통해 생산 공정 내 문제를 빠르게 식별하고 즉각적인 대응이 가능해지며, 이를 통해 전반적인 공정 개선과 더불어 장기적인 경쟁력 강화에도 이바지할 수 있다. KPI 활용은 단순한 성과 측정을 넘어, 실질적인 개선 활동으로 이어지는 중요한 전략적 도구이다.

• 생산 효율성 평가의 실질적 활용

생산 효율성 평가는 단순히 이론적 분석에 그치지 않고, 실제 개선 활동으로 직접 연결되어야 한다. 생산 공정의 문제점을 철저히 진단한 후, Lean 생산 방식의 도입, 자동화 기술의 활용, 인적 자원 역량 강화를 위한 정기적인 교육 프로그램의 강화 등 구체적이고 체계적인 개선 활동을 지속적으로 추진하는 것이 핵심이다. 특히 데이터 기반의 의사결정 방식을 도입하여, 실시간 피드백을 통해 생산 공정에서 발생하는 문제를 빠르게 파악하고 즉각 해결할 수 있는 체계를 갖추는 것이 중요하다. 이러한 접근은 생산 공정의 효율성과 품질을 동시에 높이고, 더 나아가 경쟁력 있는 생산 환경을 조성하는 데 이바지하며, 변화하는 시장 요구에도 신속하게 적응할 수 있는 유연성을 제공한다.

• 주요 내용 정리

생산 효율성 평가는 설비 종합 효율(OEE), 생산성 지수, 결함률, 리드 타임 등 주요 지표를 활용해 생산 공정의 병목 현상과 비효율성을 진단하고, Lean 생산 방식 도입, 자동화 기술 활용, 작업자 교육 및 훈련 강화, 데이터 기반 의사결정 체계 구축, KPI 설정과 성과 모니터링을 통해 생산성을 높이며 비용 절감과 품질 개선을 동시에 실현하는 전략이다. 이를 기반으로 실시간 데이터 분석과 지속적인 개선 활동을 추진하여 공정 효율성을 극대화하고, 변화하는 시장 요구와 경쟁 환경에 유연하게 대응할 수 있는 안정적이고 경쟁력 있는 생산 체계를 구축하는 것을 목표로 한다.

품질 관리 지표

품질 관리 지표는 기업이 제품이나 서비스의 품질을 측정하고 개선하기 위한 기준을 제공하는 도구이다. 품질 관리 지표는 생산 과정의 모든 단계에서 제품의 일관성과 신뢰성을 평가하며, 이를 통해 기업은 고객 만족도, 비용 절감, 브랜드 신뢰성 향상 등의 목표를 달성할 수 있다. 이 장에서는 품질 관리 지표의 개념, 주요 지표 유형, 활용 방법, 품질 관리 지표가 생산성과 기업 성과에 미치는 영향을 논의한다.

품질 관리 지표의 개념과 필요성

품질 관리 지표는 제품이나 서비스의 품질을 객관적으로 평가하는 기준이다. 생산 과정에서 발생할 수 있는 문제를 미리 파악하고, 이를 해결하기 위해 필수적으로 사용된다. 품질 관리는 기업이 경쟁력을 유지하고, 고객 요구에 부응하며, 생산성과 수익성을 높이는 데 중요한 역할을 한다.

• 품질 관리의 목표

품질 관리 지표의 궁극적인 목표는 제품의 품질을 지속적(持續的)으로 개선하여 고객 만족도를 극대화하는 데 있다. 이러한 목표를 달성하기 위해, 각 지표는 생산 과정에서 발생할 수 있는 결함을 최소화하고, 제품이 초기 설계 의도와 요구 사양에 따라 일관되게 생산되고 있는지 세밀하게 측정한다. 품질 관리 지표를 통해 품질 수준을 체계적으로 파악하고, 개선이 필요한 부분을 빠르게 식별함으로써, 생산 공정 전반에 걸친 품질 안정성과 신뢰성을 높일 수 있다. 이로써 고객에게 제공되는 제품의 만족도가 높아지며, 장기적으로는 기업의 브랜드 이미지와 경쟁력 강화에도 중요한 역할을 한다.

• 비용 절감

품질 관리 지표는 생산 과정에서 발생하는 불량률과 재작업에 따른 비용을 효과적으로 감소시키는 데 중요한 역할을 한다. 생산 초기 단계에서 문제를 신속히 발견하고 조치할 수 있도록 함으로써, 결함 제품이 대량으로 생산된 후 발생하는 높은 비용을 예방할 수 있다. 이러한 사전 문제 해결은 불필요한 낭비를 줄이는 동시에, 자원을 효율적으로 활용하여 생산 효율성을 높이는 데 도움을 준다. 궁극적으로, 품질 관리 지표의 활용은 비용 절감뿐만 아니라 공정 전반의 품질과 효율성을 높여, 조직의 경쟁력을 강화하는 핵심 요소로 작용한다.

• 지속적 개선

품질 관리 지표는 지속적인 개선(CQI, Continuous Quality Improvement)을 실현하는 데 필수적인 도구이다. 정기적인 품질 평가를 통해 잠재적인 문제를 조기에 발견하고 이를 체계적으로 개선할 수 있는 프로세스를 구축함으로써, 장기적인 품질 유지와 향상을 동시에 도모할 수 있다. 이러한 주기적인 품질 관리와 개선 활동은 단순한 문제 해결을 넘어, 전체 생산 공정의 품질 수준을 꾸준히 높여 나가는 데 이바지한다. 궁극적으로, 품질 관리 지표의 활용은 제품의 신뢰성을 강화하고, 고객 만족도를 증진시키며, 조직의 경쟁력을 장기적으로 확보하는 중요한 기반이 된다.

주요 품질 관리 지표 유형

품질 관리를 효과적으로 수행하기 위해 다양한 지표들이 활용되며, 각 지표는 특정한 생산 과정이나 품질 관리 목표에 맞춰 세밀하게 설정된다. 여기서는 제조업에서 널리 사용되는 주요 품질 관리 지표들을 소개하고, 각 지표가 생산성 향상과 품질 개선에 어떻게 도움이 되는지 설명한다. 이들 지표는 품질 수준을 체계적으로 평가하고 관리하는 데 중요한 도구로 활용되며, 공정의 효율성과 고객 만족도를 높이는 데 필수적인 역할을 한다.

• 불량률(Defect Rate)

불량률은 전체 생산품 중에서 불량이 발생한 제품의 비율이다. 이 지표는 불량 제품의 발생 빈도를 측정하며, 품질 관리에서 가장 기본적인 지표이다. 불량률은 제조 공정의 문제점을 파악하고 이를 개선하기 위한 출발점으로 사용된다.

불량률(%) = (불량 제품 수/전체 생산 제품 수) × 100

불량률의 중요성은 품질 향상의 핵심 요소이다. 불량률을 낮추면 고객 만족도와 제품 신뢰성이 직접적으로 향상된다.

• 고객 반품률(Return Rate)

고객 반품률은 고객이 제품 불만으로 인해 반품한 제품의 비율이다. 이는 제품의 최종 품질과 고객 만족도를 측정하는 중요한 지표이다. 고객 반품률이 높으면 제품의 결함 또는 고객 요구 미충족 문제가 있음을 의미하며, 해결을 위한 조치가 필요하다.

반품률(%) = (반품된 제품 수/총판매된 제품 수) × 100

고객 반품률의 중요성은 고객 신뢰도를 높이는 데 있다. 반품률을 줄이면 기업의 브랜드 이미지 향상에도 도움이 된다.

품질 관리 지표의 활용 방법

품질 관리 지표는 생산 과정에서의 문제점을 파악하고 개선 활동을 지속적으로 진행하는 데 활용된다. 이를 위해서는 각 지표를 체계적으로 관리하고 분석해야 하며, 품질 관리를 전사적으로 수행할 수 있는 시스템을 구축해야 한다.

• 실시간 품질 모니터링

실시간 품질 모니터링은 생산 과정에서 발생하는 품질 문제를 빠르게 감지하고 즉각적인 대응을 가능하게 한다. IoT 기반의 센서와 데이터 수집 시스템을 활용하면, 각 생산 공정에서 발생하는 데이터를 실시간으로 수집하고 분석할 수 있다. 이를 통해 결함이 발생할 때 즉시 경고를 발하고, 필요한 조치를 즉각 실행함으로써 품질 문제를 최소화할 수 있다. 이러한 실시간 모니터링 시스템은 문제의 조기 발견과 신속한 대응을 지원하여, 전체적인 생산 품질을 안정적으로 유지하는 중요한 역할이다.

• 품질 데이터 분석과 피드백

수집된 품질 데이터를 철저히 분석하여 공정 성과를 평가하고, 이를 토대로 개선 방안을 도출하는 것은 매우 중요하다. 정기적인 품질 리뷰 회의를 통해 피드백 루프를 구축하고, 이를 활용해 지속적인 개선 활동(CQI)을 적극 추진해야 한다. 이러한 데이터 분석과 피드백 과정은 공정의 문제점을 조기에 발견하고, 개선이 필요한 부분을 신속히 파악하여, 전반적인 품질 수준을 꾸준히 개선하는 데 중요한 역할을 한다.

• KPI 설정과 성과 측정

품질 관리 지표는 주요 성과 지표(KPI)로 설정되어야 하며, 이를 통해 각 부서와 작업자가 목표를 명확히 인지하고 성과를 체계적으로 측정할 수 있어야 한다. KPI를 설정함으로써 목표 달성 여부를 주기적으로 평가할 수 있으며, 필요시 신속하게 조치할 수 있는 기반을 마련할 수 있다. 이러한 KPI 기반의 품질 관리 체계는 조직 내 모든 구성원이 공통된 목표에 집중하도록 도와주며, 지속적인 성과 개선과 목표 달성에 중요한 역할을 한다.

• 협업 기반 품질 개선 활동

품질 관리 지표를 효과적으로 활용하려면 부서 간 협업을 기반으로 한 품질 개선 활동이 필수적이다. 품질 관리 부서, 생산 부서, 엔지니어링 부서가 긴밀하게 협력하여 문제를 신속하게 식별하고 해결 방안을 모색할 수 있어야 한다. 이러한 협업은 각 부서의 전문성을 결합하여 품질 문제를 근본적으로 해결하고, 전체 공정의 품질 수준을 지속적으로 개선하는 데 중요한 역할을 한다.

품질 관리 지표의 도전 과제

품질 관리 지표를 활용하는 과정에서는 데이터의 정확성과 신뢰성 확보, 지표의 과다 설정으로 인한 복잡성, 그리고 변화 관리의 어려움 등 여러 도전 과제가 발생할 수 있다. 이러한 과제들을 효과적으로 해결하려면 정확한 데이터의 수집과 검증 절차를 마련하고, 핵심 지표에 집중하여 지표의 간소화를 도모하며, 변화 관리 계획을 통해 조직 전반에 걸쳐 지표 활용을 원활히 정착시키는 전략이 필요하다.

• 데이터의 정확성과 신뢰성

품질 관리는 정확한 데이터에 기반해야 하지만, 생산 과정에서 수집되는 데이터가 불완전하거나 부정확할 경우 평가 결과에 오류가 발생할 위험이 있다. 이러한 문제를 방지하려면 데이터 수집 시스템을 체계적으로 정비하고, 수집된 데이터의 신뢰성과 일관성을 지속적으로 검증하는 절차가 필수적이다. 이를 통해 품질 관리 지표가 실제 성과를 정확히 반영할 수 있도록 하고, 보다 신뢰성 있는 평가와 의사결정을 지원할 수 있다.

• 지표의 과다 설정

지표를 지나치게 많이 설정하면 관리의 복잡성이 증가하고, 각 지표에 대한 집중도가 저하(低下)될 수 있다. 따라서 품질 관리에서는 가장 핵심적인 지표에 집중하여 관리의 효율성을 높이고, 이를 통해 문제를 효과적으로 해결하는 것이 중요하다. 핵심 지표에 우선순위를 두고 운영함으로써, 불필요한 지표 관리로 인한 자원 낭비를 줄이고, 품질 개선 활동의 성과를 극대화할 수 있다.

• 변화 관리

품질 관리 지표를 개선하기 위한 변화 관리 과정에서 작업자나 관리자의 저항이 발생할 가능성이 있다. 이러한 저항을 극복하기 위해서는 교육과 소통을 강화하고, 품질 개선의 중요성과 그로 인한 혜택을 조직 내에 충분히 이해시키는 것이 필수적이다. 구성원들이 변화의 목적과 기대 효과를 명확히 인식할 수 있도록 지속적인 교육과 열린 대화를 통해 공감대를 형성하여, 변화 과정에 대한 참여와 수용도를 높여야 한다.

• 주요 내용 정리

품질 관리 지표는 생산 과정의 일관성과 신뢰성을 평가하고 불량률, 고객 반품률 등 다양한 지표를 통해 제품 품질과 고객 만족도를 개선하며, 이는 비용 절감과 품질 안정성 향상에 이바지하는 도구로 활용된다. 실시간 품질 모니터링, 데이터 분석과 피드백, KPI 설정, 부서 간 협업 기반의 품질 개선 활동을 통해 공정 효율성을 높이고 조직 내 품질 문화를 강화하며, 정확한 데이터 확보, 핵심 지표 선정, 변화 관리 전략을 통해 지표 활용의 도전 과제를 극복함으로써 지속적인 품질 개선과 기업 경쟁력을 확보하는 것을 목표로 한다.

낭비 분석과 개선

낭비 분석과 개선은 생산 공정에서 발생하는 불필요한 자원, 시간, 비용의 사용을 줄이고, 생산성을 극대화하는 데 중점을 둔다. 낭비는 제조업체의 경쟁력을 떨어뜨리고, 자원의 비효율적인 사용을 초래하므로 이를 최소화하는 것이 매우 중요하다. Lean Manufacturing의 핵심 철학 중 하나는 낭비를 제거하고 가치를 창출하는 활동에만 집중하는 것이며, 이는 기업이 지속 가능한 성장과 수익성 향상을 이끌어내는 핵심 요소이다. 이 장에서는 낭비의 정의와 유형, 낭비 분석을 위한 방법론, 개선 전략, 그리고 성공적인 낭비 제거를 위한 구체적인 사례와 방안을 논의한다.

낭비의 정의와 유형

낭비는 부가가치가 없는 활동으로, 생산 공정에서의 효율성을 떨어뜨리고 비용을 증가시키는 요소이다. 낭비의 주요 유형은 제조 현장에서 자주 발생하며, 이를 체계적으로 분석하고 개선하는 것이 중요하다. Lean Manufacturing에서 정의하는 대표적인 7가지 낭비는 다음과 같다.

• 과잉 생산(Overproduction)

과잉 생산은 실제 수요를 초과하여 제품을 생산함으로써 불필요한 재고가 쌓이게 되는 상황을 의미한다. 과잉 생산은 자재, 시간, 인력 등 다양한 자원을 낭비하게 할 뿐만 아니라, 추가적인 저장 공간과 관리 비용을 발생시킨다. 생산된 제품이 즉각 판매되지 않는다면, 과도한 재고는 결국 폐기 처분되거나 시장에서 가격을 인하해 판매될 수밖에 없으며, 이는 결과적으로 기업의 수익성을 악화시키는 요인이 된다. 또 과잉 생산으로 인해 자원의 비효율적 사용이 지속될 경우, 다른 중요한 작업에 투입될 수 있는 자원이 부족해져 전체 운영 효율성에도 부정적인 영향을 미칠 수 있다. 따라서 수요에 맞춘 생산 계획 수립과 관리가 필수적이며, 이를 통해 불필요한 낭비를 줄이고 생산성을 높이는 것이 중요하다.

• 대기 시간(Waiting)

대기 시간은 생산 공정에서 작업이 일시적으로 중단되거나 지연되는 시간이다. 이는 설비의 고장, 자재 부족, 그리고 공정 간의 비효율적인 연계 등 다양한 요인으로 인해 발생할 수 있으며, 생산 흐름을 방해하여 전체 공정의 속도를 떨어뜨리는 원인이 된다. 대기 시간이 길어지면 작업자의 생산성 역시 크게 떨어지며, 불필요한 자원 낭비로 이어질 수 있다. 이러한 대기 시간을 줄이려면 설비의 유지보수 계획을 철저히 하고, 자재 공급을 원활히 하며, 공정 간 연결을 최적화하는 노력이 필요하다.

• 불필요한 이동(Motion)

불필요한 이동은 작업자가 필요 이상 이동하거나 불필요한 동작을 반복하는 것으로,

이는 생산성 저하와 시간 낭비로 직결된다. 작업장 설계가 비효율적이거나 자재와 도구의 배치가 부적절한 경우 이동 낭비가 발생하기 쉽다. 작업자가 필요한 자재나 도구를 찾아 이동하거나 반복적인 동작을 수행하게 되면, 작업 흐름이 원활하지 않게 되고 시간과 에너지가 낭비된다. 이러한 문제를 해결하려면 작업장 설계를 최적화하고, 자재와 도구를 효율적인 위치에 배치하여 이동을 최소화하는 개선이 필요하다.

• 과잉 재고(Inventory)

과잉 재고는 실제 필요 이상으로 자재나 완제품을 보관하는 상태를 말하며, 이는 여러 가지 문제를 일으킬 수 있다. 과도한 재고는 재고 관리 비용의 증가를 초래하고, 보관 공간이 부족해지며 추가적인 창고 비용까지 발생할 수 있다. 또 장기 보관으로 인해 자재나 제품의 손상이나 품질 저하 위험이 커지며, 유통기한이 있는 경우 폐기 비용이 발생할 수도 있다. 이러한 과잉 재고는 자본을 비효율적으로 묶어두어 운영 자금의 활용도를 떨어뜨림으로써 기업의 재정적 부담을 증가시킬 수 있다. 따라서 수요 예측을 기반으로 한 재고 수준 최적화와 효율적인 재고 관리가 필수적이다.

• 불량품 생산(Defects)

불량품 생산은 결함이 있는 제품을 생산하는 것이며, 이는 추가적인 재작업, 수리, 또는 폐기가 필요하여 여러 자원의 낭비를 초래한다.

불량품으로 인해 자재, 시간, 인력 등 중요한 자원이 비효율적으로 사용되며, 이 때문에 생산성에 부정적인 영향을 미친다. 나아가 불량품은 고객의 불만을 초래하고 반품과 교환 요청이 증가하여 기업의 신뢰도와 고객 만족도에도 악영향을 미칠 수 있다. 따라서 불량률을 낮추기 위한 품질 관리와 개선 노력이 필수적이며, 이러한 관리는 자원의 효율적 사용과 고객 신뢰도 유지에 중요한 역할을 한다.

• 과잉 처리(Overprocessing)

과잉 처리는 실제 요구 사항을 초과하여 작업을 수행하는 것이며, 이는 불필요한 품질 검사나 제품에 추가적인 작업을 가하는 것을 포함한다. 이러한 과잉 처리는 작업의 효율성을 떨어뜨릴 뿐만 아니라, 자재, 인력, 시간과 같은 자원을 불필요하게 낭비하게 만든다. 과잉 처리는 고객이 요구하지 않은 추가 작업을 통해 가치를 더한다고 생각될 수 있으나, 실제로는 생산 과정의 비효율성을 초래하고 비용을 증가시킨다. 따라서 작업의 필요성을 면밀하게 평가하여 과잉 처리를 방지하는 것이 중요하다.

• 불필요한 운송(Transportation)

불필요한 운송은 자재나 제품이 공정 간에 필요 이상으로 이동하는 것이며, 이는 물류의 비효율성을 초래하는 주요 요인 중 하나이다.

이러한 불필요한 이동은 생산 흐름을 저해할 뿐만 아니라, 이동 중에 제품이 손상될 위험을 증가시켜 추가 비용이 발생할 수도 있다. 또 불필요한 운송은 시간과 인력 등 다양한 자원을 낭비하게 하여 생산성 저하로 이어질 수 있다. 따라서 자재와 제품의 이동 경로를 최적화하고 불필요한 운송을 줄이는 것이 중요하다.

낭비 분석 방법론

낭비 분석을 통해 제조 공정에서 발생하는 낭비 요소를 식별하고, 이를 제거하기 위한 구체적인 방법을 찾는 것이 중요하다.

이를 위해 다양한 분석 도구와 방법론을 사용할 수 있다.

• 가치 흐름도(Value Stream Mapping, VSM)

VSM은 제품이나 서비스가 고객에게 전달되는 전체 과정을 시각적으로 나타내는 도구이다. 이를 통해 각 단계에서 발생하는 활동, 흐름, 시간, 비용 등을 파악할 수 있으며, 불필요한 낭비 요소를 발견하고 개선할 기회를 제공한다. VSM은 주로 제조업에서 많이 사용되지만, 서비스 업종에서도 활용할 수 있다. 주로 현재 상태 맵과 미래 상태 맵으로 구분되어, 현재 프로세스를 분석하고 개선 후의 이상적인 상태를 제시한다. 이러한 VSM의 구성요소는 다음과 같다.

⇒ 프로세스 시작과 끝을 정의하는 고객과 공급자.

⇒ 제품 또는 서비스가 흐르는 주요 단계.

⇒ 각 단계에서 정보를 주고받는 방식.

⇒ 각 단계에서 걸리는 시간과 재고 수준.

⇒ 추가적인 가치 없이 시간이나 자원을 낭비하는 부분을 식별.

이를 통해 비효율적인 부분이나 낭비 요소를 발견하고, 전반적인 생산성 향상, 비용 절감, 리드 타임 단축 등의 효과를 얻을 수 있다.

• 5Why 기법

5Why 기법은 문제의 근본 원인을 찾기 위해 '왜?'라는 질문을 다섯 번 반복하는 방법이다. 이를 통해 표면적인 문제만 해결하는 것이 아니라, 근본적인 원인을 파악하고 이를 제거함으로써 재발을 방지할 수 있다.

• 칸반(Kanban) 시스템

칸반(Kanban) 시스템은 시각적 신호를 활용해 재고와 생산 공정을 효율적으로 관리하고 최적화하는 강력한 도구이다. 이 시스템은 각 공정 단계에서 필요한 자재나 부품을 적시에 공급받을 수 있도록 설계되어 있으며, 불필요한 재고와 자원 낭비를 줄이는 데 크게 이바지한다. 칸반의 시각적 신호는 생산 공정의 흐름을 명확하게 파악할 수 있게 해주며, 작업자들은 실시간으로 재고 수준을 모니터링할 수 있어 재고가 부족하거나 과잉되지 않도록 조정할 수 있다. 필요한 시점에 정확한 양의 자재를 발주함으로써 과잉 재고를 방지하고, 자재가 필요한 시기에 원활히 공급될 수 있도록 지원한다. 칸반 시스템은 생산 공정의 유연성을 높이고, 모든 단계에서 자원의 효율적 사용을 도모하여, 전체적인 생산성과 품질을 한층 개선하는 중요한 방법론이다.

• 5S 기법

5S 기법은 작업 환경을 정리하고 표준화하여 낭비를 줄이는 방법론이다. 5S는 정리,

정돈, 청소, 표준화, 습관화를 의미하며, 이를 통해 작업 환경의 효율성을 높이고, 불필요한 낭비 요소를 제거할 수 있다.

• SPC(Statistical Process Control)

통계적 공정 관리(SPC, Statistical Process Control)는 생산 공정에서 발생하는 변동을 통계적 기법으로 분석하여, 공정이 통제된 상태에 있는지 지속적으로 평가하고 유지하는 방법이다. SPC를 통해 공정의 변동성을 체계적으로 모니터링하면, 공정 내 불필요한 변동을 조기에 식별하고 결함 발생 요인을 줄일 수 있다.

이러한 방식으로 공정의 안정성을 높여 일정한 품질 수준을 확보할 수 있으며, 예측이 가능한 생산성과 품질을 유지하게 된다. 또 SPC는 공정에서 발생하는 변동이 자연적인 공정 변동인지, 이상 원인에 의한 변동인지 구분할 수 있도록 하여, 문제 발생 시 신속한 원인의 파악과 대응이 가능해진다. 궁극적으로, SPC는 지속적인 품질 개선과 최적화된 공정 운영을 지원하는 도구로서 생산성 향상과 비용 절감에 이바지하며, 기업의 장기적인 경쟁력을 강화하는 핵심적인 품질 관리 방법이다.

낭비 개선 전략

낭비를 분석한 후, 이를 제거하거나 최소화하기 위한 구체적인 개선 전략을 실행해 나가려면 각 낭비 유형에 맞는 개선 방안을 적용하고, 지속적인 개선을 추구하는 것이 필요하다.

• 생산 공정 최적화

생산 공정의 재설계를 통해 불필요한 낭비를 효과적으로 줄일 수 있다. 이를 위해 각 공정 간의 대기 시간을 최소화하고, 작업자의 이동 경로를 체계적으로 최적화하며, 공정 내에서 발생하는 불필요한 활동을 제거하는 일이 핵심이다. 또 공정 자동화와 로봇 공학 기술을 도입하면 대기 시간을 크게 줄일 수 있으며, 반복적이거나 가치가 낮은 작업을 자동화함으로써 작업 효율성을 개선할 수 있다.

이러한 최적화는 공정 전반에 걸쳐 자원의 활용도를 극대화하고, 작업의 흐름을 원활하게 하여 생산성을 높이는 데 중요한 역할을 한다. 궁극적으로, 공정 재설계와 자동화는 비용 절감과 품질 향상에 이바지하며, 조직의 경쟁력을 강화하는 필수적인 전략이다.

• Lean Manufacturing 도입

Lean Manufacturing은 모든 형태의 낭비를 제거하고 자원을 최적화하며, 부가가치를 창출하는 활동에만 집중하는 경영 철학이다. Lean 방식을 도입하면 생산 과정에서 발생하는 불필요한 자원 낭비와 비효율을 줄이고, 생산성 향상을 위한 지속적인 개선 활동(CQI)을 통해 공정의 효율성을 극대화할 수 있다. Lean의 핵심은 필요한 자원을 필요한 시점과 양에 맞게 사용하는 방식으로, 자재 흐름과 작업 효율을 개선하며 비용을 절감하고 품질을 유지 또는 개선할 수 있다. 이를 통해 조직은 유연한 생산 환경을 구축할 수 있으며, 변화하는 수요에도 신속하게 대응할 수 있어 경쟁력을 높이는 데 도움을 준다.

• 자동화 기술 활용

자동화 기술은 공정 내 불필요한 대기 시간, 과잉 처리, 불량품 생산을 줄이는 데 핵심 역할을 한다. 산업용 로봇, AI 기반 품질 검사 시스템, IoT와 연계된 스마트 팩토리 기술을 통해 생산 공정을 최적화할 수 있으며, 작업의 정확성과 일관성을 확보하여 사람의 실수나 오류로 인한 낭비를 최소화할 수 있다.

이러한 자동화 기술은 공정의 효율성을 높이는 동시에 생산성 향상과 비용 절감을 가능하게 하며, 특히 반복적이거나 고위험 작업에 투입될 수 있어 작업 안전성도 개선할 수 있다. 궁극적으로 자동화 기술을 도입하면 전반적인 생산 프로세스가 더 효율적이고 안정적으로 운영될 수 있어, 경쟁력을 강화하는 데 도움이 된다.

• 작업 환경 개선

작업 환경을 개선함으로써 불필요한 이동, 재작업, 그리고 결함의 발생을 효과적으로 줄일 수 있다. 계속해서 나오는 용어이지만, 5S 기법을 활용하여 작업장을 체계적으로 정리하고 청결하게 유지하며, 모든 작업을 표준화된 절차에 따라 수행할 수 있도록 지원하는 것이 중요하다. 이를 통해 작업자는 필요한 도구와 자재를 쉽게 찾을 수 있으며, 작업 흐름이 매끄러워져 효율성이 향상된다. 또 잘 정돈된 환경은 결함을 예방하고 작업자의 집중력을 높여 생산성 증진에도 도움이 될 수 있다. 궁극적으로, 작업 환경을 체계적으로 개선하는 것은 낭비를 줄이고, 안정적이고 일관된 작업 품질을 유지하는 데 중요한 역할을 한다.

낭비 개선의 성공 사례

성공적인 낭비 개선 사례를 통해 구체적인 실행 방안을 도출할 수 있다.

• 도요타 생산 시스템(TPS)

도요타는 Lean Manufacturing의 개념을 선도적으로 도입하여 전 세계 제조업계의 효율화 모델로 자리 잡은 도요타 생산 시스템(TPS)을 개발했다. TPS는 도요타가 생산 과정에서 발생하는 모든 형태의 낭비를 최소화하고, 고품질 제품을 효율적으로 생산할 수 있도록 체계적으로 설계된 관리 시스템이다. TPS는 크게 JIT(Just-In-Time)와 지도카(지능형 자동화)라는 두 가지 핵심 원칙에 기반하고 있으며, 이를 통해 불필요한 재고와 과잉 생산을 줄이며, 결함의 발생을 즉각 감지하고 해결할 수 있다.

⇒ JIT(Just-In-Time).

TPS의 JIT 방식은 생산 공정에 필요한 자재와 부품을 정확히 필요한 시점에 공급하는 시스템으로, 과잉 재고 발생을 방지한다. 이는 도요타가 공급망 전반에 걸쳐 고도로 정밀한 계획과 조율을 요구하는 시스템으로, 재고 유지 비용을 크게 절감하는 데 이바지했다. 필요한 자재만 공급함으로써 공간과 비용이 절약되고, 제품 생산과 수요 간의 균형을 유지하여 자원의 낭비를 최소화할 수 있었다.

⇒ 지도카(지능형 자동화).

지도카는 기계나 작업자가 생산 공정 중 문제를 발견하면 즉시 생산을 중단하고 문제를 해결할 수 있는 자동화 기술이다. 이를 통해 불량품이 공정을 지나 최종 단계로 넘어 가지 않도록 하여 품질 결함이 대량 발생하는 것을 방지한다. 도요타는 지도카 방식을 통해 모든 작업자가 품질 관리에 적극 참여하게 하며, 문제가 발생할 때 바로 조치할 수 있는 권한을 부여했다. 이러한 방식은 결과적으로 생산성과 품질을 동시에 확보하고 고객 만족도를 높이는 중요한 역할을 했다.

⇒ 지속적 개선(Kaizen).

TPS에서 강조하는 또 다른 원칙은 지속적 개선(Kaizen)이다. 도요타는 모든 작업자에게 작업 환경과 공정을 개선할 권한과 책임을 부여하여, 사소한 문제나 불필요한 절차를 끊임없이 개선하도록 장려했다. 이러한 개선 문화는 도요타가 공정 효율성을 높이고 문제를 사전 예방하는 체계를 만드는 데 이바지하였으며, 생산성 향상과 품질 유지에 있어서도 큰 성과를 가져왔다.

⇒ 풀 시스템(Pull System).

TPS의 풀 시스템은 수요가 발생할 때만 생산이 이루어지도록 하는 체계이다. 이는 불필요한 생산을 방지하고 자원의 효율성을 극대화하여 불필요한 재고와 과잉 생산의 문제를 해결하는 데 이바지했다. 작업자들은 다음 공정에서 요구하는 시점에 맞춰 필요한 양의 제품을 생산하며, 이를 통해 생산의 유연성을 높이고 시장 수요 변화에 빠르게 대응할 수 있었다.

TPS는 이러한 원칙들을 통해 도요타가 고효율의 생산 체계를 구축할 수 있도록 하였고, 생산 비용 절감과 품질 향상, 그리고 신속한 시장 대응을 가능하게 했다. TPS는 전 세계 제조업체들이 벤치마킹하는 혁신적인 생산 관리 시스템으로 자리 잡았으며, Lean Manufacturing의 표준이 되었다.

도요타는 TPS를 통해 경쟁 우위를 확보했을 뿐만 아니라, 고객에게 더 나은 품질의 제품을 제공하고 지속 가능한 운영 모델을 확립하는 데 성공했다.

• **지멘스의 스마트 팩토리**

지멘스는 스마트 팩토리 시스템을 구축하여 IoT 기술과 첨단 자동화 시스템을 통해 생산 공정에서 발생하는 다양한 형태의 낭비를 효과적으로 줄이고, 생산성을 극대화하는 혁신을 이뤘다. 지멘스의 스마트 팩토리에서는 공정의 모든 단계에 IoT 센서가 장착되어 있어, 각 장비와 공정 단계에서 발생하는 데이터를 실시간으로 수집하고 모니터링할 수 있다. 이 시스템은 데이터를 즉각 분석하여 공정 중 발생하는 문제를 신속하게 감지하며, 자동화된 조치를 통해 문제를 즉시 수정한다.

예를 들어, 생산 장비에서 성능 저하나 예기치 않은 결함의 징후가 발견될 경우, 스마트 팩토리 시스템은 이를 즉각 감지하고 자동으로 해당 공정을 조정하거나 필요한 보수 작업을 수행하여, 불량품의 발생을 최소화할 수 있다. 또 예측 분석을 통해 장비의 유지보수 시기를 예측하여 계획적인 예방 유지보수를 가능하게 하고, 이로써 장비의 가동률을 최적화하여 예기치 않은 중단 시간을 줄이고 있다.

지멘스의 스마트 팩토리는 이러한 기술을 통해 생산 공정을 더 효율적이고 안정적으로 운영하며, 자원 사용을 최적화하여 비용 절감에도 기여하고 있다. 나아가 지멘스는 이러한 시스템을 통해 전반적인 품질 수준을 높여 고객 만족도를 높이고, 미래의 제조업 표준을 선도하는 모델을 구축했다. 지멘스의 스마트 팩토리 사례는 디지털화와 자동화를 통해 제조 공정의 모든 측면에서 효율성을 극대화할 수 있음을 보여주는 대표적인 성공 사례로 평가받고 있다.

• 주요 내용 정리

낭비 분석과 개선은 생산 공정에서 발생하는 과잉 생산, 대기 시간, 불필요한 이동, 과잉 재고, 불량품 생산, 과잉 처리, 불필요한 운송 등 Lean Manufacturing에서 정의된 7가지 낭비를 분석하고 제거하여 생산성과 자원 활용 효율성을 극대화하는 것을 목표로 한다. 이를 위해 가치 흐름도(VSM), 5Why 기법, 칸반 시스템, 5S 기법, SPC 등의 분석 도구를 활용하고, 생산 공정 최적화, Lean Manufacturing 도입, 자동화 기술 활용, 작업 환경 개선과 같은 전략을 적용한다. 도요타의 TPS와 지멘스의 스마트 팩토리 사례는 낭비 제거와 품질 및 효율성 향상을 통해 글로벌 제조업에서 지속 가능한 경쟁력을 확보한 대표적인 성공 사례로 평가받는다.

Chapter 8

S&OP 실행과 모니터링

"

S&OP(판매 및 운영 계획, Sales and Operations Planning)의 실행과 모니터링 과정을 체계적으로 다룬다. 먼저 실행 단계별 전략, 팀 구성과 역할 정의, 자원 분배 계획 등을 포함한 실행 계획 수립의 중요성을 설명한다. 이어서 KPI(핵심 성과 지표)를 기반으로 한 모니터링을 통해 핵심 지표 선정, 실시간 데이터 추적, 성과 보고 체계를 활용하는 방안을 제시한다. 정기적 리뷰 프로세스에서는 월별 리뷰 회의, 경영진 보고, 개선안 논의를 통해 실행 과정의 지속적인 점검과 발전을 강조한다. 또 변화 관리 전략, 지속적인 피드백 수집, 기술적 도구 도입을 포함한 개선 프로세스의 도입 방안을 소개하여 S&OP의 효과성을 지속적으로 높이는 방법을 다룬다. 이 차례는 S&OP 실행과 모니터링의 체계적인 접근법과 실질적인 개선 전략을 통합적으로 구성하여, 독자가 실행 과정에서의 도전 과제를 효과적으로 관리할 수 있도록 도와준다.

실행 계획 수립

실행 단계별 전략

S&OP의 실행은 조직의 성공적인 공급망 관리와 지속 가능한 성장을 위한 필수 과정이다. 이를 효율적으로 수행하려면 실행 단계별로 체계적인 전략이 필요하다. 이러한 전략은 각 단계에서 적절한 자원을 배분하고, 명확한 목표를 설정하며, 변동 사항을 즉각 반영하는 민첩성을 유지하는 것이 핵심이다.

S&OP의 실행 단계는 일반적으로 계획 수립, 계획 실행, 성과 평가, 수정 및 최적화로 구성되며, 단계별 전략은 아래와 같이 구체적으로 수립할 수 있다.

계획 수립 단계의 전략

계획 수립 단계는 S&OP 프로세스의 가장 중요한 첫 번째 단계로, 조직의 목표와 비전을 명확하게 정의하고 이에 부합하는 수요 예측과 공급 계획을 세우는 과정이다. 이 단계에서의 전략은 다음과 같이 구성된다.

• 목표 설정과 수요 예측 정교화

조직의 장기적인 목표와 단기적인 목표를 분명히 설정하는 것이 중요하다. S&OP의 성공은 명확한 목표 설정에 달려있으며, 이는 수요 예측의 정확성과 밀접한 연관이 있다. 이때 사용되는 수요 예측 방법론은 과거 데이터를 분석하는 통계적 방법과 시장 변화를 예측하는 질적 분석 방법이 포함되어야 하며, 계절성, 프로모션, 외부 요인 등의 변수를 함께 고려한 정교한 수요 예측 모델이 필요하다.

• 공급 계획 수립

수요 예측이 완료되면, 이를 기반으로 공급망 전반에 걸친 자원 분배 계획을 세워야 한다. 공급 측면에서는 생산 능력, 재고 수준, 물류 시스템, 공급업체 관리 등을 종합적으로 고려하여 수요를 충족시킬 수 있는 최적의 공급 계획을 수립한다.

이때 공급 부족이나 초과 생산을 방지하기 위해 가용 자원과 생산 일정, 물류 효율성을 최대화하는 것이 중요하다.

• 리스크관리 전략 수립

계획 수립 단계에서는 예기치 못한 변동 사항에 대비한 리스크관리 전략이 필수적이다. 공급망에서 발생할 수 있는 리스크의 요인을 식별하고, 이에 대한 대응 방안을 마련하는 것이 필요하다.

예를 들어, 주요 자재의 공급 부족이나 원자재 가격 상승, 고객 수요 변동 등과 같은 리스크에 대한 대응 계획을 사전에 마련해 둠으로써 공급망의 유연성을 확보해야 한다.

실행 단계의 전략

세워진 계획을 실질적으로 이행하는 계획 수립 이후 실행 단계에서의 전략은 아래와 같다.

• 실행에 대한 명확한 커뮤니케이션

계획 수립 단계에서 도출된 전략과 목표를 관련 부서와 팀원들에게 명확하게 전달하는 것이 가장 중요하다. 각 부서가 자기 역할과 책임을 정확히 이해해야만 S&OP가 원활하게 실행될 수 있다. 커뮤니케이션 부족은 실행 과정에서의 혼선과 지연을 초래할 수 있으므로, 효과적인 협업을 위해 정기적인 회의와 업데이트가 필요하다.

- **효율적인 자원 배분과 운영 최적화**

계획 실행 단계에서는 부서별로 필요한 자원을 적절히 배분하고, 실시간으로 자원의 사용 현황을 모니터링하여 효율성을 극대화하는 것이 중요하다.

이를 위해 IT 시스템을 활용하여 자원 배분과 재고 관리, 생산 일정 조율 등을 자동화할 수 있으며, 이러한 시스템을 통해 실시간 데이터를 기반으로 계획의 실행 상태를 지속적으로 추적하는 것이 필수적이다.

- **성과 지표 모니터링과 피드백 수집**

실행 단계에서 설정된 성과 지표(KPI)를 주기적으로 모니터링하여 계획 대비 실제 성과를 점검해야 한다. 이를 통해 초기 계획과의 차이를 파악하고, 필요한 경우 즉각 수정과 보완 조치를 할 수 있다. 성과 평가와 피드백을 통해 실행 단계에서의 문제점을 빠르게 개선할 수 있는 민첩한 대응 체계가 마련되어야 한다.

성과 평가와 수정 단계의 전략

마지막으로, 실행이 완료된 후에는 성과 평가와 수정 단계를 통해 S&OP의 지속적인 개선을 도모해야 한다.

- **성과 평가와 분석**

계획의 성공 여부를 평가하는 과정에서는 정량적 성과 지표뿐만 아니라 정성적 피드백도 중요한 요소로 고려해야 한다. 성과가 계획과 일치하지 않을 경우, 원인을 철저히 분석하여 문제점을 개선하는 것이 필요하다. 이는 차후 계획 수립 단계에서 발생할 수 있는 오류를 최소화하는 데 이바지한다.

- **계획 수정과 최적화**

평가된 성과를 바탕으로 계획을 수정하고 최적화하는 전략을 수립해야 한다. 시장 상황이 빠르게 변하는 현대 비즈니스 환경에서, 한 번 세운 계획을 고수하기보다는 변화에 유연하게 대응할 수 있는 계획 수정 절차를 마련하는 것이 중요하다.

이를 위해 지속적인 피드백 루프를 통해 실시간으로 데이터를 분석하고, 상황 변화에 맞춰 계획을 유동적으로 조정할 수 있어야 한다.

• 주요 내용 정리

S&OP의 실행은 조직의 공급망 관리와 지속 가능한 성장을 위해 명확한 목표 설정과 정교한 수요 예측, 공급 계획 수립, 리스크관리 전략으로 구성된 계획 수립 단계를 시작으로, 각 부서 간 명확한 커뮤니케이션, 자원 배분의 최적화, 실시간 데이터 모니터링, 성과 지표(KPI) 기반 피드백과 문제점 개선을 포함한 실행 단계, 마지막으로 성과 평가와 분석을 통해 차이를 파악하고 지속적 피드백 루프를 활용해 계획을 유연하게 수정·최적화함으로써 변동성 높은 시장 상황에 신속히 대응하며 효율성과 경쟁력을 강화하는 체계적인 접근 방식을 요구하는 프로세스다.

팀 구성과 역할

S&OP의 성공적인 실행을 위해서는 조직 내에서 각 부문이 협력하고, 정의된 역할을 명확하게 수행하는 팀 구성이 매우 중요하다. S&OP는 단순히 판매나 운영 부서만의 일이 아니라, 전사(全社) 차원에서의 통합된 계획과 실행이 요구되기 때문에 다양한 부서 간의 협력이 필수적이다. 이를 위해 S&OP 팀은 다기능적인 구조를 갖추고 있어야 하며, 각 구성원이 자신의 역할과 책임을 정확히 이해하고 이를 이행할 수 있도록 해야 한다. 이 장에서는 S&OP 팀의 이상적인 구성과 각 팀원의 역할을 상세히 설명하며, 이를 통해 S&OP 프로세스의 효과적인 실행 방안을 제시하고자 한다.

• 팀 구성의 기본 원칙

S&OP 팀은 조직의 특성에 따라 다를 수 있지만, 기본적으로는 주요 부서의 대표자들이 참여하는 다기능 팀(Multifunctional Team)으로 구성된다. 여기에는 판매, 마케팅,

운영, 재무, 물류, 구매, IT 등 다양한 부서가 포함되어야 하며, 각 부서가 S&OP 프로세스에서 맡아야 할 역할을 명확히 정의하는 것이 중요하다. S&OP 팀 구성 시 고려해야 할 주요 원칙은 다음과 같다.

⇒ 여러 부서 간 통합은 S&OP에서 판매, 운영, 재무 등 각 부서가 독립적으로 계획을 세우는 것이 아니라 전체 조직의 목표에 맞춰 계획을 조율하는 프로세스를 의미한다. 따라서 모든 관련 부서는 협력하여 공통의 목표를 향해 나아가야 한다.

⇒ 책임 명확화는 S&OP 프로세스에서 부서별 역할과 책임을 명확히 정의하는 것이다. 이를 통해 업무 중복이나 누락을 방지하고 프로세스의 효율성을 높일 수 있다.

⇒ 전사적 소통은 S&OP에서 조직 내 다양한 부서가 협업해야 하므로, 의사소통 채널의 원활한 구축을 통한 각 부서 간 정보의 원활한 교환을 중요시한다.

주요 팀 구성원과 역할

S&OP 팀은 각 부서에서 전문가들이 참여하는 만큼, 구성원들이 맡아야 할 역할도 매우 중요하다. 아래는 S&OP 프로세스에서의 주요 팀 구성원과 그들이 수행해야 할 역할에 대한 상세한 설명이다.

• S&OP 리더/프로세스 관리자

S&OP 프로세스 전반을 관리하는 리더는 팀 내에서 가장 중요한 역할을 담당한다. S&OP 리더는 전사적 관점에서 S&OP 계획이 효율적으로 실행될 수 있도록 조율하고, 각 부서 간의 의견 조율을 유도하며, 프로세스 전반에 걸쳐 문제가 발생했을 때 이를 신속하게 해결하는 책임을 진다. 이 역할은 주로 공급망 관리 전문가나 운영 책임자가 맡는 경우가 많고, 전체 프로세스가 전략적 목표에 맞춰 진행되도록 방향을 제시하는 역할을 한다.

• 판매 부서 대표(Sales Manager)

판매 부서는 시장 수요에 대한 정보를 제공하고, 고객의 요구사항을 S&OP 프로세스에 반영하는 역할을 한다. 이들은 판매 예측을 수립하고, 마케팅 부서와 협력하여 제품 수요 변화를 예측한다. 판매 부서 대표는 시장의 동향, 고객의 요구 사항, 신제품 출시 계획 등을 반영하여 S&OP 팀이 실질적이고 정확한 수요 예측이 가능하도록 도와준다.

• 운영 부서 대표(Operations Manager)

운영 부서는 S&OP 프로세스에서 공급 측면을 관리하는 역할을 담당한다. 이들은 생산 능력, 재고 수준, 공급망의 제약 사항 등을 고려하여 수요를 충족시킬 수 있는 공급 계획을 수립한다. 또 생산 일정과 자원 배분을 조율하고, 필요시 생산 능력 조정을 제안하는 역할을 맡는다. 운영 부서의 대표는 공급망의 가용성을 정확하게 분석하고, 판매 부서의 수요 예측에 기반하여 현실성 있는 공급 계획을 세운다.

• 재무 부서 대표(Finance Manager)

재무 부서는 S&OP 프로세스에서 재무적 관점을 제공하며, 전체 계획이 조직의 재무 목표에 부합하도록 조율하는 역할을 한다.

이들은 판매 예측과 운영 계획이 조직의 수익성에 미치는 영향을 분석하고, 각 부서의 계획이 재무적 목표와 일치하는지 확인한다. 또 재무적 리스크를 관리하고, 비용을 절감하면서도 효율적인 계획이 수립될 수 있도록 조언한다.

• 마케팅 부서 대표(Marketing Manager)

마케팅 부서는 판매 촉진 활동, 프로모션 계획, 신제품 출시 계획 등을 S&OP 프로세스에 반영하는 역할을 한다. 이들은 시장 조사와 분석을 통해 향후 판매 증가 또는 감소 가능성을 제시하며, 이러한 예측이 수요와 공급의 조정에 반영될 수 있도록 도와준다.

마케팅 부서 대표는 판매 부서와 긴밀히 협력하여, 제품별로 구체적인 수요 예측을 제시하는 데 중요한 역할을 한다.

• 물류와 공급망 부서 대표(Logistics/Supply Chain Manager)

물류와 공급망 부서는 S&OP 프로세스에서 생산된 제품이 고객에게 원활하게 전달될 수 있도록 물류 시스템을 관리한다. 이들은 재고 관리, 운송, 배송 등과 관련된 계획을 수립하고, 공급망의 원활한 운영을 위한 최적화 전략을 제시한다. 또 공급망의 제약 사항이나 물류비용, 운송 능력 등을 고려하여 공급 계획을 현실적으로 조정하는 역할을 맡는다.

• IT 부서 대표(IT Manager)

S&OP 프로세스는 다양한 데이터와 시스템의 통합이 요구되므로, IT 부서는 이를 지원하는 역할을 담당한다. 이들은 S&OP 프로세스에서 필요한 데이터를 수집·분석하는 시스템을 구축하며, 각 부서 간 데이터의 실시간 공유와 통합을 지원한다. IT 부서 대표는 이러한 시스템이 원활하게 운영되도록 기술적 지원을 제공하며, 필요시 새로운 도구나 소프트웨어의 도입을 제안할 수 있다.

• 팀 구성과 역할의 중요성

S&OP 프로세스는 다양한 부서 간의 협업을 요구하는 복잡한 절차이다. 각 부서가 자신의 역할을 명확히 이해하고 이를 효과적으로 수행하지 않으면, 계획이 제대로 실행되지 않을 가능성이 높다. 따라서 S&OP 팀의 구성은 프로세스의 성공 여부를 결정짓는 중요한 요소이다. 각 부서의 대표들이 명확한 역할을 맡아 팀 내에서 협력하고, 지속적인 커뮤니케이션을 통해 정보를 교환하는 구조를 갖추는 것이 중요하다.

또 팀 구성원들이 프로세스 전반에 걸쳐 발생하는 변동 사항에 유연하게 대응할 수 있는 능력을 갖추고 있어야만 S&OP의 효과적인 실행이 가능하다.

• 주요 내용 정리

S&OP의 성공적인 실행을 위해 조직 내 판매, 운영, 재무, 마케팅, 물류, IT 등 주요 부서의 대표로 구성된 다기능 팀이 필요하며, 각 구성원은 명확한 역할과 책임을 바탕으로 협력하여 수요 예측, 공급 계획, 재무 조정, 물류 최적화, 데이터 통합을 수행한다. S&OP 리더는 프로세스 전체를 조율하고, 판매 부서는 수요 정보를 제공하며, 운영 부서는 공급 계획을 수립하고, 재무 부서는 수익성과 비용을 관리하며, 마케팅은 시장 분석과 프로모

션 계획을 지원하고, 물류는 재고와 배송을 관리하며, IT는 데이터 시스템을 구축·통합하여 원활한 의사소통과 협업이 이루어지도록 지원함으로써, 조직의 목표 달성과 유연한 계획 실행을 가능하게 한다.

자원 분배 계획

S&OP에서 자원 분배 계획은 매우 중요하다. 효과적인 자원 분배는 S&OP 프로세스의 성공적인 실행을 보장하며, 이를 통해 조직은 고객 수요를 충족시키고 운영 효율성을 극대화할 수 있다. 자원 분배는 생산 능력, 인력, 재고, 물류, 재정적 자원 등 다양한 요소를 적절히 배치하고 관리하는 것을 의미하며, 각 요소 간의 균형을 맞추는 것이 필수적이다. 이 장에서는 자원 분배 계획의 필요성과 각 자원의 효과적인 분배 방안을 구체적으로 설명하고, 이를 통해 최적의 성과를 달성하는 전략을 제시한다.

• 자원 분배 계획의 중요성

S&OP는 조직의 다양한 부서가 협력하여 판매와 운영 활동을 통합하는 프로세스이다. 이때 자원의 효율적인 배분은 프로세스의 성과에 직접 영향을 미친다. 자원을 효율적으로 분배하지 못하면, 생산과 공급의 불균형, 과잉 재고, 인력 부족, 비용 초과 등과 같은 문제를 초래할 수 있다. 자원 분배 계획의 핵심 목표는 조직의 목표와 전략에 맞게 자원을 최적화하고, 변화하는 수요에 유연하게 대응할 수 있는 구조를 마련하는 것이다.

이를 통해 조직은 시장의 요구를 신속하게 반영하고, 비용 효율성을 유지하면서도 고객의 기대에 부응할 수 있다.

주요 자원별 분배 계획

• 생산 자원의 분배

생산 자원은 S&OP에서 가장 중요한 요소로, 고객의 수요를 충족시키기 위해 생산 시설과 장비, 원자재 등을 어떻게 배분할 것인지 결정해야 한다. 이를 위해 수요 예측에 기반하여 생산 능력을 정확히 파악하고, 효율적으로 운영하는 전략이 필요하다.

⇒ 생산 능력 분석은 현재의 생산 능력을 정확히 평가한 후, 이를 수요 예측과 비교하여 적절한 생산 일정을 수립하는 것이다. 필요에 따라 외부 생산(아웃소싱)을 하거나 추가 생산 설비를 도입하는 방안도 고려할 수 있다.

⇒ 유연성 확보는 수요 변화에 대응하기 위해 생산라인의 유연성을 갖추는 것이 중요하다. 이를 위해 생산 일정을 조정하거나 교대 근무 체계를 도입하여 급증하는 수요에 대응할 수 있어야 한다.

⇒ 원자재 공급 계획은 생산 자원의 원활한 흐름을 위해 원자재가 적시에 공급되도록 보장하는 것이다. 이를 위해 공급업체와의 긴밀한 협력을 통해 원자재의 가용성을 확보하고, 필요할 경우 다수의 공급 경로를 마련하여 리스크를 분산하는 전략을 사용할 수 있다.

• 인력 자원의 분배

인력 자원은 S&OP 프로세스의 실행을 위해 필수적이며, 특히 생산과 물류 과정에서의 인력 배치는 성과에 큰 영향을 미친다.

따라서 인력의 적절한 분배와 배치 계획이 중요하다.

⇒ 적재적소 배치는 인력 자원의 효율적 분배를 위해 부서별로 필요한 인력을 평가하고, 적합한 스킬과 경험을 가진 인력을 배치하는 것을 의미한다. 이를 통해 생산, 물류, 재고 관리 등 각 분야에서 최적의 성과를 낼 수 있도록 지원하며, 부서 간 협업과 운영의 효율성을 극대화한다. 이러한 배치는 조직의 전략적 목표와 일치하도록 정기적으로 재평가되어야 한다.

⇒ 유연한 인력 운영은 수요 변동과 같은 불확실한 상황에서도 조직의 탄력적 대응을 가능하게 하는 핵심 요소이다. 교대 근무 체계, 시간제 근로자 활용, 프로젝트 기반 인력 배치를 통해 효율적으로 인력을 배분할 수 있다. 아울러 급격한 수요 증가에 대비한 인력 풀 관리와, 필요시 빠른 채용을 위한 사전 계획 수립이 요구된다.

⇒ 교육과 훈련은 인력 자원의 역량을 극대화하고 변화하는 환경에 적응하도록 돕는

중요한 관리 활동이다. 새로운 시스템 도입, 기술 혁신, 프로세스 개선 시 모든 직원이 관련 역량을 습득할 수 있도록 체계적이고 지속적인 교육 프로그램을 제공해야 한다. 또 개별 부서와 업무의 요구 사항에 맞춘 맞춤형 훈련을 통해 조직 전체의 경쟁력을 강화할 필요가 있다.

• 재고 자원의 분배

재고 관리는 S&OP에서 매우 중요한 요소이다. 재고 자원을 적절히 관리하지 못하면 과잉 재고나 재고 부족으로 비용 상승과 고객 만족도 저하를 초래할 수 있다.

⇒ 안전 재고 설정은 재고 자원의 안정적 분배를 통해 수요 변동성과 공급망 불확실성에 대비하는 핵심 관리 방안이다. 갑작스러운 수요 증가나 공급 중단과 같은 상황에서도 생산 중단을 예방하고, 공급 안정성을 확보할 수 있도록 설계된다. 이를 위해 정밀한 수요 분석과 함께 적정 재고 수준을 설정하고, 지속적으로 유지 및 조정하는 노력이 필요하다.

⇒ 재고 최적화는 재고 자원의 과잉 보유로 발생하는 비용을 방지하고, 효율적인 자원 배분을 지원하는 전략적 활동이다. 정기적인 재고 모니터링과 수요 예측을 기반으로 불필요한 재고를 줄이고, 자원의 활용도를 극대화한다. 이를 통해 재고 관리 비용을 절감하는 동시에 수요와 공급의 균형을 효과적으로 유지할 수 있다.

⇒ 재고 회전율 관리는 재고 자원의 원활한 순환과 비용 효율성을 극대화하기 위한 필수 활동이다. 판매 빈도가 높은 제품의 재고를 우선 관리하며, 순환이 느린 재고를 줄여 낭비를 최소화한다. 이를 통해 재고 자원의 활용도를 높이고, 효율적 분배를 통해 기업의 운영 효율성과 수익성을 동시에 강화할 수 있다.

• 물류 자원의 분배

물류 자원은 제품을 고객에게 원활하게 전달하는 데 중요한 역할을 한다. 물류 자원의 효율적인 분배는 배송 시간 단축과 비용 절감에 이바지할 수 있다.

⇒ 배송 경로 최적화는 제품의 배송 경로를 효율적으로 계획하여 물류비용을 절감하고 배송 시간을 단축하는 것이다. 이를 위해 최신 물류 기술과 소프트웨어를 활용하여 물류

흐름을 실시간으로 모니터링하고 조정할 수 있다.

⇒ 물류 파트너 관리는 외부 물류 파트너와의 협력을 통해 물류 자원을 효율적으로 관리하는 방법이다. 특히 글로벌시장을 대상으로 하는 경우, 다수의 물류 파트너를 활용하여 유연한 배송 시스템을 구축하는 것이 중요하다.

• 재정적 자원의 분배

자원을 배분할 때 재정적 자원의 효율적인 관리가 필수적이다.

모든 계획과 자원 배분은 재정적인 영향을 고려하여 실행되어야 하며, 이를 통해 비용 효율성을 극대화할 수 있다.

⇒ 비용 분석과 예산 관리는 자원 배분 계획을 수립할 때 각 부서에서 필요로 하는 비용을 면밀하게 분석하고 이를 바탕으로 예산을 설정하는 것이다. 예산을 적절히 분배하고 관리하여 불필요한 비용 지출을 방지하고 재정적 리스크를 최소화할 수 있다.

⇒ ROI(투자 대비 수익률) 분석은 자원 배분의 효과를 평가하기 위해 필수적이다. ROI를 지속적으로 분석하여 높은 성과를 낼 수 있는 분야에 자원을 집중적으로 투자하고, 성과가 낮은 분야의 자원 배분을 줄여 효율성을 높이는 전략을 취해야 한다.

• 자원 분배 계획의 실행과 모니터링

자원 분배 계획은 수립된 이후에도 지속적인 모니터링과 조정이 필요하다. 시장 상황의 변화나 수요 변동, 공급망 문제 등 다양한 요소가 자원 분배에 영향을 미칠 수 있으므로 이를 실시간으로 추적하고 적절히 대응해야 한다.

⇒ 실시간 데이터 기반 의사결정은 최신 데이터 분석 도구와 소프트웨어를 활용하여 자원 배분 상태를 실시간으로 모니터링하고, 이를 기반으로 신속하고 정확한 의사결정을 내리는 것이다. 이는 데이터의 시각화와 자동화된 분석을 통해 현재 상태를 명확히 파악하고, 변화하는 환경에 빠르게 적응할 수 있도록 지원한다. 이를 통해 자원의 낭비를 줄이고 운영 효율성을 높이는 데 이바지한다.

⇒ 주기적인 계획 재검토는 자원 배분 계획을 정기적으로 점검하고 필요에 따라 조정

하여 최적의 자원 배분 상태를 유지하는 것이다. 특히 시장의 불확실성이 높은 상황에서는 이러한 주기적인 검토와 조정이 더욱 중요하다.

• 주요 내용 정리

S&OP의 자원 분배 계획은 생산, 인력, 재고, 물류, 재정적 자원의 효율적 배치를 통해 고객 수요를 충족시키고 운영 효율성을 극대화하며, 이를 위해 생산 능력 분석 과 유연성 확보, 적재적소 인력 배치와 훈련, 안전 재고 설정과 재고 최적화, 배송 경로 최적화와 물류 파트너 관리, 비용 분석과 ROI 평가를 포함한 재정 관리 전략을 수립한다. 실시간 데이터 기반 의사결정과 주기적 계획 재검토를 통해 변화하는 수요와 시장 환경에 유연하게 대응하면서 자원 낭비를 최소화하고 성과를 극대화하는 것을 목표로 한다.

KPI 기반 모니터링

핵심 지표 선정

S&OP에서 핵심 성과 지표(KPI, Key Performance Indicators)의 선정은 매우 중요하다. 올바른 KPI를 설정함으로써 조직은 S&OP 프로세스의 성과를 측정하고, 목표 달성 여부를 평가하며, 프로세스 개선에 필요한 데이터를 확보할 수 있다. KPI는 조직이 달성하고자 하는 목표를 계량화한 지표로, 운영 효율성을 평가하고, 공급망의 성과를 추적하며, 고객 만족도를 유지하기 위한 중요한 도구이다. 이 장에서는 S&OP에서의 핵심 지표 선정 방법과 각 지표의 중요성을 구체적으로 설명하고, KPI 기반 모니터링을 통해 S&OP 프로세스를 개선하는 방법을 제시한다.

• 핵심 지표(KPI) 선정의 필요성

S&OP의 목적은 수요와 공급을 효율적으로 조정하여 고객 요구를 충족시키고, 조직의 목표를 달성하는 것이다. 이를 실현하려면 구체적이고 측정이 가능한 지표가 필요하다. 핵심 지표를 통해 조직은 현재의 성과를 객관적으로 평가할 수 있으며, 계획과 실제 성과 간의 차이를 파악하고 이를 바탕으로 개선 조치를 할 수 있다.

올바른 KPI를 선정하는 것은 S&OP 프로세스가 조직의 목표와 일치하도록 관리하는 데 필수적이다. 또 KPI는 전사적인 목표를 반영해야 하며, 판매, 운영, 재무 등 모든 부서의 성과를 균형 있게 평가할 수 있어야 한다.

핵심 지표는 단순히 데이터를 추적하는 것이 아니라, 조직이 나아갈 방향을 명확히 설정하고, 장기적인 성과 개선에 이바지하는 중요한 역할을 한다.

KPI 선정 시 고려해야 할 원칙

핵심 지표를 선정할 때는 몇 가지 중요한 원칙을 고려해야 한다. 선정된 KPI가 조직의 전반적인 목표에 적합하고, 실질적인 성과 개선을 이끌 수 있도록 해야 한다.

• 구체성과 명확성

KPI는 구체적이고 명확해야 한다. 이를 통해 지표가 무엇을 측정하는지 명확하게 이해할 수 있으며, 이를 달성하는 데 필요한 조치를 정확히 파악할 수 있어야 한다.

예를 들어, '재고 관리 효율성'이라는 지표보다는 '재고 회전율'과 같이 구체적인 수치로 표현된 KPI가 더 유용하다.

• 측정 가능성

KPI는 반드시 측정이 가능한 지표여야 한다. 이를 통해 조직이 실질적으로 데이터를 수집·분석할 수 있어야 하며, 성과를 평가할 수 있어야 한다. 데이터가 불충분하거나 신뢰할 수 없는 경우, 해당 KPI는 의미를 잃게 된다. 따라서 신뢰성 높은 데이터 소스에서 측정할 수 있는 지표를 선정해야 한다.

• 실행 가능성

KPI는 조직이 실질적으로 개선할 수 있는 요소를 반영해야 한다. 지나치게 이상적인 지표나 현실적으로 달성 불가능한 지표는 오히려 혼란을 초래할 수 있다. 따라서 조직이 구체적인 계획을 수립하고 실행할 수 있는 범위 내에서 KPI를 설정해야 한다.

• 관련성

KPI는 조직의 전략적 목표와 밀접하게 연관되어 있어야 한다. 각 지표는 조직의 전반적인 성과와 목표 달성에 이바지할 수 있어야 한다. 특정 부서나 단기적인 목표에만 국한

딛지 말고, KPI가 조직의 장기적인 발전 방향과 일치하도록 보장해야 한다.

• 시간 기반

KPI는 시간 기반으로 설정되어야 하고, 특정 기간의 성과를 측정할 수 있어야 한다. 이를 통해 단기적인 성과와 장기적인 목표 달성 여부를 평가할 수 있다. 또 성과 추이를 분석하여 계획의 적절성을 검토하고, 필요시 수정할 수 있는 근거를 제공한다. 이는 조직의 목표와 방향성을 조화롭게 유지하는 데 도움을 준다.

주요 S&OP 핵심 지표(KPI)의 종류

S&OP에서 주로 사용되는 핵심 지표는 판매, 운영, 재무, 공급망, 고객 서비스 등 여러 측면을 아우른다. 아래에서는 S&OP 프로세스에서 중요하게 사용되는 주요 KPI를 설명한다.

• 수요 예측 정확도(Demand Forecast Accuracy, DFA)

수요 예측 정확도는 조직이 미래 수요를 얼마나 정확하게 예측했는지 평가하는 지표이다. 수요 예측이 정확할수록 공급 계획의 오류를 줄이고, 과잉 생산이나 재고 부족을 방지할 수 있다. 이 지표는 주로 실제 판매량과 예측 판매량 간의 차이를 통해 계산되며, 수요 예측의 신뢰성을 평가하는 중요한 기준이 된다.

• 재고 회전율(Inventory Turnover)

재고 회전율은 조직이 재고를 얼마나 효율적으로 관리하고 있는지 평가하는 지표이다. 높은 재고 회전율은 재고 관리가 효율적으로 이루어지고 있으며, 자본이 재고에 묶이지 않고 원활하게 운영되고 있음을 의미한다. 반대로 낮은 재고 회전율은 재고가 과도하게 쌓여 있거나 판매가 원활하지 않음을 나타낸다.

• 납기 준수율(On-time Delivery, OTD)

납기 준수율은 고객에게 제품을 약속된 시간 내에 제공할 수 있었는지 평가하는 지표이다. 이 지표는 고객 만족도와 직결되며, 높은 납기 준수율을 유지함으로써 고객의 신뢰를 얻을 수 있다. 이 지표는 공급망의 효율성과 운영 계획이 얼마나 잘 실행되고 있는지 나타내는 중요한 지표이다.

• 생산 계획 달성률(Production Plan Adherence)

생산 계획 달성률은 생산 계획이 실제로 얼마나 충실히 이행되었는지 평가하는 지표이다. 이 지표는 생산 효율성과 생산 시스템의 유연성을 평가하는 중요한 역할을 하며, 공급망의 안정성을 나타내는 지표로도 사용된다.

• 판매 성장률(Sales Growth Rate)

판매 성장률은 S&OP에서 판매 성과를 평가하는 중요한 지표이다.

이 지표는 특정 기간의 판매 증가율을 측정하며, 시장 수요와 조직의 판매 전략이 얼마나 성공적으로 이루어졌는지 평가하는 데 사용된다. 판매 성장률은 주로 재무 부서와 판매 부서에서 중점적으로 관리된다.

• 비용 대비 이익(Cost-to-Serve, CTS)

비용 대비 이익은 고객에게 제품이나 서비스를 제공하는 데 드는 비용과 그로부터 얻는 수익을 비교하는 지표이다. 이 지표는 비용 효율성을 평가하는 중요한 도구로, S&OP 프로세스가 얼마나 경제적으로 운영되고 있는지 파악할 수 있다.

• KPI 모니터링의 중요성

핵심 지표를 선정한 후에는 지속적인 모니터링이 필요하다. KPI는 S&OP 프로세스의 성과를 실시간으로 평가하고, 계획 대비 실제 성과의 차이를 분석하는 데 중요한 역할을 한다. 이를 통해 조직은 실시간 데이터를 기반으로 문제점을 발견하고, 신속하게 대응할 수 있다. KPI 모니터링을 통해 조직은 다음과 같은 이점을 얻을 수 있다.

⇒ 계획과 성과 간의 차이 분석은 KPI를 통해 계획 대비 실제 성과의 차이를 분석하여

계획의 정확성을 평가하는 것이다.

⇒ 신속한 문제 해결은 KPI가 설정된 목표를 달성하지 못할 때 문제를 조기에 발견하고 즉각적으로 조치를 하는 것이다.

⇒ 지속적인 프로세스 개선은 KPI 모니터링을 통해 프로세스의 효율성을 지속적으로 높이고, 이를 통해 조직의 목표 달성에 이바지할 수 있다.

• 주요 내용 정리

S&OP에서 핵심 성과 지표(KPI)는 조직의 성과를 계량화하여 수요와 공급을 조정하고 목표 달성 여부를 평가하며, 이를 기반으로 프로세스를 개선하기 위한 도구이다. 구체성, 측정 가능성, 실행 가능성, 관련성, 시간 기반 원칙을 바탕으로 선정되며, 주요 지표로는 수요 예측 정확도, 재고 회전율, 납기 준수율, 생산 계획 달성률, 판매 성장률, 비용 대비 이익 등이 있고, 이를 통해 계획 대비 성과 차이를 분석하고, 문제를 조기에 발견하여 신속히 해결하며, 지속적인 프로세스 개선으로 목표 달성과 장기적인 성과 향상을 도모한다.

실시간 데이터 추적

S&OP에서 실시간 데이터 추적은 조직이 시장 변화에 빠르게 대응하고, 공급망과 운영 활동을 최적화하기 위한 중요한 도구이다. S&OP 프로세스는 다양한 데이터를 기반으로 이루어지며, 실시간 데이터를 활용하면 현재 상황에 대한 명확한 정보를 얻을 수 있다. 이를 통해 계획 대비 실질적인 성과를 즉시 확인하고, 필요한 경우 적시에 조정할 수 있다. 실시간 데이터 추적은 오늘날 디지털 전환 시대의 핵심 요소로, 데이터를 활용한 민첩한 의사결정을 가능하게 한다. 이 장에서는 실시간 데이터 추적의 필요성과 방법, 그리고 이를 통해 S&OP 프로세스를 효과적으로 개선하는 전략을 설명하고자 한다.

실시간 데이터 추적의 필요성

S&OP 프로세스는 시장의 변동성, 수요 변화, 공급망 차질 등 다양한 요소에 의해 영

향을 받는다. 기존의 정기적인 보고나 과거 데이터를 기반으로 한 분석만으로는 빠르게 변화하는 환경에 즉각 대응하기 어렵다.

이에 반해 실시간 데이터 추적은 실시간으로 데이터를 수집·분석하여, 상황에 대한 즉각적인 통찰을 제공한다. 실시간 데이터 추적의 주요 필요성은 다음과 같다.

• 빠른 의사결정

실시간 데이터는 경영진과 운영팀이 상황 변화에 빠르게 대응할 수 있도록 도와준다. 공급망에서 발생하는 문제나 예기치 못한 수요 변동에 대해 즉각 대응할 수 있으며, 이를 통해 손실을 최소화하고 기회를 극대화할 수 있다.

예를 들어, 공급업체의 납품 지연이 발생한 경우, 실시간 데이터를 통해 즉각 대체 공급처를 찾거나 생산 일정을 조정할 수 있다.

• 계획과 성과 간의 실시간 비교

실시간 데이터를 통해 계획된 수요와 실제 수요, 또는 계획된 공급과 실제 공급을 비교할 수 있다. 이를 통해 계획이 얼마나 정확하게 실행되고 있는지 실시간으로 파악할 수 있으며, 즉각적인 조정이 가능하다. 예를 들어, 특정 제품에 대한 수요가 예상보다 높을 경우, 재고나 생산 계획을 빠르게 조정할 수 있다.

• 비용 절감과 효율성 향상

실시간 데이터 추적은 운영 비용을 절감하는 데 중요한 역할을 한다. 공급망의 병목 현상이나 불필요한 자원 낭비를 실시간으로 파악하고, 이를 신속하게 해결함으로써 효율성을 극대화할 수 있다. 예를 들어, 물류 경로에서 문제가 발생할 경우, 실시간 데이터를 통해 대체 경로를 신속하게 찾아 물류비용을 절감할 수 있다.

• 고객 만족도 향상

실시간 데이터는 고객의 요구 사항에 신속하게 대응하는 중요한 도구이다. 고객의 주문 상태, 배송 일정, 재고 상황 등을 실시간으로 추적하여 고객에게 즉각 정보를 제공할 수 있으며, 이를 통해 고객 만족도를 높일 수 있다. 또 예기치 못한 문제에 대해서도 신속히 대응하여 고객 불만을 최소화할 수 있다.

실시간 데이터 추적 방법

실시간 데이터를 추적하려면 조직 내 다양한 시스템과 프로세스가 통합돼야 한다. 이를 통해 공급망, 생산, 물류, 판매 등 여러 부서에서 발생하는 데이터를 실시간으로 수집·분석할 수 있어야 한다. 실시간 데이터 추적을 구현하는 방법은 다음과 같다.

• 데이터 수집과 통합 시스템

실시간 데이터를 효과적으로 추적하려면 다양한 데이터 소스를 통합하는 시스템이 필요하다. ERP(Enterprise Resource Planning), SCM(Supply Chain Management), CRM(Customer Relationship Management)과 같은 시스템에서 데이터를 실시간으로 수집하고, 이를 하나의 플랫폼에서 통합 관리할 수 있어야 한다. 또 IoT(사물인터넷) 기술을 활용하여 물류와 생산 과정에서의 데이터를 자동으로 수집할 수 있다. 이를 통해 공급망 전반에 걸쳐 실시간 데이터를 확보할 수 있다.

• 데이터 분석과 시각화 도구

실시간으로 수집된 데이터를 분석하고, 의사결정에 필요한 정보를 제공하는 분석 도구가 필요하다. BI(Business Intelligence) 도구나 대시보드를 활용하면, 실시간 데이터를 시각화하여 빠르고 정확한 인사이트를 얻을 수 있다. 예를 들어, 대시보드를 통해 재고 수준, 발주 상태, 생산 효율성 등을 실시간으로 모니터링할 수 있으며, 데이터가 시각적으로 표현되므로 경영진은 직관적으로 상황을 파악할 수 있다.

• 알고리즘과 예측 분석

실시간 데이터 기반의 예측 분석 알고리즘을 활용하면, 데이터를 단순히 추적하는 것을 넘어 향후 상황을 예측할 수 있다. 머신러닝과 같은 기술을 활용하여 수요 예측, 공급망 리스크 분석, 생산 계획 최적화를 자동으로 실행할 수 있다. 이런 예측 분석 도구는 실시간 데이터를 기반으로 최적의 결정을 내리는 데 중요한 역할을 한다.

• 자동화된 알림 시스템

실시간 데이터 추적 시스템은 특정 조건이 충족되거나 문제가 발생했을 때 자동으로 알림을 발송하는 기능을 포함해야 한다. 이를테면 재고가 일정 수준 이하로 떨어지면 즉시 알림을 보내거나, 물류 과정에서 지연이 발생할 때 경고 메시지를 전송하는 시스템을 통해 신속하게 대응할 수 있다.

이런 알림 기능을 통해 문제를 조기에 발견하고 적시에 조치를 할 수 있다.

실시간 데이터 추적의 주요 지표

실시간 데이터 추적으로 모니터링해야 할 주요 지표는 다음과 같다.

• 재고 수준

재고 수준을 실시간으로 추적하면 과잉 재고로 인한 비용 증가나 재고 부족으로 인한 운영 차질을 신속히 해결할 수 있다. 특히, 수요 변동이 빈번한 제품의 경우 실시간 데이터를 통해 재고 변화를 면밀하게 관찰하고, 이를 바탕으로 재고 주문과 보충을 최적화할 수 있다. 이러한 실시간 모니터링은 예측 불가능한 상황에서도 안정적인 공급과 효율적인 재고 관리를 가능하게 한다.

• 생산라인 상태

생산라인의 가동 상태를 실시간 추적하면, 생산 과정에서 발생하는 문제를 즉시 파악할 수 있다. 생산 중단, 기계 고장, 작업자 부재 등 생산 효율성에 영향을 미치는 요인들을 실시간으로 관리함으로써 생산 계획을 조정할 수 있다.

- **배송과 물류 상태**

물류와 배송 상황을 실시간 추적하면, 고객에게 정확하고 신뢰할 수 있는 배송 정보를 제공할 수 있으며, 배송 지연이나 물류 경로에서 발생하는 문제를 신속히 식별하고 즉각 대응할 수 있다. 이를 통해 고객 만족도를 높이고, 물류 효율성을 높이며, 문제 발생 시 적절한 대체 경로를 제시하거나 추가적인 지원 조치를 할 수 있는 기반을 마련할 수 있다.

- **수요 변화**

고객의 주문이나 시장 수요 변화를 실시간 추적하여, 수요 급증이나 감소에 신속하고 정확하게 대응할 수 있다.

이를 통해 공급망에 가해지는 압박을 효과적으로 완화하고, 고객의 요구를 적시에 충족시키며, 불필요한 자원 낭비를 줄이고 운영 효율성을 극대화할 수 있다.

실시간 데이터 추적의 효과

실시간 데이터 추적은 S&OP 프로세스에서 중요한 역할을 하며, 다음과 같은 효과를 기대할 수 있다.

- **비용 절감**

실시간 데이터를 활용하여 자원의 배분과 활용을 더욱 효율적으로 최적화하고, 공급 망의 병목 현상이나 비효율성을 신속히 파악하고 해결함으로써 운영 비용을 효과적으로 절감할 수 있다. 이를 통해 장기적인 비용 절감 효과를 극대화할 수 있다.

- **운영 민첩성 강화**

실시간 데이터는 조직이 빠르게 변화하는 시장 환경과 예기치 못한 상황에 적응할 수 있는 민첩성을 제공하고, 유연한 운영 전략을 지원한다. 수요 변화나 공급망 리스크를 사전에 감지하고 즉각 대응하여 조직의 경쟁력을 유지하고 발전시킬 수 있다.

• 의사결정 속도 향상

실시간 데이터를 통해 의사결정 과정이 한층 더 신속하고 정확해진다. 데이터 기반의 실시간 분석은 의사결정의 품질을 높이며, 조직의 전략적 목표 달성을 지원하고 전반적인 성과를 극대화하는 데 이바지한다. 다음과 같이 GE의 Predix 개념을 살펴보도록 한다.

Predix 개요

클라우드 기반의 사물인터넷 플렛폼으로 각종 기계와 장비에 애플리케이션을 적용, 데이터를 수집, 분석해 생산성을 높이는 산업용 소프트웨어 운영체제

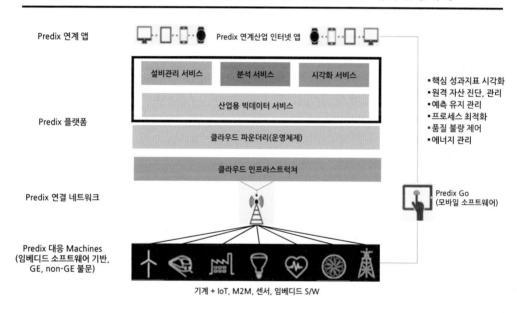

[그림 16] GE의 Predix에서 KPI 적용 사례

• 주요 내용 정리

S&OP에서 실시간 데이터 추적은 조직이 시장 변화와 공급망 차질에 신속히 대응하고, ERP, SCM, CRM, IoT 등 다양한 기술을 통해 데이터를 통합 관리하며, BI 도구와 머신러닝 기반 예측 분석을 활용해 계획과 실적을 실시간으로 비교하고 조정한다. 또 자동화된 알림 시스템으로 문제를 조기에 감지하여 재고, 생산라인, 배송 상태, 수요 변화

를 모니터링함으로써 비용 절감, 운영 민첩성 강화, 고객 만족도 향상, 의사결정의 속도와 정확성을 높여 조직의 경쟁력을 극대화하는 디지털 전환 시대의 핵심 도구로, 데이터 기반의 민첩한 운영 최적화와 전략적 목표 달성을 지원한다.

성과 보고 체계

S&OP에서 성과 보고 체계는 조직의 전반적인 운영 성과를 평가하고, 부서 간의 협력과 통합을 촉진하는 중요한 도구이다. 성과 보고는 KPI(핵심 성과 지표)를 기반으로 계획 대비 실제 성과를 명확하게 파악하고, 필요에 따라 신속 대응할 수 있도록 도와준다. 이를 통해 S&OP 프로세스가 올바른 방향으로 진행되고 있는지 지속적으로 모니터링할 수 있으며, 조직의 목표 달성에 필요한 조정과 개선을 달성할 수 있다.

이 장에서는 S&OP 프로세스에서 성과 보고 체계를 구축하는 방법과 그 중요성, 효과적인 보고 체계 구축을 위한 전략에 대해 상세히 설명한다.

성과 보고 체계의 필요성

S&OP는 판매, 운영, 재무, 물류 등 다양한 부서가 협력하여 통합적인 계획을 세우고 실행하는 프로세스이다. 이 과정에서 성과 보고 체계는 각 부서가 설정된 KPI에 따라 성과를 평가하고, 계획이 얼마나 효과적으로 이루어졌는지 파악하는 데 필수적이다. 성과 보고는 정량적 데이터뿐만 아니라 정성적 평가를 포함하여, 조직 전체의 운영 상태를 점검하는 중요한 역할을 한다. 성과 보고 체계의 필요성은 다음과 같다.

• 성과 평가와 분석

성과 보고 체계는 각 부서의 성과를 명확하게 평가하고 분석하는 데 도움이 된다. 각 부서가 자신들의 KPI에 따라 목표를 달성했는지 확인하고, 그 결과를 분석하여 향후 계획 수립에 반영할 수 있다.

- **의사결정 지원**

성과 보고는 경영진이 S&OP의 진행 상황을 빠르게 파악하고, 중요한 의사결정을 내리는 데 중요한 자료로 사용된다. 실시간 성과 데이터를 기반으로 전략적 결정을 내리려면 신뢰할 수 있는 성과 보고 체계가 필요하다.

- **부서 간 협력 촉진**

성과 보고 체계는 각 부서 간의 협력을 강화하는 데 중요한 역할을 한다. 각 부서의 성과를 명확히 보고함으로써, 공동 목표를 향해 나가는 과정에서의 협력을 촉진하고, 상호 책임감을 강화할 수 있다.

- **문제 조기 발견과 해결**

성과 보고 체계를 통해 계획과 실제 성과 간의 차이를 신속하게 파악할 수 있다. 이를 통해 성과 저하의 원인을 조기에 발견하고, 문제 해결을 위한 조치를 신속하게 취할 수 있다.

성과 보고 체계 구축의 핵심 요소

효과적인 성과 보고 체계를 구축하려면 다음과 같은 핵심 요소들을 고려해야 한다.

- **정기적인 보고 주기 설정**

성과 보고는 정기적으로 이루어져야 하며, 보고 주기는 조직의 요구와 S&OP의 특성에 맞춰 조정될 수 있다. 일반적으로 S&OP 프로세스는 월 단위로 운영되며, 이를 기준으로 주기적인 성과 보고가 이루어진다.

그러나 시장 변화가 빠른 산업에서는 주간 보고가 필요할 수도 있으며, 중요 프로젝트나 특정 성과 지표에 따라 더욱 빈번한 보고가 필요할 수 있다.

- **KPI 기반 성과 평가**

성과 보고 체계는 KPI를 기반으로 이루어져야 한다. 부서별로 설정된 KPI에 따라 성과를 평가하고, 목표 달성 여부를 명확하게 보고해야 한다.

예를 들어, 판매 부서는 판매 성장률이나 수요 예측 정확도를 보고하고, 운영 부서는 생산 계획 달성률이나 재고 회전율을 기준으로 성과를 평가한다. 이처럼 부서별 KPI에 맞춰 성과를 체계적으로 보고하는 것이 중요하다.

• 데이터 시각화와 대시보드 활용

성과 보고에서 중요한 요소 중 하나는 데이터를 쉽게 이해할 수 있도록 시각화하는 것이다. 대시보드를 활용하면 실시간 성과 데이터를 직관적으로 파악할 수 있고, 이를 통해 경영진이나 각 부서가 빠르게 상황을 이해하고 대응할 수 있다. 그래프, 차트, 테이블 등을 활용하여 KPI 성과를 시각적으로 보여주면 성과 분석이 쉬워진다.

• 투명한 커뮤니케이션 채널 구축

성과 보고 체계는 전사적인 투명성과 효율적인 커뮤니케이션을 촉진해야 한다. 보고된 성과는 조직의 모든 관련 부서가 공유해야 하며, 이를 통해 부서 간 협업과 정보 공유가 원활하게 이루어져야 한다. 투명한 성과 보고는 조직 전체가 똑같은 목표를 향해 나아가고 있음을 확인하고, 공동의 책임감을 부여하는 중요한 수단이 된다.

• 실시간 데이터 활용

성과 보고 체계는 실시간 데이터를 기반으로 구축되어야 한다. 실시간 성과 데이터를 통해 빠르게 상황을 분석하고 문제를 해결할 수 있으며, 이를 통해 의사결정의 속도와 정확성을 높일 수 있다. 특히, 예기치 못한 수요 변화나 공급망 문제에 신속히 대응할 수 있도록 실시간 보고 체계를 마련하는 것이 중요하다.

성과 보고 체계의 단계별 프로세스

성과 보고 체계를 효과적으로 운영하려면 단계별로 체계적인 프로세스를 구축해야 한다. 일반적으로 성과 보고는 다음과 같은 단계로 이루어진다.

• 데이터 수집

먼저 각 부서에서 설정된 KPI에 따라 수집하는 데이터는 ERP, SCM, CRM 등 다양한 시스템에서 수집될 수 있으며, 자동화된 데이터 수집 시스템을 통해 오류를 최소화하고 신뢰성 높은 데이터를 확보해야 한다.

• 성과 분석

수집된 데이터를 바탕으로 각 부서의 성과를 분석한다. 이 과정에서는 KPI와 목표 대비 실질적인 성과를 비교하고, 성과 차이를 분석하여 원인을 파악한다. 또 부서별 성과가 조직 전체의 목표와 얼마나 일치하는지도 평가해야 한다.

• 성과 보고서 작성

분석된 데이터를 바탕으로 성과 보고서를 작성한다. 보고서는 각 부서의 성과를 명확하게 정리하고, 차트나 그래프 등 시각적 요소를 포함하여 쉽게 이해할 수 있도록 구성해야 한다. 성과 보고서에는 목표 달성 여부, 성과 차이의 원인, 향후 조치 사항 등이 포함되어야 한다.

성과 보고서의 예시

• 보고와 피드백

작성된 보고서는 경영진과 각 부서에 공유되며, 이를 바탕으로 추가적인 피드백이 이루어진다. 보고된 성과는 단순히 확인하는 데 그치지 않고, 피드백을 통해 개선 방안을 도출하고, 향후 계획에 반영하는 것이 중요하다. 또 성과 차이가 발생한 부서에 대해서는 추가적인 지원이나 조정이 필요할 수 있다.

• 성과 보고 체계의 효과

효과적인 성과 보고 체계는 다음과 같은 긍정적인 효과를 가져올 수 있다.

⇒ 조직 전체의 목표 일관성 유지.

성과 보고 체계를 통해 각 부서의 성과가 조직 전체의 목표와 일관성을 유지하고 있는지 확인할 수 있다. 이를 통해 부서 간의 협업을 강화하고, 조직의 전략적 목표를 달성하는 데 이바지한다.

⇒ 신속한 문제 해결.

성과 보고를 통해 계획 대비 성과 차이가 조기에 발견되면, 이를 바탕으로 신속하게 대응할 수 있다. 성과 저하의 원인을 분석하고, 개선 조치를 함으로써 문제를 해결하고 조직의 성과를 유지할 수 있다.

⇒ 책임 의식 강화.

성과 보고 체계는 각 부서가 자신의 성과에 대해 책임지도록 하며, 이를 통해 전사적인 책임감을 강화할 수 있다. 부서 간 성과 차이가 명확히 드러나면, 이로써 개선의 필요성을 인식하고, 책임 있는 행동을 유도할 수 있다.

• 주요 내용 정리

S&OP에서 성과 보고 체계는 KPI를 기반으로 계획 대비 성과를 평가하고, 실시간 데이터와 대시보드를 활용하여 성과를 시각화하며, 투명한 커뮤니케이션 채널을 통해 부서 간 협력과 정보 공유를 촉진하고, 데이터의 수집·분석, 보고서 작성과 피드백 단계를 통해 문제를 조기에 발견하고 신속히 대응할 수 있도록 한다. 이를 통해 조직의 목표와 부서 성과 간 일관성을 유지하고, 전략적 의사결정을 지원하며, 책임 의식을 강화하여 전반적인 운영 성과를 최적화하는 데 이바지하는 체계적인 도구이다. 정기적인 보고 주기와 명확한 KPI 설정, 신뢰성 있는 데이터의 수집과 실시간 보고 체계를 바탕으로 조직의 민첩성과 경쟁력을 강화한다.

정기적 리뷰 프로세스

월별 리뷰 회의

S&OP에서 월별 리뷰 회의는 프로세스의 핵심이다. S&OP의 목적은 판매, 생산, 재무, 물류 등의 부서가 통합된 계획을 통해 운영의 효율성을 극대화하는 것인데, 이를 실현하려면 각 부서가 정기적으로 성과를 점검하고 개선 방안을 논의하는 월별 리뷰 회의가 필수적이다. 이러한 회의를 통해 조직은 수요와 공급의 불일치를 조정하고, 시장 변동성에 민첩하게 대응할 수 있다.

이 장에서는 월별 리뷰 회의의 중요성과 그 구조, 운영 방법에 대해 자세히 설명한다.

월별 리뷰 회의의 필요성

월별 리뷰 회의는 S&OP 프로세스의 핵심 요소로, 계획 대비 실질적인 성과를 점검하고 조정하는 단계이다. 이 회의는 조직의 주요 부서 대표들이 모여 KPI를 바탕으로 각 부서의 성과를 검토하고, 개선할 점을 찾아내며, 향후 전략을 논의하는 자리이다. 월별 리뷰 회의의 주요 목적은 다음과 같다.

• 계획 대비 실적 점검

월별 회의는 각 부서가 지난달 수립한 계획과 실제 성과 간의 차이를 비교하는 데 초점을 맞춘다. 이를 통해 계획이 얼마나 정확하게 실행되었는지 평가하고, 성과 차이의 원인을 분석함으로써 다음 달의 계획이 더 현실적이고 정확하게 수립될 수 있다.

• 조직 간 협력 촉진

판매, 운영, 재무, 물류 등 다양한 부서가 함께 모여 논의함으로써 부서 간 협력이 강화된다. 각 부서가 상호 의존적인 프로세스를 공유하고, 발생한 문제를 공동으로 해결하기 위한 방법을 찾는 중요한 기회를 제공한다.

• 지속적인 조정과 최적화

월별 리뷰 회의를 통해 S&OP 프로세스가 시장 변동성이나 내부 리소스 변화에 적절히 대응할 수 있도록 조정이 이루어진다. 이를 통해 기업은 환경 변화에 유연하게 대처하며, 계획이 지속적으로 최적화된다.

• 경영진의 참여와 의사결정 지원

월별 리뷰 회의는 경영진이 S&OP 프로세스에 직접 참여하여 의사결정을 내릴 기회를 제공한다. 이 회의에서 나오는 결론은 주요 전략적 결정을 뒷받침하며, 조직 전체가 똑같은 목표를 공유할 수 있도록 한다.

월별 리뷰 회의의 구성

월별 리뷰 회의는 일반적으로 조직의 핵심 부서들이 참여하며, S&OP 프로세스를 주도하는 팀 또는 리더가 회의를 관리하고 진행한다. 주요 구성 요소는 다음과 같다.

• 참석자

월별 리뷰 회의는 전사적인 협력을 요구하는 만큼, 판매, 마케팅, 운영, 재무, 공급망, 물류 등의 핵심 부서 대표들이 참석해야 한다. 이들은 각 부서의 성과와 문제점, 향후 계획에 대한 보고를 담당한다. 또 경영진이 회의에 참여하여 각 부서의 보고를 듣고, 전략적 결정을 내리는 역할을 한다.

• 회의 아젠다

월별 리뷰 회의의 아젠다는 명확하고 구체적으로 구성되어야 한다. 주로 다음과 같은 항목이 포함된다.

⇒ 수요 예측과 성과 검토는 판매 부서가 수요 예측과 실제 판매 성과를 보고하며, 그 차이에 대한 분석을 제공하는 과정이다.

⇒ 공급 계획과 생산 성과 검토는 운영 부서가 공급 계획과 실제 생산 성과를 보고하고, 생산 과정에서 발생한 문제나 성과 차이에 대해 논의하는 절차이다.

⇒ 재고와 물류 성과 검토는 재고 수준과 물류 효율성을 분석하여 재고 과잉이나 부족 상황에 대해 논의하는 것이다.

⇒ 재무 성과 검토는 재무 부서가 비용 효율성, 수익성 등의 재무 성과를 점검하고, 예산과 실제 비용 간의 차이를 분석하는 과정이다.

• 성과 보고와 데이터 분석

각 부서는 KPI를 기반으로 성과 데이터를 시각적으로 보고하며, 이를 통해 성과 차이의 원인을 명확히 파악한다. 그래프, 차트, 대시보드 등을 통해 성과 데이터가 명확히 전달되며, 데이터를 기반으로 한 논의가 이루어진다. 이를 통해 다음 단계에서 어떤 조정이 필요한지에 대한 인사이트를 얻을 수 있다.

• 의사결정과 조정

성과 검토 후에는 경영진과 각 부서가 함께 향후 계획을 조정한다. 수요 예측이 변경되거나, 생산 계획이 조정될 필요가 있을 때, 이를 반영하여 부서별로 실질적인 조정이 이루어진다. 또 운영상의 문제를 해결하기 위한 대책을 논의하고, 필요시 추가 자원 투입이나 인력 조정 등의 의사결정이 내려진다.

월별 리뷰 회의의 주요 논의 사항

월별 리뷰 회의는 정기적으로 조직의 계획과 실적을 점검하는 자리인 만큼, 다음과 같은 주요 논의 사항들이 다루어진다.

• 수요와 공급의 불일치

수요와 공급의 불일치는 월별 회의에서 가장 빈번하게 논의되는 핵심 과제로, 판매 부서에서 예측한 수요와 실제 판매량 간의 차이를 정밀 분석하고, 운영 부서에서 계획한 공급량과 실제 생산량의 차이까지 포함하여 원인을 심층적으로 파악한다.

이를 통해 수요 예측 정확도 개선, 생산 일정 조정, 공급망 최적화를 위한 구체적이고 실행이 가능한 조정 방안을 마련한다.

• 재고 관리 문제

재고 관리의 효율성은 조직 운영의 핵심 요소로, 월별 회의에서는 재고 과잉으로 발생할 수 있는 자본 비효율, 저장 공간 낭비, 유통기한 경과와 같은 문제와 재고 부족으로 인해 초래될 수 있는 판매 손실, 고객 신뢰 저하, 생산 차질 등을 면밀하게 점검한다.

이러한 문제를 해결하기 위해 정확한 재고 수준 설정, 효율적인 생산 계획 수립, 수요-공급의 정합성 강화를 통해 전사적인 운영 효율성을 극대화한다.

• 비용 절감과 효율성 개선

재무 부서의 성과 보고는 비용 절감 가능성을 식별하고 운영 효율성을 개선하기 위한 중요한 논의 자료로 활용되며, 월별 회의에서는 예상보다 높은 비용이 발생한 부문과 그 원인을 철저히 분석한다. 이를 기반으로 프로세스 최적화, 자원 활용도 개선, 비용 절감 사례 공유 등 실질적인 대안을 도출하며, 장기적으로 조직의 비용 구조를 개선하기 위한 전략까지 함께 논의한다.

• 시장 변화에 대한 대응

판매와 마케팅 부서에서는 시장 변화, 경쟁 상황, 고객 트렌드에 대한 상세한 분석을 기반으로 월별 회의에서 시장 변화에 대응하기 위한 전략을 보고하고 논의한다. 신제품 출시나 대규모 마케팅 캠페인으로 인한 수요 변동, 경쟁사의 신규 제품과 가격 정책 변화 등 외부 요인에 대해 신속하고 유연한 S&OP 계획 조정, 시장 점유율 확대 전략, 위험 관리 방안을 마련하며, 장기적으로 시장 경쟁력 강화를 위한 방안을 함께 검토한다.

월별 리뷰 회의의 효과

월별 리뷰 회의는 S&OP 프로세스를 성공적으로 이끄는 중요한 역할을 하며, 다음과 같은 효과를 기대할 수 있다.

• 민첩한 대응

월별 실적을 정기적으로 점검하고, 신속하고 체계적으로 대응함으로써 시장 변화나 내부 문제에 대해 더욱 민첩하게 대처할 수 있다. 이러한 프로세스를 통해 예상치 못한 수요 변화에도 빠르게 적응하고, 공급망의 안정성과 운영 효율성을 유지하며 고객 만족도를 높이는 결과를 가져온다.

또 환경 변화에 따른 리스크를 최소화하여 경쟁력을 강화하는 데 이바지한다.

• 전사적 목표 일치

월별 리뷰 회의는 각 부서가 전사적인 목표에 맞춰 협력하고, 부서 간 조율을 통해 조직 전체가 똑같은 방향으로 나아가는 것을 보장하는 중요한 계기가 된다.

이를 통해 전략적 목표와 운영 계획의 일치 여부를 검토하고, 조직의 자원을 효과적으로 배분하며, 목표 달성을 향해 전진할 수 있다. 또 부서 간 소통을 강화하여 목표 충돌을 방지하고 일관된 성과를 유지하도록 도와준다.

• 지속적인 성과 개선

매월 이루어지는 성과 분석과 피드백 과정을 통해 조직은 지속적인 개선의 기회를 확보할 수 있다. 초기 단계에서 문제를 발견하고 이를 바탕으로 신속하고 구체적인 조정 방안을 마련함으로써 단기적인 성과 개선뿐만 아니라 장기적으로도 조직의 생산성과 효율성을 개선할 수 있다. 이러한 반복적인 개선 프로세스는 지속 가능한 성장과 조직의 경쟁력 강화로 이어질 수 있다.

• 주요 내용 정리
S&OP의 월별 리뷰 회의는 판매, 운영, 재무, 물류 등 핵심 부서가 KPI 기반 성과를 검토하고, 계획 대비 실적을 분석하여 수요와 공급의 불일치, 재고 관리, 비용 절감, 시장 변화 대응 전략 등을 논의하며, 민첩한 의사결정과 부서 간 협력을 통해 조직의 목표를 일치시키고, 문제를 조기 발견하여 지속적인 성과 개선과 운영 최적화를 추구하며, 데이터 시각화와 경영진 참여를 통해 실질적인 조정과 피드백이 이루어지는 정기적인 프로세스이다. 따라서 시장 변화와 내부 문제에 유연하게 대처하여 경쟁력을 강화하고 조직의 자원 효율성과 목표 달성을 촉진하는 중추 역할을 한다.

경영진 보고

S&OP 프로세스에서 경영진 보고는 조직의 전략적 목표와 계획 실행의 성과를 경영진에게 명확하게 전달하고, 중요한 의사결정을 내리기 위한 필수 과정이다. 경영진 보고는 월별 리뷰 회의에서 논의된 성과와 문제점을 요약하고, 경영진이 현재 상황을 기반으로 전략적 결정을 내릴 수 있도록 정확하고 간결하게 정보를 제공하는 데 목적이 있다. 이를 통해 경영진은 공급망, 운영, 판매, 재무 성과 등을 종합 평가하고, 필요한 조정과 자원 배분에 관한 결정을 신속하게 내릴 수 있다. 이 장에서는 경영진 보고의 중요성과 보고 체계, 효과적인 보고를 위한 전략에 대해 자세히 설명한다.

경영진 보고의 필요성
경영진은 조직의 전반적인 성과를 책임지고, 전략적 의사결정을 내리는 주체이기 때문에 S&OP 프로세스에서 경영진 보고는 매우 중요한 역할을 한다. 경영진 보고를 통해 조직은 S&OP 계획의 진행 상황을 평가하고, 성과가 조직의 목표와 일치하는지 확인할 수 있다. 또 경영진이 수요와 공급의 균형, 비용 효율성, 운영 리스크 등을 파악하고, 필요한 자원 배분과 방향성을 결정할 수 있도록 지원하는 역할을 한다. 경영진 보고의 주요 필요성은 다음과 같다.

• 전략적 의사결정 지원

경영진은 S&OP 프로세스를 통해 수립된 계획이 조직의 전략적 목표와 얼마나 긴밀히 연계되어 있는지 확인하고, 이를 효과적으로 달성하는 데 필요한 조정사항을 명확히 파악해야 한다. 경영진 보고는 계획 이행 상황과 목표 달성의 진척도를 종합적으로 제공하며, 이를 바탕으로 경영진이 최적화된 결정을 내릴 수 있도록 중요한 데이터를 지원한다. 또 이 과정에서 조직의 리소스를 전략적으로 배분하고, 변화하는 비즈니스 환경에 유연하게 대처할 수 있는 기반을 마련한다.

• 전사적 목표 일치 보장

경영진 보고는 각 부서의 성과와 활동이 조직의 전사적 목표와 얼마나 일치하는지 점검하는 핵심 역할을 한다. 이를 통해 조직의 전략적 목표와 각 부서의 실행 계획 간의 정합성을 분석하고, 불일치가 발견될 때 즉각 목표를 재조정하거나 실행 계획을 수정하는 기반을 제공한다. 또 조직 전체가 똑같은 목표를 향해 효율적으로 협력할 수 있도록 부서 간의 의사소통과 협업을 강화하는 기회로 활용된다.

• 문제 해결과 자원 배분

경영진은 S&OP 프로세스 전반에서 나타나는 문제점을 신속하고 명확하게 해결하며, 각 부서가 목표를 달성하는 데 필요한 자원을 적시에 제공할 수 있어야 한다. 경영진 보고는 문제의 원인을 구체적으로 식별하고, 자원 배분 우선순위를 결정하는 데 필수적인 데이터를 제공한다. 이를 통해 자원의 낭비를 최소화하고, 조직 전체의 생산성과 효율성을 높일 수 있는 실질적이고 실행이 가능한 의사결정을 지원한다.

경영진 보고의 핵심 요소

효과적인 경영진 보고는 간결하고 명확한 데이터를 기반으로 구성되어야 하며, 경영진이 중요한 사항을 신속하고 정확하게 파악할 수 있도록 체계적으로 설계되어야 한다. 이러한 보고는 조직의 전략적 목표 달성과 운영 성과 개선을 지원하는 데 필요한 핵심 정보를 효과적으로 제공하는 것이 중요하다.

• 핵심 성과 지표(KPI) 보고

경영진 보고의 첫 번째 단계는 각 부서의 KPI에 기반하여 성과를 체계적으로 보고하는 것이다. 판매 성과, 수요 예측 정확도, 재고 회전율, 생산 계획 달성률, 비용 효율성 등 조직 운영의 주요 KPI가 명확하게 보고되어야 하며, 이를 통해 경영진은 조직의 전반적인 성과를 종합적으로 이해할 수 있다.

이러한 KPI는 차트, 그래프, 대시보드 등 직관적인 시각 자료로 제공되어, 경영진이 데이터를 효율적으로 분석하고 의사결정을 신속히 내릴 수 있도록 지원해야 한다.

• 계획 대비 실제 성과 분석

경영진 보고는 계획된 목표와 실제 성과 간의 차이를 명확히 분석하는 데 중점을 둬야 한다. 이를 통해 경영진은 현재의 계획이 얼마나 현실적으로 실행되고 있는지 평가하고, 실적 차이가 발생한 원인을 심층적으로 파악할 수 있다.

이러한 분석 결과는 향후 전략 조정이나 계획 수립에 중요한 근거로 활용되며, 성과 개선과 목표 달성 가능성을 높이는 데 이바지한다.

• 위험 요인과 문제 보고

S&OP 프로세스에서 식별된 주요 문제나 위험 요인은 경영진 보고의 핵심적인 구성 요소로 포함되어야 한다. 공급망 병목 현상, 생산 지연, 원자재 부족, 예기치 못한 수요 변동 등 중요한 이슈는 신속하고 명확하게 경영진에게 보고되어야 하며, 이러한 문제 해결을 지원하기 위해 구체적인 원인 분석과 실행할 수 있는 대안이 함께 제시되어야 한다.

이를 통해 경영진은 효율적이고 적시에 문제를 해결할 수 있는 의사결정을 내릴 수 있다.

• 향후 전략적 제안

경영진 보고는 단순히 현재 성과를 분석하는 데 그치지 않고, 조직의 미래를 위한 전략적 제안도 포함해야 한다. 각 부서가 직면한 문제와 기회를 기반으로, 수요 증가 예상 제품의 생산 확대, 재고 축소를 위한 최적화 방안, 물류 프로세스 개선과 같은 전략적 변경 사항을 제안하며, 이는 조직의 장기적 경쟁력 강화를 목표로 해야 한다.

이러한 제안은 명확하고 실행이 가능한 세부 사항을 포함하여 경영진이 실질적인 조치를 할 수 있도록 지원해야 한다.

• 재정적 성과와 예산 보고

경영진은 조직의 재정적 성과를 면밀하게 검토할 수 있어야 하며, 이에 따라 경영진 보고에는 예산 대비 실제 지출, 수익률, 비용 효율성 등에 대한 상세한 분석이 포함되어야 한다. 이러한 보고는 경영진이 재정적 목표 달성을 위한 구체적인 조치를 할 수 있도록 지원하며, 자원 배분, 투자 우선순위 설정, 비용 절감 기회 발굴 등 의사결정을 내리는 데 필요한 재정적 인사이트를 제공한다.

경영진 보고의 프로세스

경영진 보고는 체계적이고 일관되게 이루어져야 하며, 정기적으로 일정에 따라 보고가 이루어져야 한다. 경영진 보고의 프로세스는 다음과 같은 단계로 구성된다.

• 데이터 수집과 분석

각 부서는 KPI를 기반으로 데이터를 수집하고 이를 체계적으로 분석하여 경영진 보고서에 포함한다. 수집된 데이터는 판매, 운영, 재무 부서에서 자동화된 시스템을 통해 신속하고 정확하게 확보되며, 이를 바탕으로 계획 대비 실적의 차이를 평가하고 문제를 진단할 수 있다. 이러한 데이터 분석은 조직의 성과를 전반적으로 평가하고, 다음 단계의 전략 수립을 위한 근거 자료로 활용된다.

• 보고서 작성

분석된 데이터를 바탕으로 경영진 보고서를 작성하며, 이 보고서는 경영진이 전략적 결정을 내리는 데 필요한 핵심 정보를 간결하고 명확하게 제공해야 한다. 보고서에는 각 부서의 성과, 발견된 문제점, 제안된 개선 방안이 체계적으로 포함되며, 필요한 경우 의사결정에 도움을 줄 수 있는 세부 데이터도 첨부된다. 또 보고서는 경영진이 데이터를 직관적으로 이해할 수 있도록 시각 자료와 명확한 구조로 구성된다.

• 경영진 회의

작성된 보고서는 경영진에게 전달되어 정기적인 경영진 회의에서 논의된다. 이 회의는 경영진이 보고된 성과와 문제점을 바탕으로 조직의 방향성을 결정하고, 필요한 조치를 신속하게 내릴 수 있도록 지원한다. 경영진 회의는 S&OP 프로세스의 최종 의사결정 단계로, 조직의 목표와 전략을 검토하고 다음 단계의 실행 계획을 구체화하는 자리로 중요한 역할을 한다.

• 피드백과 실행

경영진의 피드백은 각 부서에 전달되며, 각 부서는 이를 반영하여 조정된 계획을 실행한다. 이러한 피드백은 월별 리뷰 회의에 반영되어 지속적인 성과 개선을 위한 기반이 되며, 조직의 장기적 목표 달성을 위해 필요한 조치들이 효율적으로 이행되도록 한다.

피드백과 실행은 반복적인 개선 과정을 통해 조직의 경쟁력을 강화하고 성과를 꾸준히 높이는 데 이바지한다.

경영진 보고의 효과

경영진 보고는 조직의 전반적인 성과를 분석하고 전략적 목표 달성을 지원하는 데 핵심 역할을 하며, 이를 통해 조직이 효율적으로 운영되고 변화하는 환경에 효과적으로 대응할 수 있도록 도와준다. 주요 효과는 다음과 같다.

• 의사결정의 신속성과 정확성

경영진 보고는 경영진이 시장 변화나 내부 문제에 신속하고 정확하게 대응할 수 있는 정보를 제공한다. 정량적 데이터와 분석을 기반으로 경영진은 상황을 명확히 파악하고, 최적의 결정을 내림으로써 조직의 민첩성과 대응력을 강화할 수 있다. 이러한 프로세스는 긴급 상황에서도 신속한 전략 수립과 실행을 가능하게 한다.

• 조직의 목표 일치

경영진 보고는 전사적 목표와 각 부서의 성과가 얼마나 일치하는지 체계적으로 평가하며, 필요시 조정을 통해 목표 달성의 일관성과 조직 전체의 방향성을 유지한다.

이를 통해 모든 부서가 똑같은 전략적 목표를 공유하고, 자원 배분과 실행 계획이 목표에 부합하도록 조정하는 데 이바지한다. 또 목표 충돌이나 부서 간 불일치를 최소화하여 조직의 협력적 운영을 촉진한다.

• 위험 관리와 문제 해결

경영진 보고는 조직 내에서 발생할 수 있는 문제와 잠재적 위험 요인을 조기에 식별하고, 이를 해결하기 위한 명확한 전략과 자원 배분 우선순위를 제시한다. 보고서에 포함된 심층 분석은 문제의 근본 원인을 이해하는 데 도움을 주며, 이를 기반으로 신속하고 효과적인 대응책을 수립하여 조직의 안정성과 지속 가능성을 확보한다.

• 지속적인 성과 개선

경영진 보고는 성과 데이터를 기반으로 한 피드백 루프를 형성하여 조직이 지속적으로 성과를 개선할 수 있는 구조를 제공한다. 이러한 피드백은 성과 저하의 원인을 분석하고 이를 개선하기 위해 실행이 가능한 대안을 제시하며, 이를 통해 조직은 장기적으로 전략적 목표를 달성하고 경쟁력을 강화할 수 있다. 반복적인 성과 개선 과정은 조직의 학습과 성장에 중요한 기획를 제공한다.

• 주요 내용 정리

S&OP 프로세스의 경영진 보고는 조직의 전략적 목표와 실행 성과를 종합 평가하며, KPI 기반 성과 점검, 계획 대비 실제 성과 분석, 주요 문제와 위험 요인 보고, 전략적 제안, 재정적 성과 검토를 통해 경영진이 자원 배분, 전략 조정, 문제 해결을 위한 신속하고 정확한 의사결정을 내릴 수 있도록 지원한다. 이를 통해 전사적 목표의 일치와 부서 간 협력을 강화하고, 조직의 민첩성과 경쟁력을 높이는 데 중점을 두며, 정기적인 데이터의 수집, 보고서 작성, 경영진 회의, 피드백과 실행 단계를 통해 지속적인 성과 개선과 운영 효율성을 추구하여 환경 변화에서의 대응력과 장기적 목표 달성을 촉진한다.

개선안 논의

S&OP 프로세스에서 개선안 논의는 지속적인 성과 개선을 위한 필수 단계이다. 월별 리뷰 회의와 경영진 보고를 통해 도출된 성과와 문제점을 바탕으로, 조직은 계획을 조정하고 더 나은 운영 효율성을 달성하기 위한 구체적인 개선안을 마련하게 된다. 이 단계는 S&OP의 성과를 극대화하고, 시장의 변화에 대응하며, 조직의 장기적인 성장을 도모하는 중요한 과정이다. 이 장에서는 개선안 논의의 필요성, 논의 방식, 성공적인 개선안 도출 방법을 설명한다.

개선안 논의의 필요성

S&OP 프로세스는 다양한 부서가 협력하여 계획을 수립하고 실행하는 통합 시스템이므로, 계획과 실행 사이에서 발생하는 차이를 조정하고 최적화하는 것이 중요하다. 개선안 논의는 조직이 직면한 문제와 기회를 바탕으로 효율성을 높이고 성과를 개선하는 데 필요한 구체적인 조치를 논의하는 단계이다.

개선안 논의가 필요한 주요 이유는 다음과 같다.

• 계획과 실적 간의 차이 해결

수요 예측과 실제 판매, 생산 계획과 실제 생산 간의 차이가 발생할 수 있다. 이러한 차이는 종종 시장의 변화, 생산 차질, 물류 문제 등 다양한 요인에 의해 발생하며, 개선안 논의는 이러한 문제들을 해결하기 위한 중요한 과정이다.

• 지속적인 운영 최적화

S&OP 프로세스는 단순히 계획을 실행하는 데 그치지 않고, 지속적인 개선을 통해 운영 효율성의 극대화를 목표로 한다. 개선안을 논의하고 실행함으로써, 조직은 비용 절감, 리소스 최적화, 공급망의 유연성 증대 등을 달성할 수 있다.

• 경쟁력 유지

시장의 변화는 매우 빠르게 진행되므로, 조직은 환경 변화에 신속하게 대응할 수 있어야 한다. 개선안 논의는 새로운 트렌드나 외부 요인에 대한 대응 방안을 마련하고, 경쟁 우위를 유지하는 데 필수적인 과정이다.

개선안 논의의 주요 구성 요소

개선안 논의는 단순히 문제를 식별하는 데서 끝나는 것이 아니라, 구체적인 실행 계획을 도출하고 이를 바탕으로 성과를 올리는 데 중점을 둔다. 효과적인 개선안 논의를 위해 다음과 같은 주요 구성 요소가 포함되어야 한다.

• 성과 분석

개선안 논의는 성과 분석으로부터 출발한다. 각 부서에서 보고된 성과와 KPI를 바탕으로 계획 대비 실적 차이가 분석된다. 이를 통해 성과 차이가 발생한 원인을 명확히 파악하고, 이러한 차이가 일시적인 결과인지, 구조적인 문제인지 판단할 수 있다.

이를테면 수요 예측이 부정확했거나 생산 일정에 차질이 발생한 경우, 이를 명확히 분석하여 개선 방향을 제시해야 한다.

• 문제 원인 분석(Root Cause Analysis)

성과 차이를 해결하려면 문제의 근본 원인을 파악하는 것이 중요하다. 표면적인 문제만을 해결하는 것이 아니라, 문제의 근본적인 원인에 접근하여 재발 방지를 목표로 해야 한다. 이를 위해 "5Why" 분석법이나 피쉬본 다이어그램과 같은 도구를 활용할 수 있으며, 문제의 근본 원인을 규명한 후 해결책을 논의한다.

• 데이터 기반 제안

개선안을 도출할 때는 데이터를 기반으로 한 구체적인 제안이 필요하다. 각 부서의 성과 데이터와 시장 정보, 공급망 현황을 바탕으로 실현이 가능한 개선안을 제시해야 하며, 모든 논의는 명확한 근거를 바탕으로 진행되어야 한다. 예를 들어, 공급망 지연이 문제가 된다면, 특정 공급업체의 성과 데이터나 물류 경로 데이터를 분석하여 개선안을 제안할 수 있다.

• 리소스 조정과 배분

개선안을 실행하려면 자원의 효율적인 배분이 필요하다. 추가적인 인력, 예산, 장비가 필요한 경우 이를 어떻게 배분할지에 대한 논의가 이루어져야 하며, 이를 통해 개선안을 실질적으로 실행할 수 있는 기반을 마련해야 한다. 특히 자원이 제한적인 상황에서는 우선순위를 명확히 하고, 가장 효과적인 해결 방안을 선택해야 한다.

• 실행 가능성 검토

개선안은 실질적으로 실행이 가능한지 철저히 검토해야 한다. 실행 가능성을 고려하지 않은 개선안은 실제로 실행에 옮겨지지 않거나, 예상치 못한 부작용을 초래할 수 있다. 따라서 각 부서의 역량, 자원, 기술적 제약을 충분히 고려하여 현실적인 개선안을 도출하는 것이 필요하다.

개선안 논의의 프로세스

개선안 논의는 체계적이고 조직적인 프로세스를 통해 이루어져야 한다. 일반적인 개선안 논의 프로세스는 다음과 같은 단계로 이루어진다.

• 문제 식별과 목표 설정

성과 분석과 문제 원인 분석을 바탕으로 개선이 필요한 영역을 식별하고, 개선 목표를 명확하게 설정한다. 이 단계에서 각 부서가 직면한 문제를 구체적으로 정의하고, 달성하고자 하는 성과 개선 목표를 설정해야 한다.

• 개선안 제안과 논의

각 부서는 문제 해결을 위해 구체적이고 실행이 가능한 개선안을 제안하며, 이러한 개선안은 신뢰할 수 있는 데이터와 철저한 분석을 기반으로 해야 한다. 제안된 방안은 단순히 문제를 식별하는 데 그치지 않고, 실질적인 해결로 이어질 수 있도록 구체적이고 명확하게 설계되어야 한다. 이 과정에서 각 부서는 다른 부서와의 긴밀한 협력을 통해 문제의 근본 원인을 다방면으로 검토하며, 협업을 통해 더 효과적이고 혁신적인 해결책을 도출할 수 있다. 부서 간의 조율과 협력은 조직 전체의 시너지를 높이고, 복잡한 문제를 종합적으로 해결하는 데 중요한 역할을 한다.

• 우선순위 설정과 자원 배분

제안된 개선안을 우선순위에 따라 체계적으로 정리하며, 가장 시급하고 중요한 문제부터 해결할 수 있도록 자원을 효과적으로 배분한다. 이를 통해 조직은 제한된 리소스를 최대한 활용하여 성과를 극대화하고, 개선안의 실행 과정에서 발생할 수 있는 병목 현상을 최소화할 수 있다. 이러한 접근 방식은 문제 해결의 신속성과 실행의 효율성을 동시에 달성하며, 조직의 전반적인 목표 달성에 도움을 준다.

• 실행 전략 및 계획 수립

최종적으로 확정된 개선안을 기반으로 실행 계획을 체계적으로 수립하며, 이 계획에는 구체적인 일정, 책임자, 필요한 자원과 예산 등이 명확히 포함되어야 한다. 실행 과정에서 목표 달성 여부를 평가하기 위해 성과 측정 기준과 방법도 사전에 설정하여 계획의 실행력을 높인다.

이러한 실행 계획은 개선안이 실질적으로 실행될 수 있도록 지원하며, 진행 상황을 지속적으로 모니터링하고 필요한 경우 신속하게 조정할 수 있는 체계를 마련해야 한다. 이를 통해 조직은 효율적이고 효과적으로 개선안을 이행하고 목표를 달성할 수 있다.

• 모니터링과 피드백

개선안이 실행된 후에는 성과를 지속적으로 모니터링하여 계획된 목표와 실제 결과 간의 차이를 평가하고, 필요한 경우 추가적인 조정과 개선 조치를 신속히 진행해야 한다. 이러한 과정에서는 정량적 및 정성적 피드백을 적극 수집하여 개선안의 실질적인 효과를 평가하고, 성과 분석 결과를 기반으로 향후 S&OP 프로세스에 반영함으로써 프로세스 전반의 효과성과 효율성을 지속적으로 개선할 수 있다.

이를 통해 조직은 반복적인 학습과 최적화를 통해 점진적으로 성과를 개선하고 전략적 목표를 더 효과적으로 달성할 수 있다.

개선안 논의의 효과

개선안 논의는 조직의 전반적인 성과를 지속적으로 개선하는 동시에 변화하는 시장 환경에 신속하고 유연하게 대응할 수 있는 역량을 강화하는 중요한 프로세스이다. 이 과정을 통해 다음과 같은 긍정적인 효과를 기대할 수 있다.

• 운영 효율성 향상

개선안 논의를 통해 문제를 체계적으로 해결하고 운영 프로세스를 최적화함으로써, 조직은 불필요한 비용을 절감하고 한정된 리소스를 더욱 효율적으로 활용할 수 있다. 이러한 과정은 자원의 낭비를 최소화하고, 생산성과 품질을 동시에 개선하며, 조직의 전반적인 운영 효율성을 크게 높이는 데 이바지한다. 궁극적으로, 이는 경쟁력을 강화하고 조직의 지속 가능한 성장을 지원하는 중요한 기반을 제공한다.

- **시장 대응력 강화**

시장의 변화에 신속하게 대응하는 능력은 조직의 경쟁력을 결정짓는 핵심 요소이다. 개선안을 논의하고 이를 기반으로 즉각적이고 실행이 가능한 계획을 수립함으로써, 조직은 시장에서 발생하는 기회를 효과적으로 포착하고, 잠재적인 위협에 선제적으로 대응할수 있다. 이러한 민첩한 대응력은 변화하는 환경 속에서 조직의 지속적인 성장과 안정성을 유지하는 데 중요한 역할을 하며, 장기적으로 경쟁 우위를 확보하는 데 도움을 준다.

- **지속적인 성과 개선**

정기적으로 개선안을 논의하고 실행하는 프로세스는 조직이 지속적인 성과 개선을 체계적으로 이뤄내는 데 핵심적인 역할을 하며, 장기적인 성장과 안정적인 운영을 가능하게 하는 필수 요소로 자리 잡는다. 이 프로세스를 통해 조직은 문제를 사전에 식별하고, 구체적이고 실행이 가능한 해결책을 도출하며, 변화하는 환경에 민첩하게 대응할 수 있는 역량을 강화한다. 결국 이러한 프로세스는 조직의 경쟁력을 강화하고, 자원 활용의 효율성을 극대화하며, 지속 가능성을 높이는 데 중요한 도움을 준다.

- **주요 내용 정리**

S&OP 프로세스에서 개선안 논의는 월별 리뷰와 경영진 보고를 통해 도출된 성과와 문제점을 기반으로 계획 대비 실적 차이를 해결하고 운영 효율성을 극대화하기 위한 구체적인 실행 계획을 도출하는 단계이다. 성과 분석과 문제 원인 분석을 통해 구체적인 데이터를 바탕으로 실행이 가능한 개선안을 제안하고, 우선순위 설정과 자원 배분을 통해 효과적으로 실행하며, 모니터링과 피드백을 통해 성과를 지속적으로 평가하고 조정함으로써 운영 효율성을 높이고, 변화하는 시장 환경에 유연하게 대응하며, 장기적인 경쟁력과 지속 가능한 성장을 도모하는 중요한 프로세스이다.

개선 프로세스 도입

변화 관리 전략

변화 관리 전략은 S&OP 프로세스의 개선과 도입 과정에서 조직이 새로운 방식, 시스템, 프로세스를 효과적으로 채택하고 지속적으로 발전할 수 있도록 돕는 핵심 요소이다. 변화는 많은 조직에서 도전 과제를 수반하는데, 변화 관리를 제대로 실행하지 않으면 계획된 개선이 실제로 실현되지 않거나 저항에 부딪힐 수 있다. 따라서 변화 관리 전략은 변화가 성공적으로 이루어지고 조직 전체가 이를 수용하도록 이끄는 체계적인 접근법이 필요하다. 이 장에서는 S&OP 개선 프로세스의 도입 과정에서 변화 관리 전략의 중요성과 이를 성공적으로 이끌기 위한 핵심 요소를 설명한다.

[변화 관리의 계획에서 실행까지]

- **변화 관리의 절차**
변화 관리는 조직 내 새로운 시스템, 프로세스, 또는 전략적 목표를 성공적으로 도입하기 위해 체계적이고 단계적으로 진행된다. 주요 절차는 다음과 같다.

- **변화의 필요성 진단**
⇒ 변화가 필요한 이유를 명확히 정의하고, 변화가 조직에 미치는 영향을 분석한다.

⇒ 내부 및 외부 환경 분석을 통해 변화의 긴급성과 중요성을 강조한다.

• 비전과 목표 설정

⇒ 변화가 지향하는 방향과 성과 목표를 명확히 정의한다.

⇒ 비전은 구성원들이 변화의 목적과 기대되는 결과를 이해할 수 있도록 단순하고 설득력 있게 표현해야 한다.

• 이해 관계자 분석과 참여 유도

⇒ 변화에 영향을 받는 주요 이해 관계자를 파악하고, 이들의 우려와 기대를 분석한다.

⇒ 참여를 유도하기 위해 적극적인 커뮤니케이션과 협력 체계를 마련한다.'

• 변화 전략과 계획 수립

⇒ 변화 과정을 단계별로 나누어 체계적인 실행 계획을 수립한다.

⇒ 교육, 지원 프로그램, 피드백 채널을 포함한 실행 전략을 설계한다.

• 변화 실행과 모니터링

⇒ 변화 과정을 실행하며, 실행 중에 발생하는 문제를 즉각 해결할 수 있도록 지속적으로 모니터링한다.

⇒ 중간 성과를 점검하고 필요한 경우 계획을 조정한다.

• 변화의 정착과 지속성 확보

⇒ 변화가 조직 문화와 일상적인 프로세스에 통합되도록 후속 조치를 한다.

⇒ 지속적인 성과 평가와 피드백 루프를 통해 변화의 효과성을 유지한다.

• 변화 관리 비전 전략

⇒ 비전의 명확화. 변화가 조직과 개인에게 어떤 가치를 제공하는지 명확히 정

의한다. 비전은 조직의 장기적 목표와 일치하며, 이를 통해 구성원들에게 변화가 필수적임을 설득해야 한다.

⇒ 커뮤니케이션 전략. 변화 비전을 반복적으로 전달하여 구성원들이 이를 자연스럽게 받아들일 수 있도록 한다. 이메일, 브리핑, 워크숍 등 다양한 채널을 활용하여 구성원들과 소통한다.

⇒ 리더십 참여. 최고 경영진과 리더가 비전의 옹호자가 되어 구성원들에게 변화의 중요성을 지속적으로 알린다. 리더는 변화 과정에서 적극 참여하며, 구성원들의 참여를 독려한다.

• **변화 관리 전술**

⇒ 교육과 역량 강화. 구성원들이 새로운 시스템이나 프로세스를 효과적으로 사용할 수 있도록 필요한 교육과 지원을 제공한다.

⇒ 조기 성과 창출. 변화 과정에서 초기 성과를 창출하여 구성원들에게 동기부여를 하고 변화의 효과를 입증한다.

⇒ 저항 관리. 변화에 대한 심리적 저항을 예상하고 이를 해결하기 위한 대응 방안을 수립한다. 개인과 팀의 우려를 경청하고, 저항을 완화하기 위한 대안을 제공한다.

⇒ 성과 측정과 피드백. 변화 과정과 결과를 정기적으로 측정하고, 피드백을 통해 전략과 전술을 개선한다.

⇒ 보상과 인정 체계 구축. 변화 과정에 적극 참여하며 공헌이 있는 구성원을 인정하고 보상하여 참여 동기를 강화한다.

변화 관리의 절차와 전략 및 전술은 조직의 환경과 목표에 따라 유연하게 조정되어야 하며, 이러한 체계적인 접근은 변화의 성공 가능성을 극대화할 수 있다.

변화 관리 전략의 필요성

S&OP 개선 프로세스는 조직의 운영 방식에 중요한 변화가 예상되며, 이 과정에서 조직의 구성원들이 변화에 대한 불안감을 느끼거나 저항할 수 있다. 변화 관리 전략은 이러한 저항을 최소화하고, 구성원들이 변화에 적응하도록 돕는 역할을 한다. 이를 통해 개선 프로세스가 계획대로 실현되고, 조직의 성과가 극대화될 수 있다.

변화 관리 전략이 필요한 주요 이유는 다음과 같다.

• 저항 최소화

조직 내 구성원들이 새로운 시스템이나 프로세스를 받아들이는 데는 시간이 필요하며, 일부는 변화에 대해 심리적 불안감이나 거부감을 나타낼 수 있다. 변화 관리 전략은 이러한 저항을 사전 예측하고 체계적으로 관리하여, 구성원들이 변화의 필요성을 자연스럽게 이해하고 수용할 수 있도록 도와준다.

이를 위해 명확한 커뮤니케이션, 교육 프로그램, 그리고 구성원들의 우려를 경청하는 피드백 채널이 필수적으로 포함되어야 한다.

• 변화에 대한 명확한 비전 제시

변화를 성공적으로 추진하려면 조직의 구성원들이 변화의 필요성과 이를 통해 조직과 개인이 얻을 수 있는 이점을 명확히 이해하는 것이 중요하다. 변화 관리 전략은 이러한 비전을 명료하게 제시하고, 변화가 조직의 목표와 어떻게 연결되는지 설명함으로써 구성원들의 공감과 지지를 얻을 수 있도록 지원한다. 이를 통해 변화 과정에서 구성원들이 더 적극적으로 참여하고, 새로운 방향성을 수용하는 데 긍정적인 태도를 보일 수 있다.

• 조직의 연속성 유지

변화가 도입될 때 기존 업무 흐름이 중단되거나 혼란이 발생하지 않도록 하는 것은 매우 중요하다. 변화 관리 전략은 변화를 점진적이고 체계적으로 도입하여, 조직의 연속성과 생산성을 유지하면서 변화가 원활히 정착될 수 있도록 설계된다. 이를 위해 단계별 실행 계획, 전환기 모니터링, 그리고 업무 흐름에 미치는 영향을 최소화하는 조치들이 포함된다. 이러한 접근법은 조직의 안정성을 보장하면서 새로운 시스템이나 프로세스의 성공적인 도입을 촉진한다.

변화 관리 전략의 주요 구성 요소

변화 관리 전략은 조직의 상황과 변화의 규모에 따라 달라질 수 있지만, 기본적으로는 다음과 같은 주요 구성 요소를 포함해야 한다.

• 변화에 대한 명확한 목표와 비전 수립

변화 관리 전략의 첫 번째 단계는 변화의 목적과 목표를 명확히 정의하는 것이다. S&OP 프로세스의 개선이 왜 필요한지, 이를 통해 조직이 얻을 수 있는 구체적인 이점은 무엇인지 명확한 비전을 제시해야 한다. 이 비전은 조직 내 모든 구성원이 이해하고 공감할 수 있어야 하며, 변화가 단순히 외부의 지시에 따라 이루어지는 것이 아니라 조직 전체의 발전을 위한 필수적인 과정임을 설명해야 한다.

• 리더십의 역할 강화

성공적인 변화 관리는 강력한 리더십이 뒷받침되어야 한다. 경영진은 변화의 필요성을 조직 내에 전파하고, 이를 통해 조직의 목표를 달성할 수 있도록 적극 지원해야 한다. 리더는 변화의 대변인이 되어 구성원들에게 변화를 이끌고, 변화의 성공을 위해 필요한 리소스를 제공해야 한다. 특히, 리더십은 변화 과정에서 발생하는 문제를 해결하고 구성원들이 변화를 수용하도록 격려하는 역할을 해야 한다.

• 의사소통 전략

변화 관리에서 가장 중요한 부분은 명확하고 지속적인 의사소통이다. 모든 구성원이 변화의 진행 상황을 이해하고, 변화가 자신들의 업무에 어떤 영향을 미칠지 정확히 알고 있어야 한다. 의사소통 전략은 조직 내에서 변화에 대한 불확실성을 줄이고, 구성원들이 변화를 신뢰할 수 있도록 도와준다. 이를 위해 이메일, 회의, 워크숍 등을 통해 지속적으로 변화에 대한 정보를 제공하고, 구성원들의 질문이나 우려에 대해 명확하게 답변해야 한다.

• 교육과 훈련 프로그램 제공

변화가 성공적으로 정착되려면 구성원들이 새로운 시스템이나 프로세스를 충분히 이해하고 활용할 수 있어야 한다. 이를 위해 변화 관리 전략에는 교육과 훈련 프로그램이 반드시 포함되어야 한다. 예를 들어, 새로운 S&OP 도구나 소프트웨어를 도입하는 경우, 이를 효과적으로 사용할 수 있도록 구성원들에게 교육과 훈련을 제공해야 한다. 이러한 교육은 단기적으로 구성원들이 새로운 시스템에 빠르게 적응할 수 있도록 돕고, 장기적으로는 변화의 성과를 극대화하는 데 이바지한다.

• 단계적 변화 도입

변화는 한 번에 급격하게 이루어지는 것이 아니라, 점진적·단계적으로 도입되어야 한다. 이를 통해 구성원들이 변화를 받아들이는 데 필요한 시간을 제공하고, 변화가 조직 내에서 자연스럽게 자리 잡을 수 있도록 한다. 단계적 변화 도입은 기존 업무의 연속성을 유지하면서도 변화의 성공 가능성을 높이는 중요한 전략이다.

• 변화의 성과 측정과 피드백

변화 관리의 성공 여부는 지속적으로 모니터링되고 평가되어야 한다. 변화가 실제로 조직의 성과에 어떤 영향을 미쳤는지, 기대한 결과가 달성되고 있는지 평가하는 과정이 필요하다. 이를 위해 변화의 성과를 측정할 수 있는 KPI(핵심 성과 지표)를 설정하고, 이를 바탕으로 성과를 평가해야 한다. 또 구성원들로부터 피드백을 수집하여 변화 과정에서 발생하는 문제를 즉각 해결하고, 변화 관리 전략을 지속적으로 개선할 수 있어야 한다.

성공적인 변화 관리 전략을 위한 핵심 요소

변화 관리 전략이 성공적으로 실행되려면 다음과 같은 핵심 요소들이 필요하다.

• 조직 전반의 참여 유도

변화는 조직의 모든 구성원이 함께 참여할 때 더 큰 성공을 거둘 수 있다. 변화 관리 전략은 조직 전반의 참여를 유도하고, 모든 구성원이 변화의 과정에 이바지할 수 있도록 독려해야 한다. 이를 위해 구성원들에게 변화의 중요성을 교육하고, 변화 과정에서 자신의 역할과 책임을 명확히 이해하도록 해야 한다.

• 변화의 장기적인 비전 제공

변화는 단기적인 이익을 넘어 장기적인 비전을 제공해야 한다. 조직이 변화 관리 전략을 성공적으로 수행하려면 변화의 단기적 성과뿐만 아니라, 장기적으로 조직이 얻을 수 있는 혜택을 명확히 제시해야 한다. 이를 통해 구성원들이 변화의 목적을 명확히 이해하고, 장기적인 성과를 위해 노력할 수 있도록 동기를 부여할 수 있다.

• 조직 문화와의 조화

변화 관리 전략은 조직의 기존 문화와 조화를 이루어야 한다. 변화를 무리하게 추진하기보다는 조직의 특성과 문화를 존중하면서 변화를 도입하는 것이 중요하다. 조직 문화에 부합하는 방식으로 변화를 추진하면, 구성원들이 변화에 대해 긍정적으로 받아들이고 더욱 적극적으로 참여할 가능성이 높다.

• 주요 내용 정리

S&OP 개선 프로세스 도입을 위한 변화 관리 전략은 변화의 필요성을 진단하고 명확한 비전과 목표를 설정하며, 이해 관계자 분석과 참여 유도를 통해 저항을 최소화하고, 체계적인 실행 계획과 교육, 커뮤니케이션 전략을 통해 구성원들이 새로운 시스템과 프로세스를 효과적으로 수용할 수 있도록 지원한다.

단계적인 도입과 지속적인 모니터링, 성과 측정과 피드백을 통해 변화의 효과성을 유지하고, 리더십의 적극적 참여와 조직 문화와의 조화를 통해 변화가 장기적인 비전과 성과를 창출하도록 설계된 체계적 접근법으로, 조직의 연속성을 유지하면서 성과를 극대화하고, 구성원의 참여와 동기를 강화하며 변화의 성공 가능성을 높이는 데 도움을 준다.

지속적인 피드백 수집

S&OP 프로세스에서 지속적인 피드백 수집은 프로세스의 성과를 개선하고 변화가 효과적으로 적용되도록 하기 위한 중요한 단계이다. 피드백은 조직이 내부적, 외부적 변화에 빠르게 적응할 수 있도록 도와주며, 개선 프로세스의 성공 여부를 지속적으로 모니터링하고 필요에 따라 조정할 수 있게 해준다.

피드백 수집을 통해 조직은 실시간으로 문제를 파악하고, 계획과 실행 간의 차이를 줄이며, S&OP 프로세스를 최적화할 수 있다. 이 장에서는 지속적인 피드백 수집의 중요성과 이를 효과적으로 실행하는 방법을 설명한다.

지속적인 피드백 수집의 필요성

S&OP 프로세스는 시장의 변화와 고객의 요구에 따라 계속 변화해야 하는 동적인 시스템이다. 이 과정에서 지속적인 피드백 수집은 조직이 S&OP 계획의 성과를 평가하고, 계획과 실행 간의 차이를 실시간으로 모니터링하며, 문제 발생 시 신속하게 대응하는 데 중요한 역할을 한다. 지속적인 피드백 수집의 필요성은 다음과 같다.

• 문제 조기 발견

S&OP 프로세스는 여러 부서가 긴밀히 협력해야 하는 복잡한 절차로, 계획 단계에서 발생한 사소한 오류나 예기치 못한 외부 요인이 실행 단계에서 심각한 문제로 확대될 가능성이 있다. 지속적인 피드백 체계를 활용하면 각 부서에서 실시간으로 문제를 파악하고, 이를 조기에 해결함으로써 심각한 문제로 발전하는 것을 예방할 수 있다. 이러한 선제적 문제 해결은 조직의 운영 안정성과 성과 향상에 도움을 준다.

• 프로세스 개선

피드백은 S&OP 프로세스 개선의 중심축으로, 실행 과정에서 발생하는 성과 차이, 비효율성, 또는 예상치 못한 변수를 효과적으로 수집하고 분석할 수 있는 도구이다. 피드백을 통해 발견된 개선점을 반영하여 프로세스를 지속적으로 최적화함으로써 조직은 변화하는 시장 환경에 민첩하게 적응하고 경쟁력을 유지할 수 있다. 이러한 반복적인 개선 과정은 성과 극대화와 장기적 성장을 지원한다.

• 조직 내 커뮤니케이션 촉진

피드백 수집은 조직 내의 부서 간 협력과 소통을 강화하는 핵심적인 수단이다. 각 부서의 의견과 문제를 수집하고 이를 조직 전체에서 공유함으로써, 상호 이해를 증진하고 보다 효율적이고 통합된 계획 수립과 실행이 가능해진다. 이러한 커뮤니케이션 강화는 부서 간 벽을 허물고, 조직이 유기적으로 작동할 수 있는 환경을 조성한다.

• 유연한 의사결정 지원

지속적인 피드백은 경영진이 변화하는 시장 상황과 내부 문제에 신속하고 정확하게 대응할 수 있도록 지원한다. 실시간으로 수집된 피드백 데이터를 바탕으로 경영진은 데이터 기반의 의사결정을 내릴 수 있으며, 이를 통해 리스크를 최소화하고 새로운 기회를 효과적으로 활용할 수 있다.

유연한 의사결정은 조직의 안정성과 경쟁력을 높이는 데 중요한 역할을 한다.

피드백 수집의 주요 방법

지속적인 피드백을 효과적으로 수집하고 활용하려면 다양한 방법을 적용할 수 있다. 이를 통해 S&OP 프로세스의 전반적인 성과를 측정하고, 각 부서와 담당자의 의견을 반영할 수 있다. 다음은 주요 피드백 수집 방법이다.

• 정기적인 피드백 회의

정기적인 피드백 회의는 각 부서가 성과와 문제점에 대한 피드백을 제공할 수 있는 공식적인 플랫폼을 제공한다. 이 회의는 월별 리뷰 회의 이외에도 주간 또는 격주 단위로 진행될 수 있으며, 실질적인 문제를 즉각적으로 논의하고 해결책을 도출하는 데 초점을 맞춘다. 각 부서의 대표들이 모여 성과와 문제점을 구체적으로 공유하며, 이를 기반으로 협력적이고 실행이 가능한 해결 방안을 마련한다. 이러한 회의는 신속한 의사결정과 부서 간 조율을 촉진하여 문제 해결 속도를 높이는 데 도움을 준다.

• 설문조사와 인터뷰

설문조사와 인터뷰는 피드백을 수집하는 효과적인 방법으로, 특히 새로운 시스템이나 프로세스 도입 후 실무자와 관리자의 경험을 구체적으로 이해하는 데 유용하다. 설문조사는 정량적 데이터를 통해 문제의 전반적인 범위와 빈도를 파악할 수 있으며, 인터뷰는 심층적인 질적 피드백을 통해 문제의 근본 원인과 개선 방안을 도출할 수 있다.

두 방법을 병행함으로써 정량적 데이터와 질적 통찰력을 모두 확보하여 더욱 정교한 피드백 기반 의사결정을 지원할 수 있다.

• 실시간 데이터 모니터링

피드백은 정성적인 의견뿐만 아니라 정량적 데이터의 실시간 모니터링을 통해 수집될 수 있다. 판매 성과, 재고 수준, 공급망 상태와 같은 주요 데이터를 실시간으로 추적하고, 이를 바탕으로 성과와 계획 간의 차이를 분석함으로써 프로세스상의 문제를 조기에 발견할 수 있다. 실시간 데이터는 신속한 의사결정을 가능하게 하며, 필요에 따라 즉각적인 조정 조치를 함으로써 조직의 민첩성을 강화한다.

• 피드백 전용 플랫폼과 도구 활용

피드백을 효율적으로 수집하고 관리하려면 전용 플랫폼이나 소프트웨어 도구를 활용하는 것도 효과적이다. 예를 들어, 온라인 피드백 시스템, 데이터 시각화 툴, 또는 통합된

S&OP 플랫폼을 통해 각 부서가 실시간으로 성과와 피드백을 입력할 수 있다. 이러한 도구는 수집된 피드백 데이터를 중앙에서 통합 관리하고, 자동화된 분석을 통해 경영진에게 신속히 전달할 수 있어 피드백 프로세스의 효율성과 정확성을 높이는 데 도움을 준다.

• 피드백 분석과 적용

수집된 피드백은 단순히 모아두는 것만으로는 아무런 효과를 발휘하지 않는다. 이를 분석하고 실제 개선에 적용하는 것이 중요하다. 피드백을 분석하는 과정에서는 문제가 발생한 원인과 그에 대한 해결책을 찾아야 하며, 이를 바탕으로 구체적인 조치를 해야 한다.

• 피드백 데이터의 우선순위 설정

수집된 피드백은 제한된 자원을 효율적으로 활용하기 위해 우선순위를 설정하는 것이 필수적이다. 이를 위해 S&OP 성과에 미치는 영향도가 높은 문제와 시급성을 기준으로 우선순위를 매긴다. 예를 들어, 공급망 병목 현상이나 수요 예측의 큰 오류처럼 조직의 전반적 운영에 심각한 영향을 미치는 문제를 최우선으로 해결한다.

이러한 접근법은 조직이 단기간 내에 가장 큰 개선 효과를 얻고, 성과 향상에 필요한 기반을 신속히 구축할 수 있도록 도와준다.

• 분석을 통한 근본 원인 파악

피드백 데이터를 분석할 때 단순히 표면적인 문제를 해결하는 것을 넘어, 문제가 발생한 근본 원인을 파악하는 것이 중요하다. 근본 원인을 해결하지 않으면 똑같은 문제가 반복될 가능성이 높으므로 데이터 분석과 협업을 통해 문제의 핵심 원인을 찾아낸다. 예를 들어, 재고 부족이 발생했다면 단순한 공급 부족을 넘어 수요 예측 오류, 물류 프로세스 문제, 또는 커뮤니케이션 부족과 같은 근본적인 요인을 조사하고 해결한다. 이는 조직의 성과를 장기적으로 개선하고 문제의 재발을 방지한다.

• 피드백 결과의 실행

분석된 피드백은 실행이 가능한 개선 계획으로 전환되어야 하며, 이 계획에는 명확한 목표, 일정, 자원 배분, 책임자 지정 등이 포함되어야 한다. 또 개선의 효과를 객관적으로 측정하기 위해 KPI(핵심 성과 지표)를 설정해야 한다. 예를 들어, 수요 예측 정확도를 95%로 높인다거나, 재고 회전율을 특정 기준까지 개선하는 구체적인 목표를 수립한다. 이렇게 설정된 실행 계획은 실질적인 성과 개선을 보장하고, 조직의 전반적인 목표 달성을 지원한다.

• 성과 모니터링과 지속적인 개선

피드백을 기반으로 실행된 개선 조치는 지속적으로 모니터링되어야 하며, 이를 통해 개선의 성과를 실시간으로 평가하고 추가적인 피드백을 수집한다.

이러한 순환 구조는 조직이 변화하는 환경에 유연하게 적응할 수 있도록 하며, 지속적인 개선 문화를 형성한다. S&OP 프로세스는 정적이지 않고 끊임없이 발전해야 하므로 피드백과 개선의 반복적이고 체계적인 실행이 조직의 경쟁력을 강화하고 성과를 계속 개선해 나가는 데 필수적인 역할을 한다.

지속적인 피드백 수집의 효과

지속적인 피드백 수집은 S&OP 프로세스의 성과를 지속적으로 개선하고, 조직이 변화에 적응할 수 있는 유연성을 확보하는 데 이바지한다.

다음은 지속적인 피드백 수집의 주요 효과이다.

• 운영 효율성 증대

피드백을 활용하여 문제를 조기에 발견하고 신속히 개선함으로써 운영 효율성을 크게 높일 수 있다. 비효율적인 프로세스를 제거하고 자원을 최적화함으로써 비용 절감과 생산성 증대라는 두 가지 효과를 동시에 얻을 수 있다. 이를 통해 조직은 제한된 리소스를 더욱 효과적으로 활용하며, 전반적인 운영 효율성을 강화할 수 있다.

- **의사소통 강화**

피드백 수집 과정은 부서 간 커뮤니케이션을 활성화하고 조직 내 신뢰를 구축하는 데 중요한 역할을 한다. 각 부서가 성과와 문제를 공유하며 상호 협력함으로써, 조직은 더욱 협력적인 문화를 조성할 수 있으며, 이러한 환경은 유기적인 협업을 강화하는 기반이 된다. 결과적으로 피드백은 조직 구성원 간의 이해와 조율을 높여 S&OP 프로세스를 더욱 효과적으로 운영하게 한다.

- **적응력과 민첩성 향상**

지속적인 피드백 수집과 분석은 조직이 변화하는 시장 환경과 내부 문제에 민첩하게 대응할 수 있는 능력을 제공한다.

실시간 데이터를 바탕으로 신속한 의사결정을 내릴 수 있어, 조직은 효과적으로 리스크를 최소화하고 새로운 기회를 포착하여 경쟁력을 유지할 수 있다. 이러한 민첩성은 조직의 안정적 운영뿐만 아니라 장기적인 성공의 중요한 요인이 된다.

- **지속적인 성과 개선**

피드백을 기반으로 한 지속적인 성과 개선은 S&OP 프로세스의 전반적인 내용을 꾸준히 발전시킨다. 문제 해결과 개선이 반복적으로 이루어지면서 조직은 점진적으로 더 나은 운영 체계를 구축하게 되며, 이를 통해 장기적인 성장과 성공을 도모할 수 있다. 피드백은 조직이 끊임없이 학습하고 발전할 수 있는 지속 가능한 성장의 원동력이 된다.

- **주요 내용 정리**

S&OP 프로세스에서 지속적인 피드백 수집은 문제 조기 발견, 프로세스 개선, 부서 간 커뮤니케이션 강화, 유연한 의사결정 지원 등을 통해 성과와 계획 간의 차이를 줄인다. 정기적 피드백 회의, 설문조사, 실시간 데이터 모니터링, 전용 플랫폼 활용을 통해 데이터를 수집, 분석, 실행 가능하고 우선순위가 설정된 개선 계획으로 전환하며, 성과를 지속적으로 모니터링하고 추가 피드백을 반영하여 조직의 민첩성과 적응력을 높이는 동시

에 운영 효율성, 협업, 지속적인 성과 개선을 통해 변화하는 시장 환경에서도 경쟁력을 유지하고 장기적인 성장을 도모하는 핵심 전략이다.

기술적 도구 도입

S&OP 프로세스의 성공적인 운영을 위해 기술적 도구의 도입은 필수적이다. 현대의 복잡한 공급망과 빠르게 변화하는 시장 환경에서 S&OP는 다양한 부서 간의 통합 계획이 필요하며, 이를 효과적으로 실행하고 모니터링하기 위해서는 기술적 도구의 사용이 매우 중요하다. 기술적 도구는 데이터의 수집, 분석, 시각화하는 것을 자동화하여 더욱 빠르고 정확한 의사결정을 가능하게 하며, 조직의 운영 효율성을 크게 높인다. 이 장에서는 S&OP 프로세스에 기술적 도구를 도입하는 이유와 그 이점, 그리고 어떤 도구들이 사용될 수 있는지 설명한다.

기술적 도구 도입의 필요성

S&OP 프로세스는 수요 예측, 공급 계획, 재고 관리, 생산 계획 등 여러 복잡한 요소들을 통합적으로 관리해야 하므로 기술적 도구 없이 이를 수작업으로 관리하는 것은 비효율적이고 오류 발생 가능성이 크다. 기술적 도구는 다양한 데이터를 신속하게 처리하고 분석하여 의사결정을 지원하며, 프로세스의 투명성을 높여 계획과 실행 간의 차이를 최소화할 수 있다. 기술적 도구의 도입이 필요한 이유는 다음과 같다.

• 데이터 통합과 분석 자동화

S&OP 프로세스는 수요 예측, 판매 데이터, 재고 수준, 생산 능력, 물류 정보 등 다양한 데이터를 통합 관리하여 계획을 수립해야 한다. 기술적 도구는 이러한 데이터를 실시간 수집하고 통합하며, 정교한 분석을 자동으로 수행할 수 있다. 이를 통해 데이터 간의 불일치를 줄이고, 계획의 정확도와 신뢰성을 대폭 개선할 수 있다. 또 자동화된 분석은 의사결정 과정을 더욱 간소화하여 운영 효율성을 높인다.

• 효율성과 속도 향상

기술적 도구는 기존에 수작업으로 이루어지던 데이터 처리와 계획 수립 프로세스를 자동화하여, 계획 생성과 실행에 필요한 시간을 크게 단축해 준다. 이는 특히 빠르게 변화하는 시장 환경에서 신속하게 대응해야 하는 상황에서 중요한 경쟁 우위를 제공한다.

자동화는 반복적인 작업에서 발생할 수 있는 오류를 줄이고, 팀이 고부가가치 활동에 집중할 수 있도록 도와준다.

• 의사결정의 정확성

기술적 도구는 데이터를 시각화하고 고급 분석 기법을 활용하여 조직이 더욱 명확하고 정밀한 의사결정을 내릴 수 있도록 지원한다. 예측 분석은 과거 데이터와 현재 동향을 기반으로 미래의 수요나 판매량을 예측하며, 시뮬레이션은 다양한 시나리오를 가정하여 각 선택지에 따른 결과를 상세히 분석할 수 있다.

또 시나리오 플래닝은 불확실한 시장 환경에서 최적의 대안을 도출할 수 있도록 다각적인 전략을 제시한다. 이러한 도구는 복잡한 데이터 세트를 직관적이고 이해하기 쉬운 형태로 시각화하여, 의사결정자가 데이터 기반의 실행 가능한 전략을 효과적으로 수립할 수 있도록 도와준다. 이는 의사결정 과정의 속도와 정확성을 동시에 높이며, 조직의 전반적인 경쟁력을 강화한다.

• 협업 촉진

S&OP는 여러 부서 간의 협력을 기반으로 하는 프로세스이다. 기술적 도구를 활용하면 각 부서가 똑같은 데이터를 실시간으로 공유하고 분석할 수 있어 협업이 더욱 원활해진다. 이러한 도구는 데이터 불일치와 부서 간 커뮤니케이션 문제를 줄이며, 계획 수립과 실행 과정에서 일관성을 유지하는 데 도움을 준다.

또 협업 플랫폼이나 클라우드 기반 솔루션을 통해 모든 이해 관계자가 같은 정보에 접근할 수 있어 부서 간 시너지를 극대화할 수 있다.

S&OP에 적합한 기술적 도구

S&OP 프로세스의 각 단계에서 사용되는 기술적 도구는 다양하며, 그 기능에 따라 서로 다른 역할을 한다. 여기서는 S&OP에 적합한 주요 기술적 도구들을 살펴본다.

• ERP 시스템(Enterprise Resource Planning)

ERP 시스템은 조직의 모든 자원을 통합적으로 관리하고 운영하는 핵심 도구로, S&OP 프로세스에서 중요한 기반 역할을 한다. 이 시스템은 재고, 생산, 구매, 판매, 재무 등 조직 전반에서 생성되는 데이터를 하나의 플랫폼으로 통합하여 제공한다.

이를 통해 각 부서는 실시간으로 데이터를 공유하고, 데이터에 기반한 계획 수립과 의사결정을 효과적으로 수행할 수 있다.

ERP 시스템은 S&OP 프로세스에서 데이터 통합과 정확성 향상, 실시간 데이터 액세스, 운영 효율성 증대, 분석과 보고 기능에 가치를 제공한다. 따라서 ERP 시스템은 S&OP 프로세스의 기본이 되는 기술적 도구로, 계획 수립, 실행, 모니터링 전반에서 조직의 리소스를 최적화하고, 변화하는 환경에 빠르게 대응할 수 있는 역량을 제공한다.

• SCM 시스템(Supply Chain Management)

SCM 시스템은 공급망의 효율적인 관리를 위한 통합 도구로, 재고 관리, 물류, 공급업체 관리 등을 체계적으로 운영할 수 있도록 지원한다. 이 시스템은 공급망 전반에서 데이터를 실시간으로 수집하고 분석하여, 재고 수준을 최적화하거나 공급 지연 문제를 조기에 감지하고 대응할 수 있는 역량을 제공한다. 이를 통해 S&OP 프로세스의 공급 측면 계획을 정교화하고, 공급망의 안정성과 효율성을 동시에 개선할 수 있다. 특히 SCM 시스템은 공급망의 병목 현상을 완화하고, 불확실성을 줄이는 데 중요한 역할을 한다.

• 수요 예측 도구(Demand Planning Tools)

수요 예측 도구는 과거 판매 데이터를 분석하고, 계절적 요인, 시장 트렌드, 경제 지표 등을 고려하여 미래의 수요를 예측하는 데 초점을 맞춘다. 이 도구는 예측 정확도를 높이는 고급 알고리즘을 사용하여, 조직이 수요 변화에 선제적으로 대응할 수 있도록 지원한다. 수요 예측의 정밀도는 생산, 재고, 공급 계획의 효율성을 극대화하고, 불필요한 자원 낭비를 줄이는 데 도움을 준다. 또 수요 변동성에 민감한 제품이나 시장에서 더욱 유연한 의사결정을 가능하게 한다.

• BI 도구(Business Intelligence Tools)

BI 도구는 데이터 시각화와 분석에 특화된 솔루션으로, S&OP 프로세스에서 수집된 대량의 데이터를 직관적으로 표현한다. 이러한 도구는 실시간 대시보드, KPI 모니터링, 데이터 드릴다운 기능을 통해 의사결정자들이 빠르게 상황을 분석하고, 필요한 조치를 즉각 취할 수 있도록 도와준다. BI 도구는 데이터를 기반으로 성과를 측정하고, 시장 변화나 운영상의 문제를 조기에 파악하여 전략적으로 대응할 수 있는 통찰력을 제공한다. 경영진은 BI 도구를 활용해 데이터 중심의 의사결정을 내리고, S&OP 프로세스의 전반적인 효과성을 극대화할 수 있다.

[BI 도구 설명]

AXI4CNS 이도정 대표님의 풍부한 조언에서 큰 도움을 받았다.

Microsoft Power Platform은 Power BI, Power Apps, Power Automate, Power Virtual Agents로 구성된 Low-Code/No-Code*플랫폼으로, 사용자가 복잡한 애플리케이션, 자동화된 워크 플로우, 데이터 분석과 AI 기반 솔루션을 손쉽게 구축할 수 있도록 도와준다. 그중에서 Power BI는 Microsoft Power Platform의 Business Intelligence(BI) 도구로, 데이터의 시각화, 분석, 보고를 목적으로 사용된다.

*Low-Code/No-Code를 한국어로 표현한 용어로, 소프트웨어 개발과 프로세스 자동화를 좀 더 쉽게 구현할 수 있는 개발 방식이다.

⇒ Low-Code라는 것은 개발자가 코드를 거의 작성하지 않고도 소프트웨어나 애플리케이션을 개발할 수 있도록, 시각적 인터페이스나 드래그 앤 드롭 방식의 도구를 제공하는 플랫폼을 말한다. 복잡한 코드를 직접 작성하는 대신 미리 정의된 구성 요소를 사용해 빠르게 애플리케이션을 만들 수 있다.

⇒ No-Code라는 것은 코딩 지식이 전혀 없어도 애플리케이션을 만들 수 있도록 설계된 개발 방식이다. 완전히 시각적인 도구와 인터페이스를 사용해 모든 개발 작업을 처리할 수 있다.

다시 말해 Low-Code/No-Code 플랫폼은 소프트웨어 개발에 필요한 코딩 작업을 최소화하거나 아예 필요 없게 만들어, 비개발자도 쉽게 애플리케이션을 개발하거나 자동화할 수 있게 해주는 기술을 의미한다. Microsoft Power Platform은 이러한 접근 방식을 통해 비즈니스 사용자들이 복잡한 기술적 배경 없이도 다양한 솔루션을 구현할 수 있도록 도와준다.

• Power BI의 주요 기능

⇒ 데이터 수집과 통합. 다양한 데이터 소스(MySQL, Excel, 클라우드 서비스 등)로부터 데이터를 가져와 통합한다. 이는 사용자가 조직 내외부의 다양한 소스에서 정보를 수집하고, 이를 하나의 통합된 보고서로 제공할 수 있음을 의미한다.

⇒ 데이터 변환과 모델링. Power BI의 Power Query 기능을 통해 데이터를 변환하고, 이를 비즈니스 분석에 적합한 형태로 가공할 수 있다. ETL(Extract, Transform, Load) 프로세스를 지원하여 사용자가 불필요한 데이터를 정리하고 중요한 데이터를 추출하는 작업을 자동화할 수 있다.

⇒ 데이터 시각화. Power BI는 사용자가 대시보드와 리포트를 생성해 데이터를 직관적으로 시각화할 수 있도록 다양한 차트, 그래프, 맵 등을 제공한다. 시각적 표현을 통해 복잡한 데이터를 쉽게 이해하고 인사이트를 도출할 수 있다.

⇒ 실시간 데이터 분석. 실시간 데이터 스트리밍을 통해 사용자는 변화하는 데이터를 즉시 확인할 수 있으며, 실시간으로 대시보드에 반영된다. 이는 시장 동향을 실시간 모니터링하거나 생산라인의 데이터를 즉각 분석하는 데 유용하다.

⇒ AI 기반 분석. Power BI는 AI 기능을 통해 데이터를 예측하고 분석하는 기능을 제공한다. 자연어 처리(NLP)를 통해 사용자는 데이터를 '자연어 질문' 형식으로 조회할 수 있으며, AI 모델을 통해 예측 분석을 수행할 수 있다.

⇒ 협업과 공유. Power BI는 조직 내에서 보고서를 공유하거나 협업할 수 있는

기능을 제공하며, MS Teams, Share Point와 통합되어 비즈니스 프로세스 내에서 데이터를 손쉽게 공유할 수 있다.

• Power BI의 장점

⇒ 사용자 친화적. 코드 작성 없이도 손쉽게 데이터 분석과 시각화를 할 수 있어 IT전문가뿐만 아니라 비즈니스 사용자도 쉽게 사용할 수 있다.

⇒ Microsoft 제품과의 통합. Excel, Azure, Dynamics 365와 같은 Microsoft 제품과 깊이 통합되어 있어 데이터 작업의 연속성이 뛰어나다.

⇒ 확장성. Power BI는 클라우드 기반 서비스로서 대규모 데이터를 처리하고 분석하는 데 있어 확장성을 제공한다.

⇒ 저비용/효율적. 경쟁력 있는 가격에 강력한 기능을 제공하므로, 중소·중견기업부터 대기업까지 널리 사용되고 있다.

⇒ 협업 플랫폼. S&OP는 부서 간 협력이 중요한 프로세스이기 때문에, 협업을 지원하는 플랫폼도 필수적이다. 이러한 플랫폼은 각 부서가 데이터를 공유하고 의견을 교환하며, 일정과 목표를 조정할 수 있도록 도와준다. 이를 통해 모든 부서가 같은 목표를 향해 나아가고, 계획이 일관되게 실행될 수 있도록 보장한다.

기술적 도구 도입의 주요 고려 사항

기술적 도구를 도입할 때는 조직의 요구 사항과 목표에 맞는 도구를 선택해야 한다. 기술적 도구를 성공적으로 도입하기 위한 주요 고려 사항은 다음과 같다.

• 적합한 도구 선택

모든 도구가 모든 조직에 적합하지는 않기 때문에, 각 조직의 특성과 목표에 부합하는 도구를 신중히 선택해야 한다.

예를 들어, 글로벌 공급망을 운영하는 대기업은 복잡한 SCM 도구를 통해 다양한 프로세스를 정밀히 관리할 필요가 있지만, 중소기업의 경우 간단한 ERP 시스템과 수요 예측 도구만으로도 충분히 효과를 볼 수 있다.

도구를 선택할 때는 조직의 규모, 운영 환경, 비즈니스 목표를 종합적으로 고려하여 최적의 솔루션을 도입해야 한다.

• 통합 가능성

도입하려는 기술적 도구는 기존 시스템과의 통합성이 높아야 하며, 특히 ERP, SCM, CRM(고객 관계 관리) 시스템과의 원활한 연동이 필수적이다.

이를 통해 조직 내 모든 데이터를 실시간으로 통합 관리하고 분석할 수 있어야 하며, 부서 간 데이터 공유와 협력이 원활히 이루어질 수 있다.

통합성이 뛰어난 도구는 중복 작업을 줄이고, 조직 전체의 운영 효율성을 극대화하는 데 크게 이바지할 수 있다.

• 사용자 친화성

기술적 도구가 지나치게 복잡하거나 사용이 어려우면 사용자들이 이를 충분히 활용하지 못해 도입의 효과가 저하될 가능성이 있다. 따라서 사용자 친화적인 인터페이스와 직관적인 기능을 갖춘 도구를 선택하는 것이 중요하다. 또 도입 후 사용자들이 도구를 효과적으로 활용할 수 있도록 충분한 교육과 지원을 제공해야 하며, 사용자의 피드백을 반영하여 지속적으로 개선하는 노력도 필요하다.

• 확장성

조직이 성장하거나 시장 환경이 변화할 때 도구가 이에 맞도록 확장할 수 있어야 장기적으로 안정적인 운영을 유지할 수 있다. 확장이 가능한 도구는 추가적인 기능, 사용자 증가, 또는 새로운 비즈니스 요구 사항을 수용할 수 있어야 하며, 이를 통해 조직은 미래의 변화에 유연하게 대처할 수 있다.

장기적인 관점에서 확장성을 갖춘 도구는 기술적 투자에 대한 안정성과 가치를 더욱 높이는 역할을 한다.

기술적 도구 도입의 효과

기술적 도구의 도입은 S&OP 프로세스 전반에 걸쳐 전사적인 성과와 운영 효율성을 크게 높이며, 조직의 경쟁력을 강화하는 중요한 역할을 한다. 다음은 기술적 도구 도입의 주요 효과이다.

• 계획의 정확성 향상

기술적 도구는 방대한 데이터를 정교하게 분석하여 매우 정확한 수요 예측과 공급 계획 수립을 가능하게 한다. 이러한 도구를 활용하면 계획 단계에서부터 예측 오류를 최소화할 수 있고, 계획과 실제 실행 간의 격차를 줄여 조직의 운영 성과를 극대화할 수 있다. 또 데이터 기반의 의사결정을 통해 자원 배분을 최적화하고, 불확실성을 줄이는 데에도 도움이 된다.

• 의사결정 속도와 정확성 증가

실시간으로 제공되는 데이터 분석과 시각화 기능은 경영진이 복잡한 상황에서도 신속하고 정확한 의사결정을 내릴 수 있도록 지원한다.

시장 변화나 공급망에서 발생하는 예기치 못한 문제에 대해 빠르게 대응할 수 있으며, 이러한 능력은 조직이 경쟁 우위를 유지하고 리스크를 효과적으로 관리하는 데 중요한 역할을 한다. 아울러 시뮬레이션과 시나리오 플래닝 기능은 다양한 선택지를 평가하고 최적의 전략을 수립할 수 있게 한다.

• 운영 효율성 극대화

기술적 도구는 프로세스 자동화, 데이터 통합, 그리고 부서 간 협업을 통해 조직의 운영 효율성을 크게 개선한다. 반복적이고 수작업이 요구되던 작업을 자동화함으로써 시간과 비용을 절감할 수 있으며, 공급망 전반의 운영이 더 유연하고 민첩하게 작동할 수 있도록 지원한다. 또 리소스를 효율적으로 배분하여 생산성과 비용 효율성을 동시에 극대화할 수 있다.

• 투명성과 협업 강화

기술적 도구의 도입은 실시간 데이터 공유와 분석을 가능하게 하여 조직 내 모든 부서가 똑같은 정보를 기반으로 계획을 수립하고 협력할 수 있게 만든다.

이러한 투명성은 부서 간 커뮤니케이션의 정확성을 높이고, 오해나 정보 불일치로 인한 문제를 최소화한다. 나아가 협업 환경을 강화하여 조직 전체가 일관성 있는 목표를 달성할 수 있도록 도와준다. 결과적으로 이는 S&OP 프로세스의 효율성을 높이는 데 중요한 이바지를 한다.

• 주요 내용 정리

S&OP 프로세스에서 기술적 도구 도입은 복잡한 공급망과 빠르게 변화하는 시장 환경 속에서 데이터 통합, 분석, 시각화를 자동화하여 의사결정의 속도와 정확성을 높이고, ERP, SCM, 수요 예측 도구, BI 도구와 같은 솔루션을 통해 계획과 실행 간 격차를 최소화하며 운영 효율성과 협업을 촉진하는 데 필수적이다. 특히 Power BI는 데이터 시각화, 실시간 분석, AI 기반 예측을 통해 데이터를 직관적으로 표현하고 의사결정을 지원하며, 조직의 요구와 목표에 부합하는 도구를 통합성, 확장성, 사용자 친화성을 고려해 도입함으로써 계획의 정확성과 실행력을 높여주고, 운영 효율성을 극대화하며, 부서 간 실시간 데이터 공유와 협업 환경 강화를 통해 투명성과 일관성을 확보하여 조직의 경쟁력을 강화하는 데 중요한 역할을 한다.

Chapter 9

협업과 커뮤니케이션 전략

"
S&OP(판매 및 운영 계획, Sales and Operations Planning)의 성공적인 실행을 위한 협업과 커뮤니케이션 전략을 다룬다. 먼저 부서 간 정기적인 회의 운영, 투명성 강화, 상호 피드백 시스템을 통해 조직 내의 소통 활성화 방법을 설명한다. 이어서 협업 소프트웨어, 클라우드 기반 시스템, 데이터 공유 플랫폼과 같은 최신 협업 도구의 도입과 활용 방안을 소개한다. 커뮤니케이션 계획에서는 명확한 목표 설정, 내부 커뮤니케이션 채널 구축, 외부 이해관계자와의 효과적인 소통 전략을 제시한다. 마지막으로, 갈등 예방과 해결을 위한 전략, 긍정적인 협상 방법을 포함한 갈등 관리 전략을 논의하여 협업 과정에서 발생할 수 있는 문제를 효과적으로 해결하는 방법을 제공한다. 이 차례는 조직 내 협력과 커뮤니케이션의 중요성을 강조하며, 이를 체계적으로 관리할 수 있는 실질적인 방안을 제시한다.

부서 간 소통 강화

S&OP에서 정기적 회의 운영은 부서 간의 소통과 협업을 강화하고, 조직이 목표를 효과적으로 달성할 수 있도록 돕는 중요한 전략이다. S&OP는 판매, 운영, 재무, 물류 등 다양한 부서가 협력하여 통합된 계획을 수립하고 실행하는 과정이므로, 부서 간 원활한 소통은 계획의 성공 여부에 결정적인 영향을 미친다. 정기 회의는 부서 간의 정보 공유, 문제 해결, 의사결정 과정을 지원하는 중요한 소통 도구이다. 이 장에서는 정기 회의 운영의 중요성과 회의의 구성, 성공적인 회의 운영의 전략을 설명한다.

정기 회의 운영의 필요성

S&OP 프로세스는 여러 부서가 서로의 계획과 데이터를 공유하고, 상호 의존적인 결정을 통해 운영 효율성을 극대화하는 것이 목표이다. 그러나 각 부서가 고립된 상태에서 계획을 수립하고 실행하면, 부서 간의 협업과 커뮤니케이션이 부족해지며, 최종 결과물이 왜곡되거나 성과에 차질이 발생할 수 있다.

이러한 문제를 방지하고, 계획의 일관성을 유지하기 위해 정기 회의는 필수적이다. 정기 회의 운영이 필요한 주요 이유는 다음과 같다.

• 정보의 실시간 공유

각 부서가 보유한 데이터를 공유하고, 상호 간의 협력을 통해 통합계획을 세우기 위해서는 정기 회의가 필요하다. 이러한 회의를 통해 수요 예측, 재고 상태, 생산 일정, 재무 계획 등 다양한 부서의 최신 정보를 즉각 교환할 수 있으며, 실시간 데이터를 기반으로 의사결정이 가능하다.

• 부서 간 목표 조율

판매, 운영, 재무 등의 각 부서는 고유한 목표를 가지고 있지만, S&OP의 성공을 위해서는 모든 부서가 조직의 전반적인 목표에 맞춰 계획을 조정해야 한다.

정기적인 회의를 통해 각 부서의 목표가 조직의 전략적 목표와 일치하도록 조율할 수 있으며, 이를 통해 전체의 방향성을 유지할 수 있다.

• 문제의 조기 발견과 해결

정기 회의는 계획과 실행 과정에서 발생할 수 있는 문제의 조기 발견과 신속한 해결에 중요한 역할을 한다. 회의에서 각 부서의 성과와 문제점을 투명하게 공유하면, 예기치 못한 상황에 신속히 대응하고 눈앞에 닥친 문제에 대한 협력적인 해결책을 마련할 수 있다.

• 의사결정 속도 향상

정기 회의를 통해 경영진과 각 부서가 빠르고 정확하게 정보를 교환하면, 중요한 의사결정을 내리는 속도가 향상된다.

시장 상황이나 공급망의 변동, 재고 이슈 등과 같은 긴급한 사항에 대해 빠르게 대응할 수 있으며, 이러한 신속한 대응이 경쟁력 유지에 도움이 된다.

정기 회의의 구성 요소

정기 회의가 효과적으로 운영되려면 일정한 구조와 절차가 필요하다. 회의는 명확한 목적과 아젠다, 참여자, 그리고 구체적인 실행 계획을 바탕으로 구성되어야 하며, 회의 후에는 후속 조치가 잘 이행되도록 관리되어야 한다.

• 회의 목적과 아젠다 설정

회의는 목적이 명확해야 하며, 각 부서가 논의할 항목을 미리 정리하여 준비할 수 있도록 아젠다가 사전 공유되어야 한다. 아젠다는 다음과 같은 내용을 포함할 수 있다.

⇒ 판매 성과와 수요 예측의 변화

⇒ 생산 일정과 공급 계획 조정

⇒ 재고 수준과 재고 관리 문제

⇒ 공급망 상태와 물류 이슈

⇒ 재무 성과와 비용 효율성 검토

이러한 항목들은 조직의 목표와 S&OP 계획의 진행 상황을 점검하고 필요한 조정을 논의하는 데 중점을 두어야 한다.

• 참석자 선정

정기적 회의에는 S&OP 관련 각 부서의 주요 결정권자들이 참석해야 한다. 일반적으로 판매, 마케팅, 운영, 재무, 물류 등의 부서에서 대표자가 참석하며, 필요시 공급망 관리자나 IT전문가 등도 회의에 참여할 수 있다. 또 경영진이 회의에 참석하여 중요한 전략적 결정을 내리기도 한다.

[사장님 충언을 드립니다.]

많은 경험에서 얻은 상황들입니다.

부서 간 협력과 원활한 의사소통은 S&OP 운영의 성공을 결정짓는 핵심 요소입니다. 그러나 이를 방해하는 행동은 조직 성과를 크게 떨어뜨릴 수 있습니다. 직급이나 연차를 내세워 타인의 의견을 무시하거나 비생산적인 태도를 보이는 것은 협업을 방해하고 조직 발전을 저해하는 주된 원인입니다.

"이건 안 돼."

"당신이 뭘 알아?"

이와 같은 발언은 논의의 흐름을 막고 구성원의 사기를 떨어뜨리며 협력 문화를 해칩니다. 회의 중 발언 독점, 시간 초과, 결론 없는 논의 등은 심각한 비효율을 초래합니다. 이러한 태도를 가진 인력은 자신이 이바지했다고 믿지만, 실제로는 조직의 자원과 시간을 낭비하며 논의의 초점을 흐립니다. 이는 단순한 실수가 아니라 조직 목표 달성에 해를 끼치는 행동입니다.

또 자신의 과거 실수나 실패를 감추기 위해 논의를 왜곡하거나 불필요한 요소를 포괄하려는 태도는 S&OP 프로세스를 심각하게 훼손합니다. 이 때문에 조직 내 신뢰가 약화(弱化)되고 경쟁력이 저하됩니다. 특히, 참여자 간 기(氣) 싸움과 조직 간 헤게모니 다툼이 더해지면 협력은 더욱 어려워지고, 논의의 초점이 사라지며 갈등만 남게 됩니다.

특정 인력의 문제로 인해 논의가 비효율적으로 진행되는 경우가 반복된다면 이는 방치할 수 없는 심각한 문제입니다. 특히, 해당 인력이 자리를 비울 때 논의가 더 활발히 진행되는 상황은 조직 내 비효율과 갈등의 원인을 명확히 보여줍니다.

S&OP의 성공을 위해서는 열린 마음과 협력적인 태도로 논의에 이바지할 수 있는 인재를 선별하고, 이를 뒷받침할 명확한 기준을 설정해야 합니다. 기 싸움과 헤게모니 다툼은 반드시 척결되어야 하며, 이를 방치하면 조직의 미래는 심각한 위험에 직면할 수 있습니다. S&OP의 성패는 구성원의 태도와 협력에서 시작됩니다.

• 회의 일정과 빈도

회의는 정기적으로 일정에 맞춰 운영되어야 하며, 일정은 조직의 특성과 필요에 따라 결정된다. 대부분의 경우 S&OP 프로세스는 월간 계획을 중심으로 이루어지기 때문에, 회의는 월별로 진행되는 것이 일반적이다. 그러나 시장 변화가 빠르거나 긴급한 상황이 발생할 수 있는 경우에는 주간 회의를 병행할 수도 있다.

• 성과 보고와 데이터 공유

회의에서는 각 부서가 현재 성과와 데이터를 투명하게 공유해야 한다. 이를테면 판매 부서는 수요 예측과 실제 판매 성과를 보고하고, 운영 부서는 생산 일정과 공급 상황을 공유한다. 이러한 데이터는 그래프, 차트, 대시보드 등의 시각적 도구를 활용하여 쉽게 이해할 수 있도록 제공되어야 하고, 이를 통해 경영진과 각 부서가 빠르고 정확하게 상황을 파악할 수 있다.

• 의사결정과 실행 계획 수립

회의의 최종 목적은 부서 간 협력을 통해 구체적인 실행 계획을 도출하는 것이다. 회의에서 논의된 내용을 바탕으로 다음 단계의 실행 계획을 수립하고, 이를 실행할 담당자와 일정을 명확히 해야 한다. 또 결정된 사항은 문서로 기록되고, 모든 관련 부서에 공유되어야 하며, 후속 조치가 정확히 이행될 수 있도록 관리해야 한다.

성공적인 회의 운영을 위한 전략

정기 회의를 성공적으로 운영하려면 몇 가지 전략이 필요하다.

회의는 단순히 정보를 공유하는 자리로 끝나는 것이 아니라, 실질적인 결정을 내리고 이를 실행에 옮기는 데 중점을 두어야 한다.

• 명확한 목적과 기대 설정

회의 시작 전에 참석자들에게 회의의 목적과 목표, 그리고 기대되는 결과를 명확히 전달하는 것이 중요하다. 이를 통해 참석자들은 논의의 핵심 사항에 집중할 수 있으며, 필요한 사전 준비를 통해 회의의 생산성을 높일 수 있다.

명확한 목적은 회의가 효율적으로 진행될 수 있는 방향성을 제시한다.

• 효율적인 시간 관리

회의는 미리 정의된 시간 안에 명확하고 집중적으로 진행되어야 한다.

이를 위해 아젠다별로 적절한 시간을 할당하고 이를 철저히 준수해야 한다. 논의가 길어져 결론을 도출하지 못할 경우, 추가 논의가 필요한 사항을 별도의 후속 조치로 지정한다. 이로써 회의의 산만함을 방지하고, 참석자들이 회의 시간 내내 효율적·집중적으로 논의에 참여할 수 있도록 한다.

• 참여 촉진과 피드백 반영

각 부서 대표가 적극적으로 의견을 제시하고 논의에 참여할 수 있는 환경을 조성하는 것이 필수적이다. 참석자들이 자유롭게 의견을 나누도록 독려하며, 다양한 관점을 반영해 더 나은 결론을 도출할 수 있다.

회의 중에 나온 피드백은 실행 계획에 구체적으로 반영되어야 하며, 참석자들이 자신들의 의견이 실제로 활용되고 있다는 것을 느낄 수 있도록 해야 한다.

• 후속 조치 관리

회의에서 결정된 사항이 실제 실행으로 이어지려면 체계적인 후속 조치 관리가 필요하다. 회의 후에는 담당자와 기한을 명확히 지정한 실행 계획을 문서화하고, 다음 회의에서 그 진행 상황과 결과를 보고할 수 있는 구조를 구축해야 한다. 이러한 구조는 회의의 실질적인 효과를 높이고, 지속적인 개선과 성과 향상을 가능하게 한다.

정기적 회의 운영의 효과

정기 회의의 운영은 부서 간의 협력을 촉진하고, 조직의 성과를 극대화하는 데 중요한 역할을 한다. 그 주요 효과는 다음과 같다.

• 부서 간 협업 강화

정기 회의는 부서 간 정보와 목표를 명확히 공유하고, 통합된 계획에 따라 각 부서가 역할을 맡아서 수행할 수 있도록 지원함으로써 협업을 강화한다. 이러한 협업은 계획의 일관성을 유지하고, 부서 간의 시너지를 통해 조직의 성과를 높이는 데 도움을 준다. 정기적인 소통은 각 부서가 조직 전체의 목표를 이해하고 조율할 수 있는 기반을 제공한다.

• 투명한 의사결정

정기 회의를 통해 투명한 의사결정을 내림으로써 모든 부서가 똑같은 정보를 기반으로 계획을 수립하고 실행할 수 있다. 이러한 투명성은 부서 간 갈등을 줄이고 정보 불일치로 인한 비효율성을 최소화하여, 조직 내 신뢰와 협력을 강화한다. 명확한 의사결정은 S&OP 프로세스의 효과적인 실행과 지속적인 성과 개선을 지원한다.

• 신속한 문제 해결

정기 회의는 문제를 조기에 발견하고 신속하게 해결할 기회를 제공한다. 각 부서가 문제를 공유하고 협력하여 해결책을 마련함으로써, 큰 문제로 발전하기 전에 적절히 대응할 수 있다. 이를 통해 조직은 리스크를 줄이고 안정적으로 성과를 유지하며, 변화하는 환경에도 민첩하게 대처할 수 있다.

• 주요 내용 정리

S&OP 프로세스에서 정기 회의 운영은 부서 간 소통과 협력을 강화하여 조직의 목표를 효과적으로 달성하는 핵심 요소이다. 이를 통해 실시간 정보 공유, 목표 조율, 문제 조기 해결, 신속한 의사결정 등이 가능하며, 회의는 명확한 목적과 아젠다, 적절한 참석자 선정, 효율적 시간 관리, 후속 조치 관리를 기반으로 구성된다. 또 열린 소통과 협력적 태도가 중요하며, 비생산적 행동과 갈등은 철저히 배제되어야 한다. 회의의 효과적인 운영은 부서 간 협업 강화, 투명한 의사결정, 신속한 문제 해결을 통해 조직 성과를 극대화하고, 환경 변화에 민첩하게 대응할 수 있는 기반을 제공한다.

부서 간 투명성 강화

S&OP 프로세스에서 부서 간의 투명성 강화는 성공적인 협업을 위한 핵심 요소이다.

S&OP는 다양한 부서가 공동으로 목표를 설정하고, 계획을 수립하며, 이를 실행하는 프로세스이기 때문에 모든 부서가 투명하게 정보를 공유하고 협력해야만 조직의 목표를 달성할 수 있다. 부서 간 투명성이 부족하면 의사소통이 원활하지 않고, 오해나 혼란이 발생하여 계획의 일관성과 실행력에 악영향을 미칠 수 있다. 따라서 투명성을 강화하는 것은 S&OP의 성공을 위한 중요한 전략적 요소이다. 이 장에서는 부서 간의 투명성 강화를 위해 필요한 원칙과 구체적인 방법, 그리고 이를 통해 얻을 수 있는 이점을 설명한다.

부서 간 투명성 강화의 필요성

S&OP 프로세스는 각 부서가 고유한 기능과 역할을 담당하지만, 조직 전체의 목표를 달성하려면 모든 부서가 상호 의존적으로 움직여야 한다. 투명성이 부족한 조직에서는 각 부서가 자신들만의 데이터와 계획에 의존해 독립적으로 움직일 가능성이 높고, 이 때문에 전사적인 계획의 일관성에 문제가 발생할 수 있다.

또 계획 수립과 실행 과정에서 의사결정이 지연되거나 정보가 왜곡될 위험이 있다. 부서 간 투명성 강화가 필요한 주요 이유는 다음과 같다.

• 계획의 일관성 유지

조직의 전략과 목표가 일관성을 유지하려면 각 부서가 똑같은 정보와 데이터를 기반으로 계획을 수립하고 실행해야 한다. 투명성이 강화되면 부서 간 정보 공유가 원활해져 계획 수립 과정에서 중복되거나 상충(相衝)되는 부분을 방지할 수 있다.

이를 통해 조직 전체가 조화를 이루며, 통합된 전략과 일관된 방향으로 나아가 최적의 성과를 달성할 수 있다.

• 의사결정 속도 향상

투명성이 부족한 환경에서는 필요한 정보가 적시에 공유되지 않아 의사결정이 지연될 가능성이 높지만, 투명한 정보 공유 체계가 구축되면 각 부서가 실시간으로 필요한 데이터를 확인하고, 이를 기반으로 신속한 의사결정을 내릴 수 있다.

이는 시장 변화나 공급망 문제와 같은 긴급 상황에서 빠르게 대응하고, 조직의 민첩성을 강화하는 데 필수적인 요소이다.

• 신뢰와 협업 강화

투명성은 부서 간 신뢰를 구축하고 협력을 강화하는 데 핵심적인 역할을 한다. 정보가 명확하고 공정하게 공유될 때, 각 부서는 서로의 역할과 책임을 명확히 이해하게 되며, 더 나아가 상호 의존적인 관계를 통해 협력적이고 유기적인 운영이 가능하다.

이러한 투명한 소통은 부서 간 갈등을 줄이고, 조직 내 협력 문화를 촉진하여 더 큰 시너지를 창출할 수 있다.

부서 간 투명성 강화를 위한 주요 전략

부서 간 투명성을 강화하려면 조직 차원의 시스템적 접근과 문화적 변화가 모두 필요하다. 부서 간 투명성을 강화하기 위한 구체적인 전략은 다음과 같다.

• 공유 데이터 플랫폼 도입

S&OP 프로세스에서 가장 중요한 요소는 각 부서가 공통된 데이터를 실시간으로 공유할 수 있는 통합된 시스템의 구축이다. ERP(Enterprise Resource Planning), SCM(Supply Chain Management), CRM(Customer Relationship Management) 등과 같은 플랫폼을 도입하면, 모든 부서가 똑같은 데이터를 기반으로 작업할 수 있으며 실시간 업데이트 및 공유를 통해 투명한 정보 흐름을 보장할 수 있다. 이러한 시스템은 부서 간의 정보 불일치를 줄이고, 계획과 실행의 효율성을 높이는 데 핵심 역할을 한다.

• 실시간 대시보드와 KPI 모니터링

투명성을 강화하려면 각 부서의 성과를 실시간으로 모니터링할 수 있는 대시보드를 구축해야 한다. 대시보드는 설정된 KPI(핵심 성과 지표)를 시각적으로 제공하여 각 부서의 성과와 목표 달성 현황을 한눈에 파악할 수 있게 한다. 이를 통해 부서 간의 성과 비교와 목표 정렬이 쉬우며, 데이터 기반으로 즉각 조치할 수 있다. 대시보드는 정보의 접근성을 높이고 조직의 투명성을 강화하는 데 매우 효과적인 도구이다.

• 정기적인 성과 리뷰와 공유

조직의 목표를 달성하려면 각 부서가 정기적으로 성과와 계획을 리뷰하고 공유하는 프로세스를 운영하는 것이 필수적이다.

이를테면 월간 S&OP 리뷰 회의에서 각 부서는 성과, 계획, 문제점 등을 명확히 보고하고, 이를 바탕으로 조직 전체 목표에 맞춘 조정을 수행한다. 이러한 공유는 부서 간 상호 이해를 높이고, 조직이 일관된 방향으로 나아갈 수 있도록 도와준다.

• 투명한 의사결정 과정 구축

효과적인 의사결정을 위해 각 부서가 주요 결정을 내릴 때 해당 결정의 근거와 관련 데이터를 투명하게 공유해야 한다. 이를 통해 다른 부서도 해당 결정을 이해하고 계획을 조정할 수 있으며, 의사결정의 정당성과 신뢰성을 높일 수 있다. 투명한 의사결정은 부서 간 협력을 강화하고, 조직 전반의 실행력을 높이는 데 도움을 준다.

• 협업 문화를 촉진하는 리더십

부서 간의 투명성을 촉진하려면 리더십이 협업과 투명성을 장려하는 조직 문화를 조성하는 것이 중요하다. 리더들은 모든 부서가 정보를 공유하고 긴밀히 협력할 수 있도록 격려하며, 투명성의 가치를 조직의 핵심 원칙으로 자리 잡게 해야 한다.

이러한 리더십은 시스템과 프로세스의 작동을 보완하며, 조직이 투명성과 협력을 기반으로 성장할 수 있는 환경을 조성한다.

부서 간 투명성 강화 효과

부서 간 투명성을 강화하면 S&OP 프로세스 전반에 걸쳐 다양한 긍정적인 효과를 기대할 수 있다. 그 주요 효과는 다음과 같다.

• 효율성 증대

투명한 정보 공유는 의사결정 과정에서 발생할 수 있는 불필요한 지연을 줄이고, 각 부서가 신속하고 정확한 결정을 내릴 수 있도록 지원한다. 이를 통해 중복 작업이나 불필요한 자원 낭비를 최소화하며, 조직 전체의 운영 효율성을 극대화할 수 있다. 투명성은 부서 간 데이터 정렬과 협업을 강화하여 시간과 비용을 절감하고, 더 나은 성과를 도출한다.

• 리스크관리 개선

투명한 정보 공유는 각 부서가 잠재적인 리스크를 조기에 식별하고 신속히 대응할 수 있는 환경을 제공한다. 이를 통해 공급망의 차질, 시장 변화, 또는 내부 문제와 같은 위험 요소에 대한 선제적 대비가 가능하며, 리스크로 인한 피해를 최소화할 수 있다. 투명성은 리스크관리 프로세스를 체계화하여 조직이 더욱 안정적으로 운영될 수 있도록 한다.

• 성과 향상

조직의 각 부서가 똑같은 목표와 전략을 공유하고 이를 기반으로 협력하면, 조직 전체의 성과를 크게 높일 수 있다. 투명한 정보 공유는 부서 간의 협력을 촉진하며, 계획 수립과 실행의 정합성을 높여 조직의 목표 달성을 가속화(加速化)한다. 이는 조직이 변화하는 환경에서도 유연하게 대응하고 지속적으로 성과를 높이는 데 핵심적인 원동력이 된다.

• 조직 내 신뢰 구축

투명한 정보 공유는 조직 내에서 상호 신뢰를 구축하는 데 중요한 역할을 한다. 각 부서가 정보를 명확하고 공정하게 공유하며, 모든 의사결정이 투명하게 이루어질 때, 부서 간의 신뢰가 증대되고 협력적 분위기가 강화된다. 이러한 신뢰는 조직이 단기적인 성과뿐만 아니라 장기적인 목표를 효과적으로 달성할 수 있는 기반을 제공한다.

• 주요 내용 정리

S&OP 프로세스에서 부서 간의 투명성 강화는 조직의 목표 달성과 성공적인 협업을

위해 필수적이다. 투명성은 계획의 일관성 유지, 의사결정 속도 향상, 부서 간 신뢰와 협업 강화를 통해 효율적인 운영을 가능하게 한다.

이를 위해 통합된 데이터 플랫폼, 실시간 대시보드와 KPI 모니터링, 정기적인 성과 리뷰, 투명한 의사결정 과정, 협업 문화를 촉진하는 리더십이 필요하다. 투명성을 통해 조직은 의사결정 지연과 중복 작업을 줄이고, 리스크관리 역량을 강화하며, 성과를 극대화할 수 있다. 결과적으로 투명한 정보 공유는 조직 내 신뢰를 구축하고, 단기 성과는 물론 장기 목표를 효과적으로 달성할 수 있는 기반을 제공한다.

상호 피드백 시스템

S&OP 프로세스에서 상호 피드백 시스템은 부서 간 소통을 강화하고, 조직의 목표 달성을 위해 협력하는 데 중요한 역할을 한다. 상호 피드백은 단순히 평가와 교정을 넘어 각 부서가 자신들의 성과를 개선하고, 서로의 업무에 대한 이해를 높여 협업을 촉진하는 도구이다. 피드백 시스템이 제대로 구축되면 조직의 성과를 지속적(持續的)으로 개선하고, 각 부서가 공통의 목표를 향해 효과적으로 나아가도록 돕는 중요한 수단이 된다.

이 장에서는 상호 피드백 시스템의 필요성과 효과, 성공적인 피드백 시스템을 구축하기 위한 전략을 설명한다.

상호 피드백 시스템의 필요성

S&OP는 여러 부서가 긴밀하게 협력하여 판매와 운영을 통합적으로 계획하고 실행하는 복잡한 프로세스이다. 이 과정에서 상호 피드백 시스템은 각 부서가 계획을 조정하고, 협력하는 과정에서 발생하는 문제를 해결하는 중요한 도구로 작용한다. 상호 피드백을 통해 부서 간의 성과 차이를 이해하고, 개선할 부분을 식별하여 전사적인 성과 향상을 도모할 수 있다. 상호 피드백 시스템이 필요한 이유는 다음과 같다.

• 계획과 실행의 차이 조정

S&OP 프로세스에서는 계획과 실행 간의 차이가 발생할 수 있다. 예를 들어, 수요 예측과 실제 판매 실적이 일치하지 않거나, 공급망의 병목 현상으로 인해 생산이 지연될 수 있다. 상호 피드백 시스템은 이러한 차이를 식별하고, 각 부서가 서로에게 피드백을 제공함으로써 문제를 신속하게 해결할 수 있도록 도와준다.

• 협업과 의사소통 촉진

상호 피드백은 부서 간 협업과 의사소통을 촉진하는 핵심 도구로, 각 부서가 서로의 성과와 문제점을 명확히 이해하고 이를 기반으로 협력할 수 있도록 도와준다.

이러한 피드백 과정은 부서 간 갈등을 줄이고, 공동 목표를 달성하기 위한 원활한 협력을 가능하게 한다. 또 상호 피드백은 조직 내에서 열린 대화와 신뢰를 바탕으로 한 소통 문화를 구축하는 데 이바지한다.

• 성과 개선

상호 피드백은 문제의 지적에 그치지 않고, 실질적인 개선 방안을 함께 논의하고 실행하는 과정을 포함한다. 이를 통해 각 부서는 저마다의 업무방식에서 벗어나 더 나은 성과를 달성할 수 있다. 조직 차원에서는 이러한 피드백 기반의 개선 활동이 누적되어 전반적인 성과 향상으로 이어지며, 지속적인 발전을 가능하게 한다.

• 책임 의식 강화

상호 피드백 시스템은 각 부서가 자신의 역할과 책임을 명확히 이해하도록 돕고, 책임감 있게 업무를 수행할 수 있도록 지원한다. 피드백 과정에서 각 부서는 자신의 성과와 기여를 평가받고, 조직 전체의 목표와 일치하는 방향으로 책임을 다하도록 유도된다. 이러한 책임 의식의 강화는 조직의 전반적인 운영 효율성을 높이고, 목표 달성에 대한 전사적 헌신을 강화하는 데 이바지한다.

상호 피드백 시스템의 주요 구성 요소

상호 피드백 시스템이 효과적으로 작동하려면 체계적인 구조와 명확한 절차가 필요하다. 피드백이 단순히 주관적이거나 일회성으로 끝나지 않고, 실제로 성과 개선에 이바지하도록 설계돼야 한다.

상호 피드백 시스템을 성공적으로 구축하기 위한 주요 구성 요소는 다음과 같다.

• 명확한 피드백 기준 설정

상호 피드백 시스템은 명확한 기준을 바탕으로 이루어져야 한다. 피드백이 주관적인 의견에 의존하지 않도록, 성과를 평가할 수 있는 구체적인 KPI(핵심 성과 지표)나 목표를 기준으로 삼아야 한다. 예를 들어, 판매 부서의 수요 예측 정확도, 생산 부서의 생산 일정 준수율, 재고 관리 효율성 등이 구체적인 피드백 기준이 될 수 있다.

• 정기적인 피드백 세션

피드백은 일회성으로 끝나는 것이 아니라, 정기적으로 진행되어야 한다. 월별 또는 분기별로 정기적인 피드백 세션을 운영하여, 각 부서가 자신의 성과를 리뷰하고, 개선할 점에 대해 논의할 수 있어야 한다. 정기적인 피드백 세션은 S&OP 프로세스의 중요한 피드백 루프 역할을 하며, 계획과 실행 간의 차이를 지속적으로 조정할 수 있도록 도와준다.

• 피드백의 투명성과 상호성

상호 피드백 시스템은 투명하게 운영되어야 하고, 모든 부서가 피드백을 공정하게 주고받을 수 있어야 한다. 피드백을 주는 부서와 받는 부서 간의 상호성이 보장되어야 하며, 한쪽에서만 피드백을 제공하는 방식이 아니라, 모든 부서가 서로에게 피드백을 주고받는 구조를 마련해야 한다. 이를 통해 조직의 모든 부서가 서로 책임감을 느끼고 협력하게 된다.

• 건설적인 피드백 제공

피드백은 비판적이거나 부정적인 방식이 아니라 건설적인 방식으로 제공되어야 한다.

피드백의 목적은 문제를 지적하는 데 그치는 것이 아니라, 개선 방안을 함께 논의하고 더 나은 성과를 위해 협력하는 것이다. 피드백을 제공할 때는 문제점뿐만 아니라, 개선할 수 있는 구체적인 제안을 함께 제시해야 한다.

• 피드백 후속 조치 관리

피드백 세션에서 논의된 사항은 실행으로 이어져야 하며, 후속 조치가 철저히 관리되어야 한다. 피드백에서 나온 개선 방안이 실제로 실행되고 있는지 모니터링하고, 그 결과를 다음 피드백 세션에서 다시 점검하는 구조가 필요하다. 이를 통해 피드백이 실제 성과 개선으로 이어질 수 있다.

상호 피드백 시스템의 도입 방법

상호 피드백 시스템을 도입하는 과정에서 중요한 것은 체계적인 접근 방식이다. 성공적인 피드백 시스템을 도입하기 위한 몇 가지 주요 방법은 다음과 같다.

• 피드백 시스템 교육

피드백을 주고받는 방법에 대해 조직 전체에 실시하는 교육이 중요하다. 피드백이 단순한 비판으로 여겨지지 않도록, 피드백의 목적과 방법을 명확히 설명하고, 건설적인 피드백을 제공하는 방식을 가르쳐야 한다. 교육은 관리자뿐만 아니라 실무자들에게도 필요하며, 피드백의 가치를 이해하고 이를 효과적으로 활용할 수 있도록 도와준다.

• 피드백 도구 활용

상호 피드백 시스템을 더욱 체계적으로 운영하기 위해, 피드백을 기록하고 관리할 수 있는 도구를 도입할 수 있다. 예를 들어, 온라인 피드백 시스템이나 협업 도구를 통해 각 부서가 피드백을 기록하고 추적할 수 있으며, 이를 통해 피드백 과정이 더욱 투명하고 효율적으로 이루어질 수 있다.

• **리더십의 피드백 참여**

리더십의 적극적인 참여는 상호 피드백 시스템의 성공을 좌우한다. 경영진은 피드백의 중요성을 강조하고, 모든 부서가 피드백을 주고받는 문화를 형성할 수 있도록 이끌어야 한다. 또 리더들은 피드백 세션에 직접 참여하여 각 부서가 논의한 개선 방안을 지원하고, 필요한 자원을 제공해야 한다.

• **조직 문화와의 연계**

상호 피드백 시스템은 조직 문화와 밀접하게 연계되어야 한다. 피드백이 열린 마음으로 주고받을 수 있는 조직 문화를 만들어야 하며, 투명성과 신뢰를 바탕으로 한 협력적 환경을 조성하는 것이 중요하다. 이를 위해 피드백을 장려하는 리더십의 역할이 크며, 피드백이 조직 내에서 중요한 가치를 갖도록 만들어야 한다.

상호 피드백 시스템의 효과

상호 피드백 시스템이 성공적으로 도입되면 S&OP 프로세스와 조직 전반에 긍정적인 효과를 가져온다. 그 주요 효과는 다음과 같다.

• **부서 간 협업 강화**

상호 피드백 시스템은 부서 간 소통을 활성화하고 협업을 강화하는 데 핵심 역할을 한다. 각 부서가 서로의 성과와 과제를 명확히 이해하며 협력 과정에서 부서 간의 경계를 허물고, 더 긴밀하고 효과적인 협력이 이루어질 수 있다. 이는 조직 전체의 시너지를 높이고, 목표 달성을 앞당기는 데 이바지한다.

• **성과 개선**

상호 피드백은 각 부서가 저마다의 업무방식과 성과를 지속적으로 개선할 수 있도록 지원한다. 피드백 과정을 통해 부서별 강점과 약점을 명확히 파악하고, 이를 기반으로 성과를 극대화하는 전략을 마련할 수 있다. 이러한 개선 활동은 단순히 문제 해결에 그치지 않고, 장기적인 성과 향상으로 이어진다.

• 책임 의식 제고

피드백 시스템은 각 부서가 자신의 성과와 역할에 대해 책임을 명확히 인식할 수 있도록 한다. 피드백 과정에서 부서별 기여와 책임을 평가받으며, 조직 전체의 목표와 정렬된 책임감을 인식하게 된다. 이를 통해 전사적으로 책임 의식이 강화되고, 모든 부서가 목표 달성을 위해 적극적으로 참여하게 된다.

• 지속적인 프로세스 개선

상호 피드백은 S&OP 프로세스에서 발생하는 문제를 지속적으로 개선하는 도구로 작용한다. 피드백을 통해 문제점을 조기에 발견하고, 신속히 해결 방안을 마련함으로써 조직은 변화하는 시장 환경에 유연하게 대응할 수 있다. 이러한 반복적인 피드백과 개선 과정은 조직의 프로세스를 정교화하며, 장기적인 성과와 경쟁력을 높이는 기반을 제공한다.

• 주요 내용 정리

S&OP 프로세스에서 상호 피드백 시스템은 부서 간 소통을 강화하고 협업을 촉진하여 조직의 목표 달성을 지원하는 핵심 도구이다. 이를 통해 계획과 실행의 차이를 조정하고, 협업과 의사소통을 촉진하며, 각 부서의 성과와 책임 의식을 강화할 수 있다. 효과적인 피드백 시스템은 명확한 기준 설정, 정기적인 피드백 세션, 투명성과 상호성을 기반으로 구성되어야 하며, 건설적 피드백과 후속 조치 관리가 필수적이다. 도입 과정에서는 체계적인 교육, 피드백 도구 활용, 리더십의 참여, 협력적 조직 문화가 중요하다. 상호 피드백 시스템은 부서 간 협업 강화, 성과 개선, 책임 의식 제고, 지속적인 프로세스 개선 등 다양한 긍정적 효과를 통해 조직의 효율성과 경쟁력을 크게 높여준다.

협업 도구 사용

협업 소프트웨어 도입

협업 소프트웨어 도입은 S&OP 프로세스에서 필수 요소로 자리 잡고 있다. S&OP는 판매, 생산, 재무, 공급망, 물류 등 다양한 부서가 협력하여 통합된 계획을 수립하고 실행하는 복잡한 과정이다. 이 과정에서 부서 간의 원활한 소통과 정보 공유가 필수적이며, 이를 가능하게 하는 핵심 도구가 협업 소프트웨어이다. 협업 소프트웨어는 단순한 커뮤니케이션 도구를 넘어 계획, 실행, 분석과 모니터링까지 전사적인 업무 프로세스를 효율적으로 관리하고 실시간으로 데이터를 공유할 수 있는 플랫폼을 제공한다. 이를 통해 조직의 협업 수준을 크게 향상시키고, S&OP 프로세스의 성과를 극대화할 수 있다.

협업 소프트웨어 도입의 필요성

S&OP는 다양한 부서가 서로의 계획과 데이터를 공유하고 협력해야만 성공할 수 있는 프로세스이다. 이 과정에서 부서 간의 물리적 거리나 시간적 차이, 부서별 업무 프로세스의 차이로 인해 협업이 원활하게 이루어지지 않으면 계획의 일관성에 문제가 발생할 수 있다. 협업 소프트웨어는 이러한 문제를 해결하고, 부서 간 협업을 원활하게 해주는 도구로, 여러 가지 이유에서 필수적이다.

• 실시간 정보 공유

협업 소프트웨어는 모든 부서가 실시간으로 데이터를 공유하고, 계획과 실행 상태를 모니터링할 수 있는 통합 플랫폼을 제공한다. 이를 통해 가 부서는 최신 정보를 바탕으로 신속하고 정확한 의사결정을 내릴 수 있으며, 정보의 불일치나 지연으로 인해 발생할 수 있는 문제를 효과적으로 최소화할 수 있다. 실시간 정보 공유는 부서 간 협력을 강화하고, 조직 전체의 목표 달성을 위한 효율적인 조율을 가능하게 한다.

- **업무 프로세스 자동화**

협업 소프트웨어는 기존에 수작업으로 처리하던 수요 예측, 재고 관리, 공급망 계획 등과 같은 업무를 자동화하여, 업무 시간 단축과 오류 감소를 동시에 실현한다. 이러한 자동화 기능은 반복적·시간 소모적인 작업에서 인적 실수를 줄이는 동시에, 분석 결과를 실시간으로 모든 부서에 제공하여 더 나은 협업과 실행을 지원한다.

업무 프로세스 자동화는 운영 효율성을 극대화하고, 부서 간 데이터 흐름을 원활하게 유지함으로써 조직 전반의 생산성을 높인다.

- **의사결정 속도 향상**

S&OP는 빠르게 변화하는 시장 환경에서 신속한 의사결정이 중요한 프로세스이다. 협업 소프트웨어는 모든 부서가 똑같은 데이터를 실시간으로 확인하고, 이를 바탕으로 신속한 의사결정을 내릴 수 있도록 지원한다. 시장 변화나 공급망의 문제에 신속하게 대응하는 것이 가능해지며, 이를 통해 조직의 민첩성이 향상된다.

- **통합된 커뮤니케이션 환경 제공**

이메일, 전화, 미팅 등 기존의 여러 소통 수단을 통합해 주는 협업 소프트웨어는 의사소통의 일관성을 유지해 준다. 또 소프트웨어 내에서 채팅, 화상 회의, 파일 공유 등 다양한 기능을 제공하여, 부서 간 소통을 한 곳에서 일괄적으로 처리할 수 있도록 지원한다. 이를 통해 커뮤니케이션의 효율성이 크게 향상된다.

협업 소프트웨어의 주요 기능

S&OP의 각 단계에서 중요한 역할을 하는 협업 소프트웨어는 다양한 기능을 통해 부서 간 협업을 지원하며, 실시간 데이터 공유와 의사결정 과정을 간소화한다. 협업 소프트웨어의 주요 기능은 다음과 같다.

• 프로젝트 관리와 일정 관리

협업 소프트웨어는 S&OP 프로세스에서 계획 수립부터 실행까지 모든 단계를 효과적으로 관리할 수 있는 도구를 제공한다. 각 부서의 역할과 책임을 명확히 할 수 있으며, 일정 관리 기능을 통해 프로젝트의 진행 상황을 추적하고, 기한 내에 작업을 완료할 수 있도록 도와준다. 이를 통해 부서 간의 협력이 더욱 구조적·체계적으로 이루어진다.

• 실시간 데이터 공유와 문서 관리

협업 소프트웨어는 중앙화된 데이터 저장소를 통해 모든 관련 문서와 데이터를 한 곳에 저장하고, 이를 실시간으로 모든 부서와 공유할 수 있다. 각 부서는 최신 데이터를 실시간으로 확인하고, 이를 바탕으로 계획을 조정하거나 실행할 수 있다.

이러한 실시간 데이터 공유는 특히 수요 예측, 재고 관리, 공급망 관리와 같은 데이터 중심의 업무에서 중요한 역할을 한다.

• 대시보드와 보고서 기능

협업 소프트웨어는 각 부서의 성과를 시각적으로 파악할 수 있는 대시보드 기능을 제공하여 KPI(핵심 성과 지표)를 실시간으로 모니터링할 수 있도록 지원한다. 자동 보고서 생성 기능은 복잡한 데이터를 간단하고 명확한 형식으로 제공하여, 성과 분석과 의사결정을 더욱 쉽게 만든다. 경영진은 이러한 대시보드와 보고서를 활용하여 조직 전체의 성과를 즉각 파악하고, 필요시 적절한 조치를 신속히 취할 수 있다.

이를 통해 S&OP 프로세스의 효과성과 신속성이 크게 향상된다.

- **커뮤니케이션과 피드백 기능**

협업 소프트웨어는 채팅, 화상 회의, 파일 공유 등 다양한 커뮤니케이션 기능을 통합 제공하여 부서 간의 즉각적·효율적인 소통을 가능하게 한다. 또 실시간 피드백 기능은 문제를 논의하고 개선 방안을 마련하는 데 활용되며, 부서 간 협력을 강화한다. 이러한 기능은 S&OP 프로세스에서 발생하는 문제를 조기에 발견하고 해결하여 운영 효율성과 협업 문화의 증진에 이바지한다.

조직은 이를 통해 데이터 중심의 논의와 신속한 실행력을 확보할 수 있다.

- **워크플로우 자동화**

협업 소프트웨어는 반복적인 업무 프로세스를 자동화하는 기능을 제공하여, 수작업으로 처리하던 작업을 자동화함으로써 운영 효율성을 크게 높인다. 예를 들어, 재고 수준이 특정 임계치 이하로 떨어지면 자동으로 발주 요청을 생성하거나, 새로운 수요 예측 데이터를 기반으로 생산 계획을 실시간으로 업데이트하는 기능을 지원한다.

이러한 워크플로우 자동화는 업무 시간 단축과 오류 감소를 동시에 실현하며, 조직이 신속하고 민첩하게 변화하는 환경에 대응할 수 있도록 도와준다. 이와 같은 자동화는 단순한 작업에서 고부가가치 활동으로 자원을 재배치할 수 있는 여지를 만들어 주어, 조직 전반의 생산성과 효율성 극대화에 이바지한다.

협업 소프트웨어 도입 시 고려 사항

협업 소프트웨어를 성공적으로 도입하려면 몇 가지 중요한 고려 사항이 있다. 조직의 특성과 요구에 맞는 소프트웨어를 선택하고, 이를 효과적으로 활용할 수 있도록 도입 전략을 마련해야 한다.

- **조직의 필요에 맞는 소프트웨어 선택**

모든 협업 소프트웨어가 모든 조직에 적합하지 않기 때문에, 조직의 규모와 필요에 맞는 소프트웨어를 신중히 선택하는 것이 중요하다. 중소기업은 간단한 기능으로도 충분히 효과를 낼 수 있지만, 중견기업이나 대기업, 특히 글로벌 조직은 다국적 팀과 복잡한 프로세스를 지원할 수 있는 고급 기능을 갖춘 소프트웨어가 필요할 수 있다. 도입 전에 조직의 요구사항을 명확히 정의하고, 이를 충족할 수 있는 소프트웨어를 선택해야 한다.

• 사용자 친화성

협업 소프트웨어는 각 부서의 실무자들이 쉽게 이해하고 사용할 수 있도록 사용자 친화적인 인터페이스를 제공해야 한다. 사용이 너무 복잡하거나 직관적이지 않으면, 도입 후 활용도가 떨어지고 조직 내 협업 효과가 제한될 수 있다.

따라서 직관적인 디자인과 간단한 워크플로우를 지원하며, 사용자 교육과 지원 서비스를 제공하는 소프트웨어를 선택하는 것이 중요하다.

• 통합성과 확장성

협업 소프트웨어는 기존의 ERP, CRM, SCM 시스템과 원활하게 통합될 수 있어야 하며, 조직의 데이터가 단절되지 않고 실시간으로 공유되고 분석될 수 있어야 한다. 또 조직이 성장하거나 새로운 비즈니스 요구가 발생할 때 소프트웨어가 쉽게 확장할 수 있도록 유연성을 제공해야 한다. 통합성과 확장성은 조직이 기술 도입 이후에도 계속 효율성을 유지할 수 있는 핵심 요소이다.

• 보안과 데이터 관리

협업 소프트웨어는 조직의 중요한 데이터와 문서를 다루기 때문에 강력한 보안 기능을 제공해야 한다. 데이터 암호화, 접근 권한 관리, 정기적인 백업, 그리고 위협 탐지와 대응 시스템이 포함된 소프트웨어를 선택하는 것이 필수적이다. 특히, 클라우드 기반 소프트웨어를 사용하는 경우 데이터 규정 준수와 보안 인증을 확인하여 조직의 민감한 정보를 안전하게 보호할 수 있는 솔루션을 선택해야 한다.

협업 소프트웨어 도입의 효과

협업 소프트웨어를 도입하면 조직의 협업 수준과 업무 효율성이 크게 향상된다. 협업 소프트웨어 도입의 주요 효과는 다음과 같다.

• 협업 강화와 효율성 증대

협업 소프트웨어는 부서 간 소통과 협업을 원활히 하여 업무 효율성을 크게 개선한다. 각 부서는 실시간 데이터를 기반으로 협력하여 계획을 수립하고 실행할 수 있으며, 이를 통해 중복 작업을 줄이고 부서 간 시너지를 극대화할 수 있다. 이러한 효율적인 협업은 조직 전체의 성과를 극대화하는 데 중요한 역할을 한다.

• 의사결정 속도와 정확성 향상

실시간 데이터 공유와 자동화된 보고서 기능을 통해 경영진과 각 부서는 신속하고 정확한 의사결정을 내릴 수 있다. 시장 변화, 공급망 문제, 수요 변동과 같은 상황에 빠르게 대응할 수 있는 능력을 제공하며, 이는 조직의 민첩성과 경쟁력을 강화한다. 실시간 대시보드와 분석 기능은 의사결정의 투명성과 신뢰성을 높이는 데 도움을 준다.

• 비용 절감과 생산성 향상

협업 소프트웨어는 반복적이고 수작업으로 처리하던 업무를 자동화하여 시간을 절약하고, 운영 비용을 줄이는 데 이바지한다. 자동화된 프로세스는 인적 오류를 감소시키고 효율성을 높이며, 각 부서가 더 생산성 높은 업무와 전략적 활동에 집중할 수 있도록 한다. 이러한 변화는 전반적인 운영 효율성과 생산성을 동시에 높인다.

• 주요 내용 정리

S&OP 프로세스에서 협업 소프트웨어 도입은 부서 간 소통과 협업을 강화하고 계획의 효율성을 극대화하기 위한 필수 도구이다. 실시간 정보 공유, 업무 프로세스 자동화, 통합된 커뮤니케이션 환경 제공, 대시보드와 보고서 기능을 통해 의사결정 속도와 정확성

을 높이고 운영 효율성을 개선한다. 조직의 필요와 규모에 맞는 소프트웨어를 선택하고 사용자 친화성, 통합성, 보안성을 고려해야 하며, 이를 통해 중복 작업과 오류를 줄이고, 비용 절감과 생산성 향상을 동시에 달성할 수 있다.

협업 소프트웨어는 실시간 데이터 기반의 민첩한 대응과 효율적인 협업을 가능하게 하며, 조직의 전반적인 성과와 경쟁력을 강화하는 데 이바지한다.

클라우드 기반 시스템

S&OP 프로세스에서 클라우드 기반 시스템의 도입은 부서 간 협업을 촉진하고, 데이터 공유와 의사결정을 실시간으로 지원하는 데 중요한 역할을 한다. 클라우드 기술은 전통적인 온프레미스 방식의 한계를 극복하고, 유연성, 확장성, 비용 절감 등의 이점을 제공하여 S&OP 프로세스의 효율성을 크게 높인다.

클라우드 기반 시스템은 물리적인 서버나 네트워크 인프라에 대한 의존도를 낮추고, 각 부서가 어디서든 실시간으로 접근할 수 있는 중앙 집중형 플랫폼을 제공한다. 이를 통해 다양한 데이터를 손쉽게 통합하고, 부서 간의 원활한 소통을 가능하게 하며, S&OP 프로세스의 속도와 정확성을 극대화할 수 있다.

클라우드 기반 시스템 도입의 필요성

S&OP는 여러 부서가 협력하여 판매, 운영, 재고, 공급망 계획을 통합하는 복잡한 프로세스이다. 이 과정에서 실시간 데이터 공유와 정보 접근이 원활하지 않으면, 계획의 일관성이 떨어지고, 의사결정 과정이 지연될 수 있다. 클라우드 기반 시스템은 이러한 문제를 해결하기 위해 설계된 강력한 도구로, S&OP의 모든 단계에서 중요한 역할을 한다. 클라우드 기반 시스템 도입의 필요성은 다음과 같다.

• 실시간 데이터 접근과 공유

클라우드 기반 시스템은 모든 부서가 실시간으로 데이터에 접근하고 이를 즉시 공유할 수 있도록 지원한다. 이는 S&OP 프로세스에서 부서 간의 데이터 불일치를 방지하며, 각 부서가 똑같은 데이터를 기반으로 신속하고 정확하게 의사결정을 내릴 수 있게 한다. 특히, 시장 변화나 공급망 문제와 같은 상황에서도 실시간 정보에 기반한 민첩한 대응을 가능하게 한다.

• 유연성과 확장성
클라우드 시스템은 조직의 규모나 데이터 처리 요구에 따라 유연하게 확장할 수 있는 높은 적응성을 제공한다. 조직은 필요에 따라 저장 공간이나 컴퓨팅 파워를 조정할 수 있으며, 급격한 수요 변화나 사업 확장 상황에도 효과적으로 대응할 수 있다. 또 물리적 인프라 설치나 유지보수가 필요하지 않아 IT 자원에 대한 부담이 크게 줄어든다.

• 비용 절감
전통적인 온프레미스 시스템과 달리 클라우드 기반 시스템은 필요한 리소스만 사용하므로 초기 투자 비용과 운영 비용을 대폭 절감할 수 있다. 서버 구축, 유지보수, 데이터 저장소 확장에 드는 비용이 감소하며, 서버 관리와 관련된 작업은 클라우드 서비스 제공자에게 위임되어 내부 IT 인프라 관리 부담도 완화된다.

• 글로벌 협업 지원
S&OP 프로세스는 종종 다국적 팀과 여러 지역에 걸친 부서 간의 협력이 요구된다. 클라우드 기반 시스템은 전 세계 어디서나 데이터에 접근할 수 있어, 물리적 거리와 시간대의 제약 없이 협업을 지원한다. 이를 통해 다국적 조직은 전 세계 다양한 위치에서 일하는 부서 간에도 원활한 협력과 의사소통을 유지할 수 있다. 이는 글로벌시장에서 운영하는 조직의 효율성과 경쟁력을 강화하는 데 이바지한다.

클라우드 기반 시스템의 주요 기능
다양한 기능을 통해 S&OP 프로세스의 효율성을 높이는 클라우드 기반 시스템의 주요 기능은 다음과 같다.

• 데이터 통합과 중앙 집중 관리

클라우드 기반 시스템은 S&OP 프로세스에 필요한 모든 데이터를 통합 관리할 수 있는 중앙 집중형 플랫폼을 제공한다. 판매 예측, 재고 수준, 생산 계획, 공급망 상태와 같은 주요 데이터를 실시간으로 수집하고 분석하며, 조직 전반에서 데이터의 일관성을 유지하도록 지원한다. 이러한 통합 플랫폼은 의사결정에 필요한 정보를 빠르고 정확하게 제공하여 S&OP 프로세스의 효율성을 극대화한다.

• 자동화된 분석과 보고서 생성

클라우드 기반 시스템은 자동화된 분석과 보고서 생성 기능을 통해 각 부서의 성과를 실시간으로 분석하고, KPI(핵심 성과 지표)를 경영진이 쉽게 모니터링할 수 있도록 지원한다. 자동 생성된 보고서는 분석과 작성에 필요한 시간을 대폭 줄이고, 의사결정을 위한 데이터를 신속하게 제공한다. 이는 조직이 중요한 전략적 결정을 내릴 때 더욱 효과적으로 대응할 수 있도록 도와준다.

• 보안과 데이터 백업

클라우드 시스템은 데이터 암호화, 접근 제어, 인증 관리 같은 강력한 보안 기능을 제공하며, 민감한 데이터의 무결성과 안전성을 보장한다.

또 정기적인 자동 백업 기능을 통해 데이터 손실 위험을 최소화하며, 예상치 못한 상황에서도 조직의 데이터 복구를 신속하게 지원한다. 민감한 정보를 다루는 조직에서는 클라우드의 보안성과 안정성이 중요한 요소이다.

• 협업 도구 통합

클라우드 기반 시스템은 이메일, 화상 회의, 채팅 도구 등 기존의 협업 도구와 통합되어 부서 간 소통과 협력을 강화한다. 이를 통해 다양한 협업 툴을 하나의 플랫폼에서 통한적으로 사용할 수 있으며, 소통과 데이터 접근이 원활하게 이루어져 업무 효율성이 높아진다. 특히, 다국적 팀이나 여러 부서가 협력해야 하는 S&OP 환경에서 협업 도구 통합은 필수적이다.

• 모바일 접근성

클라우드 기반 시스템은 모바일 기기를 통해 언제 어디서나 접근할 수 있어, 외부 출장 중이거나 원격 근무 중인 직원들도 실시간으로 데이터를 확인하고 의사결정에 참여할 수 있다. 이러한 기능은 글로벌 조직이나 유연한 근무 환경을 지원하는 기업에서 특히 유용하며, 신속하고 효과적인 협력을 가능하게 한다. 이는 조직의 유연성을 강화하고 변화하는 환경에 민첩하게 대응할 수 있는 역량을 제공한다.

클라우드 기반 시스템 도입 시 고려 사항

클라우드 기반 시스템을 도입할 때는 몇 가지 중요한 고려 사항이 있다. 조직의 요구에 맞는 클라우드 솔루션을 선택하고, 이를 원활하게 도입하기 위한 전략이 필요하다.

• 보안과 규정 준수

클라우드 기반 시스템에서 가장 중요하게 고려해야 할 핵심 요소는 바로 보안이다. 데이터 암호화, 접근 권한 관리, 규정 준수 등 클라우드 서비스 제공자가 제공하는 다양한 보안 기능을 철저히 검토하는 것이 중요하다. 이와 더불어, 업계 표준과 법적 요건을 충족하는 보안과 데이터 보호 규정을 완벽히 준수하는 클라우드 서비스를 선택해야 한다.

• 클라우드 서비스 유형 선택

클라우드 서비스는 일반적으로 퍼블릭 클라우드, 프라이빗 클라우드, 그리고 하이브리드 클라우드로 구분된다. 퍼블릭 클라우드는 경제적인 면에서 유리하지만, 보안이 중요한 민감한 데이터를 다룰 때는 프라이빗 클라우드가 더 적합한 선택이 될 수 있다. 한편, 하이브리드 클라우드는 퍼블릭 클라우드와 프라이빗 클라우드의 장점을 결합하여 필요에 따라 유연하고 효율적으로 활용할 수 있는 방식을 제공한다.

• 기존 시스템과의 통합성

클라우드 기반 시스템을 도입할 때는 기존의 ERP, SCM, CRM과 같은 핵심 시스템과의 통합성을 꼼꼼히 점검하는 것이 매우 중요하다. 클라우드 시스템은 기존 데이터와 비즈니스 프로세스가 충돌(衝突)*없이 원활히 통합되도록 해야 하며, 이를 통해 실시간 데이터 공유와 업무 효율성을 극대화할 수 있는 환경을 구축하는 것이 필수적이다.

* 클라우드 시스템 도입 시 언급되는 충돌(衝突)은 기존 시스템과 새로운 클라우드 시스템 간에 발생할 수 있는 비(非)호환성 또는 문제상황을 뜻한다. 구체적으로 살펴보면 다음과 같은 사례들이 포함된다.

· 데이터 형식과 구조의 불일치

⇒ 기존 시스템에서 사용하는 데이터 형식(예: CSV, XML, JSON)이 클라우드 시스템에서 요구하는 형식과 일치하지 않을 때 발생한다.

⇒ 데이터의 필드나 컬럼 구조가 다르거나, 데이터베이스 스키마가 호환되지 않아 데이터 마이그레이션이 제대로 이루어지지 않는 경우도 포함된다.

· 인프라 또는 애플리케이션 간 호환성 문제

⇒ 기존 온프레미스 애플리케이션이 클라우드 기반 시스템과 통신하거나 연동될 때 사용하는 API나 프로토콜이 서로 호환되지 않을 수 있다.

⇒ 클라우드 플랫폼에서 기존 애플리케이션이 지원되지 않거나, 클라우드 환경에서 실행 시 성능 문제가 발생할 수 있다.

· 보안과 인증 체계 차이

⇒ 기존 시스템의 인증 방식(예: LDAP, SSO)과 클라우드 시스템의 인증 체계가 달라 접근 제어나 사용자 권한 관리에서 문제가 발생할 수 있다.

⇒ 암호화 수준이나 보안 정책이 서로 다를 경우 데이터 전송과 처리 과정에서 보안 취약점이 생길 가능성도 있다.

· 업무 프로세스 간 불일치

⇒ 기존의 비즈니스 프로세스가 클라우드 시스템에서 제공하는 워크플로우와 충돌하거나 제한을 받는 경우이다.

⇒ 예를 들어, 기존 시스템에서 자동화된 업무 흐름이 클라우드 시스템으로 이전 시 똑같이 재현되지 않거나, 특정 기능이 클라우드에서 지원되지 않는 경우이다.

· 중복 데이터와 데이터 무결성 문제

⇒ 클라우드 시스템과 기존 시스템 간에 데이터를 동기화하거나 이전하는 과정에서 중복 데이터가 생

성되거나, 데이터 누락과 변조가 발생할 수 있다.

⇒ 데이터가 양쪽 시스템에서 서로 다른 값으로 존재하게 되면, 업무 프로세스에 혼란을 초래할 수 있다.

· 시스템 성능 차이

⇒ 기존 온프레미스 시스템은 특정 하드웨어나 네트워크 환경에 최적화되어 있는데, 클라우드 시스템으로 이전 시 성능 저하가 발생할 수 있다.

⇒ 예를 들어, 클라우드 시스템에서 대량의 데이터 처리가 기존 시스템만큼 빠르게 이루어지지 않을 경우, 업무 지연이 생길 수 있다.

이러한 충돌을 최소화하려면 시스템 통합 계획을 철저히 수립하고, 클라우드 도입 전 충분한 테스트와 검증을 수행하며, 필요에 따라 시스템 맞춤화를 고려해야 한다.

• 사용자 교육과 적응

클라우드 기반 시스템을 성공적으로 도입하려면 사용자들이 새로운 시스템 환경에 빠르게 적응할 수 있도록 충분한 교육과 지원을 제공해야 한다. 특히 기존 온프레미스 시스템에서 클라우드 환경으로 전환하는 경우, 초기 적응 기간에 지속적인 교육과 도움을 제공하는 것이 필수적이다. 이를 통해 직원들이 클라우드 시스템의 다양한 기능을 효과적으로 이해하고, 이를 바탕으로 업무 생산성을 높일 수 있도록 해야 한다.

클라우드 기반 시스템 도입의 효과

클라우드 기반 시스템을 도입하면 S&OP 프로세스와 조직 전반에 걸쳐 다양한 긍정적인 효과를 기대할 수 있다. 그 주요 효과는 다음과 같다.

• 협업과 커뮤니케이션 향상

클라우드 기반 시스템을 도입하면 각 부서가 실시간으로 데이터를 공유하고 긴밀하게 협력할 수 있는 환경이 조성된다. 특히, 글로벌 팀 간의 소통이 한층 더 원활해지며 물리적 거리의 제약을 극복할 수 있다. 이를 통해 부서 간 협업이 효과적으로 강화되고, 의사결정 과정에서 일관성과 신뢰성을 유지할 수 있다.

• 운영 비용 절감

클라우드 시스템은 물리적 서버 및 인프라 설치와 유지에 필요한 막대한 비용을 대폭 절감할 수 있다. 또 필요에 따라 리소스를 유연하게 조정할 수 있어 자원 낭비를 최소화하면서 비용 효율성을 극대화할 수 있다. 아울러 IT 인프라 관리에 대한 부담이 줄어들어 조직 전체의 운영 비용을 한층 더 절감할 수 있다.

• 의사결정 속도와 정확성 향상

클라우드 시스템은 실시간 데이터 분석과 보고서 생성을 통해 경영진과 부서가 더욱 신속하고 정확한 의사결정을 내릴 수 있도록 지원한다. 이를 통해 시장의 빠른 변화나 공급망 문제에 신속히 대응할 수 있으며, 기업의 경쟁력을 한층 더 강화할 수 있다.

• 비즈니스 연속성 보장

클라우드 시스템은 데이터 백업과 재해 복구 기능을 통해 비즈니스 연속성을 철저히 보장한다. 시스템 장애나 데이터 손실 상황에서도 강력한 복구 기능을 제공하여, 업무 중단 상황을 방지할 수 있다.

이를 통해 조직은 안정적이고 지속 가능한 비즈니스 운영을 유지할 수 있다.

• 주요 내용 정리

S&OP 프로세스에서 클라우드 기반 시스템 도입은 부서 간 협업을 촉진하고, 실시간 데이터 공유와 신속한 의사결정을 가능하게 하며, 유연성과 비용 효율성을 제공하는 핵심 도구이다. 클라우드 시스템은 데이터 통합, 자동화된 분석과 보고서 생성, 글로벌 협업 지원, 강력한 보안과 데이터 백업 기능을 통해 S&OP의 속도와 정확성을 극대화한다. 기존 온프레미스 시스템의 한계를 극복하여 운영 비용 절감, 비즈니스 연속성 보장, 글로벌 팀 간 원활한 소통을 가능하게 한다.

도입 시 보안, 기존 시스템과의 통합성, 사용자 교육 등을 철저히 고려해야 하며, 이를 통해 조직의 협업과 효율성을 높이고 경쟁력을 강화할 수 있다.

데이터 공유 플랫폼

데이터 공유 플랫폼은 S&OP 프로세스에서 필수 도구로, 부서 간의 정보 소통과 실시간 데이터 공유를 통해 계획 수립과 의사결정을 지원하는 역할을 한다. S&OP 프로세스는 판매, 운영, 공급망, 재무 등 다양한 부서가 참여하여 복잡한 데이터를 관리하고 통합된 계획을 수립하는 과정이다. 이 과정에서 데이터가 제때 공유되지 않거나, 부서 간 정보의 불일치가 발생하면 계획의 정확성이 떨어지고, 의사결정이 지연될 수 있다.

따라서 데이터 공유 플랫폼을 통해 모든 부서가 실시간으로 일관된 데이터를 공유하고 협업할 수 있는 환경을 구축하는 것이 필수적이다.

데이터 공유 플랫폼 도입의 필요성

S&OP 프로세스에서는 여러 부서가 서로 다른 시스템과 데이터를 사용하면서 협업해야 한다. 이러한 상황에서 데이터 공유 플랫폼은 부서 간의 데이터 흐름을 원활하게 하고, 정보의 일관성을 보장하는 중요한 도구이다. 특히, 부서 간 실시간 데이터 공유를 통해 계획 수립 단계에서 발생할 수 있는 오류를 줄이고, 실행 과정에서의 신속한 대응을 가능하게 한다. 데이터 공유 플랫폼 도입이 필요한 이유는 다음과 같다.

• 데이터의 일관성 확보

각 부서가 개별적으로 데이터를 관리할 경우, 중복되거나 충돌하는 정보가 발생할 수 있다. 이러한 문제는 S&OP 계획의 정확성을 떨어뜨리고, 계획과 실행 간의 불일치로 이어질 수 있다. 데이터 공유 플랫폼을 도입하면 모든 부서가 똑같은 데이터를 실시간으로 확인할 수 있어, 데이터의 일관성이 유지되고 계획 수립의 정확도가 향상된다.

• 실시간 의사결정 지원

S&OP 프로세스는 수요, 공급, 재고 관리, 생산 계획 등 다양한 요소를 통합적으로 고려해야 하므로 실시간 데이터가 핵심적인 역할을 한다. 데이터 공유 플랫폼을 활용하면

각 부서가 수요 변동, 생산 현황, 재고 수준 등의 데이터를 실시간으로 확인할 수 있으며, 이를 기반으로 신속하고 정확한 의사결정을 내릴 수 있다.

• 협업 촉진

부서 간 데이터가 공유되지 않으면 협업이 어렵고, 각 부서가 개별적으로 계획을 수립할 가능성이 높다. 데이터 공유 플랫폼을 사용하면 모든 부서가 똑같은 데이터에 접근할 수 있어, 부서 간 협업이 더욱 원활해지고 계획이 통합적으로 이루어진다. 이를 통해 S&OP의 목표인 통합된 운영 계획을 실현할 수 있다.

• 효율성 증대

데이터를 수작업으로 관리하고 공유하는 방식에서 벗어나 데이터 공유 플랫폼을 도입하면 데이터의 수집과 분배 과정을 자동화할 수 있다.

이를 통해 시간과 비용을 절감할 뿐만 아니라, 데이터 전송 과정에서 발생할 수 있는 오류를 최소화하여 업무의 정확성과 효율성을 크게 개선할 수 있다.

데이터 공유 플랫폼의 주요 기능

데이터 공유 플랫폼은 S&OP 프로세스의 모든 단계에서 중요한 역할을 하며, 부서 간 협업을 지원하는 다양한 기능을 제공한다. 그 주요 기능은 다음과 같다.

• 중앙 집중화된 데이터 관리

데이터 공유 플랫폼은 조직의 모든 데이터를 중앙 집중화된 저장소에 통합 관리할 수 있다. 각 부서는 이 플랫폼을 통해 판매 데이터, 수요 예측, 재고 수준, 생산 계획 등 모든 필요한 데이터를 실시간으로 조회할 수 있다. 이를 통해 각 부서가 최신 데이터를 바탕으로 계획을 수립하고, 데이터의 불일치로 인한 혼란을 줄일 수 있다.

• 실시간 데이터 동기화

데이터 공유 플랫폼은 각 부서에서 입력된 데이터를 실시간으로 동기화하여 업데이트한다. 예를 들어, 판매 부서에서 수요 변동 데이터를 입력하면 운영 부서와 공급망 부서도 즉시 해당 데이터를 확인할 수 있어, 신속하게 생산 계획을 조정할 수 있다. 이러한 실시간 데이터 동기화는 신속한 대응을 가능하게 하며, 계획의 유연성을 높인다.

• 접근 제어와 보안 관리

데이터 공유 플랫폼은 각 부서의 역할과 책임에 따라 데이터 접근 권한을 관리할 수 있다. 이를 통해 민감한 정보에 대한 접근을 제한하고, 데이터의 무결성을 보호할 수 있다. 또 데이터 암호화와 백업 기능을 통해 중요한 정보를 안전하게 관리할 수 있어, 보안에 대한 신뢰성을 높일 수 있다.

• 분석과 시각화 도구

데이터 공유 플랫폼은 다양한 분석과 시각화 도구를 제공하여, 복잡한 데이터를 쉽게 이해할 수 있도록 도와준다. 이를 통해 각 부서는 KPI(핵심 성과 지표)를 실시간으로 모니터링하고, 대시보드를 통해 데이터의 변화를 시각적으로 확인할 수 있다. 시각화 도구는 의사결정을 더 직관적으로 할 수 있도록 지원하여 경영진과 실무진 모두에게 유용하다.

• 통합 보고서 생성

데이터 공유 플랫폼은 각 부서의 성과 데이터를 통합하여 보고서를 자동 생성할 수 있다. 이를 통해 각 부서의 성과를 비교하고, S&OP 프로세스 전반의 성과를 분석할 수 있다. 또 보고서는 조직의 모든 구성원에게 공유되어, 계획과 성과 간의 차이를 쉽게 파악할 수 있다.

데이터 공유 플랫폼 도입 시 고려 사항

데이터 공유 플랫폼을 도입할 때는 조직의 특성과 요구에 맞는 시스템을 선택하고, 이를 효과적인 운영 전략이 필요하다. 플랫폼 도입 시 고려해야 할 주요 사항은 다음과 같다.

• 기존 시스템과의 통합성

데이터 공유 플랫폼은 기존에 운영 중인 ERP(Enterprise Resource Planning), CRM(Customer Relationship Management), SCM(Supply Chain Management) 시스템과 매끄럽게 통합되어야 한다.

이러한 통합이 성공적으로 이루어질 경우, 각 시스템에서 생성된 데이터를 효율적으로 수집하고 이를 중앙에서 체계적으로 관리할 수 있다. 이를 통해 데이터의 흐름이 중단 없이 자연스럽게 이어지며, 전사적 데이터 활용도를 높일 수 있다.

• 사용자 친화성

데이터 공유 플랫폼은 각 부서의 실무자들이 쉽게 이해하고 활용할 수 있도록 사용자 친화적인 설계를 갖추는 것이 필수적이다. 지나치게 복잡한 시스템은 실무자들이 활용하지 못하거나 학습 곡선이 길어질 가능성이 높으므로, 직관적이고 간편한 인터페이스를 제공하는 플랫폼을 선택하는 것이 중요하다.

• 확장성과 유연성

데이터 공유 플랫폼은 조직의 성장과 환경 변화에 유연하게 대응할 수 있도록 높은 확장성을 제공해야 한다. 조직이 확장되거나 데이터 처리 요구가 대폭 증가하더라도, 플랫폼이 문제없이 확장될 수 있도록 설계되어야 한다. 또 새로운 기능이나 추가 시스템을 쉽게 통합할 수 있는 개방적이고 유연한 구조를 갖추는 것이 무엇보다 중요하다. 이를 통해 플랫폼은 현재뿐만 아니라 미래의 요구사항도 효과적으로 충족할 수 있다.

• 보안 기능

데이터는 조직의 핵심 자산이므로, 데이터 공유 플랫폼은 강력하면서도 다층적인 보안 체계를 반드시 갖춰야 한다. 플랫폼은 데이터 암호화, 사용자별 접근 권한 관리, 그리고 정기적인 백업과 같은 보안 요소를 폭넓게 지원해야 하며, 외부 위협과 내부 취약성으로부터 데이터를 철저히 보호해야 한다. 이와 더불어, 보안 정책과 기능이 업계 표준과 규정을 준수하도록 설계되어야만 데이터의 안전성과 신뢰성을 보장할 수 있다.

데이터 공유 플랫폼 도입의 효과

데이터 공유 플랫폼을 도입하면 S&OP 프로세스와 조직의 성과 전반에 걸쳐 다양한 긍정적인 효과를 기대할 수 있다. 그 주요 효과는 다음과 같다.

• 데이터 기반 의사결정 강화

데이터 공유 플랫폼은 실시간 데이터를 기반으로 한 의사결정을 가능하게 하여, 계획의 정확도를 더욱 높이고 실행 속도를 크게 개선할 수 있다. 또 데이터를 투명하게 공유함으로써 모든 부서가 똑같은 정보를 바탕으로 협력하며 의사결정을 내릴 수 있어, 전반적인 계획의 일관성과 신뢰성을 보장할 수 있다.

• 부서 간 협업 증대

데이터 공유 플랫폼은 부서 간 협업을 더욱 활발히 촉진하며, 각 부서가 실시간으로 필요한 정보를 빠르게 교환하고, 이를 바탕으로 통합적이고 체계적인 계획을 수립하도록 지원한다. 이러한 협업 환경은 S&OP 프로세스를 더욱 매끄럽게 진행되도록 하며, 부서 간 의사소통의 품질과 효율성을 한층 높이는 데 이바지한다.

• 운영 효율성 향상

데이터 공유 플랫폼을 도입하면 데이터를 수작업으로 관리하거나 공유하는 데 필요한 시간을 크게 줄일 수 있을 뿐만 아니라, 이를 자동화하여 운영 효율성을 획기적으로 개선할 수 있다. 이를 통해 부서 간 불필요한 중복 작업을 최소화하고, 직원들이 더 창의적이고 전략적인 업무에 전념할 수 있는 환경을 조성할 수 있다.

• 리스크관리 개선

실시간 데이터를 효과적으로 활용하면 잠재적인 문제를 조기에 발견하고 이를 신속하게 해결할 수 있는 능력이 크게 향상된다. 특히 재고 과잉이나 공급망 차질과 같은 문제를 사전에 예측하고 체계적으로 대응할 수 있어, 전반적인 리스크관리 수준이 한층 더 강화된다. 이를 통해 비즈니스의 안정성과 지속 가능성을 확보할 수 있다.

• 주요 내용 정리

데이터 공유 플랫폼은 S&OP 프로세스에서 부서 간의 실시간 데이터 공유와 협업을 촉진하여 계획 수립과 의사결정을 지원하는 핵심 도구이다. 이 플랫폼은 데이터를 중앙 집중화하여 일관성과 정확성을 보장하며, 실시간 동기화, 분석과 시각화, 보안 관리 등의 기능을 통해 부서 간 협력과 효율성을 증대한다. 도입 시 기존 시스템과의 통합성, 사용자 친화성, 확장성, 보안을 고려해야 하며, 이를 통해 중복 작업을 줄이고 리스크관리를 강화할 수 있다. 데이터 공유 플랫폼은 데이터 기반 의사결정을 지원하고, 협업 환경을 개선하며, S&OP 프로세스 전반의 효율성과 성과를 극대화하는 데 이바지한다.

커뮤니케이션 계획

커뮤니케이션 목표 설정

커뮤니케이션 목표 설정은 S&OP 프로세스에서 중요한 역할을 한다.

효과적인 커뮤니케이션 계획은 모든 부서가 똑같은 목표를 공유하고, 계획과 실행 간의 일관성을 유지하며, 외부 이해관계자와의 관계를 잘 관리할 수 있도록 지원한다. 커뮤니케이션 목표를 명확히 설정하면, S&OP 프로세스의 성공을 좌우할 주요 요소로 작용하며, 조직 전체의 협업을 촉진한다.

커뮤니케이션 목표 설정의 중요성

커뮤니케이션 목표 설정이 S&OP 프로세스에서 중요한 이유는 다음과 같다.

•목표의 명확화

커뮤니케이션 목표를 명확히 설정하면, 조직 내 모든 구성원이 조직의 방향성과 우선순위를 명확히 이해하고 이에 맞춰 행동할 수 있다.

명확하게 정의된 목표는 커뮤니케이션에 명확한 방향성을 제공하며, 계획과 실행 과정에서의 일관성을 유지하는 데 있어 필수 역할을 한다.

• 효율적인 정보 전달

커뮤니케이션 목표가 명확히 설정되면, 필요한 정보를 적시에 적절한 채널을 통해 정확하게 전달할 수 있는 기반이 마련된다.

이를 통해 부서 간 정보 전달이 더욱 원활해지고, 정보의 혼선이나 중복으로 인해 발생할 수 있는 불필요한 혼란을 효과적으로 줄일 수 있다.

• 성과 측정과 관리

명확히 설정된 커뮤니케이션 목표는 성과를 측정하고 관리하기 위한 기준 역할을 한다. 목표 달성 여부를 정기적으로 평가함으로써, 커뮤니케이션 전략의 효과를 면밀하게 분석하고 필요할 경우 전략을 수정하거나 보완할 수 있다. 이를 통해 커뮤니케이션의 효율성과 성과를 지속적으로 개선할 수 있다.

• 부서 간 협업 증진

명확한 목표 설정은 각 부서 간 협업을 강화하는 데 중요한 역할을 한다.

이를 통해 부서 간 조정과 협력이 더욱 원활하게 이루어지며, 조직 전체의 목표 달성을 위해 각 부서가 유기적으로 연계된다. 이러한 협력 환경은 S&OP 프로세스의 성공적인 실행을 뒷받침한다.

커뮤니케이션 목표 설정의 단계

커뮤니케이션 목표를 설정하는 과정은 다음과 같다.

• 목표 분석과 정의

조직의 목표와 일치는 커뮤니케이션 목표가 조직의 전반적인 전략과 S&OP 프로세스 목표와 완벽히 부합하도록 설정하는 것을 의미한다.

이를 통해 커뮤니케이션 활동이 조직의 전략적 목표 달성에 실질적으로 이바지할 수 있도록 한다. 동시에 부서별 요구 사항 분석은 각 부서의 목표와 요구 사항을 세밀히 분석하여 부서 간의 정보 요구를 명확히 파악하고, 서로 다른 정보 필요성을 반영한 커뮤니케이션 목표를 수립하는 과정을 포함한다. 이러한 정합성과 분석은 조직의 통합적 목표와 부서별 요구를 동시에 충족시키는 데 중요한 역할을 한다.

• 구체적이고 측정 가능한 목표 설정

SMART 원칙 적용은 커뮤니케이션 목표를 구체적(Specific)이고, 측정할 수 있으며(Measurable), 달성할 수 있고(Achievable), 관련성이 있으며(Relevant), 시간의 제한이 있는(Time-bound) 방식으로 설정하여 명확하고 실현 가능한 방향성을 제공하는 것을 의미한다. 이와 함께 목표의 우선순위 정리는 설정된 목표들의 중요도와 우선순위를 체계적으로 정리하여 자원과 노력을 효율적으로 배분하고, 가장 중요한 목표에 집중함으로써 조직의 전략적 목표 달성을 효과적으로 지원하는 데 초점을 맞춘다.

• 커뮤니케이션 채널과 방법 결정

적절한 채널 선택은 커뮤니케이션 목표에 가장 적합한 채널을 결정하는 과정을 의미한다. 예를 들어 실시간 정보 전달이 필요한 경우 이메일이나 메시징 플랫폼을 활용하고, 정기적인 업데이트는 뉴스레터나 회의를 통해 전달할 수 있도록 상황에 맞게 조정한다. 동시에, 메시지 전달 방법 설정은 커뮤니케이션 목표에 부합하는 방식으로 메시지를 전달하기 위해 언어와 톤을 명확하고 이해하기 쉽게 조정하며, 필요한 경우 시각적 자료를 활용하여 정보를 보다 효과적으로 전달하는 것을 포함한다. 이러한 채널 선택과 전달 방법의 조합은 커뮤니케이션의 효율성과 효과를 극대화한다.

• 피드백과 개선 계획

피드백 수집은 커뮤니케이션 목표 달성 여부를 평가하기 위해 부서 간 또는 외부 이해관계자로부터 피드백을 체계적으로 수집하는 과정을 의미하며, 이를 통해 커뮤니케이션 전략의 효과를 면밀하게 분석할 수 있다. 개선 계획 수립은 이러한 피드백을 기반으로 개선 방안을 구체적으로 마련하고, 필요시 커뮤니케이션 전략을 조정하거나 목표 달성을 위해 새로운 접근 방식을 도입하여 전략을 더욱 효과적으로 발전시키는 것을 포함한다.

커뮤니케이션 목표의 예시

S&OP 프로세스에서 설정할 수 있는 커뮤니케이션 목표의 예시는 다음과 같다.

• 정보 투명성 향상

모든 부서가 실시간으로 S&OP 관련 데이터를 공유하여 정보의 투명성을 크게 개선하고, 조직 내 협업을 강화하는 것이 S&OP 프로세스의 목표이다. 이러한 목표의 달성 여부는 데이터가 얼마나 자주 공유되는지에 대한 빈도, 정보 전달 과정에서 발생하는 오류의 비율, 그리고 부서 간 데이터의 일관성과 정합성을 나타내는 데이터 불일치율 감소와 같은 구체적이고 측정 가능한 기준을 통해 체계적으로 평가된다.

• 의사결정 속도 개선

S&OP 계획 수립 과정에서 의사결정 속도를 획기적으로 개선함으로써 계획 수립 주기를 단축하고, 이를 통해 전체 프로세스의 효율성을 높이는 것이 목표이다. 이러한 목표의 성과는 의사결정에 필요한 시간이 얼마나 줄어들었는지와 계획 수립이 완료되기까지 걸리는 시간이 얼마나 단축되었는지 측정하는 구체적인 기준을 통해 평가된다.

• 부서 간 협업 강화

부서 간의 협업을 강화하여 S&OP 프로세스의 일관성과 효율성을 전반적으로 높이는 목표를 달성하기 위해 각 부서 간의 협업 빈도를 증가시키고, 협업 과정에서 발생하는 문제를 얼마나 신속하게 해결할 수 있는지, 그리고 부서 간 협력 프로젝트가 성공적으로 완료되는 비율 등을 측정 지표로 삼아 평가한다.

이러한 지표를 기반으로 협업의 질과 효과를 구체적으로 분석하고, 이를 통해 S&OP 프로세스의 전반적인 성과를 한층 더 개선할 수 있다.

• 외부 이해관계자와의 관계 개선

외부 이해관계자와의 소통을 강화하여 S&OP 프로세스에 대한 외부의 신뢰와 지지를 확보하고, 이를 통해 프로세스를 지원하는 다양한 외부 자원을 효과적으로 유치하는 것이 목표이다. 이러한 목표의 달성 여부는 외부 이해관계자로부터 수집한 피드백의 내용과 긍정적인 변화, 외부 지원의 증가율, 그리고 이해관계자와의 공식적인 미팅이나 협의가 이루어진 횟수를 측정 지표로 삼아 평가한다.

이 과정에서 수집된 데이터를 바탕으로 소통 전략을 개선하고, 외부 이해관계자의 참여를 더 적극적으로 유도함으로써 S&OP 프로세스의 성과를 극대화한다.

• 주요 내용 정리

S&OP 프로세스에서 커뮤니케이션 목표 설정은 모든 부서가 똑같은 목표를 공유하고 계획과 실행 간의 일관성을 유지하며, 외부 이해관계자와의 관계를 강화하는 데 중요한 역할을 한다. 명확한 목표는 정보 전달의 효율성을 높이고, 성과를 측정하고 관리할 기준을 제공하며, 부서 간 협업을 촉진한다. 목표 설정은 조직 전략과 정렬된 구체적이고 측정 가능한 목표를 정의하고, 적합한 채널과 메시지 전달 방법을 결정하며, 피드백을 통해 개선 계획을 마련하는 과정을 포함한다. 주요 목표로는 정보 투명성 향상, 의사결정 속도 개선, 부서 간 협업 강화, 외부 이해관계자와의 관계 개선 등이 있으며, 이를 통해 조직의 커뮤니케이션 효율성과 S&OP 프로세스 성과를 극대화할 수 있다.

내부 커뮤니케이션 채널

내부 커뮤니케이션 채널은 조직 내에서 정보를 전달하고 소통을 촉진하는 중요한 도구이다. 효과적인 내부 커뮤니케이션 채널은 S&OP 프로세스를 원활하게 운영하고, 부서 간 협업을 증진하며, 조직의 목표 달성에 이바지하는 데 필수적이다.

이 장에서는 내부 커뮤니케이션 채널의 정의, 주요 유형, 선택과 관리 방안, 그리고 각 채널의 장단점을 상세히 설명한다.

• 내부 커뮤니케이션 채널의 정의

내부 커뮤니케이션 채널은 조직 내에서 직원들 간의 정보 공유와 소통을 원활하게 하기 위한 수단이다. 이러한 채널은 정보의 전달 경로를 명확히 하고, 부서 간 협업을 강화하며, 조직의 목표와 전략을 효과적으로 전달하는 역할을 한다.

내부 커뮤니케이션 채널은 공식적이거나 비공식적인 형태로 존재할 수 있고, 그 활용에 따라 다양한 정보를 교환하고 문제를 해결할 수 있다.

주요 내부 커뮤니케이션 채널

내부 커뮤니케이션 채널에는 여러 가지 유형이 있고, 각 채널은 특정 목적에 맞게 사용된다. 주요 채널은 다음과 같다.

• 이메일

⇒ 이메일은 가장 널리 사용되는 내부 커뮤니케이션 채널로, 정보 전달, 일정 조정, 공지사항 전파 등에 활용된다는 점을 강조한다.

⇒ 장점은 기록을 문서로 남길 수 있고, 대량의 정보를 동시에 전달할 수 있으며, 일정 조정과 회신이 쉽다는 점이다.

⇒ 단점은 실시간 소통에 적합하지 않고, 정보 과부하로 혼잡이 발생할 수 있다는 점이다.

• 팀 협업플랫폼(예: MS Teams, Slack 등)

⇒ 팀 협업플랫폼은 실시간 메시징, 파일 공유, 비디오 회의 등의 기능을 제공해 팀원 간 협업을 촉진한다.

⇒ 장점은 실시간 소통이 가능하고 다양한 기능을 통해 협업을 효율적으로 지원하며, 대화 내용이 체계적으로 정리된다는 점이다.

⇒ 단점은 많은 메시지와 알림으로 인해 정보가 분산될 수 있고, 지나치게 의존할 경우 중요한 정보가 누락(漏落)할 수 있다는 점이다.

• 인트라넷

⇒ 인트라넷은 조직 내부에서만 접근 가능한 웹 기반 플랫폼으로, 공지사항, 문서, 정책 등을 중앙에서 관리하고 공유하는 시스템이다.

⇒ 장점은 중앙화된 정보의 관리 및 접근이 가능하고, 조직의 정책과 자료를 일관되게 유지할 수 있다는 점이다.

⇒ 단점은 사용자 참여와 접근성에 따라 정보가 업데이트되지 않거나, 사용하지 않는 경우 정보의 활용도가 낮아질 수 있다는 점이다.

•회의와 워크숍

⇒ 회의와 워크숍은 정기적인 소통과 협업을 위한 공식적인 모임으로, 전략적 계획, 문제 해결, 의견 교환 등을 수행하는 방식이다.

⇒ 장점은 실시간 피드백과 의견 교환이 가능하며, 팀원 간 상호작용을 통해 문제를 즉시 해결할 수 있다는 점이다.

⇒ 단점은 시간과 장소의 제약이 있으며, 잘못 운영될 경우 비효율적일 수 있다는 점이다.

• 사내 뉴스레터

⇒ 사내 뉴스레터는 정기적으로 발송되는, 조직 내 소식과 업데이트를 제공하는 자료이다.

⇒ 장점은 조직의 주요 소식과 정보를 체계적으로 전달하고, 직원들에게 일관된 메시지를 제공할 수 있다는 점이다.

⇒ 단점은 정보를 전달하는 빈도와 방식이 제한적일 수 있으며, 정보 전달이 효과적이지 않을 수 있다는 점이다.

• 디지털 보드와 게시판

⇒ 디지털 보드나 게시판은 사내에서 중요한 정보나 공지사항을 시각적으로 전달하

는 도구이다.

⇒ 장점은 물리적 공간을 차지하지 않으며, 중요한 정보를 눈에 띄게 배치할 수 있다는 점이다.

⇒ 단점은 모든 직원이 접근하기 어렵거나, 내용이 빠르게 업데이트되지 않을 수 있다는 점이다.

내부 커뮤니케이션 채널 선택과 관리

• 채널의 적절성 평가

⇒ 목적과 필요는 각 채널의 목적을 평가하여 정보의 성격, 전달 방식, 수신자의 요구 사항에 맞는 채널을 선택하는 것이다. 예를 들어, 실시간 피드백이 필요한 경우 협업플랫폼이 적합할 수 있다.

⇒ 사용자 편의성은 채널의 사용 용이성을 고려하여 직원들이 쉽게 접근하고 사용할 수 있도록 하는 것이다. 이는 정보 전달의 효율성을 높이는 데 도움이 된다.

• 채널 관리와 유지

⇒ 정기적인 업데이트는 채널의 내용과 기능을 주기적으로 업데이트하여 최신 정보를 제공하고 기능적 결함을 수정하는 것이다. 예를 들어, 인트라넷의 경우 정기적인 콘텐츠 업데이트가 필요하다.

⇒ 사용자 교육은 직원들에게 각 채널의 사용 방법과 기능에 대한 교육을 제공하여 채널을 효과적으로 활용할 수 있도록 지원하는 것이다. 이를 통해 채널 효율성을 극대화할 수 있다.

• 모니터링과 피드백

⇒ 성과 모니터링은 각 채널의 사용 성과를 주기적으로 모니터링하고, 그 효과성을 평가하는 것이다. 이를 통해 정보 전달의 문제점이나 개선 필요성을 파악할 수 있다.

⇒ 피드백 수집은 직원들로부터 채널 사용에 대한 피드백을 수집하여 필요할 경우 개선 사항을 반영하는 것이다. 피드백을 통해 채널의 사용자 경험을 향상·발전시킬 수 있다.

• 주요 내용 정리

내부 커뮤니케이션 채널은 S&OP 프로세스에서 부서 간 정보 공유와 협업을 촉진하는 핵심 도구로, 이메일, 협업플랫폼, 인트라넷, 회의, 사내 뉴스레터, 디지털 게시판 등 다양한 유형으로 구성된다. 각 채널은 정보 전달 방식과 목적에 따라 장단점이 있으며, 조직의 요구에 맞게 적절히 선택돼야 한다. 효과적인 운영을 위해 채널의 목적과 사용자 편의성을 평가하고, 정기적인 업데이트와 사용자 교육을 통해 채널 활용도를 높여야 한다. 또 채널의 성과를 모니터링하고 직원들의 피드백을 반영하여 개선점을 지속적으로 보완해야 한다. 이를 통해 조직은 정보 전달의 효율성을 극대화하고, 부서 간 협업과 S&OP 프로세스의 성과를 향상시킬 수 있다.

외부 이해관계자 소통

외부 이해관계자 소통은 조직의 성공적인 S&OP 프로세스에 필수 요소이다. 외부 이해관계자는 고객, 공급업체, 파트너, 투자자, 규제 기관 등 다양한 그룹으로 구성되며, 이들과 원활하게 소통하는 것은 전략의 실행과 목표 달성을 지원하는 데 중요하다. 이 장에서는 외부 이해관계자와의 소통의 중요성, 주요 전략, 효과적인 소통 방법, 그리고 성공적인 소통을 위한 관리 방안을 상세히 설명한다.

외부 이해관계자 소통의 중요성

외부 이해관계자와의 소통이 중요한 이유는 다음과 같다.

• 정보 공유와 투명성 유지

외부 이해관계자와의 적극적인 소통을 통해 중요한 정보와 계획을 투명하게 공유함으로써 신뢰를 더욱 견고히 구축할 수 있다. 이러한 투명성은 외부 이해관계자들과의 장기적인 관계를 유지하고, 지속적인 지지와 협력을 이끌어내는 데 매우 효과적이다.

• 요구와 기대 사항 이해

이해관계자들과의 소통은 그들의 구체적인 요구와 기대 사항을 심도 있게 파악할 기회를 제공한다. 이를 S&OP 프로세스에 반영하면, 이해관계자들의 만족도를 높이고 상호 관계를 더욱 개선하며, 기대치를 효과적으로 충족시킬 수 있다.

• 위기 대응과 리스크관리

외부 이해관계자들과 원활하게 소통하는 것은 잠재적인 문제와 리스크를 조기에 감지하고 신속히 대응할 기회를 제공한다. 이해관계자들이 우려하거나 관심을 가지는 사항을 사전에 파악하고, 이에 대한 해결책을 적시에 제시함으로써, 리스크관리 능력을 강화하고 관계의 신뢰를 유지할 수 있다.

• 계약과 협력 관계 구축

외부 이해관계자들과의 긴밀한 소통은 계약 체결과 협력 관계 구축 과정을 원활하게 해준다. 이를 통해 S&OP 프로세스의 효과적인 실행을 뒷받침하는 협력적이고 신뢰 기반의 환경을 조성할 수 있으며, 공동의 목표 달성을 위한 협업을 더욱 촉진할 수 있다.

외부 이해관계자 소통 전략

외부 이해관계자와의 효과적인 소통을 위해 다음과 같은 전략을 적용할 수 있다.

• 이해관계자 분석과 우선순위 설정

이해관계자 식별은 조직의 S&OP 프로세스에 큰 영향을 미치는 주요 외부 이해관계자를 찾아내는 과정이다. 이 과정에서는 고객, 공급업체, 파트너, 투자자 등 다양한 이해관계자를 폭넓게 고려해야 한다. 이어서 각 이해관계자의 영향력과 중요성을 평가하여 우선순위를 설정하고, 특히 영향력이 큰 이해관계자를 중심으로 효과적이고 체계적인 소통 전략을 먼저 수립하는 것이 성공적인 S&OP 실행을 위한 핵심 단계이다.

• 소통 목표와 메시지 정의

목표 설정은 고객의 피드백을 효과적으로 수집하거나 공급업체와의 협력 관계를 더욱 강화하는 등 각 이해관계자와의 소통에서 이루고자 하는 목표를 구체적이고 명확하게 정의하는 과정이다. 이러한 목표를 기반으로 한 메시지 정의는 전달하려는 핵심 내용을 이해관계자의 관심사와 요구 사항에 철저히 맞춰 조정하며, 메시지의 일관성과 명확성을 유지함으로써 소통 과정에서 긍정적인 영향을 극대화하고, 궁극적으로 조직의 목표 달성에 이바지하도록 하는 것을 목적으로 한다.

• 적절한 소통 채널 선택

채널 선택은 이메일, 회의, 전화, 뉴스레터 등 다양한 소통 수단 중에서 각 이해관계자에게 가장 적합한 채널을 신중히 선택하는 과정이다. 이 과정에서는 이해관계자의 선호를 충분히 반영해야 한다. 또 채널 활용은 선택한 채널의 특성에 맞춰 소통 방법을 효과적으로 조정하는 것을 뜻한다. 예를 들어, 중요하거나 민감한 정보는 신뢰성과 즉각성이 중요한 만큼 직접적인 회의나 전화를 이용하여 전달하는 것이 가장 바람직하다.

• 정기적 소통과 피드백 수집

정기적 업데이트는 이해관계자에게 주요 변화나 진행 상황을 정기적으로 공유하며 신뢰를 쌓고 관계를 지속적으로 강화하는 것이다. 이에 더해 피드백 수집은 이해관계자로부터 의견과 제안을 받아 소통 전략에 반영하고 이를 지속적으로 개선하는 과정을 포함한다. 이러한 피드백은 소통의 효과를 객관적으로 분석하고, 필요에 따라 개선 사항을 도출하여 더 효과적이고 신뢰성 있는 소통을 이루는 데 이바지한다.

효과적인 외부 소통 방법

• 투명하고 일관된 정보 제공

정보 투명성은 중요한 정보와 계획을 사실에 기반해 숨김없이 투명하게 제공함으로써 이해관계자의 신뢰를 구축하는 것이다. 이와 함께 일관성 유지는 모든 커뮤니케이션에서 똑같은 메시지를 유지하여 정보 전달의 혼란을 방지하고, 이해관계자가 제공된 정보를 명확하고 정확하게 이해할 수 있도록 하는 데 중요한 역할을 한다. 이러한 투명성과 일관성을 결합하면, 커뮤니케이션의 신뢰성과 효과를 더욱 높일 수 있다.

• 상호작용적 소통

대화형 소통은 단순히 정보를 전달하는 일방적인 방식에서 벗어나 이해관계자의 질문에 성실히 답변하고 의견을 경청하며 상호작용을 중심으로 한 양방향 소통을 강화하는 것을 목표로 한다. 동시에 문제 해결 협력은 문제 발생 시 이해관계자와 적극적으로 협력하여 해결 방안을 함께 모색하는 과정을 의미한다.

이러한 상호작용과 협력적 접근 방식을 통해 문제를 공동으로 해결하면서 이해관계자와의 신뢰를 높이고 관계를 더욱 강화할 수 있다.

• 적시 소통과 응답

적시성 유지는 소통의 적절한 시점을 놓치지 않고 정보를 제공하며 이해관계자의 요청에 신속히 응답하는 것이다.

지연된 응답이 신뢰를 떨어뜨릴 수 있다는 점에서 매우 중요하다. 또 신속한 대응은 긴급 상황이나 주요 이슈가 발생했을 때 빠르고 효과적으로 문제를 해결함으로써 이해관계자의 우려를 해소하고 신뢰를 유지하는 것을 목표로 한다. 이러한 적시성과 신속한 대응은 소통의 품질을 높이고 관계를 강화하는 데 핵심 역할을 한다.

외부 소통의 성공적인 관리

• 소통 성과 측정

성과 지표 설정은 소통의 효과를 명확히 측정할 수 있도록 이해관계자의 만족도 조사, 응답 시간, 피드백 수집률과 같은 구체적인 지표를 정하는 것이다. 이를 기반으로 한 성과 분석은 수집된 데이터를 체계적으로 분석하여 소통의 효과를 평가하고, 필요한 경우 개선이 요구되는 사항을 식별하는 과정을 포함한다. 이러한 설정과 분석을 통해 소통 전략의 효과를 극대화하고 지속적으로 발전시킬 수 있다.

• 지속적인 개선

소통 전략 조정은 분석 결과를 기반으로 소통 방법과 채널을 개선하고, 개선이 필요한 부분을 적극 반영하여 전략을 최적화하는 과정이다. 이와 함께 지속적인 학습은 외부 소통의 최신 트렌드와 모범 사례를 꾸준히 학습함으로써 소통 전략을 끊임없이 발전시키고 효과를 극대화하는 것을 목표로 한다. 이러한 조정과 학습은 소통의 품질을 지속적으로 개선하는 핵심 요소로 작용한다.

• 주요 내용 정리

외부 이해관계자와의 소통은 S&OP 프로세스의 성공을 위한 필수 요소로, 고객, 공급업체, 파트너 등 다양한 이해관계자들과의 협력과 신뢰를 강화하는 데 핵심 역할을 한다. 이를 통해 정보의 투명성과 일관성을 유지하고, 요구와 기대 사항을 반영하며, 위기 대응과 리스크관리를 강화할 수 있다. 효과적인 소통을 위해 이해관계자를 분석하고 우선순위를 설정하며, 명확한 소통 목표와 메시지를 정의하고 적절한 채널을 활용해야 한다. 정기적 소통과 피드백 수집을 통해 신뢰를 구축하고, 적시성과 상호작용적 소통을 중심으로 문제를 공동 해결하는 방식을 취해야 한다.

소통 성과는 명확한 지표를 기반으로 측정하고, 이를 바탕으로 전략을 지속적으로 조정하며 최신 트렌드를 학습하여 소통의 품질을 개선해야 한다.

갈등 관리 전략

갈등 예방 전략

갈등 예방은 조직의 원활한 운영과 성공적인 협업을 위한 핵심 전략이다. 갈등이 발생하기 전에 예방 조치를 하는 것은 문제를 사전에 방지하고, 팀 내 협력과 생산성을 유지하는 데 큰 도움이 된다. 이 장에서는 갈등 예방의 중요성과 효과적인 예방 전략, 그리고 실질적인 예방 조치를 상세히 설명한다.

갈등 예방의 중요성

• 작업 환경 개선
갈등을 사전 예방하는 것은 긍정적이고 협력적인 작업 환경을 조성하는 데 중요한 역할을 하며, 이를 통해 직원들이 더 높은 만족감을 느끼고 업무에 몰입할 수 있도록 도와준다. 이러한 환경은 직원 간의 협력을 촉진하고, 업무의 효율성과 생산성을 동시에 증가시켜 조직 전반에 긍정적인 영향을 미친다.

• 자원 절약
갈등이 발생하기 전에 이를 예방하면 해결에 필요한 시간, 인력, 자원 등을 미리 절감할 수 있어 조직의 효율성을 크게 높일 수 있다. 특히 갈등 해결에 따른 간접적 비용*이나 생산성 손실을 줄임으로써 조직은 더 중요한 전략적 과제에 자원을 집중할 수 있다.

* 보통은 이해하기 어려울 것 같아 설명을 덧붙인다.

갈등 비용을 계정과목 기준으로 분류하면, 다음과 같은 항목들로 나눌 수 있다. 이들은 조직 내 갈등이 발생했을 때 직접 또는 간접으로 발생하는 비용과 관련이 있다.

· 인건비
 ⇒ 직접 비용: 갈등 해결을 위해 필요한 관리자, 중재자, HR 전문가 등의 추가 업무 시간.
 ⇒ 간접 비용: 직원 간 갈등으로 인해 발생한 생산성 저하와 결근 비용.
· 교육과 훈련비
 ⇒ 갈등 예방과 해결을 위한 직원 교육, 팀워크 강화 워크숍, 커뮤니케이션 개선 훈련 등의 비용.
· 법률과 합의 비용
 ⇒ 갈등이 심화하여 법적 분쟁이 일어날 때 발생하는 변호사 수임료, 합의금, 관련 소송 비용.
· 채용과 이직 비용
 ⇒ 갈등으로 인해 직원이 퇴사하거나 교체가 필요한 경우, 신규 채용과 관련된 광고, 채용 과정, 온보딩 비용.
 ⇒ 퇴사로 인한 조직 내 공백에 따른 업무 지연 비용.
· 생산성 손실비
 ⇒ 갈등으로 인해 업무 흐름이 중단되거나, 직원들이 핵심 업무보다 갈등 상황에 집중하면서 발생하는 기회비용.
 ⇒ 팀워크 저하로 인해 업무 성과가 떨어지는 간접 비용.
· 의료 및 복지 비용
 ⇒ 갈등으로 인한 스트레스, 번아웃 등으로 직원들이 병가를 사용하거나 정신건강 지원 프로그램을 이용하는 경우 발생하는 비용.
· 사내 운영비
 ⇒ 갈등 관리 회의, 추가적인 팀 활동, 조정 회의 등과 관련된 회의비, 식음료 비용, 외부 장소 대관료 등.
· 이미지와 평판 손실
 ⇒ 내부 갈등이 외부로 드러나 조직의 평판이 훼손되거나, 고객 만족도가 하락하여 매출에 부정적인 영향을 미칠 경우, 간접 비용으로 발생.
· 컨설팅 비용
 ⇒ 심화한 갈등 문제를 해결하기 위해 외부 전문가나 갈등 조정 컨설턴트를 고용하는 비용.
· 기타 비용
 ⇒ 내부 정책 변경에 따른 추가 행정비용.
 ⇒ 갈등으로 인한 리스크관리 비용(예: 추가 보안, 규제 준수 강화).

이러한 항목들은 조직의 회계 계정 체계에 따라 '관리비', '교육훈련비', '법률비용', '인사 비용', '복리후생비', '컨설팅비', '영업손실' 등으로 세분화해 반영될 수 있다.

• 팀워크 강화

갈등 예방 전략은 팀원 간의 신뢰와 상호 존중을 기반으로 협력적 관계를 구축하는 데 이바지하며, 이를 통해 팀의 결속력과 협업 능력을 한층 강화한다.

이러한 분위기는 팀이 공동의 목표를 효과적으로 달성하고, 어려운 과제를 함께 해결하는 데 필수적인 기반을 제공한다.

• 리스크관리

갈등 발생 가능성을 최소화하고 이를 통해 예기치 않은 문제와 운영 중단 상황을 예방함으로써 조직은 리스크를 효과적으로 관리할 수 있다. 이러한 접근은 업무의 연속성을 보장하고, 장기적으로 조직의 안정성과 지속 가능성을 유지하는 데 중요한 역할을 한다.

갈등 예방 전략

• 명확한 기대치와 목표 설정

기대치 명확화는 팀원 개개인의 역할과 책임, 그리고 수행해야 할 업무 목표를 구체적으로 정의하여 각자가 자신의 역할을 명확히 이해하도록 돕는 것이다. 이를 통해 갈등의 잠재적 원인을 사전에 줄이고 협력적인 팀 환경을 조성할 수 있다. 이와 더불어, 목표 공유는 팀 전체가 공통된 목표와 비전을 명확히 이해하고 공유함으로써 모든 팀원이 똑같은 방향으로 나아갈 수 있도록 지원하며, 이를 통해 팀 내 협력과 조정이 더욱 원활해지고 목표 달성을 위한 노력의 일관성을 높이는 데 이바지한다. 이러한 기대치 명확화와 목표 공유는 팀워크와 성과를 극대화하는 데 핵심적인 역할을 한다.

• 효과적인 커뮤니케이션

개방적 커뮤니케이션은 팀원들이 서로 열린 마음으로 대화하고 자신의 의견과 아이디어를 자유롭게 표현할 수 있는 환경을 조성하는 것을 의미하며, 이는 팀 내 오해를 줄이고 불필요한 갈등을 예방하는 데 중요한 역할을 한다. 또 정기적 소통은 정기적인 회의와 피드백 세션을 통해 팀원들 간의 지속적인 의사소통을 유지함으로써, 문제를 조기에 발견하고 신속히 해결할 기회를 제공하며, 팀의 협력과 생산성을 한층 강화하는 데 이바지한다. 이러한 개방적 커뮤니케이션과 정기적 소통의 결합은 팀워크를 강화하고 팀이 공동의 목표를 효과적으로 달성할 수 있도록 지원한다.

• 갈등 해결을 위한 교육과 훈련

갈등 관리 교육은 팀원들에게 갈등 상황을 이해하고 효과적으로 해결하는 방법에 대한 실질적인 교육을 제공함으로써 갈등 발생 시 이를 적절히 처리할 수 있는 능력을 배양하는 것이다. 이와 더불어 소통 기술 훈련은 소통과 협상 기술을 체계적으로 학습하여 갈등 상황에서 침착하고 전략적으로 대응할 수 있는 역량을 강화하는 데 초점을 둔다. 이러한 교육과 훈련은 팀원들이 갈등을 예방하거나 효과적으로 관리할 수 있는 기본적이고도 중요한 기술을 습득하게 하여, 조직 내 긍정적인 커뮤니케이션 문화와 협력적인 환경을 조성하는 데 이바지한다.

• 명확한 정책과 절차 수립

갈등 해결 절차는 조직 내에서 발생할 수 있는 갈등 상황에 효과적으로 대응하기 위해 명확한 해결 절차와 정책을 수립하는 것을 의미한다. 이러한 정책 문서화는 갈등 해결과 관련된 모든 절차와 지침을 체계적으로 문서화하여 팀원들에게 명확히 전달함으로써 갈등 발생 가능성을 줄이고 예방적인 조치를 강화하는 데 중요한 역할을 한다. 문서화된 정책은 갈등 상황에서 팀원들에게 신뢰할 수 있는 기준과 방향성을 제공하며, 이를 통해 갈등 관리의 일관성을 유지하고 조직의 안정성을 높이는 데 도움을 준다.

• 팀워크와 협력 촉진

팀 빌딩(team building) 활동은 팀원 간 유대감을 강화하고 신뢰를 구축하며 협력 관계를 형성하기 위한 다양한 활동을 통해 팀워크를 강화하는 것이다. 이는 갈등 발생 가능성을 크게 줄이고 조직 내 긍정적인 상호작용을 촉진한다. 이러한 활동과 더불어 협력적 문화 조성은 조직 전반에 걸쳐 서로를 존중하고 지원하는 협력적이고 포용적인 문화를 정착시켜, 팀원들이 공동의 목표를 위해 자발적으로 협력하며 시너지를 창출할 수 있는 환경을 조성하는 데 중점을 둔다. 이런 접근은 갈등을 예방하고 조직의 성과와 팀원들의 만족도를 동시에 높이는 중요한 역할을 한다.

• 정기적인 갈등 진단

갈등 예방 진단은 조직 내에서 갈등이 발생할 가능성을 정기적으로 평가하고 잠재적인 문제를 조기에 발견하여 이를 예방하기 위한 구체적인 조치를 마련하는 것이다. 이에 더해 피드백 수집은 팀원들로부터 지속적으로 의견과 제안을 받아 조직 내에서 갈등을 유발할 수 있는 요소를 식별하고 개선 방안을 도출하는 과정을 포함한다. 이러한 진단과 피드백 과정을 결합하면 조직은 갈등의 발생 가능성을 사전에 최소화하고, 팀원들의 신뢰와 만족도를 높이며, 긍정적이고 협력적인 조직 문화를 유지할 수 있다.

실질적인 예방 조치

• 정기적 팀 회의

회의 주기 설정은 정기적인 팀 회의를 통해 팀원들 간의 소통을 강화하고 업무 진행 상황을 명확히 공유하며, 이를 통해 갈등의 조짐을 조기에 발견하고 신속히 해결할 기회를 제공하는 것이다. 또 회의 의제와 목표를 사전에 명확히 설정하면 모든 팀원이 회의에 적극 참여할 수 있도록 하고, 회의의 방향성을 명확히 하여 논의가 효율적으로 진행되도록 도와준다. 이러한 체계적인 회의 운영은 팀 내 소통을 원활히 하고 갈등 발생 가능성을 최소화하며, 협력적인 팀 환경을 조성하는 데 중요한 역할을 한다.

• 명확한 역할 분담

역할 정의는 각 팀원의 역할과 책임을 명확히 규정하고 이를 문서화하여 모든 팀원이 자신의 역할과 팀 내에서의 위치를 명확히 이해할 수 있도록 하는 과정을 의미한다. 이는 팀 내 혼란을 줄이고 갈등의 원인을 사전에 제거하는 데 중요한 역할을 한다.

아울러 책임 범위 명시는 각 팀원의 역할에 포함된 책임의 범위를 구체적으로 명확히 하여 중복되거나 충돌할 가능성을 방지함으로써 팀 내 조화를 유지하고 협업의 효율성을 높이는 것을 목표로 한다.

이러한 역할 정의와 책임 범위 명시는 팀원 간 신뢰를 구축하고, 갈등 발생 가능성을 최소화하며, 팀이 공동의 목표를 더욱 효과적으로 달성할 수 있는 기반을 제공한다.

• 갈등 조기 발견과 대응

조기 경고 시스템은 팀원들 간의 불만이나 이견, 갈등의 징후를 조기에 발견할 수 있도록 설계된 체계적인 시스템을 구축하여 문제를 사전에 파악하고 신속히 대응하는 것이다. 이를 통해 갈등이 심화하기 전에 예방 조치를 취할 수 있다. 이러한 시스템과 함께 피드백 메커니즘은 팀원들이 갈등의 조짐이나 잠재적인 문제를 즉시 보고할 수 있는 구조화된 채널을 제공함으로써 빠른 대응과 문제 해결을 가능하게 하고, 조직 내 협력적이고 신뢰할 수 있는 환경을 조성하는 데 효과적으로 이바지한다. 이 두 가지 시스템은 갈등 예방과 관리에서 상호 보완적으로 작용하여 조직의 안정성과 팀워크를 강화한다.

• 포용적 리더십

포용적 리더십은 리더가 팀 내에서 공정하고 포용적인 태도를 유지하며, 팀원들이 자신의 의견을 자유롭게 표현할 수 있는 환경을 조성하는 것을 의미한다.

이를 통해 갈등을 사전 예방하고 협력적인 팀 문화를 형성하는 데 이바지한다. 아울러 갈등 예방 교육은 리더와 관리자를 대상으로 갈등 상황을 효과적으로 관리하고 예방하는 데 필요한 기술과 지식을 제공하는 체계적인 교육 과정을 통해 리더십 역량을 강화하는 것을 목표로 한다. 이러한 포용적 리더십과 갈등 예방 교육은 상호 보완적으로 작용하여 조직 내 신뢰와 소통을 증진하고, 갈등 발생 가능성을 최소화하며, 팀워크와 생산성을 높이는 데 중요한 역할을 한다.

• 주요 내용 정리

갈등 예방은 긍정적 작업 환경 조성과 팀워크 강화를 통해 조직의 효율성과 생산성을 높이는 데 중요하며, 이를 위해 명확한 기대치와 목표 설정, 개방적 커뮤니케이션, 정기적 회의 운영 등이 필요하다. 갈등 관리 교육과 소통 기술 훈련은 갈등 상황에 효과적으로 대응할 수 있는 역량을 강화하며, 명확한 정책과 해결 절차는 일관성 있는 갈등 예방과 대응을 지원한다. 정기적인 갈등 진단과 피드백 수집은 잠재적 문제를 조기에 발견하고 개선 방안을 마련하는 데 이바지하며, 포용적 리더십과 협력적 문화는 갈등 발생 가능성을 줄이고 신뢰 기반의 협업 환경을 조성한다. 이러한 예방 전략은 리스크를 최소화하고 조직의 안정성과 지속 가능성을 강화하며, 자원 절약과 생산성 향상으로 이어진다.

갈등 해결 프로세스

갈등 해결 프로세스는 조직 내에서 발생할 수 있는 갈등을 효과적으로 관리하고 해결하기 위한 체계적 접근 방식을 제공한다. 이 과정은 갈등의 근본 원인을 파악하고, 해결책을 모색하며, 모든 이해관계자의 만족을 도모하는 데 중점을 둔다. 갈등 해결 프로세스는 다음 단계로 나누어 볼 수 있다.

갈등 인식과 정의

• 갈등 인식

갈등 해결의 첫 번째 단계는 갈등의 존재를 명확히 인식하는 것이다. 이는 문제의 징후를 조기에 발견하는 것을 포함한다. 갈등이 발생할 가능성을 조기에 파악하면, 이를 통해 더 큰 문제로 확대되기 전에 적절한 대응 방안을 모색할 수 있다. 초기 단계에서 갈등을 효과적으로 식별하고 관리하는 것은 조직 내 협력적인 분위기를 유지하고, 잠재적인 부정적 영향을 최소화하는 데 있어 매우 중요한 과정이다.

● **갈등 정의**

갈등을 명확히 정의하는 것이 중요하다.

갈등의 정의는 갈등의 본질과 원인을 명확히 이해하고, 관련된 모든 요소를 파악하는 과정이다. 이를 통해 갈등의 범위와 영향력을 파악할 수 있다.

⇒ 갈등의 원인 분석은 갈등이 발생한 구체적인 원인을 파악하고, 어떤 요인들이 이를 유발했는지 체계적으로 조사하고 분석하는 과정을 의미한다. 이를 통해 갈등의 본질과 근본적인 문제를 이해하고, 갈등을 효과적으로 해결하기 위한 기반을 마련할 수 있다.

⇒ 이해관계자 식별은 갈등 상황에 직·간접으로 영향을 미치는 이해관계자들을 명확히 구분하고, 그들이 가진 입장, 관점, 그리고 갈등과 관련된 이해관계를 면밀하게 파악하는 것을 의미한다. 이 과정은 갈등 해결을 위한 전략을 수립하고, 적절한 대화와 협상을 진행하는 데 핵심적인 정보를 제공한다.

갈등 진단과 우선순위 설정

● **갈등 진단**

갈등을 진단하는 과정에서는 갈등의 성격과 강도를 평가한다. 갈등이 단순한 오해에서 비롯된 것인지, 아니면 근본적인 문제에서 비롯된 것인지 확인한다.

이 과정에서는 다음과 같은 질문을 고려할 수 있다.

⇒ 갈등의 근본 원인은 무엇인가?

⇒ 갈등의 발생 빈도와 강도는 어떠한가?

⇒ 갈등이 조직에 미치는 영향은 무엇인가?

● **우선순위 설정**

갈등의 우선순위를 설정하여, 가장 시급하고 중요한 갈등부터 해결한다. 우선순위를 설정할 때는 갈등의 영향력과 해결의 난이도를 고려한다.

이를 통해 자원을 효율적으로 배분하고, 갈등 해결의 효과를 극대화할 수 있다.

해결 방안 개발과 실행

• 해결 방안 개발

갈등을 해결하기 위해 가능한 해결 방안을 개발한다.

이 과정에서는 다양한 해결책을 모색하고, 각 해결책의 장단점을 분석한다. 해결 방안 개발 시 고려해야 할 요소는 다음과 같다.

⇒ 창의적 문제 해결은 창의적·혁신적인 해결책을 모색하여 갈등을 해결하는 방식을 의미한다.

⇒ 다양한 시나리오 평가는 여러 해결 방안을 평가하여 최적의 해결책을 도출하는 과정을 뜻한다.

⇒ 이해관계자의 참여는 이해관계자들이 해결 방안 개발에 참여하도록 하여, 다양한 관점을 반영하는 것을 말한다.

• 해결 방안 실행

선택한 해결 방안을 실행한다. 실행 과정에서는 다음과 같은 요소를 고려한다.

⇒ 실행 계획 수립은 실행 계획을 수립하고, 필요한 자원과 절차를 명확히 하는 과정이다.

⇒ 책임 분담은 각 단계의 책임자를 지정하고, 역할과 책임을 명확히 하는 것을 말한다.

⇒ 진행 상황 모니터링은 실행 과정에서 진행 상황을 지속적으로 모니터링하고, 필요 시 조정하는 과정을 뜻한다.

평가와 피드백

• 평가

해결 방안의 실행 결과를 평가하여, 갈등이 성공적으로 해결되었는지 확인한다. 평가 과정에서는 다음과 같은 질문을 고려한다.

⇒ 갈등이 효과적으로 해결되었는가?

⇒ 해결 방안이 예상한 결과를 달성했는가?

⇒ 해결 과정에서의 문제점은 무엇이었는가?

• 피드백 수집

해결 과정에서 얻은 피드백을 수집하여, 향후 갈등 관리에 반영한다. 피드백 수집은 다음과 같은 방법으로 진행할 수 있다.

⇒ 직원 설문조사는 조직 내 직원들에게 설문조사를 실시하여 갈등 해결 과정에서의 경험과 의견을 폭넓게 수집하는 것이다. 이를 통해 직원들이 느낀 문제점과 개선점, 그리고 갈등 해결 접근 방식에 대한 피드백을 체계적으로 정리할 수 있으며, 향후 갈등 예방과 관리 전략 수립에 유용한 데이터를 제공할 수 있다.

⇒ 면담은 갈등 상황에 직접 관여한 이해관계자들과의 개별적인 대화를 통해 그들의 경험과 관점을 심층적으로 파악하고, 갈등의 원인과 해결 과정에 대한 실질적인 피드백을 얻는 것을 말한다. 이를 통해 갈등 상황의 복잡성을 더 잘 이해할 수 있으며, 향후 유사한 문제가 발생하지 않도록 보다 구체적이고 실효성 있는 대책을 마련할 수 있다.

⇒ 팀 회의는 갈등 해결 과정에서 팀이 얻은 교훈과 개선해야 할 점을 모든 팀원이 함께 논의하는 과정으로, 이를 통해 갈등 예방과 관리에 대한 팀의 집단적 인식을 높이고 협력적 문화를 강화하는 것을 의미한다. 또 이러한 회의는 팀원들이 서로의 의견을 공유하며 향후 발생할 수 있는 갈등을 효과적으로 대비할 수 있는 전략을 도출하는 데 이바지한다.

• 지속적인 개선

갈등 해결 프로세스는 일회성 활동이 아니라 지속적(持續的)으로 개선해야 할 과정이다. 해결 과정에서 얻은 교훈을 바탕으로 갈등 관리 프로세스를 지속적으로 개선한다. 지속적인 개선을 위한 활동은 다음과 같다.

⇒ 프로세스 리뷰는 조직 내에서 갈등 해결 프로세스를 정기적으로 점검하고, 현재 적

용되고 있는 절차와 접근 방식을 체계적으로 분석하여 개선점을 도출하는 과정이다. 이를 통해 기존 프로세스의 비효율성을 파악하고, 더 나은 해결 방안을 모색하며, 조직의 변화에 맞춰 갈등 관리 체계를 지속적으로 발전시킬 수 있다.

⇒ 업데이트된 정책은 조직 내 갈등 해결과 관련된 정책과 절차를 최신 상태로 유지하기 위해 정기적으로 검토하고 수정하는 것을 말하며, 이를 통해 정책이 조직의 현재 상황과 요구에 부합하고 실효성을 유지할 수 있도록 한다. 이러한 업데이트는 갈등 관리 체계의 신뢰성을 높이고, 팀원들이 명확한 지침에 따라 행동할 수 있는 기반을 마련한다.

⇒ 교육과 훈련은 갈등 해결과 관련된 전문 지식과 기술을 팀원들에게 지속적(持續的)으로 제공하여 그들의 문제 해결 역량과 대인관계 기술을 강화하는 것이다. 이러한 프로그램은 실질적인 사례와 모범 사례를 활용하여 팀원들이 갈등 상황을 효과적으로 대처하고, 예방적인 접근 방식을 적용할 수 있도록 도와준다. 이는 조직의 협력 문화를 증진하고 팀 성과를 개선하는 데 이바지한다.

• 주요 내용 정리

갈등 해결 프로세스는 갈등을 인식하고 정의하는 단계에서 시작해 원인을 분석하고, 진단을 통해 우선순위를 설정하며, 창의적이고 협력적인 해결 방안을 개발하여 실행하는 체계적 접근법이다. 실행 과정에서는 책임 분담과 진행 상황 모니터링이 중요하며, 이후 평가와 피드백을 통해 해결 효과를 검토하고 개선점을 도출한다.

직원 설문조사, 면담, 팀 회의를 활용해 다양한 관점의 피드백을 수집하고, 이를 기반으로 갈등 해결 프로세스를 지속적으로 개선한다. 정기적인 프로세스 리뷰와 정책 업데이트를 통해 효율성을 유지하며, 교육과 훈련을 통해 조직 구성원의 갈등 관리 역량을 강화하고 협력 문화를 촉진한다.

긍정적 협상 방법

긍정적 협상 방법은 조직 내에서 갈등을 효과적으로 해결하고 관계를 유지하기 위해 사용하는 전략이다. 이는 협상의 모든 과정에서 상호 존중과 협력을 바탕으로 해결책을 모색하는 접근 방식이다. 긍정적 협상 방법을 통해 갈등을 건설적으로 다루고, 장기적인 관계 개선과 협력적인 환경을 조성할 수 있다.

다음은 긍정적 협상 방법의 주요 요소와 단계이다.

상호 존중의 기반 조성

• 상호 존중의 중요성

긍정적 협상의 첫 번째 단계는 상호 존중의 기반을 조성하는 것이다. 이는 협상 과정에서 모든 당사자의 의견과 권리를 존중하는 것을 의미한다. 상호 존중은 갈등 해결의 기초가 되며, 협상 참가자들이 열린 마음으로 문제에 접근하도록 도와준다.

⇒ 경청은 상대방의 말을 주의 깊게 듣고 그들이 말하려는 의도를 정확히 이해하며, 그들의 입장과 의견을 존중하려는 노력을 기울이는 것이다. 이는 단순히 듣는 것을 넘어, 상대방이 느끼는 감정과 문제의 본질을 파악하는 데 집중하여, 효과적인 소통의 기반을 마련하는 중요한 기술이다.

⇒ 공감 표현은 상대방의 감정과 의견을 진심으로 이해하고 존중하며, 그들의 시각과 경험을 인정하는 것이다. 이를 통해 상대방이 자신의 감정을 자유롭게 표현할 수 있도록 돕고, 신뢰와 긍정적인 관계를 형성하는 데 이바지한다.

⇒ 비판적 사고는 단순히 문제점을 지적하거나 부정적인 태도를 보이는 것을 지양하고, 상황을 객관적으로 분석하여 건설적이고 생산적인 피드백을 제공하는 것이다. 이를 통해 상대방이 문제를 해결할 수 있는 방향을 제시하고, 긍정적인 협력을 유도한다.

• 존중의 실천

상호 존중을 실천하기 위해서는 다음과 같은 방법을 사용할 수 있다.

⇒ 적극적 경청은 상대방의 말을 중간에 끊지 않고 끝까지 경청하며, 그들의 생각과 감정을 온전히 이해하려는 태도를 의미한다. 이는 상대방에게 존중과 관심을 보여주어 원활한 소통과 신뢰를 형성하는 데 중요한 역할을 한다.

⇒ 비판적 언어 사용 자제는 상대방을 비난하거나 부정적으로 평가하는 언어를 피하고, 대신 긍정적이고 격려하는 언어를 사용하여 대화를 건설적으로 이끄는 것이다. 이를 통해 갈등을 예방하고 상호 이해를 촉진할 수 있다.

⇒ 피드백의 질은 단순히 의견을 전달하는 것을 넘어, 피드백을 구체적이고 건설적으로 제공하여 상대방이 명확히 이해하고 개선 방향을 인지할 수 있도록 돕는 것이다. 이는 소통의 효과를 극대화하고 긍정적인 변화를 유도한다.

공동 목표의 이해와 공동의 목표 설정

• 공동 목표의 이해

긍정적 협상의 핵심은 공동의 목표를 설정하고, 이를 바탕으로 해결책을 모색한다. 모든 당사자가 공통의 목표를 이해하고 이를 달성하기 위해 협력하는 것이 중요하다.

⇒ 목표의 정의는 협상에 참여하는 모든 참가자와 함께 논의를 통해 공동의 목표를 명확히 설정하고, 이를 구체화하여 협상의 방향성을 분명히 하는 것이다. 이는 협상의 성공을 위한 중요한 첫 단계로, 모든 참가자가 공감할 수 있는 목표를 설정하는 데 초점을 맞춘다.

⇒ 목표의 중요성은 협상에 참여하는 각 참가자가 설정된 목표가 왜 중요한지 이해하도록 돕고, 이를 통해 협상의 가치를 인식하고 적극적으로 참여하도록 유도하는 것이다. 이러한 이해는 협상의 일관성과 효과를 높이는 데 이바지한다.

⇒ 목표 달성의 이점은 공동으로 설정된 목표가 달성되었을 때 모든 당사자가 얻게 될 구체적인 이점을 명확히 설명하고, 이를 통해 목표 달성의 동기를 강화하며 협력적인 분위기를 조성하는 것이다. 이를 통해 참가자들이 목표를 달성하기 위한 협력의 중요성을 인식하게 된다.

• 공동 목표의 설정 방법

공동의 목표를 설정하기 위해 다음과 같은 절차를 따를 수 있다.

⇒ 목표 합의는 협상에 참여하는 모든 당사자가 논의를 통해 동의할 수 있는 목표를 설정하고, 이를 명확히 정의하여 협상의 방향성과 목적을 일치시키는 것이다. 이는 협상의 성공적인 진행을 위한 기반을 마련하는 중요한 과정이다.

⇒ 우선순위 조정은 협상 과정에서 설정된 여러 목표의 중요도를 평가하고, 가장 중요한 목표를 중심으로 협상을 집중적으로 진행하여 자원과 노력을 효율적으로 배분하는 과정을 말한다. 이를 통해 협상의 효과성과 생산성을 극대화할 수 있다.

⇒ 기대치 조율은 협상에 참여하는 모든 당사자의 기대치를 명확히 파악하고 이를 상호 조율함으로써 목표 달성에 대한 공통된 이해와 현실적인 기대를 형성하는 것이다. 이는 협상이 원활히 진행되고 결과에 대한 만족도를 높이는 데 이바지한다.

문제 해결 중심의 접근과 접근 방법

• 문제 해결 중심의 접근

긍정적 협상에서는 문제 해결 중심의 접근이 중요하다. 이는 갈등의 원인을 해결하고, 서로의 요구를 만족시키는 방법을 모색하는 접근 방식이다.

⇒ 문제 분석은 갈등의 원인을 정확히 분석하고, 이를 해결하기 위한 방법을 찾는 과정을 의미한다.

⇒ 해결책 개발은 가능한 해결책을 여러 가지 제시하고, 각 해결책의 장단점을 평가하는 것이다.

⇒ 협력적 접근은 문제 해결을 위해 협력적으로 접근하고, 창의적인 해결책을 모색하는 것이다.

• 문제 해결 접근 방법

문제 해결에 접근하기 위해 다음과 같은 방법을 실천할 수 있다.

⇒ 문제 정의는 갈등의 본질과 핵심 문제를 명확히 파악하고 이를 구체적으로 정의함으로써, 모든 당사자가 공통으로 이해할 수 있는 문제의 틀을 설정하는 것이다. 이는 효

과적인 갈등 해결의 출발점이 되는 중요한 단계이다.

⇒ 해결책 탐색은 다양한 관점에서 갈등의 해결 방안을 모색하고, 관련 당사자들이 협력하여 가능한 여러 해결책을 분석하며, 상황에 가장 적합한 최선의 해결책을 찾아가는 과정을 말한다. 이 과정은 창의적이고 실질적인 해결책을 도출하는 데 초점을 맞춘다.

⇒ 조정과 협상은 탐색된 해결책 중에서 모든 당사자가 수용할 만한 방안을 선택하고, 필요에 따라 이를 세부적으로 조정하며 협상하여 갈등 상황을 종결하고 상호 만족을 유도하는 것이다. 이는 갈등을 해결하는 데 있어 최종적인 합의와 실행 계획을 마련하는 단계이다.

윈-윈 해결책과 해결책의 도출 방법

• 윈-윈 해결책의 필요성

긍정적 협상에서는 모든 당사자가 만족할 수 있는 윈-윈 해결책을 도출하는 것이 목표이다. 윈-윈 해결책은 모든 당사자가 자신의 요구를 어느 정도 만족시킬 수 있는 해결책을 뜻한다.

⇒ 상호 이익 고려는 모든 당사자의 이익을 고려하여 해결책을 도출하는 것이다.

⇒ 공정성 유지는 해결책이 공정하며, 모든 당사자가 수용할 수 있도록 하는 것이다.

⇒ 장기적 관계 고려는 단기적 이익보다 장기적 관계와 협력의 중요성을 고려하는 것이다.

• 윈-윈 해결책의 도출 방법

윈-윈 해결책을 도출하기 위해 다음과 같은 절차를 따를 수 있다.

⇒ 상호 협력은 각 당사자가 협력하여 상호 이익을 고려하는 것을 의미한다.

⇒ 유연성 유지는 유연한 태도로 해결책을 조정하고, 당사자들의 요구를 반영하는 과정을 뜻한다.

⇒ 상호 이익 평가는 각 해결책이 모든 당사자에게 어떻게 이익을 줄 수 있는지 평가

하는 것이다.

의사소통과 피드백

• 의사소통의 중요성

긍정적 협상에서는 효과적인 의사소통과 피드백이 중요하다. 이는 갈등 해결 과정에서의 오해를 줄이고, 모든 당사자가 이해할 수 있도록 하는 데 도움을 준다.

⇒ 명확한 의사소통은 의사소통 시 명확하고 구체적인 언어를 사용하는 것이다.

⇒ 정기적인 피드백은 협상 과정에서 정기적으로 피드백을 제공하고, 이를 수용하는 것을 뜻한다.

⇒ 피드백의 활용은 피드백을 활용하여 협상 과정을 개선하고, 문제를 조기에 해결하는 것을 말한다.

• 의사소통과 피드백의 방법

효과적인 의사소통과 피드백을 실천하기 위해 다음과 같은 방법을 사용할 수 있다.

⇒ 정기 회의는 정기적으로 회의를 개최하여 진행 상황을 점검하고 피드백을 제공하는 것을 의미한다.

⇒ 의사소통 계획은 명확한 의사소통 계획을 수립하고, 모든 당사자가 이를 따르도록 하는 과정을 뜻한다.

⇒ 피드백 세션은 피드백 세션을 통해 협상 과정에서의 문제점을 논의하고 개선 방안을 모색하는 것이다.

• 주요 내용 정리

긍정적 협상 방법은 상호 존중과 협력을 바탕으로 갈등을 해결하고 장기적인 관계를 강화하기 위한 접근법으로, 효과적인 의사소통과 윈-윈 해결책 도출에 중점을 둔다. 협상 과정에서 상대방의 의견을 경청하고 공감하며, 비판적 사고와 긍정적 언어 사용을 통해 신뢰를 구축한다. 공동의 목표를 설정하고 문제를 정의하며 다양한 해결책을 모색해 공정하고 상호 이익이 되는 방안을 찾아낸다. 유연한 태도와 협력적인 접근으로 윈-윈 해결책을 도출하며, 명확한 의사소통과 정기적 피드백을 통해 협상 과정을 개선하고 문제를 조기에 해결한다. 이를 통해 조직 내 협력 문화를 조성하고, 갈등을 건설적으로 관리하며 생산성을 높인다.

Chapter 10

S&OP 성숙도 모델

"

S&OP(판매 및 운영 계획, Sales and Operations Planning)의 성숙도 모델을 중심으로 조직의 S&OP 성과를 평가하고 개선하는 체계적인 접근법을 다룬다. 먼저 S&OP 성숙도 모델의 필요성과 성숙도 평가 도구, 단계별 변화를 분석하는 과정을 통해 성숙도 모델의 개요를 설명한다. 이어서 초기 단계인 기초 S&OP에서 시작해 중간 단계의 기능 통합, 고급 단계의 전사적 통합에 이르는 성숙도 단계별 특징을 상세히 다룬다. 성숙도 평가 기준에서는 평가 지표 설정, 평가 방법론, 성과 리뷰 프로세스를 통해 조직의 현재 상태를 객관적으로 진단하는 방법을 소개한다. 마지막으로, 성숙도 단계별 맞춤 전략, 도입 속도의 조정, 성숙도 향상을 위한 촉진 요인을 제시하며, 조직이 S&OP 프로세스를 지속적으로 발전시킬 수 있는 실질적인 방안을 제공한다. 이 차례는 S&OP의 성숙도를 진단하고 발전시키기 위한 이론과 실무를 통합적으로 구성하여, 독자가 조직의 S&OP 성과를 극대화할 수 있도록 돕고자 한다.

성숙도 모델의 개요

S&OP 성숙도 모델의 필요성

S&OP 성숙도 모델의 필요성

S&OP 성숙도 모델은 기업이 S&OP 프로세스를 효과적으로 구현하고 개선하기 위한 기준과 지침을 제공한다. 이 모델은 S&OP 프로세스의 성숙도를 평가하고, 기업이 이를 통해 더 나은 의사결정과 운영 효율성을 달성할 수 있도록 도와준다. 성숙도 모델의 필요성은 다음과 같은 여러 가지 이유에서 중요하다.

• S&OP 프로세스의 체계적인 발전

S&OP 성숙도 모델은 기업이 S&OP 프로세스를 체계적으로 향상·발전시키는 데 도움을 주며, 각각의 단계별로 필요한 핵심 활동을 정의한다. 이를 통해 기업은 S&OP 프로세스를 효과적으로 개선하고 발전시킬 수 있는 명확한 방향을 제시한다.

⇒ 성숙도 모델은 S&OP 프로세스의 기준과 목표를 설정하여, 기업이 이를 기준으로 자신의 성숙도를 평가하고 개선 방향을 제시받을 수 있게 한다.

⇒ 각 성숙도 단계에 대한 명확한 정의와 요구 사항을 통해, 기업은 현재의 상태를 진단하고 다음 단계로 나아가기 위한 계획을 수립할 수 있다.

체계적인 접근은 자원을 더욱 효율적으로 배분할 수 있게 해준다.

성숙도 모델은 기업이 자원을 적절히 할당하고, 성숙도 향상을 위한 최적의 전략을 수립하는 데 도움이 된다.

⇒ 성숙도 모델은 단계별로 필요한 자원과 활동의 우선순위를 설정하여, 자원의 낭비를 줄이고 중요한 활동에 집중할 수 있도록 한다.

⇒ 성숙도 모델을 기반으로 자원 배분 전략을 수립하고, 이를 통해 효율적인 운영을 달성할 수 있다.

지속적인 개선과 경쟁력 강화

• 지속적인 개선

S&OP 성숙도 모델은 기업이 S&OP 프로세스를 지속적으로 개선해 나가도록 장려한다. 이는 시장 변화와 기업 환경 변화에 효과적으로 대응하기 위한 중요한 요소이다.

⇒ 성숙도 모델을 통해 기업은 현재의 성숙도를 평가하고, 개선이 필요한 영역을 식별할 수 있다.

⇒ 평가 결과를 바탕으로 구체적인 개선 계획을 수립하고, 이를 통해 지속적으로 프로세스를 발전시킬 수 있다.

• 경쟁력 강화

S&OP 성숙도 모델을 활용하면 기업의 경쟁력을 강화할 수 있다. 성숙도가 높은 S&OP 프로세스는 더 나은 의사결정과 효율적인 자원 관리를 가능하게 하며, 이를 통해 기업은 경쟁 우위를 확보할 수 있다.

⇒ 성숙도 모델을 통해 더욱 정확하고 신뢰성 높은 데이터를 바탕으로 의사결정을 내릴 수 있다.

⇒ 성숙도가 높은 S&OP 프로세스는 운영의 효율성을 높이고, 비용 절감과 수익 향상에 이바지한다.

정확한 수요 예측과 계획 수립

• 수요 예측의 중요성

정확한 수요 예측과 계획 수립은 &OP 프로세스의 핵심 요소이다. 성숙도 모델은 이를 통해 예측의 정확성을 높이고, 계획 수립의 신뢰성을 높일 수 있도록 도와준다.

⇒ 성숙도 모델을 통해 예측의 정확성을 높이고, 이를 기반으로 더욱 정교한 계획을 수립할 수 있다.

⇒ 정확한 수요 예측을 바탕으로 더욱 효과적인 계획을 수립하고, 이를 통해 운영의 효율성을 높일 수 있다.

• 리스크관리

성숙도 모델은 리스크를 사전에 식별하고 관리할 수 있는 체계를 제공한다. 이는 불확실한 시장 환경에 대응하는 데 중요한 요소이다.

⇒ 성숙도 모델을 통해 잠재적인 리스크를 평가하고, 이를 관리하기 위한 전략을 수립한다.

⇒ 리스크 완화 전략을 통해 운영의 안정성을 높이고, 불확실성에 대응할 수 있다.

조직 내 협업과 커뮤니케이션 개선

• 조직 내 협업의 필요성

S&OP 프로세스의 성숙도를 높이려면 조직 내 협업과 커뮤니케이션의 역할이 중요하다. 성숙도 모델은 이를 통해 조직 내의 협업을 개선하고, 커뮤니케이션의 효율성을 높일 수 있다.

⇒ 성숙도 모델을 통해 부서 간 협업을 촉진하고, 효과적인 커뮤니케이션을 통해 문제를 신속하게 해결할 수 있다.

⇒ 협업과 커뮤니케이션을 통해 정보 공유를 원활하게 하고, 이를 통해 더 나은 의사

결정을 지원한다.

• 커뮤니케이션 개선

성숙도 모델은 커뮤니케이션의 개선을 통해 조직의 통합성과 일관성을 높인다.

⇒ 성숙도 모델을 통해 정보 흐름을 개선하고, 모든 관련 부서가 정확한 정보를 바탕으로 의사결정을 내릴 수 있도록 지원한다.

⇒ 커뮤니케이션의 투명성을 강화하여, 조직 내의 신뢰와 협력을 증진시킨다.

• 주요 내용 정리

S&OP 성숙도 모델은 기업이 S&OP 프로세스를 체계적으로 발전시키고, 지속적으로 개선하며 경쟁력을 강화할 수 있도록 지원한다. 이 모델은 기업이 현재의 성숙도를 평가하고, 자원을 효율적으로 배분하여 운영 효율성을 높이는 데 도움을 준다. 또 정확한 수요 예측과 계획 수립을 통해 의사결정의 신뢰성을 높이고, 리스크를 사전에 식별 및 관리하여 안정성을 강화한다. 조직 내 협업과 커뮤니케이션 개선을 촉진함으로써 부서 간 정보 공유와 통합적 의사결정을 지원한다. 성숙도 모델을 기반으로 한 지속적인 개선은 기업의 경쟁 우위를 확보하고 변화하는 시장 환경에 유연하게 대응할 수 있는 역량을 제공한다.

성숙도 평가 도구

S&OP 성숙도 모델의 성숙도 평가 도구는 기업이 S&OP 프로세스의 현재 상태를 진단하고, 개선 방향을 제시하기 위해 사용하는 다양한 평가 기법과 도구를 포함한다. 이 도구들은 S&OP 프로세스의 성숙도를 측정하고, 각 단계에서 필요한 개선 조치를 식별하는 데 도움을 준다. 성숙도 평가 도구의 주요 요소와 활용 방법을 다음과 같이 상세히 설명한다.

• 성숙도 평가의 목적

성숙도 평가 도구의 기본 목적은 S&OP 프로세스의 현재 성숙도를 진단하고, 이를 기반으로 향후 발전 방향을 제시하는 것이다.

평가 도구는 다음과 같은 목적 달성에 도움을 준다.

⇒ S&OP 프로세스의 현재 상태를 정확히 파악하여, 개선이 필요한 영역을 식별한다.

⇒ 성숙도 평가 결과를 바탕으로 구체적인 개선 계획을 수립하고, 실행할 수 있는 전략을 개발한다.

⇒ 성숙도 개선에 따른 성과를 추적하고, 프로세스의 효과성을 지속적으로 모니터링한다.

성숙도 평가 도구의 유형

성숙도 평가 도구는 다양한 유형으로 제공되며, 각 도구는 S&OP 프로세스의 특정 측면을 평가하는 데 초점을 맞추고 있다. 주요 도구는 다음과 같다.

• 성숙도 모델 프레임워크

⇒ 성숙도를 계량화하여 평가하는 모델로, 각 성숙도 단계별로 요구되는 성과 지표를 설정한다. 예를 들어, CMMI(능력 성숙도 모델 통합) 모델은 프로세스의 성숙도를 5단계로 나누어 평가한다.

⇒ 성숙도를 주관적인 기준에 따라 평가하는 모델로, 전문가의 의견과 평가를 바탕으로 성숙도를 결정한다. 예를 들어, APICS[미국생산및재고관리협회, 참고로 이 기관은 2018년에 명칭을 ASCM(Association for Supply Chain Management)로 변경함] 모델은 성숙도를 정성적(定性的)으로 평가한다.

[CMMI(Capability Maturity Model Integration) 모델]

CMMI는 프로세스 개선과 품질 관리를 위한 성숙도 모델이다. 조직의 프로세스 성숙도를 5단계로 구분하며, 이를 통해 지속적인 개선을 추구한다.

- **초기 단계(Initial)**
⇒ 특징: 프로세스가 비체계적이고 예측 불가능함.
⇒ 예시: 소프트웨어 개발 프로젝트가 표준화된 절차 없이 진행되고, 문제 발생 시 해결책이 즉흥적으로 제안되는 상황.

- **관리 단계(Managed)**
⇒ 특징: 프로젝트 수준에서 기본적인 프로세스가 관리됨.
⇒ 예시: 개발팀이 프로젝트 목표 달성을 위해 일정 관리와 리소스 할당 프로세스 도입.

- **정의 단계(Defined)**
⇒ 특징: 조직 전체에 표준화된 프로세스가 도입되고 체계화됨.
⇒ 예시: 소프트웨어 개발의 요구사항 분석, 설계, 테스트 등 각 단계가 표준화된 프로세스에 따라 수행됨.

- **정량적 관리 단계(Quantitatively Managed)**
⇒ 특징: 프로세스를 계량화하여 분석하고 개선.
⇒ 예시: 조직이 데이터 기반의 품질 측정 도구를 사용하여 개발 프로세스의 효율성과 오류율을 모니터링.

- **최적화 단계(Optimizing)**
⇒ 특징: 지속적인 프로세스 개선과 혁신.
⇒ 예시: 조직이 최신 기술과 도구를 활용해 기존 프로세스 자동화하고 생산성 극대화.

[APIC(Assess, Plan, Implement, Control) 모델]

APIC 모델은 품질 관리와 프로젝트 관리에 주로 사용되며, 문제 해결과 프로세스 개선을 체계적으로 수행하기 위한 단계적 접근법을 제공한다.

- 평가(Assess)

⇒ 특징: 현재 상태를 분석하고 문제점을 파악.

⇒ 예시: 제조 공장에서 제품의 품질 저하 원인을 분석하여 주요 결함을 식별.

- 계획(Plan)

⇒ 특징: 문제 해결을 위한 전략과 계획 수립.

⇒ 예시: 식별된 결함을 줄이기 위해 새로운 품질 관리 절차와 교육 프로그램을 설계.

- 실행(Implement)

⇒ 특징: 계획된 해결책을 실행에 옮김.

⇒ 예시: 새로 설계된 품질 관리 절차를 생산라인에 도입하고 교육 실시.

- 관리(Control)

⇒ 특징: 실행 결과를 모니터링하고 지속적인 개선 방안을 마련.

⇒ 예시: 새로 도입된 품질 관리 절차의 성과를 데이터로 분석하여 필요시 추가 개선 조치를 시행.

이 두 모델은 조직의 품질, 프로세스 관리, 문제 해결 능력을 체계적으로 개선하는 데 매우 유용하게 활용된다.

- **자체 평가 도구**

⇒ 조직 내 구성원들에게 설문 조사를 실시하여 S&OP 프로세스의 현재 상태와 문제점을 파악한다. 설문 조사는 성숙도 수준에 대한 다양한 측면을 평가할 수 있도록 설계된다.

⇒ 성숙도 평가를 위해 자체 개발한 체크리스트를 사용하여, S&OP 프로세스의 각 요소를 점검하고 평가한다.

• 외부 평가 도구

⇒ 외부 전문가나 컨설팅 기관을 통해 S&OP 프로세스의 성숙도를 평가받는다. 외부 평가는 객관적이고 종합적인 시각을 제공할 수 있다.

⇒ 다른 기업이나 업종의 S&OP 프로세스와 비교하여 자사 프로세스의 성숙도를 평가한다. 벤치마킹은 성숙도 개선의 기준을 제시하는 데 유용하다.

성숙도 평가 절차

성숙도 평가 도구를 효과적으로 활용하려면 다음과 같은 절차를 따라야 한다.

• 평가 기준 설정

⇒ 핵심 영역 정의: 성숙도 평가를 체계적이고 일관되게 수행하기 위해 평가할 핵심 영역을 명확히 정의한다. 일반적으로 계획(Plan), 실행(Execute), 모니터링(Monitor), 개선(Improve)과 같은 주요 프로세스 단계가 포함되며, 조직의 특성과 목표에 따라 영역이 조정될 수 있다.

⇒ 평가 기준과 지표 수립: 각 핵심 영역에 대한 구체적인 평가 기준과 측정 가능 지표를 수립하여 성숙도를 객관적이고 효과적으로 평가할 수 있도록 한다. 예를 들어, 계획 단계에서는 목표의 명확성과 리소스 적합성, 실행 단계에서는 프로세스 준수율과 성과 달성률 등을 평가 기준으로 사용할 수 있다.

• 데이터 수집

⇒ 문서와 보고서 검토: S&OP 프로세스의 현재 상태와 성숙도를 평가하기 위해 운영 문서, 보고서, 절차 매뉴얼 등을 세부적으로 검토한다. 이를 통해 프로세스의 현재 수준과 개선이 필요한 영역을 파악할 수 있다.

⇒ 인터뷰와 설문 조사: 관련 부서 구성원과의 심층 인터뷰와 설문 조사를 통해 문서 검토만으로 확인하기 어려운 정성(定性) 데이터를 수집한다. 이 과정에서 프로세스 실행의 효과성, 부서 간 협업의 질, 기존 시스템과 도구 활용도 등에 대한 의견을 확인하여 평가의 완성도를 높인다.

• 성숙도 평가 실시

⇒ 데이터 분석과 평가: 수집된 데이터를 철저히 분석하여 S&OP 프로세스의 현재 성숙도를 평가한다. 이 과정에서 데이터의 정확성과 신뢰성을 확인하는 것이 중요하며, 이를 통해 평가 결과의 타당성을 확보할 수 있다.

⇒ 성숙도 수준 결정과 단계별 평가: 분석된 데이터를 바탕으로 성숙도 수준(예: 초기, 관리, 정의, 최적화)을 결정하고, 각 프로세스 단계(계획, 실행, 모니터링, 개선)에 대해 구체적인 평가를 수행한다. 이 과정은 조직의 강점과 함께 개선이 필요한 부분을 명확히 파악하는 데 중점을 둔다.

• 결과 보고와 개선 계획 수립

⇒ 평가 결과 보고: 성숙도 평가의 결과를 종합하여 보고서를 작성하고, 주요 발견 사항을 명확히 정리한다. 이 보고서에는 S&OP 프로세스에서 강점으로 작용하는 영역과 개선이 필요한 구체적인 문제점이 포함된다.

⇒ 개선 계획 수립과 실행 전략 개발: 평가 결과를 바탕으로 구체적인 개선 계획을 수립하고, 이를 실행하기 위한 실질적인 전략을 개발한다. 여기에는 우선순위가 높은 개선 작업의 정의, 필요한 리소스와 일정, 책임자의 지정 등이 포함되며, 조직의 S&OP 성숙도를 지속적으로 높여 나가기 위한 실행 가능한 로드맵을 제시한다.

• 성숙도 평가 도구의 활용

성숙도 평가 도구를 활용하여 S&OP 프로세스를 개선하려면 다음과 같은 방법을 고려해야 한다.

⇒ 성숙도 평가는 단순히 한 번으로 끝나는 작업이 아니라, 조직의 지속적인 발전을 위해 주기적으로 수행해야 한다. 이를 통해 S&OP 프로세스의 성숙도 변화를 추적하고, 각 단계에서의 개선 상황을 체계적으로 모니터링할 수 있다. 정기적인 평가는 변화된 환경과 요구사항에 맞춰 프로세스를 최적화하는 데 도움을 준다.

⇒ 성숙도 평가 결과와 피드백을 기반으로 실질적이고 구체적인 개선 조치를 실행한다. 개선 방안은 조직의 현실적인 여건과 필요에 맞게 설계되며, 이를 통해 프로세스 전반에 걸쳐 지속 가능한 변화가 이루어질 수 있도록 조직 내에서 적용된다.

⇒ 성숙도 개선을 위해 필요한 지식과 기술을 조직 구성원들이 습득할 수 있도록 관련 교육과 훈련 프로그램을 체계적으로 제공한다. 이러한 프로그램은 S&OP 프로세스의 각 단계에 대한 이해를 높이고, 구성원들의 역량을 강화함으로써 조직 전체의 성숙도 수준을 점진적으로 발전시키는 데 중요한 역할을 한다.

• 주요 내용 정리

S&OP 성숙도 평가 도구는 조직이 S&OP 프로세스의 현재 상태를 진단하고, 개선 방향을 제시하기 위한 체계적인 평가 방법을 제공한다. 성숙도 모델(CMMI, APIC)과 자체 평가, 외부 평가 도구를 통해 프로세스의 성숙도를 정량적·정성적으로 측정하며, 이를 바탕으로 구체적인 개선 계획을 수립한다. 평가 절차는 핵심 영역과 지표 설정, 데이터의 수집(문서 검토, 인터뷰), 성숙도 분석과 단계별 평가, 결과 보고와 실행 전략 개발로 구성된다. 주기적인 성숙도 평가는 S&OP 프로세스의 지속적인 발전과 환경 변화에 적응하는 데 이바지하며, 성숙도 개선을 위해 실질적 피드백과 실행할 수 있는 로드맵을 제공한다. 이를 지원하기 위해 조직 구성원들을 위한 교육 훈련을 체계적으로 실시해 역량을 강화하고 프로세스의 효율성을 높인다.

단계별 변화 분석

S&OP 성숙도 모델의 단계별 변화 분석은 조직이 S&OP 프로세스를 어떻게 발전시켜

나갈 수 있는지, 그리고 각 성숙도 단계에서 어떤 변화와 개선이 필요한지 체계적으로 이해하는 데 도움을 준다. 단계별 변화 분석은 성숙도 모델의 각 단계를 구체적으로 정의하고, 각 단계에서 요구되는 능력과 절차를 평가하며, 이를 통해 성숙도 향상을 위한 전략을 수립한다. 이 과정은 S&OP 프로세스의 효율성과 효과성을 높이기 위한 핵심 요소이다.

• 성숙도 모델 단계 개요

앞의 성숙도 평가 도구에서 언급한 바와 같이, 성숙도 모델은 일반적으로 다음과 같은 단계로 구성된다.

⇒ 초기(Initial)

⇒ 정량적 관리(Quantitatively Managed)

⇒ 표준화(Defined)

⇒ 성숙(Mature)

⇒ 최적화(Optimized)

각 단계는 S&OP 프로세스의 성숙도를 나타내며, 단계가 높아질수록 프로세스의 정교함과 조직의 관리 능력이 향상된다.

• 단계별 변화 분석의 목적

단계별 변화 분석의 목적은 다음과 같다.

⇒ 조직의 현재 S&OP 프로세스가 어떤 성숙도 단계에 있는지 평가한다.

⇒ 각 성숙도 단계 간의 차이와 변화 요구사항을 식별한다.

⇒ 성숙도 향상을 위한 구체적인 개선 계획을 수립한다.

⇒ 각 단계에서 성공적으로 전환하기 위한 전략과 실행 계획을 개발한다.

단계별 변화 분석 과정

단계별 변화 분석은 다음과 같은 단계로 진행된다.

• 단계 정의와 기준 설정

⇒ 각 성숙도 단계의 정의와 기준을 명확히 설정한다. 예를 들어, '초기' 단계에서는 S&OP 프로세스가 비(非)정형적이고 비(非)표준화되어 있는 반면, '성숙' 단계에서는 프로세스가 잘 정의되고 표준화되어 있으며, 지속적인 개선이 이루어진다.

⇒ 각 단계의 성과 지표와 평가 기준을 설정하여, 단계별 성숙도를 평가할 수 있도록 한다.

• 현재 상태 분석

⇒ 현재 조직의 S&OP 프로세스를 분석하여, 현재 성숙도 단계를 파악한다. 이 과정에서는 프로세스 문서, 절차, 성과 데이터를 검토한다.

⇒ S&OP 프로세스의 현재 상태를 자체 진단하고, 각 성숙도 단계의 기준과 비교한다.

• 단계별 변화 요구사항 식별

⇒ 각 성숙도 단계에서 요구되는 프로세스, 기술, 인력, 자원 등을 분석한다. 예를 들어, '정량적 관리' 단계에서는 데이터 기반의 의사결정과 성과 측정이 중요하다.

⇒ 현재 상태와 각 단계 요구사항 간 차이를 식별하여, 개선이 필요한 영역을 명확히 한다.

• 개선 계획 수립

⇒ 각 성숙도 단계로의 전환을 위한 구체적인 개선 목표를 설정한다. 예를 들어, '초기' 단계에서 '정량적 관리' 단계로의 전환을 위해 데이터의 수집과 분석 능력을 강화하는 목표를 설정할 수 있다.

⇒ 개선 목표를 달성하기 위한 구체적인 실행 계획을 개발한다. 이 계획에는 필요한 자원, 책임자, 일정, 성과 지표 등이 포함된다.

• 전환 전략 개발과 실행

⇒ 각 성숙도 단계 간의 성공적인 전환을 위한 전략을 개발한다. 이 전략에는 변화 관리, 교육, 시스템 도입 등이 포함된다.

⇒ 개발한 전환 전략을 실행하고, 전환 과정에서의 진행 상황을 모니터링하여 필요한 조정을 수행한다.

• 단계별 변화 분석의 활용

단계별 변화 분석을 통해 조직은 다음과 같은 이점을 얻을 수 있다.

⇒ 각 성숙도 단계에서 요구되는 개선 사항을 식별하고 이를 적용하여 S&OP 프로세스의 효율성을 높일 수 있다.

⇒ 성숙도 단계를 체계적으로 분석하고 개선함으로써 S&OP 프로세스의 리스크를 줄이고, 안정성을 발전시킬 수 있다.

⇒ 단계별로 설정된 목표를 달성함으로써 S&OP 프로세스의 성과를 개선하고, 조직의 전체적인 운영 효율성을 높일 수 있다.

• 주요 내용 정리

S&OP 성숙도 모델의 단계별 변화 분석은 각 성숙도 단계(초기, 정량적 관리, 표준화, 성숙, 최적화)에서 필요한 변화와 개선을 체계적으로 이해하고, 조직의 프로세스를 발전시키는 데 중점을 둔다. 이를 통해 현재 성숙도 상태를 평가하고, 단계 간 요구사항의 차이를 식별하며, 구체적인 개선 목표와 실행 계획을 수립한다. 분석 과정은 성숙도 기준 설정, 현재 상태 진단, 요구 사항 분석, 개선 계획 수립, 전환 전략 실행으로 이루어지며, 단계별로 프로세스, 기술, 자원 등의 발전이 필요하다. 이 분석은 S&OP 프로세스의 효율성을 높이고, 리스크를 감소시키며, 안정성과 성과를 강화하여 조직의 운영 효율성을 전반적으로 높이는 데 이바지한다.

성숙도 단계

초기 단계: 기초 S&OP

초기 단계는 S&OP 프로세스의 가장 기본적인 단계로, 일반적으로 조직이 S&OP의 기초를 구축하고 프로세스를 형성해 나가는 단계이다. 이 단계에서는 S&OP 프로세스가 형성되고 있지만, 아직 완전한 구조나 통합이 이루어지지 않았으며, 여러 기능 부서 간의 조정이 부족할 수 있다. 초기 단계의 주요 목표는 S&OP 프로세스의 기본 틀을 마련하고, 조직의 주요 요구 사항을 충족할 수 있는 기초를 마련하는 것이다.

기초 S&OP의 주요 특징

• 비정형적 프로세스

⇒ 초기 단계에서는 S&OP 프로세스가 비(非)정형적이며, 표준화된 절차나 규정이 부족하다. 프로세스가 명확하게 문서로 정리되지 않고, 부서 간의 협력이 부족한 경우가 많다.

⇒ 각 부서가 독립적으로 운영되며, S&OP 활동이 비공식적으로 수행될 수 있다.

• 기초 데이터 사용

⇒ 초기 단계에서는 주로 기초적인 데이터와 정보를 사용하여 S&OP를 수행한다. 데이터의 수집과 분석이 제한적이며, 데이터의 정확성이나 일관성이 부족할 수 있다.

⇒ 예측이나 계획에 필요한 데이터가 비체계적으로 수집되고 관리되며, 데이터 품질이 낮을 수 있다.

• 부서 간 협력 부족

⇒ S&OP 프로세스가 아직 부서 간의 협력이나 조정이 부족한 상태이다. 부서 간의 의사소통이 비효율적이며, 통합된 계획 수립이 이루어지지 않는다.

⇒ 각 부서가 자신의 목표와 계획에만 집중하며, 전체 조직 목표와의 정렬이 부족하다.

• 비공식적인 의사결정

⇒ 의사결정 과정이 비공식적이며, 명확한 기준이나 절차가 없다. 의사결정이 경험에 의존하거나 직관에 따라 이루어질 수 있다.

⇒ 비공식적인 의사결정은 S&OP 프로세스의 신뢰성과 정확성을 낮출 수 있다.

• 제한적인 프로세스 통제

⇒ 초기 단계에서는 S&OP 프로세스의 통제와 모니터링이 제한적이다. 성과 지표나 모니터링 시스템이 부족하며, 프로세스 개선이 어려운 상태이다.

⇒ 성과를 측정하거나 프로세스를 평가할 수 있는 기준이 부족하여, 개선 방향을 설정하기 어려울 수 있다.

기초 S&OP의 도입과 실행

• 기초 프로세스 구축

⇒ 기초 S&OP의 목표를 설정하고, 프로세스의 기본 틀을 마련한다. 목표는 간단하게 설정하고, 조직의 현재 상황에 맞는 기초적인 계획을 수립한다.

⇒ S&OP 프로세스의 기본 절차를 정의하고 문서화한다. 예를 들어, 수요 예측, 생산 계획, 재고 관리 등의 기초적인 절차를 정의한다.

• 기초 데이터 수집과 분석

⇒ 기초적인 데이터를 수집하고, 데이터 관리 시스템을 구축한다. 데이터의 수집 방법과 출처를 정의하고, 데이터의 정확성과 일관성을 확보한다.

⇒ 수집된 데이터를 기반으로 기초적인 분석을 수행한다. 예측과 계획 수립을 위해 필요한 데이터 분석 방법을 적용한다.

• 부서 간 협력 촉진

⇒ 부서 간의 커뮤니케이션을 강화하고, S&OP 활동에 대한 정보를 공유한다. 정기적인 회의나 보고를 통해 부서 간의 협력을 촉진한다.

⇒ 부서 간의 협력 체계를 구축하고, 협력 프로세스를 정의한다. 각 부서의 역할과 책임을 명확히 하여 협력의 효율성을 높인다.

• 의사결정과 통제

⇒ 의사결정에 필요한 기준을 설정하고, 간단한 의사결정 절차를 마련한다. 기초적인 의사결정 기준을 통해 프로세스의 신뢰성을 높인다.

⇒ 프로세스의 통제와 모니터링 체계를 구축한다. 성과를 측정하고, 프로세스의 효율성을 평가하여 개선 방향을 설정한다.

• 기초 S&OP의 장점

⇒ 기초 S&OP 단계는 S&OP 프로세스의 기초를 마련하여, 향후 성숙도 단계로의 전환을 위한 기반을 제공한다.

⇒ 기초 S&OP를 통해 조직의 현재 상태를 이해하고, 프로세스의 기본 요구 사항을 파악할 수 있다.

⇒ 기초 S&OP 단계에서 프로세스의 초기 개선 기회를 식별하고, 이를 바탕으로 향후 발전을 계획할 수 있다.

- **기초 S&OP의 도전 과제**

⇒ 기초 단계에서는 자원이나 시스템이 제한적일 수 있고, 충분한 지원이 부족할 수 있다.

⇒ 기초 S&OP 단계에서는 프로세스의 성숙도가 부족하여, 성과나 효율성을 측정하기 어려울 수 있다.

⇒ 부서 간의 협력이 부족하여, S&OP 프로세스의 통합과 조정이 어려울 수 있다.

- **주요 내용 정리**

S&OP의 초기 단계는 조직이 기본적인 S&OP 프로세스를 구축하고, 기초 데이터를 사용해 비정형적인 의사결정을 수행하는 단계로, 표준화와 부서 간 협력이 부족하며 통합된 계획 수립이 어려운 특징이 있다. 이 단계에서는 기초적인 프로세스를 정의하고 문서화하며, 데이터를 수집해 간단한 분석을 수행하고 부서 간 커뮤니케이션을 강화하려는 노력이 이루어진다. 주요 장점은 S&OP의 기본 틀을 마련하고 초기 개선 기회를 식별할 수 있다는 점이지만, 자원과 시스템의 한계, 부서 간 협력 부족, 성과 측정의 어려움 등이 도전 과제로 작용한다.

중간 단계: 기능 통합

중간 단계는 S&OP 프로세스의 발전된 형태로, 조직의 다양한 기능 부서 간의 협력과 통합이 이루어지는 단계이다. 초기 단계에서 기초적인 프로세스가 마련된 후, 이 단계에서는 부서 간의 협력이 강화되고, 기능별 계획이 통합되어 보다 정교하고 협력적인 S&OP 프로세스가 구축된다. 중간 단계의 목표는 부서 간의 기능 통합을 통해 전반적인 효율성을 높이고, S&OP 프로세스를 보다 체계적이고 일관성 있게 운영하는 것이다.

기능 통합의 주요 특징

• 부서 간 협력 강화

⇒ 부서 간의 정기적인 조정 회의를 통해 계획과 목표를 조율한다. 이러한 회의는 부서 간의 의견 조율을 하고, 공통된 목표를 설정하는 데 중요한 역할을 한다.

⇒ 각 부서 간의 정보 공유가 활성화되며, 협력적 의사결정이 이루어진다. 데이터와 인사이트를 공유하여, 전반적인 계획의 일관성을 높인다.

• 계획 통합

⇒ 판매, 생산, 재고 관리 등 각 부서의 계획이 통합되어 전체적인 S&OP 계획이 수립된다. 각 부서의 계획이 상호 연관되어 조정된다.

⇒ 부서별 계획을 통합하여 전체적인 운영 계획을 수립한다. 이를 통해 계획 간의 충돌을 방지하고, 자원의 최적 분배를 도모한다.

• 프로세스 표준화

⇒ 통합된 S&OP 프로세스를 지원하기 위해 표준 절차와 도구가 도입된다. 표준화된 절차와 도구는 프로세스의 일관성을 유지하고, 효율성을 높인다.

⇒ S&OP 프로세스와 관련된 절차를 문서화하고, 매뉴얼을 작성하여 각 부서가 일관되게 프로세스를 수행할 수 있도록 한다.

• 성과 모니터링

⇒ 성과 지표를 설정하여 각 부서의 성과를 모니터링한다. 성과 지표는 전체적인 S&OP 계획의 성공 여부를 평가하는 데 중요한 역할을 한다.

⇒ 성과 분석을 통해 계획의 성공 여부를 평가하고, 필요한 피드백을 제공한다. 이를 통해 지속적인 개선을 도모한다.

중간 단계의 도입과 실행

• 부서 간 협력 강화

⇒ 부서 간의 정기적인 조정 회의를 운영하여, 각 부서의 계획을 조율한다. 회의에서는 각 부서의 목표와 계획을 공유하고, 조정할 사항을 논의한다.

⇒ 부서 간의 협력 체계를 구축하고, 협력에 필요한 프로세스와 도구를 마련한다. 협력 체계는 부서 간의 원활한 소통과 조정을 지원한다.

• 계획 통합

⇒ 각 부서의 계획을 통합하여 전체적인 운영 계획을 수립한다. 이를 통해 부서 간의 계획 충돌을 방지하고, 자원의 최적 분배를 도모한다.

⇒ 통합된 계획을 바탕으로 조정과 수정을 수행한다. 계획의 실현 가능성을 검토하고, 필요한 조정을 진행한다.

• 프로세스 표준화

⇒ 표준화된 절차와 도구를 도입하여 S&OP 프로세스를 지원한다. 절차와 도구는 프로세스의 일관성을 유지하고, 효율성을 높이는 데 이바지한다.

⇒ S&OP 프로세스를 문서화하고, 각 부서에 교육을 제공한다. 문서화한 절차와 교육은 프로세스의 일관성을 유지하는 데 도움이 된다.

• 성과 모니터링

⇒ 성과 지표를 설정하여 S&OP 계획의 성공 여부를 모니터링한다. 성과 지표는 계획의 실행 성과를 평가하는 데 중요하다.

⇒ 성과를 분석하고, 피드백을 제공한다. 분석 결과를 바탕으로 계획을 개선하고, 성과를 발전시키는 조치를 한다.

• 중간 단계의 장점

⇒ 부서 간의 협력과 계획 통합을 통해 전체적인 운영 효율성을 높일 수 있다. 자원의 최적 분배와 계획의 일관성을 통해 운영 성과를 개선할 수 있다.

⇒ S&OP 프로세스의 표준화와 문서화는 프로세스의 일관성을 유지하고, 효율성을 높이는 데 도움을 준다. 표준화된 절차와 도구는 프로세스의 품질을 높인다.

⇒ 성과 지표를 설정하고 모니터링함으로써, 계획의 성공 여부를 평가하고, 필요한 개선 조치를 할 수 있다.

• 중간 단계의 도전 과제

⇒ 부서 간의 조정과 협력이 복잡할 수 있으며, 협력 체계의 구축과 유지가 도전 과제가 될 수 있다.

⇒ 각 부서의 계획을 통합하는 과정에서 충돌이나 조정이 필요할 수 있으며, 이를 해결하기 위한 노력이 필요하다.

⇒ 성과 지표를 설정하고 모니터링하는 과정에서 정확성과 일관성을 유지하는 것이 도전 과제가 될 수 있다.

• 주요 내용 정리

S&OP 중간 단계는 초기 단계에서 발전하여 부서 간 협력과 통합을 통해 운영 효율성과 계획 일관성을 강화하는 단계로, 정기적인 조정 회의를 통해 부서 간 의견 조율을 하고 계획을 통합하여 자원의 최적 분배를 도모한다. 표준화된 절차와 도구를 도입해 프로세스의 일관성을 유지하며, 성과 지표를 설정하고 모니터링하여 계획의 성공 여부를 평가하고 지속적인 개선을 추진한다. 이 단계의 장점은 부서 간 협력 강화, 프로세스 표준화를 통한 일관성 확보, 성과 모니터링을 통한 운영 성과 개선 등이며, 도전 과제로는 협력 체계 구축의 복잡성, 계획 통합시 충돌 해결, 성과 지표 관리에서의 일관성 유지 등이 있다.

고급 단계: 전사적 통합

　고급 단계는 S&OP 프로세스의 최종 발전 단계로, 전사적 통합을 통해 모든 비즈니스 기능과 프로세스가 완벽하게 조화를 이루는 상태를 의미한다. 이 단계에서는 S&OP 프로세스가 단순한 운영 계획 수립을 넘어, 조직의 전략적 목표를 지원하고, 전사적 차원에서 통합된 의사결정을 내리며, 모든 부서와 프로세스가 상호 연결된 상태로 운영된다. 고급 단계의 목표는 S&OP를 통해 조직 전체의 전략적 우선순위를 조정하고, 장기적인 가치를 창출하는 것이다.

전사적 통합의 주요 특징

• 전략적 목표와의 정렬

⇒ S&OP 프로세스가 조직의 전사적 비전과 전략적 목표와 완벽히 일치하도록 조정된다. 장기적인 전략적 목표를 지원하기 위해 S&OP 프로세스가 설계되며, 이를 통해 조직의 전략적 방향성을 구현한다.

⇒ 재무, 마케팅, 영업, 운영, 공급망 등 모든 부서와 기능이 통합되어, 전사적으로 일관된 계획과 실행을 보장한다. 각 기능의 목표와 계획이 서로 조화를 이루며, 전체적인 운영 성과를 극대화한다.

• 데이터 기반 의사결정

⇒ 데이터를 분석하고 예측하기 위해 고급 분석 도구와 인공지능 기술(AI)이 도입된다. 예측 정확도를 높이고, 데이터 기반의 의사결정을 지원하는 기술적 도구가 활용된다.

⇒ 실시간으로 데이터를 수집·분석하여, 즉각적인 피드백과 조정을 통해 계획의 정확성과 유연성을 유지한다. 데이터의 신속한 접근과 분석을 통해 의사결정을 지원한다.

• 협업과 커뮤니케이션의 강화

⇒ 전사적 통합을 지원하기 위해 통합된 협업 플랫폼이 도입된다. 이러한 플랫폼은 모든 부서와 팀 간의 원활한 커뮤니케이션과 협업을 촉진하며, 정보의 흐름을 원활하게 한다.

⇒ 조직 전체의 커뮤니케이션 전략이 마련되어, 각 부서와 팀 간의 정보와 목표가 공유된다. 이를 통해 모든 이해관계자가 공통된 목표를 가지고 협력할 수 있도록 한다.

• 성과 모니터링과 개선

⇒ 성과를 전사적 관점에서 모니터링할 수 있는 지표가 설정된다. 이러한 지표는 조직의 전반적인 성과를 평가하고, 목표 달성 여부를 확인하는 데 중요한 역할을 한다.

⇒ 성과 분석을 통해 지속적인 개선이 이루어지며, 필요한 조정과 수정이 신속하게 반영된다. 개선 프로세스는 조직의 전략적 목표와 일치하도록 조정된다.

전사적 통합의 도입과 실행

• 전략적 목표와의 정렬

⇒ 조직의 전사적 전략적 목표를 분석하고, S&OP 프로세스와의 연계를 조정한다. 목표와 계획의 일관성을 유지하고, 전략적 우선순위를 반영한다.

⇒ 각 부서와 팀 간의 협력 체계를 구축하고, 전사적 목표 달성을 위한 통합 계획을 수립한다. 이를 통해 각 기능의 역할과 책임이 명확히 정의된다.

• 데이터 기반 의사결정

⇒ 고급 분석 도구와 인공지능 기술을 도입하여, 데이터를 분석하고 예측한다. 데이터 기반의 의사결정을 지원하며, 예측의 정확성을 높인다.

⇒ 실시간으로 데이터를 수집·분석할 수 있는 시스템을 구축한다. 데이터의 신속한 접근과 분석을 통해 계획의 정확성과 유연성을 유지한다.

• 협업과 커뮤니케이션의 강화

⇒ 전사적 협업을 지원하는 플랫폼을 도입하여, 부서 간의 원활한 소통과 협력을 촉진한다. 플랫폼을 통해 정보와 목표가 공유된다.

⇒ 커뮤니케이션 전략을 수립하여, 조직 전체의 정보 흐름과 협력 체계를 강화한다. 모든 이해관계자가 공통된 목표를 가지고 협력할 수 있도록 한다.

• 성과 모니터링과 개선

⇒ 성과를 전사적 관점에서 모니터링할 수 있는 지표를 설정한다. 성과 지표를 통해 목표 달성 여부를 평가하고, 필요에 따라 조정한다.

⇒ 성과 분석을 통해 개선 사항을 도출하고, 지속적인 개선 프로세스를 진행한다. 개선 사항을 신속하게 반영하여, 조직의 전략적 목표를 지원한다.

• 고급 단계의 장점

⇒ S&OP 프로세스와 전사적 전략적 목표의 일관성을 유지하여, 조직의 장기적인 성공을 지원한다. 목표와 계획의 조화를 통해 전반적인 성과를 발전시킨다.

⇒ 고급 분석 도구와 실시간 데이터 시스템을 통해, 더욱 정확하고 신속한 의사결정을 지원한다. 데이터의 신속한 접근과 분석은 계획의 정확성을 높인다.

⇒ 통합된 협업 플랫폼과 전사적 커뮤니케이션 전략을 통해, 부서 간의 협력과 소통이 강화된다. 이를 통해 전반적인 운영 효율성을 높일 수 있다.

• 고급 단계의 도전 과제

⇒ 전사적 통합을 구현하는 과정에서 복잡한 조정과 협력이 필요할 수 있다. 각 부서와 기능 간의 일관성을 유지하는 것이 도전 과제가 될 수 있다.

⇒ 고급 분석 도구와 인공지능 기술을 효과적으로 활용하는 것이 도전 과제가 될 수 있다. 기술적 도구의 도입과 운영에는 적절한 준비와 관리가 필요하다.

⇒ 전사적 성과 지표를 설정하고 모니터링하는 과정에서 정확성과 일관성을 유지하는

것이 도전 과제가 될 수 있다. 성과 분석의 신뢰성을 확보하는 것이 중요하다.

• 주요 내용 정리

S&OP 고급 단계는 전사적 통합을 통해 조직의 모든 기능과 프로세스가 전략적 목표와 조화를 이루는 상태로, S&OP 프로세스가 조직의 장기 전략을 지원하며 데이터 기반 의사결정과 협업을 강화하는 데 중점을 둔다. 고급 분석 도구와 인공지능 기술을 활용하여 예측의 정확성과 계획의 유연성을 높이고, 통합된 협업 플랫폼과 커뮤니케이션 전략으로 부서 간 소통과 협력을 극대화한다. 성과를 전사적 관점에서 모니터링하고 개선 프로세스를 통해 조직의 목표 달성을 지원한다. 장점은 전략과 계획의 일관성 확보, 데이터 기반 신속한 의사결정, 강화된 협업과 운영 효율성이며, 도전 과제로는 복잡한 통합 조정, 기술 활용의 준비와 관리, 성과 모니터링에서의 일관성과 신뢰성 유지가 있다.

성숙도 평가 기준

평가 지표 설정

성숙도 평가 지표는 S&OP 프로세스의 현재 상태를 진단하고, 개선이 필요한 영역을 식별하기 위한 중요한 도구이다. 올바르게 설정된 평가 지표는 S&OP의 성숙도를 체계적으로 측정하고, 각 단계의 성공적인 수행 여부를 확인하는 데 필수적이다. 이러한 지표는 조직의 전략적 목표와 맞물려 있으며, 성과를 정량화하고, 실행 가능성을 높이기 위해 설계되어야 한다.

평가 지표 설정의 기본 원칙

• 명확성(Clarity)

⇒ 지표는 명확히 정의되어야 하며, 평가 기준이 무엇인지 정확히 이해할 수 있어야 한다. 각 지표는 평가하려는 특정 측면을 명확하게 측정할 수 있도록 설정되어야 한다.

⇒ 지표는 측정할 수 있어야 하며, 구체적이고 정량적인 데이터를 제공해야 한다. 예를 들어, '고객 만족도 향상'이라는 지표보다는 '고객 만족도 점수 5점 만점 중 4.5점 달성'과 같은 구체적인 목표가 필요하다.

• 관련성(Relevance)

⇒ 설정된 지표는 조직의 전략적 목표와 관련이 있어야 한다. S&OP의 목표와 성과가

조직의 전반적인 비즈니스 목표와 일치해야 한다.

⇒ 지표는 S&OP 프로세스의 핵심 요소와 직접 관련이 있어야 하며, 프로세스의 주요 활동과 결과를 반영해야 한다.

• 실행 가능성(Feasibility)

⇒ 지표를 측정하려면 필요한 데이터를 실제로 수집할 수 있어야 한다. 데이터의 수집에 있어 장애물이 없어야 하며, 데이터의 정확성도 보장되어야 한다.

⇒ 지표 설정과 모니터링에 필요한 자원과 도구를 고려해야 한다. 이를 통해 효율적인 지표관리와 평가가 이루어질 수 있다.

• 유연성(Flexibility)

⇒ 지표는 변화하는 비즈니스 환경과 요구 사항에 적응할 수 있어야 한다. 필요에 따라 지표를 조정하고, 개선 사항을 반영할 수 있는 유연성을 갖추어야 한다.

⇒ 평가 지표는 지속적으로 개선될 수 있어야 하며, 피드백을 반영하여 성과를 높이는 데 도움을 주어야 한다.

S&OP 성숙도 평가 지표의 유형

• 프로세스 효율성 지표

⇒ 계획의 정확성을 측정하는 지표로, 실제 결과와 계획된 결과 간의 차이를 분석한다. 예를 들어, 예측 오차율(Forecast Error Rate)을 통해 계획의 정확성을 평가할 수 있다.

⇒ 계획의 실행 빈도와 일관성을 평가하는 지표이다. 정기적인 S&OP 회의와 계획업데이트의 수행 여부를 모니터링한다.

• 성과 측정 지표

⇒ 매출, 비용, 이익 등 재무적 성과를 측정하는 지표이다. S&OP 프로세스가 조직의

재무 성과에 미치는 영향을 분석한다.

⇒ 고객의 만족도를 측정하는 지표로, 고객 피드백과 만족도 조사를 통해 성과를 평가한다.

• **프로세스 적합성 지표**

⇒ S&OP 프로세스가 조직의 다른 기능과 얼마나 잘 통합되어 있는지 평가하는 지표이다. 예를 들어, 마케팅, 영업, 운영 등 다른 부서와의 협력 정도를 측정한다.

⇒ 정보공유의 정도와 협력의 효율성을 평가하는 지표이다. 부서 간의 협업과 커뮤니케이션의 효과성을 분석한다.

• **기술 활용 지표**

⇒ S&OP에 사용되는 기술 도구와 시스템의 활용도를 평가하는 지표이다. 도구의 사용 빈도와 효과성을 모니터링한다.

⇒ 데이터의 정확성과 품질을 측정하는 지표이다. 데이터 오류율과 데이터 신뢰도를 분석하여 성과를 평가한다.

평가 지표 설정의 과정

• **목표 설정**

⇒ 조직의 전략적 목표와 S&OP 프로세스 간의 연계성을 면밀하게 분석하여, 설정된 지표가 조직의 핵심 목표와 정확히 일치(alignment)하도록 설계한다. 이를 통해 S&OP 활동이 조직의 장기적인 성과와 전략적 방향성을 효과적으로 지원할 수 있도록 한다.

⇒ S&OP 프로세스에서 중요한 역할을 하는 핵심 요소(예: 수요 예측, 생산 계획, 공급망 관리 등)를 명확히 파악하고, 각 요소의 성과를 정량적으로 평가할 수 있는 지표를 체계적으로 설정한다. 이러한 지표는 S&OP 프로세스의 효율성과 효과를 지속적으로 개선하는 데 활용된다.

• 지표 개발

⇒ 각 지표의 정의와 측정 방법을 명확하게 정리하여, 지표가 쉽게 이해되고 정확하게 해석될 수 있도록 한다. 지표의 정의는 누구나 일관되게 이해할 수 있도록 구체적이고 명확해야 하며, 측정 방법은 지표의 목적에 부합하도록 체계적으로 설계되어야 한다.

⇒ 지표를 정확히 측정하려면 필요한 데이터의 출처와 수집 방법을 구체적으로 정의한다. 데이터의 수집 과정은 신뢰성과 효율성을 확보할 수 있도록 설계하며, 정기적인 업데이트와 데이터 품질 관리 절차도 포함해야 한다.

• 지표 검토와 조정

⇒ 지표의 초기 설정 후 평가를 실시하고, 필요한 조정을 진행한다. 초기 데이터의 수집과 분석을 통해 지표의 유효성을 확인한다.

⇒ 지표의 성과를 지속적으로 모니터링하고, 개선 사항을 반영하여 지표를 조정한다. 변화하는 비즈니스 환경에 맞추어 지표를 업데이트한다.

• 주요 내용 정리

S&OP 성숙도 평가 지표는 프로세스의 현재 상태를 체계적으로 진단하고 개선 방향을 제시하기 위해 설정되며, 명확성, 관련성, 실행 가능성, 유연성을 원칙으로 한다. 주요 지표 유형으로는 계획 정확성을 평가하는 프로세스 효율성 지표, 매출과 고객 만족도를 측정하는 성과 측정 지표, 부서 간 통합성과 협력 정도를 분석하는 프로세스 적합성 지표, 기술 활용과 데이터 품질을 평가하는 기술 활용 지표가 있다. 지표 설정 과정은 조직 목표와 S&OP 활동의 연계를 기반으로 목표를 설정하고, 데이터의 수집 방법을 정의한 후 초기 데이터를 바탕으로 지표를 지속적으로 조정하며 환경 변화에 적응하도록 설계된다.

평가 방법론

S&OP 성숙도 모델의 평가 방법론은 성숙도 수준을 측정하고, 개선이 필요한 영역을

식별하기 위한 체계적인 접근 방식을 제공한다.

올바른 평가 방법론은 성숙도 지표를 효과적으로 분석하고, 조직의 S&OP 프로세스를 개선하기 위한 전략을 수립하는 데 도움을 준다. 평가 방법론은 데이터의 신뢰성, 분석의 정확성, 결과의 유용성을 보장하는 데 중요한 역할을 한다.

평가 방법론의 기본 원칙

• 체계성(Systematic Approach)

⇒ 평가 방법론은 체계적이고 일관된 분석을 제공해야 한다. 성숙도 평가를 위한 절차와 기준이 명확히 정의되어야 하며, 일관된 방법으로 평가가 진행되어야 한다.

⇒ 평가 과정과 결과는 문서화하며, 평가 방법과 절차가 명확하게 기록되어야 한다. 이는 향후 검토와 개선을 위한 중요한 자료가 된다.

• 객관성(Objectivity)

⇒ 평가 방법론은 데이터 기반으로 이루어져야 하며, 주관적인 판단을 최소화해야 한다. 성과 지표와 데이터를 분석하여 객관적인 결론을 도출해야 한다.

⇒ 모든 평가가 일관된 기준에 따라 이뤄져야 하며, 평가 결과의 신뢰성을 보장해야 한다.

• 종합성(Comprehensive Approach)

⇒ 성숙도 평가는 다양한 측면에서 이루어져야 하며, 모든 관련 요소를 종합적으로 분석해야 한다. 이는 성숙도 평가의 포괄성을 보장한다.

⇒ 평가 방법론은 내부 및 외부 피드백을 반영하여 종합적인 분석을 제공한다. 피드백을 통해 더욱 정확한 평가를 할 수 있다.

• 유연성 (Flexibility)

⇒ 평가 방법론은 변화하는 비즈니스 환경과 요구 사항에 적응할 수 있어야 한다. 필요

에 따라 평가 방법을 조정할 수 있는 유연성을 갖추어야 한다.

⇒ 평가 방법론은 지속적으로 개선될 수 있어야 하며, 새로운 정보를 반영하여 업데이트되어야 한다.

평가 방법론의 주요 구성 요소

• 데이터의 수집

⇒ 평가를 위한 데이터는 신뢰할 수 있는 출처에서 수집되어야 한다. 내부 시스템, 외부 벤치마크, 고객 피드백 등 다양한 출처를 활용할 수 있다.

⇒ 수집된 데이터는 정확하고 최신이어야 하며, 데이터의 신뢰성을 보장하기 위해 검증 과정이 필요하다.

• 지표 분석

⇒ 지표를 분석하기 위해 사용되는 방법론에는 정량적 분석과 정성적 분석이 포함된다. 정량적 분석은 수치적 데이터를 기반으로 하며, 정성적 분석은 주관적인 평가를 포함한다.

⇒ 지표의 변화를 시간에 따라 분석하여 트렌드를 파악한다. 이는 성숙도 변화의 패턴을 이해하는 데 도움을 준다.

• 성과 평가

⇒ 성숙도 평가 결과를 벤치마크와 비교하여 상대적인 성과를 분석한다. 경쟁사와의 비교 분석도 포함될 수 있다.

⇒ 성과의 원인을 분석하여 성숙도의 강점과 약점을 파악한다. 이를 통해 개선이 필요한 영역을 식별할 수 있다.

• 보고와 피드백

⇒ 성숙도 평가 결과를 종합하여 보고서를 작성한다. 보고서는 명확하고 구체적이며,

개선 사항과 권장 사항을 포함해야 한다.

⇒ 평가 결과를 기반으로 피드백 세션을 진행한다. 피드백 세션에서는 성과에 대한 논의와 함께 개선 계획을 수립한다.

평가 방법론의 적용 절차

• 목표 설정

⇒ 평가의 목표를 명확히 정의한다. 성숙도 모델의 목표와 기대 결과를 설정하여 평가의 방향성을 정한다.

⇒ 평가에 사용할 지표와 기준을 설정한다. 지표는 성숙도를 측정하는 핵심 요소로, 기준은 지표의 평가 기준이 된다.

'

• 데이터의 수집과 분석

⇒ 데이터의 수집 방법과 출처를 계획한다. 데이터의 수집 계획에는 필요한 자원과 도구도 포함된다.

⇒ 수집된 데이터를 분석하여 지표를 평가한다. 데이터 분석 과정에서는 트렌드 분석과 원인 분석이 포함된다.

• 결과 해석과 보고

⇒ 분석 결과를 해석하여 성숙도 수준을 평가한다. 결과 해석 과정에서는 성과의 강점과 약점을 파악한다.

⇒ 성숙도 평가 결과를 보고서 형태로 작성한다. 보고서에는 평가 결과, 분석, 권장 사항이 포함된다.

• 개선 계획 수립과 실행

⇒ 평가 결과를 기반으로 개선 계획을 수립한다. 개선 계획에는 구체적인 행동 계획과

목표가 포함된다.

⇒ 개선 계획을 실행하여 성숙도를 높이기 위해 조치한다. 조치의 실행 결과는 지속적으로 모니터링하고 평가한다.

• 주요 내용 정리

S&OP 성숙도 평가 방법론은 체계적·객관적·종합적인 접근 방식을 통해 성숙도 수준을 측정하고 개선 방향을 제시하며, 명확한 목표 설정, 데이터의 수집, 지표 분석, 성과 평가, 결과 보고와 개선 실행 절차로 구성된다. 데이터는 신뢰성과 정확성을 보장하며 내부 시스템, 외부 벤치마크 등 다양한 출처에서 수집되고, 정량적 및 정성적 분석을 통해 지표 변화를 파악한다. 성과는 경쟁사 벤치마킹을 통해 평가되며, 평가 결과는 구체적인 보고서로 작성되어 피드백 세션을 통해 논의 및 개선 계획 수립에 활용된다. 평가 방법론은 유연하게 변화하는 환경에 적응하며 지속적으로 개선되어야 한다.

성과 리뷰 프로세스

성과 리뷰 프로세스는 S&OP 성숙도 모델의 평가 기준 중 하나로, 성과를 체계적으로 검토하고 개선 사항을 도출하는 과정이다. 이 프로세스는 S&OP 성과의 평가뿐만 아니라, 전략적 목표의 달성 여부를 점검하고, 향후 계획을 수립하는 데 필수적이다. 효과적인 성과 리뷰는 성숙도 모델의 목표를 실현하고 조직의 지속 가능한 성장을 지원한다.

성과 리뷰 프로세스의 주요 구성 요소

• 리뷰 계획 수립

⇒ 성과 리뷰의 목표를 명확히 설정한다. 목표는 성과 개선, 문제 해결, 전략적 조정 등을 포함할 수 있다. 목표 설정 시 SMART(구체적, 측정 가능, 달성 가능, 관련성, 시간제한) 원칙을 적용한다.

⇒ 성과 리뷰의 주기를 결정한다. 일반적으로 월별, 분기별, 연간 리뷰가 사용되며, 조직의 요구와 성숙도 수준에 따라 주기를 조정할 수 있다.

⇒ 리뷰 회의의 일정과 빈도를 정한다. 일정은 참여자의 가용성을 고려하여 조정하며, 일정이 미리 공지되어야 한다.

• 데이터의 수집과 분석

⇒ 리뷰에 필요한 데이터의 수집에 있어서 데이터는 KPI(핵심 성과 지표), 성과 보고서, 예측 분석, 재무 성과 등 다양한 출처에서 수집할 수 있다.

⇒ 수집된 데이터의 정확성과 신뢰성을 검토한다. 데이터가 오류가 없는지, 최신 정보인지 확인하여 분석의 신뢰성을 보장한다.

⇒ 수집된 데이터를 분석하여 성과를 평가한다. 분석 방법에는 비교 분석, 트렌드 분석, 원인 분석 등이 포함된다. 데이터 분석 결과를 시각화하여 이해하기 쉽게 제공한다.

• 리뷰 회의 진행

⇒ 성과 리뷰 회의에 참석할 주요 이해관계자와 팀원을 선정한다. 참석자는 일반적으로 S&OP 팀, 부서 관리자, 경영진 등이 포함된다.

⇒ 회의 agenda를 준비하여 리뷰할 주제를 명확히 정리한다. agenda에는 성과 요약, 문제점 분석, 개선안 논의 등이 포함되어야 한다.

⇒ 회의를 진행하며 성과를 발표하고 분석 결과를 공유한다. 참석자들은 성과에 대한 피드백을 제공하고, 문제점을 논의하며 해결 방안을 모색한다.

• 문제점과 개선 사항 도출

⇒ 리뷰 결과를 기반으로 성과의 문제점을 식별한다. 문제점은 성과 저하의 원인, 비효율적인 프로세스, 자원 부족 등 다양한 요인이 있을 수 있다.

⇒ 문제점을 해결하기 위한 개선 사항을 도출한다. 개선 사항은 프로세스 개선, 자원 재배치, 전략적 조정 등을 포함할 수 있다.

⇒ 개선 사항을 바탕으로 구체적인 행동 계획을 수립한다. 계획에는 목표 설정, 책임자 지정, 실행 일정 등이 포함된다.

• 성과 리뷰 보고서 작성

⇒ 성과 리뷰의 결과를 종합하여 보고서를 작성한다. 보고서에는 성과 요약, 분석 결과, 문제점과 개선 사항, 권장 사항 등이 포함된다.

⇒ 작성된 보고서를 검토하여 정확성과 완성도를 확인한다. 필요한 경우 수정과 보완을 진행하여 최종 보고서를 작성한다.

⇒ 최종 보고서를 관련 이해관계자에게 배포한다. 보고서는 이메일, 내부 포털, 프레젠테이션 등의 방식으로 전달될 수 있다.

• 개선 조치와 피드백

⇒ 성과 리뷰에서 도출된 개선 사항에 대한 조치를 실행한다. 실행 계획에 따라 조치하고, 진행 상황을 모니터링한다.

⇒ 개선 조치의 결과를 검토하고, 관련 부서와 팀원으로부터 피드백을 수집한다. 피드백은 성과 개선의 효과를 평가하는 데 도움을 준다.

⇒ 개선 조치의 결과를 후속 리뷰에서 검토한다. 후속 리뷰를 통해 조치의 효과를 평가하고, 추가적인 개선이 필요한지 판단한다.

성과 리뷰 프로세스의 베스트 프랙티스

• 명확한 목표와 기준 설정

⇒ 성과 리뷰의 목표와 기준을 명확히 설정하면 리뷰 과정의 방향성과 초점을 구체적으로 확립할 수 있으며, 이를 통해 모든 참가자가 리뷰의 목적을 분명히 이해하고 체계적이고 일관된 방식으로 리뷰를 진행할 수 있도록 도와준다. 이러한 과정은 리뷰의 기본 틀을 명확히 하고, 각 단계에서 효과적인 논의를 유도하는 데 도움을 준다.

⇒ 또 명확한 목표와 기준은 리뷰의 효율성과 효과성을 극대화하는 동시에 평가 결과의 신뢰성을 높이는 데 중요한 역할을 한다. 이를 바탕으로 향후 성과 개선을 위한 구체적인 계획을 수립할 수 있는 기반을 마련하며, 조직의 지속적인 발전을 지원한다.

• 정기적인 데이터 업데이트

⇒ 데이터는 정기적으로 업데이트하여 최신 정보를 반영해야 하며, 이를 통해 조직은 실시간 상황에 기반한 분석을 수행할 수 있다. 최신 데이터의 반영은 변화하는 환경에 신속히 대응하고, 의사결정의 근거를 강화하는 데 핵심적인 역할을 한다.

⇒ 또 정기적인 데이터 업데이트는 성과 분석의 정확성과 신뢰성을 보장하며, 문제를 조기에 식별하고 필요한 조치를 신속히 취할 수 있는 기반을 제공한다. 이는 데이터 품질을 유지하는 동시에, 분석 결과가 실질적인 개선으로 이어지도록 지원하는 중요한 요소이다.

• 포괄적인 참여

⇒ 성과 리뷰는 관련 이해관계자와 팀원이 적극적으로 참여하는 포괄적인 과정으로 설계되어야 하며, 이를 통해 다양한 관점과 의견을 수렴할 수 있다. 모든 이해관계자가 참여함으로써 리뷰의 공정성과 투명성이 강화되고, 평가 과정의 신뢰성이 높아진다.

⇒ 다양한 시각을 반영하는 것은 문제를 보다 정확히 이해하고 분석하는 데 중요한 역할을 하며, 이를 기반으로 더 효과적이고 실행할 수 있는 해결책을 모색할 수 있다. 이러한 접근은 팀워크와 협업을 강화하고, 리뷰 과정의 성과를 극대화하는 데 도움을 준다.

• 실행할 수 있는 개선 조치

⇒ 도출된 개선 사항은 단순한 아이디어나 제안에 그치지 않고, 명확하고 구체적인 실행 계획으로 전환되어야 한다. 이를 위해 개선 사항을 실현할 수 있는 목표와 단계별 실행 방안으로 세분화하고, 필요한 리소스와 책임자를 명확히 지정하는 것이 중요하다.

⇒ 구체화된 실행 계획은 조직이 개선 사항을 효과적으로 실행할 수 있는 기반을 제공

하며, 이를 통해 성과 개선이 실제로 이루어질 수 있다. 실행할 수 있는 조치를 통해 조직은 문제를 체계적으로 해결하고, 지속적인 성과 향상을 달성할 수 있다.

• 지속적인 모니터링과 피드백

⇒ 성과 리뷰가 완료된 이후에도 개선 조치가 효과적으로 실행되고 있는지 지속적으로 모니터링하는 것이 중요하다. 이를 통해 초기 계획과 실제 실행 간의 차이를 분석하고, 개선 조치가 의도한 결과를 달성하고 있는지 평가할 수 있다. 지속적인 관찰은 예상치 못한 문제를 조기에 발견하고 신속히 대응할 기회를 제공한다.

⇒ 또 정기적인 피드백 과정을 통해 실행된 개선 조치의 성과를 재검토하고, 필요한 경우 추가적인 조치를 하거나 계획을 조정할 수 있다. 이는 개선 과정이 일회성에 그치지 않고, 조직의 지속적 발전을 지원하는 순환적인 프로세스로 자리 잡도록 하는 데 중요한 역할을 한다.

• 주요 내용 정리

S&OP 성과 리뷰 프로세스는 조직의 성과를 체계적으로 평가하고 개선 사항을 도출하여 전략적 목표 달성을 지원하는 필수적인 과정으로, 리뷰 계획 수립, 데이터의 수집과 분석, 리뷰 회의 진행, 문제점과 개선 사항 도출, 보고서 작성, 개선 조치 실행과 피드백의 단계를 포함한다. 명확한 목표와 기준을 설정하고 최신 데이터를 반영하며, 모든 이해관계자의 참여를 통해 다양한 관점을 수렴함으로써 리뷰의 신뢰성과 공정성을 높인다. 도출된 개선 사항은 구체적이고 실행할 수 있는 계획으로 전환되며, 지속적인 모니터링과 피드백을 통해 실행 성과를 평가하고 추가적인 개선을 도모한다. 이 프로세스는 데이터 기반의 실질적인 의사결정과 조직의 지속적 성과 향상을 지원하는 핵심 역할을 한다.

성숙도 향상 전략

성숙도 단계별 전략

성숙도 단계별 전략은 S&OP 시스템의 성숙도를 단계적으로 높이는 데 필요한 전략적 접근 방식을 제시한다. 이 전략은 각 성숙도 단계에 맞춘 목표 설정, 실행 계획, 자원 배분, 성과 평가를 포함하여, 조직이 S&OP의 효과를 극대화하고 지속적(持續的)으로 개선할 수 있도록 한다. 성숙도 단계별 전략을 수립함으로써, 조직은 체계적이고 일관된 방식으로 성숙도를 높여 나갈 수 있다.

성숙도 단계별 전략의 구성 요소

• 기초 S&OP 단계의 전략

⇒ 기초 S&OP 단계에서는 기본적인 S&OP 프로세스를 구축하고, 초기 성과 목표를 설정한다. 주요 목표는 수요와 공급 계획의 통합, 기본적인 프로세스 수립, 초기 KPI 설정이다.

⇒ 기초 단계에서는 S&OP 프로세스의 기초를 마련한다. 주요 프로세스 요소는 수요 예측, 공급 계획, 생산 계획, 재고 관리이다. 초기 프로세스는 간단하고 명확해야 하며, 주요 기능을 포함해야 한다.

⇒ S&OP의 기초 프로세스를 이해하고 적용할 수 있도록 관련 직원들에게 교육과 훈련을 제공한다. 교육은 S&OP의 기본 개념, 프로세스 흐름, 그리고 사용될 도구에 관한

내용을 포함해야 한다.

⇒ 기초 S&OP 단계에서는 기본적인 기술적 지원을 제공한다. 간단한 소프트웨어 도구와 시스템을 도입하여 데이터의 수집과 분석을 지원하고, S&OP 프로세스의 초기 자동화를 진행한다.

• 기능 통합 단계의 전략

⇒ 기능 통합 단계에서는 S&OP 프로세스를 조직의 주요 기능과 통합하여 성과를 높이는 것을 목표로 한다. 주요 목표는 기능 간의 통합 강화, 프로세스 개선, 그리고 중장기 성과 목표 설정이다.

⇒ 다양한 기능(예: 마케팅, 영업, 생산, 공급망 관리) 간의 통합을 강화한다. 이를 통해 부서 간 협업을 촉진하고, 정보의 일관성을 높이며, 효율적인 계획 수립을 할 수 있도록 한다.

⇒ 기존의 S&OP 프로세스를 분석하고 개선한다. 프로세스의 비효율성을 식별하고, 개선 사항을 도출하여 프로세스의 유연성과 정확성을 높인다. 기능 간의 상호작용을 고려하여 프로세스를 조정한다.

⇒ 기능 통합 단계에서는 더 발전된 기술적 도구를 도입한다. 통합된 소프트웨어 시스템과 데이터 분석 도구를 사용하여 더욱 정교한 예측과 계획 수립이 이루어지도록 한다.

• 전사적 통합 단계의 전략

⇒ 전사적 통합 단계에서는 S&OP를 조직 전반에 걸쳐 통합하여, 모든 기능과 부서가 일관된 목표와 계획을 공유하도록 한다. 주요 목표는 전사적 계획의 통합, 전략적 목표 달성, 그리고 지속적인 성과 개선이다.

⇒ S&OP 프로세스를 조직의 모든 기능과 부서에 걸쳐 통합한다. 이를 통해 모든 부서가 공통된 목표와 계획을 공유하고, 부서 간의 협업과 정보 흐름이 원활하게 이루어지도록 한다.

⇒ 장기적 전략과 계획을 수립하여, S&OP가 조직의 전체 전략과 연계되도록 한다. 전

사적 목표와 전략을 고려하여 S&OP 프로세스를 조정하고, 계획의 일관성을 유지한다.

⇒ 전사적 통합 단계에서는 지속적인 개선과 혁신을 추진한다. 성과 모니터링과 피드백을 통해 개선 사항을 도출하고, 이를 바탕으로 S&OP 프로세스를 지속적으로 개선하여 조직의 목표를 달성한다.

성숙도 단계별 전략의 실행

• 성숙도 평가와 성과 진단

각 S&OP 단계의 성숙도를 체계적으로 평가하여 현재 단계의 성과와 개선 사항을 파악한다. 이를 위해 성숙도 평가 도구를 활용하며, 주요 목표 달성 여부와 성과 수준을 측정하여 전략적 인사이트를 도출한다.

• 자원 배분과 최적화

각 단계의 목표를 달성하려면 필요한 자원(인력, 기술, 자본 등)을 효과적으로 배분해야 한다. 자원의 최적화는 성숙도 단계별로 다르게 접근하여, 목표 달성에 필요한 자원을 적시에 확보하고 효율적으로 활용하는 데 중점을 둔다.

• 성과 모니터링과 진행 점검

단계별 성과를 지속적(持續的)으로 모니터링하여 KPI(핵심 성과 지표)를 기반으로 진행 상황을 점검한다. 성과 분석 결과를 바탕으로 문제점을 식별하고, 필요시 조치를 통해 개선 과정을 강화한다.

• 피드백 수집과 전략 조정

성과 모니터링 결과를 바탕으로 피드백을 수집하여 전략을 정교화한다. 피드백은 직원, 팀, 이해관계자로부터 다양한 관점을 수집하며, 이를 통해 프로세스 개선과 목표 달성을 위한 전략적 조정을 실행한다.

- **주요 내용 정리**

S&OP 성숙도 단계별 향상 전략은 각 단계에 맞는 목표와 실행 계획을 통해 S&OP 프로세스를 체계적으로 발전시키는 접근 방식이다. 기초 단계에서는 기본 프로세스 구축과 교육, 간단한 기술 도입이 중점이며, 기능 통합 단계에서는 부서 간의 협업 강화와 프로세스 개선, 고급 기술 도입이 강조된다. 전사적 통합 단계에서는 조직 전반의 통합과 장기적 전략 연계, 지속적인 성과 개선이 주요 목표이다. 각 단계의 성숙도를 평가하고 필요한 자원을 적절히 배분하며, KPI 기반의 성과 모니터링과 피드백을 통해 전략을 조정함으로써 조직의 S&OP 효과성과 일관성을 지속적으로 유지해 나간다.

도입 속도 조정

도입 속도 조정은 S&OP 성숙도 모델의 성공적인 구현을 위한 핵심 전략이다. 성숙도를 단계적으로 발전시키는 과정에서, 각 단계의 도입 속도를 적절히 조절하는 것이 중요하다. 이는 조직의 현재 상황, 자원, 목표, 그리고 외부 환경을 고려하여 S&OP 프로세스의 통합과 개선을 효율적으로 진행할 수 있도록 한다. 적절한 도입 속도 조정은 변화에 대한 저항을 최소화하고, 성과를 극대화하며, 리스크를 관리하는 데 중요한 역할을 한다.

도입 속도 조정의 요소

- **조직의 준비 상태 평가**

⇒ 조직의 현재 S&OP 프로세스, 기술적 인프라, 인력의 역량을 평가한다. 기존 시스템의 성숙도와 자원의 준비 상태를 고려하여 도입 속도를 조정한다.

⇒ 조직의 변화 수용 능력을 분석한다. 변화에 대한 저항 정도, 직원들의 수용도, 그리고 변화 관리전략의 효과성을 고려하여 도입 속도를 조정한다.

• **자원과 인프라**

⇒ 인력, 자본, 기술 등의 자원 가용성을 평가한다. 자원의 부족 여부에 따라 도입 속도를 조절하고, 필요한 자원을 적시에 확보한다.

⇒ 기술적 도구와 시스템의 준비 상태를 검토한다. 최신 기술과 시스템의 도입이 필요한 경우, 도입 속도를 조정하여 시스템의 통합과 안정성을 확보한다.

• **조직의 목표와 우선순위**

⇒ 성숙도 단계별 목표를 명확히 하고, 각 단계의 목표 달성을 위한 적절한 도입 속도를 설정한다. 목표의 중요성과 긴급성에 따라 도입 속도를 조절한다.

⇒ 각 단계의 우선순위를 정하고, 전략적 목표에 따라 도입 속도를 조정한다. 중요한 목표를 우선으로 달성하는 데 필요한 조치를 한다.

• **외부 환경 요인**

⇒ 외부 시장 상황과 경쟁 환경을 고려하여 도입 속도를 조절한다. 시장의 변화와 경쟁자의 동향을 분석하여 적절한 도입 시기를 결정한다.

⇒ 법적 요구 사항과 규제를 준수하기 위해 도입 속도를 조절한다. 규제 변화에 따라 적절한 대응할 수 있도록 한다.

• **도입 속도 조정 전략**

⇒ S&OP 프로세스의 각 단계를 점진적으로 도입한다. 초기 단계에서는 작은 범위의 파일럿 프로젝트를 실행하여 성과를 평가하고, 성공적인 결과를 바탕으로 단계별 확장을 진행한다.

⇒ 도입 전 파일럿 테스트를 통해 프로세스의 유효성을 검토한다. 파일럿 테스트의 결과를 분석하여, 전체 도입 시의 전략을 조정한다.

• **적시 조정**

⇒ 도입 과정에서 지속적으로 모니터링하고, 피드백을 수집한다. 피드백을 바탕으로 필요한 조정을 신속하게 수행하여 도입 속도를 최적화한다.

⇒ 도입 과정에서 발생하는 문제를 신속하게 해결한다. 문제 해결의 속도와 효율성에 따라 도입 속도를 조정한다.

• **자원 조정**

⇒ 도입 과정에서 필요한 자원을 적절히 배분한다. 자원 배분이 원활하게 이루어지도록 조정하여, 성숙도 단계의 목표를 효과적으로 달성할 수 있도록 한다.

⇒ 필요에 따라 추가 자원을 확보하여 도입 속도를 조정한다. 자원의 부족이 예상되는 경우, 적시에 자원을 확보하여 도입 과정을 지원한다.

• **리스크관리**

⇒ 도입 과정에서 발생할 수 있는 리스크를 식별하고 평가한다. 리스크의 영향을 분석하여 도입 속도를 조정한다.

⇒ 리스크를 완화하기 위한 전략을 수립하고, 이를 바탕으로 도입 속도를 조정한다. 리스크관리를 통해 도입 과정의 안정성을 높인다.

도입 속도 조정의 실행

• **계획 수립**

⇒ 도입 속도를 효과적으로 관리하기 위해 각 단계에 대한 세부 계획을 수립하는 것이 중요하다. 이를 통해 도입 과정의 목표와 일정이 명확히 정의되며, 모든 관련 팀과 이해관계자들이 똑같은 방향으로 움직일 수 있도록 조율할 수 있다.

⇒ 또 각 단계에서 필요한 자원과 지원을 사전에 확보하여 계획이 원활히 실행되도록 보장해야 한다. 충분한 리소스와 지원은 도입 과정에서 발생할 수 있는 지연이나 장애를

최소화하고, 전체 프로세스의 성공 가능성을 높이는 데 도움을 준다.

• 진행 상황 모니터링

⇒ 도입 과정 전반을 지속적으로 모니터링하여 계획된 일정과 목표가 제대로 진행되고 있는지 확인하는 것이 중요하다. 이를 통해 도입 과정에서 발생할 수 있는 문제를 조기에 파악하고, 즉각적인 대처가 가능해진다.

⇒ 모니터링 결과를 기반으로 성과를 분석하고, 도입 과정에서 예상과 다른 상황이 발생할 때, 이를 반영하여 계획을 조정한다. 이러한 유연한 대응은 도입 프로세스의 효과성을 높이고, 목표 달성을 위한 최적의 경로를 유지하는 데 필수적이다.

• 피드백 수집과 조정

⇒ 도입 과정 중에 관련 부서와 이해관계자로부터 정기적으로 피드백을 수집하여, 진행 상황과 관련된 다양한 의견과 개선점을 파악하는 것이 중요하다. 이를 통해 도입 과정에서 발생할 수 있는 문제점이나 개선 가능성을 조기에 발견할 수 있다.

⇒ 수집된 피드백을 바탕으로 도입 속도를 조정하고, 성과를 최적화하며, 발견된 문제를 신속히 해결한다. 이 과정은 단순히 도입을 완료하는 데 그치지 않고, 도입 과정이 조직의 목표와 성과에 실질적으로 이바지할 수 있도록 보장하는 데 도움을 준다.

• 성과 평가

⇒ 도입 과정의 성과를 체계적으로 평가하여 계획된 목표와 실제 결과 간의 차이를 분석하고, 이를 통해 도입이 얼마나 효과적으로 진행되었는지 파악하는 것이 중요하다. 성과 평가는 도입 과정의 성공 여부를 판단할 뿐만 아니라, 문제점과 개선 가능성을 명확히 식별하는 데 도움을 준다.

⇒ 평가 결과를 기반으로 도입 속도의 적절성을 검토하고, 필요한 경우 향후 전략을 조정하여 프로세스를 최적화한다. 이를 통해 조직은 도입 과정에서 얻은 교훈을 활용해 더 효과적이고 효율적인 전략을 수립하고 실행할 수 있다.

• 주요 내용 정리

도입 속도 조정은 S&OP 성숙도 모델을 효과적으로 구현하기 위해 조직의 준비 상태, 자원, 목표, 외부 환경 등을 고려해 각 단계의 속도를 최적화하는 전략이다. 이를 위해 조직의 변화 수용 능력과 기술적 인프라를 평가하고, 파일럿 테스트와 지속적 모니터링으로 도입 과정을 점진적으로 진행한다. 도입 중에는 피드백 수집과 자원 조정을 통해 문제를 신속히 해결하며, 리스크관리로 안정성을 확보한다. 성과 평가는 도입의 효과를 분석하고, 계획과 실제 간의 차이를 검토해 향후 전략에 반영한다. 이 과정을 통해 조직은 도입 과정의 리스크를 줄이고, 성과를 극대화하며, 지속적인 성숙도를 추구한다.

성숙도 상승 촉진 요인

성숙도 향상 전략의 핵심 중 하나는 성숙도 상승을 촉진하는 요인들을 이해하고 이를 적극적으로 활용하는 것이다. 성숙도 상승 촉진 요인은 조직의 S&OP 프로세스가 성공적으로 발전하고 성숙해지는 필수적인 요소들이다. 이들은 프로세스의 효과성을 높이고, 변화에 대한 저항을 최소화하며, 전체적인 성과를 극대화하는 데 도움을 준다.

조직의 리더십과 지원

• 경영진의 참여와 지원

⇒ S&OP 성숙도 향상을 위해서는 경영진의 적극적인 참여와 지원이 필수적이다. 경영진은 성숙도 향상에 대한 명확한 비전과 목표를 제시하고, 이를 달성하는 데 필요한 자원을 적절히 배분해야 한다. 또 조직 내 변화를 주도하며 성숙도 향상 노력을 전폭적으로 지지하는 모습을 보여야 한다.

⇒ 경영진의 이러한 지원은 조직 구성원들에게 긍정적인 신호를 보내며, 성숙도 향상을 위한 노력이 조직 전체의 우선순위라는 인식을 심어준다. 이는 직원들의 참여와 협력을 이끌어, 조직 전체가 성숙도 향상을 위한 목표를 효과적으로 달성할 수 있도록 촉진한다.

- **리더십의 역할**

⇒ 리더십은 조직의 S&OP 프로세스를 조정하고 최적화하는 데 핵심 역할을 한다. 리더는 프로세스가 조직의 전략적 목표와 일치하도록 방향을 설정하고, 모든 팀이 똑같은 목표를 향해 협력할 수 있도록 조율하는 데 중점을 둔다.

⇒ 또 리더는 팀을 이끌며 목표를 명확히 전달하고, 필요한 자원을 확보하여 실행력을 강화한다. 성과를 지속적으로 모니터링하고, 분석 결과를 바탕으로 개선책을 제시함으로써 S&OP 프로세스의 효과성을 극대화하고 조직의 전반적인 성과를 높이는 데 도움을 준다.

조직 문화와 변화 수용성

- **변화에 대한 수용성**

성숙도 향상을 위해서는 조직의 변화 수용성이 높아야 한다. 조직 문화가 변화에 긍정적이고 개방적이어야 하며, 직원들이 새로운 프로세스와 도구를 신속히 수용할 수 있어야 한다. 이를 위해 직원 교육과 커뮤니케이션 전략이 필요하다.

- **협력적인 조직 문화**

협력적인 조직 문화는 S&OP 성숙도를 높이는 데 중요한 기반이 된다. 부서 간의 협력과 원활한 소통을 적극적으로 장려하고, 팀워크와 정보공유를 촉진하는 문화를 형성함으로써 S&OP 프로세스의 효율성과 효과성을 극대화할 수 있다.

이러한 문화는 부서 간 시너지를 강화하고, 공동의 목표를 달성하기 위해 조직 전체가 일치된 방향으로 움직이도록 도와준다.

프로세스와 기술적 도구의 최적화

- **프로세스 표준화와 문서화**

S&OP 프로세스의 표준화와 문서화는 성숙도 향상을 위한 필수 요소로, 조직 내 프

로세스의 일관성과 신뢰성을 확보하는 데 중요한 역할을 한다. 명확한 절차와 지침을 체계적으로 문서화하고 이를 조직 전반에 걸쳐 일관되게 적용하면, 프로세스의 효과성을 크게 높일 수 있다.

또 표준화된 프로세스는 오류와 혼선을 줄이고, 모든 팀과 부서가 동일한 기준과 방법론을 따를 수 있도록 도와 S&OP 프로세스의 전반적인 효율성을 강화한다.

• 기술적 도구의 활용

최신 기술 도구와 시스템의 도입은 S&OP 프로세스를 더욱 효과적으로 지원하는 데 필수적이다. 데이터 분석 도구, 고급 예측 모델, ERP 시스템 등을 활용하면 데이터를 체계적으로 관리하고 심층적으로 분석할 수 있다. 이러한 기술적 도구는 S&OP 프로세스의 정확성과 신뢰성을 높이는 동시에, 의사결정을 위한 실시간 인사이트를 제공하여 프로세스의 성숙도와 효율성을 크게 높여준다.

성과 관리와 피드백 시스템

• 성과 측정과 KPI 설정

성숙도 향상을 위해 성과를 체계적으로 측정하고 적절한 KPI(핵심 성과 지표)를 설정하는 것은 매우 중요하다. S&OP 프로세스와 조직의 전략적 목표에 부합하는 KPI를 선정하고, 성과를 지속적으로 모니터링함으로써 목표 달성 여부를 명확히 추적할 수 있다. 이러한 과정은 성과를 객관적으로 평가하고, 개선이 필요한 영역을 효과적으로 식별하여 프로세스를 지속적으로 발전시키는 데 도움을 준다.

• 피드백과 개선

정기적인 피드백 수집과 이를 기반으로 한 개선 활동은 S&OP 프로세스의 성숙도를 높이는 데 핵심 역할을 한다. 조직 내 다양한 이해관계자로부터 피드백을 체계적으로 수집하여, 프로세스의 강점과 문제점을 명확히 파악한다. 이를 바탕으로 프로세스를 지속적으로 개선하고, 발견된 문제점을 신속하게 해결함으로써 전반적인 성과를 높이고, 조직의 목표 달성 가능성을 더욱 높일 수 있다.

교육과 인력 개발

• 직원 교육과 훈련

S&OP 성숙도를 높이기 위해서는 체계적인 직원 교육과 훈련이 필수적이다. 직원들에게 새로운 프로세스와 도구의 사용법을 효과적으로 교육하여 실무에 원활히 적용할 수 있도록 돕고, 지속적인 훈련을 통해 이들의 전문성과 역량을 강화한다.

교육 프로그램은 조직의 전반적인 성과를 개선하고, 변화하는 비즈니스 요구에 유연하게 대응할 수 있는 기반을 제공한다.

• 전문 인력 확보

S&OP 프로세스의 성숙도를 한 단계 높이려면 경험과 전문성을 갖춘 인력을 확보하는 것이 중요하다. S&OP 분야에서 실무 경험이 풍부한 전문가를 채용하거나, 내부 인력을 재교육하고 전문화하여 조직 내 S&OP 역량을 강화할 수 있다. 이를 통해 S&OP 프로세스의 품질과 효율성을 높이고, 조직의 전략적 목표 달성에 이바지할 수 있다.

• 지속적인 개선과 혁신

성숙도 향상을 위해 지속적인 개선 노력이 필요하다. 프로세스의 성과를 지속적으로 분석하고, 개선점을 도출하여 프로세스를 최적화한다. Lean 방법론, Six Sigma 등의 개선 기법을 활용하여 효율성을 높인다.

• 혁신적인 접근

혁신적인 접근 방식을 도입함으로써 S&OP 프로세스의 성숙도를 효과적으로 발전시킨다. 이를 위해 최신 기술, 고급 방법론, 업계의 베스트 프랙티스를 적극적으로 채택하여 프로세스 전반에 걸친 혁신을 추진한다. 이러한 접근은 S&OP 프로세스의 효율성과 정확성을 높이고, 조직이 변화하는 시장 요구에 유연하게 대응할 수 있도록 지원한다.

외부 파트너와의 협력

• 파트너와의 협력 강화

외부 파트너와의 협력을 통해 S&OP 프로세스의 성숙도를 효과적으로 높일 수 있다. 공급망 파트너, 주요 고객, 전문 컨설턴트 등과 긴밀히 협력하여 프로세스의 개선 가능성을 탐색하고, 이를 바탕으로 실질적인 개선 방안을 도출한다.

이런 협력은 각 파트너의 전문성과 통찰을 활용하여 성과를 공동으로 개선하고, 조직의 경쟁력을 강화하는 데 중요한 역할을 한다.

• 벤치마킹

업계의 벤치마킹을 통해 우수 사례를 체계적으로 연구하고, 이를 조직에 적용함으로써 S&OP 프로세스의 성숙도를 효과적으로 발전시킬 수 있다.

벤치마킹은 다른 조직의 성공적인 사례와 전략을 분석하여, 자사의 프로세스에 맞는 최적의 접근 방식을 도출하는 데 도움을 준다. 이러한 과정은 조직의 경쟁력을 강화하고, 운영 효율성과 성과를 높이는 데 이바지한다.

전략적 계획과 목표 설정

• 장기적 계획 수립

성숙도를 높이기 위해 장기적인 계획을 수립하며, 이를 통해 명확하고 구체적인 목표를 설정한다. 이러한 목표를 달성하기 위한 실행 가능한 전략을 개발하고, 전략을 단계적으로 실행하여 체계적으로 목표를 실현한다.

• 목표 달성 전략

단계별 목표를 효과적으로 달성하려면 구체적이고 실행할 수 있는 전략을 수립하고 이를 체계적으로 실행해야 한다. 전략 실행 과정에서는 목표 달성에 필요한 리소스를 적절히 배분하고, 우선순위를 명확히 조정하여 자원의 효율적인 활용과 프로세스의 원활한 진행을 보장해야 한다.

• 주요 내용 정리

S&OP 성숙도 상승을 촉진하는 요인으로는 경영진의 적극적 참여와 지원, 협력적인 조직 문화, 프로세스 표준화와 기술 도구 활용, 성과 관리와 피드백 시스템, 체계적인 직원 교육과 전문 인력 확보, 지속적인 개선과 혁신, 외부 파트너와의 협력 등이 있다. 리더십은 명확한 비전과 목표를 제시하며, 조직 문화는 변화 수용성과 부서 간 협업을 촉진한다. 표준화된 프로세스와 고급 기술 도구는 프로세스의 정확성과 효율성을 높이며, 성과 측정과 피드백은 개선 영역을 명확히 한다. 전문 인력 양성과 최신 기법 활용은 성과를 지속적으로 높이고, 벤치마킹과 파트너 협력은 경쟁력을 강화한다. 이를 통해 장기적인 목표를 실현하고 S&OP 성숙도를 체계적으로 발전시킬 수 있다.

Chapter 11

S&OP 사례 연구

다양한 산업 분야와 글로벌기업의 S&OP(판매 및 운영 계획, Sales and Operations Planning) 사례를 통해 이론의 실제 적용과 성과를 분석한다. 제조업 사례에서는 S&OP 도입 배경, 성과 개선 요소, 성공 요인을 중점적으로 다루며, 유통업 사례에서는 수요 예측의 정확성 향상, 재고 관리 최적화, 비용 절감 사례를 소개한다. 서비스업 사례에서는 서비스 제공 시간 단축, 고객 만족도 증가, 운영 효율성 증대 등 S&OP의 서비스업 특화 활용 사례를 분석한다. 마지막으로, 글로벌기업 사례를 통해 글로벌 공급망 관리, 지역별 S&OP 적용, 국제적 규제 대응과 같은 글로벌 환경에서의 S&OP 전략과 성과를 조명한다. 이 차례는 다양한 사례를 바탕으로 S&OP의 실제적 적용 방안을 폭넓게 이해하고, 산업별 특징에 맞는 접근법을 제시하여 독자들이 구체적인 실행 아이디어를 얻을 수 있도록 구성되었다.

제조업 사례 연구

S&OP 도입 배경

S&OP는 판매와 운영 계획을 통합하여 기업의 전략적 목표를 지원하는 중요한 관리 프로세스이다. 제조업에서의 S&OP 도입 배경을 이해하려면 해당 업계의 특성, 도입 전의 문제점, 그리고 S&OP가 해결하고자 했던 과제들을 살펴볼 필요가 있다. 제조업체에서 S&OP를 도입하게 된 배경을 아래와 같이 자세히 설명한다.

제조업의 특성과 도전 과제

제조업체는 일반적으로 복잡한 생산 과정과 공급망을 운영한다. 이 때문에 다음과 같은 도전 과제가 발생할 수 있다.

• 복잡한 공급망 운영과 과제

제조업체는 원자재 조달, 생산, 조립, 유통 등 여러 단계에 걸친 복잡한 공급망을 운영하는데, 이 과정에서 재고 과잉과 부족, 공급망 지연, 비효율적인 생산 계획과 같은 도전 과제에 직면한다. 이러한 문제는 공급망의 민첩성과 효율성을 떨어뜨리고, 운영 비용 증가와 고객 서비스 품질 저하를 초래하여 조직 전반의 경쟁력을 약화(弱化)시킬 수 있다.

• 수요 예측 정확성 확보의 어려움

제조업체는 수요 예측의 정확성을 확보하는 데 어려움을 겪는데, 이는 계절적 수요 변동, 경제 상황의 불확실성, 빠르게 변화하는 시장 동향 등 다양한 외부 요인으로 인해 복잡성이 증가하기 때문이다. 정확하지 않은 수요 예측은 생산 과잉, 재고 부족, 자원의 비효율적인 활용 등으로 이어져 운영 전반의 생산성과 효과성을 떨어뜨릴 수 있다.

• 생산 일정과 가동률 불균형 문제

제조업체는 생산 일정의 빈번한 변경이나 기계 가동률의 불균형으로 인해 효율적인 생산 운영에 어려움을 겪는다.

이러한 문제는 생산 계획의 불안정성, 작업 중단, 자원 낭비를 초래하며, 결국 납기 불이행, 고객 신뢰도 저하, 매출 손실로 이어질 가능성이 크다. 특히, 생산 지연은 공급망의 다른 단계에도 연쇄적인 영향을 미쳐 전체적 운영 혼란을 초래할 수 있다.

• 부서 간 정보 공유와 조율 부족

제조업체는 판매, 생산, 재무 등 주요 부서 간 정보 공유와 조율 부족으로 인해 통합된 의사결정 과정이 방해받는 상황에 직면할 수 있다.

이는 운영의 비효율성, 부서 간 업무 중복, 부정확한 데이터 기반 의사결정으로 이어져, 전반적인 조직 성과를 떨어뜨릴 수 있다. 부서 간 협업 부족은 목표 달성의 장애가 될 뿐만 아니라, 조직의 유연성과 적응력을 감소시키는 요인으로 작용한다.

기존 문제점과 해결 필요성

제조업체가 S&OP를 도입하기 전에는 다음과 같은 문제점들이 존재했다.

• 부서 간 정보 공유 부족과 운영 혼란

제조업체가 S&OP를 도입하기 전에는 각 부서가 독립적으로 운영되면서 정보와 데이터가 효과적으로 공유되지 않아 통합적인 시각이 부족한 문제를 겪었다. 이를테면 판매 부서와 생산 부서 간 정보 불일치로 인해 생산 계획이 비효율적으로 운영되거나 재고 과잉 또는 부족 현상이 반복적으로 발생하였다. 이는 조직 간의 의사소통 부재와 데이터 일관성 결여로 인해 공급망 전반의 운영 혼란을 불러일으켰다.

• 재고 과다 또는 부족 문제

제조업체는 S&OP 도입 이전에 재고 수준이 과다하거나 부족해지는 문제로 인해 큰 어려움을 겪었다. 재고 과다로 인해 보관 비용이 증가하거나 재고 부족으로 인해 고객 주문을 적시에 충족시키지 못하는 상황이 발생하였고, 이는 고객 만족도 저하, 추가 비용 증가, 신뢰도 하락 등으로 이어졌다. 특히 이러한 문제는 시장 점유율 하락과 매출 손실이라는 심각한 결과를 초래하였다.

• 수요 예측 부족으로 인한 생산 계획 실패

제조업체는 S&OP 도입 이전에 수요 예측의 정확성이 부족하여 생산 계획이 적절히 수립되지 않거나 시장 변화에 즉각 대응하지 못하는 상황에 직면했다. 이는 판매 기회를 상실하거나, 자원의 비효율적 활용, 생산 자원의 낭비를 초래하며, 기업의 운영 효율성과 경쟁력 약화의 주요 원인으로 작용하였다.

• 시장 변화와 고객 요구 대응 실패

S&OP 도입 전, 제조업체는 시장 변화와 고객 요구 변화에 신속히 대응하지 못해 중요한 경쟁력을 상실하는 문제를 겪었다. 이는 유연한 대응 체계 부재와 데이터 기반 의사결정 부족으로 인해 발생했고, 결과적으로 시장에서의 기회 손실, 고객 이탈 증가, 브랜드 신뢰도 저하라는 부정적 영향을 초래하였다. 이러한 문제는 조직의 지속 가능한 성장과 시장 내 입지 확보를 방해하는 장애물로 작용했다.

S&OP 도입의 필요성

이러한 문제점을 해결하기 위해 S&OP를 도입하게 된 이유는 다음과 같다.

• 부서 간 통합 계획 수립과 조정 강화

제조업체는 S&OP를 통해 판매, 생산, 재무 부서 간의 통합 계획 수립이 가능해졌다. 이는 부서 간 조정을 강화해 정보의 일관성을 확보하고, 모든 부서가 똑같은 목표를 위해 협력할 수 있도록 지원함으로써 조직 내 커뮤니케이션과 이견(異見) 조정 문제를 효과적으로 해결하려는 의도였다.

• 수요 예측 정확성 개선

S&OP 프로세스를 활용함으로써 제조업체는 더욱 정확한 수요 예측을 할 수 있게 되었다. 과거 데이터 분석, 시장 조사, 트렌드 분석과 같은 고급 도구를 통해 예측 정확성을 높이고, 이를 기반으로 생산 계획과 재고 관리를 최적화함으로써 기존의 불확실성을 줄이고자 했다.

• 재고 수준 최적화와 효율적 관리

제조업체는 S&OP를 통해 재고(在庫) 수준을 최적화하여 과잉 재고와 부족 문제를 해결하고자 했다. S&OP는 재고 계획과 조정을 통해 재고 비용을 절감하는 동시에, 고객 요구를 충족시킬 수 있는 적정 재고 수준을 유지하도록 지원하여 재고 관리의 효율성을 크게 높이는 데 이바지했다.

• 시장 변화와 고객 요구에 신속 대응

시장 변화와 고객 요구에 신속히 대응하기 위해 S&OP의 도입은 필수적이었다. 주기적인 계획 리뷰와 조정을 통해 변화에 맞춰 빠르게 대응하고 적절한 조치를 할 수 있는 역량을 갖추는 것이, 경쟁력을 유지하고 기회 손실을 방지하기 위한 중요한 이유 중 하나였다.

• 비용 절감과 성과 향상

S&OP는 생산 계획 최적화와 재고 관리 효율화를 통해 비용 절감과 성과 향상을 도모할 수 있도록 설계되었다. 이를 통해 제조업체는 운영 효율성을 강화하고 기업의 전반적

인 경쟁력을 높이며, 수익성을 극대화하려는 목적을 달성할 수 있었다.

S&OP 도입의 전제조건

S&OP를 성공적으로 도입하기 위해서는 몇 가지 전제조건이 필요하다.

• 경영진의 지원과 의지

S&OP 도입의 성공 여부는 경영진의 적극적인 지원과 확고한 의지에 달려 있다. 경영진이 S&OP의 중요성과 가치를 명확히 인식하고, 이를 통해 조직의 전략적 목표를 실현하려면 필요한 자원과 지원을 아낌없이 제공해야 한다. 특히 경영진이 S&OP 도입 과정에 직접 참여하며 리더십을 발휘하면, 조직 전체에 S&OP의 우선순위가 전달되고, 모든 구성원이 이를 중심으로 협력하도록 유도할 수 있다.

• IT 인프라와 데이터 관리 도구

S&OP를 효과적으로 운영하려면 신뢰할 수 있는 데이터의 수집, 분석, 공유를 지원할 수 있는 강력한 IT 인프라와 도구가 필요하다. 이를 통해 실시간 데이터 접근성과 가시성을 확보하고, 정확한 수요 예측과 계획 수립을 위한 기반을 마련할 수 있다. 고급 분석 도구와 ERP 시스템, 클라우드 기반 플랫폼은 데이터의 일관성을 보장하며, S&OP 프로세스의 효율성과 신뢰성을 높이는 데 핵심적인 역할을 한다.

• 부서 간 협력과 통합

S&OP의 성공적인 도입을 위해서는 조직 내 모든 부서가 협력하여 프로세스를 지원하는 것이 필수적이다. 판매, 생산, 재무 등 각 부서는 자신의 역할과 책임을 명확히 이해하고, 통합된 계획을 수립하기 위해 긴밀히 협력해야 한다. 부서 간 정보와 데이터의 원활한 공유는 S&OP 프로세스의 일관성을 보장하고, 조직이 공통의 목표를 향해 나아가는 데 도움을 준다. 이를 통해 조직은 부서 간의 장벽을 허물고, 협력을 기반으로 하는 문화와 운영 체계를 구축할 수 있다.

• 주요 내용 정리

제조업체는 복잡한 공급망과 생산 과정에서 수요 예측 부정확, 부서 간 정보 공유 부족, 재고 관리 문제 등으로 인해 비효율성과 경쟁력 저하를 경험해 S&OP를 도입했다. S&OP는 판매, 생산, 재무 부서를 통합하여 일관된 계획을 수립하고, 예측 정확성을 높이며, 재고를 최적화하고, 시장 변화에 신속히 대응할 수 있도록 지원한다. 이를 통해 생산 계획과 재고 관리의 효율성을 강화하며, 비용 절감과 성과 개선을 도모해 기업 경쟁력을 높인다. S&OP 프로세스의 성공적인 도입을 위해 경영진의 지원, 데이터 분석과 공유를 위한 IT 인프라, 그리고 부서 간 협력이 필수적이다.

성과 개선 분석

성과 개선 분석은 S&OP를 도입한 제조업체가 경험한 성과를 분석하여, S&OP가 실제로 기업 운영에 어떻게 이바지했는지 이해하는 과정이다. 이 분석은 S&OP 도입 이후 개선된 성과를 측정하고, 이를 통해 얻은 교훈을 다음 단계로의 발전에 활용하는 데 중요한 역할을 한다.

성과 개선 지표

성과 개선 분석을 위해서는 다음과 같은 핵심 성과 지표(KPI)를 고려한다.

• 재고 회전율 개선

재고 회전율은 일정 기간 판매된 재고가 얼마나 빠르게 소진되는지 측정하는 중요한 KPI 중 하나이다. S&OP 도입 후 재고 회전율이 개선되었다는 것은 재고가 보다 효율적으로 관리되고 불필요한 자원 낭비가 줄어들었음을 나타낸다. 이는 조직이 재고 관리에서 효율성을 높이고 자본을 더욱 효과적으로 활용할 수 있게 되었음을 뜻한다.

• 서비스 수준 향상

서비스 수준은 고객 주문을 얼마나 적시에 납품하는지 평가하는 핵심 지표로, 고객 만족도를 직접 반영한다. S&OP 도입 후 서비스 수준이 향상됐다는 것은 고객에게 주문을 적기에 제공함으로써 만족도가 증가했으며, 조직의 전반적인 공급망 운영이 개선되었음을 의미한다. 이는 S&OP가 고객 신뢰를 구축하고 시장 점유율을 확보하는 데 도움이 되었음을 보여준다.

• 생산 계획 정밀성 증가

생산 계획 정확도는 실제 생산량과 계획된 생산량 간의 차이를 나타내는 중요한 지표로, S&OP가 도입된 후 계획 정밀도가 높아진 것은 조직의 생산 운영 효율성과 자원 활용 최적화에 긍정적인 영향을 미쳤음을 시사한다. 이는 예측 정확성 향상과 데이터 기반의 의사결정을 통해 낭비를 줄이고 생산 유연성을 강화하는 데 이바지하였다.

• 운영 비용 절감

운영 비용 절감은 재고 비용 절감, 생산 효율성 개선, 공급망 최적화와 같은 여러 개선 사항의 결과로 나타나는 핵심 성과 지표이다.

S&OP 도입 이후 조직은 비용 구조를 효율적으로 관리하고, 불필요한 비용을 제거하며, 자원을 최적화하여 경쟁력을 강화할 수 있었다.

• 매출 성장률 개선

매출 성장률은 S&OP 도입이 기업의 매출 성과에 미친 긍정적 영향을 평가하는 대표적인 KPI이다. 예측 정확성과 고객 서비스 향상으로 인해 매출 기회 손실이 감소하고, 시장 변화에 신속히 대응할 수 있는 능력이 강화되어 매출 성장률이 유의미하게 상승하였다. 이는 S&OP가 조직의 장기적 성과와 지속 가능한 성장을 뒷받침하는 중요한 도구임을 입증한다.

구체적인 성과 개선 사례

• 재고 관리 최적화

S&OP 도입 전에는 재고 과잉과 부족으로 인해 높은 재고 비용과 주문 지연이 발생했다. 도입 후 수요예측과 생산 계획의 정확성이 높아지면서 재고 수준이 최적화되었고, 그 결과 재고 회전율과 재고 비용이 기대하는 만큼 절감되었다. 이는 재고 과잉으로 인한 자금 유출을 줄이고 불필요한 비용을 절감하는 데 이바지했다.

• 납기율과 고객만족도 향상

S&OP 도입 전에는 납기 지연과 고객 불만이 자주 발생했다. S&OP를 통해 판매 예측과 생산 계획이 통합되면서 적시에 생산과 배송이 가능해졌고, 그 결과 적시 납기율이 기대 이상으로 상승하여 고객만족도가 크게 향상되었다. 이는 고객 신뢰를 구축하고 장기적인 비즈니스 관계를 강화하는 데 도움이 되었다.

• 생산 계획 정밀도 개선

생산 계획의 정확도가 높아지면서 생산 설비 가동률이 증가하고, 생산 중단 시간과 자원 낭비가 줄어들었다. S&OP 도입 전에는 생산 계획과 실제 생산 간 차이가 상당히 어려울 만큼 있었으나, 도입 후 이 차이는 감내할 수 있을 정도로 감소했다. 이로써 S&OP가 생산 효율성을 높이고 자원을 효율적으로 사용하는 데 이바지했음을 보여준다.

• 운영 비용 절감

S&OP 도입 후 공급망 관리와 생산 계획의 개선으로 운영 비용이 절감되었다. 예를 들어 물류비용과 생산 비용이 초기 목표를 상회하는 수준에서 감소했다. 이는 재고 최적화와 효율적인 생산 계획 덕분에 가능해진 결과로, 비용 구조를 전반적으로 개선하는 데 이바지했다.

• 매출 성장률 증가

S&OP 도입으로 운영 효율성과 고객 만족도가 향상되어 매출 성장에도 긍정적인 영향을 미쳤다. 매출 성장률은 도입 전 5%에도 미치지 못한 상황에서 도입 후 현재의 2배 이상으로 증가했으며, 이는 개선된 고객서비스와 생산 효율성이 매출 성과에 긍정적인 영향을 미쳤음을 보여준다. 이에 대한 합리적 근거는 무엇인지 조사·분석해 보았더니 다음과 같은 사실이 입증되었다. S&OP는 기업이 시장 기회를 극대화하고 운영 비용을 최적화하며 고객 만족도를 높이는 통합적 경영 관리 프로세스로, 정확한 수요 예측과 공급망 최적화를 통해 판매 기회를 확대하고, 운영 효율성을 개선하여 불필요한 비용을 절감하며, 부서 간 Alignment를 강화하여 실행력을 높이고, 고객서비스 품질을 개선하여 장기적인 매출 증가를 유도함으로써, 기업이 시장 변화에 신속히 대응하고 지속적인 매출 성장과 수익성 향상을 달성할 수 있도록 하는 전략적 프레임 워크로 작용했다고 한다.

[공신력 있는 연구 기관]

S&OP 도입의 효과에 대한 출처는 특정한 상황, 산업, 기업에 따라 다를 수 있다. 하지만, 일반적으로 S&OP 도입의 긍정적 효과를 다룬 연구와 사례는 여러 유형이 있을 수 있다. 다음과 같은 공신력 있는 자료들에서 관련 통계나 연구 결과를 찾아 참조할 수 있다.

• APICS(Association for Supply Chain Management) 보고서: S&OP이 공급망에서 재고 효율성에 미치는 영향을 다룬 연구 자료(APICS S&OP 자료).
• Gartner 연구 보고서: S&OP 도입의 비즈니스 성과에 대한 분석.
• "Salesand Operations Planning Best Practices: Lessons from the Leaders" 보고서.
• McKinsey & Company: S&OP 도입 후 재고 최적화와 관련된 실제 사례 연구.

- McKinsey의 S&OP 도입 사례를 다룬 보고서나 블로그.
- Aberdeen Group 연구: S&OP가 생산성과 효율성을 개선한 기업들의 사례 연구.
- "Sales and Operations Planning: Aligning Business Goals with Supply Chain Tactics" 보고서.
- https://fastercapital.com/ko/

각 기업의 도입 사례나 산업 연구 보고서에서 이러한 성과를 자세히 다루고 있으며, 위와 같은 자료들로부터 구체적인 수치를 참고할 수 있을 것이다.

성과 개선 분석의 결론

S&OP 도입 후의 성과 개선 분석은 다음과 같은 결론을 도출할 수 있다.

• 재고 관리 최적화

효율적인 재고 관리는 S&OP가 재고 수준을 최적화하여 과잉 재고와 부족 문제를 해결하고, 재고 비용을 효과적으로 절감하는 데 중요한 역할을 한다. 이를 통해 기업은 불필요하게 묶인 자금을 회수하여 운영 자원을 효율적으로 배분할 수 있으며, 재고 회전율 향상으로 생산성과 재무 안정성을 동시에 달성할 수 있다.

• 고객 서비스 개선

S&OP는 적시에 제품을 납품하고 고객 요구를 충족시키는 능력을 강화하여 서비스 수준을 크게 개선한다. 이러한 변화는 고객 만족도를 높이고, 신뢰할 수 있는 비즈니스 관계를 구축하며, 기업의 시장 내 입지를 공고히 하는 데 이바지한다. 특히 고객 서비스의 질적 향상은 고객 충성도를 강화하고 반복적인 매출 증가로 이어진다.

• 생산 계획의 정밀성 향상

정확한 생산 계획 수립은 S&OP가 제조 프로세스의 효율성을 높이는 데 필수적이다. 이를 통해 생산 설비의 가동률을 높이고, 자원의 낭비를 줄이며, 생산 지연과 비용의 초과를 방지할 수 있다. 궁극적으로, 정밀한 생산 계획은 제품 품질과 납기 준수율을 높이는 데 크게 이바지한다.

• 비용 구조 개선과 절감

S&OP는 운영 비용 절감의 핵심 도구로 작용하여 공급망 최적화와 재고 관리 효율성을 통해 물류, 생산, 보관과 관련된 비용을 줄인다. 비용 절감은 기업의 전체 비용 구조를 개선하고, 이윤을 극대화하는 동시에 자원의 전략적 활용을 가능하게 한다.

• 매출 성장 촉진

S&OP의 도입은 효율적인 운영과 고객 만족도 향상을 통해 매출 성장을 직접 지원한다. 고객 신뢰 증가와 서비스 품질 개선은 추가적인 매출 기회를 창출하며, 조직은 변화하는 시장 수요에 빠르게 대응할 수 있어 지속 가능한 성장을 실현할 수 있다. 이러한 성과 개선 분석은 S&OP 도입의 효과를 구체적으로 입증하며, 기업이 향후 S&OP 프로세스를 더욱 발전시키고, 지속적인 성과 향상을 이룰 수 있는 기반을 제공한다.

• 주요 내용 정리

S&OP 도입 후 제조업체는 재고 관리, 생산 계획, 고객서비스, 비용절감, 매출 성장 측면에서 큰 성과를 경험했다. 재고 회전율이 개선되고 재고 비용이 절감되었으며, 적시 납기율 상승으로 고객만족도가 향상되었다. 생산 계획의 정확도와 설비 가동률이 높아져 생산 효율성이증가했고, 물류비와 생산비 등 운영비용이 줄어들었다. 이를 통해 매출 성장률은 도입 전 5%에도 미치지 못한 상황에서 도입 후 현재의 2배 이상으로 증가하는 성과를 거두었다. 성과 분석을 통해 S&OP가 재고 최적화, 비용 절감, 고객서비스 향상, 수익성 증대에 이바지함이 입증되었으며, 이는 S&OP 프로세스 발전과 지속적 개선의 기반이 된다.

성공 요인

S&OP 도입의 성공은 여러 요인에 의해 결정된다. 제조업체가 S&OP를 성공적으로 도입하고 운영하기 위해서는 여러 가지 요인을 고려해야 하며, 이를 통해 최상의 결과를 유도할 수 있다. 다음은 제조업체가 S&OP를 도입하여 성공적으로 운영하기 위한 필수 성공 요인들이다.

• 경영진의 전폭적인 지원

S&OP 도입에 성공하려면 경영진의 강력하고 전폭적인 지원이 필수적이다. S&OP는 조직의 여러 부문에서 다양한 업무를 통합하여 전략적인 관점에서 자원을 최적화하고, 수요와 공급을 조율하는 복잡한 프로세스이다. 이와 같은 이유로 S&OP는 조직 내 모든 부서와 기능을 연계하고 조정해야 하므로, 경영진이 중심이 되어 이를 주도하고 지지해야 한다. S&OP가 원활하게 도입되고 자리 잡기 위해서는 경영진이 직접 S&OP의 목표와 중요성을 이해하고 그 실질적인 가치를 인정하며 전폭적인 지원을 아끼지 않아야 한다. 경영진이 적극적으로 참여하고 필요한 자원을 제공함으로써, 각 부서와 구성원들은 자신들이 수행하는 역할의 중요성을 인식하게 되며, 이를 통해 S&OP 프로세스에 대한 긍정적인 참여와 협력을 이끌 수 있다. 더 나아가, 경영진의 지속적인 지원은 단순한 자원 할당을 넘어서, 조직 내 모든 구성원이 공통의 목표와 방향을 이해하고 S&OP 목표를 달성하는 데 있어 일관된 방향성을 유지하는 데 이바지한다. 또 경영진이 S&OP 회의나 계획 수립 과정에 참여하여 실질적인 지침을 제시하고 피드백을 제공함으로써, 조직 전반에 걸쳐 투명하고 신뢰할 수 있는 운영 환경이 구축된다.

• 명확한 목표 설정과 전략적 계획

S&OP 도입 과정에서 성공을 이루려면 명확하게 설정된 목표와 전략적 계획이 필요하다. 이 목표는 조직 전체의 비즈니스 전략과 일치해야 하며, 구체적이고 실현할 수 있으면서도 측정할 수 있는 지표로 정의되어야 한다.

예를 들어, S&OP 목표가 재고 최적화라면, 이에 따른 목표 수치를 설정하고, 수요 예측 정확도 개선과 공급망의 안정성 확보와 같은 하위 목표를 설정하여 구체적인 방향성을 제시할 수 있다. 또한 이러한 목표는 조직 내 모든 부서와 기능에서 이해되고 공유되어야 하며, 이를 통해 S&OP가 추구하는 전략적 비전이 일관되게 전달될 수 있다.

목표와 전략적 계획은 단계별로 접근할 수 있는 현실적인 이정표와 마일스톤을 포함해야 하며, 단계별로 필요한 자원과 예산을 할당하여 효율적인 운영을 가능하게 한다. 아울러 목표 달성을 위해 필요한 각 부서의 역할과 책임을 명확히 정의하여 부서 간 협력이 원활하게 이루어지도록 지원하며, 이러한 계획은 지속적인 모니터링을 통해 필요시 조정되거나 보완되어야 한다. 이러한 철저한 계획 수립을 통해 S&OP의 전략적 목표는 단순한 이론에 그치지 않고, 조직이 실제로 달성할 수 있는 성과로 연결될 수 있다.

• 통합된 데이터 관리 시스템

S&OP는 여러 부서에서 생성되고 관리되는 다양한 데이터를 통합하고 이를 기반으로 최적의 계획을 수립하는 프로세스이다. 이를 성공적으로 수행하려면 통합된 데이터 관리 시스템이 필수적이다.

이 시스템은 부서별로 산재해 있는 데이터를 통합하고, 신뢰할 수 있는 데이터 소스를 유지하며, 실시간으로 데이터에 접근할 수 있도록 지원하는 기능을 포함해야 한다. 통합 데이터 관리 시스템이 제대로 구축되어 있다면, 기업은 수요 변화와 시장 동향에 빠르게 대응할 수 있으며, 최적의 자원 배분을 통해 공급망의 효율성을 극대화할 수 있다.

이와 같은 데이터 시스템은 각 부서가 데이터에 쉽게 접근할 수 있도록 하여, 의사결정의 정확성을 높이고 S&OP 계획의 신뢰성을 보장한다. 또 이 시스템은 조직 내 모든 구성원이 똑같은 데이터 기반 위에서 의사결정을 내릴 수 있도록 하여, 일관성 있는 의사결정이 가능하게 하고, S&OP 목표 달성을 위한 협력과 투명성을 강화한다.

• 부서 간 협업과 커뮤니케이션 강화

S&OP 프로세스는 여러 부서가 참여하여 공동의 목표를 이루기 위한 과정이므로, 각

부서 간의 긴밀한 협업과 효과적인 커뮤니케이션이 매우 중요하다. 성공적인 S&OP를 위해서는 각 부서가 서로의 역할과 책임을 이해하고, 정보를 투명하게 공유하며, 의사결정에 적극적으로 참여할 수 있는 협력 체계를 구축해야 한다. 이를 위해서는 정기적인 회의를 통해 각 부서의 최신 정보와 진행 상황을 공유하고, 주요 이슈에 대해 함께 논의하는 절차가 필요하다.

특히, 효과적인 커뮤니케이션 채널을 마련하여, 각 부서 간 신속하고 투명한 정보 교환이 이루어질 수 있도록 지원하는 것이 중요하다. 이러한 협업과 커뮤니케이션 환경은 S&OP 과정에서 발생할 수 있는 부서 간 갈등이나 이해관계의 차이를 최소화하고, 조직 전체가 공동의 목표를 향해 나아가게 하는 동력을 제공한다. 또 각 부서가 자신의 관점에서 문제를 제기하고 개선 방안을 논의함으로써, 실질적인 문제 해결과 프로세스의 개선이 가능해진다. 이를 통해 S&OP 프로세스는 단순한 계획 수립을 넘어서, 조직 전체의 목표를 달성하기 위한 협력적 환경으로 자리 잡게 된다.

• 지속적인 교육과 훈련

S&OP 도입 후에도 프로세스를 지속적으로 개선하고 유지하려면 관련 직원들에 대한 지속적인 교육과 훈련이 필요하다. S&OP는 새로운 프로세스와 도구, 그리고 다양한 기능이 통합된 전략적 의사결정 프로세스이므로, 직원들이 이를 효과적으로 이해하고 적용할 수 있도록 체계적인 교육 프로그램이 뒷받침되어야 한다. 교육과 훈련은 S&OP의 기본 개념과 방법론에 대한 이해를 높이는 것에서부터, 최신 기술과 도구 사용법에 대한 실습 교육에 이르기까지 폭넓은 내용을 포함해야 한다.

또 정기적인 교육을 통해 S&OP의 일관성과 지속 가능성을 유지할 수 있으며, 새로운 시장 환경 변화나 기업 내부의 변화에 맞춰 S&OP 프로세스를 유연하게 조정할 수 있는 기반을 마련할 수 있다. 교육 프로그램은 직원들의 역량 강화를 목표로 하고 있으며, 이를 통해 S&OP의 성공적인 실행을 지속적으로 지원하는 데 중요한 역할을 한다. 또 교육과 훈련을 통해 직원들이 S&OP에 대한 주인의식을 가지게 되고, 실질적인 성과 창출에 이바지할 수 있게 된다.

• 성과 모니터링과 피드백

S&OP 프로세스의 성공적인 운영을 위해 성과 모니터링과 피드백 체계를 구축하는 것은 매우 중요하다. 성과 모니터링은 S&OP 프로세스의 효과와 효율성을 평가하는 중요한 요소로, 이를 통해 설정된 목표가 얼마나 달성되고 있는지 주기적으로 확인할 수 있다. 성과 모니터링을 통해 얻은 데이터를 바탕으로 S&OP 프로세스에서 발생하는 문제점을 식별하고, 개선이 필요한 영역을 명확하게 정의할 수 있다. 또 피드백 과정은 단순히 문제점을 지적하는 데 그치지 않고, 구체적인 개선 방안을 제안하고 이를 실천할 수 있도록 지원한다.

이러한 모니터링과 피드백 체계를 통해 S&OP는 점차 개선되고 성숙해지며, 조직의 목표 달성에 더욱 효과적으로 이바지할 수 있다. 특히, 피드백을 통해 각 부서와 팀이 자신들의 역할과 성과에 대한 실질적인 정보를 얻고, 이를 바탕으로 성과 향상을 위한 목표와 전략을 수립할 수 있다. 성과 모니터링과 피드백은 S&OP의 지속 가능성과 장기적 성공을 보장하는 데 중요한 역할을 하며, 이를 통해 기업은 S&OP 프로세스의 지속적인 발전과 성공을 이룰 수 있다.

• 주요 내용 정리

S&OP 도입의 성공은 경영진의 전폭적인 지원, 명확한 목표 설정과 전략적 계획, 통합된 데이터 관리 시스템, 부서 간 협업과 커뮤니케이션 강화, 지속적인 교육과 훈련, 성과 모니터링과 피드백 체계 구축과 같은 요인에 달려 있다. 경영진은 명확한 목표와 자원을 제공하며, 직원들에게 동기를 부여하고 방향성을 제시한다.

데이터 관리 시스템은 부서 간 일관된 데이터 공유와 분석을 지원하며, 협업 체계는 부서 간 정보 공유와 협력을 통해 통합된 계획 수립을 가능하게 한다. 지속적인 교육과 훈련은 직원들의 역량 강화와 변화에 대한 적응력을 높이고, 성과 모니터링과 피드백은 프로세스 개선과 장기적인 성공을 보장한다. 이러한 요인들이 조화를 이루면 S&OP는 조직의 전략적 목표를 효과적으로 달성하고 지속 가능한 성과를 창출할 수 있다.

유통업 사례 연구

수요 예측 정확성 향상

수요 예측의 정확성은 유통업체의 운영 효율성을 크게 좌우한다. 잘못된 수요 예측은 재고 과잉 또는 부족을 초래하여, 운영 비용 증가와 고객 만족도 저하로 이어질 수 있다. 따라서 수요 예측의 정확성을 높이는 것은 유통업체의 경쟁력을 강화하고, 비즈니스 성과를 개선하는 데 중요한 요소이다.

S&OP 도입 전의 문제점

유통업체는 S&OP를 도입하기 전, 수요 예측의 정확성이 낮아 여러 문제를 겪었다.

• 재고 과잉 또는 부족

유통업체는 수요 예측의 부정확성으로 인해 일부 제품의 재고가 과잉되고, 다른 제품의 재고는 부족한 상황을 반복적으로 경험하였다. 과잉 재고는 창고 내 불필요한 공간 점유와 유지 비용을 증가시키고, 제품 손상 또는 유통기한 초과로 인한 폐기 손실까지 초래하였다. 반면에 재고 부족은 고객의 주문을 적시에 이행하지 못하여 지연이 발생하고, 이는 고객 불만과 매출 손실로 이어졌다. 이러한 문제는 기업의 자금 흐름을 악화시키고, 장기적으로 경쟁력을 약화(弱化)시키는 주요 원인이 되었다.

• 비효율적인 재고 관리

유통업체는 수요 예측의 정확도가 낮아 재고 회전율이 현저히 떨어지고, 이는 자원의 활용도를 저하(低下)시켰다. 재고 관리 프로세스의 비효율성으로 인해 불필요한 운영 비용과 물류비용이 증가하였고, 재고의 흐름이 원활하지 않아 시장 변화에 신속히 대응하지 못하는 문제가 발생하였다. 이는 유통업체의 전반적인 공급망 운영에 부정적인 영향을 미쳤으며, 재고 관리 체계를 개선하지 않는 한 지속적인 손실을 유발할 위험이 있었다.

• 고객 만족도 저하

유통업체는 제품의 품절이나 배송 지연으로 인해 고객의 신뢰를 잃는 문제가 심화했다. 특히 주요 인기 제품이나 필수 제품의 재고 부족 상황이 반복되면서 고객 불만족이 증가하고, 이는 브랜드 이미지와 충성도에 큰 타격을 주었다. 고객의 기대를 충족시키지 못한 결과, 고객 이탈이 발생하고, 경쟁 업체로 수요가 이동하면서 장기적인 매출 손실로 이어졌다. 이러한 상황은 유통업체가 시장에서의 입지를 유지하기 어렵게 만들며, 기업의 생존 가능성을 위협하는 주요 요인으로 작용하였다.

S&OP 도입 후의 개선

S&OP 도입 후, 유통업체는 수요 예측의 정확성을 크게 개선할 수 있었다. 이를 위해 채택한 주요 전략과 접근 방식은 다음과 같다.

• 통합 데이터 분석

유통업체는 S&OP 프로세스에 통합 데이터 분석을 도입하여 과거 판매 데이터, 시장 트렌드, 계절적 변동, 프로모션 계획 등을 종합적으로 분석하였다. 이러한 분석을 통해 수요 패턴을 더 정밀하게 이해할 수 있었으며, 이를 바탕으로 더욱 정확한 예측이 가능해졌다. 결과적으로, 시장 변화에 효과적으로 대응할 수 있는 기반을 마련하였다.

• 수요 예측 모델 개선

S&OP 도입과 함께 유통업체는 머신러닝 알고리즘과 고급 예측 분석 도구를 활용한 첨단 수요 예측 모델을 도입하였다. 이 모델은 다양한 변수와 복잡한 패턴을 반영하여 예측의 정밀도를 크게 높였으며, 미래 수요 변동에 대한 정확한 전망을 가능하게 하였다. 이러한 접근은 재고 관리와 생산 계획의 효율성을 개선하는 데 크게 이바지하였다.

• 협업과 정보 공유

S&OP 도입 이후, 유통업체는 판매, 마케팅, 물류 부서 간 협업을 강화하고, 최신 수요 관련 정보를 실시간 공유하는 체계를 구축하였다. 이를 통해 각 부서가 통합된 데이터를 기반으로 계획을 조정할 수 있었으며, 수요 예측의 정확성을 더욱 높일 수 있었다. 부서 간 원활한 협업은 계획 수립의 일관성을 확보하고 운영 효율성을 증대시키는 데 중요한 역할을 했다.

• 주기적인 리뷰와 조정

유통업체는 수요 예측 결과를 주기적으로 검토하고, 실제 판매 데이터를 반영하여 예측 모델을 지속적으로 조정하는 프로세스를 도입하였다. 이와 같은 정기적인 리뷰는 예측의 정확도를 점진적으로 개선하는 데 효과적이었으며, 시장 변화에 신속히 대응할 수 있는 유연성을 강화하였다.

• 고객 인사이트 활용

유통업체는 고객의 구매 패턴, 피드백, 시장 조사 결과를 수요 예측에 적극 반영하였다. 이를 통해 고객의 선호와 행동을 심층적으로 분석하고, 좀 더 정확하고 실질적인 예측을 가능하게 하였다. 고객 중심의 데이터를 활용한 예측은 고객 만족도를 높이고, 수요 변화에 대응하는 능력을 크게 개선하였다.

구체적인 성과

S&OP 도입 이후, 유통업체는 다음과 같은 구체적인 성과를 달성하였다.

• 수요 예측 정확도 향상

S&OP 도입 전, 유통업체의 수요 예측 정확도는 약 70% 수준에 머물렀으나, 도입 이후에는 기대 이상으로 크게 향상되었다. 이는 과거 데이터와 시장 트렌드 분석을 기반으로 한 정교한 예측 모델을 적용한 결과로, 예측 오차를 줄이고 재고 운영의 효율성을 대폭 강화하는 데 이바지하였다. 더 정확한 수요 예측은 판매와 공급 계획의 일관성을 높이고, 전체 운영 프로세스를 안정화(安定化)시키는기반이 되었다.

• 재고 최적화

유통업체는 S&OP 도입 이후, 정확한 수요 예측을 통해 재고 과잉과 부족 문제를 효과적으로 완화하였다. 평균 재고 회전율이 기대한 만큼 개선되었으며, 불필요한 재고로 인한 자금 낭비를 줄임으로써 재고 비용 역시 긍정적인 성과를 달성했다. 이러한 재고 최적화는 공급망의 유연성을 높이고, 기업이 변화하는 시장 수요에 신속히 대응할 수 있는 기반을 마련하였다.

• 고객만족도 향상

S&OP 도입 이후, 적시에 제품을 공급할 수 있는 능력이 강화되면서 품절 문제와 납기 지연이 크게 줄어들었다. 그 결과 고객 불만이 기대 이상으로 감소하였으며, 고객 재구매율 역시 증가하였다. 이러한 개선은 고객 신뢰도를 높이고, 장기적인 고객 관계를 구축하여 기업의 브랜드 이미지를 긍정적으로 강화하는 데 이바지하였다.

• 운영 효율성 증대

S&OP를 통해 수요 예측의 정확성이 높아지면서 재고 관리와 물류 운영이 더욱 효율적으로 이루어졌다. 물류비용은 5%~8% 절감되었고, 전체 운영 프로세스가 개선되면서

전반적인 운영 효율성이 향상되었다. 이는 비용 절감을 넘어, 기업이 지속 가능한 성장과 경쟁력 강화를 위한 견고한 기반을 마련한 사례로 평가될 수 있다.

• 다른 산업과의 비교

다음의 내용은 필자도 많은 서적을 통해 살펴보았지만, 성과가 타 산업과 어떠한 차이가 있는지 늘 궁금하여 벤치마크를 통하여 자료를 확인해 보았다. 이 자료는 일반적으로 공개된 자료들을 모아 정리해 본 내용으로 수치에 대한 큰 의미보다는 업계의 수준이 이 정도라고 하는 차원에서 참고하고, 자료의 내용은 순전히 필자의 해석과 판단에 의한 내용임을 알린다.

번호	비교대상	유통업체 성과	제조업 성과 평균	비교
1	수요 예측 정확도 향상	• 예측 정확도 70% → 85% (15% 향상)	• 전자 산업: 65% → 85%~90% (20~25% 향상) - 첨단 기술 도입과 데이터 분석 능력이 뛰어나 향상 폭이 큼 • 자동차 부품 산업: 55%~65% → 80%~85% (15~20% 향상) - 긴 리드 타임과 복잡한 공급망으로 인해 향상 폭이 상대적으로 낮음 • 대표 제조업 평균: 60%~70% → 80%~85% (10~15% 향상)	• 유통업체의 85% 정확도는 제조업 평균과 동일하거나 약간 높은 수준이며, 전자 산업과 유사하고 자동차 부품 산업보다 우수함
2	재고 최적화	• 재고 회전율 15% 개선 • 재고 비용 10% 절감	• 전자 산업: 재고 회전율 개선 15%~25%, 재고 비용 절감 8%~15% - 전자 산업은 빠른 제품 회전율과 높은 예측 정확성으로 인해 최적화 효과가 큼 • 자동차 부품 산업: 재고 회전율 개선 10%~20%, 재고 비용 절감 5%~10% - 안정적인 공급을 위해 재고를 유지해야 하므로 개선 효과가 제한적 • 대표 제조업 평균: 재고 회전율 개선 10%~20%, 재고 비용 절감 5%~12%	• 유통업체의 재고 회전율 개선(15%)과 비용 절감(10%)은 대표 제조업 평균에 부합하며, 전자 산업과 유사, 자동차 부품 산업보다 높은 수준임
3	고객 만족도 향상	• 고객 불만 20% 감소 • 재구매율 12% 증가.	• 전자 산업: 고객 불만 감소 15%~25%, 재구매율 증가 10%~20% - 품질과 신속한 납품이 고객 만족도에 큰 영향을 미침 • 자동차 부품 산업: 고객 불만 감소 10%~15%, 재구매율 증가 5%~10% - OEM 중심의 시장 구조로 고객 만족도가 직접적인 재구매로 이어지지 않음 • 대표 제조업 평균: 고객 불만 감소 12%~20%, 재구매율 증가 8%~15%	• 유통업체의 고객 불만 감소(20%)는 대표 제조업 평균보다 약간 우수, 전자 산업과 유사, 자동차 부품 산업보다 높은 수준임 • 재구매율 증가(12%)는 제조업 평균과 비슷하거나 약간 높은 수준임
4	운영 효율성 증대	• 물류 비용 8% 감소 • 운영 효율성 향상.	• 전자 산업: 물류 비용 절감 5%~10% - 운영 효율성: 디지털화와 자동화 도입으로 평균 이상 개선 • 자동차 부품 산업: 물류 비용 절감 5%~7% - 운영 효율성: 복잡한 공급망 특성으로 인해 개선 폭이 제한적 • 대표 제조업 평균: 물류 비용 절감 5%~8% - 운영 효율성: 자동화 및 협업 강화로 평균 수준 향상	• 유통업체의 물류 비용 절감(8%)은 제조업 평균과 동일하거나 약간 높은 수준, 전자 산업과 유사, 자동차 부품 산업보다 우수함

종합 비교 :
• 수요 예측 정확도: 유통업체는 대표 제조업 평균보다 약간 우수, 전자 산업과 유사, 자동차 부품 산업보다 높음
• 재고 최적화: 유통업체의 성과는 전자 산업과 유사, 대표 제조업 평균과 부합, 자동차 부품 산업보다 우수
• 고객 만족도: 유통업체는 대표 제조업 평균보다 약간 우수, 전자 산업과 유사, 자동차 부품 산업보다 우수
• 운영 효율성: 유통업체는 대표 제조업 평균과 비슷하거나 약간 우수, 전자 산업과 유사, 자동차 부품 산업보다 높은 성과
• 유통업체의 S&OP 도입 성과는 비교적 안정적인 수요와 민첩한 운영 시스템을 기반으로, 제조업 전반과 비교했을 때 상위 수준의 성과를 달성한 것으로 조사 되었습니다.
이러한 성과는 전자 산업과 유사한 성과를 보였으며, 자동차 부품 산업보다 높은 결과를 찾아 볼 수 있었습니다.

[표 7] 타 산업과의 비교

• 주요 내용 정리

유통업체는 S&OP 도입 이전, 낮은 수요 예측 정확성으로 인해 재고 과잉 또는 부족, 비효율적인 재고 관리, 그리고 고객 만족도 저하 등의 문제를 겪었다. S&OP 도입 이후

통합 데이터 분석, 고급 예측 모델 도입, 부서 간 협업과 정보 공유, 주기적 리뷰와 조정, 고객 인사이트 활용 등으로 수요 예측 정확성을 매우 만족할 만한 높은 수준으로 높였다. 이로써 재고 과잉과 부족이 줄어 평균 재고 회전율이 빠르게 개선되고, 재고 비용이 기대할 만큼이 절감되었다. 또 적시 납품과 품절 감소로 고객 불만이 감소함으로써 재구매율이 점점 높아져 감에 따라 고객 만족도가 높아졌다. 물류비 역시 기대할 만큼의 절감과 함께 운영 전반의 효율성도 향상되어, S&OP는 유통업체의 경쟁력 강화와 비즈니스 성과 개선에 크게 이바지하였다.

재고 관리 최적화

재고 관리는 유통업체의 운영에서 중요한 요소 중 하나이다. 효과적인 재고 관리는 고객의 요구를 충족시키면서 비용을 최소화하고, 자원의 낭비를 줄이며, 공급망의 효율성을 높이는 데 이바지한다. 이 절에서는 유통업체가 S&OP 프로세스를 도입하여 재고 관리 최적화를 이뤄낸 사례를 분석하고, 그 과정과 결과를 상세히 설명한다.

재고 관리의 도입 배경

유통업체는 S&OP를 도입하기 전, 재고 관리에서 여러 가지 도전에 직면해 있었다.

• 과잉 재고

유통업체는 S&OP 도입 전, 과잉 재고 문제로 심각한 운영 효율성 저하를 겪었다. 특정 제품이 수요를 초과하여 과도하게 생산되거나 주문됨으로써, 적정 재고 수준을 초과하는 상태가 지속되었다. 이 때문에 보관과 유지 비용이 증가하고, 제품 손상이나 유통기한 초과로 인한 폐기 손실이 발생하였다. 또 과잉 재고는 기업의 자금이 불필요하게 묶이게 만들어 다른 사업 기회를 활용하지 못하도록 하였으며, 재무 건전성을 악화시켰다. 이러한 문제는 공급망 전반에 불필요한 복잡성을 초래하고, 운영 효율성을 떨어뜨려 기업의 장기적인 수익성과 경쟁력을 약화(弱化)시키는 원인이 되었다.

• 재고 부족

S&OP를 도입하기 전, 유통업체는 재고 부족으로 인해 고객 수요를 충족시키지 못하는 문제를 경험했다. 특히 인기 제품이나 핵심 제품의 재고가 자주 품절(品切)되면서 고객 주문 이행이 지연되었고, 이는 고객 신뢰도 하락과 불만족으로 이어졌다. 재고 부족 상황이 반복되면서 고객 이탈과 브랜드 이미지 손상으로 인해 장기적인 매출 감소가 발생하였다. 판매 기회를 상실함으로써 기업의 수익성은 악화했고, 공급망 내 예측 불확실성과 운영 비효율성이 증가하여 시장에서의 경쟁력 약화를 초래하는 결과를 낳았다.

• 재고 회전율 저조

유통업체가 S&OP를 도입하기 전, 재고 회전율 저조로 인해 재고 관리의 효율성이 떨어지는 도전에 직면했다. 제품이 생산되거나 입고된 후 판매로 이어지기까지 소요 기간이 길어짐에 따라, 재고가 창고에 장기간 보관되는 문제가 발생하였다. 이 때문에 자원의 활용도가 낮아지고, 장기 보관으로 인해 제품이 구식화(舊式化)되거나 손상될 위험이 증가했다. 저장 공간의 효율성이 떨어지고 운영 비용이 증가하면서 낭비되는 자본이 늘어났다. 이러한 상태가 지속되면서 기업의 현금 흐름에 부정적인 영향을 미쳤으며, 시장 변화에 신속히 대응하지 못하게 되어 경쟁 우위를 상실할 위험성이 높아졌다.

S&OP 도입 후의 변화

S&OP를 도입한 후, 유통업체는 재고 관리의 효율성을 크게 개선할 수 있었다. S&OP 프로세스를 통해 적용된 주요 전략은 다음과 같다.

• 통합 재고 계획

S&OP 도입 후, 유통업체는 통합 재고 계획을 통해 전체적인 수요 예측과 공급 계획을 하나로 조율할 수 있었다. 판매 데이터를 기반으로 수요를 정확히 예측하고 생산과 물류 계획을 통합하여 운영 효율성을 높였다.

이를 통해 특정 제품이 과잉 생산되거나 고객 수요를 충족시키지 못하는 상황이 크게 줄었으며, 부서 간 데이터와 정보 공유를 통해 운영의 투명성과 일관성을 확보하였다. 결국 재고 과잉으로 인한 비용 손실과 재고 부족으로 인한 매출 손실을 최소화하고, 재고 회전율을 높이며 고객 만족도를 높이는 데 성공하였다.

• 실시간 데이터 활용

S&OP 도입 이후, 유통업체는 최신 IT 인프라와 ERP, SCM, WMS 시스템을 활용하여 재고 데이터를 실시간으로 모니터링하고 분석할 수 있었다. 이를 통해 판매 속도, 제품 위치, 재고 수준 등의 정보를 실시간으로 파악하여 즉각적인 의사결정을 지원하였다. 예를 들어, 특정 지역에서 판매가 급증하는 제품에 대해 신속히 재배치를 결정하거나, 과잉 재고가 발생한 제품에 프로모션을 기획하는 등의 조치를 할 수 있었다. 이러한 실시간 데이터 활용은 수요 변화에 빠르게 대응하고, 재고 관리의 정확성을 높이며, 공급망 전체의 가시성을 강화하는 데 도움을 주었다.

• 최적화된 발주 정책

S&OP 도입 후, 유통업체는 최적화된 발주 정책을 통해 재고 회전율을 높이고 자원의 효율성을 극대화할 수 있었다. 안전 재고 수준을 면밀하게 분석하여 적정 수준으로 재조정하고, 적시 재발주 시스템(JIT)을 도입하여 재고 부족과 과잉 재고를 방지하였다. 또 발주 주기를 효율적으로 조정하고 시장 수요의 변동성을 반영한 동적 계획을 도입하여 발주 정확도를 높였다. 이로써 재고 관리 비용이 절감되고 고객 주문이 신속히 충족되었으며, 기업의 운영 효율성이 한층 강화되었다.

• 협업과 커뮤니케이션 강화

S&OP 도입 이후, 유통업체는 공급망 파트너와의 협업과 커뮤니케이션을 대폭 강화하여 재고 관리의 효율성을 크게 개선할 수 있었다. 판매 데이터, 생산 일정, 물류 상태 등의 정보를 파트너 간에 실시간으로 공유하여 재고 흐름의 정체를 방지하고 주문 처리 속도를 개선했다. 또 정기적인 협의와 조율을 통해 잠재적인 문제를 사전에 식별하고 해결

방안을 마련할 수 있었다. 이러한 협업은 공급망 전반의 신뢰와 효율성을 높이며, 유통업체가 시장 변화에 신속히 대응할 수 있도록 지원하였다.

만족한 성과

S&OP 도입 후, 유통업체는 재고 관리에서 다음과 같은 만족한 성과를 달성하였다.

• 재고 회전율 개선

재고 회전율 개선은 S&OP 도입을 통해 재고가 빠르게 소진되었음을 의미한다. 이는 재고가 효율적으로 관리되어 고객의 수요를 신속히 충족시키는 동시에, 오랜 기간 창고에 적체된 재고를 줄이는 데 성공했음을 보여준다. 재고 회전율의 증가는 자금이 불필요하게 재고에 묶이는 상황을 방지하여 기업의 현금 흐름을 개선하고, 최신 제품을 시장에 더 빠르게 제공할 수 있도록 지원한다. 또 재고 소진 속도가 빨라지면서 오래된 재고로 인한 손실과 폐기 비용도 줄어들어 전체적인 운영 효율성이 향상되었다. 이를 통해 기업은 경쟁력 있는 운영 구조를 확보하고, 시장 변화에 더욱 유연하게 대응할 수 있게 되었다.

• 비용 절감

비용 절감은 S&OP 도입 후 재고 관리 효율성이 만족할 만큼 향상된 결과로, 저장 비용의 감소는 물론 재고 손실과 관련된 비용도 줄어든 것을 의미한다. 구체적으로, 과잉 재고를 효과적으로 줄이고 최적의 재고 수준을 유지함으로써 창고 운영과 관련된 비용을 절감했다. 이는 냉장, 보관, 보험료와 같은 간접비용뿐만 아니라, 오래된 재고로 인한 감가상각과 폐기 비용을 포함한다. 또 효율적인 재고 관리는 필요하지 않은 물류와 보관 공간의 추가 확보를 방지하여 자원을 더욱 효과적으로 활용할 수 있게 해주었다. 결과적으로, 비용 절감은 기업의 수익성을 강화하고, 자원을 전략적으로 배치할 기회를 제공하였다.

• 재고 부족 문제 감소

재고 부족 문제 감소는 S&OP 도입 이후, 인기 있는 제품의 품절로 인해 발생하던 고객 불만이 약 25% 감소한 것으로 나타난다. 이는 통합된 수요 예측과 발주 계획이 적시에 이루어져 고객 주문을 더욱 신속히 처리할 수 있었음을 보여준다. 고객의 기대에 부응하는 제품 공급이 가능해짐으로써, 기업은 브랜드 신뢰도를 높이고 고객 충성도를 강화하는 데 성공했다. 특히 중요한 성수기나 프로모션 기간에도 적정 수준의 재고를 유지하여, 매출 손실을 방지하고 고객 경험을 크게 개선하였다. 이러한 변화는 고객의 재구매율과 긍정적인 피드백 증가로 이어져, 기업의 장기적인 시장 경쟁력을 강화하였다.

• 과잉 재고 감소

과잉 재고 감소는 S&OP 도입을 통해 재고 자산이 줄어든 것을 의미하며, 이는 자금 운용의 효율성과 창고 공간 활용도를 크게 높이는 데 이바지했다. 불필요하게 쌓여 있던 과잉 재고는 공간 낭비와 추가 저장 비용을 유발했으나, S&OP 프로세스를 통해 통합된 재고 관리가 이루어지면서 이러한 문제를 효과적으로 해결할 수 있었다.

과잉 재고의 감소는 단순히 비용 절감을 넘어, 자원을 더 전략적으로 활용하고 새로운 제품에 투자할 여력을 마련하는 데 이바지했다. 또 시장 수요에 유연하게 대응할 수 있는 능력을 강화하여, 고객 요구 변화에 신속히 대응하고 지속 가능한 재고 관리 시스템을 구축하는 기반을 마련하였다.

• 주요 내용 정리

유통업체는 S&OP 도입 전 과잉 재고, 재고 부족, 회전율 저조 등의 문제로 운영 효율성과 고객 만족도가 저하되었으나, S&OP를 통해 재고 관리의 효율성을 크게 개선하였다. 통합 재고 계획으로 수요와 공급을 조율하여 재고 과잉 또는 부족을 줄이고, 실시간 데이터 활용으로 신속한 의사결정을 지원하며, 최적화된 발주 정책과 협업 강화를 통해 재고 회전율을 만족할 만큼 높게 개선하였다.

이로써 저장 비용이 절감되고, 고객 불만이 감소하였으며, 과잉 재고가 줄어드는 성과를 달성했다. 결과적으로, 유통업체는 현금 흐름과 시장 변화 대응력을 강화하고, 지속 가능한 재고 관리 체계를 구축하여 경쟁력을 높일 수 있었다.

비용 절감 사례

    비용 절감은 유통업체가 경쟁력을 유지하고 지속 가능한 성장을 이루는 데 필수 요소이다. 유통업체는 다양한 비용 요소를 최적화하여 이익을 극대화하고 고객에게 더 나은 가치를 제공할 수 있다. 이 절에서는 S&OP 프로세스를 도입한 유통업체가 비용 절감을 달성한 사례를 분석하고, 그 과정과 결과를 상세히 설명한다.

비용 절감의 필요성

유통업체에서 비용 절감이 필요한 이유는 다음과 같다.

• 경쟁 심화

유통 시장에서 경쟁이 치열해짐에 따라 비용 절감은 생존을 위한 필수 요소가 되고 있다. 특히 경쟁사들이 가격 인하와 효율적인 비용 구조를 통해 시장 점유율을 확대하고 있는 상황에서, 비용을 효과적으로 줄이지 못하는 유통업체는 가격 경쟁에서 불리해지고, 고객을 잃을 위험에 직면하게 된다.

이는 경쟁력 약화와 시장 내 입지 감소로 이어질 수 있다.

• 원자재와 물류비용 상승

원자재 가격과 물류비용이 지속적으로 증가하면서 유통업체의 운영 비용 부담이 커지고 있다. 이러한 비용 상승은 제품 가격 인상으로 이어질 수 있으며, 이는 고객 이탈과 매출 감소를 초래할 가능성이 크다. 따라서 비용 절감을 통해 이러한 상승 압력을 완화하고, 고객에게 경쟁력 있는 가격을 제공하는 것이 필수적이다.

• 자원 낭비 제거

비효율적인 운영 프로세스와 자원의 낭비는 유통업체의 운영 비용을 불필요하게 증가시키는 주요 요인 중 하나이다. 중복된 작업, 비효율적인 물류 관리, 과잉 재고와 같은 문제는 기업의 수익성을 떨어뜨리고, 경쟁사와의 격차를 벌릴 수 있다. 비용 절감을 위해 이러한 낭비 요소를 제거하고 프로세스를 최적화하는 것은 필수적이다.

• 고객 기대 변화 대응

고객의 기대가 높아짐에 따라 품질을 유지하면서도 합리적인 가격을 제공해야 하는 도전이 커지고 있다. 특히 비용 절감 없이 가격 경쟁력을 확보하지 못하면, 고객은 대체가 가능한 경쟁사로 쉽게 이동할 수 있다. 품질과 서비스를 유지하면서 비용을 절감하는 것은 고객 충성도를 확보하고, 장기적인 경쟁력을 유지하기 위한 핵심 전략이 된다.

S&OP 도입과 비용 절감 전략

유통업체는 S&OP를 도입하여 비용을 절감하기 위해 다음과 같은 전략을 시행하였다.

• 정확한 수요 예측

유통업체는 S&OP 도입을 통해 수요 예측의 정확성을 대폭 개선하여 비용 절감 전략의 핵심 기반을 마련했다. 정교한 예측 모델과 고급 데이터 분석 도구를 활용하여 시장 동향, 계절적 변동, 고객 선호도를 종합적으로 분석함으로써 과잉 재고와 부족 재고 문제를 효과적으로 해소하였다. 이를 통해 불필요한 재고 유지 비용을 절감하고, 적정 재고 수준을 유지함으로써 운영 자원을 최적화할 수 있었다.

• 효율적인 공급망 관리

S&OP를 활용하여 유통업체는 공급망 전반의 효율성을 극대화하였다. 공급업체와의 협력을 강화하고 통합된 납기 일정 조정을 통해 물류 프로세스를 최적화하였으며, 물류 경로를 분석하고 개선하여 운송 비용을 크게 절감하였다.

이러한 전략은 공급망 내 가시성을 높이고, 물류와 관련된 불필요한 낭비를 줄임으로써 비용 효율성을 높이는 데 이바지하였다.

• 재고 회전율 증대

유통업체는 S&OP를 기반으로 재고 관리 정책을 혁신하여 재고 회전율을 대폭 개선하였다. 이를 통해 재고 보관 비용을 줄이고, 손실 가능성이 있는 오래된 재고를 최소화함으로써 자금 활용 효율성을 극대화했다. 재고 관리의 정밀화를 통해 필요 이상의 재고를 방지하고, 운영 비용 절감과 동시에 공급망의 신속성과 효율성을 강화하였다.

• 운영 프로세스 표준화

유통업체는 S&OP 도입을 통해 운영 프로세스를 표준화하고 업무의 일관성을 확보하였다. 표준화된 절차는 비효율적인 작업과 중복 업무를 제거하여 생산성을 높였으며, 작업 속도를 높이고 품질 관리를 강화하였다. 이를 통해 불필요한 인건비와 운영 비용을 줄이는 동시에, 조직 전반의 운영 안정성을 높이고 경쟁력을 강화할 수 있었다.

• 최신 기술 도입

유통업체는 S&OP 도입 과정에서 최신 IT 시스템과 데이터 분석 도구를 적극 활용하여 운영 효율성을 획기적으로 개선하였다. 자동화 시스템은 업무 정확성을 높이고 인력 의존도를 줄여 인건비를 절감하였으며, 실시간 데이터 기반 의사결정을 통해 신속하고 정확한 전략 수립이 가능해졌다. 이러한 기술 도입은 비용 절감뿐만 아니라 조직의 디지털 전환과 경쟁력 확보에도 크게 이바지하였다.

만족스러운 성과

S&OP 도입 후, 유통업체는 다음과 같이 만족스러운 비용 절감 성과를 달성하였다.

• 재고 비용 절감

S&OP 도입 후, 유통업체는 재고 회전율을 증가시켜 효율적인 재고 관리를 실현하였다. 이로써 재고 보관 비용을 절감했으며, 과잉 재고 관련 손실은 감소하였다. 이러한 성과는 적시 발주와 정확한 수요 예측을 통해 가능했으며, 불필요한 재고 유지 비용을 제거

함으로써 전체 운영 비용 절감에 크게 이바지하였다.

• 물류비용 절감

S&OP를 기반으로 유통업체는 공급망 전반의 물류 경로를 최적화하여 물류비용을 절감하는 데 초기 목표 달성을 하였다. 공급업체와의 협력을 강화하고 물류 프로세스를 재구성하여 불필요한 경로와 자원을 제거하였으며, 이를 통해 효율적이고 신속한 물류 운영을 가능하게 했다. 이 성과는 전체 운영 비용 구조를 개선하고, 시장에서의 가격 경쟁력 강화에 도움을 주었다.

• 인건비 절감

유통업체는 운영 프로세스 표준화와 자동화 도구를 적극 도입하여 인건비를 기대에는 조금미치지 못했지만 긍정적인 수준에서 절감하였다. 반복적이고 비효율적인 작업을 제거하고, 직원들이 고부가가치 작업에 집중할 수 있는 환경을 조성함으로써 생산성과 효율성을 동시에 높였다. 이러한 전략은 인력 자원의 최적화를 통해 기업의 비용 구조를 더욱 유리하게 개선하는 결과를 가져왔다.

• 총 운영 비용 절감

S&OP 도입 후, 유통업체는 재고 관리, 물류 운영, 인건비 등 주요 비용 요소를 통합적으로 개선하여 전체 운영 비용을 절감하는 데 성공하였다. 이는 수요 예측의 정확성과 공급망 효율성 향상, 자동화 기술 도입 등 전략적 조치를 종합적으로 실행한 결과로, 기업의 수익성을 높이고 지속 가능한 비용 절감 체계를 구축하였다.

• 주요 내용 정리

유통업체는 S&OP 도입을 통해 정확한 수요 예측, 효율적인 공급망 관리, 재고 회전율 증대, 운영 프로세스 표준화, 최신 기술 도입 등으로 비용 절감을 실현하였다. 이런 노력을 통해 재고 보관 비용 및 물류비용의 절감과 인건비 절감을 달성하며, 만족스러운 총 운영 비용을 줄이는 성과를 거두었다. 과잉 재고와 물류 경로 최적화를 통해 낭비를 줄이고, 자동화와 디지털 기술 활용으로 생산성을 개선하였다. 이러한 전략은 경쟁 심화와 원자재·물류비 상승, 자원 낭비 문제를 해결하면서도 고객의 기대를 충족시키는 데 이바지하였다. 결국 비용 효율성을 기반으로 가격 경쟁력을 강화하고, 지속 가능한 성장과 수익성을 확보할 수 있었다.

서비스업 사례 연구

서비스 제공 시간 단축

서비스업에서는 고객의 만족도를 높이고 경쟁력을 유지하기 위해 서비스 제공 시간을 단축하는 것이 중요하다. S&OP 프로세스의 도입은 서비스 제공 시간을 효과적으로 단축하는 데 중요한 역할을 한다. 이 절에서는 S&OP를 도입한 서비스업체가 서비스 제공 시간을 단축한 사례를 분석하고, 그 과정과 결과를 상세히 설명한다.

서비스 제공 시간 단축의 필요성

• 고객 기대 충족

현대 고객은 신속하고 효율적인 서비스를 당연하게 기대하며, 서비스 제공 시간이 지연될 때 불만족과 신뢰 저하로 이어질 가능성이 크다. 따라서 서비스 제공 시간을 단축하는 것은 고객 만족도를 유지하고, 브랜드 충성도를 강화하며, 고객 이탈을 방지하기 위한 중요한 전략적 요소로 작용한다.

• 경쟁 우위 확보

빠르고 정확한 서비스 제공은 경쟁사와의 차별화를 만들어 내는 핵심 요소로, 시장 점유율을 확대하는 데 중요한 역할을 한다. 특히 신속한 서비스는 소비자에게 긍정적인 경험을 제공하여 경쟁사보다 우위를 점하고, 지속 가능한 비즈니스 성장을 촉진할 수 있다.

• 운영 효율성 증대

서비스 제공 시간을 단축함으로써 자원의 사용 효율성을 극대화하고, 프로세스 중복을 줄여 운영 비용을 절감할 수 있다.

이러한 개선은 직원의 생산성을 높이고, 한정된 자원을 더 효과적으로 활용함으로써 기업의 운영 전반에 걸쳐 높은 효율성을 유지하도록 지원한다.

• 수익성 향상

신속한 서비스는 더 많은 고객에게 짧은 시간 안에 서비스를 제공할 기회를 만들어, 매출 증가와 수익성 향상으로 이어진다. 또 고객 만족도가 높아지면서 재구매율이 상승하고 장기적으로 고객 기반이 확대되어 기업의 안정적 수익 구조를 지원한다.

S&OP 도입과 서비스 제공 시간 단축 전략

S&OP 프로세스를 도입한 서비스업체는 다음과 같은 전략을 통해 서비스 제공 시간을 단축하였다.

• 정확한 수요 예측

S&OP 프로세스를 도입한 서비스업체는 고객의 수요를 정확히 예측하여 서비스 지연을 방지하고 효율성을 극대화하였다.

고객 예약 패턴, 피크시간대, 과거 데이터 분석 등을 활용하여 적시에 필요한 자원과 인력을 준비함으로써 서비스 제공 속도를 크게 개선하였다. 예를 들어, 주말과 같은 피크 시간대에는 추가 인력을 배치하여 대기 시간을 단축하였다.

• 효율적인 자원 배치

S&OP 도입 후 서비스업체는 자원의 과잉이나 부족을 방지하기 위해 자원을 적절히 배치하는 전략을 수립하였다. 이로써 필요한 시점에 최적의 자원이 활용되어 서비스 제공 시간이 크게 단축되었다. 이를테면 고객 대기 시간이 긴 지점에 추가 인력을 투입하거

나 자원을 재배치하여 효율성을 높였다.

• 프로세스 표준화

서비스 제공 과정을 표준화함으로써 프로세스의 효율성과 일관성을 높이고 불필요한 작업 단계를 제거하여 시간을 절약하였다. S&OP를 통해 업무 흐름을 최적화하고, 단계별로 명확한 지침을 마련하여 직원들이 더욱 신속하고 정확하게 서비스를 제공할 수 있도록 지원하였다.

• 자동화와 기술 도입

서비스업체는 S&OP와 함께 최신 기술을 도입하여 서비스 제공 과정을 자동화하고, 인력을 효율적으로 활용할 수 있었다. 예를 들어, 고객 예약 관리 시스템을 도입하여 수작업을 줄이고 실시간으로 고객 대기 상황을 모니터링함으로써 신속한 대응을 할 수 있도록 하였다. 이는 서비스 품질과 속도를 동시에 개선하는 데 이바지하였다.

• 지속적인 모니터링과 개선

S&OP를 통해 서비스 제공 과정 전반을 지속적으로 모니터링하고, 데이터를 기반으로 성과를 분석하여 개선점을 도출하였다. 이를 통해 서비스 제공 시간을 단축하고 고객 만족도를 높이는 전략적 개선이 이루어졌다. 이를테면 반복적으로 발생하는 지연 요인을 분석하여 해당 문제를 해결하고, 실시간 피드백 시스템을 구축하여 서비스의 유연성과 대응력을 강화하였다.

긍정적인 성과

S&OP 도입 후, 서비스업체는 다음과 같이 긍정적인 성과를 달성하였다.

• 서비스 제공 시간 단축

S&OP 도입 후 서비스업체는 서비스 제공 시간을 기대할 만큼 단축하는 성과를 거두

었다. 이를 통해 고객 대기시간이 대폭 감소하였으며, 더 많은 고객에게 신속하고 효율적으로 서비스를 제공할 수 있었다. 특히 피크 시간대에도 대기 시간 없이 원활한 서비스를 제공하여 고객 경험을 크게 개선하였다. 이는 S&OP를 활용한 정확한 수요 예측과 자원의 최적화 배치가 이뤄낸 결과였다.

• 고객만족도 증가

S&OP 도입 이후, 서비스 제공 시간 단축은 고객만족도를 크게 개선하는 데 이바지하였다. 빠르고 정확한 서비스는 고객 신뢰를 강화하였고, 긍정적인 피드백과 재방문율의 증가로 이어졌다. 예를 들어 평균 고객만족도 지표가 상승세를 보이고, 아울러 브랜드 신뢰도와 충성도 또한 높아졌다. 이는 경쟁사와의 차별화를 이루는 중요한 성과로 작용하였다.

• 운영 효율성 향상

S&OP를 통해 자원을 효율적으로 배치하고 서비스 제공 프로세스를 표준화하여 운영 효율성이 크게 개선되었다. 작업 흐름이 최적화됨에 따라 인력, 시간, 자원의 낭비가 줄어들었고, 서비스 제공 속도와 품질이 동시에 향상되었다.

특히 인건비와 운영 비용이 기대 이상으로 감소하였으며, 프로세스의 간소화로 서비스 제공의 일관성과 신뢰도가 강화되었다.

• 주요 내용 정리

서비스업체는 S&OP 도입을 통해 수요 예측 정밀화, 자원 배치 최적화, 프로세스 표준화, 최신 기술 활용 등을 통해 서비스 제공 시간을 단축하며 고객 대기 시간을 줄이고 만족도를 향상시켰다. 자동화와 실시간 모니터링 시스템 도입으로 서비스 속도와 품질을 동시에 개선하며, 피크 시간대에도 원활한 서비스를 제공하여 경쟁 우위를 확보하였다. 이로써 자원 낭비와 작업 중복이 감소하여 인건비와 운영 비용이 절감되었으며, 프로세스 간소화로 일관성과 신뢰도를 높였다. 이러한 전략적 개선은 운영 효율성을 증대시키고, 고객 충성도 강화와 수익성 향상에 도움을 주었다.

고객 만족도 증가

서비스업에서 고객 만족도는 성공의 핵심 지표이다. 고객의 기대를 초과하여 만족시키는 것은 장기적인 성과와 충성도를 확보하는 데 필수적이다. 이 절에서는 S&OP 도입을 통해 고객 만족도를 증가시킨 서비스업체의 사례를 상세히 분석한다. S&OP 프로세스를 통해 고객 만족도를 높이는 방법과 그 결과를 구체적으로 설명한다.

고객 만족도의 중요성

고객 만족도는 고객의 경험이 긍정적일 때 발생하며, 이는 다음과 같은 이유로 중요하다.

• 고객 충성도의 강화

고객 만족도는 고객 충성도를 구축하는 데 핵심 역할을 한다. 만족한 고객은 재방문율이 높고, 브랜드에 대한 긍정적인 인식을 바탕으로 가족, 친구, 동료들에게 자발적으로 추천할 가능성이 크다. 이는 단순한 일회성 거래를 넘어 지속적인 고객 관계를 형성하고, 장기적인 수익성 확보에 도움을 준다. 특히 충성도 높은 고객은 경쟁 업체로 전환될 염려가 낮아 기업의 안정적인 매출 기반을 제공한다.

• 시장 경쟁력 확보

높은 고객 만족도는 기업이 시장에서 경쟁 우위를 확보하는 데 중요한 요인으로 작용한다. 만족한 고객들은 긍정적인 입소문을 통해 신규 고객을 유치하는 데 도움을 주며, 이는 마케팅 비용 절감과 시장 점유율 확대에 이바지한다. 또 경쟁이 치열한 시장 환경에서 고객 만족도를 기반으로 한 차별화된 서비스는 브랜드의 가치를 높이고, 기업을 선호하는 고객층을 확대하는 데 중요한 역할을 한다.

• 재무 성과 개선

고객 만족도는 기업의 재무 성과에 직접 영향을 미친다. 만족한 고객은 반복 구매와 높은 구매 금액을 통해 매출 증가에 이바지하며, 고객 이탈 감소를 통해 고객 유치와 유지 비용을 절감할 수 있다. 이와 함께, 긍정적인 브랜드 이미지는 프리미엄 가격 정책을 가능하게 하여 수익성을 더욱 높여준다. 따라서 고객 만족도는 매출 성장과 비용 효율화를 동시에 이끄는 핵심 요인이다.

• 지속적인 서비스 개선

고객 만족도를 높이기 위해 기업은 고객 피드백을 적극적으로 반영하여 서비스를 지속적으로 개선해야 한다. 고객의 경험을 분석하고 개선점을 도출함으로써 서비스 품질을 한 단계 더 개선할 수 있다. 이러한 지속적인 개선 노력은 고객 만족도를 높이는 선순환 구조를 형성하며, 결과적으로 고객 충성도와 시장 경쟁력을 강화하는 데 이바지한다.

S&OP 도입과 고객 만족도 증가 전략

S&OP 도입을 통해 고객 만족도를 증가시킨 전략은 다음과 같다.

• 정확한 수요 예측과 자원 배치

S&OP 도입을 통해 고객 수요를 정밀하게 예측하고 필요한 자원을 효율적으로 배치함으로써 대기 시간을 최소화하고 즉각적인 대응이 가능해졌다. 이를테면 고객 방문이 집중되는 시간대에 맞춰 적정한 인력을 배치하거나, 자원의 사전 준비를 통해 서비스 품질을 유지함으로써 고객 경험을 최적화했다. 이는 예측 오류로 인한 자원 낭비를 방지하고, 효율적인 운영 체계를 구축하는 데 이바지했다.

• 서비스 품질 관리 체계 구축

S&OP는 서비스 품질을 지속적(持續的)으로 모니터링하고 개선할 수 있는 체계를 제공한다. 이를 통해 고객과의 접점에서 발생하는 서비스 품질의 편차를 줄이고, 정기적인

분석과 리뷰를 통해 높은 수준의 서비스를 유지할 수 있었다. 품질 관리 체계는 고객 신뢰도를 높이고 장기적인 충성도를 구축하는 데 필수적인 역할을 한다.

• 고객 피드백 활용 시스템

S&OP 도입 후, 고객의 피드백을 체계적으로 수집하고 이를 분석하여 서비스 개선에 활용하는 시스템이 도입되었다. 고객의 의견은 S&OP 프로세스에 반영되어 서비스 품질과 운영 방식을 지속적으로 개선하는 데 이바지했다. 특히 피드백을 기반으로 한 개선은 고객의 요구를 충족시키고, 더 나은 경험을 제공하는 원동력이 되었다.

• 프로세스 표준화와 직원 교육

S&OP는 서비스 제공 과정의 표준화를 통해 일관된 서비스 품질을 보장할 수 있도록 지원한다. 아울러 직원 교육 프로그램을 통해 직원들이 표준화된 프로세스와 절차를 숙지하고 실행할 수 있도록 도왔다. 이러한 노력은 고객에게 신뢰할 수 있는 서비스 경험을 제공하며, 서비스 품질의 지속적인 유지와 향상을 가능하게 했다.

• 효율적인 문제 해결 프로세스

S&OP는 고객의 문제나 불만을 신속하고 효율적으로 해결할 수 있는 체계를 구축하여 고객 만족도를 크게 높였다. 불만 접수부터 문제 해결까지의 과정을 체계화함으로써 고객에게 신속한 대응과 해결책을 제공하였으며, 이를 통해 고객 신뢰도와 충성도를 강화할 수 있었다.

기대에 부합한 성과

S&OP 도입 후, 고객만족도는 다음과 같이 기대에 부응한 효과를 얻었다.

• 고객 만족도 지표 향상

S&OP 도입 후 고객만족도 지표가 상승하며, 고객의 다양한 요구에 더욱 신속하고 정

확하게 대응할 수 있게 되었다. 이러한 개선은 고객 경험의 질을 높였을 뿐만 아니라, 긍정적인 피드백과 만족도가 증가하는 결과로 이어졌다. 이는 고객이 느끼는 신뢰와 충성도를 강화하여 기업 이미지 향상에 이바지했다.

• 재방문율 증가

S&OP를 활용하여 고객의 기대를 충족하고 서비스 제공 시간을 단축한 결과, 재방문율이 증가하였다. 이는 고객과의 장기적인 관계 구축과 더불어 매출 성장을 촉진하는 핵심 성과로 나타났다. 특히 재방문 고객은 충성 고객으로 전환될 가능성이 높아, 기업의 안정적인 수익 창출 기반을 강화하는 데 중요한 역할을 하였다.

• 긍정적인 리뷰와 추천 증가

S&OP 도입으로 서비스 품질과 고객 경험이 개선되면서 고객들 사이에서 자발적·긍정적인 리뷰와 추천이 증가하였다. 이러한 추천은 신규 고객 유치에 큰 영향을 미쳤으며, 자연스럽게 기업의 시장 점유율과 경쟁력을 강화하는 데 이바지했다. 입소문 마케팅 효과는 광고 비용을 절감하면서도 브랜드 인지도를 높이는 데 유효한 결과를 가져왔다.

• 서비스 품질 개선

S&OP 도입 후, 서비스 품질 지표가 눈에 띄게 향상되었고, 고객 불만 사례가 현저히 감소했다. 서비스 제공 과정에서의 표준화와 지속적인 개선 노력이 고객 경험의 질을 높이는 데 이바지했으며, 이는 고객이 기업과의 상호작용에서 느끼는 전반적인 만족감을 높였다. 이로써 고객과의 신뢰 관계를 강화하고 장기적인 비즈니스 성과를 확보할 수 있었다.

• 주요 내용 정리

S&OP 도입을 통해 서비스업체는 정확한 수요 예측, 자원 배치 최적화, 품질 관리 체계 강화, 고객 피드백 활용, 표준화된 프로세스와 직원 교육을 통해 고객만족도 향상이라는 성과를 거두었다. 이를 통해 재방문율이 의외로 증가하고, 긍정적인 리뷰와 추천이 늘

어나 신규 고객 유치와 브랜드 이미지 강화에 이바지하였다. 또 문제 해결 체계와 서비스 품질 개선을 통해 고객 불만 사례가 감소하고, 신뢰도와 충성도가 높아졌다. 이러한 변화는 서비스 품질의 일관성 확보, 재무 성과 개선, 시장 경쟁력 강화를 가능하게 했으며, 고객 중심의 지속 가능한 성장 기반을 마련하였다.

운영 효율성 증대

운영 효율성은 서비스업에서 경쟁력을 유지하고, 자원 활용을 극대화하며, 고객 만족도를 높이는 데 중요한 요소이다. S&OP 도입을 통해 운영 효율성을 증대시킨 서비스업체의 사례를 분석하여, 구체적인 전략과 결과를 상세히 기술한다. S&OP는 서비스업체가 운영을 최적화하고, 자원을 효율적으로 관리하며, 전체적인 비즈니스 성과를 개선하는 데 어떻게 이바지하는지 보여준다.

운영 효율성의 중요성

• 비용 절감

운영 효율성 증대는 불필요한 비용을 절감하여 재정 건전성을 강화하는 데 매우 중요하다. 효율적인 자원 배분과 프로세스 최적화를 통해 과잉 지출을 방지하고, 생산과 서비스 과정에서 발생하는 낭비 요소를 제거할 수 있다. 이를 통해 기업은 비용 구조를 개선하고, 전략적으로 절약된 자원을 다른 성장 기회에 투자할 수 있게 된다.

• 자원 활용 극대화

운영 효율성은 인력, 시간, 자재 등의 자원을 최적화하여 활용도를 극대화하는 데 핵심 역할을 한다. 효율적인 운영을 통해 각 자원이 불필요하게 낭비되지 않도록 관리하며, 이를 통해 생산성과 수익성을 동시에 개선할 수 있다. 자원의 최적 활용은 지속 가능한 성장과 경쟁 우위 확보에도 이바지한다.

- **서비스 품질 향상**

  운영 효율성 증대는 서비스 품질의 일관성을 유지하고 이를 더욱 높이는 데 필수적이다. 효율적인 프로세스는 서비스 제공 시간의 변동성을 줄이고, 고객에게 높은 수준의 품질을 안정적으로 제공할 수 있도록 지원한다. 이는 고객 만족도를 높이고, 브랜드 신뢰도를 강화하는 데 중요한 요인이 된다.

- **업무 처리 시간 단축**

  운영 효율성 향상은 업무 처리 시간을 단축하여 신속하고 정확한 대응을 가능하게 한다. 이를 통해 고객의 대기 시간이 줄어들어 만족도가 높아지며, 동시에 내부 작업 속도와 정확도가 증가해 생산성과 성과를 극대화할 수 있다. 빠르고 효율적인 업무 처리는 경쟁력을 유지하고 고객 충성도를 높이는 데 중요한 역할을 한다.

S&OP 도입과 운영 효율성 증대 전략

S&OP 도입을 통해 운영 효율성을 증대시키기 위해 다음과 같은 전략을 적용하였다.

- **정확한 수요 예측과 자원 계획**

  S&OP는 정교한 데이터 분석과 예측 도구를 활용하여 고객의 수요를 정확히 예측하고 자원을 효율적으로 계획하는 데 이바지하였다. 이를 통해 자원의 과잉 사용이나 부족으로 인한 운영 비효율성을 방지하였으며, 모든 부서가 일관된 수요 데이터를 기반으로 작업을 수행할 수 있도록 지원했다. 또 수요와 자원 배치 간의 불일치를 최소화하여 운영 안정성과 서비스 일관성을 유지하였다.

- **프로세스 표준화와 최적화**

  S&OP는 서비스 제공 과정의 표준화를 통해 업무의 일관성을 확보하고, 중복 작업과 불필요한 절차를 제거하여 효율성을 극대화했다. 이를 기반으로 프로세스를 최적화하여 작업 속도를 향상하고, 에러 발생률을 줄이며, 전반적인 생산성을 높였다. 표준화된 프

로세스는 모든 부서가 똑같은 기준과 목표를 공유하게 해 조직 내 협업을 강화하였다.

• 실시간 데이터 모니터링

S&OP는 실시간 데이터 모니터링 시스템을 구축하여 운영 상황을 즉각 파악하고, 이상 징후나 문제를 조기에 식별할 수 있도록 하였다. 이를 통해 신속한 의사결정이 가능해졌으며, 문제 해결 시간이 단축되어 운영 효율성이 증가했다. 특히 데이터를 기반으로 한 실시간 통찰력은 운영상의 변화에 유연하게 대응할 수 있는 역량을 강화하였다.

• 효율적인 재고 관리

S&OP는 재고 수준을 주기적으로 분석하고 최적화하여 과잉 재고나 부족 재고로 인한 비용 손실을 방지하였다. 이를 통해 재고 유지 비용이 절감되었으며, 고객의 주문을 신속하게 충족시킬 수 있는 적정 재고를 유지할 수 있었다. 결과적으로, 재고 관리의 효율성이 향상되어 자금 운용과 운영 안정성 측면에서 긍정적인 효과를 거두었다.

• 통합된 운영 계획

S&OP는 다양한 부서와 기능을 하나로 통합하여 모든 부서가 협력할 수 있는 일관된 운영 계획을 수립하였다. 이를 통해 자원 배분과 작업 우선순위를 최적화하며, 각 부서 간의 중복 작업을 방지하고 운영의 일관성을 강화하였다. 또 통합된 계획은 조직 전체가 똑같은 목표를 공유하며 운영 효율성을 높이는 데 이바지하였다.

• 고객 피드백 반영

S&OP는 고객 피드백을 적극적으로 수집하고 이를 운영 개선 과정에 반영하여 서비스 품질을 높이는 데 주력하였다. 고객의 의견과 요구 사항을 기반으로 운영 전략을 조정하고, 이를 통해 고객 만족도를 높이는 동시에 운영 효율성을 강화하였다. 고객 중심의 접근 방식은 지속적인 개선과 더불어 기업의 경쟁력 확보에도 이바지하였다.

긍정적인 성과

S&OP 도입 후, 운영 효율성 증대와 관련하여 다음과 같이 긍정적인 성과를 달성하였다.

• 업무 처리 시간 단축

S&OP 도입을 통해 업무 프로세스를 최적화하고, 자동화 시스템을 도입하여 서비스 제공 시간과 업무 처리 시간이 평균 기대 이상 단축되었다. 이러한 개선은 고객 대기 시간을 줄이고 작업의 효율성을 높여, 더욱 신속한 서비스 제공을 가능하게 하였다. 특히 반복적이고 비효율적인 작업을 제거함으로써 전반적인 운영 속도를 크게 개선하였다.

• 비용 절감

S&OP는 운영 비용 절감을 위해 프로세스 최적화, 재고 관리 개선, 자원 배분 효율화를 실현하였다. 이로써 전체 운영 비용이 체감할 수 있을 정도로 절감되었고, 물류비용 감소와 불필요한 자원의 낭비가 최소화되었다. 비용 절감은 기업의 재무 건전성을 강화하고, 전략적 투자 여력을 확보하는 데 이바지하였다.

• 자원 활용 극대화

S&OP를 통해 인력과 자재 자원의 활용률이 증가하였다. 정확한 수요 예측과 자원 배치 계획을 기반으로 불필요한 자원 낭비를 방지하고, 핵심 자원을 최대한 효율적으로 활용할 수 있었다. 자원의 활용 극대화는 생산성과 효율성을 높이고, 기업의 경쟁력을 강화하는 데 중요한 역할을 하였다.

• 서비스 품질 향상

S&OP의 도입으로 고객 불만 사항이 대폭 감소하였고, 서비스 품질 지표가 현저히 개선되었다. 이는 고객 피드백을 운영 프로세스에 반영하고, 표준화된 서비스 절차를 구축한 결과로, 고객만족도를 높이는 데 크게 이바지하였다. 또 품질 관리와 지속적인 개선 노력을 통해 브랜드 신뢰도와 고객 충성도를 강화하였다.

• 주요 내용 정리

S&OP 도입을 통해 서비스업체는 정확한 수요 예측, 프로세스 표준화, 실시간 데이터 모니터링, 재고 관리 최적화, 통합 운영 계획 등으로 운영 효율성이 개선되었다. 이를 통해 업무 처리 시간 단축, 인력과 자원의 활용률의 놀랄 만큼 증가, 비용 절감 등의 성과를 달성하며, 운영 비용 구조를 크게 개선하였다. 실시간 모니터링과 고객 피드백 반영으로 서비스 품질을 강화하여 고객 불만이 대폭 감소하고 만족도가 향상되었다. 표준화된 프로세스와 자동화 도입은 반복 작업과 낭비를 줄이고 운영 속도와 정확성을 높이는 데 이바지했다. 결국 자원의 효율적 활용과 품질 개선을 통해 경쟁력을 강화하고 지속 가능한 비즈니스 성장을 가능하게 했다.

글로벌 기업 사례 분석

글로벌 공급망 관리

글로벌 공급망 관리는 국제적으로 운영되는 기업들이 자원, 제품, 정보, 그리고 서비스를 효과적으로 관리하기 위한 핵심 요소이다. S&OP는 이러한 글로벌 공급망을 최적화하고, 효율성을 극대화하며, 리스크를 최소화하는 데 중요한 역할을 한다. 이 장에서는 글로벌기업의 사례를 통해 글로벌 공급망 관리와 S&OP의 통합 방법을 상세히 분석하고, 그 효과를 설명한다.

글로벌 공급망의 복잡성

글로벌 공급망은 다음과 같은 복잡성을 지니고 있다.

• 지역과 문화적 다양성

글로벌 공급망은 여러 국가와 지역에서 운영되며, 각 지역의 독특한 문화와 비즈니스 관행이 큰 영향을 미친다. 예를 들어, 특정 지역에서는 협상 과정이 길어지거나, 문화적 차이로 인해 커뮤니케이션에 오해가 발생할 수 있다. 이러한 다양성은 공급망 운영의 유연성을 요구하며, 지역별 전략과 접근 방식이 필요하다.

• 법규와 규제의 차이

글로벌 공급망 운영은 각국의 서로 다른 법규와 규제를 준수해야 하는 과제를 안고 있다. 세관 절차, 수출입 규제, 환경 관련 규정 등은 국가마다 차이가 크며, 이를 준수하지 않으면 벌금, 지연, 심지어 사업 중단으로 이어질 수 있다. 따라서 법률 전문가와 규정 준수 시스템의 지원이 필수적이다.

• 복잡한 물류 경로

글로벌 공급망은 여러 물류 경로와 운송 방법을 포함하고 있으며, 이를 관리하고 최적화하는 것이 주요 과제이다. 해상 운송, 항공 운송, 육상 운송 등 각각의 경로에서 발생할 수 있는 기상 악화, 지연, 비용 증가 등의 리스크를 사전에 예측하고 대비해야 한다. 효과적인 물류 관리와 경로 최적화는 공급망의 안정성을 높이는 핵심 요소이다.

• 공급자 네트워크의 복잡성

글로벌 공급망에서는 다수의 공급자와 협력하며, 이들 간의 관계를 관리하는 데 높은 수준의 조정과 통합이 필요하다. 다양한 지역의 공급자들과의 상호 의존성은 공급망 중단이나 리스크 발생 가능성을 증가시킬 수 있으며, 이를 효과적으로 관리하기 위해 정기적인 커뮤니케이션과 성과 모니터링이 필요하다. 공급자 네트워크의 복잡성은 운영 투명성과 조정 능력의 중요성을 강조한다.

S&OP의 글로벌 공급망 관리 역할

S&OP는 글로벌 공급망 관리에 다음과 같은 방식으로 이바지한다.

• 통합된 계획 수립

S&OP는 글로벌 공급망의 모든 요소를 통합적으로 계획하여 수요와 공급 간 균형을 맞추고 전 세계적으로 일관된 운영 계획을 수립한다. 이를 통해 지역별 수요 변동성을 예측하고, 생산과 물류 일정을 최적화하여 글로벌 운영의 효율성을 극대화한다.

특히 각 지역의 공급과 수요 데이터를 통합하여 전체적인 공급망 전략을 조율함으로써 비용 절감과 서비스 품질 향상을 동시에 실현한다.

• 실시간 정보 공유

S&OP는 글로벌 공급망의 다양한 이해관계자 간 실시간으로 정보를 공유할 수 있는 플랫폼을 제공한다. 이를 통해 시장 변화나 공급망 장애에 신속히 대응할 수 있으며, 정확한 데이터 기반의 의사결정을 가능하게 한다.

이를테면 예기치 못한 물류 지연이나 재고 부족 문제를 실시간으로 감지하여 즉각적인 조치를 함으로써 고객 신뢰를 유지하고 운영 차질을 최소화할 수 있다.

• 리스크관리

S&OP는 글로벌 공급망에서 발생할 수 있는 자연재해, 정치적 불안, 공급 부족 등 다양한 리스크를 사전에 식별하고, 이를 완화하기 위한 전략을 수립한다. 이를 위해 공급망 데이터를 기반으로 잠재적 리스크를 예측하고, 비상 대응 계획을 마련하며, 리스크가 발생하더라도 최소한의 영향으로 문제를 해결할 수 있도록 지원한다. 리스크관리는 공급망의 복원력 강화와 운영 안정성을 보장하는 핵심 요소이다.

• 공급자와의 협력

S&OP는 글로벌 공급망에서 공급자와의 협력을 강화하여 운영 효율성을 높이고 납기 일정을 최적화한다. 이를 통해 공급자와의 원활한 커뮤니케이션과 투명한 정보 공유가 가능해지며, 공급망 전체의 가시성이 향상된다.

예를 들어, 공급자와의 주기적인 협의를 통해 수요 예측을 공유하고 생산 계획을 조정함으로써 공급 부족이나 과잉 생산을 방지할 수 있다.

• 고객 요구의 충족

S&OP는 고객의 요구를 정확히 예측하고 이를 공급망 운영에 반영하여 고객 만족도를 높이는 데 이바지한다. 지역별 고객 선호도와 시장 동향을 분석하여 적시에 적절한 제품과 서비스를 제공함으로써 고객 경험을 개선한다.

이는 고객 충성도를 높이고, 기업의 경쟁력을 강화하는 데 중요한 역할을 한다.

사례 분석

다음은 글로벌기업이 S&OP를 통해 글로벌 공급망을 관리한 사례이다.

• 사례 1: 다국적 제조업체

⇒ 문제는 다양한 지역에서 생산과 공급을 관리하며, 공급 지연과 재고 부족 문제를 겪고 있는 상황을 의미한다.

⇒ 해결책은 S&OP를 도입하여 실시간 데이터 공유와 통합된 계획 수립을 통해 문제를 해결한 과정을 말한다.

⇒ 성과는 공급 지연과 재고 비용이 만족할 만큼 감소한 결과를 나타낸다.

• 사례 2: 글로벌 유통업체

⇒ 문제는 다양한 지역에서의 재고 관리와 고객 요구 충족에 어려움을 겪고 있다는 것이다.

⇒ 해결책은 S&OP를 통해 글로벌 재고 관리를 최적화하고, 고객의 요구를 예측하여 재고를 적절히 배분한 과정을 말한다.

⇒ 성과는 고객만족도와 재고 회전율이 목표치를 상회하는 결과를 나타낸다.

• 주요 내용 정리

S&OP 도입을 통해 글로벌 기업들은 공급망 복잡성을 효과적으로 관리하며, 통합된 계획 수립, 실시간 정보 공유, 리스크관리, 공급자 협력 강화 등을 통해 운영 효율성을 극대화하고 리스크를 최소화하였다. 다국적 제조업체는 S&OP로 실시간 데이터와 계획 조정을 통해 공급 지연을 30% 줄이고 재고 비용을 만족할 만큼 절감하였으며, 글로벌 유통업체는 재고 관리를 최적화하고 고객 요구를 예측하여 만족도를 25% 개선하고 재고 회전율을 기대 이상 높였다. 이러한 사례는 S&OP가 지역과 문화적 다양성, 법규 차이,복잡한 물류 경로 등 글로벌 공급망의 과제를 해결하고, 비용 절감과 고객 만족 증대에 이바지함을 보여준다.

S&OP는 기업의 전체 수요와 공급을 조정하여 최적의 운영을 목표로 한다. 글로벌기업의 경우, 지역별로 S&OP를 적용하는 것은 매우 중요한 전략적 접근 방법이다. 각 지역의 시장 특성, 문화, 규제, 물류 조건 등을 반영한 지역별 S&OP 적용은 글로벌 운영의 복잡성을 관리하고, 효율성을 극대화하는 데 도움을 준다. 이 장에서는 지역별 S&OP의 적용 사례를 통해 그 중요성과 효과를 상세히 분석한다.

지역별 S&OP 적용의 필요성

지역별 S&OP 적용의 필요성은 다음과 같은 요소들에 의해 강조된다.

• 시장 특성의 차이

각 지역의 시장은 고객 선호도, 구매력, 경쟁 환경 등에서 뚜렷한 차이를 보인다. S&OP는 이러한 시장 특성을 반영하여 지역별 맞춤형 전략을 수립하고, 각 지역의 수요와 공급을 효과적으로 조정할 수 있도록 지원한다.

예를 들어, 고소득 지역에서는 프리미엄 제품의 수요가 높을 수 있지만, 다른 지역에서는 가격 경쟁력이 더 중요한 요소로 작용할 수 있다.

• 문화적 차이

문화적 차이는 지역별 고객의 구매 행동, 광고 메시지에 대한 반응, 고객 서비스 기대 수준 등에 큰 영향을 미친다. S&OP는 이러한 문화적 차이를 분석하고 이를 반영하여 각 지역에서 적합한 운영 전략을 수립한다. 예를 들어, 일부 문화에서는 고객 서비스의 개인화가 중요시되지만, 다른 문화에서는 신속성과 가격이 더 큰 영향을 미칠 수 있다.

• 규제와 법적 요구

각 지역은 서로 다른 법규와 규제가 있으며, 이를 준수하지 않을 경우 심각한 법적 문제나 운영 중단의 위험에 직면할 수 있다.

S&OP는 각 지역의 법적 요구 사항을 계획 단계에서부터 반영하여, 글로벌 운영의 일관성을 유지하면서도 지역별 규제를 충족할 수 있도록 설계한다. 예를 들어, 일부 국가에서는 환경 규제가 엄격하여 특정 재료나 공정을 제한할 수 있다.

• 물류와 공급망 조건

각 지역은 물류 인프라와 공급망 조건에서 큰 차이를 보인다. 도로와 항만 등의 물류 인프라 수준, 운송 비용, 물류 경로의 복잡성 등이 지역별로 서로 다르므로, S&OP는 이를 반영하여 최적의 물류 및 공급망 계획을 수립한다. 예를 들어, 물류 인프라가 부족한 지역에서는 재고를 더 많이 보유하거나 대체 운송 수단을 고려해야 할 수 있다.

지역별 S&OP 적용 전략

글로벌기업이 지역별 S&OP를 적용하기 위해 사용하는 전략은 다음과 같다.

• 지역별 수요 예측

글로벌기업은 각 지역의 시장 데이터를 철저히 분석하여 지역별 수요를 정확히 예측한다. 이는 계절성, 지역적 경제 상황, 고객 선호도 등의 요인을 반영하여 예측의 정밀도를 높이는 데 중점을 둔다. 이를 통해 지역별 수요 변동성에 신속히 대응하고, 공급망의 균형을 유지하며 불필요한 비용을 방지할 수 있다.

• 맞춤형 공급 계획 수립

지역별 수요 예측을 기반으로 해당 지역의 특수성을 반영한 맞춤형 공급 계획을 수립한다. 이는 특정 지역에서 발생할 수 있는 재고 부족 또는 과잉을 사전에 방지하며, 공급망 자원을 최적화하여 지역적 요구를 충족시킨다. 예를 들어, 물류 접근성이 낮은 지역에서는 안전 재고 수준을 높이는 방식으로 계획이 조정될 수 있다.

• 지역별 성과 모니터링

S&OP 성과를 지역별로 모니터링하며, 이를 기반으로 계획을 지속적으로 조정하고 개선한다. 지역별 성과 데이터를 실시간으로 분석하여 예상치 못한 문제를 사전에 감지하고, 이를 신속히 해결하는 조치를 마련한다. 이를테면 특정 지역에서의 판매 성과가 목표를 밑돌 경우, 새로운 프로모션이나 가격 전략이 적용될 수 있다.

• 지역별 협업 강화

지역별 팀과의 협업을 강화하여 해당 지역의 특수성을 반영한 S&OP 계획을 수립한다. 이를 통해 본사와 지역팀 간의 긴밀한 의사소통과 협력 체계를 구축하고, 현지 팀의 전문 지식을 활용하여 실행할 수 있는 계획을 만들 수 있다. 이는 특히 고객 서비스 개선과 지역 시장 변화에 대한 신속한 대응을 가능하게 한다.

• 커스터마이즈된 마케팅 전략

각 지역 고객의 요구와 문화적 차이를 반영한 맞춤형 마케팅 전략을 수립한다. 이는 지역별로 차별화된 광고 메시지, 프로모션, 제품 포지셔닝 등을 통해 판매를 촉진하고 브랜드 로열티를 강화하는 데 중점을 둔다. 예를 들어, 특정 지역에서는 친환경 제품 마케팅이 효과적일 수 있으며, 다른 지역에서는 가격 경쟁력이 더 중요한 요인으로 작용할 수 있다.

사례 분석

다음은 글로벌기업이 지역별 S&OP를 적용하여 성공적으로 운영한 사례이다.

• 사례 1: 글로벌 소비재 기업

⇒ 문제는 다양한 지역에서 판매하는 소비재 제품의 수요를 정확히 예측하고 적절한 공급 계획을 수립하는 데 어려움을 겪고 있는 상황을 말한다.

⇒ 해결책은 S&OP를 지역별로 적용하여 각 지역의 수요 예측을 기반으로 맞춤형 공급 계획을 수립한 과정을 의미한다.

⇒ 성과는 재고 회전율이 빠르게 증가하고 고객 만족도가 향상되었으며, 재고 비용 또한 절감된 결과를 나타낸다.

• 사례 2: 글로벌 전자제품 제조업체

⇒ 문제는 다양한 지역에서 이루어지는 물류와 공급망 관리가 복잡하여 공급 지연과 재고 부족 문제가 발생하고 있음을 의미한다.

⇒ 해결책은 지역별 S&OP를 통해 각 지역의 물류 조건과 공급망 상황을 반영한 공급 계획을 수립한 과정을 뜻한다.

⇒ 성과는 공급 지연과 고객 불만이 크게 감소했으며, 운영 비용 또한 절감된 결과를 나타낸다.

• 주요 내용 정리

S&OP의 지역별 적용은 시장 특성, 문화적 차이, 규제, 물류 조건 등을 반영하여 글로벌기업의 운영 효율성을 극대화하고 복잡성을 효과적으로 관리하는 데 이바지한다. 글로벌 소비재 기업은 S&OP를 통해 지역별 수요 예측과 맞춤형 공급 계획을 수립하여 재고 회전율 증가, 고객 만족도 향상, 재고 비용 절감을 이루었다. 글로벌 전자제품 제조업체는 지역별 물류 조건을 반영한 공급망 계획으로 공급 지연 감소, 고객 불만 감소, 운영 비용 절감을 달성했다. 이러한 사례는 지역별 협업과 맞춤형 전략, 실시간 성과 모니터링, 커스터마이즈된 마케팅 등이 지역별 S&OP 성공의 핵심임을 보여준다.

국제적 규제 대응

글로벌기업은 다양한 국가와 지역에서 운영되며, 각국의 규제와 법적 요구를 준수하는 것이 필수적이다. 국제적 규제 대응은 기업의 운영에 큰 영향을 미치며, 이를 효과적으로 관리하는 것은 글로벌 공급망의 안정성과 효율성을 유지하는 데 중요하다. 이 장에서는 국제적 규제 대응의 필요성과 전략, 그리고 성공적인 사례를 통해 이를 상세히 분석한다.

국제적 규제 대응의 필요성

국제적 규제 대응의 필요성은 다음과 같은 요소들에 의해 강조된다.

• 다양한 법적 요구 사항

글로벌 비즈니스는 각국이 서로 다른 법적 요구 사항을 가지고 있어 이를 철저히 준수해야 한다. 이는 수출입 절차, 데이터 보호, 노동법, 환경 규제 등 다양한 분야를 포함하며, 이러한 요구 사항을 무시하면 기업의 운영이 중단되거나 법적인 제재를 받을 수 있다. 따라서 각국의 법적 차이를 명확히 이해하고 이를 반영한 글로벌 전략이 필수적이다.

• 규제의 변화와 업데이트

국제 규제는 자주 변경되거나 업데이트되므로 이를 실시간으로 반영할 수 있는 유연한 대응 체계가 필요하다. 예를 들어, 데이터 보호법의 변경이나 관세 정책의 개정은 기업의 운영과 비용 구조에 직접적인 영향을 미칠 수 있다. 기업은 이러한 변화를 사전에 예측하고 신속히 반응할 수 있는 프로세스를 구축해야 한다.

• 법적 리스크관리

국제 규제를 준수하지 않을 경우, 벌금 부과, 법적 분쟁, 브랜드 신뢰도 하락과 같은 심각한 법적 리스크에 직면할 수 있다. 특히 글로벌 시장에서 규제 위반은 다수의 국가에서 동시에 영향을 미칠 수 있어 그 파급 효과가 크다. 이를 방지하기 위해 규제 준수에 대한 모니터링과 내부 감사 체계를 강화해야 한다.

• 문화적 차이와 사회적 기대

각 지역의 문화적 차이와 사회적 기대는 법적 요구 사항에 영향을 미칠 수 있다. 예를 들어, 특정 지역에서는 환경 규제와 윤리적 경영이 중요한 사회적 요구로 자리 잡고 있을 수 있다. 기업은 현지 문화와 사회적 규범을 반영하여 규제 준수를 넘어 지역 사회와 조화를 이루는 전략을 마련해야 한다.

국제적 규제 대응 전략

글로벌기업이 국제적 규제에 효과적으로 대응하기 위해 사용하는 전략은 다음과 같다.

• 규제 모니터링 시스템 구축

글로벌기업은 각국의 규제와 법적 요구 사항을 실시간으로 파악할 수 있는 규제 모니터링 시스템을 구축한다. 이를 통해 새로운 법적 요구 사항이나 변경 사항을 신속히 인지하고 이를 반영하여 규제 준수를 보장한다. 예를 들어, 데이터 보호, 무역 규제, 환경 법규와 같은 복잡한 규제 체계를 하나의 플랫폼에서 관리함으로써 규제 리스크를 최소화할 수 있다.

• 글로벌 규제 준수 팀 구성

글로벌기업은 각 지역의 법적 요구 사항에 전문성을 갖춘 전문가들로 구성된 글로벌 규제 준수 팀을 운영한다. 이 팀은 지역별로 서로 다른 규제와 법적 환경을 관리하고, 회사의 운영이 규제 요구 사항을 충족할 수 있도록 조정한다. 이러한 팀은 지역 간 조화를 이루는 동시에 현지 법률 자문기관과 협력하여 실질적인 규제 준수를 지원한다.

• 규제 준수 교육과 훈련

직원들에게 규제 준수와 관련된 교육과 훈련을 제공하여 모든 부서가 최신 규제에 대한 이해와 실행 능력을 갖추도록 한다. 이 교육은 데이터 보호, 반부패, 노동 규정 등 다양한 주제를 포함하며, 실제 사례를 통해 규제 위반 방지와 효과적인 준수 방법을 교육한다. 이를 통해 전 직원이 규제 준수 문화에 이바지하도록 유도한다.

• 문서화와 기록 관리

규제 준수와 관련된 모든 문서와 기록을 철저히 관리하여 규제 당국의 요청에 즉각 대응할 수 있는 체계를 구축한다. 문서화된 기록은 규제 준수의 증거로 활용되며, 감사와 검토 과정에서 중요한 역할을 한다. 특히 국제 규제 환경에서는 문서의 정확성과 투명성이 기업의 신뢰도와 직결된다.

• 규제 준수 전략의 정기적 리뷰

규제 준수 전략과 절차를 정기적으로 검토하여 최신 규제 요구 사항에 맞게 업데이트한다. 이는 기존의 규제 변화뿐만 아니라 새로운 법적 요구 사항에도 효과적으로 대응할 수 있는 유연한 전략을 마련하기 위해서이다. 정기적인 리뷰는 기업이 규제 환경 변화에 뒤처지지 않고 선제적으로 대응하도록 지원한다.

• 협력과 네트워킹

국제 규제 기관, 업계 협회, 법률 자문기관과 긴밀히 협력하여 최신 규제 정보를 공유하고 필요한 지원을 받는다. 이러한 협력은 기업이 규제 준수에 필요한 정보를 정확히 이해하고 적용하도록 돕는 동시에, 국제 규제 기관과의 신뢰 관계를 구축하는 데 이바지한다. 또 업계 네트워킹을 통해 유사한 문제를 해결하는 모범 사례를 학습할 수 있다.

사례 분석

다음은 글로벌기업이 국제적 규제 대응을 통해 성공적으로 운영한 사례이다.

• 사례 1: 글로벌 제약기업

⇒ 문제는 다양한 국가에서의 규제를 준수하기 위해 복잡한 절차와 문서화가 필요하다는 상황을 나타낸다.

⇒ 해결책은 글로벌 규제 준수팀을 구성하고 규제 요구사항을 실시간으로 모니터링하는 시스템을 구축한 과정을 말한다.

⇒ 성과는 규제 준수 상태가 개선되고 벌금 및 규제 위반 문제가 최소화되었으며, 시장 진입 속도가 현재보다는 빠르게 향상된 결과를 나타낸다.

• 사례 2: 글로벌 제조업체

⇒문제는 다양한 국가의 환경 규제와 안전기준을 준수하는 데 어려움을 겪고 있음을 의미한다.

⇒ 해결책은 각국의 규제 정보를 체계적으로 관리할 수 있는 문서화와 기록 관리 시스템을 구축하고 규제 준수 전략을 정기적으로 리뷰한 과정을 말한다.

⇒ 성과는 규제 준수율이 향상되고 법적 리스크와 벌금이 감소했으며, 기업의 신뢰도와 브랜드 이미지가 개선된 결과를 나타낸다.

● 주요 내용 정리

국제적 규제 대응은 글로벌기업이 다양한 국가의 법적 요구와 규제를 준수하며 운영 안정성과 효율성을 유지하는 데 핵심적이다. 글로벌 제약기업은 규제 모니터링 시스템과 규제 준수 팀을 통해 벌금과 위반을 최소화하고 시장 진입 속도를 높였으며, 글로벌 제조업체는 문서화와 정기적 전략 리뷰로 규제 준수율을 높이고 벌금과 리스크를 감소시켰다. 규제 모니터링 시스템, 전문 팀 운영, 규제 준수 교육, 문서 관리, 정기적 전략 리뷰는 핵심 대응 전략으로 작용하였다. 이러한 접근은 규제 환경 변화에 신속히 적응하며, 법적 리스크를 줄이고 브랜드 신뢰도와 기업 이미지를 강화하는 데 이바지한다.

미래의 S&OP

Chapter 12

미래의 S&OP

> S&OP(판매 및 운영 계획, Sales and Operations Planning)의 미래를 전망하며, 디지털 혁신, 인공지능, 지속 가능성, 시장 변화 대응을 중심으로 다룬다. 먼저, 클라우드 기반 솔루션, 데이터 기반 의사결정, 실시간 협업 도구를 활용한 디지털 혁신이 S&OP에 미치는 영향을 설명하고, 이어서 인공지능 기반 예측, 머신러닝의 역할, 자동화된 프로세스 관리를 통해 S&OP의 효율성과 정밀성을 높이는 방안을 제시한다. 지속 가능성과 관련해서는 친환경 공급망 전략, 지속 가능 경영 사례, ESG 지표를 반영한 S&OP의 중요성을 논의한다. 마지막으로, 시장 변화 예측 도구, 새로운 기술 도입, 글로벌화 대응 전략을 통해 미래의 복잡하고 변화무쌍한 시장 환경에서 S&OP가 어떻게 발전할 수 있는지 설명한다. 이 마지막 장은 미래의 S&OP가 나아갈 방향과 혁신적 적용 방안을 포괄적으로 제시하여 독자가 장기적인 전략 비전을 이해할 수 있도록 구성되었다.

디지털 혁신과 S&OP

클라우드 기반 솔루션

클라우드 기반 솔루션은 인터넷을 통해 IT 자원을 제공받는 방식으로, 기업이 소프트웨어와 데이터를 원격 서버에서 관리하고 접근할 수 있도록 한다. 이 접근 방식은 기업의 정보 기술 관리 방식을 혁신적으로 변화시켜 왔다. S&OP에서 클라우드 기반 솔루션의 도입은 데이터의 중앙화, 실시간 접근성, 유연한 확장성, 그리고 비용 효율성을 제공하여, 전체적인 운영 효율성을 크게 개선할 수 있다.

클라우드 기반 S&OP 솔루션의 주요 장점

• 통합된 데이터 관리

클라우드 기반 솔루션은 기업 내의 다양한 데이터 소스를 통합하여 단일 플랫폼에서 접근하고 분석할 수 있도록 지원한다. 이를 통해 부서 간 정보 불일치를 줄이고, 판매, 생산, 재무 등의 데이터를 중앙에서 관리함으로써 S&OP 프로세스의 신뢰성을 높인다.

통합된 데이터는 더욱 정확한 수요 예측과 자원 계획 수립을 가능하게 하여 조직 내 협업 강화에 도움을 준다.

• 실시간 데이터 업데이트

클라우드 솔루션은 실시간 데이터를 업데이트하여, 기업이 최신 정보를 기반으로 신속한 의사결정을 내릴 수 있도록 도와준다. 이러한 기능은 시장 변화나 공급망 문제에 빠르게 대응할 수 있게 하며, 특히 글로벌시장에서 S&OP 프로세스를 관리할 때 중요한 역할을 한다. 실시간 데이터는 운영 효율성을 극대화하고 비즈니스 민첩성을 강화한다.

• 유연한 자원 조정

클라우드 기반 솔루션은 필요에 따라 자원을 유연하게 확장하거나 축소할 수 있는 기능을 제공한다. 기업이 성장하거나 비즈니스 요구가 변화할 때, 클라우드 솔루션은 즉각적인 대응을 가능하게 하여 변화하는 시장 환경 속에서도 S&OP 프로세스를 원활하게 유지할 수 있다. 이는 비용 효율성과 운영 유연성을 동시에 확보하는 데 중요한 요소이다.

• 비용 절감과 효율적 운영

클라우드 솔루션은 초기 투자 비용이 저렴하고 유지 보수와 업그레이드가 간편하다는 장점을 제공한다. 온프레미스 시스템에 비해 하드웨어와 소프트웨어 관리 비용을 절감할 수 있으며, 사용한 만큼만 비용을 지불하는 방식으로 운영 비용을 효율적으로 관리할 수 있다. 이를 통해 기업은 자원 배분과 예산 관리를 최적화할 수 있다.

• 강화된 데이터 보안

많은 클라우드 서비스 제공업체는 고급 보안 기능을 통해 데이터 보호를 강화한다. 암호화, 접근 제어, 정기 백업과 복구 기능 등을 포함한 다양한 보안 서비스를 제공하여 기업의 중요한 데이터를 안전하게 보호한다. 이는 데이터 유출과 사이버 위협으로부터 기업 자산을 보호하는 데 중요한 역할을 한다.

클라우드 기반 S&OP 솔루션의 구현

• 요구 사항 분석과 솔루션 선택

클라우드 기반 S&OP 솔루션을 도입하기 전, 기업의 비즈니스 요구 사항을 철저히 분석하고 이를 기반으로 최적의 솔루션을 선택하는 것이 중요하다. 솔루션의 기능, 확장성, 비용 효율성, 보안 수준, 사용 편의성 등을 면밀하게 평가하여 기업의 비즈니스 모델과 장기적인 성장 전략에 부합하는 솔루션을 선택해야 한다. 이를 통해 솔루션 도입 후 발생할 수 있는 문제를 최소화할 수 있다.

• 데이터 이관과 통합

기존 시스템에서 클라우드 기반 S&OP 솔루션으로 데이터를 이관할 때, 데이터의 품질과 정확성을 철저히 검토하는 것이 필수적이다. 데이터 이관 과정에서는 데이터 정제와 표준화 작업이 필요하며, 이관이 완료된 후에는 클라우드 시스템과 기존 시스템 간의 데이터 연계가 원활히 이루어지도록 해야 한다. 이를 통해 데이터 간 일관성을 유지하고, 효율적인 데이터 활용 환경을 조성할 수 있다.

• 사용자 교육과 지원

클라우드 기반 솔루션 도입 후, 사용자가 시스템을 효과적으로 활용할 수 있도록 충분한 교육과 지속적인 지원을 제공하는 것이 중요하다. 사용자 중심의 교육 프로그램을 설계하고, 시스템 사용법과 주요 기능을 실습할 기회를 제공해야 한다. 이를 통해 사용자의 이해도를 높이고, 새로운 솔루션에 대한 적응 과정을 앞당길 수 있다.

• 시스템 성능 모니터링과 최적화

솔루션이 도입된 이후, 시스템 성능을 지속적으로 모니터링하고 필요에 따라 최적화 작업을 수행해야 한다. 데이터 품질, 시스템 안정성, 응답 속도, 사용자 경험 등을 정기적으로 평가하고, 사용자 피드백을 수집하여 개선점을 식별해야 한다. 이를 통해 시스템이 장기적으로 기업의 요구를 충족하고, 최상의 성능을 유지할 수 있도록 보장한다.

• 클라우드 기반 솔루션의 사례

⇒ 한 글로벌 제조업체는 클라우드 기반 S&OP 솔루션을 도입함으로써 전 세계 각 지

역에서 발생하는 판매, 생산, 재무 데이터를 중앙에서 통합하여 관리하고 분석할 수 있게 되었다. 이를 통해 실시간으로 데이터에 접근할 수 있게 되었으며, 더욱 정확한 수요 예측과 자원 계획을 수행할 수 있었고, 궁극적으로 공급망의 유연성을 크게 높일 수 있었다.

⇒ 대형 소매업체는 클라우드 기반 S&OP 솔루션을 활용하여 재고 수준과 판매 데이터를 실시간으로 모니터링하고 분석할 수 있게 되었다. 이러한 시스템을 통해 재고 과잉이나 부족 문제를 효과적으로 줄이고, 고객의 수요 변화에 더욱 빠르게 대응할 수 있는 능력을 갖추게 되었다.

• 주요 내용 정리

클라우드 기반 S&OP 솔루션은 데이터 중앙화, 실시간 업데이트, 유연한 자원 조정, 비용 절감, 강화된 보안을 통해 S&OP 프로세스의 효율성을 크게 개선한다.

글로벌 제조업체는 클라우드 도입으로 판매, 생산, 재무 데이터를 통합 관리하며 실시간 접근성과 정확한 수요 예측을 통해 공급망 유연성을 증대시켰고, 대형 소매업체는 실시간 재고와 판매 데이터 분석으로 재고 과잉과 부족 문제를 줄이며 고객 수요에 빠르게 대응할 수 있었다. 기업은 클라우드 솔루션 도입 시 요구 사항 분석, 데이터 이관, 사용자 교육, 성능 모니터링 등을 철저히 수행해야 하며, 이를 통해 운영 유연성과 비용 효율성을 동시에 확보할 수 있다.

데이터 기반 의사결정

데이터 기반 의사결정은 데이터를 기반으로 분석하여 전략적 결정을 내리는 접근 방식이다. 이 접근 방식의 목표는 감에 의존하거나 직관적인 판단을 넘어서, 실질적이고 신뢰할 수 있는 데이터를 바탕으로 결정을 내리는 것이다.

S&OP에서 데이터 기반 의사결정은 수요 예측, 생산 계획, 재고 관리 등 다양한 측면에서 효율성을 높이고, 비즈니스 목표를 달성하는 데 필수적이다.

데이터 기반 의사결정의 중요성

• 정확성과 신뢰성 향상

데이터 기반 의사결정은 과거 데이터와 현재의 실시간 데이터를 분석하여 의사결정의 정확성과 신뢰성을 크게 높인다.

과거의 패턴을 식별하고 현재와 미래의 트렌드를 예측함으로써 비즈니스 환경에서의 불확실성을 줄이고, 신뢰성 있는 결정을 내릴 수 있는 기반을 제공한다. 이를 통해 기업은 경쟁 우위를 확보하고, 시장 변화에 민첩하게 대응할 수 있다.

• 위험 요소 사전 식별과 대응

데이터를 활용하면 잠재적인 위험 요소를 사전에 식별하고 효과적으로 대응할 수 있다. 예를 들어, 판매 데이터를 분석하여 계절적 수요 변화를 예측함으로써 재고 부족이나 과잉과 같은 문제를 사전에 방지할 수 있다.

이러한 선제 대응은 비용 절감과 고객 만족도 향상으로 이어진다.

• 자원 배분과 운영 계획 최적화

데이터 분석은 자원 배분과 운영 계획의 효율성을 극대화하는 데 이바지한다. 이를 통해 적합한 인력, 자재, 시간 등의 자원을 효과적으로 배분하고, 운영 비용을 절감하며 생산성을 높일 수 있다. 결과적으로 기업은 운영 효율성을 강화하고, 자원을 전략적으로 활용할 수 있는 능력을 확보하게 된다.

• 의사결정 과정의 투명성 강화

데이터 기반 의사결정은 의사결정 과정의 투명성과 신뢰성을 높이는 데 필수적이다. 분석 결과와 데이터를 근거로 의사결정을 내리기 때문에 각 결정의 이유가 명확하며, 공정한 의사결정을 보장할 수 있다.

이는 조직 내 신뢰를 구축하고, 팀 간 협업을 강화하는 데에도 도움이 된다.

데이터 기반 의사결정의 구성 요소

• 신뢰할 수 있는 데이터의 수집

데이터 기반 의사결정의 첫 번째 단계는 신뢰성과 품질이 높은 데이터의 수집이다. S&OP에서 데이터의 수집은 판매 데이터, 재고 수준, 생산 계획, 시장 트렌드 등 내부 및 외부 소스를 활용한다. ERP, CRM 같은 내부 시스템뿐만 아니라 시장 조사, 경쟁 분석 등의 외부 데이터를 활용하여 다양한 시각과 정확성을 확보한다. 이 과정은 의사결정의 기초를 형성하며, 데이터 수집 방식의 신뢰성과 완전성이 핵심이다.

• 유용한 인사이트를 도출하는 데이터 분석

두 번째 단계는 수집된 데이터를 체계적으로 분석하여 실질적인 인사이트를 도출하는 것이다. 통계 분석, 데이터 마이닝, 머신러닝, 예측 분석 등의 기술을 사용하여 과거 데이터에서 패턴을 식별하고, 미래 추세를 예측한다. 이 과정은 의사결정자가 전략적인 선택을 내릴 수 있도록 유의미한 정보를 제공한다. 특히 분석된 데이터는 의사결정 과정에서 발생할 수 있는 불확실성을 줄이는 데 중요한 역할을 한다.

• 데이터의 시각화

세 번째 단계는 분석 결과를 이해하기 쉽도록 시각화하는 것이다. 대시보드, 차트, 그래프 등을 사용하여 데이터를 시각적으로 표현함으로써 의사결정자가 데이터의 의미를 더 직관적으로 파악할 수 있다. 시각화 도구는 복잡한 정보를 간결하게 전달하며, 팀 내 의사소통과 협업을 원활하게 만든다.

이 단계는 데이터의 가치를 극대화하고, 신속한 의사결정을 지원한다.

• 분석 결과를 기반으로 한 전략적 의사결정

시각화된 데이터와 분석 결과를 토대로 의사결정을 내리는 네 번째 단계는 데이터 기반 의사결정의 핵심이다. 이 과정에서는 객관적이고 신뢰할 수 있는 데이터를 바탕으로 전략적이고 효과적인 결정을 내릴 수 있다. 데이터는 조직 내의 이해관계자 간 협력을 촉진하고, 더욱 통합된 결정을 지원한다.

• 결과 모니터링과 피드백 수집

마지막 단계는 의사결정 후 그 결과를 모니터링하고 피드백을 수집하는 과정이다. 이 단계에서는 의사결정이 실제로 어떤 결과를 가져왔는지 평가하며, 이를 바탕으로 데이터 품질을 개선하고 다음 의사결정 과정의 정확성을 높인다. 지속적인 모니터링은 데이터 기반 의사결정의 효과를 극대화하고, 조직의 학습과 성장에 이바지한다.

데이터 기반 의사결정의 도전 과제

• 데이터 품질 보장

데이터의 정확성, 완전성, 일관성이 확보되지 않으면 데이터 기반 의사결정의 신뢰성이 크게 저하될 수 있다. 이를 방지하기 위해 철저한 데이터 정제와 검증 프로세스가 필요하다. 데이터 입력 단계에서 오류를 줄이고, 지속적인 모니터링과 관리 체계를 구축함으로써 데이터 품질을 유지하는 것이 필수적이다.

• 데이터 통합과 표준화

다양한 출처에서 수집된 데이터를 통합하는 과정에서 불일치나 중복이 발생할 수 있다. 이를 해결하기 위해 데이터 웨어하우스 또는 데이터 레이크를 구축하고, 데이터를 표준화하여 일관된 포맷으로 관리해야 한다. 데이터 통합 프로세스의 원활한 운영은 의사결정의 정확성과 신뢰성을 높이는 핵심 요소이다.

• 전문 인력 부족

데이터 분석과 시각화를 수행할 전문 인력의 부족은 데이터 기반 의사결정의 효과를 제한할 수 있다. 충분한 데이터 분석 전문가와 관련 인력을 확보하고, 조직 내 데이터 분석 역량을 강화하기 위한 교육 및 훈련 프로그램을 운영해야 한다. 데이터 분석 도구의 활용성을 높이기 위한 기술적 지원도 필요하다.

• 조직 문화적 저항

조직 내부에서는 기존의 직관적 의사결정 방식에서 데이터 기반 방식으로 전환하는 과정에서 문화적 저항이 발생할 수 있다.

이를 극복하기 위해 데이터 기반 의사결정의 가치를 명확히 전달하고, 구성원들이 새로운 프로세스에 적응할 수 있도록 변화 관리 전략을 실행해야 한다. 참여와 소통을 통해 전환 과정에서의 심리적 저항을 줄이는 것이 중요하다.

• 기술적 장벽 극복

데이터 기반 의사결정을 지원하는 기술이 도입되지 않거나, 기존 시스템과의 연동이 원활하지 못하면 효율성이 저하될 수 있다.

최신 데이터 분석 플랫폼과 클라우드 기술을 도입하고, 기술적 통합을 위한 체계를 마련함으로써 데이터 기반 의사결정이 안정적으로 이루어지도록 해야 한다.

• 데이터 기반 의사결정의 사례

⇒ 한 글로벌 소매업체는 데이터 기반 의사결정을 활용하여 재고 관리를 최적화하는 데 성공하였다. 이 업체는 판매 데이터를 분석함으로써 시즌별 수요를 정확히 예측할 수 있었고, 이를 바탕으로 재고 수준을 조정하여 재고 과잉 문제를 효과적으로 줄였다. 이러한 재고 관리의 최적화는 비용 절감에도 크게 이바지하였다.

⇒ 또 한 제조업체는 데이터 분석을 통해 생산 계획을 더욱 효율적으로 수립하였다. 이 제조업체는 생산성과 자원 사용 데이터를 철저히 분석한 후, 이를 기반으로 생산 계획을 조정하여 전반적인 생산 효율성을 크게 높였다. 이러한 최적화 과정은 자원 낭비를 줄이고, 생산성을 높이는 데 도움을 주었다.

• 주요 내용 정리

데이터 기반 의사결정은 과거 및 실시간 데이터를 활용하여 정확하고 신뢰성 있는 전략을 수립하며, 수요 예측, 재고 관리, 자원 배분 등에서 효율성을 극대화한다. 글로벌 소매업체는 데이터 분석을 통해 재고 과잉 문제를 줄이고 비용을 절감했으며, 제조업체는 생산성과 자원 데이터를 기반으로 생산 계획을 최적화하여 자원 낭비를 감소시켰다. 데이터의 수집, 분석, 시각화, 전략적 의사결정, 결과 모니터링의 과정을 거쳐 비즈니스 민첩성을 높이고 운영 효율성을 강화한다. 성공적인 데이터 활용을 위해 데이터 품질 보장, 통합과 표준화, 전문 인력 확보, 조직 문화 전환, 기술적 장벽 극복이 필수적이며, 이러한 접근은 기업의 경쟁 우위 확보와 지속적인 성장에 도움을 준다.

실시간 협업 도구

실시간 협업 도구는 팀원들이 물리적 거리와 관계없이 동시에 작업을 수행하고, 즉시 피드백을 주고받을 수 있도록 돕는 소프트웨어와 플랫폼이다. 이러한 도구는 업무의 효율성을 높이고, 의사소통을 원활하게 하며, 프로젝트 진행 상황을 실시간으로 모니터링할 수 있는 기능을 제공한다. S&OP 프로세스에 실시간 협업 도구를 도입함으로써, 팀원 간의 협력을 강화하고, 의사결정을 신속하게 할 수 있는 환경을 조성할 수 있다.

실시간 협업 도구의 주요 기능

• 실시간 커뮤니케이션

실시간 커뮤니케이션 기능은 팀원들이 채팅, 음성 통화, 화상 회의를 통해 실시간 소통할 수 있도록 지원한다. 이를 통해 지리적 제약을 극복하고, 즉각적인 문제 해결과 신속한 의사결정이 가능해진다. 특히, 중요한 이슈나 긴급한 상황에서도 팀원 간의 원활한 소통을 보장하여 업무 지연을 최소화한다.

• 문서 공유와 공동 작업

문서 공유와 공동 작업 기능은 문서, 스프레드시트, 프레젠테이션 등을 실시간 공유하고, 여러 사용자가 동시에 문서를 작성하거나 수정할 수 있도록 한다.

이를 통해 반복적인 파일 전송과 중복 작업을 줄이고, 팀원들이 실시간 협력하여 효율적인 결과를 도출할 수 있도록 지원한다.

• 작업과 프로젝트 관리

작업과 프로젝트 관리 기능은 프로젝트의 진행 상황을 실시간으로 추적하고, 업무를 체계적으로 분담하며 관리할 수 있도록 설계되었다.

작업 목록, 일정, 마일스톤의 실시간 업데이트를 통해 각 팀원이 자신의 업무 진행 상황을 쉽게 파악할 수 있으며, 협업의 투명성과 책임감을 강화한다.

• 실시간 데이터와 정보 업데이트

실시간 데이터와 정보 업데이트 기능은 모든 팀원이 항상 최신 데이터를 바탕으로 업무를 진행할 수 있도록 지원한다. 이를 통해 데이터의 정확성과 시의성을 보장하며, 불일치나 혼동을 방지하여 데이터 기반 의사결정을 강화한다.

• 알림과 경고 시스템

알림과 경고 기능은 중요한 업데이트나 변경 사항을 즉시 팀원들에게 통지하여, 팀원들이 중요한 정보를 놓치지 않도록 도와준다. 이를테면 기한 임박, 업무 변경, 긴급 요청과 같은 상황에서 즉각적인 알림을 제공하여 신속한 대응을 가능하게 한다.

• 통합과 연동 지원

통합과 연동 기능은 ERP, CRM, 재고 관리 시스템 등 다양한 비즈니스 도구나 시스템과의 연동을 통해 데이터를 일관되게 관리할 수 있게 한다.

이를 통해 조직 내 다양한 플랫폼에서 이루어지는 작업을 중앙에서 통합적으로 관리할 수 있으며, 복잡한 업무 환경에서도 효율성을 극대화한다.

실시간 협업 도구의 도입 이점

• 업무 처리 속도 향상

실시간 협업 도구는 팀원들이 동시에 작업하고 소통할 수 있는 환경을 제공함으로써 중복된 작업을 줄이고, 업무 처리 속도를 크게 높인다. 이러한 효율성은 조직 내 생산성을 높이고, 프로젝트 완료 시간을 단축하는 데 이바지한다.

• 신속한 피드백과 의사결정

팀원들 간의 실시간 소통은 즉각적인 피드백과 신속한 의사결정을 가능하게 한다. 문제를 조기에 해결하고, 의사소통 오류를 최소화함으로써 협업의 품질을 높이고 조직 내 의사결정 과정을 간소화할 수 있다.

• 투명한 프로젝트 관리

실시간 협업 도구를 활용하면 프로젝트의 진행 상황을 실시간으로 모니터링할 수 있어 팀원들이 현재의 상태를 명확히 이해할 수 있다. 이로써 프로젝트 관리의 투명성이 강화되며, 팀원 간의 협력이 더욱 긴밀해지고 목표 달성이 쉬워진다.

• 비용 절감 효과

실시간 협업 도구는 물리적인 회의나 출장 없이도 원격으로 협업하고 소통할 수 있으므로 시간과 비용을 효과적으로 절감할 수 있다. 이는 특히 글로벌 팀 운영이나 원격 근무 환경에서 중요한 이점으로 작용한다.

• 문서 관리 용이성

문서의 실시간 공유와 편집 기능은 팀원들이 항상 최신 문서를 기반으로 작업할 수 있도록 하며, 문서의 변경 이력을 손쉽게 추적할 수 있어 버전 관리가 간편해진다. 이는 문서 품질 유지와 협업 효율성을 동시에 높이는 데 이바지한다.

실시간 협업 도구의 도입 시 고려 사항

• 데이터 보안 강화

실시간 협업 도구를 도입할 때 데이터 보안은 필수적인 요소이다. 중요 정보와 데이터를 보호하기 위해 암호화 기술, 접근 제어, 정기적인 보안 업데이트를 적용해야 하며, 사용자는 보안 설정을 철저히 관리해야 한다.

• 사용자 교육과 지원

도구의 효과적인 활용을 위해 체계적인 사용자 교육과 지속적인 지원이 필요하다. 팀원들에게 도구의 주요 기능과 활용 방법을 충분히 교육함으로써, 도구의 사용성을 극대화하고 협업 효율성을 높일 수 있다.

• 기존 시스템과의 통합성

실시간 협업 도구를 선택할 때 기존 ERP, CRM, 파일 관리 시스템 등과의 통합 가능성을 고려해야 한다. 도구 간의 원활한 연계를 위해 맞춤형 설정을 적용하고, 호환성을 강화함으로써 업무 흐름의 연속성을 유지할 수 있다.

• 기술 지원 체계 마련

협업 도구 사용 중 발생할 수 있는 기술적 문제나 장애에 대비해 신속히 대응할 수 있는 기술 지원 체계를 갖추는 것이 중요하다.

이를 통해 운영의 안정성을 확보하고, 업무 중단을 최소화할 수 있다.

● 주요 내용 정리

실시간 협업 도구는 팀원 간 실시간 커뮤니케이션, 문서 공유, 프로젝트 관리, 데이터 업데이트를 가능하게 하여 업무 처리 속도를 높이고 신속한 의사결정을 지원한다. 이를 통해 프로젝트 관리의 투명성을 강화하고 비용 절감, 문서 관리 용이성 등 효율성을 높일 수 있다. 글로벌 팀이나 원격 근무 환경에서도 효과적이며, ERP 및 CRM과 같은 기존 시스템과 통합하여 업무 연속성을 유지할 수 있다. 도입 시에는 데이터 보안, 사용자 교육, 기술 지원 체계, 시스템 통합성을 철저히 고려해야 하며, 이러한 도구는 협업 품질을 높이고 조직의 생산성과 유연성을 극대화하는 데 이바지한다.

인공지능과 자동화

인공지능 기반 예측

인공지능 기반 예측은 대량의 데이터를 분석하고, 학습하여 미래의 패턴과 트렌드를 예측하는 기술이다. 전통적인 예측 방법론과 비교할 때, AI 기반 예측은 데이터의 복잡성, 비정형 데이터, 비선형 관계를 효과적으로 처리할 수 있는 장점이 있다. 특히, S&OP에서는 정확한 수요 예측과 자원 계획이 필수적이므로, AI 기반 예측은 그 중요성이 더욱 강조된다.

인공지능 기반 예측의 기술 구성 요소

• 데이터 수집과 정제

AI 기반 예측의 첫 단계는 다양한 데이터 소스에서 데이터를 수집하고, 분석이 가능한 형태로 정제하는 과정이다. 내부 시스템(ERP, CRM), 외부 시장 데이터, 소셜 미디어 등에서 데이터를 수집하며, 결측치 보정, 이상치 제거, 데이터 변환 등의 전처리 작업을 수행해 데이터 품질을 보장한다.

• 예측 모델 개발

정제된 데이터를 바탕으로 머신러닝과 딥러닝 알고리즘을 활용하여 예측 모델을 구축한다. 회귀 분석, 시계열 분석, 신경망 모델 등 다양한 기법을 사용해 데이터의 패턴을 학습하며, 비즈니스 요건에 적합한 모델을 선택하고 설계한다.

• 모델 훈련과 검증

개발된 모델은 학습 데이터를 통해 훈련되며, 검증 데이터를 사용해 성능을 평가한다. 모델의 정확도, 정밀도, 재현율 등을 측정하여 성능을 분석하고, 파라미터 튜닝과 구조 최적화를 통해 최적의 모델을 완성한다.

• 예측과 분석 적용

최적화된 모델을 통해 미래 수요를 예측하고, 예측 데이터를 바탕으로 비즈니스 의사 결정을 지원한다. 예측 결과는 실시간으로 모니터링되며, 변화하는 환경에 맞춰 모델을 주기적으로 업데이트하고 개선 작업을 수행한다.

인공지능 기반 예측의 주요 기술

• 시계열 분석

시계열 분석은 과거 데이터를 기반으로 시간의 흐름에 따른 패턴을 식별하고 이를 통해 미래를 예측하는 방법이다. 자기회귀 누적 이동평균(ARIMA), 계절성을 고려한 ARIMA(SARIMA)와 같은 기법은 시간 의존적 데이터를 예측하는 데 탁월한 성능을 발휘한다. 이러한 기술은 판매 데이터, 생산 일정, 재고 변동 등의 시계열 데이터 분석에 특히 유용하다.

• 머신러닝 기반 데이터 분석

머신러닝 알고리즘은 다양한 데이터 구조를 분석하여 정확한 예측을 제공한다. 결정 트리, 랜덤 포레스트, 서포트 벡터 머신(SVM), K-최근접 이웃(KNN) 등의 기법은 각 데이터의 특성에 따라 최적화된 결과를 도출한다. 이 기술은 대규모 데이터 분석과 복잡한 변수 간 상호작용을 이해하는 데 효과적이다.

• 딥러닝 모델 활용

딥러닝은 인공신경망을 기반으로 복잡한 데이터 패턴을 학습하는 데 강력한 성능을 제공한다. 순환 신경망(RNN), 장단기 기억 네트워크(LSTM), 트랜스포머 모델은 특히 시계열 데이터 분석과 연속적인 패턴 예측에 최적화되어 있다. 이 기술은 고객 행동 분석, 재고 예측, 생산 최적화 등의 다양한 분야에서 활용된다.

• 강화학습

강화학습*은 동적 환경에서 상호작용을 통해 최적의 정책을 학습하는 기술이다. 이 방법은 지속적인 피드백을 활용하여 변동성이 큰 환경에서도 적응하고 최적의 결과를 도출하는 데 유용하다. 특히, 공급망 최적화, 생산 공정 제어, 자율주행 등의 응용 분야에서 뛰어난 성과를 보인다.

> * 강화학습(Reinforcement Learning)은 에이전트가 환경과 상호작용하며 최적의 행동을 학습하는 강력한 학습 방법으로, 복잡한 문제를 해결하는 데 효과적이며, 자율주행차, 게임 AI 등 여러 산업에서 활발하게 활용되고 있다. 하지만 학습 속도와 보상 설계의 어려움이 있으므로 이를 해결하기 위한 다양한 개선 방법이 연구 보강되고 있다.

인공지능 기반 예측의 장점

• 정확성 향상

AI 기반 예측은 대량의 데이터를 분석하고 복잡한 패턴을 학습하여 예측 정확도를 극대화한다. 특히 비정형 데이터나 다차원 데이터와 같은 복잡한 데이터 세트를 처리하는 데 뛰어난 성능을 발휘하며, 이를 통해 이전보다 정밀하고 신뢰할 수 있는 예측이 가능하다.

• 예측 자동화

AI 기술은 반복적인 예측 작업을 자동화하여 분석 과정의 속도를 크게 높여준다. 이는 수작업에 의존하던 기존 방식을 대체하고, 인적 자원의 부담을 줄이며 운영의 효율성을 높여 기업의 생산성을 극대화하는 데 이바지한다.

• 실시간 대응

AI 기반 예측은 실시간으로 데이터를 분석하고 결과를 제공하여, 시장 변화나 고객 요구와 같은 외부 환경의 변화를 즉각 반영할 수 있다. 이는 급변하는 비즈니스 환경에서 중요한 경쟁 우위를 확보하는 데 도움을 준다.

• 비용 절감

정확한 예측을 통해 재고 과잉이나 부족 문제를 사전에 방지할 수 있다. 이를 통해 운영 비용을 절감하고, 재고 관리와 관련된 낭비를 줄이며, 전반적인 비용 구조를 효율적으로 관리할 수 있다.

인공지능 기반 예측의 도입 시 고려 사항

• 윤리적 데이터 처리

AI 기반 예측 시스템이 개인정보나 민감한 데이터를 다룰 경우, 편향 발생 가능성을 항상 염두에 두어야 한다. 이를 방지하기 위해 윤리적이고 공정한 데이터 처리 정책을 수립하고, 이를 지속적으로 관리하는 시스템을 구축하는 것이 필수적이다.

• 데이터 품질 관리

AI 예측의 정확성은 데이터 품질에 크게 의존하므로, 데이터의 정확성, 완전성, 일관성을 확보해야 한다. 신뢰할 수 있는 데이터만 기반으로 예측을 수행해야 결과의 신뢰성과 효용성이 높아지며, 이를 위해 데이터 품질 관리 프로세스를 엄격히 운영해야 한다.

• 적합한 모델 선택과 최적화

다양한 예측 모델 중 비즈니스 요구에 가장 적합한 모델을 선택하고, 지속적으로 성능을 평가하고 개선하는 과정이 필요하다. 모델이 특정 비즈니스 목표에 맞게 최적화될 때, 예측의 효율성과 효과가 극대화된다.

• **설명할 수 있는 예측 결과**

AI 모델의 예측 결과는 투명하고 해석할 수 있어야 하며, 비즈니스 의사결정자들이 이를 쉽게 이해하고 활용할 수 있어야 한다. 예측 과정의 투명성을 높이고 설명력을 강화하여 결과에 대한 신뢰를 구축하는 것이 중요하다.

[AI 모델 예측 결과에 대한 해석이 가능한 설명서 토론]

권우철 회계사님, AXI4CNS 이도정 대표님과의 토론 내용이다.

AI 모델 예측 결과에 대한 해석이 가능한 설명서를 작성해야 하는데, 이때 사용자나 독자의 기술 수준, 사용 목적, 그리고 예측 결과의 복잡성을 고려하여 다양한 수준에서 설명할 수 있어야 한다. 설명서의 목적은 AI 모델이 어떻게 예측을 도출하는지, 결과가 무엇을 의미하는지, 그리고 어떻게 해석할 수 있는지 명확하게 전달하는 것이다. 다음은 주요 요소와 그에 따른 작성 범위이다.

• **모델 개요**

⇒ 사용하는 AI 모델의 유형이 무엇인지 설명한다. 이를테면 선형 회귀, 의사결정 나무, 신경망 등 모델의 종류를 간단히 소개한다.

⇒ 모델의 주요 구조(특성, 하이퍼파라미터 등)를 설명하고, 해당 구조가 어떤 방식으로 데이터를 처리하는지 기술한다.

⇒ 데이터 입력 차원에서 모델이 어떤 데이터를 기반으로 예측을 수행하는지 설명한다. 주요 특성(변수), 데이터 전처리 과정도 포함한다.

• **예측 과정 설명**

⇒ 모델이 어떻게 훈련이 되었는지, 예측에 사용된 데이터와 훈련 데이터 간의 관계를 설명한다. 훈련에 사용된 알고리즘과 평가 지표(정확도, 손실 함수 등)를

간단히 기술한다.

⇒ 모델이 새로운 데이터에서 예측을 어떻게 도출하는지 예측 과정을 설명한다. 예를 들어, 입력 데이터가 모델에 들어가서 어떤 경로를 통해 결과가 나오는지 서술한다.

• 예측 결과의 해석

⇒ 예측 결과가 의미하는 바를 명확히 이해하기 위한 결과를 설명한다. 예를 들어, 예측 결과가 수치라면 이 수치가 실제 어떤 현상을 나타내는지(예: 매출 예측, 분류 모델의 확률값) 설명한다.

⇒ 예측 결과의 신뢰성 또는 불확실성에 관해 설명한다. 예를 들어, 모델의 정확도나 오차 범위를 설명하거나, 결과에 대한 확신을 표현하는 방법(확률 분포, 신뢰구간 등)을 기술한다.

⇒ 특정 상황에서 예측 결과가 어떻게 변할 수 있는지, 결과를 해석할 때 어떤 상황을 고려해야 하는지 설명한다.

• 모델의 한계와 주의 사항

⇒ 모델의 한계점, 특히 과적합(overfitting), 데이터 편향, 외삽(extrapolation)* 문제 등을 기술한다.

* 외삽은 이미 알고 있는 데이터나 경향을 바탕으로, 관측 범위를 벗어난 부분에 대해 예측하거나 추정하는 방법이다. 하나의 예를 들면, 시간에 따른 매출 데이터를 분석할 때, 현재까지의 추세를 통해 미래의 매출을 예측하는 방식이며, 이것은 주어진 데이터의 범위를 넘어서는 예측을 가능하게 하지만, 외삽된 결과가 실제와 크게 차이 날 수 있으므로 신중하게 사용해야 한다.

⇒ 예측 결과를 해석할 때 발생할 수 있는 오류나 잘못된 해석을 방지하기 위한 주의 사항을 명시한다.

• 실행 가능성과 개선점

⇒ 실행할 수 있을지의 여부를 위하여 모델 예측 결과에 따라 어떤 결정을 내릴 수 있는지 설명한다. 예를 들어, 예측된 수치를 어떻게 사용하여 비즈니스 의사결정을 내릴 수 있을지 기술한다.

⇒ 모델을 개선하거나 결과의 신뢰도를 높이는 데 필요한 개선점을 기술한다. 데이터 추가, 모델 튜닝, 새로운 변수 추가 등 방법을 설명할 수 있다.

• 설명서 기술 예시

⇒ 일반 사용자나 관리자가 이해할 수 있는 기본 수준으로, 예측 결과가 어떻게 도출되었는지 설명하되, 복잡한 수학적 배경이나 알고리즘은 생략하고, 실용적 해석에 집중한다.

⇒ 데이터 분석가나 모델을 사용할 수 있는 중간 수준으로서 실무자가 이해할 수 있도록, 데이터 처리 과정, 주요 변수, 모델의 결과 해석 방법을 조금 더 구체적으로 기술한다.

⇒ AI 모델 개발자나 연구자가 이해할 수 있도록, 고급 수준으로 수학적 개념과 알고리즘 세부 사항, 모델의 평가 지표에 대한 심층적인 설명을 포함한다.

결국 설명서의 깊이는 사용자 그룹의 필요에 따라 달라지며, 실무에서 모델을 활용하는 방법에 중점을 두어 작성하는 것이 중요하다고 볼 수 있다.

• 주요 내용 정리

인공지능 기반 예측은 대량의 데이터를 분석해 정확성과 자동화를 극대화하며, 시계열 분석, 머신러닝, 딥러닝 등을 통해 S&OP에서 수요 예측과 자원 계획의 효율성을 높인다. 데이터의 수집, 모델 개발, 훈련과 검증, 실시간 대응을 포함한 프로세스를 통해 비즈니스 민첩성과 비용 절감을 가능하게 하며, AI는 반복적 예측 작업을 자동화해 생신성을 증대시킨다. 도입 시 데이터 품질 관리, 윤리적 데이터 처리, 설명할 수 있는 예측 결과, 적합한 모델 선택이 중요하며, 예측 결과를 해석하고 활용하기 위한 체계적인 설명서가 필요하다. 글로벌 사례에서 재고 관리, 생산 최적화 등에 효과적으로 활용되고 있으며, 예측 결과는 비즈니스 의사결정의 정확성을 강화하고 경쟁 우위를 확보하는 데 이바지한다.

머신러닝의 역할

머신러닝은 인공지능의 중요한 한 분야로서, 컴퓨터가 명시적으로 프로그램되지 않은 상태에서도 다양한 데이터로부터 패턴을 학습하고, 이를 바탕으로 예측이나 결정을 수행할 수 있도록 하는 기술이다. S&OP 프로세스에서 머신러닝은 고도로 복잡한 데이터 분석과 예측 작업을 수행하여, 비즈니스 의사결정의 정확성과 신속성을 크게 개선하는 데 중요한 역할을 한다.

예를 들어, 머신러닝을 통해 수요 예측 모델이 더욱 정교하게 발전할 수 있으며, 다양한 시나리오를 고려한 분석을 통해 재고 관리와 생산 계획을 최적화할 수 있다.

이러한 예측 능력은 단순한 과거 데이터 분석을 넘어, 실시간 데이터를 바탕으로 지속적으로 학습하여 예측 정확도를 높여준다. 또 외부 요인(경제 동향, 계절성, 시장 트렌드 등)을 포함한 다양한 변수와의 상관관계를 자동으로 식별하여, 기존의 수작업 기반 분석보다 더 심층적인 통찰을 제공한다. 이를 통해 S&OP 프로세스는 효율성과 정확성을 동시에 달성할 수 있으며, 머신러닝의 지원을 받는 의사결정 과정은 더욱 신속하고 전략적으로 이루어질 수 있다. 궁극적으로 머신러닝은 S&OP의 전반적 프로세스를 자동화하고 최적화하여, 기업이 시장 변화에 더욱 민첩하게 대응하고, 예측이 가능한 공급망을 운영할 수 있게 하는 핵심 동력이 된다.

머신러닝의 핵심 기술
다음과 같이 지도학습, 비(非)지도학습, 강화학습은 각기 다른 데이터 특성과 의사결정 요구 사항에 맞춰 활용되며, S&OP 프로세스에서 효율적이고 전략적인 운영을 가능하게 하는 핵심 기술로 자리 잡고 있다. 이를 통해 기업은 데이터 기반의 인사이트를 바탕으로 더 나은 의사결정을 내리고, 시장의 변화에 민첩하게 대응할 수 있다.

• 지도학습(Supervised Learning)

사전에 준비된 입력 데이터와 그에 대응하는 정답 또는 목푯값을 함께 제공하여 모델이 예측 성능을 높이도록 학습시키는 방법이다. 이 학습 방식에서는 회귀 분석, 의사결정 트리, 랜덤 포레스트, 서포트 벡터 머신(SVM)* 등의 다양한 알고리즘이 활용된다. 지도학습은 정답이 주어져 있는 데이터를 통해 예측 정확성을 지속적(持續的)으로 개선할 수 있어, S&OP 프로세스의 수요 예측, 재고 관리 최적화, 판매 트렌드 분석, 그리고 가격 예측에 이르기까지 폭넓게 사용된다. 특히 이 방법을 통해 과거 데이터를 바탕으로 시장의 수요 변화나 계절적 변동에 관해 예측할 수 있어 공급망 관리의 효율성을 높이는 데 이바지한다. 지도학습은 또한 특정 제품의 수요 변화를 정밀하게 분석하여 필요한 자원을 더욱 효율적으로 배분하는 데 중요한 역할을 한다.

* 서포트 벡터 머신(SVM, Support Vector Machine)은 지도학습 기반의 머신러닝 알고리즘으로, 주로 분류와 회귀 분석에 사용된다. 가장 흔히 이진 분류 문제에서 적용되며, 주어진 데이터에서 두 개의 클래스를 구분할 수 있는 최적의 결정 경계를 찾는 것을 목표로 한다. SVM은 특히 고차원 데이터에서 효과적으로 작동하며, 데이터의 차원이 매우 높거나 적은 수의 샘플로도 좋은 성능을 보이는 것이 특징이다. 이러한 SVM은 주로 다음의 영역에서 활용 및 응용되어 사용하고 있다. ---이미지 분류 분야의 얼굴 인식, 손 글씨 인식 등/ 텍스트 분류 분야의 스팸 이메일 분류, 감성 분석 등/ 의료 데이터 분석 분야의 질병 예측, 진단 등/ 생물정보학 분야의 유전자 분류 등

• 비지도학습(Unsupervised Learning))

데이터에 대한 정답 레이블 없이 데이터의 구조나 패턴을 스스로 발견하는 방식으로 학습한다. 비지도학습의 대표적인 알고리즘으로는 군집화(K-means), 주성분 분석(PCA), 연관 규칙 학습 등이 있다. 비지도학습은 정답이 없는 상황에서도 데이터 내에서

유사한 속성을 가진 그룹을 찾아내는 데 유용하며, 이를 통해 고객 세분화, 시장 세그먼트 분석, 제품 간 관계 분석과 같은 분야에서 매우 효과적으로 활용된다. 예를 들어, 군집화 기법을 사용하여 고객을 특정 특성에 따라 세분화함으로써 맞춤형 마케팅 전략을 수립할 수 있고, 주성분 분석을 통해 주요 변수에 집중하여 복잡한 데이터를 단순화하고 효율적으로 분석할 수 있다. 이는 S&OP에서 시장 트렌드를 파악하고 제품 간의 관계를 분석하여 크로스 셀링(cross-selling) 기회를 식별하는 데도 이바지한다.

• 강화학습(Reinforcement Learning)

에이전트가 환경과 상호작용하며 주어진 목표에 따라 최대의 보상을 얻기 위해 최적의 행동을 학습하는 방식이다. 강화학습은 재고 최적화, 물류 경로 최적화, 생산 계획 조정과 같은 복잡한 의사결정 과정에서 특히 유용하다. 예를 들어, 재고 최적화 문제에서는 강화학습을 통해 에이전트가 일정 기간의 판매와 재고 데이터를 학습하여 최적의 주문 시점과 재고량을 결정함으로써 비용을 최소화하고 공급의 원활함을 보장할 수 있다. 또 물류 경로 최적화에서는 복잡한 경로 네트워크와 다양한 변수들을 고려하여 최적의 배송 경로를 찾는 데 적용된다. 강화학습은 시뮬레이션 환경에서 다양한 시나리오를 시험함으로써, 예상치 못한 상황에서도 유연하게 대처할 수 있는 의사결정 능력을 높이며, S&OP 프로세스 전반에서 효율성을 크게 개선할수 있다.

• 머신러닝의 역할과 적용 사례

⇒ 머신러닝 알고리즘은 과거의 판매 데이터, 계절성, 프로모션 정보, 경제 지표 등 다양한 변수를 분석하여 미래의 수요를 예측하는 데 중요한 역할을 한다. 이를 통해 랜덤 포레스트나 LSTM(Long Short-Term Memory) 네트워크와 같은 기술을 활용하여 복잡한 시계열 데이터를 분석하고, 예측의 정확성을 높일 수 있다.

⇒ 머신러닝은 재고 최적화를 위해 효과적으로 사용된다. 클러스터링 알고리즘을 통해 비슷한 제품군을 그룹화하고, 그에 따른 수요 패턴을 분석하여 적절한 재고 조정을 할 수 있다. 더 나아가, 강화학습을 통해 재고 보충 전략을 최적화함으로써 비용을 절감하고,

서비스 수준을 개선할 수 있다.

⇒ 시장 내 가격 민감도와 경쟁 상황을 분석하는 데에도 머신러닝이 중요한 역할을 한다. 가격 예측 모델을 통해 가격 변화가 수요에 미치는 영향을 분석하고, 이를 기반으로 최적의 가격 책정 전략을 수립할 수 있게 해준다.

⇒ 고객의 구매 행동과 선호도를 분석하여 개인화된 마케팅 전략을 수립하는 데도 머신러닝 알고리즘이 도움을 준다. 협업 필터링 기술을 활용하여 고객의 구매 이력을 기반으로 맞춤형 추천 시스템을 구축함으로써, 더욱 정교한 마케팅이 가능하다.

⇒ 머신러닝은 S&OP 프로세스의 다양한 작업을 자동화하는 데 크게 이바지한다. 자동화된 예측 모델을 통해 수요 예측을 실시간으로 업데이트하고, 이를 바탕으로 생산 계획과 자원 할당을 효과적으로 조정할 수 있다.

머신러닝의 도입 시 고려 사항

• 데이터 품질 확보

머신러닝 모델의 성능은 데이터의 정확성, 완전성, 일관성에 크게 의존한다. 데이터 품질을 보장하기 위해 정제와 전처리 작업을 철저히 수행하여, 결측치와 이상치를 제거하고 데이터를 최적화된 형태로 변환해야 한다. 이러한 작업은 모델이 안정적으로 작동하고 정확한 예측 결과를 제공할 수 있도록 하는 핵심 기반을 형성한다.

• 적합한 알고리즘과 최적화

비즈니스 문제에 가장 적합한 머신러닝 알고리즘을 선택하고, 모델의 하이퍼파라미터를 신중히 조정하는 과정이 필수적이다. 이를 통해 모델의 성능을 최적화하고, 실질적 비즈니스 가치를 창출할 수 있는 예측 결과를 도출할 수 있다. 적절한 알고리즘과 최적화된 설정은 모델의 효율성과 정확도를 극대화한다.

• 모델의 설명 가능성과 투명성

머신러닝 모델이 생성한 예측 결과는 비즈니스 의사결정자가 이해하고 활용할 수 있어야 한다. 이를 위해 모델의 작동 원리와 결과를 명확히 설명할 수 있는 투명성을 확보하는 것이 중요하다. 높은 설명 가능성은 사용자 신뢰를 구축하고 예측 결과를 효과적으로 비즈니스 전략에 반영할 수 있도록 도와준다.

• 윤리적 기준과 법적 준수

머신러닝 모델의 운영 과정에서는 개인정보 보호와 같은 법적 요구 사항과 윤리적 기준을 철저히 준수해야 한다. 알고리즘의 공정성과 편향 최소화가 필수적이며, 이를 통해 법적 문제를 방지하고 신뢰할 수 있는 시스템을 유지할 수 있다. 공정한 알고리즘은 모델의 신뢰성과 사회적 책임을 높이는 중요한 요소이다.

• 주요 내용 정리

머신러닝은 S&OP에서 수요 예측, 재고 관리, 생산 계획, 고객 행동 분석 등 다양한 작업을 자동화하고 최적화하며, 지도학습, 비지도학습, 강화학습 등의 기술을 활용해 데이터 기반 의사결정을 강화한다. 머신러닝은 과거 및 실시간 데이터를 분석해 정교한 예측과 심층적 통찰을 제공하며, 랜덤 포레스트, LSTM, 군집화 알고리즘 등을 통해 효율성을 극대화한다. 이를 통해 기업은 재고 최적화, 비용 절감, 고객 맞춤형 마케팅, 시장 민첩성을 확보할 수 있으며, S&OP 프로세스의 신속성과 정확성을 크게 개선한다. 도입 시 데이터 품질 관리, 적합한 알고리즘 선택, 설명 가능성과 투명성 확보, 윤리적 기준 준수가 필수적이며, 머신러닝은 공급망 관리의 핵심 기술로 자리 잡고 있다.

자동화 프로세스 관리

자동화 프로세스 관리는 반복적이고 규칙 기반의 업무를 자동화하여, 효율성을 극대화하고 오류를 최소화하는 기법이다. S&OP에서의 자동화는 계획, 예측, 재고 관리, 생산 계획 등 다양한 업무를 자동화하여 운영 효율성을 높이고, 인적 자원의 부담을 줄이며, 의사결정의 속도를 증가시키는 데 중점을 둔다. 자동화는 프로세스의 일관성을 유지하고, 실시간 데이터를 반영하여 신속한 대응을 가능하게 한다.

자동화 프로세스 관리의 핵심 기술

• RPA를 통한 반복 작업 자동화

로봇 프로세스 자동화(RPA)는 규칙적·반복적인 작업을 소프트웨어 로봇을 통해 자동화하여 업무 효율성을 극대화하는 기술이다. 데이터 입력, 보고서 작성, 트랜잭션 처리 등 시간 소모적인 작업을 신속하고 정확하게 수행한다. 예를 들어, 유통업체에서 RPA를 활용하면 발주 수집과 입력 작업이 자동화되어 처리 시간이 단축되고 오류가 감소한다. 이를 통해 인적 자원을 더 높은 가치의 작업에 집중시킬 수 있다.

• 워크플로우 자동화를 통한 프로세스 최적화

워크플로우 자동화는 비즈니스 프로세스를 규정된 규칙에 따라 자동으로 처리하여 업무 투명성을 높이고 부서 간 협업을 촉진하는 기술이다. 이를테면 재고 보충 요청이 발생하면 자동으로 발주가 생성되고, 승인 절차가 간소화되어 처리 속도와 정확성이 향상된다. 이런 자동화는 업무의 실시간 모니터링과 절차 관리 역량을 강화하여 전체 프로세스의 효율성을 높인다.

• AI 기반 자동화를 통한 데이터 중심 관리

인공지능(AI)을 활용한 자동화는 대량의 데이터를 분석해 패턴을 인식하고, 예측 모델을 생성하여 비즈니스 프로세스를 동적으로 조정하는 기술이다. AI는 데이터를 기반으로 예측을 실시간으로 업데이트하고 변화하는 시장 상황에 신속히 대응할 수 있도록 지원한다. 예를 들어, 판매 데이터를 기반으로 수요 예측을 지속적으로 업데이트하여 자원 배분과 생산 계획을 최적화할 수 있다. 이를 통해 민첩성과 운영 효율성이 크게 향상된다.

• 클라우드 기반 자동화를 통한 유연한 프로세스 운영

클라우드 기반 자동화는 클라우드 컴퓨팅 기술을 통해 자동화 프로세스를 운영하여 언제 어디서나 접근할 수 있으며, 시스템의 확장성과 유연성을 제공한다. 예를 들어, 클라우드 기반ERP 시스템은 재고 관리와 생산 계획을 실시간으로 자동화하여 조직의 운영 효율성을 극대화한다. 이를 통해 기업은 실시간으로 프로세스를 모니터링하고 변화하는 비즈니스 요구에 빠르게 대응할 수 있다.

• 자동화 프로세스 관리의 적용 사례

⇒ 제조업체는 자동화 기술을 활용하여 생산 계획, 자재 관리, 품질 검사 등 다양한 프로세스를 최적화하고 있다. 예를 들어, 생산라인에서 로봇을 사용해 조립 작업을 자동화하고, 센서를 통해 실시간으로 품질을 모니터링함으로써 생산 효율성을 높이고 결함률을 줄일 수 있다. 또 자동화된 자재 관리 시스템을 통해 자재의 재고 수준을 실시간으로 모니터링하며, 재고가 부족할 경우 자동으로 발주를 생성해 생산 지연을 방지할 수 있다.

⇒ 유통업체는 자동화 기술을 통해 발주 처리, 재고 관리, 물류 운영을 효과적으로 개선하고 있다. 자동화된 창고 시스템을 통해 제품의 입출고 작업을 자동으로 처리하고, 인공지능 기반 예측 시스템을 도입해 수요 변동에 신속히 대응하며 재고 수준을 조정할 수 있다. 또 고객의 주문 처리와 배송 관리 시스템을 자동화하여 주문 처리 속도를 높이고, 이를 통해 고객 만족도를 높이는 데 이바지한다.

⇒ 서비스업체는 자동화 기술을 통해 고객 문의 응답과 서비스 요청 처리 같은 업무 프로세스를 개선하고 있다. 예를 들어, 챗봇을 활용해 고객이 자주 묻는 질문에 자동으로 답변을 제공하고, 서비스 요청을 자동으로 분류해 적절한 부서로 신속히 전달함으로써 고객 서비스의 효율성을 크게 높일 수 있다. 이와 함께, 서비스 제공 시간을 단축하고 인적 자원의 부담을 줄이기 위해 업무 프로세스 전반을 자동화하고 있다.

자동화 프로세스 관리의 이점

• 반복 작업의 생산성 증대

자동화는 반복적이고 시간이 많이 소요되는 작업을 신속하게 처리하여 업무 전반의 효율성을 크게 높여준다. 이를 통해 인적 자원은 단순 작업에서 해방되어 전략적이고 창의적인 업무에 집중할 수 있으며, 기업은 한정된 인적 자원을 부가가치가 높은 활동에 최적화하여 생산성을 극대화할 수 있다.

• 업무 정확성과 일관성 강화

자동화된 프로세스는 작업 중 발생할 수 있는 인간의 실수를 줄이고, 업무의 일관성과 정확성을 보장한다.

데이터 입력, 처리, 보고서 작성 등 세밀한 작업에서도 오류를 최소화하며, 결과의 신뢰도를 높여 기업의 의사결정 과정을 더욱 정확하고 안정적으로 지원한다.

• 운영 비용 절감

자동화 기술은 인적 자원과 시간 비용을 절감하여 운영 효율성을 극대화한다. 예를 들어, 로봇 프로세스 자동화(RPA)는 반복적인 작업을 자동화함으로써 인건비 절감과 처리 시간 단축을 동시에 실현한다. 이러한 자동화는 비용 절감 효과를 극대화하고 기업의 경쟁력을 강화하는 핵심 도구로 작용한다.

• 실시간 의사결정 지원

자동화는 데이터를 실시간으로 처리하고 분석하여 신속한 의사결정을 지원한다. 기업은 시장 변화나 외부 환경의 변화에 즉각적으로 적응할 수 있으며, 유연하고 민첩한 운영이 가능해진다. 실시간 데이터 업데이트와 분석을 통해 기업의 경쟁력을 높이고 더 나은 결과를 도출할 수 있다.

[AXI4CNS 이도정 대표님과 Copilot에 관한 토론]

마케팅 담당자별 수신메일 식별하여 자동 회신하고, 수요, 공급, 재고에 관한 활용을 가정한다.

한 회사의 마케팅 부서에서 고객으로부터 수신된 이메일에 대해 자동으로 감사 메시지를 회신하고, 발송 전 확인 절차를 거치는 시스템을 구축하는 상황을 가정해 보겠다. 그리고 이 시스템은 매일 이메일의 내용을 분석하여 주문 관련 정보를 식별하고, 이를 수요 계획, 공급 계획, 재고 계획에 반영하는 방식으로 설계된다. 여기에 Copilot을 결합하면, AI가 이메일을 분석하고 자동 답장을 처리하는 동안 Copilot이 발송 전 이메일을 검토하고 최종 확인 절차를 지원하는 중요한 역할을 담당하게 된다. 또한 Copilot은 계획 수립 과정에서도 중요한 기능을 수행하여 사용자와 AI 간의 상호작용을 더욱 원활하게 하고, 자동화된 프로세스의 신뢰성과 정확성을 높인다. 이를 통해 사용자는 AI가 수행하는 작업의 투명성을 확보하고, 실시간으로 필요한 조정을 가능하게 할 수 있다. 시스템 구축 과정은 다음과 같은 단계로 구체화된다.

⇒ 고객 이메일을 분석하여 주요 정보를 추출할 수 있는 AI 알고리즘을 설계하고, 이를 통해 주문 관련 데이터를 정확하게 식별하여 이후 계획 수립에 체계적으로 반영할 수 있도록 구조화한다.

⇒ AI가 고객 이메일에 대해 자동으로 감사 메시지를 생성하고, 발송 전에 Copilot을 통해 메시지를 검토하여 최종 확인 절차를 거치도록 기능을 개발한다.

⇒ 분석된 주문 데이터를 기반으로 수요, 공급, 재고 계획에 실시간으로 반영될 수 있는 시스템을 설계한다.

⇒ Copilot은 이메일 발송 전 검토와 확인을 지원할 뿐만 아니라, AI가 제안한 계획을 검토하고 사용자가 필요한 조정을 할 수 있도록 중요한 역할을 수행한다.

⇒ Copilot과 AI 간 원활한 상호작용이 가능하도록 직관적인 사용자 인터페이스(UI)를 설계하고, 사용자 경험(UX)을 최적화한다.

이 시스템은 AI의 자동화 기능과 Copilot의 상호작용 지원을 통해 이메일 처리와 계획 수립의 효율성과 정확성을 크게 개선한다. 그러면 시스템 구축 절차와 Copilot의 통합으로 인한 세부적인 역할을 단계별로 설명한다.

• 요구 사항 분석과 기획

⇒ 마케팅 부서에서 수신한 고객 이메일 데이터를 분석하기 위해, 이메일 서버와의 연동, 이메일 수집 및 내용을 분석하는 알고리즘 개발이 필요하다.

⇒ 자동 회신과 이메일 분석에 필요한 AI 모델의 목표를 설정하고, 주문 정보를 정확하게 식별하여 이를 수요, 공급, 재고 계획에 반영할 수 있도록 요구 사항을 정의한다.

1) Copilot이 수행할 검토 및 확인 절차를 설정하고, AI가 생성한 이메일을 사용자가 최종적으로 확인할 수 있는 인터페이스를 설계한다.

2) 데이터 준비 및 처리

• 자동 감사 메시지 생성을 위한 다양한 이메일 템플릿을 설계하고, 이를 Copilot이 사전에 검토할 수 있도록 준비한다.

• AI가 이메일에서 주문 관련 정보를 정확히 식별할 수 있도록 알고리즘을 개발하며, 자연어 처리(NLP) 기술을 활용하여 이메일 내용에서 주문 요청 및 제품 관련 구체적인 정보를 추출한다.

• 추출된 주문 정보를 기업의 수요, 공급, 재고 계획 시스템에 반영할 수 있도록 연동 절차를 설정하며, ERP 시스템 등 관련 시스템과의 통합을 고려한다.

3) AI 및 Copilot 통합

• 고객 이메일을 분석하여 주문 요청을 정확히 식별하고, 적절한 자동 응답을 생성할 수 있는 AI 모델을 개발하고 훈련한다.

• Copilot과 결합하여 AI가 생성한 답변을 Copilot이 우선 검토한 후 최종 발송 여부를 결정할 수 있도록 기능을 설정한다. 이 과정에서 사용자와 AI 간의 원활한 상호작용을 지원하는 사용자 인터페이스(UI)를 제공하며, 예를 들어"AI가 이메일

을 분석하고 감사 메시지를 작성했습니다. 이 메시지를 보내시겠습니까?"와 같은 확인 창을 통해 사용자가 발송 전에 내용을 검토할 수 있도록 한다.

• 수요, 공급, 재고 계획 시스템에 주문 정보를 반영한 후, Copilot이 사용자가 필요한 조정을 다시 확인할 수 있는 피드백 루프를 추가한다.

4) 자동화 프로세스 설정 및 테스트

• AI가 이메일을 분석하여 자동으로 감사 메시지를 작성하는 프로세스를 구현하고, Copilot이 사용자에게 검토 및 최종 확인 절차를 제공할 수 있도록 설정한다.

• 시스템이 예상대로 작동하는지 확인하기 위해 테스트를 실시하며, 특히Copilot이 발송 전 확인을 정확히 수행하고 수요, 공급, 재고 계획에 올바르게 반영되는지 검증한다.

5) 시스템 배포 및 유지보수

• 시스템이 모든 요구사항을 충족하면, 실제 환경에 배포하여 운영을 시작합니다.

• Copilot과AI의 상호작용 및 이메일 분석 성능을 주기적으로 모니터링하며, 필요한 경우AI 모델을 재훈련 하거나Copilot 기능을 개선하는 피드백 루프를 설정한다.

Copilot의 주요 역할 및 기능

• Copilot은AI가 자동으로 생성한 감사 메시지나 주문 확인 이메일을 사용자가 발송 전에 검토할 수 있도록 지원한다.

• 사용자에게 최종 이메일 발송 여부를 결정할 수 있는 확인 창을 제공하여 자동화 프로세스의 신뢰성과 투명성을 강화한다.

• 주문 정보가 수요, 공급, 재고 계획에 반영되는 과정에서Copilot이 주요 데이터를 검토해주며, 사용자가 이를 계획 수립에 반영할 수 있도록 도와준다.

• Copilot은 자동화된 이메일 발송 뿐만 아니라 계획 수립 단계에서도AI의 제안을 사용자에게 제공하고, 최종 결정을 내리기 전에 확인할 수 있는 기능을 제공한다.

이렇게 시스템을 통해AI와Copilot의 결합은 고객 이메일 관리의 자동화를 높이는 동시에, 중요한 계획 수립 과정에서 사람의 개입을 최소화하되 필요한 부분에서 결정을 확인할 수 있는 구조를 만들 수 있다.

● 주요 내용 정리

자동화 프로세스 관리는 RPA, 워크플로우 자동화, AI 기반 예측, 클라우드 기술을 활용하여 S&OP에서 계획, 재고 관리, 생산 계획 등의 업무를 효율화하고 정확성을 강화한다. 예를 들어, 제조업체는 생산라인 자동화와 자재 관리를 최적화하고, 유통업체는 자동화된 창고와 AI 기반 수요 예측으로 물류와 재고의 관리를 개선하며, 서비스업체는 챗봇과 자동화 시스템으로 고객 서비스를 개선한다. Copilot과 AI 통합은 이메일 관리 자동화와 계획 수립 지원을 통해 신뢰성과 투명성을 강화하며, 사용자가 실시간으로 확인과 조정을 수행할 수 있게 한다. 이러한 자동화는 업무 생산성을 극대화하고, 신속한 의사결정을 지원하며, 비용을 절감하여 기업의 경쟁력을 강화하는 데 이바지한다.

지속 가능성과 ESG 전략

친환경 공급망 전략

친환경 공급망 전략은 환경 보호와 지속 가능한 발전을 고려하여 공급망의 모든 단계를 최적화하고, 에너지와 자원의 소비를 줄이며, 탄소 배출을 최소화하는 전략이다. S&OP 과정에 통합된 친환경 공급망 전략은 기업의 환경적 책임을 다하고, 경제적, 사회적 이점을 동시에 추구하는 데 도움을 준다. 이를 통해 기업은 규제 준수, 브랜드 이미지 향상, 비용 절감 등의 이점을 얻을 수 있다.

친환경 공급망 전략의 주요 구성 요소

• 탄소 배출 감소

공급망에서 발생하는 탄소 배출을 줄이는 것은 환경적 영향을 최소화하는 핵심 요소이다. 이를 위해 에너지 효율적인 설비를 도입하고, 재생 가능 에너지를 활용하며, 에너지 절약 기술을 적용해야 한다. 예를 들어, 제조업체는 에너지 절약 장비를 도입하거나 태양광이나 풍력과 같은 재생 에너지를 활용해 생산 공정의 탄소 배출을 줄일 수 있다.

• 자원 효율성 증대

원자재와 에너지를 효율적으로 사용해 자원의 지속 가능한 활용을 촉진하는 것이 중요하다. 자원 재활용을 활성화하고, 폐기물을 최소화하며, 재활용할 수 있는 재료를 사용하는 제품 설계와 같은 자원 절약 기술을 도입해야 한다.

예를 들어, 제조 과정에서 발생하는 폐기물을 재활용하여 새로운 자원으로 사용하는 방법은 자원 낭비를 줄이는 효과적인 방안이다.

• 친환경 물류 전략

물류 과정에서의 환경 영향을 줄이기 위해 친환경 운송 수단을 도입하고 물류 경로를 최적화해야 한다. 연료 효율이 높은 차량을 사용하거나, 포장재를 재활용 또는 재사용하는 방안을 고려해야 한다. 예를 들어, 전기 트럭이나 하이브리드 차량을 물류에 적용하면 운송 중 탄소 배출을 효과적으로 줄일 수 있다.

• 공급업체의 환경 성과 관리

공급망 관리에서는 공급업체의 환경적 책임을 강화하는 것이 중요하다. 이를 위해 환경 규제를 준수하도록 공급업체를 관리하고, 환경친화적 운영 방식을 지원해야 한다. 예를 들어, 공급업체 평가 기준에 환경 성과를 포함하고, 지속 가능성을 중시하는 공급업체와 협력을 강화하면 전체 공급망의 친환경성을 높일 수 있다.

• 제품 생애 주기 관리

제품의 설계, 생산, 유통, 사용, 폐기까지 모든 단계에서 환경적 영향을 최소화하는 것이 필요하다. 내구성을 강화해 제품 교체 주기를 늘리고, 재활용 가능성을 고려한 설계를 통해 자원 낭비를 줄여야 한다. 예를 들어, 장기간 사용할 수 있는 내구성 있는 제품을 설계하거나, 폐기 후 재활용할 수 있는 자재를 사용하는 것은 자원의 효율적 활용을 촉진한다.

친환경 공급망 전략의 적용 사례

• 제조업의 친환경 생산 공정 도입

제조업체들은 생산 공정에서 에너지 효율성을 높이고, 재생할 수 있는 에너지를 활용하여 탄소 배출을 줄이는 데 집중하고 있다. 자원 재활용 프로그램을 통해 폐기물을 최소화하고, 제품 설계 단계에서 환경친화적인 재료를 사용하는 노력을 병행하고 있다. 예를 들어, 독일의 BMW는 친환경 생산 공정을 도입하여 이산화탄소 배출량을 크게 줄였으며, 재생할 수 있는 에너지로 공장 운영의 에너지 소비를 절감한 성공 사례로 주목받고 있다.

• 유통업의 친환경 물류 전략

유통업체들은 전기 트럭과 같은 친환경 운송 수단을 도입하고, 재활용할 수 있는 소재로 포장재를 변경하여 물류 과정의 환경 영향을 최소화하고 있다. 동시에 물류 경로 최적화를 통해 운송 시간을 단축하고 탄소 배출을 줄이기 위해 주력하고 있다. 월마트의 경우, 이런 친환경 물류 전략을 통해 운송 효율성을 높이고 에너지 소비를 절감하며 지속가능한 운영을 실현하고 있다.

• 소매업의 친환경 포장과 에너지 효율 개선

소매업체들은 포장과 유통 과정에서의 환경 영향을 줄이기 위해 재활용할 수 있는 포장재 사용과 매장 내 에너지 효율성을 높이는 노력을 기울이고 있다. 조명과 냉난방 시스템을 에너지 절약형으로 전환하고, 매장 운영 과정 전반에서 지속 가능한 방안을 적용하고 있다. 예를 들어, 스타벅스는 재활용 컵을 사용하여 환경 보호에 기여하고 있으며, 매장 내 에너지 절약을 위한 조명과 설비 개선을 통해 친환경 경영을 실천하고 있다.

친환경 공급망 전략의 이점

• 탄소 배출 감소와 지속 가능성 실현

친환경 공급망 전략은 기업이 탄소 배출을 줄이고 자원 낭비를 최소화하여 환경 보호에 이바지하는 것을 목표로 한다. 이를 통해 기업은 기후 변화 문제에 대응하며, 지속 가능한 경영을 실현할 수 있다. 탄소 배출 감축과 자원 효율성 증대는 기업이 생태계와 공존하는 시스템을 구축하고, 글로벌 환경 목표 달성에 이바지하는 핵심 요소로 작용한다.

• 비용 절감과 경제적 이점 확보

에너지 효율성을 높이고 자원 낭비를 줄이는 친환경 공급망 전략은 기업의 운영 비용 절감에 이바지한다. 지속 가능한 방식으로 운영하면 에너지 비용과 자원 소비를 줄이고, 환경 규제를 준수함으로써 벌금을 회피할 수 있다. 이를 통해 장기적으로 환경적 책임과 경제적 이점을 동시에 확보할 수 있다.

• 긍정적인 기업 이미지와 경쟁력 강화

친환경 전략 도입은 소비자와 투자자들에게 긍정적인 이미지를 형성하며, 브랜드 가치를 높이는 데 이바지한다. 환경을 중시하는 고객과 ESG를 강조하는 투자자들에게 신뢰를 얻은 기업은 충성도 높은 소비자 기반을 확보하고, 시장에서의 경쟁력을 강화할 수 있다. 이는 기업의 지속 가능한 성장에 있어 중요한 요소로 작용한다.

• 법적 리스크 감소와 정부 지원 혜택

환경 관련 규제와 법률을 준수하는 것은 법적 리스크를 최소화하고 안정적인 비즈니스 환경을 조성하는 데 필수적이다. 친환경 공급망 전략은 기업이 법적 요구 사항을 충족하는 동시에, 정부 지원 프로그램에 참여하여 추가적인 자금 지원이나 세제 혜택을 받을 기회를 제공한다. 이러한 접근은 신뢰할 수 있는 파트너로서의 입지를 강화하고, 장기적인 성장과 환경 지속 가능성을 실현하는 기반이 된다.

• 주요 내용 정리

친환경 공급망 전략은 탄소 배출 감소, 자원 효율성 증대, 친환경 물류, 공급업체 관리, 제품 생애 주기 관리를 통해 환경적 책임과 지속 가능성을 추구한다. 제조업체는 에너지 효율성을 높이고 재생 에너지를 활용하며, 유통업체는 친환경 운송 수단과 포장재를 도입해 탄소 배출을 줄이고, 소매업체는 재활용 포장재와 에너지 절약형 설비를 적용하여 운영 효율성을 높인다. 이러한 전략은 탄소 배출 감소와 비용 절감, 법적 리스크 최소화, 정부 지원 혜택 등을 통해 경제적 이점과 긍정적인 기업 이미지를 제공한다. ESG를 중시하는 소비자와 투자자들에게 신뢰를 얻고, 기업의 지속 가능한 성장과 경쟁력 강화를 실현하는 데 이바지한다.

지속 가능 경영 사례

지속 가능 경영(Sustainable Management)은 기업의 경제적, 환경적, 사회적 책임을 동시에 고려하여 장기적으로 지속 가능한 성장을 추구하는 경영 방식이다. 이는 기업이 환경 보호와 사회적 책임을 다하며, 동시에 경제적 가치를 창출하는 것을 목표로 한다. 지속 가능 경영은 기업의 운영 전반에 걸쳐 지속 가능한 practices를 통합하고, 모든 이해관계자와의 관계를 고려하여 결정을 내리는 방식이다.

지속 가능 경영의 주요 구성 요소

• 환경 보호와 자원 효율성 강화
지속 가능 경영의 핵심은 환경 보호와 자원 효율성을 높이는 데 있다. 탄소 배출을 줄이고, 에너지 절약과 재생 가능 에너지 활용을 통해 환경 영향을 최소화하며, 자원의 재활용과 폐기물 관리를 철저히 시행하는 것이 중요하다. 예를 들어, 제품의 생애 주기를 분석하여 환경에 미치는 영향을 줄이고 지속적인 개선을 이루는 것이 대표적인 사례이다.

• 사회적 책임 이행
기업은 공정한 노동 관행과 안전한 근무 환경을 제공하며, 지역 사회와의 관계를 강화하는 활동을 통해 사회적 책임을 다해야 한다. 이는 다양한 인재 채용, 성장 지원 프로그램 운영, 지역 사회 기여 활동 등을 포함하며, 공정 거래 원칙 준수를 통해 신뢰를 구축하는 것도 핵심적인 요소이다. 사회적 책임을 이행함으로써 기업은 지역 사회와 협력 관계를 강화하고 긍정적인 이미지를 구축할 수 있다.

• 지속 가능한 경제 성장

지속 가능한 경제 성장은 자원의 효율적 관리, 비용 절감, 혁신 촉진, 리스크관리 등을 통해 장기적인 가치를 창출하는 것을 목표로 한다.

기업은 생산 공정을 최적화하거나 혁신적인 제품과 서비스를 개발하여 시장에서의 경쟁력을 강화하고, 경제적 책임을 실현할 수 있다. 이러한 활동은 기업의 장기적 성과와 지속 가능한 성장에 중요한 이바지를 한다.

지속 가능 경영 사례

• 파타고니아(Patagonia)

⇒ 아웃도어 중심 의류 브랜드 파타고니아는 환경 보호와 사회적 책임을 중시하는 기업으로 잘 알려져 있다. 이 기업은 지속 가능한 경영을 핵심 가치로 삼고, 이를 실천하는 다양한 활동을 전개하고 있다.

⇒ 파타고니아는 환경적 책임을 다하기 위해 재활용할 수 있는 재료로 제품을 제작하고, 공정한 노동 관행을 철저히 준수한다. 특히 "Worn Wear" 프로그램을 통해 고객이 사용한 제품을 수리하고 재판매함으로써 제품 수명을 연장하고 자원 낭비를 줄이는 데 주력하고 있다.

⇒ 또 파타고니아는 사회적 책임의 일환으로 "1% for the Planet" 프로그램에 참여해 매출의 1%를 환경 보호 활동에 기부하고 있다. 그뿐만 아니라 공정한 노동 관행을 보장하며, 지역 사회에 이바지하는 다양한 프로그램을 운영하여 사회적 가치를 실현하고 있다.

⇒ 경제적 책임 측면에서는 장기적인 경제적 가치를 창출하기 위해 지속 가능한 제품 개발에 집중적으로 투자하고 있으며, 이를 통해 고객 충성도를 높이고 브랜드 가치를 강화함으로써 시장 경쟁력을 유지하고 있다.

• 네슬레(Nestlé)

⇒ 글로벌 식품과 음료 기업인 네슬레는 지속 가능한 경영을 위해 다양한 노력을 기울

이고 있으며, 환경적, 사회적, 경제적 책임을 다하기 위한 포괄적인 전략을 추진하고 있다.

⇒ 네슬레는 환경적 책임을 이행하기 위해 "2030 지속 가능 경영 목표"를 설정하고, 물 사용 절감, 탄소 배출 감축, 포장재의 재활용 가능성 향상과 같은 구체적인 목표를 달성하기 위한 다양한 프로그램을 운영하고 있다. 또 농업 공급망에서 지속 가능한 농업 관행을 도입하여 환경 보호에 기여하고 있다.

⇒ 사회적 책임을 실천하는 면에서도 네슬레는 건강한 식습관을 촉진하고 지역 사회의 영양 상태를 개선하기 위한 프로그램을 적극 운영하고 있으며, 공정한 노동 관행을 보장하는 데에도 힘쓰고 있다. 이를 통해 지역 사회와의 협력을 강화하며 사회적 가치를 창출하고 있다.

⇒ 경제적 책임을 다하기 위해 네슬레는 효율적인 자원 관리와 혁신적인 제품 개발에 중점을 두어, 비용 절감과 동시에 장기적인 경제적 성장을 추구하고 있다. 이러한 노력을 통해 네슬레는 지속 가능한 경영을 실현하며, 미래를 대비한 기업으로 성장하고 있다.

● 테슬라(Tesla)

⇒ 전기차와 재생 가능 에너지 솔루션을 제공하는 테슬라는 지속 가능한 미래를 목표로 혁신적인 접근 방식을 채택하여 주목받고 있는 기업이다.

⇒ 테슬라는 환경적 책임을 다하기 위해 전기차를 통해 탄소 배출을 줄이고 있으며, 재생 가능 에너지 솔루션을 도입하여 에너지 전환을 촉진하고 있다. 이와 더불어, 제품의 에너지 효율성을 높이고 지속 가능한 자원 관리 체계를 구축하여 환경에 미치는 영향을 최소화하려는 노력을 기울이고 있다.

⇒ 사회적 책임을 중시하는 테슬라는 공정한 노동 관행을 보장하고, 다양한 인재를 적극적으로 채용하며 개발하는 동시에, 지역 사회에 이바지하는 다양한 프로그램을 운영하여 기업의 사회적 책임을 다하고 있다.

⇒ 경제적 책임 면에서는 혁신적인 제품과 기술 개발을 통해 시장에서의 경쟁력을 지속적으로 강화하고 있으며, 장기적인 경제적 가치를 창출하는 데 주력하고 있다. 또 효율적인 자원 관리와 비용 절감 전략을 통해 경제적 성장을 추구하고 있다.

• 주요 내용 정리

지속 가능 경영은 환경 보호, 사회적 책임, 경제적 성장을 통해 장기적 가치를 창출하는 경영 방식으로, 자원 효율성 강화와 공정한 노동 관행, 혁신적인 제품 개발 등이 핵심 요소이다. 파타고니아는 재활용 소재와 Worn Wear 프로그램으로 자원 낭비를 줄이고, 매출의 1%를 환경 보호 활동에 기부하며 사회적 가치를 실현한다. 네슬레는 지속 가능한 농업과 포장재 재활용을 통해 환경을 보호하고, 지역 사회의 영양 개선과 효율적 자원 관리로 장기적 성장을 도모한다. 테슬라는 전기차와 재생 가능 에너지로 탄소 배출을 줄이며, 다양한 인재 채용과 혁신적인 기술 개발로 지속 가능성을 추구한다. 이들 기업은 지속 가능 경영을 통해 브랜드 가치와 시장 경쟁력을 강화하며, 경제적, 환경적, 사회적 책임을 동시에 실현하고 있다.

ESG 지표와 S&OP

ESG는 환경(Environment), 사회(Social), 지배구조(Governance)를 의미하는 개념으로, 기업의 비재무적 성과를 평가하는 중요한 지표이다. ESG 지표는 기업이 지속 가능한 경영을 실천하고 있는지 측정하며, 투자자와 이해관계자들에게 기업의 장기적인 가치와 리스크를 평가할 수 있는 정보를 제공한다. ESG 지표는 기업의 환경적 책임, 사회적 책임, 그리고 지배구조의 투명성 등을 평가하는 데 사용된다.

S&OP와 ESG의 통합

S&OP는 판매와 운영 계획을 통합하여 기업의 전체적인 전략과 실행을 조율하는 프로세스이다. ESG 지표를 S&OP 프로세스에 통합함으로써 기업은 지속 가능한 비즈니스 모델을 구축하고, ESG 목표를 달성하기 위한 전략을 효과적으로 실행할 수 있다. ESG 지표와 S&OP의 통합은 다음과 같은 방식으로 이루어질 수 있다.

• 환경 목표 통합

S&OP 프로세스는 에너지 효율성 향상, 탄소 배출 감소, 자원 절약 등 환경적 목표를 통합하여 운영 계획을 조율할 수 있다. 생산 계획 단계에서 에너지 소비와 자원 사용을 최소화하는 전략을 도입하거나, 공급망 전반에 친환경 관행을 적용하여 전체적인 환경 영향을 줄일 수 있다.

이러한 통합은 기업의 환경 성과를 지속적으로 개선하는 데 이바지한다.

• 사회적 책임 반영

S&OP 프로세스에 사회적 책임 지표를 통합하여 공정한 노동 관행, 지역 사회 기여, 안전한 작업 환경 등 사회적 가치를 실현할 수 있다.

이를 위해 공급망의 노동 조건을 점검하고 개선하며, 지역 사회와의 협력 프로그램을 운영하여 긍정적인 사회적 영향을 창출한다. 또 고객의 요구 사항에 부합하는 품질과 안전성 강화 계획을 수립하여 사회적 신뢰를 높인다.

• 투명한 지배구조 구축

S&OP 프로세스는 의사결정 과정과 데이터를 명확히 보고할 수 있는 시스템을 통해 지배구조의 투명성을 강화할 수 있다. S&OP 결과를 정기적으로 모니터링하고 이해관계자와의 소통을 통해 신뢰를 확보하며, 윤리적 경영 원칙을 기반으로 의사결정을 진행함으로써 지배구조의 신뢰성을 높일 수 있다.

이러한 투명성은 지속 가능한 경영 체계 구축의 핵심이다.

ESG 지표를 활용한 S&OP의 실제 사례

• 글로벌 제조 기업 GE

⇒ 지속 가능한 S&OP 통합

글로벌 제조 기업 GE는 ESG 지표를 S&OP 프로세스에 통합하여 지속 가능한 공급망 관리와 생산 계획을 수립하는 데 성공했다. 이 접근법을 통해 환경(Environment), 사회(Social), 지배구조(Governance) 측면에서 책임 있는 경영을 실현하며 지속 가능한 비즈니스 모델을 구축했다.

⇒ 환경 목표 달성

GE는 에너지 소비와 탄소 배출을 최소화하기 위한 환경적 목표를 설정하고 이를 달성하기 위해 에너지 효율이 높은 기술을 도입했다. 동시에 재생할 수 있는 에너지를 활용하여 친환경적인 생산 방식을 실현함으로써 지속 가능한 운영을 강화했다.

⇒ 사회적 책임 강화

사회적 책임을 다하기 위해 GE는 공급망 내 노동 조건을 철저히 점검하고, 공정 거래 관행을 채택하였다. 또 지역 사회와의 협력 프로그램을 통해 지역 경제 발전에 기여하고, 사회적 가치를 창출하며 신뢰를 구축했다.

⇒ 투명한 지배구조 구축

GE는 S&OP 프로세스의 결과를 정기적으로 모니터링하고 체계적인 보고 시스템을 구축하여 지배구조의 투명성을 강화했다. 이를 통해 이해관계자들과의 신뢰를 높이고, 투명하고 윤리적인 경영을 실현하며 책임 있는 지배구조를 확립했다.

• 소매업체의 사례

⇒ 지속 가능한 제품 관리

한 소매업체는 ESG 지표를 적극적으로 활용하여 지속 가능한 제품 관리와 고객 만족도 향상에 주력했다. 이를 통해 환경 보호와 고객 신뢰를 동시에 달성하며 기업의 지속 가능성을 강화했다.

⇒ 지속 가능한 생애 주기 최적화

소매업체는 제품의 생애 주기 전반에서 환경에 미치는 영향의 최소화를 목표로 설정했다. 이를 위해 친환경 포장재를 도입하고 자원 효율성을 높이는 운영 방식을 채택하여 지속 가능한 비즈니스 모델을 구축했다.

⇒ 사회적 책임 강화

소매업체는 고객의 요구를 철저히 반영하여 제품의 품질과 안전성을 강화했다. 또 공정 거래 관행을 도입해 사회적 가치를 창출하고 고객과의 신뢰 관계를 강화하여 장기적인 시장 경쟁력을 확보했다.

⇒ 투명한 지배구조 구축

지배구조 측면에서 S&OP 프로세스의 결과를 투명하게 보고하며, 윤리적 경영 원칙을 기반으로 의사결정을 수행했다. 이러한 노력을 통해 기업은 책임 있는 경영과 투명한 지배구조를 확립하며 지속 가능성을 실현했다.

[S&OP와 ESG의 통합을 주제로 논의한 내용]

필자의 딸이 수행하는 ESG 관련 프로젝트를 사례로 한다.

A社는 대한민국을 대표하는 의류 제조와 수출 기업이다. 주로 OEM(주문자상표부착생산)과 ODM(제조자개발생산) 방식을 통해 의류를 생산하고 있다. 주요 거래처는 나이키(NIKE), 갭(GAP), 랄프로렌(Ralph Lauren), 아메리칸이글(American Eagle) 등 글로벌 브랜드와 월마트(Walmart), 타깃(Target) 등 대형 유통업체이며, 이런 거래처와의 협업으로 사업을 영위하고 있다. 또 베트남, 니카라과, 과테말라, 인도네시아, 미얀마, 아이티 등 6개국에서 12개의 해외 생산 법인을 운영하며, 약 3만 5천 명의 현지인을 고용하고 있다.

A社가 ESG(환경, 사회, 지배구조)를 구축하는 과정에서 S&OP와 상호작용은 매우 밀접하며, ESG와 S&OP는 서로 큰 영향을 미친다. 또 탄소 배출 관리를 포함한 ESG 목표 달성을 위해 A社는 국제 및 국내의 다양한 컴플라이언스 가이드 라인을 참고하고 있다.

[ESG가 S&OP에 미치는 영향]

• 환경적 영향-지속 가능성 강화

⇒ 친환경 원자재 조달-ESG 목표에 따라 재활용할 수 있거나 생분해성 원자재를 조달하는 방식을 확대하게 된다. 이는 S&OP 프로세스에서 공급망 계획과 원자재 수급 일정에 영향을 미친다.

⇒ 탄소중립 목표-A社는 SBTi 가입을 시작으로 2050년 이전까지 탄소중립 달성을 목표로 하고 있으며, 이를 위해 에너지 효율화, 태양광 패널 설치, 재생 에너지 인증서(REC) 구매 등 다양한 활동을 추진하고 있다. 이는 생산과 물류 계획(S&OP의 주요 구성 요소)에 영향을 미쳐 에너지 절약과 친환경 운송 옵션을 도입하도록 유도한다.

⇒ 폐기물 최소화-ESG 전략은 폐기물 발생을 줄이는 것을 목표로 하며, 이는 S&OP의 재고 관리와 생산 계획에서 불필요한 자원의 낭비를 줄이는 방향으로 조정될 수 있다.

• 사회적 영향-노동과 공급망 책임

⇒ 공정 노동 관리-ESG는 노동권 보호와 공정 임금을 포함한 윤리적 생산을 요구한다. 이는 S&OP의 생산 일정과 비용 구조에 변화를 가져올 수 있다.

⇒ 파트너십 관리-윤리적 공급망 구축을 위해 S&OP는 공급업체와의 협력을 강화하며, 파트너의 ESG 준수 여부를 지속적으로 검토해야 한다.

• 지배 구조적 영향-데이터 투명성과 통합

⇒ 지속 가능한 데이터 관리-ESG 구축은 데이터 투명성과 실시간 보고를 요구한다. S&OP 프로세스는 ESG와 연계하여 각 부서 간 협업을 강화하고, 정확한 데이터 기반 의사결정을 가능하게 한다.

⇒ 리스크관리 강화-ESG와 연계된 S&OP는 공급망 리스크(예: 환경 규제 변화,

자연재해 등)를 조기에 식별하고 이를 관리하는 데 중요한 역할을 한다.

[S&OP가 ESG에 미치는 영향]

• 운영 효율성 향상을 통한 환경 기여
⇒ 에너지와 자원 최적화-S&OP는 자원 배분을 최적화함으로써 에너지 소비와 폐기물을 줄이고 탄소 배출 감소에 이바지한다. 예를 들어, 수요 예측 정확성을 높임으로써 과잉 생산을 방지할 수 있다.

⇒ 물류 최적화-S&OP는 물류 계획을 개선하여 운송 경로를 최적화하고, 탄소 배출이 적은 운송 방식을 선택하도록 지원한다.

• 협업과 투명성으로 사회적 목표 지원
⇒ 공급망 협업-S&OP는 공급업체, 고객과의 협력을 통해 ESG 목표를 지원하며, 윤리적 기준을 충족하는 거래를 강화한다.

⇒ 투명한 보고-S&OP에서 수집한 데이터를 기반으로 ESG 관련 성과를 투명하게 보고함으로써 조직 내외부의 신뢰를 강화한다.

• 지배구조 개선
⇒ 데이터 기반 의사결정-S&OP는 ESG 목표를 달성하기 위한 성과 지표(KPI)를 설정하고 이를 데이터 기반으로 평가하여, 지속 가능한 운영 관행을 촉진한다.

• 탄소 배출 관련 컴플라이언스 기준
A社는 탄소 배출 관리와 관련하여 국내외의 다양한 가이드 라인과 기준을 기반으로 접근 및 실행을 하고 있다.

• 주요 가이드 라인
⇒ GHG 프로토콜 (Greenhouse Gas Protocol): 온실가스 배출을 SCOPE 1(직

접 배출), SCOPE 2(간접 배출), SCOPE 3(공급망 등 기타 배출)으로 분류하여 관리하는 국제 표준이다. A社는 이를 기준으로 온실가스 인벤토리를 구축하고 있다.

⇒ CDP(Carbon Disclosure Project): A社는 gidgn CDP에 공시하는 것을 목표로 삼고 있으며, 탄소 배출과 관련된 투명성과 신뢰성을 확보하고, 고객과 투자자에게 ESG 이니셔티브를 명확히 전달한다.

⇒ TCFD(Task Force on Climate-Related Financial Disclosures): 기후변화가 재무에 미치는 영향을 공개하는 프레임워크로, A社는 기후 리스크를 평가하고 이를 S&OP 전략에 반영한다.

⇒ ZDHC(Zero Discharge of Hazardous Chemicals): 유해 화학물질 사용을 최소화하고 폐기물 배출을 줄이는 프로그램으로, A社의 생산 공정에서 이를 준수하고 있다.

• 국내 기준

⇒ 한국환경공단 온실가스 목표 관리제: 국내 사업장에서 발생하는 온실가스 배출량을 관리하며, 환경부가 제시한 목표 관리 체계에 따라 보고한다.

⇒ K-ESG 가이드 라인: 한국형 ESG 표준에 따라 환경, 사회, 지배구조의 세부 목표를 설정하고, 이를 실행하고 있다.

이러한 A社의 ESG 구축은 S&OP에 지속 가능성, 사회적 책임, 투명성을 강화하도록 요구하며, S&OP는 ESG 목표를 실행이 가능한 계획으로 구체화하고 실현하는 데 중요한 도구로 작용한다. 탄소 배출과 관련해서는 GHG 프로토콜, CDP, TCFD와 같은 국제적 기준을 따르며, 국내에서는 K-ESG와 온실가스 목표 관리제를 기반으로 컴플라이언스를 준수하고 있다.

이와 같은 통합적 접근은 A社가 글로벌시장에서 지속 가능성을 확보하고 경쟁력을 유지하는 데 크게 이바지할 것으로 판단된다.

• 주요 내용 정리

ESG 지표와 S&OP의 통합은 환경, 사회, 지배구조의 지속 가능 목표를 경영 프로세스에 반영하여 기업의 장기적 가치를 높이는 데 이바지한다. 환경 측면에서는 탄소 배출 감소, 자원 절약, 친환경 원자재 조달 등을 통해 지속 가능성을 강화하고, 사회적 책임으로 공정한 노동 관행과 지역 사회 기여를 실현한다. S&OP는 데이터를 기반으로 운영 효율성을 높이며, ESG 목표에 부합하는 투명성과 협업을 지원한다. H사는 GHG 프로토콜과 TCFD 등의 국제 기준을 준수하며 탄소 배출을 관리하고, K-ESG 등 국내 기준에 따라 ESG 목표를 실행한다. 이를 통해 기업은 경쟁력을 유지하며 지속 가능성을 강화하고, ESG와 S&OP는 상호 보완적으로 운영된다.

미래 시장 변화 대응

시장 변화 예측 도구

시장 변화 예측은 기업이 미래의 시장 상황을 미리 이해하고, 전략을 사전에 준비할 수 있도록 돕는 과정이다. 빠르게 변화하는 시장 환경에서 경쟁 우위를 유지하려면 정확한 예측이 필수적이다. 시장 변화 예측 도구는 기업이 시장 동향, 소비자 행동, 경쟁 상황 등을 분석하여 전략적 결정을 내릴 수 있도록 지원한다. 이러한 도구들은 예측 정확성을 높이고, 시장 변화에 신속하게 대응할 수 있는 능력을 제공한다.

물류와 재고 관리 최적화

머신러닝 알고리즘은 공급망에서 발생하는 데이터를 분석하여 재고 수준을 자동으로 조정하고, 물류 경로를 최적화할 수 있다. 이로써 재고가 적정 수준에서 유지되며, 공급망의 효율성이 높아진다.

• 물류 경로 최적화

머신러닝 알고리즘은 물류 데이터를 학습하여 최적의 배송 경로와 운송 수단을 추천한다. 이를 통해 기업은 배송 시간을 단축하고 물류비용을 절감하며, 전반적인 공급망 운영 효율성을 높일 수 있다.

• 재고 수준 자동 조정

머신러닝은 판매 예측과 재고 데이터를 결합해 적정 재고 수준을 자동으로 유지할 수 있게 한다. 이를 통해 재고 부족이나 과잉 재고를 방지하며, 재고 관리 비용을 최적화하여 효율적인 자원 배분을 실현할 수 있다.

주요 시장 변화 예측 도구

• 빅데이터 분석 도구

⇒ 빅데이터 분석 도구는 대량의 데이터를 수집하고 분석하여 시장의 변화와 소비자 행동을 파악하는 중요한 역할을 한다. 이 도구는 소셜 미디어, 웹 로그, 거래 데이터 등 다양한 출처에서 데이터를 수집한 후 이를 분석하여 의미 있는 인사이트를 도출해 낸다.

⇒ 주요 기능으로는 데이터 패턴 분석과 트렌드 예측, 소비자 행동 분석, 경쟁사 분석 등이 포함되며, 이를 통해 기업은 소비자의 선호 변화를 빠르게 감지할 수 있다. 예를 들어, 소셜 미디어 데이터를 분석함으로써 소비자들이 무엇에 관심을 가지는지 파악하여 적절한 대응을 할 수 있다.

⇒ 실제 사례로 Amazon은 고객들의 검색 및 구매 데이터를 바탕으로 분석을 실시하여, 고객 맞춤형 추천을 제공하고 있다. 이 과정에서 Amazon은 미래의 구매 패턴을 예측해 고객 경험을 개선하는 데 기여하고 있다.

• 머신러닝과 인공지능(AI) 알고리즘

⇒ 머신러닝과 인공지능(AI) 알고리즘은 과거 데이터를 학습하여 미래의 시장 변화를 예측하는 데 중요한 역할을 한다. 이 기술들은 예측 모델의 정확도를 높이는 동시에 비정형 데이터를 분석하여 의미 있는 통찰을 제공한다.

⇒ 이 기술들이 수행하는 주요 기능으로는 예측 모델 생성, 이상 탐지, 자동화된 데이터 분석, 예측 결과 시뮬레이션 등이 있으며, 이러한 기능을 통해 수요 예측을 개선하고 재고 관리의 효율성을 높일 수 있다. 예를 들어, 머신러닝 알고리즘을 적용하면 기업은

더욱 정확한 수요 예측 모델을 통해 자원을 최적화할 수 있다.

⇒ 실제로 Netflix는 사용자 시청 데이터를 분석하여 개인 맞춤형 콘텐츠 추천 알고리즘을 운영하고 있으며, 이를 통해 사용자 만족도와 유지율을 크게 개선하고 있다.

• 경쟁 분석 도구

⇒ 경쟁 분석 도구는 경쟁사의 전략, 제품, 시장 점유율 등을 분석하여 기업이 자신들의 경쟁 위치를 평가할 수 있도록 돕는 역할을 한다. 이러한 도구를 사용하면 경쟁 환경의 변화를 이해하고, 이를 바탕으로 경쟁 우위를 확보하기 위한 전략을 수립하는 데 효과적이다.

⇒ 이 도구들은 경쟁사의 SWOT 분석, 시장 점유율 추적, 경쟁 전략 분석, 가격 분석 등의 다양한 기능을 수행하며, 이를 통해 시장에서의 변화를 신속하게 감지할 수 있다. 예를 들어, 경쟁사의 신제품 출시나 가격 변동을 모니터링함으로써 자사의 가격 정책을 조정하는 데 활용될 수 있다.

⇒ Google Trends는 특정 키워드의 검색 빈도를 분석하여 경쟁사의 마케팅 전략과 소비자의 관심을 추적하는 데 유용한 도구로, 이를 통해 시장에서의 경쟁 상황을 더욱 효과적으로 파악할 수 있다.

• 경제 지표 분석 도구

⇒ 경제 지표 분석 도구는 GDP, 실업률, 소비자 신뢰지수와 같은 주요 경제 지표를 분석하여 시장의 전반적인 상태를 평가하는 역할을 한다. 이 도구를 통해 경제의 흐름과 시장 변동성을 이해할 수 있어, 기업이 미래의 경제 상황에 대비하는 데 도움을 준다.

⇒ 이 도구는 경제 지표의 변화를 추적하고 경기 예측, 산업별 경제 분석 등의 기능을 수행한다. 예를 들어, 소비자 신뢰지수를 분석함으로써 미래의 소비 패턴을 예측할 수 있고, 이를 통해 기업은 향후 시장의 움직임에 대해 준비할 수 있다.

⇒ 경제 지표 분석을 활용하면 자동차 제조업체와 같은 기업은 경제 불황 시기에 예상되는 판매 감소를 사전에 파악하여, 이에 맞춰 생산 계획을 조정하고 운영 효율성을 높

일 수 있다.

• 시나리오 계획 도구

⇒ 시나리오 계획 도구는 다양한 미래의 가능성을 상정하고, 각 시나리오가 미칠 영향을 분석하여 최적의 전략을 수립하는 데 사용되는 도구이다. 이를 통해 기업은 불확실한 미래 상황에 대비한 유연하고 탄력적인 전략을 수립할 수 있다.

⇒ 이 도구는 시나리오 작성과 그에 따른 영향 분석, 그리고 이를 바탕으로 한 대응 전략 개발의 기능을 포함하고 있다. 예를 들어, 원자재 가격이 급격히 상승할 경우를 대비한 시나리오를 설정한 뒤, 대체 공급망을 활용하는 방안을 마련하는 것이 그 예시가 될 수 있다.

⇒ 석유 산업에서는 가격 변동에 따른 여러 시나리오를 분석하여, 장기적인 투자 결정에 활용되며, 이를 통해 시장의 변화에 신속하게 대응할 수 있도록 도움을 준다.

• 주요 내용 정리

시장 변화 예측 도구는 빅데이터 분석, 머신러닝 및 AI 알고리즘, 경쟁 분석, 경제 지표 분석, 시나리오 계획 도구를 활용해 시장 동향, 소비자 행동, 경쟁 상황을 분석하여 기업이 신속하고 정확한 전략적 결정을 내릴 수 있도록 지원한다. 빅데이터 분석은 소비자 행동과 트렌드를 파악하고, 머신러닝은 재고와 물류 경로 최적화를 통해 운영 효율성을 높인다. 경쟁 분석 도구는 경쟁사의 전략과 시장 위치를 평가하며, 경제 지표 분석은 주요 경제 데이터를 통해 시장 변동성을 예측한다. 시나리오 계획 도구는 다양한 가능성을 대비한 유연한 전략 수립을 지원하여 기업이 미래 시장 변화에 민첩하게 대응하도록 도와준다. 이를 통해 기업은 경쟁 우위를 유지하며 장기적인 시장 성장과 운영 효율성을 확보할 수 있다.

새로운 기술 도입

새로운 기술의 도입은 기업이 빠르게 변화하는 시장에서 경쟁 우위를 유지하고, 효율성을 극대화하며, 고객의 기대를 충족시키기 위해 필수적이다. 기술의 발전은 기업의 비즈니스 프로세스와 운영 방식을 혁신적으로 변화시키며, 특히 S&OP 분야에서는 데이터 분석, 의사결정, 협업 등을 개선하는 데 크게 이바지한다. 새로운 기술 도입을 통해 기업은 더 정확한 예측을 하고, 운영 효율성을 높이며, 변화에 신속하게 대응할 수 있다.

주요 새로운 기술 도입

• 인공지능(AI)과 머신러닝

⇒ 인공지능(AI)과 머신러닝은 데이터에서 패턴을 학습하고 이를 바탕으로 예측을 수행하는 기술로, 다양한 산업 분야에서 활용되고 있다. 특히 S&OP 분야에서는 수요 예측, 재고 관리, 공급망 최적화와 같은 중요한 의사결정에 AI와 머신러닝 기술이 도입되고 있다.

⇒ AI와 머신러닝 기술은 예측의 정확도를 높여주며, 복잡한 데이터를 분석하는 과정을 자동화함으로써 시간과 비용을 절감할 수 있다. 이와 함께 비정형 데이터를 분석하여 새로운 인사이트를 도출하는 데에도 큰 역할을 한다. 예를 들어, 머신러닝 알고리즘을 사용해 과거의 판매 데이터를 분석함으로써 미래의 수요를 더욱 정확하게 예측할 수 있다.

⇒ 대표적인 사례로, Amazon은 머신러닝을 활용하여 고객들의 구매 패턴을 분석하고, 이를 바탕으로 개인화된 추천 시스템을 운영하고 있다. 이를 통해 고객 만족도를 높이고, 매출 증대에도 기여하고 있다.

• 블록체인 기술

⇒ 블록체인은 거래의 투명성을 보장하고 공급망의 신뢰성을 높이는 데 사용되는 분산원장 기술로, S&OP에서는 공급망 관리, 계약의 자동화와 추적, 그리고 데이터의 무결성을 보장하는 중요한 역할을 한다. 이러한 기술은 거래 과정에서 발생할 수 있는 불투명한

요소를 제거하고, 시스템 전반의 신뢰성을 높여준다.

⇒ 블록체인은 실시간으로 거래 기록을 업데이트하며, 한 번 기록된 정보를 변경할 수 없도록 하여 거래의 투명성을 극대화한다. 이러한 특징은 공급망에서 위조나 사기 행위를 방지하는 데 매우 유용하다. 이를테면 블록체인을 활용하면 원자재의 출처를 추적하고, 공급망의 각 단계에서 이루어지는 모든 거래를 검증할 수 있어, 공급망 운영의 신뢰성을 높일 수 있다.

⇒ 대표적인 사례로 Walmart는 블록체인을 통해 식품의 공급망을 추적하여 식품의 안전성을 보장하고 있다. 이 시스템을 통해 공급망 전반에서 발생할 수 있는 문제를 신속하게 파악하고 해결할 수 있어, 고객에게 더욱 안전한 제품을 제공하는 성공 사례로 평가받고 있다.

• 사물인터넷(IoT)

⇒ 사물인터넷(IoT)은 인터넷에 연결된 다양한 기기와 센서를 통해 데이터를 수집하고 이를 분석하는 기술로, S&OP에서 실시간 데이터의 수집과 재고 모니터링, 공급망의 가시성을 높이는 데 중요한 역할을 한다. 이러한 기술은 공급망 내의 다양한 데이터를 실시간으로 수집하여 효율적인 운영을 가능하게 한다.

⇒ IoT 기술은 실시간으로 재고 상태를 모니터링하고 공급망의 각 단계를 추적하여 효율성을 높일 수 있도록 지원한다. 예를 들어, IoT 센서를 통해 물류 창고의 온도와 습도를 모니터링함으로써 제품이 최적의 상태에서 보관되도록 하여 품질을 유지할 수 있다. 이를 통해 제품 손상이나 불량 발생을 방지할 수 있어 운영 효율을 크게 개선할 수 있다.

⇒ Siemens는 IoT 기술을 활용하여 제조 설비의 상태를 실시간으로 모니터링하고, 이를 통해 설비 고장을 사전에 예측하여 유지·보수 비용을 절감하고 있다. 이러한 접근은 설비 운영의 안정성을 높이는 동시에 비용 절감 효과를 창출한 성공적인 사례로 평가된다.

• 클라우드 컴퓨팅

⇒ 클라우드 컴퓨팅은 데이터와 애플리케이션을 인터넷을 통해 제공하는 기술로, 기업

이 IT 자원을 더욱 효율적으로 관리할 수 있게 하며, 동시에 팀 간 협업을 원활하게 지원하는 데 사용된다. 이 기술을 통해 기업은 물리적 인프라에 의존하지 않고도 필요한 컴퓨팅 자원을 유연하게 사용할 수 있다.

⇒ 이러한 클라우드 컴퓨팅의 기능으로는 실시간 데이터 공유, 원활한 협업 환경 조성, 비용 절감, 그리고 필요에 따른 스케일링 등이 있다. 예를 들어, 클라우드 기반의 S&OP 솔루션을 도입하면 다양한 부서나 여러 지역에서 실시간으로 데이터를 공유하고 협업을 진행할 수 있어, 의사결정이 신속하게 이루어진다. 이로써 비즈니스 프로세스의 효율성이 크게 개선된다.

⇒ 실제 사례로 Salesforce는 클라우드 기반의 CRM 솔루션을 제공하여, 고객 관계 관리를 더욱 효율적으로 수행할 수 있도록 돕고 있다. 이를 통해 기업은 고객 데이터를 실시간으로 관리하고, 판매와 마케팅 전략을 개선하여 고객 만족도를 높이는 동시에 비즈니스 성과를 증대시키고 있다.

• 가상 현실(VR)과 증강 현실(AR)

⇒ 가상 현실(VR)과 증강 현실(AR)은 현실 세계에 가상 정보를 추가하거나 완전히 가상의 환경을 조성하는 기술로, 교육, 시뮬레이션, 제품 디자인 등 다양한 분야에서 활용되고 있다. 특히 S&OP에서는 이 기술을 통해 복잡한 시스템의 교육과 운영을 보다 직관적이고 효과적으로 수행할 수 있다.

⇒ VR과 AR은 가상의 공급망 시뮬레이션을 실행하거나 제품 디자인을 실시간으로 시각화하는 데 활용된다. 예를 들어, 증강 현실 기술을 이용해 재고 창고에서 제품의 위치를 실시간으로 확인함으로써, 작업자의 작업 효율성을 높이고 시간 절감을 이끌 수 있다. 이를 통해 업무 과정에서 발생할 수 있는 오류를 줄이고, 더욱 신속한 운영을 가능하게 한다.

⇒ Boeing은 AR 기술을 사용하여 항공기 조립 작업을 지원하는데, 이를 통해 작업자의 작업 속도와 정확성을 크게 개선했다. 이러한 기술은 복잡한 작업 과정에서 실수를 줄이고, 정확성을 높이는 데 이바지하여 생산성을 극대화하고 있다.

- 빅데이터 분석(Big Data Analytics)

⇒ 대규모 데이터를 분석하여 S&OP 프로세스에서의 정확한 수요 예측과 트렌드 파악이 가능하다. 이를 통해 기업은 시장 변화와 고객 요구에 민첩하게 대응할 수 있다.

⇒ 의사결정 속도와 정확성을 높여, S&OP 프로세스의 효율성을 극대화한다. 빅데이터 분석은 수요와 공급의 변화에 대해 신속하게 반응할 수 있는 기반을 제공한다.

⇒ Amazon은 빅데이터 분석을 통해 고객 구매 패턴을 분석하고, 이를 바탕으로 개별 맞춤형 상품 추천과 적시 공급망 관리를 구현하여 매출을 증가시키고 있다. 이러한 데이터 기반 접근은 S&OP의 정확성과 효율성을 극대화하는 데 이바지하고 있다.

- 엣지 컴퓨팅(Edge Computing)

⇒ 중앙 서버 대신 데이터가 생성되는 현장에서 실시간으로 데이터를 처리하여 즉각적인 의사결정을 지원한다. 특히 물류 창고나 제조 현장에서 유용하게 활용된다.

⇒ IoT와 결합하여 데이터 전송 속도를 높이고 지연 시간을 줄여, 신속한 데이터 분석과 피드백을 제공한다. 이는 S&OP 프로세스에서 즉각 반응이 요구되는 상황에 큰 이점을 준다.

⇒ BMW는 엣지 컴퓨팅을 제조 공정에 적용하여 생산라인의 데이터를 실시간으로 분석함으로써 문제 발생 시 즉각적인 조치할 수 있도록 하고 있다. 이를 통해 BMW는 생산의 유연성과 효율성을 크게 개선하였다.

- 5G 통신 기술

⇒ 5G의 초고속 데이터 전송 속도는 S&OP 프로세스의 실시간 데이터 업데이트를 지원하여 신속하고 정확한 의사결정을 가능하게 한다.

⇒ IoT 기기 간의 상호 연결성과 대용량 데이터 전송이 가능하여, 실시간 모니터링과 원활한 통신을 제공한다. 이를 통해 공급망 전반에서 데이터 손실 없이 빠르게 정보를 공유할 수 있다.

⇒ Verizon은 5G 기술을 활용하여 물류 회사의 차량과 물류 창고를 실시간으로 연결,

데이터를 공유하게 함으로써 물류 운영의 효율성을 개선하고 있다. 이를 통해 물류의 가시성과 유연성을 높였다.

• 디지털 트윈(Digital Twin)

⇒ 디지털 트윈은 물리적 공급망의 디지털 복제본을 생성하여, 다양한 시나리오를 시뮬레이션하고 예측하는 데 사용된다. 이를 통해 리스크관리와 효율성 향상에 이바지한다.

⇒ 리스크 분석과 최적의 운영 방안을 도출할 수 있어, 예기치 않은 상황에 대비할 수 있다. 이를 통해 공급망의 안정성과 대응력을 강화한다.

⇒ GE는 항공기 엔진의 디지털 트윈을 활용해 성능을 실시간으로 모니터링하고 유지·보수 시기를 예측함으로써 운영 효율성을 극대화하고 있다. 이 접근법은 S&OP에서도 유사하게 적용되어 공급망 운영을 최적화할 수 있다.

• 로봇 프로세스 자동화(RPA, Robotic Process Automation)

⇒ RPA는 반복적이고 규칙적인 업무를 자동화하여 수작업을 줄이고 프로세스의 속도를 높인다. 이는 시간과 인력을 절약하고 효율성을 개선한다.

⇒ 데이터 입력, 발주 관리, 보고서 작성 등에서 사람의 개입 없이 업무를 처리하여, 인적 자원을 보다 고부가가치 업무에 투입할 수 있게 해준다.

⇒ Deloitte는 RPA를 도입해 대량의 금융 데이터를 자동으로 처리하고 분석함으로써 업무 효율성을 높이고 있다. 이로써 인력이 더 가치 있는 작업에 집중할 수 있게 되어, S&OP의 생산성과 효율성을 높이는 데 도움이 된다.

• 예측과 처방 분석(Predictive and Prescriptive Analytics)

⇒ 과거 데이터를 분석하여 미래 상황을 예측하고, 향후 전략적 의사결정을 지원한다. 수요 예측과 자원 최적화에 큰 도움을 준다.

⇒ 예측 분석은 미래의 수요와 공급을 파악할 수 있게 하여, 정확한 계획을 수립하고 변화에 신속하게 대응할 수 있도록 한다.

⇒ UPS는 예측 분석을 통해 배송 경로를 최적화하고 연료 사용을 줄이는 방안을 제시하여 운영 비용을 절감하고 있다. 이는 S&OP에서 자원 최적화와 비용 절감의 중요 사례로 꼽힌다.

• 자연어 처리(NLP, Natural Language Processing)

⇒ 텍스트 데이터를 분석하여 고객 피드백과 트렌드를 파악하는 데 활용된다. 이를 통해 시장 변화와 고객 요구를 효과적으로 반영할 수 있다.

⇒ 고객의 요구와 불만 사항을 자동으로 분석하고 빠르게 대응할 수 있어, 고객 만족도와 함께 고객 충성도를 높인다.

⇒ Netflix는 NLP를 사용해 사용자 리뷰를 분석하여 추천 시스템을 개선한다. 이처럼 NLP는 고객의 요구를 빠르게 반영하고, S&OP 의사결정의 정확도를 높이는 데 활용될 수 있다.

• 첨단 사이버 보안(Cybersecurity)

⇒ 공급망 전체의 데이터와 거래 내역을 보호하기 위해 필수적인 기술로, 외부의 사이버 위협으로부터 시스템을 안전하게 유지할 수 있다.

⇒ 클라우드, 블록체인, IoT 기술과 결합하여 강력한 방어체계를 구축하고, 데이터 무결성을 유지하여 신뢰할 수 있는 거래 환경을 제공한다.

⇒ IBM은 AI 기반 사이버 보안 시스템을 활용해 클라우드와 IoT 장치를 보호하고 있으며, 이를 통해 공급망의 보안을 강화하고 있다. 이러한 접근은 S&OP에서도 민감한 데이터를 안전하게 보호하는 데 중요한 역할을 한다.

• 양자 컴퓨팅(Quantum Computing)

⇒ 복잡한 데이터 분석과 최적화 문제를 초고속으로 해결하는 능력을 갖춘 양자 컴퓨팅은 S&OP에서의 복잡한 시나리오 분석에 유용하게 활용된다.

⇒ 시뮬레이션과 모델링에서 뛰어난 성능을 발휘하여 다중 변수와 복잡한 계산이 필요

한 공급망 계획 수립을 도와준다.

⇒ 구글은 양자 컴퓨팅을 사용해 대규모 데이터 문제를 빠르게 해결하는 연구를 진행 중이며, 이는 S&OP에서도 복잡한 최적화 문제 해결에 적용할 수 있는 잠재력을 보여준다.

• 분산형 원장 기술(DLT, Distributed Ledger Technology)

⇒ 블록체인 이외의 분산 원장 기술을 활용하여 거래의 투명성과 신뢰성을 높이는 데 사용된다. 모든 거래 내역을 안전하게 기록하고 검증할 수 있다.

⇒ 공급망 프로세스 내 모든 거래 기록을 추적하고 검증할 수 있어, 조작 불가능한 안전한 거래 환경을 제공한다.

⇒ 월마트는 블록체인 기반 DLT를 통해 식품 유통망의 모든 거래 기록을 추적함으로써 식품 안전을 강화하고 있다. 이는 S&OP에서도 투명한 거래와 추적 가능성을 높이는 중요한 사례가 될 수 있다.

• 주요 내용 정리

새로운 기술 도입은 S&OP에서 데이터 분석, 의사결정, 운영 효율성을 혁신적으로 개선하며, 주요 기술로 인공지능(AI)과 머신러닝, IoT, 블록체인, 클라우드 컴퓨팅, 빅데이터 분석이 포함된다. 디지털 트윈, 예측과 처방 분석, 엣지 컴퓨팅, RPA는 공급망 최적화와 실시간 대응력을 강화하며, VR/AR과 5G는 협업과 생산성을 높인다. 또 첨단 사이버 보안과 양자 컴퓨팅은 데이터 무결성과 복잡한 문제 해결을 지원하며, 분산형 원장 기술은 거래 투명성을 보장해 기업의 경쟁력과 효율성을 극대화한다. 이러한 기술들은 시장 변화에 신속히 적응하고 지속 가능한 성장을 가능하게 한다.

글로벌화 대응 전략

글로벌화는 기업에게 새로운 시장 기회와 함께 복잡한 도전 과제를 안겨준다. 세계 시장에서의 경쟁은 치열해지고 있으며, 다양한 국가와 지역에서의 사업 운영은 다양한 문화직, 경제적, 법적 환경을 고려해야 한다. 이 때문에 기업은 공급망 관리, 수요 예측, 생산과 유통 전략에서 전 세계적인 통합과 조정을 요구받고 있다. 이러한 글로벌화에 효과적으로 대응하기 위해서는 포괄적인 전략이 필요하다.

글로벌화 대응 전략의 주요 요소

• 글로벌 공급망 최적화

⇒ 글로벌 공급망을 최적화하려면 공급망의 모든 단계를 종합적으로 분석하고, 각 지역의 특성을 반영한 전략을 수립하는 것이 중요하다. 이는 원자재 조달, 생산, 물류, 유통 등 각 단계에서 효율성을 극대화하는 것을 목표로 하며, 각 지역의 특성에 맞춘 전략적 접근을 통해 글로벌시장에서 경쟁력을 유지할 수 있다.

⇒ 공급망 관리 시스템(SCMS)과 고급 분석 도구를 활용하면 글로벌 공급망을 실시간으로 모니터링하고, 예측 분석을 통해 수요와 공급의 불일치를 미리 파악할 수 있다. Microsoft Dynamics 365 SCM, SAP Ariba, Oracle SCM Cloud와 같은 플랫폼을 이용하면 공급망의 가시성을 높여 리스크를 줄일 수 있으며, 이를 통해 기업은 비즈니스 운영에서 발생할 수 있는 문제를 효과적으로 관리할 수 있다.

⇒ Apple과 같은 글로벌 전자제품 제조업체는 공급망 최적화를 통해 생산 효율성을 극대화하고, 다양한 지역의 공급망 리스크를 관리하고 있다. 이 기업의 공급망은 여러 국가에 자리 잡은 제조업체와 물류 파트너들로 구성되어 있으며, 이를 통해 공급망의 유연성과 적시성을 동시에 확보하고 있다.

• 지역별 맞춤형 S&OP

⇒ 각 지역의 시장 특성과 고객의 요구를 반영한 전략을 수립하는 것이 중요하다. 이를 위해 지역별로 수요를 예측하고, 생산 계획을 수립하며, 재고 관리와 유통 전략을 최적화하는 맞춤형 S&OP 전략을 실행할 수 있다. 이러한 전략적 접근을 통해 각 지역의 특성에 맞춘 비즈니스 운영이 가능해진다.

⇒ 지역별 판매 데이터와 시장 트렌드, 그리고 경쟁 상황을 면밀하게 분석하여, 각 지역에 특화된 전략을 세울 수 있다. 이를 통해 지역별로 수요를 정확히 예측하고, 재고와 생산 계획을 더욱 효율적으로 관리하여 비즈니스 성과를 높일 수 있다.

⇒ 유니레버(Unilever)는 이러한 지역별 맞춤형 S&OP 전략을 실행하여 지역 소비자들의 선호와 시장 동향에 맞춘 제품과 마케팅 전략을 수립하고 있다. 이를 통해 다양한 지역에서 매출을 극대화하며, 고객 만족도를 높이는 성과를 거두고 있다.

• 글로벌 규제와 법규 준수

⇒ 다양한 국가와 지역에서 운영되는 비즈니스의 경우, 각 지역의 법적 요구 사항과 규제를 준수하는 것이 필수적이다. 이를 위해서는 수출입 규제, 환경 규제, 노동법 등을 포함한 다양한 법적 사항들을 면밀하게 검토하고, 이에 맞는 전략을 세우는 것이 필요하다. 이러한 법적 준수는 비즈니스의 지속 가능성을 높이는 데 중요한 역할을 한다.

⇒ 글로벌 규제와 법률을 효과적으로 대응하려면 지역별로 적용되는 법규를 철저히 파악하고, 이를 준수하는 체계적인 프로세스를 수립해야 한다. 또 규제가 변화할 때 신속하게 대응할 수 있는 체계를 마련하여, 지속적으로 법적 요구 사항을 충족시킬 수 있도록 관리해야 한다. 이는 비즈니스의 법적 리스크를 최소화하는 데 중요한 요소이다.

⇒ 글로벌 제약기업인 Pfizer는 각국의 규제 요구 사항을 충족시키기 위해 전문적인 글로벌 규제 대응팀을 운영하고 있다. 이 팀은 국가별로 규제를 준수하면서 제품의 출시를 효과적으로 관리하고 있으며, 이를 통해 글로벌시장에서의 경쟁력을 유지하고 있다.

• 글로벌 협업과 커뮤니케이션 강화

⇒ 글로벌 비즈니스 환경에서는 서로 다른 지역에 있는 팀들 간의 협업과 원활한 커뮤니케이션이 매우 중요하다. 이러한 협력은 글로벌 프로젝트를 성공적으로 추진하고, 발생하는 문제를 신속하게 해결하기 위해 필수적이다. 다양한 시간대와 문화적 차이를 극복하며 효과적인 협력을 유지하는 것은 글로벌 팀의 핵심 과제가 된다.

⇒ 이를 위해 클라우드 기반의 협업 도구와 커뮤니케이션 플랫폼을 활용하면 큰 도움

이 된다. 예를 들어, MS Teams나 Slack과 같은 도구는 전 세계의 팀들이 실시간으로 정보를 공유하고 협업할 수 있게 해준다. 이러한 기술을 통해 팀원 간의 거리와 시간의 제약을 극복하고, 프로젝트를 효율적으로 관리할 수 있다.

⇒ 글로벌 기술 기업인 Google은 다양한 지역에 흩어진 팀들이 효과적으로 협업할 수 있도록 자체 개발한 협업 도구와 클라우드 플랫폼을 적극 활용하고 있다. 이러한 기술적 지원을 통해 팀 간의 원활한 소통과 협업을 촉진하며, 글로벌 프로젝트의 성공적인 진행을 뒷받침하고 있다.

• 글로벌시장 적응과 혁신

⇒ 글로벌시장에서 경쟁력을 유지하려면 시장의 변화에 빠르게 적응하고, 혁신적인 제품과 서비스를 지속적으로 제공하는 것이 중요하다. 이를 위해서는 철저한 시장 조사와 고객의 피드백을 반영하는 동시에 기술 혁신을 통한 차별화된 제품을 만들어 내야 한다. 시장 상황에 맞춰 신속한 대응이 가능해야만 글로벌시장에서의 경쟁 우위를 지킬 수 있다.

⇒ 또 혁신을 촉진하기 위해 연구개발(R&D)과 지속적인 기술 개선이 필요하다. 새로운 제품과 서비스를 개발하고, 고객의 요구와 변화하는 트렌드에 맞춰 신속하게 대응하는 것이 핵심이다. 이러한 혁신을 통해 경쟁 우위를 확고히 하고, 고객의 기대를 초과하는 경험을 제공할 수 있다.

⇒ 글로벌 소비재 기업인 Procter & Gamble(P&G)은 변화하는 글로벌시장에서 경쟁력을 유지하기 위해 끊임없이 혁신적인 제품을 개발하고 있다. 시장 조사와 고객 피드백을 기반으로 제품을 개선하며, 지역별 맞춤형 전략을 통해 각 시장의 특성에 맞는 제품을 출시함으로써 글로벌시장에서의 입지를 강화하고 있다.

• 주요 내용 정리

글로벌화에 대응하기 위해 기업은 글로벌 공급망 최적화, 지역별 맞춤형 S&OP, 글로벌 규제 준수, 협업과 커뮤니케이션 강화, 시장 적응과 혁신을 통해 경쟁력을 확보해야 한다. 글로벌 공급망 관리는 효율성과 리스크관리를 강화하며, 지역별 전략은 현지화된 접근으로 시장 요구를 충족시킨다. 규제 준수는 각국의 법적 요구를 충족하여 비즈니스 리스크를 줄이고, 협업 도구 활용은 글로벌 팀 간 소통과 효율성을 높인다. 시장 변화에 신속히 적응하고 혁신을 지속하며, 고객 피드백을 반영한 맞춤형 제품과 서비스를 제공함으로써 경쟁 우위를 유지할 수 있다. Apple, Pfizer, Google, P&G와 같은 글로벌기업들은 이러한 전략을 통해 성공적인 글로벌 운영을 실현하고 있다.

S&OP 성공을 위한 10가지 원칙

세상에 쉬운 일이 어디 있겠는가? S&OP도 마찬가지이다. 그러나 이러한 무거운 짐을 가볍게 내려놓을 수 있는 유일한 방법은 철저한 준비이다. 그래서 거듭 강조하고자 한다.

S&OP의 성공적 운영을 위한 10가지 원칙은 데이터 정확성, 일관성, 협업, 변동성 대응의 중요성을 바탕으로 하여 현장 경험에서 얻은 것으로, 이는 S&OP뿐만 아니라 모든 프로젝트와 성공적인 운영의 필수 조건이라는 사실은 반드시 잊지 말아야 할 중요한 교훈이다.

이 원칙을 마음에 새긴다면, 예측 불가능한 상황에서도 지속적인 성과를 달성하는 데 큰 도움이 될 것이다. 진리를 검증하는 지름길은 실천이라고 하였다.

"이렇게 준비하고, 그대로 실천하라."

1. MDM(Master Data Management, 기준 정보 관리)

⇒ 일관성 있는 의사결정을 위해 모든 부서가 똑같은 데이터를 사용함으로써 협업이 원활하게 이루어지고, 중복 작업이나 불필요한 혼란이 방지된다.

⇒ 데이터 품질을 높여 MDM을 통해 데이터 중복, 오류, 부정확성을 최소화하고 신뢰할 수 있는 데이터를 제공하는 것은 수요 예측, 공급 계획, 재고 관리 등의 정확성을 높이는 데 필수적이다.

⇒ 운영의 효율성을 극대화하기 위해 중복된 데이터 관리로 인한 비효율성을 줄이고, 데이터를 중앙에서 통합 관리함으로써 더욱 효율적인 운영이 가능하다.

2. 데이터의 정확성

⇒ 정확한 수요 예측을 위해 부정확한 데이터는 잘못된 수요 예측을 초래할 수 있으며, 이는 재고 과잉이나 품절로 이어질 수 있다. 정확한 데이터는 수요 예측의 신뢰성을 보장한다.

⇒ 비용 절감을 통해 데이터 오류로 인한 불필요한 비용을 줄이고, 자원을 더 효율적으로 활용할 수 있다. 이를 통해 잘못된 재고나 불필요한 생산 비용을 줄일 수 있다.

⇒ 운영 리스크를 감소시키기 위해 정확한 데이터는 리스크관리에 도움을 주며, 공급망 혼란이나 불필요한 주문을 방지하여 안정적인 운영을 보장한다.

3. 수요 예측

⇒ 재고 최적화를 통해 수요 예측을 기반으로 필요한 만큼의 재고를 준비하여 과잉 재고나 품절 문제를 방지할 수 있다.

⇒ 생산 계획의 효율성을 높이기 위해 수요를 예측(豫測)하고 이에 맞춘 생산 계획을 수립함으로써 생산 효율을 높이고 자원 낭비를 줄일 수 있다.

⇒ 공급망 관리 개선을 통해 수요 변동에 신속하게 대응할 수 있는 유연한 공급망을 운영함으로써 고객 만족도를 높일 수 있다.

4. IT 시스템

⇒ 실시간 데이터 통합을 통해 다양한 출처에서 데이터를 수집하고 이를 실시간으로 통합하여 제공함으로써 더 빠르고 정확한 의사결정을 지원한다.

⇒ 프로세스 자동화를 통해 IT 시스템을 활용하여 복잡한 분석과 보고서 작성을 자동화함으로써 인적 오류를 줄이고 효율성을 높일 수 있다.

⇒ 협업을 촉진하여 여러 부서가 실시간으로 데이터를 공유하고 협업할 수 있는 환경을 제공함으로써 S&OP의 실행력을 높일 수 있다.

5. 협업 문화

⇒ 정보 공유는 각 부서가 보유한 정보를 자유롭게 공유함으로써 정확한 계획 수립을 가능하게 한다. 협업 문화가 없다면 정보가 단절되거나 왜곡될 수 있다.

⇒ 효율적인 문제 해결을 위해 부서 간 원활한 소통을 통해 발생하는 문제를 신속하게 해결하여 운영 차질을 최소화할 수 있다.

⇒ 공통 목표 달성을 위해 협업을 통해 각 부서가 똑같은 목표를 이해하고 이를 달성하기 위해 함께 노력함으로써 성과를 극대화할 수 있다.

6. 경영진의 지원

⇒ 자원 확보를 위해 S&OP는 많은 인력과 자원이 필요하며, 경영진의 지원 없이는 충분한 자원을 확보하기 어렵다.

⇒ 전사적 협력은 경영진이 명확한 비전과 목표를 제시하고 이를 적극적으로 지원할 때 가능해진다.

⇒ 변화 관리 측면에서 S&OP는 조직 내 변화를 요구하는 경우가 많아, 경영진의 지원이 이러한 변화를 원활하게 관리하는 데 필수적이다.

7. 프로세스 표준화

⇒ 일관성 확보를 위해 표준화된 프로세스는 모든 부서가 똑같은 방법으로 업무를 수행하도록 하여 일관성을 유지할 수 있다.

⇒ 효율성 증대를 위해 프로세스를 표준화하면 불필요한 절차를 제거하고 효율성을 극대화할 수 있다.

⇒ 표준화된 프로세스는 문제 발생 시 원인을 신속하게 파악하고 쉽게 해결할 수 있도록 도와준다.

8. KPI 설정

⇒ 성과 측정을 위해 KPI는 S&OP의 성과를 객관적으로 측정할 수 있는 기준을 제공

하여, 이를 바탕으로 S&OP의 운영과 관리를 개선할 수 있다.

⇒ KPI는 명확한 목표를 설정하고, 조직이 이를 달성하기 위해 집중할 수 있도록 도와준다.

⇒ 성과 개선을 위해 KPI를 통해 현재 성과를 분석하고, 이를 개선할 수 있는 구체적인 전략을 도출할 수 있다.

9. 공급망 유연성

⇒ 유연한 공급망은 수요 변화나 외부 요인에 신속하게 대응할 수 있어 변화대응력을 강화하고 기업의 경쟁력을 유지할 수 있다.

⇒ 위기관리를 위해 공급망의 유연성은 비상 상황에서 기업이 빠르게 대응하고 문제를 해결할 수 있도록 도와준다.

⇒ 비용 절감을 위해 유연한 공급망은 효율성 극대화로 불필요한 비용을 절감할 수 있다.

10. 위기관리 전략

⇒ 리스크 대응을 위해 위기관리 전략은 예기치 못한 상황에서 신속하게 대응할 수 있는 계획을 제공하여 리스크를 최소화할 수 있다.

⇒ 비즈니스 연속성을 확보하기 위해 위기 상황에서도 비즈니스를 지속적으로 운영할 수 있는 계획을 마련하여 운영 중단을 방지한다.

⇒ 조직 탄력성을 강화하기 위해 위기관리 전략은 기업이 외부 요인에 더 탄력적으로 대응할 수 있도록 도와준다.

『기업 현장에서 바로 활용하는 성과와 리스크관리 S&OP』

통합의 힘, 실천의 중요성

이 책은 그간 축적해 온 실무 경험과 여러 산업에서의 사례를 기반으로, 독자 여러분이 실질적으로 현장에 적용할 수 있는 S&OP(Sales and Operations Planning) 방안을 제시하고자 집필되었습니다.

현대의 비즈니스 환경은 그 어느 때보다도 빠르게 변화하고 있으며, 기업들이 시장의 복잡성과 불확실성 속에서 경쟁력을 유지하려면 계획과 실행의 통합이 필수적입니다. 이 책은 이러한 요구에 부응하여, 단순한 이론을 넘어 실무적인 도구와 구체적인 프로세스를 제공한다는 목표로 집필되고 출간되었습니다.

S&OP의 통합적 역할과 비즈니스 성과

S&OP는 그 자체로 단순한 계획 수립 이상의 역할을 합니다. 이는 조직 내 다양한 부서들이 함께 협력하여 수요와 공급을 조정하고, 경영 목표를 달성할 수 있도록 하는 통합적인 프로세스이기 때문입니다. S&OP의 가장 큰 가치는 비즈니스 전반에 걸친 협업을 촉진함으로써 효율성을 높이고, 나아가 기업의 성과를 개선하는 데 있습니다.

이 책에서 다루는 내용들은 모두 이러한 통합적 역할에 초점을 맞추고 있으며, 이를 통해 기업은 비용 절감, 매출 증대, 고객 서비스 개선 등의 성과를 도출할 수 있습니다. 특히 S&OP는 경영진이 실시간으로 시장의 변화에 대응할 수 있도록 돕는 강력한 도구입니다. S&OP를 성공적으로 운영하기 위해서는 시장의 변동성과 공급망의 복잡성을 고려한 예측과 계획이 필수적입니다. 이를 통해 기업은 변화하는 고객의 요구에 신속히 대응하고, 더 나은 의사결정을 내릴 수 있는 능력을 갖출 수 있습니다.

S&OP 성공의 열쇠는 리더십과 협업

S&OP가 성공적으로 운영되려면 경영진의 리더십과 조직 간의 협업이 필수적입니다. 이 책에서는 여러 사례를 통해, 단순히 시스템을 도입하는 것만으로는 충분하지 않고, 경영진의 주도적인 참여와 조직의 변화 관리가 중요하다는 점을 강조합니다. 리더십은 조직 내부에 S&OP의 가치를 이해시키고, 각 부서가 같은 목표를 향해 나아가도록 하는 데 중요한 역할을 합니다. 또 S&OP는 마케팅, 운영, 재무, 생산 등 각 부서 간의 원활한 커뮤니케이션을 기반으로 작동하는 만큼, 부서 간 협력은 성공의 필수 요소입니다.

기업은 이를 통해 내부 프로세스의 통합을 이루고, 더 나은 의사결정을 할 수 있는 토대를 마련하게 됩니다. 협업이 잘 이루어진 조직은 시장의 변화에 신속하게 대응할 수 있을 뿐만 아니라, 경영 리스크를 최소화하고, 기업의 성과를 극대화할 수 있습니다.

미래의 S&OP는 디지털 혁신과 지속 가능성

S&OP는 디지털 혁신의 발전과 함께 더욱 발전하고 있습니다. 인공지능, 머신러닝, 클라우드 기술과 같은 디지털 도구들은 S&OP의 프로세스를 자동화하고, 더욱 정교한 예측을 가능하게 합니다. 특히 실시간 데이터 기반의 의사결정 도구들은 기업이 급변하는 시장 환경에서 더욱 민첩하게 대응할 수 있도록 돕고 있습니다.

이 책에서는 이러한 기술적 발전들이 S&OP의 미래에 어떤 영향을 미치게 될지 자세하게 다루고 있으며, 디지털 혁신의 중요성을 강조하고 있습니다. 또 지속 가능성(ESG) 경영이 기업의 필수 요소로 자리 잡음에 따라, 친환경적인 공급망 관리와 ESG 지표를 S&OP에 통합하는 방법론도 중요한 과제로 대두되고 있습니다. 기업이 지속 가능한 성장을 이루기 위해서는 ESG 전략과 연계된 S&OP 프로세스를 운영할 필요가 있으며, 이를 통해 장기적인 성과를 도모할 수 있습니다.

S&OP 백 배 활용을 위해 마지막으로 드리는 말씀

이 책은 S&OP를 단순한 계획 도구가 아닌, 기업의 전략적 경영 도구로 활용할 수 있도록 돕기 위해 집필되었습니다. 책의 내용을 통해 독자 여러분이 S&OP의 개념을 정확히 이해하고, 이를 현장에서 즉시 활용할 수 있는 실질적인 지침을 얻기를 기대합니다. 특히 이 책이 제공하는 방법과 가이드를 바탕으로 각자의 비즈니스 환경에 맞는 S&OP 전략을 수립하고, 성공적인 결과를 도출하는 데 큰 도움이 되기를 바랍니다.

『기업 현장에서 바로 활용하는 성과와 리스크관리 S&OP』를 끝까지 관심 깊게 읽어주신 독자 여러분께 진심으로 감사의 말씀을 드립니다. 이 책이 S&OP를 도입하고 운영하는 독자 여러분의 여정에 든든한 길잡이가 되기를 바라며, 그 과정에서 얻으시는 소중한 성과들이 여러분 개인과 조직 양쪽에 모두 깊은 성취와 만족을 드릴 수 있기를 진심으로 기원합니다.

2025년 벽두에

지은이 올림

[도움을 주신 분들]

이도정 AXI4CNS 대표이사

이도정 대표이사는 ERP, 재무 및 관리 회계, 영업, 물류, 마스터플랜 등 다양한 분야에서 20년 이상의 경영 컨설팅 경험을 쌓아왔으며, 국내 식품·IT 업계에서의 실무 경험과 MS사의 신제품 및 최신 기술에 기반한 폭넓은 전문 지식을 보유하고 있다. 이러한 역량을 바탕으로 더욱 확장된 MS D365 제품군, Copilot, Power Platform을 활용한 혁신적인 솔루션을 통해 엑시포씨앤에스를 최고의 비즈니스 솔루션 기업으로 이끌어가고 있으며, 오늘도 고객과 함께 지속적인 성장과 혁신을 이루어 내고 있다.

이도정 대표이사의 산업 서비스 영역은 하이테크, 자동차 부품, 화학, 기계, 바이오 등 다양한 분야를 포함하며, 컨설팅 서비스 라인은 ERP, CRM, SCM, 회계 등 기업의 핵심 시스템 구축과 운영에 필요한 분야를 아우르고 있다.

컨설팅 경험 기업은 아래와 같다.
한국메티슨특수가스, 희성폴리머, 희성피엠텍, 셀트리온헬스케어, 인텔리안테크놀로지스, 엘오티베큠, 한글과 컴퓨터, TYM, 모트렉스, 롯데드림타워, 실리콘마이터스, 백금티앤에이 외 약 30회 이상의 컨설팅 수행 경험이 있음

現 엑시포씨앤에스 대표이사
前 3WINCNS 컨설팅 본부장
前 텍투라코리아컨설팅 팀장
前 이노소프트컨설팅 팀장
前 기린 기획팀 담당

권우철 공인회계사

권우철 공인회계사는 기업 리스크관리 컨설팅 분야의 전문가로서 ERM, BCM, BCP, 내부감사, IT 감사, 디지털 트랜스포메이션(DX/DT), Analytics 등에 대한 깊은 전문성과 경험을 바탕으로, Analytics를 활용하여 경영 관리와 진단 역량을 갖추고 특강을 통해 지식과 경험을 공유하고 있다.

권우철 공인회계사의 산업 서비스 영역은 제조, 유통, 금융, 통신 등 전통적인 산업에서 인터넷, 게임, 가상화폐거래소 등이며, 컨설팅 서비스 라인은 ERM, BCM, BCP, 내부감사, 내부 회계 관리제도, IT 감사(전산 일반 통제, 응용 통제, 입증적 데이터 분석 감사 등), 디지털 트랜스포메이션(DX/DT), Analytics 등이다.

컨설팅 경험 기업은 아래와 같다.
현대자동차그룹, LG그룹, SK그룹, DL그룹, HMM, LS그룹, 코레일, 한국수자원공사, 인천국제공항공사 외 약 100회 이상의 컨설팅 수행 경험이 있다.

한국공인회계사, 공인내부감사사(CIA), 공인정보시스템감사사(CISA)
現 태성회계법인 공인회계사
現 Diligent 한국 파트너사 총괄 책임
前 딜로이트안진회계법인, 서현 회계법인
前 한국 XBRL 본부 회원, 실무위원
前 ACL Channel for Korea
『ACL을 활용한 전산 감사』(법영사, 공저)

김정열 딜로이트안진회계법인 파트너

김정열 파트너는 20년 이상의 경영 컨설팅 경험을 보유한 전문가로, Strategy & Operations 분야에서 산업 분석과 시장 조사, 중장기 경영전략/사업 전략/GTM 전략 수립, 경영 진단, 신사업 발굴/타당성 검토, 기능조정과 조직 재설계, S&OP, 관리 회계, PI 등을 수행해 왔으며, M&A Advisory 분야에서는 포트폴리오 진단과 재설계, 성장 전략 수립, 영업 실사(CDD), 인수/매각 자문, 투자유치 자문, PMI 등에서 다양한 자문을 제공하고 있다.

김정열 파트너의 산업 서비스 영역은 Strategy & Operations 분야의 산업 분석, 시장 조사, 경영·사업·GTM 전략 수립, 경영진단, 신사업 발굴과 타당성 검토, 기능조정, 조직 재설계, S&OP, 관리 회계, PI를 수행하고, M&A Advisory 분야에서 포트폴리오 진단, 성장 전략 수립, 영업 실사(CDD), 인수/매각 자문, 투자 유치 자문, PMI를 수행한다.

컨설팅 및 경험 기업과 기관은 아래와 같다.

현대차 및 계열사, 포스코 및 계열사, SKT, 삼성물산, 두산에너빌리티, GS칼텍스, S-oil, 코오롱, ABInBevKorea, Samsonite, 국내 PE 및 서울시, 인천국제공항공사, KEPCO, 한국지역난방공사 외 다수의 컨설팅 수행 경험이 있다.

現 딜로이트안진회계법인 경영자문본부 딜그룹 파트너(상무)
前 딜로이트컨설팅 고객산업본부 상무
前 딜로이트투쉬토마츠브라질, Korean Services Group 매니저
前 쌍용자동차 경영기획팀